Deutscher Mieterbund

Das Mieterlexikon

Ausgabe 2026/2027

GOLDMANN

Stichwortverzeichnis am Ende des Lexikons
(siehe Seite 686)

Deutscher Mieterbund

Das Mieterlexikon

Ausgabe 2026/2027

Vollständig überarbeitete Neuausgabe – mit aktuellem Mietrecht

GOLDMANN

Verantwortlich für den Inhalt:
Dr. Melanie Weber-Moritz,
Präsidentin Deutscher Mieterbund (DMB)
Redaktion:
Ass. Martina Föller, DMB
RA Stefan Bentrop, DMB
Ass. Ulrich Ropertz, DMB
RAin Sabine Schuhrmann, DMB
RA Dietmar Wall, DMB
Dieses Buch erscheint auch im DMB-Verlag (ISBN: 978-3-944608-26-6)

1. Auflage
Originalausgabe August 2026

Neumarkter Straße 28, D-81673 München
produktsicherheit@penguinrandomhouse.de
Umschlag: Uno Werbeagentur, München
Umschlagmotiv: FinePic®, München
Satz: Satzwerk Huber, Germering
Druck: GGP Media GmbH, Pößneck
Printed in Germany
KW · CB
ISBN 978-3-442-18058-5

www.goldmann-verlag.de

Vorwort

Seit weit über 40 Jahren informieren wir mit dem DMB-Mieterlexikon umfassend über das Mietrecht. Weit über eine Million Exemplare wurde bereits verkauft – und das nicht nur an Mieterinnen und Mieter. Auch Richterschaft, Anwaltschaft, Rechtsberaterinnen und Rechtsberater, Hausverwaltungen und nicht zuletzt Vermieterinnen und Vermieter finden in unserem Lexikon zuverlässige Auskünfte. Dabei sind die Erklärungen bewusst so gehalten, dass sie auch für Nicht-Juristinnen und Nicht-Juristen gut verständlich sind.

Seit dem ersten Erscheinen hat ein Team von Mietrechtsspezialisten des Deutschen Mieterbundes das Mieterlexikon alle zwei Jahre aktualisiert. Im Zuge dieser Aktualisierungen wurde jedes einzelne Stichwort durchgesehen, ergänzt oder sogar komplett neu geschrieben, manchmal gekürzt oder ganz gestrichen. In jeder neuen Ausgabe gab es darüber hinaus neue Stichworte.

Für die vorliegende Ausgabe 2026/2027 wurde nicht nur jedes Stichwort überarbeitet, sondern der gesamte Inhalt neu konzipiert und in weiten Teilen neu geschrieben. Wo möglich, haben wir Verweise eingefügt, um Doppelungen zu vermeiden und wertvollen Platz zu sparen. Die Verweise sind mit einem Pfeil → und *Kursivschrift* kenntlich gemacht. Das Layout wurde modernisiert und das Buchformat etwas vergrößert.

Gleich geblieben sind der alphabetische Aufbau und die Kopfzeilen, durch die jedes Stichwort leicht zu finden ist. Um das Suchen zu erleichtern, gibt es zahlreiche Querverweise im Text sowie ein ausführliches Stichwortregister am Ende. Auf besondere Probleme und Risiken wird hingewiesen; Praxistipps, Berechnungs- und Formulierungsbeispiele sowie Muster geben gut umsetzbare Hilfestellungen. Für Gerichtsentscheidungen wird i. d. R. eine Zeitschriften-Fundstelle angegeben; bei allen Entscheidungen der obersten Gerichte haben wir in der Neuauflage zusätzlich das Aktenzeichen ergänzt. So können die wichtigen Grundsatzentscheidungen leicht gefunden werden.

Bitte denken Sie daran, dass Richterinnen und Richter in ihrer Entscheidungsfindung unabhängig sind: Die zitierten Gerichtsentscheidungen geben also grundsätzlich nur die Rechtsansicht des erkennenden Gerichts wieder. Es kann passieren, dass andere Gerichte wegen anders gelagerter Tatbestände oder einer anderen Rechtsauffassung zu abweichenden Entscheidungen kommen. Die Rechtsansichten des für Sie zuständigen Amts- oder Landgerichts kennt ihr örtlich zuständiger Mieterverein!

Während wir an der Neuausgabe gearbeitet haben, waren drei große Gesetzesreformen in Arbeit, die für Mieter ganz unmittelbare Auswirkungen haben werden: »Mietrecht II«, die Reform des SGB II (Bürgergeld wird zu Grundsicherung) und die im Koalitionsvertrag vereinbarte »Abschaffung« des Heizungsgesetzes – genau genommen die Änderung des Gebäudeenergiegesetzes durch das Gebäudemodernisierungsgesetz. Eine Expertenkommission zum Mietrecht diskutiert darüber hinaus weitere Gesetzesänderungen.

Anders als die SGB-Reform sind die Reformen im Mietrecht und beim »Heizungsgesetz« heute, zur Zeit der Drucklegung, noch nicht beschlossen. Es ist gut möglich, dass die geplanten Regelungen gar nicht oder in veränderter Fassung kommen. Daher haben wir entschieden, auf die geplanten Änderungen hinzuweisen, sie aber nicht als »sicher« zu behandeln. Wo Sie diese Hinweise finden, raten wir grundsätzlich, sich fachkundigen Rat einzuholen – Ihre Beraterin oder Ihr Berater beim örtlichen Mieterverein kennt die geltende Rechtslage.

Berlin, im April 2026
Dr. Melanie Weber-Moritz
Präsidentin des Deutschen Mieterbundes e. V.

Abkürzungsverzeichnis

a. A.	anderer Auffassung
a. a. O.	am angegebenen Ort
Abs.	Absatz
AG	Amtsgericht
AGB	Allgemeine Geschäftsbedingungen
AGG	Allgemeines Gleichbehandlungsgesetz
Art.	Artikel
BAföG	Bundesausbildungsförderungsgesetz
BauGB	Baugesetzbuch
BayObLG	Bayerisches Oberstes Landesgericht
BB	Der Betriebsberater (Zeitschrift)
Beschl.	Beschluss
BetrVG	Betriebsverfassungsgesetz
BFH	Bundesfinanzhof
BGB	Bürgerliches Gesetzbuch
BGH	Bundesgerichtshof
BImSchG	Bundesimmissionsschutzgesetz
BSG	Bundessozialgericht
BT-Drs.	Bundestags-Drucksache
BV	Berechnungsverordnung
BVerfG	Bundesverfassungsgericht
BVerwG	Bundesverwaltungsgericht
DIN	Deutsche Industrienorm
DMB	Deutscher Mieterbund
DS-GVO	Datenschutz-Grundverordnung
DWW	Deutsche Wohnungswirtschaft (Zeitschrift)
EEG	Erneuerbare-Energien-Gesetz
GE	Das Grundeigentum (Zeitschrift)
GEG	Gebäudeenergiegesetz
gem.	gemäß
GG	Grundgesetz
ggf.	gegebenenfalls
GKG	Gerichtskostengesetz
grds.	grundsätzlich
HeizkV	Heizkostenverordnung
i. d. R.	in der Regel
i. H. v.	in Höhe von
InsO	Insolvenzordnung

i. S. d. / i. S. v.	im Sinne des/im Sinne von
i. V. m.	in Verbindung mit
KG	Kammergericht (= Oberlandesgericht in Berlin)
LG	Landgericht
LPartG	Lebenspartnerschaftsgesetz
MDR	Monatsschrift für Deutsches Recht (Zeitschrift)
MM	MieterMagazin (Zeitschrift)
NJW	Neue Juristische Wochenschrift (Zeitschrift)
NJWE-MietR	NJW-Entscheidungsdienst Miet- und Wohnungsrecht (Zeitschrift)
NJW-RR	NJW-Rechtsprechungs-Report (Zeitschrift)
NMV	Neubaumietenverordnung
NZM	Neue Zeitschrift für Miet- und Wohnungsrecht
o. Ä.	oder Ähnliche/s
OLG	Oberlandesgericht
OVG	Oberverwaltungsgericht
RdE	Recht der Energiewirtschaft (Zeitschrift)
RE	Rechtsentscheid
s. o./s. u.	siehe oben/siehe unten
sog.	so genannte/n/r/s
StGB	Strafgesetzbuch
u. a.	unter anderem
u. U.	unter Umständen
Urt.	Urteil
VerfGH	Verfassungsgerichtshof
VersR	Versicherungsrecht (Zeitschrift)
VG	Verwaltungsgericht
VuR	Verbraucher und Recht (Zeitschrift)
VVG	Versicherungsvertragsgesetz
WEG	Wohnungseigentumsgesetz
WoBindG	Wohnungsbindungsgesetz
WoGG	Wohngeldgesetz
WoVermittG	Gesetz zur Regelung der Wohnungsvermittlung
WuM	Wohnungswirtschaft und Mietrecht (Zeitschrift)
ZMR	Zeitschrift für Miet- und Raumrecht
ZPO	Zivilprozessordnung
ZVG	Zwangsversteigerungsgesetz
ZWE	Zeitschrift für Wohnungseigentumsrecht

A

Abflussverstopfung → *Mangel der Mietsache*

Ablöse/Abstand

Eine **Abstandszahlung** ist ein Entgelt, das der Nachmieter an den Vormieter, den Vermieter oder jemand anderen zahlen muss, damit der Vormieter die Wohnung frei macht. Die Zahlung ist also nur dafür gedacht, dass der Vormieter auszieht, ohne dass der Wohnungssuchende eine Gegenleistung erhält. Derartige Vereinbarungen sind nach dem Wohnungsvermittlungsgesetz unwirksam (§ 4a WoVermittG). Der Nachmieter kann das gezahlte Geld zurückfordern.

Zulässig ist es aber, wenn sich der Vormieter seine **nachgewiesenen Umzugskosten** vergüten lässt. Dazu gehören nicht nur die Kosten für den Möbelspediteur, sondern auch andere aufgrund des Umzugs anfallende Aufwendungen, etwa für die Renovierung der alten und der neuen Wohnung.

Davon zu unterscheiden ist eine **Ablösevereinbarung**. Das ist ein Vertrag, durch den sich der Nachmieter verpflichtet, Möbel oder andere Einrichtungsgegenstände des Vormieters zu erwerben. Eine solche Vereinbarung ist grundsätzlich zulässig. Seit Einführung des **Bestellerprinzips** → *Wohnungsvermittlung* müssen Vermieter deutlich häufiger als früher eine Maklerprovision zahlen und kommen bisweilen auf kreative Ideen, wie sie das Geld wieder »reinholen« können – z. B. indem sie dem neuen Mieter nahezu wertlose Möbel oder andere Einrichtungsgegenstände per »Ablöse« zu überhöhten Preisen verkaufen. Zuweilen verlangt aber auch der Vormieter **Wucherpreise**, z. B. für seine alte Einbauküche oder einen verschlissenen Bodenbelag. Eine solche Vereinbarung ist unwirksam, soweit das Entgelt in einem auffälligen Missverhältnis zum Wert der überlassenen Gegenstände steht. Von einem auffälligen Missverhältnis ist auszugehen, wenn der **Kaufpreis mehr als 50 % über dem tatsächlichen Wert** liegt. Bis zu dieser Höhe bleibt der Vertrag wirksam (BGH VIII ZR 212/96 WuM 1997, 380).

Beispiel: Der Nachmieter zahlt für mehrere Möbelstücke eine Ablöse von 4000 Euro. Der Zeitwert beträgt nur 2000 Euro. Die Vereinbarung ist wirksam bis zu einem Betrag von 3000 Euro (2000 Euro + 50 %). Die restlichen 1000 Euro kann der Nachmieter zurückfordern. Liegt der vereinbarte Preis hingegen nicht über der 50 %-Grenze, ist das gesamte Geschäft wirksam. Der Mieter kann nichts zurückverlangen (OLG Köln WuM 2000, 555).

Der Zeitwert der überlassenen Einrichtungsgegenstände ist anhand des Kaufpreises, des Alters und des Erhaltungszustands zu ermitteln (LG Wiesbaden WuM 1997, 53). Maßgebend ist der Wert im eingebauten Zustand, nicht der Wert, der durch einen Verkauf nach dem Ausbau zu erzielen wäre (OLG Düsseldorf ZMR 1998, 618).

Dieselben Grundsätze gelten, wenn sich der Vormieter **andere Aufwendungen** ersetzen lässt, z. B. für die Verlegung eines Bodenbelags oder Renovierungsarbeiten (BGH VIII ZR 212/96 WuM 1997, 380). Diese Rechtsprechung ist nach Auffassung des Mieterbundes im Hinblick auf geleistete **Schönheitsreparaturen** bedenklich. Denn der Vormieter hat diese Arbeiten in der Regel aufgrund seiner mietvertraglichen Verpflichtung gegenüber dem Vermieter erbracht. Dann darf er diese Kosten auch nicht vom Nachmieter einfordern.

Abmahnung

Eine Abmahnung ist die **Aufforderung**, ein **vertragswidriges Verhalten zu unterlassen** bzw. zu ändern oder eine **Vertragspflicht zu erfüllen.** Sie muss deutlich machen, dass im Wiederholungsfall **rechtliche Konsequenzen** – wie eine Kündigung oder Klage – drohen. Eine Abmahnung hat also eine **Warnfunktion.** Sie soll dem Vermieter oder dem Mieter die Möglichkeit geben, sein Verhalten zu ändern.

Eine Abmahnung kann z. B. ausgesprochen werden, wenn
- der Vermieter dem Mieter die Wohnung nicht rechtzeitig zum Mietbeginn überlässt,
- der Vermieter einen Mangel, z. B. baubedingten Schimmelbefall, nicht beseitigt,
- der Mieter die Miete wiederholt unpünktlich zahlt,
- der Mieter den Hausfrieden durch nächtliche Ruhestörungen stört, andere Mieter beleidigt oder ohne Genehmigung einen Hund hält,
- der Mieter die Mieträume ohne Erlaubnis an Dritte untervermietet.

Eine Abmahnung kann mündlich oder schriftlich erteilt werden.

In welchen Fällen ist eine Abmahnung erforderlich?

Eine Abmahnung ist im Regelfall erforderlich, bevor der Mieter oder der Vermieter das Mietverhältnis **fristlos** wegen einer Vertragsverletzung **kündigen** kann (→ *Fristlose Kündigung des Mieters* → *Fristlose Kündigung des Vermieters*).

Auch eine **Unterlassungsklage** kann der Vermieter erst nach erfolgloser Abmahnung erheben (§ 541 BGB). Bevor er den Mieter auf Unterlassung eines vertragswidrigen Gebrauchs der Mietsache verklagt, muss er ihm Gelegenheit geben, sein Verhalten zu ändern.

Wann ist eine Abmahnung entbehrlich?

Eine Abmahnung ist **ausnahmsweise nicht erforderlich**, wenn
- der Mieter so erheblich in **Zahlungsverzug** ist, dass eine → *fristlose Kündigung des Vermieters wegen Zahlungsverzugs* möglich ist,
- der Mieter mit der **Zahlung der Kaution** in Höhe von zwei Kaltmieten im Rückstand ist; in diesem Fall kann der Vermieter sofort fristlos kündigen (→ *Fristlose Kündigung des Vermieters wegen Nichtzahlung der Kaution*),
- die Abmahnung offensichtlich **keinen Erfolg verspricht**, weil eine Änderung des Verhaltens oder des vertragswidrigen Zustands nicht zu erwarten ist (z. B. weil der Vermieter die Beseitigung eines Mangels eindeutig und endgültig verweigert hat),
- die **sofortige Kündigung aus besonderen Gründen** unter Abwägung der Interessen von Mieter und Vermieter gerechtfertigt ist.

Beispiele:
- Der Mieter begeht in dem Mietobjekt eine Straftat (schwere Beleidigung, Bedrohung oder tätlicher Angriff gegenüber dem Vermieter, der Hausverwaltung oder Mitmietern; Drogenhandel in der Wohnung).
- Der Mieter bedroht die Hausverwalterin mit den Worten »Hoffentlich trifft Sie der Blitz, Frau H.!« und beleidigt sie als »grenzdebil« (AG München, Urt. v. 24.6.2022 – 461 C 19994/21).
- Der Mieter verändert die Heizungsanlage derart, dass von ihr eine Brandgefahr ausgeht und andere Mieter gefährdet werden (AG Melsungen WuM 2021, 555).

Welche inhaltlichen Anforderungen bestehen?

In der Abmahnung ist die Vertragsverletzung so **genau zu bezeichnen**, dass der Mieter weiß, welches Fehlverhalten ihm vorgeworfen wird und er zukünftig zu unterlassen bzw. welchen vertragswidrigen Zustand der Vermieter zu beseitigen hat.

Beispiel:
»Sie haben am 3.1.2026/4.1.2026 in der Zeit von 23 bis 1 Uhr Musik in einer derartigen Lautstärke abgespielt, dass Ihre Nachbarn nicht schlafen konnten.«

Aus der Abmahnung muss klar hervorgehen, dass dem Abgemahnten im Wiederholungsfall rechtliche Konsequenzen drohen. Das Wort »Kündigung« muss nicht zwingend fallen, aber **pauschale Vorwürfe** wie »Sie verstoßen ständig gegen die Hausordnung« **reichen nicht** aus. Eine solche unbestimmte Abmahnung ist kein hinreichender Warnhinweis mit der Folge, dass eine hierauf gestützte fristlose Kündigung unwirksam ist.

Beispiel:
»Wir fordern Sie auf, ab sofort die Ruhezeiten von 13 bis 15 Uhr und von 22 Uhr bis 7 Uhr einzuhalten. In dieser Zeit darf Musik nur in Zimmerlautstärke gespielt werden. Sollten Sie dem nicht nachkommen, behalten wir uns weitere rechtliche Schritte vor.«

Kann der Mieter gegen die Abmahnung vorgehen?

Nein. Hält der Mieter eine vom Vermieter ausgesprochene Abmahnung für unberechtigt, kann er sich nicht gerichtlich dagegen wehren. Ein Rechtsmittel (nur) gegen die Abmahnung besteht nicht (BGH VIII ZR 139/07 WuM 2008, 217). Er kann also nicht verlangen, dass der Vermieter die Abmahnung wieder zurücknimmt oder ein Gericht ihre Unwirksamkeit feststellt. Wenn der Vermieter später kündigt, kann der Mieter gegen die Kündigung vorgehen. Der Vermieter muss dann beweisen, dass die Vorwürfe aus der Abmahnung und der Kündigung zutreffend waren (BGH VIII ZR 139/07 WuM 2008, 217).

Abmeldung → *Anmeldung* → *Auszug des Mieters*

Abstand → *Ablöse/Abstand*

Abwesenheit des Mieters

Es gibt keine Pflicht, eine angemietete Wohnung tatsächlich zu bewohnen. Längere Abwesenheiten, z. B. wegen Urlaubs, Kur, Krankenhausaufenthalt, berufs- oder studienbedingtem Auslandsaufenthalt, verstoßen nicht gegen den Mietvertrag. Ggf. besteht bei langer Abwesenheit ein Anspruch auf Genehmigung einer → *Untermiete*.

Die Pflichten aus dem Mietvertrag bestehen aber für beide Seiten weiter. Der Mieter muss die volle Miete und auch die vollen Vorauszahlungen auf Nebenkosten weiterzahlen. Auch die → *Obhutspflicht* des Mieters besteht fort; ggf. muss ein Wohnungsschlüssel an Nachbarn oder Freunde gegeben und der Vermieter bzw. die Hausverwaltung darüber informiert werden, sonst droht im Schadensfall eine Schadensersatzpflicht des Mieters (BGH VIII ZR 164/70 WuM 1972, 25). In Notfällen (z. B. Rohrbruch) darf sich der Vermieter Zutritt verschaffen → *Besichtigungsrecht des Vermieters*. Für die Dauer von vier bis sechs Wochen dürfen zur Betreuung der Wohnung auch ohne Genehmigung des Vermieters geeignete Personen in die Wohnung aufgenommen werden → *Besuch*. Bestehen weitere Pflichten aus dem Mietvertrag, z. B. Treppenhausreinigung oder Winterdienst, muss hierzu – notfalls auch entgeltlich – jemand vom Mieter beauftragt werden; sonst darf der Vermieter die Arbeiten auf Kosten des Mieters entgeltlich ausführen lassen.

Airbnb

Wer untervermieten, eine vorübergehende Unterkunft, eine möblierte Zweitwohnung oder ein WG-Zimmer anbieten möchte, kann dies mithilfe eines Vermittlers wie z. B. Airbnb tun. Für jede Art der → *Untermiete* ist aber unbedingt die **Erlaubnis des Vermieters** einzuholen.

Für Airbnb und Mitwohnzentralen gilt das Wohnungsvermittlungsgesetz. Eine **Gebühr oder Provision** darf daher nur verlangt werden, wenn es zum Abschluss des Mietvertrags gekommen ist → *Wohnungsvermittlung*. Ihre Höhe richtet sich nach der Höhe der Miete und der vereinbarten Dauer des Mietverhältnisses. Für einen kurzfristigen Mietvertrag ist sie im Allgemeinen günstig. Die Berechnung einer Pauschale oder Aufwandsentschädigung ist i. d. R. unzulässig.

Häufig ist es lukrativer, an **Touristen** unterzuvermieten, als sich einen Untermieter für längere Zeit zu suchen. Aber **Achtung**: Der Mieter benötigt auch hierzu die Einwilligung des Vermieters. Hat der Vermieter dem Mieter (nur) eine Erlaubnis zur Untervermietung erteilt, kann dieser nicht ohne Weiteres davon ausgehen, dass sie eine tageweise Vermietung an Touristen einschließt (BGH VIII ZR 210/13 WuM 2014, 142). Und in vielen Großstädten ist es mittlerweile verboten, Wohnungen auf diese Weise tage- oder wochenweise zur Verfügung zu stellen. Das kann als unerlaubte → *Zweckentfremdung* hohe **Geldbußen** nach sich ziehen!

Wer die Wohnung **ohne Erlaubnis des Vermieters** über Airbnb, booking.com oder andere Internetplattformen untervermietet, muss mit einer → *fristlosen Kündigung des Vermieters* rechnen (AG München ZMR 2022, 563). Eine Kündigung kann erst recht gerechtfertigt sein, wenn der Mieter die Absicht hat, mit der Untervermietung einen Gewinn zu erzielen (BGH VIII ZR 228/23 WuM 2026, 80 → *Untermiete*). Eine fristlose Kündigung ist i. d. R. bereits gerechtfertigt, wenn der Mieter trotz Abmahnung ein Angebot bei Airbnb aufrechterhält, auch wenn er die Wohnung oder einzelne Zimmer niemandem überlassen hat (LG Berlin WuM 2015, 156; a. A. AG Hamburg WuM 2025, 149).

Allgemeine Geschäftsbedingungen (AGB)

Tipp: Informationen zur Wirksamkeit einzelner AGB-Klauseln finden Sie jeweils unter dem Stichwort, zu dem die Regelung gehört.

Wer eine Wohnung anmieten möchte, erhält vom Vermieter meist ein umfangreiches Mietvertragsformular mit allerhand »Kleingedrucktem«. Im Regelfall handelt es sich dabei um Allgemeine Geschäftsbedingungen (AGB), die der Vermieter standardmäßig in Mietverträgen verwendet und dem Mieter vorgibt. Der Mieter hat keine Möglichkeit, auf ihren Inhalt Einfluss zu nehmen. Er kann den Vertrag nur so unterschreiben oder ablehnen. Der Vermieter kann sich aber auf die Bestimmungen später nur berufen, wenn sie wirksam sind. Denn AGB unterliegen zum Schutz von Verbrauchern – also auch von Mietern – nach den §§ 305 – 310 BGB einer Kontrolle:

- Im ersten Schritt wird geprüft, ob die AGB **wirksam in den Mietvertrag einbezogen** wurden. Überraschende AGB, mit denen ein Mieter nicht zu rechnen hat, werden erst gar **nicht Vertragsbestandteil.**
- Ist die Klausel in den Mietvertrag wirksam einbezogen, ist sie im zweiten Schritt **inhaltlich** zu prüfen. Ergibt die Inhaltskontrolle, dass die Klausel den

Mieter unangemessen benachteiligt oder **nicht verständlich** ist, ist sie **unwirksam.**

Anstelle der nicht einbezogenen oder unwirksamen Klausel gilt dann die gesetzliche Regelung. Der Vertrag bleibt im Übrigen wirksam.

> **Gut zu wissen:** Es gibt gesetzliche Bestimmungen, von denen der Vermieter zum Nachteil des Mieters durch AGB oder Individualvereinbarung nicht abweichen darf, das sog. **zwingende Recht** → *Unabdingbare Rechte des Mieters.* Dazu gehört z. B. das Recht des Mieters, die Miete wegen bestehender Mängel zu mindern. Vertragsklauseln, die davon abweichen, sind kraft Gesetzes **unwirksam.**

Wann liegen AGB vor?

Allgemeine Geschäftsbedingungen sind alle für eine **Vielzahl von Verträgen vorformulierten Vertragsbedingungen**, die der Vermieter dem Mieter bei Abschluss des Vertrags stellt. Der Vermieter muss die AGB nicht bereits für mehrere Mietverträge genutzt haben. Es reicht aus, wenn ihre Verwendung in **mindestens drei Fällen** beabsichtigt ist (BGH VII ZR 388/00). Dann unterliegen die AGB bereits bei der ersten Verwendung der Kontrolle. »Vorformuliert« bedeutet, dass der Vermieter die AGB vorab festlegt und der Mieter ihren Inhalt nicht beeinflussen kann. Der Vermieter muss sie nicht selbst vorformuliert haben. Er kann auch einen Mustervertrag verwenden, den ein Dritter (z. B. der Grundeigentum-Verlag) für eine Vielfachverwendung erstellt hat.

> **Gut zu wissen:** Handelt es sich um einen Wohnraummietvertrag zwischen einem privaten Mieter und einem gewerblichen Vermieter (sog. **Verbrauchervertrag**), kommt die AGB-Kontrolle auch dann zur Anwendung, wenn der Vermieter die vorformulierte Klausel **nur ein einziges Mal** einsetzen will (§ 310 Abs. 3 Nr. 2 BGB).

Wann ist eine Individualvereinbarung anzunehmen?

AGB liegen nicht vor, wenn der Inhalt der Klausel zwischen Mieter und Vermieter im Einzelnen ausgehandelt wurde. In diesem Fall spricht man von einer Individualvereinbarung. Die Rechtsprechung stellt hohe Anforderungen an dieses »Aushandeln«, so dass eine individuelle Vereinbarung in der Praxis schwer nachzuweisen ist. **Aushandeln** bedeutet mehr als bloßes Verhandeln oder Erläutern einer Klausel (BGH VIII ZR 245/22 WuM 2025, 499). Der Vermieter muss den wesentlichen Inhalt der Bestimmung ernsthaft zur Diskussion stellen und dem Mieter tatsächliche Gestaltungsmöglichkeiten einräumen. Der Mieter muss eigene Inhaltsvorschläge einbringen und ggf. durchsetzen können. Die Möglichkeit, zwischen zwei vom Vermieter vorgegebenen und vorformulierten Vertragsbedingungen zu wählen, reicht nicht aus (BGH VIII ZR 245/22 WuM 2025, 499).

Als Individualklausel gilt nur die ausgehandelte Regelung, die anderen vom Vermieter gestellten Vertragsklauseln bleiben AGB. Hat der Mieter eine individuelle Vereinbarung mit dem Vermieter getroffen, werden AGB davon »verdrängt« (§ 305b BGB). Das gilt für einzelne Absprachen bei Vertragsabschluss und auch für spätere Änderungen.

Die Abgrenzung ist wichtig, wenn die Parteien über die Wirksamkeit einer Vertragsklausel streiten. Nur AGB unterliegen der Kontrolle nach den §§ 305 – 310 BGB. Eine Individualvereinbarung kann grundsätzlich frei verhandelt werden. Sie ist nur dann unwirksam, wenn sie gegen zwingendes Recht (→ *Unabdingbare Rechte des Mieters*), Verbotsgesetze i. S. d. § 134 BGB oder den Grundsatz von Treu und Glauben (§ 242 BGB) verstößt oder sittenwidrig (§ 138 BGB) ist.

Tipp für die Abgrenzung: Benutzt der Vermieter ein **vorgedrucktes Mietvertragsformular**, handelt es sich immer um kontrollfähige AGB. Aber auch handgeschriebene oder maschinengeschriebene Vertragsbestimmungen sind AGB, wenn sie mehrmals – mindestens dreimal – verwendet werden sollen.

Wann ist eine AGB nicht wirksam in den Vertrag einbezogen?
AGB werden nur dann Bestandteil des Vertrags, wenn der Vermieter bei Vertragsabschluss dem Mieter die Möglichkeit verschafft, in **zumutbarer Weise von ihrem Inhalt Kenntnis** zu nehmen (§ 305 Abs. 2 BGB). Dies setzt voraus, dass sie für einen Durchschnittsmieter mühelos lesbar und übersichtlich sind und einen vertretbaren Umfang haben. Wenn der Mieter erst nach der Unterschrift das ganze Kleingedruckte durchlesen konnte (und das auch beweisen kann), kann sich der Vermieter auf diese Vertragsklauseln nicht berufen.

Beispiel für eine nicht wirksame Einbeziehung: Der Mietvertrag umfasst 50 Seiten und ist vollkommen unübersichtlich. Klauseln und Anlagen sind nicht vollständig durchnummeriert. Es ist nicht möglich, alle Seiten den entsprechenden Anlagen zuzuordnen (AG Köln WuM 2009, 450).

Auch **überraschende Klauseln** mit einem Überrumpelungseffekt werden nicht Vertragsbestandteil (§ 305c Abs. 1 BGB). Dies ist der Fall, wenn der Mieter mit einer solchen Regelung in einem Mietvertrag nicht rechnen muss.

> **Beispiel:** Der Mietvertrag beinhaltet ein Angebot auf Abschluss eines Stromliefervertrags mit einem vom Vermieter vorgeschlagenen Energielieferanten.

Ein Überraschungseffekt kann sich auch aus der **Platzierung der Klausel** im Vertrag ergeben. Wenn sie sich an einer Stelle befindet, an der üblicherweise mit einer solchen Regelung nicht zu rechnen ist, ist sie unwirksam (BGH XII ZR 189/08; XII ZR 109/08).

> **Beispiel:** In der Hausordnung ist die Verpflichtung des Mieters zur Durchführung von Schönheitsreparaturen oder die Umlage von Betriebskosten geregelt.

Was wird bei der Inhaltskontrolle geprüft?
Sind die AGB Vertragsbestandteil geworden und weichen sie von einer gesetzlichen Regelung ab, ist inhaltlich in folgender **Reihenfolge** zu prüfen:

1. Verstoß gegen ein Klauselverbot i. S. v. § 309 BGB?
Klauseln, die gegen eines der Verbote in § 309 BGB verstoßen, sind **immer unwirksam.**

> **Beispiele:**
> - Das → *Zurückbehaltungsrecht* des Mieters wird ausgeschlossen (§ 309 Nr. 2b BGB).
> - Der Mieter darf auch nicht mit einer unbestrittenen oder rechtskräftig festgestellten Forderung aufrechnen (§ 309 Nr. 3 BGB) → *Aufrechnung.*
> - Die Haftung des Vermieters für Schäden an Leben, Körper oder Gesundheit des Mieters wird ausgeschlossen (§ 309 Nr. 7a BGB).

2. Verstoß gegen ein Klauselverbot i. S. v. § 308 BGB?
Klauseln sind unwirksam, wenn der Mieter durch sie **unangemessen benachteiligt** wird.

Beispiele:
- Der Vermieter behält sich ein einseitiges Leistungsänderungsrecht vor (§ 308 Nr. 4 BGB).
- Ein Schweigen des Mieters wird als Zustimmung fingiert (§ 308 Nr. 5 BGB).
- Der Mieter darf eine Geldforderung gegen den Vermieter nicht abtreten (§ 308 Nr. 9 BGB).

3. Benachteiligt die Klausel den Mieter unangemessen i. S. v. § 307 Abs. 2 BGB?
Dies ist der Fall, wenn sie **von wesentlichen Grundgedanken** des Mietrechts **abweicht** oder wesentliche Rechte des Mieters oder Pflichten des Vermieters einschränkt.

Beispiele:
- Das Mietminderungsrecht wird ausgeschlossen (Abweichung von § 536 BGB).
- Der Mieter wird verpflichtet, sämtliche Instandhaltungsmaßnahmen in der Wohnung vorzunehmen (Abweichung von § 535 Abs. 1 Satz 2 BGB).

4. Ist die Klausel nach § 307 Abs. 1 Satz 1 BGB unwirksam?
Danach ist die AGB unwirksam, wenn sie den Mieter **unangemessen benachteiligt** und **mit den Geboten von Treu und Glauben nicht vereinbar** ist. Dies ist der Fall, wenn der Vermieter durch einseitige Vertragsbestimmungen missbräuchlich eigene Interessen auf Kosten des Mieters durchsetzen will (BGH VIII ZR 13/17 WuM 2017, 703).

Beispiele:
- Eine Schönheitsreparaturklausel schreibt auch für während der Mietzeit auszuführende Malerarbeiten eine bestimmte Farbwahl (»neutrale Farbtöne«) vor (BGH VIII ZR 166/08 WuM 2009, 224).
- Eine Endrenovierungsklausel verpflichtet den Mieter am Ende der Mietzeit zur Durchführung von Schönheitsreparaturen unabhängig vom tatsächlichen Renovierungsbedarf (BGH VIII ZR 166/08 WuM 2009, 224).
- Unwirksam ist auch die formularmäßige Verlängerung der gesetzlichen Verjährungsfrist gem. § 548 BGB von sechs auf zwölf Monate für Schadensersatzansprüche des Vermieters wegen Veränderungen oder Verschlechterungen der Mietsache (BGH VIII ZR 13/17 WuM 2017, 703).

5. Ist die Klausel intransparent i. S. v. § 307 Abs. 1 Satz 2 BGB?
AGB müssen klar, verständlich und eindeutig formuliert sein. Auch ein rechtlich nicht vorgebildeter Durchschnittsmieter muss der Klausel möglichst klar und einfach seine Rechte und Pflichten entnehmen können (BGH VIII ZR 10/03 WuM 2004, 25). Entspricht die Klausel nicht dem Transparenzgebot, benachteiligt sie den Mieter unangemessen und ist unwirksam.

Gilt die Inhaltskontrolle auch für Geschäftsraummietverträge?
Die Ausführungen in diesem Stichwort beziehen sich auf Wohnraummietverträge. Formularklauseln in Geschäftsraummietverträgen unterliegen zwar auch einer Inhaltskontrolle nach § 307 BGB, allerdings mit Einschränkungen. Hier können Klauseln wirksam sein, die bei Wohnraummietverträgen unzulässig sind. Näheres zu Formularklauseln in Gewerbemietverträgen bei → *Geschäftsraummiete.*

Was ist die Folge einer unwirksamen AGB?
Die einzelne Klausel ist **unwirksam**, der **Mietvertrag** bleibt aber **im Übrigen wirksam** (§ 306 Abs. 1 BGB). An die Stelle der unwirksamen Klausel tritt die **gesetzliche Regelung** (§ 306 Abs. 2 BGB).

> **Beispiel:** Die Schönheitsreparaturklausel in einem Formularmietvertrag benachteiligt den Mieter unangemessen. Damit ist sie unwirksam und es gilt die gesetzliche Bestimmung: Der Vermieter trägt die Instandhaltungspflicht und muss die Schönheitsreparaturen selbst vornehmen.

Unwirksame Klauseln dürfen nicht mit dem »gerade noch« zulässigen Inhalt aufrechterhalten werden. Eine sog. geltungserhaltende Reduktion ist nicht zulässig (BGH VII 316/81). Sie müssen vollständig durch die gesetzliche Regelung ersetzt werden. Hat eine Vertragsklausel allerdings mehrere voneinander trennbare eigenständige Regelungen und ist nur ein Teil unwirksam, ist nur dieser Teil zu streichen und die Klausel im Übrigen aufrechtzuerhalten.

> **Beispiel:** Ein Mietvertrag enthält eine unwirksame Quotenabgeltungsklausel (→ *Schönheitsreparaturen*), aber eine wirksame Schönheitsreparaturklausel. Die Unwirksamkeit der Quotenabgeltungsklausel führt nicht zur Unwirksamkeit der Schönheitsreparaturklausel. Denn die Verpflichtung des Mieters zur Vornahme von Schönheitsreparaturen ist auch ohne die Quotenabgeltungsklausel inhaltlich vollständig und von dieser trennbar (BGH VIII ZB 43/23 WuM 2024, 192).

Kann sich der Vermieter auf die Unwirksamkeit seiner eigenen Klauseln berufen?
Nein. Die AGB-Kontrolle schützt nicht den Verwender der Klausel, sondern nur seinen Vertragspartner vor unangemessener Benachteiligung. Deshalb kann sich der Vermieter nicht auf die Unwirksamkeit seiner eigenen, von ihm gestellten Klausel berufen, um aus der Unwirksamkeit für sich einen Vorteil abzuleiten.

> **Beispiel:** Der Mietvertrag enthält eine unwirksame Klausel zur Kündigung durch den Vermieter. Kündigt der Vermieter unter Berufung auf diese Regelung und zieht der Mieter dann aus, darf der Vermieter sich anschließend nicht darauf berufen, diese Regelung sei unwirksam und der Vertrag daher nicht ordnungsgemäß gekündigt.

Allgemeines Gleichbehandlungsgesetz (AGG)

Das AGG dient dem Schutz vor Benachteiligungen aufgrund der Rasse oder ethnischen Herkunft, des Geschlechts, der Religion oder Weltanschauung, einer Behinderung, des Alters oder der sexuellen Identität. Es gilt bereits im Vorfeld eines Mietvertrags – bei der Vertragsanbahnung –, aber auch während des Bestehens des Mietverhältnisses.

Zugang zu Wohnraum – Diskriminierung bei Vertragsanbahnung
Das AGG verbietet die Benachteiligung beim Zugang zu Wohnraum aus den o. g. Gründen unter der Voraussetzung, dass der Wohnraum **öffentlich angeboten** wird, z. B. durch Makler, im Internet, durch Aushänge oder Zeitungsinserate. Werden Wohnungen privat, z. B. an Freunde oder Verwandte, vergeben, gilt das AGG nicht. Ausgenommen sind außerdem Vermieter, die **nicht mehr als 50 Wohnungen** anbieten, sowie Wohnraum auf einem Grundstück, das auch vom Vermieter bewohnt wird. Zulässig ist es nach dem AGG zudem, wenn bei der Vermietung das Ziel einer sozial stabilen Bewohnerstruktur, einer ausgewogenen Siedlungsstruktur sowie ausgeglichener wirtschaftlicher, sozialer und kultureller Verhältnisse verfolgt wird.

Der häufigste Fall der Benachteiligung beim Zugang zu Wohnraum ist der **Ausschluss ausländischer Bewerber**. Oft genügt schon ein »ausländisch klingender« Name, damit Bewerber keine Chance haben. Der BGH hat einer pakistanischen Wohnungsbewerberin, die mit ihrem eigenen Namen und weiteren »ausländischen« Testnamen von einem Makler mehrfach Absagen auf Besichtigungsanfragen erhalten hatte, auf drei ansonsten identische Anfragen mit »deutschen« Namen aber jeweils sofort eingeladen wurde, einen Anspruch auf Schadensersatz und Entschädigung nach dem AGG zugesprochen (BGH I ZR 129/25 WuM 2026, 155).

Eine Benachteiligung ist auch mittelbar aufgrund **scheinbar neutraler Kriterien** (z. B. fehlende Deutschkenntnisse, ungesicherte Aufenthaltserlaubnis) möglich. Werden Bewerber aus solchen Gründen bei der Vergabe ausgeschlossen bzw. schon nicht zur Besichtigung oder Eintragung in Wartelisten zugelassen, kann dies eine Benachteiligung i. S. d. AGG sein. Ein Mensch darf auch nicht wegen seiner Hautfarbe von vornherein abgelehnt werden (OLG Köln WuM 2010, 81). Zulässig ist es aber, wenn ein genossenschaftlicher Vermieter nur bei finanziell schwachen Personengruppen eine Mietsicherheit verlangt (AG Kiel ZMR 2012, 201).

Benachteiligung im laufenden Mietverhältnis

Eine Benachteiligung im laufenden Mietverhältnis kann gleichfalls gegen das AGG verstoßen. Für die beharrliche Verweigerung der Gestattung einer Rollstuhlrampe wurde ein Großvermieter zur Zahlung von 11 000 Euro verurteilt (LG Berlin II WuM 2024, 601). Werden in einer größeren Wohnanlage Mieterhöhungen nur von ausländischen Mietern verlangt, um diese zum Auszug zu bewegen, besteht ein Entschädigungsanspruch (AG Tempelhof-Kreuzberg WuM 2015, 73 – je 15 000 Euro, auch als Prävention).

Ansprüche des Mieters bei Benachteiligungen nach dem AGG

§ 21 AGG regelt die Ansprüche, die dem Mieter aufgrund einer Benachteiligung zustehen. Es gibt
- einen Anspruch auf Beseitigung der Beeinträchtigung,
- einen Anspruch auf Unterlassung künftiger Beeinträchtigungen,
- einen Schadensersatzanspruch, der für den Schaden, der nicht Vermögensschaden ist, auch eine »angemessene Entschädigung in Geld« umfasst.

Im Falle der Benachteiligung bei der Vergabe von Wohnraum wären der Anspruch auf Beseitigung der Beeinträchtigung sowie der Schadensersatzanspruch im Prinzip beide darauf gerichtet, dass der Benachteiligte die Wohnung, für die er sich beworben hatte, doch bekommt. Hierbei gibt es jedoch zwei Probleme: Zum einen müsste er dafür im Prozess nachweisen können, dass er ohne die Benachteiligung den Zuschlag für die Wohnung sicher bekommen hätte, was in Zeiten, in denen es oft Hunderte Bewerber gibt, praktisch kaum möglich ist. Zum anderen wird die Wohnung (schlimmstenfalls bei Abschluss eines Rechtsstreits) in aller Regel längst an andere Bewerber vergeben worden sein, die man auch nicht einfach wieder »an die Luft setzen« kann, denn sie haben einen gültigen Mietvertrag geschlossen. Der Anspruch auf Unterlassung künftiger Beeinträchtigungen verhilft dem Mieter konkret auch nicht zu einer Wohnung. Daher wird in aller Regel (nur) der **Entschädigungsanspruch** geltend gemacht.

Wichtig: Der Anspruch muss innerhalb von **zwei Monaten** nach dem Verstoß **geltend gemacht** werden, sonst verfällt er! Es genügt die formlose Mitteilung an den Benachteiligenden, dass Ansprüche nach dem AGG wegen der Benachteiligung geltend gemacht werden. Es ist aber empfehlenswert, dafür zu sorgen, dass der → *Zugang der Erklärung* beim Anspruchsgegner später nachgewiesen werden kann. Wird eine Klage innerhalb dieser Zweimonatsfrist erhoben, genügt dies auch als Geltendmachung. Ein aktueller Gesetzentwurf sieht die Verlängerung der Frist auf vier Monate vor.

In der Regel wird der diskriminierende Vermieter freiwillig weder die Beeinträchtigung beseitigen noch eine Entschädigung zahlen, man wird also um die gerichtliche Geltendmachung kaum herumkommen. Zuständig ist abhängig vom Streitwert das Amtsgericht (seit dem 1.1.2026: bis 10 000 Euro) oder – bei höherem Streitwert – das Landgericht, jeweils am Wohnort bzw. Sitz des Beklagten. § 23 AGG erlaubt bei der Durchsetzung vor Gericht die Unterstützung durch Antidiskriminierungsverbände.

Wichtig: In einigen Bundesländern muss vor der Klage (meist unter der Voraussetzung, dass beide Parteien im selben Landgerichtsbezirk gemeldet sind bzw. ihren Sitz haben) ein sog. **obligatorisches Güteverfahren** → *Streitschlichtung* durchgeführt werden, sonst ist die Klage bereits unzulässig. Dies gilt nach derzeitigem Stand in Bayern (Art. 1 Nr. 3 BaySchlG), Niedersachsen (§ 1 Abs. 2 Nr. 4 NSchlG), Nordrhein-Westfalen (§ 53 Abs. 1 Nr. 3 JustG NRW) und Schleswig-Holstein (§ 1 Abs. 1 Nr. 1 LSchliG).

Anspruchsgegner kann z. B. der Makler, Hausverwalter oder der Vermieter sein, selbst wenn dieser die Benachteiligung nicht persönlich ausgeübt hat. Es genügt, wenn der **Vermieter** Dritte – z. B. Makler oder Hausverwalter – anweist, nicht an bestimmte Personengruppen zu vermieten (OLG Köln WuM 2010, 81) oder ihm dessen Verhalten als sog. Erfüllungsgehilfe (§ 278 BGB) zuzurechnen ist. Gerade in den Fällen, in denen es um die Vertragsanbahnung geht, wird der Vermieter oft nicht namentlich bekannt sein; dann kann ein Auskunftsanspruch bzgl. Namen und Anschrift gegen den Verwalter (OLG Köln WuM 2010, 81) oder den Makler bestehen. **Makler oder Hausverwalter** können aber gleichfalls in der Haftung stehen. Nach einer neuen Entscheidung des Bundesgerichtshofs (BGH I ZR 129/25 WuM 2026, 155) können sich Makler oder Hausverwalter nicht mit dem Argument rausreden, sie seien nicht die »Anbieter«. Pflichtenadressat ist nach Ansicht des BGH die gesamte »Anbieterseite«, weshalb die Haftung nicht nur den Vermieter als potenziellen Vertragspartner trifft, sondern eben auch von ihm beauftragte Makler (BGH I ZR 129/25 WuM 2026, 155).

Im **AGG-Prozess** genügt es, **Indizien** vorzutragen. Hierzu dient das sog. **Testing-Verfahren**, bei dem nach der Ablehnung bzw. dem Ausbleiben einer Reaktion auf eine Bewerbung eine weitere Bewerbung mit entsprechenden Daten, aber unter Verwendung eines »deutschen« Namens erfolgt. Ist die Reaktion dann positiv, wird der »deutsche« Bewerber also eingeladen oder vorgemerkt bzw. erhält nun zumindest eine Antwort, ist dies ein **hinreichendes Indiz** für eine Benachteiligung (vgl. BGH I ZR 129/25 WuM 2026, 155). Die Gegenpartei muss dann beweisen, dass kein Verstoß gegen das AGG vorgelegen hat.

Altenheim

Heime sind entgeltlich betriebene Einrichtungen, die dazu dienen, alte Menschen sowie pflegebedürftige oder behinderte Volljährige nicht nur vorübergehend aufzunehmen und ihnen dabei Wohnraum zu überlassen, aber auch Betreuung und Verpflegung zur Verfügung zu stellen. Wegen der Besonderheiten gilt für die Heimverträge zwischen den Bewohnern und dem Heimbetreiber nicht das allgemeine Wohnraummietrecht, sondern die speziellen Vorschriften des **Wohn- und Betreuungsvertragsgesetzes** (WBVG). Sie gelten auch, wenn die Überlassung des Wohnraums und die Erbringung der Betreuungsleistungen in getrennten Verträgen geregelt sind und der Bestand des Vertrags über den Wohnraum von dem Bestand des Betreuungsvertrags abhängig ist. Das Gleiche gilt, wenn der Bewohner den Vertrag über den Wohnraum nicht ohne den Betreuungsvertrag beibehalten kann oder wenn der Betreiber den Abschluss des Vertrags über den Wohnraum vom Abschluss des Betreuungsvertrags tatsächlich abhängig macht. Ein Heimvertrag i. S. d. WBVG liegt aber nicht vor, wenn darin neben der Überlassung des Wohnraums nur allgemeine Unterstützungsleistungen wie die Vermittlung von Pflege- oder Betreuungsleistungen, Leistungen der hauswirtschaftlichen Versorgung oder Notrufdienste vereinbart sind.

Für die Anwendung des WBVG kommt es nicht darauf an, wie die Unterbringung bzw. der Vertrag bezeichnet wird. Das WBVG kann deshalb auch bei Verträgen über → *Betreutes Wohnen* gelten, wenn die Voraussetzungen für die Anwendung des Gesetzes erfüllt sind.

Abschluss, Laufzeit und Ende des Heimvertrags
Der Betreiber muss den Bewohner rechtzeitig vor Vertragsschluss in leicht verständlicher Sprache über sein Leistungsangebot und den wesentlichen Inhalt der speziell für den Bewohner in Betracht kommenden Leistungen informieren. Dazu gehört u. a. die Darstellung der Ausstattung und Lage des Gebäudes, der Gemeinschaftsanlagen und ihrer Nutzungsbedingungen und der Ergebnisse von Qualitätsprüfungen, die nach anderen gesetzlichen Bestimmungen veröffentlicht werden müssen. Darzustellen sind ferner die Pflege- und Betreuungsleistungen sowie weitere Leistungen der Einrichtung und die jeweils zu zahlenden Entgelte. Auch muss über die Voraussetzungen informiert werden, unter denen Leistungen und Preise geändert werden können.

Der Vertrag wird dann grundsätzlich **auf unbestimmte Zeit** geschlossen. Ist der Bewohner bei Abschluss des Vertrags geschäftsunfähig, muss der Vertrag von einem Bevollmächtigten oder von seinem Betreuer genehmigt werden. Der Vertrag endet automatisch mit dem Tod des Bewohners. Mit Personen, die mit dem Verstorbenen einen gemeinsamen Haushalt in der Einrichtung geführt haben, aber selbst nicht Vertragspartner des Betreibers sind, wird der Vertrag noch drei Monate fortgeführt, wenn die Personen dem nicht widersprechen.

Der Bewohner kann den Vertrag spätestens am 3. Werktag eines jeden Kalendermonats zum Ablauf desselben Monats **schriftlich kündigen** → *Schriftform*. Wurden getrennte, aber inhaltlich voneinander abhängige Verträge über den Wohnraum einerseits und Betreuungs- und Pflegeleistungen andererseits abgeschlossen, können beide Verträge nur **einheitlich gekündigt** werden. Zieht ein Leistungsbezieher der Pflegeversicherung (SGB XI) nach der Kündigung noch vor dem Kündigungstermin am Monatsende aus der Einrichtung aus, darf ihm nicht der gesamte Monat berechnet werden, sondern es muss taggenau nach seiner Anwesenheit abgerechnet werden (BGH III ZR 292/17 WuM 2019, 40).

Außer dem Kündigungsrecht mit Monatsfrist hat der Bewohner **nicht fristgebundene Sonderkündigungsrechte**. Zum einen kann er in den ersten beiden Wochen nach Beginn des Vertragsverhältnisses jederzeit ohne besonderen Grund fristlos kündigen. Zum anderen kann er jederzeit aus wichtigem Grund fristlos kündigen, wenn ihm die Fortsetzung des Vertrags bis zum Ablauf der Kündigungsfrist nicht zuzumuten ist. Bei getrennten, aber inhaltlich voneinander abhängigen Verträgen muss der wichtige Grund nur in Bezug auf einen Vertrag gegeben sein; der Bewohner kann dann alle Verträge kündigen.

Der **Heimbetreiber** dagegen kann den Vertrag **nur aus wichtigem** Grund kündigen. Er kann z. B. bis zum 3. Werktag eines Kalendermonats zum Ablauf des nächsten Monats kündigen, wenn er den Betrieb einstellt, wesentlich einschränkt oder in seiner Art verändert und die Fortsetzung des Vertrags mit dem Bewohner deshalb für ihn unzumutbar wird. Der Bewohner kann in diesem Fall u. U. verlangen, dass der Betreiber ihm eine Ersatzunterkunft nachweist und die Umzugskosten trägt; auch kommt ein Schadensersatzanspruch des Bewohners wegen Mehrkosten für die neue Unterbringung in Betracht (LG Bonn, Urt. v. 17.7.2018 – 5 S 155/17). Der Betreiber kann z. B. fristlos kündigen, wenn er eine fachgerechte Pflege- oder Betreuungsleistung nicht erbringen kann, weil sich der Gesundheitszustand des Bewohners so verschlechtert, dass eine Betreuung nicht mehr möglich ist (BGH XII ZB 90/09), oder wenn der Bewohner seine vertraglichen Pflichten schuldhaft so stark verletzt, dass dem Betreiber die Fortsetzung des Vertrags nicht zugemutet werden kann, z. B. bei sexuellen Übergriffen gegenüber Mitbewohnern (LG Kleve, Urt. v. 19.1.2016 – 4 O 108/15). Der Betreiber kann auch dann fristlos kündigen, wenn der Bewohner im Zahlungsverzug ist, und zwar entweder für zwei aufeinanderfolgende Termine mit mehr als einem Monatsentgelt oder in einem Zeitraum von mehr als zwei Zahlungsterminen in Höhe des Entgelts für zwei Monate. Allerdings muss der Betreiber dem Bewohner vor der Kündigung zunächst erfolglos eine angemessene Zahlungsfrist gesetzt haben.

Entgeltzahlung
Der Bewohner muss für die Leistungen des Betreibers das vereinbarte Entgelt bezahlen. Für Bewohner, die Leistungen nach dem SGB IX (Rehabilitation und Teilhabe von Menschen mit Behinderungen), dem SGB XI (Soziale Pflegeversicherung) oder dem SGB XII (Sozialhilfe) in Anspruch nehmen, werden die Kosten für die Unterbringung, Pflege und Versorgung nach den Vorschriften des jeweiligen Sozialgesetzbuchs festgelegt. Soweit der Bewohner länger als drei Tage abwesend ist, muss der Betreiber den Wert der dadurch ersparten Aufwendungen anrechnen. Werden vertragliche Leistungen ganz oder teilweise nicht erbracht oder weisen sie erhebliche Mängel auf, kann der Bewohner bis zu sechs Monate rückwirkend eine angemessene Kürzung des vereinbarten Entgelts verlangen.

Änderung des Mietvertrags → *Mietvertrag*

Anfechtung des Mietvertrags → *Widerruf* → *Kündigung* → *Rücktritt*

Meist werden Mietverhältnisse durch Kündigung beendet. Dabei beendet die sog. ordentliche → *Kündigung* das Mietverhältnis zum Ablauf der gesetzlichen → *Kündigungsfrist*, die → *fristlose Kündigung* mit sofortiger Wirkung bei Zugang des Kündigungsschreibens. Im Gegensatz dazu beendet die Anfechtung das Mietverhältnis **rückwirkend**, so als hätte es von Anfang an nicht bestanden. Es gab also von Anfang an keine vertragliche Grundlage für den Austausch der Leistungen »Wohnung gegen Miete«. Deswegen müsste der Vertrag eigentlich rückabgewickelt werden; aber da der Mieter das Erhaltene – das Wohnen in der Vergangenheit – nicht zurückgeben kann, hat der Vermieter nur einen Anspruch auf Wertersatz in Höhe der ortsüblichen Miete einschl. Nebenkosten, der mit dem Mietrückzahlungsanspruch des Mieters verrechnet wird. Daher ist die Rückabwicklung – außer wenn die vereinbarte Miete überhöht war – meist ein »Nullsummenspiel«. Für den Mieter kann sich die Anfechtung aber trotzdem lohnen, etwa wenn er eine Maklerprovision gezahlt hat. Da die Anfechtung den Vertrag rückwirkend vernichtet, entfällt auch der Provisionsanspruch des Maklers; der Mieter kann die Rückzahlung verlangen (BGH III ZR 45/05 NJW-RR 2005, 1506).

Die Anfechtung setzt einen Anfechtungsgrund voraus, der vom Anfechtenden im Prozessfall auch bewiesen werden muss. Anfechtungsgründe können bestimmte Irrtümer (§ 119 BGB) oder die arglistige Täuschung durch den Vertragspartner (§ 123 BGB) sein.

Anfechtung durch den Vermieter

Der Vermieter kann z. B. anfechten, wenn der Mieter vor oder bei Vertragsschluss falsche Angaben gemacht hat; allerdings nur, soweit diese das Mietverhältnis betreffen. Außerdem muss bezüglich der Tatsache eine **Offenbarungspflicht** des Mieters (→ *Selbstauskunft*) bestehen; andernfalls kann wegen einer unterlassenen Auskunft oder Falschauskunft auch nicht angefochten werden.

Der **Vermieter** kann anfechten, wenn vor oder bei Vertragsschluss

- ein laufendes Insolvenzverfahren nicht offenbart wurde,
- Fragen nach früheren Mietschulden oder offenen Mietforderungen wahrheitswidrig verneint wurden (LG Itzehoe WuM 2008, 281),
- die Frage, ob dem Mieter in einem früheren Mietverhältnis gekündigt wurde, falsch beantwortet wurde (AG Kaufbeuren NZM 2013, 577),

- eine gefälschte Vorvermieterbescheinigung vorgelegt wurde (BGH VIII ZR 107/13 WuM 2014, 333: fristlose Kündigung rechtens; dies dürfte aber auch als Anfechtungsgrund genügen).

Grundsätzlich muss der Mieter selbstverständlich keine Angaben zu seinen politischen Ansichten machen; eine Ausnahme kann aber z. B. gelten, wenn der Mieter als AfD-Aktivist »Anziehungspunkt« für Angriffe wie Farbbeutelwürfe oder Brandstiftung ist und dadurch die Mietsache in Gefahr geraten kann (AG Göttingen WuM 2017, 702 mit anschl. Vergleich).

Keine Anfechtung durch den Vermieter ist **möglich**, wenn
- sich eine fehlerhafte Angabe des Mieters zu seinem Einkommen nicht auf das Mietverhältnis ausgewirkt hat (LG Wiesbaden WuM 2004, 399),
- der Mieter nicht darauf hingewiesen hat, dass er behindert ist,
- der Mieter nicht darauf hingewiesen hat, dass er unter Betreuung steht (LG Hannover 2 S 74/09),
- der Mieter kurz nach Vertragsschluss offenbart, dass er Sozialleistungen erhält und der Vermieter dies zunächst hinnimmt, um dann Monate später die Anfechtung des Vertrags zu erklären (LG Osnabrück 1 S 166/17),
- ein Paar bei Vertragsschluss wahrheitswidrig behauptet, verheiratet zu sein (AG Lüdinghausen WuM 2019, 31),
- der Mieter eine bevorstehende Haftstrafe von einigen Monaten Dauer nicht offenbart hat (LG Osnabrück 1 S 166/17),
- der Mieter im Rahmen der → *Mietpreisbremse* eine überhöhte Miete rügt (LG Berlin WuM 2019, 262).

Anfechtung durch den Mieter

Der **Mieter** kann anfechten, wenn
- er sich über eine verkehrswesentliche Eigenschaft der Wohnung geirrt hat, z. B. wenn er eine als kinderfreundlich angepriesene Wohnung mietet und schon kurze Zeit später Beschwerden über normalen Kinderlärm kommen (LG Essen WuM 2005, 47),
- der Vermieter erhebliche Mängel verschweigt (z. B. Schimmelbefall),
- der Vermieter verschweigt, dass er bereits wegen Betrugs im Zusammenhang mit seiner Vermietertätigkeit verurteilt wurde (AG Donaueschingen WuM 2014, 595),
- sich herausstellt, dass der Vermieter hoch verschuldet und unzuverlässig ist (LG Konstanz WuM 2017, 258).

Eine Anfechtung durch den Mieter ist nicht möglich
- wegen der Angabe einer falschen Wohnungsgröße in der Annonce (AG Frankfurt WuM 2007, 315),

- bei einem sog. Motivirrtum, der mit der Mietsache als solcher nichts zu tun hat (z. B. wenn er die Wohnung im Hinblick auf die Nähe zur neuen Arbeitsstelle mietet, den Job dann aber doch nicht bekommt). In diesen Fällen bleibt nur die → *Kündigung*.

Anmeldung

Zieht der Mieter in eine andere Gemeinde, muss er sich beim zuständigen Amt am neuen Wohnort anmelden. Wer dies nicht erledigt, muss mit einem **Bußgeld** rechnen.

Das persönliche Erscheinen auf dem Einwohnermeldeamt ist in der Regel notwendig, da im Personalausweis die neue Anschrift eingetragen werden muss. In einigen Gemeinden akzeptiert die Behörde aber auch eine postalische Anmeldung. In immer mehr Städten kann man sich elektronisch ummelden. Der komplette Meldevorgang lässt sich online erledigen. Anders als bei der Ummeldung im Amt fallen in der Regel keine Gebühren an. Diese Möglichkeit soll schrittweise erweitert werden und künftig in ganz Deutschland zur Verfügung stehen. Für die Online-Anmeldung sind jedoch einige zusätzliche Voraussetzungen zu schaffen. Benötigt werden ein Ausweisdokument mit aktiviertem Online-Ausweis und der dazugehörigen PIN, ein geeignetes Smartphone mit NFC-Schnittstelle oder ein Kartenlesegerät, die kostenlose Ausweis-App des Bundes für das Smartphone oder den PC sowie ein entsprechendes Nutzerkonto, z. B. die BundID.

Der Vermieter oder sein Verwalter ist verpflichtet, bei der Anmeldung mitzuwirken. Dadurch sollen Scheinanmeldungen verhindert werden. Der Vermieter muss innerhalb von zwei Wochen eine entsprechende schriftliche oder elektronische Erklärung gegenüber dem Mieter abgeben. In der Erklärung müssen der Name und die Anschrift des Vermieters, das Ein- oder Auszugsdatum, die Anschrift der Wohnung sowie der Name der meldepflichtigen Person enthalten sein. Verweigert der Vermieter oder sein Verwalter die Bestätigung oder erteilt er sie nicht rechtzeitig, muss der Mieter das der Meldebehörde unverzüglich mitteilen.

Wer zur → *Untermiete* wohnt, muss sich die Einzugsbestätigung von seinem (Unter-)Vermieter geben lassen. Ein Mieter, der seine Wohnung oder einzelne Räume untervermietet, ist also ebenfalls verpflichtet, den Einzug schriftlich zu bescheinigen. Das gilt auch für einen Hauptmieter innerhalb einer Wohngemeinschaft. Der Vermieter kann bei der Meldebehörde eine Auskunft einholen, ob sich der Mieter ordnungsgemäß an- oder abgemeldet hat. Er kann kostenfrei beim Einwohnermeldeamt nachfragen, welche Personen in seiner Wohnung gemeldet sind. Auf diese Weise kann der Vermieter ggf. herausfinden, ob ein Mieter die Wohnung unerlaubt untervermietet.

Eine **Abmeldung** beim alten Einwohnermeldeamt ist grundsätzlich nicht notwendig. Das Amt leitet die Daten an die Meldebehörde am bisherigen Wohnort weiter. Besonderheiten bestehen aber bei einem Umzug ins Ausland oder wenn eine von mehreren Wohnungen (Haupt- oder Nebenwohnsitz) aufgegeben wird, ohne eine neue zu beziehen. Hier ist frühestens eine Woche vor und spätestens zwei Wochen nach dem Auszug eine Abmeldung erforderlich.

Anpassungsklausel → *Mieterhöhung bei Indexmiete* → *Mieterhöhung bei Staffelmiete*

Anzeigepflicht des Mieters

Der Mieter muss dem Vermieter → *Mängel der Mietsache* unverzüglich mitteilen. Unterlässt er schuldhaft eine rechtzeitige Anzeige, **kann er Rechte verlieren.** Dazu gehören die Mietminderung, sein Schadensersatzanspruch bei Selbstbeseitigung und das Kündigungsrecht wegen Nichtbeseitigung des Mangels durch den Vermieter. Außerdem kann der Mieter sich **schadensersatzpflichtig** → *Ersatzansprüche des Vermieters* machen, etwa wenn durch undichte Sanitäranlagen ein größerer Wasserschaden im Haus entsteht.

Anzeigepflicht des Vermieters → *Modernisierung durch den Vermieter* → *Stillschweigende Verlängerung des Mietverhältnisses* → *Vorkaufsrecht* → *Zeitmietvertrag*

Aufhebungsvertrag → *Auszug des Mieters*

Durch einen Aufhebungsvertrag können Mieter und Vermieter das Mietverhältnis jederzeit zu einem bestimmten Termin beenden. Ist der Mieter an einen → *Kündigungssauschluss* oder einen → *Zeitmietvertrag* gebunden, kann er versuchen, eine derartige Übereinkunft zu treffen. Dabei kann vereinbart werden, dass der Mieter einen Nachmieter zu stellen hat.

Form und Inhalt des Aufhebungsvertrags
Eine mündliche Vereinbarung ist zwar wirksam, aus Beweisgründen empfiehlt es sich aber dringend, den Aufhebungsvertrag **schriftlich** abzuschließen. Die Klausel im Mietvertrag »Änderungen und Ergänzungen des Mietvertrags bedürfen der Schriftform« bezieht sich nicht auf einen Aufhebungsvertrag (OLG Düsseldorf GE 2003, 1603).

> **Wichtig zu wissen:** Alle Vermieter und alle Mieter müssen den Aufhebungsvertrag unterschreiben!

Es empfiehlt sich z. B. folgender Wortlaut:

> **Aufhebungsvertrag**
> Die unterzeichnenden Parteien sind sich darüber einig, dass das Mietverhältnis zwischen ... [Vermieter] und ... [Mieter] über die Wohnung im Haus ... [Ort, Straße, Etage, ggf. nähere Angaben wie »rechts«, »Mitte links« o. Ä.] am ... [Tag, Monat, Jahr] beendet ist.
> Es bestehen aus dem Mietverhältnis keine gegenseitigen Ansprüche mehr mit Ausnahme des Anspruchs auf Rückzahlung der Mietkaution.
> [Datum, Unterschrift Vermieter, Unterschrift Mieter]

Die Klausel, dass keine gegenseitigen Ansprüche mehr bestehen, wird nicht jeder Vermieter akzeptieren, da sie die Verpflichtung des Mieters zur Vornahme von Schönheitsreparaturen und Schadensersatz wegen Beschädigung der Mietsache ausschließt. Wird eine solche Klausel aufgenommen, ist aber unbedingt anzuraten, auch die Formulierung zur **Mietkaution** zu übernehmen. Das AG Bergheim (WuM 2017, 259) hat zwar entschieden, dass die Mietkaution von einer solchen Klausel im Zweifel nicht betroffen ist, aber dies könnte von anderen Gerichten anders beurteilt werden.

> **Wichtig zu wissen:** Wer in einem Aufhebungsvertrag unterschreibt, dass er **Schönheitsreparaturen** übernimmt, verpflichtet sich dazu, selbst wenn diese Verpflichtung nach dem Mietvertrag gar nicht besteht!

Sieht der auf Wunsch des Mieters vereinbarte Aufhebungsvertrag eine Kostenpauschale für die vorzeitige Vertragsauflösung vor, muss der Mieter zahlen, soweit er nicht nachweist, dass dem Vermieter tatsächlich nur geringere Kosten entstanden sind (OLG Hamburg WuM 1990, 244). Steht hingegen bereits im Formularmietvertrag, dass der Mieter bei einer vorzeitigen Beendigung des Mietverhältnisses eine pauschale Abgeltung für die entstandenen Kosten zu zahlen hat, ist die Klausel unwirksam → *Bearbeitungsgebühr*.

Vom Vermieter veranlasster Aufhebungsvertrag

Immer häufiger bieten Vermieter ihren Mietern Abfindungen o. Ä. an, wenn sie ihre Wohnung zu einem bestimmten Termin räumen. Im Klartext: Bargeld für einen schnellen Auszug. Insbesondere wenn der Vermieter keinen Kündigungsgrund hat, die Wohnung z. B. nicht selbst beziehen, sondern teuer verkaufen oder anderweitig vermieten will, kommt es zu diesen Angeboten.

Einen auf Initiative des Vermieters abgeschlossenen Aufhebungsvertrag kann der Mieter unter Umständen nach den Vorschriften über Verbraucherverträge rückgängig machen (LG Köln NJW-RR 2001, 1377; LG Heidelberg WuM 1993, 397; AG Freiburg WuM 2013, 728) → *Widerruf*.

Hat der Vermieter den Mieter veranlasst, einen Aufhebungsvertrag abzuschließen, muss der Mieter beim Auszug keine → *Schönheitsreparaturen* vornehmen (LG Nürnberg-Fürth WuM 1981, 159), es sei denn, das wurde ausdrücklich vereinbart.

Achtung: Bevor der Mieter einen Mietaufhebungsvertrag abschließt, sollte er genau überlegen:

- Wie weit kommt er mit dem »Super«-Angebot von 5000 oder 10 000 Euro bar auf die Hand? Von diesem Geld muss er zwar i. d. R. nicht die alte, aber möglicherweise die neue Wohnung renovieren, den Umzug und neue Einrichtungsgegenstände bezahlen und wahrscheinlich für die neue Wohnung dauerhaft mehr Miete zahlen.
- Als Gegenleistung verpflichtet er sich, die Wohnung (unwiderruflich) zu einem bestimmten Termin zu räumen, er verzichtet also auf alle seine Schutzrechte → *Kündigungsschutz*. Hat der Mieter zu dem vereinbarten Termin keine neue Wohnung gefunden, kann der Vermieter ihn womöglich »auf die Straße setzen«.

Häufig wird in Mietaufhebungsverträgen vereinbart, dass die Abfindung des Vermieters nur gezahlt wird, wenn der Mieter **pünktlich auszieht**. Verschiebt sich der Auszug, sind schlimmstenfalls die Abfindung **und** die Wohnung weg (LG Kassel NJW-RR 1994, 466; LG Frankfurt WuM 1990, 196). Das LG Nürnberg-Fürth (NJW-RR 1993, 81) hat differenziert:

- Hat der Vermieter **keinen Kündigungsgrund**, soll der Aufhebungsvertrag diesen in erster Linie ersetzen. Ohne Aufhebungsvertrag müsste der Mieter nicht ausziehen. Hier muss der Vermieter die Abfindung auch dann zahlen, wenn der Mieter nicht pünktlich zum vereinbarten Termin auszieht. Der Vermieter kann allenfalls vom Mieter Schadensersatz verlangen oder vom Vertrag zurücktreten. Dann bleibt alles beim Alten (vgl. auch LG Mannheim WuM 1988, 87).
- Der Vermieter hat zwar einen **Kündigungsgrund**, dem Mieter steht aber eine **längere Räumungsfrist** zu.

Beispiel: Eigenbedarf des Vermieters besteht, der Mieter könnte sich aber erfolgreich auf die Sozialklausel berufen → *Kündigungsschutz*. Hier kommt es dem Vermieter gerade auf den **Zeitpunkt** der Räumung an. Verlässt der Mieter die Wohnung nicht termingerecht, verliert er seinen Anspruch auf Abfindung (LG Frankfurt a. M. WuM 1990, 196).

- Der Vermieter hat zwar einen Kündigungsgrund, seine Kündigung war jedoch aus **formellen Gründen unwirksam**. Er müsste also zunächst einmal eine wirksame Kündigung nachholen. Zur Vermeidung eines weiteren Prozesses schließt er mit dem Mieter einen Aufhebungsvertrag. Hier hat der Vermieter zwei Interessen. Einerseits verschafft er sich durch den Aufhebungsvertrag die Grundlage dafür, dass der Mieter überhaupt auszieht. Andererseits wird der genaue zeitliche Termin der Räumung festgelegt. Zieht der Mieter nicht pünktlich aus, kann der Vermieter von dem Vertrag insgesamt zurücktreten, und alles bleibt beim Alten. Oder er zahlt nur die Hälfte der vereinbarten Abfindung.

Eine Abfindung, die als Gegenleistung für die vorzeitige Räumung der Wohnung gezahlt wird, muss **nicht versteuert** werden (BFH NZM 2001, 56; BFH Bundessteuerblatt II 1977, 27).

Aufrechnung

Der Mieter kann eine eigene Geldforderung gegenüber dem Vermieter mit der Mietzahlung oder einer Nachforderung aus der Nebenkostenabrechnung verrechnen. Hierfür muss er gegenüber dem Vermieter die Aufrechnung mit seiner Forderung (z. B. aus einem Nebenkostenguthaben oder einer überzahlten Miete) gegen die Zahlungsforderung des Vermieters (z. B. auf Mietzahlung) erklären.

Formulierungsvorschlag: »Hiermit erkläre ich die Aufrechnung meiner Forderung aus … [Bezeichnung der Forderung, z. B. aus dem Guthaben der Betriebskostenabrechnung 2024] in Höhe von … Euro [genauen Betrag angeben] mit der Miete in Höhe von … Euro [genauen Betrag angeben] für den Monat … [Monat/Jahr].«

Die Aufrechnung hat zur Folge, dass die Zahlungsforderung des Vermieters in Höhe der Gegenforderung des Mieters ausgeglichen ist.

Beispiel: Dem Mieter steht ein Guthaben aus der Nebenkostenabrechnung i. H. v. 100 Euro zu. Er erklärt die Aufrechnung mit dem Guthaben gegen die Miete für den nächsten Monat i. H. v. 400 Euro. Der Anspruch auf Mietzahlung erlischt i. H. v. 100 Euro, so dass der Mieter nur noch 300 Euro an Miete zahlen muss. Beträgt das Nebenkostenguthaben hingegen 500 Euro und übersteigt damit die Mietforderung, kann der Mieter nach erklärter Aufrechnung immer noch die Zahlung des Differenzbetrags i. H. v. 100 Euro vom Vermieter verlangen.

Aufrechnungsverbote

In vielen Mietverträgen finden sich → *Allgemeine Geschäftsbedingungen* mit Aufrechnungsverboten, die dem Mieter das Aufrechnungsrecht absprechen oder von weiteren Bedingungen abhängig machen.

In Wohnraummietverträgen ist ein **generelles Aufrechnungsverbot** in Formularklauseln ohne irgendwelche Einschränkungen **unwirksam**. Denn nach § 309 Nr. 3 BGB kann das Recht des Mieters, mit unbestrittenen oder rechtskräftig festgestellten Forderungen aufzurechnen, nicht beschränkt werden.

Formularklauseln, nach denen der Mieter **nur mit unbestrittenen oder rechtskräftig festgestellten Forderungen** aufrechnen darf, während für alle übrigen Mieterforderungen ein Aufrechnungsverbot gilt, sind grundsätzlich zulässig. Der Vermieter kann in einer AGB-Klausel auch vereinbaren, dass der Mieter die Aufrechnung einen Monat zuvor ankündigen muss (BGH VIII ZR 191/10 WuM 2011, 418).

Sonderfall: Schadensersatz-, Aufwendungsersatz- oder Mietminderungsansprüche
Wenn dem Mieter Schadens- oder Aufwendungsersatzansprüche aufgrund von Mängeln zustehen oder er ein Rückforderungsrecht wegen zu viel gezahlter Miete hat, kann er gegen die Mietforderung des Vermieters immer aufrechnen, auch wenn das Aufrechnungsrecht im Mietvertrag wirksam beschränkt wurde (§ 556b Abs. 2 BGB). Er muss dem Vermieter seine Aufrechnungsabsicht aber mindestens einen Monat vor Fälligkeit der Miete in → *Textform* anzeigen.

Aufwendungsersatz → *Mangel der Mietsache* → *Modernisierung durch den Vermieter* → *Verjährung*

Aufzug → *Modernisierung durch den Vermieter*

Befindet sich im Haus ein Aufzug, darf der Mieter ihn benutzen, selbst wenn dies nicht ausdrücklich im Mietvertrag steht. Der Fahrstuhl ist als mitvermietet anzusehen (AG München NZM 2001, 93). Deshalb muss der Vermieter ihn auch betriebsbereit halten, im Zweifel rund um die Uhr (OLG Frankfurt NZM 2004, 909). Nimmt der Vermieter den funktionsfähigen Aufzug unter dem Vorwand fehlender Betriebssicherheit außer Betrieb, kann der darauf angewiesene gehbehinderte Mieter die Wiederinbetriebnahme per einstweiliger Verfügung erzwingen (AG Mitte WuM 2013, 302).

Ist der Fahrstuhl längere Zeit nicht betriebsbereit, kann der Mieter eine Mietminderung → *Mangel der Mietsache* vornehmen. Die Höhe der Minderung ist abhängig von der Geschosslage der Wohnung, aber auch von den Umständen des Einzelfalls.

Beispiele:
- 2. OG: 4,4 % (AG Nürnberg WuM 2013, 316),
- 3. OG: 10 % (AG Mitte WuM 2020, 484),
- 4. OG: 10 % (AG Charlottenburg GE 1990, 423),
- 6. OG: 15 % (AG Mitte 10 C 3/07 MM 2007, 227)
- 10. OG: 20 % (AG Mitte 10 C 24/07 MM 2007, 227)

Geht vom Aufzug → *Lärm* aus, kann auch dies eine Mietminderung rechtfertigen. Diese wird sich im Regelfall um 5 – 10 % bewegen (AG Wiesbaden WuM 2006, 2019; LG Berlin GE 2011, 58).

Die → *Betriebskosten* für den Fahrstuhl können nur auf die Mieter umgelegt werden, wenn dies im Mietvertrag vereinbart ist.

Auszug des Mieters → *Rückgabe der Wohnung* → *Umzug*

Der Mietvertrag berechtigt den Mieter bis zum Ablauf der Kündigungsfrist bzw. der vertraglich festgelegten Mietzeit, die Mietwohnung zu nutzen. Wenn der Vermieter damit einverstanden ist, dass der Mieter die Wohnung unmittelbar an den Nachmieter übergibt, endet sein Mietverhältnis mit der Übergabe (LG Berlin WuM 1988, 271).

Vorzeitiger Auszug

Zieht der Mieter vor Ablauf der Mietzeit oder der Kündigungsfrist aus, entfällt nicht die Pflicht, Miete zu zahlen. Grundsätzlich darf der Vermieter die Wohnung leer stehen lassen und bis zum Ende der Mietzeit die Miete verlangen (OLG Hamm WuM 1995, 577). Auch die vereinbarten monatlichen Betriebskosten muss der Mieter weiterhin entrichten, obwohl die Wohnung unbewohnt ist. Von diesem Grundsatz gelten aber **Ausnahmen:**

- Einige Gerichte sind der Auffassung, dass dies nicht gilt, wenn es sich beim Vermieter um ein großes Wohnungsunternehmen handelt, das Wartelisten führt und deshalb jederzeit anderweitig vermieten kann (LG Berlin WuM 1995, 106; AG Gießen WuM 1993, 609; AG Schöneberg WuM 1991, 267).
- Der Mieter wird von seinen Verpflichtungen aus dem Mietvertrag vor Ablauf der Mietzeit befreit, wenn er berechtigt ist, einen → *Nachmieter* zu stellen, und dem Vermieter eine geeignete Person anbietet. Dieses Recht steht dem Mieter jedoch nicht ohne Weiteres zu, es ist an bestimmte Voraussetzungen geknüpft.
- Bietet der Vermieter dem Mieter anlässlich einer Kündigung an, er könne vorzeitig aus der Wohnung ausziehen, muss der Mieter nicht mehr zahlen, wenn er das Angebot annimmt (LG Lüneburg WuM 1989, 8). Das kann auch gelten, wenn der Vermieter wegen besonders dringenden Eigenbedarfs gekündigt hat und der Mieter mit Rücksicht darauf vor Ablauf seiner Kündigungsfrist auszieht (AG Dortmund WuM 1988, 300).
- Zieht vor Ablauf der Kündigungsfrist ein neuer Mieter in die Wohnung, muss der alte Mieter ab diesem Zeitpunkt keine Miete mehr zahlen (AG Neuruppin WuM 2009, 227; AG Lörrach WuM 1999, 303). Unter bestimmten Voraussetzungen kann der Vermieter, wenn er nun weniger Miete erzielt, vom bisherigen

Mieter aber die Differenz bis zu dem Zeitpunkt verlangen, zu dem der Mietvertrag beendet wäre (BGH XII ZR 198/91 WuM 1993, 346).

- Benutzt der Vermieter die Wohnung selbst, braucht der Mieter keine Miete mehr zu zahlen. Das Gleiche gilt, wenn der Vermieter in der Zwischenzeit umfangreiche Umbau- und Renovierungsarbeiten in der Wohnung vornimmt (KG Berlin WuM 2012, 142; LG Hildesheim ZMR 2003, 266; a. A. LG Mannheim WuM 2009, 398), es sei denn, die Arbeiten dienen dazu, eine vorzeitige Weitervermietung zu ermöglichen (OLG Koblenz WuM 1995, 154). Allerdings trägt der Mieter die Beweislast für eine anderweitige Nutzung der Wohnung durch den Vermieter.

Eine → ***Bearbeitungsgebühr*** für den Auszug ist in den meisten Fällen unzulässig.

Auto

Parkplätze → *Garagen/Stellplätze*
Wer ein Wohngebäude errichtet, muss aufgrund baurechtlicher Vorschriften i.d.R. auch eine bestimmte Anzahl von Pkw-Stellplätzen schaffen. Zudem muss bei der Errichtung von Wohngebäuden mit mehr als fünf Stellplätzen jeder Stellplatz mit Schutzrohren für Elektrokabel ausgestattet werden. Hierdurch soll die Elektromobilität vorangetrieben werden. Dasselbe gilt auch bei bestehenden Wohngebäuden mit zehn Stellplätzen, wenn eine größere Renovierung des Gebäudes einschließlich der Parkplätze oder der elektrischen Infrastruktur erfolgt. Daraus lässt sich aber nicht ableiten, dass der Mieter mit Anmietung der Wohnung verlangen kann, dass ihm der Vermieter einen Stellplatz zur Verfügung stellt, wenn dies nicht vertraglich vereinbart ist. Auch im Hof des Hauses darf der Mieter sein Auto nur mit Erlaubnis des Vermieters abstellen.

Auch wenn der Mieter seinen Pkw auf der Straße, auf dem Bürgersteig oder im Hof abstellen darf, dürfen hierdurch die anderen Mitbewohner nicht beeinträchtigt werden (AG Wiesbaden WuM 1998, 605). Wer z. B. die Mitbewohner dadurch stört, dass er den Motor unnötig laufen lässt oder Fahrzeugtüren übermäßig laut schließt, muss nicht nur mit einem Bußgeld wegen Verstoßes gegen die Straßenverkehrsordnung rechnen (§§ 30, 49 StVO); der Vermieter kann ihm unter Umständen auch das Parken auf dem Grundstück untersagen.

Anspruch auf Installation einer Ladestation

Der Mieter kann verlangen, dass der Vermieter ihm den Einbau einer **Ladestation** für ein E-Auto erlaubt (§ 554 BGB). Liegen die gesetzlichen Voraussetzungen vor, muss der Vermieter die dafür notwendigen baulichen Änderungen gestatten. Darüber hinaus hat der Vermieter die Verlegung von Leitungen sowie Eingriffe in die Stromversorgung zu gestatten, soweit dies erforderlich ist. Der Vermieter darf die Einwilligung nur in seltenen Fällen verweigern, z. B. wenn das Gebäude unter Denkmalschutz steht. Der Einwand, dass die Stromkapazität künftig nicht für mehrere Anschlüsse ausreicht, wird erst relevant, wenn noch andere Mieter Ladestationen wünschen (LG München I ZMR 2022, 643).

Die **Kosten** für die Anschaffung und den Einbau der Ladestation muss der Mieter selbst tragen. Die Durchführung der Arbeiten liegt in seinem Verantwortungsbereich. In der Regel darf der Mieter den Anbieter für die Umbauten selbst wählen und auch die konkrete Ausgestaltung des Anschlusses bestimmen (LG München I ZMR 2022, 643); anderes kann bei vermietetem → *Wohneigentum* gelten.

Tipp: Wenn der Mieter vom Vermieter die Erlaubnis zum Einbau einholen will, sollte er konkrete Einzelheiten zur geplanten Wallbox und der notwendigen Elektroinstallation vorlegen, etwa auf Grundlage des Angebots einer Fachfirma.

Bei Mietende besteht grundsätzlich eine **Rückbaupflicht**, die den Mieter nochmals Geld kostet. Nach Möglichkeit sollte mit dem Vermieter (schriftlich) vereinbart werden, dass dieser bei Beendigung des Mietverhältnisses auf die Entfernung der Ladestation verzichtet. Aber auch, wenn eine solche Vereinbarung besteht, erhält der Mieter beim Auszug vom Vermieter nur dann einen finanziellen Ausgleich für seine Modernisierungsarbeiten, wenn er dies mit dem Vermieter vereinbart hat. Dies sollte der Mieter vor der Installation ansprechen und versuchen, eine Vereinbarung zu treffen → *Modernisierung durch den Mieter.*

Autowäsche

Der Mieter darf seinen Wagen nicht mit Leitungswasser aus dem Haus waschen, da das Leitungswasser in der Regel nur für den normalen Familiengebrauch bestimmt ist und der Wasserverbrauch eines Hauses auf alle Mieter nach einem festgelegten Schlüssel umgelegt wird → *Betriebskosten.* Durch das Autowaschen wird aber Wasser in einem über den normalen Haushaltsgebrauch hinausgehenden Umfang verbraucht. Es geht nicht an, dass die anderen Mitbewohner diesen Mehrverbrauch mitbezahlen. Im Übrigen ist es in den meisten Kommunen generell verboten, Autos selbst auf der Straße zu waschen.

B

Bagatellschäden

Nach dem Gesetz ist für die → *Instandhaltung* und Reparaturen in der Wohnung der Vermieter verantwortlich. Das heißt, wenn es im Mietvertrag keine Regelung dazu gibt, muss der Vermieter sich um alle Reparaturen kümmern und sie bezahlen. Der Mieter ist nur verpflichtet, Schäden zu melden → *Anzeigepflicht des Mieters* und für die Reparatur ggf. Handwerkern → *Zutritt zur Wohnung* zu gewähren. Häufig enthalten Mietverträge jedoch Formularklauseln → *Allgemeine Geschäftsbedingungen*, mit denen diese Pflichten auf den Mieter übertragen werden. Möglich sind Klauseln, wonach der Mieter die Kosten für »kleinere Instandsetzungen«, »Kleinreparaturen« oder die »Beseitigung von Bagatellschäden« zu tragen hat. Allerdings hat die Rechtsprechung hierfür Grenzen aufgestellt. Werden diese nicht eingehalten – was gerade in älteren Mietvertragsvordrucken häufig der Fall ist –, sind die Klauseln **insgesamt** unwirksam. Dann gilt wieder die gesetzliche Regelung und der Mieter muss sich überhaupt nicht an den Kosten beteiligen. Im Zweifel sollte der Vertrag durch den örtlichen Mieterverein geprüft werden!

Im Einzelnen gilt:

- Die Klausel darf sich nur auf solche Teile der Mietsache beziehen, auf die der Mieter tatsächlich **Zugriff** hat. Eine Zahlungspflicht für Reparaturen an Gegenständen, die er gar nicht direkt abnutzen kann, wäre eine unangemessene Benachteiligung, weshalb eine solche Klausel insgesamt unwirksam wäre; es gilt wieder die gesetzliche Regelung. »Zugriff« hat der Mieter z. B. auf Wasserhähne, Fenster- und Türbeschläge, Steckdosen, Heizkörperthermostate und Ähnliches, nicht aber auf die Heiztherme (AG Hannover WuM 2007, 504), Leitungen für Gas, Wasser (AG Charlottenburg GE 2011, 1311) und Strom oder Spiegel, Verglasungen und Beleuchtungskörper (AG Zossen WuM 2015, 476).
- Darauf, ob der Mieter den Defekt **verschuldet** hat, etwa indem er mit der Sache zu grob umgegangen ist, kommt es nicht an.
- Die Klausel muss eine **Obergrenze** für die Kostenbeteiligung **je Reparatur** festlegen, die derzeit 100 Euro (AG Braunschweig ZMR 2005, 717; AG Bingen WuM 2013, 349) bis 120 Euro (AG Schöneberg WuM 2018, 463) nicht überschreiten darf; das AG Berlin-Mitte hat allerdings 150 Euro noch für angemessen gehalten (ZMR 2020, 517). Dieser Wert wird auch im aktuellen Mietvertragsformular des Grundeigentum-Verlags, das von vielen Vermietern verwendet wird, vorgegeben; es ist jedoch nicht ausgeschlossen, dass Gerichte ihn für zu hoch angesetzt erachten. Wird der Wert zu hoch angesetzt, ist die Klausel

insgesamt unwirksam, es gilt die gesetzliche Regelung. Der vertragliche Wert wird nicht »automatisch« an die Inflation oder den gerade möglichen Höchstwert angepasst.

- **Zusätzlich** muss eine **Obergrenze** für die vom Mieter maximal zu tragenden Kosten für einen bestimmten Zeitraum festgelegt werden (BGH VIII ZR 91/88 WuM 1989, 324; VIII ZR 38/90 WuM 1991, 381), die derzeit für **ein Jahr** bei 300 bis höchstens 350 Euro liegt. Nicht mehr angemessen wäre eine Monatsmiete (AG Hannover WuM 2008, 721). Möglich ist auch ein Prozentsatz von der Jahresmiete (6 % – AG Stuttgart-Bad Cannstatt WuM 2014, 22 bis maximal 8 % – AG Berlin-Mitte ZMR 2020, 517; AG Braunschweig ZMR 2005, 717). Im aktuellen Mietvertragsformular des Grundeigentum-Verlags werden 7 % vorgegeben; auch hier ist nicht ausgeschlossen, dass Gerichte dies im Einzelfall für zu hoch halten. Und auch hier gilt: Wird der Wert zu hoch angesetzt, ist die Klausel insgesamt unwirksam, es gilt die gesetzliche Regelung.
- Eine Reparatur, die die im Vertrag festgelegte **Obergrenze überschreitet**, ist keine Bagatellreparatur mehr. An ihren Kosten muss sich der Mieter überhaupt nicht – auch nicht anteilig bis zur Obergrenze – beteiligen (BGH VIII ZR 91/88 WuM 1989, 324)!
- Der Vermieter darf **keinen Zuschlag zur ortsüblichen Vergleichsmiete** verlangen, weil eine Klausel zur Übertragung von Bagatellreparaturen unwirksam ist (BGH VIII ZR 83/07 WuM 2008, 487).
- Trägt der Mieter einer **Sozialwohnung** → *Sozialmiete/Sozialwohnung* die Kosten für kleine Instandhaltungen in der Wohnung, muss der Vermieter in der Wirtschaftlichkeitsberechnung bei den jeweiligen Pauschalen für die Instandhaltungskosten 1,05 Euro/m² jährlich abziehen.

Tipp: Wer in der Vergangenheit aufgrund einer unwirksamen Formularklausel für Bagatellschäden gezahlt hat, sollte durch seinen Mieterverein Rückforderungsansprüche überprüfen lassen.

Balkon → *Grillen* → *Rauchen* → *Wohnfläche*

Gehört ein Balkon zur vermieteten Wohnung, kann ihn der Mieter grundsätzlich nach seiner freien Verfügung nutzen, soweit nicht die Rechte der Mitmieter oder des Hauseigentümers beeinträchtigt werden. Das bedeutet z. B., dass der Mieter auf dem Balkon Wäsche trocknen darf (LG Nürnberg-Fürth WuM 1990, 199). Ebenso darf er grundsätzlich einen unauffälligen Sichtschutz (AG Köln WuM 1999, 331) und ein Rankgitter anbringen (AG Schöneberg MM 1985, 277). Der Mieter darf auch Blumenkästen am Balkon anbringen, aber nicht an der Außenseite (LG Berlin GE 2011, 1230). Herabfallende Blätter müssen die darunter wohnenden Mitbewohner dulden, es sei denn, die Bepflanzung (Knöterich) wächst in erheblichem Umfang über die Brüstung und führt zu einer übermäßigen Belästigung durch Vogelkot und Blätter (LG Berlin GE 2003, 188). Ein Bergahorn auf dem Balkon ist nicht erlaubt (LG München I WuM 2017, 14). Eine Parabolantenne darf der Mieter nur bei einem überwiegenden Informationsinteresse am Balkon befestigen (BGH VIII ZR 5/05 WuM 2006, 28) → *Fernsehempfang.*

Ist der Balkon reparaturbedürftig, muss der Vermieter die notwendigen Arbeiten vornehmen. Er hat nicht das Recht, den Balkon wesentlich zu verkleinern, um hohe Reparaturkosten zu vermeiden (LG Berlin GE 1995, 1013), darf aber im Rahmen der Instandsetzung Fliesen durch Estrich ersetzen (LG Berlin NJW-RR 2001, 1162). Hat die Balkonbrüstung in einem Altbau nicht die für den Neubau vorgeschriebene Höhe von 90 cm, gibt es kein Mietminderungsrecht (LG Berlin GE 2010, 343).

Gehört der Balkon zu einem Objekt mit Eigentumswohnungen, müssen Vermieter und Mieter die Rechte der übrigen Wohnungseigentümer beachten → *Wohnungseigentum.* Baut der Vermieter ohne Gestattung der Eigentümergemeinschaft einen Balkon in einen Wintergarten um, kann er verpflichtet werden, dies rückgängig zu machen. Der Mieter muss das dulden, auch wenn er mit der Änderung einverstanden war (BGH V ZR 112/06 WuM 2007, 77).

Balkonkraftwerk → *Modernisierung durch den Mieter*

Barrierefreiheit → *Modernisierung durch den Mieter*

Bearbeitungsgebühr

Gebühr für das Ausstellen des Mietvertrags

Ist im **Formularmietvertrag** → *Allgemeine Geschäftsbedingungen* festgelegt, dass der Mieter für den Abschluss des Vertrags eine Bearbeitungsgebühr zu zahlen hat, ist das nach Auffassung der meisten Gerichte unwirksam (LG Bonn NJW-Spezial 2014, 98; LG Hamburg WuM 2009, 452; AG Neukölln WuM 2017, 714; AG Münster NZM 2016, 163). Der Vermieter darf kein Geld für eine Leistung verlangen, die er als Verwaltungstätigkeit ohnehin erbringen muss. Außerdem ist zu bedenken, dass der Abschluss eines Formularvertrags in aller Regel vorwiegend den Interessen des Vermieters dient. Der Mieter kann einen bereits gezahlten Betrag zurückfordern.

Eine Klausel zu einer Bearbeitungsgebühr ist in jedem Fall unwirksam, wenn sie die zu entrichtenden Kosten nicht benennt.

> **Beispiel für unwirksame Klausel:** »Kosten und Abgaben, die mit dem Abschluss des Vertrags verbunden sind, gehen zulasten des Mieters.« (OLG Celle WuM 1990, 103).

Gebühr für die Beendigung des Mietverhältnisses
Verlangt der Vermieter beim Auszug ein Entgelt, ist das nach Auffassung der meisten Gerichte unzulässig (LG Augsburg ZMR 1999, 257; AG Wiesbaden WuM 1996, 25). Eine Klausel im Formularmietvertrag, wonach der Mieter eine Kostenpauschale in Höhe einer Monatsmiete zu zahlen hat, wenn das Mietverhältnis einvernehmlich beendet wird, ist unwirksam (OLG Karlsruhe WuM 2000, 236). Eine solche Vereinbarung ist hingegen zulässig, wenn sie erst anlässlich einer auf Wunsch des Mieters zustande gekommenen Aufhebung des Mietvertrags getroffen wird (OLG Hamburg WuM 1990, 244) → *Aufhebungsvertrag*. Bedenklich ist aber ein formularmäßig vereinbarter **pauschalierter Anspruch**, der als → *Allgemeine Geschäftsbedingung* anzusehen ist. Eine derartige Klausel in einem Aufhebungsvertrag ist nur unter der zusätzlichen Voraussetzung wirksam, dass nach dem Wortlaut der Abrede dem Mieter (theoretisch) der Nachweis möglich ist, dass dem Vermieter geringere Kosten entstanden sind. Wird dem Mieter diese Möglichkeit nicht eingeräumt, ist die Klausel unwirksam.

> **Beispiel für unwirksame Klausel:** »Für den Aufwand des Vermieters wegen der vorzeitigen Vertragsauflösung zahlt der Mieter eine Pauschalabgeltung von einer halben Monatsmiete.«

Befristeter Mietvertrag → *Zeitmietvertrag*

Belegungsbindung → *Sozialmiete/Sozialwohnung*

Beleidigung → *Fristlose Kündigung des Vermieters*

Beratungshilfe

Entsprechend zur → *Prozesskostenhilfe* können Bürger mit geringem Einkommen im außergerichtlichen Bereich Beratungshilfe beanspruchen, z. B. zur Klärung der Frage, ob man es auf einen Prozess ankommen lassen soll oder ob die Betriebskostenabrechnung ordnungsgemäß ist.

Beratungshilfe wird gewährt, wenn
- der Rechtsuchende die erforderlichen Mittel nach seinen persönlichen und wirtschaftlichen Verhältnissen nicht aufbringen kann, i. d. R. bei Sozialhilfeempfängern bzw. wenn ratenzahlungsfrei Prozesskostenhilfe zu gewähren wäre,
- keine anderen Hilfsangebote zur Verfügung stehen, deren Inanspruchnahme zumutbar ist (z. B. Beratung durch den örtlichen **Mieterverein** für Mitglieder, Schuldnerberatungsstelle) und
- die Inanspruchnahme der Beratungshilfe nicht mutwillig erscheint; dies ist der Fall, wenn ein Rechtsuchender ohne Anspruch auf Beratungshilfe bei »verständiger Würdigung« davon absehen würde, sich auf eigene Kosten rechtlich beraten oder vertreten zu lassen.

Beratungshilfe wird i. d. R. von Rechtsanwälten erteilt. Anders ist es nur in Hamburg und Bremen, wo nur die öffentliche Rechtsberatung in Anspruch genommen werden kann, und in Berlin, wo neben der anwaltlichen auch die öffentliche Rechtsberatung angeboten wird. Rechtsanwälte sind zur Beratung im Regelfall verpflichtet. Der Anwalt kann eine Gebühr von 15 Euro fordern; er kann sie aber auch erlassen.

Der Antrag kann beim Gericht auch mündlich gestellt werden; für schriftliche Anträge gilt Formularzwang. Die Formulare können im Internet, z. B. bei Gerichten, heruntergeladen werden. Es ist u. a. eine Erklärung über die persönlichen und wirtschaftlichen Verhältnisse nebst Belegen erforderlich. Bei Verstoß gegen die Formularpflicht kann der Antrag abgelehnt werden.

Berechtigtes Interesse → Kündigung des Vermieters wegen Eigenbedarfs → Kündigungsschutz → Teilkündigung → Zeitmietvertrag

Berufsausübung in der Wohnung

Anders als bei → *Mischmietverhältnissen* oder → *Geschäftsraummiete* ist eine berufliche oder gewerbliche Nutzung grundsätzlich nicht gestattet, wenn eine Wohnung oder ein Haus zu **Wohnzwecken** angemietet wurde. Allerdings hat der BGH (VIII ZR 165/08 WuM 2009, 517) entschieden, dass Tätigkeiten, die der Mieter im Zusammenhang mit seinem Beruf in der Wohnung ausübt, immer dann – auch **ohne Zustimmung des Vermieters – zulässig** sind, wenn sie **nach außen hin nicht weiter in Erscheinung treten und nicht mehr stören** als eine übliche Wohnnutzung.

Erlaubnisfreie und erlaubnispflichtige Tätigkeiten

Beispiele für ohne Zustimmung zulässige Tätigkeiten:
- typische Homeoffice-Tätigkeiten – vom BGH 2009 noch als »Telearbeit« bezeichnet (VIII ZR 165/08 WuM 2009, 517),
- schriftstellerische Tätigkeiten,
- Unterrichtsvorbereitung von Lehrern oder
- gelegentliche, nicht störende Bewirtung von Geschäftsfreunden des Mieters.

Eine solche zulässige Nutzung rechtfertigt **keinen Zuschlag zur Miete** (LG Berlin WuM 2023, 33). Der Vermieter ist allerdings auch nicht verpflichtet, Maßnahmen zu treffen, um dem Mieter die Arbeit im **Homeoffice** zu ermöglichen (schneller Internetanschluss, Lärmschutz etc.). Wünscht der Mieter bauliche Maßnahmen, etwa einen Wanddurchbruch oder eine gemauerte Trennwand zur Einrichtung einer Arbeitsecke, muss er die Kosten selbst tragen und benötigt zudem die Einwilligung des Vermieters. Bei Auszug ist der Mieter zum Rückbau verpflichtet; der Vermieter kann die Genehmigung ggf. davon abhängig machen, dass der Mieter für die Kosten des Rückbaus eine finanzielle Sicherheit leistet → *Modernisierung durch den Mieter*.

Tritt eine freiberufliche oder gewerbliche Tätigkeit nach außen hin in Erscheinung – es genügt schon ein Schild an der Tür –, ist sie ohne Genehmigung durch den Vermieter grundsätzlich nicht zulässig. Es gibt jedoch Fälle, in denen der Vermieter die **Genehmigung »nach Treu und Glauben«** nicht verweigern darf (BGH VIII ZR 165/08 WuM 2009, 517), nämlich bei Tätigkeiten ohne Mitarbeiter und ohne ins Gewicht fallenden Kundenverkehr, etwa bei Einzelrechtsanwälten oder Maklern, von denen weder Einwirkungen auf die Mietsache noch auf die Mitmieter ausgehen. Verweigert in diesen Fällen der Vermieter treuwidrig die

Gestattung und übt der Mieter gleichwohl die Tätigkeit in seiner Wohnung aus, wäre dies kein Kündigungsgrund.

Alles, was darüber hinausgeht, ist nach dem BGH ohne Erlaubnis des Vermieters **nicht gestattet.**

Beispiele für ohne Erlaubnis nicht zulässige Tätigkeiten:

– die Beschäftigung von **Mitarbeitern** oder **Kundenverkehr** in der Wohnung (BGH VIII ZR 165/08 WuM 2009, 517),
– die Angabe der Wohnung beim Gewerbeamt als **Betriebsstätte** bzw. die Nutzung als **Geschäftsadresse** (BGH VIII ZR 149/13 WuM 2013, 554),
– das Erteilen von **Musikunterricht** (BGH VIII ZR 213/12 WuM 2013, 349),
– die gewerbliche Ausübung der **Prostitution** in der Wohnung, die **keine Wohnnutzung**, sondern ein vertragswidriger Gebrauch ist, der auch die → *fristlose Kündigung des Vermieters* rechtfertigen kann (AG Halle (Saale) ZMR 2024, 673). Andere Mieter im Haus können eine Mietminderung geltend machen, selbst wenn es nicht zu konkreten Belästigungen kommt (AG Tempelhof-Kreuzberg MM 2015, Nr. 11, 30: 10 %), oder sogar fristlos kündigen (AG Osnabrück WuM 2008, 84; AG Köln WuM 2003, 145).
– Bei der **entgeltlichen Betreuung von Kindern** in der Wohnung (»Kindertagespflege«, »Tagesmutter«) kommt es auf den Umfang an. Die Rechtsprechung hat die Betreuung von bis zu drei Kindern in der – entsprechend großen – Mietwohnung noch zum genehmigungsfrei möglichen vertragsgemäßen Gebrauch der Mietsache gezählt (LG Hamburg NJW 1982, 2387; AG Hamburg WuM 1989, 625). Die Betreuung von fünf Kindern gehört hingegen definitiv nicht mehr zum vertragsgemäßen Gebrauch (BGH V ZR 204/11 WuM 2012, 515), kann aber vom Vermieter – ggf. unter Vereinbarung eines Zuschlags auf die Miete – genehmigt werden. Kommt es beim Abholen der Kinder zu Störungen durch vor dem Haus parkende Autos der Eltern, ist dies für kurze Zeit (5 Minuten) hinzunehmen (AG Wiesbaden WuM 2003, 88). Die Betreuung der eigenen Kinder des Mieters durch fremde Personen ist keine Berufsausübung in der Wohnung. Zu Besonderheiten bei einer Eigentumswohnung s. u.

Die Ausübung einer genehmigungspflichtigen Tätigkeit ohne sein Einverständnis muss der Vermieter nicht dulden. Er kann eine → *Abmahnung* aussprechen, den Mieter auf **Unterlassung** der vertragswidrigen Nutzung verklagen oder ihm wegen vertragswidrigen Gebrauchs **kündigen.**

Berufsausübung in der vermieteten Eigentumswohnung
Handelt es sich um eine vermietete **Eigentumswohnung** → *Wohnungseigentum*, sind ggf. die Regelungen der Gemeinschaftsordnung oder der Teilungserklärung des WEG zu beachten. Die Gemeinschaft der Wohnungseigentümer kann vom Mieter unmittelbar über § 1004 BGB Unterlassung verlangen, daneben kann sie auch den Vermieter in Anspruch nehmen aus § 14 Abs. 2 Nr. 1 WEG, § 1004 BGB. Der Vermieter ist nämlich aus § 14 Abs. 1 Nr. 1 WEG verpflichtet, dafür zu sorgen, dass sich der Gebrauch durch den Mieter in den zulässigen Grenzen hält (BGH V ZR 204/11 WuM 2012, 515 noch zum alten § 14 Nr. 2 WEG). Der Betrieb einer **Kindertagespflegestelle** bedarf der Genehmigung der Eigentümergemeinschaft; fehlt die Genehmigung, kann die Tagesmutter gerichtlich auf Unterlassung in Anspruch genommen werden (BGH V ZR 204/11 WuM 2012, 515; LG Koblenz ZWE 2021, 125 bei Tagespflege von fünf Kindern in der Wohnung). Unter welchen Bedingungen oder Auflagen die Genehmigung zu erteilen ist, hängt von den konkreten Gegebenheiten in der Wohnanlage ab. Dabei muss aber berücksichtigt werden, dass Kinderlärm gem. § 22 Abs. 1a BImSchG in der Regel nicht als Störung eingestuft werden darf (BGH V ZR 204/11 WuM 2012, 515).

Genehmigungspflichtige Zweckentfremdung?
In Gebieten, in denen Mangel an Wohnraum besteht, kann die sog. → *Zweckentfremdung* genehmigungspflichtig sein. Eine Zweckentfremdung kann vorliegen, wenn die Wohnung durch die berufliche Nutzung ihrer Wohnbestimmung dauerhaft entzogen wird. Dies ist in der Regel nicht der Fall, solange die Wohnung hauptsächlich noch zum Wohnen vom Mieter genutzt wird. Anders wäre es aber z. B., wenn die Wohnung als Bordell genutzt wird. Ein Verstoß gegen das Zweckentfremdungsverbot kann hohe Bußgelder nach sich ziehen!

Berufung → *Gerichte* → *Streitwert*

Besichtigungsrecht des Vermieters

Ein generelles Besichtigungsrecht des Vermieters gibt es nicht. Mit Abschluss des Mietvertrags steht dem Mieter grundsätzlich das Recht zu, in seiner Wohnung in Ruhe gelassen zu werden (BVerfG 1 BvR 2285/03 WuM 2004, 80). Daraus ergibt sich, dass der Mieter nur in engem Rahmen und zu vertretbaren Zeiten die Besichtigung seiner Wohnung gestatten muss. Eine Mietvertragsklausel, die dem Vermieter ein generelles Besichtigungsrecht einräumt, z. B. alle ein bis zwei Jahre, ist unwirksam (BGH VIII ZR 289/13 WuM 2014, 495). Der Vermieter darf von seinem Recht nur in schonender Weise Gebrauch machen und muss auf den Mieter Rücksicht nehmen (AG Hamburg NZM 2007, 211). Will der Vermieter die Besichtigung einem Dritten übertragen, muss dieser dem Mieter zumutbar sein (LG Frankfurt a. M. WuM 2013, 301).

Wann darf der Vermieter die Wohnung betreten?
Der Mieter muss den Vermieter oder von ihm beauftragte Personen nur in die Wohnung lassen, wenn der Vermieter einen **konkreten sachlichen Grund** vorweisen kann (BGH VIII ZR 289/13 WuM 2014, 495). Dieser kann sich z. B. daraus ergeben, dass der Vermieter Haus oder Wohnung verkaufen will (OLG Frankfurt a. M. WuM 2011, 95; LG Frankfurt a. M. NZM 2002, 696). Der Erwerber hat ein eigenes Besichtigungsrecht erst ab Eintragung im Grundbuch (LG Berlin WuM 1989, 495).

Ein Recht zur Besichtigung besteht auch, wenn das Ende des Mietverhältnisses bevorsteht und der Vermieter die Räume möglichen Mietnachfolgern zeigen will (AG Stuttgart-Bad Cannstatt WuM 2015, 148). Auch aus der Vorbereitung von Modernisierungs- oder Instandsetzungsarbeiten kann sich ein solcher Anspruch ergeben (LG Berlin WuM 2016, 736). Der Vermieter darf z. B. prüfen lassen, ob ein Wasserschaden in der Wohnung auf einen Rohrbruch zurückzuführen ist (BGH VIII ZB 16/22 WuM 2023, 696). Ein generelles Zutrittsrecht für Handwerker, also ohne konkrete Anhaltspunkte für drohende Schäden oder zu beseitigende Mängel, besteht hingegen nicht (LG Frankfurt a. M. NZM 2002, 696).

Womöglich muss der Mieter die Besichtigung nicht dulden, wenn sich daraus schwerwiegende gesundheitliche Beeinträchtigungen oder sogar eine Lebensgefahr des Mieters ergeben könnten. Es ist aber abzuwägen, ob sich der Mieter beim Besichtigungstermin nicht durch eine Vertrauensperson vertreten lassen kann (BGH VIII ZR 420/21 WuM 2023, 403).

Was muss der Vermieter bei einem Besichtigungsrecht beachten?
Der Vermieter muss die Besichtigung rechtzeitig ankündigen. Er muss sich deshalb vor allem bei berufstätigen Mietern mindestens drei bis vier Tage vorher anmelden (LG Frankfurt a. M. NZM 2002, 696; AG Stuttgart WuM 2009, 732); nach einer anderen Gerichtsentscheidung eine Woche vorher (LG Berlin MM 2004, 125). Dabei muss er den Grund angeben (LG München II NJW-RR 2009, 376).

Wegen der gebotenen Rücksichtnahme auf die Interessen des Mieters darf ein Termin nur zu üblichen Zeiten angesetzt werden. Angemessen sind z. B. Termine an Wochentagen zwischen 10 und 13 Uhr sowie zwischen 16 und 18 Uhr. An Sonn- und Feiertagen darf eine Besichtigung nur in Ausnahmefällen stattfinden. Bietet der Mieter einen Besichtigungstermin für Samstag an, kann der Vermieter nach

Ansicht des AG Köln (NZM 2001, 41) nicht auf einem Termin von Montag bis Freitag bestehen. Sieht der Mietvertrag ein Besichtigungsrecht »werktags bis 19 Uhr« vor, kann der Vermieter auch einen Termin am Samstag von 11 bis 12 Uhr verlangen (OLG Frankfurt a. M. WuM 2011, 95). Allgemein gilt: Nach Möglichkeit muss der Vermieter versuchen, sich mit dem Mieter zu einigen (AG Neukölln MM 1990, 230).

Der Vermieter kann von seinem Besichtigungsrecht auch nicht dauernd Gebrauch machen. Nach Auffassung des LG Frankfurt a. M. (NZM 2002, 696) genügt der berufstätige Mieter seiner Pflicht, wenn er Besichtigungen dreimal monatlich zwischen 19 und 20 Uhr für jeweils 30 bis 45 Minuten ermöglicht. Andere erlauben die Besichtigung einmal wöchentlich während drei Vormittagsstunden und gestehen nur in Eilfällen einen weiteren Tag zu (LG Kiel WuM 1993, 52).

Der Vermieter darf sein Recht zum Betreten und zur Besichtigung der Wohnung nicht gewaltsam erzwingen (§123 StGB; OLG Köln WuM 1977, 173; LG Berlin WuM 1980, 185) → *Hausfriedensbruch*. Eine Weigerung des Mieters ist grundsätzlich kein Kündigungsgrund (BGH VIII ZR 289/13 WuM 2014, 495). Lehnt es der Mieter ab, den Vermieter in seine Mietwohnung zu lassen, muss der Vermieter die Hilfe des Gerichts in Anspruch nehmen. Nur in Ausnahmefällen ist dies mittels einer → *einstweiligen Anordnung/Verfügung* möglich (LG Duisburg NJW-RR 2007, 85). Dabei muss das Gericht eine Abwägung der Grundrechte von Mieter und Vermieter vornehmen (BVerfG 1 BvR 2285/03 WuM 2004, 80). Verweigert der Mieter hartnäckig und endgültig eine Besichtigung anlässlich des vorgesehenen Hausverkaufs, kann eine Kündigung gerechtfertigt sein (AG Frankfurt a. M. MietRB 2023, 158).

Darf der Vermieter fotografieren?

Der Vermieter oder von ihm beauftragte Personen dürfen in bewohnten Mieträumen ohne Einverständnis des Mieters keine Fotos anfertigen. Das stellt einen erheblichen Eingriff in die geschützte Privatsphäre dar, den der Mieter nicht hinnehmen muss (LG Frankenthal WuM 2012, 141; zur Verwendung durch Makler bei Verkauf: Pfälzisches OLG Zweibrücken WuM 2026, 97). Keine Einwände kann der Mieter hingegen erheben, wenn er die Wohnung bereits geräumt hat und sie leer steht. Auch aus anderen nachvollziehbaren Gründen darf der Vermieter Fotos erstellen, etwa wenn sie der Bestandsaufnahme für einen Mietmangel oder einen Schaden dienen (AG Hamburg MietRB 2021, 38).

Besuch

Grundsätzlich entscheidet allein der Mieter, wann er wen empfängt (BVerfG 1 BvR 2285/03 WuM 2004, 80; BGH V ZR 46/06 WuM 2007, 29; Ausnahme: → *Besichtigungsrecht des Vermieters*; notwendiger Zutritt durch Handwerker). Der Vermieter kann weder vorschreiben, zu welchen Zeiten Besuch empfangen werden darf, noch bestimmte Besucher ausschließen, es sei denn, es sprechen besonders schwerwiegende Gründe gegen bestimmte Personen (z. B. Belästigung von Nachbarn oder Sachbeschädigung im Haus bei früheren Besuchen).

Ein Besuch ist immer ein nur **vorübergehender** Aufenthalt. Dieser kann durchaus auch länger dauern. Vier bis sechs Wochen werden im Allgemeinen zugestanden; spätestens ab drei Monaten wird es kritisch. Es kommt dabei aber nicht nur auf die Dauer an, sondern auch auf die Umstände des konkreten Einzelfalls, so dass eine feste Grenze nicht genannt werden kann. Indizien dafür, dass es sich nicht mehr um einen Besuch handelt, können z. B. sein
- die Anbringung eines **Namensschilds** an der Tür oder am Briefkasten,
- die Verwendung der Anschrift als **Postadresse** oder
- die Einbringung von **Möbeln** oder Wertsachen in die Wohnung.

Andererseits kann auch ein längerer Aufenthalt noch als Besuch zu werten sein, z. B. von
- Studenten während der Semesterferien,
- Austauschschülern oder
- Angehörigen, die vorübergehend pflegebedürftig sind, aber ihre eigene Wohnung nicht aufgegeben haben.

Die besuchsweise Aufnahme von **Geflüchteten** ist gestattet; hier ist aber die Grenze zur genehmigungspflichtigen Gebrauchsüberlassung → *Untermiete* recht schnell überschritten. Das AG München (WuM 2023, 94) hat argumentiert, Besucher sei nur, wer den Mieter aufgrund bereits bestehender persönlicher Beziehungen und vorübergehend aufsuche; auch ein Entgelt für den Aufenthalt soll gegen einen Besuch sprechen, selbst wenn es sich um eine Vergütung durch eine öffentliche Stelle handelt.

Wichtig zu wissen: Der Mieter muss sich Verfehlungen seiner Besucher zurechnen lassen – im schlimmsten Fall kann er dafür sogar gekündigt werden (BGH VIII ZR 73/16 WuM 2017, 23)!

Betreutes Wohnen

Als Alternative zur Heimversorgung im → *Altenheim* wird das sog. Betreute Wohnen oder »Service-Wohnen« angeboten. Hier führen die Bewohner nach wie vor einen eigenen Haushalt, werden dabei aber durch Betreuungs- und Dienstleistungen unterstützt. Diese können direkt im Mietvertrag mit vereinbart sein, in der Regel wird allerdings ein besonderer Betreuungs- oder Servicevertrag mit einem Betreuungsunternehmen abgeschlossen. Betreuungsunternehmen können sowohl Privatfirmen als auch Wohlfahrtsverbände sein, die mobile häusliche Pflege anbieten.

Mit dem Betreuungsvertrag bucht der Mieter gegen eine monatliche Pauschale einen **Grundservice**. Zusätzlich werden vielfach **Wahlleistungen** angeboten, die bei Bedarf individuell abgerufen werden können. Zu den Grundleistungen zählen z. B. ein Hausnotruf, die Stellung von Ansprechpartnern und Kontaktpersonen zur Vermittlung kleinerer Besorgungen, Dienstleistungen und die Beratung sowie auch die kurzfristige Betreuung im Krankheitsfall. Als Wahlleistungen können bei Bedarf Unterstützung bei der Körperpflege, medizinische Versorgung, Wohnungsreinigung, Verpflegung, Begleitung zu Arztbesuchen etc. bestellt werden. Zum Teil werden gesellige und kulturelle Freizeitangebote für die Mieter der Wohnanlage angeboten; manche Einrichtungen bieten auch Aufenthaltsräume, Therapieräume oder angeschlossene Pflege- und Behandlungsangebote.

Verträge für Betreutes Wohnen richten sich unabhängig von der Bezeichnung der Wohnform oder des Vertrags nach den für Heimverträge geltenden Vorschriften des **Wohn- und Betreuungsvertragsgesetzes** (WBVG), wenn die Voraussetzungen für die Anwendung des Gesetzes erfüllt sind → *Altenheim*. Andernfalls werden die Verträge als typengemischte Verträge behandelt, auf die Vorschriften des Mietrechts, des Dienstvertragsrechts und des Kaufrechts Anwendung finden (BGH III ZR 293/04 WuM 2005, 399).

Tipp: Bevor ein Vertrag für Betreutes Wohnen unterzeichnet wird, sollte sorgfältig geprüft werden,

- welche **Ausstattung und Qualität** der angebotene Wohnraum hat. Denn nach Abschluss des Vertrags hat der Mieter keinen Anspruch gegen den Vermieter, dass dieser z. B. behindertengerechte Ausstattungen auf seine Kosten nachrüstet. Der Mieter kann lediglich die Genehmigung des Vermieters für eigene und von ihm selbst zu bezahlende Maßnahmen der Wohnungsanpassung verlangen → *Modernisierung durch den Mieter*;
- was der angebotene **Wohnraum kostet**. Wohnungen des betreuten Wohnens sind im Vergleich zu anderen Wohnungen gleicher Größe meist teurer. Ein

Grund kann die barrierefreie Ausstattung sein. Ein in der Gemeinde vorhandener Mietspiegel kann eine Orientierung geben, um die Höhe der Wohnkosten einordnen zu können. Liegen diese mehr als 20 % über der ortsüblichen Vergleichsmiete, kommt eine unzulässige → *Mietpreisüberhöhung* in Betracht, allerdings müssen Betreuungsleistungen u. Ä. ggf. aus dem Mietpreis herausgerechnet werden;
- welche **Betreuungsleistungen** als Grundleistungen erhältlich sind und welche Wahlleistungen ggf. hinzugebucht werden können;
- die **Kosten für Grund- und Wahlleistungen** und ggf. vertragliche Regelungen zu Preiserhöhungsmöglichkeiten;
- die Möglichkeit zur **Kündigung von Betreuungsleistungen** unabhängig vom Mietvertrag und umgekehrt, ob mit der Kündigung des Mietvertrags auch die Vereinbarung über die Betreuungsleistungen (automatisch) endet.

Betriebsbedarf → *Kündigung des Vermieters wegen Betriebsbedarfs* → *Werkwohnung*

Betriebskosten → *Heizkosten*

Was darf der Vermieter als Betriebskosten abrechnen, was nicht?
In der Betriebskostenverordnung ist festgelegt, welche Kosten der Vermieter als Betriebskosten abrechnen darf. Dazu gehören: Grundsteuer, Wasser, Entwässerung, Heizungs- und Warmwasserkosten, Kosten für Personen- und Lastenaufzug, Straßenreinigung, Müllbeseitigung, Beleuchtung, Schornsteinreinigung, Gartenpflege, Sach- und Haftpflichtversicherungen, Hauswart, Gemeinschaftsantenne oder Breitbandkabelnetz, maschinelle Wascheinrichtungen, Hausreinigung, Ungezieferbekämpfung und sonstige Betriebskosten.

Es muss sich um laufende, regelmäßig wiederkehrende Kosten im Zusammenhang mit dem Haus oder dem Grundstück handeln. Einmalig anfallende Kosten sind nie Betriebskosten.

Eine Vereinbarung, nach der noch weitere Kosten, z. B. Verwaltungskosten, Instandhaltungsrücklagen, umgelegt werden, ist unwirksam (OLG Karlsruhe WuM 1988, 204; OLG Koblenz WuM 1986, 50). Ein sog. **Umlageausfallwagnis** darf nur für Sozialwohnungen berechnet werden (LG Trier WuM 2007, 626). **Verwaltungs- und Instandhaltungskosten** muss der Mieter nie als Nebenkosten zahlen, auch nicht als Mieter einer Eigentumswohnung. Mieter müssen auch keine Verwaltungskosten zahlen, wenn diese unter der Nebenkostenposition »Hausmeister« versteckt oder als sog. »Regie-Aufschläge« kaschiert werden. → *Verwaltungskosten* schuldet der Mieter einer Wohnung nur, wenn sie als Teil der Grundmiete (→ *Miete*) vereinbart sind (BGH VIII ZR 254/17 WuM 2019, 92). Bei Geschäftsraummietverhältnissen ist die Umlage dieser Kosten hingegen zulässig (BGH XII ZR 56/11 NZM 2014, 830).

Ebenfalls **keine Betriebskosten** sind – egal, was im Mietvertrag steht – Erbbauzinsen (AG Mannheim NZM 2009, 28), Haus- und Mietrechtsschutz (AG Bonn WuM 1987, 274), Kosten einer Reparaturversicherung (AG Köln WuM 1990, 556), Kosten eines Wach- oder Sicherheitsdienstes für ein Wohngebäude (AG Neubrandenburg WuM 2018, 808; AG Köln ZMR 2003, 684). Bei gewerblichen Mietobjekten ist die

Umlage hingegen möglich (OLG Düsseldorf MDR 2012, 1025). Nicht als Betriebskosten abrechnen darf der Vermieter außerdem: Bankgebühren, Portokosten, Instandhaltungsrücklage, die Zinsabschlagsteuer oder Kosten für die Erstellung der Abrechnung (LG Stuttgart WuM 1989, 521; AG Hameln WuM 1983, 239). Anders verhält es sich aber bei den Kosten für eine verbrauchsabhängige Abrechnung, die das Gesetz ausdrücklich für umlegbar erklärt. Nicht in der Abrechnung auftauchen dürfen außerdem **Miet- oder Leasingkosten**. Das gilt z. B. für → *Rauchwarnmelder* (BGH VIII ZR 379/20 WuM 2022, 428), für einen Öltank und einen Heizungsbrenner (BGH VIII ZR 92/08 WuM 2009, 115), für einen Gastank (AG Bad Kreuznach WuM 1989, 310) sowie für Müllbehälter (LG Neuruppin WuM 2003, 153). Eine Ausnahme besteht nur für gesetzlich ausdrücklich genannte Anmietungskosten, etwa für Wasserzähler sowie für → *Heizkostenverteiler und Wärmezähler*.

Welche Betriebskosten muss der Mieter übernehmen?

Vereinbarung im Mietvertrag notwendig: Nach dem Bürgerlichen Gesetzbuch muss der Vermieter die Betriebskosten tragen. Sind sie in der → *Miete* enthalten, spricht man von einer Bruttomiete.

Wichtig zu wissen: Ohne Vereinbarung hierzu muss der Mieter **keine Nebenkosten** gesondert zahlen!

Es ist aber allgemein üblich, im Mietvertrag festzulegen, dass der Mieter die Betriebskosten neben der Grundmiete übernimmt. Dann vereinbart der Vermieter üblicherweise auch monatliche Vorauszahlungen auf die Betriebskosten. Das sind Abschlagszahlungen, über die nach Ablauf der Abrechnungsperiode (ein Jahr) abgerechnet werden muss. Voraussetzung ist natürlich, dass die Kosten auch tatsächlich angefallen sind. Der Vermieter darf z. B. keinen pauschalen Betrag für einen Hausmeister ansetzen, wenn er gar keinen beschäftigt hat. Erbringt der Vermieter bestimmte Arbeiten in Eigenleistung, z. B. Gartenpflege, Reinigungs- oder Hausmeisterarbeiten, kann er dafür in der Abrechnung die Kosten ansetzen, die er einem Unternehmen dafür zahlen müsste, aber ohne Mehrwertsteuer. Der BGH hat entschieden, dass auch ein größerer Vermieter auf diese Weise verfahren darf. Er kann für Arbeiten, die seine Angestellten erbracht haben, fiktive Kosten abrechnen, also Kosten, die gar nicht angefallen sind. Dazu muss er nur ein Angebot eines Unternehmens vorlegen und darf dann diese Kosten in der Abrechnung ansetzen (BGH VIII ZR 41/12 WuM 2013, 44). Macht der Vermieter hiervon Gebrauch, ist eine genaue Kontrolle der einzelnen Kostenpositionen sinnvoll. Der Vermieter muss nachweisen können, dass die angegebenen Arbeiten tatsächlich durchgeführt wurden.

Ist vertraglich lediglich bestimmt, dass monatliche Vorauszahlungen zu entrichten sind, ohne zu erläutern, welche Betriebskosten darunterfallen, besteht keine wirksame Rechtsgrundlage für die Abrechnung von Betriebskosten (BGH XII ZR 88/10 WuM 2012, 453). Auch wenn es der Vermieter versäumt hat, die für die Vereinbarung von Betriebskosten vorgesehene Stelle im Mietvertrag auszufüllen, sind sie durch die Miete abgegolten (LG Berlin GE 2015, 387). Das gilt entsprechend, wenn von den vorgesehenen Alternativen »die Betriebskosten sind in der Miete enthalten – nicht enthalten« keine ausgewählt oder angekreuzt wurde (LG Konstanz NJW 2014, 1895; AG Münster WuM 2018, 722).

Ansonsten stellen die Gerichte an die Vereinbarung von Betriebskosten keine hohen Anforderungen. Viele Mietverträge verweisen zur Vereinbarung der Kostenumlage lediglich auf den gesetzlich festgelegten Katalog der Betriebskosten. Im Mietvertrag steht dann z. B.: »Neben der Miete sind Betriebskosten nach der Betriebskostenverordnung zu zahlen.« Das sehen die Gerichte als ausreichend an, um den Mieter mit allen rechtlich zulässigen Betriebskosten gesondert zu belasten (BGH VIII ZR 202/06 WuM 2007, 571; VIII ZR 167/03 WuM 2004, 290). Noch nicht einmal einen Hinweis auf die Betriebskostenverordnung hält der BGH für notwendig. Es genügt auch der Hinweis im Mietvertrag: »Der Mieter trägt die Betriebskosten.« (BGH VIII ZR 137/15 WuM 2016, 498; VIII ZR 137/15 WuM 2016, 211). Ausreichend ist es auch, wenn statt »Betriebskosten« der Begriff »Nebenkosten« gewählt wird (LG Berlin GE 2016, 1514). Es schadet dem Vermieter auch nicht, wenn alle Betriebskosten aufgezählt sind, ohne dass sich aus dem Mietvertrag ergibt, welche Betriebskosten tatsächlich anfallen (OLG Karlsruhe WuM 1986, 9).

In einigen Mietverträgen sind die gesondert zu zahlenden Betriebskosten einzeln aufgelistet oder angekreuzt. Dann besteht eine abschließende Vereinbarung. Nicht genannte Betriebskosten können nicht auf den Mieter abgewälzt werden. Verweist der Mietvertrag zur Umlage auf die gesetzliche Aufstellung der Betriebskosten und bestimmt an anderer Stelle, dass als Betriebskosten die nachstehend aufgezählten Positionen anfallen, ist das widersprüchlich. Es sind nur die ausdrücklich genannten Kosten umlegbar (BGH VIII ZR 279/06 WuM 2007, 694). Das gilt entsprechend, wenn der Mieter nach dem Mietvertrag die »nachstehenden Nebenkosten« zu tragen hat und in den einzelnen Spalten für die Vorschüsse nur einige Betriebskosten betragsmäßig ausgewiesen sind (LG Berlin ZMR 2003, 427; AG Hamburg-Blankenese ZMR 2016, 118; AG Winsen ZMR 2014, 217).

Tipp: Mieter sollten vor Unterschrift unter den Mietvertrag genau darauf achten, welche Klauseln sie zu Betriebskosten unterschreiben. Im Zweifel sollten sie ausdrücklich nachfragen, welche Betriebskosten zusätzlich zur Miete hinzukommen und wie hoch die voraussichtlichen Kosten sind. Die Antwort sollte sich der Mieter am besten schriftlich geben lassen oder im Mietvertrag unter »Sonstige Vereinbarungen« festhalten.

Hat der Vermieter bei Vertragsschluss nicht alle umlagefähigen Kosten vereinbart, kann er dies nicht einseitig von sich aus ändern. Dies ist nur mit Einverständnis des Mieters möglich. Der BGH hatte zunächst ohne nähere Begründung entschieden, dass durch jahrelange Zahlung nicht geschuldeter Betriebskosten eine Vereinbarung zustande kommen könne (BGH VIII ZR 146/03 WuM 2004, 292). In einer späteren Entscheidung sah er dies aber anders (BGH VIII ZR 279/06 WuM 2007, 694). Es reicht nicht aus, dass der Mieter die Betriebskostenabrechnung unbeanstandet lässt. Wenn er einen in der Abrechnung ausgewiesenen Nachzahlungsbetrag begleicht, dann i. d. R. deshalb, weil er glaubt, dazu verpflichtet zu sein. Der Mieter will nicht den Mietvertrag ändern.

Diese Rechtslage besteht auch im umgekehrten Fall zugunsten des Vermieters. Rechnet er längere Zeit nicht ab, obwohl das im Mietvertrag vereinbart ist, verliert er dadurch nicht das Recht, **künftig** eine Abrechnung zu erstellen. Das gilt sogar, wenn über 20 Jahre lang keine Abrechnungen vorgelegt wurden (BGH VIII ZR 14/06 WuM 2008, 225).

Wichtig zu wissen: Mieter können Betriebskosten, die der Vermieter berechnet hat, teilweise steuerlich geltend machen → *Haushaltsnahe Dienstleistungen*.

Neu entstandene Betriebskosten

Von dem Grundsatz, dass der Mieter nur die im Mietvertrag vereinbarten Betriebskosten zahlen muss, gibt es **Ausnahmen**. In bestimmten Fällen kann der Vermieter auch Betriebskosten umlegen, die erst nach Abschluss des Mietvertrags entstanden sind:

- Als Folge einer → *Modernisierung durch den Vermieter* ergeben sich neue Betriebskosten; z. B. kann er nach dem Einbau eines → *Aufzugs* die für den Betrieb anfallenden laufenden Kosten umlegen. Voraussetzung ist, dass er die Modernisierung ordnungsgemäß angekündigt und dabei die voraussichtlich anfallenden Betriebskosten genannt hat (§ 555c BGB).

- Der Vermieter will die Heizungsanlage nicht mehr selbst betreiben, sondern die Wärme von einem gewerblichen Anbieter liefern lassen → *Contracting*. Dann kann er auf eine Versorgung mit Nah- oder → *Fernwärme* umstellen und dem Mieter den Preis für die »gewerbliche Wärmelieferung« in Rechnung stellen. Das ist aber an bestimmte, gesetzlich festgelegte Voraussetzungen geknüpft.
- Die Kostenart ist als umlegbar vereinbart **und** der Mietvertrag enthält einen Erhöhungsvorbehalt (BGH VIII ZR 80/06 WuM 2006, 612). Ergibt sich z. B. aus dem Mietvertrag (mit Erhöhungsvorbehalt), dass der Mieter die Kosten der Sach- und Haftpflichtversicherungen zu tragen hat, kann der Vermieter eine weitere Versicherung abschließen und die Kosten umlegen. Es darf sich aber nicht um überflüssigen Versicherungsschutz handeln (s. S. 81 – Gebot der Wirtschaftlichkeit).
- Der Vermieter lässt Wasserzähler einbauen und will anschließend die Wasserkosten nach Verbrauch umlegen. Waren die Wasserkosten bisher in der Grundmiete enthalten, kann er sie als Betriebskosten gesondert berechnen. Für die Abwasserkosten gilt das entsprechend. Und auch Müllkosten kann er als Betriebskosten einführen, wenn er nach angefallenen Müllmengen abrechnen will. Die Umstellung muss der Vermieter dem Mieter vorher in → *Textform* mitteilen. Außerdem muss er die Grundmiete senken, wenn die Betriebskosten bisher Teil der Grundmiete waren (§ 556a Abs. 2 BGB).

Pauschale

Haben die Mietparteien zur Abgeltung der Betriebskosten die Zahlung einer monatlichen Pauschale vereinbart, sind damit die Nebenkosten abgegolten. Sind die Nebenkosten durch den Pauschbetrag nicht abgedeckt, muss der Mieter keine Nachzahlung leisten. Er kann allerdings auch keine Rückzahlung verlangen, falls die Pauschale höher war als die tatsächlichen Kosten. Die Pauschale anheben darf der Vermieter nur, wenn das im Mietvertrag geregelt ist. Das geht nur für die Zukunft. Außerdem muss er nachweisen, welche Betriebskosten sich erhöht haben s. S. 91 – Erhöhung der Pauschale.

Betriebskosten im Überblick

Welche Betriebskosten auf den Mieter umgelegt werden dürfen, ist in der Betriebskostenverordnung im Einzelnen festgelegt. Die Verordnung listet 17 verschiedene Betriebskostenarten auf:

1. Grundsteuer

In vielen Verträgen steht auch »öffentliche Lasten des Grundstücks«. Gemeint ist in erster Linie die Grundsteuer. Sie wird von der jeweiligen Gemeinde erhoben. Steht im Mietvertrag dagegen nur etwas von »Hausgebühren« oder »städtischen Gebühren«, muss der Mieter die Position Grundsteuer mangels Bestimmtheit nicht zahlen.

Der Deutsche Mieterbund fordert, dass die Grundsteuer nicht länger über die Betriebskostenabrechnung auf die Mieter abgewälzt werden darf. Die Grundsteuer ist eine Steuer auf den Besitz von Grundstücken und Gebäuden. Daher müssten diese Kosten von den Vermietern getragen werden.

2. Wasser
Hierzu zählen: Wassergeld, Kosten der Wasseruhr (einschl. Ablesung und Abrechnung), Kosten für eine Wasseraufbereitungs- und Wasserhebeanlage. Kaltwasserzähler müssen nach sechs Jahren geeicht werden. Das Jahr der letzten Eichung ist auf dem Gerät vermerkt. Die Eichung wird üblicherweise am kostengünstigsten dadurch vorgenommen, dass die vorhandenen Geräte durch neue ersetzt werden. Die hierfür entstehenden Kosten kann der Vermieter ebenfalls umlegen → *Eichpflicht*. Der Vermieter kann die Wasserzähler auch anmieten oder leasen. Diese Kosten gehören ebenfalls zu den Wasserkosten. Zu Messdifferenzen zwischen dem Hauptzähler und den Zwischenzählern s. S. 68 – Verteilerschlüssel. Der Mieter darf ohne Erlaubnis des Vermieters nicht einfach selbst einen Wasserzähler in seine Wohnung einbauen und kann vom Vermieter auch nicht verlangen, dass die Wasserkosten nach dem damit ermittelten Verbrauch abgerechnet werden (AG Wedding GE 2002, 536).

Extrem hohe Verbräuche – z. B. im Vergleich zum Vorjahr – muss der Vermieter aufklären (LG Hamburg NZM 2001, 806). Möglicherweise ist das Rohrleitungssystem undicht oder der Wasserzähler defekt.

Wassermengenregler werden an den Armaturen des Waschbeckens und der Dusche aufgeschraubt und dienen der Wassereinsparung. Sie müssen regelmäßig gewartet werden, damit sie ihre Funktion ausreichend erfüllen können. Die Umlage der laufenden Kosten für die Wartung macht sich bezahlt, weil bereits bei einem durchschnittlichen Wasserverbrauch beträchtliche Kosten eingespart werden.

3. Abwasser
Das sind städtische Gebühren für die Nutzung einer öffentlichen Entwässerungsanlage (Kanalisation), die dem Eigentümer gegenüber durch Abgabenbescheid jeweils für ein Rechnungsjahr festgesetzt werden (Kanalgebühren/Sielgebühren). Umlagefähig sind alle im Zusammenhang mit der Entwässerung erhobenen Gebühren. Dazu gehören die »Grundstücksentwässerung«, »Regenwasserabgabe«, »Regenwasserkanalkosten« oder »Oberflächenentwässerung« (OLG Düsseldorf WuM 2000, 591). Falls das Haus nicht an das öffentliche Kanalnetz angeschlossen ist, sind dies z. B. Kosten der Abfuhr und Reinigung einer eigenen Klär- und Sickergrube (AG Greiz WuM 1999, 65). Abrechnen darf der Vermieter auch die Wartungskosten für eine Pumpe, die der Entwässerung dient (AG Rheine WuM 2023, 63).

4. Heizung
Wird das Gebäude über eine **Zentralheizung** versorgt, gelten für die Umlage der Betriebskosten Sonderregeln, die in der Heizkostenverordnung festgelegt sind → *Heizkosten*. Grundsätzlich ist eine Abrechnung nach Verbrauch vorgeschrieben.

Um eine **dezentrale Versorgung** handelt es sich, wenn die Heizquelle nur eine einzelne Wohnung beheizt. Das können Heizgeräte sein, die einzelne Räume versorgen, z. B. Elektroheizungen wie Nachtstromspeicheröfen. Bei einer Elektrobeheizung wird dem einzelnen Mieter die Energie durch den jeweiligen Versorgungsbetrieb direkt ins Haus geliefert. Abrechnen muss er dann mit dem Versorgungsbetrieb. Viele Haushalte werden mit einer Etagenheizung, zumeist mit einer Gastherme, beheizt. Auch in diesem Fall rechnet der Mieter die Brennstoffkosten i. d. R. selbst mit dem Gaslieferanten ab. Er muss sich um die Beschaffung des Brennstoffs kümmern.

Die Kosten für die Wartung, Reinigung und Einstellung einer Therme kann der Vermieter als Betriebskosten umlegen. Voraussetzung ist eine entsprechende Vereinbarung im Mietvertrag. Die Kostenumlage ist außerdem möglich, wenn der Mietvertrag eine wirksame Klausel zur → *Thermenwartung* enthält.

Treten bei einer Einraumheizung oder einer Etagenheizung Defekte auf, ist der Vermieter für die Behebung der Schäden verantwortlich, wenn er die Heizquelle mitvermietet hat, die Öfen also sein Eigentum sind.

5. Warmwasser
Für die Umlage der Betriebskosten für das Warmwasser gilt das Gleiche wie für die Heizkosten. Bei zentraler Versorgung sind die Sonderregeln der Heizkostenverordnung einzuhalten. Sie schreiben eine Abrechnung nach dem zu erfassenden Verbrauch an Warmwasser vor. Bei dezentraler Versorgung über eine Gastherme, einen Durchlauferhitzer, Boiler o. Ä. kann der Vermieter die genannten Kosten bei entsprechender Vereinbarung umlegen.

6. Verbundene Heizungsanlagen
In den meisten Wohngebäuden ist die Anlage zur Versorgung mit Wärme mit der zentralen Anlage zur Warmwasserversorgung verbunden. Da die Verbrauchsgewohnheiten hinsichtlich Wärme und Warmwasser unterschiedlich sind, schreibt die Heizkostenverordnung vor, dass zunächst bestimmt wird, welche Kosten auf die Heizung und welche auf das Warmwasser entfallen. Dann müssen beide Kostenarten separat auf die Mieter umgelegt werden → *Heizkosten*.

7. Aufzugskosten
Hierzu gehören die Kosten des Betriebsstroms, der Beaufsichtigung, Bedienung, Überwachung, Pflege der Anlage, der regelmäßigen Prüfung der Betriebsbereitschaft und Betriebssicherheit einschließlich der Einstellung durch einen Fachmann sowie die Kosten der Reinigung der Anlage. Die Kosten einer Notdienstpauschale sind hingegen nicht umlagefähig (BGH VIII ZR 332/18 WuM 2020 83).

Reparaturkosten gehören nicht zu den umlagefähigen Betriebskosten. Viele Vermieter schließen sog. **Vollwartungsverträge** ab. In deren Kosten sind auch Reparaturkosten enthalten, die nicht auf den Mieter umgelegt werden dürfen. Deshalb ist vom Gesamtbetrag ein **Abzug** vorzunehmen, z. B. von 37 % (LG Hamburg NZM 2001, 806), von 40 % (LG Braunschweig ZMR 2003, 114; LG Duisburg WuM 2004, 717) oder sogar von 50 % (AG Duisburg WuM 2015, 525).

Bei den Wartungsarbeiten werden häufig auch Verschleißteile ausgetauscht. Diese Kosten darf der Vermieter nicht auf die Mieter umlegen (LG Hamburg NZM 2001, 806; LG Berlin GE 1988, 463; a. A. OLG Düsseldorf NZM 2000, 762). Die vorgeschriebenen regelmäßigen Prüfungen des Aufzugs dürfen auch durch freie Sachverständige durchgeführt werden. Die Kosten hierfür zählen wie eventuelle TÜV-Gebühren zu den Betriebskosten.

Die Aufzugskosten dürfen auch auf den Mieter im Erdgeschoss umgelegt werden. Das gilt auch dann, wenn er keinen konkreten Nutzen von dem Aufzug hat, weil weder Keller noch Dachboden damit erreichbar sind (BGH VIII ZR 103/06 WuM 2006, 613). Der Vermieter kann den Parterremieter vertraglich aber auch von der Umlage ausschließen (LG Frankfurt a. M. ZMR 2015, 307).

Gibt es in einer Wirtschaftseinheit mehrere Aufzugsanlagen, muss über die jeweiligen Kosten getrennt abgerechnet werden (LG Berlin GE 1990, 651). Kann die Wohnung durch den Aufzug gar nicht erreicht werden, etwa weil er sich in einem anderen Gebäude oder Gebäudeteil befindet, dürfen Aufzugskosten nicht berechnet werden (BGH VIII ZR 128/08 WuM 2009, 351).

8. Straßenreinigung und Müllbeseitigung
Müllbeseitigungskosten sind die Kosten, die die Gemeinde dem Vermieter durch Abgabenbescheid in Rechnung stellt. Umlagefähig sind auch die Kosten der vom Vermieter veranlassten Müllbeseitigung. Dabei ist es gleichgültig, ob der Vermieter die Maßnahmen selbst durchführt oder ein Unternehmen beauftragt. Der Vermieter kann die Kosten für die Entsorgung sämtlichen Mülls umlegen, der in einem Wohnhaus üblicherweise regelmäßig anfällt. Dazu gehören die Kosten für

eine Mülltrennung, wenn separate Behälter für Glas, Papier, recycelbare Wertstoffe, Bioabfälle usw. bereitstehen.

Einige Großvermieter schalten Unternehmen ein, die sich um eine Verringerung der Müllkosten kümmern (»**Müllmanagement**«), z. B. durch Trennung von Wertstoffen vom Restmüll oder Verdichtung des Müllvolumens. Die Kosten für ein Müllmanagement kann der Vermieter als Betriebskosten auf die Mieter umlegen (BGH VIII ZR 230/21 WuM 2023, 204; VIII ZR 117/21 WuM 2022, 733). Ein Verstoß gegen den Grundsatz der Wirtschaftlichkeit kann darin zu sehen sein, dass sich die Einschaltung eines Unternehmens teilweise als unnötig herausstellt. Hätte der Vermieter die Einsparmaßnahmen ohne Weiteres auch selbst durchführen können, darf er die zusätzlichen Kosten für das Unternehmen insoweit nicht umlegen (AG Berlin-Mitte WuM 2005, 393). Werden z. B. ungenutzte Müllbehälter abbestellt, kann der Vermieter das nicht als Erfolg der Müllmanagement-Firma darstellen. Nachweispflichtig ist dem BGH zufolge der Mieter.

Nach der Betriebskostenverordnung sind außerdem umlegbar: die Kosten für Müllkompressoren, Müllschlucker, Müllabsauganlagen sowie für Müllmengenerfassungsanlagen. Mithilfe von Müllmengenerfassungsanlagen, etwa von Müllschleusen, lässt sich ermitteln, wie viel Müll jeder Mieter entsorgt. Die Kosten sind dann nach der individuellen Müllverursachung umzulegen. Dann kann der Vermieter nach der Betriebskostenverordnung auch die Kosten der Berechnung und Aufteilung auf den Mieter umlegen.

Der Vermieter muss Größe und Anzahl der Müllbehälter am Bedarf ausrichten. Andernfalls hat er die entstehenden Mehrkosten selbst zu tragen (AG Wennigsen WuM 2003, 90; AG Dannenberg WuM 2000, 379). Zu beachten ist aber, dass in vielen Gemeinden ein Mindestvolumen für den Restmüll angesetzt wird, das sich nach der Anzahl der Hausbewohner richtet.

Eine **Leihgebühr für die Müllbehälter** darf der Vermieter nicht auf die Mieter umlegen (LG Neuruppin WuM 2003, 153). Durch die »Leihe« spart er sich den Kauf der Müllgefäße, und Anschaffungskosten sind nicht umlagefähig. Etwas anderes gilt, wenn die Leihkosten Teil der städtischen Müllgebühr sind.

Zu den Kosten der Müllabfuhr zählen auch solche Kosten, die der Vermieter aufbringen muss, weil er selbst Müll entsorgen lässt. Nicht dazu gehören aber die Kosten für einen Container, um Bauschutt wegzuschaffen.

Sperrmüll- und Entrümpelungskosten sind Betriebskosten, wenn der Vermieter für eine geregelte Abfuhr sorgt (LG Berlin GE 2001, 65; AG Köln WuM 2001,

469). Das setzt voraus, dass er den Mietern einen Platz anbietet, wo sie ihren Sperrmüll lagern können, und dieser dann mehr oder weniger regelmäßig abgeholt wird. Ist die Sperrmüllabfuhr so ausgestaltet, dass sich einzelne Mieter bei Bedarf beim Vermieter melden müssen, kann der Vermieter nur die Mieter mit Kosten belasten, die das Angebot jeweils wahrnehmen (LG Berlin GE 2000, 126). Der BGH hat entschieden, dass auch die Kosten für den Abtransport von illegal gelagertem Sperrmüll umgelegt werden dürfen, wenn sie regelmäßig anfallen (BGH VIII ZR 137/09 WuM 2010, 153). Nicht als Betriebskosten abrechnen darf der Vermieter derartige Kosten, wenn es sich um eine einmalige Aktion handelt, etwa weil ein Kellerraum vor einer anstehenden Renovierung leer geräumt werden muss oder ein Mieter beim Auszug »vergessen« hat, Sachen im Kellerverschlag mitzunehmen.

Zu den Kosten der **Straßenreinigung** zählen neben den öffentlichen Straßenreinigungsgebühren auch die Kosten, die der Vermieter selbst für die Säuberung der zum Grundstück gehörenden Fußwege und Plätze aufwendet. Das schließt den Winterdienst mit ein. Besteht eine Vereinbarung, dass der Mieter diese Arbeiten übernimmt, darf der Vermieter die Kosten nicht umlegen → *Schneefegen*.

9. Gebäudereinigung und Ungezieferbekämpfung

Zur **Gebäudereinigung** gehören die Kosten für die Säuberung von Zugängen, Fluren, Treppen, Kellern, Wohnräumen oder Waschküchen. Werden diese Arbeiten von einer Reinigungskraft erledigt, gehört deren Lohn inklusive Weihnachtsgeld und Berufsgenossenschaftsbeitrag zu den Kosten der Hausreinigung. Neben den Personalkosten gehören auch die Kosten der Reinigungsmittel hierzu.

Der Vermieter ist nicht gezwungen, immer die preiswerteste Variante zu wählen. Er kann sich auch für eine etwas teurere – dafür aber zuverlässigere – Reinigungsfirma entscheiden. Der Aufwand für die Reinigung muss sich aber in einem vernünftigen Rahmen halten. Normalerweise muss nicht dreimal in der Woche gereinigt werden (LG Hamburg NZM 2001, 806).

Sind die Mieter laut Mietvertrag oder Hausordnung verpflichtet, die Gemeinschaftsflächen selbst zu putzen, entfällt natürlich die Position Hausreinigung in der Betriebskostenabrechnung (AG Münster WuM 2023, 615). Der Vermieter darf nicht ohne Weiteres den Mietvertrag oder die Hausordnung ändern und die Gemeinschaftsflächen von einer Putzkraft reinigen lassen (AG Leipzig WuM 2018, 508; AG Steinfurt WuM 2014, 369; AG Magdeburg WuM 2002, 576).

Kosten für **Ungezieferbekämpfung** sind meistens sehr gering – z. B. für Schädlingsbekämpfungsmittel wie Insektenspray. Einmalige Kosten der Ungezieferbekämpfung kann der Vermieter nicht auf die Mieter umlegen, da es sich nicht um Betriebskosten handelt (LG München I WuM 2001, 245; AG Oberhausen WuM 1996, 715; AG Hamburg WuM 1999, 485). Voraussetzung für die Umlage ist immer, dass die Kosten regelmäßig entstehen, es sich also um laufende Kosten handelt. Keine Betriebskosten sind deshalb die Kosten eines Feuerwehreinsatzes zur Beseitigung von Bienen oder Wespen (AG München WuM 2011, 629; AG Meppen WuM 2003, 355).

10. Gartenpflege
Hierunter fallen Sach- und Personalkosten, die durch die Pflege der hauseigenen Grünanlage entstehen. Hierzu gehören u. a. die Kosten der Neuanlage eines Rasens oder für eine Erneuerung von Pflanzen und Gehölzen (LG Hamburg WuM 1989, 191; AG Steinfurt WuM 1999, 721), Gießwasser sowie Kosten der Pflege – einschließlich Sandaustausch – von Spielplätzen.

Lange war umstritten, ob die Kosten für die Fällung und den Abtransport abgestorbener **Bäume** umgelegt werden dürfen. Eine Entscheidung des BGH hat für Klarheit gesorgt: Der Aufwand für die Fällung von morschen, nicht mehr standsicheren Bäumen gehört grundsätzlich zu den umlagefähigen Kosten der Gartenpflege (BGH VIII ZR 107/20 WuM 2022, 40). Auch wenn nicht jedes Jahr ein Baum gefällt werden müsse, seien Baumfällkosten Kosten, die »laufend« anfielen.

Anders verhält es sich, wenn ein gesunder Baum beseitigt wurde, etwa weil er einzelnen Wohnungen zu viel Licht weggenommen hat. Diese Kosten darf der Vermieter keinesfalls auf die Mieter abwälzen (AG Hamburg-Wandsbek WuM 1986, 123). Das Gleiche gilt, wenn der Vermieter sämtliche Bäume auf dem Grundstück fällen lässt. Darin ist eine wesentliche Umgestaltung des Grundstücks zu sehen (LG Hamburg WuM 1994, 695; LG Berlin GE 1988, 355).

Nicht zur Gartenpflege gehört auch eine regelmäßig durchgeführte Baumkontrolle (AG Bottrop WuM 2014, 568; a. A. AG Frankfurt a. M. MietRB 2017, 132). Zulässig ist aber die Umlage als »sonstige Betriebskosten«, wenn das im Mietvertrag ausdrücklich festgelegt ist.

Die Kosten für die Erneuerung von **Gehwegplatten** darf der Vermieter nicht umlegen. Das sind Instandhaltungskosten (AG Stuttgart-Bad Cannstatt WuM 1996, 481). Auch die Anschaffungskosten für Gartenpflegegeräte, etwa einen Rasenmäher oder eine Gartenschere, sind nicht umlagefähig (LG Potsdam MM 2003, 143; LG Hamburg WuM 1989, 640; AG Steinfurt WuM 1999, 721).

Die für die Gartenpflege berechneten Kosten müssen der Art und Höhe nach angebracht sein. Es ist zu prüfen, ob die durchgeführten Arbeiten, die Anzahl der angesetzten Stunden und das aufgewandte Material angemessen und übliche Preise angesetzt worden sind (AG Münster WuM 2000, 197).

Für die Gartenpflege müssen die Mieter auch zahlen, wenn sie die Gartenfläche nicht nutzen können oder dürfen (BGH VIII ZR 135/03 WuM 2004, 399). Eine gepflegte Anlage verschönert das Wohnanwesen und verbessert die Wohn- und Lebensqualität. Deshalb sollen die Mieter dafür auch zahlen, so der BGH. Das betrifft z. B. einen Vorgarten oder eine Gemeinschaftsfläche, die nicht zu betreten ist. Anders hingegen verhält es sich bei Gartenflächen, die dem Vermieter oder bestimmten Mietern zur alleinigen Nutzung überlassen sind. An den Kosten für die Pflege solcher Gartenteile dürfen die (anderen) Mieter nicht beteiligt werden.

Grünanlagen und andere Flächen, die auch für die Benutzung durch die Öffentlichkeit vorgesehen sind, haben keinen Bezug zur Mietsache. Die hierfür anfallenden Pflegekosten sind nicht umlegbar (BGH VIII ZR 33/15 WuM 2016, 214).

Die Pflegekosten für eine Dachbegrünung sind nicht umlagefähig, da es in erster Linie um die Verbesserung der Isolationseigenschaften geht (KG Berlin WuM 2006, 35; LG Karlsruhe WuM 1996, 230).

Ist vereinbart, dass der Mieter den Garten pflegt, kann der Vermieter nicht zusätzlich Kosten für Pflegearbeiten umlegen (BGH VIII ZR 124/08 WuM 2009, 41).

11. Beleuchtung

Das sind die **Stromkosten** für Treppenhaus, Kellerräume, Waschküche usw. Dazu gehören auch die Kosten für die Außenanlagen. Teile des Grundstücks, die dem Mietshaus nicht zugeordnet sind, müssen von der Kostenumlage ausgenommen werden (AG Pinneberg ZMR 2008, 304).

Umlegen darf der Vermieter nur die Stromkosten für die Beleuchtung, nicht aber für andere Einrichtungen, etwa für die Klingelanlage (AG Leipzig WuM 2007, 576). Auch die Betriebsstromkosten für die Heizungsanlage muss er abziehen und den Heizkosten zuordnen. Gibt es keinen Zwischenzähler zur Ermittlung des Betriebsstroms, können die Kosten geschätzt werden. Die Grundlagen der Schätzung sind auf Nachfrage des Mieters offenzulegen (BGH VIII ZR 27/07 WuM 2008, 285).

Für das Auswechseln von **Leuchtmitteln** darf der Vermieter keine Kosten berechnen (OLG Düsseldorf NZM 2000, 762).

12. Schornsteinreinigung
Das sind die **Kehrgebühren**, die der Schornsteinfeger oder eine andere beauftragte Firma berechnet haben. Ist die Wohnung eines Mieters nicht an einen Schornstein angeschlossen, muss er diese Kosten nicht mittragen (AG Berlin-Köpenick GE 2013, 819), vorausgesetzt, der Schornstein wurde endgültig stillgelegt.

Die Kosten der **Immissionsmessung** gehören dagegen in die Heizkostenabrechnung. Die Kosten einer **Feuerstättenschau**, die der Schornsteinfeger etwa alle 3½ Jahre durchführt, sind ebenfalls nicht mit den Schornsteinfegerkosten, sondern als Teil der Heizkosten abzurechnen. Die Kehrgebühren dürfen auch bei den Heizkosten abgerechnet werden. In diesem Fall dürfen die Schornsteinfegerkosten natürlich nicht mehr bei den »kalten« Betriebskosten auftauchen.

13. Sach- und Haftpflichtversicherung
Abrechnen darf der Vermieter die Kosten der Gebäudeversicherung. Sie deckt Feuer-, Sturm- und Leitungswasserschäden am Gebäude ab. Außerdem fallen hierunter die Kosten der Glasversicherung, der Elementarschadenversicherung, der Haftpflichtversicherung für das Gebäude, den Öltank und den Aufzug. Die Prämien für eine Terrorschadenversicherung sind nur umlagefähig, wenn das Gebäude in der Nähe gefährdeter Objekte liegt (BGH XII ZR 129/09 NJW 2010, 3647). Generell verstößt die Umlage von Kosten für Versicherungen, die ganz unwahrscheinliche Risiken absichern, gegen das Gebot der Wirtschaftlichkeit (AG Lichtenberg WuM 2026, 86).

Nicht hierher gehören eine Rechtsschutzversicherung (LG Berlin GE 1989, 43), eine Hausratversicherung und eine Mietverlustversicherung (AG Frankfurt WuM 1988, 170). Ist der Schutz gegen Mietausfall jedoch in der Gebäudeversicherung enthalten, sind diese Kosten umlegbar (BGH VIII ZR 38/17 WuM 2018, 505).

Die einzelnen Versicherungen müssen in der Betriebskostenabrechnung nicht gesondert aufgeführt sein. Der Vermieter darf die Kosten in einer Summe unter der Position »Versicherungen« abrechnen (BGH VIII ZR 346/08 WuM 2009, 669).

14. Hauswart
Dazu gehören nicht nur die **Lohnkosten**, sondern auch Lohnnebenkosten wie Sozialbeiträge und ein pauschaler Lohnsteuerbetrag (AG Kleve WuM 1989, 28). Außerdem sind die Kosten für eine Vertretung bei Urlaub oder Krankheit umlegbar (LG Kassel WuM 2016, 740).

Typische Hausmeisteraufgaben sind die zum Haus gehörenden Bürgersteige vom Schnee zu befreien, Hauseingänge und Bürgersteige sauber zu halten sowie den

Garten zu pflegen (LG Köln WuM 1992, 258). Betreut der Hauswart die Wasserversorgung, die Heizung, die Warmwasserversorgung, den Aufzug, oder reinigt er die Wege und kümmert sich um die Müllabfuhr oder hat er die Hausbetreuung und die Ungezieferbekämpfung sowie die Gartenpflege übernommen, dürfen diese Kostenarten i. d. R. nicht gesondert in der Betriebskostenabrechnung angesetzt werden. Sie sind mit der Vergütung für den Hauswart abgegolten (AG Hamburg WuM 1976, 29).

Ist der Hausmeister »Mädchen für alles«, erledigt er **kleinere Reparaturen und Verwaltungsaufgaben** im Haus, können die Kosten für diese Arbeiten nicht auf die Mieter umgelegt werden (BGH VIII ZR 62/19 WuM 2020, 83; LG München I WuM 2000, 258). Reparaturarbeiten und Verwaltungsaufgaben sind nic Betriebskosten, auch dann nicht, wenn ein Hausmeister sie übernimmt. Abzüge müssen z. B. vorgenommen werden, wenn der Hausmeister Wohnungen abnimmt oder neue Mieter einweist, wenn er sich um Mängel kümmert oder Ausbesserungen übernimmt. Erhält der Hauswart eine Notdienstpauschale, damit er in Störfällen auch außerhalb der Geschäftszeiten erreichbar ist, darf der Vermieter diese Kosten nicht auf die Mieter umlegen (BGH VIII ZR 62/19 WuM 2020, 83).

In der Betriebskostenabrechnung muss nicht aufgeführt sein, in welcher Höhe der Vermieter Reparatur- oder Verwaltungskosten abgezogen hat. Der Mieter sollte nachfragen oder die Belege einsehen. Er braucht es nicht zu akzeptieren, wenn für Verwaltungs- und Reparaturarbeiten lediglich ein geringer Pauschalbetrag abgezogen wird, z. B. nur 10 %. Meldet der Mieter Zweifel an, muss die Aufteilung der Kosten erläutert werden. Der Vermieter muss dann aufschlüsseln, welche Kostenanteile er umgelegt hat und welche nicht. Die Aufteilung hat sich nach dem Zeitaufwand des Hausmeisters für die einzelnen Arbeiten zu richten (BGH VIII ZR 27/07 WuM 2008, 285). Dazu sind die Angaben im Arbeitsvertrag oder in einem Leistungsverzeichnis nicht hilfreich, weil sie keinen Aufschluss über die tatsächlich durchgeführten Arbeiten geben (AG Duisburg WuM 2015, 427). Der Vermieter muss zumindest eine Zeit lang Protokoll führen lassen über die einzelnen Tätigkeiten des Hauswarts.

Immer weniger Vermieter beschäftigen einen eigenen Hausmeister im Angestelltenverhältnis. Stattdessen beauftragen sie Hausbetreuungsunternehmen, mit dem sie einen Hausmeisterdienstvertrag abschließen. Hier gelten für die Umlage auf den Mieter die gleichen Grundsätze wie für einen angestellten Hauswart (LG Frankfurt a. M. WuM 1996, 561). Außerdem muss der Vermieter bei Verträgen mit derartigen Dienstleistern immer das Gebot der Wirtschaftlichkeit berücksichtigen (AG Köln WuM 1999, 466). Hausmeisterkosten sind umlagefähig, soweit sie ortsüblich und nicht überteuert sind (LG München I NZM 2002, 286;

LG Wuppertal WuM 1999, 342; AG Köln WuM 1997, 273). Sind die Kosten eines Hausmeisters oder Servicedienstes doppelt so hoch als bei einem vergleichbaren Unternehmen, liegt ein Verstoß gegen das Wirtschaftlichkeitsgebot vor.

> **Wichtig zu wissen:** Die Höhe des üblichen Gehalts für den Hausmeister hängt wesentlich davon ab, welche Aufgaben ihm übertragen sind. Zahlt der Vermieter ein hohes Gehalt, z. B. über 40 000 Euro im Jahr, spricht alles für Verwaltertätigkeit und gegen eine einfache Hausmeisterarbeit (AG Dortmund NJWE-MietR 1996, 225 für das Abrechnungsjahr 1994).

Ist der **Hausmeister gleichzeitig Mieter** im Haus, muss er in die Kostenumlage einbezogen werden (AG Stuttgart WuM 1997, 231). Das gilt sowohl hinsichtlich seines Gehalts als auch hinsichtlich sonstiger Vermieterleistungen, wie z. B. »mietfreies« oder kostengünstiges Wohnen (AG Köln WuM 1997, 273).

Kosten für einen **Pförtner** oder ähnliche Dienste wie »Doorman« oder »Concierge« sind nicht als Hauswartkosten umlegbar (BGH VIII ZR 78/04 WuM 2005, 336). Diese Kosten können u. U. bei den »sonstigen Betriebskosten« angesetzt werden, aber nur, wenn der Mietvertrag das ausdrücklich festlegt (s. u.).

15. Satellitenschüssel, Glasfaser

Bei einer Satellitenempfangsanlage sind die Kosten für den Betriebsstrom und für die regelmäßige Prüfung der Betriebsbereitschaft umlagefähig. Keine Betriebskosten sind einmalig anfallende Kosten für den Anschluss. Auch die Kosten für eine Reparatur oder Störungsbeseitigung darf der Vermieter nicht auf die Mieter umlegen.

Gebühren für das Kabelfernsehen darf der Vermieter seit dem 1.7.2024 nicht mehr auf die Mieter umlegen.

Hat der Vermieter **Glasfaserleitungen** verlegen lassen, darf er den Mietern dafür Betriebskosten berechnen. Voraussetzung ist, dass er ein Glasfasernetz mit sehr hoher Kapazität zur Verfügung stellt. Der Umlagebetrag ist auf 60 Euro pro Jahr und Wohnung begrenzt. Die Umlage ist befristet auf fünf Jahre. In Ausnahmefällen, wenn die Einrichtung des Glasfaseranschlusses besonders aufwendig war, können insgesamt 540 Euro je Wohnung für maximal neun Jahre umgelegt werden. Dann muss der Vermieter aber nachweisen, dass er – soweit möglich – mindestens drei Angebote eingeholt und das wirtschaftlichste ausgewählt hat.

Für die Mieter bedeutet das, dass die Betriebskosten für Glasfaser noch zu den Kosten für Fernsehen und Internet hinzukommen. Sie müssen die laufenden Kosten für Glasfaser auch tragen, wenn sie den Anschluss nicht nutzen.

16. Kosten der Wäschepflege
Hierunter fallen die Betriebskosten für Waschmaschinen sowie für Wäschetrockner, Wäscheschleudern und Bügelautomaten, die der Hausgemeinschaft zur Verfügung stehen. Umlegbar sind die Kosten für Strom, Reinigung und Wartung der Geräte. Stellt der Vermieter Münzgeräte auf, muss er nachweisen, dass seine Kosten nicht bereits durch diese Einnahmen gedeckt sind.

Die Einnahmen durch den Münzbetrieb dürfen nur die laufenden Kosten abdecken. Sie dürfen nicht der Instandhaltung oder der Amortisation, also der Wiederanschaffung, dienen (AG Hamburg WuM 2003, 565). Etwas anderes gilt nur, wenn es ausdrücklich vereinbart ist.

Für Sozialwohnungen ist geregelt, dass der Vermieter die laufenden Kosten nur auf die Benutzer der Waschmaschine umlegen darf. Die Kosten für die erforderliche Ablesung und Umrechnung kann der Vermieter nicht auf die Mieter abwälzen (AG Mülheim WuM 2000, 424).

17. Sonstige Betriebskosten
»Sonstige« Betriebskosten sind kein Auffangbecken für alle nur denkbaren Kosten. Will der Vermieter »sonstige Betriebskosten« abrechnen, muss bereits im Mietvertrag stehen, um welche Kosten es sich dabei konkret handelt. Der bloße pauschale Hinweis in einem Mietvertrag, »sonstige Betriebskosten« seien zu zahlen, reicht nicht aus (BGH VIII ZR 167/03 WuM 2004, 290).

Bei »sonstigen« Betriebskosten kann es sich um die Kosten für ein Schwimmbad, eine Sauna oder andere Gemeinschaftseinrichtungen im Haus handeln. Zulässig wäre auch eine Vereinbarung, dass die Wartungskosten für den Feuerlöscher (LG Berlin GE 2001, 63; AG Hamburg WuM 1998, 352), die Lüftungsanlage oder Kosten für die Dachrinnenreinigung (BGH VIII ZR 146/03 WuM 2004, 292; VIII ZR 167/03 WuM 2004, 290) umgelegt werden. Für umlegbar erklärt hat der BGH auch die Kosten für die regelmäßige Prüfung der Betriebssicherheit, z. B. für die Elektroanlage (BGH VIII ZR 123/06 WuM 2007, 198). Umlagefähig sind auch die Kosten für die Prüfung von → *Rauchwarnmeldern.*

Immer mehr Großvermieter gehen dazu über, einen **Pförtner** einzusetzen. In einigen Häusern heißt es »Concierge« oder »Doorman«. Die hierfür entstehenden Kosten sind nur unter gewissen Voraussetzungen auf die Mieter umlegbar. Der

Vermieter kann diese Dienstleistung nicht allgemein damit begründen, dass sich besonders ältere Mieter dann sicherer fühlen. Ein Pförtner muss aufgrund der Verhältnisse vor Ort geboten sein, etwa um die Sicherheit und Ordnung aufrechtzuerhalten oder wegen eines gesteigerten Sicherheitsbedürfnisses (BGH VIII ZR 78/04 WuM 2005, 336).

> **Achtung:** Betriebskosten, die als »sonstige« einzustufen sind, müssen in der Betriebskostenabrechnung immer einzeln aufgeführt sein. Steht in der Abrechnung nur »sonstige Betriebskosten«, ist das aus formalen Gründen unwirksam (BGH VIII ZR 371/19 WuM 2021, 558). Der Mieter muss diese Kosten dann gar nicht zahlen.

Verteilerschlüssel
Üblicherweise wird im Mietvertrag vereinbart, nach welchem Maßstab die vom Mieter zu tragenden verbrauchsabhängigen Nebenkosten verteilt werden. An diese Vereinbarung ist der Vermieter gebunden. Ebenfalls zulässig ist es, dem Vermieter die Wahl des Verteilerschlüssels »nach billigem Ermessen« zu überlassen (BGH VIII ZR 257/13 WuM 2015, 33).

Steht nichts im Mietvertrag, ist für frei finanzierte Wohnungen gesetzlich vorgeschrieben, dass die Betriebskosten nach der **Wohnfläche** umzulegen sind. Der Vermieter darf dann keinen anderen Verteilerschlüssel festlegen. Er muss nach Quadratmetern verteilen.

Eine Sonderregelung besteht für **Eigentumswohnungen**. Wenn im Mietvertrag nichts anderes vereinbart ist, darf der Vermieter die Betriebskosten nach dem gleichen Maßstab umlegen, den die Wohnungseigentümer untereinander festgelegt haben. Das bedeutet, dass sich die Verteilung i. d. R. nach den Miteigentumsanteilen richtet. Die Grundsteuer darf der Vermieter anhand des für die Wohnung ergangenen Grundsteuerbescheids umlegen, auch wenn im Mietvertrag die Umlage nach Wohnfläche vorgesehen ist (BGH VIII ZR 252/12 WuM 2013, 358).

Leerstand im Haus: Stehen Wohnungen im Haus leer, muss der Vermieter die darauf entfallenden Kosten selbst tragen. Das gilt auch für Betriebskosten, die von einem Verbrauch abhängen, aber nicht nach Verbrauch abgerechnet werden, sondern etwa nach Wohnfläche oder Personenzahl. Der Vermieter muss die auf unvermietete Wohnungen entfallenden Kosten für Wasser, Abwasser, Müll und Allgemeinstrom übernehmen (BGH VIII ZR 159/05 WuM 2006, 440). Der Vermieter kann auch nicht verlangen, dass die Mieter einer Änderung zustimmen und nur nach vermieteter Fläche abzurechnen ist. Eine Klausel im Mietvertrag, wonach die Betriebskosten nur nach dem Verhältnis der vermieteten oder bewohnten Flächen verteilt werden, ist unwirksam (OLG Hamburg WuM 2001, 343; AG Görlitz WuM 1997, 648). In besonders gelagerten Fällen – bei dauerhaften erheblichen Leerständen – ist laut BGH eine Ausnahme möglich. Der Vermieter kann dann darauf bestehen, dass der Mieter einer Änderung des Verteilerschlüssels zustimmt.

Bei einer Verteilung nach Personenzahl sind die unvermieteten Wohnungen zumindest bei größeren Leerständen in die Umlage der Kosten einzubeziehen. Das gilt vor allem für Kosten, die nicht von der Anzahl der im Haus wohnenden Personen abhängen (BGH VIII ZR 180/12 WuM 2013, 227), auch für Müllabfuhrkosten (AG Brakel ZMR 2025, 706). Für die leer stehenden Wohnungen ist die durchschnittliche Belegungszahl im Haus zugrunde zu legen (AG Köln WuM 2002, 285). Andere Gerichte setzen eine Person je Wohnung an (AG Saarbrücken WuM 2018, 428; AG Köln WuM 1998, 290).

Werden die Betriebskosten nach dem festgestellten Verbrauch verteilt, gibt es bei der Verteilung der Kosten normalerweise keine Probleme. Da in den leer stehenden Wohnungen kein Verbrauch anfällt, werden ihnen auch keine Kosten zugeordnet. Das kann zu Ungerechtigkeiten führen, wenn die Mieter die Fixkosten für die leer stehenden Wohnungen mittragen müssen. Bei den Wasserkosten sind das die Grundgebühren, die Zählermiete und die Abrechnungskosten. Der BGH hat aber entschieden, dass eine Kostenverteilung nach der je Wohnung erfassten Wassermenge grundsätzlich zulässig ist. Dieser Grundsatz findet aber seine Grenze, wenn ein Mieter bei erheblichem Leerstand im Haus mit unzumutbar hohen Kosten belastet wird. Eine Klausel im Formularmietvertrag, wonach die Wasserkosten einschließlich der Grundgebühren nach dem Ergebnis der Wasserzähler abgerechnet werden, ist unwirksam (BGH VIII ZR 183/09 WuM 2010, 685).

Übliche Umlagemaßstäbe: Die gebräuchlichsten Verteilerschlüssel orientieren sich an der **Wohnungsgröße**, der **Personenzahl** oder der **Anzahl der Wohneinheiten:**

Beispiel für die Verteilung nach Wohnfläche: 10 000 Euro Betriebskosten für das gesamte Haus, Größe des Hauses 500 m², Wohnungsgröße 50 m².
10 000 Euro : 500 m^2 = 20 Euro/m^2
20 Euro/m^2 × 50 m^2 = 1000 Euro.

Beispiel für die Verteilung nach Personenzahl: 10 000 Euro Betriebskosten für das gesamte Haus, Gesamtzahl der Mieter im Haus 40, Personen im Mieterhaushalt 4.
10 000 Euro : 40 Personen = 250 Euro/Person
250 Euro/Person × 4 Personen = 1000 Euro.

Beide Verteilerschlüssel können kombiniert werden. Die verbrauchsabhängigen Betriebskostenarten, wie z. B. Wasser, Entwässerung oder Müll, werden dann z. B. nach der Personenzahl und die anderen Betriebskostenarten nach der Wohnfläche abgerechnet.

Vertraglich vereinbart werden kann sowohl die einheitliche Betriebskostenverteilung nach der Personenzahl als auch nach der Wohnfläche. Beide Verteilerschlüssel haben ihre Stärken und Schwächen. Bei einer Abrechnung nach Personen muss der Vermieter laufend ermitteln, wie viele Personen im Haus leben. Das ist für ihn mit einem gewissen Aufwand verbunden. Dabei darf er sich nicht nach der im amtlichen Einwohnermelderegister erfassten Bewohnerzahl richten, weil das zu ungenau ist (BGH VIII ZR 82/07 WuM 2008, 151).

Werden die Kosten **nach Fläche** verteilt (→ *Wohnfläche*), muss der Vermieter immer die tatsächliche Wohnungsgröße ansetzen (BGH VIII ZR 173/17 WuM 2019, 144; VIII 220/17 WuM 2018, 425).

Wichtig zu wissen: Den vereinbarten oder einmal gewählten Verteilerschlüssel darf der Vermieter nicht einfach abändern, z. B. vom Personenschlüssel zur Umlage nach Wohnfläche wechseln. Das geht nur, wenn er mit allen Mietern eine entsprechende Vereinbarung trifft. Das gilt auch für die Umlage von Betriebskosten, die unabhängig von einem Verbrauch anfallen, wie z. B. die Grundsteuer (AG Bonn WuM 2023, 31). Eine Vereinbarung kommt nicht dadurch zustande, dass der Vermieter den Verteilerschlüssel in der Betriebskostenabrechnung ändert und die Mieter hiergegen nicht protestieren (LG Bautzen WuM 2001, 288).

Oft führt der gewählte Abrechnungsmaßstab zu **Ungerechtigkeiten** bei der Verteilung der Kosten. Die Hausbewohner haben unterschiedliche Gewohnheiten, einige gehen verschwenderisch mit Energie und Wasser um, andere sind sparsam. In einigen Wohnungen leben nur Einzelpersonen, in anderen mehrköpfige Familien. Der BGH hat entschieden, dass benachteiligte Mieter dagegen keine Einwände erheben können. Ungerechtigkeiten bei der Kostenverteilung sind grundsätzlich hinzunehmen (BGH VIII ZR 78/05 WuM 2006, 200; VIII ZR 251/05 WuM 2006, 684). Demnach kann eine Mietpartei nicht fordern, dass die Wasserkosten nach Anzahl der Personen verteilt werden (LG Mannheim NJW-RR 1999, 365).

Nur in besonders krassen Fällen kann der Mieter einen Anspruch auf Änderung des Abrechnungsmaßstabs haben, z. B. wenn ein alleinstehender Mieter so viel Wassergeld zahlt wie die siebenköpfige Nachbarsfamilie (LG Düsseldorf WuM 1994, 30; LG Aachen WuM 1991, 503; AG Lippstadt WuM 1995, 594). Die Abrechnung der Wasserkosten nach Verbrauch kann der Mieter nicht verlangen, wenn seine Kosten dann nur halb so hoch wären; der Unterschied müsste krasser sein (BGH VIII ZR 188/07 WuM 2008, 288).

Werden die Kosten nach Personenzahl verteilt, gibt es häufig Streit darüber, ob jemand als Hausbewohner oder als **Besucher** anzusehen ist. Nach Auffassung des AG Frankfurt a. M. (WuM 1985, 374) kann der Vermieter eine weitere Person dann in der Nebenkostenabrechnung berücksichtigen, wenn durch die Häufigkeit und Dauer der Besuche nach außen der Eindruck entsteht, dass eine weitere Person in der Wohnung lebt, unabhängig davon, ob wirklich ein dauerndes Wohnen vorliegt. Aber: Kurzzeitige Abwesenheit oder kurzzeitiger Besuch bleiben unberücksichtigt (AG Homburg WuM 1987, 359). Säuglinge und Kleinkinder sind bei der Kostenumlage als eine volle Person zu berücksichtigen (AG Saarbrücken WuM 2018, 428).

Aber auch, wenn es sich um Besuch handelt, wird darüber gestritten, ob er bei der Umlage der Betriebskosten zu berücksichtigen ist. Grundsätzlich hat es keine Auswirkungen auf die anzusetzende Personenzahl, wenn ein Mieter häufig Gäste empfängt (AG Ahaus WuM 1997, 232; AG Homburg WuM 1987, 359). Längerfristiger Besuch muss aber in die Kostenverteilung einbezogen werden. Ein Zeitraum von drei Monaten überschreitet die normale Besuchsdauer (LG Münster WuM 2022, 681; AG Frankfurt a. M. WuM 1995, 373). Behauptet der Vermieter, dass sich ein Lebensgefährte der Mieterin im Abrechnungsjahr dauerhaft in der Wohnung aufgehalten hat, ist er dafür beweispflichtig (LG Münster WuM 2022, 681).

Einige Vermieter rechnen nach »Personenmonaten« oder auch nach »Personentagen« ab. Damit soll die Wohndauer im Abrechnungsjahr berücksichtigt werden. War eine Wohnung z. B. mit drei Personen belegt, ergeben sich bei einer Mietdauer von acht Monaten 24 Personenmonate.

Das Bürgerliche Gesetzbuch bestimmt ausdrücklich, dass ein **tatsächlich erfasster Verbrauch** auch **verbrauchsabhängig** abgerechnet werden muss. Sind entsprechende Messgeräte vorhanden, muss der Vermieter die Kosten – zumindest teilweise – anhand der abgelesenen Verbrauchswerte verteilen. Bei den Wasserkosten besteht diese Pflicht aber nur, wenn alle Wohnungen mit Wasserzählern ausgestattet sind. Fehlen sie in einer Wohnung, darf der Vermieter weiter nach Wohnfläche abrechnen (BGH VIII ZR 188/07 WuM 2008, 288). In einigen Gemeinden werden die angefallenen Müllmengen jeder Mietpartei mithilfe eines Erfassungssystems gemessen. Dann ist der Vermieter ebenfalls verpflichtet, die Kosten anhand der festgestellten Müllverursachung abzurechnen. Nach dem Einbau von Wasserzählern oder der Einführung eines Scannersystems für den Hausmüll muss der Vermieter den vereinbarten Verteilerschlüssel ändern. Er muss dann festlegen, dass die Kosten ganz oder teilweise nach dem angefallenen Verbrauch oder der Verursachung verteilt werden. Manche Vermieter halten sich nicht daran und rechnen nicht nach Verbrauch ab, obwohl in allen Wohnungen Wasserzähler installiert sind. Dann hat der Mieter das Recht, von den berechneten Wasserkosten **15 % abzuziehen**. Das Gleiche gilt, wenn im Mietvertrag die verbrauchsabhängige Abrechnung vereinbart ist und der Vermieter die Wasserkosten trotzdem komplett nach Wohnfläche verteilt (BGH VIII ZR 218/11 WuM 2012, 316).

Messdifferenzen: Rechnet der Vermieter Wasserkosten verbrauchsabhängig ab, ergeben sich häufig Verteilungs- bzw. Messprobleme. Grund: Der Hauptwasserzähler für das Haus, anhand dessen der Vermieter die Wasserrechnung des Versorgungsunternehmens bezahlt, zeigt praktisch nie den gleichen Wert an wie alle Wohnungswasserzähler zusammen. Der Hauptwasserzähler arbeitet exakter. Außerdem gelten auch für eichpflichtige Wasserzähler Fehler- und Toleranzgrenzen. Deshalb kann es zulässig sein, dass der Vermieter die durch den Hauptwasserzähler gemessene Wassermenge abrechnet und die Wohnungszähler nur zur Kostenverteilung benutzt, wie z. B. auch bei Heizkostenverteilern (AG Dortmund DWW 1992, 180) → *Heizkostenverteiler und Wärmezähler*.

Dieses Verfahren ist zulässig bei **Messdifferenzen bis zu 20 %** (LG Braunschweig WuM 1999, 294; AG Salzgitter WuM 1996, 285). Bei größeren Abweichungen spricht alles für »ungeklärte« Wasserverluste oder -entnahmen (z. B. einen Wasserrohrbruch), die der Vermieter selbst tragen muss. Wird die 20 %-Grenze überschritten, muss der Vermieter nach den Wohnungszählern abrechnen (LG Braunschweig WuM 1999, 294; AG Hamburg WuM 2000, 213; AG Münster WuM 2000, 152; AG Salzgitter WuM 1996, 285).

Fällt ein Wohnungswasserzähler aus, oder ist eine Wohnung nicht mit Wasserzählern ausgestattet, darf der Vermieter deshalb auch nicht einfach die Differenz zwischen Hauptwasserzähler und der Summe der Wohnungswasserzähler auf diese Wohnung verteilen. Er muss die üblicherweise auftretende Restdifferenz zwischen den Zählern berücksichtigen und anteilig auf alle Mieter des Hauses umlegen.

Getrennte Berechnung für gewerbliche Mieter: Sind im Haus auch gewerbliche Mieter ansässig, verursachen sie häufig höhere Betriebskosten. Für Gewerberäume sind im Allgemeinen höhere Versicherungsprämien zu entrichten; oft wird auch mehr Wasser verbraucht oder mehr Müll produziert. Die Gerichte haben deshalb überwiegend geurteilt, dass der Vermieter die Betriebskosten für Wohnungen und Gewerbe getrennt berechnen muss. Der BGH hat jedoch entschieden, dass eine Aufteilung nur geboten ist, wenn die Kosten zu einer ins Gewicht fallenden Mehrbelastung für die Wohnungsmieter führen. Der Vermieter muss die Betriebskosten also nicht getrennt umlegen, wenn den Wohnungsmietern dadurch keine erheblichen Nachteile entstehen (BGH VIII ZR 78/05 WuM 2006, 200). Für die Wohnungsmieter ergeben sich z. B. keine Nachteile, wenn im Gebäude ein Jobcenter und ein Café ansässig sind. Die Entscheidung des BGH bringt letztlich keine Klarheit. Im Einzelfall muss darüber gestritten werden, ob eine erhebliche Mehrbelastung für die Wohnungsmieter besteht. Bei der Grundsteuer kann der Mieter keine getrennte Berechnung der Kosten verlangen (BGH VIII ZR 79/16 WuM 2017, 399). Der BGH hat zudem unverständlicherweise entschieden, dass die Beweislast nicht den Vermieter, sondern zunächst den Mieter trifft (BGH VIII ZR 45/10 WuM 2010, 627; VIII ZR 251/05 WuM 2006, 684). Das bedeutet, dass der Mieter eine erhebliche Mehrbelastung nach Möglichkeit belegen muss.

Tipp: Hat der Vermieter keinen Abzug für gewerbliche Mieter vorgenommen, sollten die Wohnungsmieter das nicht ohne Weiteres akzeptieren, sondern nach den konkreten Zahlen für die Gewerbemieter fragen oder sich die Belege vom Vermieter vorlegen lassen. Das betrifft vor allem die Hausversicherungen, aber auch andere Kostenarten.

Eine getrennte Berechnung ist immer geboten, wenn sie im **Mietvertrag** vereinbart ist. Bei **Sozialwohnungen** (→ *Sozialmiete/Sozialwohnung*) ist eine Kostentrennung vorgeschrieben (§ 20 Abs. 2 Satz 2 NMV). Außerdem muss der Vermieter eine getrennte Berechnung erstellen, wenn sich auf dem Grundstück → *Garagen/Stellplätze* befinden, die nicht an alle Mieter vermietet sind. Es versteht sich von selbst, dass Betriebskosten, die (anteilig) für Stellplätze anfallen, nicht auf die Wohnungsmieter umgelegt werden können, die keinen Stellplatz nutzen (BGH VIII ZR 286/10 WuM 2012, 98). Auch wenn einige Stellflächen fremdvermietet sind, müssen die Betriebskosten reduziert werden (LG Itzehoe ZMR 2010, 690).

Wirtschaftseinheit
Werden die Betriebskosten für mehrere Gebäude oder Hauseingänge zusammengefasst und gemeinsam abgerechnet, spricht man von einer Wirtschaftseinheit. Der Vermieter kann eine Wirtschaftseinheit auch nur für einzelne Betriebskosten bilden, z. B. nur für die Hauswart- oder die Gartenpflegekosten. Viele Großvermieter verfahren auf diese Weise, um die Verwaltung zu vereinfachen und den Arbeitsaufwand für die Erstellung der Abrechnung zu verringern. Diese Abrechnungsmethode ist jedoch an bestimmte Bedingungen geknüpft. Die Voraussetzungen dazu sind unterschiedlich, je nachdem, ob es sich um frei finanzierte oder um öffentlich geförderte Wohnungen handelt.

Bei **Sozialwohnungen** (→ *Sozialmiete/Sozialwohnung*) ist eine Wirtschaftseinheit eine Mehrheit von Gebäuden, die demselben Eigentümer gehören, in örtlichem Zusammenhang stehen und deren Errichtung ein einheitlicher Finanzierungsplan zugrunde gelegt worden ist oder zugrunde gelegt werden soll (KG Berlin WuM 1987, 181).

Wichtig zu wissen: Ob eine Wirtschaftseinheit vorliegt oder nicht, hängt nicht vom Belieben des Vermieters ab. Der Vermieter muss nämlich bei einer Wirtschaftseinheit entsprechende Wirtschaftlichkeitsberechnungen vorlegen und genehmigt bekommen. Außerdem müssen Eigentümer und Vermieter der Wirtschaftseinheit identisch sein. Gehören die Wohnungen zweier nebeneinanderliegender Häuser einer Vielzahl von unterschiedlichen Eigentümern (Wohnungseigentum), kann keine Wirtschaftseinheit gebildet werden (KG Berlin WuM 1987, 181).

Bei **frei finanzierten Wohnungen** darf der Vermieter mehrere Gebäude zu einer Wirtschaftseinheit zusammenfassen, sofern sich aus dem Mietvertrag nichts Gegenteiliges ergibt (BGH VIII ZR 73/10 WuM 2010, 742). Dazu müssen folgende **Voraussetzungen** vorliegen:
- Die Gebäude müssen **einheitlich verwaltet** werden. Dazu genügt es nicht, wenn der Vermieter von acht baugleichen Reihenhäusern nur zwei verwaltet (AG Dortmund WuM 2018, 44).
- Die Gebäude müssen in einem **unmittelbaren örtlichen Zusammenhang** stehen, direkte Nachbarschaft ist aber nicht erforderlich. Mietshäuser, die weit voneinander entfernt oder sogar über die gesamte Stadt verteilt sind, darf ein Vermieter keinesfalls gemeinsam abrechnen.

- Es dürfen bei den Gebäuden **keine wesentlichen Unterschiede im Wohnwert** bestehen. Bautechnischer Stand, Ausstattung, Nutzungsart müssen gleich sein und die Wohnungen einen vergleichbaren Zuschnitt haben (BGH VIII ZR 73/10 WuM 2010, 742). Gebäude mit reiner Wohnnutzung dürfen nicht zusammengefasst werden mit Gebäuden, die als Büros, Arztpraxen, Läden, Gastronomie oder Hotels genutzt werden (AG Nürnberg WuM 2017, 206). Es schadet hingegen nicht, wenn einzelne Räume im Mietobjekt an gewerbliche Betriebe vermietet sind.

In der Betriebskostenabrechnung muss der Vermieter angeben, dass er mehrere Gebäude oder Hauseingänge zusammen abrechnet. Dazu genügt es z. B., wenn er die einzelnen Gebäude mit Hausnummern bezeichnet (BGH VIII ZR 227/09 WuM 2010, 493). Im Streitfall ist der Vermieter beweispflichtig, dass die Voraussetzungen für eine Wirtschaftseinheit erfüllt sind (AG Gelsenkirchen ZMR 2022, 802).

Vorauszahlung und Abrechnung → *Heizkosten*

Achtung: Die Vorauszahlungen sind Teil der Miete. Ist der Mieter mit den Vorauszahlungen in Höhe von mehr als einer Monatsmiete in Rückstand, kann der Vermieter eine → *Kündigung* aussprechen (BGH VIII ZR 107/12 WuM 2012, 682).

Zu Vorauszahlungen auf die Nebenkosten ist der Mieter **nur bei ausdrücklicher Vereinbarung im Mietvertrag** verpflichtet.

Wichtig zu wissen: Bei Vertragsabschluss kann der Mieter nicht ohne Weiteres darauf vertrauen, dass der Vermieter die Vorauszahlungen nach den tatsächlich anfallenden Betriebskosten festlegt (BGH VIII ZR 195/03 WuM 2004, 201; OLG Dresden WuM 2004, 83). Das bedeutet: Der Vermieter darf auch eine unrealistisch niedrige Vorauszahlung vereinbaren. Er kann sogar ganz auf eine Vorauszahlung verzichten.

Hat der Vermieter den Mieter jedoch über die Höhe der tatsächlich anfallenden Betriebskosten arglistig getäuscht, kann der Mieter fristlos kündigen (LG Hamburg ZMR 2003, 683). In bestimmten Fällen kann der Vermieter zum Schadensersatz verpflichtet sein. Das ist denkbar,

- wenn er ausdrücklich zugesichert hat, dass die Vorauszahlungen ausreichen oder

– wenn er den Betrag bewusst zu niedrig angesetzt hat, um eine günstige Miete vorzuspiegeln (BGH VIII ZR 195/03 WuM 2004, 201).

Schadensersatz in Höhe der verlangten Nachzahlung für die Betriebskosten steht dem Mieter jedoch nur in Ausnahmefällen zu. Dazu muss er nachweisen, dass ihm ein finanzieller Schaden entstanden ist (OLG Dresden WuM 2004, 83; LG Berlin GE 2019, 667). Davon ist auszugehen, wenn der Mieter eine vergleichbare Wohnung erheblich günstiger hätte anmieten können oder wenn er sich die Wohnung wegen der hohen Betriebskosten nicht leisten kann und ihm zu wenig Geld zur Lebensführung zur Verfügung steht.

Tipp: Dem Mieter ist zu empfehlen, sich vor dem Abschluss des Mietvertrags die letzte Abrechnung für diese Wohnung zeigen oder sich schriftlich bestätigen zu lassen, dass die festgelegten Vorauszahlungen in etwa ausreichen, um die Kosten zu decken.

Abrechnungszeitraum

Über die Vorauszahlungen hat der Vermieter jährlich abzurechnen. Jährlich bedeutet, dass der Abrechnungszeitraum ein Jahr betragen muss. Meistens entspricht er dem Kalenderjahr. Der Vermieter kann aber auch eine andere Abrechnungsperiode wählen, etwa vom 1. Juli bis 30. Juni. Möglich sind auch unterschiedliche Abrechnungszeiträume für die Heizkosten und die »kalten« Betriebskosten (BGH VIII ZR 240/07 WuM 2008, 404). Ein längerer Zeitraum als ein Jahr ist grundsätzlich nicht zulässig (LG Gießen ZMR 2009, 189; LG Leipzig WuM 2004, 481). Aber auch eine kürzere Zeit, z. B. sieben Monate, ist nur in Ausnahmefällen erlaubt (AG Dortmund NZM 2004, 96). Der BGH hat als Ausnahme eine Verlängerung zugelassen, wenn sich die Änderung auf eine Abrechnungsperiode beschränkt und für den Mieter nicht nachteilig ist, z. B. wenn der Vermieter künftig nach dem Kalenderjahr abrechnen will. Zulässig ist das aber nur, wenn der Mieter ausdrücklich zustimmt (BGH VIII ZR 316/10 WuM 2011, 511).

Der Vermieter muss einzelne Kosten dem betroffenen Abrechnungszeitraum zuordnen. Dafür gibt es zwei Prinzipien. Nach der meistens angewandten Methode richtet sich die Zuordnung zum richtigen Zeitraum danach, wann die berechnete Leistung erbracht worden ist, und nicht danach, wann der Vermieter die Rechnung bekommen oder bezahlt hat. Trifft in 2026 eine Rechnung oder ein Gebührenbescheid für das Jahr 2025 ein, ordnet der Vermieter die Kosten dem Abrechnungszeitraum 2025 zu. Das nennt man **»Leistungsprinzip«**.

Eine andere Abrechnungsmethode wird vor allem bei der Abrechnung von Eigentumswohnungen angewandt. Hier kommt es darauf an, wann eine Rechnung oder ein Bescheid eingetroffen ist oder bezahlt wurde (**»Abflussprinzip«**). Der BGH hat entschieden, dass der Vermieter auch nach diesem Prinzip verfahren darf (BGH VIII ZR 27/07 WuM 2008, 285; VIII ZR 49/07 WuM 2008, 223). In eine Abrechnung kann er alles aufnehmen, was er in diesem Zeitraum bezahlt hat, auch wenn die Rechnungen einen anderen Zeitraum betreffen. Diese Verfahrensweise kann für Mieter, die im Abrechnungszeitraum ein- oder ausgezogen sind, erheblich höhere Betriebskosten zur Folge haben. Die Anwendung des Abflussprinzips verstößt dann womöglich gegen die Grundsätze von Treu und Glauben (LG Heidelberg ZMR 2020, 751). Bei der Abrechnung der **Heizkosten** nach Verbrauch darf hingegen nicht nach diesem Prinzip verfahren werden. Wegen der zwingenden Vorschriften der Heizkostenverordnung gilt **ausschließlich das Leistungsprinzip** (BGH VIII ZR 156/11 WuM 2012, 143). Bei der Abrechnung der »kalten« Betriebskosten darf der Vermieter die beiden Prinzipien nicht miteinander vermischen, weil dies dem Mieter die Überprüfung der Abrechnung wesentlich erschweren würde (AG Hamburg-Blankenese ZMR 2010, 613; a. A. LG Berlin WuM 2019, 377).

Formale und inhaltliche Fehler der Abrechnung

Bei der Gestaltung der Betriebskostenabrechnung hat der Vermieter weitgehend freie Hand. Sie muss aber gewisse Mindestanforderungen erfüllen; der Vermieter muss bestimmte **Formalien** beachten:

- die Abrechnung muss die Betriebskosten einzeln aufführen und für jede Kostenart den Gesamtbetrag nennen,
- der Anteil des Mieters ist zu berechnen,
- der Mieter muss der Abrechnung entnehmen können, mit welchem Verteilerschlüssel die einzelnen Kostenpositionen auf ihn umgelegt wurden (BGH VIII ZR 295/07 WuM 2009, 42); allgemein gebräuchliche Umlagemaßstäbe müssen aber nicht erklärt sein. Bei Wohnfläche, Personenzahl, Miteigentumsanteilen und Wohneinheiten genügt es, wenn die Gesamteinheiten und der auf die Wohnung entfallende Anteil angegeben sind, z. B. »Personenzahl im Haus: 24, Bewohner in der Wohnung: 2«. Auch die Angabe einer »krummen« Personenzahl ist zulässig, z. B. »21,42« (BGH VIII ZR 89/10 WuM 2011, 367). Der Vermieter muss in der Abrechnung nicht erklären, wie er die Gesamtpersonenzahl ermittelt hat (BGH VIII ZR 181/09 WuM 2010, 683). Auch die Angabe »Personenmonate« ist nach Auffassung des BGH allgemein verständlich und muss nicht erläutert werden (BGH VIII ZR 97/14 WuM 2014, 722),
- die vom Mieter im Abrechnungsjahr gezahlten Vorauszahlungen sind abzuziehen,

- die Abrechnung muss klar und verständlich sein, so dass auch mit der Materie nicht näher vertraute Personen nachvollziehen können, wie die Kosten berechnet wurden. Ein durchschnittlich gebildeter, juristisch und betriebswirtschaftlich nicht geschulter Mieter muss in der Lage sein, die Betriebskostenabrechnung zu prüfen.

Sind diese Vorgaben nicht eingehalten, ist die Abrechnung **formell unwirksam**. Sie ist dann sozusagen nicht existent. Ein ausgewiesener Nachzahlungsbetrag steht dem Vermieter nicht zu. Er muss erst eine neue Abrechnung erstellen. Nach dem BGH kann eine Abrechnung aber auch nur teilweise unwirksam sein. Sind nur einzelne Betriebskosten betroffen, bleibt die Abrechnung im Übrigen wirksam, wenn die Einzelpositionen unschwer herausgerechnet werden können (BGH VIII ZR 1/06 WuM 2007, 196). Enthält die Abrechnung z. B. eine Position »Tiefgarage«, kann der Mieter nicht erkennen, welche Kosten hierfür im Einzelnen entstanden sind. Die Umlage dieser Kosten ist formell unwirksam. Sie sind herauszurechnen. Der ausgewiesene Nachzahlungsbetrag ist entsprechend zu kürzen (LG Krefeld WuM 2023, 20).

Davon zu unterscheiden ist ein **inhaltlicher Fehler**. Erfüllt die Betriebskostenabrechnung die genannten Mindestanforderungen, ist damit noch nicht gesagt, dass alles korrekt in Rechnung gestellt wurde. Ein inhaltlicher Fehler liegt z. B. vor, wenn bestimmte Kosten gar nicht angefallen oder falsch berechnet sind. Solche Fehler kann der Vermieter korrigieren. Der Unterschied zwischen einem formellen und einem inhaltlichen Fehler ist vor allem von Bedeutung, wenn die Jahresfrist für die Vorlage der Abrechnung abgelaufen ist. Ist die Abrechnung formell nicht ordnungsgemäß, kann der Vermieter nach Fristablauf keine neue Abrechnung erstellen. Einen inhaltlichen Fehler kann er auch nach Ablauf der Jahresfrist – eingeschränkt – korrigieren (BGH VIII ZR 295/07 WuM 2009, 42; s. S. 85 – Bis wann muss abgerechnet werden?).

Nach der Rechtsprechung dürfen an die Formalien keine allzu hohen Anforderungen gestellt werden:

- In der Abrechnung muss nicht angegeben sein, dass der Vermieter bei einzelnen Nebenkosten etwas abgezogen hat (BGH VIII ZR 93/15 WuM 2016, 170). Der Mieter kann also anhand der Abrechnung nicht immer ersehen, ob z. B. bei den Hausmeisterkosten die gesetzlich vorgeschriebenen Abzüge für Verwaltungs- und Reparaturarbeiten vorgenommen wurden. Dazu muss er beim Vermieter nachfragen oder die Belege einsehen.
- Nicht vorgeschrieben ist, dass zu den einzelnen Positionen die jeweiligen Einzelkosten mit Rechnungsdatum aufgenommen werden. Eine Zusammenfassung der entsprechenden Einzelkosten, die zu einer Kostenart gehö-

ren, reicht aus (OLG Brandenburg WuM 1999, 107; KG Berlin WuM 1998, 474).

- Die Abrechnung mit einem nicht vereinbarten Verteilerschlüssel ist nur ein inhaltlicher, kein formeller Fehler (BGH VIII ZR 115/04 WuM 2005, 61), z. B. wenn der Vermieter die Betriebskosten nach Wohnfläche verteilt hat, obwohl nach dem Mietvertrag die Umlage nach Miteigentumsanteilen vereinbart ist.
- Enthält die Abrechnung andere Flächenangaben als in den Vorjahren, ist eine fehlende Begründung hierzu kein formeller Mangel. Der Vermieter muss die Abweichung aber auf Nachfrage des Mieters erläutern (BGH VIII ZR 261/07 WuM 2008, 407).
- Das Gleiche gilt für einen nicht nachvollziehbaren starken Kostenanstieg gegenüber dem Vorjahr. Die Abrechnung ist nicht aus formellen Gründen fehlerhaft, weil sie keine Erklärung hierzu enthält. Auch diese Ungereimtheit muss der Vermieter aber erklären, wenn der Mieter das verlangt (BGH VIII ZR 261/07 WuM 2008, 407).

Kontrollrecht des Mieters

Der Mieter darf zur Überprüfung die Originalbelege in den Büroräumen des Vermieters bzw. seines Verwalters einsehen (§ 556 Abs. 4 BGB). Die Abrechnungsunterlagen sind am Ort der Mietwohnung vorzulegen (LG Hanau und LG Hannover WuM 1985, 346; AG Wiesbaden WuM 2001, 361). Bei Wohnungsunternehmen mit überregionalen Wohnungsbeständen kann der Mieter die Einsicht in die Belege in den Räumen der örtlich zuständigen Verwaltung verlangen. Der Mieter darf eine Person seines Vertrauens hinzuziehen, z. B. den Berater des Mietervereins (AG Hamburg WuM 1991, 282; AG Schöneberg MM 1989, 362). Er kann die beauftragte Person auch zur Belegeinsicht bevollmächtigen. Verweigert der Vermieter die Einsichtnahme, kann der Mieter eine eventuelle Nachzahlung ablehnen, die Abrechnung ist nicht fällig (BGH VIII ZR 38/11 WuM 2012, 276).

Der Mieter hat das Recht, **alle notwendigen Unterlagen** einzusehen. Dazu gehören nicht nur die Rechnungen, sondern auch die Zahlungsbelege (BGH VIII ZR 118/19 WuM 2021, 104), der Hauswartvertrag (AG Siegburg WuM 1991, 598) und die Verbrauchswerte aller anderen Wohnungen im Gebäude (BGH VIII ZR 189/17 WuM 2018, 288). Das Interesse des Mieters an der Prüfung der Abrechnung hat Vorrang vor dem Datenschutz (AG Ettlingen WuM 2025, 688; LG Berlin WuM 2014, 28; LG Potsdam WuM 2011, 631; AG Münster WuM 2000, 198). Der Vermieter darf die Belege auch in elektronischer Form bereitstellen (§ 556 Abs. 4 BGB).

Achtung: Wer die Abrechnung beanstanden will, darf sich nicht auf allgemeine Aussagen beschränken. Nicht reagieren muss der Vermieter auf Bemerkungen wie: »Die Kosten erscheinen zu hoch!« oder: »Das kann nicht stimmen!« Der Mieter muss im Einzelnen geltend machen, was zu bemängeln ist. Dazu muss er ggf. zunächst die Belege beim Vermieter einsehen (BGH XII ZR 170/13 NJW 2015, 855; LG Frankfurt a. M. ZMR 2015, 307; LG Karlsruhe NZM 2014, 388). Eine Pflicht zur Prüfung der Belege besteht jedoch nicht, wenn ein Fehler bereits aus der Abrechnung klar zu ersehen ist (LG Hamburg WuM 2018, 88) oder wenn sich den Unterlagen des Vermieters nichts Genaues entnehmen ließe.

Der BGH hat entschieden, dass der Mieter grundsätzlich **keinen Anspruch auf Zusendung von Fotokopien** der Abrechnungsbelege geltend machen kann (BGH VIII ZR 78/05 WuM 2006, 200). Nur der Mieter einer Sozialwohnung (→ *Sozialmiete/Sozialwohnung*) kann die Zusendung von Ablichtungen verlangen. Das steht ausdrücklich im Gesetz (§ 29 Abs. 2 NMV).

Der Deutsche Mieterbund hält das Urteil für falsch. Es schränkt die Kontrollmöglichkeiten stark ein. Der Mieter muss sich in die Büroräume des Vermieters begeben und kann nur dort die Belege, Rechnungen und Gebührenbescheide überprüfen. Zu einer eingehenden Überprüfung ist er oft nicht in der Lage, weil ihm die Fachkenntnisse fehlen. Eine Übersendung von Kopien der Belege kann er aber auch nicht verlangen, wenn er sie durch den Mieterverein überprüfen lassen will (LG Zwickau WuM 2003, 271; LG Gera WuM 2003, 457; AG Bremen WuM 2005, 129). Der Deutsche Mieterbund setzt sich dafür ein, dass dem Mieter ein Anspruch auf Übermittlung von Betriebskostenunterlagen in digitaler Form zusteht, z. B. per E-Mail oder über ein Webportal des Vermieters. Bislang gibt es einen solchen Anspruch des Mieters nicht.

Empfehlung: Mieter sollten den Vermieter fragen, ob er trotz fehlender Verpflichtung bereit ist, einzelne Belege gegen Kostenersatz in digitaler Form oder als Kopie per Post zuzusenden. Vermieter, die von der Richtigkeit der Abrechnung überzeugt sind, werden hierzu eher bereit sein als Vermieter, die etwas zu verbergen haben. Weigert sich der Vermieter, besteht erst recht Anlass zur näheren Überprüfung im Vermieterbüro. Dabei kann der Mieter einzelne Belege **fotografieren**. Das darf der Vermieter ihm nicht verbieten (LG Potsdam WuM 2011, 631; AG München NJW 2010, 78).

Ausnahmen: Der Mieter kann die Zusendung von Belegkopien verlangen, wenn ihm die Einsichtnahme in den Räumen des Vermieters **nicht zugemutet** werden kann. Davon ist auszugehen, wenn die Mietwohnung vom Sitz des Vermieters bzw. seiner Verwaltung zu weit entfernt ist (LG Freiburg NJW-RR 2011, 1096; LG Hamburg WuM 2000, 197; LG Frankfurt a. M. WuM 1999, 576). Für zumutbar gehalten werden Entfernungen bis ca. 30 km (AG Halle (Saale) WuM 2014, 337). Liegen die Räume des Vermieters im selben Ort, besteht i. d. R. kein Recht auf Zusendung von Belegen (LG Frankfurt a. M. ZMR 2015, 307). Anders verhält es sich aber, wenn der Mieter bereits in eine andere Stadt umgezogen oder länger abwesend ist, etwa wegen eines studienbedingten Auslandsaufenthalts (BGH VIII ZR 83/09 WuM 2010, 296; VIII ZR 80/09 WuM 2010, 363). Dem Mieter kann die Einsichtnahme vor Ort außerdem nicht zugemutet werden, wenn er mit dem Vermieter heillos zerstritten ist (OLG Düsseldorf OLGR Düsseldorf 2006, 747; AG Bergisch-Gladbach ZMR 2012, 198). Weitere Ausnahmen bestehen, wenn der Mieter schwer erkrankt ist oder wenn er an einer Geh- oder Sehbehinderung oder einer anderen erheblichen Beeinträchtigung leidet (LG Berlin NJW 2014, 2593; AG Dortmund WuM 2011, 631).

Weigert sich der Vermieter trotzdem, Belege zu übermitteln, darf der Mieter eine geforderte Nachzahlung aus der Abrechnung so lange einbehalten (BGH WuM VIII ZR 288/09 2010, 630; VIII ZR 83/09 WuM 2010, 296). Dieses Recht steht dem Mieter auch zu, wenn der Vermieter die Kontrolle der Originalbelege in seinem Büro verweigert (BGH VIII ZR 38/11 WuM 2012, 276) oder auf mehrmalige Anfrage nicht reagiert. Weist die Abrechnung keine Nachzahlung aus, kann der Mieter stattdessen die monatlichen Vorauszahlungen für die Betriebskosten in angemessener Höhe als Druckmittel vorläufig zurückhalten (BGH VIII ZR 150/20 WuM 2022, 217).

Stehen dem Mieter Ablichtungen zu, muss er die Kosten für das Kopieren erstatten. Angemessen sind 25 Cent je Kopie (AG Pinneberg ZMR 2004, 595; AG Delmenhorst WuM 2003, 657; AG Aachen WuM 2003, 220). Gerichtlich noch nicht entschieden ist, wie viel Geld der Vermieter bei der Übermittlung digitaler Belege verlangen kann. Übersendet der Vermieter ungefragt Belegkopien, kann er keinen Kostenersatz verlangen (AG Bingen WuM 2016, 217).

Gebot der Wirtschaftlichkeit

Bei der Entstehung und Erhöhung von Betriebskosten muss der Vermieter ein wirtschaftlich vernünftiges Maß einhalten. Er ist zum sparsamen Umgang mit dem erhaltenen Geld verpflichtet. Dieser Grundsatz der Wirtschaftlichkeit ist gesetzlich ausdrücklich festgeschrieben und erlangt u. a. in folgenden Fällen Bedeutung:

- der Art nach nicht gerechtfertigte Betriebskosten, z. B. eine Versicherung gegen Erdbeben in einer Gegend, in der mit solchen nicht zu rechnen ist (AG Lich-

tenberg WuM 2026, 86), oder ein Wartungsvertrag für eine Türschließanlage (AG Schöneberg MM 1998, 354);
- dem Umfang nach nicht gerechtfertigte Betriebskosten, z. B. eine volle Hausmeisterstelle für ein kleines Haus, zu viele Müllbehälter (AG Münster WuM 2001, 46; AG Dannenberg WuM 2000, 379), Hausreinigung dreimal wöchentlich (LG Hamburg NZM 2001, 806) oder eine aufwendige Beleuchtungsanlage (LG Berlin GE 1992, 989);
- zu hohe Kosten, z. B. ein überhöhtes Gehalt für den Hausmeister oder die Reinigungskraft oder Wartungskosten, die verglichen mit den Preisen anderer Firmen wesentlich höher liegen, etwa für Warmwassergeräte (AG Köln WuM 1999, 466) oder elektronische Heizkostenverteiler (LG Köln NZM 2005, 453; LG Berlin WuM 2004, 340);
- der Vermieter hat darauf zu achten, dass er preisgünstig einkauft, und hierzu Preisvergleiche anzustellen. Dabei muss er aber nicht unbedingt den Anbieter mit dem niedrigsten Preis wählen (LG Itzehoe WuM 1985, 398). Bei seiner Entscheidung kann er auch andere Gesichtspunkte berücksichtigen, z. B. die Zuverlässigkeit des jeweiligen Unternehmens oder die Qualität der Arbeit oder Dienstleistung;
- erhebliche Kostensteigerung – ein steiler Kostenanstieg gegenüber den Vorjahren widerspricht i. d. R. ebenfalls dem Grundsatz der Wirtschaftlichkeit. Das lässt sich durch einen Vergleich mit den vergangenen Abrechnungen leicht feststellen. Der Vermieter muss die Abweichung auf Nachfrage des Mieters, nicht aber in der Abrechnung, erläutern (BGH VIII ZR 137/09 WuM 2008, 407). Der Mieter sollte den Vermieter auffordern, die Gründe anzugeben, wenn z. B. die Allgemeinstromkosten (AG Brühl WuM 1991, 121), die Versicherungskosten (AG Mönchengladbach-Rheydt WuM 2007, 128) oder die Hausmeisterkosten (KG Berlin NZM 2006, 294; LG Kiel WuM 1996, 628) wesentlich höher sind als das letzte Mal. Gibt der Vermieter keine einleuchtende Erklärung an, muss er die Mehrkosten selbst tragen (LG Hamburg NZM 2001, 806; LG Düsseldorf DWW 1995, 286; AG Köln WuM 1999, 221).

Im Allgemeinen gilt: Der Vermieter darf nur Kosten abrechnen, die bei einer »ordnungsgemäßen Geschäftsführung« gerechtfertigt wären. Übermäßige Kosten hat der Vermieter selbst zu tragen. Die Betriebskostenabrechnung ist um die entsprechenden Beträge zu kürzen.

Achtung: Der Mieter kann einen Verstoß gegen das Wirtschaftlichkeitsgebot nicht geltend machen, wenn der Vermieter das Dienstleistungsunternehmen bereits **vor Abschluss des Mietvertrags** beauftragt hat (BGH VIII ZR 230/21 WuM 2023, 204).

Einschaltung eines Tochterunternehmens: Viele große private Wohnungsunternehmen gründen eigene Unternehmen, denen sie Aufgaben wie Hausmeisterdienste, Reinigungsarbeiten, Winterdienst sowie Pflege der Grünflächen und Außenanlagen übertragen. Auch beim → *Contracting* wird das so gehandhabt. Diese Form der Organisation ist zwar nicht von vornherein unzulässig. Sie führt aber tendenziell zu höheren Kosten für die Mieter. Hier gilt es, ganz genau hinzuschauen! Folgendes ist zu beachten:

- der Vermieter muss **Belege** vorweisen können, die nachvollziehbar dokumentieren, wie die Kosten für das abgerechnete Gebäude zustande gekommen sind und verteilt wurden. Lassen sich die abgerechneten Kosten nicht durch entsprechende Unterlagen belegen, besteht für die betreffenden Betriebskosten keine Zahlungspflicht (AG Leipzig ZMR 2020, 127; AG Bremen WuM 2019, 607);
- der Vermieter hat alle seine Tochterunternehmen betreffenden Belege vorzulegen. Dazu zählen der mit dem Unternehmen abgeschlossene Vertrag, Rechnungen, Zahlungsbelege und andere Unterlagen. Hat die Tochtergesellschaft ihrerseits ein Unternehmen beauftragt, muss der Vermieter in diese Rechnungen und sonstigen Belege keine Einsicht gewähren. Eine Ausnahme besteht, wenn der Vermieter mit seiner Tochtergesellschaft nur die Erstattung der Kosten – ohne Gewinnanteil – vereinbart hat (BGH VIII ZR 114/21 WuM 2022, 26);
- der Vermieter muss belegen können, dass z. B. der beauftragte Hauswart, die Reinigungskraft oder der Gartenbetrieb die übertragenen Aufgaben tatsächlich erledigt hat (AG Gelsenkirchen WuM 2020, 151);
- die Kosten dürfen nicht erheblich über dem liegen, was andere Anbieter am Markt für Contracting, Hauswarttätigkeiten, Pflege von Außen- und Grünanlagen, Reinigung oder Winterdienst etc. berechnen würden. Die Betriebskosten sind ggf. auf ein angemessenes Maß zu reduzieren.

Beweislast: Anders als bei einem starken Kostenanstieg genügt es nicht, wenn der Mieter lediglich auf zu hohe Kosten hinweist. Nach dem BGH muss er, und nicht der Vermieter, zunächst den **Nachweis** erbringen, dass die Kosten überhöht sind (BGH XII ZR 170/13 NZM 2015, 132; VIII ZR 340/10 WuM 2011, 513). Dazu kann er z. B. das Vergleichsangebot eines anderen Anbieters vorlegen. Außerdem mutet der BGH dem Mieter zu, die Belege einzusehen, um sich Klarheit über die Ursache der überhöhten Kosten zu verschaffen. Hält der Mieter also z. B. die

Müllgebühren für zu hoch, sollte er zunächst den Gebührenbescheid und die Rechnungen kontrollieren.

Betriebskostenspiegel
Anhaltspunkte über die Höhe der angemessenen Kosten gibt der Betriebskostenspiegel des Deutschen Mieterbundes. Diese Übersicht enthält auf den Quadratmeter bezogene Durchschnittswerte für die einzelnen Betriebskosten. Daran können sich die Mietparteien, ähnlich wie an einem Mietspiegel, orientieren. Der aktuelle Betriebskostenspiegel ist kostenfrei erhältlich unter www.mieterbund.de.

Weil die Betriebskosten einen großen Teil der Miete ausmachen und auch künftig starke Kostensteigerungen zu erwarten sind, ist es wichtig, eine Vergleichbarkeit zu ermöglichen. Der Betriebskostenspiegel basiert auf mehr als zehn Millionen Quadratmetern Mietwohnfläche. Er wird jährlich aktualisiert. Darüber hinaus gibt es Durchschnittszahlen für einzelne Bundesländer und für Städte.

Wichtig zu wissen: Der Betriebskostenspiegel für Deutschland ist ein Transparenz-, kein formales Rechtsinstrument. Er hilft den Mietvertragsparteien, den Gerichten und den Behörden vor allem bei der Aufdeckung von Kostenausreißern.

Die wichtigsten Vorteile des Betriebskostenspiegels sind:
- Mietende können mit einem Blick erkennen, ob die einzelnen Kosten der Höhe nach plausibel sind.
- Wohnungssuchende können vor Abschluss eines Mietvertrags abschätzen, ob die vorgegebenen Vorauszahlungen der Höhe nach angemessen sind. Außerdem erhalten sie Informationen, mit welcher Gesamtmietbelastung tatsächlich zu rechnen ist.
- Bei der Überprüfung von Nebenkostenabrechnungen bietet er Anhaltspunkte für überhöhte oder unwirtschaftliche Kostenpositionen.
- Vermietende haben die Chance, vergleichsweise hohe Ausgaben für einzelne Betriebskostenarten zu erkennen und ggf. Maßnahmen zur Kostensenkung einzuleiten.

Wichtig zu wissen: Anhand des Betriebskostenspiegels lassen sich keine verbindlichen Überprüfungen der Abrechnungen oder einzelner Kostenhöhen durchführen. Der BGH hat ausdrücklich gesagt, dass sich überhöhte Betriebskosten nicht allein durch einen Vergleich mit einem überregionalen Betriebskostenspiegel belegen lassen (BGH VIII ZR 340/10 WuM 2011, 513). Abweichungen von den Durchschnittswerten können aber für den Mieter oder den Mieterverein Anlass sein, einzelne Kostenpositionen genauer unter die Lupe zu nehmen. Das gilt unter dem Gebot der Wirtschaftlichkeit erst recht, wenn der obere – kritische – Grenzwert überschritten wird. Dann sollten beim Vermieter zusätzliche Erläuterungen und Erklärungen eingeholt oder Einblick in die Originalbelege gefordert werden.

Bis wann muss abgerechnet werden?
Der Vermieter muss die Abrechnung spätestens zwölf Monate nach Ende des Abrechnungszeitraums vorlegen. Diese Frist ist eine **Ausschlussfrist**. Das bedeutet: Hat der Vermieter nicht innerhalb von zwölf Monaten abgerechnet, kann er nichts mehr nachfordern. Das gilt selbst dann, wenn der Mieter vor Ablauf der Ausschlussfrist erklärt hat, dass er zahlen werde (BGH VIII ZR 84/07 WuM 2008, 351).

In einigen Mietverhältnissen bestehen für die Heizkosten und die »kalten« Betriebskosten **unterschiedliche Abrechnungszeiträume**. Die Abrechnungsfrist beginnt dann mit dem Ende des Abrechnungszeitraums für die »kalten« Betriebskosten zu laufen (BGH VIII ZR 240/07 WuM 2008, 404). Meistens ist das das Jahresende. Dafür gibt es jedoch eine nicht selten anzutreffende Ausnahme: Für die »kalten« Betriebskosten und die Heizkosten ist jeweils ein eigener Vorauszahlungsbetrag und eine getrennte Abrechnung vereinbart. Dann muss der Vermieter über die Heizkosten und die »kalten« Betriebskosten getrennt abrechnen. Daraus ergeben sich auch unterschiedliche Fristen.

Hat der Vermieter die **Verspätung** nicht verschuldet, darf er ausnahmsweise nach Ablauf der Abrechnungsfrist noch abrechnen. Deshalb kann der Vermieter eine von der Gemeinde erklärte rückwirkende Erhöhung der Grundsteuer nachträglich umlegen, auch wenn die ursprüngliche Abrechnung für das betroffene Abrechnungsjahr schon einige Zeit zurückliegt. Der Mieter kann nicht einwenden, dass der Anspruch verjährt ist (BGH VIII ZR 264/12 WuM 2013, 108). Der Vermieter muss die Abrechnung spätestens innerhalb von drei Monaten nachholen, nachdem das Abrechnungshindernis weggefallen ist (BGH VIII ZR 220/05 WuM 2006, 516). Für Nachlässigkeiten seiner Abrechnungsfirma oder Verwaltung muss er jedoch einstehen. Auch Verzögerungen auf dem Postweg entlasten den Vermieter nicht (BGH VIII ZR 107/08 WuM 2009, 236). Hat er die Betriebskostenabrechnung kurz vor Weihnachten abgesandt, trifft sie aber erst Anfang des neuen Jahres beim Mieter ein, kann er nichts mehr nachfordern.

Der **Vermieter einer Eigentumswohnung** benötigt die Jahresabrechnung der Eigentümergemeinschaft als Grundlage für die Abrechnung gegenüber seinem Mieter. Er kann sich aber nicht darauf berufen, dass der Verwalter sie zu spät erstellt hat. Nur wenn er nachweist, dass er den Verwalter der Eigentümergemeinschaft vergeblich zur Vorlage der Abrechnung aufgefordert hat, ist die Verspätung entschuldigt (BGH VIII ZR 249/15 WuM 2017, 138).

Wichtig zu wissen: Der Auszug des Mieters ändert an den Fristen nichts. Die Ausschlussfrist beginnt immer erst mit Ende der Abrechnungsperiode zu laufen. **Beispiel:** Der Mieter zieht im Januar aus. Der Abrechnungszeitraum entspricht dem Kalenderjahr. Der Mieter muss sich ggf. bis zum Ende des folgenden Jahres gedulden, bevor er die Abrechnung erhält.

Solange die Ausschlussfrist noch nicht abgelaufen ist, kann der Vermieter die Abrechnung zulasten des Mieters **korrigieren**. Das gilt auch, wenn er ein berechnetes Guthaben bereits ausgezahlt hat (BGH VIII ZR 296/09 WuM 2011, 108).

Legt der Vermieter die Abrechnung rechtzeitig vor, ist sie aber **nicht ordnungsgemäß** erstellt, greift die Ausschlussfrist trotzdem durch. Schwerwiegende, insbesondere formelle Fehler führen dazu, dass die Abrechnung nicht wirksam ist (s. o. – Formale und inhaltliche Fehler der Abrechnung, S. 77). Hat der Vermieter die notwendigen Formalien nicht eingehalten, muss er erst eine neue Abrechnung vorlegen. Nachforderungen, die sich aus der neuen Abrechnung ergeben, kann er aber grundsätzlich nur verlangen, wenn die Jahresabrechnungsfrist bei deren Vorlage noch nicht abgelaufen war (BGH VIII ZR 84/07 WuM 2008, 352). Inhaltliche Fehler kann er hingegen auch nach Fristablauf korrigieren. Das gilt z. B. für Rechenfehler oder Zahlendreher (AG Witten ZMR 2005, 209).

Verbessert der Vermieter Fehler erst nach Fristablauf, darf das den Mieter nicht benachteiligen. Der Vermieter kann den ursprünglich ausgewiesenen Nachzahlungsbetrag zwar weiterhin fordern. Ergibt sich nach der Neuberechnung aber eine höhere Nachzahlung, steht der Mehrbetrag dem Vermieter nicht zu. Stellt sich nach Ablauf der Jahresfrist z. B. heraus, dass der Vermieter eine Einzelrechnung vergessen hat, kann er diesen Betrag deshalb nicht nachfordern. Generell gilt: Der Vermieter kann das Ergebnis der Abrechnung nach Fristablauf nicht mehr zuungunsten des Mieters ändern. Weist die Abrechnung ein Guthaben für den Mieter aus, darf es nicht verringert werden (BGH VIII ZR 190/06 WuM 2008, 150; VIII ZR 115/04 WuM 2005, 61). Ein bereits an den Mieter ausgezahltes Guthaben kann der Vermieter nicht zurückfordern (BGH VIII ZR 240/10 WuM 2011, 42).

Wichtig zu wissen:

- Zahlt der Mieter einen geforderten Nachzahlungsbetrag, obwohl der Vermieter die Jahresfrist nicht beachtet hat, steht dem Vermieter das Geld grundsätzlich nicht zu. Der Vermieter ist »ungerechtfertigt bereichert«. Er muss den Betrag erstatten, wenn der Mieter in Unkenntnis der Ausschlussfrist gezahlt hat (BGH VIII ZR 94/05 WuM 2006, 150).
- Die Ausschlussfrist betrifft nur Nachforderungen des Vermieters, nicht aber **Rückzahlungsansprüche des Mieters**. Der Mieter kann auch nach Ablauf der zwölf Monate noch verlangen, dass der Vermieter eine Abrechnung vorlegt. Dazu wird der Mieter immer dann Anlass haben, wenn die Abrechnung vermutlich ein Guthaben zu seinen Gunsten ergibt. Nach Ablauf der Ausschlussfrist ist der Vermieter mit der Erteilung der Betriebskostenabrechnung in → *Verzug*. Dies gilt auch für die Heizkostenabrechnung (→ *Heizkosten*), da sie Teil der Betriebskostenabrechnung ist.

Was tun, wenn der Vermieter nicht abrechnet?

Ist die Zwölf-Monatsfrist abgelaufen, kann der Mieter den Vermieter auffordern, die Abrechnung vorzulegen. Reagiert er nicht, kann der Mieter die Abrechnung vor Gericht einklagen. Das ist aber sehr umständlich. Einfacher ist es, die **Vorauszahlungen** für die laufende Abrechnungsperiode **zurückzubehalten** (BGH VIII ZR 191/05 WuM 2006, 383).

Achtung: Es darf nicht die gesamte Miete einbehalten werden!

Anders ist die Situation, wenn das Mietverhältnis bereits beendet und der **Mieter ausgezogen** ist. Der Mieter hat dann nicht mehr die Möglichkeit, die laufenden Vorauszahlungen zurückzuhalten, um den Vermieter zur Erstellung der Abrechnung anzuhalten. In diesem Fall kann er verlangen, dass der Vermieter ihm sämtliche Vorauszahlungen zurückzahlt, die er für den betreffenden Abrechnungszeitraum entrichtet hat (BGH VIII ZR 57/04 WuM 2005, 337). Nur wenn der Vermieter dann doch abrechnet, kann er verhindern, dass er die Vorauszahlungen zurückerstatten muss (BGH VIII ZR 285/09 WuM 2010, 688). Der Mieter hat allerdings keinen Rückzahlungsanspruch, wenn er es während der Mietzeit versäumt hat, seinen Anspruch auf Abrechnung durch Zurückhalten der laufenden Vorauszahlungen durchzusetzen (BGH VIII ZR 315/11 WuM 2012, 620).

Von der Ausschlussfrist zu unterscheiden ist die **Verjährungsfrist** nach Vorlage der Abrechnung. Die Ausschlussfrist regelt, bis wann der Vermieter die Abrechnung dem Mieter spätestens zusenden muss. Die Verjährungsfrist betrifft hingegen die Frage, bis wann eine Forderung aus der Abrechnung geltend gemacht werden kann. Hat der Mieter die Abrechnung erhalten, verjähren Nachzahlungsansprüche des Vermieters und Rückzahlungsansprüche des Mieters nach drei Jahren. Diese Frist wird erst in Gang gesetzt mit Vorlage der Abrechnung, auch wenn sie noch »kleinere« Fehler enthält (BGH VIII ARZ 5/90 WuM 1991, 150), und zwar immer erst am Ende des betreffenden Jahres → *Verjährung*.

Einwendungsfrist für Mieter

Hat der Vermieter die Abrechnung vorgelegt, muss der Mieter seine Einwände bis zum Ablauf des 12. Monats vorbringen, nachdem er die Abrechnung erhalten hat. Die Frist endet immer am letzten Tag des Monats (LG Frankfurt (Oder) WuM 2013, 40). Ist diese Frist abgelaufen, kann die Betriebskostenabrechnung nicht mehr beanstandet werden, es sei denn, der Mieter hat die verspätete Geltendmachung nicht zu vertreten (s. u.). Nach Ablauf dieser Frist kann der Mieter z. B. nicht mehr geltend machen, dass bestimmte Kosten zu hoch angesetzt oder fehlerhaft berechnet sind. Die Frist beginnt jedoch nur zu laufen, wenn die Abrechnung die Formalien einhält und den Mindestanforderungen genügt (BGH VIII ZR 27/10 WuM 2011, 101).

Die Einwendungsfrist ist auch einzuhalten, wenn der Vermieter Betriebskosten berechnet, die der Mieter laut Mietvertrag gar nicht zahlen muss. Das gilt für den Fall, dass einige Betriebskosten in der Grundmiete enthalten sind (BGH VIII ZR 279/06 WuM 2007, 694) oder für bestimmte Betriebskosten eine Pauschale vereinbart ist (BGH VIII ZR 335/10 WuM 2012, 229; VIII ZR 148/10 WuM 2011).

Die Frist für einen Widerspruch gegen die Abrechnung gilt laut BGH sogar für Kosten, die gar keine Betriebskosten sind. Eine Ausnahme besteht, wenn in der Abrechnung für eine Eigentumswohnung vermerkt ist, dass die Instandhaltungs- und Verwaltungskosten nicht auf den Mieter umgelegt werden dürfen. Dann kann der Mieter sie auch nach Fristablauf noch reklamieren und bereits gezahlte Kosten zurückfordern (BGH VIII ZR 209/15 WuM 2016, 420).

Achtung: Einwendungen gegen die Abrechnung muss der Mieter jedes Jahr neu geltend machen (BGH VIII ZR 185/09 WuM 2010, 420). Hat der Mieter z. B. bei den letzten Abrechnungen beanstandet, dass die Grundsteuer laut Mietvertrag nicht umlegbar ist, muss er den Vermieter nochmals darauf hinweisen.

Die Einwendungsfrist von zwölf bis (nahezu) 13 Monaten bedeutet nicht, dass sich der Mieter mit der Nachzahlung immer so lange Zeit lassen darf. Sie regelt nur, ab welchem Zeitpunkt keine Beanstandungen mehr möglich sind. Bestehen **keine Einwendungen** gegen die Betriebskostenabrechnung, muss der Mieter die geforderte Nachzahlung innerhalb angemessener Zeit, **spätestens nach einem Monat**, begleichen!

Der Mieter kann die Abrechnung trotz abgelaufener Frist noch beanstanden, wenn er den verspäteten Widerspruch **»nicht zu vertreten hat«**. Als Begründung kommt z. B. eine plötzlich aufgetretene schwere Krankheit in Betracht. Im Streitfall muss er beweisen, dass ihn keine Schuld trifft. Nicht zu vertreten hat der Mieter eine Verspätung außerdem, wenn der Vermieter sich geweigert hat, ihn die Belege einsehen zu lassen (AG Hamburg WuM 2016, 663).

Für den **preisgebundenen Wohnraum** gibt es keine Einwendungsfrist des Mieters, da eine entsprechende gesetzliche Regelung fehlt (BGH VIII ZR 371/04 WuM 2005, 579).

Vermieterwechsel – wer rechnet ab?
Für den Fall, dass während der Abrechnungsperiode der Eigentümer wechselt, hat der BGH entschieden, dass der **neue Vermieter** über die gesamte laufende Abrechnungsperiode, also über alle während dieser Zeit geleisteten Beträge, abrechnen muss (BGH VIII ZR 168/03 WuM 2004, 94). Der Verkäufer, also der alte Vermieter, muss nicht über Vorauszahlungen abrechnen, die der Mieter noch an ihn geleistet hat.

War das **Mietverhältnis** zum Zeitpunkt des Eigentümerwechsels aber bereits **beendet**, übernimmt der neue Vermieter die Abrechnungspflichten nicht (BGH VIII ZR 219/06 WuM 2007, 267). Dann muss sich der Mieter also an den alten Vermieter wenden.

Etwas anderes gilt außerdem für die **Abrechnungsperioden**, die beim Eigentümerwechsel **bereits abgeschlossen** waren. Hat der alte Eigentümer über die Vorauszahlungen, die er erhalten hat, noch nicht abgerechnet, übernimmt der neue Vermieter diese Verpflichtung nicht. Der Mieter muss sich also an seinen früheren Vermieter wenden (BGH VIII ZR 168/03 WuM 2004, 94).

Rechnet der neue Eigentümer oder dessen Verwaltung aber über einen früheren Abrechnungszeitraum ab, muss er auch ein eventuelles Nebenkostenguthaben auszahlen (OLG Naumburg NZM 1998, 806).

Zwangsverwaltung und Insolvenz des Vermieters

Wird das Mietshaus unter → ***Zwangsverwaltung*** gestellt, übernimmt der Zwangsverwalter die Pflichten des Vermieters. Er muss eine noch ausstehende Abrechnung erstellen. Anders als bei einem Vermieterwechsel muss der Zwangsverwalter auch über zurückliegende Abrechnungszeiträume vor seiner Bestellung abrechnen (BGH VIII ZR 168/05 WuM 2006, 402; VIII ZR 333/02 WuM 2003, 390).

Während bei einer Zwangsverwaltung nur das Mietshaus »beschlagnahmt« wird, ist bei einer → ***Insolvenz*** des Vermieters sein gesamtes Vermögen betroffen → *Vermögensverfall des Vermieters*. Der Insolvenzverwalter hat ebenfalls die Pflicht, über die Betriebskosten abzurechnen, auch über Abrechnungsperioden, die vor der Eröffnung des Insolvenzverfahrens bereits beendet waren. Eine sich aus der Abrechnung ergebende Nachforderung muss der Mieter bezahlen. Ergibt sich hingegen ein Guthaben zugunsten des Mieters, handelt es sich um eine sog. Insolvenzforderung. Das bedeutet an sich, dass der Mieter von dem Guthaben zumeist gar nichts oder allenfalls einen geringen Teil erhält. Dies gilt sowohl für Abrechnungszeiträume vor als auch nach der Eröffnung des Insolvenzverfahrens. Der Mieter kann das Guthaben aber mit den laufenden Mietzahlungen verrechnen → *Aufrechnung*. Das muss er dem Insolvenzverwalter vorher mitteilen. Voraussetzung ist, dass der betroffene Abrechnungszeitraum vor Eröffnung des Insolvenzverfahrens bereits abgelaufen war (BGH IX ZR 7/06 NZM 2007, 162). Für spätere Zeiträume kann er hingegen nicht aufrechnen. Ist das Mietverhältnis bereits beendet, kann der Mieter ebenfalls nicht mehr wirksam die Aufrechnung erklären.

Erhöhung/Senkung der Betriebskostenvorauszahlung

Der Vermieter darf einen zu niedrigen Vorauszahlungsbetrag anheben. Dieses Recht steht ihm aber erst zu, wenn er die Nebenkostenabrechnung vorgelegt hat. Die Anpassung kann sich immer nur auf die künftig zu entrichtenden Abschlagszahlungen beziehen. Eine rückwirkende Erhöhung ist ausgeschlossen (BGH VIII ZR 271/10 WuM 2011, 424). Die Höhe einer monatlichen Vorauszahlung ergibt sich aus dem Ergebnis der Abrechnung geteilt durch zwölf. Dabei darf der Vermieter keinen pauschalen Sicherheitszuschlag, z. B. von 10 % für allgemeine Kostensteigerungen, vornehmen. Ein Zuschlag ist nur zulässig, wenn er konkret belegen kann, dass die Kosten steigen oder bereits gestiegen sind (BGH VIII ZR 294/10 WuM 2011, 686).

Der BGH hat auch entschieden, dass der Vermieter die Vorauszahlungen nur auf Grundlage einer inhaltlich korrekt erstellten Abrechnung erhöhen kann. Demnach darf der Vermieter die Vorauszahlungen nicht heraufsetzen, wenn die Abrechnung Fehler aufweist und sich daraus ein zu hoher Vorauszahlungsbetrag ergibt (BGH VIII ZR 246/11 WuM 2012, 321). Der Mieter riskiert also keine Kündigung, wenn er nicht die überhöhten, sondern nur die angemessenen Beträge zahlt. Damit hat der BGH seine frühere Rechtsprechung korrigiert.

Wichtig zu wissen: Auch der Mieter darf eine Anpassung vornehmen. Die Vorauszahlungen sollen keinen zinsfreien Kredit für den Vermieter darstellen. Ergibt sich aus der Abrechnung eine erhebliche Rückzahlung, sind die monatlichen Vorauszahlungen zu hoch und dürfen angemessen gesenkt werden. Bevor die Anpassung des Vorauszahlungsbetrags vorgenommen werden darf, müssen Vermieter oder Mieter der anderen Mietpartei dies in → *Textform* mitteilen. Textform heißt, dass die Mitteilung nicht persönlich unterschrieben sein muss, sondern per E-Mail oder in anderer elektronischer Form übermittelt werden kann.

Der Mieter darf eine Abrechnung selbst korrigieren, wenn er Fehler entdeckt. Ergibt sich daraus eine niedrigere Vorauszahlung, darf er sie anpassen (BGH VIII ZR 184/12 WuM 2013, 235). Es ist aber Vorsicht geboten. Kürzt der Mieter die Vorauszahlungen unberechtigt, droht eine → *Kündigung*, wenn der Rückstand mehr als eine Monatsmiete beträgt. Im Zweifelsfall sollte die Abrechnung vorher vom Mieterverein geprüft werden.

Erhöhung der Pauschale oder der Bruttomiete → *Miete*

Haben die Mietparteien eine Pauschale für die Betriebskosten vereinbart, ist eine einseitige Erhöhung durch den Vermieter nur möglich, soweit das im Mietvertrag vereinbart ist. Ohne entsprechenden Vorbehalt im Mietvertrag kann der Vermieter eine Pauschale also nicht anheben.

Will der Vermieter die Pauschale heraufsetzen, muss er bestimmte Voraussetzungen beachten. Die Erhöhung richtet sich nach dem Unterschied der in der Pauschale enthaltenen Betriebskosten beim Abschluss des Mietvertrags oder nach der zuletzt vorgenommenen Erhöhung einerseits und der Kostenbelastung zum Zeitpunkt des Erhöhungsverlangens andererseits (AG Waiblingen WuM 1988, 129).

Der Vermieter muss eine Erklärung in → *Textform* abgeben, in der der Grund der Erhöhung bezeichnet und erläutert wird. Erforderlich ist eine vollständige Gegenüberstellung der bisherigen und der neuen Betriebskostenbelastung (AG Bayreuth WuM 1989, 423). Fehlt diese Erläuterung, ist die Erhöhungserklärung unwirksam (LG Köln WuM 1982, 301).

Der Mieter muss die höhere Pauschale mit dem übernächsten Monatsersten nach Eintreffen des Erhöhungsschreibens zahlen.

Ist eine Erhöhung vereinbart, ist darin aber keine »Einbahnstraße« zu sehen. Wenn sich die Betriebskosten verringern, muss die Pauschale ab dem Zeitpunkt der Ermäßigung herabgesetzt werden. Der Mieter kann verlangen, dass der Vermieter ihm mitteilt, ob sich die Pauschale ermäßigt hat. Zur Auskunft verpflichtet ist der Vermieter aber nur, wenn dafür konkrete Anhaltspunkte bestehen. Dabei sind Ermäßigungen bei einzelnen Betriebskosten nicht relevant, wenn sie durch Erhöhungen anderer Betriebskosten ausgeglichen werden (BGH VIII ZR 106/11 WuM 2011, 688).

Die Möglichkeit zur Erhöhung einer **Bruttomiete** nach diesem Verfahren besteht nur noch bei Mietverträgen, die am 1.9.2001 bereits bestanden und in denen diese Erhöhungsmöglichkeit auch vereinbart ist. Im Übrigen bleibt dem Vermieter bei einer Bruttomiete die allgemeine Mieterhöhung.

Der Mieter muss die erhöhten Betriebskosten grundsätzlich nur für die Zukunft zahlen, nicht für die Vergangenheit. Eine Ausnahme gilt nur dann, wenn sich für den Vermieter selbst die Betriebskosten rückwirkend erhöht haben. Allerdings muss der Vermieter die Erklärung innerhalb von drei Monaten von der Kenntnis der Erhöhung an abgeben, sonst entfällt sein Anspruch.

Sonderregelungen für Sozialwohnungen

Für Sozialwohnungen → *Sozialmiete/Sozialwohnung* ist vorgeschrieben, dass die Betriebskosten gesondert abzurechnen sind. Umlegen darf der Vermieter nur die Betriebskosten nach der Betriebskostenverordnung (s. Aufzählung zu Beginn dieses Stichworts) sowie das sog. Umlageausfallwagnis. Außerdem müssen die Betriebskosten dem Mieter nach Art und Höhe bei Vertragsabschluss mitgeteilt worden sein. Nur dann kann er wissen, welche Kosten noch auf ihn zukommen (OLG Oldenburg WuM 1997, 609). Es genügt aber, wenn der Mietvertrag auf die Betriebskostenverordnung bzw. bei älteren Mietverträgen auf die »Anlage 3 zu § 27 II. BV« verweist und die Höhe der gesamten Vorauszahlungen angegeben ist. Die Vorauszahlungen müssen nicht auf die einzelnen Betriebskosten aufgeschlüsselt sein (BGH VIII ZR 137/09 WuM 2010, 153).

Betriebsrat → *Werkwohnung*

Beweissicherungsverfahren → *Selbstständiges Beweisverfahren*

Bonitätsauskunft → *Schufa-Auskunft*

Briefkasten

Der Vermieter muss dem Mieter die Wohnung in einem vertragsgemäßen Zustand überlassen. Hierzu gehört auch, dass der Vermieter einen Briefkasten für die Wohnung des Mieters anbringt. Die Mitglieder einer → *Wohngemeinschaft* können nicht für jeden Mieter einen eigenen Briefkasten verlangen. Sie müssen den vorhandenen gemeinsam nutzen (AG Ebersberg, Urt. v. 27.1.2020 – 7 C 1/20).

Es muss sichergestellt sein, dass den Mieter wichtige Post, z. B. vom Gericht, auch erreicht (OLG Köln NJW-RR 2001, 1221). Hat der Mieter keinen mit seinem Namen beschilderten Briefkasten, kann er sich schadensersatzpflichtig machen, z. B. wenn ihm deshalb ein Zahlungsverbot nicht zugestellt werden kann (LG Berlin NZM 2003, 21).

Gegen unerwünschte Werbung darf der Mieter auf dem Briefkasten einen Aufkleber »Keine Werbung!« anbringen (BGH VI ZR 182/88 NJW 1989, 902; AG München WuM 1989, 231). Wer dennoch Werbung einwirft, kann auf Unterlassung verklagt werden. Eine einstweilige Verfügung ist aber im Regelfall nicht zulässig (AG Charlottenburg MDR 1999, 565).

Adressiertes Werbematerial muss die Post hingegen zustellen. Hier hilft nur eine schriftliche Aufforderung an den Absender, die Zusendung von Werbung künftig zu unterlassen – am besten per → *Einschreiben* mit Rückschein. Hieran muss dieser sich nach Art. 21 Abs. 2 DS-GVO halten, wenn er kein Bußgeld riskieren will.

Bruttomiete → *Miete*

C

CO_2-Abgabe

Die CO_2-Abgabe ist eine Umweltsteuer auf die Freisetzung von Treibhausgasen wie Kohlenstoffdioxid (CO_2). Sie ist Teil der Brennstoffkosten für Erdgas, Öl und andere fossile Brennstoffe. Sie fällt auch an bei der Versorgung mit Fern- und Nahwärme, wenn zur Wärmeerzeugung die genannten Brennstoffe eingesetzt werden.

Stufenmodell: Seit 2023 kann der Vermieter diese Kosten nicht mehr komplett mit der Heizkostenabrechnung an die Mieter weitergeben. Es besteht ein Stufenmodell, das zehn Stufen umfasst. Je schlechter der energetische Zustand des Gebäudes, desto höher ist der Kostenanteil des Vermieters. In der höchsten Stufe, wenn der CO_2-Ausstoß des Gebäudes mehr als 52 kg pro m^2 im Jahr beträgt, muss der Vermieter 95 % der Kosten übernehmen, der Mieter entsprechend 5 %. Das betrifft Häuser mit älterer Heizungsanlage und schlechter Wärmedämmung. In der niedrigsten Stufe mit weniger als 12 kg CO_2-Emissionen pro m^2 jährlich ergeben sich für den Vermieter keine Kosten, der Mieter trägt 100 %. Die anteilige Belastung mit der CO_2-Abgabe auf Grundlage des Stufenmodells soll auch den Vermieter motivieren, fossile Energien einzusparen.

CO_2-Ausstoß pro m^2 Wohnfläche im Jahr	Anteil Mieter	Anteil Vermieter
< 12 kg $CO_2/m^2/a$	100 %	0 %
12 bis < 17 kg $CO_2/m^2/a$	90 %	10 %
17 bis < 22 kg $CO_2/m^2/a$	80 %	20 %
22 bis < 27 kg $CO_2/m^2/a$	70 %	30 %
27 bis < 32 kg $CO_2/m^2/a$	60 %	40 %
32 bis < 37 kg $CO_2/m^2/a$	50 %	50 %
37 bis < 42 kg $CO_2/m^2/a$	40 %	60 %
42 bis < 47 kg $CO_2/m^2/a$	30 %	70 %
47 bis < 52 kg $CO_2/m^2/a$	20 %	80 %
≥ 52 kg $CO_2/m^2/a$	5 %	95 %

Kostenanteile nach dem Stufenmodell

Ausnahmen von der Verpflichtung zur CO_2-Aufteilung bestehen, wenn staatliche Vorgaben die Möglichkeiten zu energetischen Sanierungen einschränken oder verbieten. Das gilt z. B. für Denkmalschutzvorgaben, die einer Wärmedämmung des Gebäudes entgegenstehen, und für Gebäude in Milieuschutzgebieten, wenn gesetzliche Vorgaben zu Veränderungen am Erscheinungsbild des Gebäudes bestehen. Auch bei einem Anschluss- und Benutzungszwang für Fernwärme können Ausnahmen bestehen. Dann muss sich der Vermieter mit einem geringeren Anteil oder gar nicht am CO_2-Preis beteiligen.

Ausweisung in der Heizkostenabrechnung: In einem Mietgebäude mit Zentralheizung erhält der Vermieter vom Brennstofflieferanten eine Rechnung, die die CO_2-Emissionen im Gebäude und die zu zahlende CO_2-Abgabe ausweist. Auf dieser Grundlage muss der Vermieter seinen Anteil berechnen und vor der Umlage auf die Mieter in Abzug bringen. Die Umlage des auf den Mieter entfallenden Anteils erfolgt dann als Teil der Brennstoffkosten nach den Vorgaben der Heizkostenverordnung bzw. dem vereinbarten Verteilerschlüssel → *Heizkosten*. Die Heizkostenabrechnung muss Angaben zu den Berechnungsgrundlagen, dem CO_2-Ausstoß des Gebäudes, der Einstufung des Gebäudes in das Stufenmodell und den auf den Mieter entfallenden Anteil an den CO_2-Kosten enthalten.

Kürzungsrecht: Berücksichtigt der Vermieter den auf ihn entfallenden Anteil an den CO_2-Kosten in der Heizkostenabrechnung nicht, hat der Mieter das Recht, die ihm in Rechnung gestellten Heizkosten um 3 % zu kürzen. Dieses Recht besteht auch, wenn die Heizkostenabrechnung nicht die genannten Informationen enthält. Der Mieter darf also auch kürzen, wenn der Vermieter die anteiligen CO_2-Kosten gutgeschrieben hat, dies jedoch aus der Abrechnung nicht ersichtlich ist oder die Angaben dazu unvollständig sind.

Selbstversorger: Ganz anders ist die Lage für den Mieter einer Wohnung mit Einzelofen, Etagenheizung oder Gastherme oder eines Einfamilienhauses. Er bezieht den Brennstoff in aller Regel selbst vom Versorger. Einige Mieter haben einen Direktvertrag für → *Fernwärme* oder Nahwärme → *Contracting*. Diese Mieter müssen sich selbst darum kümmern, die Erstattung vom Vermieter zu erhalten. Zunächst sind mithilfe der Angaben in der Brennstoffrechnung die notwendigen Berechnungen anzustellen. Dazu muss der Mieter anhand der Fläche seiner Mietwohnung den CO_2-Ausstoß je Quadratmeter berechnen und die Wohnung anhand des Ergebnisses in die zutreffende Stufe des Stufenmodells einordnen. Daraus ergeben sich die vom Vermieter zu erstattenden CO_2-Kosten. Das Bundesministerium für Wirtschaft und Klimaschutz stellt auf seiner

Website ein Rechentool zur Verfügung, mit dem sich die Aufteilung der Kosten zwischen Vermieter und Mieter berechnen und überprüfen lässt unter https://CO2kostenaufteilung.bmwk.de.

Der Mieter muss seinen Anspruch auf Gutschreibung der anteiligen CO_2-Kosten innerhalb von zwölf Monaten beim Vermieter in → *Textform* (nicht mündlich!) geltend machen, nachdem er vom Brennstoff- oder Wärmelieferanten die Rechnung erhalten hat. Der Vermieter ist aber nicht verpflichtet, dem Mieter den zu erstattenden Betrag umgehend auszuzahlen. Ist – wie allgemein üblich – eine Vorauszahlung auf andere → *Betriebskosten* als Heiz- oder Warmwasserkosten vereinbart, darf der Vermieter den geltend gemachten Erstattungsbetrag mit der nächsten Betriebskostenabrechnung verrechnen. Verbleibt dann ein Guthaben, muss der Vermieter es dem Mieter umgehend nach Vorlage der Betriebskostenabrechnung zurückzahlen. Verrechnet der Vermieter die geschuldeten CO_2-Kosten nicht mit der Betriebskostenabrechnung, hat er dem Mieter den Betrag spätestens zwölf Monate nach Anzeige durch den Mieter zu erstatten. Diese Frist gilt auch, wenn der Vermieter vereinbarungsgemäß nicht über Betriebskosten abrechnet, z. B. weil eine Pauschale für die Betriebskosten vereinbart ist.

Contracting → *Kraft-Wärme-Kopplung*

Die meisten Mietshäuser werden über eine vom Vermieter betriebene Zentralheizung beheizt. Immer häufiger entscheiden sich Vermieter jedoch für die gewerbliche Wärmelieferung, auch Contracting genannt. Der Vermieter bzw. der Hauseigentümer schließt einen Vertrag mit einem Unternehmen über die Versorgung mit Wärme. Der Wärmelieferant (Contractor) erhält das Recht, das Mietshaus, ganze Gebäudekomplexe oder sogar kleinere geschlossene Siedlungen mit Wärme, häufig auch für die Aufbereitung des Warmwassers, zu beliefern. Man spricht auch von Nahwärme. Um → *Fernwärme* handelt es sich hingegen, wenn ganze Städte oder Stadtteile über ein Fernwärmewerk mit Wärme versorgt werden.

Der Wärmelieferungsvertrag ist ein Kaufvertrag. Für die gelieferte Wärme muss der vertraglich vereinbarte Kaufpreis gezahlt werden – der Wärmepreis. Er setzt sich üblicherweise aus einem Grund- und einem Arbeitspreis zusammen. Der Wärmepreis unterscheidet sich ganz erheblich von den Heizkosten für eine herkömmliche Zentralheizung. Denn er enthält nicht nur die Energiekosten, sondern u. a. auch Kapitalkosten, Abschreibungen, Instandhaltungskosten und den Unternehmergewinn.

Der Wärmepreis wird gegenüber den Mietern in der Regel nach der Heizkostenverordnung abgerechnet. Zwischen 50 % und 70 % der Kosten müssen verbrauchsabhängig verteilt werden → *Heizkosten*.

Die Grundidee des Contractings besteht darin, dass der Contractor die bestehende Heizungsanlage modernisiert oder eine komplett neue erstellt. Durch lange Vertragslaufzeiten von zehn bis 15 Jahren ist er in der Lage, seine Investitionen in die Heizungsanlage über den berechneten Wärmepreis wieder »hereinzuholen«. Der Vermieter profitiert vom Contracting, weil er sich nicht mehr um die Beheizung kümmern muss. Und da sich durch eine neue oder modernisierte Heizungsanlage viel Energie einsparen lässt, kann auch der Mieter sparen, weil er weniger Heizkosten zahlen muss. Doch oft wurde diese Grundidee nicht verwirklicht. Der Contractor achtete vor allem darauf, dass er Profit erwirtschaftete. Leidtragender war der Mieter, weil er erheblich höhere Heizkosten als bisher zahlen musste. Besonders problematisch waren die Fälle, in denen der Wärmelieferant einfach nur die veraltete Heizungsanlage des Vermieters übernahm, ohne in eine bessere Heizungstechnik zu investieren. Deshalb hat der Gesetzgeber Regelungen zum Schutz des Mieters und im Interesse des Klimaschutzes geschaffen.

Die gesetzliche Regelung zum Contracting

Der Vermieter kann im bestehenden Mietverhältnis von der Versorgung durch die von ihm betriebene Heizungsanlage auf Wärmelieferung umstellen und dem Mieter einen Wärmepreis berechnen (§ 556c BGB). Dazu müssen folgende Voraussetzungen erfüllt sein:

- Der Mieter hat bisher die Heiz- oder die Warmwasserkosten gesondert zu tragen. Nicht zulässig ist die Umstellung auf Wärmelieferung, wenn zulässigerweise eine Warmmiete vereinbart ist.
- Der Wärmelieferant errichtet eine neue Anlage oder liefert die Wärme aus einem Wärmenetz. Aus einem Wärmenetz stammt die Wärme z. B., wenn sie in einem Fernwärme- oder Blockheizkraftwerk produziert wird. Das bedeutet, dass für die Umstellung auf → *Fernwärme* genau die gleichen Voraussetzungen gelten wie für die Einführung des Contractings.
- Eine bereits bestehende Heizungsanlage darf der Wärmelieferant nur übernehmen, wenn sie vor der Umstellung noch einigermaßen effizient betrieben werden konnte. Ältere, nicht modernisierte Anlagen kommen dafür zumeist nicht in Betracht. Die Anlage muss einen sog. Jahresnutzungsgrad von mindestens 80 % aufweisen. Dann muss der Contractor keine neue Anlage erstellen. Er kann sich darauf beschränken, den Betrieb der Anlage zu verbessern, so dass sie weniger Energie benötigt.
- **Kostenneutralität:** Die Umstellung muss für den Mieter kostenneutral sein. Das heißt, dass der vom Mieter zu zahlende Wärmepreis nicht höher sein darf

als die bisherigen Kosten für Beheizung und ggf. Warmwasser. Das gilt sowohl für den Anschluss an das Fernwärmenetz als auch für die Errichtung einer neuen oder die Verbesserung einer bestehenden Anlage. Es müssen also die Kosten »vorher« und »nachher« verglichen werden. Einzelheiten sind in einer hierzu erlassenen Verordnung geregelt (Wärmelieferverordnung). Bei dem Kostenvergleich sind gegenüberzustellen:

- die Kosten, die der Vermieter bisher für die Versorgung mit Heizwärme und Warmwasser berechnet hat. Dabei wird der durchschnittliche Energieverbrauch der letzten drei Abrechnungsjahre zugrunde gelegt, um ggf. aufgetretene witterungsbedingte Schwankungen des Energieverbrauchs in den einzelnen Abrechnungszeiträumen auszugleichen. Die Kosten für die Wartung der Heizung, den Betriebsstrom und andere Nebenkosten sind einzubeziehen, soweit sie auch im Wärmepreis enthalten sind.
- die künftigen Kosten der Wärmelieferung. Der Preis ist anhand des Angebots des Wärmelieferanten und der benötigten Wärmemenge für das Gebäude zu bestimmen. Zwischenzeitlich eingetretene Preissteigerungen, vor allem bei den Brennstoffkosten, sind herauszurechnen.

– **Verbesserte Effizienz:** Der Sinn der gesetzlichen Regelung besteht darin, eine Energieeinsparung zu bewirken. Die Anlage, in der die Wärme erzeugt wird, muss mit einer besseren Effizienz arbeiten als die alte Heizungsanlage. Die Umlage von Wärmelieferkosten auf den Mieter ist deshalb ausgeschlossen, wenn das nicht verwirklicht wird. Das gilt sowohl für die Errichtung einer neuen Anlage als auch für den Anschluss an das Fernwärmenetz. Vor allem, wenn der Contractor eine bestehende Anlage übernimmt, ist darauf zu achten, dass er die Anlagentechnik verbessert und auch tatsächlich Heizenergie eingespart wird.

– **Ankündigung:** Der Vermieter muss die Umstellung spätestens drei Monate vorher in → *Textform* ankündigen. Dann kann der Mieter prüfen, ob die Voraussetzungen für eine spätere Umlage der Wärmelieferkosten vorliegen. Die Erklärung muss alle notwendigen Angaben enthalten, u. a. zur Verbesserung der Effizienz sowie die Berechnungen dazu, dass es für den Mieter nicht teurer wird.

Umlage des Wärmepreises. Sind alle Bedingungen eingehalten, darf der Vermieter den Wärmepreis auf den Mieter umlegen. Die Abrechnung hat nach der Heizkostenverordnung zu erfolgen → *Heizkosten*. An die Stelle der Brennstoffkosten treten die Kosten der Wärmelieferung.

Ist eine der aufgezählten Voraussetzungen nicht erfüllt, kann der Vermieter die vom Wärmelieferanten berechneten Kosten nicht in voller Höhe an den Mieter weitergeben. Das gilt vor allem, wenn sich nach Vorlage der ersten Abrechnung nach der Umstellung herausstellt, dass die Kosten für die Wärmelieferung (inflationsbereinigt) höher sind als die bisherigen Kosten für Heizung oder Warmwasser. Dann darf der Vermieter vom Mieter nur die Kostenarten verlangen, die angefallen sind, als er die Heizungsanlage noch selbst betrieben hat. Alle anderen Kosten des Wärmelieferanten, etwa für Abschreibung, Zinsen, Verwaltung, Instandhaltung usw., müssen abgezogen werden. Der Wärmelieferant ist verpflichtet, dem Vermieter eine entsprechende Berechnung vorzulegen. Es gilt das **Nachteilsverbot:** Von den genannten gesetzlichen Vorschriften darf der Vermieter nicht zum Nachteil des Mieters abweichen. Anderslautende Vereinbarungen sind unwirksam.

> **Wichtig zu wissen:** Auch nachdem der Contractor die Versorgung des Gebäudes übernommen hat, bleibt der **Vermieter** mietrechtlich gegenüber den Mietern für die ordnungsgemäße Beheizung und für die Lieferung von Warmwasser **verantwortlich**. Bei Heizungsausfall oder Mängeln der Versorgung ist also der Vermieter nach wie vor der Ansprechpartner des Mieters.

Preiserhöhungen

Die Umstellung auf Contracting muss für den Mieter zwar kostenneutral sein. Das hindert den Wärmelieferanten aber nicht, künftig die Preise heraufzusetzen. Das geschieht üblicherweise auf Grundlage von **Preisanpassungsklauseln**, die im Wärmeliefervertrag festgeschrieben sind. Der Wärmelieferant muss dem Vermieter eine Preiserhöhung in → *Textform* mitteilen und sie nachvollziehbar erläutern, so dass sie der Vermieter auch seinem Mieter erklären kann. Die üblicherweise verwendeten mathematischen Formeln sind allerdings nur schwer zu verstehen. Die Klausel im Fernwärmevertrag muss den gesetzlichen Vorgaben entsprechen. Andernfalls ist sie unwirksam. Der Vermieter als Kunde schuldet dann nur das ursprünglich vereinbarte Entgelt. Unzulässige Preisforderungen können zurückgewiesen oder – soweit bereits gezahlt – zurückgefordert werden → *Fernwärme.*

Neu abgeschlossene Mietverträge

Die gesetzlichen Vorschriften gelten nicht, wenn ein neuer Mietvertrag abgeschlossen wird. Nach wie vor ist der Mieter dann also nicht vor überhöhten Heizkosten geschützt. Wer ein neues Mietverhältnis in einem Mietshaus eingeht, das über gewerbliche Wärmelieferung beheizt wird, muss mit einer hohen Kostenbelastung rechnen. Nur wenn der Mietvertrag die Umlage der Kosten für die »eigenständig gewerbliche Lieferung von Wärme« vorsieht, muss der Mieter sie auch bezahlen (LG Lübeck IMR 2017, 185). Aus dem Mietvertrag lässt sich das aber oft gar nicht entnehmen.

Tipp: Fragen Sie den Vermieter vor der Unterschrift unter den Mietvertrag besonders bei älteren Gebäuden ausdrücklich danach, wie das Haus beheizt wird und welche Heizkosten anfallen.

Wirtschaftlichkeitsgebot

Der Vermieter muss bei der Umlage von Wärmelieferkosten auf angemessene Preise achten. Unverständlicherweise hat der BGH entschieden, dass im Streitfall der Mieter zunächst einen Nachweis für überhöhte Kosten erbringen muss, etwa durch Vergleichspreise anderer Anbieter (BGH VIII ZR 78/06 WuM 2007, 393) → *Betriebskosten*. Durch die gesetzlichen Regelungen wird der Mieter zwar bei einer Umstellung im laufenden Mietverhältnis vor überhöhten Kosten geschützt. Das gilt aber nicht für Mietverhältnisse, bei denen die Umstellung vor Inkrafttreten dieser Regelungen vollzogen wurde. Und wenn die Wohnung bereits bei Mietvertragsbeginn über Wärmecontracting versorgt wurde, kann der Mieter einen Verstoß gegen das Wirtschaftlichkeitsgebot gar nicht geltend machen. Diesen Einwand hat der BGH dem Mieter unverständlicherweise abgeschnitten (BGH VIII ZR 243/06 WuM 2008, 29).

Vertrag zwischen Mieter und Wärmelieferanten

Der Vermieter kann seine Verantwortung für die Heizung vollständig abgeben und mit dem Mieter vereinbaren, dass dieser selbst den Wärmeliefervertrag mit einem gewerblichen Unternehmen abschließt. Dann spricht man von einem Direktlieferungsvertrag oder »Full-Contracting«.

Wichtig zu wissen: In einem bestehenden Mietverhältnis ist eine Umstellung auf Direktlieferung nur möglich, wenn der Mieter damit einverstanden ist. Der Deutsche Mieterbund rät grundsätzlich davon ab, sich darauf einzulassen.

In jedem Fall sollte der Mieter vor dem Übergang zu einem Direktvertrag auf eine Mietsenkung bestehen. Erbringt der Vermieter einen Teil der Pflichten, die ihm laut Mietvertrag obliegen, nicht mehr (z. B. die Instandhaltung der Heizungsanlage), muss der Mietpreis angepasst, d. h. gekürzt werden. Für Sozialwohnungen → *Sozialmiete/Sozialwohnung* steht das sogar ausdrücklich im Gesetz.

> **Achtung:** Bei Abschluss eines neuen Mietvertrags kann von Anfang an vereinbart werden, dass der Vermieter nichts mit der Beheizung zu tun hat und der Mieter einen Wärmeliefervertrag direkt mit dem Lieferanten abschließt. Hier kann dem Mieter nur geraten werden, das Mietvertragsformular genau durchzulesen, damit er weiß, worauf er sich einlässt. Ist der Vermieter nicht mehr für die Beheizung verantwortlich, muss das nach Auffassung des Deutschen Mieterbundes bei einer → *Mieterhöhung auf ortsübliche Vergleichsmiete* berücksichtigt werden. Es ist ein Abschlag von den üblichen Mietspiegelwerten vorzunehmen, weil es sich in diesem Sinne um eine Wohnung ohne Zentralheizung handelt.

D

Dachlawinen → *Verkehrssicherungspflicht*

Datenschutz → *Videoüberwachung*

Der Datenschutz spielt im Mietrecht eine zentrale Rolle, da Vermieter und Verwalter eine Vielzahl personenbezogener Daten von Mietern erheben und verwenden. Dabei müssen die Rechte der Mieter nach der Datenschutz-Grundverordnung gewahrt werden. Zu den geschützten Daten gehören alle personenbezogenen Daten, wie z. B. Name, Adresse, Geburtstag und auch Verbrauchsdaten etwa von einem Stromzähler oder von Heizkostenverteilern und Wärmezählern.

Der Vermieter darf personenbezogene Daten des Mieters nur verarbeiten, wenn er hierzu vertraglich oder gesetzlich berechtigt ist, eine freiwillige Einwilligung vorliegt oder der Vermieter ein berechtigtes Interesse nachweisen kann, welches gegenüber den Interessen des Mieters überwiegt. Das Informationsinteresse des Vermieters und das Datenschutzinteresse des betroffenen Mieters stehen sich gegenüber. Außerdem ist die Datenverarbeitung zweckgebunden. Ist der Zweck erfüllt, müssen die Daten wieder gelöscht werden.

> **Wichtig zu wissen:** Die **Einwilligung** kann grundsätzlich auch »konkludent« erteilt werden, z. B. durch Einlass des Vermieters und Gestattung der Fertigung von Fotos, wenn dem Mieter bekannt ist, dass die Bilder für Verkaufsanzeigen gedacht sind (Pfälzisches OLG Zweibrücken WuM 2026, 97).

Datenschutz vor Abschluss des Mietvertrags

Beim **Erstkontakt** mit einem Wohnungsinteressenten kann der Vermieter ein berechtigtes Interesse zur Verarbeitung geltend machen. Daher dürfen z. B. Namen, Anschrift oder Vorliegen eines Wohnberechtigungsscheins (WBS) erfragt werden.

Sobald der Interessent ein **konkretes Anmietinteresse** bekundet, darf der Vermieter z. B. nach der Anzahl der einziehenden Personen, Haustieren, Beruf, Arbeitgeber, einem laufenden Insolvenzverfahren, dem Nettoeinkommen oder dem Vermögen fragen. Außerdem kann er Auskunft verlangen, ob ein Räumungstitel wegen Mietrückständen (letzte fünf Jahre) besteht. Nicht abgefragt werden dürfen höchstpersönliche Informationen, wie z. B. Religion, Staatsangehörigkeit, Heirats- oder Kinderwunsch, Schwangerschaft, Vorstrafen oder Ermittlungsverfahren. Näheres zum Auskunftsanspruch und zum Recht auf Lüge unter → *Selbstauskunft*.

Erst wenn der Vermieter sich für einen Mieter entschieden hat, darf er **Informationen** erfragen, die **für den Abschluss des Mietvertrags erforderlich** sind, insbesondere eine → *Schufa-Auskunft*.

Datenschutz im laufenden Mietverhältnis

Die Weitergabe der Telefonnummer des Mieters an eine vom Vermieter beauftragte Fremdfirma, wie z. B. einen **Handwerker**, ist bei einem dringenden Reparaturbedarf zulässig. In diesem Fall folgt die Rechtmäßigkeit der Datenverarbeitung aus dem Mietvertrag selbst, da der Vermieter zur Erhaltung des vertragsgemäßen Zustands verpflichtet ist. Bei nicht dringlichen Reparaturen darf die Telefonnummer nur mit Einwilligung des Mieters weitergegeben werden.

Fordert das **Finanzamt** vom Vermieter berechtigt die Vorlage von Mietverträgen, ist für die Weitergabe keine Einwilligung der Mieter erforderlich (BFH WuM 2025, 48).

Will der Vermieter die Wohnung verkaufen und werden **Bilder** der Wohnung, auf denen auch private Einrichtungsgegenstände zu sehen sind, ohne Einwilligung der Mieter in Verkaufsanzeigen **im Internet** veröffentlicht, kann dies einen Schadensersatzanspruch nach sich ziehen, wenn der betroffene Mieter dadurch nachweislich einen »immateriellen Schaden« erlitten hat, z. B. durch den Kontrollverlust (LG Stuttgart WuM 2025, 230: 100 Euro).

Zur Kontrolle der Abrechnung über die → *Betriebskosten* darf der Mieter vom Vermieter die Einzelverbrauchsdaten anderer Mieter im gemeinsam versorgten Mietobjekt herausverlangen (BGH VIII ZR 250/17 WuM 2019, 373; VIII ZR 189/17 WuM 2018, 288). Zwar sind die Wärmeverbrauchswerte personenbezogene Daten, da sie Rückschlüsse auf das Heizverhalten der Bewohner und damit z. B. ihre An- und Abwesenheit ermöglichen. Dennoch ist der Vermieter gegenüber dem Mieter zur Gewährung der Belegeinsicht verpflichtet. Der Vermieter hat also ein berechtigtes Interesse für die Datenweitergabe. Eine Einwilligung der betroffenen Mieter ist nicht erforderlich. Sie können der Verarbeitung zwar widersprechen. Der Vermieter muss dann jedoch weiterhin Belegeinsicht gewähren, indem er z. B. Namensdaten unkenntlich macht.

D

Datenschutz nach Beendigung des Mietverhältnisses
Nach einer Kündigung ist die Weitergabe der Telefonnummer an einen potenziellen Nachmieter nur zulässig, wenn der Mieter einwilligt. Zieht von mehreren Mietern nur eine Person aus, darf der Vermieter vom ausziehenden Mieter keine Auskunft über den zukünftigen Aufenthaltsort verlangen. Der Vermieter darf lediglich eine Auskunft darüber verlangen, wer die Wohnung tatsächlich noch nutzt (LG Kiel ZMR 2010, 532).

Vorgehen bei Datenschutzverstoß
Die Datenschutz-Grundverordnung gewährt Betroffenen mehrere Rechte. Zum einen kann die Auskunft über verarbeitete Daten verlangt werden (Pfälzisches OLG Zweibrücken WuM 2026, 97) und die Berichtigung unrichtiger Daten. Zum anderen hat der Mieter ein Recht auf Datenlöschung, Einschränkung der Verarbeitung und Übertragung. Sofern die Datenverarbeitung auf einem berechtigten Interesse beruht, kann er jederzeit Widerspruch einlegen. Bei einem Datenschutzverstoß haben betroffene Mieter Ersatzansprüche für Schäden gegenüber dem Verantwortlichen (LG Stuttgart WuM 2025, 230). Außerdem können Betroffene kostenlos Beschwerde bei der Landesdatenschutzbehörde einlegen.

Dauermietvertrag → *Hausverkauf und Mietvertrag* → *Kündigungsschutz* → *Umwandlung von Miet- in Eigentumswohnungen*

Die ehemals gemeinnützigen Wohnungsunternehmen schließen seit 1953 sog. Dauermiet- bzw. Dauernutzungsverträge, die den Mietenden ein **Dauernutzungsrecht** gewähren. Vertragstreuen Mietenden kann nicht – z. B. wegen Eigenbedarfs – gekündigt werden. Auch bei einem Verkauf von Wohnungen bleibt dieses Recht bestehen; der neue Eigentümer kann nur unter den gleichen einschränkenden Voraussetzungen wie zuvor die Genossenschaft kündigen (OLG Zweibrücken 4 W 113/07).

Denkmalschutz

Grundsätzlich müssen alle Veränderungen an unter Denkmalschutz stehenden Teilen eines Hauses von der Denkmalschutzbehörde vorab **genehmigt** werden. Das gilt nicht nur für die Fassade, sondern auch für unter Schutz gestellte Innenräume. Wollen Mietende – auch mit Genehmigung des Vermieters – die Wohnung instand setzen oder modernisieren, muss daher vor Beginn der Umbaumaßnahmen die zuständige Denkmalschutzbehörde eingeschaltet werden. Die Behördenvertreter können zwecks Überprüfung der Maßnahme Auskünfte einholen und die Wohnung betreten. Bei nicht genehmigten denkmalschutzwidrigen Maßnahmen kann nicht nur die Behörde, sondern u. U. auch der Vermieter die Beseitigung bzw. den Rückbau verlangen, was natürlich hohe Kosten verursachen kann. Auch die Verhängung eines Bußgelds ist möglich!

Darüber hinaus sind Mieter nach den Denkmalschutzgesetzen unabhängig von den Bestimmungen des Mietrechts und Vereinbarungen mit dem Vermieter zur Duldung aller Maßnahmen verpflichtet, die zur Sicherung und Instandhaltung des Denkmals notwendig sind.

Maßnahmen zum Denkmalschutz, die dem Vermieter durch Gesetz, Verordnung oder gemeindliche Satzung auferlegt werden, berechtigen ihn nur dann zu einer Mieterhöhung wegen → *Modernisierung durch den Vermieter*, wenn sie nicht gleichzeitig eine → *Instandhaltung, Instandsetzung* darstellen. Eine Denkmalschutzauflage führt regelmäßig nicht zu Kosten, die vom Vermieter nicht zu vertreten wären, was bedeutet, dass Mietende ggf. Härtegründe gegen die Mieterhöhung nach Modernisierung durch den Vermieter geltend machen können (AG Lichtenberg GE 2004, 302).

Deutscher Mieterbund → *Mieterverein/Deutscher Mieterbund*

Dienstwohnung

Dienstwohnungen sind Wohnungen, die Inhabern öffentlicher Ämter (z. B. Schulrektor, Landgerichtspräsidentin) in der Nähe ihrer Dienststelle unter ausdrücklicher Bezeichnung als Dienstwohnung zugewiesen worden sind, um sie auch außerhalb der Dienstzeit leicht erreichen zu können. Das Nutzungsrecht beruht nicht auf einem Mietvertrag, sondern auf der **öffentlich-rechtlichen Zuweisung**. Das Mietrecht findet also keine Anwendung.

Wird eine Wohnung anlässlich eines privatrechtlichen Dienst- oder Arbeitsverhältnisses überlassen (z. B. als Hausmeisterwohnung), kann es sich um eine → *Werkwohnung* handeln.

Doppelvermietung

Wird eine Wohnung an zwei verschiedene Mietparteien vermietet – z. B., weil der Vermieter den ersten Vertrag irrtümlich für unwirksam hält – ist klar, dass nur eine davon »zum Zuge« kommen kann, obwohl rechtlich gesehen beide einen Anspruch auf Überlassung der Räume haben. Das Gesetz trifft hierzu keine Regelung, es ist also nicht so, dass grundsätzlich der erste Vertrag wirksam wäre. Der Vermietende entscheidet letztlich, wem er den Besitz überlässt. Ist erst mal eine Partei »drin«, kann die andere nicht mehr viel machen, denn der rechtmäßig erlangte Besitz ist dann sehr wohl vom Gesetz geschützt.

Um die Schaffung von nicht mehr rückgängig zu machenden Tatsachen zu verhindern, kommt in Ausnahmefällen der Antrag auf Erlass einer → *einstweiligen Anordnung/Verfügung*, gerichtet auf die Unterlassung der Gebrauchsüberlassung an den Konkurrenten, in Betracht (OLG Frankfurt a. M. NZM 2022, 467; a.A. KG WuM 2007, 207). In den meisten Fällen wird dies nicht weiterhelfen, weil der Konkurrent einen gleichrangigen Überlassungsanspruch hat. Denkbar ist eine einstweilige Verfügung im Wege des Besitzschutzes aber dann, wenn der Vermieter nachträglich, also **nach Gebrauchsüberlassung**, eine Neu- bzw. Doppelvermietung der Wohnung vornimmt (OLG Celle ZMR 2008, 288; LG Mannheim GE 2021, 40). Aber auch hier gilt: Ist der Konkurrent erst mal »drin«, wird es schwierig, weil er ein Besitzrecht hat. Die Rückgabe der Wohnung kann allenfalls verlangt werden, wenn der neue Mieter böswillig war und Bescheid wusste, dass der Vermieter doppelt vermietet.

Die Mieter, die trotz Vertrags nicht einziehen konnten, haben gegen den Vermieter Anspruch auf Schadensersatz (z. B. Maklerkosten für die Suche nach neuer Wohnung, Differenz zur höheren Miete der Ersatzwohnung, vorübergehender Hotelaufenthalt, Möbelunterstellung; LG Berlin WuM 2013, 665; OLG Schleswig MDR 2000, 1428).

Bei Doppelvermietung des Kellers kann die Miete gemindert werden (vgl. AG Brühl WuM 2020, 333).

Dübellöcher → *Schönheitsreparaturen*

Duldungspflicht des Mieters → *Besichtigungsrecht des Vermieters* → *Modernisierung durch den Vermieter*

Durchlauferhitzer → *Instandhaltung, Instandsetzung* → *Thermenwartung*

Gehört zur gemieteten Wohnung ein Durchlauferhitzer oder eine Gastherme, ist grundsätzlich der Vermieter dafür zuständig, das Gerät in einem funktionstüchtigen und verkehrssicheren Zustand zu erhalten und es erforderlichenfalls auf seine Kosten austauschen zu lassen. Reinigungs- und Wartungskosten können als → *Betriebskosten* umgelegt werden, sofern dies im Mietvertrag wirksam vereinbart ist. Nicht möglich ist es aber, dem Mieter die Verantwortung für diese Arbeiten durch eine Formularklausel zu übertragen (BGH VIII ZR 38/90 WuM 1991, 381) → *Allgemeine Geschäftsbedingungen*.

E

E

Eheleute als Mieter/Vermieter

Bei Eheleuten ist – wie bei anderen Personenmehrheiten auch – grundsätzlich nur derjenige Vertragspartner, der den Mietvertrag als Mieter unterschrieben hat. Gleiches gilt bei mehreren Vermietern → *Vermietergemeinschaft*. Unterschreiben beide Ehepartner, sind auch beide Vertragspartner; unterschreibt nur einer den Vertrag, ist auch nur dieser Mieter.

Wichtig zu wissen: Eine **Ausnahme** gilt bei Mietverträgen, die vor dem 3.10.1990 in der DDR abgeschlossen wurden. Hier sind beide Eheleute Mieter, auch wenn nur einer von ihnen den Vertrag unterzeichnet hat.

Werden beide Eheleute Vertragspartner, wenn im Kopf des Mietvertrags beide genannt sind, aber nur einer unterschreibt?

Nach der Rechtsprechung wird derjenige Ehepartner, der nur im Kopf des Mietvertrags erwähnt ist, den Vertrag aber nicht unterzeichnet hat, nur dann Vertragspartner, wenn sich dies aus einem **Vertretungsvermerk** im Bereich der Unterschrift ergibt. Ohne einen entsprechenden Zusatz kann nicht davon ausgegangen werden, dass der eine Ehepartner für den anderen mitunterschrieben hat (LG Berlin, Urt. v. 3.9.2007 – 67 S 391/06; AG Hamburg, Urt. v. 7.11.2025 – 49 C 174/25).

Der andere, nicht mitunterzeichnende Ehepartner kann aber unter Umständen dem Mietvertrag noch **nachträglich** – stillschweigend – als Mieter **beitreten**, wenn er gegenüber dem Vermieter jahrelang wie ein Mieter auftritt bzw. rechtsgeschäftliche Erklärungen, wie z. B. die Zustimmung zu einer Mieterhöhung, abgibt und damit zum Ausdruck bringt, dass auch er als Mieter gelten will (BGH VIII ZR 255/04 WuM 2005, 570; LG Berlin, Urt. v. 24.8.2001 – 64 S 232/00).

Tipp: Die größte Sicherheit bietet es den Mietern, wenn bei einer Personenmehrheit alle im Vertrag aufgeführt werden und auch unterschreiben.

Was gilt, wenn beide Ehepartner Mieter sind?
Der Vermieter muss eine **Kündigung** grundsätzlich gegenüber allen Mietern aussprechen, auch bei Eheleuten (AG Ludwigsburg WuM 2023, 156) → *Kündigungsform*. Eine gegenüber nur einem Mitmieter erklärte Kündigung ist unwirksam, selbst wenn ein Ehegatte ausgezogen ist. Der Auszug führt nicht automatisch zum Ausscheiden aus dem Mietvertrag. Ist die neue Adresse des verzogenen Ehegatten unbekannt, muss der Vermieter Erkundigungen z. B. beim Einwohnermeldeamt vornehmen. Die Kündigung muss jedoch nicht in einem einzigen Schreiben enthalten sein; es ist zulässig, jedem Mitmieter separat zu kündigen, wenn der zeitliche Zusammenhang gewahrt bleibt (LG München I WuM 1999, 218).

Es ist aber zulässig – auch per Formularmietvertrag –, dass sich die Mieter **gegenseitig zum Empfang einer Kündigung bevollmächtigen** (BGH VIII ARZ 1/97 WuM 1997, 599). Es genügt dann, dass die Kündigung einem der Mieter zugeht; sie muss aber **an beide Mieter gerichtet** sein (LG Darmstadt WuM 1996, 708).

Wichtig zu wissen: Unzulässig ist eine Klausel, wonach Erklärungen des Vermieters zu ihrer Wirksamkeit nur gegenüber einem Mieter abgegeben werden müssen, eine sog. **Erklärungsfiktion** (LG München I ZMR 2017, 56). Dies gilt sowohl für eine Kündigung als auch ein Mieterhöhungsverlangen des Vermieters. Im Klartext bedeutet dies: Zu unterscheiden sind **Zugang und Adressierung**. Der Vermieter muss rechtserhebliche Erklärungen immer an alle Mieter adressieren; für die Frage des Zugangs kann er formularmäßig eine gegenseitige Empfangsvollmacht regeln. Auch eine Klausel, **sowohl eine Empfangsvollmacht als auch eine Erklärungsfiktion**, ist i. d. R. **insgesamt unwirksam**. Konsequenz ist, dass rechtserhebliche Erklärungen des Vermieters dann doch allen Mietern zugehen müssen.

Im Übrigen haften die Eheleute für die **Mietzahlung** und die sonstigen sich aus dem Mietvertrag ergebenden Verpflichtungen **gemeinsam**. Der Vermieter kann sich also aussuchen, von wem er die Miete verlangt. Das ist im Falle einer Trennung besonders wichtig. Der Vermieter kann auch von dem Ehegatten noch die ganze Miete verlangen, der bereits aus der Wohnung ausgezogen ist → *Ehescheidung und Trennung*. Für diesen kann es von besonderem Interesse sein, weiterhin selbst informiert zu werden. Dazu muss er die dem anderen (Ex-)Ehepartner erteilte Empfangsvollmacht widerrufen. Ein solcher Widerruf ist aus »wichtigem Grund« selbst bei einer unwiderruflich erteilten Vollmacht möglich; der Auszug aus der Wohnung zählt als wichtiger Grund (BGH VIII ARZ 1/97 WuM 1997, 599).

E

Was gilt, wenn nur ein Ehepartner Mieter ist?
Unterschreibt nur ein Ehegatte den Mietvertrag, ist nur er aus dem Mietvertrag berechtigt und verpflichtet. Der Vermieter kann nur von ihm die Miete fordern und muss nur ihm gegenüber die Kündigung aussprechen. Eine eventuelle **Räumungsklage** muss er aber gegen beide Ehepartner erheben, weil beide gleichberechtigte Mitbesitzer der Wohnung sind (BGH IXa ZB 29/04 WuM 2004, 555). Ein besonderer Räumungstitel ist auch gegenüber dem nichtehelichen Partner erforderlich, der selbst nicht Mieter ist, nicht aber gegenüber den Kindern, die keinen eigenen Mitbesitz haben (BGH I ZB 56/07 WuM 2008, 364).

Heiratet ein Mieter **nach Abschluss des Mietvertrags**, darf er seinen Ehepartner ohne vorherige Erlaubnis des Vermieters in die Wohnung aufnehmen, muss dies aber dem Vermieter mitteilen. Will er hingegen seinen Lebensgefährten in die Wohnung aufnehmen, muss er zuvor die Erlaubnis des Vermieters einholen (BGH VIII ZR 371/02 WuM 2003, 688). Der Vermieter kann die Erlaubnis im Regelfall aber nur verweigern, wenn die Wohnung überbelegt wäre.

Ehescheidung und Trennung

Bei Trennung und Ehescheidung zieht meist einer der Ex-Partner aus der gemeinsamen Wohnung aus. Oft müssen auch beide die bisherige Wohnung aufgeben, weil sie für einen Einzelnen zu groß oder zu teuer ist. Bei angespannten Wohnungsmärkten kommt es häufig vor, dass einer bereits ausgezogen ist, während der andere noch nach einer Wohnung sucht und daher übergangsweise weiter in der ehemals gemeinsamen Wohnung lebt. In all diesen Fällen stellt sich die Frage nach den Rechten und Pflichten untereinander und gegenüber dem Vermieter.

Wichtig zu wissen: Hat bei verheirateten Paaren ein Ehegatte noch zu **DDR-Zeiten** die Wohnung **angemietet**, gilt nach Art. 232 §1 EGBGB die Regelung aus §100 Abs. 3 Zivilgesetzbuch (ZGB) fort, dass Mieter der Wohnung immer **beide Ehegatten** sind. Dies gilt auch, wenn nur ein Partner den Mietvertrag unterschrieben hat oder erst nach dem Einzug geheiratet wurde. Es gelten dann die nachfolgenden Ausführungen zu dem Fall des gemeinsamen Abschlusses des Mietvertrags.

Kündigung, Mieterhöhung, Ansprüche untereinander
Haben Eheleute oder Partner einen Mietvertrag gemeinsam abgeschlossen, können sie ihn grundsätzlich auch nur gemeinsam wirksam **kündigen** → *Kündigung des Mieters* mit der Folge, dass der Vertrag **für beide** mit Ablauf der Kündigungs-

frist endet und die Wohnung herausgegeben werden muss. Dies wird aber dann nicht gewollt sein, wenn einer der Ex-Partner zumindest vorläufig in der Wohnung verbleibt. Wird auf die Kündigung aus diesem Grund verzichtet und zieht einer aus der Wohnung aus, **bleibt er trotzdem Mieter**. Der Vermieter kann weiter die volle (!) Miete von ihm verlangen, selbst wenn intern etwas anderes zwischen den Ex-Partnern vereinbart wurde. Es besteht ggf. nur ein Ersatzanspruch gegenüber dem anderen Ex-Partner. Umgekehrt muss der Vermieter ein Mieterhöhungsverlangen oder andere bedeutsame Erklärungen an **beide** Eheleute oder Partner richten, auch wenn sie getrennt leben.

Will der verbliebene Ehegatte/Partner später die Wohnung kündigen, ist er auf die **Mitwirkung** des anderen angewiesen. Der Mitwirkungsanspruch muss gegen den ausgezogenen Ex-Partner im Fall der Weigerung schlimmstenfalls gerichtlich durchgesetzt werden. Ein stattgebendes Urteil würde in diesem Fall die Kündigung ersetzen. Bis es ergeht, kann es aber einige Zeit dauern, und die Miete muss währenddessen weiter gezahlt werden. Ggf. bestünde dann ein Anspruch auf Schadensersatz gegen den sich weigernden Ex-Partner.

Diese Probleme können durch eine einvernehmliche oder stillschweigende Vertragsänderung des Inhalts vermieden werden, dass der ausziehende Mieter aus dem Vertrag ausscheidet. Dies erfordert allerdings die Mitwirkung bzw. das **Einverständnis sämtlicher Vertragspartner auf Mieter- und Vermieterseite**. Von Vermietern wird eine solche Vertragsänderung leider oft nicht gewünscht, weil sie damit einen Schuldner verlieren, an den sie sich im Fall der Nichtzahlung der Miete halten könnten. Aber selbst wenn kein neuer (schriftlicher) Vertrag zwischen dem verbliebenen Ex-Partner und dem Vermieter aufgesetzt wird, kann derjenige, der die Wohnung über Jahre allein nutzt und bezahlt, als Alleinmieter behandelt werden (BGH VIII ZR 124/03 WuM 2004, 280).

Sonderfall: Fortsetzung des Mietverhältnisses durch Verfahren nach § 1568a BGB

(Ex-)Eheleute sowie (Ex-)Lebenspartner nach dem LPartG (§ 17) → *Lebenspartnerschaft* – nicht aber »sonstige« Paare! – können durch eine übereinstimmende Erklärung gegenüber dem Vermieter gem. § 1568a Abs. 3 Satz 1 Nr. 1 BGB bewirken, dass der Mietvertrag auf den verbleibenden Teil als alleiniger Mieter übergeht. Sie müssen erklären, dass das Mietverhältnis künftig nur mit einem (Namen nennen!) von ihnen fortgesetzt werden soll. Dies kann auch dazu führen, dass ein Mietvertrag, der mit einem der (Ex-)Partner geschlossen wurde, mit dem anderen als alleinigem Mieter fortgesetzt wird. Empfehlenswert ist es, diese Erklärung(en) so an den Vermieter zu übermitteln, dass ein Zugangsnachweis vorliegt → *Einschreiben* → *Zugang von Erklärungen*.

Können sich Eheleute oder Lebenspartner nach dem LPartG nicht einigen, wer von ihnen in der Wohnung bleibt, wird im sog. **Wohnungszuweisungsverfahren** (§ 1568a Abs. 3 Satz 1 Nr. 2 BGB) vom zuständigen Familiengericht entschieden, wer ausziehen muss. Das hängt von den Umständen des Einzelfalls ab, insbesondere davon, wer stärker auf die Wohnung angewiesen ist und ob es gemeinsame Kinder gibt, die in der Wohnung verbleiben sollen. Dies gilt auch schon bei Getrenntleben vor Einreichung der Scheidung (§ 1361b BGB). Darauf, wer ursprünglich Mieter war, kommt es nicht an. Das Gericht kann sogar eine Genossenschaftswohnung demjenigen zuweisen, der selbst nicht Genossenschaftler ist (BVerfG 1 BvR 1106/91 WuM 1991, 572). Bei gemeinsamem Eigentum an der Wohnung gelten die gleichen Regeln. Steht die Wohnung allerdings im Eigentum nur eines der Ehegatten, muss er die Wohnung dem anderen nur überlassen, wenn dies zur Vermeidung einer unbilligen Härte notwendig ist. Auch die Überlassung einer → *Dienstwohnung* oder einer → *Werkwohnung* kann nur ausnahmsweise verlangt werden, wenn der Dienstherr einverstanden oder die Überlassung zur Vermeidung schwerer Härten erforderlich ist.

Der Mieterwechsel tritt bei beiden Verfahren nach § 1568a BGB **ohne Zustimmung** sogar gegen den Willen des Vermieters ein; dieser hat nur dann, wenn in der Person des eintretenden Mieters ein wichtiger Grund vorliegt, ausnahmsweise das Recht zur außerordentlichen → *Kündigung* mit gesetzlicher Frist (drei Monate).

Stichtag für den Mieterwechsel ist bei Erklärung dem Vermieter gegenüber der Zeitpunkt des Zugangs der gemeinsamen bzw. der letzten der beiden Mitteilungen der Ehegatten an den Vermieter (AG Tempelhof-Kreuzberg NJW 2010, 2445); die Wirkung der Erklärung(en) tritt aber frühestens mit Rechtskraft der Scheidung ein. Kommt es zum Wohnungszuweisungsverfahren, erfolgt der Mieterwechsel mit Rechtskraft der Endentscheidung in dem Verfahren. Dies kann z. B. wichtig sein, wenn es um die Frage geht, ob der ausgezogene Ehepartner noch für **Mietschulden** haftet.

Der Anspruch auf Eintritt in den Mietvertrag oder auf Begründung eines Mietverhältnisses nach § 1568a BGB **erlischt** ein Jahr nach Rechtskraft der Endentscheidung im Scheidungsprozess, wenn er nicht vorher rechtshängig gemacht worden ist (BGH XII ZB 243/20 WuM 2021, 316). Dann gelten wieder die allgemeinen Regelungen (s. o.).

Was tun bei Gewalt?

Kommt es in oder nach einer Beziehung zu Gewalttätigkeiten oder ernsten Bedrohungen oder wird einem der (Ex-)Partner nachgestellt (»Stalking«), sind u. U. zum Schutz von Leib und Leben staatliche Maßnahmen und Eile geboten. In diesen Fällen soll das Gewaltschutzgesetz (GewSchG) helfen. Es ermöglicht – auf Antrag – sog. Schutzanordnungen (»gerichtliche Maßnahmen zum Schutz vor Gewalt und Nachstellungen«), etwa Betretungsverbote (§ 1 GewSchG). Bei akuter Bedrohungslage ist auch der Erlass einer einstweiligen Anordnung → *einstweilige Anordnung/Verfügung* durch das Gericht möglich. Leider können diese Maßnahmen nie einen wirklich hundertprozentigen Schutz des Opfers sicherstellen; es geschieht immer wieder, dass es trotz solcher Anordnungen zu weiteren Übergriffen kommt.

Hat die bedrohte, verfolgte oder verletzte Person »mit dem Täter einen auf Dauer angelegten gemeinsamen Haushalt geführt, so kann sie von diesem verlangen, ihr die gemeinsam genutzte **Wohnung zur alleinigen Benutzung** zu überlassen« (§ 2 GewSchG). Handelt es sich dabei um eine gemeinsam gemietete Wohnung, besteht der Überlassungsanspruch allerdings maximal auf sechs Monate befristet mit einmaliger Verlängerungsmöglichkeit um weitere sechs Monate. Zuständig für solche Regelungen ist das Familiengericht. Anträge können bei den Rechtsantragstellen der Gerichte zu Protokoll gegeben werden.

Derzeit werden **Gesetzesänderungen** für einen effektiveren Gewaltschutz diskutiert, etwa die Aufenthaltsüberwachung von Gewalttätern mittels elektronischer Fußfesseln. Der Bundesrat hat einen Gesetzentwurf eingebracht, der es Opfern häuslicher Gewalt ermöglichen soll, im Rahmen des Gewaltschutzverfahrens die Zustimmung des Täters zur Kündigung der gemeinsamen Wohnung einzuklagen (BT-Drs. 21/4499).

In akuten **Notfällen** ist die Polizei (Notruf 110) zur Hilfe verpflichtet. Das Hilfetelefon »Gewalt gegen Frauen« ist aus dem deutschen Fest- und Mobilnetz unter 116 016 erreichbar. Weitere Informationen z. B. unter www.bmj.de/DE/themen/praevention_opferhilfe/praevention/haeusliche_gewalt/haeusliche_gewalt_node.html, www.bmbfsfj.bund.de/bmbfsfj/themen/gleichstellung/frauen-vor-gewalt-schuetzen/hilfe-und-vernetzung/hilfe-und-beratung-bei-gewalt-80640 sowie unter www.hilfetelefon.de.

Eichpflicht

Wärmezähler und Warmwasserzähler (→ *Heizkostenverteiler und Wärmezähler*) sowie Kaltwasserzähler (→ *Betriebskosten*) sind eichpflichtige Geräte nach dem Mess- und Eichgesetz. Es dürfen nur Geräte verwendet werden, die die Voraussetzungen dieses Gesetzes erfüllen.

Konformitätskennzeichnung: Der Hersteller oder eine andere staatlich anerkannte Stelle muss für neue Zähler eine sog. Konformitätserklärung abgeben und eine entsprechende Kennzeichnung am Messgerät anbringen. Die Eichfristen für Kalt- und Warmwasserzähler sowie Wärmezähler betragen sechs Jahre. Das Jahr der letzten Eichung (Konformitätserklärung) ist auf dem Zähler aufgebracht. Der Vermieter kann mit einem Bußgeld belegt werden, wenn er die Eichvorschriften nicht einhält.

CE M25 1781

- Die CE-Kennzeichnung zeigt, dass der Wasserzähler die grundlegenden Anforderungen der entsprechenden EU Richtlinie erfüllt (Messgeräterichtlinie MID 2014/32/EU).
- »M25« bedeutet, dass das Gerät im Jahr 2025 zuletzt geeicht wurde.
- 1781 ist die Kennnummer der notifizierten Stelle, die die Konformitätsbewertung durchgeführt hat.

Abgelaufene Eichfrist: Nach einem Urteil des BGH schließt eine abgelaufene Eichfrist nicht aus, dass das Messergebnis bei der Abrechnung berücksichtigt werden darf. Entscheidend sei, ob der tatsächliche Verbrauch zutreffend erfasst wurde (so der BGH VIII ZR 112/10 WuM 2011, 21). Bei einem nicht mehr eichgültigen Gerät muss der Vermieter die korrekte Messung im Streitfall beweisen, z. B. durch die Bescheinigung einer staatlich anerkannten Prüfstelle.

Durchführung der Eichung: Eine Nacheichung vor Ort ist nicht möglich. Deshalb müssten die Geräte an sich ausgebaut und ein Ersatzgerät installiert werden. Dieses müsste nach der vorgenommenen Eichung wiederum durch das geeichte Gerät ersetzt werden. Um den Aufwand für zweimaliges Aus- und Einbauen zu vermeiden, wird stattdessen sofort ein generalüberholtes oder neues Gerät anstelle des alten eingebaut. Auf diese Weise wird die Eichung in der Regel am kostengünstigsten vorgenommen.

Umlage der Kosten: Die Kosten für die Eichung kann der Vermieter auf die Mieter umlegen. Sie dürfen aber nicht überteuert sein und müssen in einem vernünftigen Verhältnis zu der mit den Messgeräten zu erzielenden Einsparung stehen → *Heizkosten – Kosten der Verwendung einer Ausstattung zur Verbrauchserfassung.*

Eigenbedarf → *Kündigung des Vermieters wegen Eigenbedarfs* → *Umwandlung von Miet- in Eigentumswohnungen* → *Vorgetäuschter Eigenbedarf* → *Zeitmietvertrag*

Eigentümerwechsel → *Hausverkauf und Mietvertrag*

Eigentumswohnung → *Umwandlung von Miet- in Eigentumswohnungen* → *Wohnungseigentum*

Einliegerwohnung → *Kündigung des Vermieters*

Einschreiben

Der → *Zugang von Erklärungen* und Dokumenten kann per Einschreiben bewirkt und vor allem bewiesen werden. Die Deutsche Post AG bietet derzeit drei Varianten an: Das »Einschreiben Standard«, das »Einschreiben Rückschein« und als kostengünstigste Variante das »Einschreiben Einwurf«.

Bei **Einwurf-Einschreiben** bestätigt der Zusteller mit seiner Unterschrift, dass er die Sendung in den Briefkasten, das Postfach oder eine andere Empfangsvorrichtung des Empfängers eingelegt hat. Beim **Standard-Einschreiben** erfolgt die Zustellung gegen Unterschrift oder elektronischer Bestätigung durch die empfangsberechtigte Person. Wird der **Empfänger nicht** vom Zusteller **angetroffen**, wird lediglich eine Benachrichtigung in den Briefkasten gelegt, damit ist noch kein Zugang erfolgt (AG Gelsenkirchen WuM 2021, 336)! Erst die Abholung durch den Empfänger oder einen Berechtigten, die innerhalb von sieben Werktagen möglich ist, bewirkt dann den Zugang (LG Berlin ZMR 2000, 295). Dies kann zu einer Verzögerung des Zugangs um etliche Tage führen, der bei fristgebundenen Erklärungen wie Kündigungen berücksichtigt werden muss. Wird das Einschreiben nicht abgeholt, geht es nach der Lagerfrist zurück an den Absender; ein Zugang ist nicht erfolgt! In manchen Fällen haben Gerichte dann eine sog. Zugangsfiktion angenommen, z. B. bei pflicht- oder treuwidriger Nichtabholung (BGH VIII ZR 22/97 NJW 1998, 976). Dies ist jedoch eine Einzelfallfrage, und darauf sollte besser nicht spekuliert werden. Daher ist das kostengünstige Einwurf-Einschreiben im Prinzip eher zu empfehlen als die teurere Standard-Variante. Bei der teuersten Variante, dem **Einschreiben mit Rückschein**, erhält der Absender zusätzlich noch Rückschein mit Zustelldatum, Sendungsbild und Auslieferungsbeleg; ansonsten gilt aber dasselbe wie beim Standard-Einschreiben.

Wichtig zu wissen: Der Nachweis durch den Zusteller oder die Quittung bei Abholung durch den Adressaten beweisen beim Einschreiben genau genommen nur, dass ein Schreiben zugegangen ist, aber nicht, was dessen **Inhalt** war. Im Prinzip könnte es sich auch um andere Unterlagen oder sogar einen leeren Umschlag gehandelt haben, was im Prozess von der Gegenseite gar nicht so selten behauptet wird. Will man ganz sichergehen oder bestehen Zweifel an der Redlichkeit des Empfängers, hilft die Zustellung durch den → *Gerichtsvollzieher*. Da der Gerichtsvollzieher den Inhalt des Schreibens zur Kenntnis nimmt und eine Zustellungsurkunde erteilt, kann man sicher beweisen, dass das Schreiben mit dem behaupteten Inhalt zugegangen ist. Allerdings muss man bis zu 14 Tage Laufzeit und höhere Kosten (ca. 15 – 40 Euro) einkalkulieren.

Einstweilige Anordnung/Verfügung

Eine einstweilige Anordnung oder Verfügung kann (auch an Sonn- und Feiertagen) vom örtlich zuständigen Amtsgericht – in bestimmten Fällen auch vom Familiengericht → *Ehescheidung und Trennung* – erlassen werden. Das Gericht kann Ge- oder Verbote anordnen. Voraussetzung ist die Glaubhaftmachung des geltend gemachten **Anspruchs und der Eilbedürftigkeit**. Die Eilbedürftigkeit kann z. B. vorliegen, wenn das Risiko besteht, dass Fakten geschaffen werden, die kaum noch rückgängig gemacht werden könnten, aber auch »zur Abwendung wesentlicher Nachteile«. Diese Voraussetzungen – auch die Eilbedürftigkeit – werden von den Gerichten streng geprüft. Eine endgültige Entscheidung ist mit einer einstweiligen Anordnung oder Verfügung im Regelfall noch nicht verbunden; anderes kann aber bei einer sog. Räumungsverfügung (s. u.) gelten.

Wichtig zu wissen: Das Verfahren birgt wegen der nur überschlägigen, sog. summarischen Prüfung auch **Risiken**. Stoppt der Mieter z. B. per einstweiliger Verfügung Sanierungs- oder Energieeinsparmaßnahmen und stellt sich später heraus, dass dies nicht gerechtfertigt war, weil der Vermieter zu den Maßnahmen berechtigt war, kann dieser **Schadensersatz** für die Bauverzögerung verlangen (BGH IX ZR 149/15 WuM 2016, 752). Dabei können ganz erhebliche Beträge zusammenkommen, etwa wenn schon ein Baugerüst installiert wurde!

Einzelfälle

In den folgenden Fällen kann auf **Antrag durch Mietende** eine einstweilige Verfügung erlassen werden:

- **Zutritt** zur Wohnung wird vom Vermieter untersagt oder verhindert, obwohl Mieter ein Besitzrecht hat (AG Brandenburg 30 C 194/24); Gleiches gilt für Kellerräume oder Waschküchen (AG Brühl WuM 2012, 152),
- unberechtigte **Versiegelung** der Wohnung durch Insolvenzverwalter (OLG Düsseldorf 24 W 33/08),
- Maßnahmen zur → *Modernisierung durch den Vermieter* beginnen ohne die nach § 555c Abs. 1 BGB mindestens drei Monate im Voraus erforderliche Ankündigung (LG Berlin WuM 2012, 213; LG Berlin WuM 2012, 554),
- **Ankündigung einer Außenmodernisierung** durch den Vermieter ohne Einverständnis des Mieters bzw. gerichtlichen Duldungstitel (LG Berlin WuM 2013, 225),
- **Stilllegung des →** ***Aufzugs*** unter dem Vorwand fehlender Betriebssicherheit – zumindest ein darauf angewiesener gehbehinderter Mieter kann die Wiederinbetriebnahme per einstweiliger Verfügung erzwingen (AG Mitte WuM 2013, 302),
- Duldung der **Untervermietung** (→ *Untermiete*) kann durch einstweilige Verfügung angeordnet werden, wenn der Mieter ohne diese Einnahmen die Miete nicht aufbringen kann und während eines normalen Gerichtsverfahrens so hohe Mietrückstände auflaufen könnten, dass der Vermieter kündigen könnte (LG Hamburg WuM 2012, 688),
- droht der Vermieter, sich wegen noch nicht geklärter Ansprüche aus der → *Kaution* zu »bedienen«, kann der Mieter im einstweiligen Verfügungsverfahren Unterlassung verlangen (LG Berlin WuM 2017, 527),
- Durchsetzung des Herstellungsanspruchs bei **Ausfall der Warmwasserversorgung**. Dies ist auch im Hochsommer ein Verfügungsgrund, insbesondere wenn Kleinkinder zum Haushalt gehören (LG Fulda ZMR 2018, 422), entsprechendes gilt bei **Ausfall der Gasversorgung** (LG Berlin GE 2019, 1511),
- Vermieter stellt unberechtigt **Heizung** oder **Wasser** ab → *Versorgungssperre* oder unterbricht Stromzufuhr (AG Brühl WuM 2012, 152). Unterbricht der Vermieter die Wärme- und Warmwasserversorgung, weil die entsprechenden Nebenkosten unberechtigt nicht bezahlt wurden, kann dies allerdings gerechtfertigt sein (AG Ludwigslust ZMR 2014, 375),
- **Kappt** der Vermieter **nach Kündigung des Mietvertrags die Versorgung**, um den Mieter zum schnelleren Auszug zu bewegen, kommt es auf die Umstände des Einzelfalls an. Handelt es sich um Versorgungsleistungen Dritter und nicht um Eigenleistungen des Vermieters, ist das in jedem Fall unzulässig (BGH XII ZR 137/07 WuM 2009, 469) und ein Antrag auf einstweilige Verfügung erfolgversprechend. Wird die Wasser- oder Stromversorgung vom Vermieter

erbracht und abgerechnet und gerät der Mieter nach Kündigung des Mietverhältnisses in Verzug, soll die Einstellung gerechtfertigt und die einstweilige Verfügung abzulehnen sein (LG Münster WuM 2007, 274; AG Westerburg DWW 2012, 13). Zahlt der Mieter die Leistungen des Vermieters nach der Kündigung weiterhin, ist strittig, ob er einen Anspruch auf eine einstweilige Verfügung hat; die herrschende Meinung ist wohl dafür (LG Koblenz WuM 2012, 140; AG Wetzlar WuM 2015, 151; AG Schöneberg NZM 2011, 72; a. A. AG Hohenschönhausen GE 2007, 1127). Zahlt der Vermieter nicht, muss der Versorger dem Mieter einen eigenen Vertrag anbieten; sperrt er einfach die Versorgung, kommt eine einstweilige Verfügung gegen den Versorger in Betracht (AG Bremen WuM 2017, 64).

Der **Vermieter** kann z. B. eine einstweilige Verfügung beantragen, wenn der Mieter die **Duldung dringender Reparaturarbeiten** in seiner Wohnung verweigert (LG Berlin GE 1997, 245). Abgelehnt wurden vom Vermieter beantragte einstweilige Verfügungen in den folgenden Fällen: Wohnungsbesichtigung zwecks Prüfung einer Mängelrüge und Berechtigung der Mietminderung (LG Duisburg WuM 2006, 700); Durchsetzung von Modernisierungsmaßnahmen (AG Görlitz WuM 1993, 390 – fehlende Dringlichkeit; LG Frankenthal WuM 1993, 418 – drohender Verlust öffentlicher Modernisierungszuschüsse genügt nicht); Unterlassung von Kritik am Vermieter im Internet, solange es sich nicht um Schmähkritik handelt (LG Lübeck WuM 2013, 530).

> **Wichtig zu wissen:** Bei einstweiligen Verfügungen, die auf eine **Handlung** gerichtet sind (z. B. die Vornahme von Arbeiten zur Mängelbeseitigung), ist in manchen Fällen für die Vollstreckung nicht nur die Zustellung des Titels, sondern auch ein sog. **Vollstreckungsantrag** erforderlich, der binnen eines Monats beim Prozessgericht gestellt werden muss (BGH I ZB 65/25, WuM 2026, 56)! Lassen Sie sich hierzu unbedingt rechtlich beraten, damit die Verfügung nicht »verfällt«!

Sonderfall: Räumungsverfügungen § 940a ZPO

Räumungsverfügungen nach § 940a ZPO können gegen den Mieter ergehen und schaffen – anders als »normale« einstweilige Verfügungen – in der Regel vollendete Tatsachen. Zu unterscheiden sind drei Fälle:

1. **Räumung bei verbotener Eigenmacht** (§ 940a Abs. 1 ZPO); wenn der Bewohner sich den Wohnraum widerrechtlich angeeignet hat (Hausbesetzerfälle) oder zur **Abwendung konkreter Gefahr für Leib und Leben** (z. B. bei Einsturzgefahr); harmlose Gefährdungen oder Angst reichen nicht aus (AG Bremen WuM 2015,

562); selbst Schusswaffengebrauch in der Wohnung mit schwerer Verletzung einer Person wurde nicht als hinreichend angesehen, weil keine Anhaltspunkte für eine Gefährdung von Mitbewohnern vorlagen (AG Hamburg WuM 2025, 246).

2. **Räumung gegen einen Dritten** (§ 940a Abs. 2 ZPO); dies betrifft Fälle, in denen das Räumungsurteil sich (nur) gegen den oder die Mieter richtet und weitere Personen die Wohnung bezogen haben. Sind in dem Urteil die weiteren Personen nicht aufgeführt, kann es gegen sie auch nicht vollstreckt werden; aber **Achtung**: Dies soll nicht gelten für – auch volljährige! – Kinder des Mieters (AG Wiesbaden WuM 2015, 515). Der Erlass einer solchen Verfügung gegen Dritte kommt nur in Betracht, wenn der Vermieter bis zum Schluss des Prozesses keine Kenntnis davon hatte, dass weitere Personen in der Wohnung wohnen; dies muss er auch beweisen (LG Berlin WuM 2016, 751). Hat der Dritte z. B. bereits seit mehreren Jahren in der Wohnung gelebt und wurde ein Teil der Miete direkt vom Jobcenter an den Vermieter überwiesen, ergeht keine Räumungsverfügung (AG Mitte WuM 2016, 576).

3. **Räumungsverfügung bei Räumungsklage wegen Zahlungsverzugs** (§ 940a Abs. 3 ZPO); das Gericht kann unter bestimmten Voraussetzungen (§ 283a ZPO) eine → *Sicherungsanordnung* erlassen, die den Mieter verpflichtet, Sicherheit für die Mietzahlung zu leisten; tut er dies nicht, kann eine Räumungsanordnung ergehen. Die Voraussetzungen für die Sicherungsanordnung werden von der Rechtsprechung recht streng gehandhabt (LG Saarbrücken WuM 2015, 630; LG Berlin WuM 2014, 217; AG Hanau WuM 2016, 305; AG Langenfeld WuM 2014, 104), weshalb Räumungsverfügungen nach § 940a Abs. 3 ZPO eher selten vorkommen.

Zur einstweiligen Einstellung der Räumungsvollstreckung → *Vollstreckungsschutz*. Zu einstweiligen Anordnungen nach dem Gewaltschutzgesetz wegen Gewalt oder Stalking durch (Ex-)Partner → *Ehescheidung und Trennung*.

Einzug des Mieters → *Anmeldung* → *Umzug*

Der Mieter darf zu dem im Mietvertrag festgelegten Zeitpunkt in die gemietete Wohnung einziehen. Will er vorher einziehen, bedarf es hierzu der Erlaubnis seines Vermieters.

Zieht der Mieter **nach** dem vereinbarten Zeitpunkt in die Wohnung ein, z. B. weil die von ihm beauftragten Handwerker nicht rechtzeitig fertig geworden sind, bleibt er dennoch zur Zahlung der vollen Miete verpflichtet, auch wenn die Wohnung leer steht.

Die Zahlung einer vollen Miete entfällt aber, wenn der Vermieter mit den von ihm auszuführenden Instandsetzungsarbeiten nicht fertig oder die Wohnung nicht rechtzeitig bezugsfertig geworden ist. In diesen Fällen kann der Mieter u. U. Schadensersatz verlangen.

Beim Einzug sollte ein schriftliches **Übergabeprotokoll** mit Zählerständen und Mängelbeschreibung erstellt werden. Es ist oft entscheidend für spätere Streitigkeiten über Schäden oder Renovierungsansprüche → *Wohnungsabnahme*. Ist die Wohnung in unrenoviertem Zustand oder teilweise unrenoviert, sollte das für jedes Zimmer festgehalten werden. Das kann beim Auszug wichtig werden, wenn der Vermieter die Durchführung von → *Schönheitsreparaturen* vom Mieter verlangt. Ansonsten sollte der Mieter sehr genau hinschauen, ob Mängel in der Wohnung vorhanden sind. Übersieht er etwas, kann der Vermieter später beim Auszug erfolgreich behaupten, der Mangel sei bei Mietbeginn nicht vorhanden gewesen.

Wurde kein Übergabeprotokoll erstellt und entdeckt der Mieter kurz nach dem Einzug noch Mängel, muss er diese dem Vermieter umgehend anzeigen → *Anzeigepflicht des Mieters* → *Mängel der Wohnung*.

Wird beim Einzug die Wohnung oder das Treppenhaus beschädigt, haftet hierfür der Mieter. Schäden beim Einzug, die auf das Verschulden seiner Erfüllungsgehilfen, z. B. der Möbeltransporteure, zurückzuführen sind, gehen ebenfalls zu seinen Lasten (§ 278 BGB).

Einzugsermächtigung

Grundsätzlich kann der Mieter selbst entscheiden, wie er den rechtzeitigen Eingang der monatlichen Mietzahlungen auf das Konto des Vermieters bewirkt. Neben Einzelüberweisungen und der Einrichtung eines Dauerauftrags ist die Erteilung einer Einzugsermächtigung möglich. Die Einzugsermächtigung erlaubt es dem Vermieter, mittels Lastschrift die fälligen Beträge vom Konto des Mieters einziehen zu lassen. Dies wird häufig vermieterseits gewünscht, denn so kann die Bezahlung nicht vergessen werden. Aus diesem Grund kann die Ermächtigung auch für Mietende vorteilhaft sein.

Der Vermieter hat keinen Anspruch darauf, dass ihm eine Einzugsermächtigung erteilt wird; dies kann aber im Mietvertrag – auch durch → *Allgemeine Geschäftsbedingungen (AGB)* – vereinbart werden (BGH XII ZR 271/94 WuM 1996, 205). Einer Abbuchung kann innerhalb von **acht Wochen widersprochen** werden; dieses Widerspruchsrecht darf die Klausel dem Mieter auch nicht verwehren (OLG Brandenburg WuM 2004, 597). Die Teilnahme am sog. **Abbuchungsverfahren**, bei dem **keine Widerrufsmöglichkeit** besteht, kann nicht formularmäßig vereinbart werden (BGH III ZR 330/07 WuM 2008, 514).

Hat der Mieter ohne vertragliche Verpflichtung eine Einzugsermächtigung erteilt, kann er sie jederzeit widerrufen. Wurde die Einzugsermächtigung hingegen vertraglich vereinbart, ist ein Widerruf nur aus wichtigem Grund möglich, z. B. wegen zu hoher Abbuchungen (Einzug der vollen Miete trotz Mietminderung, LG Köln WuM 1990, 380; AG Wedding GE 1995, 1139; AG Kiel WuM 1987, 380 oder eines Mieterhöhungsbetrags, obwohl Mieter nicht zugestimmt hat). Der Widerruf ist in → *Schriftform* an den Vermieter zu richten, ggf. zu Beweiszwecken als → *Einschreiben*. Nach einem Vermieterwechsel erlischt die bisherige Einzugsermächtigung (AG Schöneberg GE 2012, 1237), dem neuen Vermieter muss ggf. eine neue Ermächtigung erteilt werden.

Wichtig zu wissen: Ist auf dem Konto nicht genug Geld, kann es zur **Rücklastschrift** kommen. In diesem Fall ist nicht nur die laufende Miete nicht bezahlt, sondern es entstehen auch Gebühren für den Vermieter, die dieser zusätzlich vom Mieter verlangen kann.

Energiepass (Energieausweis)

Vor einer geplanten Anmietung einer Wohnung konnte sich der Mieter früher nur sehr eingeschränkt darüber informieren, mit welchem Heizenergieverbrauch zu rechnen ist und wie das Gebäude im Vergleich zu anderen in dieser Hinsicht einzuschätzen ist. Angesichts der stark gestiegenen Heizkosten und der Ziele des Klimaschutzes hat die Frage nach den Energiekosten eine große Bedeutung erhalten. Deshalb sind Vermieter verpflichtet, für das Gebäude einen Energieausweis erstellen zu lassen. Ein Energieausweis ist sowohl für Neubauten als auch für bestehende Gebäude vorgeschrieben. Er enthält Aussagen darüber, wie ein Gebäude energetisch einzustufen ist. Die Kosten für die Erstellung eines Energiepasses können dem Mieter nicht als → *Betriebskosten* berechnet werden.

Grundlage für die Bewertung ist der Energiekennwert. Dieser Wert gibt die für die Beheizung und ggf. für die zentrale Warmwasseraufbereitung jährlich benötigte Energie wieder. Um eine Vergleichbarkeit mit anderen Gebäuden zu ermöglichen, wird er auf den Quadratmeter Wohnfläche bezogen und unabhängig vom

Energieträger (Öl, Gas, Fernwärme, Holz, Wärmepumpe usw.) in kWh angegeben. Außerdem wird der Energiekennwert mithilfe eines Klimafaktors bereinigt. Dieser Faktor dient dazu, die verbrauchte Energie in Beziehung zu den tatsächlichen Wetterbedingungen des jeweiligen Gebäudestandorts zu setzen. Der energetische Zustand des Gebäudes wird über einen farbigen Bandtacho angezeigt und zusätzlich in Form von Energieeffizienzklassen von A+ bis H dargestellt. So lässt sich ablesen, wie der Heizenergieverbrauch bzw. der Heizenergiebedarf im Vergleich zu anderen Gebäuden einzuschätzen ist und ob es sich um ein sparsames Haus oder eine »Energieschleuder« handelt.

Einem Energieausweis ist nicht unmittelbar zu entnehmen, wie hoch die Energiekosten sein werden. Sie lassen sich jedoch in etwa abschätzen, wenn man den aktuellen Energiepreis zugrunde legt. Zu beachten ist aber, dass der Energieverbrauch sehr unterschiedlich sein kann und auch vom jeweiligen Verhalten der Bewohner, den Wetterbedingungen und ggf. von Leerständen im Gebäude abhängt. Außerdem bezieht sich der Energiepass immer auf das gesamte Haus, nicht auf die einzelne Wohnung. Der individuelle Heizenergieverbrauch kann lagebedingt höher sein, z. B. für Wohnungen im Dachgeschoss.

Es gibt zwei Varianten:

1. Der **Verbrauchsausweis** dokumentiert den Durchschnittsverbrauch des Gebäudes an Heizenergie. Grundlage dafür sind die Heizkostenabrechnungen der letzten drei Jahre vor Erstellung des Energiepasses.

2. In einem **Bedarfsausweis** wird nicht der Verbrauch angegeben, sondern der Energiebedarf. Es wird konkret berechnet, wie viel Heizenergie benötigt wird. Dazu wird die Wärmedämmung von Außenwänden und Fenstern, des Kellers und des Dachs bewertet. Außerdem spielt eine Rolle, welche energetische Qualität die Heizungsanlage hat und ob regenerative Energiequellen eingesetzt werden.

Bei der Erstellung des Energiepasses müssen die gesetzlichen Vorgaben eingehalten werden. Vorsicht ist angebracht bei Angeboten aus dem Internet, über die sich der Ausweis online erstellen lässt. Solche Ausweise sind oft qualitativ minderwertig und schlichtweg unbrauchbar. Die Deutsche Energie-Agentur (dena) stellt einheitliche Standards auf und vergibt Gütesiegel für Energieausweise. Sind die Angaben zum Energiebedarf oder -verbrauch grob fehlerhaft, kann dem Mieter u. U. Schadensersatz zustehen, wenn er die Wohnung auch wegen der günstigen Werte im Energiepass angemietet hat.

Ein Makler muss in einer **Immobilienanzeige** zum Verkauf oder zur Vermietung den Energiekennwert des Gebäudes angeben, wenn ein Energiepass vorliegt (BGH I ZR 232/16 WuM 2018, 169). Eine solche Anzeige – etwa im Internet, in der Zeitung oder auf einer Hinweistafel – muss für Wohngebäude folgende Angaben enthalten:

1. die Art des Energieausweises – Energiebedarfs- oder Energieverbrauchspass (die Werte eines Bedarfsausweises sind tendenziell höher als die eines Verbrauchsausweises),

2. den im Energieausweis genannten Endenergiebedarf oder Endenergieverbrauch für das Gebäude,

3. die im Energieausweis genannten wesentlichen Energieträger für die Heizung des Gebäudes (Öl, Gas, Fern- oder Nahwärme, Wärmepumpe, Holzpellets, erneuerbare Energien oder andere),

4. das im Energieausweis genannte Baujahr und

5. die im Energieausweis genannte Energieeffizienzklasse von A+ bis H.

Bei jeder anstehenden Vermietung muss dem Interessenten der Energieausweis bereits bei der Besichtigung vorgelegt und nach Abschluss des Mietvertrags übergeben werden. Diese Pflichten bestehen entsprechend bei dem vorgesehenen Verkauf eines Hauses oder einer Wohnung. Bei einem Verstoß gegen diese Pflichten kann der Gebäudeeigentümer mit einem Bußgeld belegt werden.

Der Energiepass enthält außerdem Modernisierungsempfehlungen. Das sind konkrete Vorschläge, wie sich der Energiebedarf des Gebäudes deutlich senken lässt. Ein Anspruch auf Umsetzung der Maßnahmen besteht für Mieter jedoch nicht. Wer eine Wohnung anmieten will, sollte aber nachfragen, ob und wann die vorgeschlagenen Maßnahmen umgesetzt werden.

Erhaltungssatzung

Eine Erhaltungssatzung – manchmal auch Erhaltungsverordnung – ist eine baurechtliche Regelung, die von einer Gemeinde erlassen werden kann (§ 172 BauGB). Voraussetzung ist, dass damit eines der im Gesetz genannten »Schutzziele« verfolgt wird:

1. die **Erhaltung** der städtebaulichen Eigenart des Gebiets (auch als kommunaler Denkmalschutz bezeichnet),

2. der **Milieuschutz**, also der Erhalt der Zusammensetzung der Wohnbevölkerung (Verhinderung der Gentrifizierung – sog. soziale Erhaltungsverordnung) oder

3. die Unterstützung städtebaulicher Umstrukturierungen.

Im Geltungsbereich einer **Erhaltungssatzung** bedürfen die **Errichtung**, die **Änderung** und **Nutzungsänderung** oder der **Abbruch** baulicher Anlagen – also auch von Mietshäusern – der **Genehmigung** der Gemeinde. Je nach Schutzziel sind dabei Vorgaben zu beachten, z. B., dass sich Neubauten gut in die bestehende Bebauung einfügen (Größe, Bauweise, Anstrich etc.). In **Milieuschutzgebieten** geht es darum, Umbau- oder Modernisierungsmaßnahmen zu vermeiden, die zur Verdrängung von Bevölkerungsgruppen führen – also dass durch die Modernisierung die Mieten so teuer werden, dass Mieter mit kleinem Einkommen notgedrungen ausziehen müssen. Denn eine solche Gentrifizierung führt zu sozialen Problemen. Daher können z. B. die Teilung oder Zusammenlegung von Wohnungen, nicht erforderliche Grundrissänderungen, besonders hochwertige oder »Zweitbäder« und generell besonders hochwertige Ausstattungen, die dann eben auch zu besonders hohen Mieten führen, unterbunden werden. Gestattet sind im Regelfall der Ersteinbau eines (einfachen) Bades, die gleichwertige Erneuerung von Balkonen oder Bädern und gesetzlich vorgeschriebene Maßnahmen zur Energieeinsparung. Neben dem genannten Genehmigungserfordernis sind Mittel des Milieuschutzes ein **gemeindliches → *Vorkaufsrecht*** und ein **Genehmigungsvorbehalt** für die **→ *Umwandlung von Miet- in Eigentumswohnungen*.**

Tipp: Mietern ist anzuraten, sich bei Plänen der Stadt zur Festlegung von Sanierungsgebieten oder zum Erlass von Erhaltungssatzungen frühzeitig an der öffentlichen Diskussion zu beteiligen und ihre Interessen ggf. gesammelt vom Mieterverein vertreten zu lassen.

Erneuerbare Energien → *Solarenergie* → *Wärmepumpe*

Unter der Nutzung erneuerbarer Energien versteht man einen Prozess der Energieumwandlung (z. B. Umwandlung in Elektrizität oder Wärme), dem aus anderen Energiequellen (Wasser, Erde, Sonne, Luft) ständig Energie zugeführt wird, ohne dass dabei begrenzte Ressourcen (Öl, Gas) verbraucht werden. Im Gegensatz zur Nutzung erneuerbarer Energien steht der Einsatz von fossilen Energiequellen. Hierzu gehören Kohle, Erdgas und Erdöl, die praktisch nicht erneuert, sondern nur verbraucht werden. Entscheidend für die Einordnung als erneuerbare Energie ist das Prinzip der Nachhaltigkeit, das heißt, dass der Mensch eine Ressource nicht stärker beansprucht, als sie sich regenerieren kann. Das Ziel ist, die Energieerzeugung in Deutschland klimaneutral zu gestalten, also ohne fossile Energieträger.

Zur Umsetzung dieses Prinzips wird die Stromproduktion mithilfe erneuerbarer Energien in Deutschland durch das Erneuerbare-Energien-Gesetz (EEG) gefördert. Das Gesetz regelt die Abnahme, Übertragung, Verteilung und Vergütung dieses Stroms.

Außerdem verfolgt der Gesetzgeber das Ziel, den Anteil erneuerbarer Energien am Energieverbrauch für Heizung und Warmwasser zu erhöhen. Seit Anfang 2024 dürfen in Neubauten nur noch Heizungen installiert werden, die zu mind. 65 % auf erneuerbaren Energien basieren. Entschließt sich der Vermieter in einem bestehenden Gebäude dazu, die Heizungsanlage zu erneuern, muss er diese Vorgabe einhalten → *Gebäudeenergiegesetz.* Allerdings wird es durch das Gebäudemodernisierungsgesetz hier voraussichtlich wieder zu Änderungen kommen.

Bei der Umlage der → *Heizkosten* stellt sich die Frage, wie die erneuerbaren Energien zu berücksichtigen sind. Zunächst ist zu unterscheiden, ob der Vermieter die Anlage selbst betreibt oder jemand anderes die Wärme erzeugt und dann an den Vermieter liefert. Bezieht der Vermieter die Wärme von einem Dritten, der sie (teilweise) unter Einsatz erneuerbarer Energien produziert, kann der Vermieter den berechneten Preis für die Wärme u. U. an die Mieter weitergeben → *Contracting*. Betreibt der Vermieter die Anlage hingegen selbst, dann gilt der Grundsatz: Der Vermieter darf an dem Einsatz der erneuerbaren Energien nichts verdienen. Er kann den Mietern nur Kosten berechnen, die ihm für die Erzeugung von Wärme selbst – nachweisbar – entstanden sind. Eingesparte Brennstoffkosten für die Erzeugung der Heizenergie oder die Erwärmung des Warmwassers darf er nicht abrechnen (AG Weilheim ZMR 2014, 133). Einige Vermieter weisen nach, wie viel Wärme sie mithilfe der erneuerbaren Energien in kWh produziert haben, und stellen dem Mieter dafür einen Wärmepreis in Rechnung. Das ist nach der Heizkostenverordnung nicht zulässig.

Ersatzansprüche des Mieters

Ersatzansprüche des Mieters gegen seinen Vermieter sind aus vielen Gründen denkbar. Sie können insbesondere entstehen im Zusammenhang mit Verstößen gegen das → *Allgemeine Gleichbehandlungsgesetz (AGG)*, mit → *Betriebskosten*, → *Heizkosten* und → *Fernwärme*, bei → *Doppelvermietung*, bei → *Einzug des Mieters*, bei → *Mängeln der Mietsache*, → *Feuchtigkeit in der Wohnung*, → *Gesundheitsgefährdung*, → *Lärm*, Befall mit → *Legionellen*, bei Anlage der → *Kaution*, im Zusammenhang mit einer → *Modernisierung durch den Vermieter*, bei Verletzung der → *Verkehrssicherungspflicht* des Vermieters, bei → *Zerstörung der Wohnung* und bei → *Zwangsräumung*.

Ersatzansprüche des Vermieters

Der Mieter ist verpflichtet, die Mietwohnung pfleglich zu behandeln. Beschädigt er die Wohnung oder Einrichtungen des Vermieters, kann der Vermieter **Schadensersatz** verlangen. Dies gilt für **vorsätzliches** und **fahrlässiges Verhalten.**

Beispiel: Der Mieter verursacht fahrlässig einen Wohnungsbrand, indem er über Nacht Kleidungsstücke in unmittelbarer Nähe eines Nachtstromspeichergeräts ablegt (OLG Hamm, Urt. v. 30.10.2000 – 13 U 51/00).

Der Mieter haftet auch für Schäden, die Familienangehörige, Hausangestellte oder Untermieter schuldhaft verursacht haben.

Gut zu wissen: Ist der Schaden durch eine Sachversicherung des Vermieters abgedeckt, für die der Mieter Nebenkosten zahlt (z. B. Gebäude-, Glas- oder Haftpflichtversicherung für das Gebäude) → *Betriebskosten*, haftet der Mieter nur bei Vorsatz oder grober Fahrlässigkeit, nicht bei leichter Fahrlässigkeit.

Welche Schäden sind vom Mieter nicht zu ersetzen?

Der Mieter muss keine Schäden bzw. Abnutzungen ersetzen, die durch → *vertragsgemäßen Gebrauch* entstehen.

> **Beispiele:** Abplatzungen in der Küchenspüle (LG Köln WuM 1999, 234); Abbrechen des sich im Türschloss befindlichen Schlüssels wegen Materialermüdung (AG Osnabrück WuM 2020, 744); Kratzer im Parkett sind jedenfalls im Eingangsbereich einer Wohnung als vertragsgemäße Abnutzung anzusehen (OLG Düsseldorf WuM 2003, 621).

Muss der Mieter **beschädigte Fliesen** ersetzen, kann der Vermieter keine völlige Neuverfliesung verlangen, wenn es Ersatzfliesen ähnlichen Typs am Markt gibt (LG München I, Beschl. v. 14.2.2005 – 1 T 14345/04).

Wie kann der Vermieter Schadensersatz fordern?
Hat der Mieter die Mietsache schuldhaft beschädigt, muss der Vermieter ihm nicht zunächst eine Frist zur Beseitigung des Schadens setzen. Er kann **sofort den Geldbetrag** für die Schadensbehebung verlangen. Dies gilt sowohl während des Mietverhältnisses als auch nach dessen Ende (BGH VIII ZR 157/17 WuM 2018, 196).

Muss der Mieter den Neupreis ersetzen?
Der Vermieter kann im Regelfall nicht den Neupreis der beschädigten Sache verlangen, sondern muss sich einen **Abzug »neu für alt«** anrechnen lassen. Denn durch den Austausch der bereits teilweise abgenutzten Sachen gegen eine neue erhält er einen Vorteil. Die Höhe des Abzugs richtet sich nach der üblichen **Lebensdauer**, dem **Alter** und dem **Zustand** der beschädigten Sache (BGH VIII ZR 263/17 WuM 2019, 574).

> **Beispiele** aus der Rechtsprechung zur Ermittlung der üblichen Lebensdauer:
> - **Einbauküche:** 25 bis 30 Jahre (OLG Schleswig-Holstein, Urt. v. 19.10.2007 – 17 U 43/07);
> - **Heizkörper:** 40 Jahre (LG Itzehoe, Urt. v. 25.11.2011 – 9 S 81/10);
> - **Laminatboden:** 10 Jahre (AG Steinfurt, Urt. v. 30.11.2006 – 4 C 168/05);
> - **Lichtschalter** und **Steckdosen:** 15 Jahre (AG Mönchengladbach-Rheydt, Urt. v. 2.8.2012 – 11 C 329/11);
> - **Parkettfußboden:** 30 Jahre (AG Tempelhof-Kreuzberg, Urt. v. 21.8.2019 – 25 C 247/17); das Parkett ist etwa alle 15 bis 20 Jahre abzuschleifen und neu zu versiegeln (LG Wiesbaden WuM 1991, 540);
> - **PVC-Boden:** 20 Jahre (AG Kassel WuM 1996, 757);
> - **Sanitärobjekte (Handwaschbecken, Dusche, Toilette):** 20 Jahre (AG Osnabrück Urt. v. 3.9.2003 – 47 C 9/03); **Toilettenbrille:** nach (spätestens) 9 Jahren zu ersetzen (AG Brühl WuM 2001, 469);

- **Teppichboden:** 10 Jahre (LG Berlin, Urt. v. 7.3.2018 – 64 S 184/17; LG Dortmund, Urt. v. 3.9.96 – 21 S 110/96);
- **Wandfliesen:** 60 Jahre (LG Köln WuM 1997, 41);
- **Wohnungseingangstüren:** 30 bis 35 Jahre (LG Köln WuM 2000, 548).

E

Wie berechnet sich der vorzunehmende Abzug?
Die Höhe des Abzugs bemisst sich danach, welche Nutzungsdauer zum Zeitpunkt der Beschädigung bereits erreicht war: bei einem Viertel der Lebensdauer 25 %, bei der Hälfte 50 % vom Neupreis. Ist die Lebensdauer vollständig abgelaufen (z. B. 21 Jahre alter Teppich), muss der Mieter gar keinen Schadensersatz leisten. Denn in diesem Fall hätte der Vermieter die Sache ohnehin ersetzen müssen (AG Mönchengladbach-Rheydt, Urt. v. 2.8.2012 – 11 C 329/11).

Wichtig zu wissen: Ein Abzug »neu für alt« erfolgt **nur bei Ersatz durch eine neue Sache**, nicht bei Reparaturen.

Wer trägt die Beweislast?
Oft ist strittig, ob Schäden bereits bei Mietbeginn bestanden. Grundsätzlich muss der **Vermieter beweisen**, dass der Schaden durch den Mieter verursacht wurde, also bei Übergabe der Wohnung noch nicht vorhanden war (BGH VIII ZR 28/04 WuM 2005, 57; AG Saarbrücken, Urt. v. 26.11.2014 – 3 C 305/13).

Wie lange kann der Vermieter Schadensersatz geltend machen?
Ersatzansprüche des Vermieters wegen Beschädigung der Mietsache **verjähren sechs Monate nach Rückgabe der Wohnung** (→ *Verjährung*). Eine formularmäßige Verlängerung der Verjährungsfrist auf zwölf Monate ist unwirksam (BGH VIII ZR 13/17 WuM 2017, 703) → *Allgemeine Geschäftsbedingungen.*

Ersatzvornahme → *Mängel der Mietsache*

F

Fahrräder

Die Landesbauordnungen schreiben für neu errichtete Mehrfamilienhäuser vor, dass Fahrradstellplätze einzurichten sind. Diese Regelungen gelten jedoch nicht für bestehende Wohnhäuser. Der Mieter hat dann keinen Rechtsanspruch auf einen Fahrradabstellplatz.

Im Hausflur, Kellergang usw. darf ein Fahrrad grundsätzlich nur mit Einwilligung des Vermieters abgestellt werden, es sei denn, dass kein anderweitiger Platz vorhanden ist. Ein generelles Abstellverbot im Haus oder Wohnumfeld ist unzulässig, wenn zumutbare Möglichkeiten zum Unterstellen fehlen.

Der Vermieter kann im → *Mietvertrag* oder in der → *Hausordnung* bestimmen, dass Fahrräder in einem zur Verfügung gestellten Fahrradkeller oder einem anderen Raum abzustellen sind. Es gibt aber Ausnahmen, etwa wenn die Treppe in den Keller sehr steil oder das Rad zu schwer ist. Es ist unzumutbar, ein schweres E-Bike oder Lastenfahrrad öfters eine Treppe hinunter- und heraufzutragen. Eine Ausnahme kann auch bestehen bei Vandalismus oder erhöhter Diebstahlgefahr. Sein wertvolles Rennrad darf der Mieter im eigenen Keller unterstellen (AG Münster WuM 1994, 198). Der Mieter darf sein Fahrrad auch mit in die Wohnung nehmen, sofern im Mietvertrag oder der Hausordnung keine anderweitige wirksame Regelung besteht. Dieses Recht besteht auch, wenn durch den Transport im Treppenhaus geringfügige Schäden an den Wänden verursacht werden (AG Hamburg-Altona ZMR 2019, 875).

Lastenfahrräder und Fahrradanhänger dürfen im Hof abgestellt werden, wenn es keine andere zumutbare Abstellmöglichkeit gibt (AG Berlin-Schöneberg MM 2006, 39). Wenn sachliche Gründe vorliegen, kann der Vermieter eine unentgeltliche Erlaubnis zum Abstellen von Rädern im Hof zurücknehmen (LG Berlin GE 2011, 1087).

Aufladen von E-Bikes: Der Mieter kann verlangen, dass der Vermieter ihm den Einbau einer Ladestation für ein E-Bike an einem dafür geeigneten Stellplatz auf eigene Kosten erlaubt. Das gilt auch, wenn die Station für andere Elektrofahrzeuge, wie E-Scooter oder E-Rollstühle, genutzt werden soll. Zu bedenken ist jedoch, dass zum Aufladen dieser Elektrofahrzeuge in der Regel eine gewöhnliche Steckdose genügt. Der Bedarf nach einer eigens eingerichteten Stromquelle entfällt, wenn man den Akku abnehmen und z. B. in der Wohnung aufladen kann. Dies ist mittlerweile bei den meisten E-Bikes möglich.

Ein anderes Problem entsteht, wenn Mieter ihr E-Bike in einem Gemeinschaftsraum, etwa im Fahrradkeller, aufladen. Zwar fallen hierbei nur sehr geringe Stromkosten an. Erhebt der Vermieter dennoch Einwände, bietet das Gesetz keine Lösung an. Mieter sollten versuchen, eine Vereinbarung mit dem Vermieter zu treffen, etwa dass ein jährlicher Pauschalbetrag für den entnommenen Strom zu zahlen ist.

Fahrstuhl → *Aufzug*

Familienfeiern → *Lärm*

Fehlbelegungsabgabe → *Sozialmiete/Sozialwohnung*

Fernsehempfang

Fernsehsender können über **Breitbandkabel** (Kabelfernsehen), das **Internet**, per **Satellit über eine Parabolantenne** oder »terrestrisch« (von auf der Erde stehenden Sendemasten) über eine **herkömmliche Antenne mit DVB-T2** empfangen werden.

In der Vergangenheit standen Gemeinschaftslösungen im Vordergrund: Der Vermieter installierte eine Gemeinschaftsantenne oder – häufiger – eine Breitbandkabel-Infrastruktur im Gebäude und schloss einen Vertrag mit einem Netzbetreiber über die TV-Versorgung des gesamten Gebäudes. Die Kabelgebühren für die Versorgung der einzelnen Wohnungen rechnete der Vermieter als → *Betriebskosten* mit den Mietern ab. Dies führte dazu, dass der Mieter die Kosten auch dann zu zahlen hatte, wenn er das Versorgungsangebot des Vermieters nicht nutzte. Wer seine TV-Versorgung anders organisieren wollte, riskierte doppelte Kosten.

Solche Gemeinschaftslösungen sind selten geworden. Denn seit dem 1.7.2024 können Vermieter TV-Kabelgebühren nicht mehr als Betriebskosten abrechnen. Als Betriebskosten umlegbar sind seither nur noch Strom- und Wartungskosten für Antennenanlagen, die vor dem 1.12.2021 errichtet wurden, sowie Stromkosten für vor diesem Datum errichtete Breitbandkabelanlagen. Möglich bleibt zudem die Umlage eines Glasfaserbereitstellungsentgelts über die → *Betriebskosten, unter Betriebskosten im Überblick/15. Satellitenschüssel, Glasfaser.*

Zwar ist es weiterhin möglich, dass der Vermieter die TV-Versorgung des Gebäudes gemeinschaftlich organisiert. Dazu muss der Vermieter nun aber Versorgungsverträge mit den einzelnen Mietern abschließen. Einen solchen Versorgungsvertrag kann der Mieter nach den Vorschriften des Telekommunikationsgesetzes (§ 56 TKG) kündigen, so dass er sich frei für eine andere Art der TV-Versorgung entscheiden kann und der Vermieter das wirtschaftliche Risiko der gemeinschaftlichen Versorgung trägt. Nur wenige Vermieter sind hierzu bereit. Größtenteils ist die Versorgung in Mehrfamilienhäusern deshalb auf eine Einzelversorgung umgestellt, bei der der Mieter einen direkten Einzelversorgungsvertrag mit dem Kabelnetzbetreiber abschließen oder sich für eine andere Art der TV-Versorgung entscheiden kann. Doppelte Kosten entstehen ihm nicht mehr.

Wichtig zu wissen: Der sog. **Rundfunkbeitrag** ist von der tatsächlichen Nutzung unabhängig und **muss in jedem Fall** an den »ARD ZDF Deutschlandradio Beitragsservice« (früher: GEZ) **entrichtet** werden.

Parabolantenne (Satellitenschüssel)

Schwierig kann es werden, wenn der Mieter für die TV-Versorgung per Satellit eine Parabolantenne (»Satellitenschüssel«) installieren möchte. Grundsätzlich ist dies nur mit vorheriger **Zustimmung des Vermieters** zulässig, weil es zu optischen Beeinträchtigungen des Gebäudes und Eingriffen in die Bausubstanz kommen kann. Allerdings darf der Vermieter seine Zustimmung nur aus triftigen, sachbezogenen Gründen verweigern. Dies kommt insbesondere dann in Betracht, wenn das Informationsinteresse des Mieters auch durch andere, schonendere Empfangsmöglichkeiten gewährleistet werden kann, z. B. durch den Empfang per Kabelfernsehen oder Internet (BVerfG 1 BvR 1901/01 WuM 2007, 379). Dass der Mieter dabei möglicherweise weniger Programme zur Verfügung hat als beim Empfang per Satellit ist irrelevant, solange ein angemessenes Informationsangebot bereitsteht; dies gilt auch dann, wenn die Alternativangebote kostenpflichtig sind (BGH VIII ZR 268/12 WuM 2013, 476). Unter Umständen kann das Grundrecht auf Freiheit der Religionsausübung den Ausschlag geben, wenn die Teilnahme an gottesdienstlichen Handlungen nur über den Empfang von Sendern über die Parabolantenne möglich ist (BGH VIII ZR 260/06 WuM 2007, 678; OLG München WuM 2008, 40).

Bei der Installation muss der Mieter auf die Interessen des Vermieters Rücksicht nehmen. Die Antenne muss so installiert werden, dass Substanzverletzungen am Gebäude und optische Beeinträchtigungen so weit wie möglich vermieden werden (vgl. BGH VIII ZR 207/04 WuM 2007, 381; AG Regensburg WuM 2011, 617; AG Köln WuM 2009, 732).

Ein Anspruch des Mieters auf Installation einer Parabolantenne kann nicht durch eine Formularklausel im Mietvertrag ausgeschlossen werden → *Allgemeine Geschäftsbedingungen*. Eine Klausel, wonach die Installation einer Parabolantenne verboten ist, ist unzulässig (BGH VIII ZR 207/04 WuM 2007, 381).

Hat der Mieter seine Parabolantenne ohne Zustimmung des Vermieters errichtet, kann der Vermieter grundsätzlich verlangen, dass diese entfernt wird. Dies gilt aber nicht, wenn die Voraussetzungen für die Erteilung einer Zustimmung gegeben waren, der Vermieter seine Zustimmung also hätte erteilen müssen, falls er gefragt worden wäre (AG Braunschweig WuM 2000, 413). Im Übrigen kann der Vermieter eine einmal erteilte Zustimmung später widerrufen, wenn die Voraussetzungen für eine Zustimmung nicht mehr vorliegen, z. B., weil ein ausreichender Breitbandkabelanschluss installiert wurde (BGH VIII ZR 268/12 WuM 2013, 476).

Vermietete Eigentumswohnung

Die genannten Grundsätze gelten auch bei einer vermieteten Eigentumswohnung (BVerfG 1 BvR 1107/92 WuM 1995, 304). Zwar muss hier nicht nur der einzelne Wohnungseigentümer als Vermieter, sondern auch die Wohnungseigentümergemeinschaft der Installation zustimmen. Der Mieter kann aber von seinem Vermieter verlangen, dass dieser seine Rechtsposition gegenüber der Wohnungseigentümergemeinschaft einfordert und ggf. gerichtlich geltend macht → *Wohnungseigentum*.

Fernwärme

Die meisten Gebäude werden durch eine zentrale Heizungsanlage des Vermieters mit Heizwärme versorgt. Abgerechnet und auf die Mieter des Hauses verteilt werden die Brennstoffkosten und die Heizungsnebenkosten → *Heizkosten*.

Eine andere Form der Wärmeversorgung ist die Wärmelieferung in Form der Fernwärme durch örtliche, regionale oder überregionale Fernwärmeversorgungsunternehmen. An die Stelle der Brennstoff- und Heizungsnebenkosten tritt ein **Wärmepreis**, der sich aus Grund- und Arbeitspreis zusammensetzt. Einige Versorger setzen zusätzlich einen **Verrechnungspreis** an. Im Fernwärmepreis sind Unternehmergewinn, Arbeitslohn, Reparatur- und Modernisierungskosten usw. enthalten.

Fernwärme soll auf dem Weg zur klimaneutralen Erzeugung von Wärme zur Beheizung und Warmwasserversorgung künftig eine entscheidende Rolle spielen. Eine nähere Planung soll darüber informieren, welche Möglichkeiten zur Wärmeversorgung vor Ort vorgesehen sind. Dafür müssen die Gemeinden einen **kommunalen Wärmeplan** erstellen. Dieser soll Gebäudeeigentümern bei der Auswahl ihrer künftigen Heizungstechnologie helfen → *Gebäudeenergiegesetz.*

In vielen Gemeinden ist die Fernwärme für die Mieter nach wie vor die teuerste Form der Energieversorgung. Wer als Mieter in einem Haus mit Fernwärmeversorgung wohnt, muss demnach häufig höhere Heizkosten tragen als bei einer anderen Form der Wärmeversorgung.

Ein Wärmeliefervertrag kann zwischen dem Fernwärmeversorgungsunternehmen und dem einzelnen Mieterhaushalt (Direktlieferungsvertrag) oder – wesentlich häufiger – zwischen Fernwärmeversorgungsunternehmen und Vermieter abgeschlossen werden. Statt Allgemeiner Geschäftsbedingungen wird den Verträgen die Verordnung über die Allgemeinen Versorgungsbedingungen für Fernwärme (AVBFernwärmeV) zugrunde gelegt.

Die Versorgung mit Fernwärme schließt ganze Städte oder Stadtteile ein. Werden hingegen nur einzelne Gebäude, Gebäudekomplexe oder kleinere geschlossene Siedlungen mit Wärme beliefert, spricht man von Nahwärme oder → *Contracting.*

Vermieter oder Mieter als Vertragspartner des Lieferanten
Grundsätzlich muss bei Fernwärmelieferungen unterschieden werden:

1. Der Vermieter ist für die Heizung verantwortlich
Zumeist ist laut Mietvertrag der Vermieter für das Heizen der Wohnung verantwortlich. Er muss nach der Heizkostenverordnung abrechnen. Das bedeutet, zwischen 50 % und 70 % der Kosten müssen verbrauchsabhängig verteilt werden. Der Vermieter kann anstelle der Brennstoffkosten die Kosten der Wärmelieferung des Fernheizwerks (Grund-, Arbeits- und ggf. Verrechnungspreis) in Rechnung stellen. Hinzu kommen u. U. die Kosten des Betriebs der zugehörigen Hausanlage. Hier dürften aber im Wesentlichen nur Betriebsstromkosten für die Umwälzpumpe anfallen. Ob Kosten der Bedienung, Überwachung und Pflege der Anlage, der regelmäßigen Prüfung ihrer Betriebsbereitschaft und Betriebssicherheit einschl. der Einstellung durch einen Fachmann, der Reinigung der Anlage

und des Betriebsraums angefallen sind, sollte man besonders kritisch prüfen, da im Haus lediglich ein sog. Wärmetauscher vorhanden ist.

Hat der Vermieter die Heizungsanlage bislang selbst betrieben, darf er im laufenden Mietverhältnis auf Fernwärme nur umstellen, wenn er bestimmte gesetzlich festgelegte Voraussetzungen einhält (§556c BGB). Es gelten genau die gleichen Regeln wie bei einer Umstellung auf Contracting. Auch ohne Vereinbarung im Mietvertrag muss aber eine Umstellung zulässig sein, wenn die Gemeinde die Fernwärmeversorgung zwingend vorschreibt (Anschluss- und Benutzungszwang).

2. Der Mieter schließt direkt mit dem Fernwärmelieferanten ab
Gelegentlich schließt der Mieter selbst mit dem Fernwärmewerk einen »Wärmeliefervertrag«. Rechtlich gesehen handelt es sich um einen Kaufvertrag. Für die Abrechnung der Heizkosten, insbesondere was das Verhältnis zwischen verbrauchsabhängigen und verbrauchsunabhängigen Heizkostenanteilen angeht, gilt die Heizkostenverordnung. Nur wenn der Verbrauch an Wärme für die Wohnung des Mieters mit einem Wärmezähler gemessen wird, kann der Versorger direkt mit dem Mieter abrechnen und der Abrechnung unmittelbar den gemessenen Verbrauch zugrunde legen. Darüber hinaus ist aber eine Reihe von Bestimmungen der AVBFernwärmeV, den Allgemeinen Geschäftsbedingungen der Fernwärmeversorgungsunternehmen, zu berücksichtigen:

- Einwendungen des Kunden (Mieters) gegen Rechnung und Abschlagsberechnungen des Fernwärmeversorgungsunternehmens berechtigen ihn nur dann zum Zahlungsaufschub und zur Zahlungsverweigerung, wenn die Rechnung auf »offensichtlichen« Fehlern beruht. Ansonsten muss der Kunde, der glaubt, eine fehlerhafte Rechnung erhalten zu haben, zunächst bezahlen und kann dann erst klagen und einen überbezahlten Betrag zurückfordern.
- Ein offensichtlicher Fehler liegt vor, wenn die Rechnung auf den ersten Blick Fehler erkennen lässt, wenn keine vernünftige Zweifel über die Fehlerhaftigkeit möglich sind und dieser Fehler zu einer Benachteiligung des Kunden geführt hat. Das OLG Hamm (NJW-RR 1991, 1209) ging davon aus, dass kein offensichtlicher Fehler vorliegt, obwohl die Verbrauchswerte von einem Jahr zum anderen um das Dreifache gestiegen waren, weil die Umstände für diesen Verbrauchsanstieg ungeklärt seien. Sie könnten sowohl im Verantwortungsbereich des Kunden als auch im Verantwortungsbereich des Unternehmens liegen.
- Liegt ein »offensichtlicher Fehler« vor, muss das Recht zur Zahlungsverweigerung innerhalb von zwei Jahren nach Zugang der Rechnung geltend gemacht werden (OLG Hamburg WuM 1991, 431).
- Auch wenn der Kunde zwölf Jahre lang keine Abrechnung erhalten hat, ist der Anspruch des Unternehmens weder verjährt noch verwirkt. Die Verjährung

setzt voraus, dass überhaupt eine Rechnung erstellt worden ist. Eine → *Verwirkung* verneinte das LG Frankfurt a. M. (RdE 1993, 122) mit der Begründung, dass kein Kunde annehmen könne, er werde jahrelang umsonst von einem Unternehmen beliefert. Für den Kunden müsse klar sein, dass hier Fehler im technisch-organisatorischen Bereich vorliegen.

F

Preiserhöhungen
Wärmelieferungsverträge enthalten Preisänderungsklauseln, mit denen die Preise angepasst werden können. Diese Klauseln stellen Preiserhöhungen nicht in das Belieben der Wärmelieferanten. Entscheidend ist vielmehr, ausgehend von Basiszahlen, die tatsächliche Kostensteigerung. Es gelten dieselben Regeln wie für das → *Contracting*.

Eine Preiserhöhungsklausel in einem Fernwärmevertrag ist unwirksam, wenn sie für den Kunden nicht klar und verständlich regelt, unter welchen Voraussetzungen und in welchem Umfang Preisanpassungen der Versorger die Preise erhöhen darf (§ 24 Abs. 4 AVBFernwärmeV). Der Kunde muss anhand der Klausel den Umfang der Preissteigerung erkennen können (BGH VIII ZR 273/09 ZMR 2011, 376). In der Praxis sind die Regelungen jedoch oft seitenlang mit komplizierten Rechenformeln gefüllt, die für Laien kaum verständlich sind.

Eine Preisanpassungsklausel muss auch sicherstellen, dass nicht nur Kostensteigerungen weitergegeben werden, sondern gesunkene Kosten auch zu einer Herabsetzung der Preise führen (BGH VIII ZR 175/19 NJW 2022, 1935). Siehe auch → *Gas- und Stromvertrag*.

Außerdem muss eine Preisanpassungsklausel so gestaltet sein, dass sie sowohl die Kostenentwicklung bei Erzeugung und Bereitstellung der Fernwärme durch das Unternehmen als auch die jeweiligen Verhältnisse auf dem Wärmemarkt angemessen berücksichtigt. Setzt der Versorger zur Erzeugung von Fernwärme ausschließlich Erdgas ein, ist die Preisänderungsklausel unwirksam, wenn sich die Anpassung des Arbeitspreises allein nach der Preisentwicklung für leichtes Heizöl richtet (BGH VIII ZR 209/18 NJW 2020, 1205; VIII ZR 273/09 NJW 2011, 2501). Besonders problematisch sind Klauseln, die Preisänderungen an die Entwicklung eines Gaspreisindexes koppeln, z. B. »EGIX«, »NCG« »THE« oder »TTF«. Ein Index spiegelt Börsenpreise wider, die häufig nicht mit der tatsächlichen Preisentwicklung übereinstimmen. Aus der Rechtsprechung des BGH lässt sich ableiten, dass solche Klauseln unwirksam sind, weil sie nicht an die tatsächlichen Kosten der Wärmeerzeugung anknüpfen. Nach dem BGH muss der Fernwärmeversorger nachweisen, dass die Preisentwicklung der Börsenpreise und der Einkaufspreise für das Erdgas in etwa parallel verlaufen ist.

Ist eine Preisänderungsklausel unwirksam, entfaltet sie keine Wirkung. Der Versorger kann Preiserhöhungen nicht hierauf stützen. Der Fernwärmekunde schuldet daher nur das ursprünglich vereinbarte Entgelt. Unzulässige Preisforderungen können zurückgewiesen oder – soweit bereits gezahlt – zurückgefordert werden. Der BGH hat entschieden, dass der Fernwärmekunde bereits erbrachte Zahlungen für die letzten drei Jahre zurückfordern kann (BGH VIII ZR 241/15 NJW-RR 2017, 557). Diese sog. **Dreijahreslösung** bedeutet: Wer seine Zahlungen rechtzeitig beanstandet, bekommt sein in der Vergangenheit gezahltes Geld aus einem Zeitraum von bis zu drei Jahren zurück. Für noch länger zurückliegende Zeiträume bleibt es bei den gezahlten Preisen.

Ist eine Preisanpassungsklausel im Fernwärmevertrag nach der BGH-Rechtsprechung unwirksam, muss der Vermieter dies als Kunde des Versorgers beanstanden. Das ergibt sich aus dem Grundsatz der Wirtschaftlichkeit → *Betriebskosten*. Zurückerstattete Zahlungen hat er den Mietern gutzuschreiben.

Wichtig zu wissen: Mieter, denen mit der Heizkostenabrechnung des Vermieters stark gestiegene Kosten für Fernwärme oder Nahwärme (→ *Contracting*) berechnet werden, sollten zunächst von ihrem Recht auf Einsicht in die Belege Gebrauch machen. Ist eine Klausel im Wärmeliefervertrag unwirksam, muss der Vermieter das gegenüber dem Versorger beanstanden und zu Unrecht entrichtete Zahlungen zurückfordern. Hat der Vermieter das versäumt, kann dem Mieter Schadensersatz in Höhe der zu viel berechneten Kosten zustehen. Der Mieter sollte den Vermieter darauf hinweisen, dass dieser seinerseits wegen unwirksamer Preiserhöhungen zu viel gezahltes Geld für die letzten drei Jahre zurückerhält (Dreijahreslösung).

Feuchtigkeit in der Wohnung

Feuchtigkeit in Wohnungen ist ein häufiges Phänomen. Sie führt nicht nur zu unansehnlichen Schäden in der Wohnung, sondern kann auch zu gesundheitlichen Beeinträchtigungen führen → *Gesundheitsgefährdung*.

Ursachen von Feuchtigkeit

Feuchtigkeit kann von außen eindringen, z. B. durch undichte Stellen im Mauerwerk oder Dach, oder durch Wasserrohrbrüche entstehen. Hier liegt die Verantwortung klar in der Sphäre des Vermieters. Die Wohnung ist mangelhaft, dem Mieter stehen gegen den Vermieter die Rechte auf Mangelbeseitigung, Mietminderung, Ersatzvornahme, Schadensersatz, u. U. auch Kündigung des Mietvertrags zu → *Mangel der Mietsache.*

Feuchtigkeit kann aber auch innen entstehen, indem sich an den Wänden Kondenswasser (Schwitzwasser) bildet. Dies kommt vor allem bei älteren, schlecht isolierten Häusern vor. Schäden zeigen sich typischerweise an den Außenwänden, in Zimmerecken vor allem oben zur Decke hin, in Fensterlaibungen sowie an abgedeckten Wandflächen wie etwa hinter Möbeln, Vorhängen oder Bildern. Meistens sind Schlafzimmer, Bad, Küche oder wenig beheizte Nebenräume betroffen. Mitunter treten derartige Schäden auch erstmals nach dem Einbau neuer Isolierglasfenster auf oder wenn sich die Lebensumstände des Mieters geändert haben, z. B., weil mehr Personen in der Wohnung wohnen oder der Mieter öfter zu Hause ist, nachdem er seine Arbeit verloren hat oder in die Rente gegangen ist.

Bei Feuchtigkeit von innen ist oft unklar, wer die Verantwortung dafür trägt. Denn es gibt zwei Gründe, warum sich Kondenswasser bildet bzw. an den Wänden niederschlägt: Zum einen kann die Luft zu feucht sein, weil der Mieter zu wenig lüftet und/oder heizt, wofür er selbst verantwortlich ist. Zum anderen können die Wände zu kalt sein, d. h., das Haus hat einen Baumangel, für den der Vermieter die Verantwortung trägt und der Mangelrechte des Mieters begründet. Nicht selten kommen beide Ursachen auch zusammen, so dass der Mieter und der Vermieter gemeinsam die Verantwortung tragen. Letztlich muss oft ein Sachverständiger für Bauschäden die Ursache feststellen, was in der Regel mit nicht unerheblichen Kosten verbunden ist.

Richtiges Heiz- und Lüftungsverhalten

Der Mieter muss seine Wohnung in zumutbarem Umfang heizen und lüften. Was zumutbar ist, hängt vom Einzelfall ab. Relevant sind das Alter und der Zustand der Wohnung, die Art des Lüftens sowie die Lebensumstände des Mieters (BGH VIII ZR 271/17 WuM 2019, 25; VIII ZR 182/06 WuM 2007, 319).

Einigkeit besteht darin, dass eine Lüftung bei gekipptem Fenster (Kipplüftung) nicht genügt, da so kaum Luftaustausch stattfindet. Vielmehr ist eine Lüftung bei komplett geöffnetem Fenster (Stoßlüftung) erforderlich. Noch effektiver ist Querlüftung mit Durchzug durch Öffnen mehrerer Fenster, wodurch sich die Lüftungszeiten verkürzen. Bei alten, nicht fest schließenden Fenstern muss weniger gelüftet werden als bei neuen, mit einer Gummidichtung fest verschlossenen und gut wärmeisolierenden Fenstern.

Außerdem sind die Anwesenheitszeiten der Bewohner sowie ihre Lebensgewohnheiten zu berücksichtigen. Nach Tätigkeiten, die mit einer besonders starken Feuchtigkeitsentwicklung verbunden sind, wie etwa Kochen, Duschen oder Waschen, muss der betroffene Raum sogleich gelüftet werden. Auch die Wetterbedingungen spielen eine Rolle. An kalten Wintertagen genügen kürzere Lüftungszeiten. An warmen, feuchten Sommertagen muss auf das Lüften einer Souterrainwohnung oder eines Kellerraums womöglich ganz verzichtet werden, um nicht noch mehr Feuchtigkeit hereinzulassen.

Wie viel muss gelüftet werden? Nach der Rechtsprechung kann in einem 1971 errichteten Haus zweimal Stoßlüften am Tag von jeweils 13 bis 17 Minuten oder dreimal Stoßlüften von je zehn Minuten oder dreimal Querlüften von jeweils drei Minuten vom Mieter verlangt werden. Auch berufstätigen Mietern ist mehrmaliges Stoßlüften am Tag zumutbar (LG Frankfurt WuM 2012, 266). Unzumutbar ist jedoch sechsmaliges Lüften am Tag (AG Mitte, Urt. v. 28.5.2009 – 12 C 234/05) oder sogar 20 Lüftungsvorgänge an einem Tag (AG Gießen WuM 2021, 418).

Wie viel muss geheizt werden? Der Vermieter kann nicht verlangen, dass Mieter das Schlafzimmer heizen, wenn sie gewohnt sind, kalt zu schlafen (LG Itzehoe WuM 1982, 181). Er kann aber verlangen, dass die Temperatur nicht unter 15 Grad sinkt (AG Köln WuM 1985, 24). In der Konsequenz wird der Mieter dann aber vermehrt lüften müssen. Es kann vom Mieter auch nicht verlangt werden, dass er, um die Bildung von Feuchtigkeit zu verhindern, ständig die Fenster weit öffnet (LG München I WuM 1985, 26) oder die Wohnung auf 22 °C heizt, wenn ihm 20 °C warm genug sind (LG Braunschweig WuM 1985, 26; LG Hamburg WuM 1988, 353). Der Mieter muss Mängel in der Bauisolierung nicht durch übermäßiges Heizen ausgleichen, es sei denn, bei Anmietung der Wohnung hat der Vermieter darauf hingewiesen (LG Hamburg NJW-RR 1998, 1309; LG Kiel WuM 1982, 187). Allerdings kann es dem Mieter zumutbar sein, durch angepasstes Heiz- und Lüftungsverhalten das Ausmaß der Schäden einzugrenzen (LG Hannover WuM 1988, 354).

Hinsichtlich der **Möblierung** kann dem Mieter zugemutet werden, dass er einen Schrank nicht unmittelbar, sondern mit einigen Zentimetern Abstand an die Außenwand stellt, damit sich hinter dem Schrank keine Feuchtigkeit bildet (BGH VIII ZR 271/17 WuM 2019, 25). Der Vermieter kann vom Mieter aber nicht verlangen, vollständig auf die Möblierung an Außenwänden zu verzichten (LG Mannheim NJW 2007, 2499; AG Osnabrück NJW-RR 2006, 515).

Bei einem **fensterlosen Bad** können Schimmel- und Feuchtigkeitsschäden nicht auf falschem Lüftungsverhalten des Mieters beruhen. Vielmehr hat der Vermieter das Bad so herzurichten, dass eine geeignete Entlüftung möglich ist. Wenn eine vorhandene Innenlüftung/Zwangsentlüftung genutzt wird und sich trotzdem Schimmel bildet, liegt ein vom Vermieter zu verantwortender Mangel vor (LG Bochum WuM 1992, 431).

Beweislast kann entscheidend sein!

Im Streitfall ist für den Ausgang eines Gerichtsverfahrens entscheidend, wer die Beweislast trägt, wenn sich die Ursache für die Feuchtigkeit nicht aufklären lässt. Verlangt der Vermieter trotz einer Mietminderung wegen Feuchtigkeitsschäden die volle Miete, muss der Mieter beweisen, dass die Wohnung feucht und damit mangelhaft ist, was häufig aber auch unstreitig sein wird.

Dann ist der Vermieter am Zug und muss beweisen, dass unzureichendes Lüften als Ursache in Frage kommt, indem er die in seinem Verantwortungsbereich liegenden Ursachen (z. B. das Eindringen von Regen bzw. Erdfeuchte von außen, Neubaufeuchtigkeit, Kernkondensat, nicht ausreichende Wärmedämmung) und damit einen Baumangel ausschließt (BGH XII ZR 71/01 WuM 2005, 54). Dabei genügt es, wenn der Vermieter nachweist, dass das Gebäude fehlerfrei errichtet wurde. Der Mieter kann bei älteren Gebäuden keinen Neubaustandard erwarten. Maßgeblich sind vielmehr die bei Errichtung des Gebäudes geltenden Bauvorschriften. Daher können Wärmebrücken in einem Wohnhaus mit dem Baujahr 1971 nicht als Mangel angesehen werden, da zu diesem Zeitpunkt eine Dämmung noch nicht vorgeschrieben war (BGH VIII ZR 271/17 WuM 2019, 25). Wärmebrücken sind besonders kalte Stellen an Wänden oder Decken, an denen die Luftfeuchtigkeit kondensiert. Dazu zählen auch unzureichend gedämmte Rollladenkästen. Diese Stellen sind ein idealer Nährboden für Feuchtigkeit und Schimmelbildung. Die bloße Gefahr von Feuchtigkeit und Schimmelbildung stellt jedoch noch keinen Mangel dar (BGH VIII ZR 271/17 WuM 2019, 25).

Kann der Vermieter einen Baumangel als Ursache ausschließen, muss im Anschluss wiederum der Mieter beweisen, dass er in zumutbarem Rahmen ausreichend gelüftet und geheizt hat (s. o.). Ausnahmsweise kann sogar bei fehlerhaftem Lüftungs- oder Heizverhalten und obwohl kein vom Vermieter zu verantwortender Baumangel vorliegt, die Feuchtigkeit dem alleinigen Verantwortungsbereich des Vermieters zugerechnet werden. Das ist z. B. der Fall, wenn der Vermieter ein unrichtiges oder unzureichendes Informationsblatt zum Lüftungsverhalten überreicht hat und für den Mieter nicht ohne Weiteres erkennbar war, wie er richtig lüften muss (LG Berlin WuM 2021, 353). Gleiches gilt, wenn der Vermieter nicht auf eine aufgrund der baulichen Situation notwendige besondere Belüftungsart hingewiesen oder wenn er den Mieter nach dem Einbau neuer Fenster nicht über das neue und notwendige Lüftungsverhalten aufgeklärt hat (LG Berlin ZMR 2002, 48; LG Lübeck WuM 1990, 202). In diesen Fällen trifft den Mieter kein Verschulden, denn er muss sich nicht selbstständig über ein notwendiges verändertes Lüftungsverhalten informieren (AG Reinbek WuM 2014, 568).

Besonderheiten bei Erstbezug
Neubauten benötigen eine gewisse Zeit, bis das Mauerwerk ausgetrocknet ist. Räume eines Neubaus, der kurz vor der Heizperiode fertig wurde, können einen Wärmemehrbedarf von 15 bis 20 % haben. Ob die hierdurch bedingten Mehrkosten für das Trockenheizen oder die eingeschränkte Verwendungsmöglichkeit wegen der notwendigen ausreichenden Lüftung einen Mangel der Mietwohnung darstellen, ist bei den Gerichten umstritten. Einen Mangel, der eine Mietminderung rechtfertigt, bejahen: LG Lübeck WuM 1988, 351, Mietminderung: 10 %; LG Nürnberg-Fürth WuM 1988, 155; AG Bad Schwartau WuM 1988, 55, Mietminderung: 20 %. Andere Gerichte geben Mietern das Recht, die Heizkosten zwischen 10 und 25 % zu kürzen (LG Lübeck WuM 1983, 239; AG Köln WuM 1985, 371).

Beispiele für Mietminderungen
- 100 % bei Feuchtigkeitsschäden an den Wänden, hoher Luftfeuchtigkeit und Gestank in der Wohnung (LG Berlin, Urt. v. 19.12.1988 – 61 S 211/87);
- 100 % bei ständiger Durchfeuchtung der Außenwände im Zusammenwirken mit weiteren erheblichen Mängeln (AG Potsdam WuM 1995, 534);
- 100 % bei extremer Schimmelbildung, die nur durch ständiges Lüften verhindert werden könnte (AG München, Urt. v. 11.6.2010 – 412 C 11503/09);
- 75 %, wenn alle Räume einer Neubauwohnung von Schimmel befallen sind (LG Köln WuM 2001, 604);
- 50 % bei während der Austrocknungszeit durchfeuchteten Wänden und Teppichböden (LG Dresden ZMR 2003, 840);
- 20 % bei Feuchtigkeit und Schimmelbildung (LG Konstanz WuM 2013, 156);
- 10 % bei Schimmel im Decken- und Fußbodenwinkel des Schlafzimmers aufgrund mangelhaften Außenmauerwerks (LG Hamburg WuM 1985, 21);
- 10 % bei Schimmel und Feuchtigkeit hinter Heizkörpern und Fensterbrüstungen in der gesamten Wohnung (AG Darmstadt WuM 1980, 129).

Förderzusage → *Sozialmiete/Sozialwohnung*

F

Freie Meinungsäußerung

Das Recht, seine Meinung in Wort, Schrift und Bild frei zu äußern, ist im Grundgesetz in Art. 5 verankert. Die Grenzen des Erlaubten ziehen die allgemeinen Gesetze, insbesondere die §§ 185 –187 StGB zu Beleidigung, übler Nachrede und Verleumdung und die Grundrechte Dritter. Verboten sind auch Eingriffe in das Allgemeine Persönlichkeitsrecht anderer Personen – also auch des Vermieters – aus Art. 2 Abs. 1, Art. 1 Abs. 1 GG. Regelungen im Mietvertrag – auch → *Allgemeine Geschäftsbedingungen* – können das Recht zur freien Meinungsäußerung beschränken. Im **Privatbereich** gemachte Äußerungen – was »beim Abendbrot am Familientisch« gesagt wird – sind der Beschränkung entzogen.

Nachteilige öffentliche Äußerungen über den Vermieter und sein Geschäftsgebaren sind grundsätzlich als freie Meinungsäußerung **zulässig.** Dass sie störend oder für den Vermieter wirtschaftlich nachteilig sind, ändert nichts daran (VerfGH Berlin ZMR 2008, 605; LG Berlin NZM 2002, 1007). Die Grenze verläuft da, wo nicht mehr die Auseinandersetzung in der Sache, sondern die **Herabsetzung des anderen** im Vordergrund steht; in Diffamierungsabsicht geäußerte Schmähkritik überschreitet die Grenzen des Erlaubten (BVerfG – 1 BvR 482/13). Letztlich kommt es immer auf den Einzelfall an.

Einzelfälle:
- Behauptung im Internet, der Vermieter »zocke die Mieter ab«, und man müsse ihm das »kriminelle Handwerk legen« (LG Lübeck WuM 2013, 530) – erlaubt.
- Äußerung des Mieters anlässlich eines Mahnverfahrens über **»kriminelle Hausverwaltungsgeschäfte und Machenschaften«** des Vermieters – erlaubt, solange nicht die Diffamierung der Person im Vordergrund steht; Kündigung deswegen nicht gerechtfertigt! (LG Berlin WuM 2013, 354).
- **Zeitungsinterview**, welches den Vermieter in schlechtes Licht setzt – erlaubt; allerdings dürfen Behauptungen nicht »ins Blaue hinein« aufgestellt werden; zumindest die Bezugspunkte der Kritik sind offenzulegen (OLG Köln WuM 1983, 85); fristlose Kündigung ist nicht gerechtfertigt (AG Nürnberg WuM 1983, 261).
- **Strafanzeige** gegen den Vermieter wegen Hausfriedensbruchs – erlaubt, wenn der Mieter sich als Opfer einer Straftat des Vermieters sieht und nicht primär das Ziel verfolgt, den Vermieter zu schädigen; Kündigung ist nicht gerechtfertigt (LG Frankfurt (Oder) WuM 2013, 355).
- Äußerungen über (vermeintliche) Mängel der Wohnung oder den Kaufpreis **anlässlich Besichtigung durch potenziellen Käufer** – erlaubt, solange nicht (bewusst) wahrheitswidrig und geschäftsschädigend (OLG Celle WuM 1991, 538). Erlaubt ist auch der Hinweis an den Käufer, sich gegen eine Kündigung zur Wehr zu setzen (AG Saarbrücken WuM 2016, 520).

- **ehrverletzende Behauptungen** in einem offenen Brief, Mitarbeiter des Vermieters kämen aus dem Rotlichtmilieu – nicht erlaubt. Kündigung wäre möglich (LG Halle (Saale) ZMR 2012, 19).
- **Rassistische und menschenverachtende Beleidigungen** muss sich der Vermieter nicht gefallen lassen – hier ist sogar eine außerordentliche (fristlose!) Kündigung möglich (AG Hannover WuM 2025, 605).
- Aufforderung zum **Mietboykott** durch den Mieter – nicht erlaubt (BGH VI ZR 130/83 WuM 1985, 218).

Bei **Plakaten** in Fenstern, an Balkonen oder der Außenfassade kommt es ebenfalls auf den Einzelfall an. Enthält der Mietvertrag hierzu eine Regelung – z. B., dass für das Aushängen von Plakaten an der Außenwand die Zustimmung des Vermieters erforderlich ist –, ist diese maßgeblich. Eine solche Regelung würde allerdings nicht die Anbringung von Informationen über die rechtliche Stellung von Käufern von Eigentumswohnungen im eigenen Fenster des Mieters verbieten (AG Hamburg WuM 1979, 76). Ist die Plakatierung vertragswidrig, kann der Vermieter nach Abmahnung auf Unterlassung klagen.

Einzelfälle:
- Ein Plakat »Spekulieren lassen wir uns nicht gefallen« ist gegen den Vermieter gerichtet und deshalb vertragswidrig – nicht erlaubt, Vermieter kann die Beseitigung verlangen, aber nicht fristlos kündigen (AG Nürnberg WuM 1983, 261).
- Ein Plakat mit der Aufschrift »Wir lassen uns nicht luxussanieren«, das ohne Substanzbeschädigung am mitvermieteten Balkon angebracht ist, ist trotz eines Plakatierungsverbots im Mietvertrag kein vertragswidriger Gebrauch der Mietsache und muss nicht entfernt werden (AG Mitte WuM 2014, 482).
- Ein Plakat »Wir bleiben alle! Soziale und widerständige Orte schaffen und erhalten«, das mit Schnüren an der Balkonbrüstung befestigt ist, ist als vertragsgemäßer Gebrauch erlaubt (AG Neukölln MM 2018, Nr. 4, 30).
- Ein Plakat, mit dem sich der Mieter mit einer Interessengemeinschaft von Mietern gegen die Umwandlung in Eigentumswohnungen solidarisiert, ist keine Vertragsverletzung – erlaubt, kein Kündigungsgrund (LG Kassel WuM 1981, 211).
- Plakate mit politischen Äußerungen sind, soweit nicht vertraglich verboten, in der Regel zulässig (LG Aachen WuM 1988, 53; LG Hamburg WuM 1986, 134). Eine Ausnahme kann gelten, wenn sie zur Störung des Hausfriedens führen; auch in diesem Fall läge aber zumindest dann kein Kündigungsgrund vor, wenn der Mieter das Plakat nach Abmahnung und Einholung von Rechtsrat abnimmt (LG Tübingen WuM 1986, 116).
- Bei vermietetem → *Wohnungseigentum* ist es möglich, dass einer Plakatierung durch die Gemeinschaft der Eigentümer zugestimmt werden muss (AG Erfurt WuM 2011, 180).

F

Fristlose Kündigung → *Kündigung*

Unter bestimmten Voraussetzungen können Mieter oder Vermieter das Mietverhältnis **ohne Einhaltung einer Kündigungsfrist** beenden. Eine solche fristlose Kündigung setzt einen **wichtigen Grund** – eine erhebliche Pflichtverletzung – voraus (§ 543 Abs. 1 BGB). Diese muss so schwer wiegen, dass es der kündigenden Partei **nicht zugemutet** werden kann, das Mietverhältnis noch bis zur regulären Beendigung fortzusetzen – also

- bei einem → ***Zeitmietvertrag*** bis zum Ablauf der vereinbarten Mietzeit oder
- bei einem **unbefristeten** Mietvertrag bis zum Ablauf der gesetzlichen → *Kündigungsfrist* oder bis zum Ablauf des vertraglich vereinbarten Kündigungsausschlusses (→ *Kündigungsausschluss*).

Ob dem Mieter oder dem Vermieter die Fortsetzung des Mietverhältnisses unzumutbar ist, ist im konkreten Einzelfall zu prüfen. Dafür sind die **Interessen von Vermieter und Mieter gegeneinander abzuwägen** und alle Umstände des Einzelfalls zu berücksichtigen – insbesondere ein etwaiges Verschulden der Vertragsparteien sowie mögliche Härtegründe (→ *Kündigungswiderspruch*) auf Seiten des Mieters (BGH VIII ZR 73/16 WuM 2017, 23). Abzuwägen ist das Interesse des Kündigenden an einer sofortigen Beendigung des Mietverhältnisses gegen das Interesse des Kündigungsempfängers an dessen Fortbestand. Dabei sind insbesondere Art und Schwere der Pflichtverletzung, ihre Folgen sowie das Ausmaß des Verschuldens zu berücksichtigen.

In der Regel gilt: Bevor eine fristlose Kündigung ausgesprochen werden darf, ist zunächst eine → ***Abmahnung*** erforderlich oder es muss eine angemessene Frist zur Abhilfe gesetzt werden (§ 543 Abs. 3 Satz 2 BGB). Erst wenn der Vertragspartner danach **erneut eine gleichartige Pflichtverletzung** begeht oder die verlangte Abhilfe innerhalb der Frist ausbleibt (z. B. ein gesundheitsgefährdender Zustand nicht beseitigt wird), ist eine fristlose Kündigung zulässig. Stellt der Vermieter oder Mieter hingegen sein vertragswidriges Verhalten nach der Abmahnung ein, besteht kein Kündigungsrecht.

Eine **Abmahnung** bzw. Abhilfefrist ist ausnahmsweise **nicht erforderlich**, wenn
- der Mieter so erheblich mit der Miete im Rückstand ist, dass eine → *fristlose Kündigung des Vermieters wegen* ***Zahlungsverzugs*** möglich ist,
- der Mieter mit der **Kaution** in Höhe von zwei Kaltmieten im Rückstand ist (→ *Fristlose Kündigung des Vermieters wegen Nichtzahlung der Kaution*),
- eine Abmahnung offensichtlich erfolglos wäre, weil keine Abhilfe bzw. Verhaltensänderung zu erwarten ist, oder
- besondere Gründe eine sofortige Kündigung rechtfertigen (z. B. Straftatbegehung in der Wohnung).

Außerdem muss die fristlose Kündigung **schriftlich** erfolgen und **begründet** werden (→ *Kündigungsform*). Die Gründe müssen so **konkret** beschrieben sein, dass der Betroffene die Vorwürfe nachvollziehen und überprüfen kann (LG Berlin WuM 2003, 208).

Fristlose Kündigung des Mieters → *Fristlose Kündigung* → *Kündigung des Mieters*

Das Gesetz nennt ausdrücklich drei wichtige Gründe, die den Mieter zur fristlosen Kündigung des Mietvertrags berechtigen:
- wenn ihm der **vertragsgemäße Gebrauch der Wohnung ganz oder teilweise nicht rechtzeitig gewährt** oder später wieder entzogen wird, § 543 Abs. 2 Satz 1 Nr. 1 BGB (→ *Fristlose Kündigung wegen Nichtgewährung des vertragsgemäßen Gebrauchs*),
- wenn die Nutzung der Wohnung mit einer erheblichen **Gefahr für seine Gesundheit** verbunden ist, § 569 Abs. 1 BGB (→ *Fristlose Kündigung des Mieters wegen Gesundheitsgefährdung*) oder
- wenn der Vermieter den **Hausfrieden** nachhaltig stört (→ *Fristlose Kündigung wegen Hausfriedensstörung*), § 569 Abs. 2 BGB.

Sind die Voraussetzungen eines dieser drei Gründe erfüllt, besteht grundsätzlich ein Recht zur fristlosen Kündigung; eine zusätzliche Interessenabwägung wie bei der Generalklausel des § 543 Abs. 1 BGB ist dann nicht erforderlich.

Ausnahme: Bei der → ***fristlosen Kündigung wegen Hausfriedensstörung*** ist stets eine **Abwägung der beiderseitigen Interessen** unter Berücksichtigung der **Umstände des Einzelfalls** erforderlich.

F

Liegen diese speziellen Kündigungsgründe nicht vor, kann der Mieter eine fristlose Kündigung unter Umständen auf die sog. Generalklausel des § 543 Abs. 1 BGB (»wichtiger Grund«) stützen. Voraussetzung hierfür ist, dass dem Mieter unter **Berücksichtigung aller Umstände des Einzelfalls** und nach **Abwägung der beiderseitigen Interessen** die Fortsetzung des Mietverhältnisses bis zum Ablauf der Kündigungsfrist nicht zumutbar ist (→ *Fristlose Kündigung*).

Beispiele aus der Rechtsprechung für eine fristlose Kündigung aus wichtigem Grund:
- **Beleidigungen** des Mieters durch den Vermieter (AG Borken WuM 2000, 189),
- unbefugtes **Betreten** der Wohnung mit Zweitschlüssel (OLG Celle WuM 2007, 201; LG Berlin WuM 1999, 332),
- massives Eindringen von **Essensgerüchen und Zigarettenrauch** aufgrund der Bauweise (LG Stuttgart WuM 1998, 724),
- dauerhafte **nächtliche Ruhestörungen** durch Nachbarn (LG Duisburg WuM 1988, 264),
- zu **niedrige Zimmertemperaturen** von 16 °C im Winter (LG Landshut WuM 1989, 175),
- **rostverfärbtes Wasser** (LG Köln WuM 1987, 122),
- regelmäßige **Stromausfälle** wegen nicht bezahlter Stromrechnungen (LG Saarbrücken WuM 1995, 159) → *Versorgungssperre*,
- **Täuschung des Vermieters** bei der Nebenkostenabrechnung durch falsche Zahlen (LG Gießen WuM 1996, 767),
- **Untersagung der vertragsgemäßen Nutzung** durch Ordnungsverfügung (OLG Köln WuM 1998, 152),
- **unberechtigte fristlose Kündigung** durch den Vermieter (OLG Düsseldorf WuM 1997, 556).

Für alle Kündigungsgründe des Mieters gilt: Eine fristlose Kündigung ist i. d. R. **erst nach erfolgloser** → ***Abmahnung*** bzw. nach erfolglosem Ablauf einer zur Abhilfe gesetzten Frist zulässig. Ausnahmsweise kann die Abmahnung bzw. Abhilfefrist entbehrlich sein, wenn sie offensichtlich erfolglos wäre (weil keine Abhilfe zu erwarten ist) oder besondere Umstände eine sofortige Kündigung rechtfertigen (z. B. bei bestehender → *Gesundheitsgefährdung*).

Gut zu wissen: Der Mieter sollte die fristlose Kündigung **zeitnah** nach Kenntniserlangung von dem wichtigen Kündigungsgrund bzw. nach erfolgloser Abmahnung/Abhilfefrist erklären. Wartet er zu lange, kann das den Eindruck erwecken, dass er die Pflichtverletzung nicht als so schwerwiegend bewertet, dass ihm ein Abwarten bis zum Ablauf der ordentlichen Kündigungsfrist unzumutbar wäre (BGH VIII ZR 265/86 WuM 1988, 125). Eine fristlose Kündigung, die sechs Wochen nach der Pflichtverletzung ausgesprochen wird, kann je nach Einzelfall noch als rechtzeitig gelten (LG Berlin WuM 1999, 332).

Fristlose Kündigung des Mieters wegen Gesundheitsgefährdung

→ *Fristlose Kündigung* → *Gesundheitsgefährdung*

Ein wichtiger Grund zur fristlosen Kündigung liegt für den Mieter vor, wenn die Benutzung der Wohnung mit einer erheblichen **Gefährdung der Gesundheit** verbunden ist (§ 569 Abs. 1 BGB). Die Gesundheitsbeeinträchtigung muss noch nicht eingetreten sein – sie muss aber **konkret drohen.** Reine Vermutungen oder haltlose Befürchtungen reichen dagegen nicht aus.

Wichtig zu wissen: Das Recht zur Kündigung besteht **auch dann**, wenn dem Mieter der gesundheitsgefährdende Zustand der Wohnung **bereits bei Vertragsschluss bekannt** war (§ 569 Abs. 1 Satz 2 BGB).

Erhebliche Gesundheitsgefahr

Die → *Gesundheitsgefährdung* muss erheblich sein. Ein kurzzeitiger Heizungsausfall (AG Miesbach WuM 1987, 211) oder ein nur gelegentliches Auftreten von Ungeziefer (LG Kiel WuM 1992; AG Lahnstein WuM 1988, 55) reicht i. d. R. nicht aus.

Bei **Schimmelbefall** genügt es nicht, dass Schimmel allgemein gesundheitsschädlich sein kann. Entscheidend ist vielmehr, **welche Schimmelart** vorliegt und welche **konkreten Gesundheitsrisiken** sich daraus bei der Nutzung der Wohnung ergeben (OLG Brandenburg, Urt. v. 25.2.2014 – 3 U 154/11).

Sind nur **einzelne Räume** betroffen, kann das Kündigungsrecht dennoch bestehen, wenn ein Hauptraum wie Wohn-, Schlaf- oder Kinderzimmer oder die Küche gesundheitsgefährdend ist. Betrifft die Beeinträchtigung dagegen nur Nebenräume wie Flur, Keller oder Abstellkammer, rechtfertigt das im Regelfall keine fristlose Kündigung.

Beispiele aus der Rechtsprechung für eine erhebliche Gesundheitsgefahr:
- **überhöhte Formaldehydkonzentration** in der Wohnung (AG Stade WuM 2000, 417; AG Köln WuM 1987, 120) (→ *Gesundheitsgefährdung*),
- **gravierender Ungezieferbefall** (Khaprakäfer) und faktische Unbewohnbarkeit der Wohnung wegen ungeeigneter **Bekämpfungsmittel** (AG Trier WuM 2001, 486; AG Aachen WuM 1999, 457),
- **völlig durchfeuchtete**, praktisch unbewohnbare Wohnung (AG Regensburg WuM 1988, 361),
- **erhebliche Feuchtigkeitsschäden mit Schimmelbildung** (AG Saarbrücken WuM 2017, 634),
- Wohnung steht **»unter Wasser«**, weil nach einem Hochwasser mit **Schlamm und Fäkalien** belastetes Abwasser aus der Kanalisation in die Wohnung gedrückt wird (AG Köln WuM 1997, 261).

Frist zur Mängelbeseitigung erforderlich

Vor einer fristlosen Kündigung wegen Gesundheitsgefährdung muss der Mieter dem Vermieter i. d. R. zunächst eine angemessene **Frist zur Mängelbeseitigung** setzen oder ihn abmahnen (BGH VIII ZR 206/09 WuM 2010, 352; VIII ZR 182/06 WuM 2007, 319).

Eine Frist zur Abhilfe ist **ausnahmsweise entbehrlich**, wenn dem Mieter ein weiteres Zuwarten wegen der damit verbundenen Gesundheitsrisiken **nicht zugemutet** werden kann oder wenn der Vermieter die Mangelbeseitigung **endgültig verweigert** (BGH VIII ZR 206/09 WuM 2010, 352). Gleiches gilt, wenn die vom Vermieter angebotene Maßnahme nicht geeignet ist, die Gesundheitsgefahr wirksam zu beseitigen (OLG Brandenburg ZMR 2017, 387).

Zeitpunkt und Begründung der Kündigung

Der Mieter sollte **zeitnah** nach Ablauf der Frist zur Mängelbeseitigung **schriftlich** kündigen. Die Kündigung muss den Kündigungsgrund »Gesundheitsgefahr« benennen und alle Tatsachen enthalten, aus denen sich die gesundheitsbedrohenden Umstände ergeben. Diese Umstände muss der Mieter im Streitfall auch beweisen können (AG Münster WuM 2008, 218).

In vielen dieser Fälle ist die Einschaltung eines **Sachverständigen** sinnvoll oder erforderlich. Wenn der Vermieter Veränderungen vornehmen will, kann außerdem ein → *selbstständiges Beweisverfahren* in Betracht kommen (LG Mannheim WuM 1988, 360).

Fristlose Kündigung des Mieters wegen Nichtgewährung des vertragsgemäßen Gebrauchs

Wird dem Mieter der → *vertragsgemäße Gebrauch* der Wohnung ganz oder teilweise nicht rechtzeitig gewährt oder wieder entzogen, ist dies ein **wichtiger Grund** für eine fristlose Kündigung (§ 543 Abs. 2 Satz 1 Nr. 1 BGB).

> **Gut zu wissen:** Anders als bei der → *fristlosen Kündigung wegen Gesundheitsgefährdung* ist eine **Kündigung hier ausgeschlossen**, wenn der Mieter den Mangel bereits bei Vertragsschluss **kannte.**

Verzögerte Übergabe der Mietwohnung

Das Kündigungsrecht entsteht, wenn der Vermieter die Wohnung nicht zum vertraglich vereinbarten Zeitpunkt übergibt. Dabei kommt es nicht darauf an, ob der Vermieter die Verzögerung zu vertreten hat.

Übergabe einer mangelhaften Mietwohnung

Der Mieter kann auch fristlos kündigen, wenn die Wohnung in einem mangelhaften Zustand übergeben wird, also der tatsächliche Zustand vom vereinbarten abweicht. Das gilt insbesondere, wenn die tatsächliche → *Wohnfläche* der Wohnung mehr als 10 % kleiner ist als die im Mietvertrag angegebene Fläche (BGH VIII ZR 133/03 WuM 2004, 268; VIII ZR 144/09 WuM 2010, 240). Auf eine konkrete Beeinträchtigung des Mietgebrauchs kommt es dabei nicht an (BGH XII ZR 254/01).

> **Wichtig zu wissen:** Bei einer solchen **Wohnflächenabweichung** muss der Mieter vor der fristlosen Kündigung **weder abmahnen noch eine Frist zur Abhilfe setzen**, weil der Vermieter die Abweichung bei einer bestehenden Wohnung im Regelfall nicht beseitigen kann (BGH VIII ZR 133/03 WuM 2004, 268).

F

Entzug des Mietgebrauchs
Ein fristloses Kündigungsrecht besteht auch, wenn der Mieter ganz oder teilweise an der vertragsgemäßen Nutzung der Wohnung gehindert wird.

Beispiele:
- Der Vermieter **tauscht die Schlösser aus** und der Mieter hat keinen Zugang mehr zur Wohnung.
- Der Vermieter will die Mietwohnung umfänglich modernisieren und die geplanten Arbeiten haben zur Folge, dass der Mieter die Räume nicht mehr vertragsgemäß nutzen kann.
- Eine Behörde erlässt ein **Benutzungsverbot** (BGH XII ZR 153/15 WuM 2018, 18).

Vor der Kündigung ist Abhilfefrist erforderlich
Grundsätzlich muss der Mieter dem Vermieter vor der Kündigung **Gelegenheit zur Abhilfe** geben und dazu eine angemessene Frist setzen. Erst wenn diese Frist erfolglos verstreicht, kann fristlos gekündigt werden. Eine Fristsetzung ist **ausnahmsweise nicht erforderlich**, wenn der Vermieter die Abhilfe ernsthaft und endgültig **verweigert** oder den Mangel – wie bei der Wohnflächenabweichung – **nicht beheben kann.**

Fristlose Kündigung des Vermieters → *Kündigung des Vermieters*

Das Gesetz nennt ausdrücklich **fünf wichtige Gründe**, die den Vermieter zur fristlosen Kündigung des Mietvertrags berechtigen:
- wenn der Mieter mit der Mietsache **nicht sorgsam umgeht und sie dadurch erheblich gefährdet**, § 543 Abs. 2 Satz 1 Nr. 2 BGB (→ *Fristlose Kündigung des Vermieters wegen Gefährdung der Mietsache*),
- wenn der Mieter die **Wohnung unbefugt einem Dritten überlässt** (z. B. ohne Erlaubnis untervermietet), § 543 Abs. 2 Satz 1 Nr. 2 BGB (→ *Untermiete*),
- wenn der Mieter an **zwei aufeinanderfolgenden Zahlungsterminen mit einem Betrag von mehr als einer Monatsmiete in Rückstand** ist oder sich über einen längeren Zeitraum ein Mietrückstand von insgesamt **zwei Monatsmieten** aufsummiert, § 543 Abs. 2 Satz 1 Nr. 3 Nr. a und b BGB (→ *Fristlose Kündigung des Vermieters wegen Zahlungsverzugs*),
- wenn der Mieter sich mit der **Zahlung der → *Kaution*** in Höhe von zwei Kaltmieten in Verzug befindet, § 569 Abs. 2a BGB (→ *Fristlose Kündigung des Vermieters wegen Nichtzahlung der Mietkaution*) oder

– wenn der Mieter nachhaltig den **Hausfrieden stört**, § 569 Abs. 2 BGB (→ *Fristlose Kündigung wegen Hausfriedensstörung*).

Sind die Voraussetzungen eines dieser speziellen Gründe erfüllt, besteht grundsätzlich ein Recht zur fristlosen Kündigung; eine zusätzliche Interessenabwägung wie bei der Generalklausel des § 543 Abs. 1 BGB (dazu sogleich) ist dann nicht erforderlich.

Ausnahme: Bei der → ***fristlosen Kündigung wegen Hausfriedensstörung*** ist stets eine **Abwägung der beiderseitigen Interessen** unter Berücksichtigung der **Umstände des Einzelfalls** notwendig.

Die Generalklausel zur fristlosen Kündigung aus wichtigem Grund (§ 543 Abs. 1 BGB)

Trifft keiner der genannten fünf speziellen Kündigungsgründe zu, kann der Vermieter eine fristlose Kündigung unter Umständen auf die sog. Generalklausel des § 543 Abs. 1 BGB (wichtiger Grund) stützen. Voraussetzung hierfür ist, dass dem Vermieter unter Berücksichtigung aller Umstände des Einzelfalls und nach Abwägung der beiderseitigen Interessen die **Fortsetzung des Mietverhältnisses** bis zum Ablauf der Kündigungsfrist **nicht zumutbar** ist (→ *Fristlose Kündigung*).

Wichtige Gründe für eine fristlose Kündigung nach der Generalklausel i. S. v. § 543 Abs. 1 BGB können z. B. sein:

Bedrohung: Eine bedrohliche Geste – etwa ein nur angedeuteter Stockschlag in Richtung des Kopfes eines Mitmieters – kann eine fristlose Kündigung auch ohne vorherige Abmahnung rechtfertigen (AG München ZMR 2015, 41). Entsprechendes gilt, wenn der Mieter den Vermieter öffentlich in einem sozialen Netzwerk mit körperlicher Gewalt bedroht und ihn zugleich als »Hundesohn« beschimpft (AG Düsseldorf ZMR 2019, 870) oder wenn er ihn mit Worten wie »Ich hole meinen Pitbull von oben, der zerfleischt euch« bedroht (AG Charlottenburg, Urt. v. 26.8.2021 – 203 C 45/21).

Beleidigung: Beleidigt der Mieter den Vermieter rassistisch oder menschenverachtend (AG Hannover WuM 2025, 605: »Ihr Kanacken!«, »Scheiß Ausländer!«), äußert er sich in einem öffentlichen Internetportal in grob herabsetzender Weise über den Vermieter (AG Bernau WuM 2009, 126) oder beschimpft er seine Vermieter in einer Fernsehsendung als »Arschlöcher« (AG Charlottenburg ZMR 2022, 133), kann dies eine fristlose Kündigung rechtfertigen. Bei **schweren Be-**

leidigungen ist eine **Abmahnung** vor einer fristlosen Kündigung regelmäßig nicht erforderlich, weil das zerstörte Vertrauensverhältnis durch eine Abmahnung nicht wiederhergestellt werden kann (AG München ZMR 2016, 466).

Betrug: Der Mieter verfälscht die Betriebskostenabrechnung, um die Erstattung einer höheren Nachforderung beim Jobcenter zu erschleichen (AG Neukölln, Urt. v. 28.10.2022 – 17 C 141/22).

Falsche Angaben: Der Mieter legt eine »frei erfundene« Vorvermieterbescheinigung vor (BGH VIII ZR 107/13 WuM 2014, 333).

Strafanzeige gegen den Vermieter: Der Mieter unterstellt dem Vermieter vorsätzlich und leichtfertig eine Betrugsabsicht und erstattet deshalb Strafanzeige gegen ihn (BVerfG WuM 2002, 22; AG München ZMR 2016, 969). Eine fristlose Kündigung scheidet jedoch aus, wenn die Strafanzeige nicht anlasslos, sondern aufgrund vorangegangener Vorkommnisse, abgegeben wird und nicht vorsätzlich oder leichtfertig unwahr ist (BGH VIII ZR 234/22 WuM 2023, 747).

Straftatbegehung: Straftaten, die in der Mietwohnung begangen werden, rechtfertigen eine Kündigung grundsätzlich nur dann, wenn der Mieter selbst Täter ist oder wenn ein Haushaltsangehöriger die Tat mit Wissen des Mieters begeht (LG Berlin WuM 2022, 402). Außerdem muss die Straftat einen unmittelbaren Bezug zum Mietverhältnis haben; Tatort muss also die Wohnung oder das Mietshaus sein. Eine fristlose Kündigung ist z. B. gerechtfertigt, wenn der Sohn des Mieters größere Mengen Marihuana in der Wohnung lagert, um damit Handel zu treiben. Ob in der Wohnung zusätzlich Drogenkäufer empfangen werden, ist dabei nicht entscheidend (LG München I ZMR 2022, 894). In der Regel muss der Vermieter den Mieter nach einer Straftat **nicht** erst **abmahnen**, bevor er kündigt (AG Brühl WuM 2008, 596).

Straftatverdacht: Auch der Verdacht, dass der Mieter eine Straftat begangen hat, kann im Einzelfall eine fristlose Kündigung rechtfertigen. Voraussetzung ist jedoch ein **dringender Verdacht** – es muss also eine hohe Wahrscheinlichkeit bestehen, dass der Mieter die Tat begangen hat. Dieser Verdacht muss durch objektive Umstände gestützt sein. Zudem müssen die Verdachtsmomente so gewichtig sein, dass dem Vermieter das für die Fortsetzung des Mietverhältnisses erforderliche Vertrauen fehlt (AG Wedding WuM 2022, 535: Verdacht der Brandstiftung im Treppenhaus).

Stromdiebstahl: Zapft der Mieter den Allgemeinstrom an und verbraucht dadurch Energie ohne Bezahlung – etwa zum Laden eines E-Autos –, liegt darin ein erheblicher Pflichtverstoß (AG Potsdam WuM 1995, 40; LG Köln, Urt. v. 17.3.1994 – 1 S 251/93). Ob dies den Vermieter zu einer fristlosen Kündigung berechtigt, hängt von den Umständen des Einzelfalls ab, insbesondere von der Menge des entnommenen Stroms und der Dauer der Pflichtverletzung (LG Berlin, Beschl. v. 21.10.2014 – 67 S 304/14; KG Berlin WuM 2004, 721). Eine fristlose Kündigung ist jedenfalls unwirksam, wenn nur geringfügige Strommengen entnommen wurden, der Schaden unter 50 Euro liegt und der Mieter außerdem Wiedergutmachung des Schadens anbietet (AG Leverkusen ZMR 2025, 37).

Vertragswidrige Nutzung: Der Vermieter kann auch dann zu einer fristlosen Kündigung berechtigt sein, wenn der Mieter die Wohnung vertragswidrig nutzt, etwa indem er sie für Prostitution (AG Köln WuM 2003, 145), einen Bordellbetrieb oder als Ingenieurbüro (LG Schwerin WuM 1996, 214) bzw. Schreibbüro (LG Lüneburg WuM 1995, 706) verwendet und dort Kunden empfängt. Allerdings ist nicht jede berufliche Tätigkeit in der Mietwohnung unzulässig – eine → *Berufsausübung in der Wohnung* kann je nach Ausgestaltung erlaubt sein.

Wiederholt unpünktliche Mietzahlung: → *Fristlose Kündigung des Vermieters wegen dauernd unpünktlicher Mietzahlung.*

Zerrüttung: Eine bloße »Zerrüttung« des Mietverhältnisses – also ein dauerhaft gestörtes Verhältnis zwischen Vermieter und Mieter – genügt für sich genommen nicht als Grundlage einer fristlosen Kündigung (BGH VIII ZR 211/22 WuM 2024, 139). Erforderlich ist vielmehr eine konkrete, erhebliche Pflichtverletzung. Allein die Aussage, man komme »nicht mehr miteinander aus« oder »das Vertrauen sei zerstört«, reicht regelmäßig nicht aus.

Abmahnung oder Frist zur Abhilfe erforderlich

Bevor der Vermieter fristlos kündigen darf, muss er dem Mieter grundsätzlich zunächst die Möglichkeit geben, wieder vertragsgemäß zu handeln. Dazu hat er den Mieter in der Regel abzumahnen oder ihm eine angemessene Frist zur Abhilfe zu setzen (→ *Abmahnung*).

> **Beispiele:** Hat der Mieter wiederholt die Nachtruhe durch laute Feiern gestört, muss der Vermieter ihn unter Androhung von möglichen Konsequenzen auffordern, dies künftig zu unterlassen. Stellt der Vermieter fest, dass der Mieter unbefugt einen Dritten in die Wohnung aufgenommen hat, muss er ihm eine angemessene Frist setzen, um diesen Zustand zu beenden.

Erst wenn Abmahnung oder Fristsetzung erfolglos bleiben, kommt eine fristlose Kündigung in Betracht (LG Hamburg WuM 1986, 328; LG Mannheim WuM 1985, 262). Stellt der Mieter das vertragswidrige Verhalten nach der Abmahnung dagegen ein, **entfällt das Kündigungsrecht** (LG Duisburg WuM 1989, 76).

F

Wichtig zu wissen: Eine fristlose Kündigung enthält regelmäßig zugleich eine Abmahnung hinsichtlich des dort beschriebenen Verhaltens (AG Münster WuM 2023, 28). Kündigt der Vermieter also wegen fortgesetzten Fehlverhaltens zweimal, kann die erste Kündigung als Abmahnung zu werten sein.

Eine Abmahnung oder Abhilfefrist ist allerdings **nicht erforderlich**,
- wenn der Vermieter wegen **Zahlungsverzugs** nach § 543 Abs. 2 Satz 1 Nr. 3 a oder b BGB fristlos kündigt (→ *Fristlose Kündigung des Vermieters wegen Zahlungsverzugs*),
- der Mieter mit der **Kaution** in Höhe von zwei Kaltmieten im Rückstand ist (→ *Fristlose Kündigung des Vermieters wegen Nichtzahlung der Kaution*),
- eine Abmahnung **offensichtlich nicht erfolgversprechend** wäre, weil keine Verhaltensänderung zu erwarten ist, oder
- **besondere Gründe** eine **sofortige Kündigung** rechtfertigen.

Beispiele für »besondere Gründe«:
- Der Mieter nutzt die Wohnung für Rauschgiftgeschäfte (LG Berlin GE 1990, 255).
- Der Mieter beleidigt den Vermieter massiv und unterstellt ihm »versuchten Mord« (AG München ZMR 2016, 466).
- Der Ehemann der Mieterin wird gegenüber anderen Hausbewohnern gewalttätig (AG Brühl WuM 2008, 596).
- Der Mieter verfälscht die Betriebskostenabrechnung, um die Erstattung einer höheren Nachforderung beim Jobcenter zu erschleichen (AG Neukölln GE 2023, 146).

Muss der Mieter sofort ausziehen?

Nein. Der Mieter muss nicht bereits an dem Tag ausziehen, an dem er die fristlose Kündigung erhält. Der Vermieter muss ihm vielmehr eine **angemessene Ziehfrist** von ein bis zwei Wochen einräumen, damit der Mieter die Wohnung räumen kann.

Zieht der Mieter danach nicht aus, darf der Vermieter die Wohnung nicht eigenmächtig in Besitz nehmen, sondern muss vor Gericht einen Räumungstitel erwirken. Nimmt der Vermieter die Mieträume **eigenmächtig ohne Räumungstitel** in Besitz und räumt die Wohnung aus, ist dies unerlaubte Selbsthilfe (»kalte Räumung«). In diesem Fall ist der Vermieter dem Mieter zu Schadensersatz verpflichtet, etwa für Eigentumsgegenstände des Mieters, die entsorgt oder beschädigt wurden (BGH VIII ZR 45/09 WuM 2010, 578). Dies gilt auch dann, wenn der Aufenthaltsort des Mieters **unbekannt** ist. Auch in diesem Fall muss der Vermieter den Rechtsweg beschreiten und eine öffentliche Zustellung der Räumungsklage beantragen (BGH VIII ZR 45/09 WuM 2010, 578).

Wichtig zu wissen: Solange der Mieter die Wohnung nicht zurückgegeben hat, muss er dem Vermieter eine → ***Nutzungsentschädigung*** zahlen – mindestens in Höhe der zuletzt vereinbarten Miete und auf Verlangen des Vermieters auch in Höhe der Marktmiete, die der Vermieter bei Neuabschluss eines Mietvertrags erzielen könnte (BGH VIII ZR 17/16 WuM 2017, 134).

Fristlose Kündigung des Vermieters wegen Beleidigung/Bedrohung

→ *Fristlose Kündigung des Vermieters*

Fristlose Kündigung des Vermieters wegen dauernd unpünktlicher Mietzahlung → *Fristlose Kündigung des Vermieters*

Der Vermieter kann im Einzelfall das Mietverhältnis fristlos aus wichtigem Grund (§ 543 Abs. 1 BGB) kündigen, wenn der Mieter die Miete **wiederholt verspätet** (→ *Verzug*) zahlt. Dafür muss die Unpünktlichkeit **nachhaltig** sein, der Vermieter den Mieter zuvor **abgemahnt** haben und ihm die Fortsetzung des Mietverhältnisses **unzumutbar** sein (BGH VIII ZR 191/10 WuM 2011, 418).

Wann gilt eine unpünktliche Zahlung als nachhaltig?

Von Nachhaltigkeit spricht man, wenn der Mieter die Miete **über einen längeren Zeitraum** – nicht zwingend durchgehend, aber **immer wieder** – zu spät zahlt. Wie viele verspätete Zahlungen dafür erforderlich sind, lässt sich nicht starr festlegen, sondern hängt vom Einzelfall ab.

Beispiele aus der Rechtsprechung, in denen Gerichte Nachhaltigkeit bejaht haben:
- BGH VIII ZR 364/04 (WuM 2006, 193): **7** verspätete Zahlungstermine
- BGH VIII ZR 91/10 (WuM 2011, 469): **15** verspätete Zahlungstermine
- LG Köln (WuM 1991, 485): **48** verspätete Zahlungstermine

Abmahnung – und danach erneut verspätete Zahlung

Allein die nachhaltige Unpünktlichkeit reicht noch nicht automatisch aus, um die Fortsetzung des Mietverhältnisses als unzumutbar anzusehen. Grundsätzlich muss der Vermieter daher nach wiederholt verspäteten Zahlungen **zunächst abmahnen** (§ 543 Abs. 3 Satz 1 BGB). Aus der Abmahnung muss klar hervorgehen, dass der Vermieter die ständigen Verspätungen **nicht mehr akzeptiert** und **bei erneuter verspäteter Zahlung kündigen** wird.

Nach der Abmahnung muss der Mieter erneut zu spät zahlen. **Wie oft** das nach der Abmahnung passieren muss, ist wiederum eine **Einzelfallfrage**; feste Schemata (z. B. »immer dreimal nach Abmahnung«) sind unzulässig (BGH VIII ZR 364/04 WuM 2006, 193).

Wichtig zu wissen: Hat der Mieter **schon vor** der Abmahnung **mehrfach** unpünktlich gezahlt, kann nach der Abmahnung unter Umständen bereits eine weitere verspätete Zahlung für eine fristlose Kündigung genügen (BGH VIII ZR 364/04 WuM 2006, 193).
Umgekehrt kann ein langes widerspruchsloses Hinnehmen durch den Vermieter gegen die Unzumutbarkeit sprechen: Hat der Vermieter Verspätungen etwa über **sechs Jahre akzeptiert**, können selbst **dreimalige** Verspätungen nach Abmahnung im Ergebnis **nicht reichen** (LG Berlin WuM 2022, 488).

Kann der Vermieter auch ordentlich wegen unpünktlicher Mietzahlung kündigen?

Ja. Der Vermieter kann wegen wiederholt unpünktlicher Mietzahlungen auch ordentlich (unter Einhaltung der gesetzlichen Kündigungsfrist) kündigen (→ *Kündigung des Vermieters*). Eine vorherige **Abmahnung** mit Kündigungsandrohung ist hierfür **nicht erforderlich** (BGH VIII ZR 145/07 WuM 2008, 31).

Begründung der Kündigung

Eine fristlose oder ordentliche Kündigung wegen wiederholt verspäteter Mietzahlung muss der Vermieter schriftlich begründen. In der Regel muss er dabei die **konkreten Monate und Zahlungsdaten** der Verspätungen einzeln benennen; nur in ganz eindeutigen Ausnahmefällen kann dies entbehrlich sein (BGH VIII ZR 364/04 WuM 2006, 193).

Fristlose Kündigung des Vermieters wegen Gefährdung der Mietsache

→ *Fristlose Kündigung des Vermieters*

Der Vermieter darf fristlos kündigen, wenn der Mieter seine Pflicht, sorgsam mit der Mietsache umzugehen, in erheblicher Weise verletzt und dadurch die Wohnung erheblich gefährdet (§ 543 Abs. 2 Satz 1 Nr. 2 BGB).

Gefährdung der Mietsache
Der Mieter muss die Mietwohnung pfleglich behandeln und Schäden von ihr fernhalten. Kommt er dieser Pflicht nicht nach, rechtfertigt dies allein noch keine fristlose Kündigung. Erforderlich ist, dass die mangelnde Sorgfalt zu einer **erheblichen Gefährdung der Mietsache** führt.

> **Beispiel:** Allein die Tatsache, dass ein Mieter die Wohnung vollständig mit Unrat zustellt, rechtfertigt noch keine fristlose Kündigung, **solange** daraus **keine konkrete Gefahr** für die Mietsache entsteht – etwa durch **Ungeziefer, Schimmel, Brandrisiken** oder eine **Beeinträchtigung der Statik** (LG Münster WuM 2020, 782).

Einzelfälle aus der Rechtsprechung:
Beschädigung: Eine fristlose Kündigung kann gerechtfertigt sein, wenn der Mieter aufgrund fehlender Sorgfalt innerhalb von vier Jahren **vier Wasserschäden** verursacht (AG Wiesbaden NJW-RR 1992, 76) oder wiederholt **Essen anbrennen lässt** und dadurch die Gefahr eines erneuten Wohnungsbrands besteht (LG Duisburg, Urt. v. 18.6.1991 – 7 S 629/90).

Geruchsbelästigung: Ein Kündigungsrecht kann bestehen, wenn die Wohnung so vermüllt ist, dass **üble Gerüche** nach außen dringen (AG Rheine WuM 2008, 218; AG Münster WuM 2012, 372). Im Einzelfall kann dies anders zu bewerten sein, wenn einem **pflegebedürftigen** und **unter Betreuung** stehenden Mieter **kein Schuldvorwurf** gemacht werden kann (AG München WuM 2006, 621) → *Geruchsbelästigung.*

Schönheitsreparaturen: Unterlässt der Mieter vertraglich vereinbarte Schönheitsreparaturen, liegt zwar eine Pflichtverletzung vor. Eine **Gefährdung der**

Wohnung ist damit jedoch **regelmäßig nicht verbunden** (KG WuM 2015, 666; LG Münster WuM 1991, 33) → *Schönheitsreparaturen.*

Tierhaltung: Ein wichtiger Grund zur fristlosen Kündigung kann vorliegen, wenn in der Wohnung Katzen und mehrere Vögel gehalten werden, es zu Verunreinigungen durch Tierkot kommt und dadurch Insektenbefall entsteht (BVerfG 1 BvR 2024/24 WuM 2025, 746) → *Tierhaltung in der Wohnung.*

Überbelegung: Eine Überbelegung rechtfertigt eine fristlose Kündigung nur, wenn dadurch Vermieterrechte erheblich verletzt werden (BVerfG 1 BvR 1335/93 WuM 1994, 119; BGH VIII ARZ 1/93 WuM 1993, 529). Das ist nur anzunehmen, wenn die Überbelegung erhebliche Auswirkungen auf die Wohnungssubstanz oder das Zusammenleben in der Hausgemeinschaft hat. Maßgeblich sind u. a. Ausstattung und Zuschnitt der Wohnung, Vereinbarungen zu Schönheitsreparaturen sowie Alter und Lebensgewohnheiten der Bewohner (BGH VIII ARZ 1/93 WuM 1993, 529).

Entsteht die Überbelegung erst im Laufe der Zeit durch Zuzug oder Geburt von Familienangehörigen, kommt eine fristlose Kündigung regelmäßig nicht in Betracht (BGH VIII ARZ 1/93 WuM 1993, 529; AG Hannover WuM 1997, 556). Unter Umständen kann aber eine ordentliche Kündigung möglich sein (OLG Hamm WuM 1982, 323) – außer der Vermieter hat die Überbelegung über längere Zeit widerspruchslos hingenommen (LG Bonn WuM 1990, 345; LG Darmstadt WuM 1987, 393).

Verwahrloste »Messie«-Wohnung: Eine Kündigung wegen verwahrloster oder vermüllter Wohnung ist nur zulässig, wenn der Zustand die Mietsache konkret in ihrer Substanz gefährdet (z. B. Schimmel, Brandgefahr, Ungezieferbefall, Statikprobleme) oder Mitmieter erheblich durch Geruch oder Ungeziefer beeinträchtigt (LG Berlin ZMR 2011, 873; LG Münster WuM 2020, 782). Mieter haben im Rahmen der freien Entfaltung ihrer Persönlichkeit das Recht, ihre Wohnung nach eigenen Vorstellungen zu nutzen; bloße Unordnung oder eine ungewöhnliche Lebensführung genügt für eine Kündigung nicht (BVerfG 1 BvR 1428/24 WuM 2025, 601).

Abmahnung in der Regel erforderlich

Grundsätzlich darf der Vermieter erst dann fristlos kündigen, wenn er den Mieter zuvor **erfolglos abgemahnt** oder ihm erfolglos eine angemessene Frist zur Abhilfe gesetzt hat (§ 543 Abs. 3 Satz 1 BGB) → *Abmahnung* → *Fristlose Kündigung.*

Fristlose Kündigung des Vermieters wegen Nichtzahlung der Kaution

→ Fristlose Kündigung des Vermieters

Der Vermieter darf das Mietverhältnis fristlos kündigen, wenn der Mieter mit der Zahlung einer vereinbarten → *Kaution* in Höhe von **zwei Nettokaltmieten** in → *Verzug* ist (§ 569 Abs. 2a BGB).

> **Gut zu wissen:** Im Wohnraummietrecht darf die Mietkaution **höchstens drei Nettokaltmieten** betragen. Der Mieter darf sie in drei gleichen Monatsraten zahlen. Die erste Rate ist zu Beginn des Mietverhältnisses fällig, die weiteren Raten in den darauffolgenden Monaten.

Fristlos kündigen kann der Vermieter also in der Regel erst, wenn der Mieter **mit zwei Kautionsraten im Rückstand** ist. Haben die Parteien nur eine Kaution in Höhe einer Monatsmiete vereinbart, scheidet eine fristlose Kündigung wegen Kautionsrückstands aus, weil der erforderliche Rückstand von zwei Monatsmieten nicht erreicht werden kann.

Muss der Vermieter vor der Kündigung abmahnen?
Nein, eine vorherige Abmahnung oder Abhilfefrist ist nicht erforderlich (§ 569 Abs. 2a Satz 3 BGB). Der Vermieter kann sofort fristlos kündigen, sobald ein Kautionsrückstand in Höhe von zwei Nettokaltmieten erreicht ist.

Auf welche Mietsicherheiten ist die Kündigungsvorschrift anwendbar?
§ 569 Abs. 2a BGB erfasst nur die **Barkaution**, also Fälle, in denen der Mieter als Sicherheit eine Geldsumme zu leisten hat (BGH VIII ZR 256/23 WuM 2025, 426). Dazu zählen nicht nur die klassische Barkaution – wenn der Mieter die Kaution bar übergibt oder auf ein Konto des Vermieters überweist –, sondern auch das **verpfändete Sparbuch** (→ *Kaution*).

Auf eine **Bankbürgschaft** ist § 569 Abs. 2a BGB dagegen **nicht anwendbar** (BGH VIII ZR 256/23 WuM 2025, 426). In diesem Fall kann der Vermieter eine fristlose Kündigung wegen ausbleibender Sicherheit nur auf die Generalklausel des wichtigen Grundes stützen (§ 543 Abs. 1 BGB → *Fristlose Kündigung*). Voraussetzung ist, dass ihm die Fortsetzung des Mietverhältnisses unter Abwägung der beiderseitigen Interessen unzumutbar ist; regelmäßig ist außerdem zuvor eine Abmahnung erforderlich.

In welchen Fällen wird die fristlose Kündigung geheilt?
Wie bei der →*fristlosen Kündigung des Vermieters wegen Zahlungsverzugs* scheidet auch eine fristlose Kündigung wegen Kautionsverzugs aus, wenn der Mieter die vereinbarte Mietsicherheit **vor Zugang der Kündigung vollständig** leistet (§ 569 Abs. 2a Satz 4 i. V. m. § 543 Abs. 2 Satz 2 BGB).

Eine Tilgung durch **Aufrechnung mit Gegenforderungen** ist bei der Kaution – anders als beim Mietzahlungsverzug – **nicht möglich.**

Außerdem kann der Mieter die fristlose Kündigung wegen Kautionsverzugs **nachträglich unwirksam** machen, wenn er den Kautionsrückstand spätestens bis zum Ablauf von **zwei Monaten nach Zustellung der Räumungsklage vollständig** bezahlt oder wenn sich eine öffentliche Stelle zur Übernahme verpflichtet (§ 569 Abs. 2a Satz 4 i. V. m. § 569 Abs. 3 Nr. 2 Satz 1 BGB →*Schonfristzahlung*).

Besteht neben dem Kautionsrückstand zusätzlich ein Mietrückstand, muss für die Heilung der Kündigung wegen Kautionsverzugs grundsätzlich nur der Kautionsrückstand ausgeglichen werden. Etwas anderes gilt, wenn der Vermieter zusätzlich auch fristlos wegen Mietzahlungsverzugs gekündigt hat.

Wichtig zu wissen: Die vorgenannten Heilungsmöglichkeiten gelten nach der derzeitigen Rechtslage **nur für die fristlose Kündigung** wegen Kautionsverzugs. Kündigt der Vermieter wegen Nichtzahlung der Kaution (hilfsweise) ordentlich, bleibt die ordentliche Kündigung wirksam – auch wenn der Vermieter vor Zugang der Kündigung vollständig befriedigt wird oder der Mieter den Kautionsrückstand nachträglich durch →*Schonfristzahlung* ausgleicht.
Ein Referentenentwurf des Bundesministeriums der Justiz und für Verbraucherschutz aus Februar 2026 sieht vor, die Heilungsmöglichkeiten der vollständigen Befriedigung vor Zugang der Kündigung sowie der nachträglichen Schonfristzahlung künftig auch auf die **ordentliche Kündigung wegen Verzugs mit der Mietkaution** zu erstrecken. Ob und in welcher Form dieser Entwurf gesetzlich umgesetzt wird, war bis zum Redaktionsschluss noch offen. Aktuelle Informationen hierzu erhalten Sie bei Ihrem Mieterverein oder auf der Homepage des Deutschen Mieterbundes (www.mieterbund.de).

Kündigungsbegründung
Der Vermieter muss die fristlose Kündigung schriftlich erklären und begründen (§§ 568 Abs. 1, 569 Abs. 4 BGB →*Kündigungsform*). Dabei hat er den Verzug mit

der Mietkaution als Kündigungsgrund zu benennen und den Kautionsrückstand konkret zu beziffern.

Fristlose Kündigung des Vermieters wegen unbefugter Gebrauchsüberlassung

Der Vermieter kann das Mietverhältnis fristlos kündigen, wenn der Mieter die Wohnung ohne Erlaubnis des Vermieters einem Dritten überlässt und dadurch dessen Rechte erheblich verletzt (§ 543 Abs. 2 Satz 1 Nr. 2 BGB).

Gebrauchsüberlassung an einen Dritten

Eine Gebrauchsüberlassung liegt vor, wenn der Mieter die Wohnung **ganz oder teilweise** an einen Dritten
- **entgeltlich** untervermietet (→ *Untermiete*) oder
- **unentgeltlich** überlässt.

Familienangehörige darf der Mieter grundsätzlich **ohne Erlaubnis** des Vermieters aufnehmen; insoweit handelt es sich regelmäßig nicht um eine unzulässige Gebrauchsüberlassung an Dritte und daraus folgt kein Kündigungsrecht. Zum engen Familienkreis zählen nach der Rechtsprechung:
- Ehegatten (BGH XII ZR 143/11 WuM 2013, 485),
- Lebenspartner i. S. d. § 1 Abs. 1 LPartG → *Lebenspartnerschaft*,
- Eltern (BayObLG WuM 1997, 603),
- Kinder und Stiefkinder (LG Berlin WuM 2023, 203; AG Mitte WuM 2022, 273; OLG Hamm WuM 1997, 364) – auch volljährige Kinder, die zuvor bereits einen eigenen Haushalt geführt haben (LG Potsdam WuM 2012, 612).

Diese Privilegierung gilt allerdings nur, solange der Mieter die Wohnung **selbst weiterhin (mit-)bewohnt** oder jedenfalls **Mitgewahrsam** behält, etwa durch Wohnungsschlüssel, ein eigenes Zimmer oder zurückgelassene persönliche Gegenstände (LG Berlin WuM 2023, 203; LG Berlin ZMR 2018, 668). Eine **vollständige Aufgabe** der Wohnung und Überlassung an Angehörige ohne Erlaubnis ist **nicht gedeckt.**

Auch **Haushaltsangestellte** oder **Pflegepersonen** darf der Mieter grundsätzlich ohne Zustimmung aufnehmen (BayObLG WuM 1997, 603).

Dagegen erfordert die Aufnahme von
- **Geschwistern** (BayObLG WuM 1984, 13) oder
- **Lebensgefährten** (BGH VIII ZR 371/02 WuM 2003, 688)

grundsätzlich die **Erlaubnis** des Vermieters, da diese nicht zum engen Familienkreis zählen. Für die Aufnahme des **Lebensgefährten** besteht allerdings im Regelfall ein **Anspruch auf Erteilung der Erlaubnis** (BGH VIII ZR 371/02 WuM 2003, 688).

Erlaubnis vor Überlassung

Der Mieter muss die Zustimmung des Vermieters einholen, **bevor** er die Wohnung ganz oder teilweise einem Dritten überlässt. Das gilt auch dann, wenn der Mieter einen Anspruch auf Erteilung der Erlaubnis hat (BGH VIII ZR 74/10 WuM 2011, 169).

Erhebliche Verletzung der Vermieterrechte

Eine fristlose Kündigung setzt außerdem voraus, dass die unerlaubte Überlassung die Vermieterrechte **erheblich** verletzt. Daran fehlt es häufig, wenn der Mieter **einen Anspruch auf die Erlaubnis** hat oder wenn er die Erlaubnis beantragt hat und der Vermieter sie **zu Unrecht verweigert** oder **unangemessen verzögert** (AG Hamburg WuM 2025, 149).

Abmahnung bzw. Abhilfefrist erforderlich

Vor einer fristlosen Kündigung muss der Vermieter den Mieter zunächst abmahnen bzw. eine Abhilfefrist setzen und ihm Gelegenheit geben, die nicht genehmigte Überlassung zu beenden (LG Berlin WuM 2015, 421) → *Abmahnung.*

Fristlose Kündigung des Vermieters wegen Zahlungsverzugs

→ *Fristlose Kündigung*

Eine fristlose Kündigung wegen **Zahlungsverzugs** ist möglich, wenn entweder ein Rückstand an zwei aufeinanderfolgenden Zahlungsterminen aufläuft oder wenn über einen längeren Zeitraum ein Verzug mit mindestens zwei Monatsmieten besteht:

Rückstand an zwei aufeinanderfolgenden Zahlungsterminen

Der Vermieter kann fristlos kündigen, wenn der Mieter an zwei aufeinanderfolgenden Zahlungsterminen mit der vollen Miete oder einem Betrag von **mehr als einer Monatsmiete** in → *Verzug* ist (§§ 543 Abs. 2 Satz 1 Nr. 3 a), 569 Abs. 3 Nr. 1 Satz 1 BGB. Erforderlich ist also ein Rückstand von mindestens **einer Monatsmiete plus einem Cent**, der sich aus zwei aufeinanderfolgenden Monaten ergibt. Maßgeblich ist dabei allein die Gesamthöhe der rückständigen Teilbeträge aus diesen beiden Zahlungsterminen. Für die einzelnen rückständigen Teilbeträge gilt für sich genommen keine Mindesthöhe (BGH VIII ZR 32/20 WuM 2022, 106).

Beispiel: Der Mieter zahlt die Miete für Mai überhaupt nicht und überweist für Juni 5 Euro zu wenig.

Wichtig zu wissen: Für diesen Kündigungsgrund dürfen nur die Rückstände aus genau diesen zwei **aufeinanderfolgenden Zahlungsterminen** herangezogen werden; Rückstände, die außerhalb dieser beiden Termine entstanden sind, bleiben außer Betracht (LG Berlin WuM 2022, 339).

Rückstand über einen längeren Zeitraum

Eine fristlose Kündigung ist außerdem möglich, wenn der Mieter über einen längeren Zeitraum mit einem Gesamtbetrag von mindestens **zwei Monatsmieten** in → *Verzug* ist. Es kommt nicht auf die Höhe der einzelnen Beträge an, mit denen der Mieter jeweils im Rückstand ist. Entscheidend ist allein, dass der **Gesamtrückstand** die Höhe der **Miete für zwei Monate** erreicht.

Beispiel: Die Miete beträgt 500 Euro warm im Monat. Der Mieter zahlt über zehn Monate jeweils 100 Euro zu wenig. Insgesamt entsteht so ein Rückstand in Höhe von zwei Bruttowarmmieten.

Was zählt zur kündigungsrelevanten »Miete« i. S. v. § 543 Abs. 2 Satz 1 Nr. 3 BGB?

Zum kündigungsrelevanten Mietrückstand zählen:
- die Nettokaltmiete zzgl. Betriebskostenvorauszahlungen oder Betriebskostenpauschale,
- ein → *Untermietzuschlag* und
- vereinbarte Zuschläge für eine (teil-)gewerbliche Nutzung.

Nicht mitzuzählen sind dagegen:
- Nachforderungen aus einer Betriebskostenabrechnung (OLG Koblenz WuM 1984, 269; LG Berlin WuM 2023, 343; LG Köln WuM 1994, 207),
- verjährte oder verwirkte Mietforderungen,
- Prozesskosten (LG Mannheim WuM 1975, 97),
- Schadensersatzansprüche des Vermieters (AG Köln WuM 1980, 255),
- die Mietkaution (hier besteht aber ggf. ein gesondertes Kündigungsrecht → *Fristlose Kündigung des Vermieters wegen Nichtzahlung der Kaution*).

Ist eine Abmahnung erforderlich?

Nein. Im Gegensatz zur → *fristlosen Kündigung des Vermieters wegen unpünktlicher Mietzahlung* ist vor der Kündigung wegen Zahlungsverzugs **keine Abmahnung**

erforderlich (BGH VIII ZR 115/08 WuM 2009, 231). Etwas anderes kann gelten, wenn sich dem Vermieter aufdrängen muss, dass die Nichtzahlung der Miete nicht auf Zahlungsunfähigkeit oder Zahlungsunwilligkeit beruht (OLG Düsseldorf ZMR 2004, 570; OLG Dresden, Urt. v. 18.12.2019 – 5 U 2121/19: Empfänger der Miete nicht sicher bekannt).

In welchen Fällen besteht kein Zahlungsverzug?

Ein Zahlungsverzug liegt in den folgenden Fällen nicht vor:

- Der Mieter zahlt einen Teil der Miete **»unter Vorbehalt«** (→ *Zahlung unter Vorbehalt*), z. B. um eine mögliche Mietpreisüberhöhung prüfen zu lassen (LG München I WuM 1987, 223; LG Frankfurt WuM 1987, 318). Auch Zahlungen unter Vorbehalt haben erfüllende Wirkung.
- Der Mieter ist zur **Mietminderung** (→ *Mangel der Mietsache*) oder zur Zurückbehaltung der Miete (→ *Zurückbehaltungsrecht*) berechtigt. Auch eine überhöhte Mietminderung berechtigt den Vermieter nicht zur Kündigung, wenn sich der Mieter dabei in einem **unverschuldeten Irrtum** befindet (BVerfG 1 BvR 1428/88 WuM 1989, 278; LG Frankfurt a. M. NJW-RR 2004, 1238; LG Görlitz WuM 1994, 601).

> **Beachte:** Der BGH stellt an einen **unverschuldeten Rechtsirrtum hohe Anforderungen**. Entschuldigt ist der Irrtum nur, wenn der Mieter die Rechtslage und die höchstrichterliche Rechtsprechung sorgfältig geprüft, Rechtsrat eingeholt hat und nicht mit einer abweichenden gerichtlichen Beurteilung rechnen musste (BGH XII ZR 48/10 WuM 2012, 323; VIII ZR 102/06 WuM 2007, 24). Hält der Mieter hingegen **fahrlässig ein Minderungsrecht** für gegeben – etwa, weil er Schimmelbefall irrtümlich auf einen Baumangel zurückführt, obwohl dieser tatsächlich auf sein Wohnverhalten zurückgeht –, muss er bei einem entsprechenden Mietrückstand mit einer fristlosen Kündigung rechnen (BGH VIII ZR 138/11 WuM 2012, 499).

- Nach einem **Vermieterwechsel** durch Verkauf (→ *Hausverkauf und Mietvertrag*) oder nach dem Tod des Vermieters ist unklar, an wen die Miete zu zahlen ist. Der Mieter muss die Erben des Vermieters nicht selbst ermitteln, sondern darf abwarten, bis die Erben ihm nachweisen, die Miete fordern zu dürfen (BGH VIII ZR 24/05 WuM 2005, 769). Ggf. kommt in solchen Fällen die → *Hinterlegung der Miete* in Betracht.
- Der Vermieter nutzt eine vertraglich vereinbarte und erteilte **Einzugsermächtigung** nicht (OLG Stuttgart ZMR 2008, 967; LG Hamburg ZMR 2019, 682; AG Augsburg WuM 2016, 190).

Was ist bei einer fristlosen Kündigung wegen nicht gezahlter Mieterhöhungsbeträge zu beachten?
Hält der Mieter eine vom Vermieter verlangte Mieterhöhung für **unberechtigt** und zahlt die Erhöhungsbeträge deshalb nicht, kann der Vermieter bei einem **anschließenden Rechtsstreit** über die Mieterhöhung nicht ohne Weiteres wegen Zahlungsverzugs mit diesen Beträgen fristlos kündigen.

Eine fristlose Kündigung wegen dieses Rückstands ist erst zulässig, wenn der Mieter **rechtskräftig zur Zahlung der erhöhten Miete** bzw. zur Zustimmung zur Mieterhöhung verurteilt worden ist und er die bis dahin aufgelaufenen Erhöhungsbeträge **nicht innerhalb von zwei Monaten** nach Eintritt der Rechtskraft des Urteils ausgleicht. Der Mieter hat also nach rechtskräftiger Verurteilung zwei Monate Zeit, um die Mietrückstände auszugleichen und eine fristlose Kündigung zu verhindern.

> **Wichtig zu wissen:** Diese »Sperrfrist« greift nur, wenn es tatsächlich zu einem gerichtlichen Verfahren über die Mieterhöhung kommt. Bleibt ein Rechtsstreit aus, kann der Vermieter – sobald ein ausreichend hoher Rückstand entstanden ist – auch wegen der nicht gezahlten Erhöhungsbeträge grundsätzlich fristlos wegen Zahlungsverzugs kündigen. Ob die Erhöhung und damit die Kündigung berechtigt war, wäre dann ggf. in einem Kündigungsrechtsstreit zu prüfen.

Muss der Vermieter sofort kündigen, wenn ein kündigungsrelevanter Rückstand besteht?
Nein. Das Recht zur fristlosen Kündigung geht nicht allein dadurch verloren, dass der Vermieter nicht unmittelbar kündigt, sobald der Rückstand zwei Monatsmieten erreicht. Er kann auch zunächst einen höheren Rückstand entstehen lassen und erst danach kündigen (BGH VIII ZR 296/15 WuM 2016, 616).

Ausnahmsweise kann das Kündigungsrecht jedoch **verwirkt** sein, wenn der Vermieter Mietrückstände über mehrere Jahre widerspruchslos hinnimmt und der Mieter deshalb darauf vertrauen durfte, der Vermieter werde die Rückstände nicht mehr geltend machen (→ *Verwirkung*).

Fristlose Kündigung ausgeschlossen bei vorheriger Befriedigung des Vermieters
Eine fristlose Kündigung wegen Zahlungsverzugs ist ausgeschlossen, wenn der Mieter **alle Mietrückstände** bereits **vor Zugang der Kündigung vollständig ausgleicht** (§ 543 Abs. 2 Satz 2 BGB). Die Befriedigung des Vermieters kann dabei durch Zah-

lung des Mieters oder eines Dritten (z. B. des Jobcenters) oder auch durch **Aufrechnung** mit Gegenforderungen erfolgen. **Teilzahlungen** reichen hingegen nicht aus, um das Kündigungsrecht entfallen zu lassen. Erforderlich ist, dass alle bis zum Zeitpunkt der Zahlung bestehenden Mietrückstände vollständig getilgt werden.

Auch **nach Zugang** der fristlosen Kündigung kann eine **Aufrechnung** noch zur Unwirksamkeit der Kündigung führen, wenn sie **unverzüglich**, in der Regel innerhalb von zwei Wochen, erklärt wird und der Vermieter dadurch **vollständig** befriedigt ist (§ 543 Abs. 2 Satz 3 BGB).

F

Wichtig zu wissen: Diese Rechtsfolge betrifft nach der derzeitigen Rechtslage **nur die fristlose Kündigung wegen Zahlungsverzugs**. Kündigt der Vermieter wegen des Rückstands **hilfsweise ordentlich**, bleibt diese ordentliche Kündigung grundsätzlich bestehen – auch wenn der Vermieter vor Zugang der Kündigung vollständig befriedigt wird oder die Befriedigung nach Zugang durch Aufrechnung eintritt.
Ein Referentenentwurf des Bundesministeriums der Justiz und für Verbraucherschutz aus Februar 2026 sieht vor, die Rechtsfolgen des § 543 Abs. 2 Sätze 2 und 3 BGB künftig auch auf die ordentliche Kündigung wegen Zahlungsverzugs zu erstrecken. Ob und in welcher Form dieser Entwurf gesetzlich umgesetzt wird, war bis zum Redaktionsschluss noch offen. Aktuelle Informationen hierzu erhalten Sie auf der Homepage des Deutschen Mieterbundes – www.mieterbund.de – oder bei Ihrem örtlichen Mieterverein.

Fristlose Kündigung nachträglich unwirksam nach vollständiger Bezahlung aller Mietrückstände

Die fristlose Kündigung wegen Zahlungsverzugs wird auch unwirksam, wenn der Mieter spätestens bis zum Ablauf von **zwei Monaten nach Zustellung der Räumungsklage** alle Mietrückstände inkl. fälliger → *Nutzentschädigungen* ausgleicht oder sich eine öffentliche Stelle zur Mietschuldenübernahme verpflichtet (§ 569 Abs. 3 Nr. 2 Satz 1 BGB), sog. → *Schonfristzahlung*. Diese Möglichkeit hat der Mieter allerdings **innerhalb von zwei Jahren nur einmal** (§ 569 Abs. 3 Nr. 2 Satz 2 BGB).

Welche Anforderungen bestehen an die Kündigungsbegründung?

Der Vermieter muss die geltend gemachten Mietrückstände in der fristlosen Kündigung so darstellen, dass der Mieter sie **prüfen** kann. Er muss insbesondere mitteilen, von welchem Gesamtrückstand er ausgeht (BGH VIII ZR 96/09 WuM 2010, 484; VIII ZB 94/03 WuM 2004, 97).

Gibt der Vermieter einen zu hohen Rückstand an (z. B. weil der Mieter berechtigt mindern durfte), bleibt die Kündigung dennoch wirksam, wenn der korrekt berechnete Rückstand für eine fristlose Kündigung ausreicht (BGH VIII ZR 96/09 WuM 2010, 484).

Fristlose Kündigung wegen Hausfriedensstörung

Mieter und Vermieter können das Mietverhältnis fristlos kündigen, wenn die jeweils andere Vertragspartei den Hausfrieden nachhaltig stört (§ 569 Abs. 2 BGB). Wie bei der *→ fristlosen Kündigung* aus wichtigem Grund nach § 543 Abs. 1 BGB gilt: Die Kündigung setzt voraus, dass dem Kündigenden unter Berücksichtigung aller Umstände des Einzelfalls und nach Abwägung der beiderseitigen Interessen eine Fortsetzung des Mietverhältnisses bis zum Ablauf der ordentlichen *→ Kündigungsfrist* nicht zuzumuten ist.

Nachhaltige Hausfriedensstörung

Typische Hausfriedensstörungen sind insbesondere Verstöße gegen die Hausordnung, Lärm, Geruchsbelästigungen, Beleidigungen, üble Nachrede, Bedrohungen, körperliche Übergriffe und Körperverletzungen.

Die Störung muss **nachhaltig** sein. Das ist der Fall, wenn sie über einen längeren Zeitraum wiederholt auftritt oder wenn ein einmaliger besonders schwerer Vorfall lange nachwirkt. Bloße einmalige Entgleisungen, Unhöflichkeiten oder geringfügige Hausordnungsverstöße haben in der Regel nicht das erforderliche Gewicht (AG Münster WuM 1991, 96). Eine nachhaltige Störung wurde etwa bejaht, wenn

- der Mieter Nachbarn tätlich angreift (LG Münster WuM 2007, 19; LG Hamburg WuM 2005, 768),
- der Mieter im Streit einen Eimer Wasser über den Vermieter schüttet (AG Hanau WuM 2024, 398),
- der Mieter andere Hausbewohner wiederholt beleidigt und bedroht (AG Münster WuM 2023, 28; AG München WuM 2018, 84).

> **Wichtig zu wissen:** Störendes Verhalten von **Haushaltsangehörigen, Freunden, Betreuern** oder **Untermietern** wird dem Mieter regelmäßig **zugerechnet**. Er muss dafür einstehen und kann nicht einwenden, er selbst habe den Hausfrieden nicht gestört (LG Saarbrücken WuM 2023, 492; LG München I GE 2023, 498; LG München I ZMR 2016, 449). Das kann auch gelten, wenn das Verhalten auf psychische Erkrankung oder Drogensucht zurückzuführen ist (LG Saarbrücken WuM 2023, 492).

Fortsetzung des Mietverhältnisses ist unzumutbar
Die nachhaltige Störung muss so schwer wiegen, dass dem Kündigenden die Fortsetzung des Mietverhältnisses bis zum Ablauf der ordentlichen → *Kündigungsfrist* nicht zugemutet werden kann. Maßgeblich sind stets die Umstände des Einzelfalls (BGH VIII ZR 218/03 WuM 2005, 125).

Von besonderer Bedeutung ist dabei regelmäßig das **Verschulden**. Störungen durch einen **psychisch kranken** oder **geistig behinderten** Mieter machen die Fortsetzung für den Vermieter nicht ohne Weiteres unzumutbar (LG Krefeld WuM 2023, 341). Auch bei Gerüchen aus der Wohnung eines pflegebedürftigen, betreuten Mieters ist eine fristlose Kündigung nicht ohne Weiteres möglich; es ist im **Einzelfall** zu prüfen und abzuwägen (AG München WuM 2006, 621).

In Ausnahmefällen können jedoch auch gravierende Störungen durch einen psychisch kranken, schuldunfähigen Mieter eine Fortsetzung unzumutbar machen – insbesondere, wenn eine Besserung nicht absehbar ist und die Gesundheit anderer Hausbewohner ernsthaft gefährdet wird (BGH VIII ZR 218/03 WuM 2005, 125; VerfGH Sachsen GE 2023, 949; LG Hamburg WuM 2021, 486 – Angriff mit Pfefferspray; AG Köln WuM 1991, 549).

Hat ein Mieter andere Bewohner des Hauses **beleidigt**, ist im Rahmen der Interessenabwägung auch das vorherige Verhalten der Mitmieter zu berücksichtigen (LG Mannheim WuM 1981, 17). Ebenso kann ein provozierendes Verhalten des Vermieters im Einzelfall dazu führen, dass die Pflichtverletzung des Mieters eine Kündigung nicht trägt (BGH VIII ZR 289/13 WuM 2014, 495; AG Homburg WuM 2019, 75).

Eine erhöhte Toleranz gilt zudem bei **Kinderlärm** (→ *Kinder*): Üblicher Kinderlärm ist hinzunehmen (LG Lübeck WuM 1989, 627). Nur wenn Zeitpunkt (auch während der Nachtruhe) und Ausmaß die Grenze des Zumutbaren überschreiten, kann eine Kündigung gerechtfertigt sein (BGH VIII ZR 226/16 WuM 2017, 587; LG Berlin GE 2021, 1198).

Abmahnung erforderlich
Vor einer fristlosen Kündigung ist grundsätzlich eine → ***Abmahnung*** erforderlich. Sie kann im Einzelfall entbehrlich sein, etwa bei besonders schweren Beleidigungen und Gewaltandrohungen gegenüber Mitmietern (AG Lichtenberg GE 2017, 55) oder wenn der Mieter in eine Nachbarwohnung einsteigt (AG Frankfurt a. M. WuM 2000, 547).

Kündigungsbegründung
Der Kündigende muss seine Kündigungsgründe so genau benennen, dass der Kündigungsempfänger die Vorwürfe prüfen und sich ggf. verteidigen kann. Pauschale Behauptungen über Störungen des Hausfriedens reichen nicht aus (LG Berlin WuM 2003, 208).

Gut zu wissen: Bei nachhaltigen Hausfriedensstörungen kann der Vermieter das Mietverhältnis unter Umständen auch ordentlich, also unter Einhaltung der → *Kündigungsfrist*, kündigen (→ *Kündigung des Vermieters wegen Hausfriedensstörung*).

G

Garagen/Stellplätze

Nur mit Vereinbarung

Eine Garage oder einen zum Hausgrundstück gehörenden Stellplatz darf der Mieter nur nutzen, wenn er darüber mit dem Vermieter eine Vereinbarung getroffen hat (BGH VIII ZR 268/09 WuM 2010, 678). Im Regelfall wird dazu im Mietvertrag für die Garage oder den Stellplatz ein zusätzlicher Mietpreis genannt.

Der Umfang des Nutzungsrechts richtet sich vor allem nach dem Vertrag und den örtlichen Gegebenheiten. Der Mieter darf in der Garage auch Zubehör lagern (z. B. Werkzeug, Ersatzteile, Winterreifen), Regale anbringen und Schränke aufstellen. Auf einem einzelnen Parkplatz dürfen auch zwei Fahrzeuge hintereinander abgestellt werden, wenn die Nutzer der anderen Plätze dadurch nicht behindert werden (LG Gießen WuM 1983, 2). Der Mieter darf sein Fahrzeug auch vor seiner Garage abstellen (AG Hamburg WuM 2003, 29). Auf einem für alle offenen Stellplatz dürfen aber keine Getränkekisten gelagert werden (AG Stuttgart WuM 2016, 346). Das Nutzungsrecht des Mieters umfasst das Recht, einen Abschleppdienst zu rufen und Geldersatz zu verlangen, wenn jemand sein Fahrzeug unbefugt auf dem vom ihm gemieteten Parkplatz abgestellt hat (BGH V ZR 102/15 NJW 2016, 2407).

Der Vermieter muss dafür sorgen, dass nicht andere Mieter oder Besucher den einzeln vermieteten Stellplatz belegen oder die Zufahrt zur Garage versperren. Andernfalls darf der Mieter eine Mietminderung vornehmen oder Schadensersatz verlangen (AG Hamburg WuM 2015, 490). Eine Minderung soll aber ausgeschlossen sein, wenn der Vermieter einen vergleichbaren mangelfreien Stellplatz anbietet (AG Köln ZMR 2020, 317).

Widerruf bei kostenlosem Nutzungsrecht?

Hat sich der Vermieter vorbehalten, das Recht zur Nutzung eines unentgeltlich zur Verfügung gestellten Parkplatzes zu widerrufen, kann er dies nur, wenn ein triftiger Grund vorliegt (LG Berlin GE 1992, 989; AG Düsseldorf WuM 1994, 426). Er kann die weitere Nutzung auch nicht davon abhängig machen, dass der Mieter künftig dafür zahlt (AG Gießen WuM 1994, 198; a. A. AG Neubrandenburg WuM 1994, 262).

Kündigung und Mieterhöhung

Darf der Vermieter **nur für die Garage oder den Stellplatz** eine **Kündigung** aussprechen oder eine **Mieterhöhung** verlangen? Das hängt davon ab, ob Garagen oder Stellplatz zusammen mit der Wohnung vermietet sind.

Wohnung und Garage sind zusammen vermietet: Ist dies der Fall, ist eine Teilkündigung nicht möglich. Die Garage oder der Stellplatz und die Wohnung können nur gemeinsam gekündigt werden (OLG Düsseldorf WuM 2007, 65; LG Köln WuM 2004, 615). Das gilt auch für den Mieter. Grundsätzlich gibt es hier für den Vermieter auch keine »Eigenbedarfskündigung« nur für die Garage (LG Köln WuM 1992, 264). Zu den Ausnahmen → *Teilkündigung*. Auch Mieterhöhungen können bei einem einheitlichen Mietvertrag nicht gesondert für die Garage oder den Stellplatz vorgenommen werden (AG Köln WuM 2005, 254; AG Bielefeld WuM 1993, 357).

Wann liegt ein einheitlicher Mietvertrag vor? Sind Wohnung und Stellplatz oder Garage in einem gemeinsamen Mietvertrag aufgeführt, besteht grundsätzlich ein einheitlicher Mietvertrag. Schwierig zu beurteilen sind die Fälle, in denen die Garage oder der Stellplatz zu einem anderen Zeitpunkt oder durch einen gesonderten Mietvertrag angemietet wurde. Ist nichts vereinbart, kommt es dann entscheidend darauf an, ob Garage/Stellplatz und Wohnung auf demselben Grundstück liegen. Ist das der Fall, ist im Zweifel ein einheitlicher Vertrag anzunehmen (BGH VIII ZR 251/10 WuM 2012, 14). Bestehen zwei separate Verträge, spricht eine Vermutung dafür, dass beide Vereinbarungen rechtlich eigenständig sind (BGH VIII ZR 94/20 WuM 2022, 212). Auch unterschiedliche Kündigungsfristen in einem einheitlichen Vertrag deuten auf die Eigenständigkeit der Verträge hin (BGH VIII ZR 422/12 WuM 2013, 536; VIII ZR 245/12 WuM 2013, 421). Es spielt hingegen keine Rolle, wenn als Mieter der Wohnung beide Ehegatten, als Mieter der Garage aber nur ein Ehegatte aufgeführt wird (LG Stuttgart WuM 1991, 589; LG München II WuM 1989, 514). Verkauft der Vermieter die Garage separat, tritt der Erwerber als Mitvermieter in den einheitlichen Mietvertrag ein (BayObLG WuM 1991, 78). Gehören in einer Eigentumswohnanlage die Wohnung und der Tiefgaragenstellplatz unterschiedlichen Eigentümern, werden sie aber von einer Verwaltung einheitlich vermietet, liegt ein einheitlicher Mietvertrag vor (AG Köln WuM 1993, 611).

Wohnung und Garage sind getrennt vermietet: Auf Garagen und Stellplätze, die unabhängig von einer Wohnung angemietet werden, finden die Wohnraumschutzbestimmungen keine Anwendung. Die Kündigung richtet sich in diesen Fällen nach der Vereinbarung, die die Parteien im Mietvertrag getroffen haben (z. B. Befristung des Vertrags mit oder ohne automatische Verlängerung). Ohne

Vertragsregelung ist eine Kündigung spätestens am 3. Werktag eines Kalendermonats für den Ablauf des übernächsten Monats zulässig (§ 580a Abs. 1 BGB).

Sonderregelung in den neuen Bundesländern
Viele Nutzer haben aufgrund von vertraglichen Vereinbarungen auf ihnen überlassenen kleineren Grundstücken Garagen errichtet; teilweise wurden auch größere Flächen mit Garagenhöfen bebaut. In diesen Fällen bestimmt die Nutzungsentgeltverordnung, dass eine Anhebung bis zur Höhe des ortsüblichen Entgelts möglich ist (BGH XII ZR 175/07 WuM 2010, 38). Das ortsübliche Entgelt wird deutlich geringer als bei einer Mietgarage liegen, da der Nutzer die Garage selbst errichtet hat.

Für die Erhöhung des Pachtzinses ist eine Erklärung in → *Textform* erforderlich. Die Erhöhung wird dann ab dem 3. Monat nach Zugang dieser Erklärung wirksam.

Seit Anfang 2000 können Garagengrundstücke ohne Beachtung besonderer Schutzvorschriften ordentlich gekündigt werden (BGH XII ZR 210/09 ZMR 2012, 261). Das Eigentum an der Garage des Nutzers geht dann auf den Grundstückseigentümer über. Eine Entschädigung kann der Nutzer seit Januar 2007 nur verlangen, soweit der Verkehrswert des Grundstücks zum Zeitpunkt der Rückgabe durch die Garage erhöht ist (BGH XII ZR 156/05 WuM 2008).

Anspruch auf Errichtung einer elektrischen Ladesäule
Mieter haben Anspruch auf Genehmigung von baulichen Maßnahmen zur Errichtung einer Ladeinfrastruktur, um das Laden elektrischer Autos zu ermöglichen → *Auto*.

Garten

Wer darf den Hausgarten benutzen?
Das Nutzungsrecht am Hausgarten kann einer Mietpartei allein, mehreren oder allen Parteien zustehen.

Bei einem **Einfamilienhaus** ist der Garten immer mitvermietet, es sei denn, es steht etwas anderes im Vertrag (OLG Köln WuM 1994, 272). Verwehrt der Vermieter die Nutzung, kommt eine Mietminderung in Betracht (LG Köln WuM 1993, 670). Das Gleiche gilt für Erdgeschosswohnungen, wenn der Garten zur Wohnung gehört und nur von dieser betreten werden kann. Andernfalls gibt es aber kein Gewohnheitsrecht, wonach der Mieter einer Erdgeschosswohnung ohne Weiteres den Hausgarten benutzen darf. Der Garten ist aber mit der Wohnung vermietet, wenn es ausdrücklich so im Vertrag steht. Dafür genügt die Formulierung »der Garten wird zur Nutzung überlassen« (LG Hamburg WuM 2000, 180).

Der Mieter in einem **Mehrfamilienhaus** darf einen Hausgarten nur benutzen, wenn ihm dieser zusammen mit seiner Wohnung vermietet ist oder wenn er allen Hausbewohnern zur Verfügung steht (Gemeinschaftseinrichtung).

Wie darf der Mieter den Garten nutzen?

Der Garten eines **Mehrfamilienhauses** darf von den Mietern grundsätzlich nur so genutzt werden, wie es im Mietvertrag vereinbart oder in einer Hausordnung festgelegt ist. Aber auch ohne ausdrückliche Regelung gilt Folgendes:

- Eine **allgemeine Mitbenutzung**, etwa zum Verweilen, Spielen oder Sonnen, ist i. d. R. erlaubt, solange **Rücksicht** auf die Nachbarn genommen wird.
- Für **größere Veränderungen** wie Grillplätze, Anpflanzungen oder das Aufstellen von Möbeln ist die Zustimmung des Vermieters erforderlich.
- Ist die Benutzung des Gartens mehreren gestattet, darf sich ein Mieter nicht einen Teil **abzäunen.**
- Ist ein Garten mit einer Wohnung vermietet, dürfen die **Kinder** des Mieters ihre Spielkameraden in den Garten mitbringen (AG Solingen WuM 1980, 112). Der Mieter darf auch ein Spielhaus für Kinder errichten (AG Flensburg WuM 2016, 486).
- Auch in einem **Ziergarten** dürfen geringe Teile für wirtschaftliche Zwecke, z. B. einen Holzstoß, benutzt werden (AG Nürnberg WuM 1984, 109). Ebenso darf der Mieter in dem ihm zustehenden Gartenteil einen Komposthaufen anlegen (LG Regensburg WuM 1985, 242).
- Darf der Mieter einen Garten benutzen, ist ihm damit auch erlaubt, im üblichen Umfang **Blumen** zu säen oder zu pflanzen. Für eine weitergehende Bearbeitung gilt: Selbst gepflanzte **Sträucher** und **Bäume** darf der Mieter ohne Weiteres auch wieder entfernen. Für die Bearbeitung der vom Vermieter gestellten Bepflanzung ist grundsätzlich dessen Einverständnis erforderlich. Eine langjährige Duldung kann das ausdrückliche Einverständnis ersetzen. Bei einem von Anfang an bepflanzten Gemeinschaftsgarten für mehrere Mieter ist i. d. R. davon auszugehen, dass das Benutzungsrecht nicht automatisch dazu berechtigt, die Bepflanzung wesentlich zu ändern. Aber bei einem längerfristig vermieteten Einfamilienhaus darf der Mieter den Garten i. d. R. nicht nur benutzen, sondern auch bearbeiten. Das schließt das Anlegen eines Teichs ein. Bei Vertragsende muss der Mieter allerdings den ursprünglichen Zustand wiederherstellen (LG Lübeck WuM 1993, 669). Die Beseitigung wesentlicher Teile der Gartenanlage – größere Sträucher und Bäume – ist nur mit Genehmigung des Vermieters gestattet (AG Köln 151 C 1074/75).

– Einen vorhandenen **Wasserhahn**, den die Mieter zur Gartenbewässerung nutzen, darf der Vermieter nicht einfach entfernen (BGH VIII ZR 38/20 WuM 2022, 664).

Wer muss den Garten pflegen?

Grundsätzlich muss der Vermieter die Außenanlagen pflegen. Es gibt kein Gewohnheitsrecht, wonach der Mieter einer Parterrewohnung den Vorgarten pflegen, z. B. die Hecke schneiden müsste. Den Vermieter trifft auch die → *Verkehrssicherungspflicht*. Er muss dafür sorgen, dass niemand durch herabfallende Äste, nasses Laub oder Gras auf dem Plattenweg gefährdet wird.

Der Vermieter kann diese Pflichten durch den Mietvertrag auf den Mieter übertragen. Oft wird sich aus den Umständen ergeben, dass der Mieter den Garten pflegen muss, vor allem bei einem vermieteten Einfamilienhaus.

Wie hat der Mieter den Garten zu pflegen?

Die Pflicht des Mieters zur übernommenen Gartenpflege beschränkt sich i. d. R. auf **einfache Arbeiten**. Ohne besondere Vereinbarung muss der Mieter nur Aufgaben wie Rasenmähen oder Unkrautjäten oder das Gießen von Pflanzen vornehmen (OLG Düsseldorf WuM 2004, 603; LG Braunschweig WuM 2009, 288; LG Hamburg ZMR 2003, 265). Aufwendige Maßnahmen wie das Fällen von Bäumen, die Erneuerung von Beeten oder eine komplette Neugestaltung gehören nicht dazu.

Solange keine Verwahrlosung droht, steht dem Vermieter mangels gegenteiliger Vereinbarung hinsichtlich Art, Umfang und Häufigkeit der Pflege **kein Direktionsrecht** zu (OLG Düsseldorf WuM 2004, 603; LG Braunschweig WuM 2009, 288). Auch wenn der Mieter die Gartenpflege übernommen hat, darf der Vermieter nicht im Einzelnen vorschreiben, in welchen Zeitabständen der Rasen zu mähen ist und welche Pflanzen einzusetzen bzw. zu entfernen sind (LG Wuppertal WuM 2000, 353; LG Köln WuM 1996, 402). Der Mieter muss auch nicht mit technischen und mit chemischen Mitteln arbeiten. Er darf vielmehr einen Naturgarten anlegen, in dem er die Pflanzen im Wesentlichen frei wachsen lässt (LG Darmstadt WuM 1983, 151).

Motorrasenmäher dürfen werktags nicht in der Zeit zwischen 20 und 7 Uhr und nicht an Sonn- und Feiertagen eingesetzt werden. Das Gleiche gilt für andere Gartengeräte wie Laubbläser, Heckenschere, Rasentrimmer und Rasenkantenschneider. Die Ruhezeiten können nach Landesrecht noch ausgedehnt werden → *Lärm*.

Erledigt der Mieter die mietvertraglich übernommene Gartenpflege trotz Aufforderung nicht, kann der Vermieter **Schadensersatz** für die Kosten einer damit beauftragten Firma verlangen (AG Nürtingen WuM 2022, 474).

Wer zahlt die Pflegekosten?

Bei Gartenpflegekosten handelt es sich um Aufwendungen für die Pflege aller gärtnerisch angelegten Flächen (LG Hamburg WuM 1989, 191). Diese Kosten zählen zu den → *Betriebskosten*, es sei denn, sie beruhen auf einer jahrelangen Vernachlässigung der Gartenpflege (LG Hamburg WuM 1994, 695). Sie dürfen nur dann auf die Mieter umgelegt werden, wenn dies **mietvertraglich ausdrücklich vereinbart** ist. Sie können nur dann in Ansatz gebracht werden, wenn der Garten nicht ausschließlich vom Vermieter oder einzelnen Mietparteien benutzt werden darf (BGH VIII ZR 135/03 WuM 2004, 399).

Welche Rechte bestehen bei Mietende?

Zieht der Mieter aus, darf er seine **Pflanzen und** »mäßig große und eindeutig noch umsetzbare« **Bäume mitnehmen**, es sei denn, er einigt sich mit dem Vermieter über eine angemessene **Entschädigung** (OLG Düsseldorf NZM 1998, 1020; OLG Köln WuM 1995, 268). Geld für nicht mehr umsetzbare Bäume gibt es nur bei vertraglicher Abmachung (BGH VIII ZR 387/04 WuM 2007, 443).

Kündigungsschutz

Ist der Garten zusammen mit der Wohnung vermietet, kann der Vermieter den Garten nicht allein kündigen, sondern nur zusammen mit der Wohnung (LG Hannover WuM 1982, 83) → *Teilkündigung* → *Umwandlung von Miet- in Eigentumswohnungen.*

Gas- und Stromvertrag

Abschluss und Kündigung

Die Gas- und Strompreise sind verstärkt in die Diskussion geraten. Viele Versorgungsunternehmen haben ihre Preise mehrmals deutlich angehoben. Es bestehen Zweifel, ob das allein durch gestiegene Kosten gerechtfertigt ist. Wir empfehlen, regelmäßig zu prüfen, ob es günstigere Tarife gibt. Internetportale bieten die Möglichkeit, die Preise der einzelnen Versorger für Strom und Gas zu vergleichen. Dabei ist aber Vorsicht geboten. Häufig erweist sich ein vermeintlich günstiger Preis als Lockvogelangebot. Im Kleingedruckten können viele Fallstricke lauern. Kritisch zu bewerten sind z. B. Verträge mit der Verpflichtung zur Vorauskasse, mit dem Risiko von größeren Preissteigerungen und dem Wegfall eines Bonus nach dem ersten Vertragsjahr.

Ein Vertrag über die Lieferung von Strom oder Gas darf seit dem 1.3.2022 eine **Erstlaufzeit von höchstens zwei Jahren** haben. Nach Ablauf einer vertraglich vorgesehenen Laufzeit kann ein Strom- oder Gasliefervertrag mit einer Frist von einem Monat zum Monatsende **gekündigt** werden (§ 309 Nr. 9b BGB). Das gilt für alle Verträge, die ab dem 1.3.2022 abgeschlossen wurden. Einen **Grundversorgungsvertrag** kann der Mieter mit einer Frist von zwei Wochen kündigen (§ 20 Abs. 1 Stromgrundversorgungsverordnung – StromGVV; § 20 Abs. 1 Gasgrundversorgungsverordnung – GasGVV).

Unabhängig davon berechtigt jede **Preiserhöhung** den Verbraucher dazu, den Vertrag zu **kündigen** und den Versorger zu wechseln (§ 41 Abs. 5 Satz 4 Energiewirtschaftsgesetz, § 5 Abs. 3 Satz 1 StromGVV, § 5 Abs. 3 Satz 1 GasGVV). Die Kündigung wird zu dem Zeitpunkt wirksam, zu dem der Versorger die Preiserhöhung angekündigt hat.

Die Kündigung kann, aber muss nicht schriftlich erklärt werden, → *Textform* genügt (§ 309 Nr. 13b BGB, § 20 Abs. 2 StromGVV, § 20 Abs. 2 GasGVV).

Preiserhöhung

Im Fall einer Preiserhöhung bleibt dem Verbraucher nicht nur die Möglichkeit der Kündigung. Er kann sich gegen unberechtigte Forderungen zur Wehr setzen und die Zahlung der Preiserhöhungen zumindest teilweise verweigern. Dabei ist zu unterscheiden zwischen einer Preiserhöhung nach »billigem Ermessen« und einer solchen auf Grundlage einer vertraglich festgelegten Preisanpassungsklausel.

Preiserhöhung nach »billigem Ermessen«. Wenn es keine Vertragsbestimmungen zu einer Preisanpassung gibt, darf der Versorger die Preise nicht einfach nach Belieben heraufsetzen. Die Anpassung muss »billigem Ermessen« (§ 315 BGB) entsprechen (BGH VIII ZR 118/04 WuM 2005, 257). Das einseitige Bestimmungsrecht darf nicht dazu missbraucht werden, die Gewinnspanne zulasten der Verbraucher zu erhöhen.

Eine Preiserhöhung bei Gas oder Strom ist grundsätzlich gerichtlich überprüfbar. Voraussetzung für eine Klage ist jedoch zunächst, dass die Jahresabschlussrechnung noch nicht bezahlt wurde. Denn bei unbeanstandeter Bezahlung gilt der neue Preis als vereinbart.

Das Versorgungsunternehmen muss im Einzelnen belegen, dass die Preisfestsetzung der »Billigkeit« entspricht. Dazu muss es die Kalkulationsgrundlagen vollständig vorlegen (BGH VIII ZR 279/02 WuM 2003, 460; VIII ZR 240/90

NJW-RR 1992, 183). In der Mitteilung über die Preiserhöhung sind die einzelnen Kostenbestandteile, u. a. für Stromsteuer, Konzessionsabgabe, Umlagen und Aufschläge sowie Netzentgelte, vor und nach der Preisanpassung, gegenüberzustellen (BGH VIII ZR 247/17 NJW 2019, 58). Die verlangte Preiserhöhung ist nicht fällig, bis das Versorgungsunternehmen den Nachweis erbracht hat. So lange darf der Kunde die Zahlung für den geforderten Mehrpreis verweigern.

Der BGH hat die Möglichkeit für eine gerichtliche Kontrolle der Preise jedoch stark eingeschränkt. Bei einer **Strompreiserhöhung** scheidet eine Billigkeitskontrolle aus, wenn der Stromversorger keine Monopolstellung hat und für den Kunden die Möglichkeit besteht, Strom von einem anderen Anbieter zu beziehen (BGH VIII ZR 144/06 WuM 2007, 335).

Auch die **Erhöhung der Gaspreise** ist nach dem BGH nur eingeschränkt überprüfbar. Weist das Versorgungsunternehmen nach, dass es höhere Bezugskosten zahlen muss und diese nur an den Verbraucher weitergegeben hat, gilt die Erhöhung als angemessen (BGH VIII ZR 36/06 WuM 2007, 526). Auch die Preisaufschläge der Vorlieferanten – also das, was z. B. ein großes Gasversorgungsunternehmen den Stadtwerken in Rechnung stellt – können nicht überprüft werden, so der BGH. Außerdem ist eine gerichtliche Überprüfung nur für die Preiserhöhung möglich, nicht jedoch für den gesamten Tarif (BGH VIII ZR 274/06 WuM 2009, 49).

Erhöhung nach einer Preisanpassungsklausel. Meistens enthält der Versorgungsvertrag eine Klausel zur Anpassung der Preise. In diesem Fall richtet sich eine Preiserhöhung nach den Vorgaben dieser Vertragsbestimmung. Solche Klauseln sind **unwirksam**, wenn sie den Kunden **unangemessen benachteiligen.**

- Das gilt z. B. für eine Bestimmung, die den zu zahlenden Gaspreis ausschließlich an die Preisentwicklung für Heizöl koppelt (BGH VIII ZR 304/08 WuM 2010, 323).
- Außerdem ist eine Vertragsbestimmung ungültig, wenn sie nur zu einer Preiserhöhung berechtigt, nicht aber eine Herabsetzung der Preise vorschreibt, wenn die Einkaufspreise sinken (BGH KZR 2/07 WuM 2008, 606). Es muss konkret angegeben sein, aus welchen Gründen und nach welchem Modus die Gaspreise steigen (BGH VIII ZR 162/09 NJW 2013, 3647). Unwirksam sind deshalb folgende Klauseln: »Der Versorger darf den Festpreis und den Verbrauchspreis anpassen« (BGH VIII ZR 162/09 WuM 2009, 749); »Der Versorger ist berechtigt, die Gaspreise an die geänderten Gasbezugspreise anzupassen« (BGH VIII ZR 225/07 WuM 2009, 750).
- Außerdem darf eine Preisanpassungsklausel nicht zu kompliziert sein. Der Kunde muss sie nachvollziehen können. Andernfalls hat er keine Möglichkeit,

die Preisgestaltung zu überprüfen. Die Klausel ist dann unwirksam (BGH VIII ZR 38/05 WuM 2005, 710; LG Bremen WuM 2006, 324). Mehrdeutig und nicht hinreichend klar und verständlich ist z. B. die Bestimmung »Der vorstehende Gaspreis ändert sich, wenn eine Änderung der allgemeinen Tarifpreise eintritt« (BGH VIII ZR 274/06 WuM 2009, 131).

Dem Versorgungsunternehmen steht im Fall der Unwirksamkeit einer Klausel eine Preiserhöhung nicht zu, auch nicht nach »billigem Ermessen« (BGH VIII ZR 81/08 WuM 2010, 260). Kann der Versorger den Vertrag jedoch in absehbarer Zeit nicht kündigen, darf er die Preise heraufsetzen, wenn das gerechtfertigt ist (BGH VIII ZR 320/07 WuM 2009, 751).

G

Wichtig zu wissen: Unrechtmäßig gezahlte Preiserhöhungen können **drei Jahre lang zurückgefordert** werden (BGH VIII ZR 162/09 NJW 2013, 3647). Die Frist für die → *Verjährung* beginnt erst mit der Erteilung der Jahresabrechnung zu laufen (BGH VIII ZR 80/12 NJW 2013, 991).

Mieter als Vertragspartner

Bei der Stromversorgung ist es üblich, dass der Mieter einen eigenen Vertrag mit dem Versorger abschließt. Der Vermieter ist nicht beteiligt. Für die Lieferung von Erdgas schließt der Mieter üblicherweise nur dann einen eigenen Vertrag mit einem Anbieter seiner Wahl, wenn in der Wohnung eine Gastherme installiert ist.

Wer in eine Wohnung einzieht und einfach Strom oder Gas nutzt, schließt automatisch einen Vertrag mit dem örtlichen Grundversorger, auch ohne etwas zu unterschreiben. Das gilt aber nicht, wenn die Zimmer einer Wohnung nicht insgesamt, sondern einzeln an mehrere Mieter vermietet sind und die Wohnung nur über einen gemeinsamen Strom- oder Gaszähler verfügt. Dann kommen keine Lieferverträge mit den einzelnen Mietern zustande, sondern ein Vertrag mit dem Vermieter als Hauseigentümer (BGH VIII ZR 300/23 WuM 2025, 339).

Besteht ein Vertragsverhältnis zwischen Mieter und Gasversorger, kann der Mieter einer Preiserhöhung widersprechen. Sobald die Preiserhöhung angekündigt wird, sollte er dem Versorgungsunternehmen seinen Widerspruch mitteilen. Dazu genügt → *Textform*. Er muss geltend machen, dass er die Erhöhung als unbillig ansieht, da sie nicht ausreichend belegt und begründet ist. Zugleich sollte er das Unternehmen auffordern, die Berechnungsgrundlagen für die Preiserhöhung mitzuteilen. Weist der Mieter die Preisfestsetzung unter Hinweis auf § 315 BGB als »unbillig« zurück oder ist eine Preisänderungsklausel im Vertrag unwirksam, muss er die geforderte Erhöhung zunächst nicht bezahlen. Stattdessen sollte der bisherige Gaspreis weitergezahlt werden. Wenn eine Beschwerde beim Gas- oder Stromversorger erfolglos bleibt, kann sich der Mieter an die Schlichtungsstelle Energie wenden → *Streitschlichtung*.

Vermieter als Vertragspartner

Ist der Mieter nicht direkt Kunde des Versorgers, kann er gegen Preiserhöhungen keinen Einwand erheben, weil er nicht Empfänger der Rechnung ist. Wird das Mietshaus über eine Gaszentralheizung versorgt, erhält er einmal im Jahr eine Abrechnung seines Vermieters über die Heizkosten. Für den Mieter werden Preiserhöhungen des Gasversorgers erst zu diesem Zeitpunkt erkennbar. Der Vermieter muss jedoch zuvor die Rechnung des Versorgers prüfen und ggf. zurückweisen. Vermieter, die ohne Weiteres unberechtigte Preiserhöhungen zahlen, laufen Gefahr, gegen den Grundsatz der Wirtschaftlichkeit zu verstoßen → *Betriebskosten*. Unter Umständen kann der Mieter seine Heizkostenabrechnung entsprechend kürzen (AG Pinneberg WuM 2013, 731).

Versorgungssperre ist unzulässig

Macht der Kunde von seinem Recht Gebrauch und verweigert die Zahlung der verlangten Preiserhöhung, darf das Unternehmen nicht die Versorgung sperren oder damit drohen → *Versorgungssperre* (§ 19 Abs. 2 StromGVV, § 19 Abs. 2 GasGVV). Kündigt der Versorger rechtswidrig dennoch die Einstellung der Versorgung an, kann der Kunde sich mit einer → *einstweiligen Anordnung/Verfügung* zur Wehr setzen (LG Oldenburg WuM 2006, 162; AG Bad Kissingen WuM 2005, 594).

Gassperre → *Versorgungssperre*

Gastherme → *Durchlauferhitzer* → *Thermenwartung*

Gebäudeenergiegesetz → *Heizungsoptimierung* → *Modernisierung durch den Vermieter* → *Wärmedämmung*

Das GEG legt Mindestanforderungen für die energetische Qualität von **neu errichteten Gebäuden** fest. Wohnhäuser und andere Gebäude müssen einen baulichen Mindestwärmeschutz einhalten; geregelt werden außerdem Fragen der Heizungs- und Raumlufttechnik, der Wasserversorgung und des Einsatzes erneuerbarer Energien. Für den **Wohnungsbestand** galten bisher die Anforderungen des Gebäudeenergiegesetzes vor allem, wenn große Instandsetzungs- oder Modernisierungsarbeiten z. B. an der Gebäudefassade durchgeführt wurden. Außerdem ging es hier z. B. um die obersten Geschossdecken beheizter Räume, um Nachtabsenkungen, witterungsgesteuerte Regelung oder Thermostatventile.

Zum 1.1.2024 sind Änderungen des GEG durch das sog. **Heizungsgesetz** in Kraft getreten, die vor allem den Wohnungsbestand und die Heizungsanlagen in den Fokus rücken. Damit soll der Klimaschutz im Gebäudebereich wesentlich verbessert werden. Vorgegeben wird der schrittweise Austausch von Öl- und Gasheizungen. Um die Abhängigkeit von fossilen Brennstoffen zu reduzieren, müssen künftig neu eingebaute Heizungen mindestens zu 65 % mit → *erneuerbaren Energien* betrieben werden. Der Hauseigentümer und/oder Vermieter kann entscheiden, welche Art der Heizung für die klimafreundliche Erzeugung von Wärme genutzt werden soll. Zur Auswahl stehen Wärmepumpen, Geothermie, Fernwärme, »grüne Gase«, Biomasse, Holz oder Pellets. Eine Stromdirektheizung darf nur eingebaut oder aufgestellt werden, wenn in einem neuen Gebäude die Anforderungen an den baulichen Wärmeschutz um mind. 45 %, in einem Bestandsgebäude um mind. 30 % unterschritten werden.

Für **Neubauten** gilt: Neu errichtete Gebäude in Neubaugebieten müssen den Effizienzhaus-40-Standard erfüllen und seit 1.1.2024 mit Heizungen ausgestattet werden, die ihren Wärmebedarf zu mindestens 65 % aus erneuerbaren Energien decken.

Im **Wohnungsbestand** gilt:
- Die neuen gesetzlichen Regelungen gelten nur, wenn der Eigentümer/Vermieter die **Heizungsanlage erneuern** lässt. Eine Pflicht, bestehende Heizungen auszutauschen oder umzurüsten, gibt es nicht. Eine vor dem 1.1.2024 eingebaute Öl- oder Gasheizung darf weiter betrieben, bei einem Defekt auch repariert und weiter genutzt werden, längstens allerdings bis zum 31.12.2044. Dann darf generell nicht mehr mit fossilen Brennstoffen geheizt werden.
- Die Anforderung, im Fall einer Erneuerung der Heizung den Wärmebedarf zumindest zu 65 % durch erneuerbare Energien zu decken, gilt erst nach Ablauf einer **Übergangsfrist**. Diese Frist läuft in Großstädten, die am 1.1.2024 mehr als 100 000 Einwohner haben, bis zum 30.6.2026, in Gemeinden, die am 1.1.2024 100 000 und weniger Einwohner haben, bis zum 30.6.2028. Bis zu diesen Terminen sollen die Gemeinden ihre kommunale Wärmeplanung abgeschlossen und geklärt haben, inwieweit bei ihnen ein Anschluss an ein Fernwärmenetz möglich ist oder das Gasnetz vor Ort auf Wasserstoff umgerüstet werden soll. Eigentümer und Vermieter sollen damit Unterstützung bei der Entscheidung erhalten, wie ihre künftige Wärmeversorgung aussehen soll. Ist die kommunale Wärmeplanung bereits vor dem 30.6.2026 bzw. 30.6.2028 erstellt und hat die

zuständige Behörde auf der Grundlage dieser Planung eine Entscheidung über die Ausweisung eines Gebiets als Wärmenetz- oder Wasserstoffnetzausbaugebiet getroffen, gilt die 65 %-Anforderung dort schon ab einen Monat nach der Bekanntgabe der Entscheidung.

- Vor Ablauf der o. g. Fristen besteht für Eigentümer und Vermieter, die ihre Heizung erneuern, keine Pflicht, die 65 %-Anforderung zu erfüllen. Sie dürfen weiter eine Öl- oder Gasheizung einbauen. Diese muss dann künftig einen bestimmten Mindestanteil erneuerbarer Energien wie Biomethan oder Wasserstoff nutzen: ab 1.1.2029: 15 %; ab 1.1.2035: 30 %; ab 1.1.2040: 60 %. Eigentümer und Vermieter können aber freiwillig ihre Heizung bereits so modernisieren, dass die 65 %-Anforderung erfüllt wird. Die Kosten einer derartigen → *Modernisierung durch den Vermieter* können mit 10 % bzw. 8 % auf die Miete aufgeschlagen werden (s. u. bei Modernisierungskosten).
- Nach Ablauf der o. g. Fristen müssen Eigentümer und Vermieter bei einer Erneuerung der Heizung grundsätzlich die 65 %-Anforderung erfüllen. Selbst hier gibt es aber noch **Ausnahmen**: Beim ersten Austausch einer Heizungsanlage kann für höchstens fünf Jahre noch einmal eine Heizung eingebaut werden, die nicht mit 65 % erneuerbaren Energien läuft. Soll das Gebäude an ein geplantes, aber noch nicht fertig gestelltes Wärmenetz angeschlossen werden, kann noch höchstens zehn Jahre lang eine Öl- oder Gasheizung betrieben werden, vorausgesetzt, der Eigentümer oder Vermieter hat einen Vertrag über eine Wärmelieferung mit 65 % erneuerbaren Energien abgeschlossen und die Belieferung erfolgt innerhalb von zehn Jahren nach Vertragsschluss. Soll das Gebäude an ein geplantes, aber noch nicht fertig gestelltes Wasserstoffnetz angeschlossen werden, kann der Eigentümer oder Vermieter eine Heizung installieren, die sowohl Erdgas als auch Wasserstoff verbrennen kann, und bis zum Anschluss an das Wasserstoffnetz mit Erdgas betreiben. Bei Gebäuden mit dezentraler Wärmeerzeugung (z. B. Gasetagenheizungen) muss der Eigentümer oder Vermieter in einer Übergangsfrist von fünf Jahren ab dem ersten Heizungstausch entscheiden, ob die Wärmeversorgung dezentral bleiben oder zentralisiert werden soll.

Modernisierungskosten

Der Einbau der neuen GEG-Heizungsanlage ist eine → *Modernisierung durch den Vermieter*. Das Gesetz enthält hierzu neue Umlagemöglichkeiten, aber auch Mieterschutzvorschriften.

Führt der Vermieter eine GEG-Heizungsanlagenmodernisierung durch, kann er 10 % der Kosten umlegen, abzüglich 15 % pauschal für ersparte Erhaltungskosten und abzüglich der erhaltenen öffentlichen Förderung. Die Mieterhöhung ist gedeckelt bei 0,50 Euro pro m^2. Nimmt der Vermieter keine öffentlichen Fördermittel in Anspruch, kann er 8 % der Kosten umlegen, abzüglich ersparter Erhaltungsmaßnahmen, aber auch gedeckelt bei 0,50 Euro pro m².

Achtung: Neben der gedeckelten Mieterhöhung von 0,50 Euro pro m² für die Heizungsanlagenmodernisierung kommen Mieterhöhungen für weitere Modernisierungsmaßnahmen, die gleichzeitig durchgeführt werden können, in Betracht, z. B. der Umbau der hausinternen Verteilung, Fußbodenheizung, Fassadendämmung usw. Hier gilt dann insgesamt eine Mieterhöhungsschwelle von 2,00 bzw. 3,00 Euro pro m².

Eine Besonderheit gibt es noch, wenn der Vermieter eine **Wärmepumpe** einbauen lassen will. § 71o GEG bestimmt, dass eine Mieterhöhung wegen einer Modernisierung in voller Höhe nur verlangt werden darf, wenn der Nachweis von einem Fachunternehmen vorliegt, dass die **Jahresarbeitszahl der Wärmepumpe über 2,5** liegt. Hierdurch sollen Mieter vor hohen Kosten einer ineffektiven Wärmepumpe in einem unsanierten Haus geschützt werden. Erbringt der Vermieter diesen Effektivitäts-Nachweis nicht, darf er nur 50 % der auf die Wohnung entfallenen Modernisierungskosten umlegen. Ausnahmsweise ist ein Nachweis nicht erforderlich, wenn das Gebäude nach 1996 errichtet wurde, mind. nach den Vorgaben der Wärmeschutzverordnung 1994 erbaut wurde bzw. nach einer Sanierung mind. das Effizienzhausniveau 115 oder 100 erreicht wird oder mit einer Vorlauftemperatur von höchstens 55 °C beheizt werden kann.

Achtung: Bundesregierung plant Änderungen!
CDU/CSU und SPD haben in einem gemeinsamen Papier Eckpunkte zu einem »neuen« Gebäudeenergiegesetz (GEG) vorgelegt. Die Neuerungen betreffen das sog. Heizungsgesetz, also die §§ 71 – 71p und 72 des GEG. Diese Vorschriften sollen abgeschafft werden. Geplant ist, dass ein neues **Gebäudemodernisierungsgesetz** (GMG) insbesondere mit folgenden Regelungen zur Jahresmitte 2026 in Kraft tritt:

- Die Vorgabe eines Anteils von mindestens 65 % an erneuerbaren Energien bei der Wärmeversorgung entfällt für alle Neu- und Bestandsbauten.
- Betriebsverbote für bestimmte Heizungsarten soll es nicht geben. Das neue Gesetz wird keine Regelungen enthalten, die den Ausbau oder Wechsel bestehender, funktionierender Heizungssysteme verpflichtend vorschreibt.
- Künftig sollen neben Wärmepumpe, Fernwärme, hybriden Heizungsmodellen und Biomasseheizungen auch weiter Gas- und Ölheizungen eingebaut werden dürfen – unter der Voraussetzung, dass diese Heizungen ab 1.1.2029

einen zunehmenden Anteil CO_2-neutraler Brennstoffe nutzen, z. B. Biomethan. Bis zum Jahr 2040 soll der Anteil CO_2-neutraler Anteile in drei Schritten weiter anwachsen (sog. »Bio-Treppe«).
- Die Wärmeplanung soll für kleinere Kommunen stark vereinfacht werden.
- Der klimafreundliche Aus- und Umbau der Wärmenetze soll vorangetrieben werden. Die Preise sollen fair und transparent sein und auf bezahlbarem Niveau liegen. Dazu werden die AVBFernwärmeV und die Wärmelieferverordnung novelliert. Geplant ist außerdem eine Kostenbremse für Mieter. Lässt der Vermieter eine neue günstige Gas- oder Ölheizung einbauen, die aber hohe laufende Betriebskosten produziert, muss er sich an den Kosten der Netzentgelte und der Brennstoffe zur Hälfte beteiligen.

Gebot der Wirtschaftlichkeit → *Betriebskosten*

Genossenschaften

Wer in einer Genossenschaftswohnung lebt, hat zwei Rechtsverhältnisse, die für ihn von Bedeutung sind: das Nutzungsverhältnis in Bezug auf die Wohnung und das Genossenschaftsverhältnis.

Nutzungsverhältnis

Das Nutzungsverhältnis in Bezug auf die Wohnung ist als **Mietverhältnis** zu behandeln, für das grundsätzlich dieselben Bestimmungen gelten wie für ein sonstiges Wohnraummietverhältnis. So muss die Genossenschaft z. B. bei einer Erhöhung des Nutzungsentgelts, je nachdem, ob es sich um eine frei finanzierte oder eine öffentlich geförderte Wohnung handelt, die für eine Mieterhöhung jeweils geltenden mietrechtlichen Vorschriften beachten → *Mieterhöhung* → *Sozialmiete/Sozialwohnung*. Der genossenschaftliche Gleichbehandlungsgrundsatz verbietet es, ein Mitglied ohne sachlichen Grund ungleich zu behandeln, z. B. ohne sachlichen Grund von einzelnen Mitgliedern eine stärkere Entgelterhöhung zu fordern als von den übrigen (AG Halle (Saale) WuM 2026, 203; LG Offenburg WuM 1998, 289). Ein sachlicher Grund zur Ungleichbehandlung liegt aber vor, wenn die Genossenschaft nur bei den Mitgliedern das Nutzungsentgelt erhöht, die im Zuge von Modernisierungsarbeiten nicht auf das Recht zur Entgeltminderung verzichten (BGH VIII ZR 159/08 WuM 2009, 744) oder die nicht einverstanden sind, dass eine unwirksame Schönheitsreparaturklausel in ihrem Nutzungsvertrag durch eine wirksame ersetzt wird (AG Tempelhof-Kreuzberg GE 2009, 1051). Die Genossenschaft darf bei der Neuvermietung ein geringeres Nutzungsentgelt fordern, wenn sonst Leerstand droht; Altmitglieder können nicht verlangen, dass ihr Nutzungsentgelt ebenfalls gesenkt wird (LG Berlin ZMR 2001, 710).

Soweit ein Recht des Mitglieds zur **Untervermietung** besteht, muss der Untermieter nicht zwingend Genossenschaftsmitglied sein (LG Köln WuM 2016, 661) → *Untermiete*.

Wie bei einem sonstigen Mietverhältnis ist eine **Kündigung** des Nutzungsverhältnisses durch die Genossenschaft nur möglich, wenn ein gesetzlich anerkannter Kündigungsgrund vorliegt → *Fristlose Kündigung des Vermieters* → *Kündigungsschutz*. Ist das Recht zur Eigenbedarfskündigung im Nutzungsvertrag ausgeschlossen, kann sich das Mitglied auch gegenüber dem Käufer der Wohnung darauf berufen (BGH VIII ZR 250/11 WuM 2012, 294). Ein Verzicht auf das Recht zur ordentlichen Kündigung bedeutet aber nicht, dass damit auch eine fristlose Kündigung ausgeschlossen wäre (BGH VIII ZR 327/11 WuM 2012, 440).

Wie bei sonstigen Mietverhältnissen kann die Wohnung im Fall einer Scheidung dem Ehepartner zugewiesen werden, selbst wenn dieser nicht Mitglied der Genossenschaft ist (BVerfG 1 BvR 1106/91 WuM 1991, 572). Stirbt das Mitglied, wird das Nutzungsverhältnis nach den allgemeinen Regeln mit dem Ehegatten (oder sonstigen Familienangehörigen bzw. Erben) fortgesetzt, selbst wenn das Genossenschaftsverhältnis nach dem Statut (Satzung) der Genossenschaft im Todesfall mit dem Schluss des Geschäftsjahrs enden sollte (BGH VIII ZR 254/09 WuM 2010, 431) → *Tod des Mieters*. Ein Kündigungsrecht der Genossenschaft besteht, wenn der Rechtsnachfolger des Verstorbenen sich weigert, Genossenschaftsmitglied zu werden bzw. zu bleiben.

Genossenschaftsverhältnis

Das Verhältnis des einzelnen Mitglieds zur Genossenschaft richtet sich nach dem Statut (Satzung) der Genossenschaft und dem Genossenschaftsgesetz. Abweichungen vom Gesetz sind nur zulässig, wenn dies im Gesetz ausdrücklich zugelassen ist.

Wer die von der Genossenschaft zur Verfügung gestellte Wohnung kaum noch nutzt, kann unter Umständen aus der Genossenschaft ausgeschlossen werden und damit letztlich die Wohnung verlieren (LG Nürnberg-Fürth WuM 1993, 280). Ein Ausschlussgrund liegt jedoch nicht vor, wenn ein Mitglied die Genossenschaft wegen ihres Verhaltens bei Vertragsabschlüssen und Erhöhungen des Nutzungsentgelts kritisiert oder Prozesse gegen sie führt (LG Berlin, Urt. v. 7.2.1999 – 18 O 504/89). Ein Ausschluss setzt voraus, dass das Mitglied zuvor erfolglos abgemahnt wurde (BGH VIII ZR 22/03 WuM 2003, 691; LG Köln WuM 2007, 22).

Eine Kündigung der Mitgliedschaft in der Genossenschaft kann auch durch den Insolvenzverwalter des Mitglieds erfolgen, um das Auseinandersetzungsguthaben zugunsten der Masse zu realisieren (BGH IX ZB 120/10 WuM 2011, 40); dass die Genossenschaft anschließend eventuell die Wohnung kündigt, schließt die Kündigung der Mitgliedschaft nicht aus (BGH VII ZB 41/08 WuM 2009, 752). Eine solche Kündigung ist aber ausgeschlossen, wenn die Mitgliedschaft Voraussetzung für die Nutzung der Wohnung des Mitglieds ist und das Geschäftsguthaben des Mitglieds höchstens das Vierfache des monatlichen Nutzungsentgelts (ohne die als Pauschale oder Vorauszahlung ausgewiesenen Betriebskosten) oder höchstens 2000 Euro beträgt.

Gerichte

Kommt es zwischen Mieter und Vermieter zum Streit und gelingt es ihnen nicht, sich – ggf. im Wege der → *Streitschlichtung* – außergerichtlich gütlich zu einigen, bleibt als letzter Ausweg der Gang zum Gericht.

Für Streitigkeiten über Ansprüche aus einem Wohnraummietverhältnis sind in **erster Instanz** die **Amtsgerichte zuständig**. Dies gilt auch dann, wenn das Mietverhältnis bereits beendet ist, der Mieter die Erstattung zu viel gezahlter Miete fordert (BGH VIII ARZ 6/83 WuM 1984, 119) oder streitig ist, ob der Mietvertrag überhaupt wirksam geschlossen wurde. Diese Zuständigkeit gilt für Wohnraum aller Art mit Ausnahme von Werkdienstwohnungen, d. h. Wohnungen, die vom Arbeitgeber als Teil des Arbeitsentgelts zur Verfügung gestellt werden; hier sind die Arbeitsgerichte zuständig → *Werkwohnung*.

Örtlich zuständig ist ausschließlich das Amtsgericht, in dessen Zuständigkeitsbereich sich die **Wohnung** befindet (§ 29a ZPO). **Ausnahmen** gelten nur, wenn es sich um Wohnraum handelt, der nur zum vorübergehenden Gebrauch vermietet ist oder der Teil einer vom Vermieter selbst bewohnten Wohnung ist und überwiegend möbliert vermietet wurde, sofern er dem Mieter nicht zum dauernden Gebrauch mit seiner Familie oder Personen überlassen ist, mit denen er einen auf Dauer angelegten gemeinsamen Haushalt führt, oder wenn es sich um Wohnraum handelt, den eine juristische Person des öffentlichen Rechts oder privater Träger angemietet hat, um ihn Personen mit dringendem Wohnbedarf zu überlassen, sofern der Mieter bei Vertragsabschluss darauf hingewiesen wurde. In diesen Fällen kommt insbesondere auch eine örtliche Zuständigkeit des Amtsgerichts am Wohn- oder Geschäftssitz der beklagten Partei in Betracht. Absprachen oder Vertragsklauseln, die eine andere örtliche Zuständigkeit begründen sollen, sind unwirksam.

Vor dem Amtsgericht herrscht **kein Anwaltszwang**, so dass Mieter und Vermieter keinen Anwalt benötigen, sondern sich selbst vertreten können. Jedenfalls wenn der Vermieter anwaltlich vertreten ist, ist es aber nicht ratsam, auf einen Rechtsbeistand zu verzichten → *Rechtsschutz*.

Gegen Urteile des Amtsgerichts kann innerhalb eines Monats nach Zugang des vollständigen Urteils **Berufung** beim zuständigen **Landgericht** eingelegt werden, wenn der Wert der Beschwer → *Streitwert* über 1000 Euro liegt oder das Amtsgericht die Berufung in seinem Urteil zugelassen hat. Beim Landgericht besteht **Anwaltszwang**, so dass sich Mieter und Vermieter anwaltlich vertreten lassen müssen. Das Landgericht kann die Sache per Beschluss zurückweisen, wenn die Berufung offensichtlich keine Aussicht auf Erfolg hat, die Rechtssache keine grundsätzliche Bedeutung hat, eine Entscheidung des Gerichts zur Rechtsfortbildung oder Sicherung einer einheitlichen Rechtsprechung nicht erforderlich ist und eine mündliche Verhandlung vor dem Gericht nicht geboten ist. Anderenfalls entscheidet das Gericht durch ein Urteil.

Gegen Urteile des Landgerichts kommt als weiteres Rechtsmittel die **Revision zum Bundesgerichtshof** in Betracht, wenn das Berufungsgericht diese im Urteil ausdrücklich zugelassen hat oder wenn der Bundesgerichtshof die Revision auf Beschwerde gegen deren Nichtzulassung zugelassen hat. Die Revision muss innerhalb eines Monats eingelegt werden. Für die Revision muss man sich durch einen speziell beim Bundesgerichtshof **zugelassenen Rechtsanwalt** vertreten lassen.

Nach der Revision gibt es keine weiteren Instanzen mehr. Im Fall der Verletzung von Grundrechten kommt eine → *Verfassungsbeschwerde* in Betracht.

Gerichtsvollzieher

Gerichtsvollzieher sind bei den Amtsgerichten beschäftigt. Sie sind nicht nur für die Pfändung und Versteigerung von beweglichen Sachen und Wertpapieren zuständig, sondern auch für die Vollstreckung z. B. von Räumungsurteilen → *Zwangsräumung*.

Neben diesen Aufgaben führt der Gerichtsvollzieher auch die **Zustellung von Schriftstücken** durch. Bei einer Zustellung durch den Gerichtsvollzieher kann sich der Empfänger nicht darauf berufen, er habe das Schriftstück nicht erhalten → *Zugang von Erklärungen* → *Einschreiben*. Die Zustellung durch den Gerichtsvollzieher dauert etwas länger (ca. 8 – 14 Tage – rechtzeitig beauftragen!), ist teurer (ca. 15 – 40 Euro) und aufwendiger als ein Versand per einfachem Brief oder

Einschreiben, aber immer dann sinnvoll, wenn es um wichtige und/oder fristgebundene Erklärungen geht und zu befürchten ist, dass der Vermieter den (rechtzeitigen) Zugang leugnet.

Zuständig für die Zustellung ist der Gerichtsvollzieher am Wohnort bzw. Niederlassungsort des **Empfängers**. Diesen findet man über die Seite www.justizadressen.nrw.de/de/justiz/suche, indem man dort bei Angelegenheit »Gerichtsvollzieherverteilerstellen« auswählt und bei PLZ/Ort die Angabe zum **Empfänger** macht. Bei der zuständigen Gerichtsvollzieherverteilerstelle erfährt man dann den genauen Gerichtsvollzieher. Diesem muss man den **Zustellungsauftrag und das zuzustellende Dokument** (am besten gleich mit zwei Kopien) zusenden. Das zuzustellende Dokument muss die Angaben zum Absender und zum Empfänger (bei juristischen Personen, z. B. großen Wohnungsbaugesellschaften, ggf. auch den gesetzlichen Vertreter), die gewünschten Erklärungen und die Unterschrift des oder der Absender (im Zweifel: alle Vertragspartner auf der Mieterseite!) enthalten. Da der Gerichtsvollzieher vom Inhalt Kenntnis haben muss, um den Zugang zu bezeugen, sollte das Dokument in einem offenen Umschlag beigelegt werden. In dem Auftrag sollte auf einzuhaltende Fristen hingewiesen werden. Der Auftrag muss außerdem die Angabe enthalten, ob eine **einfache** oder eine **persönliche Zustellung** durch den Gerichtsvollzieher gewünscht ist – wählen Sie die persönliche Zustellung. Selbstverständlich benötigt der Gerichtsvollzieher auch Ihre vollen Namens- und Adressdaten. An die angegebene Adresse wird er die Rechnung und später die Zustellurkunde senden, die vor Gericht als Beweis gilt.

Wird der Empfänger vom Gerichtsvollzieher nicht angetroffen, so erfolgt – anders als beim Einschreiben – dennoch eine **gültige Zustellung**, nämlich durch die sog. **Niederlegung** des Schriftstücks. Dem Empfänger wird über die Niederlegung eine Mitteilung gemacht, mit deren Abgabe das Schriftstück als zugestellt gilt.

Geruchsbelästigung

Geruchsbelästigungen des Mieters können ihre Ursache innerhalb oder außerhalb des Gebäudes haben. Sie stellen einen Mangel der Mietsache dar, wenn der Geruch erheblich ist, d. h. über das allgemein noch zumutbare Maß hinausgeht (LG Essen ZMR 2000, 302). Maßstab dafür, ob die Belästigung noch zumutbar oder bereits erheblich ist, ist nicht das subjektive Empfinden des betroffenen Mieters, sondern das Empfinden eines durchschnittlich empfindlichen Mieters (LG Berlin, Urt. v. 24.6.2015 – 65 S 148/15). Liegt ein Mangel vor, stehen dem Mieter gegen den Vermieter die Rechte auf Mangelbeseitigung, Minderung, Ersatzvornahme, Schadensersatz, u. U. auch Kündigung des Mietvertrags zu → *Mangel der Mietsache.*

Einzelfälle:

Abwasserrohr: Wiederkehrender muffiger Abwassergeruch aus einem defekten Abwasserrohr stellt einen Mangel der Mietsache dar (BGH VIII ZR100/18 WuM 2018, 712, Mietminderung: 10 %). Ein Abwasserschaden, der zu unzumutbaren Fäkalgerüchen führt, erlaubt eine Minderung um 100 % (AG Bottrop ZMR 2026, 148).

Fehlende Entlüftung im fensterlosen Bad: Stellt der Vermieter die Lüftungsanlage in einem fensterlosen Bad aus Gründen der Energieeinsparung nachts ab, so dass es zu erheblichen Geruchsbelästigungen kommt, liegt ein Mangel der Mietsache vor (AG Köln WuM 2010, 347, Mietminderung: 4 %).

Feuchtigkeit → *Feuchtigkeit in der Wohnung.*

Kochgerüche: Haushaltsübliche Kochgerüche, auch im Treppenhaus, sind zumutbar und begründen keinen Mangel. Die Schwelle zum Mangel ist erst überschritten, wenn der Geruch erheblich ist (AG Hamburg WuM 1993, 39). Dann kann insbesondere, wenn nächtliche Geruchsbeeinträchtigungen auftreten, eine Mietminderung von 10 % gerechtfertigt sein (AG Mitte WuM 2022, 730).

Müll und Schmutz in der Wohnung: Eine erhebliche Geruchsbelästigung als Folge von Müll, den der Nachbarmieter in seiner Wohnung gelagert hat, stellt einen Mangel der Mietsache dar, den der Vermieter beseitigen muss. Ggf. kann er dem Verursacher kündigen (AG Gießen ZMR 2021, 497; AG München ZMR 2019, 40; LG Berlin ZMR 2018, 416). Entsprechendes gilt für starke Gerüche nach Zersetzung von organischem Müll aus der Wohnung des Nachbarn (LG Berlin WuM 2011, 155, Mietminderung: 10 %).

Mülltonnen: (Bio-)Mülltonnen müssen so aufgestellt sein, dass es nicht zu erheblichen Geruchsbelästigungen kommt (LG Osnabrück WuM 1997, 431).

Rauchen: Rauchen in der Mietwohnung ist grundsätzlich erlaubt, wenn im Mietvertrag kein Rauchverbot vereinbart ist. Letzteres kann nur individualvertraglich vereinbart werden; ein vorgedrucktes Rauchverbot in einem Formularmietvertrag ist unwirksam → *Allgemeine Geschäftsbedingungen.* Ein rauchender Mieter muss allerdings auf seine Mitmieter Rücksicht nehmen und zumutbare Maßnahmen zur Vermeidung einer Beeinträchtigung der Mieter treffen (BGH VIII ZR 186/14 WuM 2015, 289).

Der rauchende Nachbar begründet also nicht per se einen Mangel der Mietsache. Ein solcher kommt aber in Betracht, wenn Zigarettenrauch in erheblicher Menge aufgrund einer speziellen Bauweise des Gebäudes durch die Decke oder Lüftungsschächte in die Wohnung dringt (AG Lübeck WuM 2014, 138, Mietminderung: 5 %) oder vom Nachbarbalkon auf den eigenen Balkon bzw. in die Wohnung zieht (LG Berlin NZM 2013, 727, Mietminderung: 10 %; LG Hamburg WuM 2012, 496, Mietminderung: 5 %). Ein Mangel der Mietsache kommt auch in Betracht, wenn der Mieter nicht ausreichend lüftet, so dass erhebliche Mengen Rauch in das Treppenhaus abziehen (BGH VIII ZR 186/14 WuM 2015, 289).

Renovierungsarbeiten: Starke Geruchsbelästigungen als Folge von Renovierungsarbeiten des Vermieters mit Lösungsmitteln begründen einen Mangel der Mietsache (AG Schöneberg, Urt. v. 27.3.1996 – 6 C 32/92, Mietminderung: 90 %).

Tierhaltung: Gerüche, die mit einer Tierhaltung im üblichen Rahmen verbunden sind, z. B. drei Hasen und ein Meerschweinchen, sind hinzunehmen, nicht aber z. B. solche aus der Haltung eines Schweins in der Wohnung (vgl. AG Ludwigsburg WuM 2012, 216). Ebenfalls einen Mangel der Mietsache begründen starke Gerüche aufgrund nicht artgerechter Tierhaltung (AG Köln WuM 1989, 234) oder wegen streunender Katzen, die aufgrund der Fütterung durch andere Mieter angelockt werden (AG Bonn WuM 1986, 212; Mietminderung: 15 %).

U-Bahn-Gerüche: Erhebliche Geruchsbelästigungen aufgrund von Ausgasungen der Bahnschwellen einer U-Bahn-Station in umliegende Wohnungen begründen einen Mangel der Mietsache (AG München WuM 2011, 465, Mietminderung: 15 bis 25 %).

Geschäftsraummiete → *Schriftform*

Geschäftsräume sind alle Räume, die nicht zum dauerhaften Wohnen bestimmt sind, sondern nach dem Willen beider Parteien vom Mieter **zu gewerblichen oder beruflichen Zwecken** angemietet werden. Typische Geschäftsräume sind **Büros, Läden, Praxen, Kanzleien, Werkstätten** und **Gaststätten**. Ob eine Wohnraum- oder eine Gewerberaumvermietung vorliegt, richtet sich nicht nach der tatsächlichen Nutzung, sondern dem vertraglich vereinbarten Zweck.

Beschaffenheit und Zweckbestimmung

Vermietet ein Vermieter Räumlichkeiten zu **gewerblichen Zwecken**, muss er sie so herrichten, dass sie die für den **vorgesehenen Gewerbebetrieb** erforderlichen Eigenschaften besitzen.

Die zulässige Nutzung der Räume richtet sich in erster Linie nach den **vertraglichen Vereinbarungen**. Wurde z. B. im Mietvertrag der »Betrieb eines Lebensmittelgeschäfts« vereinbart, darf der Mieter die Räume nicht eigenmächtig für den Betrieb von Geldautomaten nutzen (OLG Düsseldorf OLGR Düsseldorf 2008, 543).

Fehlt eine konkrete Vereinbarung über den Vertragszweck, darf der Mieter die Räume grundsätzlich **für jeden gewerblichen Zweck** verwenden, da der Mietvertrag als »Gewerberaummietverhältnis« die Nutzung zu allgemeinen gewerblichen Zwecken umfasst. Allerdings haftet der Vermieter in diesem Fall nicht, wenn der Mieter sein Gewerbe aufgrund öffentlich-rechtlicher Vorschriften nicht in den Räumen ausüben darf. Der Vertragszweck hat daher bei der gewerblichen Miete eine besondere Bedeutung, weil er die Rechte und Pflichten beider Parteien bestimmt.

G

Begrenzter Schutz des Gewerbemieters

In der Gewerbemiete gilt weitestgehend **Vertragsfreiheit**. Der Gesetzgeber geht davon aus, dass Gewerbemieter keine schutzbedürftigen Verbraucher sind, sondern wirtschaftlich handelnde Marktteilnehmer, die ihre Interessen eigenverantwortlich wahrnehmen können.

Deshalb finden viele zwingende Vorschriften des Wohnraummietrechts auf Gewerbemietverhältnisse keine oder nur eingeschränkte Anwendung. Die Parteien können jedoch ausdrücklich vereinbaren, dass Teile des Wohnraummietrechts auf ihr Gewerbemietverhältnis Anwendung finden. Sie können z. B. im Mietvertrag festlegen, dass die Kündigung schriftlich unter Angabe von Kündigungsgründen und unter Hinweis auf das Widerspruchsrecht erfolgen muss (KG Berlin WuM 2015, 666).

Einschränkungen der Vertragsfreiheit ergeben sich zudem durch die Kontrolle von → *Allgemeinen Geschäftsbedingungen*. Auch Gewerbemieter sind so vor unangemessenen oder intransparenten Formularklauseln geschützt.

Ordentliche Kündigung

Bei Gewerberaummietverträgen gibt es **keinen gesetzlichen Kündigungsschutz** wie im Wohnraummietrecht. Der Vermieter benötigt daher **kein berechtigtes Interesse** nach § 573 BGB, um eine ordentliche Kündigung auszusprechen. Er kann ein unbefristetes Mietverhältnis ohne Angabe von Gründen zum Ablauf der gesetzlichen oder vertraglich vereinbarten Kündigungsfrist beenden. Ein Widerspruch des Mieters wegen Härtegründen ist ausgeschlossen.

Eine Kündigung kann **mündlich** erfolgen, sofern im Mietvertrag keine Schriftform vereinbart ist. Sie kann zudem als **Änderungskündigung** ausgesprochen werden, also verbunden mit dem Angebot, einen neuen Vertrag zu veränderten Mietkonditionen abzuschließen.

Kündigungsfristen

Für unbefristete Gewerberaummietverhältnisse gelten grundsätzlich die gesetzlichen Kündigungsfristen des §580a Abs. 2 BGB, sofern nichts anderes vereinbart ist. Demnach ist eine Kündigung spätestens **am 3. Werktag eines Kalendervierteljahres für den Ablauf des nächsten Kalendervierteljahres** möglich. Für sonstige Mietverhältnisse, die weder Wohn- noch Geschäftsräume betreffen – z. B. Lagerplätze, Abstellplätze oder Garagen – beträgt die Kündigungsfrist drei Monate zum Ablauf des Kalendervierteljahres.

Diese gesetzlichen Kündigungsfristen können im Gewerbemietvertrag **frei verkürzt oder verlängert** werden.

> **Tipp:** Der Mieter sollte prüfen, ob der Vertrag nicht besser von vornherein für einen festen Zeitraum (z. B. für fünf Jahre) und mit der Möglichkeit, ihn zu verlängern, abgeschlossen wird. Während dieser Zeit ist eine ordentliche Kündigung dann nicht möglich.

Fristlose Kündigung

Wie auch bei der Wohnraummiete besteht im Gewerbemietrecht die Möglichkeit einer fristlosen Kündigung aus wichtigem Grund nach §543 BGB. Die rechtlichen Anforderungen an einen wichtigen Grund sind grundsätzlich gleich. Im Gewerbemietvertrag können die Gründe für eine fristlose Kündigung jedoch durch Formularklauseln konkretisiert werden. Zulässig ist, dass bereits ein Zahlungsverzug von mehr als einer Monatsmiete eine fristlose Kündigung rechtfertigt. Denn für gewerbliche Mietverhältnisse gilt ein Mietrückstand von über einer Monatsmiete als erheblich i. S. d. §543 Abs. 2 Satz 1 Nr. 3a BGB (BGH XII ZR 65/14). Unzulässig ist dagegen eine Klausel, die eine fristlose Kündigung bereits bei einem geringfügigen Rückstand von einer Monatsmiete oder weniger vorsieht (OLG Düsseldorf, Urt. v. 6.7.2001 – 24 U 199/00).

Feste Mietzeit

In vielen Gewerberaummietverträgen wird die Mietzeit für einen bestimmten Zeitraum festgelegt. Das Mietverhältnis **endet automatisch** mit Ablauf dieser Zeit, **ohne** dass eine **Kündigung** erforderlich ist – es sei denn, die Parteien vereinbaren eine Verlängerung. Während der vereinbarten Laufzeit ist eine **ordentliche Kündigung ausgeschlossen**, so dass beide Seiten an den Vertrag gebunden sind.

Für den Gewerbemieter bedeutet dies ein **höheres wirtschaftliches Risiko**, da er sich von dem Vertrag während der Laufzeit nicht vorzeitig lösen kann, etwa bei Umsatzrückgängen. Im Gegenzug muss er jedoch auch keine ordentliche Kündigung oder Änderungskündigung des Vermieters befürchten.

Mieterhöhung

Im Gegensatz zum Wohnraummietrecht hat der Vermieter von Geschäftsräumen **kein gesetzliches Recht auf** Zustimmung des Mieters zu einer **Mieterhöhung**. Eine Erhöhung ist nur möglich, wenn dies **vertraglich vereinbart** wurde. Fehlt eine solche Klausel, kann der Vermieter die Miete nur über eine **Änderungskündigung** anpassen. Dabei kündigt er den bestehenden Mietvertrag und bietet gleichzeitig die Fortsetzung des Vertrags gegen eine höhere Miete an. Voraussetzung hierfür ist, dass der Mietvertrag unbefristet ist und damit kündbar.

Viele Gewerbemietverträge enthalten sog. → *Leistungsvorbehaltsklauseln*. Danach kann der Vermieter bei Steigerungen bestimmter vereinbarter Kosten mit dem Mieter über eine Neufestsetzung der Miete verhandeln. Der Vermieter kann sich auch vorbehalten, die Miete **einseitig** nach einer bestimmten Zeit gem. §§ 315, 316 BGB **nach billigem Ermessen** neu festzusetzen (BGH XII ZR 79/10).

Kaution

Im Gegensatz zum Wohnraummietrecht ist die Höhe der Kaution bei Gewerbemietverträgen **nicht gesetzlich begrenzt**. Eine Sicherheitsleistung i. H. v. bis zu fünf Monatsmieten gilt als zulässig (OLG Düsseldorf, Beschl. v. 28.5.2009 – I-10 U 2/09).

Eine **Verzinsung** kann vertraglich ausgeschlossen werden. Fehlt eine ausdrückliche Vereinbarung zur Verzinsung, muss der Vermieter die Kaution getrennt von seinem Vermögen bei einem Kreditinstitut anlegen (KG, Beschl. v. 1.10.1998 – 20 W 6592/98).

Nebenkostenumlage

Wie im Wohnraummietrecht hat auch der Gewerbemieter die Betriebskosten nur zu tragen, wenn die **Umlage mietvertraglich vereinbart** ist (BGH XII ZR 120/18 WuM 2020, 341). Bei einem Gewerbemietvertrag können aber über die im Katalog von § 2 BetrKV oder der Anlage 3 zu § 27 Abs. 1 II. BV aufgeführten Kosten hinaus **weitere Kostenarten** vereinbart werden. Deshalb sind z. B. auch

Verwaltungskosten bzw. Kosten der »kaufmännischen und technischen Hausverwaltung« (BGH XII ZR 112/09) umlagefähig, auch wenn die Klausel keine Bezifferung oder höhenmäßige Begrenzung der Verwaltungskosten enthält (BGH XII ZR 56/11).

Die Kosten eines **»Center-Managers«** sind aber nicht zusätzlich zu den Kosten der »Verwaltung« umlagefähig, wenn die Leistungen des Managements nicht klar beschrieben werden und damit unklar ist, welche Leistungen hier in Abgrenzung zu den Verwaltungskosten anfallen sollen (BGH XII ZR 56/11). Die Nebenkostenpositionen müssen im Mietvertrag **konkret beschrieben** werden, wenn sie in der Betriebskostenverordnung nicht genannt werden und nicht hinreichend bestimmt sind. Unklare Begriffe wie »Center-Management«, »Raumkosten« oder »Allgemeiner Service« reichen nicht aus (OLG Brandenburg, Urt. v. 5.4.2022 – 3 U 144/20), da der Mieter nicht abschätzen kann, welche Kosten auf ihn zukommen. **Wartungskosten** dürfen nicht ohne Kostenobergrenze umgelegt werden (OLG Brandenburg, Urt. v. 5.4.2022 – 3 U 144/20).

Heizkosten

Die Heizkostenverordnung gilt auch für Geschäftsräume. Der Vermieter muss die Räume mit verbrauchserfassenden Geräten ausstatten und die Heizkosten **verbrauchsabhängig** abrechnen. Anderslautende Vereinbarungen sind unwirksam. Eine Verteilung der Heizkosten zu 100 % nach Verbrauch ist zulässig (BGH XII ZR 46/18 WuM 2019, 199).

Nebenkostenabrechnung

Auch bei Gewerberaum muss der Vermieter innerhalb von einem Jahr nach Ende der Abrechnungsperiode abrechnen (BGH XII ZR 22/07). Diese Frist ist jedoch **keine Ausschlussfrist**: Der Vermieter kann eine Nachforderung auch noch geltend machen, wenn er später abrechnet. Dabei hat der Vermieter jedoch das **Wirtschaftlichkeitsgebot** zu beachten (BGH XII ZR 170/13).

Umsatzsteuerumlage

Der Vermieter von Gewerberaum darf **Umsatzsteuer auf Miete und Nebenkosten** nur verlangen, wenn dies **vertraglich vereinbart** ist (BGH XII ZR 29/24 WuM 2025, 238; XII ZR 6/20). Der Mieter ist zur Zahlung der Umsatzsteuer jedoch nur verpflichtet, wenn er **selbst umsatzsteuerpflichtig** ist (BGH XII ZR 29/24 WuM 2025, 238). Zahlt der Mieter Umsatzsteuer, hat er Anspruch auf eine **gesonderte Ausweisung** des Steuerbetrags, um diesen als **Vorsteuer** geltend machen zu können.

Instandhaltung und Instandsetzung
Im Gewerberaummietvertrag kann die Pflicht zur Instandhaltung und Instandsetzung formularmäßig auf den Mieter übertragen werden, sofern die Schäden dem **Mietgebrauch oder dem Risikobereich des Mieters** zuzuordnen sind (BGH XII ZR 158/01 NZM 2005, 863).

Wirksam ist eine Vereinbarung, die den Mieter verpflichtet, die laufende Instandhaltung und Instandsetzung in seinen **exklusiv angemieteten Räumen** durchzuführen. Die Übertragung der Erhaltungspflicht für **Gemeinschaftsflächen** und gemeinsam genutzte Anlagen ist nur dann wirksam, wenn sie **höhenmäßig begrenzt** wird (BGH XII ZR 158/01 NZM 2005, 863). Denn damit werden dem Mieter Kosten für Schäden auferlegt, die andere verursacht haben.

Mietminderung
Im Grundsatz besteht auch in Gewerberaummietverhältnissen das Recht zur Mietminderung bei → *Mängeln der Mietsache*. In Gewerbemietverträgen kann das Recht zur Mietminderung aber durch Formularklauseln **wirksam beschränkt** werden; jedoch darf das Recht, überzahlte Beträge zurückzufordern, nicht ausgeschlossen werden (OLG Düsseldorf WuM 2023, 26). Ist das Mietminderungsrecht **vollständig ausgeschlossen** und kann der Mieter überzahlte Miete auch nicht nach Bereicherungsrecht zurückfordern, ist eine solche Klausel **unwirksam** (BGH XII ZR 147/05 NJW 2008, 2254).

Konkurrenzschutz
Auch ohne besondere vertragliche Vereinbarung ist der Vermieter von Gewerberäumen verpflichtet, dem Mieter Konkurrenzschutz zu gewähren (BGH VIII ZR 56/78 WuM 1979, 144). Vermietet er Räume für den Betrieb eines bestimmten Geschäfts, muss er einen ungestörten Mietgebrauch sicherstellen und darf auf demselben Grundstück oder auf ihm gehörenden unmittelbar angrenzenden Nachbargrundstücken **kein Konkurrenzunternehmen** zulassen (BGH VIII ZR 101/76 WuM 1978, 187; KG, Urt. v. 17.1.2005 – 8 U 212/04).

Der Vermieter muss jedoch **nicht jeden unerwünschten Wettbewerb verhindern**. Entscheidend ist, was der Mieter nach den bei Vertragsschluss erkennbaren Umständen erwarten durfte. Wer die Räume bereits in Kenntnis einer bestehenden Wettbewerbssituation anmietet, kann i. d. R. keinen Konkurrenzschutz beanspruchen. Außerdem gilt der Grundsatz der **Priorität**: Der zuerst einziehende Mieter hat Konkurrenzschutz gegenüber späteren Mietern.

Der Konkurrenzschutz kann individuell vereinbart oder über → *Allgemeine Geschäftsbedingungen* festgelegt, räumlich erweitert oder auf Nebenartikel ausgeweitet werden. Wird bei einem Mieter in einem Einkaufszentrum der Konkurrenzschutz formularmäßig ausgeschlossen und der Mieter zugleich verpflichtet, den Laden mit einem bestimmten Warensortiment zu betreiben, so ist die Klausel unwirksam (BGH XII ZR 51/19). Ist das Sortiment aber im Mietvertrag nur vage beschrieben und lässt es ein breites Spektrum an Warenangeboten zu (z. B. »Verkauf von Geschenkartikeln, Kleidungsstücken, Schmuck, Souvenirs und Taschen«), ist die Klausel wirksam (BGH XII ZR 11/20 WuM 2022, 146).

Gesundheitsgefährdung

Der Vermieter ist verpflichtet, dem Mieter die Wohnung in einem zum vertragsgemäßen Gebrauch geeigneten Zustand zu überlassen und sie während der Mietzeit in einem solchen zu erhalten. Dies umfasst auch die Verpflichtung, dafür zu sorgen, dass sich die Wohnung in einem Zustand befindet, der Gefahren für die Gesundheit der Benutzer ausschließt. Gehen von den Räumen oder Gebäudeteilen Gesundheitsgefahren aus, liegt ein → *Mangel der Mietsache* vor, so dass dem Mieter Mangelrechte zustehen: Anspruch auf Mangelbeseitigung, Mietminderung, Ersatzvornahme, Schadensersatz, u. U. auch Kündigung des Mietvertrags.

Während sich der vertragsgemäße Zustand der Mietsache mangels besonderer vertraglicher Absprachen grundsätzlich nach den technischen Normen richtet, die zum Zeitpunkt der Errichtung des Gebäudes maßgeblich waren, so dass den Vermieter keine Modernisierungspflicht trifft (BGH VIII ZR 300/08 WuM 2009, 659; VIII ZR 131/08 WuM 2009, 457), **gilt beim Gesundheitsschutz** ein **anderer Maßstab**. Hier muss die Wohnung nicht nur den zum Zeitpunkt der Errichtung maßgeblichen Anforderungen an den Gesundheitsschutz genügen. Verschärfen sich die Anforderungen während der Mietzeit, muss der Vermieter tätig werden und den neuen Gesundheitsstandard schaffen, sonst wird die Wohnung mangelhaft (BayObLG WuM 1999, 568; LG Berlin ZMR 2000, 532; vgl. auch OLG Brandenburg ZMR 2017, 387).

Einzelfälle:

Allergien: Allergische Reaktionen aufgrund einer individuellen Disposition stellen keinen Mangel der Mietsache dar (AG Bad Arolsen WuM 2007, 191 – Katzenallergie; AG Frankfurt a. M. NZM 2012, 115 – Hundeallergie). Ein solcher liegt erst vor, wenn die Allergie Ausdruck einer von der Beschaffenheit der Wohnung ausgehenden objektiven Gesundheitsgefährdung ist. Andernfalls sind Mangelrechte des Mieters wie auch eine fristlose Kündigung wegen einer Gesundheitsgefährdung ausgeschlossen (LG Berlin ZMR 2002, 752).

Asbest: Asbest gilt als krebserregend. Insbesondere schwach gebundene Asbestprodukte wie z. B. asbesthaltige Bauplatten oder Fußbodenbeläge bergen die Gefahr, dass bei Beschädigungen Asbestfasern in die Raumluft austreten und eingeatmet werden. Ein Mangel der Mietsache wird regelmäßig aber erst bejaht, wenn tatsächlich Asbest austritt und eine Belastung der Raumluft feststellbar ist (OLG Hamm NZM 2003, 395; LG Berlin, Urt. v. 11.2.2016 – 18 S 133/15; LG Dresden NJW 2011, 3106). Ist trotz der Beschädigung eine Belastung der Raumluft durch Asbestfasern nachweisbar ausgeschlossen, scheidet ein Mangel aus (LG Berlin, Urt. v. 4.8.2015 – 63 S 112/15). Bei einer Gesundheitsgefährdung durch einen asbesthaltigen Nachtspeicherofen kann eine Mietminderung von 50 % in Betracht kommen (LG Dortmund WuM 1996, 141).

Bleirohre: Früher wurde Trinkwasser üblicherweise durch Bleirohre bzw. bleihaltige Rohre geleitet. Blei ist jedoch gesundheitsschädigend; die ständige Aufnahme kleiner, von diesen Rohren abgegebener Mengen über das Trinkwasser kann zu einer »schleichenden« Vergiftung führen, die sich in Müdigkeit, Gedächtnisschwäche, physischen Veränderungen, Herz- und Kreislauferkrankungen usw. äußert. Vor allem Kinder, Schwangere und Kranke sind gefährdet. Daher wurde mit der Neufassung von § 17 der Trinkwasserverordnung (TrinkwV) bestimmt, dass **spätestens zum 12.1.2026 alle bleihaltigen Rohre fachgerecht zu entfernen oder stillzulegen** waren. Diese Verpflichtung besteht auch für Vermieter, wenn im Haus noch solche Rohre existieren. Nur in besonderen Ausnahmefällen kann der Vermieter sich von dieser Pflicht befreien lassen bzw. eine Verlängerung der Frist erwirken.

Sind nach dem Stichtag noch Bleirohre vorhanden, ist der Vermieter nicht nur verpflichtet, umgehend für deren Entfernung zu sorgen, sondern muss seine Mieter auch informieren und nach dem Austausch in Textform nachweisen, dass die Bleileitungen entfernt sind. Das Vorhandensein von Bleirohren ist ab diesem Stichtag in jedem Fall ein **Mangel der Mietsache**. Es gibt noch keine nach der Gesetzesänderung ergangene Rechtsprechung zu der Frage, wie viel Mietminderung dafür in Betracht kommt; die Entscheidungen, in denen Gerichte eine Minderung abgelehnt haben, wenn durch Ablaufenlassen von Wasser »Bleifreiheit« erreicht werden konnte, dürften jedoch durch das Verbot in § 17 TrinkwV überholt sein. Die früher zugestandenen Minderungen von 5 – 10 % dürften daher die untere Grenze bilden.

Das Ersetzen von Bleirohren durch andere Rohre ist **keine → *Modernisierung durch den Vermieter***, die zu einer Mieterhöhung berechtigt (AG Halle-Saalkreis WuM 1992, 682; WuM 1992, 683), und kann auch nicht auf die Betriebskosten umgelegt werden.

Elektrosmog: Elektromagnetische Felder (insbesondere Hochspannungsleitungen, Bahnoberleitungen, Transformatoren oder Mobilfunksendeanlagen) stehen u. a. im Verdacht, die Hormonproduktion des Menschen und seinen Biorhythmus negativ zu beeinflussen. Auch ein erhöhtes Krebsrisiko ist nicht ausgeschlossen. Seit 1996 gibt es eine »Elektrosmog«-Verordnung (Verordnung über elektromagnetische Felder – 26. BlmSchV), die Grenzwerte für Hochfrequenz- und Niederfrequenzanlagen enthält. Werden die Grenzwerte überschritten, ist von einem Mangel der Mietsache auszugehen. Werden die Grenzwerte unterschritten, dürfen die Gerichte davon ausgehen, dass kein Mangel der Mietsache besteht (BGH V ZR 217/03 WuM 2004, 217; OLG Dresden ZMR 2013, 673).

Epoxidharz: Wird eine Rohrinnensanierung mit gesundheitsgefährdendem Epoxidharz durchgeführt, liegt ein Mangel der Mietsache vor (OLG Frankfurt a. M. WuM 2016, 118; OLG Karlsruhe WuM 2016, 377; AG Köln NJW 2011, 2979 – Mietminderung: 20 %).

Feuchtigkeit → *Feuchtigkeit in der Wohnung.*

Formaldehyd: Formaldehyd findet sich u. a. in Spanplatten, Klebstoffen, Isolierschäumen, Lacken und Farben. Die Ausdünstungen dieser Chemikalie sind zeitlich unbegrenzt und führen zu Kopfschmerzen, Atemreizungen, Schlaflosigkeit, Nervosität und Depressionen. In Tierversuchen wurde nachgewiesen, dass Formaldehyd krebserregend wirkt. Für Innenräume legt der Ausschuss für Innenraumrichtwerte (AIR) von Bund und Ländern seit 2016 einen Richtwert von 0,10 mg pro Kubikmeter Innenraumluft zugrunde. Wird dieser Wert überschritten, liegt ein Mangel der Mietsache vor. Entsprechendes gilt, wenn der Grenzwert zwar regelmäßig unter dem zulässigen Höchstwert liegt, immer wieder aber durch Spitzen überschritten wird und der Mieter deswegen unter konkreten Beschwerden leidet (AG Bad Säckingen WuM 1996, 140 – Mietminderung: 25 %).

Das OLG Frankfurt (WuM 1989, 4) und das LG Nürnberg-Fürth (WuM 1987, 124) haben Formaldehydausdünstungen für so wesentlich angesehen, dass sie die Gebrauchsfähigkeit von Einbaumöbeln bei Überschreitung der Grenzwerte verneint haben.

Wichtig zu wissen: Voraussichtlich ab dem 6.8.2026 werden die Grenzwerte europaweit vereinheitlicht und betragen dann 0,062 mg/m³ für Gegenstände und Möbel auf Holzbasis und 0,080 mg/m³ für andere Artikel. Die bisherigen nationalen Grenzwerte treten damit außer Kraft.

Legionellen im Trinkwasser → *Legionellen.*

Polyzyklische aromatische Kohlenwasserstoffe (PAK): Nach Auffassung des LG Berlin (Urt. v. 13.1.2003 – 61 S 152/02) und AG Frankfurt (NZM 2001, 422) kann eine mit polyzyklischen aromatischen Kohlenwasserstoffen (PAK) belastete Wohnung den Mieter zu einer Mietminderung von 15 % berechtigen. Bei einer Schadstoffbelastung durch einen Parkettkleber kann eine Mietminderung von 30 % in Betracht kommen (BGH VIII ZR 411/12 WuM 2013, 253).

G

Überhitzung: Werden zum Aufenthalt von Menschen vorgesehene Gewerberäume in den Sommermonaten durch Sonneneinstrahlung überhitzt, begründet dies einen Mangel der Mietsache, der auch eine fristlose Kündigung wegen Gesundheitsgefährdung rechtfertigen kann (OLG Dresden, Urt. v. 13.10.2009 – 9 U 45/09, Mietminderung bei Arztpraxis: 16,6 %; OLG Naumburg WuM 2003, 144).

Ungeziefer: Erheblicher Ungezieferbefall begründet einen Mangel der Mietsache (LG Berlin, Urt. v. 16.2.1999 – 64 S 356/98, 2 % Mietminderung bei Rattenbefall durch Müll im Hof; AG Hamburg WuM 1988, 121, 5 % Mietminderung bei Verunreinigung des Balkons durch Tauben; AG Tiergarten, Urt. v. 14.3.1990 – 7 C 118/89, 15 % Mietminderung bei starkem Befall der Wohnung mit Silberfischen).

Gewerbemietvertrag → *Geschäftsraummiete*

Glasfaserbereitstellungsentgelt → *Betriebskosten*

Gleichbehandlung → *Allgemeines Gleichbehandlungsgesetz (AGG)*

Gleitklausel → *Sozialmiete/Sozialwohnung* → *Mieterhöhung bei Indexmiete*

Graffiti

Sind Außenwände, Flure, Mauern usw. über das in der Wohngegend übliche hinaus mit Graffiti versehen, die bei Anmietung nicht vorhanden waren – dann wäre das der sog. »vertragsgemäße Zustand« –, so kann dies ein Mangel der Mietsache sein

(AG Tempelhof-Kreuzberg NJW-RR 2008, 1039; AG Charlottenburg MM 2006, 298; AG Hamburg WuM 2006, 244). Der Vermieter wäre dann im Rahmen der → *Instandhaltung/Instandsetzung* verpflichtet, die Graffiti auf seine Kosten entfernen zu lassen; eine Umlage als → *Betriebskosten* ist nicht möglich (LG Berlin GE 2016, 723; LG Kassel WuM 2016, 740; a. A. allerdings für den Fall regelmäßiger Beseitigung AG Neukölln GE 2017, 422).

Im Verfahren um eine → *Mieterhöhung auf ortsübliche Vergleichsmiete* können die Graffiti i. d. R. nicht als wohnwertminderndes Merkmal berücksichtigt werden, da es sich um behebbare Mängel handelt (AG Lichtenberg 20 C 447/17).

Grillen

Wird auf Balkon, Terrasse oder im Garten gegrillt, fühlen sich häufig Nachbarn von Rauch und Essensgerüchen oder dem → *Lärm* durch Gäste gestört. Dem können Vermietende vorbeugen, indem im Mietvertrag ein Grillverbot vereinbart wird; dies geht aber nur individualvertraglich, nicht durch → *Allgemeine Geschäftsbedingungen*. Möglich sind aber einschränkende Regelungen in Allgemeinen Geschäftsbedingungen. Das LG Essen hielt sogar ein absolutes Grillverbot für den Balkon, das in einer Hausordnung ausgesprochen wurde, für wirksam (WuM 2002, 337).

Enthält der Mietvertrag keine Regelung bzw. nur unwirksame AGB, heißt das aber nicht, dass der Grill täglich qualmen darf. Dann gilt das Gebot gegenseitiger Rücksichtnahme. Es sind also immer auch die Interessen der Nachbarn und Sicherheitsaspekte zu berücksichtigen. Die hierzu ergangenen Urteile lassen leider keine ganz klare Linie erkennen, wodurch eine gewisse Unsicherheit besteht. Es scheint aber, als würden die Gerichte in jüngerer Zeit etwas großzügiger.

Im Einzelfall **erlaubt** sind:

- monatlich viermal mit dem Elektrogrill auf der Terrasse, aber nicht an zwei aufeinanderfolgenden Tagen (LG München I NZM 2023, 331 – WEG-Fall),
- zweimal monatlich, maximal zehnmal im Jahr mit feststehendem Grillkamin ohne Vorankündigung in der Zeit von Mai bis September (AG Westerstede NZM 2010, 336),
- einmal monatlich mit dem Holzkohlegrill mit Vorankündigung in der Zeit von April bis September (AG Bonn WuM 1997, 325),
- dreimal jährlich mit dem Holzkohlegrill auf der Terrasse (LG Stuttgart ZMR 1996, 624 – WEG-Fall).

Einen Unterschied kann es machen, welche Art von Grill benutzt wird. Bei einem Holzkohlegrill ist durch den Rauch mit stärkerer Belästigung zu rechnen als bei modernen Elektro- oder Gasgrills. Zudem besteht bei Holzkohle – gerade auf dem Balkon, aber auch auf der Terrasse – eine höhere Brandgefahr.

Grundbuch

Für jedes Grundstück wird im Grundbuch des örtlichen Amtsgerichts ein eigenes Grundbuchblatt geführt, bei dem neben der Bezeichnung des Grundstücks in drei sog. Abteilungen die Eigentumsverhältnisse mit Eigentümer (Abt. I), Beschränkungen und Lasten (Abt. II, z. B. Dienstbarkeiten, Vorkaufsrechte, Dauerwohn- und Dauernutzungsrechte, Vormerkungen auf Eintragung eines neuen Eigentümers, Insolvenzvermerke) sowie Grundschulden, Hypotheken und Rentenschulden (Abt. III) eingetragen sind. Das zuständige Amtsgericht kann über www.justizadressen.nrw.de/de/justiz/suche, dort unter Orts- und Gerichtsverzeichnis ausfindig gemacht werden; bei »Angelegenheit« ist dazu »Grundbuchsachen« auszuwählen.

In das Grundbuchblatt darf **Einsicht** nehmen, wer ein berechtigtes Interesse daran hat (§12 Abs.1 Satz 1 GBO). Jeder **Mietinteressent** hat ein solches Interesse hinsichtlich aller Abteilungen des Grundbuchs zum potenziellen Mietobjekt (OLG Düsseldorf FGPrax 2016, 251). So kann geprüft werden, ob eine → *Zwangsversteigerung* angeordnet ist, die Wohnung mit öffentlichen Mitteln gefördert wird oder in einem Sanierungsgebiet liegt. **Bestandsmietern** hingegen wird ein berechtigtes Interesse nur für die Einsicht in Abt. I zugestanden, manchmal auch in Abt. II, nicht aber in Abt. III (OLG Düsseldorf FGPrax 2016, 251). Dies z. B., wenn ein Mieter nach einer Eigenbedarfskündigung prüfen will, ob sein Vermieter noch andere in Frage kommende Wohnungen hat (OLG München NZM 2018, 989). Ist der Name des Vermieters – z. B. nach Verkauf des Hauses → *Hausverkauf und Mietvertrag* – dem Mieter nicht bekannt, hat er einen Anspruch auf Auskunft gegen die Hausverwaltung und kann **nicht** auf die Einsichtnahme in das Grundbuch verwiesen werden, um z. B. Klage auf Mängelbeseitigung erheben zu können (AG Lichtenberg NZM 2021, 807).

Das berechtigte Interesse muss durch geeignete Unterlagen (z. B. Mietvertrag, Klageschrift) nachgewiesen werden; außerdem ist die Vorlage eines Personalausweises oder eines Reisepasses mit Meldebescheinigung erforderlich. Die Grundbucheinsicht ist kostenlos; ein einfacher Auszug kostet 10 Euro, ein beglaubigter Auszug 20 Euro.

Grundsicherung → *Sozialhilfe*

H

Härtefall → *Kündigungswiderspruch*

Hartz IV → *Sozialhilfe*

Hausfriedensbruch

Wer unerlaubt in ein Haus oder eine Mietwohnung eindringt oder dort verweilt, obwohl er zum Verlassen aufgefordert wurde, begeht Hausfriedensbruch und kann auf Antrag bestraft werden (§ 123 StGB).

Selbst der Vermieter kann im eigenen Haus Hausfriedensbruch begehen, nämlich wenn er gegen den Willen des Mieters in dessen Wohnung eindringt (**Ausnahmen:** Gefahrenabwehr, → *Besichtigungsrecht des Vermieters*).

Auch wenn der Vermieter ohne Wissen des Mieters mit einem Zweitschlüssel die Mietwohnung betritt, ist dies Hausfriedensbruch und berechtigt den Mieter auch ohne Abmahnung zur fristlosen Kündigung (LG Berlin WuM 1999, 332).

Hausfriedensstörung → *Kündigung des Vermieters wegen erheblicher Pflichtverletzung* → *Fristlose Kündigung wegen Hausfriedensstörung*

Haushaltsnahe Dienstleistungen

Auch Mieter können sog. haushaltsnahe Dienstleistungen nach § 35a Abs. 3 EStG, die im Zusammenhang mit der Wohnung stehen, von der Steuer absetzen. Dazu zählen etwa Handwerkerleistungen, die der Mieter für seine Wohnung selbst in Auftrag gibt (z. B. für Schönheitsreparaturen oder sonstige kleine Ausbesserungsarbeiten in der Wohnung, Reparaturen an Einrichtungsgegenständen wie Waschmaschine, Küchengeräten, Fernseher, PC), aber auch Winterdienst (BFH NZM 2014, 601) und Gartenpflege (BFH DWW 2012, 30). Voraussetzung ist, dass diese Arbeiten durch einen **Handwerksbetrieb** ausgeführt worden sind und dass der Mieter eine Rechnung erhalten und durch **Überweisung** beglichen hat; Barzahlung reicht nicht. Steuerlich absetzbar sind nur Arbeitskosten (20 % der Aufwendungen, höchstens 1200 Euro), keine Materialkosten, dies muss in der Rechnung ggf. gesondert ausgewiesen werden.

Auch wenn nicht der Mieter selbst, sondern sein Vermieter Handwerkerleistungen in Auftrag gegeben hat, die zulässigerweise im Rahmen der **Nebenkostenabrechnung** auf die Mieter verteilt werden, kann der Mieter diese Kostenanteile steuermindernd ansetzen (BFH WuM 2023, 572). Gibt der Vermieter z. B. die Gartenpflege oder die Gebäudereinigung bei einer Firma in Auftrag, können Mietende die jeweils auf sie entfallenden Anteile bei der Steuer geltend machen. Zum Nachweis genügt eine Nebenkosten- oder Hausgeldabrechnung, eine sonstige Abrechnungsunterlage oder eine Bescheinigung mit den wesentlichen Angaben einer Rechnung sowie über eine unbare Zahlung aus, solange keine sich aufdrängenden Zweifel an der Richtigkeit bestehen (BFH WuM 2023, 572). In Frage kommt dies z. B. bei den Betriebskostenarten Gartenpflege, Winterdienst, Hausreinigung, Ungezieferbekämpfung, Schornsteinfeger, Aufzugswartung, Heizungswartung, Wartung von Warmwassergeräten, Wärmemessdienst und Hausmeister. Sind solche Arbeiten durch einen Handwerker oder Dienstleister durchgeführt worden und zahlt der Mieter hierfür Betriebskosten, zählen zu den steuerbegünstigten Aufwendungen der Anteil am Bruttoarbeitslohn incl. Sozialversicherungsbeiträge, Lohnsteuer und ggf. Solidaritätszuschlag, Kirchensteuer und sonstige Lohnnebenkosten, aber keine Materialkosten. Der Mieter hat einen Anspruch darauf, dass der Vermieter ihm unentgeltlich eine Aufstellung zur Verfügung stellt, aus der die nach § 35a EstG steuerlich absetzbaren Kostenanteile für Dienstleistungen, die er im Rahmen der Betriebskostenumlage zu zahlen hatte, hervorgehen (AG Chemnitz WuM 2018, 721). Denn nur so kann der Mieter in den Genuss der Steuerermäßigung kommen.

Ein Steuerabzug kommt auch in Frage, wenn der Mieter für Pflege- oder Betreuungsleistungen Personen im Rahmen eines geringfügigen Beschäftigungsverhältnisses (Minijob) in Anspruch nimmt.

Hausmeister (Hauswart)

Der Hausmeister ist i. d. R. vom Vermieter angestellt. Er hat sich um das Haus und vor allem die Gemeinschaftsräume und Gemeinschaftseinrichtungen zu kümmern und die hierfür erforderlichen Arbeiten zu verrichten. Typische Hausmeisteraufgaben sind **Treppenhausreinigung, Gartenpflege, Schneebeseitigung, Wartungsarbeiten** usw. Der Hausmeister hat auch darauf zu achten, dass die → *Hausordnung* eingehalten wird. Die Kosten für den Hauswart können als → *Betriebskosten* über den Mietvertrag auf die Mieter abgewälzt werden. Soweit der Hausmeister **Verwaltungsaufgaben** übernimmt oder **Reparaturen** durchführt, dürfen die hierauf entfallenden Kostenanteile nicht als Betriebskosten abgerechnet werden.

Hat ein Mieter vertraglich die Hausmeistertätigkeit übernommen, kann er dafür im Zweifel auch eine angemessene Vergütung verlangen (AG Köln WuM 1985, 374).

Der »klassische« Hauswart als Angestellter des Vermieters findet sich jedoch in immer weniger Mietshäusern. Viele große Wohnungsunternehmen beauftragen Unternehmen mit der Durchführung von Hausmeisteraufgaben. Einige haben dazu eigens eine Firma gegründet. In der Praxis bedeutet das für Mieter, dass sie ihre Anliegen nicht mehr direkt beim Hauswart vor Ort vorbringen können, sondern über zentrale Servicestellen oder Hotlines gehen müssen. Dadurch kann es einerseits zu mehr Professionalität, andererseits aber auch zu längeren Wegen in der Kommunikation kommen. Außerdem sind diese Hausmeisterdienste tendenziell deutlich teurer als ein angestellter Hauswart. Hier gilt es ganz genau zu prüfen, ob der Vermieter auf Kosten der Mieter unzulässigerweise Gewinne erzielt → *Betriebskosten*.

Hausordnung

In Mietshäusern kann der Vermieter Vorschriften aufstellen, die das Zusammenleben der Mietparteien in der Hausgemeinschaft regeln. Wegen der regional unterschiedlichen Lebensgewohnheiten gibt es keine einheitliche Hausordnung für das gesamte Bundesgebiet. Eine Hausordnung enthält üblicherweise Regelungen

- zur Vermeidung von Lärmstörungen und anderen Belästigungen; dazu gehören die Festlegung von Ruhezeiten (→ *Lärm*) und Vorgaben zum → *Grillen* auf Balkon, Terrasse oder im Garten;
- zur Benutzung der **gemeinschaftlichen Räume** wie Waschküche, Trockenraum und Speicher, ggf. mit gesonderter Festlegung von **Benutzungszeiten** sowie ggf. Regelungen zur Nutzung von Vorplätzen, des → *Gartens* und des Hofs;
- zur Einhaltung der **Sauberkeit und Ordnung**; dazu zählen Vorgaben oder Verbote zum Abstellen von Kinderwagen → *Kinder* und → *Fahrrädern*, Hinweise zur ordnungsgemäßen Beseitigung und Lagerung von Abfällen;
- zur Sicherheit im Haus und zur pfleglichen Behandlung der Mietwohnung (→ *Obhutspflicht*) sowie der Gemeinschaftsräume, z. B. die Festlegung von Schließzeiten für die Haustür oder ein Verbot, gefährliche Stoffe wie Benzin im Keller oder auf dem Speicher zu lagern, Hinweise zur Vermeidung von Frostschäden durch unzureichendes Heizen oder zum Waschen und Wäschetrocknen in der Wohnung (→ *Wäsche*).

Eine Hausordnung enthält üblicherweise lediglich Ordnungsbestimmungen, die das gegenseitige Zusammenleben der Mieter betreffen. Das heißt, dass die in ihr enthaltenen Pflichten von den Mietern zumeist ohnehin zu beachten sind. Durch das Aufstellen von Regeln kann der Vermieter diese Pflichten lediglich konkretisieren und Einzelheiten festlegen. Die Hausordnung darf dem Mieter keine darüber hinausgehenden Verpflichtungen auferlegen (AG Berlin-Schöneberg WuM 2016, 279). Enthält sie Vorgaben, die über einen ordnenden Charakter hinausgehen, ist die Erfüllung dieser Pflichten nur wirksam vereinbart, wenn die **Hausordnung in den Mietvertrag einbezogen** ist. Zu Tätigkeiten wie → *Treppenreinigung* oder → *Schneefegen* kann die Hausordnung den Mieter nur verpflichten, wenn sie Bestandteil des Mietvertrags ist (OLG Frankfurt a. M. WuM 1988, 399). Zusätzlich muss der Vermieter in den Mietvertrag einen Hinweis auf die Hausordnung aufnehmen und sie dem Mietvertrag beifügen.

Wird die Hausordnung dem Mieter hingegen getrennt vom Mietvertrag überlassen oder nur im Treppenflur ausgehängt, kann sie ihm derartige Pflichten nicht wirksam auferlegen. Einige Vertragsformulare enthalten eine Bestimmung, die sicherstellen soll, dass die Hausordnung in den Mietvertrag einbezogen ist, etwa: »Die anliegende Hausordnung ist Bestandteil des Mietvertrags.« Diese Klausel ist unwirksam (BGH VIII ZR 38/90 WuM 1991, 381). Dadurch wird dem Mieter unzulässigerweise die Beweislast auferlegt, dass die Hausordnung beim Abschluss des Mietvertrags tatsächlich nicht beigefügt war. Andere Gerichte haben entschieden, dass sich die Verpflichtung des Mieters zum Winterdienst keinesfalls aus der Hausordnung ergeben kann (LG Frankfurt a. M. WuM 1988, 120; AG Köln MietRB 2011, 140).

Besteht keine Hausordnung, kann der Vermieter sie **nachträglich** aufstellen. Auch dann darf sie lediglich ordnende Regelungen enthalten.

Klauseln, die die Mieter **unangemessen benachteiligen**, sind **unwirksam**:
- Der Vermieter kann nicht in der Hausordnung anordnen, dass die Mieter nicht mehr, wie mietvertraglich vereinbart, selbst die Treppe und die Außenanlagen putzen sollen, sondern stattdessen eine vom Vermieter beauftragte **Reinigungskraft bezahlen** müssen. Eine solche Regelung bestimmt die Pflichten des Mieters neu und darf daher nicht ohne seine Zustimmung getroffen werden (AG Castrop-Rauxel WuM 1977, 97).
- Das Recht des Mieters, die **Gemeinschaftsräume** wie Fahrradkeller oder Trockenraum zu nutzen, darf in der Hausordnung nicht beschränkt werden.
- Ein generelles Verbot, **Haustiere** anzuschaffen, ist unwirksam → *Tierhaltung in der Wohnung.*
- Die Hausordnung kann den Mietern nicht wirksam untersagen, nach 20 Uhr zu duschen oder zu baden. Ordnet die Hausordnung an, dass »unbedingte Ruhe«

einzuhalten ist, stellt das eine zu starke Beschränkung dar. Mit üblichen wahrnehmbaren **Wohngeräuschen** müssen die Mieter eines Mietshauses wechselseitig leben (AG Hamburg ZMR 2025, 514) → *Lärm.*

- An das generelle Verbot, → *Wäsche* in den eigenen vier Wänden zu waschen, müssen sich Mieter grundsätzlich nicht halten.
- Unzulässig sind Einschränkungen des Besuchsrechts, etwa das Verbot, nach 22 Uhr → *Besuch* zu empfangen (LG Düsseldorf WuM 2008, 547).
- In vielen Mietshäusern sind die Mieter verpflichtet, die **Haustür** zum Schutz vor Einbrüchen und dem Aufenthalt von Unbefugten nachts **abzuschließen.** Das wird von den Gerichten zunehmend als unzulässig angesehen, weil im Brandfall die Fluchtwege versperrt sein können (AG Köln WuM 2018, 182; LG Frankfurt a. M. WuM 2015, 452; a. A. LG Köln ZMR 2014, 541).

Bei ständigen schwerwiegenden Verstößen gegen in der Hausordnung wirksam festgelegte Regelungen ist der Vermieter zur **Abmahnung** berechtigt, wenn die Zuwiderhandlungen geeignet sind, den Hausfrieden nachhaltig zu stören. Setzt der Mieter sein Verhalten fort, kann der Vermieter in schwerwiegenden Fällen zur **fristlosen Kündigung** berechtigt sein, etwa bei ständigen Belästigungen durch Grillen und Frittieren auf dem Balkon (LG Essen ZMR 2002, 597).

Die Hausordnung gibt jedem Mieter gegenüber den anderen Hausbewohnern ein eigenes Recht auf Einhaltung der dort festgehaltenen Regelungen (BGH V ZR 180/03 NJW 2004, 775). Der Mieter einer Eigentumswohnung ist an die von den Wohnungseigentümern beschlossene Hausordnung aber nur gebunden, soweit dies im Mietvertrag vereinbart ist. Wird die Hausordnung später geändert und dadurch die Rechte des Mieters beschränkt, ist dies dem Mieter gegenüber nicht bindend. Allerdings können die übrigen Eigentümer ihm gegenüber Abwehrrechte haben, wenn er ihre Rechte aus dem Sondereigentum verletzt → *Wohnungseigentum.*

Hausrecht → *Hausfriedensbruch*

Der Vermieter (Eigentümer) hat grundsätzlich das Recht, jedem, der nicht im Haus wohnt, das Betreten des Hauses oder Grundstücks zu verbieten und ihn zum sofortigen Verlassen aufzufordern (§ 903 BGB).

Gilt das Hausrecht auch gegenüber Mietern und deren Besuchern?

Gegenüber dem Mieter selbst steht dem Vermieter das Hausrecht nicht zu. Auch bei Besuchern des Mieters kann der Vermieter nur in Ausnahmefällen einschreiten

(LG Hagen WuM 1992, 430). Ein Hausverbot für Besucher darf nur ausgesprochen werden, wenn diese wiederholt den Hausfrieden gestört oder Eigentum des Vermieters beschädigt haben (AG München ZMR 2015, 140; AG Wetzlar ZMR 2008, 634).

Wer hat Hausrecht in der Wohnung?
Innerhalb seiner Wohnung hat ausschließlich der **Mieter** das Hausrecht. Er kann erwarten, dass er in Ruhe gelassen wird. Der Vermieter darf die Mieträume nur bei begründetem Anlass betreten, und zwar nach vorheriger Ankündigung (BGH VIII ZR 420/21 WuM 2023, 403) → *Besichtigungsrecht des Vermieters.*

Haustiere → *Tierhaltung in der Wohnung*

Haustürgeschäft → *Widerruf*

Hausverkauf und Mietvertrag → *Vorkaufsrecht*

Verkauft der Vermieter als Eigentümer das Haus oder die Wohnung oder geht das Eigentum auf andere Weise auf einen Erwerber über (z. B. Insolvenz, Zwangsversteigerung, Schenkung, Erbfolge), **tritt der Erwerber kraft Gesetzes in die Rechte und Pflichten des bestehenden Mietvertrags ein** (§ 566 Abs. 1 BGB, »Kauf bricht nicht Miete«).

Der Eintritt erfolgt mit der **Eintragung des Erwerbers im Grundbuch** und setzt voraus, dass **Verkäufer und Vermieter identisch** sind. Fehlt diese Identität, etwa wenn der Mietvertrag nicht mit allen Eigentümern abgeschlossen wurde oder ein Dritter (z. B. die Hausverwaltung) im eigenen Namen vermietet hat, tritt der Erwerber dennoch in den Mietvertrag ein, wenn die Vermietung **mit Zustimmung und im wirtschaftlichen Interesse des Eigentümers** erfolgte (BGH XII ZR 84/20 WuM 2022, 221). Auch Verträge, die von einem **Zwangsverwalter** abgeschlossen wurden, können stillschweigend auf den späteren Erwerber übergehen (BGH VIII ZR 142/12 WuM 2013, 496).

Was gilt beim Nießbrauch?
Hat sich der Verkäufer einen Nießbrauch vorbehalten, bleibt er Vermieter (LG Baden-Baden WuM 1993, 357). In diesem Fall ändert sich der Vermieter durch die Veräußerung nicht.

Was gilt bei einer GbR?
Schließen sich mehrere Personen zu einer Gesellschaft bürgerlichen Rechts (GbR) zusammen, sind sie als GbR alle zusammen Vermieter. Nach einem **Gesellschafterwechsel** wird der Mietvertrag mit der Gesellschaft in der neuen Zusammensetzung fortgesetzt (BGH XII ZR 39/96 WuM 1998, 341).

Ist der Erwerber an Kündigungsbeschränkungen gebunden?
Ist das Kündigungsrecht im Mietvertrag zugunsten des Mieters eingeschränkt, also z. B. eine Eigenbedarfskündigung ausgeschlossen, gilt diese Beschränkung auch für den neuen Eigentümer und bindet ihn (LG Berlin II WuM 2025, 431; AG Hamburg, Urt. v. 17.9.2024 – 21 C 434/23).

Achtung: Eine vertraglich vereinbarte Kündigungsbeschränkung wird im Falle der → *Zwangsversteigerung* von dem Sonderkündigungsrecht des Erwerbers nach § 57a ZVG verdrängt (BGH VIII ZR 76/20 WuM 2021, 686).

Schadensersatzansprüche – Veräußerer oder Erwerber?
→ *Ersatzansprüche des Mieters*, die **nach dem Eigentumswechsel** (s. dazu unten »Ab wann kann der Erwerber seine Rechte ausüben?«) entstehen oder fällig werden, richten sich gegen den Erwerber (BGH VIII ZR 22/04 WuM 2005, 201).
→ *Ersatzansprüche des Vermieters*, die **vor dem Eigentumswechsel** fällig waren, bleiben beim alten Eigentümer und gehen nicht auf den neuen Eigentümer über (BGH VIII ZR 22/88 WuM 1989, 141).

Mängelbeseitigungsansprüche – Veräußerer oder Erwerber?
Seine Mängelbeseitigungsansprüche kann der Mieter ab Eigentumsübergang (s. dazu unten »Ab wann kann der Erwerber seine Rechte ausüben?«) nur noch **gegenüber dem Erwerber** als neuem Eigentümer geltend machen (BGH VIII ZR 22/04 WuM 2005, 201). Auch ein Zurückbehaltungsrecht an laufenden Mietzahlungen kann er nur noch gegenüber dem Erwerber ausüben. Er verliert sein Zurückbehaltungsrecht gegenüber dem Veräußerer und muss einbehaltene, über die Minderung hinausgehende Beträge an ihn auszahlen (BGH VIII ZR 22/04 WuM 2005, 201; VIII ZR 284/05 WuM 2006, 435).

Kann der Erwerber einen neuen Mietvertrag verlangen?
Der Erwerber ist an den bestehenden Mietvertrag gebunden und kann den Mieter nicht zwingen, einen neuen Vertrag mit veränderten oder für den Mieter ungünstigen Konditionen abzuschließen. Dies gilt auch, wenn zwischen Mieter und Voreigentümer des Hauses lediglich ein mündlicher Mietvertrag bestand.

Muss der Mieter über den Eigentümerwechsel informiert werden?
Der bisherige Vermieter muss den Mieter über den Verkauf und den neuen Eigentümer informieren (LG Berlin II WuM 2024, 598). Der neue Eigentümer muss sich legitimieren und dem Mieter die neue Kontoverbindung mitteilen. Zahlt der Mieter in Unkenntnis von dem Eigentumsübergang weiterhin an den alten Vermieter, kann der neue Vermieter ihm nicht wegen Zahlungsverzugs kündigen. Denn den Mieter trifft kein Verschulden an dem Mietrückstand.

Ab wann kann der Erwerber seine Rechte ausüben?
Der Erwerber wird erst mit der **Eintragung im Grundbuch** Eigentümer und kann erst ab diesem Zeitpunkt seine Vermieterrechte wie Mieterhöhungen oder Kündigungen wirksam ausüben (LG Itzehoe WuM 1993, 662; AG Ludwigsburg WuM 2013, 546).

Der alte Eigentümer kann den Erwerber jedoch bereits **vorher ermächtigen** (z. B. im Kaufvertrag), Mieterhöhungen oder Kündigungen auch schon vor der Umschreibung im Grundbuch im eigenen Namen geltend zu machen (BGH VIII ZR 203/13 WuM 2014, 286). Hat der alte Eigentümer kurz vor der Eigentumseintragung des Erwerbers ein wirksames Mieterhöhungsverlangen gestellt, tritt der Erwerber in die dadurch begründeten Rechte ein und kann notfalls selbst auf Zustimmung klagen (LG Kassel WuM 1996, 417). Der neue Eigentümer kann die Miete auch für Modernisierungsmaßnahmen anheben, die noch vom alten Vermieter vor der Eigentumsumschreibung durchgeführt worden sind (KG Berlin WuM 2000, 482). Der Erwerber kann wegen Mietrückständen, die vor Eigentumsumschreibung entstanden sind, nur kündigen, wenn der alte Vermieter diese Forderungen an ihn abgetreten hat (LG Berlin GE 2005, 487). Wurde vor dem Eigentümerwechsel eine → *Kündigung des Vermieters wegen Eigenbedarfs* des alten Vermieters oder eines Familien- oder Haushaltsangehörigen ausgesprochen und ist die Kündigungsfrist bei Eintragung ins Grundbuch noch nicht abgelaufen, wird die Kündigung wirkungslos, weil die Person, für die gekündigt wurde, nicht mehr »Bedarfsperson« i. S. d. § 573 Abs. 2 Nr. 2 BGB ist.

Wer muss über die Betriebskosten abrechnen?
Der **alte Eigentümer** muss über alle bis zur Umschreibung abgelaufenen Abrechnungsperioden abrechnen, der **neue Eigentümer** über die folgenden Abrechnungsperioden (BGH VIII ZR 168/03 WuM 2004, 94); dies gilt auch im Gewerberaummietverhältnis (BGH XII ZR 148/02 NJW-RR 2005, 96). Tritt die Eigentumsumschreibung während des laufenden Abrechnungsjahres ein, ist der neue Eigentümer verpflichtet, einheitlich über die Kosten des gesamten Jahres abzurechnen; eine Abrechnung über den anteiligen Abrechnungszeitraum ist nicht zulässig (LG Berlin, Urt. v. 11.2.2005 – 65 S 342/04; BGH III ZR 211/99 WuM 2000, 609).

Heimarbeit → *Berufsausübung in der Wohnung*

Heimvertrag → *Altenheim* → *Betreutes Wohnen*

Heizkosten

Verbrauchsabhängige Heizkostenabrechnung

Die meisten Wohnhäuser werden über eine zentrale Heizungsanlage mit Wärme versorgt. Im Interesse der Energieeinsparung schreibt die Heizkostenverordnung seit 1981 zwingend vor, die Heizkosten verbrauchsabhängig zu verteilen. Diese Verordnung regelt nicht nur die Abrechnung über die Heizkosten, sondern auch über die Warmwasserkosten. Besonderheiten gelten beim → *Contracting* und der → *Fernwärme.*

Die Heizkostenverordnung ist auch anzuwenden, wenn die Heizwärme (teilweise) durch → *Kraft-Wärme-Kopplung* oder eine → *Wärmepumpe* erzeugt wird. Vor der Umlage der Heizkosten auf den Mieter müssen die nicht umlagefähigen

Kosten ermittelt und herausgerechnet werden. Die durch → *Solarenergie* erzeugte Wärme darf der Vermieter nicht als Heizkosten auf die Mieter umlegen.

Außerdem ist die Heizkostenverordnung auch für Lüftungsheizungen und Wärmerückgewinnungsanlagen heranzuziehen. Für diese Anlagen besteht aber i. d. R. eine Ausnahme von der Anwendungspflicht, so dass der Verbrauch nicht erfasst werden muss (OLG Frankfurt ZMR 2018, 585). Diese Ausnahme ergibt sich auch daraus, dass die Kosten für die Erfassung des Verbrauchs sehr hoch sind und in keinem Verhältnis zu der damit zu erzielenden Einsparung stehen (§ 11 Abs. 1 Nr. 1b HeizkV). Näheres dazu unter diesem Stichwort bei »Ausnahmen von der verbrauchsabhängigen Abrechnung«.

Nach der Heizkostenverordnung dürfen die Heizkosten in Gebäuden mit Zentralheizung grundsätzlich **nicht ausschließlich nach der Wohnfläche** verteilt werden. Die Vereinbarung einer Warmmiete ist ebenfalls nicht erlaubt (BGH VIII ZR 220/05 WuM 2006, 518). Auch eine Heizkostenpauschale, bei der alle Kosten mit einer monatlichen Zahlung endgültig abgegolten sind, ist unzulässig (OLG Hamm WuM 1986, 267; OLG Schleswig WuM 1986, 330). Die Heizkostenpauschale ist nicht zu verwechseln mit der üblicherweise vereinbarten monatlichen Vorauszahlung auf die Heizkosten, die als Abschlag gezahlt wird.

Die Heizkosten sind Teil der → *Betriebskosten*. Deshalb gelten für die Abrechnung die gleichen Grundsätze wie für die Abrechnung über die »kalten« Betriebskosten. Das betrifft z. B. die Fragen, bis wann der Vermieter eine Abrechnung vorlegen muss und wie der Mieter sie durch Einsicht in die Belege überprüfen kann.

Der **Abrechnungszeitraum** für die Heizkosten entspricht zumeist dem für die »kalten« Betriebskosten. Der Vermieter kann für die Heizkosten aber auch einen anderen Zeitraum festlegen. Er kann beispielsweise die Heizkosten vom 1.7. bis zum 30.6. des folgenden Jahres abrechnen und die »kalten« Betriebskosten nach dem Kalenderjahr, also vom 1.1. bis zum 31.12. (AG Steinfurt WuM 2023, 248).

Pflicht zur Installation von Messgeräten: Der Mieter kann verlangen, dass der Vermieter geeignete Messgeräte anbringen lässt. Die Heizkostenverordnung schreibt seit dem 1.12.2021 vor, dass der Vermieter nur noch funkbetriebene Geräte einbauen darf. Vorhandene Zähler müssen grundsätzlich bis Ende 2026 durch Geräte ersetzt werden, die fernablesbar sind → *Heizkostenverteiler und Wärmezähler*.

Ablesung: Funkbetriebene Geräte haben für den Mieter den Vorteil, dass niemand von der Abrechnungsfirma die Wohnung zum Ablesen der Geräte betreten muss. Sind noch keine fernablesbaren Geräte installiert, müssen die Messgeräte bzw. Heizkostenverteiler einmal im Jahr abgelesen werden. Der Ablesetermin muss dabei rechtzeitig angekündigt werden, mindestens zehn Tage vorher. Kann der Mieter den ersten Ablesungstermin nicht wahrnehmen, muss das Messdienstunternehmen einen zweiten Termin festlegen. Kosten hierfür dürfen dem Mieter nicht in Rechnung gestellt werden (LG München I WuM 2001, 190). Erst wenn der Mieter auch den zweiten Termin nicht einhalten kann, ist grundsätzlich die Schätzung des Heizkostenanteils zulässig → *Heizkostenabrechnung in besonderen Fällen.*

Die abgelesenen Verbrauchswerte sollen dem Mieter in der Regel innerhalb eines Monats mitgeteilt werden. Dadurch kann er kontrollieren, ob die Verbrauchswerte korrekt erfasst wurden. Der Vermieter muss das Ableseergebnis aber nicht mitteilen, wenn fernablesbare Geräte eingesetzt werden oder die Verbrauchswerte über einen längeren Zeitraum in den Räumen des Mieters gespeichert werden und er sie abrufen kann. Moderne elektronische Heizkostenverteiler speichern Messdaten mindestens ein Jahr lang. Sie können im Nachhinein im Gerät überprüft werden. Eine weitere Ausnahme besteht für Warmwasserzähler. Auch für diese Geräte muss der Vermieter keinen Ablesebeleg erstellen.

Erscheinen dem Mieter die Verbrauchswerte zu hoch, muss er die in der Abrechnung angegebenen Werte mit den Verbrauchswerten abgleichen, die im Messgerät gespeichert sind (LG Berlin NZM 2011, 583). Hat das Gerät keine Speicherfunktion oder ist dem Mieter nicht bekannt, wie die Werte abzurufen sind, weil er hierzu vom Vermieter keine Anleitung erhalten hat, kann er behaupten, dass falsch abgelesen wurde. Das gilt auch für eine Fernablesung per Funk (AG Hanau NZM 2016, 818; AG Berlin-Tiergarten WuM 2012, 618). Der Vermieter muss dann beweisen, dass die Werte korrekt sind (AG Berlin-Charlottenburg GE 2013, 1523).

Ermittlung der Warmwasserkosten: In vielen Gebäuden mit Zentralheizung übernimmt die Anlage auch die Versorgung mit Warmwasser (verbundene Anlage). Dann muss zunächst ermittelt werden, welcher Anteil der gesamten Kosten auf die Heizung und welcher auf das Warmwasser entfällt. Dazu schreibt die Heizkostenverordnung vor, dass die für das Warmwasser benötigte Wärmemenge mit einem dafür installierten Wärmezähler gemessen wird. Das gilt für Anlagen, die mit einem Heizkessel betrieben werden, für Nah- und Fernwärme und auch für eine → *Wärmepumpe.*

Der Mieter kann die ihm berechneten Kosten **um 15 % kürzen**, wenn der Vermieter zur Abtrennung der Warmwasserkosten keinen Wärmezähler verwendet hat (BGH VIII ZR 151/20 WuM 2022, 110). Das Kürzungsrecht erfasst nach dem BGH nicht nur die Warmwasser-, sondern auch die Heizkosten.

Die Messung mit einem Wärmezähler ist jedoch nicht vorgeschrieben, wenn sie mit einem unzumutbar hohen Aufwand verbunden wäre. Der Vermieter muss nachweisen, dass eine solche Ausnahme besteht. Dann ist ersatzweise eine in der Heizkostenverordnung festgelegte Formel anzuwenden. Sie setzt voraus, dass das verbrauchte Warmwasser mit einem Wasserzähler erfasst wird. Ist eine Messung auch auf diese Weise nicht möglich, wird der Warmwasseranteil nach einem festgelegten Verbrauch von 32 kWh je Quadratmeter Wohnfläche im Jahr berechnet.

Verteilerschlüssel: Nach der Heizkostenverordnung sollen mindestens 50 %, höchstens 70 % der Heizkosten nach dem Verbrauch umgelegt werden (Verbrauchskostenanteil). Die restlichen 30 % bis 50 % werden nach einem in der Heizkostenverordnung vorgesehenen festen Maßstab verteilt. In der Regel ist das die → *Wohnfläche* (Grundkostenanteil). Zulässig ist auch die Verteilung des Grundkostenanteils anhand der beheizten Wohnfläche. Der **Verbrauchskostenanteil** wird nach dem mithilfe von → *Heizkostenverteilern* festgestellten Verbrauchswert umgelegt. Hierzu müssen alle Heizkörper mit diesen Geräten ausgerüstet werden. In einigen Wohnungen kommen statt Heizkostenverteilern Wärmezähler zum Einsatz.

Häufig beschweren sich Mieter, dass der **Balkon** oder die **Terrasse** in die Fläche zur Verteilung der Heizkosten einbezogen wird. Der BGH hat jedoch entschieden, dass der Vermieter diese Fläche anteilig berücksichtigen darf (BGH VIII ZR 261/06 WuM 2007, 700). Das gilt natürlich nicht, wenn die Kosten nach der beheizten Wohnfläche verteilt werden. Der Vermieter kann jedoch mit allen Mietparteien eines Wohnhauses einvernehmlich einen **höheren Verbrauchsanteil** (bis zu 100 %) vereinbaren (LG Saarbrücken WuM 1990, 85). Dagegen ist die Abrede eines **niedrigeren Verbrauchsanteils** als 50 % unzulässig. In gleicher Weise ist bei der Umlage der Warmwasserkosten zu verfahren.

Für bestimmte ältere Gebäude ist zwingend ein Verbrauchsanteil von 70 % vorgeschrieben. Dies gilt für Häuser, die nicht die Anforderungen der Wärmeschutzverordnung vom 16.8.1994 erfüllen, die mit einer Öl- oder Gasheizung versorgt werden und in denen freiliegende Heizleitungen überwiegend gedämmt sind. Alle drei Bedingungen müssen erfüllt sein. Dann darf der Vermieter keinen anderen Verteilerschlüssel wählen. 70 % der Heizkosten sind nach dem erfassten Wärmeverbrauch auf die Mieter zu verteilen. Darauf hat der Mieter einen Anspruch. Er ist nicht darauf beschränkt, stattdessen auf das Kürzungsrecht (§ 12 HeizkV) zurückzugreifen (BGH VIII ZR 113/17 WuM 2019, 147).

In Gebäuden, in denen die **Heizleitungen über Putz** verlegt **und überwiegend ungedämmt** sind, ist hingegen nur ein verbrauchsabhängiger Anteil von 50 % angemessen → *Heizkostenabrechnung in besonderen Fällen*/Rohrwärme.

Einen einmal gewählten **Verteilerschlüssel darf der Vermieter nicht** nach Belieben **ändern**. Nur wenn sachgerechte Gründe vorliegen, ist eine Anpassung möglich. Dies ist z. B. der Fall, wenn eine neue Heizungsanlage eingebaut oder die Wärmedämmung verbessert wird. Bei einer erhöhten Rohrwärme oder bei größeren Leerständen über eine längere Zeit ist eine Kostenverteilung mit einem Verbrauchsanteil von 70 % zu 30 % nicht sachgerecht. Der Verteilerschlüssel muss korrigiert werden. Rückwirkend bzw. während der laufenden Heizperiode darf der Verteilerschlüssel nie geändert werden. Eine Änderung ist nur zu Beginn der Heizperiode möglich (AG Hamburg-Altona WuM 1987, 162).

H

Leer stehende Wohnungen: Der Vermieter muss die Grundkosten auf alle Wohnungen im Haus verteilen. Stehen Wohnungen leer, hat er diesen Teil der Grundkosten selbst zu zahlen, genauso wie einen entsprechenden Verbrauchsanteil. Der Vermieter darf nicht einfach den Verteilerschlüssel ändern und die Heizkosten nur auf die vermieteten Wohnungen umlegen. Das geht auch dann nicht, wenn er die Heizkörper in den leer stehenden Wohnungen abmontieren lässt (BGH VIII ZR 137/03 WuM 2004, 150).

Sind die Leerstände in einem Haus besonders hoch, zahlen die verbleibenden Mieter mehr Heizkosten, obwohl der Vermieter die Grundkosten für die unvermieteten Wohnungen übernehmen muss. Der BGH sieht es als angemessen an, dass der Mieter einen Teil der Mehrkosten mittragen muss, die bei erheblichen Leerständen entstehen (BGH VIII ZR 9/14 WuM 2015, 94). Etwas anderes gilt nach dem BGH nur in extremen Fällen, wenn die Verteilung der Kosten nicht mehr als gerecht empfunden werden kann. Dann muss der Vermieter die berechneten Kosten kürzen. Diese Entscheidung betrifft die Warmwasserkosten. Sie ist auf die Heizkosten entsprechend anzuwenden.

Ausnahmen von der verbrauchsabhängigen Abrechnung

Die Pflicht, eine verbrauchsabhängige Heizkostenabrechnung zu erstellen, besteht nicht (§ 11 HeizkV),

- wenn die Verbrauchserfassung **technisch nicht möglich** oder **unwirtschaftlich** ist. Von Unwirtschaftlichkeit kann gesprochen werden, wenn die zu erwartenden Einsparungen (z. B. nach Einbau von Warmwasserzählern) nicht ausreichen, die Investition und die laufenden Kosten abzudecken (KG Berlin WuM 1993, 300; BayObLG WuM 1993, 753; LG Hamburg WuM 1992, 490). Der Aufwand für die verbrauchsabhängige Abrechnung muss also durch die Energie-

einsparung erwirtschaftet werden. Dazu ist ein Zeitraum von zehn Jahren zu betrachten (§11 Abs. 1 Nr. 1b HeizkV);
- in sog. **Passivhäusern**. Die Heizkostenverordnung sieht ausdrücklich vor, dass in Häusern mit einem sehr niedrigen Verbrauch nicht verbrauchsabhängig abgerechnet werden muss. Hier lohnt sich der Aufwand nicht. Das gilt für Gebäude, die einen Heizwärmebedarf von weniger als 15 kWh je Quadratmeter im Jahr aufweisen;
- wenn der Mieter den **Wärmeverbrauch nicht beeinflussen** kann, z. B., weil eine Möglichkeit zur Drosselung oder zum Abstellen der Heizung an den Heizkörpern fehlt. Eine Ausnahme besteht zumeist auch für Lüftungsheizungen und Wärmerückgewinnungsanlagen, weil der Verbrauch nicht erfasst oder nicht reguliert werden kann (OLG Frankfurt a. M. ZMR 2018, 585);
- in **Alters- und Pflegeheimen, Studierenden- und Jugendwohnheimen**; hier sind ausnahmsweise Warmmietverträge zulässig;
- in Gebäuden, die überwiegend (zu mehr als der Hälfte) durch **Solaranlagen** versorgt werden. Das lässt sich bei der Versorgung mit Heizwärme in Deutschland nicht erreichen. Denkbar wäre eine Ausnahme nur für die Warmwasserversorgung, wenn die 50 %-Grenze überschritten wird;
- in **Zweifamilienhäusern**, in denen der Vermieter mit seinem Mieter unter einem Dach wohnt. Die Mietparteien können vereinbaren, dass die Heizkostenverordnung keine Anwendung findet. Sie können vereinbaren, dass die Heizkosten je zur Hälfte getragen, nach Wohnflächenanteilen oder nach Personenzahl aufgeteilt werden;
- in Einzelfällen, wenn der Vermieter Befreiung von der zuständigen Landesbehörde bekommen hat, z. B. weil die Verbrauchserfassung zu »unbilligen« Härten führen würde.

Welche Kosten sind umlagefähig?

1. Kosten der verbrauchten Brennstoffe und ihrer Lieferung

2. Kosten des zur Wärmeerzeugung verbrauchten Stroms

3. Kosten des Betriebsstroms

4. Kosten der Bedienung, Überwachung und Pflege der Anlage

5. Kosten der regelmäßigen Prüfung ihrer Betriebsbereitschaft und Betriebssicherheit einschl. der Einstellung durch einen Fachmann

6. Kosten der Reinigung der Anlage und des Betriebsraums

7. Kosten der Messungen nach dem Bundesimmissionsschutzgesetz und Schornsteinfegerkosten

8. Kosten der Anmietung oder anderer Arten der Gebrauchsüberlassung einer Ausstattung zur Verbrauchserfassung

9. Kosten der Verwendung einer Ausstattung zur Verbrauchserfassung einschl. der Kosten der Berechnung und Aufteilung

10. Kosten der Abrechnungs- und Verbrauchsinformationen

> **Wichtig zu wissen:** Weitere Kosten dürfen in der Heizkostenabrechnung nicht auftauchen!

Übernimmt ein **gewerblicher Unternehmer** die Wärmeversorgung, kann ein sog. **Wärmepreis** in der Heizkostenabrechnung angesetzt werden → *Contracting*. Das Gleiche gilt bei → *Fernwärme*.

Setzt der Vermieter zur Erzeugung der Heizwärme auch → *Erneuerbare Energien* ein, darf er dafür keinen Wärmepreis berechnen. Die eingesparten Brennstoffkosten für die Erzeugung der Heizenergie oder die Erwärmung des Warmwassers kann er also nicht in Rechnung stellen. Umlagefähig sind nur die genannten Kosten, insbesondere für Betriebsstrom sowie für Prüfung und Wartung. Zu Einzelheiten s. → *Wärmepumpe* und → *Solarenergie*.

Die umlagefähigen Heizkosten

1. Brennstoffkosten. Der Vermieter soll an den Heizkosten nicht verdienen. Er darf daher für den Brennstoff oder die eingekaufte Wärme nicht mehr ansetzen, als er selbst bezahlt hat. Außerdem muss er möglichst wirtschaftlich einkaufen, das heißt günstige Preise ausnutzen, den Tarif oder den Anbieter wechseln, wenn er den Brennstoff zu erheblich günstigeren Konditionen einkaufen kann.

2. Kosten des zur Wärmeerzeugung verbrauchten Stroms. Eine Wärmepumpe benötigt keinen Brennstoff. Sie braucht aber größere Mengen an Strom, um Wärme aus der Umgebungsluft, dem Erdreich oder dem Grundwasser zu gewinnen und in die Wohnungen zu transportieren. Dieser Stromverbrauch zählt nach der Heizkostenverordnung zu den umlagefähigen Heizkosten und wird den Mietern entsprechend ihrem Verbrauch in Rechnung gestellt. Der Vermieter muss sicherstellen, dass der Wärmepumpenstrom eindeutig erfasst und getrennt von anderen Stromkosten abgerechnet wird.

3. Betriebsstrom. Hierzu gehören die Stromkosten für die Umwälzpumpe, für die Pumpe im Brenner und für die Regelungsanlage. Normalerweise dürften die Stromkosten nicht mehr als 5 % (BayObLG WuM 1997, 234; AG Hamburg WuM 1991, 50) bis 8 % der Brennstoffkosten ausmachen. Schwankende Brennstoff- und Strompreise sind zu berücksichtigen. Eine allgemein gültige Regel sind diese Prozentsätze nicht (LG Hannover WuM 1991, 540).

Die Stromkosten lassen sich mit einem Zwischenzähler ermitteln. Gibt es keinen eigenen Zähler, müssen sie sachgerecht geschätzt werden. Auf Nachfrage muss der Vermieter mitteilen, auf welchen Grundlagen seine Schätzung beruht (LG Münster WuM 2022, 681). Sind die Stromkosten höher als 8 % der Brennstoffkosten, sollte der Mieter Zweifel anmelden. Der Vermieter muss dann erläutern, wie die Schätzung zustande gekommen ist (BGH VIII ZR 27/07 WuM 2008, 285). Überprüft werden sollte auch, ob die Betriebsstromkosten von den Allgemeinstromkosten abgezogen und nicht einfach aufgeschlagen wurden.

4. Bedienungskosten. Heizungen arbeiten i. d. R. vollautomatisch. Bedienungskosten fallen nicht an (AG Nordhausen WuM 1999, 486). Auch moderne Heizungen mit → *Holzpellets* funktionieren weitgehend automatisch. Gegebenenfalls sind geringfügige Kosten für die regelmäßig vorzunehmende Entfernung der Asche umlegbar.

5. Prüf- und Wartungskosten. Wird die Anlage im Rahmen der jährlichen Wartung von einer Fachkraft überprüft, sind die Kosten auf die Mieter umlegbar. Häufig werden aber gleichzeitig mit der Überprüfung der Anlage Reparaturen durchgeführt, z. B. ein defekter Brenner ausgetauscht. Solche Reparaturkosten darf der Vermieter nicht auf die Mieter umlegen, sondern muss sie selbst tragen (AG Waldbröl WuM 1980, 206). Fallen Wartung und Instandsetzung zusammen und kann nicht ermittelt werden, wie sich die Kosten konkret aufteilen, muss geschätzt werden. Fehlt es auch bereits an einer vernünftigen Schätzgrundlage, muss der Mieter überhaupt nicht zahlen (LG Hamburg WuM 1989, 640).

Vorsicht bei sog. **Vollwartungs- oder Vollservice-Verträgen**. In derartigen Dienstleistungsangeboten sind regelmäßig Instandsetzungsarbeiten enthalten → *Betriebskosten*.

Umlagefähig sind die Kosten einer Feuerstättenschau, die der Schornsteinfeger etwa alle 3½ Jahre durchführt (AG Soest DWW 2013, 340).

> **Wichtig zu wissen:** Der Vermieter muss das Gebot der Wirtschaftlichkeit beachten. Kosten, die 20 % über dem Durchschnitt liegen, oder drastische Kostensteigerungen von einem Jahr zum anderen sprechen für Unwirtschaftlichkeit oder versteckte Reparaturen (AG Köln WuM 1999, 221).

6. Kosten der Reinigung der Anlage und des Betriebsraums. Hierunter fielen früher die Kosten für die Reinigung einer Koks-Zentralheizung. Bei einer Pelletheizung sind die Kosten für Reinigung des Pelletlagers und der Brennkammer umlagefähig. Bei normalen Zentralheizungen fallen dagegen keine regelmäßigen Reinigungskosten für den Heizraum an (AG Friedberg WuM 1986, 262). Auch Kosten für Korrosionsschutzarbeiten sind nicht umlagefähig (AG Regensburg WuM 1995, 319).

Die Kosten für eine Öltankreinigung darf der Vermieter umlegen (BGH VIII ZR 221/08 WuM 2010, 33). Dazu hat der BGH entschieden, dass diese Kosten grundsätzlich in dem Abrechnungszeitraum in voller Höhe umgelegt werden können, in dem sie entstanden sind.

7. Messungen nach dem Bundesimmissionsschutzgesetz. In regelmäßigen Zeitabständen führt der Schornsteinfeger spezielle Abgasmessungen bei der Heizungsanlage durch. Deren Kosten kann der Vermieter als Heizkosten abrechnen. Die Kosten für die Reinigung des Schornsteins dürfen bei entsprechender Regelung im Mietvertrag als → *Betriebskosten* an die Mieter weitergegeben werden.

8. Kosten der Anmietung einer Ausstattung zur Verbrauchserfassung. Der Vermieter muss die Geräte zur Erfassung des Verbrauchs nicht kaufen, er kann sie auch mieten (→ *Heizkostenverteiler und Wärmezähler*). Die Mietkosten sind über die Heizkostenabrechnung umlegbar, wenn die gesetzlichen Voraussetzungen gegeben sind.

9. Kosten der Verwendung einer Ausstattung zur Verbrauchserfassung. Das sind die Kosten für den **Wärmemessdienst**. Hierunter fallen die Kosten für das **Ablesen** und das **Erstellen der Heizkostenabrechnung**. Auch die Kosten für die **Eichung von Warmwasser- und Wärmezählern** dürfen umgelegt werden → *Heizkostenverteiler und Wärmezähler*.

Um die fristgerechte **Eichung** sicherzustellen (→ *Eichpflicht*), schließt der Vermieter mit der Messdienstfirma häufig einen Eichservicevertrag – auch »Geräteservice« oder »Garantiewartung« genannt – ab. Die hierfür angesetzten Kosten dienen im Wesentlichen der Eichung. Durch einen Eichservicevertrag werden die Eichkosten in gleichbleibenden Jahresbeträgen auf die Mieter umgelegt.

Wichtig zu wissen: Es ist darauf zu achten, dass in diesen Verträgen keine Instandsetzungskosten, etwa für defekte Messgeräte, enthalten sind. Derartige Kosten darf der Vermieter nicht auf die Mieter umlegen.

In einigen Heizkostenabrechnungen finden sich **»Wartungskosten«** für elektronische Heizkostenverteiler. Die Geräte werden jedoch gar nicht gewartet. Diese **Kosten dürfen nicht berechnet** werden. Der Vermieter kann den Vertrag mit dem Messdienstunternehmen wegen arglistiger Täuschung anfechten (AG Osnabrück ZWE 2014, 100).

In vielen Heizkostenabrechnungen sind Kosten für **überteuerte Messgeräte** enthalten. Das muss der Mieter nicht dulden. Es dürfen keine unverhältnismäßig hohen Kosten angesetzt werden. Das gilt auch, wenn der Vermieter die Messgeräte gemietet oder geleast hat. Nach dem Gesetz (Heizkostenverordnung und Gebäudeenergiegesetz) dürfen die Kosten für die Erfassung des Verbrauchs nur so hoch sein, dass sie durch die zu erzielende Einsparung wieder »hereingeholt« werden. Es müssen also die Kosten und der Nutzen, das heißt die zu erzielende Einsparung, verglichen werden. Dafür ist nach der Heizkostenverordnung ein Zeitraum von zehn Jahren anzusetzen. Wärmezähler sind so teuer, dass sie als Zwischenzähler für Mietwohnungen oftmals nicht in Betracht kommen. Sind die Kosten für die Verbrauchserfassung überhöht, kann der Mieter verlangen, dass der Vermieter sämtliche Heizkosten nach einem festen Maßstab (zumeist Quadratmeter) verteilt. Einen anderen Weg hat das LG Berlin (WuM 2004, 340) gewählt. Es hat den Grundsatz der Wirtschaftlichkeit angewandt und die in der Heizkostenabrechnung angesetzten Kosten für die Messgeräte auf das angemessene Maß gekürzt. Der Vermieter hatte Heizkostenverteiler mit einem Funksystem gemietet. Die Kosten für das gesamte Haus beliefen sich auf gut 24 500 Euro. Das ist völlig überteuert, urteilte das Landgericht. Die Mieter mussten nur die angemessenen Kosten von 2382 bzw. 697 Euro zahlen (ähnlich LG Köln NZM 2005, 453).

Inkasso, Formblattberatung und **sonstige Serviceleistungen** der Wärmemessdienstfirmen für den Vermieter, z. B. auch Kosten für das Erstellen der »kalten«

Betriebskostenabrechnung, muss der Mieter nicht bezahlen (AG Langen WuM 1996, 31).

10. Kosten der Abrechnungs- und Verbrauchsinformationen. Die Heizkostenverordnung schreibt vor, dass der Mieter jeden Monat über seinen Verbrauch für Heizung und ggf. Warmwasser informiert wird. Zusätzlich kann der Vermieter mitteilen, welche Kosten dieser Verbrauch verursacht. Das soll den Mieter beim Einsparen von Heizenergie unterstützen. Das gilt aber nur, wenn fernablesbare Messgeräte bereits installiert sind, andernfalls spätestens ab 1.1.2027. Die Informationen müssen mindestens folgende Angaben enthalten:
- den Verbrauch des Mieters im letzten Monat in Kilowattstunden,
- einen Vergleich dieses Verbrauchs mit dem Verbrauch des Vormonats desselben Mieters sowie mit dem entsprechenden Monat des Vorjahres desselben Mieters, soweit vorhanden, und
- einen Vergleich mit dem Verbrauch eines normierten oder durch Vergleichstests ermittelten Durchschnittsmieters derselben Nutzerkategorie.

Die Mitteilung kann in Papierform oder elektronisch, etwa per E-Mail, geschehen. Es besteht auch die Möglichkeit, die Mieter über ein Webportal oder eine Smartphone-App zu informieren. Die Mieter müssen jedoch dann zusätzlich jeweils darüber unterrichtet werden, wenn neue Informationen zur Verfügung stehen.

Die Kosten für diese zusätzlichen Informationen müssen die Mieter tragen. Zu befürchten ist, dass sie hierfür mehr zahlen, als sie zusätzlich an Energiekosten einsparen können.

Kommt der Vermieter dieser Verpflichtung nicht nach, hat der Mieter ein **Kürzungsrecht** und darf die Heiz- und Warmwasserkosten für den betreffenden Zeitraum um 3 % kürzen (§ 12 Abs. 1 Satz 3 HeizkV).

Wie muss die Abrechnung aussehen? → *Betriebskosten*

Der Vermieter muss einmal im Jahr abrechnen, über Einnahmen und Ausgaben Rechenschaft ablegen. Häufig bedienen sich Vermieter hierbei einer Wärmemessdienstfirma. Deren Abrechnungsbögen sehen zwar amtlich aus, sind aber nicht immer richtig. Inhaltlich müssen sie den gleichen Anforderungen genügen wie z. B. eine handgeschriebene Abrechnung eines Vermieters. Eine Heizkostenabrechnung ist sehr kompliziert gestaltet. Der BGH hat zwar betont, dass ein durchschnittlich gebildeter, juristisch und betriebswirtschaftlich nicht geschulter Mieter eine Betriebskostenabrechnung gedanklich und rechnerisch nachvollziehen können muss. Für die Heizkostenabrechnung hat er das jedoch eingeschränkt (BGH VIII ZR 137/09 WuM 2010, 153; VIII ZR 371/04 WuM 2005, 579). Es könne vorausgesetzt werden, dass der Mieter mit den Rechtsgrundlagen nach der Heizkostenverordnung vertraut ist. In der Abrechnung muss nicht auf diese Vorschriften hingewiesen werden und der Vermieter muss sie nicht verständlich erläutern. Ist eine gesetzlich vorgegebene Abrechnungsweise anzuwenden, sind dem Vermieter daraus folgende Verständnisprobleme nicht zuzurechnen, so der BGH. Die Heizkostenabrechnung muss aber alle Angaben enthalten, um die Berechnungen bei Kenntnis der Vorschriften nachprüfen zu können.

1. Der Vermieter muss die Gesamtkosten zusammenstellen. Die verschiedenen Positionen müssen einzeln aufgezählt werden, das heißt die **Brennstoffkosten getrennt von den Kosten für Wartung, Betriebsstrom, Erstellung der Abrechnung, Gerätemiete** etc. Hält sich der Vermieter nicht daran, ist die Abrechnung unwirksam (LG Berlin GE 2001, 63). Der Vermieter darf nur die Kosten weitergeben, die umlagefähig und tatsächlich entstanden sind. Bei Fernwärme und Gas ist der Verbrauch für das Gebäude anzugeben. Die Heizkostenabrechnung ist unwirksam, wenn nur die Gesamtkosten, nicht aber der Verbrauch für das Erdgas in Kubikmeter oder Kilowattstunden angegeben ist (AG Düsseldorf WuM 2009, 402).

Auch bei Öl oder festen Brennstoffen darf **nur die im Abrechnungszeitraum verbrauchte Menge** angesetzt werden. Sie wird berechnet nach dem Anfangsbestand plus Liefermengen abzüglich Endbestand. Dazu muss der Vermieter zum Abschluss der Abrechnungsperiode ermitteln, wie viel Öl im Tank ist bzw. wie viel Brennstoffe noch vorrätig sind.

> **Wichtig zu wissen:** Wir empfehlen, die Abrechnung mit der des Vorjahres – soweit vorhanden – zu vergleichen. Auffällige Abweichungen beim Brennstoffverbrauch oder bei den anderen Kosten muss der Vermieter auf Nachfrage des Mieters erläutern (BGH VIII ZR 261/07 WuM 2008, 407).

2. Der Vermieter muss erklären, wie er die Kosten verteilt. Er muss also mitteilen, inwieweit er nach Quadratmeter umlegt und inwieweit nach Verbrauch. Es genügt nicht, wenn er nur schreibt: 50 % Verbrauchskosten, 50 % Grundkosten. Er muss vielmehr die Einheiten angeben, die auf allen Heizkostenverteilern im Haus abgelesen wurden, ebenso die Quadratmeterzahl aller Wohnungen im Haus. Anhand der abgelesenen Verbrauchseinheiten in der Wohnung des Mieters und der Quadratmeterzahl der Wohnung des Mieters muss er vorrechnen, wie er zu der konkreten Kostenverteilung kommt. Die Abrechnung muss dabei so übersichtlich sein, dass ein Laie sie nachvollziehen kann.

3. Der Abrechnungszeitraum muss angegeben werden. Die Abrechnung muss sich grundsätzlich auf den Zeitraum eines Jahres (zwölf Monate) beziehen (LG Düsseldorf ZMR 1998, 167, AG Dortmund NZM 2004, 96). In der Heizkostenabrechnung dürfen nur Rechnungen berücksichtigt werden, die sich auf diese zwölf Monate beziehen. Die Anwendung des sog. Abflussprinzips ist im Anwendungsbereich der Heizkostenverordnung nicht zulässig (BGH VIII ZR 156/11 WuM 2012, 143). Das heißt, dass der Vermieter die Kosten immer dem Abrechnungsjahr zuordnen muss → *Betriebskosten.*

Der Vermieter kann für die Abrechnung über die Heizkosten eine andere Abrechnungsperiode wählen als für die »kalten« Betriebskosten (BGH VIII ZR 240/07 WuM 2008, 404). Zur Abrechnung bei Mieterwechsel s. → *Heizkostenabrechnung in besonderen Fällen/Mieterwechsel.*

H

4. Die Vorauszahlungen des Mieters müssen berücksichtigt und verrechnet werden. Rechnet der Vermieter über die Heizkosten gesondert ab, muss er die Summe der Vorauszahlungen im Abrechnungszeitraum aufführen und diese dem Betrag aus der Abrechnung gegenüberstellen. Daraus ergibt sich, ob der Mieter Geld zurückerhält oder nachzahlen muss. Rechnet der Vermieter die Heizkosten zusammen mit den »kalten« Betriebskosten ab, muss er nicht separat über die Vorauszahlungen für Heizkosten abrechnen.

5. Zusätzliche Informationen zur Heizkostenabrechnung. Der Vermieter muss dem Mieter zusammen mit der Abrechnung weitere Informationen zur Verfügung stellen. Mitzuteilen sind folgende Angaben:

- Informationen zum Energieträger (Öl, Gas, Holzprodukte, Nah- oder Fernwärme, Anteil → *Erneuerbare Energien*), bei Versorgung mit Fernwärme die damit verbundenen jährlichen Treibhausgasemissionen und den Primärenergiefaktor des Fernwärmenetzes, eine Erläuterung der enthaltenen Steuern und Abgaben, die Entgelte für die Überlassung der Messgeräte einschließlich der Kosten für die Eichung sowie für die Ablesung und Abrechnung;
- Kontaktinformationen, darunter Internetadressen von Verbraucherorganisationen (z. B. Verbraucherzentralen), Energieagenturen oder ähnlichen Einrichtungen, bei denen Informationen über angebotene Maßnahmen zur Energieeffizienzverbesserung, Endnutzer-Vergleichsprofile und objektive technische Spezifikationen für energiebetriebene Geräte eingeholt werden können;
- Informationen über die Möglichkeit zur Durchführung eines Streitbeilegungsverfahrens → *Streitschlichtung*. Diese Angabe ist nicht notwendig, wenn der Vermieter nur Kleinvermieter mit sehr wenigen Wohnungen ist;
- Vergleiche mit dem Verbrauch eines normierten oder durch Vergleichstests ermittelten Durchschnittsnutzers derselben Nutzerkategorie;

– ein Vergleich des gegenwärtigen Energieverbrauchs des betroffenen Mieters mit dem Verbrauch im gleichen Zeitraum des Vorjahrs in grafischer Form. Dabei ist eine sog. Witterungsbereinigung vorzunehmen. Sie ermöglicht den Vergleich trotz unterschiedlicher Witterungsbedingungen in den Abrechnungszeiträumen, etwa wenn es nach einem milden Winter einen strengen Winter gab.

Diese Informationen muss der Vermieter nicht zusammen mit der Heizkostenabrechnung übermitteln. Es genügt, wenn er sie anderweitig zur Verfügung stellt, etwa über ein Web-Portal oder eine Smartphone-App.

Teilt der Vermieter diese Informationen nicht oder nicht vollständig mit, hat der Mieter ein **Kürzungsrecht** und darf die berechneten Heiz- und Warmwasserkosten um 3 % zu kürzen (§ 12 Abs. 1 Satz 3 HeizkV).

Überprüfung der Heizkostenabrechnung

Hat der Mieter Zweifel an der Richtigkeit der Heizkostenabrechnung, gilt das Gleiche wie bei einer Abrechnung über → *Betriebskosten*. Auf Wunsch des Mieters muss der Vermieter ihm Einsicht in die Originalberechnungsunterlagen, insbesondere Rechnungen, Lieferscheine, Quittungen gewähren (§ 259 BGB; BGH VIII ZR 78/05 WuM 2006, 200). Der Mieter hat Anspruch darauf, neben seiner Einzelabrechnung auch in die Gesamtabrechnung des Hauses Einblick zu nehmen. Der Vermieter darf dies auch nicht unter Berufung auf den Datenschutz verweigern (AG Ettlingen WuM 2025, 688; LG Berlin WuM 2014, 28; LG Potsdam WuM 2011, 631). Das gilt auch für die Ablesedaten der übrigen Wohnungen im Haus (BGH VIII ZR 189/17 WuM 2018, 288).

Überhöhte Heizkosten

Sind die Heizkosten gegenüber dem Vorjahr dramatisch gestiegen oder unerklärlich hoch, muss der Vermieter nachweisen, dass der Mieter tatsächlich so viel Heizwärme verbraucht hat (BGH VIII ZR 189/17 WuM 2018, 288; VIII ZR 261/07 WuM 2008, 407).

Die häufigste Ursache für extrem hohe Heizkosten einzelner Mieter ist eine hohe Rohrwärmeabgabe im Gebäude → *Heizkostenabrechnung in besonderen Fällen*.

Der Vermieter muss die Heizungsanlage so instand halten und betreiben, dass sie nicht unnötig viel Energie verbraucht (§§ 59, 60 Gebäudeenergiegesetz). Er muss die Anlage sachgerecht bedienen, die Vorlauftemperaturen angemessen einstellen und regelmäßig durch einen Fachmann warten lassen. Auch für die Heizkosten gilt das **Gebot der Wirtschaftlichkeit** → *Betriebskosten*. Vernachlässigt der Vermieter seine Pflichten in Bezug auf die Heizungsanlage, kann dem Mieter Schadensersatz wegen überhöhter Energiekosten zustehen (BGH XII ZR 80/12 NJW 2014, 685; LG Neubrandenburg WuM 2013, 541). Der Vermieter ist zwar grundsätzlich nicht verpflichtet, eine alte, aber noch funktionstüchtige Heizungsanlage zu erneuern oder zu modernisieren (BGH VIII ZR 261/06 WuM 2007, 700). Verstößt er aber gegen die Vorschriften des → *Gebäudeenergiegesetzes*, kann der Grundsatz der Wirtschaftlichkeit verletzt sein und der Mieter überhöhte Kosten beanstanden. Die Einzelheiten sind noch nicht abschließend durch Gerichtsurteile geklärt.

H

Heizkostenabrechnung in besonderen Fällen

Gemeinschaftsräume

Nach der Heizkostenverordnung muss der Verbrauch in Gemeinschaftsräumen (z. B. Fluren, Treppenhäusern, Waschküchen, Trocken- oder Partyräumen) nicht erfasst werden. Soweit hier Heizkörper vorhanden sind, müssen sie nicht mit Erfassungsgeräten ausgerüstet werden. Der Verbrauch in diesen Gemeinschaftsräumen wird als Teil des Gesamtverbrauchs des Hauses von den Mietern also praktisch mitbezahlt. Anders ist die Regelung für Gemeinschaftsräume mit »nutzungsbedingt hohem Wärme- oder Warmwasserverbrauch« wie Sauna oder Schwimmbad. Hier muss der Verbrauch erfasst werden.

Der erfasste Verbrauch in Gemeinschaftsräumen kann nur dann auf die Mieter verteilt werden, wenn eine entsprechende Vereinbarung zwischen Vermieter und Mieter getroffen worden ist. Auch die Frage, nach welchem Maßstab zu verteilen ist, muss vertraglich geregelt sein. Als Verteilkriterium kommen z. B. die Personenzahl, die Wohnungsgröße oder die Anzahl der Wohnungen im Haus in Betracht.

Schätzung

Wie zu verfahren ist, wenn der Energieverbrauch einzelner Mieter nicht erfasst werden kann, regelt die Heizkostenverordnung unter dem Stichwort »Kostenverteilung in Sonderfällen« – gemeint sind Schätzungen.

Geschätzt werden darf, wenn der Verbrauch in einer Abrechnungsperiode wegen »Geräteausfalls oder aus anderen zwingenden Gründen« nicht erfasst werden konnte.

Technische Defekte bei Erfassungssystemen sind in der Praxis relativ selten. Denkbar ist dies, wenn bei einem elektronischen Heizkostenverteiler die Batterie ausfällt und somit keine verwertbaren Ergebnisse vorliegen. Ist der angezeigte Verbrauchswert höher, als das Gerät in einem Abrechnungsjahr physikalisch erfassen kann, darf ebenfalls geschätzt werden (BGH VIII ZR 310/12 WuM 2013, 305).

Früher war unklar, was unter »anderen zwingenden Gründen« zu verstehen ist. Der BGH hat entschieden, dass ein zwingender Grund vorliegt, wenn sich der Fehler nicht mehr beheben lässt (BGH VIII ZR 373/04 WuM 2005, 776). Immer, wenn die Ablesung nicht mehr nachgeholt werden kann, darf grundsätzlich geschätzt werden. Ursachen können sein eine falsche Ablesung, Computerfehler, Verlust der Daten oder auch eine versehentlich unterbliebene Ablesung. Dabei kommt es laut BGH nicht darauf an, wer dafür verantwortlich ist, dass keine Messergebnisse vorliegen. Eine Schätzung ist auch möglich, wenn der Messdienst »vergessen« hat, die Messampulle auszutauschen oder den Batteriewechsel vorzunehmen.

Nicht geregelt ist, ob geschätzt werden darf, wenn der Ableser bei einer in der Wohnung notwendigen Ablesung den Mieter nicht angetroffen hat. Sinnvollerweise ist auch in diesen Fällen grundsätzlich eine Schätzung zuzulassen. Das Gleiche gilt, wenn sich der Mieter geweigert hat, den Ableser in die Wohnung zu lassen (AG Saarbrücken WuM 2018, 721). Die Messdienstfirma muss aber einen kostenfreien zweiten Termin ansetzen, wenn der Mieter beim ersten Ableseversuch nicht zu Hause gewesen ist (LG München I WuM 2001, 190). Die Schätzung ist also erst zulässig, wenn der Mieter auch den zweiten Termin nicht wahrgenommen hat.

Kein zwingender Grund, der eine Schätzung rechtfertigen würde, liegt vor, wenn einzelne Räume aus technischen oder wirtschaftlichen Gründen nicht mit Heizkostenverteilern ausgestattet werden. In diesen Fällen schreibt die Heizkostenverordnung überhaupt keine verbrauchsabhängige Abrechnung vor (LG Hamburg WuM 1992, 490). Auch nicht geschätzt werden darf, wenn der Vermieter es versäumt hat, die Wohnung mit Messgeräten auszustatten (LG Berlin DWW 1997, 151). In diesen Fällen müsste fortlaufend – nicht nur für eine Abrechnungsperiode – geschätzt werden. Derartige Dauerschätzungen sieht aber die Heizkostenverordnung gerade nicht vor.

Die Heizkostenverordnung nennt zwei verschiedene **Schätzverfahren**:

- Der (abgelesene) Verbrauch der betreffenden Räume in früheren, witterungsmäßig vergleichbaren Abrechnungsperioden wird herangezogen. Die Heizkostenverordnung sieht vor, dass zum Vergleich auch auf einen kürzeren Zeitraum als ein ganzes Abrechnungsjahr abgestellt werden kann. Voraussetzung ist aber, dass die Schätzung zu angemessenen Ergebnissen führt.

- Es wird auf den Verbrauch vergleichbarer anderer Räume innerhalb der aktuellen Abrechnungsperiode abgestellt.

Ist z. B. im Badezimmer der Heizkostenverteiler ausgefallen, gibt es zwei Möglichkeiten: Der Vermieter kann den Durchschnittsverbrauch aus den vorangegangenen Abrechnungsperioden für diesen Raum ansetzen oder den Durchschnittsverbrauch der Nachbarn mit gleich großen Badezimmern in dem betroffenen Abrechnungszeitraum. Der Vermieter darf die Schätzung auch anhand des Verbrauchs von Räumen vornehmen, die in anderen Gebäuden liegen. Voraussetzung ist, dass diese Räume mit dem betroffenen Raum vergleichbar sind, beispielsweise nach Bausubstanz, Konstruktion, Lage, Größe und Nutzungsart (BGH VIII ZR 264/19 WuM 2022, 34).

H

Darüber hinaus darf zur Schätzung auch der **Durchschnittsverbrauch im Haus** angesetzt werden.

Andere Schätzverfahren sind nicht zulässig. Der Vermieter darf z. B. nicht einfach ortsübliche Durchschnittskosten für die Beheizung zugrunde legen (BGH VIII ZR 261/06 WuM 2007, 700).

Damit nicht irgendwann der Verbrauch des gesamten Mietshauses geschätzt wird, enthält die Heizkostenverordnung eine **Grenze**, bis zu der die Verbrauchsschätzung zulässig ist. Geschätzt werden darf, wenn höchstens 25 % der Wohn- und Nutzfläche betroffen sind. Der Mieter darf dann nicht vom Kürzungsrecht Gebrauch machen (BGH VIII ZR 373/04 WuM 2005, 776). Kann hingegen mehr als 25 % der Wohn- und Nutzfläche nicht abgelesen werden, darf der Verbrauch nicht mehr geschätzt werden; der Vermieter muss ausschließlich nach festen Maßstäben, also z. B. nach Quadratmetern, abrechnen (LG Hamburg GE 2019, 660). Mieter können in einem derartigen Fall 15 % von ihrer Heizkostenabrechnung abziehen (AG Köln WuM 1997, 273).

Achtung: Der BGH hat entschieden, dass die Abrechnung keine Angaben zu einer Schätzung enthalten muss (BGH VIII ZR 112/14 WuM 2015, 32). Wenn Verbrauchswerte überhöht erscheinen, sollte der Mieter nachfragen, ob sie geschätzt wurden. Dann muss zunächst geklärt werden, ob die Schätzung zulässig war. Trifft das zu, muss der Vermieter mitteilen, wie die Schätzwerte zustande gekommen sind (BGH VIII ZR 261/15 WuM 2016, 658).

Mieterwechsel
Zieht ein Mieter während der Abrechnungsperiode aus, müssen die Heiz- und Warmwasserkosten der laufenden Abrechnungsperiode auf den ein- und den ausziehenden Mieter verteilt werden. Nach der Heizkostenverordnung ist dabei zwischen den verbrauchsunabhängig und den verbrauchsabhängig abgerechneten Kosten zu unterscheiden:

Verbrauchsunabhängige Kosten sind die Kosten, die i. d. R. nach Wohnfläche verteilt werden. Diese Kosten können entweder zeitanteilig oder nach der Gradtagszahlentabelle auf den ein- und den ausziehenden Mieter verteilt werden. Eine Ausnahme gilt bei Warmwasser; hier ist nur die zeitanteilige Aufteilung möglich.

Zeitanteilig bedeutet, dass allein auf die Wohndauer abgestellt wird. Beträgt der verbrauchsunabhängige Kostenanteil beispielsweise 1200 Euro für die betreffende Wohnung, muss der ausziehende Mieter, der sieben Monate in der Wohnung gelebt hat, 7/12 = 700 Euro zahlen, der einziehende Mieter 5/12 = 500 Euro.

In der Gradtagszahlentabelle sind langjährige Erfahrungswerte (20-jährige Mittel) für den einzelnen Monatsverbrauch im Verhältnis zum Jahresgesamtverbrauch festgelegt. Jeder Monat wird mit einer bestimmten Zahl bewertet, die umso höher ist, je mehr Heizkosten erfahrungsgemäß in diesem Monat anfallen.

Gradtagszahlentabelle	
Monat	Promille-Anteile je Monat
Januar	170
Februar	150
März	130
April	80
Mai	40
Juni, Juli, August (zusammen)	40
September	30
Oktober	80
November	120
Dezember	160

Hat hier der ausziehende Mieter von September bis März (sieben Monate) in der Wohnung gelebt, muss er von den 1200 Euro Festkosten 840 Promille zahlen, das heißt 1008 Euro, der einziehende Mieter für die »warmen« Monate April bis August 160 Promille, das heißt 192 Euro.

Der **verbrauchsabhängige Kostenanteil** muss grundsätzlich per Zwischenablesung ermittelt werden. Das bedeutet, dass die Heizkostenverteiler nicht nur am Ende der Abrechnungsperiode, sondern auch zum Zeitpunkt des Mieterwechsels abgelesen werden müssen. In der Heizkostenabrechnung des ausziehenden Mieters tauchen dann die Verbrauchseinheiten bis zum Zeitpunkt der Zwischenablesung auf, in der Abrechnung des einziehenden Mieters die restlichen, bis zum Ende der Abrechnungsperiode angefallenen Einheiten.

Wichtig zu wissen: Zwischenablesung bedeutet nicht Zwischenabrechnung. Der ausziehende Mieter hat also keinen Anspruch darauf, dass er unmittelbar nach seinem Auszug eine gesonderte Zwischenabrechnung bekommt (AG Neuss WuM 1991, 547). Er muss sich gedulden, bis die reguläre Heizkostenabrechnung für alle Mieter im Haus erstellt wird.

Für die **Zwischenablesung** berechnen die Abrechnungsfirmen üblicherweise zusätzliche **Kosten**. Der BGH hat entschieden, dass der Vermieter diese Kosten selbst tragen muss, wenn nichts anderes vereinbart ist (BGH VIII ZR 19/07 WuM 2008, 85).

Bei einem Mieterwechsel in einem **Einfamilienhaus** stellt sich häufig die Frage, was mit dem gekauften, aber noch **nicht verbrauchten Heizöl** passieren soll. Nach Auffassung des LG Freiburg (WuM 1982, 206) und des AG Weinheim (WuM 1987, 221) muss der Vermieter den Rest des vom Mieter beschafften Heizöls gegen Kostenerstattung übernehmen, das heißt zum Tageswert kaufen.

Nutzergruppen

Die Heizkosten können nicht einheitlich auf die Mieter verteilt werden, wenn im Haus oder in der Abrechnungseinheit **unterschiedliche Messgeräte** verwendet werden. Sind z. B. einige Räume mit Heizkostenverteilern, andere mit Wärmezählern ausgestattet, lassen sich die Verbrauchswerte nicht miteinander vergleichen. Die Heizkostenverordnung schreibt für diesen Fall eine Vorausteilung der Kosten vor. Es müssen sog. Nutzergruppen gebildet werden.

Der Vermieter kann eine getrennte Berechnung auch aus anderen Gründen durchführen. Das liegt grundsätzlich in seinem Ermessen. Benötigen gewerbliche Betriebe erheblich mehr Heizenergie als die Wohnungsmieter, ist aber eine Aufteilung zwingend vorzunehmen (LG Berlin GE 1990, 1035).

Der Verbrauch für jede Gruppe ist getrennt zu erfassen. Dazu muss für jede Nutzergruppe ein eigener Wärmezähler installiert sein. Die Verbrauchswerte einer Nutzergruppe dürfen nicht dadurch ermittelt werden, dass der Verbrauch einer anderen Gruppe gemessen und vom Gesamtverbrauch des Hauses abgezogen wird (BGH VIII ZR 57/07 WuM 2008, 556). Beachtet der Vermieter das nicht, kann der Mieter die ihm berechneten Heizkosten um 15 % kürzen (BGH VIII ZR 329/14 WuM 2016, 174). Eine Ausnahme besteht, wenn die nachträgliche Installation eines Wärmezählers nur mit unverhältnismäßig hohen Kosten möglich wäre.

Kürzungsrecht

Nach der Heizkostenverordnung muss der Vermieter grundsätzlich verbrauchsabhängig abrechnen. Weigert sich der Vermieter, können die Mieter ihn zwingen, notfalls per Gerichtsbeschluss; aber erst für die Zukunft. Außerdem haben Mieter immer dann, wenn entgegen den Vorschriften der Heizkostenverordnung nicht verbrauchsabhängig abgerechnet wird, ein **Kürzungsrecht**: Sie dürfen von den Heizkosten, die sie laut Vermieterabrechnung zahlen sollen, **15 %** abziehen.

Beispielfälle:

- Heizkörper in der Wohnung sind bei Erstbezug noch nicht mit Heizkostenverteilern ausgerüstet (LG Berlin DWW 1997, 152);
- der Vermieter weigert sich, die Wohnung oder einzelne Räume mit Erfassungsgeräten auszustatten. Das Kürzungsrecht besteht, wenn in nur einem Zimmer der Wohnung die Heizkosten nicht erfasst werden (LG Berlin ZMR 2003, 679). Das gilt jedoch nur, wenn die Ausrüstung mit Messgeräten zu angemessenen Kosten technisch möglich gewesen wäre;
- der Vermieter lässt die Erfassungsgeräte nicht ordnungsgemäß ablesen;
- wegen Geräteausfalls oder aus anderen zwingenden Gründen müssen mehr als 25 % der Gesamtwohnfläche des Hauses geschätzt werden;
- entgegen den Vorschriften der Heizkostenverordnung ist bei einem Mieterwechsel keine Zwischenablesung durchgeführt worden, obwohl technisch möglich und vertraglich nicht ausgeschlossen (LG Hamburg GE 1989, 153);
- die Verbrauchsanzeige des Erfassungssystems ist wegen Fehlinstallierungen, Falschmontagen (AG Jülich WuM 1987, 397) oder Batterieausfalls unbrauchbar (AG Köln WuM 1998, 320). Ist der Verbrauch jedoch zulässigerweise geschätzt worden (höchstens 25 % der Gesamtwohnfläche betroffen!), darf der Mieter nicht auf das Kürzungsrecht zurückgreifen (BGH VIII ZR 373/04 WuM 2005, 776).

Wird die Heizkostenabrechnung nicht nach dem tatsächlichen Verbrauch erstellt, muss der Mieter auch **keine Kosten für die Verbrauchserfassung** zahlen (LG Hannover WuM 1991, 540).

Kürzungsrecht: Dem Mieter steht zusätzlich zu dem Recht zur Kürzung um 15 % ein **weiteres Kürzungsrecht** bei den Heiz- und Warmwasserkosten von **jeweils 3 %** in folgenden Fällen zu:

- Der Vermieter hat entgegen den Vorschriften der Heizkostenverordnung noch keine fernablesbaren Messgeräte angebracht (spätestens bis Ende 2026) → *Heizkostenverteiler und Wärmezähler.*
- Der Vermieter hat dem Mieter keine monatlichen Verbrauchsinformationen mitgeteilt, obwohl in den Wohnungen bereits fernablesbare Geräte installiert sind → *Verbrauchsabhängige Heizkostenabrechnung/Die umlagefähigen Heizkosten/10. Kosten der Abrechnungs- und Verbrauchsinformationen.*
- Der Vermieter hat die nach der Heizkostenverordnung vorgeschriebenen zusätzlichen Informationen zur Heizkostenabrechnung nicht vollständig mitgeteilt → *Verbrauchsabhängige Heizkostenabrechnung/Wie muss die Abrechnung aussehen?*

Dem Mieter kann neben dem Kürzungsrecht auch **Schadensersatz** zustehen (BGH VIII ZR 261/06 WuM 2007, 700). Ein Mieter, der besonders sparsam ist, kann geltend machen, dass er bei einer Verteilung nach Wohnfläche trotz Kürzungsrechts erheblich mehr Heizkosten zahlen muss als bei einer Abrechnung nach Verbrauch. Voraussetzung ist, dass der Vermieter oder seine Messdienstfirma Schuld daran hat, dass nicht nach Verbrauch abgerechnet werden kann.

Lagenachteil

Mieter, deren Wohnungen direkt unter dem Dach, über Durchfahrten oder Garagen liegen oder deren Wohnungen einen größeren Außenwandanteil haben, müssen mehr heizen als ihre Nachbarn (sog. Lagenachteil). Nach einem Urteil des AG Neuss (WuM 1987, 229) müssen die höheren Heizkosten ohne Weiteres vom Mieter gezahlt werden. In einem gewissen Maß berücksichtigt die Heizkostenverordnung, dass die Wohnungen einen unterschiedlichen Wärmebedarf haben. Dies ist einer der Gründe, weshalb nicht sämtliche Heizkosten nach dem Verbrauch verteilt werden. Ein Teil der Heizkosten wird nach einem festen Maßstab, zumeist nach Quadratmetern, verteilt. Dadurch werden Lagenachteile teilweise ausgeglichen.

Rohrwärme
In vielen Altbauten sind in den Wohnungen ungedämmte Heizungsrohre auf den Wänden verlegt. Betroffen sind vor allem die östlichen Bundesländer. Die freiliegenden Rohre können einen erheblichen Teil der benötigten Wärme abgeben. Die Heizkörper müssen deshalb gar nicht oder nur wenig angestellt werden. Die in der Wohnung abgegebene Wärme wird dann durch die Heizkostenverteiler, die an den Heizkörpern angebracht sind, nicht erfasst. Es kann bei der Kostenbelastung zu erheblichen Verschiebungen innerhalb der Hausgemeinschaft kommen. Mieter mit einem hohen Verbrauch werden benachteiligt. Sie müssen einen größeren Anteil an den Heizkosten tragen, als sie tatsächlich verbraucht haben. Mieter, die mit der Heizenergie sparsam umgehen, zahlen hingegen weniger, als sie eigentlich müssten. Das Problem entsteht vor allem bei Einrohrheizungen mit elektronischen Heizkostenverteilern an den Heizkörpern.

Die Rohrwärme kann verringert werden, indem die freiliegenden Rohre gedämmt werden oder die Vorlauftemperatur der Heizungsanlage zurückgefahren wird. Die Heizkostenverordnung sieht eine Lösung vor, um die Ungerechtigkeiten bei der Kostenverteilung auszugleichen. Sie verweist auf die anerkannten Regeln der Technik. Der VDI (Verein Deutscher Ingenieure) hat mehrere Verfahren ausgearbeitet, um die Rohrwärmeabgabe bei der Kostenverteilung zu berücksichtigen. Diese sind wiedergegeben in »VDI 2077 – Blatt 3.5, Verfahren zur Berücksichtigung der Rohrwärme«. Der BGH hat dieses Verfahren »abgesegnet« (BGH VIII ZR 193/14 WuM 2015, 423).

Die Heizkostenverordnung bestimmt, dass der Vermieter diese Regeln anwenden »kann« (§ 7 Abs. 1 Satz 3 HeizkV). Die Gerichte haben aber entschieden, dass die **Heizkostenabrechnung zwingend zu korrigieren** ist, wenn ein Mieter wegen der Rohrwärme mit überhöhten Kosten belastet wird (LG Siegen WuM 2015, 433; LG Leipzig WuM 2014, 30; LG Neubrandenburg WuM 2013, 541).

Probleme mit einer hohen Rohrwärme können sich nicht nur ergeben, wenn die Heizungsrohre über Putz verlegt und ungedämmt sind, sondern auch, wenn sie in der Wand oder im Estrich verlaufen. Der BGH hat aber entschieden, dass das VDI-Verfahren **nur anzuwenden** ist, wenn die **Leitungen sichtbar auf den Wänden** verlaufen (BGH VIII ZR 5/16 WuM 2017, 320).

In manchen Häusern geben die Heizungsrohre so viel Wärme ab, dass die üblichen Raumtemperaturen überschritten werden oder einige Mieter sogar zwangsweise lüften müssen, um die überschüssige Wärme loszuwerden. Dann hat die Abrechnung der Heizkosten nach Verbrauch keinen Sinn; sie sind komplett nach Wohnfläche zu verteilen (AG Hersbruck WuM 2018, 30). Der Vermieter muss aber seine Heizungsanlage in Ordnung bringen und die Vorlauftemperaturen herabsetzen, damit nicht unnötig Energie verschwendet wird und die Kosten künftig wieder nach Verbrauch abgerechnet werden können.

> **Tipp:** Wer in seiner Wohnung freiliegende Heizungsrohre hat und mit hohen Heizkosten belastet wird, sollte die Abrechnung vom Mieterverein prüfen lassen.

H

Heizkostenverteiler und Wärmezähler

Damit die Heizkosten verbrauchsabhängig abgerechnet werden können, müssen Geräte eingesetzt werden, die den Wärmeverbrauch in den Wohnungen erfassen. Zulässig sind eichpflichtige Wärmezähler und Heizkostenverteiler, für die als europäische Normen die DIN EN 834 und 835 gelten.

Wärmezähler

Wärmezähler bestimmen die abgegebene Wärme, indem sie die durch die Heizungsanlage geflossene Wassermenge und die Temperatur messen. Erfasst wird die Temperatur des Heizwassers bei Wohnungseintritt und -austritt. Mit diesen Daten lässt sich dann die Wärmeabgabe in Kilowattstunden angeben bzw. berechnen. Wärmezähler sind relativ teuer und werden deshalb nicht so häufig eingesetzt. Bei bestimmten Heizungstypen – Fußbodenheizung, Deckenstrahlungsheizung, klappengesteuerte Heizkörper, Einrohrheizung mit Profilrohren – muss, wenn überhaupt, zur Wärmeerfassung aber auf Wärmezähler zurückgegriffen werden. Heizkostenverteiler sind hier nicht geeignet und nicht zulässig.

Fehlerquellen bei Wärmezählern: Wärmezähler sind eichpflichtig und müssen regelmäßig nachgeeicht werden → *Eichpflicht*. Das Jahr der letzten Eichung ist auf dem Zähler angegeben. »M25« bedeutet z. B., dass das Gerät im Jahr 2025 zuletzt geeicht wurde. Fehlerhafte Messwerte können sich auch ergeben, wenn ein Gerät **nicht korrekt eingebaut** wurde. Ein Wärmezähler muss entsprechend der Durchflussrichtung installiert sein. Einer der beiden Temperaturfühler ist im Vorlauf, der andere im Rücklauf der Heizungsanlage anzubringen. Sie müssen eine ausreichende Eintauchtiefe haben. Das Volumenmessteil muss sich in demselben Heizkreis befinden wie der Vorlauftemperaturfühler. Ein Wärmezähler darf für seinen Einsatzzweck **nicht zu groß** bemessen sein, weil das die Messgenauigkeit verschlechtert.

Elektronische Heizkostenverteiler
Heizkostenverteiler mit elektronischer Energieversorgung messen im Gegensatz zu Wärmezählern nicht unmittelbar den Verbrauch. Die Heizkosten eines Mieters ergeben sich aus dem Verhältnis der für seine Wohnung erfassten Verbrauchswerte zu den Gesamtwerten aller Mieter im Haus. Wegen der geringeren Kosten werden diese Geräte wesentlich häufiger eingesetzt als Wärmezähler.

Es gibt Geräte mit einem und mit zwei Temperaturfühlern. Ein Einfühlergerät misst nur die Heizkörpertemperatur und legt eine konstante Raumtemperatur von 20 °C oder 21 °C zugrunde. Ein Zweifühlergerät ist mit zwei Temperatursensoren ausgestattet. Ein Sensor erfasst die Temperatur des Heizkörpers, der zweite die Raumtemperatur. Aus der Differenz beider Temperaturen berechnet das Gerät laufend den Verbrauchswert.

Elektronische Heizkostenverteiler mit einem Zweifühlersystem können für alle Arten von Heizungsanlagen eingesetzt werden. Demnach sind sie auch für Einrohrheizungen zugelassen (LG München I MietRB 2014, 211).

Besondere Probleme können sich in älteren Gebäuden ergeben, wenn die in den Wohnungen verlaufenden **Heizungsrohre freiliegen** und nicht gedämmt sind. Hohe Heizkosten einzelner Mieter können ihre Ursache darin haben, dass die Wärmeabgabe dieser Rohre das Ergebnis der Heizkostenabrechnung verfälscht → *Heizkostenabrechnung in besonderen Fällen*/Rohrwärme.

Pflicht zu fernablesbaren Erfassungsgeräten: Die Heizkostenverordnung bestimmt, dass neu installierte Erfassungsgeräte fernablesbar sein müssen. Lässt der Vermieter die Ausstattung zur Verbrauchserfassung im gesamten Haus ersetzen, haben die neu installierten Geräte diese Anforderungen zu erfüllen. Vorhandene und elektronische Heizkostenverteiler und auch Wärmezähler ohne Funktechnik sind **bis Ende 2026** durch fernablesbare Geräte zu ersetzen.

Eine **Ausnahme** besteht, wenn die Nachrüstung wegen besonderer Umstände technisch unmöglich ist oder mit einem unangemessenen Aufwand verbunden wäre. Das kann z. B. zutreffen, wenn die drahtlose Übertragung im Haus nicht funktioniert und erst zusätzliche Maßnahmen wie eine Verkabelung durchgeführt werden müssten.

Seit dem 1.12.2022 gilt: Neu eingebaute Geräte müssen interoperabel sein. Das heißt, sie müssen für alle Messdienstfirmen ablesbar sein. Diese Regelung soll dem Vermieter den Wechsel zu einem anderen – womöglich kostengünstigeren – Abrechnungsunternehmen erleichtern. Außerdem müssen fernablesbare Erfassungsgeräte an ein zertifiziertes Smart-Meter-Gateway anschließbar sein. Das ist eine integrierte Kommunikationseinheit, die die Messdaten empfängt, speichert und weiterleitet. Vorhandene fernablesbare Geräte, die diesen Vorgaben nicht genügen, sind bis Ende 2031 nachzurüsten.

Der **Mieter muss die Installation** der neuen Geräte **gestatten**. Den Einwand, dass die Funkwellen gesundheitsschädlich seien, hat der BGH nicht gelten lassen (BGH VIII ZR 326/10 WuM 2011, 625).

Nach dem Erwerb und dem erstmaligen Einbau fernablesbarer Geräte kann der Vermieter eine Mieterhöhung wegen → *Modernisierung durch den Vermieter* verlangen. Stattdessen kann er die Geräte auch anmieten. Eine Umlage der Anmietungskosten ist aber nur unter bestimmten Voraussetzungen zulässig (s. unter diesem Stichwort – Wer bezahlt die Geräte?).

H

Die Speicherung, Übermittlung und Nutzung von Energieverbrauchswerten unterliegen dem → *Datenschutz* (§ 6b HeizkV). Beim Einsatz von Messgeräten mit Funktechnik ist hierauf besonders zu achten. Die Verbrauchswerte dürfen nur zweckbezogen verwendet werden. Es ist z. B. unzulässig, sie beim Streit um Feuchtigkeitsschäden heranzuziehen, um das Heizverhalten des Mieters zu bewerten.

Fehlerquellen bei Heizkostenverteilern

Heizkostenverteiler zeigen falsche Verbrauchswerte an, wenn bei der Installation Fehler unterlaufen sind.

Falscher Bewertungsfaktor. Die Anzahl der Einheiten, die ein Heizkostenverteiler anzeigt, wird bestimmt von Heizkörpertemperatur und Dauer der Temperatureinwirkung im Abrechnungsjahr. Der registrierte Verbrauchswert muss jedoch noch zusätzlich bewertet werden, damit sich korrekte Werte ergeben. Die abgegebene Wärmemenge hängt von der Größe und der Bauart des Heizkörpers ab (Heizkörperleistung, KQ-Wert). Außerdem ist von Bedeutung, wie gut die Wärme von dem Heizkörper auf den Heizkostenverteiler übertragen wird (Wärmeübergangswert, KC-Wert). Beide Werte bilden zusammen den Bewertungsfaktor, der beim Einbau des Geräts zu ermitteln ist.

Heizkostenverteiler gibt es mit einer Einheits- oder mit einer Produktskala. Bei einer Einheitsskala ist jeder Heizkostenverteiler mit der gleichen Skalierung ausgestattet. Der erfasste Verbrauchswert wird im Nachhinein mit dem Bewertungsfaktor multipliziert und in der Heizkostenabrechnung für jedes Gerät in der Wohnung angegeben.

Ist der Heizkostenverteiler mit einer Produktskala ausgestattet, entfällt eine nachträgliche Umrechnung. Der Bewertungsfaktor ist bei elektronischen Heizkostenverteilern im Gerät einprogrammiert. Die angezeigten Einheiten entsprechen den endgültig in der Heizkostenabrechnung wiedergegebenen Verbrauchswerten.

Die Fehlerquellen bei der Bestimmung des Bewertungsfaktors sind für Geräte mit Einheits- und Produktskala identisch. Jedes Gerät muss genau auf den jeweiligen Heizkörper abgestimmt sein. Es gibt Tausende von verschiedenen Heizkörpern. Wird der Heizkörper falsch identifiziert, stimmt die zugrunde gelegte Heizleistung womöglich nicht, und es ergeben sich fehlerhafte Verbrauchsanzeigen.

Diese Fehler können praktisch nur Fachleute erkennen. In einigen Fällen ist eine falsche Bewertung jedoch naheliegend.

Wichtig zu wissen: Nach dem Austausch eines Heizkörpers muss der Bewertungsfaktor neu bestimmt werden. Ist das unterblieben, gibt das Anlass für eine Überprüfung. Auch wenn unterschiedlich große, von der Bauart identische Heizkörper denselben Bewertungsfaktor haben, spricht das für einen Bewertungsfehler. Da sich jeder Bewertungsfehler unmittelbar auf die Heizkostenabrechnung auswirkt, müssen solche Abrechnungen nicht akzeptiert werden (LG Hamburg WuM 1988, 64).

Falscher Montagepunkt. Befestigungsort, Befestigungshöhe und Art der Befestigung sind genau vorgeschrieben. Einzelheiten sind in einer europaweit geltenden DIN-Vorschrift geregelt (DIN EN 834 und 835). Elektronische Heizkostenverteiler sind i. d. R. in 75 % der Bauhöhe des Heizkörpers zu installieren. Wichtig ist, dass die Heizkostenverteiler in einem Gebäude einheitlich in gleicher Höhe montiert sind. Sind in einem Haus bei den einen Mietern Heizkostenverteiler in 80 % und bei anderen in 60 % Heizkörperbauhöhe angebracht, wird die erste Gruppe deutlich benachteiligt. Für kleine Heizkörper und Sonderbauformen, etwa Handtuchheizkörper, gelten Sonderregeln. Bei sehr großen Heizkörpern können zwei Heizkostenverteiler erforderlich sein. Dann ist darauf zu achten, dass die Bewertungsfaktoren entsprechend halbiert werden.

Heizkostenverteiler nach dem Verdunstungsprinzip

Bei diesen Geräten wird die Wärmeabgabe eines jeden Heizkörpers erfasst. Die Heizkostenverteiler sind direkt am Heizkörper befestigt (geschraubt oder geklebt). Die Temperatur des Heizkörpers wird auf ein in dem Heizkostenverteiler befindliches offenes Glasröhrchen mit einer Spezialflüssigkeit übertragen. Diese farbige Messflüssigkeit verdunstet entsprechend der Temperatur und der Benutzungszeit. Die verdunstete Flüssigkeitsmenge wird einmal jährlich auf einer Skala abgelesen.

Wichtig zu wissen: Diese Heizkostenverteiler dürfen nicht mehr eingebaut werden. Vorhandene Verdunstungsgeräte muss der Vermieter bis spätestens Ende 2026 durch fernablesbare elektronische Heizkostenverteiler oder Wärmezähler ersetzen lassen.

Warmwasserzähler

Zur Erfassung des Warmwasserverbrauchs sind Warmwasserzähler zu verwenden. In Mehrfamilienhäusern müssen diese Messgeräte in den einzelnen Wohnungen grundsätzlich installiert sein. Damit soll erreicht werden, dass die Mieter auch beim Warmwasser auf ihren Verbrauch achten. Warmwasserzähler sind eichpflichtig und müssen alle sechs Jahre ausgetauscht werden → *Eichpflicht*. Vorhandene Geräte müssen bis spätestens Ende 2026 durch fernablesbare ersetzt werden.

Wer bezahlt die Geräte?

Der Vermieter kann ein Erfassungssystem kaufen, er kann die Geräte aber auch mieten. Kauft der Vermieter die Geräte, kann er die Kosten nicht mit den Heizkosten auf die Mieter umlegen.

Will der Vermieter die Geräte anmieten, muss er die Mieter hiervon vorher in Kenntnis setzen. Er muss die Kosten mitteilen, die hierdurch entstehen, und zwar schriftlich. Ein Aushang der Heizkostenverteilerfirma im Hausflur reicht nicht aus (AG Rüdesheim WuM 2008, 265; AG Neuss WuM 1995, 46). Sind den Mietern die Kosten zu hoch, können sie innerhalb eines Monats widersprechen. Widerspricht mehr als die Hälfte aller Mieter im Haus, darf der Vermieter die Anmietungskosten nicht auf die Mieter umlegen (§ 4 Abs. 2 HeizkV).

Wichtig zu wissen: Hat der Vermieter die Mieter vorab nicht über die geplante Anmietung unterrichtet, kann er die Leasing- oder Mietkosten nicht auf die Mieter umlegen (LG Berlin MM 2000, 278; LG Köln WuM 1990, 562; AG Neuss WuM 1995, 46). Der Vermieter muss diese Kosten dann selbst tragen. Zu Unrecht gezahlte Leasingkosten kann der Mieter zurückfordern (AG Tecklenburg WuM 1999, 365). Dabei ist die Einwendungsfrist von 12 bis 13 Monaten zu beachten → *Betriebskosten*.

Hat der Vermieter das vorgeschriebene Verfahren eingehalten und keine Mietermehrheit widersprochen, können die Anmietkosten über die Heizkostenabrechnung umgelegt werden (§ 7 Abs. 2 HeizkV). Hat der Vermieter in dem Schreiben nicht auf das Widerspruchsrecht hingewiesen, ist die Kostenumlage ebenfalls unzulässig (sehr streitig, dafür: AG Erfurt, Urt. v. 7.12.2022 – 5 C 145/21; dagegen: AG Hamburg WuM 1994, 695). Aber der Vermieter muss auch die Grundsätze der Wirtschaftlichkeit beachten. Überhöhte Kosten für die Messgeräte muss der Mieter nicht zahlen.

Heizperiode

Gesetzliche Regelungen über die Dauer der Heizperiode bestehen nicht. Es kommt in erster Linie auf die vertragliche Vereinbarung an. Bei Fehlen einer entsprechenden Vereinbarung wird als Heizperiode allgemein die Zeit vom 1. Oktober bis 30. April angesehen (KG Berlin ZMR 2008, 790; AG Dortmund ZMR 2015, 453). In einigen Formularmietverträgen wird die Heizperiode aber auch auf den 15. September bis 15. Mai festgelegt.

Auch **außerhalb der Heizperiode** muss bei entsprechenden Außentemperaturen die Beheizung der Wohnung gewährleistet sein, da es dem Mieter nicht zumutbar ist, an kalten Sommertagen zu frieren oder sogar eine Gesundheitsgefährdung zu riskieren (LG Göttingen WuM 1989, 366). Der Vermieter muss deshalb spätestens dann heizen, wenn die Zimmertemperatur tagsüber auch nur zeitweise unter 18 °C sinkt und absehbar ist, dass die kalte Witterung länger als ein bis zwei Tage anhält. Sinkt die Zimmertemperatur tagsüber gar unter 16 °C, muss die Heizung sofort in Betrieb genommen werden, denn hier ist die Grenze zur Gesundheitsgefährdung überschritten. Andere Gerichte stellen auf die Außentemperatur ab. Beträgt sie drei Tage lang weniger als 12 °C, muss der Vermieter die Heizung einschalten (LG Berlin GE 2008, 1198; AG Uelzen WuM 1986, 212).

Heizpflicht

Ist der Vermieter für die Beheizung der Wohnung verantwortlich, muss er durch entsprechende Einstellung der Heizungsanlage dafür sorgen, dass die im Mietvertrag festgelegte Mindesttemperatur gewährleistet ist. Eine Temperatur von 18° C reicht allerdings nicht aus (LG Heidelberg WuM 1982, 2). Auch eine vertragliche Regelung, die festlegt, dass eine Mindesttemperatur von 18 °C zwischen 8 und 21 Uhr als vertragsgemäß gilt, ist unwirksam (LG Berlin GE 1991, 573). Fehlt im Vertrag eine Bestimmung, wird man eine Temperatur von mindestens 20 – 22 °C als ausreichend ansehen können (OVG Berlin WuM 1981, 68; LG Berlin MM 1993, 135; AG Dortmund ZMR 2015, 453).

Der Vermieter ist jedoch nicht verpflichtet, rund um die Uhr diese Durchschnittstemperatur zur Verfügung zu stellen. Er erfüllt seine Verpflichtung, wenn er während der üblichen Tagesstunden (7 bis 23 Uhr bzw. 24 Uhr – AG Hamburg WuM 1996, 469) für eine ausreichende Erwärmung sorgt. Daher sollte eine Wohnung mindestens in der Zeit von 6 bis 24 Uhr die Mindesttemperatur haben. 18° C müssen nachts trotz Absenkung erreicht werden (LG Berlin NZM 1999, 1039). Das muss auch für Mietverträge ohne festgesetzte tägliche Beheizungsdauer gelten.

H

Ansprüche des Mieters

Wird die Heizung nicht in Betrieb genommen oder wird nur unzureichend geheizt, kann u. U. die Miete gemindert werden (→ *Mängel der Wohnung*), denn dann ist die Wohnung nicht in vertragsgemäßem Zustand (OLG Frankfurt WuM 1972, 42). Die Höhe der Mietminderung muss in jedem Einzelfall bestimmt werden. Die folgenden Angaben stellen daher nur Anhaltspunkte dar:

Minderung von ...	bei ...
0 %	• Ausfall der Heizung in den warmen Sommermonaten (AG Wiesbaden WuM 1990, 71) • Erreichbarkeit der notwendigen Raumtemperatur (nur) mit voll aufgedrehten Thermostatventilen (AG Münster WuM 1984, 198)
5 %	• Zimmertemperatur von 18 – 19 °C (LG Berlin WuM 2012, 670)
20 %	• Zimmertemperatur von 16 – 18 °C (AG Köln WuM 1978, 189)
30 %	• Raumtemperaturen von 16 – 18 ° C im Winter (AG Görlitz WuM 1998, 180)
50 %	• Heizungsausfall im Winter – ohne nähere Angabe über die durchschnittliche Zimmertemperatur (LG Kassel WuM 1987, 271)
70 %	• Zimmertemperatur von 14 – 15 °C im Winter und kein Warmwasser (AG Görlitz WuM 1998, 315) • Heizungsausfall in den Wintermonaten (LG Berlin, Urt. v. 29.7.2002 – 61 S 37/02) • wegen Umbaus fehlender Beheizbarkeit in den Monaten Oktober bis Dezember (AG Charlottenburg WuM 2014, 91)
75 %	• fehlender Beheizbarkeit der Wohnung während der Heizperiode (LG Berlin GE 1993, 263)

Minderung von ...	bei ...
100 %	• totalem Heizungsausfall während der Heizperiode (LG Hamburg WuM 1976, 10)

Kommt der Vermieter nach → *Abmahnung* durch den Mieter seiner Verpflichtung zur ordnungsgemäßen Beheizung der Räume nicht nach, kann der Mieter u. U. auch Schadensersatz verlangen. So kann der Mieter bei zu geringer Beheizung vom Vermieter z. B. Ersatz für die Kosten des Stromverbrauchs für ca. zwölf Stunden täglich und die Anschaffungskosten für ein Heizgerät verlangen, jedoch nur in Höhe angemessener Nutzungskosten bzw. für ein Leihgerät (LG Berlin ZMR 1998, 634). In Ausnahmefällen kann er sogar Ersatzräume anmieten und die Kosten vom Vermieter zurückfordern.

Mangelhafte Beheizung kann zur → *fristlosen Kündigung des Mieters* berechtigen (LG Landshut WuM 1989, 175; LG Köln WuM 1980, 17).

Sonstige Mängel

Auch wenn die Heizung ständig rauscht und knackt, liegt ein Mangel vor. Das LG Hannover (WuM 1994, 463) und das AG Hamburg (WuM 1987, 271) halten eine Mietminderung von 10 % für angemessen. Außerdem kann natürlich vom Vermieter Beseitigung der Geräusche verlangt werden (AG Hamburg WuM 1987, 382).

Ist die Heizungsanlage veraltet oder überdimensioniert, wird unnötig viel Heizenergie verbraucht. Dies kann ein Verstoß gegen den Grundsatz der Wirtschaftlichkeit (→ *Betriebskosten*) sein. Der BGH hat unverständlicherweise entschieden, dass der Vermieter eine unwirtschaftlich arbeitende, aber noch funktionstüchtige Heizungsanlage nicht zu modernisieren braucht (BGH VIII ZR 261/06 WuM 2007, 700). In solchen Fällen darf der Mieter deshalb nicht die Heizkostenabrechnung kürzen (LG Köln WuM 1989, 310). Eine Pflicht zur Heizungsmodernisierung kann sich jedoch aus dem → *Gebäudeenergiegesetz* ergeben. Es verpflichtet den Hauseigentümer, über 30 Jahre alte Heizkessel zu ersetzen. Neu installierte Heizungen müssen seit dem 1.1.2024 mit einem Anteil von mindestens 65 % mit → *Erneuerbaren Energien* betrieben werden können. Dies wird aber voraussichtlich durch das Gebäudemodernisierungsgesetz wieder geändert werden.

Pflichten des Mieters

Für den Mieter besteht keine Heizpflicht. Er kann auf die Beheizung seiner Räume verzichten, solange er dafür sorgt, dass keine Schäden (Einfrieren im Winter oder durch Feuchtigkeit) am Mietobjekt eintreten (AG Steinfurt WuM 1981, 230; AG Nürnberg WuM 1984, 109) → *Obhutspflicht.*

Soweit vertraglich vereinbart, muss der Mieter die monatlichen Heizkostenvorauszahlungen und nach Vorlage der Gesamtkostenabrechnung eine evtl. Nachzahlung leisten. Zahlt der Mieter die Heizkosten nicht, ist der Vermieter jedoch nicht berechtigt, die Heizung abzustellen. Vielmehr ist er gehalten, die Heizkosten einzuklagen (AG Landau WuM 1986, 341).

Heizspiegel

Der Deutsche Mieterbund gibt gemeinsam mit co2online.de jährlich den Heizspiegel heraus. Darin werden die Durchschnittsverbräuche und Durchschnittskosten vor Ort detailliert und übersichtlich aufgelistet. Heizspiegel gibt es mittlerweile in vielen Städten. Außerdem gibt es den bundesweiten Heizspiegel, in dem Zahlen und Daten für ganz Deutschland zusammengefasst sind.

Mithilfe der Heizspiegel soll Transparenz über Heizenergieverbräuche und Heizkosten geschaffen werden. Deshalb sind die flächenbezogenen Durchschnittswerte und Obergrenzen des Heizenergieverbrauchs und der Heizkosten wiedergegeben. In den Heizspiegeln werden – getrennt nach Erdgas, Heizöl, Fernwärme, Wärmepumpe und Holzpellets – vier Verbrauchskategorien gebildet:

▪ niedrig, ▪ mittel,

▪ erhöht, ▪ sehr hoch.

Mieter und Eigentümer können so ablesen und überprüfen, wie der Verbrauch in ihrem Objekt einzustufen ist. Vor allem in Gebäuden mit der Verbrauchskategorie »sehr hoch« rechnen sich Investitionen für Mieter und Vermieter. Für Mieter sind hier die einzusparenden Heizkosten größer als die Mehrkosten, die für eine Mieterhöhung wegen → *Modernisierung durch den Vermieter* zu zahlen sind. Für Vermieter sind Investitionen durch höhere Mieten finanziert, die Kosten für Instandhaltung und Instandsetzung verringern sich, Vermietbarkeit und Ertragswert des Hauses steigen. Gleichzeitig profitiert auch die Umwelt – Verringerung des CO_2-Ausstoßes – von derartigen Investitionen.

Weitere Informationen über den Mieterverein vor Ort oder unter www.mieterbund.de und co2online.de.

Heizkostenverteiler und Wärmezähler → *Heizkosten*

Heizperiode → *Heizkosten*

Heizpflicht → *Heizkosten*

Heizspiegel → *Heizkosten*

Heizungsoptimierung

Viele ältere Heizungen verbrauchen mehr Energie als nötig. Durch geeignete Maßnahmen lässt sich der Verbrauch dieser Anlagen verringern. Das → *Gebäudeenergiegesetz (GEG)* verpflichtet den Eigentümer, die Heizungsanlage von einer fachkundigen Person überprüfen und die beanstandeten Punkte optimieren zu lassen. Diese Vorschriften sind nicht nur für Vermieter relevant, sondern auch für Mieter interessant, da sie langfristig die Heizkosten und den Wohnkomfort beeinflussen.

Die Regelungen gelten für Heizungen, die mit Gas, Öl oder fester Biomasse, wie Holzprodukten, betrieben werden. Heizungsanlagen, die vor dem 1.10.2009 eingebaut oder aufgestellt wurden, sind bis zum 30.9.2027 einer Prüfung und Optimierung zu unterziehen. Wurde die Heizungsanlage nach dem 30.9.2009 eingebaut oder aufgestellt, gelten erheblich großzügigere Fristen. Erst wenn seit dem Einbau oder der Aufstellung 15 Jahre vergangen sind, muss die Anlage nach Ablauf der 15 Jahre innerhalb eines Jahres geprüft und ggf. optimiert werden. Ein- und Zweifamilienhäuser sowie kleinere Gebäude mit weniger als sechs Wohnungen sind von diesen Regelungen nicht betroffen.

Prüfung: Zunächst muss der Gebäudeeigentümer die Heizungsanlage von einem Fachunternehmen (meist ein Heizungsinstallateur oder Energieberater) durchchecken lassen. Es wird bewertet,
- ob die Anlage richtig eingestellt und möglichst wenig Energie benötigt,
- ob eine effizientere Heizungspumpe eingesetzt werden soll,
- inwieweit eine Dämmung von Rohrleitungen oder Armaturen durchgeführt werden soll und
- welche Maßnahmen zur Absenkung der Heizungstemperaturen durchgeführt werden können.

Optimierung: Stellt sich bei der Prüfung heraus, dass die Anlage schlecht eingestellt ist oder ineffizient läuft, muss der Eigentümer die festgelegten Maßnahmen veranlassen. Dazu können z. B. gehören:

- die Absenkung der Heizungstemperaturen, wenn die Anlage bisher dauerhaft zu heiß betrieben wurde, die Optimierung der Heizkurve bei groben Fehleinstellungen,
- die Aktivierung der Nachtabsenkung, Nachtabschaltung oder eine andere zum Nutzungsprofil sowie eine von der Umgebungstemperatur vorgegebene Absenkung oder Abschaltung der Heizungsanlage,
- die Optimierung der Warmwasserzirkulation unter Berücksichtigung der geltenden Regelungen zum Gesundheitsschutz (→ *Legionellen*),
- die Überprüfung der ordnungsgemäßen Einstellung der Umwälzpumpe für das Heizwasser,
- die Absenkung der Warmwassertemperaturen unter Berücksichtigung geltender Regelungen zum Gesundheitsschutz,
- die Absenkung der eingestellten Außentemperatur, ab der die Heizung in der Übergangszeit ausgeschaltet wird, um die Heizperiode und Heiztage zu verringern,
- ggf. ein → *hydraulischer Abgleich.*

Das Gesetz schreibt auch für **Wärmepumpen** eine regelmäßige Inspektion vor. Sie soll sicherstellen, dass die Wärmepumpe effizient arbeitet und nicht mehr Strom verbraucht als notwendig. Geprüft wird z. B.:
- die richtige Dimensionierung (passt die Anlage zur Größe des Hauses?),
- die Effizienz im laufenden Betrieb,
- die Steuerung und Einbindung ins Heizsystem.

Dadurch soll sichergestellt werden, dass die Wärmepumpe ihre Klimavorteile tatsächlich ausspielen kann und keine unnötigen Kosten verursacht.

Wichtig zu wissen: Der Mieter hat ein Recht darauf, dass ihm das Ergebnis der Prüfung und der Nachweis über eine durchgeführte Heizungsoptimierung unverzüglich vorgelegt wird. Der Eigentümer muss offenlegen, wann die Prüfung stattgefunden hat, welche Mängel festgestellt wurden und welche Verbesserungen umgesetzt wurden. Der Vermieter muss dies aber nur auf ausdrückliches Verlangen des Mieters tun!

Lässt der Hauseigentümer die Heizungsanlage nicht rechtzeitig prüfen, können die zuständigen Behörden Bußgelder festlegen.

Hinterlegung der Miete

Nimmt der Vermieter die vom Mieter ordnungsgemäß angebotene Miete nicht an, kann der Mieter seine Mietzahlungspflicht auch dadurch erfüllen, dass er den fälligen Betrag bei der amtlichen Hinterlegungsstelle (örtliches Amtsgericht) hinterlegt (§§ 372 ff. BGB). Die Kosten der Hinterlegung hat der Vermieter zu erstatten.

Eine Hinterlegung, durch die die Mietzahlungspflicht erfüllt wird, ist auch dann möglich, wenn der Mieter über die Person seines Vermieters im Ungewissen ist (BGH XII ZR 238/01, 301; KG Berlin WuM 2018, 195). Hat z. B. bei einem Eigentümerwechsel der bisherige Vermieter dem Mieter den Verkauf nicht angezeigt, hat der neue Vermieter einen Anspruch auf die Miete erst dann, wenn er den Eigentümerwechsel durch eine Urkunde, z. B. einen Grundbuchauszug, nachweist (LG Kaiserslautern WuM 1985, 229). Auch im Falle des Todes des Vermieters oder nach einer Zwangsversteigerung kann bei Unklarheit über die Person des neuen Vermieters die Miete hinterlegt werden.

Hochwasser

Ein Überschwemmungsschaden in der Wohnung des Mieters ist ein → *Mangel der Mietsache*, der zu einer Mietminderung berechtigen kann. Dies gilt auch, wenn der Vermieter für die Überschwemmung nicht verantwortlich ist und selbst dann, wenn sie durch einen »Jahrhundertregen« (AG Friedberg WuM 1984, 198) oder Hochwasser ausgelöst wurde. Solange die Wohnung nicht uneingeschränkt benutzt werden kann, darf der Mieter die Miete kürzen. Steht die Wohnung unter Wasser und ist sie praktisch nicht bewohnbar, kann der Mieter die Miete um 100 % kürzen (AG Friedberg WuM 1995, 393). Bei vollständiger → *Zerstörung der Wohnung* muss ebenfalls keine Miete mehr gezahlt werden.

Das AG Friedberg (WuM 1984, 198) hat eine **Mietminderung** von 80 % bei Durchfeuchtung des Teppichbodens, Versandung und unerträglichem Gestank zugestanden. Nach Ansicht des LG Kassel (NJW-RR 1996, 1355) kann der Mieter das ganze Jahr über die Miete kürzen, wenn es zwischen Dezember und Januar regelmäßig zu Hochwasserständen kommt und Wasser in den zur Wohnung gehörenden Kellerraum eindringt.

Droht eine erhebliche → *Gesundheitsgefährdung*, ist der Mieter sogar zur **fristlosen Kündigung** berechtigt; z. B. wenn mit Schlamm und Fäkalien durchsetztes Abwasser aus der Kanalisation in die Wohnung gedrückt wird, so dass diese mehrere Zentimeter unter Wasser steht (AG Köln WuM 1997, 261), oder wenn die Mieterwohnung mehr als 50 cm unter Wasser steht, völlig durchfeuchtet ist und die Versorgung mit Strom und Gas ausfällt (AG Regensburg WuM 1988, 361).

Schäden an der Einrichtung bzw. am Mobiliar wird der Mieter in aller Regel selbst tragen müssen. Hausrat- oder Wohngebäudeversicherung decken Überschwemmungsschäden normalerweise nicht ab; nur wer zusätzlich auch gegen sog. **Elementarschäden** (durch »das Wirken der Natur«, wie Sturm, Hagel, Überschwemmung, Lawinen, Schneedruck, Erdbeben und sogar Vulkanausbrüche) versichert ist, kann auf Ersatz von der Versicherung hoffen. Vom Vermieter kann der Mieter Schadensersatz nur verlangen, wenn diesen ein Verschulden trifft, weil z. B. die Überschwemmung durch einen Kanalrückstau wegen eines nicht ausreichend gewarteten Rückstauventils entstanden ist (OLG Frankfurt WuM 1984, 78; vgl. auch OLG Hamm WuM 1988, 349; LG Freiburg WuM 1987, 383). War die Kanalisation von der Gemeinde nicht ausreichend dimensioniert, kommen auch Ersatzansprüche gegen die Gemeinde in Betracht (BGH III ZR 52/97 NJW 1998, 1307).

Daneben kommen Schadensersatzansprüche allenfalls im Wege der **Garantiehaftung** in Betracht. Voraussetzung ist, dass die Mietsache schon bei Vertragsabschluss mangelhaft war. Die Lage der Wohnung in einem Gebiet, das nur bei außergewöhnlichen Witterungsverhältnissen hochwassergefährdet ist, stellt aber keinen derartigen Fehler oder Mangel der Mietsache bei Vertragsabschluss dar (BGH VIII ZR 149/69). Anders, wenn die vermietete Wohnung in einem hochwassergefährdeten Gebiet liegt. Dann muss der Vermieter für diesen Mangel einstehen, wenn er den Mieter trotz Kenntnis der Hochwassergefährdung bei Vertragsabschluss nicht über die Gefahren aufgeklärt hat (AG Friedberg WuM 1995, 393). Außerdem müssen die Mieträume, die wegen ihrer Lage grundsätzlich einer erhöhten Hochwassergefahr ausgesetzt sind, gegen solche Einwirkungen geschützt sein, die voraussehbar sind und für deren Eintritt tatsächliche Anhaltspunkte bestehen. Sie müssen deshalb nicht nur gegen ein Hochwasser gesichert sein, das den bisherigen höchsten Wasserstand aus zurückliegenden Jahren erreicht; es ist zusätzlich ein gewisser »Sicherheitszuschlag« zu berücksichtigen (OLG München NJW 2015, 962). Zum Schadensersatz gehört in diesen Fällen z. B., dass der Vermieter die Kosten einer anderweitigen Unterbringung des Mieters, etwa in einem Hotel, zahlen muss oder die Maklercourtage und Umzugskosten, wenn der Mieter eine Ersatzwohnung anmietet.

Ist das Haus durch das Hochwasser stark beschädigt worden, muss der Vermieter die Reparaturen und Wiederaufbauarbeiten durchführen. Unter dem Gesichtspunkt der **Opfergrenze** → *Instandhaltung, Instandsetzung* kann er aber davon be-

H

freit sein, z. B., wenn die Herstellungskosten das Fünf- bis Zehnfache einer Jahresmiete ausmachen (LG Dresden NZM 2008, 165).

Holzpellets

Heizungen, die mit Pellets oder anderen Holzprodukten betrieben werden, zählen zu den Anlagen mit → *Erneuerbaren Energien*. Da die Ressource Holz nachwachsen kann, ist der Energieeinsatz unter Nachhaltigkeitsgesichtspunkten erneuerbar. Eine Holzpelletheizung spart gegenüber einer guten Öl- oder Gasheizung aber keine Endenergie. Lässt der Vermieter einen mit Gas oder Öl betriebenen Heizkessel durch eine Pelletheizung ersetzen, berechtigt ihn das deshalb grundsätzlich nicht zu einer Mieterhöhung.

Betreibt der Vermieter eine Zentralheizung mit Holzpellets oder anderen Holzprodukten, muss er die → *Heizkosten* nach dem zu erfassenden Wärmeverbrauch in den einzelnen Wohnungen abrechnen. Nach Umstellung auf eine Holzheizung berechnen einige Vermieter dem Mieter die Kosten für das eingesparte Heizöl oder Erdgas. Das ist unzulässig (AG Besigheim WuM 2023, 346; AG Weilheim ZMR 2014, 133). Der Vermieter muss den Mietern die Brennstoffkosten in Rechnung stellen, die im Abrechnungsjahr angefallen sind. Hierfür ist zum Ende dieses Zeitraums (zumeist am 31. Dezember) der Lagerbestand zu ermitteln.

Hydraulischer Abgleich

Das Heizwasser wird mithilfe einer Heizpumpe durch die Rohrleitungen zu den Heizkörpern im Gebäude transportiert. Dabei nimmt das Wasser immer den Weg des geringsten Widerstandes. Sind die Heizkörper nicht hydraulisch abgeglichen, werden Heizkörper besser versorgt, die sich näher an der Wärmequelle befinden. Weiter entfernte Heizkörper werden hingegen nur langsam oder gar nicht ausreichend warm. Ohne einen Abgleich sind manche Heizkörper zu heiß, andere bleiben kalt. Ein unterbliebener hydraulischer Abgleich kann also auch zur Folge haben, dass sich einzelne Zimmer nicht ausreichend heizen lassen. Um diesen Mangel zu kompensieren, erhöhen viele Hauseigentümer die Vorlauftemperaturen oder die Förderleistung der Heizpumpe. Das verursacht einen unnötigen Mehrverbrauch an Heizenergie und Betriebsstrom und damit höhere Heizkosten. Außerdem können Fließ- und Knackgeräusche auftreten.

Das Gesetz schreibt den hydraulischen Abgleich in bestimmten Fällen verpflichtend vor, etwa bei einem Heizungstausch oder größeren Modernisierungen. Für

Mieter bedeutet er mehr Wohnkomfort, gleichmäßig warme Räume und oft geringere Heizkosten.

Neue Heizung

Wird eine Heizungsanlage eingebaut oder aufgestellt, ist immer zugleich ein hydraulischer Abgleich vorzunehmen, damit die Anlage energieeffizient betrieben werden kann. Das → *Gebäudeenergiegesetz* schreibt vor, dass der Eigentümer eines Wohngebäudes mit mindestens sechs Wohnungen diese Maßnahme nach dem Einbau eines neuen Heizungssystems durchführen lassen muss (§ 60c GEG). Diese Pflicht besteht unabhängig davon, ob die Heizungsanlage mit Gas, Öl, Fernwärme oder Holzprodukten betrieben wird. Sie gilt auch für → *Wärmepumpen*. Dabei sind mindestens eine raumweise Heizlastberechnung, eine Prüfung und Optimierung der Heizflächen sowie die Anpassung der Vorlauftemperaturregelung vorgeschrieben. Eine Ausnahme besteht u. a. für Lüftungsheizungen.

Bestehende Heizung

Bei diesen Anlagen ist ein hydraulischer Abgleich nicht automatisch gesetzlich verpflichtend. Der Hauseigentümer muss die Heizung aber von einer Fachkraft prüfen lassen. Bei älteren Anlagen (vor dem 1.10.2009 eingebaut) endet die Frist hierfür am 30.9.2027. Ergibt die Prüfung, dass ein hydraulischer Abgleich notwendig ist, muss der Eigentümer ihn vornehmen lassen → *Heizungsoptimierung*.

Mieterhöhung wegen Modernisierung

Wird eine bestehende Heizungsanlage hydraulisch abgeglichen, darf der Vermieter deswegen keine Mieterhöhung wegen → *Modernisierung durch den Vermieter* vornehmen. Durch Einstellung an den Heizkörpern wird die Durchflussmenge für jeden Heizkörper begrenzt oder erhöht, so dass das Heizwasser wieder korrekt verteilt wird. Ein fachgerecht durchgeführter hydraulischer Abgleich behebt also die Mängel einer ungleichmäßigen Verteilung der Heizwärme; es handelt sich um eine → *Instandhaltung* (AG Kreuzberg Urt. v. 25.3.2024 – 25 C 96/23; AG Berlin-Charlottenburg MM 2021, Heft Nr. 5, 30). Eine Erhöhung der Miete wegen einer energetischen Modernisierung ist deshalb nicht gerechtfertigt. Nach anderer Ansicht ist eine Mieterhöhung wegen Modernisierung zulässig, wenn der Abgleich im Zusammenhang mit sonstigen energetischen Maßnahmen, wie z. B. dem Einbau neuer Thermostatventile, durchgeführt wird. Da mit dem hydraulischen Abgleich Instandhaltungskosten erspart werden, ist dafür aber vor der Mieterhöhung ein Abzug vorzunehmen (LG Berlin ZMR 2024, 379).

Wichtig zu wissen: Die von einer Fachkraft ausgestellte Bestätigung, dass ein hydraulischer Abgleich durchgeführt wurde, ist dem Mieter unverzüglich vorzulegen. Diese Pflicht besteht jedoch nur, wenn der Mieter das ausdrücklich verlangt. Deshalb sollte der Mieter das einfordern; s. auch → *Heizungsoptimierung*.

I

Indexmiete → *Mieterhöhung bei Indexmiete*

Insolvenz

Insolvenz ist die Zahlungsunfähigkeit eines Schuldners. Bei eingetretener oder akut drohender Insolvenz kann nach den Regeln der Insolvenzordnung (InsO) das **Insolvenzverfahren** eröffnet werden. Es dient dazu, das vorhandene Vermögen des Schuldners möglichst gerecht unter den Gläubigern zu verteilen. Für Verbraucher – was Wohnraummieter, die keine selbstständige Tätigkeit ausüben, i. d. R. sein dürften – kommt das **Verbraucherinsolvenzverfahren** nach §§ 304 – 314 InsO in Betracht. Im Rahmen des Insolvenzverfahrens kann der Schuldner die **Restschuldbefreiung** beantragen. Um diese zu erreichen, muss er u. a. für die Dauer von **drei Jahren** seine laufenden Bezüge an einen Treuhänder abtreten sowie eine angemessene Erwerbstätigkeit ausüben bzw. sich um eine solche bemühen und darf keine zumutbare Tätigkeit ablehnen.

Ein Mietverhältnis kann sowohl durch die Insolvenz des Mieters (→ *Vermögensverfall des Mieters)* als auch des Vermieters (→ *Vermögensverfall des Vermieters*) beeinträchtigt werden.

> **Achtung:** Wenn Sie merken, dass Sie nicht oder demnächst nicht mehr in der Lage sind, Ihre Miete zu zahlen, zögern Sie nicht, sich beraten zu lassen und Hilfe in Anspruch zu nehmen, denn bei einem Mietrückstand droht die → *Kündigung*! Neben Ihrem → *Mieterverein* beraten Sie örtliche Schuldnerberatungsstellen, die sie z. B. unter www.schuldnerberatung.de finden. Stellen sie ggf. auch einen Antrag auf → *Wohngeld* oder → *Sozialhilfe* (Grundsicherung)!

Instandhaltung, Instandsetzung

Nach dem Gesetz (§ 535 BGB) ist der Vermieter verpflichtet, dem Mieter die Wohnung in einem zum vertragsgemäßen Gebrauch geeigneten Zustand zu überlassen. Während der Mietzeit muss er die Mietsache in einem ordnungsgemäßen, funktionstüchtigen und fehlerfreien Zustand erhalten. Instandhaltungsmaßnahmen sind dabei der Oberbegriff für Inspektionen zur Feststellung und Beurteilung des gegenwärtigen Zustands, für Wartungsarbeiten zur Bewahrung des ordnungsgemäßen Zustands der Mietsache und für Instandsetzungen. Eine Instandsetzung ist die Wiederherstellung des ordnungsgemäßen Zustands, d. h. die Reparatur oder der Austausch bzw. die Neuanschaffung eines defekten Teils der Mietsache. **Bezahlen muss der Vermieter** diese Instandsetzungen selbst. Er kann die Kosten nicht auf die Mieter abwälzen oder deshalb eine Mieterhöhung fordern.

Die gesetzliche Instandhaltungs- und Instandsetzungspflicht des Vermieters erstreckt sich auch auf die **Gemeinschaftsräume** des Hauses, wie Waschküche, Speicher oder Treppenhaus.

Ausnahmen

Grundsätzlich sind diese Vermieterpflichten zwingend. Auch im Mietvertrag kann nichts anderes vereinbart werden. Aber es gibt Ausnahmen von diesen gesetzlichen Instandsetzungsverpflichtungen:

- Im Mietvertrag kann vereinbart werden, dass der Mieter → *Schönheitsreparaturen* übernimmt und
- der Mietvertrag kann Regelungen enthalten, wonach der Mieter kleinere Reparaturen für → *Bagatellschäden* zahlen muss.

Für diese beiden Ausnahmetatbestände hat die Rechtsprechung enge Grenzen gesetzt (für Schönheitsreparaturen: BGH VIII ZR 185/14 WuM 2015, 338; VIII ZR 242/13 WuM 2015, 343; VIII ZR 360/03 WuM 2004, 660; für Bagatellschäden: BGH VIII ZR 129/91 WuM 1992, 355; VIII ZR 38/90 WuM 1991, 381; VIII ZR 91/88 WuM 1989, 324).

Die Instandsetzungspflicht des Vermieters besteht zudem ausnahmsweise nicht, wenn der Mangel schon bei Abschluss des Mietvertrags vorlag und Mieter und Vermieter dem durch Vereinbarung eines geringeren Mietpreises Rechnung getragen haben oder wenn der Mieter den Mangel selbst verschuldet hat.

Anzeigepflicht

Bemerkt der Mieter → *Mängel der Mietsache*, muss er das unverzüglich dem Vermieter mitteilen, sonst riskiert er, seine Rechte zu verlieren, und macht sich ggf. schadensersatzpflichtig → *Anzeigepflicht des Mieters*. Der Vermieter muss den Mangel – ggf. nach vorheriger Besichtigung der Wohnung → *Besichtigungsrecht des Vermieters* – dann umgehend beseitigen.

Ankündigung durch den Vermieter

Reparaturen, umfassende Instandsetzungsarbeiten oder bauliche Maßnahmen, die der Vermieter aufgrund einer behördlichen Anordnung oder einer gesetzlichen Verpflichtung durchführt, sind vorher rechtzeitig anzukündigen, es sei denn, es handelt sich nur um eine **geringfügige Erhaltungsmaßnahme** oder die **sofortige Durchführung** der Instandsetzung ist **zwingend erforderlich**. Was »rechtzeitig« bedeutet, hängt von den Umständen des Einzelfalls und insbesondere von der Dringlichkeit der Maßnahme ab. Dem Mieter muss auf jeden Fall ausreichend Zeit bleiben, sich auf die zu erwartenden Behinderungen durch die notwendigen organisatorischen Maßnahmen einzustellen (LG Berlin WuM 2022, 413). Die Dreimonatsfrist, die bei einer → *Modernisierung durch den Vermieter* gilt, ist hier nicht anzuwenden (BGH VIII ZR 110/08 WuM 2009, 290).

Duldungs- und Mitwirkungspflichten des Mieters

Der Mieter hat notwendige Erhaltungsmaßnahmen des Vermieters wie Reparaturen zu dulden. Zur **aktiven Mithilfe** ist er **nicht verpflichtet**. Er muss z. B. keine Möbel wegräumen (LG Berlin WuM 1996, 143; AG Erfurt WuM 2009, 342). Mitwirkungspflichten bestehen nur hinsichtlich der Terminabstimmung und bei der Sicherstellung privater, höchstpersönlicher Gegenstände (LG Berlin WuM 2022, 413).

Ein **zeitweiliger Umzug** in eine Ersatzunterkunft während der Instandsetzungsarbeiten ist der größtmögliche Eingriff in das Besitzrecht des Mieters. Ein entsprechender Anspruch des Vermieters besteht nur ausnahmsweise, wenn der Umzug praktisch unvermeidbare Voraussetzung für die Durchführung der Arbeiten ist. Eine Ankündigung mit sechs Werktagen Vorlauf ist viel zu kurz (LG Berlin WuM 2022, 413).

Ist die Wohnung wegen notwendiger Instandsetzungsarbeiten **völlig unbenutzbar**, ist die **Miete auf null gemindert**. Muss der Mieter eine **Ersatzwohnung** anmieten, kann er eigentlich Ersatz der ihm entstandenen Kosten verlangen. Er muss sich aber die aufgrund der Mietminderung ersparten Mietzahlungen anrechnen lassen. Sind die Kosten für die Ersatzunterkunft niedriger als die Vertragsmiete, hat der Mieter nur insoweit einen Ersatzanspruch, als er darlegen kann, dass der Nutzen der Ersatzwohnung stärker gegen den vertragsgemäßen Nutzen der Wohnung abfällt als die Aufwendungen für die Wohnung hinter der Vertragsmiete (LG Berlin WuM 2025, 296), also z. B., wenn die Ersatzwohnung deutlich kleiner und/oder schlechter ausgestattet ist.

Sind die Erhaltungsmaßnahmen beendet, hat der Vermieter den vertragsgemäßen Zustand auf seine Kosten wiederherzustellen. Grundsätzlich muss der Vermieter auch aufwendige Instandsetzungsmaßnahmen durchführen, unabhängig davon, wie hoch die Miete ist (LG Hamburg WuM 1997, 432). Die Reparaturpflicht endet erst, wenn die sog. **Opfergrenze** überschritten wird (BGH VIII ZR 205/89 WuM 1990, 546). Auch hier kommt es auf den Einzelfall an. Dabei ist darauf zu achten, dass kein krasses Missverhältnis entsteht zwischen dem Reparaturaufwand einerseits und dem Nutzen der Reparatur für den Mieter sowie dem Wert des Mietobjekts und den aus ihm zu erzielenden Einnahmen andererseits (BGH VIII ZR 342/03 WuM 2005, 713).

Wichtig zu wissen: Die Instandsetzungspflicht des Vermieters verjährt nicht (BGH VIII ZR 104/09 WuM 2010, 238).

Einzelfragen:

- Werden **Einrichtungsgegenstände** mitvermietet, z. B. eine Einbauküche, erstreckt sich die Instandsetzungspflicht des Vermieters auch auf dieses Mobiliar einschließlich Elektrogeräte. Bei Mängeln oder Defekten kann der Mieter Reparatur oder Austausch bzw. Ersatz fordern. Anderes kann u. U. gelten, wenn die Ausstattung nur leihweise überlassen wurde. Bei einer wirksam vereinbarten Leihe stehen dem Entleiher – hier also dem Mieter – keine Gewährleistungsansprüche wie Reparatur oder Ersatz zu. **Aber:** Die Klausel »Die technischen Geräte der Einbauküche gelten als nicht mitvermietet« entbindet den Vermieter nicht von der Reparatur eines Geschirrspülers. Die Vertragsklausel stellt keine ausdrückliche Beschaffenheitsvereinbarung dar, denn es bleibt unklar, welche Rechtsfolgen sich aus der Formulierung ergeben sollen. Zweifel bei der Auslegung von Formularklauseln gehen aber immer zulasten des Verwenders, hier also des Vermieters (LG Berlin II WuM 2024, 519). Der defekte Geschirrspüler ist ein Mangel; bei Vertragsabschluss war das Gerät vorhanden und funktionsfähig – das ist der vertraglich geschuldete Zustand. Ob eine Vertragsklausel, wonach eine Einbauküche zur Nutzung überlassen wird und keine Instandhaltungs- bzw. Instandsetzungspflichten des Vermieters bestehen, wirksam ist, wird von den Gerichten nicht einheitlich beurteilt (AG Neukölln GE 2017, 1479: Klausel wirksam; AG Besigheim WuM 2024, 662: Klausel unwirksam);
- Ohne besonderen Anlass ist der Vermieter nicht verpflichtet, **Elektroleitungen und Elektrogeräte** in regelmäßigen Abständen auf ihren ordnungsgemäßen Zustand zu überprüfen (BGH VIII ZR 321/07 WuM 2008, 719);
- Der Vermieter darf im Zuge der Erhaltungsmaßnahmen die Mieträume nicht gegen den Willen des Mieters **umgestalten**. Ein defekter Gasherd darf nicht einfach gegen einen Elektroherd ausgetauscht, ein Fliesenboden auf der Terrasse nicht durch einen Holzboden ersetzt werden (LG Berlin WuM 2017, 14);

– Der Vermieter ist für die Instandsetzung bzw. den Austausch einer **Wohnungseingangstür** verantwortlich, wenn die Rahmen wegen eines Notarzt- oder Feuerwehreinsatzes beschädigt oder zerstört wurden. Weigert er sich und kommt mit der Instandsetzung in Verzug, kann der Mieter den Mangel selbst beseitigen (lassen) und Kostenersatz verlangen (AG Hildburghausen WuM 2024, 383).

Instandhaltungskostenpauschale → *Sozialmiete/ Sozialwohnung*

Internet

Bei zu Wohnzwecken vermieteten Räumen umfasst der vertragsgemäße Gebrauch, den der Vermieter gewährleisten muss, auch die Möglichkeit, über ein Festnetztelefon zu telefonieren und über eine Festnetzleitung das Internet zu nutzen. Ob dies bedeutet, dass der Mieter vom Vermieter verlangen kann, einen entsprechenden Festnetz- und Internetanschluss neu herzustellen, wenn ein solcher ausnahmsweise in der Wohnung nicht vorhanden ist, ist unklar. Jedenfalls aber kann der Mieter die Zustimmung des Vermieters verlangen, dass er den Anschluss selbst auf eigene Kosten herstellen lassen kann. Auch muss der Vermieter dem Mieter die notwendigen Auskünfte geben, wo die entsprechenden Zuleitungen im Gebäude verlegt werden können (AG Neukölln, Urt. v. 2.3.2011 – 5 C 340/10).

Regelmäßig ist der notwendige Festnetz- und Internetanschluss aber schon in der Wohnung vorhanden. Dann muss der Vermieter ihn funktionsfähig halten und Fehlerursachen aus seiner Sphäre auf seine Kosten beseitigen. Ist der Anschluss z. B. nicht funktionsfähig, weil das Anschlusskabel defekt ist, muss der Vermieter den Anschluss reparieren, selbst wenn sich die defekte Leitung außerhalb der vermieteten Räume befindet (BGH VIII ZR 17/18 WuM 2019, 23). Solange der Anschluss nicht funktioniert, liegt ein → *Mangel der Mietsache* vor, für den eine **Mietminderung** in Betracht kommt (LG Berlin, Urt. v. 12.9.2014 – 63 S 151/14: 10 %; AG Neukölln, Urt. v. 2.3.2011 – 5 C 340/10: 5 %).

Eine etwaige Verpflichtung des Vermieters beschränkt sich regelmäßig auf die Bereitstellung des Anschlusses. Die eigentliche Verbindung zum Netz über einen **Netzanbieter** herzustellen und einen solchen Anbieter auszuwählen, ist **Sache des Mieters.** Etwas anderes gilt nur, wenn es im Mietvertrag vereinbart wird.

Entscheidet sich der Vermieter, den bisherigen Anschluss in eigener Regie durch die Installation eines **Glasfaseranschlusses** zu verbessern (»schnelles Internet«), kann dies eine → *Modernisierung durch den Vermieter* darstellen, die zu einer Modernisierungsmieterhöhung führen kann. Alternativ kann der Vermieter auch ein Unternehmen verpflichten, den Glasfaseranschluss zu legen und für eine vereinbarte Vertragsdauer zu betreiben. Dafür kann ein Glasfaserbereitstellungsentgelt anfallen, das mit den → *Betriebskosten* (dort unter Betriebskosten im Überblick/15. Satellitenschüssel, Glasfaser) abgerechnet wird.

K

Kabelfernsehen → *Fernsehempfang*

Kaltmiete → *Miete*

Kappungsgrenze → *Mieterhöhung*

Kaution (Sicherheitsleistung)

Arten und Anlage der Sicherheitsleistung

In den meisten Mietverhältnissen stellt der Mieter zu Mietbeginn eine Sicherheit. Sie dient zur Sicherung des Vermieters für den Fall, dass der Mieter seine vertraglichen Verpflichtungen nicht erfüllt, z.B. die Miete nicht zahlt oder die Mietsache beschädigt. Eine Sicherheitsleistung kann der Vermieter aber nur dann vom Mieter verlangen, wenn dies vertraglich vereinbart ist. Welche Art der Sicherheit der Mieter zu leisten hat, richtet sich nach den Vereinbarungen im Mietvertrag.

Mietkaution: Das ist die »klassische« Sicherheitsleistung. Der Mieter übergibt oder überweist dem Vermieter einen bestimmten Geldbetrag.

Wird die Kaution in dieser Weise als Geldsumme geschuldet, ist der Mieter berechtigt, den Kautionsbetrag in **drei Raten** zu zahlen. Die erste Rate ist bei Beginn des Mietverhältnisses fällig. Die weiteren Teilbeträge sind dann jeweils zusammen mit den folgenden beiden Mietzahlungen zu entrichten (§ 551 Abs. 2 BGB). Dies gilt nicht bei den anderen Arten der Sicherheitsleistung! Eine Abrede, dass die Kaution vor dem Einzug in einer Summe zu zahlen ist, ist unwirksam. Der BGH hat aber entschieden, dass die Kautionsabrede im Übrigen wirksam bleibt (BGH VIII ZR 243/03 WuM 2004, 473). Der Mieter muss also die Kaution entrichten, darf sie aber entgegen der Festlegung im Mietvertrag in drei Raten bezahlen; für die Fälligkeit gilt das oben Gesagte. Der Vermieter ist nicht verpflichtet, den Mieter bei Abschluss des Mietvertrags darauf hinzuweisen, dass die Kaution in drei Monatsbeträgen gezahlt werden kann (LG Dortmund WuM 2003, 498).

Der Vermieter muss ein sog. **Kautionskonto** eröffnen und das Geld dort **von seinem Vermögen getrennt** anlegen (§551 BGB). Der Mieter kann die Zahlung von der Benennung eines insolvenzfesten Kontos abhängig machen (BGH VIII ZR 324/14 WuM 2015, 549; VIII ZR 98/10 WuM 2010, 752) und auch während des Mietverhältnisses vom Vermieter den Nachweis verlangen, dass er die Mietkaution vom Vermietervermögen getrennt angelegt hat (BGH IX ZR 132/06 WuM 2008, 149). Erbringt der Vermieter den Nachweis nicht, darf der Mieter die Miete bis zur Höhe der eingezahlten Kaution als Druckmittel zurückhalten (BGH IX ZR 132/06 WuM 2008, 149) → *Vermögensverfall des Vermieters*. Die Kosten für dieses Konto trägt der Vermieter (LG München WuM 1997, 612). Eine Klausel im Mietvertrag, wonach der Mieter für das Anlegen oder Auflösen des Sparbuchs oder für die Verwahrung der Kaution eine Kostenpauschale zu entrichten hat, ist unwirksam (LG München I WuM 1997, 612; AG Hamburg WuM 1990, 426). Der Vermieter darf das Konto nicht auf seinen Namen laufen lassen, ohne dass es als Kautionskonto erkennbar ist (AG Homburg WuM 2015, 668). Das gilt über das Ende des Mietverhältnisses hinaus (BGH VIII ZR 324/14 WuM 2015, 549).

Dass der Vermieter das Geld nicht einfach »in die eigene Tasche stecken« darf, dient der Sicherheit des Mieters für den Fall der → *Insolvenz* des Vermieters, denn wäre seine Kaution dann mit dem eigenen Geld des Vermieters vermischt, wäre sie für den Mieter verloren. Der Vermieter kann sich strafbar machen, wenn er die Kaution nicht ordnungsgemäß anlegt (BGH 5 StR 354/07 WuM 2008, 336; 5 StR 371/95 WuM 1996, 53).

Verpfändetes Sparbuch. Der Mieter kann dem Vermieter auch die Forderung aus einem Sparbuch verpfänden (BGH VIII ZR 263/14 WuM 2016, 620). Die Verpfändung muss der Bank oder Sparkasse angezeigt werden.

Achtung: Es sollte darauf geachtet werden, dass das Geldinstitut die verpfändete Forderung nach einer Kündigung des Kontos nicht ohne Weiteres und ohne Wissen des Mieters auszahlen darf. Leider benutzen immer noch viele Geldinstitute Vordrucke, die dies gestatten. Auf Anregung des Deutschen Mieterbundes hat aber eine Reihe von Geldinstituten auch geänderte Vordrucke im Angebot. Verlangt der Vermieter Auszahlung des Kautionsgeldes, unterrichtet das Geldinstitut dann den Mieter hiervon. Frühestens vier Wochen danach wird das Geld dem Vermieter ausgezahlt. Innerhalb dieser Zeit kann der Mieter ggf. rechtliche Schritte einleiten und die Auszahlung an den Vermieter durch eine → *einstweilige Anordnung/Verfügung* verhindern. Fragen Sie nach diesem Vordruck!

Übergabe eines Sparbuchs. Händigt der Mieter dem Vermieter ein Sparbuch aus, das er eingerichtet hat, ist darin grundsätzlich keine Verpfändung, sondern eine sog. Sicherungsabtretung zu sehen (LG Dortmund WuM 2007, 73). Der Vermieter kann jederzeit Geld abheben, ohne dass der Mieter davon erfährt. Deshalb ist es für den Mieter ratsam, das Sparbuch mit einem **Sperrvermerk** versehen zu lassen. Der Vermerk bewirkt, dass jede Mietpartei nur mit Zustimmung der anderen über die Forderung aus dem Sparbuch verfügen kann.

Gemeinsames Sparbuch. Ein Sparbuch, über das Mieter und Vermieter **nur gemeinsam verfügen** können, ist für den Mieter empfehlenswert. Auf diese Weise ist sichergestellt, dass der Vermieter nicht ohne Mitwirkung des Mieters an das Geld gelangen kann.

Bankbürgschaft. Anstatt eine Geldsumme zu zahlen, kann der Mieter die Sicherheit auch dadurch leisten, dass er dem Vermieter einen Bürgen stellt. Dieses Recht steht dem Mieter aber nur zu, wenn er hierüber mit dem Vermieter eine Einigung erzielen kann. Durch die Übernahme der Bürgschaft verpflichtet sich eine Bank oder Sparkasse, für Forderungen des Vermieters gegen den Mieter einzustehen. Die Haftung ist begrenzt auf drei Monatsmieten (ohne Betriebskostenvorauszahlung oder -pauschale).

Der Vorteil dieser Sicherheit besteht für den Mieter darin, dass er nicht wie bei der Mietkaution einen größeren Betrag aufbringen muss. Dem Mieter, der durch den Umzug ohnehin finanziell stark belastet ist, steht das Geld damit anderweitig zur Verfügung. Nachteil der Bankbürgschaft ist, dass der Mieter keine Zinsen erhält. Im Gegenteil, das Kreditinstitut lässt sich seine Dienstleistung selbstverständlich bezahlen. Üblich sind **3 %–6 % Zinsen auf die Bürgschaftssumme jährlich.**

> **Achtung:** Wenn die Bürgschaftsurkunde eine »Zahlung auf erstes Anfordern« vorsieht, zahlt die Bank den gewünschten Betrag an den Vermieter aus, ohne die Berechtigung der Forderung zu prüfen.

Mietkautionsversicherung. Die Bezeichnung für diese Art der Sicherheit ist irreführend. Es handelt sich nicht um eine Versicherung, sondern um eine Bürgschaft. Deshalb wäre es korrekt, von einer Kautionsbürgschaft zu sprechen. Der einzige Unterschied zur Bankbürgschaft ist, dass sich ein Versicherungsunternehmen verbürgt.

> **Tipp:** Vergleichen Sie die Kosten mit denen einer Bankbürgschaft!

Andere Bürgschaft. Außerdem können Vermieter und Mieter eine andere Form der Bürgschaft vereinbaren. Bei Studenten z. B. akzeptiert der Vermieter häufig die Eltern als Bürgen.

Schuldbeitritt. Hierbei handelt es sich streng genommen nicht um eine Sicherheitsleistung. Vielmehr unterschreibt eine weitere Person, z. B. ein Elternteil, den Mietvertrag zusätzlich, obwohl sie gar nicht in der Wohnung lebt. Diese Person haftet als weiterer Mieter für die Mietschulden in unbegrenzter Höhe. Durch eine solche Vereinbarung wird die gesetzliche Regelung unterlaufen, dass eine Sicherheitsleistung maximal drei Monatsnettomieten betragen darf. Dennoch wird eine solche Vereinbarung als rechtsgültig angesehen. Die damit verbundenen Rechtsprobleme sind jedoch durch die Gerichte noch nicht geklärt.

Andere Anlageformen. Die Mietparteien haben auch die Möglichkeit, das Geld ertragreicher anzulegen, z. B. mit festverzinslichen Wertpapieren oder Aktien. Damit kann für beide Mietparteien ein **Verlustrisiko** verbunden sein. Also Vorsicht – der Vermieter riskiert lediglich, dass sich die Sicherheit verringert, der Mieter aber, dass er nach Beendigung des Mietverhältnisses erheblich weniger Geld zurückerhält.

Die Kaution muss so angelegt werden, dass sie dem Mieter nach Ende des Mietverhältnisses rechtzeitig ausgezahlt werden kann.

> **Wichtig zu wissen:** Eine Investition der Kaution in solch riskantere Anlageformen ist nur zulässig, wenn die Mietparteien eine entsprechende Abrede getroffen haben. Eine Vereinbarung, dass der Vermieter die Kaution in Aktien, einem ETF oder Fonds oder in anderen Wertpapieren anlegt, sollte die konkrete Anlageform bezeichnen, z. B. mit der Wertpapieridentifikationsnummer. Das Geld umschichten darf der Vermieter dann nur, wenn er mit dem Mieter eine neue Vereinbarung trifft.

Die **Erträge erhöhen die Sicherheit**. Sie stehen erst nach Beendigung des Mietverhältnisses in vollem Umfang dem Mieter zu. Ist im Mietvertrag etwas anderes festgelegt, ist das unwirksam. Die Anlage muss auch hier getrennt vom Vermögen des Vermieters erfolgen (s. o. Arten und Anlage der Sicherheitsleistung/Mietkaution).

Höhe und Zahlung der Sicherheit

Die **Höhe der** zu leistenden **Sicherheit** darf **drei Monatsmieten** nicht übersteigen (Grund- oder Nettomiete ohne separate Pauschale oder Vorauszahlung für Betriebs- oder Heizkosten). Beträgt die Nettomiete z. B. 800 Euro und die Miete mit Betriebskostenvorauszahlung 1000 Euro, darf die Mietkaution nicht höher sein als 3 × 800 = 2400 Euro.

Ist die **Miete** aufgrund eines Mangels **gemindert**, bemisst sich die Höhe der Kaution nach der vertraglich vereinbarten, nicht der geminderten Miete. Etwas anderes gilt, wenn die Wohnung bereits bei Mietbeginn einen unbehebbaren Mangel aufweist, etwa weil die → *Wohnfläche* mehr als 10 % kleiner ist als im Mietvertrag angegeben. In diesem Fall ist die geminderte Miete für die zulässige Höchstgrenze der Kaution maßgebend (BGH VIII ZR 347/04 WuM 2005, 573).

Wird **neben der Kaution** noch eine **Bürgschaft** vereinbart, ist diese Abrede unwirksam, soweit Bürgschaft und Barkaution zusammen drei Monatsmieten übersteigen (BGH VIII ZR 146/03 WuM 2004, 473; IX ZR 212/88 WuM 1989, 289). Anders ist es aber, wenn andere Personen, z. B. die Eltern, unaufgefordert und freiwillig dem Vermieter eine Bürgschaft anbieten (BGH IX ZR 16/90 WuM 1990, 343; LG Berlin GE 2017, 174). Der Vermieter muss die Freiwilligkeit beweisen (LG Hamburg ZMR 2010, 367). Eine Mietsicherheit, wie z. B. eine Bürgschaft, ist nicht auf drei Monatsmieten begrenzt, wenn sie im laufenden Mietverhältnis vereinbart wird, um eine dem Mieter drohende Kündigung wegen Mietrückständen abzuwenden (BGH VIII ZR 379/12 WuM 2013, 357).

Hat der Mieter **mehr gezahlt** als gesetzlich zulässig, kann er verlangen, dass der Vermieter ihm den überschießenden Betrag umgehend erstattet (BGH VIII ZR 38/11 WuM 2011, 469). Dieser Anspruch verjährt innerhalb von drei Jahren, beginnend mit Ablauf des Jahres, in dem der Mieter gezahlt hat. Ist der Anspruch verjährt, bekommt der Mieter sein zu viel gezahltes Geld erst mit Rückzahlung der gesamten Kaution nach Beendigung des Mietverhältnisses zurück.

Dem Anspruch auf Leistung der Sicherheit kann der Mieter nicht entgegenhalten, der Vermieter müsse zunächst **Mängel** beseitigen (LG Hamburg WuM 1991, 586).

Achtung: Kündigung droht! Der Vermieter kann eine **fristlose Kündigung** aussprechen, wenn der Mieter die **Kaution** in Höhe von mindestens zwei Monatsmieten **nicht fristgerecht** gezahlt hat (§ 569 Abs. 2a BGB). Bei der Bestimmung der hierfür maßgeblichen Monatsmiete sind die als Vorauszahlung oder Pauschale zu zahlenden Betriebskosten nicht einzubeziehen. Der Vermieter muss vor der Kündigung weder eine Abmahnung aussprechen noch eine Frist setzen. Die Kündigung kann aber unter Umständen geheilt werden → *Fristlose Kündigung des Vermieters wegen Zahlungsverzugs.*

Bei Vermietung einer **Sozialwohnung** (→ *Sozialmiete/Sozialwohnung*) darf der Vermieter eine Kaution nur verlangen, wenn sie dazu bestimmt ist, Schäden an der Wohnung oder aus unterlassenen → *Schönheitsreparaturen* abzudecken (§ 9 Abs. 5 WoBindG). Soll die Kaution laut Mietvertrag auch Forderungen aus Betriebskosten sichern, ist die Sicherheitsabrede insgesamt unwirksam. Der Mieter kann die bereits gezahlte Kaution komplett zurückverlangen (LG Berlin GE 2012, 725).

Der Vermieter einer **Genossenschaftswohnung** darf die Mietsicherheit zusätzlich zu den Genossenschaftsanteilen verlangen (AG Kiel NZM 2012, 610). Nach diesem Urteil verstößt es nicht gegen das Genossenschaftsrecht, wenn der Vermieter die Zahlung einer Kaution nur mit finanziell schwächeren Mietern vereinbart.

Der Vermieter darf die **Übergabe der Wohnungsschlüssel** nicht davon abhängig machen, dass der Mieter erst die Kaution in voller Höhe zahlt. Eine solche Vereinbarung ist unwirksam. Die Verpflichtung, die Kaution zu zahlen, bleibt aber wirksam.

Der Anspruch des Vermieters auf Stellung einer Mietsicherheit **verjährt nach drei Jahren** (KG Berlin NZM 2009, 743; LG Darmstadt NJW-RR 2007, 1516; LG Duisburg WuM 2006, 250). Die Verjährungsfrist beginnt am Ende des Jahres, in dem die Kaution fällig war (KG Berlin ZMR 2008, 624) → *Verjährung.*

Verzinsung der Kaution

Die Kaution muss zu dem für Spareinlagen mit dreimonatiger Kündigungsfrist üblichen **Zinssatz** verzinst werden. Für Mietverhältnisse in → *Studierenden- oder Jugendwohnheimen* besteht keine Verzinsungspflicht.

Die Zinsen werden jährlich **der Kaution zugeschlagen** (LG Berlin GE 1993, 2023) und erhöhen diese. Bei Beendigung des Mietverhältnisses müssen sie mit zurückgezahlt werden. Hat der Vermieter die Kaution höherverzinslich angelegt, muss er die tatsächlichen, höheren Zinsen zurückzahlen (LG Düsseldorf WuM 1993, 400; AG Duisburg WuM 1996, 763). Wenn die Kaution in Aktien angelegt wird, schuldet der Vermieter die Herausgabe der Aktien zum aktuellen Kurswert (AG Köln WuM 2023, 18). Hat der Vermieter die Kaution hingegen, entgegen der gesetzlichen Verpflichtung, nicht verzinslich angelegt, steht dem Mieter ein Schadensersatzanspruch in Höhe des Zinsertrags zu, der bei Anlage auf einem Sparbuch angefallen wäre (LG Waldshut-Tiengen, Urt. v. 10.11.2011 – 2 S 37/11; AG Ludwigsburg WuM 2022, 606).

Die Zinsen für die Kaution sind **vom Mieter als Kapitalertrag zu versteuern**. Die Bank führt die Kapitalertragssteuer in Höhe von 25 % auf die Zinsen aus der Kaution direkt an das Finanzamt ab. Hierüber erteilt die Bank eine Steuerbescheinigung. Ist das Mietkautionskonto auf den Vermieter als Kontoinhaber angelegt, oder hat der Vermieter ein Sammelkonto für alle Kautionsbeträge seiner Mieter eingerichtet, stellt die Bank die Steuerbescheinigung auf den Vermieter aus. Der Vermieter ist dann zur Weitergabe der Steuerbescheinigung an den Mieter verpflichtet (AG Tiergarten GE 2002, 998). Mit dieser Bescheinigung hat der Mieter die Möglichkeit, den Zinsabzug im Rahmen seiner Einkommensteuererklärung geltend zu machen.

Ist das Mietkautionskonto auf den Namen des Mieters angelegt und an den Vermieter verpfändet, kann der Mieter im Rahmen seiner Freibeträge einen Freistellungsauftrag erteilen. Dann wird keine Kapitalertragssteuer abgeführt, sofern der Freibetrag noch nicht ausgeschöpft ist. Die Möglichkeit des Freistellungsauftrags hat der Mieter aber nicht, wenn das Mietkautionskonto auf den Namen des Vermieters angelegt ist. Bei dieser Kontovariante kann sich der Mieter den Zinsabzug nur im Rahmen seiner Einkommensteuererklärung anrechnen lassen.

Verwendung der Kaution durch den Vermieter

Der Vermieter darf die Kaution im laufenden Mietverhältnis **nicht wegen bestrittener Mietforderungen** in Anspruch nehmen, etwa nach einer Mietminderung des Mieters (BGH VIII ZR 234/13 WuM 2014, 418). Vor Beendigung des Mietverhältnisses darf sich der Vermieter also nur dann aus der Kaution bedienen, wenn seine Forderung rechtskräftig festgestellt oder unstreitig ist (LG Halle NZM 2008, 685; LG Darmstadt WuM 2008, 72; LG Potsdam GE 2007, 1253). Greift er unberechtigt auf die Kaution zurück, kann der Mieter ihn gerichtlich zwingen, diesen Betrag wieder auf das Kautionskonto zu zahlen (AG Hamburg-Altona ZMR 2013, 47). Das gilt auch bei einem verpfändeten Sparbuch. Beabsichtigt der Vermieter, eine Forderung unberechtigt einzuziehen, kann sich der Mieter mit einer → *einstweiligen Anordnung/Verfügung* dagegen zur Wehr setzen (LG Darmstadt ZMR 2005, 193; LG Wuppertal NJW-RR 2004, 1309; AG Berlin-Lichtenberg MM 2004, 266).

Bedient sich jedoch der Vermieter zu Recht aus der Kaution, ist der Mieter zu ihrer **Auffüllung** verpflichtet (BGH VIII ZR 183/70 WuM 1972, 57).

Der BGH hat entschieden, dass der Vermieter sich **nach Ende des Mietverhältnisses auch wegen streitiger Forderungen** aus der Kaution befriedigen darf (BGH VIII ZR 300/18 WuM 2019, 524). Behält der Vermieter die Kaution also wegen unberechtigter Forderungen ein, muss der Mieter auf Rückzahlung der Mietkaution klagen.

Der Vermieter darf die Kaution **nur für Forderungen aus dem Mietverhältnis** verwenden. Andere Ansprüche, die nichts mit dem Mietverhältnis zu tun haben, darf er auch nach Ende der Mietzeit nicht mit der Kaution verrechnen. Das gilt auch für Forderungen aus einem früheren Mietverhältnis (BGH VIII ZR 36/12 WuM 2012, 502).

Ist der Mieter in **Zahlungsverzug**, muss der Vermieter nicht auf die Kaution zurückgreifen, um die rückständige Miete auszugleichen. Er kann stattdessen **die fällige Mietzahlung** verlangen.

Verwendung der Kaution trotz verjährter Ansprüche

Der Vermieter muss Ansprüche wegen Veränderungen oder Verschlechterungen der Mietsache innerhalb von sechs Monaten geltend machen. Andernfalls sind seine Ansprüche verjährt. Dazu gehören Schadensersatzansprüche, weil der Mieter die Mietsache beschädigt hat, Ansprüche auf Herstellung des vertragsgemäßen Zustands, auf Schönheitsreparaturen und auf die Beseitigung von Einbauten. Die Verjährungsfrist beginnt mit dem Zeitpunkt der Wohnungsrückgabe, also meist nach Mietende, manchmal aber auch schon vorher. Der Vermieter muss nach der Rückgabe der Wohnung also zügig prüfen, ob Ansprüche bestehen, da sonst → *Verjährung* eintreten kann.

Bei einer **Barkaution** kann der Vermieter auch noch nach Ablauf der Überlegungsfrist mit **verjährten Forderungen** (z. B. wegen Beschädigung der Mietsache) gegen den Mieteranspruch auf Rückzahlung der Kaution **aufrechnen** (BGH VIII ARZ 2/87 WuM 1987, 310). Obwohl die Vermieterforderung inzwischen verjährt ist, kann sie noch mit dem Kautionsguthaben verrechnet werden. Dies setzt allerdings voraus, dass die Forderung des Vermieters zu dem Zeitpunkt noch nicht verjährt war, in dem erstmals gegen das Kautionsguthaben aufgerechnet werden konnte (§ 215 BGB). Entscheidend ist laut BGH, dass der Vermieter vor Eintritt der Verjährung die Möglichkeit hatte, seinen Anspruch auf Wiederherstellung des vertragsgemäßen Zustands oder auf Geldzahlung auszuüben. Es kommt hingegen nicht darauf an, ob er dieses Recht innerhalb dieser Frist tatsächlich ausgeübt hat (BGH VIII ZR 184/23 WuM 2024, 520).

Auch bei einem **verpfändeten Sparbuch** kann der Vermieter auf das Sparguthaben noch zugreifen, wenn seine Forderung verjährt ist (§ 216 BGB). Eine Ausnahme besteht für wiederkehrende Leistungen. Hierzu zählen Mietzahlungen und auch Nachforderungen aus Betriebskostenabrechnungen (BGH VIII ZR 263/14 WuM 2016, 620).

Hat der Mieter als Sicherheit eine **Bürgschaft** gestellt, ist eine Verrechnung nach Ablauf der Verjährungsfrist ausgeschlossen (BGH VIII ZR 68/98 WuM 1998, 224).

Der Vermieter darf nicht gegen Ansprüche aufrechnen, die bereits **vor Beendigung des Mietverhältnisses verjährt** waren (AG Bremerhaven WuM 1988, 124).

Rückzahlung der Kaution an den Mieter
Der Mieter kann vom Vermieter die **Rückzahlung** der Sicherheit **erst nach Rückgabe der Wohnung** verlangen (BGH VIII ZR 263/14 WuM 2016, 620). Haben **mehrere Mieter** die Wohnung angemietet, müssen alle gemeinsam die Kaution zurückfordern. Das gilt auch dann, wenn nur ein Mieter die Kaution an den Vermieter gezahlt hat (KG Berlin ZMR 2012, 695). Ein Mieter kann sich aber von den anderen eine Ermächtigung erteilen lassen, dass er die Mietsicherheit allein einfordern darf. Hat nur ein Mieter als alleiniger Kontoinhaber die Forderung aus einem Sparbuch an den Vermieter verpfändet, darf er allein die Herausgabe des Sparbuchs und die Freigabe des Pfandrechts an der Forderung verlangen (AG Flensburg WuM 2021, 557).

Der Mieter ist nicht berechtigt, seinen Anspruch auf Rückzahlung gegen die Mietforderungen des Vermieters aufzurechnen, bevor das Mietverhältnis beendet ist (BGH VIII ZR 36/12 WuM 1972, 57). Der Mieter darf die Kaution gegen Ende der Mietzeit **nicht »abwohnen«** und Mietzahlungen mit Hinweis auf die Kaution verweigern (LG München I WuM 1996, 541; AG München ZMR 2017, 69). Er riskiert, dass der Vermieter auf Zahlung rückständiger Miete oder auf Wiederauffüllung der Kaution klagt.

Es gibt keine gesetzliche Regelung, innerhalb welcher **Frist** der Vermieter die Sicherheitsleistung zurückzahlen muss. Er hat die Kaution in voller Höhe zurückzuzahlen, wenn er keine Ansprüche aus dem Mietvertrag mehr gegen den Mieter hat. Andernfalls darf er die zur Deckung seiner Ansprüche ggf. erforderlichen Kosten von der Kaution zurückbehalten und muss dann mit dem Mieter abrechnen. Der Mieter muss dem Vermieter nach Rückgabe der Wohnung eine vertretbare Zeit zur Prüfung etwaiger Gegenansprüche lassen (BGH VIII ZR 263/14 WuM 2016, 620).

Welcher **Zeitraum** vertretbar ist, hängt von den Umständen des Einzelfalls ab (BGH VIII ZR 71/05 WuM 2006, 197). Eine starre Frist gibt es hierzu nicht. Im Allgemeinen wird dem Vermieter eine Überlegungsfrist von **drei bis sechs Monaten** eingeräumt (BGH VIII ZR 141/17 WuM 2019, 524). Gibt es keine offenen Forderungen und sind auch keine Schadensersatzansprüche ersichtlich, muss der Vermieter die Kaution sofort zurückzahlen bzw. freigeben. Es kann aber auch Fälle geben, in denen eine Überlegungsfrist von sechs Monaten nicht ausreicht.

Positiv an dieser Rechtsprechung des BGH zur angemessenen Prüffrist des Vermieters ist, dass möglicherweise der Anspruch auf Rückzahlung oder Rückgewähr der Mietsicherheit auch sofort oder kurzfristig nach Beendigung des Mietverhältnisses fällig werden kann. Nämlich dann, wenn sich aus den Umständen des Einzelfalls ergibt, dass nur eine kurze Überlegungsfrist erforderlich ist. Ist z. B. über Heiz- und Nebenkosten abgerechnet, hat der Mieter eine evtl. Vermieterforderung beglichen und kommen Schadensersatzansprüche nicht in Frage, muss die Kaution sofort zurückgezahlt werden. Das bedeutet: Der Vermieter darf die Rückzahlung nicht treuwidrig verzögern und die Kaution nicht länger einbehalten als nötig. Kann er über die Kaution abrechnen, ist der Anspruch des Mieters auf Auszahlung des Betrags auch fällig (OLG Düsseldorf WuM 2003, 621).

Steht die **Heiz- oder Nebenkostenabrechnung** noch aus, kann der Vermieter einen **angemessenen Betrag einbehalten**, wenn zu erwarten ist, dass der Mieter etwas nachzahlen muss (BGH VIII ZR 71/05 WuM 2006, 197). Der Vermieter darf also nicht die gesamte Kaution zurückhalten und als Begründung anführen, dass noch über die Betriebskosten abzurechnen ist (AG Ludwigsburg WuM 2018, 720; a. A. LG München I WuM 2018, 427; AG Dortmund WuM 2018, 204). Wie viel er einbehalten darf, hängt von dem Ergebnis der Vorjahresabrechnung, der Höhe der laufenden Vorauszahlungen und der allgemeinen Entwicklung der Betriebskosten ab. Ist keine Nachforderung zu erwarten und bestehen keine anderen Forderungen, muss der Vermieter die gesamte Kaution nach Ablauf einer Prüfungsfrist zurückzahlen.

Ist streitig, ob der Vermieter noch Ansprüche gegen den Mieter hat, kann der Mieter nach Ablauf einer angemessenen Überlegungsfrist **auf Rückzahlung der Kaution klagen**. Im Mietprozess wird dann geklärt, ob tatsächlich noch Ansprüche des Vermieters bestehen (BGH VIII ZR 141/17 WuM 2019, 524).

Hat der Vermieter **mitgeteilt**, welche Ansprüche er mit der Kaution verrechnen will, kann er sich wegen weiterer Forderungen nicht mehr aus der Kaution bedienen, es sei denn, er hat sich das ausdrücklich vorbehalten. Erhebt der Vermieter wegen ihm (angeblich) zustehender Forderungen Klage gegen den Mieter, gibt er damit ebenfalls zu erkennen, dass er nicht auf die Kaution zurückgreifen möchte. Der Mieter kann **Auszahlung der verbleibenden Kaution** verlangen oder mit weiteren Forderungen des Vermieters verrechnen (BGH VIII ZR 141/17 WuM 2019, 524).

Verjährung des Anspruchs und Verzug

Der **Anspruch des Mieters** auf Rückzahlung der Kaution nebst Zinsen **verjährt nach drei Jahren.** Das gilt auch für den Anspruch auf Freigabe eines verpfändeten Sparbuchs (LG Berlin WuM 2013, 106). Bei der Berechnung der Verjährungsfrist ist zu beachten, dass der Anspruch auf Rückzahlung erst fällig wird, nachdem eine angemessene Prüfungsfrist abgelaufen ist (BGH VIII ZR 71/05 WuM 2006, 197). Die Verjährungsfrist läuft deshalb erst ab dem Ende des Jahres, in dem der Vermieter über die Kaution abrechnen muss → *Verjährung*.

> **Beispiel:** Das Mietverhältnis endete am 31.10.2024. Dem Vermieter wird eine Prüfungsfrist von drei bis sechs Monaten eingeräumt. Dann ist der Anspruch auf Rückzahlung im Jahr 2025 fällig. Die Verjährungsfrist beginnt zum Ende des Jahres 2025 zu laufen. Der Anspruch des Mieters auf Rückzahlung seiner Kaution ist ab dem 1.1.2029 verjährt.

Hat der Mieter dem Vermieter eine andere Sicherheit als eine Barkaution gewährt, muss der Vermieter sie ebenfalls nach einer angemessenen Überlegungsfrist zurückgewähren. Das gilt auch für eine dem Vermieter eingeräumte Bankbürgschaft. Nach Ablauf der Überlegungsfrist kann der Mieter deshalb verlangen, dass der Vermieter die **Bürgschaftsurkunde** herausgibt (OLG Hamm NJW-RR 92, 1036; AG Köln WuM 2000, 674). Zu beachten ist, dass er nicht die Übergabe an sich selbst, sondern nur die an den Bürgen beanspruchen kann (BGH XII ZR 124/97 WuM 1999, 397). Hat der Mieter dem Vermieter die Forderung aus einem Sparbuch verpfändet, muss der Vermieter erklären, dass er sein Pfandrecht daran aufgibt, und dem Mieter das Sparbuch aushändigen. Übergibt er dem Mieter das Sparbuch, ist darin eine entsprechende Erklärung zu sehen (LG Augsburg WuM 2011, 366).

> **Tipp:** Versuchen Sie, anlässlich der Rückgabe der Mieträume mit dem Vermieter eine Frist zur Abrechnung über die Sicherheitsleistung zu vereinbaren. Empfehlenswert ist z. B. ein Vermerk im Übergabeprotokoll.

Ersatz des Verzugsschadens: Wenn der Vermieter nach Beendigung des Mietverhältnisses und Ablauf einer angemessenen Prüfungsfrist die Sicherheit nicht zurückzahlt, obwohl er diese zur Sicherung seiner Ansprüche nicht mehr benötigt, sollte der Mieter ihn **zur Rückzahlung** ausdrücklich **auffordern**. Zahlt der Vermieter nicht und verzögert die Abwicklung weiterhin, kann dem Mieter Schadensersatz wegen → ***Verzugs*** zustehen. Darüber hinaus stehen dem Mieter **Verzugszinsen** zu, wenn der Vermieter die fällige Mietkaution nicht zurückzahlt. Die Höhe der Zinsen beträgt 5 % über dem zu dieser Zeit geltenden Basiszinssatz. Das Gesetz (§ 288 Abs. 5 BGB) sieht außerdem vor, dass der Mieter eine **Verzugspauschale von 40 Euro** fordern kann (AG Köpenick ZMR 2025, 137). Diese Regelung gilt nicht bei kleineren Vermietern, die als sog. Verbraucher einzustufen sind. Das AG Köpenick hat dem Mieter für zwei Mahnschreiben weiterhin pauschalierte Mahnkosten in Höhe von zusammen 10 Euro zugesprochen. Außerdem kann der Mieter – nachdem Verzug eingetreten ist – einen Rechtsanwalt einschalten. Der Vermieter muss dann auch die **Anwaltsgebühren** ersetzen.

Eigentümerwechsel

Verkauft der Vermieter das Haus, bleibt das Mietverhältnis bestehen → *Hausverkauf und Mietvertrag*. Der neue Hauseigentümer übernimmt die Verpflichtung zur Rückzahlung der Mietkaution. Er hat keinen Anspruch darauf, dass der Mieter ihm die im Mietvertrag vereinbarte Kaution zahlt, wenn der Mieter sie bereits an den alten Vermieter geleistet hat (BGH XII ZR 48/10 WuM 2012, 21). Das bedeutet aber auch, dass der Mieter anlässlich des Hausverkaufs die Kaution nicht zurückverlangen kann. Das geht erst nach Beendigung des Mietverhältnisses.

Der Vermieter wird die Kaution zumeist auf den Erwerber (den neuen Eigentümer) des Hauses übertragen. Stattdessen können alter und neuer Eigentümer die Kaution auch mit dem Kaufpreis verrechnen oder eine andere Vereinbarung über die Übernahme der Kaution treffen. Für den Mieter stellt sich die Frage, ob die Rückzahlung der Kaution nach Beendigung des Mietverhältnisses sichergestellt ist. Der Gesetzgeber hat für diese Fälle zum Schutz des Mieters vorgesorgt, indem er ihm zwei mögliche Schuldner »anbietet«:

Der neue Eigentümer haftet für die Rückzahlung. Der Mieter kann die Kaution auf jeden Fall vom neuen Eigentümer zurückverlangen. An ihn kann sich der Mieter auch dann halten, wenn dieser die Kaution vom alten Eigentümer gar nicht erhalten und auch ansonsten mit dem alten Eigentümer keine Vereinbarung über die Kaution getroffen hat. So wird vermieden, dass sich der Mieter nach Beendigung des Mietverhältnisses an den alten Eigentümer wenden muss, mit dem er womöglich seit Jahren keinen Kontakt mehr hat. Selbst wenn der alte Eigentümer in die → *Insolvenz* gegangen ist und die Mietsicherheit nicht getrennt von seinem sonstigen Vermögen angelegt hat, geht die Pflicht zur Rückzahlung auf den neuen Eigentümer über (BGH VIII ZR 197/11 WuM 2012, 278). Der neue Eigentümer haftet für die Rückzahlung der Kaution einschließlich der seit Mietbeginn angefallenen Zinsen. Die Verzinsung kann der Mieter auch dann verlangen, wenn der neue Eigentümer die Kaution ohne Zinsen erhalten hat.

Außerdem kann der Mieter während des laufenden Mietverhältnisses verlangen, dass der neue Eigentümer das Geld wie gesetzlich vorgeschrieben auf ein gesondertes Kautionskonto einzahlt, und zwar auch dann, wenn der neue Eigentümer die Kaution von dem alten Eigentümer nicht erhalten hat. Diese Rechtslage gilt entsprechend, wenn das Grundstück unter → *Zwangsverwaltung* steht. Der Zwangsverwalter hat die gleichen Pflichten wie ein Vermieter (BGH VIII ZR 168/05 WuM 2006, 402).

War das Mietverhältnis zum Zeitpunkt des Eigentümerwechsels bereits beendet, haftet der neue Eigentümer allerdings nicht (BGH VIII ZR 219/06 WuM 2007, 267); der Mieter muss sich an den alten Vermieter halten.

K

Der alte Eigentümer haftet neben dem neuen. Nicht immer gelingt es dem Mieter, die Kaution nach Beendigung des Mietverhältnisses von dem neuen Eigentümer zurückzuerlangen. Hat der neue Vermieter das Geld nicht, wie vorgeschrieben, auf einem gesonderten Konto angelegt, wird der Mieter die Kaution bei dessen Insolvenz nicht in voller Höhe zurückbekommen → *Vermögensverfall des Vermieters.* Der Mieter kann dann den **alten Eigentümer** in Anspruch nehmen (BGH III ZR 143/12 WuM 2013, 172). Dieser kann sich von seiner Pflicht nicht formularmäßig freizeichnen (LG Kiel WuM 2004, 192). Der Mieter muss aber erst versuchen, die Kaution von dem neuen Eigentümer zu erhalten. Nur wenn das aussichtslos erscheint, muss der alte Eigentümer für die Rückzahlung einstehen. Dieser kann nicht geltend machen, dass er die Kaution beim Verkauf des Hauses an den neuen Eigentümer übertragen hat. Er muss auch in diesem Fall dem Mieter den Kautionsbetrag einschließlich angefallener Zinsen ausbezahlen (so bereits BGH XII ZR 124/97 WuM 1999, 397).

Achtung – frühere Rechtslage bei Verkauf vor dem 1.9.2001: Vor der Mietrechtsreform vom 1.9.2001 galt eine andere Rechtslage. Danach war der Vermieter zur Rückzahlung der Kaution nur verpflichtet, wenn sie ihm tatsächlich ausgehändigt wurde oder er dem Verkäufer gegenüber die Verpflichtung zur Rückgewähr übernommen hat. Ist das nicht der Fall, kann sich der Mieter nicht an den neuen Eigentümer halten. Im Streitfall muss der Mieter beweisen, dass der neue Vermieter die Kaution erhalten hat (BGH VIII ZR 372/04 WuM 2005, 718). Ob das

> alte Recht anzuwenden ist, hängt davon ab, wann das Mietgrundstück veräußert wurde. Hat der neue Vermieter das Eigentum also vor dem 1.9.2001 erworben, ist altes Recht anwendbar. Dann kann der Mieter auch heute noch von dem früheren Vermieter verlangen, dass er die Kaution auf seinen derzeitigen Vermieter überträgt (LG Duisburg ZMR 2021, 664).

Keller

In der Regel gehört zu einer Mietwohnung auch ein nur vom Mieter zu nutzender, abschließbarer Keller. Ist im Mietvertrag nicht ausdrücklich geregelt, welcher Keller zur Wohnung gehört, kann der Vermieter dem Mieter einen Keller nach seiner Wahl zuweisen; die Mieter dürfen ohne Zustimmung des Vermieters die Kellerabteile auch nicht untereinander tauschen.

In Altbauten sind Kellerräume häufig feucht und für die Einlagerung von Gegenständen daher nicht oder nur bedingt geeignet. Abhängig von eventuellen Zusicherungen im Mietvertrag, dem Alter des Gebäudes und dem zur Bauzeit geltenden Standard ist dies i. d. R. kein → *Mangel der Mietsache* (AG Brandenburg GE 2024, 1151 für im Jahr 1896 errichtetes Gebäude).

Ist der Keller im Rahmen eines einheitlichen Mietvertrags vermietet, darf der Vermieter ihn nicht unabhängig von der Wohnung kündigen (Ausnahme: → *Teilkündigung*). Wird ein Haus in Eigentumswohnungen umgewandelt und werden dabei Keller und Wohnung des Mieters von verschiedenen Käufern erworben, ist dies kein Grund, dem Mieter den Keller zu kündigen (BGH VIII ZR 399/03 WuM 2005, 790).

Die Miete für einen separat angemieteten Keller soll nach einer Entscheidung des BGH (VIII ZR 94/21 WuM 2023, 603) nicht im Rahmen der → *Mietpreisbremse* berücksichtigt werden.

Kinder

Eltern sind im Rahmen ihrer **Aufsichtspflicht** (§ 1626 BGB) für ihre minderjährigen Kinder verantwortlich. Wie die Aufsichtspflicht auszuüben ist, ist abhängig vom Alter und den Eigenarten der Kinder. Neigt ein Kind zu gefahrträchtigen Handlungen, sind auch im Rahmen des Mietverhältnisses höhere Anforderungen an die Beaufsichtigung zu stellen (LG Heidelberg WuM 2019, 152: Kleinkind schaltet in einem unbeobachteten Moment den Herd an und verursacht Wohnungsbrand – keine Aufsichtspflichtverletzung, da nur kurze Unaufmerksamkeit und das Kind sonst nie am Herd spielte). Zur **Tagespflege** von Kindern s. → *Berufsausübung in der Wohnung*.

Kinderlärm

Von Kindern ausgehende Störungen – insbesondere Kinderlärm – führen häufig zu Auseinandersetzungen. Was Kinder dürfen und was nicht, kann sich aus dem Mietvertrag, der Hausordnung oder gesetzlichen Regelungen ergeben. Wichtig ist insbesondere § 22 Abs. 1a Bundesimmissionsschutzgesetz (BImSchG), der bestimmt, dass Geräuscheinwirkungen, die Kinder bei Tagesstätten, Kinder- und Ballspielplätzen und ähnlichen Einrichtungen verursachen, im Regelfall nicht als schädliche Umwelteinwirkung gelten. In einigen Bundesländern bestimmt zusätzlich ein Landesimmissionsschutzgesetz, dass Geräuscheinwirkungen durch Kinder als Ausdruck natürlicher kindlicher Entfaltung im Regelfall keine schädlichen Umwelteinwirkungen sind. Die sonst maßgeblichen Grenzwerte für → *Lärm* gelten bei Kinderlärm daher nicht. Urteile, die vor dem Inkrafttreten von § 22 Abs. 1a BImSchG im Juli 2011 ergangen sind und Kinderlärm als unzulässig einstufen, sind mit der heutigen Rechtslage häufig nicht im Einklang und nicht mehr maßgeblich!

Im **Grundsatz** gilt: Geräusche, »die ihren Ursprung in einem altersgerecht üblichen kindlichen Verhalten haben, ggf. auch unter Inkaufnahme erhöhter Grenzwerte für Lärm und entsprechender Begleiterscheinungen kindlichen Verhaltens« sind »grundsätzlich hinzunehmen«. Jedoch gilt dies nicht schrankenlos: Die »insoweit zu fordernde erhöhte Toleranz« hat Grenzen, die »jeweils im Einzelfall zu bestimmen« sind »unter Berücksichtigung … von Art, Qualität, Dauer und Zeit der verursachten Geräuschemissionen, des Alters und des Gesundheitszustands des Kindes sowie der Vermeidbarkeit der Emissionen etwa durch objektiv gebotene erzieherische Einwirkungen« (BGH VIII ZR 134/20 WuM 2021, 551; VIII ZR 226/16 WuM 2017, 587).

Wichtig zu wissen: Die Privilegierung für Kinderlärm gilt nur für Kinder bis einschließlich 14 Jahren, von Jugendlichen ab 15 Jahren wird erwartet, dass sie sich an die allgemeinen Regeln halten (BGH VIII ZR 197/14 WuM 2015, 479).

Einzelheiten zu Lärmstörungen

- Kinder dürfen in der Wohnung spielen und dabei auch lachen, schreien oder herumlaufen, dies darf aber nicht zu einer unzumutbaren Störung anderer Hausbewohner führen (BGH VIII ZR 134/20 WuM 2021, 551).

- Die allgemeinen Ruhezeiten – mittags von 13 bis 15 Uhr und abends ab 22 Uhr bis zum nächsten Morgen 7 Uhr – sind soweit möglich einzuhalten.
- Bei den Gemeinschaftseinrichtungen des Hauses kommt es auf den Nutzungszweck und Gefahren für andere Mieter an. Kinder dürfen z. B. im Flur oder Treppenhaus nicht Rollschuh, Skateboard oder Fahrrad fahren.
- Üblicher Kinderlärm ist nie ein Kündigungsgrund (LG Wuppertal WuM 2008, 563); eine außerordentliche → *Kündigung durch den Vermieter* wegen übermäßigen Lärms setzt zudem eine konkrete → *Abmahnung* durch den Vermieter voraus.
- Üblicher Kinderlärm von nahen Spiel- oder Bolzplätzen begründet i. d. R. keinen → *Mangel der Wohnung* und muss ohne Mietminderung hingenommen werden (BGH VIII ZR 197/14 WuM 2015, 478); etwas anderes kann gelten, wenn im Mietvertrag besondere Regelungen hierzu getroffen wurden.
- Wohnungseigentümer müssen es im Regelfall hinnehmen, wenn als Laden ausgewiesenes Teileigentum als Eltern-Kind-Zentrum genutzt wird (»Ausstrahlungswirkung von § 22 Abs. 1a BImSchG«, BGH V ZR 203/18 WuM 2020, 103).

Nutzung von Außenanlagen durch Kinder

Individuelle Regelungen im Mietvertrag zur Hof- oder Gartennutzung sind grundsätzlich möglich; ob dies auch durch → *Allgemeine Geschäftsbedingungen* möglich ist, wurde von der Rechtsprechung soweit ersichtlich bisher nicht entschieden. Ist im Mietvertrag nichts geregelt, gilt:

- Das **Spielen** auf gemeinschaftlichen **Hof- oder Rasenflächen** ist erlaubt (BGH VIII ZR 46/06 WuM 2007, 29).
- Das **Spielen in Zier- und Vorgärten** ist i. d. R. nicht erlaubt.
- Das Aufstellen von **Schaukel und Sandkasten** (AG Kerpen ZMR 2002, 924; AG Bonn WuM 1994, 20) oder eines **Spielhauses** (AG Flensburg WuM 2016, 486) ist als vertragsgemäße Nutzung erlaubt; der Vermieter kann bei Auszug aber verlangen, dass der ursprüngliche Zustand wiederhergestellt wird.
- Das Anbringen eines niedrigen **Klingelknopfs** durch Mieter mit Kleinkindern ist erlaubt (AG Münster WuM 1983, 176).

Für Neubauten gilt nach den Landesbauordnungen aller Bundesländer die Verpflichtung, ab einer bestimmten Mindestanzahl von Wohnungen (meist ab vier), einen Spielplatz für Kleinkinder auf oder neben dem Grundstück zu errichten und dauerhaft zu unterhalten; Ausnahmen gelten zum Teil, wenn in unmittelbarer Nähe bereits Spielplätze bestehen, deren Bestand dauerhaft gesichert ist.

Der ewige Streit: Kinderwagen im Hausflur

Das Abstellen eines Kinderwagens im Hausflur ist grundsätzlich vertragsgemäß, da der Hausflur zu den mitvermieteten Gemeinschaftsflächen gehört (BGH VIII ZR 46/06 WuM 2007, 29). Es dürfen allerdings keine Fluchtwege blockiert werden. Auch das Anketten des Kinderwagens gehört nicht mehr zum vertragsgemäßen Gebrauch (LG Berlin GE 2009, 1445). Zwar ist es möglich, die Nutzung der Gemeinschaftsflächen mietvertraglich (z. B. in der Hausordnung) besonders zu regeln. Doch kann ein dort vorgesehenes Verbot unwirksam sein, wenn der Mieter darauf angewiesen ist, den Kinderwagen im Hausflur abzustellen (LG Berlin GE 2009, 1495; AG Düsseldorf WuM 2013, 348; AG Aachen WuM 2008, 94). Der Vermieter kann seine einmal erteilte Zustimmung nur zurückziehen, wenn der Mieter kein berechtigtes Interesse an der Benutzung des Treppenhauses mehr hat oder gegen das Gebot der Rücksichtnahme verstößt (AG Hamburg WuM 2000, 303).

Kleinreparatur → *Bagatellschäden*

Kraft-Wärme-Kopplung → *Modernisierung*

K

Kraft-Wärme-Kopplung (KWK) ist die gleichzeitige Erzeugung von Strom und Wärme in einem Kraftwerk. Bei der Stromerzeugung wird immer auch Wärme produziert, auf die ein erheblicher Teil der eingesetzten Primärenergie entfällt. Während in gewöhnlichen Heizungsanlagen oder Kraftwerken diese Wärme in der Umgebung verpufft, wird sie in KWK-Anlagen als Heizungswärme genutzt. Eingesetzte Energieträger sind vorwiegend Erdgas, Biogas und Abfälle.

KWK gilt als umweltfreundliche und klimaschonende Form der Energiegewinnung. Deshalb fördert der Staat die Errichtung und das Betreiben dieser Anlagen. Ihr Anteil an der Energieerzeugung in Deutschland soll weiter ausgebaut werden. Einzelheiten sind im Kraft-Wärme-Kopplungsgesetz geregelt. KWK-Anlagen können sowohl für ganze Wohnsiedlungen als auch in kleineren Häusern eingesetzt werden. Dabei ist zu unterscheiden, ob der Vermieter die Anlage durch ein Unternehmen betreiben lässt oder sich selbst darum kümmert.

Ein Unternehmen betreibt die Anlage

KWK-Anlagen werden zumeist in der Form des → *Contractings* betrieben. Das Contracting-Unternehmen stellt dem Vermieter den vereinbarten Wärmepreis in Rechnung. Über die Heizkostenabrechnung belastet er damit anteilig die Mieter. Wie sich der Wärmepreis zusammensetzt, ist Sache des Unternehmens. Die besondere Wirtschaftlichkeit der Anlage sollte sich aber auch in dem Preis niederschlagen, den die Mieter zahlen müssen.

Der durch die Anlage produzierte Strom kann entweder in das öffentliche Netz eingespeist oder an die Mieter verkauft werden. Eine Pflicht der Mieter zur Abnahme des erzeugten Stroms besteht nicht. Der Bezug von Strom aus der hauseigenen Anlage bedarf einer entsprechenden vertraglichen Vereinbarung zwischen dem Mieter und dem Betreiber der Anlage. Ob die Mieter derartige Vereinbarungen abschließen, dürfte wesentlich von dem verlangten Preis für den Strom abhängen.

Der Vermieter betreibt die Anlage

Betreibt der Vermieter die Anlage selbst, darf er den Mietern nach der Heizkostenverordnung keinen Wärmepreis in Rechnung stellen. Er kann nur die Kosten berechnen, die ihm selbst entstanden sind → *Heizkosten*. Das bedeutet, dass der Vermieter, was die Versorgung mit Wärme aus der KWK-Anlage angeht, nichts verdienen darf. Auf die Mieter kann er nur die Brennstoffkosten und die Nebenkosten für die Anlage umlegen. Kostenvergünstigungen durch die Befreiung von der Energiesteuer sind in Abzug zu bringen.

Kostentrennung: Für die Umlage auf die Mieter muss unterschieden werden zwischen den Kosten für die Strom- und für die Wärmeerzeugung. Dazu ist zu ermitteln, welcher Anteil der Energie (Gas oder Öl) für die Stromerzeugung und welcher für die Wärmeerzeugung benötigt wird. Das geht am einfachsten mit einem Wärmezähler. Einbau und Betrieb eines solchen Messgeräts können jedoch in kleineren Gebäuden unverhältnismäßig hohe Kosten verursachen. Die Kostenanteile lassen sich auch mithilfe der Angaben des Herstellers der KWK-Anlage berechnen. Hierzu hat der VDI (Verein Deutscher Ingenieure) Einzelheiten ausgearbeitet. Sie sind wiedergegeben in der Richtlinie »VDI 2077, Blatt 3.1«.

Wartungskosten: Auch bei den Wartungs- und sonstigen Nebenkosten für die Anlage sind jeweils die Kosten, die für die Strom- und für die Wärmeerzeugung anfallen, zu trennen. Zu beachten ist aber, dass die Wartungskosten für eine KWK-Anlage wesentlich höher sind als für eine herkömmliche Heizungsanlage. Das ist bei der Umlage auf den Mieter zu berücksichtigen. Die Mieter dürfen nicht mit Mehrkosten belastet werden, die durch die Stromerzeugung entstehen. Umlegbar sind deshalb nur die Wartungskosten, die für eine herkömmliche Anlage angefallen wären. Außerdem sind in den Wartungskosten häufig auch Instandhaltungsarbeiten eingeschlossen. Diese Kosten müssen vor der Umlage auf den Mieter abgezogen werden. Hinzuzurechnen sind ggf. die Brennstoff- und Nebenkosten für eine zusätzlich eingesetzte herkömmliche Heizungsanlage, die Spitzenbelastungen abdecken soll.

Verwendung des erzeugten Stroms: Wird der Strom in das öffentliche Netz eingespeist, muss der Vermieter den vom Netzbetreiber gezahlten Strompreis den Mietern nicht anrechnen.

Der Vermieter kann den Mietern den in der KWK-Anlage erzeugten Strom auch verkaufen. Insoweit besteht Vertragsfreiheit. Es bleibt den Mietern überlassen, ob sie den Strom abnehmen und den dafür verlangten Preis entrichten wollen. Eine Bestimmung im Mietvertrag, die den Mieter zur Abnahme und Bezahlung des erzeugten Stroms verpflichtet, ist unwirksam.

Kündigung → *Fristlose Kündigung*

Ein unbefristetes Wohnraummietverhältnis kann von beiden Vertragsparteien **ordentlich** gekündigt werden, also unter Einhaltung der gesetzlichen → *Kündigungsfrist*. Das Mietverhältnis endet dann mit Ablauf der Kündigungsfrist und nicht – wie bei der → *fristlosen Kündigung* – mit Zugang der Kündigung.

Der **Mieter** ist jederzeit zur ordentlichen Kündigung berechtigt und muss **keine Gründe** angeben. Der **Vermieter** kann dagegen nur kündigen, wenn er ein **berechtigtes Interesse** an der Beendigung des Mietverhältnisses hat (→ *Kündigung des Vermieters*).

Ein **ordentliches Kündigungsrecht** besteht **nicht**
- bei einem → *Zeitmietvertrag* oder
- bei einem **unbefristeten Mietvertrag** für die Dauer eines **wirksam vereinbarten → *Kündigungsausschlusses***, also bis zum Ablauf des vertraglich festgelegten Kündigungsausschlusses.

Kündigung des Mieters

Der Mieter kann ein unbefristetes Mietverhältnis grundsätzlich **jederzeit** und **ohne Angabe von Gründen** ordentlich kündigen. Er muss lediglich die **gesetzliche** → ***Kündigungsfrist* von drei Monaten** einhalten (§ 573c Abs. 1 Satz 1 BGB).

Formalien

Die Kündigung muss **schriftlich** erfolgen (§ 568 Abs. 1 BGB) → *Schriftform*. Sind mehrere Personen Mieter, müssen **alle Mieter** die Kündigung gemeinsam erklären und unterschreiben; außerdem ist die Kündigung an **alle Vermieter** zu richten.

Ein bloßer Auszug mit Rückgabe der Schlüssel genügt nicht: Wer lediglich auszieht, **bleibt weiterhin Mieter** (KG Berlin WuM 2006, 193; LG Berlin NZM 1999, 758; LG Köln WuM 1996, 266).

Haben Partner einer → ***nichtehelichen Lebensgemeinschaft*** oder Mitglieder einer → ***Wohngemeinschaft*** die Wohnung gemeinsam angemietet, kann das Mietverhältnis auch nach einer Trennung bzw. Auflösung grundsätzlich **nur gemeinschaftlich** beendet werden. Kündigt nur einer von mehreren Mietern, ist die Kündigung unwirksam. Der in der Wohnung verbleibende Mieter kann jedoch vom ausgezogenen Mitmieter die Mitwirkung an der gemeinsamen Kündigung verlangen (BGH VIII 14/04 WuM 2005, 341; OLG Düsseldorf WuM 2007, 567).

Weitere Einzelheiten beim Stichwort → ***Kündigungsform***.

Wann ist die ordentliche Kündigung ausgeschlossen?

Das ordentliche Kündigungsrecht ist in folgenden Fällen eingeschränkt:

– **Zeitmietvertrag:** Bei einem wirksam vereinbarten → *Zeitmietvertrag* ist die ordentliche Kündigung bis zum Ablauf der vereinbarten Mietzeit ausgeschlossen (BGH VIII ZR 112/08 WuM 2009, 48).

– **Kündigungsausschluss:** Haben die Parteien wirksam einen → *Kündigungsausschluss* für einen bestimmten Zeitraum vereinbart, kann der Mieter erst zum Ende dieses Zeitraums unter Einhaltung der gesetzlichen Kündigungsfrist kündigen (BGH VIII 23/16 WuM 2016, 656; BGH VIII 81/03 WuM 2004, 157).

Will der Mieter einen Zeitmietvertrag oder einen Vertrag mit Kündigungsausschluss vorzeitig beenden, so kann er das nur, wenn ihm ein **gesetzliches Sonderkündigungsrecht** oder ein **Recht zur fristlosen Kündigung** zusteht.

Sonderkündigungsrechte des Mieters

Das Gesetz sieht in folgenden Fällen ein Sonderkündigungsrecht des Mieters vor:

- **Mieterhöhung:** Verlangt der Vermieter eine → *Mieterhöhung auf die ortsübliche Vergleichsmiete* (§ 558 BGB) oder nach → *Modernisierung durch den Vermieter* (§ 559 BGB), kann der Mieter bis zum Ablauf des zweiten Monats nach Zugang der Erklärung zum Ablauf des übernächsten Monats kündigen (§ 561 Abs. 1 Satz 1 BGB).
- **Modernisierungsankündigung:** Wird eine Modernisierungsmaßnahme angekündigt, kann der Mieter bis zum Ablauf des nächsten Monats zum Ende des darauffolgenden Monats kündigen (§ 555e Abs. 1 Satz 1 BGB) → *Modernisierung durch den Vermieter.*

> **Wichtig:** Dieses Kündigungsrecht besteht **nicht bei Bagatellmaßnahmen** (§ 555c Abs. 3 BGB), die nur unerheblich auf die Wohnung einwirken und zu einer Mieterhöhung von maximal 10 Euro monatlich führen (z. B. Anbringung von Thermostatventilen).

- **Öffentlich geförderte Wohnung:** Bei einer Mieterhöhung nach § 10 WoBindG kann der Mieter nach § 11 Abs. 1 WoBindG bis zum 3. Werktag des Monats, in dem die erhöhte Miete erstmals gezahlt werden soll, zum Ablauf des nächsten Monats kündigen (§ 11 Abs. 1 WoBindG) → *Sozialmiete/Sozialwohnung.*
- **Tod des Mieters:** Erben und überlebende Mitmieter können nach dem → *Tod des Mieters* mit einer Frist von drei Monaten kündigen (§§ 564 Satz 2, 563a BGB). Ein Ehegatte, der bislang nicht Mieter war, hat einen Monat Zeit zu entscheiden, ob er das Mietverhältnis fortsetzen will (§ 563 Abs. 3 Satz 1 BGB).
- **Verweigerte Untermieterlaubnis:** Verweigert der Vermieter die beantragte Untervermietung, kann der Mieter mit einer Frist von drei Monaten kündigen (§ 540 Abs. 1 Satz 2 BGB). Dieses Recht kann in Formularmietverträgen nicht ausgeschlossen werden (LG Hamburg WuM 1992, 689) und gilt sowohl bei beabsichtigter vollständiger als auch teilweiser Untervermietung (BGH VIII 294/08 WuM 2010, 30). Es entfällt jedoch, wenn das Untermieterinteresse nur vorgeschoben ist, um einen Kündigungsgrund zu schaffen, und der Untermieter tatsächlich gar nicht einziehen will (BGH VIII 294/08 WuM 2010, 30) → *Untermiete.*

Kündigung des Vermieters → *Kündigung* → *Fristlose Kündigung des Vermieters*

Der Vermieter kann nur kündigen, wenn er ein **berechtigtes Interesse** an der Beendigung des Mietverhältnisses hat (§ 573 Abs. 1 Satz 1 BGB).

Berechtigtes Interesse des Vermieters
Nach § 573 Abs. 2 BGB liegt ein **berechtigtes Interesse** des Vermieters an der Beendigung des Mietverhältnisses insbesondere dann vor, wenn
- der Mieter seine **vertraglichen Pflichten erheblich verletzt** (§ 573 Abs. 2 Nr. 1 BGB) → *Kündigung des Vermieters wegen erheblicher Vertragsverletzung*,
- der **Vermieter die Mieträume als Wohnung** für sich, einen Familienangehörigen oder einen Haushaltsangehörigen **benötigt** (§ 573 Abs. 2 Nr. 2 BGB) → ***Kündigung des Vermieters wegen Eigenbedarfs*** oder
- der Vermieter durch die Fortsetzung des Mietverhältnisses an einer **angemessenen wirtschaftlichen Verwertung gehindert** wird und dadurch **erhebliche Nachteile** erleidet (§ 573 Abs. 2 Nr. 3 BGB) → *Kündigung des Vermieters wegen wirtschaftlicher Verwertung*.

Diese in § 573 Abs. 2 BGB genannten Kündigungsgründe sind jedoch **nicht abschließend**, sondern lediglich Regelbeispiele. Greift keiner dieser Tatbestände, kann ein berechtigtes Interesse auch nach der sog. **Generalklausel** des § 573 Abs. 1 Satz 1 BGB bestehen. Voraussetzung ist dann ein Grund, der nach seinem Gewicht mit den Regelbeispielen (Eigenbedarf, erhebliche Vertragsverletzung, Verwertungshindernis) **vergleichbar** ist.

Der BGH differenziert dabei nach der **Nähe** des geltend gemachten Grundes **zu den ausdrücklich geregelten Kündigungstatbeständen** (BGH VIII 45/16 WuM 2017, 333). Will der Vermieter die Wohnung etwa nicht allein zu Wohnzwecken nutzen, sondern dort **überwiegend einer geschäftlichen Tätigkeit** nachgehen, weist dies eine Nähe zum Eigenbedarf auf. In solchen Fällen kann eine Kündigung erfolgreich sein, wenn dem Vermieter andernfalls beachtenswerte Nachteile entstehen würden.

Beispiele für mögliche berechtigte Interessen nach § 573 Abs. 1 Satz 1 BGB:
- **Berufs- oder Geschäftsbedarf:** Der Vermieter möchte die Wohnung nicht zum Wohnen, sondern **ausschließlich gewerblich** nutzen. Diese Nutzungsabsicht steht typischerweise eher der Verwertungskündigung nahe. Eine Kündigung kommt etwa in Betracht, wenn die geschäftliche Tätigkeit sonst nicht sinnvoll bzw. rentabel ausgeübt werden kann; nicht ausreichend ist dagegen ein bloßes Interesse, die Räume als Archiv zu verwenden, das

ebenso gut anderweitig untergebracht werden könnte (BGH VIII 45/16 WuM 2017, 333).

- **Betriebsbedarf:** Der Vermieter will die Wohnung einem Mitarbeiter seines Betriebs zur Verfügung stellen (→ *Kündigung wegen Betriebsbedarfs*).
- **Überbelegung:** Eine Kündigung kann im Einzelfall auch wegen Überbelegung gerechtfertigt sein, wenn sich die Familie des Mieters im Laufe der Zeit vergrößert (OLG Hamm WuM 1982, 323; AG Stuttgart WuM 2012, 150). Die Überbelegung allein genügt allerdings regelmäßig nicht; hinzutreten müssen **weitere Umstände**, etwa eine deutlich verstärkte Abnutzung oder Beschädigungen der Mietsache oder erhebliche Störungen anderer Hausbewohner.

> **Wichtig zu wissen:** Der Vermieter darf nicht kündigen, um eine **Mieterhöhung** durchzusetzen oder im Wege der Neuvermietung eine **höhere Miete** zu erzielen. Solche Motive sind gesetzlich ausdrücklich ausgeschlossen (§ 573 Abs. 1 Satz 2, Abs. 2 Nr. 3 BGB).

K

In welchen Fällen benötigt der Vermieter ausnahmsweise keinen Kündigungsgrund?

In bestimmten, gesetzlich geregelten Ausnahmefällen kann der Vermieter ein Mietverhältnis **auch ohne berechtigtes Interesse** beenden. Das betrifft insbesondere:

- **Einliegerwohnung:** Wohnen Vermieter und Mieter »unter einem Dach« und gibt es in dem Gebäude nur zwei Wohnungen, von denen der Vermieter eine selbst bewohnt, kann der Vermieter ohne Kündigungsgrund kündigen (§ 573a BGB).
- **Vermietung nur zum vorübergehenden Gebrauch:** Bei Wohnraum, der nur zum → *vorübergehenden Gebrauch* überlassen ist, ist ein Kündigungsgrund ebenfalls nicht erforderlich (§ 549 Abs. 2 Nr. 1 BGB).
- **Möblierter Wohnraum:** Handelt es sich um möblierten Wohnraum innerhalb der vom Vermieter selbst bewohnten Wohnung, kann der Vermieter grundsätzlich ohne berechtigtes Interesse kündigen – ausgenommen ist die Vermietung an eine Familie zum dauerhaften Gebrauch (§ 549 Abs. 2 Nr. 2 BGB) → *möblierte Wohnung/möbliertes Zimmer*.
- **Studierenden- und Jugendwohnheime:** Für Wohnraum in → *Studierenden- oder Jugendwohnheimen* ist ein Kündigungsgrund nicht erforderlich (§ 549 Abs. 3 BGB).
- **Kündigung gegenüber Erben nach dem Tod des Mieters:** Geht das Mietverhältnis nach dem → *Tod des Mieters* auf den Erben über, kann der Vermieter innerhalb eines Monats, nachdem er vom Tod und dem Eintritt des Erben Kenntnis erlangt hat, gegenüber dem Erben ohne Angabe von Gründen kündigen.

Formalien
Der Vermieter muss die Kündigung **schriftlich** → *Schriftform* erklären (§ 568 Abs. 1 BGB) und in dem Kündigungsschreiben die Gründe für sein **berechtigtes Interesse** an der Beendigung des Mietverhältnisses **angeben** (§ 573 Abs. 3 BGB). Fehlt es an einer ausreichenden Begründung, ist die Kündigung **unwirksam** (BGH VIII ZR 346/19 WuM 2021, 314).

Die Kündigungsgründe sind dabei so **konkret und nachvollziehbar** darzustellen, dass der Mieter beurteilen kann, ob und mit welchen Erfolgsaussichten er sich gegen die Kündigung zur Wehr setzen kann (BVerfG 1 BvR 1492/91 WuM 1993, 233; 1 BvR 1319/91 WuM 1992, 178).

Im Prozess können grundsätzlich nur diejenigen Gründe berücksichtigt werden, die der Vermieter bereits **im Kündigungsschreiben genannt** hat (BayObLG WuM 1981, 200). Eine Ausnahme gilt nur für Gründe, die erst nach der Kündigungserklärung entstanden sind; diese dürfen nachgeschoben werden (§ 573 Abs. 3 Satz 2 BGB).

Weitere Einzelheiten beim Stichwort → ***Kündigungsform***.

Kündigungsfristen
Die → *Kündigungsfrist* für eine ordentliche Kündigung durch den Vermieter beträgt zu Beginn des Mietverhältnisses **drei Monate**. Sie verlängert sich bei einer Mietdauer von **mehr als fünf Jahren** auf **sechs Monate** und bei einer Mietdauer von **mehr als acht Jahren** auf **neun Monate** (§ 573c Abs. 1 Satz 2 BGB).

Gut zu wissen: Zieht der Mieter nach Ablauf der Kündigungsfrist nicht aus, kann sich das Mietverhältnis unter Umständen auf unbestimmte Zeit fortsetzen. Das gilt, wenn nicht **Mieter oder Vermieter** innerhalb von **zwei Wochen** der → *stillschweigenden Verlängerung des Mietverhältnisses* **widersprechen.**

Was kann der Mieter tun?
Auch bei einer an sich wirksamen, begründeten Vermieterkündigung kann der Mieter **Widerspruch** erheben und geltend machen, dass die Beendigung für ihn eine **besondere Härte** darstellen würde (→ *Kündigungswiderspruch*). Unabhängig davon kann in einem Räumungsklageverfahren auch eine → *Räumungsfrist* oder → *Vollstreckungsschutz* beantragt werden.

Kündigung des Vermieters wegen Betriebsbedarfs → *Kündigung des Vermieters*

Der Vermieter kann ein berechtigtes Interesse i. S. v. § 573 Abs. 1 Satz 1 BGB daran haben, eine vermietete Wohnung einem Mitarbeiter seines Betriebs zur Verfügung zu stellen und das Mietverhältnis aus diesem Grund mit ordentlicher Frist zu kündigen.

Bei einer Kündigung wegen Betriebsbedarfs sind zwei Konstellationen zu unterscheiden:
- **Werkwohnung:** Die Wohnung ist eine → *Werkwohnung* und wird von einem Betriebsangehörigen genutzt.
- **Erstmalige Überlassung an Betriebsangehörigen:** Die Wohnung wird bislang von einer betriebsfremden Person genutzt und soll künftig erstmals an einen Betriebsangehörigen vermietet werden.

K

Betriebsbedarf bei einer Werkwohnung

Ein Mietverhältnis über eine Werkwohnung kann der Vermieter unter Einhaltung der ordentlichen Kündigungsfrist beenden, wenn der Mieter **aus dem Arbeits- oder Dienstverhältnis ausscheidet** und der Vermieter die Wohnung **für einen anderen Betriebsangehörigen** benötigt (LG Regensburg WuM 1998, 160; LG Berlin WuM 2001, 241).

Voraussetzung ist, dass das **Arbeitsverhältnis** mit dem Mieter **beendet** ist. Solange der Mieter noch dem Betrieb angehört, ist eine Kündigung zugunsten eines anderen Mitarbeiters grundsätzlich **nicht zulässig**. Die Kündigung darf jedoch bereits ausgesprochen werden, wenn das Ende des Arbeitsverhältnisses **unmittelbar bevorsteht.**

Zudem muss der Vermieter die **ernsthafte Absicht** haben, die Wohnung tatsächlich einem **anderen Arbeitnehmer** zu überlassen. Eine Kündigung wegen Betriebsbedarfs scheidet daher aus, wenn die Wohnung an eine **betriebsfremde Person** vermietet werden soll.

Wichtig zu wissen: Wird eine sog. **Werkmietwohnung** → *Werkwohnung* gekündigt, muss immer der **Betriebsrat** angehört werden und zustimmen, § 87 Abs. 1 Nr. 9 BetrVG! Dies gilt aber nur, solange das Arbeitsverhältnis besteht (OLG Frankfurt a. M. WuM 1992, 525).

Erstmalige Vermietung an einen Betriebsangehörigen

Ein Kündigungsrecht wegen Betriebsbedarfs kann auch dann bestehen, wenn eine bisher an eine **betriebsfremde Person** vermietete Wohnung künftig **erstmals** einem Arbeitnehmer überlassen werden soll – vorausgesetzt, betriebliche Gründe machen die Nutzung gerade dieser Wohnung erforderlich. Maßgeblich sind dabei vor allem Funktion und Aufgaben des Mitarbeiters (BGH VIII ZR 122/06 WuM 2007, 457; VIII ZR 44/16 WuM 2017, 342).

Ein berechtigtes Interesse an der Kündigung liegt nur vor, wenn das Wohnen des Mitarbeiters **in genau dieser Wohnung** aufgrund seiner betrieblichen Stellung und Aufgaben **für den Betriebsablauf wesentlich** ist (BGH VIII ZR 44/16 WuM 2017, 342). Entscheidend ist also ausschließlich der **betriebliche Vorteil**, nicht ein privates Interesse des Mitarbeiters an kürzeren Wegen. Dass etwa der Geschäftsführer den Betrieb schneller erreichen könnte (LG Wuppertal WuM 1994, 686) oder sich sein Heimweg deutlich verkürzt (BGH VIII ZR 122/06 WuM 2007, 457), genügt daher im Regelfall nicht.

Beispiele aus der Rechtsprechung:

- Betriebsbedarf kann etwa in Betracht kommen bei Beschäftigten mit Aufgaben als **»Concierge«** oder **Hausmeister** (LG Regensburg WuM 1998, 160; LG Aachen ZMR 1990, 303). Dagegen reicht es nicht aus, wenn ein Hausmeister mehrere Objekte betreuen soll, aber bereits in der Nähe eines der Objekte wohnt (BGH VIII ZR 44/16 WuM 2017, 342).
- Dass der Vermieter die Wohnung **neu anzuwerbenden Fachkräften** zur Verfügung stellen will, reicht nicht aus (OLG Stuttgart WuM 1991, 330; LG Heilbronn WuM 1990, 507).
- Ebenso begründet ein konkreter Wohnbedarf des Arbeitnehmers für sich genommen keinen Betriebsbedarf – selbst dann nicht, wenn es sich um den Geschäftsführer handelt (LG Wuppertal WuM 1994, 686; a. A. LG Berlin WuM 1996, 145 bei einer »Schlüsselkraft«). Erforderlich ist vielmehr, dass **gerade das Bewohnen dieser Räume durch diesen Arbeitnehmer** für eine ordnungsgemäße Betriebsführung **notwendig** ist (OLG Stuttgart WuM 1991, 330).

Kündigung des Vermieters wegen Eigenbedarfs → *Kündigung des Vermieters* → *Vorgetäuschter Eigenbedarf*

Zum Schutz des Mieters ist eine Eigenbedarfskündigung an enge Voraussetzungen gebunden. Der Vermieter kann das Mietverhältnis ordentlich kündigen, wenn er die Mieträume als Wohnung für sich selbst, seine Familienangehörigen oder Angehörige seines Haushalts benötigt (§ 573 Abs. 2 Nr. 2 BGB).

Eigennutzung durch den Vermieter

Der Vermieter kann wegen Eigenbedarfs kündigen, wenn er die Mieträume künftig **selbst** als Wohnung nutzen möchte. Gibt es **mehrere Vermieter**, reicht es aus, dass nur einer von ihnen die Wohnung beziehen will (OLG Düsseldorf NZM 2010, 276).

Auch eine **Gesellschaft bürgerlichen Rechts** (GbR) kann Eigenbedarf zugunsten eines Gesellschafters oder dessen Angehöriger geltend machen (BGH VIII ZR 232/15 WuM 2017, 94). Dabei ist unerheblich, ob der betreffende Gesellschafter bereits beim Abschluss des Mietvertrags zur GbR gehörte oder erst später (BGH VIII ZR 74/11 WuM 2012, 31).

Juristische Personen wie **AG, GmbH** oder **Genossenschaften** sowie Personenhandelsgesellschaften (**OHG** und **KG**) können dagegen **nicht** wegen Eigenbedarfs kündigen, weil sie selbst keinen »Wohnbedarf« haben können (BGH VIII ZR 210/10 WuM 2011, 13; KG, Urt. v. 18.9.2024 – 8 U 40/24). In solchen Fällen kommt allenfalls eine → *Kündigung des Vermieters wegen Betriebsbedarfs* in Betracht.

K

Nutzung durch Familienangehörige

Eigenbedarf kann der Vermieter grundsätzlich für solche Familienangehörige geltend machen, die nach dem Gesetz ein **Zeugnisverweigerungsrecht** nach § 383 ZPO oder § 53 StPO haben. Dabei kommt es **nicht** darauf an, ob im Einzelfall tatsächlich eine besonders enge persönliche Beziehung zum Vermieter besteht (BGH VIII ZR 276/23 WuM 2024, 540; BGH VIII ZR 35/19 WuM 2020, 377). Zu den sog. **Bedarfspersonen** zählen insbesondere

- der Ehegatte, auch nach einer Trennung oder Scheidung (BGH VIII ZR 35/19 WuM 2020, 730),
- der eingetragene Lebenspartner → *Lebenspartnerschaft*,
- die Verlobte,
- die Eltern,
- Geschwister (BGH VIII ZR 276/02 WuM 2003, 464),
- Kinder
- die Schwiegereltern (LG Kiel WuM 1994, 541),
- Nichten und Neffen (BGH VIII ZR 159/09 WuM 2010, 163),
- die Großeltern sowie
- Enkelkinder (AG Köln WuM 1989, 250; AG Nürnberg WuM 1991, 39).

Nicht zu den **begünstigten Familienangehörigen** gehören
- die Lebensgefährten (LG Berlin GE 2020, 119),
- Cousins und Cousinen (BGH VIII ZR 276/23 WuM 2024, 540),
- die Eltern oder Tochter der Lebensgefährtin (LG Hamburg WuM 1997, 177),
- die Tochter der Schwiegertochter (LG Weiden WuM 2003, 210).

Für **entferntere Verwandte**, die kein Zeugnisverweigerungsrecht haben, ist Eigenbedarf nur möglich, wenn zwischen Vermieter und dem Angehörigen eine **besondere persönliche oder soziale Bindung** besteht (BGH VIII ZR 159/09 WuM 2010, 163). Diese Beziehung muss so eng sein, dass sich daraus für den Vermieter eine moralische Verpflichtung ergibt, den Angehörigen mit Wohnraum zu versorgen (AG Fürstenfeldbruck WuM 2020, 35). Es gilt: Je entfernter die Verwandtschaft, desto enger muss die Bindung sein.

Nutzung durch Haushaltsangehörige

Zu den Haushaltsangehörigen zählen alle Personen, die seit längerer Zeit mit dem Vermieter in einer häuslichen Gemeinschaft zusammenleben (BGH VIII ZR 127/08 WuM 2009, 294) und für die nun eine Wohnung außerhalb der Vermieterwohnung benötigt wird. Dazu gehören insbesondere Lebensgefährten (LG Berlin GE 2020, 119), Stief- und Pflegekinder, Haushaltshilfen, Pflegekräfte sowie Au-pairs.

Nutzung als Wohnung

Der Vermieter oder seine Angehörigen müssen die Mieträume **zu Wohnzwecken** benötigen. Dafür genügt es bereits, wenn die Wohnung **nur teilweise** zum Wohnen genutzt werden soll und im Übrigen überwiegend beruflichen Zwecken dient, etwa als Büro oder für den Betrieb einer Rechtsanwaltskanzlei (BGH VIII ZR 286/22 WuM 2024, 33; VIII ZR 127/05 WuM 2005, 779; VIII ZR 330/11 WuM 2012, 684). Auch eine geplante Nutzung als **Zweitwohnung** (BGH VIII ZR 19/17 WuM 2017, 721) oder **Ferienwohnung** (BGH VIII ZR 186/17 WuM 2018, 776) kann im Einzelfall eine Eigenbedarfskündigung rechtfertigen. Soll eine Wohnung durch die Gesellschafterin einer GbR jedoch nur ausnahmsweise als Zweitwohnung genutzt werden, reicht das nicht aus (LG Berlin WuM 2023, 297).

Verfügt der Vermieter über **mehrere vergleichbare Wohnungen**, darf er grundsätzlich selbst entscheiden, welche er für seinen Bedarf auswählt und deshalb kündigt. Nach Auffassung des LG Berlin ist es dabei nicht treuwidrig, wenn er die Wohnung mit dem ältesten Mietverhältnis und der niedrigsten Quadratmetermiete wählt; die besondere Schutzbedürftigkeit des Mieters sei erst im Rahmen der Härtefallprüfung (→ *Kündigungswiderspruch*) zu berücksichtigen (LG Berlin ZMR 2020, 582). Anders ist es, wenn der Vermieter seinen Wohnbedarf in einer anderen verfügbaren Wohnung **ohne wesentliche Abstriche** ebenso decken kann (BVerfG 1 BvR 1527/87 NJW 1989, 969).

Nutzungswille

Der Vermieter muss **ernsthaft beabsichtigen**, die Wohnung selbst zu nutzen oder sie einem Angehörigen zu überlassen. Fehlt diese Absicht und ist der Eigenbedarf nur **vorgeschoben**, ist die Kündigung **unwirksam.**

Setzt der Vermieter den behaupteten Selbstnutzungswillen **nach dem Auszug** des Mieters nicht um, liegt der Verdacht nahe, dass der Eigenbedarf lediglich vorgetäuscht war. Dann kann für den Mieter ein **Schadensersatzanspruch** in Betracht kommen (→ *Vorgetäuschter Eigenbedarf*). Der Vermieter muss in einem solchen Fall **substanziiert und nachvollziehbar** darlegen, aus welchen Gründen der Eigenbedarf nachträglich entfallen sein soll (BGH VIII ZR 45/16 WuM 2017, 342; VIII ZR 300/15 WuM 2016, 743; VIII ZR 297/14 WuM 2015, 677; LG Bonn WuM 2021, 378). An diese Darlegung sind **strenge Anforderungen** zu stellen. Erst wenn der Vermieter diesen Anforderungen genügt, ist es Sache des Mieters zu beweisen, dass ein Selbstnutzungswille von Anfang an nicht bestand.

K

Erforderlich ist außerdem eine **konkrete, zeitnahe Nutzungsabsicht**: Der Vermieter muss die Wohnung **alsbald** nutzen bzw. einem Angehörigen überlassen wollen und darf **nicht »auf Vorrat«** kündigen. Eine nur vage oder erst für einen späteren, unbestimmten Zeitpunkt verfolgte Absicht reicht nicht aus (BGH VIII ZR 297/14 WuM 2015, 677). Kann der Vermieter bei Ausspruch der Kündigung noch gar nicht absehen, wann die Wohnung tatsächlich benötigt wird, liegt eine unzulässige **Vorratskündigung** vor (LG Berlin WuM 2021, 627; AG Hamburg GE 2023, 149). Dass die Bedarfsperson die Wohnung nicht einmal besichtigt hat, kann ein gewichtiges Indiz gegen einen hinreichend verfestigten Eigenbedarf sein (AG Hamburg, Beschl. v. 20.12.2024 – 49 C 154/24).

Maßgeblich ist der Nutzungswille **zum Zeitpunkt der Kündigung**. Fällt der Eigenbedarf zwar **nach** Zugang der Kündigung, aber **vor** Ablauf der Kündigungsfrist weg, bleibt die Kündigung formal zwar wirksam. Nach der Rechtsprechung des BGH handelt der Vermieter jedoch **treuwidrig**, wenn er trotzdem weiter auf Räumung besteht, obwohl der Kündigungsgrund nicht mehr besteht. Er muss den Mieter über den Wegfall informieren und ihm die **Fortsetzung des Mietverhältnisses** anbieten (BGH VIII ZR 238/18 WuM 2021, 116; VIII ZR 339/04 WuM 2005, 782). Diese Hinweispflicht besteht allerdings nur **bis zum Ablauf der Kündigungsfrist**. Entfällt der Eigenbedarf erst danach, gibt es keine Hinweispflicht – auch dann nicht, wenn im Räumungsprozess ein Vergleich geschlossen wurde und der Eigenbedarf innerhalb der dort vereinbarten Räumungsfrist wegfällt (BGH VIII ZR 238/18 WuM 2021, 116). Fällt der Eigenbedarf also erst **nach Ablauf der Kündigungsfrist** und während des Räumungsprozesses weg, darf der Vermieter grundsätzlich an der Kündigung festhalten.

»Benötigen« der Wohnung

Dafür, dass der Vermieter die Wohnung »benötigt«, muss er **nicht zwingend auf sie angewiesen sein**. Es reicht aus, wenn sein Wunsch, die Wohnung selbst zu nutzen, auf **vernünftigen und nachvollziehbaren Gründen** beruht (BGH VIII ZR 180/18 WuM 2019, 385).

Solche Gründe können etwa vorliegen, wenn sich Ehegatten trennen und dadurch ein eigener Wohnbedarf entsteht. Dafür genügt bereits die **ernsthafte Absicht**, die Lebensgemeinschaft zu beenden und das gemeinsame Wohnen zumindest vorläufig aufzuheben (LG Heidelberg WuM 2013, 49).

Eigenbedarf kann auch gerechtfertigt sein, wenn der Vermieter seine bisher selbst bewohnte Wohnung **verkaufen** und in die bislang vermietete, ähnlich große Wohnung umziehen möchte (BGH VIII ZR 289/23 WuM 2025, 699). Der Eigennutzungswunsch ist auch dann grundsätzlich zu respektieren, wenn der Vermieter den Bedarf **bewusst herbeiführt**, etwa durch den Verkauf der bisherigen Wohnung (BGH VIII ZR 289/23 WuM 2025, 699; VIII ZR 180/18 WuM 2019, 385). Ebenso ist es regelmäßig vernünftig und nachvollziehbar, eine Eigentumswohnung mit dem Ziel zu erwerben, sie anschließend selbst zu bewohnen (»**gekaufter Eigenbedarf**«; BVerfG 1 BvR 696/93 WuM 1993, 729; BGH VIII ZR 180/18 WuM 2019, 385). Allein der Umstand, dass der Vermieter die Wohnung trotz Kenntnis der Vermietung mit Eigennutzungsabsicht gekauft hat, macht den Eigenbedarf noch nicht treuwidrig (BayObLG WuM 1981, 200).

Auch der Wunsch, die **Wohnverhältnisse zu verbessern**, kann ein tragfähiger Grund sein – etwa wenn der Vermieter eine **größere** Wohnung benötigt (BVerfG 1 BvR 1714/92 WuM 1994, 131 und 183) oder wenn die bisherige Wohnung **zu groß** geworden ist und er in eine kleinere, vermietete Wohnung umziehen möchte (LG Wuppertal WuM 1989, 386; LG Münster WuM 1990, 304). Abgelehnt wurde dagegen Eigenbedarf, wenn ein Vermieter aus dem 1. Stock allein deshalb in die Erdgeschosswohnung wechseln wollte, um wegen des ebenerdigen Zugangs weiterhin den auch bislang genutzten Garten zu erreichen (LG Essen WuM 1995, 142).

Ein ausreichender Grund kann ferner in der **Pflege familiärer Beziehungen** liegen, etwa wenn ein Vermieter, der rund zwei Autostunden entfernt wohnt, den Kontakt zur Familie seiner Tochter intensivieren und wieder stärker am städtischen Kulturleben teilnehmen möchte (BGH VIII ZR 186/17 WuM 2018,

780). Eigenbedarf kann im Einzelfall auch durch eine beabsichtigte Nutzung als **Zweitwohnung** gerechtfertigt sein, beispielsweise um die Tochter in unregelmäßigen Abständen am Wochenende zu besuchen (BVerfG 1 BvR 2851/13 WuM 2014, 399).

Vernünftig und nachvollziehbar kann es zudem sein, wenn der Vermieter die Wohnung seiner Tochter zur Verfügung stellen will, damit diese die Möglichkeit zur Familiengründung und Verwirklichung ihres **Kinderwunsches** hat. Dabei ist weder erforderlich, dass die Tochter verheiratet ist, noch dass sie bei Kündigung oder im Räumungsprozess bereits schwanger ist (BVerfG 1 BvR 665/94 WuM 1995, 260). Eine nähere Konkretisierung des behaupteten Kinderwunsches kann der Mieter nicht verlangen (BVerfG 1 BvR 619/92 WuM 2003, 435).

Eigenbedarf kann schließlich auch für eine **Pflegehilfe** geltend gemacht werden, wenn mit hinreichender Sicherheit feststeht, dass der Vermieter in absehbarer Zeit auf Pflege angewiesen sein wird (OLG Hamm WuM 1986, 269; BayObLG WuM 1982, 125; LG Lübeck ZMR 1999, 830). Die Pflegebedürftigkeit muss also bei Ausspruch der Kündigung noch nicht eingetreten sein, und auch eine konkrete Pflegeperson muss noch nicht feststehen (LG Stuttgart WuM 2021, 496). Ebenso wenig ist erforderlich, dass der Vermieter rund um die Uhr auf Hilfe angewiesen ist (BVerfG 1 BvR 889/99 WuM 2000, 232). Der Vermieter muss außerdem nicht begründen, weshalb er die Pflegekraft nicht in seine eigene Wohnung aufnehmen möchte; es ist grundsätzlich seine Entscheidung, ob er eine Pflegeperson in den eigenen Haushalt aufnimmt oder für sie gesonderten Wohnraum bereitstellt (BGH VIII ZR 127/08 WuM 2009, 294; LG Stuttgart WuM 2021, 496).

Nach der Rechtsprechung des Bundesverfassungsgerichts müssen die Gerichte die Entscheidung des Eigentümers über seinen Wohnbedarf grundsätzlich **respektieren** und dürfen ihm keine eigenen Vorstellungen von »angemessenem Wohnen« oder seiner Lebensplanung aufzwingen (BVerfG 1 BvR 29/99 WuM 1999, 449; 1 BvR 1465/93 WuM 1994, 183; 1 BvR 501/93 WuM 1994, 132; 1 BvR 1714/92 WuM 1994, 130; 1 BvR 853/93 WuM 1994, 129; 1 BvR 208/93 WuM 1993, 377). Zu dieser Eigentümerentscheidung gehört auch, **wann** der als angemessen angesehene Wohnbedarf Anlass für eine Eigenbedarfskündigung sein soll (BVerfG 1 BvR 29/99 WuM 1999, 449). Gleichzeitig müssen die Gerichte aber allen Umständen nachgehen, die Zweifel an der **Ernsthaftigkeit** des Selbstnutzungswunsches begründen oder auf Rechtsmissbrauch hindeuten (BVerfG 1 BvR 1185/01 WuM 2002, 21; BGH VIII ZR 180/18 WuM 2019, 385). Eine nur vorgeschobene oder rechtsmissbräuchliche Eigenbedarfskündigung ist daher **unwirksam** (Einzelfälle s. u.).

Kündigungsrecht wegen Eigenbedarfs vertraglich ausgeschlossen oder beschränkt?

Das Kündigungsrecht wegen Eigenbedarfs kann zugunsten des Mieters **vertraglich ausgeschlossen** werden. Ebenso können die Parteien vereinbaren, dass eine Kündigung wegen Eigenbedarfs nur in besonderen Ausnahmefällen zulässig sein soll und der Mieter dadurch einen erweiterten Bestandsschutz erhält (BGH VIII ZR 57/13 WuM 2013, 739; LG Berlin WuM 2022, 282: »wichtige berechtigte Interessen«; LG Berlin WuM 2022, 745: Kündigungsverzicht für die Dauer der Förderbindung).

Ein solcher Ausschluss kann auch außerhalb des Mietvertrags, etwa im notariellen Grundstückskaufvertrag zwischen dem veräußernden Vermieter und dem Erwerber, zugunsten des Mieters vereinbart werden (BGH VIII ZR 109/18 WuM 2019, 19; LG Berlin WuM 2020, 652; AG Stuttgart-Bad Cannstatt WuM 2021, 374). Verzichtet der Vermieter für **länger als ein Jahr** auf das Kündigungsrecht wegen Eigenbedarfs, ist dabei die → ***Schriftform*** einzuhalten: Der Kündigungsverzicht muss in der Mietvertragsurkunde schriftlich festgehalten sein, andernfalls ist er unwirksam (BGH VIII ZR 223/06 WuM 2007, 272; AG Dortmund ZMR 2020, 759).

Ist ein Kündigungsverzicht wirksam vereinbart oder die Eigenbedarfskündigung wirksam auf Ausnahmefälle beschränkt, gilt dies bei einem **Verkauf** der Wohnung grundsätzlich auch für den Erwerber – er ist an die Vereinbarung gebunden (BGH VIII ZR 57/13 WuM 2013, 739; LG Berlin WuM 2022, 282). Erwirbt der Vermieter die Mietwohnung aber durch Zuschlag im **Zwangsversteigerungsverfahren**, hat das **gesetzliche Sonderkündigungsrecht nach § 57a ZVG** Vorrang vor dem vertraglich vereinbarten Kündigungsverzicht (BGH VIII ZR 76/20 WuM 2021, 686; AG Frankfurt a. M. WuM 2022, 620) (→ *Hausverkauf und Mietvertrag*).

Bei **DDR-Altmietverträgen** können Vermieter wegen Eigenbedarfs nach § 573 BGB kündigen. Die strengeren Kündigungsvoraussetzungen des früheren DDR-Zivilgesetzbuchs (ZGB) müssen sie dabei nicht einhalten (BGH VIII ZR 15/23 WuM 2025, 37). Nach dem ZGB war eine Vermieterkündigung nur bei »dringendem Eigenbedarf aus gesellschaftlich gerechtfertigten Gründen« zulässig.

Kündigungssperrfrist eingehalten?

Wird die Wohnung erst nach der Überlassung an den Mieter an eine Personengesellschaft (GbR, OHG, KG) oder an mehrere Erwerber verkauft, können Gesellschafter bzw. Erwerber wegen Eigenbedarfs grundsätzlich **erst nach Ablauf einer Kündigungssperrfrist** von **mindestens drei Jahren kündigen** (§ 577a BGB). Diese Sperrfrist gilt ebenso, wenn nach der Überlassung an den Mieter an den

Wohnräumen Wohnungseigentum begründet und das Wohnungseigentum anschließend veräußert wird (→ *Umwandlung von Miet- und Eigentumswohnungen*).

Begründungspflicht

Der Vermieter muss eine Eigenbedarfskündigung **schriftlich begründen** (→ *Kündigungsform*). Kommt er seiner Begründungspflicht nicht nach, ist die Kündigung allein deshalb **unwirksam**, unabhängig davon, ob tatsächlich Eigenbedarf vorliegt.

Im Kündigungsschreiben muss er zum einen angeben, **für wen** die Wohnung benötigt wird, und zum anderen die **tatsächlichen Umstände** mitteilen, aus denen sich das Nutzungsinteresse dieser Person ergibt (BGH VIII ZR 346/19 WuM 2021, 314; VIII ZR 70/09 WuM 2010, 301; LG Hamburg ZMR 2019, 197). Damit soll der Mieter den Kündigungsgrund **möglichst früh konkret prüfen** und sich ggf. dagegen **verteidigen** können (BGH VIII ZR 346/19 WuM 2021, 314; VIII ZR 70/09 WuM 2010, 301). Die Verteidigung muss sich auf den **genau benannten** Kündigungsgrund ausrichten können; deshalb darf der Vermieter den Kündigungsgrund später **nicht austauschen** (BGH VIII ZR 6/19 WuM 2021, 451).

K

Bedarfsperson

Die Bedarfsperson muss aus den Angaben in der Kündigung für den Mieter **hinreichend individualisierbar** sein; die namentliche Benennung ist nicht zwingend (BVerfG 1 BvR 619/02 WuM 2003, 435). So kann etwa die Angabe, die »**Tochter**« benötige die Wohnung, um mit ihrem »**Lebensgefährten**« einen gemeinsamen Haushalt zu begründen, genügen (BGH VIII ZR 284/13 WuM 2014, 423). Bei einer geplanten Überlassung an einen Familienangehörigen reicht daher regelmäßig die Nennung des **Verwandtschaftsgrads** (z. B. Tochter, Sohn, Nichte, Schwager). Gibt es allerdings **mehrere** Töchter oder Söhne, ist die Bedarfsperson mit »meine Tochter« oder »mein Sohn« nicht eindeutig genug bezeichnet (AG Neuss DWW 1992, 245). Dann muss sie entweder **namentlich** oder durch **zusätzliche Merkmale** (z. B. »mein 20-jähriger Sohn«) erkennbar gemacht werden (LG Berlin WuM 2023, 425; LG München I ZMR 2020, 585). Wird die Bedarfsperson in der Kündigung mit einem **völlig falschen Nachnamen** bezeichnet, ist die Kündigung **unwirksam**, weil der Mieter die Person nicht identifizieren und den behaupteten Eigenbedarf nicht überprüfen kann (LG Berlin GE 2023, 352). Gleiches gilt, wenn lediglich von »**einem Familienangehörigen**« die Rede ist: Dann kann der Mieter nicht prüfen, ob die Person zum privilegierten Personenkreis gehört. Wird die Person nicht namentlich genannt, muss der Vermieter zumindest den Verwandtschaftsgrad mitteilen (AG Ratzeburg, Urt. v. 23.7.2025 – 17 C 235/23).

Der Vermieter muss sich im Kündigungsschreiben außerdem auf eine **konkrete Bedarfsperson festlegen.** Nicht ausreichend sind Formulierungen wie »entweder für mich oder meine Ehefrau« (AG Leonberg WuM 2019, 594) oder »für eine meiner drei Töchter« (LG München I WuM 1991, 490).

Nutzungsinteresse
Auch das Nutzungsinteresse ist im Kündigungsschreiben **konkret darzustellen.** Bloße Floskeln wie »Kündigung wegen Eigenbedarfs« oder »weil ich die Wohnung für mich brauche« reichen nicht aus (LG Heilbronn, Urt. v. 30.10.2025 – 3 S 12/25; LG Hamburg ZMR 2019, 197; LG Hamburg WuM 1989, 385; LG Mannheim ZMR 1990, 19). Ausreichend kann es hingegen sein, wenn nachvollziehbar erklärt wird, der Sohn benötige die Wohnung wegen Arbeit im Homeoffice und eines dadurch erhöhten Platzbedarfs (BGH VIII ZR 6/19 WuM 2021, 314). Ob dieser Grund tatsächlich besteht, betrifft die **inhaltliche Berechtigung**, nicht die formale Begründung.

Überlässt der Vermieter die Wohnung seinem Kind zur **Gründung eines eigenen Hausstands**, muss er nach der Rechtsprechung des BGH die bisherigen Wohnverhältnisse des Kindes grundsätzlich nicht schildern (BGH VIII ZR 78/10 WuM 2010, 757; VIII ZR 317/10 WuM 2011, 518). Stützt er die Kündigung dagegen darauf, dass seine **eigene** Wohnung zu klein oder zu groß sei, sind die Wohnverhältnisse in der Kündigung **konkret** darzulegen (LG Mannheim WuM 1996, 707; LG Hamburg ZMR 1993, 167). Allgemeine Angaben wie »vielköpfige Familie« oder »unzumutbare Wohnverhältnisse« genügen nicht (LG Gießen WuM 1994, 684). Erforderlich sind Angaben etwa zur **Wohnungsgröße** und zur **Zahl der Bewohner**; regelmäßig reicht es, Zimmerzahl und Familiengröße zu nennen, ohne jedes Zimmer einzeln vermessen zu müssen (BVerfG 1 BvR 619/02 WuM 2003, 435).

Tatsachen, die **dem Mieter ohnehin bekannt** sind, muss der Vermieter nicht nochmals ausführen (BGH VIII ZR 270/15 WuM 2017, 285; VIII ZR 317/10 WuM 2011, 518). Er darf außerdem auf die **Begründung einer früheren Kündigung** Bezug nehmen (BGH VIII ZR 317/10 WuM 2011, 518).

Der Vermieter ist nach Ansicht des BGH nicht verpflichtet, den Mieter durch zusätzliche Angaben bereits vorsorglich auf mögliche rechtliche Einwendungen hinzuweisen (BGH VIII ZR 270/15 WuM 2017, 285; VIII ZR 317/10 WuM 2011, 518). Umstände, die **gegen die Kündigung sprechen**, muss er **nicht offenlegen**; insbesondere muss er in der Kündigung grundsätzlich nicht angeben, welche weiteren Wohnungen er besitzt (BGH VIII ZR 270/15 WuM 2017, 285). Der Mieter kann jedoch Einsicht in die erste Abteilung des Grundbuchs nehmen, um zu prüfen, ob dem Vermieter weitere Wohnungen zur Verfügung stehen (LG Mannheim WuM 1992, 130; OLG München NZM 2018, 989; OLG Frankfurt a. M., Beschl. v. 9.5.2019 – 20 W 102/19). Macht der Vermieter freiwillig Angaben zu weiterem Immobilienbesitz, müssen diese vollständig sein (LG München I NZM 2003, 20).

Folgen formaler Mängel der Kündigung

Fehlen die notwendigen Angaben zur Bedarfsperson oder zum Nutzungsinteresse, ist die Kündigung **unwirksam**. Eine unzureichend begründete Kündigung lässt sich **nicht** durch späteres **Nachschieben neuer Kündigungsgründe** heilen (LG Frankfurt a. M. WuM 2000, 606). Auch im Prozess dürfen grundsätzlich nur diejenigen Gründe berücksichtigt werden, die **im Kündigungsschreiben genannt** sind. Treten nach der Kündigung neue Umstände ein, die nun Eigenbedarf begründen würden, können sie eine ursprünglich unwirksame Kündigung nicht nachträglich wirksam machen (BVerfG 1 BvR 658/92 WuM 1993, 235).

Zulässig sind hingegen **Erläuterungen und Konkretisierungen**, solange der Kündigungsgrund im Kern **derselbe** bleibt (BGH VIII ZR 6/19 WuM 2021, 451). Der Kündigungsgrund darf also im Prozess näher ausgeführt werden (BVerfG 1 BvR 619/02 WuM 2003, 435), etwa wenn der Grund »Tochter will eigenen Hausstand« begründen bestehen bleibt und lediglich präzisiert wird, ob sie mit einem Freund zusammenziehen oder eine Wohngemeinschaft gründen möchte (BGH VIII ZR 6/19 WuM 2021, 451).

Gerichtliche Überprüfung des Eigenbedarfs

Kommt es zum Prozess, prüft das Gericht die Einhaltung der **formalen Voraussetzungen** der Kündigung. Nur wenn es zu dem Schluss kommt, dass diese eingehalten sind, prüft es, ob **tatsächlich Eigenbedarf** vorliegt.

Bei einer Eigenbedarfskündigung treffen zwei rechtlich geschützte Positionen aufeinander: das **Eigentumsrecht des Vermieters** und das **Besitzrecht des Mieters** und dessen **Interesse am Fortbestand des Mietverhältnisses**. Das Bundesverfassungsgericht hat wiederholt betont, dass die Gerichte den Entschluss des Vermieters, eine Wohnung künftig selbst nutzen zu wollen, grundsätzlich zu respektieren haben. Aus Art. 14 GG folge das Recht des Eigentümers, eine vermietete Wohnung zu kündigen, wenn er sie selbst nutzen wolle. Dabei dürfen Gerichte dem Vermieter keine eigenen Vorstellungen von »angemessenem Wohnen« oder von seiner Lebensplanung aufdrängen (BVerfG 1 BvR 29/99 WuM 1999, 449; 1 BvR 1465/93 WuM 1994, 183; 1 BvR 501/93 WuM 1994, 132; 1 BvR 1714/92 WuM 1994, 130; 1 BvR 853/93 WuM 1994, 129; 1 BvR 208/93 WuM 1993, 377; 1 BvR 308/88 WuM 1989, 114).

Gleichzeitig schützt Art. 14 GG nach ständiger Rechtsprechung nicht nur den Vermieter: Auch das **Besitzrecht des Mieters an der gemieteten Wohnung ist Eigentum i. S. v. Art. 14 Abs. 1 Satz 1 GG** (BVerfG 1 BvR 208/93 WuM 1993, 377; 1 BvR 1460/99 WuM 2000, 298; 1 BvR 2285/03 WuM 2004, 80). Das Grundgesetz schützt also das Erlangungsinteresse des Vermieters und das Bestandsinteresse des Mieters gleichermaßen. Daraus folgt: Die Gerichte müssen **sämtliche Einwendungen** des Mieters gegen eine Eigenbedarfskündigung **sorgfältig und umfassend prüfen.** Der Mieter hat Anspruch auf eine Prüfung, die der Bedeutung seines Bestandsinteresses und seiner durch Art. 14 GG geschützten Position gerecht wird (BVerfG 1 BvR 1420/94 WuM 1995, 140; BGH VIII ZR 300/15 WuM 2016, 743; LG Berlin WuM 2023, 100).

Nach der Rechtsprechung des **Bundesverfassungsgerichts** sind dabei insbesondere folgende Punkte zu berücksichtigen (BVerfG 1 BvR 208/93 WuM 1993, 377):
- **Ernsthaftigkeit der Nutzungsabsicht:** Will der Vermieter wirklich einziehen bzw. die Wohnung einem Angehörigen überlassen – oder ist der Eigenbedarf nur vorgeschoben? Hinweisen, die Zweifel an der Ernsthaftigkeit begründen, muss das Gericht nachgehen (BVerfG 1 BvR 308/88 WuM 1989, 114) → *Vorgetäuschter Eigenbedarf.*
- **Vernünftige, nachvollziehbare Gründe:** Beruht der Nutzungswille auf plausiblen Erwägungen?
- **Überhöhter Wohnbedarf/Rechtsmissbrauch:** Ist der geltend gemachte Bedarf deutlich überzogen, kann die Kündigung rechtsmissbräuchlich sein (BVerfG 1 BvR 440/90 WuM 1990, 479: 4-Zimmer-Wohnung mit 107 m^2 für eine 22-jährige Studentin).
- **Alternative Wohnmöglichkeiten:** Kann der Vermieter seinen Bedarf auch ohne die gekündigte Wohnung decken, etwa weil eine andere Wohnung frei ist und er dort seinen Wohnbedarf ohne wesentliche Abstriche verwirklichen kann? (BVerfG 1 BvR 275/90 WuM 1990, 536).

Außerdem hebt das Bundesverfassungsgericht hervor, dass der Mieter verlangen kann, dass das Gericht bei der Anwendung der **Sozialklausel** (→ *Kündigungswiderspruch*) und insbesondere bei der Auslegung des Begriffs der »Härte« das Bestandsinteresse des Mieters in seiner Bedeutung und Tragweite ausreichend erfasst und berücksichtigt (BVerfG 1 BvR 208/93 WuM 1993, 377; 2 BvR 459/93 WuM 1993, 380).

Unabhängig von diesen Leitlinien müssen die Gerichte auch **allen sonstigen Einwänden nachgehen**, mit denen der Mieter die behaupteten Kündigungsvoraussetzungen oder die Ernsthaftigkeit des Einzugswunsches angreift. Soweit erforderlich, ist Beweis zu erheben – etwa durch Vernehmung der »einzugswilligen

Kinder« oder deren »Verlobter« (BVerfG 2 BvR 801/90 WuM 1991, 147; 1 BvR 674/89 WuM 1989, 481; LG München I WuM 1990, 346). Das Gericht darf den Eigenbedarf nicht ohne Beweisaufnahme zugrunde legen, wenn der Mieter die Voraussetzungen prozessual mit »Nichtwissen« bestritten hat (BerlVerfGH GE 2005, 542; HessStGH WuM 1999, 624).

Dabei kann sich der Mieter grundsätzlich auch auf ein **einfaches Bestreiten** der Nutzungsabsicht beschränken: Denn der Nutzungswunsch betrifft innere Tatsachen, die der Mieter regelmäßig nicht kennen kann – auch dann, wenn sein Bestreiten auf Vermutungen beruht (LG Berlin WuM 2023, 100). Umgekehrt gilt jedoch: Trägt der Mieter keine konkreten Einwände vor, kann er nicht erwarten, dass sich das Gericht von sich aus mit möglichen Zweifeln befasst (BVerfG 2 BvR 188/01 WuM 2001, 330). Auch im Eigenbedarfsprozess gilt kein Amtsermittlungsgrundsatz – der Mieter muss seine **Einwendungen im Verfahren aktiv vorbringen** und sollte sich hierfür rechtlich beraten lassen – z. B. beim örtlichen Mieterverein.

K

In folgenden **Fallgruppen verneint die Rechtsprechung einen Eigenbedarf** des Vermieters:

1. Rechtsmissbräuchliche Kündigungen
In diesen Fällen besteht der Eigenbedarf zwar formal, die Kündigung ist jedoch grob unbillig und deshalb nach der Rechtsprechung des Bundesverfassungsgerichts unzulässig (BVerfG 1 BvR 308/88 WuM 1989, 114).

a) Freistehende Alternativwohnung: Steht dem Vermieter eine **andere freie Wohnung** zur Verfügung, kann es im Einzelfall **unvernünftig** sein, wenn er gleichwohl darauf besteht, ausgerechnet in die gekündigte Wohnung einzuziehen (BVerfG 1 BvR 1698/95 WuM 1999, 381; 1 BvR 1100/90 WuM 1991, 247; 1 BvR 308/88 WuM 1989, 114).

Allerdings muss der Vermieter nicht auf bislang **gewerblich genutzte** Einheiten – etwa **Ferienwohnungen** – ausweichen, selbst wenn diese gerade leer stehen und sich im selben Haus befinden. Voraussetzung ist, dass er die Ferienwohnungen weiterhin **gewerblich nutzen will** (BVerfG 1 BvR 558/89 WuM 1989, 607).

Ob es rechtsmissbräuchlich bzw. unvernünftig ist, eine andere freie Wohnung im Haus nicht zu nutzen, hängt letztlich davon ab, ob der Vermieter seinen Wohnbedarf in der Alternativwohnung **»ohne wesentliche Abstriche«** ebenso verwirklichen kann (BVerfG 1 BvR 275/90 WuM 1990, 535; 1 BvR 308/88 WuM 1989, 114). Dabei müssen die Gerichte die **Vorstellungen des Vermieters** zum eigenen

Wohnbedarf grundsätzlich **achten** und dürfen ihm nicht ihre eigenen Maßstäbe für »angemessenes Wohnen« aufdrängen (BVerfG 1 BvR 308/88 WuM 1989, 114).

Die Alternativwohnung muss **bei Zugang der Kündigung** bereits **frei** sein und hinsichtlich **Größe, Lage und Zuschnitt** mit der gekündigten Wohnung **vergleichbar** sein (BVerfG 1 BvR 308/88 WuM 1989, 114; LG Berlin ZMR 2020, 582). Kündigt der Vermieter etwa eine Dachgeschosswohnung, weil er dort ein Penthouse einrichten will, kann der Mieter ihn grundsätzlich nicht darauf verweisen, stattdessen eine leer stehende Wohnung im Parterre oder im 1. Stock zu nehmen.

Beispiele aus der Rechtsprechung:

- Will ein jung verheiratetes Ehepaar eine gekündigte 3-Zimmer-Wohnung mit ca. 74 m^2 beziehen, muss es sich nicht auf eine **deutlich kleinere** freie 2-Zimmer-Wohnung verweisen lassen (BVerfG 1 BvR 416/90 WuM 1991, 145; im Ergebnis auch OLG Düsseldorf WuM 1993, 49).
- Beansprucht der Eigentümer die Wohnung (3. Stock, 62 m^2) für seine **78-jährige gehbehinderte Mutter**, obwohl im selben Haus eine größere, passendere Wohnung frei ist, kann dies **unzulässige Rechtsausübung** sein (LG Berlin WuM 1990, 25 unter Hinweis auf BVerfG 1 BvR 308/88 WuM 1989, 114; ähnlich LG Düsseldorf WuM 1988, 111; AG Friedberg WuM 1988, 111).
- Die Wohnungen müssen nicht völlig identisch sein: Das Bundesverfassungsgericht hielt es für nicht nachvollziehbar, wenn der Vermieter eine **baugleiche** freie Wohnung im selben Gebäude nicht nutzen will, obwohl Unterschiede (eine Etage; Einzug drei Monate später) nicht erheblich sind (BVerfG 1 BvR 275/90 WuM 1990, 535).

Teilweise wird außerdem vertreten, dass der Vermieter auch dann auf die freie Alternativwohnung verwiesen ist, wenn die Mieten im Haus unterschiedlich sind und gerade die gekündigte Wohnung **die niedrigere Miete** hat (LG Heidelberg WuM 1992, 612; LG Stuttgart WuM 1991, 164; WuM 1991, 493; LG Frankfurt WuM 1987, 224; a. A. LG Düsseldorf WuM 1989, 248).

b) Anbietpflicht gegenüber dem Mieter: Will der Vermieter die freie Alternativwohnung **nicht selbst beziehen**, muss er sie dem gekündigten Mieter grundsätzlich **als Ersatz anbieten** (BGH VIII ZR 232/15 WuM 2017, 94; VIII ZR 311/02 WuM 2003, 463). Hintergrund ist die vertragliche **Rücksichtnahmepflicht**: Der Vermieter soll die Folgen der Kündigung für den Mieter nach Möglichkeit **abmildern** (BGH VIII ZR 232/15 WuM 2017, 94; VIII ZR 311/02 WuM 2003, 463).

Diese Anbietpflicht erfasst allerdings nur Wohnungen **im selben Haus** oder in **derselben Wohnanlage** (BGH VIII ZR 232/15 WuM 2017, 94; VIII ZR 311/02 WuM 2003, 463). Gibt es mehrere Ersatzwohnungen, muss der Vermieter **alle von sich aus anbieten**; er darf nicht erst abwarten, ob der Mieter nachfragt. Dabei hat er den Mieter über **Größe, Ausstattung und Mietpreis** zu informieren (BGH VIII ZR 78/10 WuM 2010, 757).

Zeitlich reicht die Pflicht grundsätzlich nur bis zum **Ablauf der Kündigungsfrist**: Wohnungen, die erst während eines Räumungsprozesses frei werden, müssen nicht mehr angeboten werden (BGH VIII ZR 232/15 WuM 2017, 94; VIII ZR 311/02 WuM 2003, 463). Wird eine Wohnung zwar vor Fristablauf gekündigt, aber erst später frei, besteht ebenfalls keine Anbietpflicht (BGH VIII ZR 292/07 WuM 2008, 497). Nutzt der Vermieter die freie Alternativwohnung nur **vorübergehend** selbst, muss er sie dem Mieter nicht anbieten (BVerfG 1 BvR 904/93 WuM 1994, 13).

K

Wenn der Vermieter die **Anbietpflicht verletzt**, wird die Eigenbedarfskündigung dadurch **nicht unwirksam**. Der Mieter kann aber **Schadensersatz** verlangen; ein Anspruch auf Fortsetzung des Mietverhältnisses folgt daraus regelmäßig nicht (BGH VIII ZR 232/15 WuM 2017, 94). Das Angebot darf der Vermieter außerdem nicht mit dem Argument unterlassen, die Wohnung sei für den Mieter »zu klein« – ob der Mieter sie akzeptiert, ist seine Entscheidung (BVerfG 1 BvR 1054/91 WuM 1992, 180).

c) Weit überhöhter Wohnbedarf: Missbräuchlich kann eine Eigenbedarfskündigung nach der Rechtsprechung des Bundesverfassungsgerichts insbesondere dann sein, wenn der Vermieter einen **weit überhöhten Wohnbedarf** geltend macht (BVerfG 1 BvR 308/88 WuM 1989, 114; 1 BvR 1714/92 WuM 1994, 130; 1 BvR 665/94 WuM 1995, 260). Das kann etwa der Fall sein, wenn eine Vermieterin zusammen mit ihrem kleinen Kind eine **250 m² große 7-Zimmer-Wohnung** für sich beansprucht.

Entsprechendes gilt, wenn der Eigentümer eine Wohnung mit 17 Räumen kündigt, obwohl er nur fünf benötigt. Ein »Ausweg« über die Kündigung einzelner Räume besteht grundsätzlich nicht: Das wäre eine → ***Teilkündigung***, die – abgesehen von wenigen Ausnahmen – unzulässig ist (BVerfG 1 BvR 25/93 WuM 1994, 127; OLG Karlsruhe WuM 1997, 202). Nur wenn die Mieterinteressen durch eine solche Teilkündigung ausnahmsweise nicht ernsthaft beeinträchtigt werden, kann sie nach der Auffassung des OLG Karlsruhe im Einzelfall in Betracht kommen.

Rechtsmissbräuchlich ist dabei nicht schon ein »großer« oder »überhöhter«, sondern **erst ein weit überhöhter Wohnbedarf** (BGH VIII ZR 166/14 WuM 2015, 304). Ob diese Schwelle erreicht ist, ist stets anhand einer **Gesamtwürdigung** der Umstände zu beurteilen; feste Grenzwerte – etwa nach Quadratmetern oder Zimmerzahl – gibt es nicht (BGH VIII ZR 166/14 WuM 2015, 304). Neben Größe, Zuschnitt, Zimmerzahl und Ausstattung können auch die persönlichen und wirtschaftlichen Lebensverhältnisse des Vermieters sowie seine Lebensplanung bedeutsam sein.

Einwände des Mieters greifen zudem nicht in jedem Fall: Bewohnt der Mieter selbst eine **sehr große Wohnung allein**, kann er dem Vermieter grundsätzlich keinen überhöhten Raumbedarf entgegenhalten (BVerfG 1 BvR 1422/93 WuM 1994, 184). Ebenso scheidet der Einwand eines weit überhöhten Bedarfs regelmäßig aus, wenn der Vermieter mit **derselben Personenzahl** einziehen will, wie sie die Wohnung derzeit bewohnt (BGH VIII ZR 14/15 WuM 2015, 553).

Beispiele aus der Rechtsprechung:

- Soll einer **19-jährigen Auszubildenden**, die bislang im Elternhaus nur ein Zimmer nutzt, eine **120 m² große Wohnung** überlassen werden, kann das einen weit überhöhten Wohnbedarf darstellen (LG Berlin WuM 2021, 310).
- Andererseits kann es nachvollziehbar sein, studierenden Kindern eine eigene Wohnung zu überlassen, um Unterhaltslasten zu reduzieren; selbst die Überlassung einer **92 m² großen 4-Zimmer-Wohnung** an einen **studierenden Sohn** allein kann dann vernünftig sein (LG Potsdam GE 2005, 187).
- Zwar ist es grundsätzlich Sache des Vermieters, welchen Raumbedarf er für angemessen hält; diese Entscheidung ist aber auf **Vernünftigkeit und Nachvollziehbarkeit** zu überprüfen (BVerfG 1 BvR 440/90 WuM 1990, 479). Danach ist es nicht nachvollziehbar, wenn eine alleinstehende, knapp **22-jährige Studentin** eine **107 m² große 4-Zimmer-Wohnung** beziehen soll (LG Frankfurt WuM 1990, 479; bestätigt durch BVerfG 1 BvR 440/90 WuM 1990, 479).
- Umgekehrt kann es vernünftig sein, **Wohn- und Arbeitsstätte** im selben Haus zu bündeln, etwa um Geschäftspartner in repräsentativer, zugleich wohnlicher Umgebung empfangen und bewirten zu können (BVerfG 1 BvR 2048/93 WuM 1994, 450).

2. Treuwidrige Kündigungen

a) Geplanter oder vorhersehbarer Eigenbedarf: Eine Eigenbedarfskündigung kann gegen **Treu und Glauben** verstoßen und damit unzulässig sein, wenn der Vermieter **bereits bei Vertragsschluss** fest entschlossen war oder zumindest ernsthaft in Betracht gezogen hat, **später Eigenbedarf** geltend zu machen (BGH VIII ZR 154/14 WuM 2015, 296; BGH VIII ZR 62/08 WuM 2009, 180; BGH VIII ZR 233/12 WuM 2013, 363). Denn dann setzt sich der Vermieter in Widerspruch zu seinem eigenen Verhalten, wenn er die Wohnung »auf unbestimmte Zeit« vermietet, obwohl er sie eigentlich selbst nutzen will oder dies zumindest erwägt (BGH VIII ZR 154/14 WuM 2015, 296).

In diesem Zusammenhang ist auch eine sehr kurz nach Vertragsschluss ausgesprochene Kündigung problematisch: Der Vermieter kann nicht etwa schon **drei Monate nach Vertragsschluss** kündigen, weil er zwischenzeitlich geheiratet hat und nun mit seiner Ehefrau einziehen möchte. Daran ändert es nichts, dass der Mieter bei Vertragsschluss wusste, dass der Vermieter eine Lebensgefährtin hatte; über mögliche Einzugspläne hätte der Vermieter aufklären müssen (BGH VIII ZR 180/09 WuM 2010, 512).

Der Vermieter ist jedoch nicht verpflichtet, schon bei Abschluss des Mietvertrags **vorsorglich Ermittlungen** anzustellen, ob irgendwann in der Zukunft Eigenbedarf entstehen könnte. Allein der Umstand, dass ein späterer Bedarf möglicherweise »erkennbar« gewesen wäre, schließt eine Kündigung nicht aus, solange der Vermieter den Eigenbedarf bei Vertragsschluss **nicht bereits erwogen** hat (BGH VIII ZR 154/14 WuM 2015, 296). Etwas anderes gilt, wenn der Vermieter bei Vertragsschluss **bewusst falsche Angaben** zur Eigenbedarfssituation macht (BGH VIII ZR 154/14 WuM 2015, 296).

K

Auch eine Kündigung **kurz nach** Vertragsschluss ist **nicht automatisch treuwidrig**, wenn der Eigenbedarf für den Vermieter bei Vertragsschluss **nicht absehbar** war (BGH VIII ZR 233/12 WuM 2013, 363). Das kann etwa der Fall sein, wenn sich die Lebensplanung durch eine **Schwangerschaft** im Familienkreis ändert (BGH VIII ZR 233/12 WuM 2013, 363) oder wenn eine **berufliche Veränderung** eintritt, die den Wohnbedarf auslöst (BVerfG 1 BvR 1515/92 WuM 1994, 134; LG Ulm DWW 2008, 387).

Hinweis zur zeitlichen Einordnung: Nach der Rechtsprechung wird eine Kündigung regelmäßig nicht mehr als treuwidrig angesehen, wenn zwischen Mietvertragsabschluss und Kündigung **etwa fünf Jahre** liegen. Nur für diesen Zeitraum kann man typischerweise verlangen, dass der Vermieter die voraussichtliche Entwicklung überblickt (BVerfG 1 BvR 308/88 WuM 1989, 114; LG Ravensburg WuM 2003, 332; LG Wuppertal WuM 1991, 691; LG Trier WuM 1990, 349; LG Hamburg WuM 1993, 50; WuM 1989, 249; LG Stuttgart WuM 1989, 249). Maßgeblich bleiben aber stets die Umstände des Einzelfalls. Liegen **vernünftige und nachvoll-**

ziehbare Gründe für die veränderte Bedarfslage vor, kann eine Kündigung auch dann zulässig sein, wenn weniger als fünf Jahre vergangen sind. Wird ein Mietverhältnis nach neun Jahren Laufzeit neu abgeschlossen oder verlängert, ist eine vier Jahre nach dem Neuabschluss erklärte Eigenbedarfskündigung nicht treuwidrig (BGH VIII ZR 62/08 WuM 2009, 180).

b) Vorübergehender Bedarf und zeitweise Nutzung; Zweitwohnung: Eine Kündigung kann außerdem im Einzelfall rechtsmissbräuchlich sein, wenn der Vermieter die Wohnung nur **vorübergehend** benötigt. Grundsätzlich gilt: Je länger die beabsichtigte Eigennutzung angelegt ist, desto eher ist sie als vernünftig und nachvollziehbar einzustufen; bei einer auf mehrere Jahre angelegten Nutzung spricht regelmäßig viel für die Zulässigkeit (BayObLG WuM 1993, 252). Starre Grenzen gibt es jedoch nicht. Teilweise wird eine Mindestdauer von etwa **drei Jahren** genannt (LG München I WuM 1993, 677), teilweise wird allgemein ein **mehrjähriges** Nutzungsinteresse verlangt (AG Köln WuM 1992, 250). Soll die Nutzung nur kurz sein, bedarf die Kündigung einer besonders tragfähigen Begründung. Vernünftig kann es aber etwa sein, wenn die eigentlich vorgesehene Wohnung erst später frei wird und dort noch erhebliche Instandsetzungen notwendig sind (BVerfG 1 BvR 697/93 NJW 1994, 310).

Zu unterscheiden sind Fälle, in denen der Vermieter die Wohnung zwar nur für eine **absehbare Zeit**, in dieser Zeit aber **durchgehend** bewohnen will, und Fälle einer lediglich **zeitweisen** Nutzung (z. B. einige Tage pro Woche oder einige Monate im Jahr).

Eigenbedarf kann im Einzelfall auch für eine **Zweitwohnung** in Betracht kommen (BGH VIII ZR 186/17 WuM 2018, 776; VIII ZR 19/17 WuM 2017, 721; BVerfG 1 BvR 2851/13 WuM 2014, 399), etwa um die Wohnung für Besuche der Tochter zu nutzen. Ein Lebensmittelpunkt muss in der Wohnung nicht begründet werden (BGH VIII ZR 186/17 WuM 2018, 776). Auch eine Nutzung als **Ferienwohnung** für wenige Wochen im Jahr kann ausreichen (BGH VIII ZR 186/17 WuM 2018, 776). Das LG Hamburg hat Eigenbedarf bejaht, wenn der auswärts wohnende Vermieter die Wohnung wenigstens **acht bis zehn Arbeitstage** im Monat benötigt; ein Tag pro Woche reiche dagegen nicht (LG Hamburg WuM 1994, 431; LG Berlin WuM 1996, 331).

In jedem Fall muss eine beabsichtigte Nutzung als **Zweitwohnung** besonders sorgfältig begründet werden: Der Vermieter hat in der Kündigung Anlass sowie **Dauer und Intensität** der geplanten Nutzung mitzuteilen (LG Berlin WuM 2020, 163). Im Prozess ist dann genau zu prüfen, ob diese Zweitwohnungsnutzung vernünftig und nachvollziehbar ist (LG Berlin WuM 2020, 163; AG Köln WuM 2012, 328).

3. Zweckverfehlende Kündigungen

Kann der Vermieter seinen geltend gemachten Nutzungswunsch mit der gekündigten Wohnung **tatsächlich nicht verwirklichen** und läuft die Kündigung damit ins Leere, ist die Eigenbedarfskündigung **unzulässig.**

> **Beispiel:** Der Vermieter kündigt mit der Begründung, er wolle die Wohnung aus- oder umbauen. Tatsächlich ist das Vorhaben aber schon deshalb nicht umsetzbar, weil er dafür keine Baugenehmigung erhalten kann.

a) Baurechtlich oder bauordnungsrechtlich nicht gestattete Nutzung: Zum Zeitpunkt der Kündigungserklärung muss zwar noch keine Baugenehmigung vorliegen (AG Hamburg, Urt. v. 26.10.2023 – 49 C 294/22). Das Gericht hat in solchen Fällen jedoch zu prüfen, ob die Vorstellungen des Vermieters **baurechtlich überhaupt realisierbar** sind (OLG Frankfurt WuM 1992, 421; LG Kiel WuM 1992, 691; BayObLG WuM 1993, 660). Nur wenn das Vorhaben grundsätzlich umsetzbar ist, kann die Kündigung als **vernünftig und nachvollziehbar** angesehen werden. Will der Vermieter zwei Wohnungen zusammenlegen, kann die Eigenbedarfskündigung für die eine Wohnung allerdings nicht allein mit dem Argument zurückgewiesen werden, der Plan sei derzeit noch nicht realisierbar, weil für die andere Wohnung noch ein Räumungsverfahren läuft (BVerfG 1 BvR 1698/95 WuM 1999, 381).

Missbräuchlich ist eine Eigenbedarfskündigung außerdem, wenn die Mieträume nach dem Bauordnungsrecht **gar nicht zu Wohnzwecken** genutzt werden dürfen (LG Hamburg WuM 1994, 432) oder wenn eine beabsichtigte Zusammenlegung mit einer weiteren Wohnung des Vermieters **öffentlich-rechtlichen Vorgaben** widerspricht (LG Berlin WuM 2022, 428).

b) Fehlende Wohnberechtigung der Bedarfsperson: Handelt es sich schließlich um eine **öffentlich geförderte Wohnung** im Sinne des Wohnungsbindungsgesetzes → *Sozialmiete/Sozialwohnung*, darf die Wohnung während der Bindungsfrist grundsätzlich nur an Mieter mit **Wohnberechtigungsschein (WBS)** vermietet werden. Eigenbedarf kann der Vermieter in dieser Zeit daher nur geltend machen, wenn auch die Bedarfsperson einen WBS hat oder eine **Freistellung** nachgewiesen wird (AG Tempelhof-Kreuzberg WuM 2019, 661; LG Siegen WuM 1989, 389; LG Arnsberg WuM 1990, 434; LG München I NZM 2004, 907).

Schadensersatz nach Wegfall des Eigenbedarfs

Entfällt der Eigenbedarf **nach Ausspruch der Kündigung**, aber **vor Ablauf der Kündigungsfrist**, muss der Vermieter den Mieter hierüber **unverzüglich informieren**. Unterlässt er diesen Hinweis, kann er sich **schadensersatzpflichtig** machen (BGH VIII ZR 238/18 WuM 2021, 116; LG Berlin GE 2019, 255). Der Anspruch bleibt auch dann bestehen, wenn der Vermieter die Kündigung später zurücknimmt, der Mieter zu diesem Zeitpunkt aber bereits eine neue Wohnung gesucht und schon einen neuen Mietvertrag abgeschlossen hat (LG Kassel WuM 1987, 85). Fällt der Eigenbedarf dagegen **erst nach Ablauf der Kündigungsfrist** weg, gibt es keine Hinweispflicht mehr – und damit regelmäßig auch keinen Schadensersatzanspruch des Mieters (BGH VIII ZR 238/18 WuM 2021, 116; VIII ZR 300/15 WuM 2016, 743).

Schadensersatz kann außerdem in Betracht kommen, wenn der Vermieter eine **freie Alternativwohnung** im selben Haus oder in derselben Wohnanlage **nicht anbietet**, obwohl er hierzu verpflichtet ist (BGH VIII ZR 232/15 WuM 2017, 94). Diese Anbietpflicht besteht allerdings nur für Wohnungen, die **bis zum Ende der Kündigungsfrist** frei werden (BGH VIII ZR 232/15 WuM 2017, 94). Verstößt der Vermieter dagegen, kann der Mieter grundsätzlich **Geldersatz** verlangen, aber **keine Fortsetzung des gekündigten Mietverhältnisses** (BGH VIII ZR 232/15 WuM 2017, 94). Ersatzfähig sind insbesondere Mehrkosten, etwa **höhere Umzugskosten** (im Vergleich zu einem Umzug in die Alternativwohnung im selben Haus), **Maklerkosten** (die bei einem Angebot nicht angefallen wären) oder die **Mietdifferenz**, wenn die neue Wohnung teurer ist.

S. auch → *Vorgetäuschter Eigenbedarf* und → *Schadensersatz.*

Kündigung des Vermieters wegen erheblicher Pflichtverletzung

→ *Kündigung des Vermieters* → *Fristlose Kündigung des Vermieters*

Ein berechtigtes Interesse des Vermieters an einer ordentlichen Kündigung liegt insbesondere dann vor, wenn der Mieter seine vertraglichen Pflichten **schuldhaft und nicht nur unerheblich verletzt** (§ 573 Abs. 2 Nr. 1 BGB).

> **Gut zu wissen:** Erhebliche Pflichtverletzungen können den Vermieter unter Umständen auch zu einer → *fristlosen Kündigung* berechtigen. Häufig erklärt der Vermieter deshalb in der Kündigung neben der fristlosen Kündigung (hilfsweise) auch eine ordentliche Kündigung wegen derselben Vertragsverletzung, etwa bei Zahlungsverzug. Das ist zulässig: **Eine ordentliche Kündigung schließt die frist-**

lose Kündigung nicht aus. Sind die Voraussetzungen für eine fristlose Beendigung nicht erfüllt, kann der Vermieter dann ggf. nach Ablauf der Kündigungsfrist auf Grundlage der ordentlichen Kündigung die **Herausgabe der Wohnung** verlangen.

Erhebliche Pflichtverletzung
Eine nur unerhebliche Pflichtverletzung rechtfertigt keine Kündigung. Eine einmalige Vertragsverletzung ohne Wiederholungsgefahr in einem langjährig störungsfreien Mietverhältnis ist in der Regel nicht »erheblich« (AG Charlottenburg, Urt. v. 14.2.2019 – 226 C 223/18). Anders kann es bei **schwerwiegenden Verfehlungen** sein: Bei Beleidigungen oder Bedrohungen kann bereits ein einzelner Vorfall erhebliches Gewicht haben.

Muss der Vermieter vor der Kündigung abmahnen?
Nein. Vor einer ordentlichen Kündigung wegen erheblicher Vertragsverletzung ist eine Abmahnung – anders als bei der fristlosen Kündigung – grundsätzlich **nicht erforderlich** (BGH VIII ZR 59/20 WuM 2020, 739; VIII ZR 145/07 WuM 2008, 31).

Im Einzelfall kann eine Abmahnung aber erst dazu führen, dass ein (zunächst eher gering wirkender) Verstoß das nötige Gewicht einer »erheblichen« Pflichtverletzung erhält – etwa wenn der Mieter nur **versehentlich** gegen Pflichten verstoßen hat (BGH VIII ZR 145/07 WuM 2008, 31).

Verschulden
Der Mieter muss schuldhaft handeln, also **vorsätzlich oder fahrlässig**. Daran kann es fehlen, wenn der Mieter schuldunfähig ist oder sich in einem **Rechts- oder Tatsachenirrtum** befand.

Beachte: An einen **unverschuldeten Rechtsirrtum** stellt der BGH hohe Anforderungen. Entschuldigt ist der Irrtum nur, wenn der Mieter die Rechtslage (einschließlich der höchstrichterlichen Rechtsprechung) sorgfältig geprüft, **Rechtsrat eingeholt** hat und nicht mit einer abweichenden gerichtlichen Bewertung rechnen musste (BGH XII ZR 48/10 WuM 2012, 323; VIII ZR 102/06 WuM 2007, 24).

Bei **Mietrückständen** kann ein Verschulden ausnahmsweise fehlen, wenn der Mieter **unverschuldet** in eine **wirtschaftliche Notlage** gerät (z. B. unerwartet hohe Steuernachforderung: BGH VIII ZR 238/15 WuM 2016, 682; schwere Depression mit Verdienstausfällen: AG Münster WuM 2021, 178). Dann sollte der Mieter sich unverzüglich um eine Mietschuldenübernahme (z. B. beim Jobcenter) bemühen; unterlässt er dies, kann ihm trotz der Notlage Verschulden anzulasten sein (AG Reinbek ZMR 2015, 945).

Für schuldhaftes Verhalten von **Besuchern, Familien- oder Haushaltsangehörigen** sowie von ihm beauftragten **Handwerkern** muss der Mieter regelmäßig einstehen. Gleiches gilt für einen **Beratungsfehler des Rechtsbeistands** (BGH VIII ZR 102/06 WuM 2007, 24). Für Vertragsverstöße eines **Untermieters** haftet der Mieter nach § 540 Abs. 2 BGB.

Im Streitfall trägt grundsätzlich der **Vermieter** die **Beweislast** dafür, dass der Mieter **schuldhaft** gehandelt hat (LG Berlin, Urt. v. 5.3.2024 – 67 S 179/23).

Einzelfälle:

Beschädigung der Mietsache: Wenn der Mieter die Mietsache schuldhaft beschädigt oder gefährdet, kann dies die ordentliche Kündigung rechtfertigen. Beispiele aus der Rechtsprechung: Der Mieter schüttet erhebliche Mengen von Katzenstreu in die Toilette und verursacht dadurch eine **Rohrverstopfung** (LG Berlin, Urt. v. 25.5.1993 – 64 S 17/93). Der Mieter heizt seine Wohnung trotz Abmahnung nicht ausreichend, so dass Schäden durch Frost und **Schimmelbildung** drohen (LG Hagen ZMR 2008, 973).

Gewerbliche Nutzung: Übt der Mieter eine erlaubnispflichtige gewerbliche bzw. freiberufliche Tätigkeit **mit Außenwirkung** (Kundenverkehr) in der Mietwohnung aus und hat er keinen Anspruch auf Erlaubnis des Vermieters, liegt eine erhebliche Vertragsverletzung vor (BGH VIII ZR 165/08 WuM 2009, 517). Keine erhebliche Vertragsverletzung, die eine Kündigung rechtfertigen könnte, liegt vor, wenn der Mieter im häuslichen Arbeitszimmer Büroarbeiten erledigt und die berufliche Tätigkeit keine Außenwirkung (z. B. durch Empfang von Kunden) hat (BGH VIII ZR 165/08 WuM 2009, 517) → *Berufsausübung in der Wohnung*.

Hausfriedensstörungen: Wenn der Mieter nachhaltig den Hausfrieden stört, indem er z. B. wiederholt → *Lärm* in seiner Wohnung verursacht oder andere Mieter beleidigt, kann der Vermieter fristlos und fristgemäß kündigen → *fristlose Kündigung wegen Hausfriedensstörungen*.

Strafanzeige gegen den Vermieter: Ob eine Strafanzeige gegen den Vermieter eine schwerwiegende Pflichtverletzung ist, ist eine Frage des **Einzelfalls**. Eine grundlos falsche Strafanzeige kann eine Kündigung rechtfertigen, ebenso wissentlich unwahre Angaben im Rahmen einer Strafanzeige (BGH VIII ZR 234/22 WuM 2023, 747).

Unerlaubte Tierhaltung: Eine ungenehmigte Hundehaltung kann nach erfolgloser Abmahnung die ordentliche Kündigung rechtfertigen (LG Berlin, Urt. v. 18.5.2012 – 63 S 421/11).

Unpünktliche Mietzahlung: Der Vermieter kann bei wiederholt unpünktlicher Mietzahlung des Mieters sowohl fristlos als auch fristgerecht kündigen. Näheres zu den Kündigungsvoraussetzungen s. → *fristlose Kündigung des Vermieters wegen dauernd unpünktlicher Mietzahlung.*

Untervermietung an Touristen über → *Airbnb*: Die nicht genehmigte Untervermietung an Touristen ist eine erhebliche Pflichtverletzung des Mieters, die den Vermieter zur ordentlichen Kündigung berechtigt (LG Berlin, Urt. v. 15.9.2020 – 63 S 309/19).

K

Zahlungsverzug mit der Miete: Der Vermieter kann das Mietverhältnis wegen Zahlungsverzugs ordentlich kündigen, wenn der Mieter **mit mehr als einer Monatsmiete im Rückstand** ist und der Rückstand **länger als einen Monat** besteht (BGH VIII ZR 107/12 WuM 2012, 682). Für die ordentliche Kündigung genügt damit ein **geringerer Rückstand** als bei der → *fristlosen Kündigung des Vermieters wegen Zahlungsverzugs.*

Wichtig zu wissen: Anders als bei der fristlosen Kündigung wegen Zahlungsverzugs kann der Mieter die ordentliche Kündigung nicht abwenden, indem er bis spätestens zwei Monate nach Zustellung der Räumungsklage alle offenen Mietforderungen und laufenden Nutzungsentschädigungen an den Vermieter zahlt. Die Regelung zur → ***Schonfristzahlung*** gilt **derzeit nur für die fristlose Kündigung** und ist auf die ordentliche Kündigung nicht entsprechend anwendbar (st. Rspr. des BGH, zuletzt BGH VIII ZR 287/23 WuM 2025, 549). Das bedeutet: Spricht der Vermieter neben der fristlosen Kündigung hilfsweise auch eine ordentliche Kündigung aus, wird durch die Schonfristzahlung nur die fristlose, **nicht die ordentliche Kündigung unwirksam**. Nach Ablauf der Kündigungsfrist kann der Vermieter dann grundsätzlich trotz Zahlung die Herausgabe der Wohnung verlangen. Dies gilt auch, wenn der Vermieter wegen eines Rückstands von mehr als einer Monatsmiete nur ordentlich kündigt: Auch dann lässt sich die ordentliche Kündigung durch vollständige Zahlung grundsätzlich nicht heilen. Ein **Referentenentwurf des Bundesministeriums der Justiz und für Verbraucherschutz** aus Februar 2026 sieht vor, dass der Mieter **einmal während des gesam-**

ten Mietverhältnisses auch eine ordentliche Kündigung wegen Zahlungsverzugs durch **nachträgliche Schonfristzahlung** unwirksam machen kann. Ob dieser Entwurf umgesetzt wird, war zum Redaktionsschluss offen; aktuelle Infos hierzu finden sich auf der Homepage des Deutschen Mieterbundes www.mieterbund.de.

Im Einzelfall kann es **treuwidrig** sein, wenn der Vermieter sich **trotz vollständiger und zeitnaher Zahlung innerhalb der Schonfrist** weiterhin auf die hilfsweise erklärte ordentliche Kündigung beruft – etwa bei einem über Jahre störungsfreien Mietverhältnis (BGH VIII ZR 231/17 WuM 2018, 714). Ob das Festhalten treuwidrig ist, hängt von den **Umständen des Einzelfalls** ab (BGH VIII ZR 321/14 WuM 2016, 225), insbesondere von:
- der Schwere und Dauer des Pflichtverstoßes,
- der Anzahl der Verstöße,
- der Dauer der beanstandungsfreien Mietzeit,
- einer Wiederholungsgefahr und
- dem Zeitpunkt des Zahlungsausgleichs.

Beispiele: Treuwidrigkeit wurde bejaht, wenn in einem langjährigen beanstandungsfreien Mietverhältnis **einmalig** nicht gezahlt und der Rückstand **sofort** nach Zugang der Kündigung **ausgeglichen** wurde und keine Anzeichen für künftige Unregelmäßigkeiten bestanden (LG Berlin, Urt. v. 5.11.2024 – 65 S 149/24; AG Mannheim WuM 2019, 528; AG Rheine WuM 2019, 531; AG Neuss ZMR 2019, 415). Zahlt der Mieter dagegen erst **neun Monate** nach Zugang der Kündigung, kann der Vermieter Räumung verlangen (BGH VIII ZR 107/12 WuM 2012, 682).

Kündigung des Vermieters wegen wirtschaftlicher Verwertung

→ *Kündigung des Vermieters*

Der Vermieter kann das Mietverhältnis ordentlich kündigen, wenn er durch die Fortsetzung des Mietverhältnisses an einer **angemessenen wirtschaftlichen Verwertung** des Grundstücks gehindert wird und dadurch **erhebliche Nachteile** erleiden würde (§ 573 Abs. 2 Nr. 3 BGB).

Eine bestimmte Verwertungsart schreibt das Gesetz nicht vor. **Nicht zulässig** ist jedoch eine Kündigung, wenn der Vermieter lediglich beabsichtigt, durch **anderweitige Vermietung eine höhere Miete** zu erzielen oder die Wohnung **als Wohneigentum zu veräußern** (§ 573 Abs. 2 Nr. 3 BGB; → *Umwandlung von Miet-*

in Eigentumswohnungen). Als grundsätzlich zulässige Verwertungsformen kommen etwa **Verkauf, Sanierung, Abriss und Neubau** oder auch eine **gewerbliche Nutzung** in Betracht.

Verkauf

Der bloße Wunsch, eine Wohnung »möglichst gewinnbringend« zu verkaufen, reicht für eine Verwertungskündigung nicht aus (LG München I WuM 1992, 374). Der Vermieter hat **keinen Anspruch** auf die **maximal mögliche Rendite** (LG Hamburg WuM 2001, 196) und kann nicht wegen jedes wirtschaftlichen Nachteils kündigen (LG Gießen WuM 1994, 688; LG Mannheim ZMR 1994, 568; LG Lübeck WuM 1993, 616). Andererseits muss er nicht erst abwarten, bis seine wirtschaftliche Existenz gefährdet ist; es genügt, dass **erhebliche Nachteile** drohen (BVerfG 1 BvR 1131/87 WuM 1989, 118). So kann etwa eine Kündigung in Betracht kommen, wenn der Vermieter arbeitslos wird und die laufenden Zinslasten für die Wohnung nicht mehr durch die Mieteinnahmen decken kann (LG Wiesbaden WuM 2007, 201).

K

Ein **zu erwartender Mindererlös** beim Verkauf einer vermieteten Wohnung kann grundsätzlich einen erheblichen Nachteil darstellen (BVerfG 1 BvR 1131/87 WuM 1989, 118). Voraussetzung ist aber, dass der Verkauf im vermieteten Zustand **wirtschaftlich sinnlos** erscheint (BVerfG 1 BvR 539/91 WuM 1992, 46; 1 BvR 227/91 WuM 1991, 663). Maßgeblich ist dafür regelmäßig ein **Vergleich** des zu erwartenden Verkaufserlöses **im vermieteten und im freistehenden Zustand** (LG Freiburg WuM 1991, 592; LG Duisburg WuM 1991, 497). In der Rechtsprechung wurde ein erheblicher Nachteil beispielsweise angenommen, wenn die Preisdifferenz zwischen vermieteter und unvermieteter Wohnung etwa **20 %** beträgt (LG Hamburg WuM 1999, 720; WuM 1991, 185; LG Stuttgart WuM 1991, 201).

Hat der Vermieter die Wohnung bereits **vermietet gekauft** oder **geerbt**, wird teils der **Wert** zum Zeitpunkt des Erwerbs mit dem Wert beim beabsichtigten Verkauf – jeweils im vermieteten Zustand – **verglichen** (LG Köln WuM 2007, 135). Kann der Vermieter dabei immer noch einen höheren Preis erzielen als zum Erwerbszeitpunkt, spricht dies gegen eine »wirtschaftliche Sinnlosigkeit« des Verkaufs und damit gegen ein Kündigungsrecht (BVerfG 1 BvR 227/91 WuM 1991, 663).

Ein erheblicher Nachteil kann auch darin liegen, dass der Vermieter **zwingend verkaufen muss** (z. B. wegen Arbeitslosigkeit), aber wegen der Vermietung faktisch nicht verkaufen kann, weil Käufer nur zur **Eigennutzung** erwerben wollen (LG Krefeld WuM 2010, 302; LG Trier WuM 1991, 273). Daneben kommen **gra-**

vierende finanzielle Einbußen in Betracht; hierzu muss der Vermieter i. d. R. eine **vergleichende Wirtschaftlichkeitsrechnung** dazu vorlegen, welche Nachteile ihm bei Fortbestand des Mietverhältnisses entstehen (LG Ellwangen WuM 1991, 273).

Gut zu wissen: Veräußert der Vermieter die Wohnung während des Räumungsprozesses, entfällt sein ursprünglicher Kündigungsgrund »Hinderung angemessener wirtschaftlicher Verwertung« (LG Frankenthal WuM 1991, 350).

Sanierung/Modernisierung

Stützt der Vermieter die Kündigung auf eine beabsichtigte **umfassende Sanierung**, muss er darlegen, dass die Maßnahmen **wirtschaftlich geboten** sind und dass hierfür die Räumung (ggf. des gesamten Anwesens) erforderlich ist (AG Hannover WuM 2024, 669). Allein die Tatsache, dass Sanierungsmaßnahmen im laufenden Mietverhältnis **aufwendiger, teurer oder zeitintensiver** wären, genügt nicht (LG Nürnberg-Fürth WuM 1991, 176).

Wer eine unmodernisierte, vermietete Wohnung erwirbt, den Mieter kündigen und anschließend modernisieren will, um die Wohnung dann **teurer weiterzuverkaufen**, kann sich regelmäßig nicht mit Erfolg auf die angemessene wirtschaftliche Verwertung berufen (LG Hamburg WuM 1991, 696; LG Augsburg WuM 1992, 614). Ein **Dachausbau** zur Schaffung **zusätzlichen Wohnraums** kann dagegen eine wirtschaftliche Verwertung darstellen (LG Münster WuM 2022, 225).

Entscheidend bleibt stets, ob dem Vermieter bei Fortbestand des Mietverhältnisses **ein erheblicher Nachteil** droht. Dafür verlangen Gerichte regelmäßig eine **detaillierte Gegenüberstellung** und nachvollziehbare Berechnungen zur Situation vor und nach der geplanten Sanierung (LG Karlsruhe WuM 1991, 168; AG Neumünster WuM 1991, 165).

Wichtig zu wissen: Sanierungs- oder Modernisierungspläne tragen eine Kündigung erst recht nicht, wenn der Vermieter den schlechten Zustand durch **eigene Pflichtverletzungen** (unterlassene Instandhaltung) selbst herbeigeführt hat (LG Hamburg WuM 1999, 720; LG Frankfurt WuM 1995, 441).

Abriss und Neubau
Der geplante **Abriss** eines Gebäudes kann eine angemessene wirtschaftliche Verwertung sein, wenn es durch einen **Neubau** ersetzt werden soll (BGH VIII ZR 8/08 WuM 2009, 182). Angemessen ist dies, wenn nachvollziehbare Gründe vorliegen, etwa wenn sich das Gebäude in sehr schlechtem baulichem Zustand befindet und ein Erhalt **unrentabel** wäre (BGH VIII ZR 155/10 WuM 2011, 171). Kommt eine Sanierung als Alternative in Betracht, sind die Kosten der Sanierung den Kosten von Abriss und Neubau gegenüberzustellen, um die Unrentabilität eines Erhalts bewerten zu können (LG Stuttgart NZM 2015, 165).

Zum Zeitpunkt der Kündigung müssen Abriss- oder Neubaugenehmigungen nicht zwingend bereits vorliegen. Es genügt, wenn mit **hinreichender Sicherheit** davon auszugehen ist, dass die erforderlichen Genehmigungen erteilt werden und rechtzeitig vorliegen werden (BayObLG WuM 1993, 660).

K

Ein Abriss **ohne anschließende Neubebauung** stellt **keine wirtschaftliche Verwertung** i. S. v. § 573 Abs. 2 Nr. 3 BGB dar und rechtfertigt daher grundsätzlich keine Kündigung (BGH VIII ZR 70/19 WuM 2021, 119; VIII ZR 188/03 WuM 2004, 277). In besonderen Ausnahmefällen, in denen nur wenige noch bewohnte Wohnungen einen aus wirtschaftlichen Gründen praktisch unumgänglichen Abriss verhindern, wird allerdings teils eine Kündigung über § 573 Abs. 1 BGB (berechtigtes Interesse nach der sog. Generalklausel → *Kündigung des Vermieters*) zugelassen (BGH VIII ZR 188/03 WuM 2004, 277; AG Leipzig WuM 2003, 276; AG Halle-Saalkreis WuM 2002, 428).

Wichtig zu wissen: Abrisspläne rechtfertigen eine Kündigung nicht, wenn der Vermieter den **abrisswürdigen Zustand** durch unterlassene Instandhaltung **selbst herbeigeführt** hat (BGH VIII ZR 8/08 WuM 2009, 182; LG Berlin II WuM 2024, 279).

Gewerbliche Nutzung
Eine angemessene wirtschaftliche Verwertung kann im Einzelfall auch darin liegen, dass der Eigentümer die bisherigen Wohnräume künftig **gewerblich** nutzen oder als Gewerberäume vermieten will (z. B. Arzt- oder Anwaltspraxis, Ladenlokal). Die Umwandlung von Wohnraum in Gewerberaum kann jedoch eine → ***Zweckentfremdung*** darstellen, die örtlich genehmigungspflichtig sein kann. Soll das Objekt künftig nicht mehr als Wohnraum genutzt werden, muss der Vermieter die erforderliche **Zweckentfremdungsgenehmigung** grundsätzlich **bereits besitzen** und im Kündigungsschreiben darauf Bezug nehmen (OLG Ham-

burg WuM 1981, 155). Fehlt dieser Hinweis, ist die Kündigung unwirksam (LG München II WuM 1997, 115; AG Hamburg, Urt. v. 29.8.2013 – 44 C 20/13). Liegt die Genehmigung bei Ausspruch der Kündigung noch nicht vor, wird die Kündigung als **Vorratskündigung** angesehen und ist unwirksam (AG Stuttgart WuM 2022, 44).

Kündigungsausschluss → *Kündigung*

Nach der Rechtsprechung des BGH kann in einem unbefristeten Wohnraummietvertrag das ordentliche Kündigungsrecht für eine bestimmte Zeit wirksam ausgeschlossen werden. Ist ein solcher Kündigungsverzicht wirksam vereinbart, kann der Mieter das Mietverhältnis erst zu einem Zeitpunkt nach Ablauf der vereinbarten Zeit ordentlich kündigen (BGH VIII ZR 129/11 WuM 2012, 99). Praktisch bedeutet das: Der Mieter ist länger an den Vertrag gebunden.

> **Wichtig zu wissen:** Ein Ausschluss ist nur für die ordentliche Kündigung möglich. Auf das Recht zur →*fristlosen Kündigung* kann nicht wirksam verzichtet werden.

Kündigungsausschluss durch Formularklausel

In Formularmietverträgen kann die ordentliche Kündigung **höchstens für vier Jahre** ausgeschlossen werden. Außerdem muss der Verzicht **wechselseitig** gelten, also für beide Vertragsparteien. Ein einseitiger Kündigungsausschluss, der nur den Mieter bindet, ist unwirksam (BGH VIII ZR 30/08 WuM 2009, 47).

Berechnung der Höchstfrist

Die zulässige Höchstdauer von vier Jahren wird **ab Vertragsschluss** berechnet (nicht ab Mietbeginn). Die Kündigung muss **zum Ende des vierten Jahres** möglich sein, die gesetzliche Kündigungsfrist von drei Monaten darf also nicht noch zu den vier Jahren hinzukommen (BGH VIII ZR 163/10 WuM 2011, 294; VIII ZR 86/10 WuM 2011, 35). Der Kündigungsverzicht darf maximal 45 Monate zuzüglich dreimonatiger Kündigungsfrist (45 + 3 = 48 Monate) betragen. Ist die ordentliche Kündigung laut Klausel erstmals **»nach Ablauf«** von vier Jahren zulässig, ist die Klausel unwirksam (BGH VIII ZR 163/10 WuM 2011, 294; VIII ZR 86/10 WuM 2011, 35). Denn dann könnte der Mieter erst nach 48 Monaten mit Dreimonatsfrist kündigen und wäre insgesamt 51 Monate gebunden.

Beispiel für eine unwirksame Kündigungsausschlussklausel (BGH VIII ZR 163/10 WuM 2011, 294):
»Das Mietverhältnis wird für unbestimmte Zeit mit einem befristeten Kündigungsausschluss geschlossen. Die Vertragsparteien verzichten wechselseitig für die Dauer von vier Jahren ab Vertragsbeginn auf ihr Recht zur ordentlichen Kündigung des Mietvertrags. Eine ordentliche Kündigung ist erstmals nach Ablauf des bezeichneten Zeitraums mit der gesetzlichen Frist zulässig.«

Wirksam ist dagegen eine Klausel, nach der die ordentliche Kündigung erstmals »**zum Ablauf**« von vier Jahren möglich ist. In diesem Fall ist die Kündigung zum Ende des vierten Jahres – also nach 48 Monaten – möglich (BGH VIII ZR 23/16 WuM 2016, 656).

Beispiel für eine wirksame Kündigungsausschlussklausel (BGH VIII ZR 23/16 WuM 2016, 656):
»Die Parteien verzichten wechselseitig auf die Dauer von 4 (in Worten: vier) Jahren auf ihr Recht zur ordentlichen Kündigung des Mietvertrags. Sie ist erstmals zum Ablauf dieses Zeitraums mit der gesetzlichen Frist zulässig.«

Wird die Vierjahresgrenze in Formularverträgen überschritten, ist die Kündigungsausschlussklausel **insgesamt unwirksam** (BGH VIII ZR 243/05 WuM 2006, 385).

Gut zu wissen: Bei Mietverträgen über ein **Studentenzimmer** kann selbst ein beidseitiger Kündigungsausschluss von nur zwei Jahren unwirksam sein, weil er Studierende unangemessen benachteiligt (BGH VIII ZR 307/08 WuM 2009, 587). Denn ein Student hat ein schutzwürdiges Bedürfnis an Mobilität und Flexibilität. Das Gleiche gilt, wenn ein Auszubildender eine Wohnung anmietet (LG Kiel WuM 2011, 427).

Kündigungsausschluss durch Individualvereinbarung
Bei einer Individualvereinbarung (also tatsächlich ausgehandelter Abrede) kann das ordentliche Kündigungsrecht auch **länger als vier Jahre** ausgeschlossen werden (BGH VIII ZR 200/17 WuM 2018, 437). Ein **dauerhaft** vereinbarter Kündigungsausschluss kann jedoch **sittenwidrig und damit unwirksam** sein, wenn

er unter Ausnutzung einer Zwangslage zustande gekommen ist (BGH VIII ZR 200/17 WuM 2018, 437).

Kündigungsausschluss bei Staffelmietvereinbarung
Ist eine Staffelmiete vereinbart, darf das Kündigungsrecht des Mieters – formular- oder individualvertraglich – für **höchstens vier Jahre** ausgeschlossen werden (§ 557a Abs. 3 BGB). In diesem Fall ist ausnahmsweise auch ein **einseitiger** Kündigungsausschluss zulässig, der nur den Mieter bindet (BGH VIII ZR 154/04 WuM 2006, 97).

Die Vierjahresfrist beginnt **mit Abschluss der Staffelmietvereinbarung** (BGH VIII ZR 243/05 WuM 2006, 385).

Sind formularvertraglich mehr als vier Jahre vereinbart, ist die Klausel **insgesamt unwirksam** (BGH VIII ZR 3/05 WuM 2006, 152). Bei individualvertraglichem Ausschluss im Zusammenhang mit Staffelmiete ist der Ausschluss nur **insoweit** unwirksam, wie er **über vier Jahre hinausgeht** (BGH VIII ZR 257/04 WuM 2006, 445).

Kündigungsform

Sowohl Vermieter als auch Mieter müssen **schriftlich** kündigen (§ 568 Abs. 1 BGB). Das Kündigungsschreiben ist **eigenhändig** mit Nachnamen zu unterschreiben (§ 126 BGB). Ein einfacher Namenszug genügt, sofern er zumindest ansatzweise Buchstaben erkennen lässt; er muss nicht vollständig lesbar sein (BGH XII ZB 504/15 NJW-RR 2017, 386) → *Schriftform*.

Wichtig zu wissen: Eine Kündigung per Fax oder E-Mail (→ *Textform*) ist unwirksam, weil es an der Originalunterschrift fehlt (AG Siegburg WuM 1993, 674).

Sind auf Mieter- oder Vermieterseite mehrere Personen Vertragspartei, müssen grundsätzlich **alle** die Kündigung **unterschreiben.** Zulässig ist allerdings, dass ein Vertragspartner die Kündigung im eigenen Namen und »in Vertretung« für den anderen unterschreibt. Eine Unterzeichnung mit dem Zusatz »im Auftrag« reicht im Regelfall nicht, weil dies allenfalls auf ein Handeln als Bote hindeutet und nicht auf Vertretung (LG Wuppertal GE 2021, 1035).

Kündigung durch GmbH/AG
Wohnungsgesellschaften in Form einer **GmbH** oder **AG** sind juristische Personen, die durch ihre gesetzlichen Vertreter handeln. Die Kündigung einer GmbH muss daher vom Geschäftsführer unterschrieben werden, die einer AG vom Vorstand (jeweils ggf. vertreten durch Bevollmächtigte).

Die Namen der Vertretungsberechtigten müssen typischerweise auf dem Briefbogen der Gesellschaft ausgewiesen sein. Gerade bei größeren Unternehmen sollte außerdem ein **maschinenschriftlicher Name** im Kündigungsschreiben stehen, damit für den Mieter erkennbar ist, von wem die Erklärung stammt (→ *Unterschrift*).

Kündigung nur per Einschreiben?
Ist im Mietvertrag vereinbart, dass die Kündigung per Einschreiben zu erfolgen hat, ist das im Regelfall **keine Wirksamkeitsvoraussetzung**, sondern dient vor allem der Sicherung des Zugangs (BGH XII ZR 214/00 WuM 2004, 269). Auch in diesem Fall reicht daher eine Kündigung per einfachem Brief.

K

Kündigung durch Bevollmächtigte
Kündigt ein Bevollmächtigter, muss dem Kündigungsschreiben grundsätzlich eine **Vollmachtsurkunde im Original** beigefügt sein. Kopie oder Telefax genügen nicht (OLG Hamm NJW 1991, 1185). Eine Vollmacht, die nur zur fristlosen Kündigung ermächtigt, reicht nicht automatisch für eine ordentliche Kündigung (LG Berlin GE 2002, 331).

Fehlt die Originalvollmacht, kann der Mieter die Kündigung **unverzüglich zurückweisen** (§ 174 BGB). Unterlässt er die Zurückweisung, bleibt die Kündigung **wirksam.**

Unverzüglich bedeutet, der Mieter darf sich zwar zunächst Rechtsrat einholen (LG München II WuM 1995, 478), sollte die Zurückweisung aber **innerhalb einer Woche, spätestens nach zehn Tagen** erklären (LG Hamburg WuM 1998, 725).

Wird die Kündigung wegen fehlender Vollmachtsurkunde unverzüglich zurückgewiesen, ist sie **unwirksam** und kann **nicht** durch nachträgliches Nachreichen der Vollmacht »geheilt« werden.

Eine **Zurückweisung** ist **ausgeschlossen**, wenn der Mieter bereits zuvor über die Bevollmächtigung **informiert** war – etwa weil die Hausverwaltung im Mietvertrag als Bevollmächtigte benannt ist und der Kündigung zusätzlich eine Kopie der Vollmacht beigefügt war (OLG Frankfurt NJW-RR 1996, 10) oder weil der

Vermieter die Bevollmächtigung zuvor schriftlich mitgeteilt hat (AG Tempelhof-Kreuzberg GE 2018, 938).

Mieter hat einen Betreuer

Ist der Mieter geschäftsunfähig und für Wohnungsangelegenheiten ist ein **Betreuer** bestellt, ist eine Kündigung nur wirksam, wenn sie **an den Betreuer gerichtet** und ihm **zugestellt** wird (AG Idar-Oberstein WuM 2018, 757). Dass der Betreuer lediglich Kenntnis vom Inhalt der Kündigung erhält, reicht nicht aus. Wird eine Betreuung während eines laufenden Rechtsstreits eingerichtet, muss der Betreuer einbezogen werden (BGH VIII ZR 12/07 WuM 2008, 155).

Kündigt der Betreuer das Mietverhältnis **für den Mieter**, braucht er dafür regelmäßig die vorherige **Zustimmung des Betreuungsgerichts** (§§ 1908, 1831 BGB), um den betreuten Mieter vor dem Verlust der Wohnung zu schützen.

Mehrere Vermieter/Mieter

Sind auf Vermieter- oder Mieterseite mehrere Personen beteiligt, gilt grundsätzlich: Eine Kündigung kann nur **von allen** und **an alle** ausgesprochen werden.

Kündigt der Vermieter nur gegenüber **einem** von zwei Mietern, ist die Kündigung **unwirksam** – auch wenn der zweite Mieter nur »zur Sicherheit« als zusätzlicher, solventer Schuldner mit im Vertrag steht und nie eingezogen ist (AG Ludwigsburg WuM 2023, 156).

Ausnahmsweise kann es genügen, nur gegenüber dem noch in der Wohnung lebenden Mieter zu kündigen, z. B. wenn ein Mitmieter nach einer Trennung oder Scheidung (→ *Ehescheidung und Trennung*) im Einvernehmen mit dem Vermieter ausgezogen ist (BGH VIII ZR 124/03 WuM 2004, 280) oder die Wohnung seit Jahren endgültig aufgegeben hat, ohne eine Anschrift zu hinterlassen (BGH VIII ZR 14/04 WuM 2005, 341; OLG Frankfurt WuM 1981, 200; LG Frankfurt WuM 1992, 179; LG Limburg WuM 1993, 47).

Sonderfall: DDR-Altmietverträge

Von dem Grundsatz, dass immer nur dem einen Ehepartner gekündigt werden muss, der den Mietvertrag auch unterschrieben hat, gibt es eine Ausnahme für die östlichen Bundesländer. Hat ein Ehegatte noch zu DDR-Zeiten die Wohnung angemietet, bestimmt § 100 Abs. 3 Zivilgesetzbuch (ZGB), dass **Mieter** der Wohnung **immer beide Ehegatten** sind, selbst wenn nur ein Partner den Mietvertrag unterschrieben hat oder die Heirat erst nach dem Einzug stattfand. In diesen Fällen muss der Vermieter immer beiden Ehegatten kündigen (LG Görlitz WuM 1995, 649; AG Löbau WuM 1996, 265).

Vertragliche Empfangsvollmacht der Mieter
Eine weitere Ausnahme ist möglich, wenn im Mietvertrag wirksam vereinbart ist, dass sich die Mieter **gegenseitig zur Entgegennahme von Erklärungen bevollmächtigen.** Dann kann eine Vermieterkündigung auch gegenüber nur einem Mieter wirksam zugehen (BGH VIII ARZ 1/97 WuM 1997, 599).

Muss die Kündigungsfrist (richtig) angegeben werden?
Gibt der Vermieter eine zu kurze Kündigungsfrist oder gar keine Frist an, bleibt die Kündigung trotzdem wirksam. Das Ende der Mietzeit richtet sich dann nach der jeweils zulässigen Frist (BGH XII ZR 245/94 NJW-RR 1996, 144; OLG Koblenz WuM 1983, 132). Hat der Vermieter mit einer längeren als der gesetzlichen → *Kündigungsfrist* gekündigt, ist das ebenfalls wirksam.

Vermieterwechsel nach Verkauf
Die Kündigung muss vom (aktuellen) Vermieter stammen – dieser ergibt sich zunächst aus dem Mietvertrag. Wird das Mietobjekt verkauft, geht das Mietverhältnis zwar auf den Erwerber als neuen Vermieter über (→ *Hausverkauf und Mietvertrag*). Der Erwerber tritt aber erst **mit seiner Eintragung im Grundbuch** als Vermieter in das Mietverhältnis ein. Kündigungsberechtigt ist er daher grundsätzlich erst ab Eintragung im Grundbuch. Eine davor vom Erwerber erklärte Kündigung ist unwirksam (OLG Celle NZM 2000, 93; LG Ellwangen WuM 1991, 489; LG Münster WuM 1991, 105).

Ausnahme: Ermächtigung des Erwerbers vor Eintragung. Der bisherige Vermieter kann den Erwerber vor Grundbucheintragung **ermächtigen**, im eigenen Namen zu kündigen (BGH XII ZR 119/96 WuM 1998, 99; KG WuM 2008, 153). Anerkannt ist das insbesondere für Kündigungen wegen **Zahlungsverzugs.** Eine Ermächtigung zur Kündigung wegen **Eigenbedarfs** (LG Stuttgart WuM 2018, 99; AG Ahrensburg ZMR 2013, 445) oder **wirtschaftlicher Verwertung** (AG Düsseldorf GE 2017, 665) ist dagegen nicht zulässig. Eine solche Ermächtigung zur Kündigung können Vermieter und Erwerber aber bereits im Kaufvertrag vereinbaren. Liegt eine Ermächtigung vor, muss sie im Kündigungsschreiben nicht offengelegt werden (BGH WuM 2014, 286 zum Mieterhöhungsverlangen).

Hinweis: Kommt eine Kündigung von einer Person, die dem Mieter **nicht als Vermieter bekannt** ist, sollte der Mieter die Kündigung **unverzüglich zurückweisen** und **Nachweise** zur Kündigungsberechtigung verlangen.

Das Recht zur Kündigung eines Mietvertrags kann **nicht abgetreten** werden (LG München I WuM 1999, 161; WuM 1989, 282). Hat der veräußernde Vermieter dem Erwerber das Kündigungsrecht also nur abgetreten und keine Ermächtigung zur Kündigung im eigenen Namen erteilt, ist die Kündigung des Erwerbers unwirksam.

Begründungspflicht des Vermieters

Der Vermieter muss **jede Kündigung begründen**; fehlt die Begründung, ist sie **unwirksam**. Der Mieter muss anhand der schriftlichen Darstellung prüfen können, ob die Kündigung nachvollziehbar und berechtigt ist. Das gilt auch für die →*fristlose Kündigung*.

> **Beispiel:** Bei einer **fristlosen Kündigung wegen Zahlungsverzugs** muss der Vermieter den **Rückstand** benennen. Bei klarer Sachlage reicht es, den **Gesamtbetrag** anzugeben (BGH VIII ZB 94/03 WuM 2004, 97). Eine monatsweise Aufschlüsselung ist nicht zwingend, solange der Mieter erkennen kann, von welchen Rückständen der Vermieter ausgeht (BGH VIII ZR 193/16 WuM 2017, 644; VIII ZR 96/09 WuM 2010, 484). Stützt sich der Vermieter auf bestrittene Rückstände, die sich aus den vorgelegten Kontoauszügen nicht nachvollziehen lassen, ist die Kündigung unwirksam (LG Heidelberg WuM 2023, 479).

Auch wenn der Mieter die Gründe bereits aus einem Telefonat oder einer mündlichen Erklärung kennt, müssen sie im Kündigungsschreiben **nochmals schriftlich** angegeben werden (BayObLG WuM 1981, 200; LG Freiburg WuM 1990, 300; LG Detmold WuM 1990, 301). Es genügt jedoch, wenn das Kündigungsschreiben auf ein früheres Schreiben verweist, das die Begründung enthält (BVerfG 1 BvR 1492/91 WuM 1993, 233).

Zu den speziellen Anforderungen an die Begründung bei einer →***Kündigung wegen Eigenbedarfs*** s. dort.

Der Vermieter soll den Mieter auf die Möglichkeit und Frist des **Widerspruchs nach der Sozialklausel** (§ 568 Abs. 2 BGB) hinweisen (→*Kündigungswiderspruch*).

Kündigung durch den Mieter

Für die ordentliche Kündigung braucht der Mieter **keinen Grund** – er muss nur schriftlich kündigen (→*Kündigung des Mieters*). Bei einer **fristlosen Kündigung** muss er dagegen einen **Kündigungsgrund** haben und diesen im Kündigungsschreiben angeben (BGH VIII ZR 326/04 WuM 2005, 584; →*Fristlose Kündigung des Mieters*).

Kündigungsfrist → *Kündigung* → *Kündigung des Mieters* → *Kündigung des Vermieters* → *Zeitmietvertrag*

Mieter und Vermieter können unbefristete Mietverträge grundsätzlich nur unter Einhaltung der **gesetzlichen Kündigungsfristen** beenden – es sei denn, es liegt ein wichtiger Grund für eine →*fristlose Kündigung* vor. Erst mit Ablauf der Kündigungsfrist endet das Mietverhältnis; erst dann ist der Mieter verpflichtet, die Wohnung herauszugeben.

Die Kündigungsfristen sind für Mieter und Vermieter unterschiedlich.

Kündigungsfrist für den Mieter
Der Mieter kann einen unbefristeten Mietvertrag – unabhängig von der bisherigen Mietdauer – mit einer Frist von **drei Monaten** kündigen (§ 573c Abs. 1 Satz 1 BGB). Diese Frist gilt in jedem Fall für Mietverträge, die **ab dem 1.9.2001** abgeschlossen wurden.

Bei Mietverhältnissen, die **vor dem 1.9.2001** begründet wurden, gilt **regelmäßig** ebenfalls die **Dreimonatsfrist**. Die früher üblichen, nach der Wohndauer gestaffelten längeren Kündigungsfristen sind für die Mieter seit dem 1.6.2005 auf die einheitliche Frist von drei Monaten reduziert. Sie gilt **ausnahmsweise nicht**, wenn eine längere Frist individuell vereinbart worden war. Dies betrifft praktisch nur die seltenen Fälle, in denen eine längere Frist auf ausdrücklichen Wunsch des Mieters in den Vertrag aufgenommen wurde und diese nicht die damals geltenden gesetzlichen Fristen überstiegen hatte; hierfür ist der Vermieter beweispflichtig.

> **Wichtig zu wissen:** Eine vertragliche **Verlängerung** der Dreimonatsfrist zum Nachteil des Mieters ist **unwirksam** (§ 573c Abs. 4 BGB). Eine Vereinbarung, die dem Mieter eine **kürzere Kündigungsfrist** ermöglicht, ist dagegen **wirksam.**

In folgenden **Ausnahmefällen** gilt die dreimonatige Kündigungsfrist für den Mieter nicht:

- **Kürzere Kündigungsfristen in ostdeutschen Altverträgen:** Nach dem Zivilrecht der ehemaligen DDR konnte der Mieter mit einer Frist von **zwei Wochen** kündigen (§ 120 Abs. 2 ZGB). Ist diese zweiwöchige Frist in einem Altmietvertrag aus den ostdeutschen Bundesländern vereinbart, kann der Mieter auch heute noch mit dieser Frist kündigen.

- **Möblierter Wohnraum in der vom Vermieter selbst bewohnten Wohnung:** Vermieter und Mieter können jeweils spätestens bis zum **15. eines Monats zum Monatsende** kündigen (§ 573c Abs. 3 BGB) → *möblierte Wohnung/möbliertes Zimmer*.
- **Wohnraum zum vorübergehenden Gebrauch:** Für Wohnraum, der nur zum → ***vorübergehenden Gebrauch*** vermietet ist, können die Parteien eine **kürzere Frist** vereinbaren (§ 573c Abs. 2 BGB). Das gilt jedoch nicht, wenn der Wohnraum zum dauerhaften Gebrauch an eine Familie überlassen wird.

Kündigungsfrist für den Vermieter

Die Kündigungsfrist des Vermieters richtet sich nach der **Dauer des Mietverhältnisses** (§ 573c Abs. 1 Satz 2 BGB). Sie beträgt

- **bis 5 Jahre** seit Überlassung der Wohnung: **3 Monate,**
- **mehr als 5 Jahre** seit Überlassung: **6 Monate** und
- wenn **mehr als 8 Jahre** seit Überlassung vergangen sind: **9 Monate.**

Wie wird die Mietdauer (Zeit ab »Überlassung«) berechnet?

Maßgeblich ist der Zeitraum vom **Beginn der Besitzüberlassung** (also ab dem Zeitpunkt, in dem der Mieter die Wohnung tatsächlich erhält – nicht ab Vertragsunterzeichnung) **bis zum Zugang der Kündigung**. Entscheidend ist also der **Tag, an dem die Kündigung zugeht** und nicht der Ablauf der Kündigungsfrist.

Beispiel: Geht die Kündigung zu einem Zeitpunkt zu, zu dem seit der Besitzüberlassung noch keine acht Jahre vergangen sind, gilt die Sechsmonatsfrist – auch wenn später bei Ablauf der Kündigungsfrist bereits mehr als acht Jahre vergangen wären.

Ein **Vermieterwechsel** (z. B. durch Verkauf → *Hausverkauf und Mietvertrag*) im Laufe des Mietverhältnisses spielt für die Berechnung der Kündigungsfrist keine Rolle.

Wichtig zu wissen: Die gesetzlichen Kündigungsfristen des Vermieters **dürfen nicht zulasten des Mieters verkürzt** werden (§ 573c Abs. 4 BGB). Ist im Mietvertrag jedoch eine **längere Frist** für den Vermieter vereinbart (häufig in Verträgen vor dem 1.9.2001), bleibt der Vermieter daran gebunden (BGH VIII ZR 71/07 WuM 2008, 290).

In folgenden **Ausnahmefällen** gelten für den **Vermieter kürzere Kündigungsfristen:**

- **Möblierter Wohnraum in der vom Vermieter selbst bewohnten Wohnung:** Vermieter und Mieter können jeweils spätestens bis zum **15. eines Monats** zum **Monatsende** kündigen (§ 573c Abs. 3 BGB) → *möblierte Wohnung/möbliertes Zimmer*. Das gilt nicht, wenn der Wohnraum zum dauernden Gebrauch an eine Familie überlassen ist; dann gelten für den Vermieter die normalen gesetzlichen Kündigungsfristen.
- **Vorübergehender Gebrauch:** Bei nur zum → *vorübergehenden Gebrauch* überlassenem Wohnraum kann der Vermieter wirksam eine kürzere Frist vereinbaren (§ 573c Abs. 2 BGB).

Welche Kündigungsfrist muss der Vermieter bei einer Einliegerwohnung beachten?

Wohnt der Vermieter mit dem Mieter »unter einem Dach« und befinden sich im Haus nur zwei Wohnungen, von denen der Vermieter eine selbst bewohnt, braucht er keinen Kündigungsgrund. Dafür verlängert sich seine Kündigungsfrist (3/6/9 Monate) jeweils um weitere drei Monate (§ 573a Abs. 1 Satz 2 BGB). Daraus folgt für eine Mietdauer

- **bis 5 Jahre:** eine Kündigungsfrist von **6 Monaten,**
- **ab 5 Jahren:** eine Kündigungsfrist von **9 Monaten,**
- **ab 8 Jahren:** eine Kündigungsfrist von **12 Monaten.**

Sonderfall: Kündigung nach Zwangsversteigerung (§ 57a ZVG)

Erwirbt jemand ein Mietshaus oder eine vermietete Eigentumswohnung durch → ***Zwangsversteigerung***, kann er – unabhängig von der Mietdauer – mit einer Frist von **drei Monaten** kündigen, wenn er **sofort zum nächstzulässigen Termin** kündigt (§ 57a ZVG).

Gut zu wissen: Auch wenn sich die Kündigungsfrist des Erstehers bei einem länger als fünf Jahre andauerndem Mietverhältnis auf drei Monate verkürzt, benötigt er einen **Kündigungsgrund** (berechtigtes Interesse) zur Beendigung des Mietverhältnisses (BGH VIII ZR 254/06 WuM 2008, 233) → *Zwangsversteigerung* → *Kündigung des Vermieters* → *Hausverkauf und Mietvertrag.*

Berechnung der Kündigungsfrist

Eine Kündigung ist spätestens am **3. Werktag** eines Kalendermonats zum Ablauf des **übernächsten Monats** möglich. Damit der laufende Monat noch »mitzählt«, muss die Kündigung dem Empfänger **spätestens am 3. Werktag** zugehen → *Zugang von Erklärungen*.

> **Wichtig zu wissen:** Der **Samstag zählt als Werktag** (BGH VIII ZR 206/04 WuM 2005, 465; BGH VIII ZR 172/04 WuM 2005, 247).

Wer das Kündigungsschreiben persönlich (oder durch Boten) einwirft, muss die üblichen Zustellzeiten berücksichtigen: Erfolgt der Einwurf erst **nach der ortsüblichen Zustellzeit**, gilt das Schreiben in der Regel erst **am nächsten Tag** als zugegangen (BAG NJW 1984, 1651). Ein Einwurf um 22:30 Uhr führt daher grundsätzlich erst am Folgetag zum Zugang – selbst wenn der Empfänger über den Einwurf über die Gegensprechanlage informiert wird (LG Krefeld WuM 2023, 20). Anders kann es liegen, wenn mit dem Zugang ernsthaft noch am selben Tag zu rechnen ist; dann kann auch ein abendlicher Einwurf (z. B. 18:05 Uhr) noch als Zugang am gleichen Tag gelten (BayVerfGH WuM 1993, 331).

Wer sicher eine Frist wahren will, sollte das Schreiben möglichst vor Zeugen **persönlich übergeben**. Verweigert der Empfänger die Annahme zu Unrecht, gilt die Kündigung dennoch als zugegangen (OLG Düsseldorf WuM 1995, 585). Gleiches gilt, wenn die Zustellung nur deshalb scheitert, weil Briefkasten oder Namensschild fehlen (AG Gießen WuM 2012, 168).

Geht die Kündigung nach dem 3. Werktag zu, bleibt sie wirksam. Das Mietverhältnis endet dann aber **einen Monat später**.

> **Beispiele:**
> – Zugang am **3. Juli** (3. Werktag): Beendigung zum **30. September**.
> – Zugang am **4. Juli** (4. Werktag): Beendigung zum **31. Oktober**.
>
> **Wichtig zu wissen:** Nennt der Vermieter in der Kündigung einen **zu frühen** Kündigungstermin, macht das die Kündigung nicht unwirksam. Er muss die Kündigungsfrist nicht einmal ausdrücklich angeben; das Mietverhältnis endet dann zum **nächstzulässigen Zeitpunkt** (BGH VIII ZR 286/22 WuM 2024, 333).

Kündigungsschaden → *Vorgetäuschter Eigenbedarf* → *Schmerzensgeld*

Wird das Mietverhältnis von Vermieter oder Mieter **wirksam fristlos** gekündigt, weil der jeweils andere eine **schuldhafte Vertragspflichtverletzung** begangen hat, kann die kündigende Partei Ersatz des Schadens verlangen, der ihr durch die Kündigung entsteht.

Schadensersatzansprüche des Vermieters
Dem Vermieter kann ein Anspruch zustehen, wenn ihm durch die vom Mieter verschuldete **vorzeitige Beendigung** des Mietvertrags ein Schaden entsteht – insbesondere **Mietausfall**, weil die Wohnung nicht sofort wieder vermietet werden kann, oder ein **Mindererlös**, weil bei der Neuvermietung nur eine geringere Miete erzielt wird.

Die Anspruchshöhe richtet sich nach der **entgangenen Miete** für den Zeitraum, für den der Vertrag ursprünglich als **Zeitmietvertrag** vereinbart war, oder – bei **unbefristeten Mietverhältnissen** – bis zu dem Zeitpunkt, zu dem der Mieter erstmals **ordentlich hätte kündigen dürfen** (BGH VIII ZR 379/03 WuM 2004, 542). Der Vermieter muss aber stets alles Zumutbare unternehmen, um den **Schaden zu begrenzen**, insbesondere die Wohnung möglichst **zügig weitervermieten** (BGH IX ZR 44/21 WuM 2022, 340; OLG Schleswig WuM 2000, 355; LG Lüneburg WuM 2002, 267).

Zum ersatzfähigen Schaden können auch **Gerichts- und Anwaltskosten** zählen. Beauftragt der Vermieter bereits für die Kündigung einen Anwalt, muss der Mieter diese Kosten jedoch nur tragen, wenn die Beauftragung **erforderlich und zweckmäßig** war. Bei einem **privaten Vermieter** ist das regelmäßig anzunehmen (LG Heidelberg NZM 2008, 839), bei einem **größeren gewerblichen Vermieter** grundsätzlich nicht (BGH VIII ZR 271/09 WuM 2010, 740).

> **Rechtsprechungsbeispiel (BGH VIII ZR 271/09 WuM 2010, 740):** In einem tatsächlich und rechtlich einfach gelagerten Fall benötigt ein gewerblicher Großvermieter für die Formulierung einer wegen Zahlungsverzugs erklärten Kündigung keine anwaltliche Hilfe. Beauftragt er dennoch einen Anwalt, sind diese Kosten vom Mieter **nicht** zu erstatten.

Beschädigt der Mieter die Mietsache, kann der Vermieter wahlweise **Beseitigung der Schäden** oder **Geldersatz** verlangen; er muss hierfür keine Frist zur Nachbesserung setzen, sondern kann **sofort Schadensersatz in Geld** verlangen (BGH VIII ZR 157/17 WuM 2018, 196).

Schadensersatzansprüche des Mieters

Auch der Mieter kann Schadensersatz verlangen, wenn er **berechtigt fristlos kündigt** (z. B. wegen erheblicher Mängel der Mietwohnung) oder wenn der Vermieter ihm **unberechtigt kündigt** (BGH VIII ZR 81/97 WuM 2000, 598).

Als Schadensposition kommt – neben **Anwalts- und Umzugskosten** – insbesondere ein **Mietdifferenzschaden** in Betracht: Findet der Mieter trotz intensiver Bemühungen nur eine **Ersatzwohnung** zu **höherer Miete**, kann der Vermieter im Einzelfall verpflichtet sein, die **Differenz** zu erstatten, wenn die neue Wohnung nach Ausstattung, Zuschnitt, Lage oder Größe mit der bisherigen Wohnung **vergleichbar** ist (BGH VIII ZR 44/16, WuM 2017, 521).

Ein **Schmerzensgeld** allein wegen der Belastung und Sorgen durch eine unberechtigte Kündigung wird dagegen **regelmäßig nicht** zugesprochen (AG Leipzig WuM 2007, 517).

Zum Schadensersatzanspruch des Mieters bei vorgetäuschtem Kündigungsgrund s. → *Vorgetäuschter Eigenbedarf.*

Kündigungsschutz → *Kündigung des Vermieters* → *Kündigungswiderspruch*

Für **Wohnraummietverhältnisse** gilt ein **gesetzlicher Kündigungsschutz**: Der Vermieter darf nur kündigen, wenn ein **Kündigungsgrund** vorliegt. Damit soll der Mieter vor grundlosen und willkürlichen Kündigungen bewahrt werden. Unzulässig ist insbesondere eine Kündigung, die allein dazu dient, eine Mieterhöhung durchzusetzen (sog. Änderungskündigung, also eine Kündigung verbunden mit dem Angebot, das Mietverhältnis zu einem höheren Mietzins fortzusetzen).

Für eine ordentliche Kündigung braucht der Vermieter daher ein **berechtigtes Interesse** an der Beendigung des Mietverhältnisses (→ *Kündigung des Vermieters*). Selbst wenn ein solches berechtigtes Interesse besteht, kann der Mieter der Kündigung **widersprechen** und die Fortsetzung des Mietverhältnisses verlangen, wenn die Beendigung für ihn eine **unzumutbare Härte** bedeuten würde (→ *Kündigungswiderspruch*).

Auch ein **Eigentümerwechsel** ist kein Kündigungsgrund. Es gilt der Grundsatz »Kauf bricht nicht Miete«: Der Erwerber tritt als neuer Vermieter in den bestehenden Mietvertrag ein (→ *Hausverkauf und Mietvertrag*). Kündigen kann er nur bei Vorliegen eines berechtigten Interesses, etwa wenn er die Wohnung selbst zu Wohnzwecken benötigt (→ *Kündigung wegen Eigenbedarfs*).

Dieser Kündigungsschutz gilt allerdings **nicht** für:
- **Gewerberaummietverhältnisse** (→ *Geschäftsraummiete*),
- Wohnraum, der nur zum → ***vorübergehenden Gebrauch*** vermietet ist,
- Wohnungen in → ***Studierenden- und Jugendwohnheimen***,
- sowie **möblierten Wohnraum** innerhalb der vom Vermieter **selbst bewohnten** Wohnung (→ *möblierte Wohnung/möbliertes Zimmer*).

Kündigungssperrfrist → *Umwandlung von Miet- in Eigentumswohnungen* → *Unabdingbare Rechte des Mieters* → *Sozialmiete/Sozialwohnung* → *Zwangsversteigerung*

Kündigungsverzicht → *Kündigungsausschluss*

Kündigungswiderspruch

Auch wenn ein Gericht dem Vermieter ein berechtigtes Interesse an der Beendigung des Mietverhältnisses bestätigt, folgt daraus noch nicht, dass der Mieter die Wohnung räumen muss. Der Mieter kann **gegen eine ordentliche Kündigung Widerspruch** einlegen, wenn die Beendigung für ihn, seine Familie oder Angehörige seines Haushalts eine **unzumutbare Härte** bedeuten würde und diese Härte selbst bei Berücksichtigung der Vermieterinteressen **nicht zu rechtfertigen** ist. Dann kann das Gericht anordnen, dass das Mietverhältnis **befristet oder unbefristet** fortgesetzt wird (§ 574 Abs. 1 Satz 1 BGB, sog. Sozialklausel; BGH VIII ZR 270/15 WuM 2017, 285; VIII ZR 73/16 WuM 2017, 23).

Bedeutung der Sozialklausel (Härteklausel)

Die Sozialklausel ist keine Ausnahmevorschrift, sondern das **gleichwertige Gegenstück** zur Kündigungsbefugnis des Vermieters (LG Hamburg WuM 1989, 238). Nach der Rechtsprechung des Bundesverfassungsgerichts ist bei ihrer Anwendung das grundrechtlich geschützte **Besitzrecht des Mieters** zu beachten (BVerfG 1 BvR 208/93 WuM 1993, 377).

Zur Anwendung kommt die Sozialklausel erst **auf Initiative des Mieters** – und zwar **erst dann**, wenn der Vermieter überhaupt ein berechtigtes Interesse an der Beendigung des Mietverhältnisses **nachgewiesen** hat. Andernfalls ist die Vermieterkündigung bereits **unwirksam.**

Beispiel aus der Rechtsprechung: Eine an sich berechtigte Eigenbedarfskündigung kann am Widerspruch scheitern, wenn eine unzumutbare Härte vorliegt, weil beide Mieter über 80 Jahre alt sind und eine Mieterin zusätzlich schwer krebskrank und sehbehindert ist (BGH VIII ZR 246/03 WuM 2005, 136).
Wichtig zu wissen: Der Härtegrund muss schon **vor** Ablauf der Kündigungsfrist vorliegen. Entsteht er erst nach Beendigung des Mietverhältnisses, kann er als Härtegrund nicht mehr berücksichtigt werden (LG Berlin WuM 2023, 767).

Angemessener Ersatzwohnraum

Eine unzumutbare Härte kann auch darin bestehen, dass sich **kein angemessener Ersatzwohnraum zu zumutbaren Bedingungen** finden lässt (§ 574 Abs. 2 BGB). Nach der Rechtsprechung des BGH ist eine Ersatzwohnung »angemessen«, wenn sie den **Bedürfnissen des Mieters** entspricht und für ihn **finanziell tragbar** ist; entscheidend sind dabei seine **Lebensführung** sowie seine **persönlichen und wirtschaftlichen Verhältnisse.** Eine vollständige Gleichwertigkeit ist nicht erforderlich: Die Ersatzwohnung muss der bisherigen Wohnung weder bei **Größe, Zuschnitt, Qualität** noch beim **Preis** exakt entsprechen – **gewisse Abstriche** sind dem Mieter zuzumuten (BGH VIII ZR 144/19 WuM 2020, 88).

Leben im Haushalt weitere Angehörige mit eigenem Einkommen, muss sich die Wohnungssuche grundsätzlich auch auf Wohnungen erstrecken, die mit dem **Haushaltseinkommen** bezahlt werden können. Außerdem ist einzubeziehen, ob der Mieter für die Ersatzwohnung erstmals oder in größerem Umfang Sozialleistungen, insbesondere Wohngeld, in Anspruch nehmen müsste (BGH VIII ZR 180/18 WuM 2019, 385).

Als angemessen kommt nur Wohnraum in Betracht, der eine **menschenwürdige Unterbringung** aller Haushaltsangehörigen gewährleistet. Auf eine **Obdachlosenunterkunft** (AG Burgsteinfurt WuM 1965, 28) oder ein **Alten- bzw. Pflegeheim** (OLG Karlsruhe NJW 1970, 1746) muss sich der Mieter nicht verweisen lassen.

Welche Wohnungsgröße und Ausstattung im Einzelfall als angemessen gelten, hängt z. B. vom **Zimmerbedarf**, dem **Beruf** (z. B. bei nachvollziehbarer Notwendigkeit eines Arbeitszimmers) sowie dem **Gesundheitszustand** des Mieters und der mit ihm zusammenlebenden Personen ab. Grundsätzlich ist davon ausgehen, dass **jede erwachsene Person** und **jeweils zwei Kinder** ein **eigenes Wohn- oder Schlafzimmer** benötigen. Dies gilt bei Kindern bis zum 18. Lebensjahr, wenn sie gleichen Geschlechts sind, aber nur bis zum 8. Lebensjahr, wenn sie verschiedenen Geschlechts sind; danach wären jeweils eigene Zimmer angemessen.

Ob eine angemessene Ersatzwohnung überhaupt zu finden ist, hängt stark von den örtlichen Gegebenheiten ab. In Gebieten mit **angespannter Wohnungsmarktlage**, in denen die → *Mietpreisbremse* gilt, ist zumutbarer Ersatzwohnraum häufig besonders schwer zu beschaffen. Nach Auffassung des BGH ist eine solche Mietpreisbremsenverordnung allerdings nur ein Indiz für den Härtegrund »fehlender Ersatzwohnraum« (BGH VIII ZR 68/19 WuM 2021, 257). Der Mieter muss deshalb **konkret darlegen und beweisen**, welche ernsthaften und zumutbaren Anstrengungen er unternommen hat, um eine Ersatzwohnung zu finden (BGH VIII ZR 96/22 WuM 2023, 217; VIII ZR 6/19 WuM 2021, 451; AG Münster WuM 2023, 152; LG Berlin GE 2018, 998). In Einzelfällen ordnen die Gerichte bei angespannter Wohnungsmarktlage eine Verlängerung des Mietverhältnisses an (vgl. LG Berlin WuM 2018, 584; LG Düsseldorf WuM 1992, 371; AG Freiburg WuM 1991, 102; AG Stuttgart WuM 1991, 103). Ist etwa bei einer Familie mit vier Kindern eine Anmietung von Ersatzwohnraum in der Gemeinde wegen der wirtschaftlichen Verhältnisse praktisch ausgeschlossen und sind die Bemühungen nachgewiesen, kann sogar eine **Fortsetzung von unbestimmter Dauer** angeordnet werden (AG Lübeck WuM 2022, 285).

Wann muss der Mieter mit der Wohnungssuche beginnen?

Nach überwiegender Auffassung in der Rechtsprechung muss der Mieter mit der Suche nach Ersatzwohnraum **unmittelbar nach Zugang der Kündigung** beginnen (LG Berlin WuM 2023, 767; AG Ansbach ZMR 2006, 938; a. A. LG Berlin WuM 2020, 291: Der Mieter darf die Suche so lange zurückstellen, wie er an den Erfolgsaussichten seiner rechtlichen Verteidigung gegen die Kündigung nicht ernsthaft zweifeln muss). Tut er das nicht, kann er sich später in der Regel nicht mehr auf den Härtegrund »fehlender Ersatzwohnraum« berufen. Empfehlenswert ist daher, **sofort** mit der Suche zu starten und die eigenen Bemühungen sorgfältig zu **dokumentieren** (besichtigte Wohnungen, Anfragen bei Wohnungsunternehmen, Maklern, Wohnungsamt usw.). Denn im Streitfall muss der Mieter nachweisen können, dass er alles Erforderliche und Zumutbare getan hat (BGH VIII ZR 180/18 WuM 2019, 385).

Unabhängig davon sollte der Mieter direkt nach Zugang der Kündigung auch prüfen (lassen), **ob die Kündigung überhaupt berechtigt** ist – dabei kann der **örtliche Mieterverein** unterstützen.

Weitere Härtegründe
Nach der Rechtsprechung können insbesondere folgende Umstände eine **unzumutbare Härte** begründen:

Alter, Mietdauer und Verwurzelung
- **Hohes Alter** in Verbindung mit **langer Mietdauer** und dadurch bedingter **tiefer Verwurzelung** im vertrauten Wohnumfeld (BGH VIII ZR 180/18 WuM 2019, 385; LG Bochum ZMR 2007, 452; LG Stuttgart WuM 2021, 566).

> **Wichtig zu wissen:** Hohes Alter allein genügt nicht (BGH VIII ZR 68/19 WuM 2021, 257; VIII ZR 81/20 GE 2022, 577; VIII ZR 180/18 WuM 2019, 385).

Gesundheitliche Gründe
- **Schwere Erkrankung**, die einen Umzug praktisch unmöglich macht oder bei der ernsthaft eine **Verschlechterung des Gesundheitszustands** durch den Wohnungswechsel zu befürchten ist (BGH VIII ZR 270/22 WuM 2025, 344; VIII ZR 180/18 WuM 2019, 385; VIII ZR 57/13 WuM 2013, 739).

> **Wichtig zu wissen:** Zur Darlegung einer gesundheitlichen Härte kann auch eine Stellungnahme eines medizinisch qualifizierten Behandlers genügen, selbst wenn dieser kein Facharzt ist; ein **fachärztliches Attest ist nicht in jedem Fall erforderlich** (BGH VIII ZR 270/22 WuM 2025, 344).

- **Suizidgefahr** infolge des drohenden Wohnungsverlusts (BGH VIII ZR 114/22 WuM 2024, 281; LG Berlin WuM 2015, 439; AG München ZMR 2020, 129; AG Konstanz WuM 2021, 180).
- Drohende **Gesundheitsbeeinträchtigungen** für ein geistig oder körperlich behindertes Kind des Mieters (LG Lübeck WuM 2005, 97).

> **Wichtig zu wissen:** Lehnt ein suizidgefährdeter Mieter eine Therapie oder eine Ersatzwohnung ab, schließt das einen Härtegrund nicht zwingend aus (BGH VIII ZR 390/21 WuM 2023, 39).

Pflege- und Betreuungsbedarf
- Wenn die Wohnsituation eine **optimale Pflege/Betreuung** (z. B. durch Angehörige in unmittelbarer Nähe) ermöglicht und dies bei einem Umzug wesentlich beeinträchtigt würde (AG Lübeck WuM 2003, 214).

Übergangslösungen und Zwischenumzug
- Vermeidung eines ansonsten notwendigen **kurzzeitigen Zwischenumzugs**, weil die Ersatzwohnung zwar konkret in Aussicht steht, aber **noch nicht bezugsfertig** ist (LG Stuttgart WuM 1991, 589; LG Wiesbaden WuM 1988, 269).
- Kauft der Mieter aber **erst nach Zugang der Kündigung** ein noch nicht bezugsfertiges Haus und verzögern sich Sanierungsarbeiten, ist ein Zwischenumzug nicht ohne Weiteres unzumutbar (AG Münster WuM 2023, 152).

Schwangerschaft, Ausbildung und Schule
- **Fortgeschrittene Schwangerschaft**, wenn eine Verlängerung innerhalb der Mutterschutzfristen erforderlich ist (LG Stuttgart WuM 1991, 347).
- Ernsthafte **Umschulungs-/Umstellungsprobleme** bei **schulpflichtigen Kindern** (LG Wuppertal WuM 1970, 60).
- Wenn ein Kind kurz vor dem **Schulabschluss** steht und ein Wohnungswechsel dies erheblich beeinträchtigen würde (AG Dortmund WuM 2004, 210).
- **Examensphase** eines Studenten (LG Aachen WuM 1986, 252) oder die **Anfertigung einer Dissertation** (AG Tübingen ZMR 1986, 60).

Besondere finanzielle Dispositionen im Vertrauen auf langfristiges Wohnen
- **Erhebliche finanzielle Aufwendungen** für die Wohnung, getätigt im Vertrauen auf eine lange Mietdauer (OLG Frankfurt WuM 1971, 168; OLG Karlsruhe NJW 1971, 1182; LG Kiel WuM 1992, 690).

Psychische Belastungen innerhalb der Familie
- **Psychische Beeinträchtigungen von Kindern** nach Trennung der Eltern, die sich durch den Verlust der Familienwohnung voraussichtlich verstärken würden (LG Hannover WuM 1994, 430).

Härtegründe erfordern stets eine Einzelfallprüfung

Der BGH betont, dass es bei Härtegründen keine »festen Fallgruppen« für einen Härtegrund gibt – etwa »hohes Alter = Härte«. Entscheidend ist stets eine **sorgfältige Einzelfallprüfung** (BGH VIII ZR 180/18 WuM 2019, 385).

Legt der Mieter eine drohende Gesundheitsverschlechterung durch ärztliche Atteste nachvollziehbar dar und bestreitet der Vermieter die Härtegründe, muss das Gericht in der Regel ein **Sachverständigengutachten** einholen (BGH VIII ZR

K

262/24 WuM 2025, 701; VIII ZR 390/21 WuM 2023, 217). Nur so lässt sich klären, welche Erkrankungen konkret vorliegen, wie sie sich auf die Lebensführung sowie die psychische und körperliche Verfassung auswirken und ob sie einen Verbleib in der Wohnung erforderlich machen (BGH VIII ZR 390/21 WuM 2023, 217; VIII ZR 6/19 WuM 2021, 451).

> **Praxis-Hinweis:** Liegen **mehrere Härtegründe** vor (z. B. hohes Alter, schlechter Gesundheitszustand, Demenz, jahrzehntelange Verwurzelung), sollte der Mieter **alle Gründe** vollständig und möglichst konkret vortragen.

Abwägung erforderlich

Das Gericht hat die **Härtegründe des Mieters** mit dem **berechtigten Interesse des Vermieters** an der Beendigung des Mietverhältnisses abzuwägen. Dabei dürfen zugunsten des Vermieters grundsätzlich nur die **im Kündigungsschreiben genannten Gründe** berücksichtigt werden – es sei denn, **nach Absendung der Kündigung** sind weitere, neue Gründe entstanden. Der Widerspruch ist erfolgreich, wenn die Härtegründe des Mieters in dieser Abwägung **überwiegen** (LG München I WuM 2017, 477; WuM 2019, 459). Das ist häufig der Fall, wenn dem Mieter durch den Wohnungsverlust eine **erhebliche Gesundheitsgefahr** droht, während der Vermieter im Wesentlichen **wirtschaftliche Interessen** verfolgt (LG München I WuM 2019, 459; NZM 2014, 638).

Maßgeblich sind die Interessen beider Seiten, wie sie **zum Zeitpunkt der letzten mündlichen Verhandlung** im Räumungsprozess (noch) bestehen (BGH VIII ZR 144/19 WuM 2020, 88). Ist ein Härtegrund bis dahin **weggefallen**, darf das Gericht ihn nicht mehr berücksichtigen.

In welchen Fällen gilt die Härteklausel nicht?

Die Sozialklausel findet keine Anwendung

- bei → ***Zeitmietverträgen***,
- bei **möblierten Zimmern** (→ *möblierte Wohnung/möbliertes Zimmer*) in der Wohnung des Vermieters (außer sie werden von einer **Familie auf Dauer** bewohnt),
- bei Wohnraum, der nur zum → ***vorübergehenden Gebrauch*** gemietet ist,
- wenn der **Mieter selbst gekündigt** hat,
- wenn bei Zugang der ordentlichen Kündigung (auch) ein **Grund zur fristlosen Kündigung** gegen den Mieter besteht (z. B. Zahlungsverzug), § 574 Abs. 1 Satz 2 BGB. Der Vermieter muss die fristlose Kündigung hierfür nicht erklärt haben; es reicht, dass er dazu berechtigt wäre (BGH VIII ZR 323/18 WuM 2020, 499).

Wichtig zu wissen: Selbst wenn der Mieter den Rückstand innerhalb der Schonfrist vollständig ausgleicht (→ *Schonfristzahlung*), kann er sich insoweit nicht auf die Sozialklausel berufen. Denn dadurch wird die fristlose Kündigung nur **nachträglich** unwirksam – im Kündigungszeitpunkt war sie berechtigt (BGH VIII ZR 323/18 WuM 2020, 499).

Form und Frist des Widerspruchs

Der Widerspruch ist in → ***Textform*** zu erklären (§ 574b Abs. 1 BGB). Er kann also auch per E-Mail oder Fax einlegt werden. Natürlich ist auch → *Schriftform* möglich.

Das Widerspruchsschreiben muss dem Vermieter grundsätzlich **spätestens zwei Monate vor Ablauf der Kündigungsfrist** zugehen, **wenn** der Vermieter auf das Widerspruchsrecht hingewiesen hat (§ 574b Abs. 2 BGB).

K

Beispiel: Kündigt der Vermieter am 4. Januar zum 31. März (oder alternativ zum 30. Juni/30. September), muss der Widerspruch spätestens am 31. Januar (bzw. 30. April/31. Juli) zugehen.

Der Vermieter soll den Mieter rechtzeitig über **Möglichkeit, Form und Frist des Widerspruchs informieren.** Der Hinweis kann im Kündigungsschreiben stehen, muss es aber nicht – er muss nur rechtzeitig vor Ablauf der Widerspruchsfrist erfolgen. Fehlt ein solcher Hinweis (im Kündigungsschreiben oder bis zum Ablauf der Widerspruchsfrist), kann der Mieter den Widerspruch noch bis zum **ersten Verhandlungstermin** im Räumungsprozess erklären.

Wichtig zu wissen: Ist der Widerspruch verspätet, bleibt er im Prozess dennoch beachtlich, solange der Vermieter sich nicht ausdrücklich auf die Verspätung beruft.

Der Mieter muss seinen Widerspruch nicht begründen. Verlangt der Vermieter jedoch die Mitteilung der Widerspruchsgründe, muss der Mieter diese **unverzüglich** (in der Regel binnen 14 Tagen) nachreichen (§ 574b Abs. 1 Satz 2 BGB).

Hinweis: Spricht der Vermieter – insbesondere im Räumungsrechtsstreit – vorsorglich eine weitere Kündigung aus, sollte der Mieter **auch dieser** Kündigung erneut **widersprechen** und die Fortsetzung des Mietverhältnisses verlangen.

Rechtsfolge: Fortsetzung befristet oder unbefristet

Hat der Mieter mit dem Widerspruch Erfolg, ordnet das Gericht die **Fortsetzung des Mietverhältnisses** an – entweder **unbefristet** oder für einen **bestimmten Zeitraum**. Eine befristete Fortsetzung ist häufig naheliegend, wenn absehbar ist, wann der Härtegrund entfällt (z. B. bei Schwangerschaft, Examen). Nach der Rechtsprechung des BGH soll die Fortsetzung **auf bestimmte Zeit** grundsätzlich der Regelfall sein (BGH VIII ZR 180/18 WuM 2019, 385).

Auch nach Ablauf einer befristeten Fortsetzung muss der Mieter nicht zwingend ausziehen: Er kann erneut widersprechen, dann aber nur bei **veränderten Umständen** bzw. auf Grundlage eines **neuen Härtegrunds**.

Wird die Fortsetzung angeordnet, wird das Mietverhältnis fortgesetzt und die **Räumungsklage abgewiesen**. Nach Ablauf einer befristeten Fortsetzung muss der Vermieter ggf. **erneut Räumungsklage** erheben.

Im Räumungsprozess ist diese Fortsetzung nach der Sozialklausel vorrangig vor der Anordnung einer bloßen → ***Räumungsfrist*** zu prüfen (OLG Oldenburg WuM 1970, 132; OLG Stuttgart WuM 1969, 25), weil eine Räumungsfrist für den Mieter in der Regel ungünstiger ist.

L

Lärm

Beeinträchtigungen durch Geräusche sind ein häufiger Grund für Auseinandersetzungen zwischen dem Mieter und dem Vermieter. Die Ursache kann in der Mietsache selbst liegen, z. B., wenn der Aufzug im Haus Geräusche verursacht oder Klopfgeräusche in der Heizung auftreten. Die Ursache kann darüber hinaus im Verhalten von anderen Mietern im Haus liegen, z. B., weil diese in der Wohnung musizieren, Haushaltsgeräte betreiben oder nachts baden oder duschen. Die Ursache störender Geräusche kann ferner von außen kommen. Beispiele sind Baulärm aus der Nachbarschaft, Verkehrs- oder Fluglärm.

Stellt die Lärmbelästigung einen → *Mangel der Mietsache* dar, kann der Mieter gegenüber dem Vermieter seine **Mangelrechte** geltend machen: Anspruch auf **Mangelbeseitigung, Mietminderung, Ersatzvornahme, Schadensersatz**, u. U. auch **Kündigung** des Mietvertrags. Der Mieter muss den Mangel, also die Lärmbelästigung, belegen. Bei andauernden Beeinträchtigungen genügt es, wenn er die Art der Beeinträchtigung beschreibt und Tageszeiten, Dauer und Frequenz der Beeinträchtigung ungefähr angeben kann; ein sog. Lärmprotokoll ist nicht erforderlich (BGH VIII ZR 155/11 WuM 2012, 269), kann aber zu Darlegungs- und Beweiszwecken hilfreich sein.

Der Mieter kann auch gegen Nachbarn als Verursacher des Lärms vorgehen, wenn die Lärmbelästigung ihre Ursache nicht im baulichen Zustand der Wohnung hat, sondern auf nicht hinnehmbarem Verhalten der Mitbewohner beruht. Wenn eine außergerichtliche Verständigung nicht möglich ist, kann er ggf. auch vor Gericht klagen.

Insbesondere in Bezug auf Lärmbelästigungen von außen kann der Mieter ggf. auch Behörden einschalten. Sie können z. B. die störende Musikanlage in einer Diskothek so verplomben, dass sie nicht mehr zu laut eingestellt werden kann oder ein Bußgeld androhen, wenn die Fenster nicht geschlossen gehalten werden usw. In dringenden Fällen (nachts, am Wochenende) kann auch die Polizei gerufen werden. Beruht der Lärm darauf, dass ein Nachbar behördliche Auflagen nicht einhält, kann die Ordnungsbehörde eingeschaltet werden. Der Mieter kann aber auch selbst gerichtlich gegen den störenden Nachbarn vorgehen (vgl. LG Kempten NJW 1995, 970).

Einzelfälle:
Aufzug: Wird der Immissionsrichtwert für Aufzugsanlagen um über 10 dB (A) überschritten, liegt eine gravierende Lärmbelästigung vor (AG Wiesbaden WuM 2006, 219: Mietminderung: 10 %). Bremsgeräusche eines Aufzugs, die den höchstzulässigen Schallpegel von 30 dB(A) nach DIN 4109 überschreiten, begründen eine nicht zumutbare Lärmbelästigung (LG Berlin, Urt. v. 11.11.2010 – 67 S 241/08, Mietminderung: 10 %).

Badewanne: Die mit der Nutzung von Badewanne und Dusche sowie der Betätigung der Wasserspülung und dem Laufenlassen von Wasser verbundenen Geräusche sind als übliche, sozialadäquate Geräusche hinzunehmen. Dies gilt grundsätzlich auch in der Nachtzeit nach 22 Uhr (AG Münster WuM 1983, 236). Die Benutzung von Bad und Dusche in einem Mehrfamilienhaus während der Nachtruhe soll 30 Minuten nicht überschreiten dürfen (OLG Düsseldorf WuM 1991, 288). In einem Fall, in dem über einen längeren Zeitraum mehrmals wöchentlich nachts ausgiebig gebadet wurde und zudem Haushaltsgeräte liefen, hat das AG Hamburg (WuM 2025, 220) entschieden, dass die fristlose Kündigung berechtigt war. Ein generelles Verbot in der Hausordnung ist unzulässig (LG Köln WuM 1997, 323).

Baulärm: Nach der Rechtsprechung des Bundesgerichtshofs begründet Baulärm von einem benachbarten Grundstück nicht ohne Weiteres einen Mangel der Mietsache. Der Vermieter habe in der Regel keinen Einfluss darauf, dass zu Mietbeginn bestehende ruhige Wohnverhältnisse während der gesamten Vertragsdauer unverändert blieben. Deshalb dürfe der Mieter im Allgemeinen nicht erwarten, dass der Vermieter die vertragliche Haftung für den unveränderten Fortbestand dieser Wohnverhältnisse übernehmen wolle, falls er selbst nichts gegen den Baulärm tun könne. Ein Mangel der Mietsache sei deshalb ausgeschlossen, wenn auch der Vermieter den Lärm ohne Abwehr- oder Entschädigungsansprüche hinnehmen müsste, weil er unwesentlich oder zwar wesentlich, aber ortsüblich sei (BGH VIII ZR 258/19 WuM 2022, 100; VIII ZR 31/18; WuM 2020, 407; VIII ZR 197/14 WuM 2015, 478).

Anders kann es sich verhalten, wenn der **Vermieter zugleich Bauherr** der lärmverursachenden Baustelle ist (LG Berlin WuM 2019, 701) oder die Mietparteien ausdrücklich oder stillschweigend vereinbart haben, dass die Wohnung frei von Baulärm sein soll (BGH VIII ZR 258/19 WuM 2022, 100; VIII ZR 31/18 WuM 2020, 407; VIII ZR 197/14 WuM 2015, 478). Insbesondere eine stillschweigende Vereinbarung kommt nach dem BGH nur ausnahmsweise in Betracht, wenn der Vermieter aus dem Verhalten des Mieters habe erkennen müssen, dass für ihn die Fortdauer der Verhältnisse bei Mietbeginn ein maßgebliches Kriterium für den vertragsgemäßen Gebrauch der Wohnung sei und der Vermieter darauf zustimmend reagiert habe (BGH VIII ZR 258/19 WuM 2022, 100).

Familienfeiern: Der Mieter muss dafür sorgen, dass bei Feiern auf die Interessen der Nachbarn Rücksicht genommen wird. Insbesondere muss ab 22 Uhr darauf geachtet werden, dass die Nachtruhe eingehalten wird (OLG Düsseldorf WuM 1996, 56). Übermäßiger Partylärm ist vertragswidrig und berechtigt den Vermieter, dem Mieter in Extremfällen nach einer erfolglosen Abmahnung fristlos zu kündigen (AG Brandenburg GE 2017, 721; AG Köln WuM 1987, 21). Insbesondere bei wiederholten Beeinträchtigungen sind die im Haus wohnenden Mitmieter zur Mietminderung berechtigt (LG Dortmund WuM 1988, 348) → *Mangel der Mietsache*. (Garten-)Feste, die sich in üblichem Umfang halten, müssen von den Nachbarn hingenommen werden (LG Frankfurt WuM 1989, 575), ebenso wie gelegentliche Feiern in einem Mehrfamilienhaus (BGH VIII ZR 155/11 WuM 2012, 269). Ein Recht, einmal im Monat die Nachtruhe der Nachbarn stören zu dürfen, gibt es aber nicht (OLG Düsseldorf WuM 1990, 116).

Fluglärm: In der Nähe eines Flughafens ist Fluglärm ortsüblich und deshalb hinzunehmen, wenn er bereits bei Beginn des Mietverhältnisses vorhanden war. Der Mieter hat auch kein Recht zur Mietminderung, wenn aufgrund von erhöhtem Flugaufkommen der Lärmpegel steigt (AG Frankfurt a. M. WuM 2013, 352). Wer in der Nähe eines Krankenhauses wohnt, muss mit dem Betrieb eines Rettungshubschraubers und damit einhergehendem Fluglärm rechnen. Eine Mietminderung ist dann ausgeschlossen (LG Frankfurt, Urt. v. 16.10.2009 – 2-11 S 9/09).

Frösche: Geräuschimmissionen durch das Quaken von Fröschen, die sich in einem angelegten Gartenteich angesiedelt haben, sind aus Gründen des Artenschutzes grundsätzlich hinzunehmen. Ergeben sich jedoch übermäßige Lärmbelästigungen insbesondere nachts, kann der Betreiber des Teichs verpflichtet sein, sich bei der Naturschutzbehörde z. B. die Umsiedlung der Frösche genehmigen zu lassen, um die Lärmbelästigung zu beseitigen (BGH V ZR 82/91 WuM 1993, 127; OLG Hamm, Urt. v. 28.2.2013 – U 24 182/12; Bayerischer VGH NJW 1999, 2914).

Garage: Erhebliche Geräuschbeeinträchtigungen durch eine Garage oder Tiefgarage stellen einen Mangel der Mietsache dar (AG Mainz WuM 2003, 87: Lärmbelästigung durch Garagen- und Haustür, Mietminderung 20 %; LG Hamburg WuM 2009, 347: Lärmbelästigung durch Tiefgaragentor, Mietminderung: 15 %; LG Berlin, Urt. v. 25.4.1986 – 64 S 26/86: Lärmbelästigung durch Garagentor unter der Wohnung, Mietminderung: 10 %; AG Osnabrück WuM 1986, 334: Lärmbelästigung durch eine Tiefgaragenausfahrt, Mietminderung: 10 %).

Gaststätten und Diskotheken: Unzureichende Schallschutzmaßnahmen begründen einen Mangel der Mietsache und berechtigen den Mieter zur Mietminderung (OLG München ZMR 1996, 487; OLG Hamm MDR 1989, 913; AG Köln WuM 1997, 647). Der Betrieb in Biergärten, insbesondere auch Musikdarbietungen, kann eingeschränkt werden und ist nach 22 Uhr regelmäßig unzulässig.

Nächtlicher Lärm ab 22 Uhr durch das Schlagen von Autotüren, Anfahrvorgänge, lautes Gelächter und Gespräche auf der Straße muss von den Nachbarn nicht hingenommen werden, es sei denn, dieser Lärm ist in dem Wohngebiet allgemein üblich. Bei erheblichen Lärmbelästigungen können Mieter sich auch an die Behörden (Ordnungsamt) wenden und auf diesem Weg für eine Verlängerung der Sperrzeit sorgen. Bei einer Abwägung zwischen dem Ruhebedürfnis der Mieter und den wirtschaftlichen Interessen des Gastwirts geht die ungestörte Nachtruhe des Mieters vor.

Gewerbelärm: Gegen Lärm von Gewerbebetrieben können Mieter das Gewerbeaufsichtsamt einschalten und u. U. Maßnahmen zur Lärmbeseitigung fordern, diese müssen aber wirtschaftlich vertretbar sein. In einem behördlichen Genehmigungsverfahren, z. B. zur Erteilung einer Baugenehmigung, können die Eigentümer benachbarter Grundstücke, nicht jedoch Mieter, wegen drohender Lärmbeeinträchtigungen Widerspruch gegen die Erteilung einer Genehmigung einlegen. Auch Mieter haben ggf. aber zivilrechtliche Unterlassungs- und Abwehransprüche (LG Berlin, Urt. v. 14.7.1994 – 30 O 652/93) sowie das Recht zur Minderung der Miete (AG Köln WuM 1988, 56: Mietminderung 20 % bei Tanzschule; AG Gelsenkirchen WuM 1978, 66: Mietminderung 20 % bei Schuhmacher-Werkstatt).

Hähne: Das Krähen eines Hahns ist in einem ländlichen Dorfgebiet ortsüblich, kann jedoch in der Stadt in einem allgemeinen Wohngebiet eine unzumutbare Lärmbelästigung darstellen (OVG Münster WuM 2024, 479). Geht der Lärm von einer Hahnenzucht aus und ist diese vor Ort nicht üblich, kann die schalldichte Unterbringung der Tiere zu bestimmten Tageszeiten verlangt werden (LG Ingolstadt, Urt. v. 30.11.1989 – 4 O 1279/88).

Hundegebell: Gelegentliches Bellen eines Hundes ist zumutbar und zu akzeptieren (AG Hamburg-Wandsbek WuM 1991, 94). Zieht sich das Bellen allerdings über mehrere Stunden oder den ganzen Tag hin, muss es nicht hingenommen werden, auch nicht bei einem Wachhund (OLG Düsseldorf WuM 1990, 400). Ggf. können auch »Bellzeiten« festgelegt werden (OLG Hamm WuM 1990, 123: 8 bis 13 Uhr bzw. 15 bis 19 Uhr, nicht länger als zehn Minuten am Stück, höchstens 30 Minuten insgesamt). Eine Hundehaltung mit mehr als zwei Tieren kann in einem allgemeinen Wohngebiet wegen der damit verbundenen unzumutbaren Lärmbelästigung schon bauordnungsrechtlich unzulässig sein und von der Bauaufsichtsbehörde untersagt werden (OVG Lüneburg ZMR 1993, 392: Dackelzucht).

Jahrmärkte und Kirmes: Während im Regelfall die allgemeine Sperrzeit von Gaststätten erst nach Mitternacht beginnt, müssen Jahrmärkte, Rummelplätze und Kirmesveranstaltungen regelmäßig schon um 22 Uhr schließen (vgl. BGH WuM 1990, 252). Die zuständigen Behörden können allerdings Ausnahmen zulassen.

Karneval: Insbesondere in den Karnevalshochburgen wird in den Karnevalszeiten eine höhere Toleranzgrenze der Nachbarn erwartet. Laute Musik ist am Rosenmontag und Karnevalsdienstag als »Brauchtum« hinzunehmen (AG Köln WuM 2018, 112).

Kinderbetreuung: → *Berufsausübung in der Wohnung.*

Kinderlärm: → *Kinder*, dort unter Kinderlärm.

Kirchenglocken: Liturgisches Glockenläuten im üblichen Rahmen ist regelmäßig ein zumutbarer, sozialadäquater Vorgang (BVerwG, Beschl. v. 2.9.1996 – 4 B 152/96). Anders kann dies bei reinem Zeitläuten sein (LG Aschaffenburg, Urt. v. 26.8.1999 – 2 S 391/98).

Kuhglocken: Im Fall einer Lärmbelästigung durch Kuhglocken kann dem Eigentümer der Tiere polizeilich aufgegeben werden, die Glocken zu entfernen (VGH Baden-Württemberg, Beschl. v. 7.3.1996 – 1 S 2947/95). Mit Kuhschellen versehene Rinder, die sich nachts auf einer Weidefläche befinden, können eine nicht nur unwesentliche Lärmbeeinträchtigung darstellen (AG Lindau, Urt. v. 19.8.1991 – C 507/91).

Laubbläser und Laubsammler: Soweit keine Ausnahmegenehmigung besteht, dürfen diese Geräte nur werktags zwischen 9 und 13 Uhr sowie zwischen 15 und 17 Uhr betrieben werden. In vielen Gemeinden gibt es über diese Zeiten hinausgehende Regelungen für die Reinigung öffentlicher Flächen.

Müllcontainer: Der Mieter einer Erdgeschosswohnung muss einen Müllcontainer vor seinem Schlafzimmer nicht hinnehmen. Dies gilt auch dann, wenn die anderen Mieter des Hauses die Aufstellung des Containers befürworten (AG Hamburg WuM 2002, 487). Störungen, die von dem Einwurf von Altglas in einen

L

Altglas-Container ausgehen, müssen Mieter zwischen 20 Uhr und 7 Uhr sowie an Sonn- und Feiertagen nicht hinnehmen (AG Rudolstadt WuM 2000, 19).

Musik in der Wohnung: Der Mieter darf in seiner Wohnung musizieren, Musik und Radio hören und fernsehen (BGH V ZB 11/98 WuM 1998, 738). Allerdings muss er dabei auf andere Mitbewohner Rücksicht nehmen. Dies gilt vor allem während der allgemeinen **Ruhezeiten** (von 13 bis 15 Uhr und von 22 Uhr bis 7 Uhr). Für die Ruhezeiten kommt es nicht darauf an, ob der Betroffene z. B. im Nachtdienst arbeitet (BGH V ZR 143/17 WuM 2018, 787). Die nächtlichen Ruhezeiten ergeben sich vielmehr allein aus gesetzlichen Vorschriften, den Immissionsschutzgesetzen der Länder. Mittagsruhezeiten basieren auf der Verkehrsanschauung, die durch Hausordnungen und Rechtsprechung geprägt ist (KG Berlin WuM 1992, 387; BayObLG WuM 1987, 39). Während der Ruhezeiten muss **Zimmerlautstärke** eingehalten werden (s. Nachbarwohnung). Der Mieter kann aber nicht darauf verwiesen werden, nur noch in entfernteren Nebenräumen wie im Keller oder Dachgeschoss und nicht in den Haupträumen zu musizieren (BGH V ZR 143/17 WuM 2018, 787); auch ein totales Musizierverbot ist unzulässig (BGH V ZB 11/98 WuM 1998, 738).

Vermieter und Mieter können im Mietvertrag **Vereinbarungen** zur Musikausübung treffen. Denkbar sind Beschränkungen der Lautstärke sowie Einschränkungen zeitlicher Art.

Hinsichtlich der **Dauer** des erlaubten Musizierens kommt es auf die Umstände des Einzelfalls an, insbesondere die Lautstärke, die Art der Musik und die tatsächlichen Gegebenheiten vor Ort. In einer Seniorenwohnanlage gelten andere Grundsätze als in einer Wohnanlage mit überwiegend jungen Menschen. Außerdem sind die Hellhörigkeit im Gebäude, vorhandene Schallschutzmaßnahmen, der Pegel der Umgebungsgeräusche und die Art des Musizierens zu berücksichtigen. Als grober Richtwert kann eine Beschränkung auf **zwei bis drei Stunden** Musizieren **an Werktagen** und **ein bis zwei Stunden an Sonn- und Feiertagen**, jeweils unter Einhaltung üblicher Ruhezeiten, dienen (BGH V ZR 143/17 WuM 2018, 787). Im Einzelfall können Gerichte genaue »Spielzeiten« festlegen (LG Düsseldorf, Urt. v. 22.12.1989 – 22 S 574/89; LG Frankfurt WuM 1990, 287; LG Flensburg, Urt. v. 18.12.1992 – 7 S 167/92).

Nachbarwohnung: Normale Wohngeräusche aus der Nachbarwohnung sind zu akzeptieren. Auch Streiten, Poltern, Trampeln und Türenknallen kann beim Aufenthalt mehrerer Personen in einer Wohnung in gewissem Maß noch als üblich anzusehen sein. Während der allgemeinen Ruhezeiten, insbesondere nach 22 Uhr, gilt der **Grundsatz der Zimmerlautstärke.** Er besagt, dass Geräusche in den angrenzenden Wohnungen nur noch geringfügig zu hören sein dürfen, so dass ein durchschnittlicher Mieter sie kaum noch wahrnimmt (BGH V ZR 191/80). Wenn sich der Lärm aber verstetigt, übermäßig laut wird oder sogar nachts verursacht wird, muss der Mieter dies nicht hinnehmen (AG Hamburg WuM 2025, 220: Den Mietern wurde auf Beschwerden von Nachbarn hin gekündigt!). Dies gilt auch dann, wenn der Lärm von einem psychisch kranken Hausbewohner ausgeht (LG Heidelberg, Urt. v. 15.4.2011 – 5 S 119/10)

Papagei: Stundenlanges schrilles Pfeifen eines Papageis in der Nachbarwohnung in einer reinen Wohngegend überschreitet die ortsübliche Lärmbelästigung durch Tiere und muss der Mieter nicht hinnehmen (OLG Düsseldorf WuM 1990, 122). Soweit Papageien im Freien abgestellt werden, müssen Nachbarn entsprechende Geräusche nur zeitweise dulden (LG Nürnberg-Fürth, Urt. v. 13.6.1995 – 13 S 9530/94: zwischen 9 und 12 Uhr bzw. 13 und 16 Uhr; LG Zwickau WuM 2001, 556: eine Stunde pro Tag innerhalb festgelegter Zeitspannen).

Parkplatz: Von einem öffentlichen Parkplatz ausgehende Geräusche müssen in einem Wohngebiet jedenfalls bis 70 dB(A) tagsüber und 60 dB(A) nachts hingenommen werden (OVG NRW WuM 2026, 100).

Radio und Fernsehen: Sie dürfen nur so laut eingestellt werden, dass sie die Mitbewohner nicht erheblich stören. Grundsätzlich gilt »Zimmerlautstärke« (s. Nachbarwohnung).

Rasenmähen: In Wohngebieten dürfen Geräte und Maschinen wie z. B. Heckenschere, Rasenmäher, Rasentrimmer und Rasenkantenschneider an Sonn- und Feiertagen ganztägig sowie an Werktagen in der Zeit von 20 bis 7 Uhr nicht betrieben werden. Im Einzelfall sind zusätzlich die Entscheidungen der nach Landesrecht zuständigen Behörden zu berücksichtigen, die Einschränkungen und Ausnahmen zulassen können.

Renovierungsarbeiten: Geräusche üblicher gelegentlicher Renovierungsarbeiten muss der Mieter als sozialadäquat hinnehmen (AG Hermeskeil WuM 2005, 239).

Schallschutz: Wie Geräusche innerhalb eines Hauses übertragen werden, hängt auch von den baulichen Gegebenheiten ab. Bei Lärmstörungen stellt sich daher häufig die Frage, ob die Hellhörigkeit des Hauses bzw. der Wohnung einen → *Mangel der Mietsache* darstellt, der den Vermieter zu einer Verstärkung des Schallschutzes verpflichten und den Mieter zu einer Mietminderung berechtigen kann (s. z. B. BGH VIII ZR 355/03 WuM 2004, 715: überdeutliche Trittschall- oder Sanitärgeräusche nach Dachaufstockung; AG Cloppenburg WuM 1996, 760:

unterlassene Trittschalldämmung beim Ausbau einer Dachwohnung, Mietminderung: 20 %; LG Hannover WuM 1994, 463: Unterlassene Trittschalldämmung, Mietminderung: 5 %).

Spielplätze: Lärm und Geräusche von einem Kinderspielplatz im üblichen Rahmen müssen hingenommen werden (BVerwG, Beschl. v. 5.6.2013 – 7 B 1/13).

Sportanlagen: Für Sportanlagen, die nicht einer besonderen Genehmigung bedürfen, legt die Sportanlagenlärmschutzverordnung (18. BImSchV) Grenzwerte und Ruhezeiten fest. Die Grenzwerte unterscheiden sich nach der Art des Baugebiets, in dem die Sportanlage gelegen ist. In reinen Wohngebieten z. B. dürfen zwischen 22 und 6 Uhr – an Wochenenden bis 7 Uhr – 35 dB(A) und tagsüber 50 dB(A) nicht überschritten werden (Ausnahme: werktags zwischen 6 und 8 Uhr bzw. sonn- und feiertags zwischen 7 und 9 Uhr sind 45 dB(A) die Grenze).

Staubsauger: s. Waschmaschinen.

Tauben: Werden auf dem Nachbargrundstück in einem Taubenschlag mehrere hundert Tauben gehalten, die zu erheblichen Geräuschbelästigungen führen, kann eine Mietminderung von 25 % in Betracht kommen (AG Dortmund WuM 1980, 6).

Taxistand: Ein Taxistand, der durch seinen regen Betrieb die Anwohner stört oder gar deren Nachtruhe beeinträchtigt, muss für die Zeit von 21 bis 7 Uhr verlegt werden (OVG Rheinland-Pfalz, Urt. v. 17.9.1985 – 7 A 21/85).

Toilette: s. Badewanne.

Touristen: Über eine übliche Wohnnutzung hinausgehende Störungen, die durch eine Vermietung von Nachbarwohnungen an Touristen und Feriengäste entstehen, muss der Mieter nicht hinnehmen (BGH VIII ZR 155/11 WuM 2012, 269).

Verkehrslärm: Mietet der Mieter eine Wohnung in innerstädtischer Lage, muss er regelmäßig damit rechnen, dass das Verkehrsaufkommen zunehmen wird, so dass allgemein zunehmender Verkehrslärm grundsätzlich keinen Mangel der Mietsache begründet. Etwas anderes kommt regelmäßig nur in Betracht, wenn die ruhige Lage ausdrücklich oder stillschweigend als Beschaffenheitsmerkmal der Wohnung vereinbart wurde (vgl. BGH VIII ZR 258/19 WuM 2022, 100; s. Baulärm). Bei nur vorübergehender Zunahme von Verkehrslärm aufgrund einer Baustelle ist ein Mangel der Mietsache und damit eine Mietminderung ausgeschlossen, wenn der Lärm für die Stadtlage üblich ist (BGH VIII ZR 152/12 WuM 2013, 154).

Waschmaschinen: Tagsüber sind die durch Wasch- oder Spülmaschinen verursachten Geräusche grundsätzlich zumutbar. Das Gleiche gilt für Staubsauger usw. Der Gebrauch derartiger Haushaltsgeräte muss von den Nachbarn hingenommen werden, soweit die Benutzung nicht das übliche Maß übersteigt (vgl. LG Freiburg ZMR 2014, 363).

Lebenspartnerschaft

Das »Gesetz über die Eingetragene Lebenspartnerschaft« (LPartG) ermöglichte es bis einschließlich September 2017, eine Lebenspartnerschaft zwischen zwei Personen gleichen Geschlechts zu begründen. Zum 1.10.2017 ist die Lebenspartnerschaft durch das Recht auf Eheschließung auch für Personen gleichen Geschlechts ersetzt worden; Lebenspartnerschaften können seitdem auf Antrag in eine Ehe umgewandelt werden.

Eine Lebenspartnerschaft ist in weiten Teilen der Ehe gleichgestellt. Sie begründet u. a. die Pflicht zur gegenseitigen Fürsorge und Unterstützung, ein gesetzliches Erbrecht und das Recht, einen gemeinsamen Namen zu führen. Für den Fall des Getrenntlebens sind Unterhaltsansprüche sowie Regelungen zur Wohnungszuweisung vorgesehen. Im Übrigen gilt ein Lebenspartner als Familienangehöriger des anderen Lebenspartners. Eine Aufhebung der Lebenspartnerschaft ist auf Antrag eines oder beider Lebenspartner durch gerichtliches Urteil möglich. Bei einem gemeinsamen Antrag erfolgt die Aufhebung nach zwölf, sonst nach 36 Monaten. In Härtefällen kann die Partnerschaft auch ohne Einhaltung einer Wartefrist aufgehoben werden. Die Zuweisung der gemeinsamen Wohnung ist in § 14 LPartG wie bei der Ehescheidung → *Ehescheidung und Trennung* geregelt.

Wenn ein Lebenspartner stirbt, kann der andere in das Mietverhältnis eintreten → *Tod des Mieters.*

Legionellen

Legionellen sind Bakterien, die sich im warmen Wasser entwickeln können. Wassertemperaturen von 25° C bis 50° C bieten ihnen optimale Bedingungen für die Vermehrung. Es kann zu Infektionen führen, wenn z. B. beim Duschen Wassernebel mit bakterienhaltigem Wasser eingeatmet wird. Folge können eine Lungenentzündung oder das Pontiac-Fieber sein, eine grippeähnliche Erkrankung. Das Trinken von legionellenhaltigem Wasser ist hingegen nicht gesundheitsgefährdend.

Untersuchungspflicht des Hauseigentümers

Die Trinkwasserverordnung schreibt vor, dass der Hauseigentümer die Anlage zur Warmwasserversorgung alle drei Jahre auf den Befall mit Legionellen untersuchen lässt. Dieser Pflicht unterliegen nahezu alle Anlagen in Gebäuden mit einer zentralen Warmwasserversorgungsanlage. Nur für Ein- und Zweifamilienhäuser gilt die gesetzliche Pflicht nicht. Nicht betroffen sind außerdem Gebäude mit Trinkwasseranlagen ohne zentrale Erwärmung oder ohne zentralen Warmwasserspeicher, wenn zur Warmwasserversorgung in den Wohnungen z. B. Durchlauferhitzer oder Boiler eingesetzt werden.

Für die Untersuchung müssen im Haus Wasserproben entnommen werden. Die Trinkwasserverordnung legt Grenzwerte für die Legionellenkonzentration fest, die eingehalten werden müssen. Eine Überprüfung kann auch in Mietwohnungen erforderlich sein. Betroffen sind besonders die Räume in den obersten Etagen. Der Mieter muss den Zutritt zu seiner Mietwohnung gestatten, wenn der Vermieter die notwendigen Voraussetzungen beachtet → *Besichtigungsrecht des Vermieters*.

Informationspflicht des Hauseigentümers

Das Ergebnis der Untersuchung muss der Vermieter bekanntgeben, etwa durch einen Aushang im Treppenhaus. Wurde ein Legionellenbefall festgestellt, hat er Einzelheiten über eine ggf. vorhandene → *Gesundheitsgefährdung* mitzuteilen, damit die Mieter Schutzmaßnahmen ergreifen können. Bei einem schwerwiegenden Befall kann ein Duschverbot sinnvoll sein.

Rechte des Mieters bei Legionellenbefall

Ein gravierender oder wiederholter Befall wird als eine ernsthafte Gesundheitsgefährdung eingestuft, auch wenn niemand erkrankt ist. Bei eingetretenen gesundheitlichen Schäden hat der Mieter folgende Rechte und Möglichkeiten:

- **Anspruch auf Beseitigung des Mangels**: Bei Überschreitung der Grenzwerte nach der Trinkwasserverordnung (sog. Technischer Maßnahmenwert von 100 koloniebildenden Einheiten (kbE) je 100 ml Trinkwasser, Anlage 3, Teil II der TrinkwV) liegt ein → *Mangel der Mietsache* vor (LG Berlin WuM 2021, 485) und der Vermieter ist verpflichtet, diesen unverzüglich zu beseitigen. Eine konkrete Gesundheitsgefährdung ist hierfür nicht erforderlich (AG Frankfurt a. M. ZMR 2024, 945). Dies bedeutet, dass der Vermieter Maßnahmen ergreifen muss, um die Legionellen aus dem Wassersystem zu entfernen. Hierzu kann die Installation von Filtern, die Desinfektion des Wassersystems oder eine vollständige Erneuerung der Wasserleitungen gehören. Dabei bleibt die Wahl der angemessenen und geeigneten Maßnahmen aber grundsätzlich dem Vermieter überlassen. Der Anspruch erfasst auch die Verhinderung künftiger Kontaminationen.

Dazu gehört die Erwärmung des Trinkwassers auf eine höhere Temperatur. Nach der Trinkwasserverordnung muss eine Temperatur von 60 °C dauerhaft eingehalten werden. Zusätzlich darf die Warmwassertemperatur im gesamten Zirkulationssystem eine Temperatur von 55 °C nicht unterschreiten. Ausnahmen können für sog. Kleinanlagen gelten.

- **Mietminderung:** Bei einem Legionellenbefall hat der Mieter das Recht auf Mietminderung. Die Höhe der Mietminderung hängt vom Ausmaß ab und kann bis zu 100 % betragen, wenn die Wohnung unbewohnbar ist. Liegt die Legionellenkonzentration deutlich über den Grenzwerten der Trinkwasserverordnung, ist eine Mietkürzung um 20 % bis 25 % gerechtfertigt (AG Köln ZMR 2020, 515; AG Dresden GE 2014, 396). Nicht einig sind sich die Gerichte, ob die Miete auch bei einer geringfügigen Überschreitung der Grenzwerte gekürzt werden darf.
- **Schadensersatz:** Kommt der Vermieter seiner Pflicht zur Mängelbeseitigung nicht nach, hat der Mieter unter Umständen Anspruch auf Schadensersatz. Dies kann Kosten für alternative Unterkünfte, Arztkosten oder andere durch den Legionellenbefall verursachte Schäden umfassen. Zu Umzugs- und Maklerkosten s. u.
- **Schmerzensgeld:** Erkrankt der Mieter an einer Legionelleninfektion, weil der Vermieter seine Pflichten zur regelmäßigen Prüfung vernachlässigt hat, kann ihm neben Schadensersatz auch ein → *Schmerzensgeld* zustehen (BGH VIII ZR 161/14 WuM 2015, 412). Zur Beweislast s. u.
- **Einschaltung der Behörden:** Der Mieter kann sich an das Gesundheitsamt wenden, das den Vermieter zur Beseitigung des Legionellenbefalls auffordern und entsprechende Maßnahmen anordnen kann.
- **Fristlose Kündigung:** Bei schwerwiegendem oder wiederholtem Legionellenbefall hat der Mieter das Recht zur fristlosen Kündigung des Mietvertrags → *Fristlose Kündigung des Mieters*. Voraussetzung ist, dass der Vermieter trotz Aufforderung den Mangel nicht beseitigt hat. Dieses Recht steht dem Mieter auch zu, wenn der Vermieter versäumt, über einen schwerwiegenden Legionellenbefall näher zu informieren. Der Mieter kann auch Schadensersatz für Umzugs- und Maklerkosten verlangen (LG Nürnberg-Fürth ZMR 2017, 566; AG Hersbruck ZMR 2016, 634).

Beweislast: Der Mieter muss nachweisen, dass eine Legionellenerkrankung auf die Warmwasserversorgung in der Mietwohnung zurückzuführen ist. Dabei müssen ggf. andere mögliche Infektionsquellen, wie z. B. die Arbeitsstätte, ausgeschlossen werden können (LG Krefeld WuM 2021, 422). Der BGH hat aber entschieden, dass die Anforderungen an die Beweispflicht nicht zu streng sein dürfen (BGH VIII ZR 161/14 WuM 2015, 412).

Tipp: Bei einer Erkrankung von Haushaltsangehörigen sollte der Mieter eine ärztliche Dokumentation einholen, die die Ursache bestätigt. Darüber hinaus sollten alle Beweise gesichert werden, die den Zusammenhang zwischen der Erkrankung und dem Legionellenbefall belegen.

Betriebskostenumlage

Die Kosten der regelmäßig durchzuführenden Legionellenprüfung sind → *Betriebskosten*. Der Vermieter kann sie als Teil der Warmwasserkosten auf die Mieter umlegen (AG Münster WuM 2022, 71; AG Baden-Baden WuM 2015, 625). Wird bei der Überprüfung ein Legionellenbefall festgestellt, können die sich daran anschließenden Kosten für die Ursachenermittlung und für die Beseitigung hingegen nicht umgelegt werden.

Nach der Trinkwasserverordnung muss der Hauseigentümer ggf. Zapfstellen einrichten, damit die Wasserproben an geeigneter Stelle entnommen werden können. Den dafür anfallenden Aufwand kann der Vermieter nicht als Betriebskosten abrechnen. Möglich wäre eine → *Mieterhöhung nach Modernisierung*, die sich aber wegen der geringen Beträge für den Vermieter zumeist nicht lohnt.

Leistungsvorbehaltsklausel → *Mieterhöhung bei Indexmieten* → *Geschäftsraummiete*

Leistungsvorbehaltsklauseln sind nur zulässig
- bei preisgebundenem Wohnraum als Gleitklausel bei → *Sozialmieten/Sozialwohnung*,
- bei Wohnraum, der nur zum → *vorübergehenden Gebrauch* vermietet ist,
- bei Wohnraum, der Teil der vom Vermieter selbst bewohnten Wohnung ist und den der Vermieter ganz oder überwiegend mit Einrichtungsgegenständen ausgestattet hat, sofern der Wohnraum nicht einer Familie zum dauernden Gebrauch überlassen ist, und
- bei Mietverträgen über Geschäftsräume; hier kann den Vertragspartnern das Recht eingeräumt werden, von dem jeweils anderen die Aufnahme von Verhandlungen zur Anpassung des Mietpreises zu verlangen. Ändert sich die in dieser Klausel vereinbarte Bezugsgröße, z. B. der Preisindex für die Lebenshaltung aller privaten Haushalte in Deutschland, können die Vertragspartner in Verhandlungen über eine Anpassung der Miete eintreten. Einigen sich die Vertragspartner nicht auf eine neue Miete, muss das Gericht entscheiden, es

sei denn, die Vertragspartner hatten sich für diesen Fall auf einen Schiedsgutachter geeinigt.

Mietanpassungsklauseln, wie bei Indexmietverträgen, sind unwirksam, wenn der Mieter **unangemessen benachteiligt** wird, weil die Klausel dem Vermieter die Möglichkeit eröffnet, seinen Gewinn einseitig zulasten des Mieters zu vergrößern.

Beispiel: Nach dem Mietvertrag ist die Angemessenheit der Miete jeweils zu überprüfen bei Über- oder Unterschreiten von 5 % des Verbraucherpreisindexes; die zuletzt geschuldete Miete bleibt aber in jedem Fall die Mindestmiete (LG Hamburg Urt. v. 22.11.2023 – 316 O 4/22: Regelung ist unwirksam!).

M

Mahnbescheid (Mahnverfahren)

Mit dem Mahnverfahren können **ausschließlich Geldforderungen** (z. B. Miete oder Kautionsrückzahlung) schnell und kostengünstig durchgesetzt werden. Es ist besonders dann sinnvoll, wenn nicht damit zu rechnen ist, dass der Antragsgegner sich gegen die Forderung zur Wehr setzen wird, sie also nicht streitig ist. Denn wird gegen den Mahnbescheid Widerspruch oder später gegen den Vollstreckungsbescheid Einspruch eingelegt, kommt es wie nach der Klageerhebung zum Gerichtsverfahren.

Der Antrag auf Erlass des Mahnbescheids kann ausschließlich mit dem gesetzlich vorgeschriebenen Formular beim **zuständigen Mahngericht** gestellt werden. Auf der Seite www.online-mahnantrag.de kann der Mahnantrag online gestellt bzw. gefertigt und ausgedruckt werden; im Rahmen der Datenerfassung wird dort auch das zuständige Gericht ermittelt. Vordrucke sind außerdem im Schreibwarenhandel erhältlich; in diesem Fall findet man das zuständige Gericht über die Seite www.justizadressen.nrw.de; bei »Angelegenheit« ist »Mahnverfahren« auszuwählen, bei »PLZ und/oder Ort« muss die Angabe zum **Antragsteller** (Gläubiger) gemacht werden.

Die **Anschrift** des Schuldners muss bekannt sein, da Mahnbescheide nicht öffentlich zugestellt werden. Mit der Zustellung des Mahnbescheids an den Gegner wird die → *Verjährung* gehemmt, vorausgesetzt, der Anspruch ist im Mahnbescheid hinreichend genau (s. dazu unten) bezeichnet (BGH VIII ZR 211/09 WuM 2011, 49; VIII ZR 46/07 WuM 2008, 238).

Das Mahngericht prüft nur, ob nach den Behauptungen des Antragstellers der Anspruch besteht. Hierfür ist es erforderlich, dass der Anspruch genau genug bezeichnet wird, etwa durch Angabe des Vertrags, auf dem er beruht. Bei Miet- oder Nebenforderungen muss der genaue Zeitraum, aus dem die Forderung stammt, angegeben werden. Mahnbescheide ergehen mit dem Hinweis, dass das Gericht nicht geprüft hat, ob der geltend gemachte Anspruch tatsächlich besteht. Dies ist vom Antragsgegner selbst zu prüfen.

Der Antragsgegner kann binnen zwei Wochen ab Zustellung des Mahnbescheids **Widerspruch** einlegen; dann gibt das Mahngericht die Sache an das Gericht ab, das der Antragsteller im Antrag auf Erlass des Mahnbescheids bezeichnet hat. Die

Abgabe ist den Parteien mitzuteilen; sie ist nicht anfechtbar. Wird kein Widerspruch eingelegt, erlässt das Gericht auf Antrag einen **Vollstreckungsbescheid**. Gegen diesen kann der Antragsgegner zwar ebenfalls innerhalb zwei Wochen Einspruch einlegen, er muss aber in dem dann zu führenden Prozess Verfahrensnachteile in Kauf nehmen. Will man sich gegen eine Forderung zur Wehr setzen, sollte man dies daher schon beim Mahnbescheid tun und es nicht zu einem Vollstreckungsbescheid kommen lassen.

Mahnung

Eine Mahnung ist die **bestimmte und eindeutige** Aufforderung des Gläubigers an den Schuldner, eine geschuldete und fällige Leistung zu erbringen. Eine Mahnung ist im Allgemeinen Voraussetzung dafür, dass der Schuldner mit seiner Leistung in → *Verzug* gerät. Wenn die Leistung allerdings – wie in der Regel die **Mietzahlung** im Vertrag – »nach dem Kalender bestimmt« ist, tritt der **Verzug ohne Mahnung** ein, wenn die Leistung nicht pünktlich erbracht wird.

Makler → *Wohnungsvermittlung*

Mangel der Mietsache

Wird ein Mietvertrag über Wohnraum abgeschlossen, ist der Vermieter verpflichtet, dem Mieter die Mietsache in einem Zustand zu überlassen, der zum vertragsgemäßen Gebrauch geeignet ist, und diesen Zustand während der Mietzeit zu erhalten. Deshalb ist der Vermieter verpflichtet, einen Mangel der Mietsache zu beseitigen.

Wann liegt ein Mangel vor?

Ein Mangel besteht, wenn der tatsächliche Zustand der Mietsache von dem Zustand, den die Vertragsparteien als vertragsgemäß vereinbart haben, zum Nachteil des Mieters abweicht oder zugesicherte Eigenschaften fehlen oder später wegfallen (BGH XII ZR 122/11 WuM 2012, 671). Der vertragsgemäße Zustand, auch Soll-Zustand genannt, kann im Mietvertrag vereinbart sein. Wenn und soweit Vereinbarungen fehlen, bestimmt er sich nach der Beschaffenheit und dem Wohnstandard, der nach der Verkehrsanschauung für eine Wohnung, wie der Mieter sie angemietet hat, üblich ist (BGH VIII ZR 152/12 WuM 2013, 154). In Bezug auf baulich-technische Anforderungen z. B. an den Schallschutz, die Effizienz der Heizungsanlage oder die Wärmedämmung wird angenommen, dass die zum **Zeitpunkt der Errichtung** des Gebäudes **geltenden technischen Normen** maßgeblich sind (BGH VIII ZR 271/17 WuM 2019, 25 – Wärmedämmung; BGH VIII ZR 256/09 WuM 2010, 482 – Wohnfläche; BGH VIII ZR 355/03 WuM 2004, 715 – Schallschutz). Der Vermieter muss also die Funktionsfähigkeit vorhandener Bauteile und technischer Einrichtungen gewährleisten, ist aber nicht verpflichtet, diese dem Stand der Technik anzupassen und zu erneuern (anders bei → *Gesundheitsgefährdung*). Wenn und soweit das Gebäude oder Einrichtungen allerdings saniert worden sind, können die zum Zeitpunkt der Sanierung geltenden technischen Normen maßgeblich sein (BGH VIII ZR 287/12 WuM 2013, 481) → *Modernisierung durch den Vermieter*.

Eine Verpflichtung des Vermieters, zeitgemäße Wohnverhältnisse zu schaffen, hat die Rechtsprechung bisher nur ausnahmsweise angenommen und zwar, wenn es darum ging, einen Mindestwohnstandard sicherzustellen, der in der breiten Bevölkerung angesichts des technischen und wissenschaftlichen Fortschritts mittlerweile als Selbstverständlichkeit angesehen wird, z. B. eine umfassende Stromversorgung (BGH VIII ZR 343/08 WuM 2010, 235; VIII ZR 281/03 WuM 2004, 527) oder die Möglichkeit, Heizkörper einzeln zu regulieren (LG Berlin WuM 2016, 346).

M

Welche Rechte hat der Mieter?

Liegt ein Mangel vor, ist der Vermieter verpflichtet, ihn zu beseitigen. Neben dem **Anspruch auf Mangelbeseitigung** räumt das Gesetz dem Mieter bei Mängeln der Mietsache weitere Rechte ein: **Mietminderung, Ersatzvornahme, Schadensersatz**, u. U. auch **Kündigung des Mietvertrags**. Diese Rechte entfallen, wenn der Mangel vom Mieter verursacht wurde (BGH VIII ZR 113/10 WuM 2011, 98).

Das **Recht auf Mietminderung, Ersatzvornahme** und auf **Schadensersatz** steht dem Mieter **nicht** zu, wenn der **Mangel bereits bei Vertragsabschluss** bestand und der Mieter ihn kannte, z. B., wenn er in einem Übergabeprotokoll notiert wurde, er sich die Wahrnehmung seiner Rechte aber nicht vorbehalten hat (BGH VIII ZR 306/09 WuM 2011, 12). Zur Kenntnis genügt aber nicht, dass der Mieter bloß das äußere Erscheinungsbild des Mangels kennt; er muss auch die konkrete Ursache und die Auswirkungen auf die Gebrauchstauglichkeit kennen (AG Stuttgart WuM 2021, 418).

Die Rechte stehen dem Mieter auch nicht zu, wenn ihm ein bei Vertragsschluss bestehender Mangel infolge **grober Fahrlässigkeit unbekannt** geblieben ist und der Vermieter ihn **nicht arglistig verschwiegen** hat (BGH VIII ZR 135/13 WuM 2014, 278; LG Berlin WuM 2014, 205). Es genügt, wenn der Mieter bei Anwendung geringer Sorgfalt den Mangel vor dem Einzug erkennen konnte. Man kann aber nicht von ihm verlangen, dass er ohne Anlass die Wohnung gründlich untersucht. Es ist z. B. nicht erforderlich, dass die Funktionsfähigkeit vorhandener Telefon- und Kabelanschlussdosen überprüft wird (LG Berlin WuM 2020, 743). Sichert der Vermieter bestimmte Eigenschaften besonders zu, muss der Mieter diese nicht noch gesondert überprüfen.

Anspruch auf Mangelbeseitigung und Zurückbehaltungsrecht
In erster Linie kann der Mieter vom Vermieter verlangen, dass er den **Mangel beseitigt** und den vertragsgemäßen Zustand wiederherstellt. Der Mieter muss dem Vermieter dabei das äußere Erscheinungsbild des Mangels konkret beschreiben, zur eventuellen Ursache des Mangels muss er sich aber nicht äußern (BGH VIII ZR 1/16 WuM 2017, 194). Der Mangelbeseitigungsanspruch kann ausnahmsweise entfallen, wenn die sog. Opfergrenze überschritten wird, d. h. der Aufwand der Mangelbeseitigung in einem krassen Missverhältnis zum Nutzen steht (BGH VIII ZR 131/09 NJW 2010, 2050).

Wie der Vermieter den Mangel behebt, ist grundsätzlich seine Sache. Er ist aber nicht zu Veränderungen der Mietsache berechtigt. So darf er einen defekten Gasherd nicht durch einen Elektroherd ersetzen (LG Berlin GE 2003, 809) oder die Reparatur einer defekten Gas-Etagenheizung unter Verweis auf die Möglichkeit zum Anschluss an eine Zentralheizung verweigern (BGH VIII ZR 194/21 NJW-RR 2023, 27).

Reagiert der Vermieter auf eine außergerichtliche Aufforderung zur Mangelbeseitigung nicht, kann der Mieter seinen **Anspruch gerichtlich einklagen**. Der Anspruch auf Beseitigung eines Mangels kann während der Mietzeit **nicht verjähren** (BGH VIII ZR 343/08 WuM 2010, 238).

Um seinem Verlangen nach Mangelbeseitigung Nachdruck zu verleihen, kann der Mieter ein → *Zurückbehaltungsrecht* geltend machen. Dabei kann der Mieter **zusätzlich zu einer Mietminderung** (s. dazu unten) einen an der Minderungsquote orientierten Mietbetrag zurückhalten (BGH VIII ZR 19/14 WuM 2015, 568). Der Einbehalt setzt voraus, dass der Mieter dem Vermieter den Mangel angezeigt hat. Der insgesamt einbehaltene Betrag muss in angemessener Relation zur Bedeutung des Mangels stehen, so dass der Zurückbehalt der Höhe nach begrenzt ist (BGH VIII ZR 288/14 WuM 2016, 98). Er wird regelmäßig maximal in Höhe von etwa drei, bei einem schweren Mangel ggf. bis zu vier Monatsmieten in Betracht kommen (BGH VIII ZR 19/14 WuM 2015, 568; VIII ZR 288/14 WuM 2016, 98). Anders als die Mietminderung muss der zurückbehaltene Betrag der Miete **nachgezahlt** werden, **sobald die Mangelbeseitigung erfolgt** ist. Lässt sich erst durch einen Sachverständigen feststellen, ob der Mangel behoben ist, muss die Miete erst nach der Begutachtung vom Mieter nachgezahlt werden (LG Berlin WuM 2021, 612). Verweigert der Mieter Maßnahmen zur Mangelbeseitigung unberechtigterweise, muss das einbehaltene Geld sofort zurückgezahlt werden; ein weiterer Einbehalt ist dann unzulässig (BGH VIII ZR 12/18 WuM 2019, 309).

Wichtig zu wissen: Nach der Rechtsprechung des BGH ist der Einbehalt nur so lange möglich, solange er seinen Zweck erfüllen kann, den Vermieter zur Mangelbeseitigung anzuhalten. Ein Zurückbehalt ist danach nicht mehr zulässig, wenn der Vermieter die Mangelbeseitigung **endgültig verweigert** (BGH VIII ZR 19/14 WuM 2015, 568)! Dadurch hat der BGH dieses Recht weitgehend entwertet.

Mietminderung

Wenn und solange ein Mangel besteht, der die Gebrauchstauglichkeit der Wohnung nicht nur unerheblich beeinträchtigt, ist die Miete gemindert, so dass der Mieter die Mietzahlungen an den Vermieter kürzen kann. Weder muss der Mieter die Kürzung beim Vermieter beantragen noch muss er die Kürzung und deren Höhe mit dem Vermieter vereinbaren. Denn die Minderung **gilt automatisch** kraft Gesetzes. Der Mieter muss sich lediglich gegenüber dem Vermieter auf sein Minderungsrecht berufen (BGH VIII ZR 99/17 WuM 2018, 641; VIII ZR 1/16 WuM 2017, 194). Regelungen im Mietvertrag, die das Minderungsrecht des Mieters erschweren oder ausschließen, sind **unwirksam**. Dies gilt sowohl für individuelle als auch für vorformulierte Regelungen → *Allgemeine Geschäftsbedingungen*.

Das **Minderungsrecht besteht** ausnahmsweise **nicht**,

- wenn der Mieter dem Vermieter den **Mangel nicht unverzüglich angezeigt** hat und der Vermieter infolgedessen keine Abhilfe schaffen konnte. Die Anzeige ist entbehrlich, wenn der Vermieter den Mangel bereits kennt oder er ihm infolge grober Fahrlässigkeit unbekannt geblieben ist (BGH VIII ZR 337/13 WuM 2014, 278; LG Berlin WuM 2020, 72). Die Darlegungs- und Beweislast dafür, dass der Mieter seine Anzeigepflicht verletzt hat, trägt der Vermieter (BGH VIII ZR 74/12 WuM 2013, 160);
- wenn die Einschränkung der Gebrauchstauglichkeit während einer **energetischen Modernisierung** des Vermieters auftritt; hier ist das Minderungsrecht kraft Gesetzes für drei Monate ausgeschlossen → *Modernisierung durch den Vermieter*. Dies gilt nicht bei einem Heizungsaustausch zur Erfüllung der Anforderungen nach dem → *Gebäudeenergiegesetz*;

- wenn der Mangel die Gebrauchstauglichkeit der Wohnung nur **unwesentlich** beeinträchtigt (BGH VIII ZR 197/14 WuM 2015, 478). Dies ist z. B der Fall bei fehlender Beleuchtung im Keller des Mieters (AG Pinneberg WuM 1980, 63), bei Haarrissen an der Zimmerdecke einer Altbauwohnung (LG Berlin WuM 1988, 301) oder bei fehlenden Fußleisten (AG Rheine WuM 2013, 375);
- wenn der Mieter **Maßnahmen** des Vermieters **zur Mangelbeseitigung** unberechtigterweise **erschwert, verweigert** oder **verhindert** (BGH VIII ZR 12/18 WuM 2019, 309; XII ZR 65/14 WuM 2015, 619; AG Stuttgart-Bad Cannstatt WuM 2008, 594).

Ist der Mieter zur Minderung berechtigt, kann er die **Miete für die Zeit kürzen**, in der der **Mangel vorhanden** ist. Da die Miete im Voraus gezahlt werden muss, kann der Mieter die Kürzung **im darauffolgenden Monat** vornehmen, bei einem Heizungsausfall im Januar z. B. die Kürzung bei der Februarmiete vornehmen (BGH VIII ZR 142/84 ZMR 1985, 403; LG Hannover WuM 1986, 311). Wirkt sich ein Mangel nur periodisch auf die Gebrauchstauglichkeit aus, darf die Miete auch nur in dieser Zeit gemindert werden (BGH VII ZR 132/09). Die Mietminderung besteht unabhängig davon, ob der Mieter die Mieträume tatsächlich bewohnt. Wer sich auf eine Urlaubsreise begibt, längere Zeit im Krankenhaus oder Pflegeheim verbringen muss oder aus anderen Gründen abwesend ist, darf bei vorhandenen Mängeln dennoch die Miete kürzen (LG Berlin WuM 2019, 94). Das gilt auch, wenn der Mieter die Wohnung einer anderen Person überlassen hat (BGH VIII ZR 99/17 WuM 2018, 641).

Die **Höhe der Mietminderung** muss angemessen sein und richtet sich grundsätzlich nach dem Umfang, in dem die Gebrauchstauglichkeit beeinträchtigt ist. Je stärker sich der Mangel auf die Gebrauchstauglichkeit der Wohnung auswirkt, desto größer ist der Anteil der Miete, den der Mieter einbehalten darf. Ausgangspunkt für die Berechnung der Mietminderung ist die **Bruttomiete einschließlich Betriebs- und Heizkosten**, die der Mieter zahlen muss (BGH VIII ZR 347/04 WuM 2005, 573; XII ZR 225/03 WuM 2005, 384). Für die Berücksichtigung der Mietminderung bei der Betriebskostenabrechnung gilt: Die im Abrechnungsjahr tatsächlich geleisteten Zahlungen sind mit der geschuldeten Bruttojahresmiete abzüglich des gerechtfertigten Minderungsbetrags zu vergleichen (BGH VIII ZR 223/10 WuM 2011, 284; LG Köln WuM 2014, 25). Der Mieter muss also berechnen, wie es sich auf die Mietminderung auswirkt, dass die Betriebskosten höher sind als ursprünglich veranschlagt. Denn dadurch erhöht sich der Betrag der Minderung. Die Mühe lohnt sich also, denn er muss weniger zahlen.

Beispiel: Die monatliche Bruttomiete beträgt 600 Euro, bestehend aus einer monatlichen Nettomiete von 500 Euro und einer monatlichen Vorauszahlung auf die Betriebskosten von 100 Euro (= 1200 Euro für Betriebskosten im Jahr). Die im Folgejahr aufgestellte Betriebskostenabrechnung endet mit Gesamtkosten von 1800 Euro, was 150 Euro im Monat statt der gezahlten 100 Euro entspricht. Ohne Mietminderung müsste der Mieter also 600 Euro nachzahlen.

Der Mieter hat in dem Abrechnungsjahr über vier Monate eine um 20% (= 120 Euro) geminderte Miete bezahlt, also 480 Euro im Monat. Nun muss verglichen werden, wie viel der Mieter in dem betreffenden Jahr tatsächlich gezahlt hat und wie viel er unter Berücksichtigung der höheren Betriebskosten **und** der Mietminderung hätte zahlen müssen.

Gezahlter Jahresbetrag unter Berücksichtigung der Minderung:

8 Monate ungeminderte Miete, 600 Euro (= 500 Euro + 100 Euro)	4800 Euro
4 Monate geminderte Miete, 480 Euro (= 600 Euro ./. 20%)	1920 Euro
insgesamt	**6720 Euro**

Jetzt muss man berechnen, wie viel der Mieter in dem Jahr hätte zahlen müssen, weil die Betriebskosten nicht nur 100 Euro, sondern 150 Euro monatlich betrugen.

Daraus ergibt sich unter Berücksichtigung der Minderung als **geschuldeter Jahresbetrag**:

8 Monate ungeminderte Miete, 650 Euro (= 500 Euro + 150 Euro)	5200 Euro
4 Monate geminderte Miete, 520 Euro (= 650 Euro ./. 20%)	2080 Euro
insgesamt	**7280 Euro**

Die sich ergebende Differenz von 7280 Euro – 6720 Euro beträgt 560 Euro statt 600 Euro. Der Mieter muss also 40 Euro weniger nachzahlen.

Achtung – Kündigung droht! Die Minderung kann ein Kündigungsrisiko begründen → *Kündigung des Vermieters*. Zwar darf der Vermieter nicht allein deswegen kündigen, weil der Mieter wegen eines Mangels mindert. Wenn aber der Mieter irrtümlich einen Mangel annimmt, z. B. Schimmel reklamiert, von dem sich später herausstellt, dass er durch unzureichendes Lüften des Mieters verursacht ist, oder eine zu hohe Kürzung vornimmt, sind die Kürzungen nicht oder nicht vollständig gerechtfertigt und können zu einer Kündigung des Vermieters wegen Zahlungsrückständen führen. Dass der Mieter irrtümlich angenommen hat, zu der vorgenommenen Kürzung berechtigt zu sein, entlastet ihn nur, wenn der Irrtum unverschuldet war. Die Rechtsprechung stellt hier strenge Anforderun-

M

gen. Unverschuldet ist ein Irrtum nur, wenn der Mieter die Sach- und Rechtslage unter Einbeziehung der höchstrichterlichen Rechtsprechung sorgfältig geprüft hat und mit einer anderen rechtlichen Beurteilung, als er sie vorgenommen hat, nicht zu rechnen brauchte (BGH VIII ZR 138/11 WuM 2012, 499). Vor einer Kürzung ist deshalb eine sorgfältige Prüfung geboten. Im Zweifel kann der Mieter von der Kürzung zunächst absehen und dem Vermieter mitteilen, dass er die Miete unter dem **Vorbehalt der Rückforderung** zahlt. Er kann sich dann Gewissheit über die Minderung verschaffen und zu viel gezahlte Miete zurückfordern.

Ersatzvornahme
Der Mieter kann den Mangel im Wege der Ersatzvornahme **selbst beseitigen** und vom Vermieter **Ersatz der dafür erforderlichen Aufwendungen** verlangen, wenn der Vermieter sich mit der Mangelbeseitigung in → *Verzug* befindet. Dazu muss der Mieter dem Vermieter den Mangel angezeigt und ihn zur Beseitigung des Mangels aufgefordert haben. Wird der Vermieter dann auf eine Mahnung hin nicht tätig, befindet er sich in Verzug, so dass der Mieter handeln darf (BGH VIII ZR 254/08 WuM 2009, 580). Der Mieter kann die Mangelanzeige und die Mahnung auch zusammen erklären; dies setzt voraus, dass er den Vermieter in der Mangelanzeige (nachweislich! → *Zugang von Erklärungen*) eindeutig und bestimmt zur Mangelbeseitigung auffordert (OLG Rostock ZMR 2020, 1019).

Der Mieter kann Handwerker mit der Reparatur beauftragen und dem Vermieter die anfallenden Kosten in Rechnung stellen bzw. diese mit der Miete verrechnen. Alternativ kann er den Vermieter zunächst auf Zahlung eines Vorschusses in Höhe der voraussichtlichen Kosten in Anspruch nehmen (KG Berlin WuM 1988, 142). Steht die Ursache des Mangels aber noch nicht fest, so dass sinnvolle Maßnahmen noch nicht möglich sind, kann auch kein Kostenvorschuss verlangt werden (BGH VIII ZR 31/09 WuM 2010, 348).

Ersetzen muss der Vermieter die **erforderlichen Aufwendungen**, d. h. die Kosten, die er für eine fachgerechte Instandsetzung auch selbst hätte zahlen müssen (LG Köln WuM 1994, 73). Er kann den Kosten für eine neue Therme nicht entgegenhalten, dass der Mieter sich zuvor gegen eine Luxusmodernisierung gewandt hat, bei der auch die Therme ausgetauscht worden wäre (AG Stuttgart WuM 2023, 601).

Wichtig zu wissen: Der Handwerker darf erst bestellt werden, wenn der Vermieter bereits mit der Mangelbeseitigung in **Verzug** ist. Bei einer **voreiligen Beauftragung** muss der Vermieter die Kosten nicht tragen, sondern **bleibt der Mieter**

auf den Kosten sitzen (BGH VIII ZR 254/08 WuM 2009, 580; VIII ZR 222/06 WuM 2008, 147). Etwas anderes gilt in **Notsituationen**, in denen die sofortige Beseitigung des Mangels erforderlich ist, weil andernfalls schwere Schäden an der Mietsache oder für die Gesundheit oder das Eigentum des Mieters drohen (BGH VIII ZR 222/06 WuM 2008, 147 – Totalausfall der Heizung im Winter; AG Würzburg WuM 2014, 332 – Wespennest).

Schadensersatz

Hat ein Mangel zu einem Schaden beim Mieter geführt, z. B. dessen Mobiliar beschädigt, kann ein Schadensersatzanspruch des Mieters gegen den Vermieter in Betracht kommen. Der Anspruch besteht allerdings nur in bestimmten Konstellationen, und zwar,

- wenn der **Mangel bereits beim Einzug** vorlag, z. B. beim Einzug vorhandene Feuchtigkeit in der Wohnung später zu Schimmelbildung an Gebrauchsgegenständen des Mieters führt. In einem solchen Fall trifft den Vermieter eine sog. **Garantiehaftung**, d. h., er ist auch dann schadensersatzpflichtig, wenn ihn kein Verschulden trifft oder der Mangel bei Vertragsschluss noch nicht sichtbar bzw. verborgen war. Die Garantiehaftung kann in → *Allgemeinen Geschäftsbedingungen* des Mietvertrags allerdings ausgeschlossen werden (BGH XII ZR 46/90 WuM 1992, 316);
- wenn der Mangel während der Mietzeit auftritt und der Vermieter ihn zu vertreten hat. Dies kommt z. B. in Betracht, wenn der Mangel darauf beruht, dass dem Vermieter eine Verletzung seiner Kontrollpflichten vorzuwerfen ist (vgl. BGH VIII ZR 321/07 WuM 2008, 719);
- wenn der Vermieter bei Eintritt des Schadens mit der Beseitigung des Mangels bereits in → *Verzug* ist (s. o. Ersatzvornahme).

In den genannten Fällen haftet der Vermieter auch, wenn nicht er selbst, aber von ihm beauftragte Handwerksfirmen einen Mangel vorsätzlich oder fahrlässig verursacht bzw. nicht rechtzeitig beseitigt haben.

Kündigung des Mietvertrags

Ist ein Mangel nicht behebbar oder kommt der Vermieter seiner Pflicht zur Mangelbeseitigung nicht nach, kann der Mieter unter bestimmten Voraussetzungen auch die Wohnung fristlos kündigen →*Fristlose Kündigung des Mieters wegen Nichtgewährung des vertragsgemäßen Gebrauchs*. Das Gleiche kommt in Betracht, wenn die Benutzung der Wohnung mit einer erheblichen Gesundheitsgefährdung für die Bewohner verbunden ist →*Fristlose Kündigung des Mieters wegen Gesundheitsgefährdung*.

Einzelfälle:
Abflussverstopfung: Der Vermieter ist verpflichtet, Wasser- und Abwasserrohre instand zu setzen. Verstopfungen begründen einen Mangel der Mietsache, den der Vermieter auf seine Kosten beseitigen muss. Etwas anderes gilt nur, wenn der Mieter die Verstopfung durch eine vertragswidrige Nutzung selbst schuldhaft verursacht hat. Dies ist z. B. der Fall, wenn Katzenstreu oder Hygieneartikel in der Toilette entsorgt wurden, nicht aber, wenn sich das Abwasserrohr durch jahrelanges Einleiten von Fett, Essensresten und Haaren zugesetzt hat. Denn es zählt zum vertragsgemäßen Gebrauch, wenn beim Abwaschen fetthaltige Kochflüssigkeiten oder kleinere Essensreste oder beim Haarewaschen Haare in die Abflussleitungen gelangen (AG Ravensburg NZM 2005, 538).

Ist die Ursache der Rohrverstopfung streitig, muss zunächst der Vermieter nachweisen, dass die Verstopfung nicht auf einen baulichen Mangel zurückzuführen ist (LG Kiel WuM 1990, 499). Hat der Vermieter diesen Beweis erbracht und dargelegt, dass die Schadensursache im Mietgebrauch des Mieters liegt, so muss sich der Mieter entlasten und nachweisen, dass er die Verstopfung nicht durch eine vertragswidrige Nutzung verursacht hat (OLG Karlsruhe WuM 1984, 267).

Bestimmungen in → *Allgemeinen Geschäftsbedingungen*, dass sich bei einer Verstopfung des Hauptstrangs der Abwasserleitung alle Mieter anteilig an den Reinigungskosten beteiligen müssen, wenn der Verursacher nicht ermittelt werden kann, sind unwirksam (OLG Hamm WuM 1982, 201). Kann der Vermieter nicht beweisen, dass ein bestimmter Mieter die Verstopfung verschuldet hat, trägt er die Kosten der Beseitigung (AG Schöneberg MDR 1977, 54). Der Vermieter kann solche Kosten auch nicht über eine vertragliche Kleinreparaturklausel → *Bagatellschäden* von dem Mieter verlangen. Denn Abwasserrohre sind – anders als z. B. der Wasserhahn – nicht dem direkten und häufigen Zugriff des Mieters ausgesetzt.

Hat der Mieter infolge der Abflussverstopfung **Schäden** erlitten, kann er vom Vermieter Ersatz verlangen, wenn dieser die Verstopfung zu verantworten hat oder der Fehler bereits bei Abschluss des Mietvertrags vorhanden war. Zwar ist der Vermieter nicht verpflichtet, die Abflussrohre im Haus in regelmäßigen Abständen überprüfen zu lassen. Ein Verschulden trifft ihn aber zumindest dann, wenn häufigere Verstopfungen darauf hindeuten, dass die Rohre zugesetzt sind und er dennoch auf eine Überprüfung verzichtet (LG Berlin GE 1988, 413).

Abwasser → *Geruchsbelästigung.*

Allergien → *Gesundheitsgefährdung.*

Asbest → *Gesundheitsgefährdung.*

Aufzug: Der Ausfall eines Aufzugs kann eine Mietminderung rechtfertigen, deren Höhe von der Lage der Wohnung im Haus abhängt (3. Stock: 10 %, AG Mitte WuM 2020, 484; Dachgeschoss: 14 %, AG Schöneberg 104 C 85/15; 10. Stock eines Hochhauses: 20 %, AG Mitte, Urt. v. 19.4.2007 – 10 C 24/07). Zudem können **Aufzuggeräusche** einen Mangel begründen → *Lärm.*

Baden/Duschen: Fällt die Bade- oder Duschmöglichkeit aus, kommt eine Mietminderung von 33 % in Betracht (AG Köln WuM 1998, 690). Baden und Duschen spielen außerdem unter dem Aspekt nächtlicher Geräusche eine Rolle → *Lärm.*

Baulärm → *Lärm.*

Bleirohre → *Gesundheitsgefährdung.*

Bohrmaschine → *Lärm.*

Bordell: Bei einem Bordell im Haus kann eine Mietminderung von 10 % in Betracht kommen, auch wenn von dem Bordellbetrieb keine konkreten Beeinträchtigungen ausgehen (LG Berlin WuM 2004, 233; Urt. v. 21.6.1995 – 64 S 84/95; AG Schöneberg, Urt. v. 4.1.1996 – 8 C 619/95). Bei unmittelbaren erheblichen Störungen z. B. durch Klingeln und Besucher kann eine höhere Mietminderung gerechtfertigt sein (AG Wiesbaden WuM 1998, 315, Mietminderung: 20 %; AG Charlottenburg, Urt. v. 11.8.1988 – 18 C 612/87, Mietminderung: 30 %).

Dusche: s. Baden/Duschen.

Elektrizität: Bei einem vollständigen Ausfall der Elektrizität (Licht, Kochgelegenheit, Warmwasserversorgung) nach einem Kabelbrand kann eine Mietminderung von 100 % berechtigt sein (AG Neukölln, Urt. v. 20.10.1987 – 15 C 23/87). Dies gilt auch, wenn der Ausfall durch einen Anschlag auf die allgemeine Versorgungsinfrastruktur verursacht wurde.

Elektrosmog: → *Gesundheitsgefährdung.*

Epoxidharz: → *Gesundheitsgefährdung.*

Familienfeiern: → *Lärm.*

M

Fenster: Tritt infolge undichter Fenster und Türen in der Wohnung starke Zugluft auf, besteht ein Mangel der Mietsache, der zu einer Mietminderung von 20 % berechtigen kann (LG Kassel WuM 1988, 108). Dringt aufgrund der Undichtigkeit Feuchtigkeit in die Wohnung und führt zu Schimmelbildung, kommt eine Mietminderung von 30 % in Betracht (AG Bremen WuM 2015, 546).

Feuchtigkeit: → *Feuchtigkeit in der Wohnung.*

Fluglärm: → *Lärm.*

Formaldehyd: → *Gesundheitsgefährdung.*

Frösche: → *Lärm.*

Garage: → *Lärm.*

Gaststätten und Diskotheken: → *Lärm.*

Gasversorgung: Bei einer Unterbrechung der Gasversorgung, die der Mieter nicht zu verantworten hat und durch die weder die Heizung noch der Herd noch die Warmwasserbereitung in der Wohnung funktioniert, kann eine Mietminderung von 100 % in Betracht kommen (LG Berlin WuM 1993, 185).

Gerüst: Werden während Arbeiten am Gebäude die Fassade eingerüstet und die Scheiben mit Milchglasfolie abgeklebt, kann eine Mietminderung von 10 % gerechtfertigt sein (AG Schöneberg WuM 2022, 732).

Gewerbelärm: → *Lärm.*

Hähne: → *Lärm.*

Heizung: → *Heizpflicht.*

Hundegebell: → *Lärm.*

Jahrmärkte und Kirmes: → *Lärm.*

Karneval: → *Lärm.*

Kinderlärm: → *Kinder.*

Kirchenglocken: → *Lärm.*

Klingel: Eine defekte Klingel stellt einen Mangel der Mietsache dar, der eine Mietminderung rechtfertigen kann (AG Hanau, Urt. v. 11.12.2012 – 37 C 244/10, Mietminderung: 2 %; LG Berlin, Urt. v. 14.9.2006 – 62 S 90/06, Mietminderung 3 %; AG Potsdam WuM 1996, 760, Mietminderung: 5 % bei gleichzeitigem Ausfall von Klingel und Türöffnungsanlage; AG Rostock WuM 1999, 64, Mietminderung: 10 % bei gleichzeitigem Ausfall von Klingel und Wechselsprechanlage).

Kochgerüche: → *Geruchsbelästigung.*

Kuhglocken: → *Lärm.*

Laubbläser und Laubsammler: → *Lärm.*

Legionellen: → *Legionellen.*

Müll in der Wohnung: → *Geruchsbelästigung.*

Müllcontainer: → *Geruchsbelästigung* → *Lärm.*

Musik in der Wohnung: → *Lärm.*

Nachbarwohnung: → *Lärm.*

Papagei: → *Lärm.*

Parkplatz: → *Lärm.*

Polyzyklische aromatische Kohlenwasserstoffe (PAK): → *Gesundheitsgefährdung.*

Radio und Fernsehen: → *Lärm.*

Rasenmähen: → *Lärm.*

Rauchen: → *Geruchsbelästigung.*

Schallschutz: → *Lärm.*

Schimmelbildung: → *Feuchtigkeit in der Wohnung.*

M

Spielplätze: → *Kinder* → *Lärm.*

Sportanlagen: → *Lärm.*

Staubsauger: → *Lärm*, dort unter Waschmaschinen.

Tauben: → *Lärm.*

Taxistand: → *Lärm.*

Tierhaltung: → *Geruchsbelästigung*, dort unter Tierhaltung; → *Tierhaltung in der Wohnung.*

Toilette: → *Lärm.*

Touristen: → *Lärm.*

Türen: Tauscht der Vermieter die gewaltsam aufgebrochene Wohnungstür im Wege einer Notmaßnahme aus, ohne dem Mieter neue Schlüssel auszuhändigen, ist eine Mietminderung von 100 % gerechtfertigt (OLG Düsseldorf, Urt. v. 7.7.2005 – I-10 U 202/04). Fehlen sämtliche Zimmertüren in der Wohnung, kann eine Mietminderung von 25 % berechtigt sein (AG Hamburg-Altona, ZMR 2008, 298).

Überhitzung: → *Gesundheitsgefährdung.*

Unbewohnbarkeit: Ist die Wohnung mangelbedingt unbewohnbar, kann die Miete bis zu 100 % gemindert sein (AG Bremen WuM 2016, 685 und LG Frankfurt a. M. WuM 1996, 535 – je 100 % Minderung nach Wohnungsbrand; AG Bottrop – 100 % Minderung wegen unzumutbarer Fäkalgerüche nach Abwasserschaden; AG Köln WuM 2012, 342 – 80 % Mietminderung nach Wasserschaden). Dies gilt auch, wenn der Vermieter dem Mieter für die Zeit der Mangelbeseitigung eine Umsetzwohnung zur Verfügung stellt, die nicht vergleichbar und gleichwertig ist (LG Berlin WuM 2021, 351; a. A. LG Düsseldorf, Urt. v. 2.11.1994 – 24 S 242/94). → *Zerstörung der Wohnung.*

Ungeziefer: → *Gesundheitsgefährdung.*

Verkehrslärm: → *Lärm.*

Warmwasser: → *Warmwasserversorgung.*

Waschküche: Wird dem Mieter die Möglichkeit zur Nutzung einer Waschküche oder eines Trockenraums entzogen, kann dies eine Mietminderung von 10 % begründen (AG Osnabrück WuM 1990, 147).

Waschmaschine: → *Lärm.*

Wohnflächenabweichung: → *Wohnfläche.*

Mediation → *Streitschlichtung*

Meinungsfreiheit → *Freie Meinungsäußerung*

Mietausfallwagnis → *Sozialmiete/Sozialwohnung*

Miete

M

Die Miete ist das monatlich vom Mieter zu entrichtende Entgelt für die Überlassung der Wohnung. Sie ist jeweils zu Beginn des Monats fällig, spätestens **am 3. Werktag**, sofern der Mietvertrag keine andere Regelung vorsieht. Dabei gilt der **Samstag** nicht als Werktag (BGH VIII ZR 129/09 WuM 2010, 495).

Gut zu wissen: Entscheidend ist, dass der Mieter die Miete spätestens am 3. Werktag von einem ausreichend gedeckten Konto überweist; der tatsächliche Zahlungseingang auf dem Konto des Vermieters muss zu diesem Zeitpunkt noch nicht erfolgt sein (BGH VIII ZR 222/15 WuM 2017, 31).

Es können unterschiedliche Mietstrukturen vereinbart werden:
- **Bruttokaltmiete:** In dieser Miete sind die Betriebskosten enthalten, die Heizkosten jedoch nicht.
- **Bruttowarmmiete** (auch Brutto- oder Inklusivmiete genannt): Die Miete umfasst sowohl die Nettokaltmiete (Grundmiete) als auch die Betriebs- und Heizkosten. Im Geltungsbereich der Heizkostenverordnung ist dies jedoch **unzulässig**, da die → *Heizkosten* zwingend verbrauchsabhängig abzurechnen sind.
- **Nettokaltmiete:** Neben der Grundmiete trägt der Mieter alle umlagefähigen Betriebskosten zusätzlich und getrennt von der Miete.

– **Teilinklusivmiete:** Ein Teil der Betriebskosten ist bereits in der Miete enthalten, während die übrigen Betriebskosten gesondert abgerechnet werden.

Mieterbund → *Mieterverein/Deutscher Mieterbund*

Mieterhöhungen

Der Vermieter darf die Miete nicht erhöhen, wann und wie er will. Zwar können sich Mieter und Vermieter während des Mietverhältnisses auf eine Erhöhung der Miete bei frei finanzierten Wohnungen einigen und verständigen. Stimmt der Mieter einem Mieterhöhungsverlangen des Vermieters zu, ist eine vertragliche Vereinbarung zustande gekommen (BGH VIII ZR 234/18 WuM 2020, 155). Aber gerade wenn es um die Miethöhe geht, liegen die Interessen der Mietvertragsparteien oft weit auseinander. Deshalb regelt das Gesetz, wann, wie oft und wie stark ein Vermieter die Miete anheben darf. Letztlich gibt es vier Varianten, warum, wann und wie die Miete in einem laufenden Mietverhältnis steigen darf – fünf Varianten, wenn man Erhöhungen wegen gestiegener Betriebskosten mitzählt:

Am häufigsten ist die → *Mieterhöhung auf die ortsübliche Vergleichsmiete*. Dies ist die Miete, die üblicherweise für eine Wohnung vergleichbarer Art, Größe, Ausstattung, Beschaffenheit und Lage einschließlich der energetischen Ausstattung und Beschaffenheit in der Gemeinde gezahlt wird. Für die ortsübliche Vergleichsmiete werden alle Mieten berücksichtigt, die in den letzten sechs Jahren vereinbart oder erhöht worden sind.

Bei **Index- und bei Staffelmietverträgen** → *Mieterhöhung bei Indexmieten* → *Mieterhöhung bei Staffelmieten* können Mieter und Vermieter schon bei Vertragsabschluss festlegen, wann und unter welchen Bedingungen die Miete während der Mietzeit steigen darf – bei Indexmietverträgen abhängig von der Preisentwicklung, der Inflationsrate; bei Staffelmietverträgen um einen festen Betrag.

Führt der Vermieter Baumaßnahmen zur **Modernisierung** des Hauses oder der Wohnung durch, z. B. zur Einsparung von Energie oder zur Verbesserung der Mietsache, kann er die Miete erhöhen. Er kann im Regelfall **8 % der Modernisierungskosten** auf die bisherige Jahresmiete aufschlagen → *Modernisierung durch den Vermieter*.

Gestiegene Betriebskosten können ebenfalls zu höheren Wohnkosten führen. Je nach Vertragsgestaltung können monatliche Betriebskostenvorauszahlungen oder Betriebskostenpauschalen erhöht oder sogar Bruttomieten angehoben werden. → *Mieterhöhung wegen gestiegener Betriebskosten.*

M

Mieterhöhungen auf die ortsübliche Vergleichsmiete

Die typische Mieterhöhung ist die Mieterhöhung auf die ortsübliche Vergleichsmiete. Die Voraussetzungen hierfür sind in den §§ 558 bis 558e BGB geregelt. Danach ist eine Mieterhöhung höchstens bis zur ortsüblichen Vergleichsmiete zulässig und

- eine Sperrfrist ist einzuhalten, d. h. zwischen Abschluss des Mietvertrags und dem Wirksamwerden der ersten Mieterhöhung bzw. zwischen den einzelnen Mieterhöhungen müssen mindestens 15 Monate liegen,
- der Vermieter muss sich bei seiner Mieterhöhung auf eines der im Gesetz aufgeführten Begründungsmittel – Mietspiegel, Mietdatenbank, Vergleichswohnungen oder Sachverständigengutachten – stützen und
- Kappungsgrenzen sind einzuhalten. Innerhalb von drei Jahren darf die Miete höchstens um 20 % steigen; in Städten oder Gemeinden mit gefährdeter Wohnungsversorgung darf die Miete in drei Jahren höchstens 15 % teurer werden.

Ausgangspunkt für Mieterhöhungen ist die sog. Grundmiete einschließlich eventueller Modernisierungszuschläge. Der Vermieter kann also nicht die Grundmiete erhöhen und den Betrag der Modernisierungsmieterhöhung separat laufen lassen (BGH VIII ZR 331/06 WuM 2007, 707).

Die ortsübliche Vergleichsmiete

Die ortsübliche Vergleichsmiete hat nichts mit der aktuellen Marktmiete oder Angebotsmiete zu tun, die in Internetportalen, Zeitungsanzeigen und von Maklern genannt wird. Das sind Mieten, zu denen aktuell Mietwohnungen angeboten werden. Bei der ortsüblichen Vergleichsmiete ist die Miete entscheidend, die in **bestehenden Mietverhältnissen** gezahlt wird, also die Miete, die vor Ort für Wohnungen vergleichbarer Art, Größe, Ausstattung, Beschaffenheit und Lage einschließlich der energetischen Ausstattung und Beschaffenheit **in den letzten sechs Jahren** – gerechnet ab dem Zeitpunkt, zu dem die Mieterhöhung beim Mieter ankommt – vereinbart wurde oder sich in dieser Zeit durch Mieterhöhungen ergeben hat (BGH VIII ZR 62/18 WuM 2019, 324; VIII ZR 146/10 WuM 2012, 281).

Die ortsübliche Vergleichsmiete ist also ein repräsentativer Querschnitt der Mietpreise, die für die jeweilige Wohnungskategorie gezahlt werden, wobei Wohnungen, bei denen die Miethöhe durch Gesetz oder im Zusammenhang mit einer Förderzusage festgelegt worden ist, nicht mitzählen.

Behebbare Wohnungsmängel spielen bei der ortsüblichen Vergleichsmiete keine Rolle. Auch wenn z. B. die Heizung defekt ist, kann der Vermieter die Miete erhöhen. Wegen der defekten Heizung hat der Mieter (nur) Ansprüche wegen → *Mängeln der Mietsache* (AG Münster WuM 2023, 184).

Bei einem **einheitlichen Mietvertrag** über eine **Wohnung und einen Pkw-Stellplatz** überwiegt die Nutzung zu Wohnzwecken. Die Regelungen des Mieterhöhungsrechts sind anwendbar. Dabei kann offen bleiben, ob auf die ortsübliche Vergleichsmiete des gesamten Mietobjekts – also Wohnung und mitvermieteter Stellplatz – abzustellen ist oder ob sie durch Heranziehung des Mietspiegels für die Wohnung und Zugrundelegung einer ortsüblichen Miete für den Stellplatz zu ermitteln ist (BGH VIII ZR 249/23 WuM 2025, 93).

In fast 1400 Städten und Gemeinden können die Durchschnitts- oder Vergleichsmieten in **Mietspiegeln** abgelesen werden.

Form und Frist

Die Mieterhöhungserklärung muss in → *Textform* oder → *Schriftform* zugehen. Das bedeutet, die Mieterhöhung muss lesbar und die Person des Absenders muss angegeben sein. Bei Textform muss die Erklärung auf einem dauerhaften Datenträger abgegeben werden, z. B. SMS, Fax, Mail, Kopie. Anstelle der persönlichen

Unterschrift reicht z. B. »gezeichnet Müller, Geschäftsführer« aus. Das gilt auch dann, wenn laut Mietvertrag Änderungen des Mietvertrags der Schriftform bedürfen (BGH VIII ZR 300/09 WuM 2011, 32). Mündliche Mieterhöhungen, persönlich oder am Telefon, sind unwirksam.

Absender, Adressat, Vollmachten

Absender einer Mieterhöhung muss grundsätzlich der **Vermieter** sein. Stehen mehrere Personen als Vermieter im Mietvertrag, müssen alle unterschreiben bzw. sich vertreten lassen. Bei juristischen Personen (z. B. GmbH oder AG) muss der gesetzliche Vertreter die Mieterhöhung unterschreiben, also Geschäftsführer oder Vorstand. Die wiederum können sich aber vertreten lassen. Bei einer Gesellschaft bürgerlichen Rechts (GbR) muss die Mieterhöhung durch alle Gesellschafter oder den vertretungsberechtigten Gesellschafter erfolgen, bei einer Erbengemeinschaft genügt es, wenn ein Erbe als Vertreter im Namen der Erbengemeinschaft die Mieterhöhungserklärung abgibt (BGH XII ZR 187/00 WuM 2002, 601).

Bevollmächtigt der Vermieter z. B. einen Rechtsanwalt, seine Hausverwaltung oder den Vermieterverein mit der Durchführung der Mieterhöhung, muss deren Mieterhöhungserklärung die **Originalvollmacht des Vermieters beigefügt** sein. Die Vollmacht ist nur dann entbehrlich, wenn der Mieter die Bevollmächtigung bereits aus der Vergangenheit kennt, er also weiß, dass alle Mietrechtsangelegenheiten, u. a. auch Mieterhöhungen, von diesem Bevollmächtigten abgewickelt werden. Ist die notwendige Originalvollmacht nicht beigefügt, kann der Mieter mit Hinweis auf die fehlende Vollmacht die **Mieterhöhung zurückweisen**, sie ist unwirksam (BGH VIII ZR 231/13 WuM 2014, 340). Dies muss aber unverzüglich geschehen, spätestens innerhalb von 14 Tagen (OLG Hamm NJW-RR 1988, 282). **Achtung:** In manchen Fällen hat die Rechtsprechung auch nur kürzere Zeiträume zugestanden – bringen Sie zur Sicherheit die Zurückweisung **so schnell wie möglich** auf den Weg!

M

Adressat der Mieterhöhungserklärung ist natürlich der Mieter. Von ihm verlangt der Vermieter die Zustimmung zur Mieterhöhung. Bei **mehreren Personen** auf der Mieterseite, z. B. einem Ehepaar oder einer Wohngemeinschaft, muss die Mieterhöhung an alle Mieter geschickt werden. Es reicht aus, wenn die an alle geschickte Erklärung gegenüber einem Mieter abgegeben wird, wenn eine entsprechende gegenseitige Bevollmächtigung im Mietvertrag enthalten ist (BGH VIII ARZ 1/97 WuM 1997, 599).

Jahressperrfrist

Der Vermieter darf die Miete nicht so oft erhöhen, wie er will. Frühestens ein Jahr nach Abschluss des Mietvertrags bzw. nach der letzten Mieterhöhung kann der Vermieter erneut eine Erhöhung der Miete geltend machen. Diese gesetzliche

Jahressperrfrist sorgt zusammen mit der Zustimmungsfrist dafür, dass die Miete mindestens 15 Monate unverändert bleiben muss, bevor die erneute Mieterhöhung bezahlt werden muss. Hat das Mietverhältnis z. B. im März 2023 begonnen, darf der Vermieter frühestens im März 2024 eine Mieterhöhung schicken. Die kann nach Ablauf der Überlegungsfrist frühestens zum 1.6.2024 wirksam werden.

Wichtig zu wissen: Die Jahressperrfrist gilt nur für Mieterhöhungen auf die ortsübliche Vergleichsmiete; Mieterhöhungen nach Modernisierungen (BGH VIII ZR 287/06 WuM 2008, 355; VIII ZR 261/06 WuM 2007, 703) oder wegen gestiegener Betriebskosten fallen nicht darunter.

Eine Mieterhöhung, die dem Mieter **vor Ablauf der Jahressperrfrist** zugeht, ist **unwirksam** (BGH VIII ARZ 2/93 WuM 1993, 388). Der Vermieter muss dann nach Ablauf der Jahressperrfrist ein neues Mieterhöhungsverlangen schicken. **Ausnahme:** Der Vermieter kann eine unwirksame Mieterhöhung, der der Mieter schon teilweise zugestimmt hat, noch während des Rechtsstreits nachbessern. Die Jahressperrfrist greift hier nicht ein (BGH VIII ZR 141/09 WuM 2010, 161).

Begründung der Mieterhöhung

Die Mieterhöhung kann nicht mit allgemeinen Preissteigerungen, hohen Handwerkerrechnungen oder damit begründet werden, dass die Miete schon seit Jahren unverändert geblieben ist. Der Vermieter kann nur fordern, dass die Miete auf die ortsübliche Vergleichsmiete erhöht wird. Zur Begründung bzw. zum Nachweis der Ortsüblichkeit der geforderten Miete gibt das Gesetz dem Vermieter vier Möglichkeiten an die Hand: **Mietspiegel, Mietdatenbank, Sachverständigengutachten** oder **Vergleichswohnungen.**

Die Begründung soll dem Mieter ermöglichen, die **sachliche Berechtigung** des Erhöhungsverlangens zu prüfen und zu entscheiden, ob er zustimmt oder nicht. Besonders hohe Anforderungen sind nach der Rechtsprechung an das Mieterhöhungsschreiben nicht zu stellen; der Vermieter muss hier (noch) nicht beweisen, dass die verlangte Miete ortsüblich ist. Er muss dem Mieter nur so viele Hinweise an die Hand geben, dass dieser zumindest ansatzweise selbst nachprüfen kann, ob die Forderung nach mehr Miete berechtigt ist (BVerfG 1 BvR 107/80 WuM 1982, 146; BGH VIII ZR 236/18 WuM 2020, 86; VIII ZR 69/15 WuM 2016, 219). Der endgültige Beweis muss erst in einem eventuellen Gerichtsverfahren erbracht werden.

Wichtig zu wissen: Zur ordnungsgemäßen Begründung der Mieterhöhung gehört auch die Angabe von Kürzungsbeträgen aufgrund von **Fördermitteln** für Modernisierungen (BGH VIII ZR 179/08 WuM 2009, 353; VIII ZR 282/03 WuM 2004, 484; VIII ZR 116/03 WuM 2004, 283).

Allgemeines zu Mietspiegeln

Mietspiegel sind Übersichten über die ortsüblichen Vergleichsmieten. Sie sind nicht nur das beste und zuverlässigste, sondern auch das transparenteste und auf der breitesten Datenbasis beruhende Begründungsmittel.

Insgesamt gibt es in Deutschland 1382 Mietspiegel, davon 948 einfache und 434 qualifizierte (Stand Ende 2025). Qualifiziert sind Mietspiegel, wenn sie nach wissenschaftlichen Grundsätzen erstellt und von der nach Landesrecht zuständigen Behörde oder von Interessenvertretern der Vermieter und Mieter anerkannt worden sind (BGH VIII ZR 46/12 WuM 2013, 110). Einfache Mietspiegel müssen hingegen nicht wissenschaftlichen Anforderungen entsprechen. Ob ein Mietspiegel qualifiziert ist, müssen ggf. die Zivilgerichte entscheiden (BGH VIII ZR 46/12 WuM 2013, 110).

Alle zwei Jahre sollen Mietspiegel der Marktentwicklung angepasst werden, z. B. entsprechend dem vom Statistischen Bundesamt ermittelten Preisindex für Lebenshaltungskosten aller privaten Haushalte. Unterbleibt die Anpassung, kann der Mietspiegel dennoch zur Begründung von Mieterhöhungen genutzt werden. Die fehlende Anpassung hat nur bei qualifizierten Mietspiegeln Konsequenzen. Der Mietspiegel gilt dann nicht mehr als qualifiziert, sondern nur noch als einfacher Mietspiegel. Das gilt auch für den Fall, dass der qualifizierte Mietspiegel nicht nach vier Jahren neu erstellt worden ist. Allerdings kann auch ein einfacher Mietspiegel vom Gericht im Rahmen der »freien Beweiswürdigung« zur Feststellung der ortsüblichen Vergleichsmiete herangezogen werden (BGH VIII ZR 245/17 WuM 2019, 202; VIII ZR 99/09 WuM 2010, 505).

Existiert in einer Gemeinde ein qualifizierter Mietspiegel, muss der Vermieter sein Mieterhöhungsverlangen praktisch auf diesen Mietspiegel stützen (BGH VIII ZB 69/24 WuM 2025, 535). Begründet er die Mieterhöhung mit Vergleichswohnungen oder einem Sachverständigengutachten, muss er trotzdem gleichzeitig den entsprechenden Mietspiegelwert angeben bzw. die Mietspiegelspanne oder das einschlägige Mietspiegelfeld (BGH VIII ZR 11/07 WuM 2008, 88). Kommt es zu einem Mieterhöhungsprozess, wird vermutet, dass die Mietspiegelwerte des qualifizierten Mietspiegels tatsächlich den üblichen Mietpreis wiedergeben. Diese

M

Vermutung ist widerlegbar. Derjenige, der sich auf die gesetzliche Vermutung beruft, muss dann beweisen, dass der Mietspiegel tatsächlich qualifiziert ist (BGH VIII ZR 413/12 WuM 2014, 34; VIII ZR 46/12 WuM 2013, 110).

Nicht zuletzt, weil es über diese Frage und die Frage, wann bzw. ob ein Mietspiegel anerkannten wissenschaftlichen Grundsätzen genügt, immer wieder Streit gibt, hat der Gesetzgeber im Jahr 2022 ein Mietspiegelreformgesetz und eine Mietspiegelverordnung beschlossen. Das Mietspiegelreformgesetz bestimmt u. a., dass Gemeinden mit mehr als 500 000 Einwohnern verpflichtet sind, einen Mietspiegel zu erstellen. Ein erstmalig erstellter einfacher Mietspiegel musste spätestens bis zum 1.1.2023 veröffentlicht werden; ein qualifizierter Mietspiegel zum 1.1.2024. Das Gesetz enthält eine Vermutungsregelung, wonach der qualifizierte Mietspiegel anerkannten wissenschaftlichen Grundsätzen genügt, wenn er den Anforderungen der Mietspiegelverordnung entspricht oder von den zuständigen Behörden und den Interessenvertretern von Mietern und Vermietern als qualifiziert anerkannt worden ist. Außerdem regelt das Mietspiegelreformgesetz Fragen der Datenverarbeitung und Auskunftsverpflichtung von Eigentümern und Mietern. Sie sind danach verpflichtet, Auskünfte zu erteilen über den Beginn des Mietverhältnisses, den Mietpreis, die letzten Mieterhöhungen und die unterschiedlichen Wohnungsmerkmale, d. h. über Art, Größe, Ausstattung, Beschaffenheit und Lage der Wohnung. Bei Verweigerung, unvollständiger oder falscher Auskunft droht ein Bußgeld bis zu 5000 Euro.

Die Mietspiegelverordnung gilt für einfache und qualifizierte Mietspiegel. Für die Erstellung und Anpassung einfacher Mietspiegel gibt es keine vorgegebenen Verfahren. Es wird lediglich bestimmt, dass die Grundlagen für die Erstellung und Anpassung dokumentiert werden müssen. Qualifizierte Mietspiegel sollen innerhalb von neun Monaten nach dem Stichtag, auf den sich die Erhebung bezieht, veröffentlicht werden. Mietspiegel und die Dokumentation sind kostenfrei im Internet zu veröffentlichen. Für die gedruckte Version kann ein Entgelt gefordert werden.

Qualifizierte Mietspiegel können mittels Regressions- oder Tabellenanalyse oder einer Kombination beider Methoden oder einer vergleichbar geeigneten Methode erstellt werden. Für die Datengrundlage wird auf die Datenerhebung durch Befragung von Mietern und Vermietern gesetzt; eine repräsentative Stichprobe reicht aus. Als ausreichende Datenmenge gelten bei einer Tabellenanalyse mindestens 30 Wohnungen pro Tabellenfeld; bei Regressionsanalysen 1 % der Wohnungen im Geltungsbereich des Mietspiegels. Um Ausreißermieten, d. h. besonders hohe oder niedrige Mieten, die mit dem Rest der Mieten unvereinbar sind, ist der qualifizierte Mietspiegel zu bereinigen. Die Ermittlung der Ausreißermieten erfolgt durch statistische Standardverfahren.

Konkrete Anwendung des Mietspiegels
Begründet der Vermieter eine Mieterhöhung mit einem Mietspiegel, muss er die Mietwohnung unter Berücksichtigung des Baujahrs des Hauses, der Wohnungsgröße, der Wohnungsausstattung, der Wohnlage und ggf. der energetischen Ausstattung und Beschaffenheit **einem bestimmten Mietspiegelfeld zuordnen** (BGH VIII ZR 11/07 WuM 2008, 88). Wird in diesem Mietspiegelfeld ein Punktwert angegeben, kann eine Erhöhung bis zu diesem Wert erfolgen. Wird eine Mietpreisspanne angegeben, z. B. eine Bandbreite von 6 bis 8 Euro, kann der Vermieter an den obersten Wert der Preisspanne gehen und z. B. 8 Euro mit der Mieterhöhung fordern (BGH VIII ZR 62/18 WuM 2019, 324; VIII ZR 30/09 WuM 2009, 746). Ein derartiges Mieterhöhungsverlangen ist **formal** in Ordnung. Aber der oberste Wert der Preisspanne muss nicht tatsächlich auch die ortsübliche Vergleichsmiete sein (BGH VIII ZR 62/18 WuM 2019, 324; VIII ZR 146/10 WuM 2012, 281; VIII ZR 227/10 WuM 2011, 421). Das ist dann eine Frage der **inhaltlichen Richtigkeit**, also ob die Mieterhöhungsforderung wirklich in der behaupteten Höhe begründet ist. Selbst wenn die Vermieterforderung **oberhalb der Preisspanne** des Mietspiegels liegt, ist sie formell in Ordnung, aber sie ist **unbegründet**, soweit sie über den Höchstbetrag hinausgeht (BGH VIII ZR 52/03 WuM 2004, 93).

Ist der Mietspiegel **allgemein zugänglich**, muss er dem Mieterhöhungsschreiben nicht beigefügt werden. Allgemein zugänglich ist er, wenn er wie im Mietspiegelreformgesetz bestimmt im **Internet** veröffentlicht ist. Er ist aber auch allgemein zugänglich, wenn er im **Amtsblatt** der Kommune veröffentlicht ist (BGH VIII ZR 11/07 WuM 2008, 88). Bereits früher hat der Bundesgerichtshof entschieden, es sei ausreichend, wenn der Mietspiegel im **Kundencenter des Vermieters einsehbar** sei (BGH VIII ZR 74/08 WuM 2009, 293) oder wenn er für einen geringfügigen Betrag, z. B. 3 Euro, gekauft werden kann (BGH VIII ZB 7/08 WuM 2009, 352).

Gibt es vor Ort keinen Mietspiegel, darf der Vermieter den **Mietspiegel einer Nachbargemeinde** verwenden, wenn diese **vergleichbar** ist (BGH VIII ZR 255/18 WuM 2019, 650; VIII ZR 99/09 WuM 2010, 505). Eine fehlende Vergleichbarkeit kann nicht durch einen Abschlag vom Mietspiegel kompensiert werden (BGH VIII ZR 413/12 WuM 2014, 33). Eine Mieterhöhung für eine Wohnung auf dem Land kann nicht mit dem Mietspiegel einer Großstadt begründet werden (BGH VIII ZR 413/12 WuM 2014, 33).

Der Vermieter kann seine Mieterhöhung auch auf einen **älteren Mietspiegel** stützen, selbst wenn bereits ein neuer erschienen ist (BGH VIII ZR 337/10 WuM 2011, 517). Ein 20 Jahre alter Mietspiegel ist allerdings ungeeignet, die damit begründete Mieterhöhung ist formal unwirksam (BGH VIII ZR 340/18 WuM 2019, 703; VIII ZR 62/18 WuM 2019, 324).

Auch wenn eine **Brutto-Teilinklusivmiete** vereinbart ist, in der Betriebskosten enthalten sind, kann eine Mieterhöhung auf einen Mietspiegel, der auf Basis von Nettomieten ohne Betriebskosten erstellt wurde, gestützt werden. Problemlos möglich ist das, wenn die erhöhte Brutto- oder Teilinklusivmiete die Nettomiete des Mietspiegels nicht übersteigt. Im umgekehrten Fall müssen die Betriebskostenanteile zunächst aus der Grundmiete herausgerechnet und dann auf die erhöhte Grundmiete wieder aufgeschlagen werden (BGH VIII ZR 108/20 WuM 2021, 108; VIII ZR 215/05 WuM 2006, 569; VIII ZR 41/05 WuM 2006, 39).

Mietspiegel gelten in aller Regel nur für Mehrfamilienhäuser. Die Mieterhöhung für ein **Ein- oder Zweifamilienhaus** ist möglich, wenn die geforderte Miete innerhalb der maßgeblichen Mietspiegelspanne für Wohnungen in Mehrfamilienhäusern liegt (BGH VIII ZR 54/15 WuM 2016, 502; VIII ZR 58/08 WuM 2008, 729). Ein Mietspiegel kann auch auf eine **Maisonettewohnung** angewendet werden (LG Berlin WuM 2021, 703).

Einzelfragen

- Ein voller Zuschlag für ein zweites Bad ist nicht gerechtfertigt, wenn hier Heizung und Lüftung fehlen (AG Münster WuM 2021, 703).
- Mietpreisübersichten von Internetportalen, von Finanzämtern, Maklerverbänden oder Geldinstituten sind keine Mietspiegel und keine Preistabellen, mit denen eine Mieterhöhung begründet werden kann.
- Existiert vor Ort ein qualifizierter Mietspiegel und begründet der Vermieter trotzdem seine Mieterhöhung mit einem Sachverständigengutachten, mit Vergleichswohnungen oder mit einer Mietdatenbank, muss er die Werte des qualifizierten Mietspiegels in seinem Erhöhungsschreiben mit angeben.
- Enthält der Mietspiegel qualifizierte Merkmale, z. B. elektrische Rollläden, rechtfertigt es im Umkehrschluss keine Mieterhöhung, wenn eine einfachere Ausstattung vorhanden ist (z. B. manuelle Rollläden; AG Stuttgart WuM 2026, 40).

Einzelfragen zum Berliner Mietspiegel

- Eine dezentrale Nachtspeicherheizung ist eine Sammelheizung i. S. d. Berliner Mietspiegels (LG Berlin WuM 2020, 31).
- Eine Gastherme ist keine Heizanlage i. S. d. wohnwerterhöhenden Merkmals »Einbau/Installation einer modernen Heizanlage« (LG Berlin II WuM 2025, 506).
- Eine »bevorzugte Citylage« liegt nur vor, wenn die City unmittelbar fußläufig erreichbar ist; 15 Minuten Fußweg sind zu viel (LG Berlin II WuM 2025, 506).
- Verfügt die Badewanne über keinen vom Vermieter gestellten Spritzwasserschutz (z. B. Duschvorhang), so gilt dies nach dem Berliner Mietspiegel 2024 als fehlende Duschmöglichkeit (wohnwertminderndes Merkmal).

– Die Anbindung an den ÖPNV und die Versorgungsinfrastruktur sind im Rahmen der Wohnlagenausweisung im Berliner Mietspiegel 2024 abschließend berücksichtigt und können nicht zusätzlich als wohnwerterhöhend angesetzt werden (LG Berlin II WuM 2025, 612).

Mietdatenbank

Nach §558e BGB kann die Mieterhöhung auch auf Werte aus einer Mietdatenbank gestützt werden. Dabei muss es sich um eine Datenbank zur Ermittlung der ortsüblichen Vergleichsmiete handeln, um eine fortlaufend geführte Sammlung von Mieten, die von der Gemeinde oder von Interessenvertretern der Mieter und Vermieter gemeinsam geführt oder anerkannt wird. Bisher gibt es keine Mietdatenbank, die diesen Anforderungen entspricht; die Begründungsmöglichkeit »Mietdatenbank« existiert daher in der Praxis nicht. Die empirica-Datenbank ist keine Mietdatenbank im Sinne des Gesetzes, auf die eine Mieterhöhung gestützt werden kann (AG Coesfeld WuM 2020, 456).

Sachverständigengutachten

Ein Gutachten eines öffentlich bestellten und vereidigten Sachverständigen kommt in der Praxis als Begründung für eine Mieterhöhung eher selten vor. Grund hierfür sind die relativ hohen **Kosten**, die der **Vermieter** selbst bezahlen muss. Das Sachverständigengutachten als Begründung für eine Mieterhöhung ist ein sog. Parteigutachten, es wird vom Vermieter in Auftrag gegeben und bezahlt und darf nicht verwechselt werden mit einem Gutachten, das das Gericht in einem Mieterhöhungsprozess in Auftrag geben kann. Der Gutachter muss für ein Fachgebiet öffentlich bestellt und vereidigt sein, in dem er sich zumindest auch mit der Mietpreisbewertung befassen muss, z. B. für die Grundstücks- und Gebäudeschätzung (BGH VIII ARZ 2/82 WuM 1982, 177). Auch ein ortsfremder Sachverständiger darf beauftragt werden (BayObLG WuM 1987, 312). Der Vermieter hat das Recht, zur Vorbereitung einer geplanten Mieterhöhung ggf. zusammen mit dem Sachverständigen die Mietwohnung **zur Besichtigung zu betreten** (BGH VIII ZR 77/23 WuM 2024, 149).

Das Gutachten muss der Erhöhung **im vollen Wortlaut beigefügt** werden, es darf **nicht älter als zwei Jahre** sein (LG Berlin WuM 1998, 229; AG München NZM 2002, 822) und muss so begründet werden, dass der Mieter es **logisch nachvollziehen** (BGH VIII ZR 69/15 WuM 2016, 219) und ansatzweise **überprüfen** kann (BGH VIII ZR 62/18 WuM 2019, 324). Der Sachverständige muss eine Aussage über die tatsächliche ortsübliche Vergleichsmiete treffen und die Wohnung des Mieters **in das örtliche Mietpreisgefüge einordnen** (BVerfG 1 BvR 12/85 WuM 1986, 239; BGH VIII ZR 122/09 WuM 2010, 504; AG Konstanz WuM 2020, 492). Es genügt nicht, wenn der Gutachter die Wohnung in eine außerordentlich weite

M

Mietspanne (6,50 – 11,00 Euro) einordnet und nicht erläutert, insbesondere nicht erklärt, wie er zur ortsüblichen Vergleichsmiete kommt (LG Itzehoe WuM 2022, 425). Eine vorherige Besichtigung der Wohnung sollte deshalb üblich sein, das ist aber nicht zwingend (BGH VIII ZR 190/17 WuM 2018, 509). Bei Wohnanlagen genügt z. B. die Besichtigung des **gleichen Wohnungstyps**, aber auch aus einem standardisierten Gutachten müssen sich die Informationen ergeben, die zur Überprüfung des Mieterhöhungsverlangens erforderlich sind. Das ist nicht der Fall, wenn zur Anzahl, ungefähren Lage oder zur Vergleichbarkeit der Vergleichswohnungen keine Ausführungen vorhanden sind und auch Angaben zur Berücksichtigung von Bestands- und Neuvermietungen fehlen (AG Pinneberg WuM 2021, 673). Unverwertbar ist ein Gutachten auch, wenn es nur erkennen lässt, welche Miete der Sachverständige für angemessen hält (BVerfG 1 BvR 12/85 WuM 1986, 239) oder wenn er nur die Daten eines Maklerpreisspiegels zugrunde gelegt hat (LG Kiel WuM 2014, 208).

Vergleichswohnungen

Das Begründungsmittel Vergleichswohnungen ist für den Vermieter das einfachste. Er kann sogar Vergleichswohnungen aus dem eigenen Bestand nehmen. Für den Mieter ist dieses Begründungsmittel aber oft problematisch. Die Mieten der Vergleichswohnungen haben mit der tatsächlichen ortsüblichen Vergleichsmiete oft nur wenig zu tun (BGH VIII ZR 236/18 WuM 2020, 86; VIII ZR 46/12 WuM 2013, 233). Trotzdem kann mit ihnen – **formell wirksam** – eine Mieterhöhung begründet werden. Ob der Mieter dieser Erhöhung dann tatsächlich zustimmen und sie bezahlen muss, wird im Rahmen der Zustimmung bzw. durch ein Gericht geprüft, wenn es um die Frage geht, ob die Mieterhöhung **inhaltlich gerechtfertigt** ist.

Der Vermieter muss bei diesem Begründungsmittel mindestens **drei Vergleichswohnungen** nennen, die vermietet sein müssen (LG Berlin WuM 2020, 795) und in denen heute schon so viel Miete gezahlt wird, wie er mit seiner Mieterhöhung jetzt fordert. Er kann seine Erhöhung auf Wohnungen stützen, die besonders teuer vermietet sind, oder auf Wohnungen, die im selben Haus liegen und gerade neu vermietet wurden und ihm selbst gehören.

Der Vermieter muss die Vergleichswohnungen **identifizierbar beschreiben** (BGH VIII ZR 141/02 WuM 2003, 149; VIII ARZ 5/82 WuM 1982, 324). Es genügen Informationen über den Namen des Wohnungsinhabers, Adresse, Geschoss und Quadratmeterpreis (BVerfG 1 BvR 1527/87 WuM 1989, 62). Angaben über in der Miete enthaltene Betriebskosten sind nicht erforderlich (BVerfG 1 BvR 1331/92 WuM 1994, 137). Fehlen Angaben zur Identifizierung der Vergleichswohnung, ist das Mieterhöhungsverlangen formell unwirksam, die Fristen beginnen bei einem neuerlichen Verlangen neu zu laufen (AG Steinfurt WuM 2022, 492). Das Mieterhöhungsverlangen bleibt aber wirksam, wenn Mieter einer Vergleichswohnung keine Auskunft geben oder den Zutritt zu ihrer Wohnung verweigern (OLG Schleswig WuM 1984, 23).

Die Vergleichswohnungen müssen **vergleichbar**, aber nicht identisch sein; sie müssen nicht in allen Wohnwertmerkmalen übereinstimmen (BGH VIII ZR 216/13 WuM 2014, 494). Dabei ist ein großzügiger Maßstab anzulegen. Die Wohnungen dürfen z. B. kleiner oder größer als die Wohnungen sein, deren Miete erhöht werden soll. Einige Gerichte (OLG Schleswig WuM 1987, 140; BayObLG WuM 1982, 154) meinen, Mieter könnten bei ihrer Zustimmung Abschläge machen, wenn der Quadratmeterpreis der Vergleichswohnungen, wie z. B. bei Appartements, sehr hoch ist. Andere Gerichte (AG Nürtingen WuM 2019, 648; AG Aschaffenburg WuM 2013, 673; AG Hannover WuM 2012, 145) sind der Ansicht, dass deutlich kleinere Wohnungen als Vergleichsobjekte ausscheiden. Bei großen Abweichungen von 32 % oder 48 % ist keine Vergleichbarkeit gegeben (AG Gronau WuM 2021, 177). Das LG Potsdam (WuM 2012, 103) akzeptiert nur Vergleichswohnungen mit einer Fläche aus derselben Mietspiegelkategorie.

M

Wichtig zu wissen: Wohnungen, die **gewerblich oder teilgewerblich** vermietet oder genutzt werden, oder Wohnungen, die an eine juristische Person (AG oder GmbH) oder eine Personenhandelsgesellschaft vermietet sind, sind **nicht vergleichbar** (AG Lörrach WuM 2020, 27), genauso wenig wie Wohnungen, die zur Unterbringung von Geflüchteten an die Kommune vermietet sind (LG Hannover WuM 2000, 360).

Der Vermieter kann nur den Quadratmeterpreis fordern, der für die **günstigste der drei Vergleichswohnungen** bezahlt wird, die Bildung einer Durchschnittsmiete ist unzulässig (OLG Karlsruhe WuM 1984, 21). Benennt der Vermieter mehr als drei Vergleichswohnungen, reicht es aus, wenn in drei dieser Wohnungen mindestens der geforderte Preis gezahlt wird (BGH VIII ZR 79/11 WuM 2012, 283).

Kappungsgrenze

Neben der ortsüblichen Vergleichsmiete gibt es eine zweite **Obergrenze für Mieterhöhungen**, die sog. Kappungsgrenze. Sie greift, wenn die bisherige Miete deutlich unter der ortsüblichen Vergleichsmiete liegt. Dann soll der Vermieter die Miete nicht auf einen Schlag auf das Niveau der ortsüblichen Vergleichsmiete anheben dürfen, sondern nur schrittweise: Die Miete darf innerhalb von **drei Jahren**

höchstens um 20 % steigen. Die Landesregierungen können durch Rechtsverordnung Gebiete bestimmen, in denen die **Versorgung mit Wohnungen zu angemessenen Bedingungen besonders gefährdet** ist, dann beträgt die Kappungsgrenze sogar nur **15 % in drei Jahren**. Die Ermächtigung der Bundesländer hierzu durch den Bund ist verfassungsgemäß (BGH VIII ZR 217/14 WuM 2016, 144). Von der Möglichkeit haben fast alle Bundesländer Gebrauch gemacht (Ausnahmen: Saarland, Sachsen-Anhalt und Schleswig-Holstein). Die 15 %-Kappungsgrenze gilt aber nicht flächendeckend, sondern nur in Städten und Gemeinden, die in einer Landesverordnung ausgewiesen sind. Fragen Sie im Zweifel Ihren Mieterverein, ob die Kappungsgrenze an Ihrem Wohnort bei 15 % liegt – oder schauen Sie nach unter https://mieterbund.de/service/mieterschutzverordnungen/kappungsgrenze/.

Nicht beschränkt von der Kappungsgrenze sind Mieterhöhungen wegen **gestiegener Betriebskosten** oder nach einer **Modernisierung** durch den Vermieter. Das gilt auch, wenn Mieter und Vermieter unabhängig von den gesetzlichen Regelungen eine Vereinbarung über eine höhere Miete nach einer Modernisierung getroffen haben. Voraussetzung ist lediglich, dass die Modernisierungsmieterhöhung auch nach den gesetzlichen Vorschriften hätte geltend gemacht werden können (BGH VIII ZR 185/03 WuM 2004, 344).

Ob die Kappungsgrenze eingehalten ist, errechnet sich nach der Miete, die drei Jahre vor dem Wirksamwerden der neuen Mieterhöhung gezahlt wurde. Eventuelle Mietminderungen bei der maßgeblichen Ausgangsmiete bleiben unberücksichtigt (BGH VIII ZR 33/18 WuM 2019, 319).

Beispiel: Mit einer Mieterhöhung im Dezember 2026 fordert der Vermieter zum 1.3.2027 eine Miete von 8 Euro/m², also 400 Euro für die 50 m² große Wohnung. Vor drei Jahren, am 1.3.2024, lag die Miete bei 6 Euro/m², 300 Euro monatlich. Obwohl die ortsübliche Vergleichsmiete bei 8 Euro/m² liegt, ist eine Erhöhung auf 8 Euro ausgeschlossen. Die Kappungsgrenze greift ein. Innerhalb von drei Jahren darf die Miete höchstens um 20 % steigen, auf mehr als 7,20 Euro/m² und damit auf 360 Euro im Monat darf der Vermieter nicht erhöhen. Würde in der Gemeinde die 15 %ige Kappungsgrenze gelten, würde die Miete bei 6,90 Euro/m² gekappt, die Mieterhöhung wäre nur bis zur Höhe von 345 Euro möglich.
Wichtig zu wissen: Der Vermieter darf sein Mieterhöhungsverlangen schon während des Dreijahreszeitraums stellen, um die Miete direkt im Anschluss daran unter Beachtung der Kappungsgrenze zu erhöhen (BayObLG WuM 1988, 117).

Die hier beschriebenen Kappungsgrenzen gelten auch für Wohnungen, die **ursprünglich** einer **Preisbindung** unterlagen. Nach Auslaufen der Bindung können die Mieten auf die ortsübliche Vergleichsmiete angehoben werden (BGH VIII ZR 178/03 WuM 2004, 345). Musste der Mieter der ehemals preisgebundenen Wohnung eine Fehlbelegungsabgabe zahlen, entfällt diese, wenn die Miete auf die ortsübliche Vergleichsmiete angehoben wird. Bei der Berechnung der Kappungsgrenze wirkt sich das aber auch aus. Die neue Vergleichsmiete sinkt nicht unter das frühere Gesamtniveau der Miete (Kostenmiete + Fehlbelegungsabgabe).

Wohnfläche

Ob und inwieweit der Mieter einer Mieterhöhung zustimmen muss, hängt auch davon ab, ob die in der Mieterhöhung zugrunde gelegte → *Wohnfläche* korrekt ist. Selbst wenn der angegebene Quadratmeterpreis in Ordnung ist, ist die Mieterhöhung unzulässig hoch, wenn der Vermieter von einer zu großen Wohnfläche ausgeht. Es zählt die **tatsächliche Wohnfläche ohne Toleranz** (BGH VIII ZR 266/14 WuM 2016, 34). Nachmessen kann sich also lohnen. Ist die Wohnung kleiner als im Mietvertrag und/oder der Mieterhöhung angegeben, muss das zugunsten des Mieters korrigiert werden. Ist die Wohnung tatsächlich größer, profitiert unter Umständen der Vermieter. Er muss allerdings die Kappungsgrenze beachten. Hat der Vermieter eine geringere Wohnfläche im Mietvertrag angegeben, um dem Mieter entgegenzukommen, kann darin ein Verzicht auf Mieterhöhungsspielräume liegen (BGH VIII ZR 266/14 WuM 2016, 34; VIII ZR 138/06 WuM 2007, 452).

Einzelfragen zur Bestimmung der ortsüblichen Vergleichsmiete

Auch die **Ausstattung** der Wohnung spielt eine Rolle für die Höhe der ortsüblichen Vergleichsmiete. Stützt der Vermieter seine Mieterhöhung auf eine Mietspiegelkategorie, für die letztlich der Mieter selbst gesorgt hat? Hat der Mieter z. B. auf eigene Kosten Bad und Heizung eingebaut, darf die Mieterhöhung nur für eine vergleichbare Wohnung ohne Bad und ohne Heizung verlangt werden (BGH VIII ZR 52/18 WuM 2018, 771; VIII ZR 266/14 WuM 2016, 34; VIII ZR 315/09 WuM 2010, 569). Schon der Einbau des Waschbeckens durch den Mieter kann dazu führen, dass die Wohnung als »ohne Bad« einzustufen ist (LG Halle WuM 2000, 551). Hat der Vermieter die Wohnung möbliert, ist ein Zuschlag zur ortsüblichen Vergleichsmiete gerechtfertigt, z. B. 2 % vom Zeitwert des Mobiliars, ausgehend vom Neupreis abzüglich 10 % pro Jahr (LG Berlin MM 2003, 341). Vgl. auch → *möblierte Wohnung/möbliertes Zimmer* (dort am Ende).

Der Vermieter darf keinen Zuschlag für die Kosten von → *Schönheitsreparaturen* verlangen. Dabei spielt es keine Rolle, ob das von Anfang an im Mietvertrag so vereinbart war oder ob die Abwälzung auf den Mieter an der Unwirksamkeit

M

der Vertragsklausel gescheitert ist (BGH VIII ZR 181/07 WuM 2008, 560; VIII ZR 83/07 WuM 2008, 487). Auch für die Kosten von → *Bagatellschäden* gibt es keinen Zuschlag.

> **Wichtig zu wissen:** Gibt es behebbare → *Mängel der Mietsache*, kann der Mieter die Zustimmung zur Mieterhöhung deshalb weder ganz noch teilweise verweigern, wenn die Mieterhöhung im Übrigen in Ordnung ist (LG Berlin GE 2014, 1007). Er kann vom Vermieter »nur« Beseitigung der Mängel verlangen.

Mieterhöhung ausgeschlossen?

Bei **Index- und Staffelmietverträgen** ist eine Mieterhöhung auf die ortsübliche Vergleichsmiete gesetzlich ausgeschlossen. Bei einem → *Zeitmietvertrag* mit festem Mietzins ist eine Mieterhöhung ebenfalls ausgeschlossen. Anders kann es sein, wenn sich der Vermieter im Mietvertrag ausdrücklich das Mieterhöhungsrecht vorbehalten hat (OLG Zweibrücken WuM 1981, 273; LG Bonn WuM 1992, 254; LG Baden-Baden WuM 1984, 86). Das OLG Stuttgart (WuM 1994, 420) meint, eine Befristung des Mietvertrags bedeute nicht automatisch den Ausschluss des Mieterhöhungsrechts; es müssten weitere Hinweise für die Vereinbarung eines festen Mietzinses im Mietvertrag enthalten sein. Auch bei einem **Mietvertrag auf Lebenszeit** ist eine Mieterhöhung ausgeschlossen, wenn der Vermieter sich das Erhöhungsrecht nicht vorbehalten hat (LG Mannheim WuM 1987, 353).

Daraus, dass die Wohnung zu einem Preis unterhalb der ortsüblichen Vergleichsmiete vermietet wurde, kann nicht geschlossen werden, dass ein Ausschluss von Mieterhöhungen vereinbart ist (BGH VIII ZR 303/06 WuM 2007, 452).

Zustimmung

Mieterhöhungen auf die ortsübliche Vergleichsmiete werden nur wirksam, wenn der Mieter zustimmt. Allerdings steht es nicht in seinem Belieben, ob er zustimmt oder nicht. Ist die Mieterhöhung formal in Ordnung und sachlich begründet, muss er zustimmen. Im Mieterhöhungsschreiben muss deutlich zum Ausdruck kommen, dass der Mieter zur Zustimmung aufgefordert wird. Erweckt das Schreiben des Vermieters den Eindruck, er könne die Mieterhöhung einseitig geltend machen, ist die Mieterhöhungserklärung unwirksam.

Damit der Mieter das Mieterhöhungsschreiben in Ruhe prüfen kann, hat er eine **Überlegungs- oder Zustimmungsfrist** von mindestens zwei und höchstens drei Monaten: den Rest des Monats, in dem er die Mieterhöhung erhalten hat, und die beiden darauffolgenden Monate.

Beispiel: Kommt die Mieterhöhung im Februar – egal, ob am 1. oder 28. Februar – läuft die Zustimmungsfrist für den Mieter bis zum 30. April. Stimmt der Mieter zu, muss er ab 1. Mai die erhöhte Miete zahlen. Stimmt er nicht zu, muss der Vermieter vor Gericht Klage auf Zustimmung erheben, wenn er seine Mieterhöhung durchsetzen will.

Während der Zustimmungsfrist kann sich der Mieter von seinem örtlichen Mieterverein beraten lassen. Zu prüfen ist, ob die formalen Anforderungen eingehalten sind und ob die Mieterhöhung begründet ist. Sind Jahressperrfrist und Kappungsgrenze eingehalten? Sind die Angaben zur ortsüblichen Vergleichsmiete richtig und nachvollziehbar? Vorsicht, wenn der Vermieter die Mieterhöhung mit Preisen von Vergleichswohnungen begründet oder bei Mietspiegelspannen an den obersten Rand geht. Ergibt die Prüfung, dass die Mieterhöhung nur zu einem Teil gerechtfertigt ist, sollte der Mieter auch nur in diesem Umfang zustimmen.

Beispiel: Hat der Vermieter eine Mieterhöhung von 7 auf 8 Euro gefordert und weist der Mietspiegel für die Wohnung eine Preisspanne von 7 bis 8 Euro aus, dürfte die ortsübliche Vergleichsmiete tatsächlich bei 7,50 Euro liegen, zumindest, wenn die Wohnung keine besonderen Vor- oder Nachteile aufweist. Dann könnte der Mieter der Mieterhöhung auf 7,50 Euro zustimmen.

Eine besondere **Form** für die Zustimmung ist **nicht vorgeschrieben**. Der Mieter kann mündlich, schriftlich oder in Textform zustimmen. Einen Anspruch auf schriftliche Zustimmung hat der Vermieter nicht (BGH VIII ZB 74/16 WuM 2018, 151). Die Zustimmung kann sogar **stillschweigend** erfolgen. Zahlt der Mieter den erhöhten Mietzins mehrfach ohne Vorbehalt, kann man darin seine Zustimmung sehen (BGH VIII ZB 74/16 WuM 2018, 151). Keine stillschweigende Zustimmung liegt vor, wenn der Vermieter über eine Einzugsermächtigung einfach den erhöhten Mietzins abbuchen lässt und der Mieter erst nach fünf Monaten widerspricht (LG Stuttgart NJW-RR 2011, 1648). Reagiert der Mieter überhaupt nicht und zahlt unverändert die alte Miete weiter, wird die Mieterhöhung nicht wirksam.

Hat der Mieter einmal zugestimmt, ist das bindend. Er kann später seine **Zustimmung nicht widerrufen**, ein gesetzliches Widerrufsrecht gibt es nicht (BGH VIII ZR 94/17 WuM 2018, 765).

Mieterhöhungsprozess, Klagefrist, Ermittlung der Vergleichsmiete durch das Gericht, Stichtagszuschlag
Stimmt der Mieter der Mieterhöhung innerhalb der Zustimmungsfrist nicht zu, muss der Vermieter auf Zustimmung vor dem Amtsgericht klagen, wenn er die Mieterhöhung durchsetzen will. Er hat drei Monate Zeit, Klage zu erheben. Hat der Mieter der Erhöhung nur teilweise zugestimmt, kann der Vermieter die Differenz zum vollen Erhöhungsbetrag einklagen. Er kann seine ursprünglich formell ordnungsgemäße Mieterhöhungsforderung mit Erhebung der Klage auf Zustimmung zur Mieterhöhung auch noch reduzieren. Diese dann niedrigere Mieterhöhungsforderung ist kein neues Mieterhöhungsverlangen. Die sonst hierbei zu beachtenden formellen Anforderungen und Fristen gelten nicht (BGH VIII ZR 219/20 WuM 2022, 331).

Klagt der Vermieter schon, **bevor die Überlegungs- und Zustimmungsfrist** des Mieters **abgelaufen** ist, ist die Zustimmungsklage zulässig, wenn die Frist im letzten Verhandlungstermin abgelaufen ist oder der Mieter zuvor seine Zustimmung endgültig verweigert hat (KG Berlin WuM 1981, 54). Stimmt der Mieter der Mieterhöhung noch vor Ablauf der Überlegungsfrist während des Rechtsstreits zu, muss der Vermieter die Kosten des Verfahrens tragen.

Verpasst der Vermieter die **dreimonatige Klagefrist**, ist die Mieterhöhung endgültig vom Tisch. Will der Vermieter noch immer eine höhere Miete, muss er ein neues Mieterhöhungsverlangen abgeben; alle Fristen laufen neu (LG Duisburg WuM 2015, 2005).

Im Prozess wird geprüft, ob die Mieterhöhung in Ordnung war und der Mieter zustimmen hätte müssen oder nicht. Die Kosten des Gerichtsverfahrens inklusive Anwaltsgebühren und ggf. Sachverständigengutachten zahlt derjenige, der den Mieterhöhungsprozess verliert → *Prozesskosten*.

Die Einhaltung der Förmlichkeiten des Verfahrens auf Zustimmung zu einer Mieterhöhung durch den Vermieter wie die Erklärung und Begründung des Erhöhungsverlangens in Textform, die Fristen zur Einhaltung der Zustimmungsklage betreffen alle die Begründetheit der Klage, nicht deren Zulässigkeit (BGH VIII ZR 167/20 WuM 2021, 621; VIII ZR 355/18 WuM 2020, 439). Maßgeblich ist die ortsübliche Vergleichsmiete zu dem Zeitpunkt, zu dem das Erhöhungsverlangen dem Mieter zugegangen ist.

Das Gericht kann die für die Mieterwohnung geltende Einzelvergleichsmiete anhand des Mietspiegels schätzen, ggf. unter Zuhilfenahme einer Orientierungshilfe zum Mietspiegel (BGH VIII ZR 110/04 WuM 2005, 394). Ist die Mieterhöhung mit einem qualifizierten Mietspiegel begründet, wird vermutet, dass die dort genannten Werte die ortsübliche Vergleichsmiete zutreffend wiedergeben. Bringt eine Partei gegen den Mietspiegel nur Einwendungen vor, die dessen Qualifizierung betreffen, kann der Mietspiegel als einfacher Mietspiegel herangezogen werden (BGH VIII ZR 123/20 WuM 2021, 38). Ein einfacher Mietspiegel ist (nur) ein Indiz dafür, dass die dort angegebenen Entgelte die ortsübliche Vergleichsmiete zutreffend wiedergeben.

Das Gericht kann die Vergleichsmiete auch einem einfachen Mietspiegel entnehmen, wenn Mieter und Vermieter keine Einwendungen gegen diesen Mietspiegel erheben (BGH VIII ZR 245/17 WuM 2019, 202; VIII ZR 99/09 WuM 2010, 505).

Zur Ermittlung der ortsüblichen Vergleichsmiete sind die Gerichte berechtigt, aber nicht verpflichtet, ein Sachverständigengutachten einzuholen oder ein selbstständiges Beweisverfahren durchzuführen (BGH VIII ZB 69/24 WuM 2025, 535).

Enthält der Mietspiegel sog. **Orientierungshilfen**, in denen **werterhöhende oder wertmindernde Faktoren** für die Spanneneinordnung der Wohnung vorgegeben sind, kann das Gericht diese und die vorgesehenen Bewertungskriterien als Schätzgrundlage heranziehen. Das gilt für die angegebenen Wohnwertmerkmale und die Vorgaben für ihre Bewertung (BGH VIII ZR 24/21 WuM 2022, 685). Will das Gericht andere Aspekte einbeziehen oder eine andere Gewichtung vornehmen, ist das zulässig. Dann muss aber im Regelfall ein Sachverständigengutachten eingeholt werden (BGH VIII ZR 24/21 WuM 2022, 685). Ein Gutachten ist auch möglich, wenn es nur um die Einordnung in diese Spannen geht (BGH VIII ZR 30/09 WuM 2009, 746). Allerdings ermöglicht die uneingeschränkte Übernahme der Orientierungshilfen durch das Gericht eine schnelle Entscheidung und spart Gerichtskosten (BGH VIII ZR 24/21 WuM 2022, 685). Das Gericht kann hier aber auch vom Mittelwert der Spanne ausgehen und die Vergleichsmiete für die fragliche Wohnung durch konkrete Zu- und Abschläge ermitteln (BGH VIII ZR 146/10 WuM 2012, 281). Hierdurch kann z. B. bei Einfamilienhäusern auch der Oberwert der Spanne ausnahmsweise überschritten werden (BGH VIII ZR 354/12 WuM 2013, 551).

Die Einholung eines Sachverständigengutachtens und die Verwendung eines Mietspiegels schließen sich nicht aus. Der Richter kann z. B. auf ein Gutachten zurückgreifen, in dem der Sachverständige die Wohnung in einen einfachen Mietspiegel zur Feststellung der Mietspannen eingeordnet hat und zur weiteren Plausibilisierung Vergleichswohnungen heranzieht (BGH VIII ZR 223/21 WuM 2023, 281) oder wenn es nur noch um die Ermittlung der konkreten Einzelvergleichsmiete in der unstreitigen Spanne geht (BGH VIII ZR 88/20 NJW-RR 2021, 1455).

M

Ein Sachverständigengutachten kommt auch in Betracht, wenn die Mieterhöhung nicht mit einem Mietspiegel begründet wurde. Zur Überprüfung des Gutachtens muss der Sachverständige Mietpreis und Adressen der Vergleichswohnungen offenlegen (BVerfG 1 BvR 1398/93 WuM 1994, 661; BGH KZR 18/90 NJW 1992, 1817). Im Einzelfall kann ein Gutachten allerdings auch verwertbar sein, wenn der Sachverständige die Vergleichswohnungen nicht offengelegt hat (BVerfG 1 BvR 860/97 WuM 1998, 13; 1 BvR 587/95 WuM 1997, 318; 1 BvR 1544/96 WuM 1996, 749; BGH VIII ZR 62/18 WuM 2019, 324). Kann der Mieter aber den Beweiswert des Gutachtens durch Fakten erschüttern, so ist es ohne Offenlegung der Vergleichswohnungen nicht verwertbar (LG München II WuM 2003, 97).

Wenn die Vergleichsmiete mithilfe eines Mietspiegels festgestellt werden soll, die Datenerhebung dazu aber schon einige Zeit zurückliegt, gibt der Mietspiegel wegen der zwischenzeitlichen Preissteigerungen u. U. nicht mehr die aktuelle Vergleichsmiete wieder. Das Gericht kann dann im Rahmen des ihm zustehenden weiten Beurteilungsspielraums einen sog. **Stichtagszuschlag** vornehmen, wenn zwischen Erhebungsstichtag und Zugang des Erhöhungsschreibens eine **ungewöhnliche Steigerung der ortsüblichen Vergleichsmiete** festzustellen ist (BGH VIII ZR 295/15 WuM 2017, 208). Dieser Zuschlag muss aber konkret die Steigerung der ortsüblichen Vergleichsmiete für die betroffene Wohnung wiedergeben. Ein **pauschaler Zuschlag**, z. B. im Wege der Schätzung aufgrund eines Wohnungsmietenindex, ist **nicht zulässig** (OLG Stuttgart WuM 1994, 58); er kann auch nicht mit einem Anstieg des Verbraucherindex begründet werden (LG München I WuM 2024, 537). Dagegen kann der Wert eines neueren Mietspiegels zur Schätzung herangezogen werden (BGH VIII ZR 295/15 WuM 2017, 208). Allerdings wird eine ungewöhnliche Steigerung verneint, wenn der Basiswert des Mietspiegels 2018 rund 10 % über den Werten des Mietspiegels 2016 liegt (LG Nürnberg-Fürth WuM 2020, 29). Ist die Miete zwischenzeitlich erheblich gesunken, z. B. durch eine geänderte Einstufung der Wohnlagen, soll auch ein **Stichtagsabzug** möglich sein (AG Mitte WuM 2020, 358).

Ist das Mieterhöhungsverlangen des Vermieters berechtigt, wird der Mieter zur Zustimmung zu dieser Mieterhöhung verurteilt.

Achtung: Wird dieses Urteil **rechtskräftig**, gilt damit die **Zustimmung als abgegeben**, § 894 ZPO! Er muss **ab sofort** die erhöhte Miete zahlen. Die zwischenzeitlich aufgelaufenen **Mietrückstände** muss er spätestens nach zwei Monaten ausgeglichen haben. Sonst droht die fristlose Kündigung wegen Zahlungsverzugs, wenn die Mietrückstände einen Umfang erreicht haben, die eine Kündigung rechtfertigen (BGH VIII ZR 5/04 WuM 2005, 458).

Kündigungsrecht des Mieters

Verlangt der Vermieter eine höhere Miete, hat der Mieter ein außerordentliches Kündigungsrecht. Er kann bis zum Ende des 2. Monats nach Zugang der Erhöhungserklärung für das Ende des 4. Monats kündigen. Fordert der Vermieter z. B. im Januar eine höhere Miete, kann der Mieter bis Ende März zum 31. Mai kündigen. Nennt der Vermieter einen späteren Termin, d. h. eine längere Zustimmungsfrist, verlängert sich auch die Frist für das Kündigungsrecht entsprechend (BGH VIII ZR 280/12 WuM 2013, 737).

Dieses Sonderkündigungsrecht gilt auch, wenn die Mieterhöhung unwirksam ist (LG Braunschweig WuM 1986, 323, AG Andernach WuM 1994, 547) oder der Vermieter einen neuen Mietvertrag anbietet (LG Gießen WuM 2000, 423).

Kündigt der Mieter, braucht er die geforderte höhere Miete nicht zu zahlen.

M

Mieterhöhung bei Indexmieten

Bei einem Indexmietvertrag, der unbefristet oder als → *Zeitmietvertrag* abgeschlossen werden kann, wird die Entwicklung des Mietpreises an den Preisindex für die Lebenshaltung aller privaten Haushalte des Statistischen Bundesamts gekoppelt. Die Ausgangsmiete kann frei vereinbart werden; die Regeln der → *Mietpreisbremse* und zu → *Mietwucher und Mietpreisüberhöhung* sind aber einzuhalten. Die Miete steigt dann in Abhängigkeit von der Inflationsrate. Die Vereinbarung muss nicht die Festlegung eines Basisjahrs enthalten (BGH VIII ZR 42/20 WuM 2021, 438).

Wichtig zu wissen: Bei einem Indexmietvertrag sind alle anderen Mieterhöhungen praktisch ausgeschlossen, insbesondere die → *Mieterhöhung auf die ortsübliche Vergleichsmiete.* Mieterhöhungen nach einer → *Modernisierung durch den Vermieter* sind in der Regel ebenfalls ausgeschlossen. Zulässig ist nur die Erhöhung aufgrund von baulichen Maßnahmen, die der Vermieter nicht zu vertreten hat, es sei denn, es handelt sich um eine Mieterhöhung nach § 559 oder § 559e BGB aufgrund einer GEG-Heizungsanlagenmodernisierung. Außerdem kann die Miete wegen gestiegener Betriebskosten erhöht werden.

Eine Indexmietvereinbarung ist **unwirksam**, wenn sie nur die Mieterhöhungsmöglichkeiten des Vermieters benennt, nicht aber die Möglichkeit des Mieters, die Miete bei sinkendem Index zu reduzieren (LG Berlin II WuM 2024, 536). Wird eine Indexmiete formularmäßig vereinbart → *Allgemeine Geschäftsbedingungen*, muss die Klausel zwingend den **Hinweis** enthalten, dass während der Geltung der Indexmiete **keine anderen Erhöhungen zulässig sind mit Ausnahme von Betriebskostenerhöhungen und Modernisierungen**, die der Vermieter wegen nicht von ihm zu vertretender Umstände durchführen musste. Fehlt der Hinweis, ist die Indexklausel – nicht der ganze Mietvertrag – wegen Verstoßes gegen das Transparenzgebot unwirksam (LG Berlin II WuM 2025, 740; AG Mitte, WuM 2025, 741)! In diesem Fall könnte aber ggf. eine Mieterhöhung auf die ortsübliche Vergleichsmiete verlangt werden.

Ein anderer als der o.g. »Lebenshaltungskostenindex« darf nicht als Bezugsgröße verwendet werden. Ist im Mietvertrag ein Index zugrunde gelegt, der nicht mehr ermittelt wird, bleibt die Vereinbarung dennoch wirksam; es kann dann der zulässige »Lebenshaltungskostenindex« zugrunde gelegt werden (BGH XII ZR 41/11 WuM 2013, 32).

Auch bei Indexmietverträgen steigt die Miete nicht automatisch. Der Vermieter muss eine Mieterhöhung in → *Textform* oder → *Schriftform* schicken. In der Mieterhöhungserklärung muss er den alten und den aktuellen Indexwert angeben und die neue Miete oder den Erhöhungsbetrag mitteilen. Die prozentuale Veränderung der Miete muss nicht angegeben werden (BGH VIII ZR 291/16 WuM 2018, 36).

Nach Vertragsabschluss bzw. nach jeder Erhöhung muss die Miete mindestens ein Jahr unverändert bleiben. Allenfalls Mieterhöhungen wegen gestiegener Betriebskosten oder aufgrund von Baumaßnahmen, die der Vermieter nicht zu vertreten hat, sind zwischendurch möglich.

Die Indexmietenerhöhung muss von Beginn des auf die Mieterhöhungserklärung folgenden übernächsten Monats an gezahlt werden. Kommt die Erhöhung z. B. im September, ist ab 1. November die höhere Miete zu zahlen.

Indexmietverträge wurden in den letzten Jahren vermehrt abgeschlossen. Viele Vermieter haben die »Vorteile« dieses Vertragstyps erkannt: einfache Mieterhöhung, »garantierte Inflationssicherheit« und selbst Mieten, die schon bei Abschluss des Mietvertrags gerade noch zulässig waren, können in den Folgejahren immer noch erhöht werden. Denn nur die Ausgangsmiete wird durch die Mietpreisbremse gedeckelt. In den Jahren 2022 und 2023 haben Inflationsraten von

7 % bzw. 6 % zu entsprechend starken Mietsteigerungen bei diesem Vertragstyp geführt. Gleichzeitig wirken sich die Mieterhöhungen bei den Indexmieten auch auf die ortsüblichen Vergleichsmieten und damit auf das gesamte Mietpreisniveau aus. Der Deutsche Mieterbund (DMB) hat deshalb immer wieder ein Einschreiten des Gesetzgebers gefordert, um überdurchschnittliche Mietsteigerungen bei Indexmieten zu verhindern.

Neue gesetzliche Regelungen geplant
Das Bundeskabinett hat am 29.4.2026 einen Gesetzesentwurf für einen verbesserten Mieterschutz beschlossen. Der Entwurf bleibt allerdings teilweise hinter den Plänen aus dem Bundesjustizministerium von Februar 2026 zurück.

– **Indexmiete:** Die Bundesländer sollen in angespannten Wohnungsmärkten eine Preisdeckelung für Indexmieten einführen können. Oberhalb einer Grenze von 3,0 % sollen Steigerungen des Verbraucherpreisindex nur noch zur Hälfte mieterhöhend geltend gemacht werden können. Das bedeutet, bei einer Steigerung des Index um 5 % kann die Indexmiete um 4,0 % steigen. Das Bundesjustizministerium hatte ursprünglich eine Kappungsgrenze von 3,5 % vorgesehen. Abweichende vertragliche Regelungen sollen unwirksam sein. Zu Unrecht gezahlte Mieten sollen Mieter zurückfordern können.
– **Staffelmiete:** Während der Laufzeit einer Staffelmiete sind Modernisierungsmieterhöhungen jetzt auch nach GEG-Modernisierungen ausgeschlossen.
– **Modernisierung:** Mieterhöhungen im vereinfachten Verfahren sollen bis zu Modernisierungskosten i. H. v. 20 000 Euro möglich sein. Dazu gibt es verschiedene Klarstellungen, dass GEG-Modernisierungen wie andere Modernisierungen behandelt werden.
– **Vermietung zum vorübergehenden Gebrauch:** Nur zulässig, wenn der Mieter für die kurzzeitige Vermietung einen besonderen Bedarf hat, längstens für 6 Monate. In Ausnahmefällen 8 Monate.
– **Möblierte Wohnungen:** Vermieter muss vor Abschluss des Mietvertrags Auskunft über die Höhe des Möblierungszuschlags geben. Der Zuschlag auf die ortsübliche Vergleichsmiete darf monatlich höchstens 1 % des geschätzten Zeitwerts der Einrichtungsgegenstände bei Vertragsabschluss betragen. Bei voll ausgestattetem Wohnraum wird vermutet, dass ein Zuschlag bis zu 10 % angemessen ist. Das Bundesjustizministerium hielt noch 5 % für angemessen. Sind Einrichtungsgegenstände im Mietspiegel berücksichtigt, ist ein Möblierungszuschlag ausgeschlossen.
– **Kündigung:** Schonfristzahlungen, bisher nur bei fristloser Kündigung des Vermieters zulässig, werden künftig auch bei einer ordentlichen Kündigung einmalig möglich.

M

Mieterhöhung bei Staffelmieten

Mit der Staffelmiete wird eine Vereinbarung über die Höhe des Mietzinses für die folgenden Jahre abgeschlossen und die Mietsteigerungen von vornherein festgelegt. Die Ausgangsmiete kann wie bei der Indexmiete frei vereinbart werden, wobei die Vorschriften zur → *Mietpreisbremse* und zu → *Mietwucher und Mietpreisüberhöhung* zu beachten sind. Bei der Festlegung der jährlichen Erhöhungsbeträge (Staffel) muss entweder die jeweils zu zahlende Monatsmiete ausdrücklich genannt werden (OLG Braunschweig WuM 1985, 213) oder der jeweilige Erhöhungsbetrag in Euro. Unwirksam ist eine Staffelmietvereinbarung, wonach sich die Miete jedes Jahr um 5 % erhöht oder wenn im Mietvertrag ein gestaffelter Quadratmeterpreis angegeben wird (LG Görlitz WuM 1997, 682). Werden für die Staffelmiete anfangs Geldbeträge und später Prozentsätze ausgewiesen, ist die Vereinbarung (nur) hinsichtlich der Anfangsmiete wirksam (BGH VIII ZR 197/11 WuM 2012, 278). Soweit eine Staffelvereinbarung unwirksam ist, kann die Miete im Rahmen der ortsüblichen Vergleichsmiete erhöht werden.

Staffelmietverträge können unbefristet oder als Zeitmietvertrag geschlossen werden. Die Laufzeit des Mietvertrags und die der Staffelvereinbarung müssen nicht identisch sein. Wurde z. B. eine Staffelvereinbarung für vier Jahre geschlossen, bedeutet das nicht, dass das Mietverhältnis deshalb nach vier Jahren endet. Der Mietvertrag läuft weiter. Mieterhöhungen können dann im Rahmen der ortsüblichen Vergleichsmiete geltend gemacht werden. Umgekehrt bedeutet eine Staffelmietvereinbarung über vier Jahre aber auch nicht, dass der Mietvertrag eine Mindestlaufzeit von vier Jahren hat. Bei einem unbefristeten Mietvertrag kann allenfalls ein → *Kündigungsausschluss* – auch einseitig – für den Mieter über längstens vier Jahre vereinbart werden (BGH VIII ZR 270/07 WuM 2009, 45; VIII ZR 3/05 WuM 2006, 152).

Zwischen zwei Mieterhöhungsstaffeln muss **mindestens ein Jahr** liegen. Wird z. B. eine Staffelmiete im Halbjahresturnus vereinbart, ist dies unwirksam. Längere Zeitabstände zwischen den Erhöhungen sind aber zulässig.

> **Achtung:** Die Mieterhöhungen bzw. die neuen Staffeln werden automatisch zum vereinbarten Termin wirksam und fällig. Ein besonderes Erhöhungsschreiben des Vermieters ist nicht notwendig.

Die Regeln der → *Mietpreisbremse* und zu → *Mietwucher und Mietpreisüberhöhung* gelten nicht nur für die Anfangsmiete, sondern auch für die nachfolgenden

Staffeln. Eine auf die Anfangsmiete folgende Mietstaffel verstößt gegen die Mietpreisbremse, wenn bei Fälligkeit der zu zahlenden Mietstaffel die Obergrenze der Mietpreisbremse überschritten wird (LG Berlin WuM 2022, 280). Verstößt eine Staffel gegen die Mietpreisbremse, ist die Staffelmietvereinbarung aber nicht insgesamt unwirksam (LG Berlin II WuM 2024, 666). Der Vermieter muss dann auf die Erhöhungsbeträge aus dieser Mietstaffel verzichten; schon geleistete Beträge muss er zurückzahlen. Verstößt der Staffelmietvertrag gegen die Mietpreisbremse, muss der Mieter diesen Verstoß nach den Regeln der Mietpreisbremse rügen, aber nur einmal. Die Rüge muss bei nachfolgenden Staffeln nicht wiederholt werden (BGH VIII ZR 45/22 WuM 2024, 30; VIII ZR 279/21 WuM 2022, 600).

→ *Mieterhöhungen auf die* ***ortsübliche Vergleichsmiete*** oder nach einer → ***Modernisierung durch den Vermieter*** sind **neben einer Staffelmiete ausgeschlossen**. Eine Modernisierungsmieterhöhung kann später, nach Ablauf der Staffelmietvereinbarung, nicht nachgeholt werden (LG Berlin WuM 2018, 303). Ob auch Mieterhöhungen nach § 559e wegen einer GEG-Heizungsanlagenmodernisierung ausgeschlossen sind, ist fraglich. Sinnvoll wäre es, aber der Wortlaut des Gesetzes spricht bisher dagegen. Der Referentenentwurf des Justizministeriums von Februar 2026 sieht jetzt eine entsprechende Klarstellung vor. Ansonsten ist allenfalls eine Erhöhung wegen gestiegener Betriebskosten zusätzlich möglich. Die Kappungsgrenze gilt bei Staffelmieten nicht.

> **Wichtig zu wissen:** Der Mieter ist nicht verpflichtet, bei einem bestehenden Mietverhältnis einer Vertragsänderung zuzustimmen. Gegen seinen Willen kann der Vermieter **keine nachträgliche Staffelmietvereinbarung** durchsetzen.

Kündigungsausschluss

Bei einer für ihn vorteilhaften Staffelmietvereinbarung ist der Vermieter oft daran interessiert, den Mieter auf längere Zeit zu binden. Da befristete Mietverträge → *Zeitmietvertrag* nur noch in Ausnahmefällen möglich sind, wird oft versucht, das Kündigungsrecht des Mieters auszuschließen. Ein solcher **Kündigungsausschluss** ist aber für **höchstens vier Jahre** zulässig. Es schadet nicht, wenn der Kündigungsausschluss einseitig ist, also nur für den Mieter gilt (BGH VIII ZR 270/07 WuM 2009, 45).

Enthält der Vertrag einen Kündigungsausschluss von mehr als vier Jahren, ist die Regelung als Formularvereinbarung insgesamt unwirksam; der Mieter kann jederzeit fristgemäß kündigen (BGH VIII ZR 3/05 WuM 2006, 152); etwas anderes gilt nur bei Staffelmietverträgen, die vor September 2001 abgeschlossen worden sind (BGH VIII ZR 344/04 WuM 2005, 519). Als Individualvereinbarung wird ein fünfjähriger Kündigungsausschluss auf vier Jahre begrenzt (BGH VIII ZR 257/03 WuM 2006, 445). Diese zeitliche Grenze darf nicht durch eine Klausel umgangen werden, nach der sich das Mietverhältnis nach vier Jahren jeweils um ein Jahr verlängert; eine solche Klausel wäre unwirksam (BGH VIII ZR 316/03 WuM 2004, 483).

Sozialwohnungen

Staffelmietvereinbarungen sind bei → ***Sozialmiete/Sozialwohnungen*** nur zulässig, wenn die bei Vertragsschluss maßgebliche Kostenmiete auch von der höchsten vereinbarten Staffel nicht überstiegen wird (OLG Hamm RE WuM 1993, 108). Für die Zeit **nach Ablauf der Mietpreisbindung** kann aber schon bei Vertragsbeginn eine Staffelmiete vereinbart werden (BGH VIII ZR 157/03 WuM 2004, 28). Eine Staffelmietvereinbarung ist unwirksam, wenn im Fördervertrag zwischen Vermieter und Förderer (z. B. Land Berlin) Staffelmieten während des Bindungszeitraums ausgeschlossen sind. Das gilt auch dann, wenn die Staffeln erst nach Beendigung des Förderzeitraums gelten sollen (LG Berlin II WuM 2024, 213).

Mieterhöhungen nach Modernisierung → *Modernisierung durch den Vermieter*

Hat der Vermieter modernisiert, d. h. Baumaßnahmen zur Einsparung von Heizenergie, zur Umsetzung der Vorgaben des → *Gebäudeenergiegesetzes (Heizungsgesetz)*, zur Erhöhung des Gebrauchswerts der Mietsache oder zur Verbesserung der allgemeinen Wohnverhältnisse durchgeführt, kann er die Miete einseitig erhöhen. Die Zustimmung des Mieters ist nicht erforderlich. Die »klassische« Mieterhöhung beträgt 8 % der Modernisierungskosten im Jahr. Kappungsgrenzen legen fest, dass die Miete maximal um 3 Euro bzw. 2 Euro pro m² steigen darf → *Modernisierung durch den Vermieter*. Bei sog. Heizungsmodernisierungen nach dem Gebäudeenergiegesetz kann der Vermieter sogar 10 % der Modernisierungskosten auf die Jahresmiete aufschlagen; maximal 0,50 Euro pro m² und Monat.

Mieterhöhung wegen gestiegener Betriebskosten

In den meisten Mietverträgen ist vereinbart, dass die Mieter neben der eigentlichen Miete noch monatliche Vorauszahlungen für kalte und warme → *Betriebskosten* zu zahlen haben, über die dann einmal im Jahr abgerechnet wird. Steigende Betriebskosten können dazu führen, dass die Abrechnung eine Nachzahlung ergibt und/oder dass die Vorauszahlungen vom Vermieter angehoben werden. Ist hingegen eine **Betriebskostenpauschale** vereinbart, kann der Vermieter diese nur erhöhen, wenn dies im Mietvertrag vereinbart ist. Der Erhöhungsbetrag ergibt sich dann aus der Differenz zwischen den Betriebskosten bei Abschluss des Mietvertrags und den aktuellen Kosten.

Bei einer **Bruttomiete** sind Mieterhöhungen nur zulässig, wenn der Mietvertrag vor dem 1.9.2001 abgeschlossen wurde.

Mieterkündigung → *Fristlose Kündigung des Mieters* → *Kündigung des Mieters*

Mietermodernisierung → *Modernisierung durch den Mieter* → *Rückgabe der Wohnung*

Mieterstrom

Als Mieterstrom wird Strom bezeichnet, den der Vermieter mit einer auf, an oder in einem Gebäude oder einer Nebenanlage des Gebäudes installierten Solaranlage selbst erzeugt und seinen Mietern direkt und ohne Einleitung in das allgemeine Stromnetz zum Verbrauch liefert und verkauft. Kurz gesagt ist Mieterstrom also Solarstrom vom Vermieter, deshalb wäre die Bezeichnung »Vermieterstrom« treffender.

Da sich der Verkauf selbst erzeugten Stroms für den Vermieter in der Regel nicht ohne Weiteres lohnt, fördert der Staat Mieterstrommodelle, bei denen der Vermieter als Betreiber der Anlage einen im Erneuerbare-Energien-Gesetz (EEG) → *erneuerbare Energien* geregelten Mieterstromzuschlag erhalten kann. Die Förderung können auch Unternehmen in Anspruch nehmen, die im Auftrag des Vermieters Strom mit einer auf, an oder in einem Gebäude oder einer Nebenanlage des Gebäudes installierten Solaranlage erzeugen. Das ist dann → *Contracting* für die Stromversorgung.

Zugunsten der Mieter ist gesetzlich festgelegt, dass der vom Vermieter verlangte **Strompreis** maximal 90 % des in dem jeweiligen Netzgebiet geltenden Grundversorgungstarifs betragen darf.

Eine **Abnahmepflicht** des Mieters **besteht nicht**. Das Gesetz stellt klar, dass der Mieter seinen Stromanbieter weiterhin frei wählen kann. Will der Vermieter seinen

Mieter mit selbst produziertem Strom versorgen, muss er dazu einen Vertrag mit ihm abschließen. Der Mieterstromvertrag darf aber **nicht Bestandteil des Wohnraummietvertrags** sein und auch keine längere **Laufzeit** als zwei Jahre haben. Bei einer Beendigung des Mietverhältnisses **endet** der Mieterstromvertrag mit der **Rückgabe der Wohnung**, ohne dass der Mieter ihn ausdrücklich kündigen muss.

Darüber hinaus muss der Vertrag zwischen dem Vermieter und dem Mieter auch die Stromlieferung vorsehen, wenn die Solaranlage keinen Strom liefern kann, z. B., weil die Sonne nicht scheint. Der Vermieter muss den Mieter dann zusätzlich mit Strom aus dem allgemeinen Stromnetz versorgen.

Ein anderes Modell der direkten Nutzung am oder im Gebäude produzierten Stroms ist die sog. **gemeinschaftliche Gebäudeversorgung**. Anders als beim Mieterstrom ist der Vermieter hier nicht gehalten, eine umfassende Stromversorgung sicherzustellen; eine ggf. notwendige ergänzende Versorgung zu gewährleisten, ist Aufgabe des Mieters. Der Gebäudestromnutzungsvertrag zwischen Vermieter und Mieter darf ebenfalls nicht Bestandteil des Wohnraummietvertrags sein und nicht länger als zwei Jahre laufen. Bei Beendigung des Mietverhältnisses endet der Vertrag mit der Rückgabe der Wohnung, ohne dass der Mieter ihn ausdrücklich kündigen muss.

Mieterverein/Deutscher Mieterbund

Zurzeit gibt es bundesweit rund 300 sich ausschließlich aus den Beiträgen ihrer Mitglieder finanzierende Mietervereine mit etwa 500 örtlichen Beratungsstellen. Die Vereine sind über 15 Landesverbände im Deutschen Mieterbund (DMB) als Dachverband zusammengeschlossen. Der Deutsche Mieterbund vertritt nicht nur die Interessen der mehr als 1,25 Millionen Haushalte mit etwa drei Millionen zur Miete wohnenden Mitgliedern in den örtlichen Mietervereinen, sondern die aller etwa 22 Millionen Mieterhaushalte in Deutschland.

Zu den wichtigsten Aufgaben der **örtlichen Mietervereine** gehört es, Mietern bei ihren Problemen mit Rat und Hilfe zur Seite zu stehen; dazu zählt insbesondere die **fachkundige Beratung in allen Miet- und Wohnungsangelegenheiten**. Nach dem Gesetz dürfen Mietervereine allerdings nur **Mitgliedern** Rechtsrat erteilen. Viele Mietervereine bieten darüber hinaus auch → *Rechtsschutz* im Falle eines Mietprozesses.

Seit seiner Gründung im Jahre 1900 setzt sich der **Deutsche Mieterbund** für eine soziale Wohnungs- und Mietenpolitik, verbesserte Schutzrechte für Mieter, ausgewogene Mietverträge und eine angemessene Wohnungsversorgung mit tragbaren Mieten ein. Ein wichtiger politischer Erfolg des Deutschen Mieterbundes war die Verankerung des gesetzlichen Schutzes des Mieters vor grundloser, willkürlicher Vermieterkündigung im Bürgerlichen Gesetzbuch im Jahr 1975. Auch bei der Reform des Mietrechts zum 1.9.2001, der Einführung der Mietpreisbremse und des Bestellerprinzips bei der Wohnungsvermittlung hat der Deutsche Mieterbund die Mieterinteressen erfolgreich vertreten. Allerdings wird die Notwendigkeit des Mieterschutzes trotz Wohnungsmangel und steigender Mieten von den Interessenvertretern der Vermieter in Frage gestellt. Eine starke Interessenvertretung der Mieter ist daher nach wie vor notwendig!

Zu einer wichtigen Aufgabe des Deutschen Mieterbundes hat sich die Information der Mieter über ihre Rechte und Pflichten entwickelt. Aufgeklärte Mieter (und Vermieter) sind bessere Vertragspartner. Wer seine Rechte und Pflichten kennt, kann nicht nur Streit und Ärger vermeiden, sondern im Einzelfall auch viel Geld sparen. Daher gibt der Deutsche Mieterbund neben seiner Mitgliederzeitung, der *MieterZeitung* und der monatlich erscheinenden Fachzeitschrift *Wohnungswirtschaft und Mietrecht* (WuM) seit mehr als 30 Jahren Bücher, Broschüren und das Mieterlexikon heraus.

Unter www.mieterbund.de können Sie sich über das aktuelle Geschehen in der Mieten- und Wohnungspolitik, wichtige Gerichtsurteile und die Arbeit des Deutschen Mieterbundes informieren. Sie finden dort u. a. Pressemeldungen, Stellungnahmen und Positionspapiere, Studien, Zahlen und Fakten sowie zahlreiche Tipps und Infos rund um das Mietverhältnis. Über eine Suchfunktion können Sie jederzeit Ihren örtlichen DMB-Mieterverein finden. Unter https://shop.mieterbund.de erhalten Sie Broschüren, Ratgeber, Bücher und Zeitschriften des Deutschen Mieterbundes.

Neben der persönlichen Rechtsberatung im örtlichen Mieterverein bietet der Deutsche Mieterbund auch für Nichtmitglieder eine telefonische Erstberatung unter der Telefonnummer 09007 / 20 00 12 (2,49 Euro pro Minute, täglich von 10 bis 20 Uhr) sowie eine Online-Beratung unter www.mieterbund24.de (25 Euro; Anfragen werden in der Regel innerhalb von sechs Stunden beantwortet).

Sie finden den Deutschen Mieterbund auch bei Facebook (www.facebook.com/DMBMieterbund), Bluesky (https://bsky.app/profile/dmbmieterbund.bsky.social), X/Twitter (https://twitter.com/DMBMieterbund), Instagram (www.instagram.com/dmbmieterbund/), Youtube (www.youtube.com/@DMBMieterbund) und LinkedIn (https://de.linkedin.com/company/deutscher-mieterbund).

Leitbild des Deutschen Mieterbundes (DMB)
In einem Leitbild haben der Deutsche Mieterbund, seine Landesverbände und die örtlichen Mietervereine ihre Kernbotschaften zusammengefasst:

- **Wir sind die politische Interessenvertretung aller Mieter – unabhängig und engagiert.** Wir sind unabhängig von Staat und Parteien und bekommen keine staatlichen Zuschüsse oder Beihilfen. Alle Mieter sind uns wichtig, unabhängig von Herkunft, finanzieller Situation und Status.
- **Wir sind die Experten auf Seiten der Mieter.** Betriebskostenabrechnung, Mieterhöhung oder Kündigung – Mietrecht ist unser Handwerk. Wir bieten kompetente Mietrechtsberatung und maßgeschneiderte Lösungen für unsere Mitglieder. Wir sind in Deutschland die Mietrechtsexperten Nummer 1.
- **Wir bieten umfassenden Mietrechtsschutz – auch vor Gericht.** Unsere Rechtsberatung setzt zunächst auf außergerichtliche Lösungen. Wir streiten für Sie aber auch vor Gericht.
- **Wir sind für die Mieter da, wenn sie uns brauchen.**
- **Für uns ist Wohnen mehr als nur ein Dach über dem Kopf.**
- **Wir machen Mietrecht verständlich, denn gut informiert ist halb gewonnen.**
- **In der Gemeinschaft sind wir stark.**
- **Wir stehen für Fairness, Ehrlichkeit und Offenheit.**

Anschriften
Ihren örtlichen Mieterverein finden Sie im Internet unter www.mieterbund.de oder über den Deutschen Mieterbund als Dachverband:

Deutscher Mieterbund e. V.
Littenstraße 10, 10179 Berlin
Postanschrift: 10169 Berlin
Tel.: (030) 2 23 23 – 0, Fax: (030) 2 23 23 – 100
Internet: www.mieterbund.de
E-Mail: info@mieterbund.de

Sie können sich auch an einen der **15 DMB-Landesverbände** wenden, wenn Sie den für Sie örtlich zuständigen Mieterverein suchen:

Deutscher Mieterbund Baden-Württemberg e. V.
Olgastraße 77, 70182 Stuttgart
Tel.: (07 11) 23 60 60 – 0, Fax: (07 11) 23 60 60 – 2
Internet: www.mieterbund-bw.de
E-Mail: info@mieterbund-bw.de

Deutscher Mieterbund Landesverband Bayern e. V.
Sonnenstr. 10, 80331 München
Tel.: (089) 8 90 57 38 – 0, Fax: (089) 8 90 57 38 – 11
Internet: www.mieterbund-landesverband-bayern.de
E-Mail: info@mieterbund-bayern.org

Berliner Mieterverein e. V.
Landesverband Berlin im Deutschen Mieterbund
Spichernstr. 1, 10777 Berlin
Tel.: (030) 2 26 26 – 0, Fax: (030) 2 26 26 – 162
Internet: www.berliner-mieterverein.de
E-Mail: bmv@berliner-mieterverein.de

Deutscher Mieterbund Land Brandenburg e. V.
Möbelhof 5, 14478 Potsdam
Tel.: (03 31) 27 97 60 50, Fax: (03 31) 27 97 60 – 59
Internet: www.mieterbund-bb.de
E-Mail: info@mieterbund-bb.de

Mieterverein zu Hamburg von 1890 r. V.
Landesverband im Deutschen Mieterbund
Beim Strohhause 20, 20097 Hamburg
Tel.: (040) 8 79 79 – 0; Fax: (040) 8 79 79 – 120
Internet: www.mieterverein-hamburg.de

Deutscher Mieterbund Landesverband Hessen e. V.
Adelheidstr. 70, 65185 Wiesbaden
Tel.: (06 11) 4 11 4050, Fax: (06 11) 4 11 40 5 – 29
Internet: www.mieterbund-hessen.de
E-Mail: info@mieterbund-hessen.de

Deutscher Mieterbund Landesverband Mecklenburg-Vorpommern e. V.
Gerhart-Hauptmann-Str. 19, 18055 Rostock
Tel.: (03 81) 3 75 29 – 20; Fax: (03 81) 3 75 29 – 29
Internet: www.mieterbund-mvp.de
E-Mail: post@mieterbund-mvp.de

Deutscher Mieterbund Niedersachsen-Bremen e. V.
Herrenstr. 14, 30159 Hannover
Tel.: (05 11) 1 21 06 – 0, Fax: (05 11) 1 21 06 – 16

M

Internet: www.dmb-niedersachsen-bremen.de
E-Mail: info@dmb-niedersachsen-bremen.de

Deutscher Mieterbund Nordrhein-Westfalen e. V.
Helmholtzstr. 19, 40215 Düsseldorf
Tel.: (02 11) 58 60 09 – 0, Fax: (02 11) 58 60 09 – 29
Internet: www.dmb-nrw.de
E-Mail: mieter@dmb-nrw.de

Deutscher Mieterbund Landesverband Rheinland-Pfalz e. V.
Löhrstr. 78 – 80, 56068 Koblenz
Tel.: (02 61) 1 76 09, Fax: (02 61) 1 76 73
Internet: www.mieterbund-rhpl.de
E-Mail: info@mieterbund-rhpl.de

Deutscher Mieterbund Landesverband Saarland e. V.
Karl-Marx-Str. 1, 66111 Saarbrücken
Tel.: (06 81) 9 47 67 – 0, Fax: (06 81) 9 47 67 – 281
Internet: www.mietrecht-saar.de
E-Mail: info@mieterbund-sb.de

Deutscher Mieterbund Landesverband Sachsen e. V.
Fetscherplatz 3, 01307 Dresden
Tel.: (03 51) 8 66 45 – 66, Fax: (03 51) 8 66 45 – 11
Internet: www.mieterbund-sachsen.de
E-Mail: info@mieterbund-sachsen.de

Deutscher Mieterbund Sachsen-Anhalt e. V.
Alter Markt 6, 06108 Halle
Tel.: (03 45) 2 02 14 – 67, Fax: (03 45) 2 02 14 – 68
Internet: www.mieterbund-sachsen-anhalt.de
E-Mail: info@mieterbund-sachsen-anhalt.de

Deutscher Mieterbund Landesverband Schleswig-Holstein e. V.
Eggerstedtstr. 1, 24103 Kiel
Tel.: (04 31) 9 79 19 – 0, Fax: (04 31) 9 79 19 – 31
Internet: www.mieterbund-schleswig-holstein.de
E-Mail: info@mieterbund-schleswig-holstein.de

Deutscher Mieterbund Landesverband Thüringen e. V.
Hirschlachufer 83 a, 99084 Erfurt

Tel.: (03 61) 5 98 05 – 0, Fax: (03 61) 5 98 05 – 20
Internet: www.mieterbund-thueringen.de
E-Mail: info@mieterbund-thueringen.de

Mietkaution → *Kaution*

Mietminderung → *Mängel der Wohnung*

Mietpreisbremse

Am 23.7.2025 ist das Gesetz zur Verlängerung der Mietpreisbremse (§ 556d BGB) in Kraft getreten. Sie gilt nun bis zum 31.12.2029. Die ursprünglich im Juni 2015 geschaffene Mietpreisbremse soll überzogene Preissteigerungen bei der Wiedervermietung einer Wohnung verhindern. Die Regelungen sind verfassungskonform (BVerfG 1 BvL 1/18, 1 BvL 4/18, 1 BvR 1595/18 WuM 2019, 510). Die Mietpreisbremse dient legitimen Zielen und ist zur Erreichung dieser Ziele geeignet, erforderlich und angemessen (BVerfG 1 BvR 183/25 WuM 2026, 135). Die Mietpreisbremse gilt nicht für → *Mieterhöhungen auf die ortsübliche Vergleichsmiete* in einem laufenden Mietverhältnis (BGH VIII ZR 300/21 WuM 2022, 739).

M

Wo gilt die Mietpreisbremse?
Die Mietpreisbremse gilt zurzeit in 13 Bundesländern und 627 Gemeinden (Stand Ende 2025). Sie gilt aber nicht flächendeckend und nicht automatisch, sondern nur für Gebiete mit angespannten Wohnungsmärkten. Dies können ganze Gemeinden oder Teile davon sein, in denen die ausreichende Versorgung der Bevölkerung mit Mietwohnungen zu angemessenen Bedingungen besonders gefährdet ist. Diese Gebiete können bzw. müssen von den jeweiligen Landesregierungen für die Dauer von höchstens fünf Jahren – aktuell bis zum 31.12.2029 möglich – bestimmt werden. Das kann insbesondere der Fall sein, wenn
- die Mieten dort deutlich stärker steigen als im bundesweiten Durchschnitt,
- die durchschnittliche Mietbelastung der Haushalte den bundesweiten Durchschnitt deutlich übersteigt,
- die Wohnbevölkerung wächst, ohne dass durch Neubautätigkeit der entsprechend erforderliche Wohnraum geschaffen wird oder
- geringer Leerstand bei großer Nachfrage besteht.

Entsprechende Verordnungen müssen anhand dieser Vorgaben ausreichend begründet werden (BGH VIII ZR 130/18 WuM 2019, 440). In der Vergangenheit haben einzelne Landesverordnungen diesen Anforderungen nicht genügt und waren deshalb unwirksam. Mieter, die aufgrund dessen überhöhte Mieten zahlen mussten und nichts dagegen unternehmen konnten, haben keinen Amtshaftungs- oder Schadensersatzanspruch gegen das jeweilige Land (BGH VIII ZR 25/20 WuM 2021, 251).

Wirksame Mietpreisbremsen-Verordnungen, die Gemeinden mit angespannten Wohnungsmärkten ausweisen, gibt es für Baden-Württemberg, Bayern, Berlin, Brandenburg, Bremen, Hamburg, Hessen, Mecklenburg-Vorpommern, Niedersachsen, Nordrhein-Westfalen, Rheinland-Pfalz und Thüringen. Für Berlin hat der Bundesgerichtshof mehrfach entschieden, dass die Verordnungen, ihre Begründung, die Veröffentlichung und die Ausweisung des gesamten Stadtgebiets rechtens waren (BGH VIII ZR 16/23 WuM 2025, 80; VIII ZR 96/23 WuM 2024, 465; VIII ZR 292/19 WuM 2020, 488). Die Anzahl der Städte, in denen die Mietpreisbremse gilt, schwankt – abhängig von den lokalen Wohnungsmärkten – stark in den einzelnen Bundesländern. Fragen Sie im Zweifel Ihren örtlichen Mieterverein!

Wie wirkt die Mietpreisbremse?
In den Städten und Gemeinden mit angespannten Wohnungsmärkten, die von den Bundesländern ausgewiesen wurden, gilt:

Höchstens 110 %: Bei der Wiedervermietung einer Wohnung darf der Vermieter als zulässige Miete höchstens die ortsübliche Vergleichsmiete plus 10 % fordern. Beträgt die ortsübliche Vergleichsmiete für die Wohnung z. B. 6,50 Euro/m², darf die Miete nach einem Mieterwechsel, also bei der Wiedervermietung, höchstens auf 7,15 Euro/m² steigen. Soweit zwischen dem Erhebungsstichtag des Mietspiegels und dem Mietvertragsbeginn eine messbare Mietsteigerung stattgefunden hat, darf zur zulässigen Wiedervermietungsmiete ein **Stichtagszuschlag** hinzugerechnet werden. Es muss sich um eine erhebliche Mietsteigerung handeln, und der Vermieter muss das beweisen (LG Berlin WuM 2022, 347).

Höhere Vormiete zählt: Etwas anderes gilt, wenn der Vermieter schon im bisherigen Mietverhältnis z. B. 7,50 Euro gefordert und erhalten hat: Dann muss er bei einer Neuvermietung die Miete nicht auf 7,15 Euro/m² absenken. Er darf auch im neuen Mietvertrag 7,50 Euro/m² vereinbaren. »Vormiete« ist die Miete, die in einem Wohnraummietverhältnis gezahlt wurde, nicht die Miete für zuletzt gewerblich vermietete Räume (BGH VIII ZR 374/18 WuM 2020, 727). Mieterhöhungen, die mit dem vorherigen Mieter innerhalb des letzten Jahres vor Beendigung des Mietverhältnisses vereinbart wurden, zählen nicht mit. So sollen Mauscheleien und Umgehungen zulasten des neuen Mieters verhindert werden. Der Vermieter kann sich nicht auf eine »höhere Vormiete« berufen, wenn diese bei Abschluss des Mietvertrags mit dem Vormieter schon gegen die Mietpreisbremse verstieß und der Vormieter diese Miete deshalb nicht schuldete. Geschuldete Vormiete ist die Miete, die nach den Vorschriften der Mietpreisbremse zulässig gewesen wäre (BGH VIII ZR 229/22 WuM 2023, 532). Hat das Vormietverhältnis weniger als ein Jahr gedauert, kann es auch auf die Vor-Vormiete ankommen. Letztlich ist dann die bei Beendigung des Vor-Vormietverhältnisses geschuldete Vor-Vormiete entscheidend und nicht diejenige, die ein Jahr vor Beendigung des Vor-Vormietverhältnisses geschuldet war (BGH VIII ZR 135/23 WuM 2024, 275). Eine während eines laufenden Mietverhältnisses wirksam werdende **Indexmieterhöhung** beruht nicht auf einer Vereinbarung im laufenden Mietverhältnis, sondern auf einer Vereinbarung bei Abschluss des Mietvertrags (BGH VIII ZR 135/23 WuM 2024, 275). Der Vermieter kann sich auch nicht auf eine mit dem Vormieter vereinbarte Staffel eines **Staffelmietvertrags** berufen, wenn das Vormietverhältnis beendet wurde, bevor diese Mietstaffel wirksam und damit vom Vormieter geschuldet wurde. Es gilt die zuletzt geschuldete Miete, nicht die Miete einer künftigen Staffel (BGH VIII ZR 16/23 WuM 2025, 80; VIII ZR 245/22 WuM 2025, 499).

Modernisierung: Wurde während des vorherigen Mietverhältnisses eine → *Modernisierung durch den Vermieter* durchgeführt, aber die mögliche Mieterhöhung von ihm nicht verlangt oder zwischen der Beendigung des alten und der Begründung des neuen Mietverhältnisses modernisiert, ist eine eigentlich mögliche Modernisierungsmieterhöhung nicht in die Vormiete eingeflossen. Dann darf der Vermieter die ortsübliche Vergleichsmiete für die nicht modernisierte Wohnung plus 10 % fordern **und zusätzlich den Modernisierungsmieterhöhungsbetrag,** wie er auch in einem laufenden Mietverhältnis hätte gezahlt werden müssen. Das sind noch einmal 8 % der Modernisierungskosten als Zuschlag auf die Jahresmiete. **Keine Kosten der Modernisierungsmaßnahme** sind Kosten, die zur Durchführung von Erhaltungsmaßnahmen aufgewendet werden mussten. Entsprechendes gilt, wenn ältere Bauteile und Einrichtungen modernisiert werden, wenn diese schon mangelhaft sind oder wenn sie deutlich über die zu erwartende Gesamtlebensdauer abgenutzt worden sind (LG Berlin WuM 2024, 273). Der Vermieter muss dann Angaben zum Ausgangszustand der Wohnung machen, damit der Modernisierungsanteil berechnet werden kann (LG Berlin II WuM 2024, 530).

Mietpreisbremse bei Index- und Staffelmietvereinbarungen

Die Regelungen der Mietpreisbremse gelten auch für Mietverträge mit Staffelmiete, und zwar sowohl für die erste vereinbarte Miete als auch für die nachfolgenden Staffeln. Bei Indexmietverträgen gilt sie nur für die Ausgangsmiete.

Bei einer Staffelmiete ist die höchstzulässige Miete **für jede Mietstaffel** gesondert **festzustellen**. Verstößt eine Mietstaffel gegen die Vorschriften der Mietpreisbremse, ist die Staffelmietvereinbarung nicht insgesamt unwirksam, sondern erst z. B. die zweite oder dritte Mietstaffel, bei deren Fälligkeit die Obergrenze der Mietpreisbremse überschritten wird (LG Berlin WuM 2022, 280). Konsequenz: Der Vermieter muss auf die entsprechende Mietstaffel, also Mieterhöhung, verzichten bzw. schon geleistete Zahlungen des Mieters zurückzahlen.

Bei der Staffelmiete entsteht bei jeder neuen Staffel ein selbstständiger **Auskunftsanspruch**. Das gilt auch, wenn Auskunftsansprüche wegen der Ausgangsmiete oder vorherigen Staffel bereits verjährt waren (BGH VIII ZR 125/22 WuM 2023, 551). Der Mieter muss einen Verstoß gegen die Mietpreisbremse nicht bei jeder neuen Mietstaffel rügen (BGH VIII ZR 279/21 WuM 2022, 600).

Untermiete

Die Mietpreisbremse gilt auch für Untermietverhältnisse → *Untermiete*. Der Mieter/Untervermieter muss die gesetzlichen Vorgaben einhalten. Er hat gegenüber seinem Vermieter keinen Anspruch auf Erteilung der Untermieterlaubnis für eine gewinnbringende Untervermietung bzw. Untervermietung unter Verstoß gegen die Mietpreisbremse (BGH VIII ZR 228/23 WuM 2026, 80; LG Berlin WuM 2022, 489).

Möblierte Vermietung

Die Mietpreisbremse gilt grundsätzlich auch für → *möblierte Wohnungen oder Zimmer*. Ausnahmen gibt es nur für Wohnraum, der nur zum vorübergehenden Gebrauch vermietet wird, wie z. B. Ferienwohnungen, möblierten Wohnraum in der Vermieterwohnung oder → *Studierenden- und Jugendwohnheimen*.

Schwierig und intransparent wird es bei möblierten Wohnungen, wenn der Vermieter einen sog. Möblierungszuschlag fordert oder in die Miete einkalkuliert. Dieser Möblierungszuschlag muss im Mietvertrag nicht gesondert ausgewiesen werden. Viele Vermieter glauben deshalb, mit einer möbliert vermieteten Wohnung die tatsächliche Miethöhe kaschieren und die Mietpreisbremse umgehen zu können. Eine gesetzliche Klarstellung, dass bei möbliert vermieteten Wohnungen die Miete und der Möblierungszuschlag einzeln ausgewiesen werden müssen und die Berechnung des Zuschlags transparent zu machen ist, ist dringend erforderlich.

Voraussetzung für einen Möblierungszuschlag ist nach überwiegender Meinung die Vollmöblierung der Wohnung, d. h. Küche mit Küchengeräten und Küchenmöbeln, Schränke, Tische, Stühle, Lampen, Bett etc. müssen vorhanden sein.

Dann kann ein Möblierungszuschlag im Mietvertrag vereinbart bzw. ein Zuschlag auf die ortsübliche Vergleichsmiete gefordert werden. Für die Höhe des Zuschlags sind der Wert der Gebrauchsmöglichkeit, der Zeitwert des Mobiliars, dessen Alter, Abschreibung und Verzinsung für den Vermieter die Berechnungsgrundlagen. Die meisten Gerichte (KG Berlin 20 U 2992/78; LG Berlin 63 S 365/01) gehen von einem zehnjährigen Abrechnungszeitraum und einem monatlichen Abschreibungssatz von 2 % aus.

Beispiel: Sind die neu angeschafften Möbel z. B. 10000 Euro wert, ist ein Zuschlag von 200 Euro monatlich gerechtfertigt. Nach drei Jahren liegt der Zuschlag bei 140 Euro.

Eine Teilmöblierung, häufig ein Sammelsurium unterschiedlichster Stilrichtungen, rechtfertigt in der Regel keinen Zuschlag. Allerdings kann ein separater Möbelüberlassungsvertrag geschlossen werden. In vielen Mietspiegeln wird außerdem die Teilmöblierung, z. B. von Küche und/oder Bad mitberücksichtigt.

M

Neue gesetzliche Regelungen geplant

Das Bundeskabinett hat am 29.4.2026 einen Gesetzesentwurf für einen besseren Mieterschutz beschlossen. Der bleibt allerdings in einigen Punkten hinter dem Referentenentwurf aus dem Bundesjustizministerium von Februar 2026 zurück.

- **Vermietung zum vorübergehenden Gebrauch:** Solche Kurzzeitmietverträge sollen nur noch zulässig sein, wenn der Mieter für die kurzzeitige Vermietung einen besonderen Bedarf hat, z. B. kurze Aufenthalte aus beruflichen Gründen (Montage, Messearbeiten) oder im Rahmen einer Ausbildung (Praktika), und dann längstens für 6 Monate. Ergibt sich nach Mietbeginn ein längerer Bedarf, höchstens 8 Monate.
- **Möblierte Wohnung:** Ein Möblierungszuschlag auf die ortsübliche Vergleichsmiete soll monatlich höchstens 1 % des geschätzten Zeitwerts der Einrichtungsgegenstände bei Vertragsabschluss betragen. Bei voll ausgestattetem Wohnraum wird vermutet, dass ein Zuschlag bis zu 10 % der Nettokaltmiete angemessen ist. Das Bundesjustizministerium hatte 5 % für angemessen gehalten. Der Vermieter ist verpflichtet, vor Abschluss des Mietvertrags unaufgefordert Auskunft über die Höhe des Möblierungszuschlags zu erteilen. Wird die Auskunft nicht rechtzeitig erteilt, gilt die Wohnung im Hinblick auf die Miethöhe als unmöbliert vermietet, bis 2 Jahre nach Nachholung der Auskunft. Sind Einrichtungsgegenstände im Mietspiegel berücksichtigt, kommt ein Möblierungszuschlag nicht in Betracht.

- **Indexmiete:** Die Bundesländer sollen in angespannten Wohnungsmärkten eine Preisdeckelung für Indexmieten einführen können. Oberhalb einer Grenze von 3 % sollen Steigerungen des Verbraucherpreisindex nur noch zur Hälfte mieterhöhend geltend gemacht werden können. Das Bundesjustizministerium hatte eine Kappungsgrenze von 3,5 % vorgesehen.
- **Modernisierung:** Mieterhöhungen im vereinfachten Verfahren sollen bis zu Modernisierungskosten i. H. v. 20000 Euro möglich sein.
- **Kündigung:** Schonfristzahlungen werden künftig auch bei einer ordentlichen Kündigung einmalig möglich.

Wohnraummietverträge mit teilgewerblicher Nutzung
Derartige Mietverträge sind entweder einheitliche Wohnraummietverträge oder Mischmietverhältnisse über sonstige Räume. Entscheidend ist, **welche Nutzungsart** nach den getroffenen Vereinbarungen **überwiegt**. Handelt es sich um ein **Wohnraummietverhältnis, gilt die Mietpreisbremse.** Maßstab für die Überprüfung ist dann die Gesamtnettokaltmiete, die sich aus Gewerbe- und Wohnraummiete zusammensetzt (LG Berlin WuM 2023, 33). Nach Ansicht des LG Berlin (WuM 2023, 408) erfordert die korrekte Bestimmung der ortsüblichen Vergleichs- und der preisrechtlich zulässigen Miete bei der teilgewerblichen Nutzung der Wohnung grundsätzlich die Einholung eines Sachverständigengutachtens.

Kellernutzung
Werden ein Wohnraummietvertrag und außerdem eine **separate Kellernutzungsvereinbarung** geschlossen, spricht die tatsächliche Vermutung für die rechtliche Selbstständigkeit der Verträge, so dass die Kellermiete nicht unter die Mietpreisbremse fällt. Diese Vermutung kann aber widerlegt werden, so dass doch davon auszugehen wäre, dass die Verträge nach dem Willen der Beteiligten eine rechtliche Einheit bilden sollten. Dafür kann z. B. sprechen, wenn Keller und Wohnung in demselben Gebäude liegen und die Vertragsabschlüsse am gleichen Tag erfolgen. Entscheidend sind neben dem exakten Wortlaut der Verträge letztlich die Umstände des Einzelfalls. Für separate Vereinbarungen können z. B. unterschiedliche Vertragslaufzeiten, Kündigungsmöglichkeiten und die Gestaltung und Entwicklung der Mieten sprechen (BGH VIII ZR 94/21 WuM 2023, 603). Bilden die Verträge tatsächlich eine rechtliche Einheit und wurde die Konstruktion über die separate Kellernutzungsgebühr nur gewählt, um die Nettokaltmiete für die Wohnung künstlich zu reduzieren, ist das ein unzulässiges Umgehungsgeschäft (AG Kreuzberg WuM 2022, 617).

Ausnahmen
Die Mietpreisbremse gilt nicht für **Neubauwohnungen**, die nach dem 1.10.2014 erstmals genutzt und vermietet wurden. Außerdem gilt sie nicht für Wohnungen, die erstmals **nach einer umfassenden Modernisierung** vermietet werden. Gemeint sind Fälle, in denen die Modernisierung einen wesentlichen Bauaufwand erfordert hat und zudem einen Umfang aufweist, der eine Gleichstellung mit einem Neubau rechtfertigt. Dabei sind nicht nur die getätigten Investitionen, sondern auch qualitative Auswirkungen auf die Wohnungen zu berücksichtigen (BGH VIII ZR 73/19 WuM 2020, 651; VIII ZR 81/19 WuM 2020, 493). Von einem wesentlichen Bauaufwand ist auszugehen, wenn er mindestens ein Drittel des für eine vergleichbare Neubauwohnung erforderlichen finanziellen Aufwands – ohne Grundstücksanteil – erreicht. Kosten für Erhaltungsmaßnahmen bzw. Kostenan teile für Abnutzungen, fiktive Erhaltungskosten zählen nicht mit (BGH VIII ZR 369/18 WuM 2021, 170).

Die Mietpreisbremse gilt außerdem nicht für Wohnungen, die nur **zum vorübergehenden Gebrauch** vermietet werden, wie z. B. Hotelzimmer, Ferienwohnungen oder Ferienhäuser. Derartige Mietverhältnisse sind nur von kurzer Dauer und haben nicht den Zweck, dass Mieter hier ihren Lebensmittelpunkt errichten (LG Berlin WuM 2021, 738). Immer öfter versuchen Vermieter mit sog. Kurzzeitmietverträgen (Wohnung zum vorübergehenden Gebrauch) und möblierten Wohnungen, die Mietpreisbremse zu umgehen bzw. die Unrechtmäßigkeit ihrer Mietforderungen zu verschleiern. Bisher hat der Gesetzgeber diesen Praktiken noch keinen Riegel vorgeschoben. Der Berliner Senat will aber jetzt handeln und eine Antragspflicht einführen. Will ein Vermieter seine Wohnung dort (für kurze Zeit) befristet auf den Markt bringen, braucht er in Zukunft eine Genehmigung vom Bezirksamt. Die soll es dann nicht geben, wenn die Wohnung in einem der 82 Berliner Milieuschutzgebiete liegt. Nach dem Referentenentwurf aus dem Bundesministerium der Justiz und für Verbraucherschutz sollen Mietverträge zum vorübergehenden Gebrauch längstens für sechs Monate zulässig sein und sie müssen einen besonderen Bedarf des Mieters abdecken.

Auch wer als Mieter in einer **vom Vermieter selbst bewohnten Wohnung** lebt, die dieser auch mit Einrichtungsgegenständen ausgestattet hat, kann die Mietpreisbremse nicht ziehen, es sei denn, der Mieter hat den Wohnraum zum dauernden Gebrauch mit seiner Familie angemietet.

Mieteransprüche bei überhöhten Mieten
Die durch die Mietpreisbremse gezogenen Obergrenzen sind zwingend und dürfen nicht zum Nachteil des Mieters abgeändert werden. Allerdings ist es im Einzelfall mitunter schwierig festzustellen, wie hoch die ortsübliche Vergleichsmiete

tatsächlich ist, z. B., wenn kein Mietspiegel vorhanden ist oder wenn der Vermieter ganz oder teilweise möbliert vermietet hat oder einzelne Räume als Gewerbe vermietet. Hier sollte unbedingt der örtliche Mieterverein eingeschaltet werden.

Um den zu viel gezahlten Teil der überhöhten Miete zurückfordern zu können, müssen Mieter aktiv werden. Sie müssen die überhöhte Miete gegenüber dem Vermieter in → *Schriftform* oder → *Textform* **rügen**. Es reicht aus, wenn die Rüge von einem Mieter einer Mietermehrheit erhoben wird. Er kann auch Rückzahlung und Auskunftserteilung verlangen, aber nur **an alle Mieter der Mietermehrheit** (BGH VIII ZR 45/19 WuM 2020, 423). Um abzuschätzen, ob eine Rüge erfolgversprechend wäre bzw. um die zulässige Miete selbst oder vom Mieterverein berechnen zu lassen, sind oft Informationen notwendig, über die nur der Vermieter verfügt. Mieter haben einen Auskunftsanspruch hinsichtlich des Baualters des Hauses, zur Modernisierung, Vormiete usw. Dieser Auskunftsanspruch verjährt nach drei Jahren. Die Frist beginnt mit dem (ersten) Auskunftsverlangen des Mieters, d. h. nicht am Ende des Jahres, in dem der Anspruch entstanden ist, und auch nicht zum Zeitpunkt des Vertragsabschlusses (BGH VIII ZR 375/21 WuM 2023, 545).

Zunächst bestimmte das Gesetz, dass nur überhöhte Zahlungen, die nach der Rüge fällig werden, zurückgefordert werden können. Nach einer Gesetzesänderung können jetzt die überhöhten Zahlungen bei einem Mietvertragsbeginn ab 1.4.2020 ab Vertragsbeginn zurückgefordert werden. Die Rüge muss binnen 30 Monaten seit Beginn und vor Ende des Mietverhältnisses ausgesprochen worden sein. Wenn nicht, bleibt es bei der alten Rechtslage. Der Rückforderungsanspruch besteht auch dann, wenn der Mieter bei Abschluss des Mietvertrags wusste, dass ein Verstoß gegen die Mietpreisbremse vorliegt. Neben der Rückzahlung der zu viel erhaltenen Miete muss der Vermieter außerdem die Miete ab sofort auf das gesetzlich zulässige Maß reduzieren.

Ursprünglich forderte das Gesetz von Mietern eine qualifizierte Rüge. Danach musste der Mieter alle Tatsachen und Umstände benennen, aus denen sich die Beanstandung der vereinbarten Miete ergeben konnte. Auf Verlangen des Mieters musste der Vermieter dann nachvollziehbare Auskünfte über Tatsachen geben, die für die Prüfung der zulässigen Miethöhe benötigt werden, dem Mieter aber nicht zugänglich sind. Gemeint sind Auskünfte zur Baualtersklasse des Hauses, zur Vormiete, zu durchgeführten Modernisierungsarbeiten oder zur Frage: Neubau umfassend modernisiert oder nicht (LG Berlin WuM 2019, 634). Aber auch hier wurde das Gesetz geändert. Bei Mietverträgen, die ab Januar 2019 abgeschlossen worden sind, genügt eine **einfache Rüge**. Es reicht aus, wenn der

Mieter sich in Schrift- oder Textform auf einen Verstoß gegen die Mietpreisbremse beruft.

Um die notwendigen Fakten zur Untermauerung der Forderung zu bekommen, kann ein vorheriges Auskunftsverlangen oder eine Auskunftsklage sinnvoll sein.

Informationspflicht des Vermieters vor Vertragsabschluss

Will der Vermieter eine höhere Miete als nach der Mietpreisbremse erlaubt, also mehr als die ortsübliche Vergleichsmiete plus 10 %, muss er dem Mieter **bei Vertragsschluss unaufgefordert Auskunft** geben, auf welche Ausnahme er sich dafür stützt.

Der Vermieter muss also mitteilen,
- wie hoch die Vormiete ein Jahr vor Beendigung des Vormietverhältnisses war oder
- dass in den letzten drei Jahren vor Beginn des Mietverhältnisses Modernisierungen durchgeführt wurden, die in der Vormiete nicht berücksichtigt waren oder
- dass die Wohnung erstmals nach dem 1.10.2014 genutzt und vermietet wurde oder
- dass es sich um die erste Vermietung nach umfassender Modernisierung handelt.

Dabei reicht es aus, wenn der Vermieter vor dem endgültigen Vertragsschluss mitteilt, es handle sich hier um die erste Vermietung nach einer umfassenden Modernisierung. Umfang und weitere Einzelheiten muss der Vermieter erst dann mitteilen, wenn der Mieter entsprechende Auskünfte verlangt (BGH VIII ZR 9/22 WuM 2022, 468).

Ist die Auskunft des Vermieters vor Vertragsabschluss hinsichtlich des Ausnahmetatbestands einer vermeintlich vorgenommenen umfassenden Modernisierung falsch, gelten die Regelungen zur Mietpreisbremse weiter. Allerdings kann der Vermieter dann aufgrund seiner Auskunft die an sich zulässige Miete plus Modernisierungsmieterhöhung für die einfache Modernisierung fordern. Das gilt auch dann, wenn er in der Auskunft nicht mitgeteilt hat, dass die Modernisierungsmaßnahme in den letzten drei Jahren stattgefunden hat (BGH VIII ZR 36/23 WuM 2025, 26).

Der Vermieter kann sich nicht auf die **Vormiete** berufen, wenn er den Mieter nicht unaufgefordert vor Vertragsabschluss über deren Höhe informiert hat. Der Mieter soll rechtzeitig erfahren, dass sich der Vermieter auf einen Ausnahmetatbestand beruft (BGH VIII ZR 75/23 WuM 2024, 144). Allerdings sind die vorvertraglichen Auskunftspflichten niederschwellig gestaltet. Der Mieter erfährt nicht, ob die geforderte Miete wirklich zulässig ist, sondern nur, dass ein Ausnahmetatbestand vorliegt und welcher. Dem Vermieter soll die Informationspflicht leicht gemacht werden. Die Ermittlung der rechtlich zulässigen Vormiete kann aber kompliziert werden (BGH VIII ZR 135/23 WuM 2024, 275). So muss der Vermieter nur die vertraglich geschuldete Vormiete angeben, nicht die rechtlich geschuldete Vormiete. D. h., bei der vorvertraglichen Auskunft muss der Vermieter nicht klären, ob die Vormiete gegen die Mietpreisbremse verstoßen hat. Darauf kommt es dann allerdings später bei der endgültigen Prüfung, ob die Vormiete rechtlich zulässig gewesen wäre, entscheidend an (BGH VIII ZR 75/23 WuM 2024, 144). Will der Mieter schon vor Vertragsabschluss detaillierte Informationen zu den fraglichen Ausnahmetatbeständen haben, muss er entsprechende Auskünfte einfordern.

Hat der Vermieter diese Auskunft nicht erteilt, kann er sich auf die Ausnahmen nicht mehr berufen, egal, ob ihre Voraussetzungen gegeben sind oder nicht. Der Vermieter darf höchstens die Vergleichsmiete plus 10 % fordern, er muss die Miete ggf. reduzieren und zu viel erhaltene Miete zurückzahlen. Holt der Vermieter die korrekten Informationen nach, kann er sich erst zwei Jahre später auf die Ausnahmen berufen und eine höhere Miete fordern. Die gilt nach Ablauf der zwei Jahre ohne weitere Erklärung des Vermieters als wirksam vereinbart (LG Berlin WuM 2022, 32).

Der Abschluss eines Mietvertrags mit einer gegen die Mietpreisbremse verstoßenden, unzulässig hohen Miete ist eine schuldhafte Pflichtverletzung des Vermieters. Der Vermieter ist schadensersatzpflichtig, z. B., wenn es um die Erstattung notwendiger Kosten vorgerichtlicher Rechtsverfolgung geht (BGH VIII ZR 45/19 WuM 2020, 423; LG Berlin II WuM 2025, 690).

Hilfe bei der Rückforderung bzw. bei der Reduzierung überhöhter Mieten bieten natürlich alle Mietervereine. Auch Inkassobüros dürfen helfen. Sie können Vermieteransprüche abwehren und Zahlungsansprüche durchsetzen (BGH VIII ZR 123/21 WuM 2022, 159; VIII ZR 285/18 WuM 2020, 212; VIII ZR 31/19 WuM 2020, 645). Die Inkassobüros lassen sich etwaige Rückforderungsansprüche des Mieters abtreten und machen diese dann geltend. Sie kassieren dafür im Erfolgsfall allerdings ca. ein Drittel der ersparten Jahresmiete. Inwieweit Abtretungen, Geschäftsbedingungen und Vergütungen wirksam sind, hat der Bundesgerichtshof wiederholt entschieden (BGH VIII ZR 279/21 WuM 2022, 600).

Nach Ansicht des LG Berlin II (WuM 2024, 608) ist der Geschäftsbesorgungsvertrag mit dem Inkassodienstleister schwebend unwirksam, wenn die Bestellsituation – online – nicht so gestaltet ist, dass der Verbraucher/Mieter mit seiner Bestellung ausdrücklich bestätigt, sich zur Zahlung »zu verpflichten«. Auf der Schaltfläche des Unternehmens muss gut lesbar erscheinen »zahlungspflichtig bestellen« oder eine entsprechende eindeutige Formulierung. »Verbindlich beauftragen« reicht nicht aus. So auch der Europäische Gerichtshof (C-400/22 WuM 2024, 460). Wird der Vertrag über die Website des Unternehmens geschlossen, muss sichergestellt sein, dass der Verbraucher mit einer Zahlungsverpflichtung einverstanden ist. Das gilt auch, wenn der Verbraucher/Mieter erst nach Erfüllung einer weiteren Bedingung zur Zahlung verpflichtet ist.

Mietpreisüberhöhung → *Mietwucher und Mietpreisüberhöhung*

Mietschuldenfreiheitsbescheinigung → *Schufa-Auskunft* → *Selbstauskunft*

Mietspiegel → *Mieterhöhung auf die ortsübliche Vergleichsmiete*

Mietvertrag → *Allgemeine Geschäftsbedingungen* → *Schriftform*

Mit dem Mietvertrag verpflichtet sich der Vermieter, dem Mieter die Wohnung zur Nutzung zu überlassen und den zum vertragsgemäßen Gebrauch geeigneten Zustand sicherzustellen. Der Mieter darf die Wohnung im vertraglich vereinbarten Umfang nutzen und muss dafür die vereinbarte Miete zahlen.

> **Gut zu wissen:** Ist die Nutzung von **Gemeinschaftsflächen** (z. B. Waschküche, Trockenboden oder Dachterrasse) nicht ausdrücklich im Mietvertrag oder gesondert vereinbart, kann der Vermieter deren Nutzung jederzeit einseitig untersagen (BGH VIII ZR 394/21 NZM 2023, 239; KG Berlin WuM 2009, 654).

In welcher Form kann ein Mietvertrag abgeschlossen werden?

Ein Mietvertrag kann grundsätzlich mündlich, schriftlich oder in notariell beurkundeter Form geschlossen werden (zu Ausnahmen s. u.). Ein mündlicher Mietvertrag kann für den Mieter von Vorteil sein, weil dann keine → *Allgemeinen Geschäftsbedingungen* gelten, die seine Rechte einschränken.

Mietverträge mit Schriftformerfordernis

Soll eine Wohnung mit einem → *Zeitmietvertrag* oder einem → *Kündigungsausschluss* für länger als ein Jahr vermietet werden, muss der Mietvertrag **zwingend in schriftlicher Form** geschlossen werden (§ 550 BGB). Wird die Schriftform nicht eingehalten, bleibt der Vertrag zwar wirksam, wandelt sich jedoch in einen Mietvertrag auf unbestimmte Zeit um. Eine Kündigung ist dann frühestens zum Ablauf eines Jahres nach Überlassung der Wohnung möglich.

Auch ein **Wohnrecht des Mieters auf Lebenszeit** muss in einem schriftlichen Mietvertrag vereinbart werden. Denn ein Mietvertrag auf Lebenszeit ist ein befristetes, auf bestimmte Zeit eingegangenes Mietverhältnis (BayObLG WuM 1993, 523).

Ist die Schriftform erforderlich, müssen alle Vereinbarungen schriftlich festgehalten und von allen Vertragsbeteiligten unterschrieben sein (§ 126 BGB). Bei mehreren Mietern oder Vermietern müssen alle Mieter und alle Vermieter unterzeichnen. Besteht der Vertrag aus mehreren Seiten, müssen diese nicht körperlich fest miteinander verbunden sein, solange eindeutig erkennbar ist, dass sie zusammengehören (z. B. durch fortlaufende Nummerierung, einheitliche grafische Gestaltung oder inhaltlichen Zusammenhang). Ein Nachtrag zum Mietvertrag wahrt die Schriftform und muss nicht fest mit dem Ursprungsvertrag verbunden sein, wenn er eindeutig auf diesen Bezug nimmt und klar erkennbar ist, dass die übrigen Vereinbarungen aus dem Ursprungsvertrag fortgelten sollen (BGH XII ZR 251/97; XII ZR 175/90).

Welche Mindestangaben muss ein Mietvertrag enthalten?

Unabhängig von der Form des Mietvertrags muss zumindest eine Einigung zustande gekommen sein über

- die Vertragsparteien,
- die vermietete Wohnung (im schriftlichen Vertrag z. B. »die im 1. Stock rechts gelegene Wohnung im Haus [Adresse]«),
- die vereinbarte oder zumindest bestimmbare Miete und
- den Beginn des Mietverhältnisses.

In **schriftlichen Mietverträgen** sollte all dies niedergelegt sein; außerdem muss der Vertrag die **Unterschriften aller Vertragspartner** enthalten.

Muss der Mieter während des Mietverhältnisses einer Änderung des Mietvertrags zustimmen?

Während eines laufenden Mietverhältnisses ist der Mieter nicht verpflichtet, einen neuen Mietvertrag abzuschließen oder Vertragsänderungen zuzustimmen. Dies gilt auch, wenn die Mietparteien nur einen mündlichen Mietvertrag abgeschlossen haben oder wenn das Haus verkauft wird → *Hausverkauf und Mietvertrag*. Selbst nach dem Tod des Mieters wird der Mietvertrag mit dem überlebenden Mitmieter, dem Ehegatten, Haushaltsangehörigen oder Erben fortgesetzt und der Vermieter kann von dem Rechtsnachfolger des Mieters keinen neuen Vertrag verlangen → *Tod des Mieters*.

Können Mietverträge nachträglich geändert werden?

Ein einmal geschlossener Mietvertrag kann einseitig weder vom Mieter noch vom Vermieter geändert werden. Änderungen sind nur im **gegenseitigen Einvernehmen** möglich (**Ausnahmen:** Der Vermieter hat Anspruch auf Durchführung einer Modernisierungs- oder Erhaltungsmaßnahme; dann verändert sich ggf. der von ihm geschuldete Mietgegenstand; → *Mieterhöhungen nach Modernisierung*). Grundsätzlich sind einvernehmliche Vertragsänderungen **formfrei** möglich, auch mündlich – selbst wenn der ursprüngliche Mietvertrag schriftlich geschlossen wurde. Gilt für den Mietvertrag allerdings die Schriftform, führt ein formfreier (z. B. mündlicher) Nachtrag dazu, dass er seine Schriftform verliert und dadurch kündbar wird (s. o).

Formularklauseln, die vorschreiben, dass Änderungen und Ergänzungen zum Mietvertrag nur schriftlich erfolgen können, sind unwirksam (BGH VII ZR 288/05; VII ZR 93/94).

Ein Mietvertrag kann aber auch durch **schlüssiges Verhalten** geändert werden, wenn beide Parteien über längere Zeit bewusst von den ursprünglichen Vereinbarungen abweichen.

Auch **Gesetzesänderungen** können den Mietvertrag beeinflussen, etwa die Einführung der verpflichtenden verbrauchsabhängigen Abrechnung von Heizkosten, auch wenn im Vertrag eine Bruttowarmmiete vereinbart ist (BGH VIII ZR 212/05 WuM 2006, 518).

Mietwucher und Mietpreisüberhöhung

Wer als Vermieter vorsätzlich oder leichtfertig eine unangemessen hohe Miete fordert, sich versprechen lässt oder annimmt, begeht eine Ordnungswidrigkeit und muss mit einer Geldbuße bis zu 50000 Euro rechnen. Das bestimmt §5

Wirtschaftsstrafgesetz. Unangemessen hoch sind Mieten, die in Folge des Ausnutzens eines geringen Angebots an vergleichbaren Räumen die **ortsübliche Vergleichsmiete** → *Mieterhöhung auf die ortsübliche Vergleichsmiete* um **mehr als 20 %** übersteigen. Dies gilt sowohl für die Ausgangsmiete bei Abschluss des Mietvertrags als auch für Mieten nach Mieterhöhungen auf die Vergleichsmiete oder nach einer Modernisierung.

Ausnahmen

Mieten, die mehr als 20 % über der ortsüblichen Vergleichsmiete liegen, sind nicht unangemessen hoch, wenn sie zur **Deckung der laufenden Aufwendungen** des Vermieters erforderlich sind. Das können z. B. die an einen gewerblichen Zwischenvermieter zu zahlenden Mieten (OLG Stuttgart WuM 1990, 102), Modernisierungskosten (KG WuM 1998, 208) oder die Verzinsung des Eigenkapitals (OLG Stuttgart WuM 1990, 11; WuM 1988, 395) sein. Maßgeblich für die Berechnung der Eigenkapitalkosten sind dabei die Herstellungs- oder Erwerbskosten, je nachdem, ob der Vermieter den Wohnraum selbst hergestellt oder gekauft hat (BGH VIII ARZ 4/94 WuM 1995, 428). In diesen Fällen muss zur Überschreitung der ortsüblichen Vergleichsmiete um mehr als 20 % noch ein **auffälliges Missverhältnis** der Miete zur Leistung des Vermieters hinzukommen. In solchen Ausnahmefällen liegt eine Mietpreisüberhöhung erst vor, wenn die geforderte Miete die ortsübliche Vergleichsmiete um **mehr als 50 %** übersteigt.

Rückforderung überhöhter Mieten

Liegt eine Mietpreisüberhöhung vor, kann der Mieter den Betrag von seinem Vermieter zurückfordern, der 20 % bzw. 50 % über der ortsüblichen Vergleichsmiete liegt (BGH VIII ARZ 13/83 WuM 1984, 68). Die Mietpreisentwicklung während der Mietzeit ist bei der Rückforderung zu berücksichtigen. Dabei kann der alle zwei Jahre erscheinende Mietspiegel zugrunde gelegt werden (LG Hamburg WuM 1997, 209). Das Gericht kann die Vergleichsmiete auch schätzen, wenn ein geeigneter Mietspiegel fehlt und ein Sachverständigengutachten unverhältnismäßig teuer wäre (LG Hanau WuM 1996, 773). Der Rückforderungsanspruch des Mieters verjährt nach drei Jahren → *Verjährung*.

Für den Rückforderungsanspruch kommt es nicht darauf an, ob dem Vermieter ein persönlicher Schuldvorwurf gemacht werden kann, ob er vorsätzlich oder leichtfertig gehandelt hat. Auch der Käufer einer Immobilie, der die Mietverträge mit überhöhten Mieten übernommen hat, muss zurückzahlen (LG Mannheim WuM 1987, 362). Der Vermieter kann sich auch nicht darauf berufen, er habe das Geld nicht mehr (LG Köln WuM 1989, 311).

»Ausnutzen« eines geringen Angebots

Egal, ob es um die Ordnungswidrigkeit geht oder um die Rückforderung der überhöhten Miete: Die Überschreitung der ortsüblichen Vergleichsmiete muss auf der Ausnutzung eines geringen Angebots an vergleichbaren Räumen beruhen. Geht es um die Rückforderung der Miete, ist im Prozess der Mieter beweispflichtig.

Ein **geringes Angebot** an vergleichbaren Wohnungen liegt vor, wenn es die Nachfrage nicht um wenigstens 5 % übersteigt (LG Hamburg WuM 1994, 696). Ein geringes Angebot kann auch nur eine bestimmte Gruppe betreffen, z. B. Wohngemeinschaften (OLG Hamm WuM 1986, 206).

Maßstab ist die **Wohnsituation in der gesamten Stadt**. Das Angebot ist daher nicht gering, wenn nur in einem Stadtteil oder in einigen Stadtteilen eine angespannte Lage herrscht, in anderen Stadtteilen dagegen nicht (BGH VIII ZR 44/04 WuM 2005, 471). Zwar kann es ein Indiz für ein geringes Angebot sein, wenn es sich bei der Gemeinde um ein Gebiet mit angespanntem Wohnungsmarkt → *Mietpreisbremse* oder erhöhtem Wohnungsbedarf handelt. Aber die Mangelsituation kann sich für verschiedene Wohnungskategorien auch unterschiedlich darstellen. Selbst die Tatsache, dass die Wohnung in einem Gebiet liegt, in dem eine Zweckentfremdungsverordnung gilt, ist nicht zwangsläufig ein Indiz für ein geringes Angebot (BGH VIII ZR 56/04 WuM 2006, 161). Letztlich führt die derzeitige Gesetzeslage dazu, dass ein Mieter umfangreich dokumentieren muss, dass er im gesamten Stadtgebiet und nicht nur in einzelnen Stadtteilen nach vergleichbaren Wohnungen gesucht hat.

Der **Mieter muss** zudem **beweisen**, dass der Vermieter das geringe Angebot **ausgenutzt** hat, um den überhöhten Mietpreis durchzusetzen (BGH VIII ZR 190/03 WuM 2004, 294). Kein »Ausnutzen« liegt z. B. vor, wenn der Mieter die Wohnung nimmt, ohne sich zuvor über ähnliche Objekte und die Höhe der üblichen Miete zu erkundigen (BGH VIII ZR 190/03 WuM 2004, 294) oder wenn ihm die Miethöhe egal ist, weil er Bürgergeld bezieht (OLG Frankfurt a. M. NZM 2014, 236).

Fazit und Ausblick

Der Mieter muss derzeit das »Ausnutzen« nachweisen können und belegen, welche Bemühungen er bei der Wohnungssuche in der ganzen Stadt unternommen hat, weshalb diese erfolglos geblieben sind und dass er mangels Alternative auf den Abschluss eines für ihn ungünstigen Mietvertrags angewiesen war (BGH VIII ZR 190/03 WuM 2004, 294). Die erforderlichen Beweise und Nachweise sind in der Praxis kaum zu erbringen. Deshalb haben in den letzten Jahren immer wieder verschiedene Parteien, einzelne Bundesländer und auch der Bundesrat eine

Gesetzesänderung gefordert. Die Anforderung »Ausnutzung eines geringen Angebots an vergleichbaren Räumen« sollte ersatzlos gestrichen werden.

Wichtig: Im Juli 2025 hat der Bundesrat erneut einen **Gesetzesentwurf zur besseren Bekämpfung von Mietwucher** beim Deutschen Bundestag eingebracht. Danach soll die Formulierung »Ausnutzung eines geringen Angebots« ersetzt werden durch »**Vorliegen eines geringen Angebots**«. Außerdem soll der **Bußgeldrahmen auf 100 000 Euro verdoppelt** werden. Auch die Bundestagsfraktionen Die Linke und Bündnis 90/Die Grünen haben entsprechende Gesetzesänderungen im Deutschen Bundestag eingebracht. Außerdem arbeitet seit September 2025 eine von der Bundesregierung eingesetzte Expertenkommission, an der auch Vertreter des Deutschen Mieterbundes beteiligt sind, an Vorschlägen zur Reform des »Mietwucherparagrafen« § 5 Wirtschaftsstrafgesetz. Stand Anfang 2026 galt die hier beschriebene Regelung noch; eine Änderung in der laufenden Legislaturperiode ist aber gut möglich. Ihr örtlicher Mieterverein weiß, was aktuell gilt!

Chancenlos sind Mieter aber nicht: Ein Frankfurter Vermieter, der für eine 1-Zimmer-Wohnung 550 Euro Kaltmiete und 180 Euro Nebenkosten verlangte, musste jetzt eine Geldbuße von 3000 Euro zahlen. 1180 Euro zu viel kassierte Miete musste er außerdem zurückzahlen (AG Frankfurt 941 OWi-862 Js 17536/22). Die Rechtsbeschwerde dagegen blieb erfolglos (OLG Frankfurt 3 Ss-OWi 1115/22). Auch in Berlin werden jetzt vermehrt überhöhte Mietpreisforderungen von Vermietern aufgedeckt und geahndet. So musste eine Vermieterin ein fünfstelliges Bußgeld zahlen und die zu viel erlangte Miete zurückzahlen; das Amtsgericht Tiergarten (336 OWi 4545/25) hat zudem Anfang 2026 eine Berliner Immobilienfirma zu einem Bußgeld verurteilt, weil diese eine überhöhte Miete verlangt hatte; mindestens ein weiteres Verfahren ist dort noch anhängig (330 OWi 506/25).

Mietwucher, § 291 StGB

Ein Vermieter, der vorsätzlich (bewusst) die Zwangslage, die Unerfahrenheit, den Mangel an Urteilsvermögen oder die erhebliche Willensschwäche eines Mieters dadurch ausbeutet, dass er eine Miete vereinbart, sich versprechen oder gewähren lässt, die in einem auffälligen Missverhältnis zu seiner Leistung (Wohnung) steht, begeht Mietwucher. Nach § 291 Strafgesetzbuch droht dem Vermieter eine Freiheitsstrafe von bis zu drei Jahren oder eine Geldstrafe. In besonders schweren Fällen, wenn hierdurch der Mieter in wirtschaftliche Not gebracht wird oder der Vermieter die Tat gewerbsmäßig begeht, droht eine Freiheitsstrafe zwischen sechs Monaten und zehn Jahren.

Von einem auffälligen Missverhältnis zwischen Leistung und Gegenleistung ist auszugehen, wenn die ortsübliche Vergleichsmiete um mehr als 50 % überschritten wird. Dies muss im Strafverfahren festgestellt werden.

Während eine Überschreitung der Vergleichsmiete um 50 % relativ leicht beweisbar ist, sind die weiteren Anforderungen – namentlich die bewusste wirtschaftliche Ausbeutung durch den Vermieter und die Zwangslage des Mieters bzw. die Kenntnis des Vermieters davon – nur schwer nachzuweisen. Verurteilungen wegen Mietwuchers sind deshalb sehr selten.

Milieuschutzgebiet → *Erhaltungssatzung*

Minderjährige als Mieter

Minderjährige, also Personen unter 18 Jahren, können einen Mietvertrag grundsätzlich **nur mit Zustimmung ihres gesetzlichen Vertreters** (Eltern oder Vormund) wirksam abschließen (§§ 106, 107 BGB).

Ausnahmsweise kann ein Minderjähriger auch **ohne Zustimmung seiner Eltern** einen Mietvertrag wirksam abschließen, wenn sie ihm einen bestimmten Geldbetrag – etwa Unterhaltszahlungen für ein auswärtiges Studium – oder sein Arbeitseinkommen zur freien Verfügung überlassen haben und die Miete daraus bezahlt werden kann (§ 110 BGB). Voraussetzung ist jedoch, dass Wohnung und Miethöhe in einem angemessenen Verhältnis zu diesen überlassenen Mitteln stehen.

Nimmt ein Minderjähriger **mit Zustimmung seines gesetzlichen Vertreters** eine **Arbeit außerhalb seines bisherigen Wohnorts** auf, darf er auch selbstständig eine Wohnung anmieten (§ 113 BGB). Die Miete darf sein Einkommen nicht übersteigen und muss finanziell angemessen sein.

Wird ein Minderjähriger mit **Zustimmung des Familiengerichts** zur Führung eines Geschäfts ermächtigt, darf er auch einen Mietvertrag abschließen, der direkt mit diesem Geschäftsbetrieb zusammenhängt (§ 112 BGB).

Mietverträge, die **über das 18. Lebensjahr hinaus für mehr als ein Jahr** laufen sollen, dürfen nur mit Genehmigung des Familiengerichts abgeschlossen werden (§ 1799 Abs. 2 BGB). Die Zustimmung des gesetzlichen Vertreters zur Aufnahme einer Arbeit oder zur Führung eines Geschäfts genügt hierfür nicht.

Minderung → *Mangel der Mietsache*

Mischmietverhältnisse

Unter einem Mischmietverhältnis versteht man ein Mietverhältnis, bei dem der Mieter die Räume zum Teil bewohnt und zum Teil gewerblich oder freiberuflich nutzt. In diesen Fällen stellt sich die Frage, ob auf den Vertrag das besonders mieterschützende Wohnraummietrecht Anwendung findet, weil das Mietverhältnis nicht in einen »Wohnraumteil« und einen »Gewerberaumteil« aufgespalten werden kann, sondern rechtlich einheitlich beurteilt werden muss. Dies hängt davon ab, ob der Vertragszweck bei Vertragsabschluss nach dem übereinstimmenden Willen der Vertragsparteien **überwiegend** im Wohnen des Mieters oder in der gewerblichen Nutzung der Räume liegen soll. Dabei sind alle **Umstände des Einzelfalls** zu würdigen und die auf die verschiedenen Nutzungsarten entfallenden Flächen und deren Mietwerte zu berücksichtigen, soweit sich nicht schon aus anderen Gründen ein Übergewicht eines bestimmten Gebrauchszwecks ergibt (BGH VIII ZR 376/13 WuM 2014, 539). Wohnraummietrecht kann z. B. nicht zur Anwendung kommen, wenn die gewerblich genutzte Fläche und die dafür gezahlte Miete ein Vielfaches höher ist als der Wohnraumanteil und im Vertrag nichts anderes vereinbart ist (OLG Schleswig WuM 1982, 266) → *Geschäftsraummiete*. Allein die Tatsache, dass der Mieter die Räume auch beruflich nutzt, lässt aber noch nicht den Schluss zu, dass darin auch der Schwerpunkt des Vertrags liegt. Überwiegt die Wohnraumnutzung oder sind beide Teile gleichgewichtig, ist insgesamt Wohnraummietrecht anzuwenden (BGH VIII 376/13 WuM 2014, 539). Nicht ausschlaggebend ist die formale Bezeichnung im Vertrag. Ein bloß vorgetäuschter Nutzungszweck ist unbeachtlich (LG Berlin WuM 1993, 396; LG Frankfurt a. M. WuM 1992, 112).

Wird die teilgewerbliche Nutzung dem Mieter erst im laufenden Mietverhältnis erlaubt, ohne dass weitere Vereinbarungen getroffen werden, kann der Vermieter die teilgewerbliche Nutzung nicht ohne Weiteres zum Anlass nehmen, bei der nächsten Mieterhöhung einen sog. **Teilgewerbezuschlag** zu verlangen. Dies ist nur möglich, wenn die ortsübliche Vergleichsmiete für teilgewerblich nutzbare Wohnungen vor Ort tatsächlich höher ist. Wird die teilgewerbliche Nutzung nicht oder nicht mehr ausgeübt, entfällt auch die Verpflichtung zur Zahlung eines darauf entfallenden Mietanteils (LG Berlin, Urt. v. 22.8.1994 – 62 S 144/94; a. A. LG Berlin, Urt. v. 6.5.1997 – 64 S 564/96). Kann der Mieter die beabsichtigte gewerbliche Tätigkeit wegen störender Umwelteinflüsse in den Räumen nicht ausüben, kann er die Miete um einen etwaigen Teilgewerbezuschlag mindern (LG Berlin, Urt. v. 25.9.2003 – 67 S 463/01).

Die im Mietvertrag festgelegte Zweckbestimmung der Räume kann nur durch eine ausdrückliche Vertragsregelung geändert werden. Die Duldung des vertragswidrigen Verhaltens durch den Vermieter reicht dazu nicht aus (KG Berlin, Urt. v. 3.5.1999 – 8 U 5702/97; a. A. OLG Hamburg, Urt. v. 2.11.1994 – 4 U 228/93).

Will der Vermieter ein Mischmietverhältnis, das rechtlich als Wohnraummietverhältnis anzusehen ist, wegen **Eigenbedarfs** kündigen, muss sich der Eigenbedarf nur auf die Wohnräume beziehen (BGH VIII ZR 14/15 WuM 2015, 553) → *Kündigung des Vermieters wegen Eigenbedarfs*.

Mitwohnzentrale → *Airbnb*

Möblierte Wohnung/Möbliertes Zimmer

Umgehung von Mieterschutzrechten?

Grundsätzlich macht es keinen Unterschied, ob die Wohnung oder ein Zimmer möbliert oder unmöbliert vermietet wird. Der »möblierte« Mieter hat die gleichen Rechte wie der Mieter, der in eine unmöblierte Wohnung zieht. Trotzdem werden immer mehr Wohnungen oder Zimmer möbliert angeboten. Viele Mieter müssen mangels Alternativen möblierten Wohnraum mieten. Hintergrund des insbesondere in Großstädten rasant wachsenden Angebots an möbliertem Wohnraum ist, dass Vermieter glauben, durch die Möblierung Mieterschutzvorschriften, etwa zur Miethöhe oder zum Kündigungsschutz, umgehen zu können. Das aber ist falsch.

Die Vorschriften zur → *Mietpreisbremse*, zu → *Mieterhöhungen* und zum → *Kündigungsschutz* gelten nur ausnahmsweise nicht,

- wenn Wohnraum – möbliert oder nicht – nur zum vorübergehenden Gebrauch vermietet wird, z. B. Ferienwohnungen oder Hotelzimmer. Bei einer Mietdauer von mehr als einem Jahr – nach anderer Ansicht von über drei Monaten – liegt kein vorübergehender Gebrauch mehr vor.
- wenn der vermietete Wohnraum Teil der vom Vermieter selbst bewohnten Wohnung ist und von ihm überwiegend mit Einrichtungsgegenständen ausgestattet wurde, also das »klassische möblierte Zimmer«. Hier gibt es keine Vergleichsmiete, keine Mietpreisbremse und keinen Kündigungsschutz. Dem Mieter kann kurzfristig am 15. eines Monats zum Monatsende gekündigt werden. Anderes gilt nur, wenn der möblierte Wohnraum **zum dauerhaften Gebrauch einer Familie** überlassen wurde, sog. Einliegerwohnung → *Kündigungsschutz*.

– bei Untermietverhältnissen mit einem privaten Träger der Wohlfahrtspflege oder einer juristischen Person des öffentlichen Rechts → *Untermiete* oder bei
– Wohnraum in einem → *Studierenden- oder Jugendwohnheim.*

Problem Möblierungszuschlag

Leider versuchen viele Vermieter, mithilfe eines sog. Möblierungszuschlags die Mietspiegelmiete oder die → *Mietpreisbremse* zu umgehen. Da ein Möblierungszuschlag im Mietvertrag nicht gesondert ausgewiesen werden muss, ist es für Mieter sehr schwierig, die Höhe der Vergleichsmiete, die Einhaltung der Mietpreisbremse und die Angemessenheit des Möblierungszuschlags zu ermitteln.

Voraussetzung für die Berechnung eines Möblierungszuschlags ist nach überwiegender Ansicht die **Vollmöblierung der Wohnung**. Das bedeutet: Küche, Küchengeräte und Küchenmöbel, Schränke, Tische, Stühle, Lampen, Bett müssen vorhanden sein, so dass der Mieter direkt darin wohnen kann, und die Möblierung muss eindeutige Gebrauchsvorteile für den Mieter mit sich bringen. Nach Ansicht des LG Berlin (WuM 2023, 483) liegt eine möblierte Vermietung, die einen Zuschlag rechtfertigt, nur vor, wenn der Vermieter die Möblierung als vertragsgemäßen Zustand schuldet, also insbesondere auch für etwaige Mängel und Instandhaltungen haftbar ist. Erforderlich ist dazu eine ausreichende, möglichst **vollständige Dokumentation** der vom Vermieter zu stellenden Vertragsgegenstände (Möbel). Beispielhaft aufgezählte mögliche Möbel in einer Anlage zum Mietvertrag genügen diesen Anforderungen nicht (LG Berlin WuM 2023, 483).

Eine **Teilmöblierung** rechtfertigt in der Regel keinen Möblierungszuschlag. Oft wird es hier schon an konkreten Gebrauchsvorteilen für den Mieter fehlen, die Möblierung ist eher aufgedrängt als nützlich. Wenn nicht schon im Mietspiegel eine Teilmöblierung, z. B. von Küche und/oder Bad berücksichtigt wird, können Mieter und Vermieter einen eigenständigen Vertrag über die entgeltliche Möbelnutzung schließen.

Die Höhe eines Möblierungszuschlags bei einer Vollmöblierung richtet sich nach dem Wert der Gebrauchsmöglichkeit, so dass letztlich der Zeitwert des Mobiliars Berechnungsgrundlage ist. Alter der Möbel, Abschreibung und Verzinsung für den Vermieter müssen berücksichtigt werden. Die meisten Gerichte (KG 20 U 2992/78; LG Berlin 63 S 365/01) gehen von einem zehnjährigen Berechnungszeitraum und einem monatlichen Abschreibungssatz von 2 % des Zeitwerts aus.

Beispiel: Neu angeschaffte Möbel im Wert von 20 000 Euro rechtfertigen einen Zuschlag von 400 Euro monatlich. Sind die Möbel bei der Anmietung schon fünf Jahre alt, ist nur noch ein Zuschlag von 200 Euro im Monat möglich.

Gesetzesänderung geplant
Eine gesetzliche Regelung zur Höhe des Möblierungszuschlags existiert aktuell nicht. Das Bundeskabinett hat am 29.4.2026 einen entsprechenden Gesetzesentwurf beschlossen. Inhaltlich bleibt er aber hinter dem Referentenentwurf aus dem Bundesjustizministerium von Februar 2026 zurück:
Ein Möblierungszuschlag auf die ortsübliche Vergleichsmiete soll monatlich höchstens 1 % des geschätzten Zeitwerts der Einrichtungsgegenstände bei Vertragsabschluss betragen. Bei voll ausgestattetem Wohnraum wird vermutet, dass ein Zuschlag bis zu 10 % der Nettokaltmiete angemessen ist. Das Bundesjustizministerium hatte 5 % für angemessen gehalten. Der Vermieter ist verpflichtet, vor Abschluss des Mietvertrags unaufgefordert Auskunft über die Höhe des Möblierungszuschlags zu erteilen. Wird die Auskunft nicht rechtzeitig erteilt, gilt die Wohnung im Hinblick auf die Miethöhe als unmöbliert vermietet, bis 2 Jahre nach Nachholung der Auskunft. Sind Einrichtungsgegenstände im Mietspiegel berücksichtigt, kommt ein Möblierungszuschlag nicht in Betracht.

M

Modernisierung

Modernisierungen sind in erster Linie Baumaßnahmen, die den Wohnwert erhöhen oder helfen, Energie zu sparen. Sie dürfen nicht verwechselt werden mit → *Instandsetzungen oder Instandhaltungen*, also Reparaturarbeiten. Modernisierungen können sowohl vom Mieter als auch vom Vermieter vorgenommen werden.

Modernisierung durch den Mieter → *Rückgabe der Wohnung*

Nicht nur der Vermieter, auch der Mieter kann Veränderungen an der Wohnung vornehmen, die über das bloße Einrichten oder Schönheitsreparaturen hinausgehen. Dies kann sich für ihn lohnen, wenn er die Wohnung längere Zeit bewohnen möchte. Sind damit Eingriffe in die Gebäudesubstanz verbunden, kann aber die Genehmigung des Vermieters erforderlich sein. Zu unterscheiden ist der genehmigungsfreie vertragsgemäße Gebrauch von den genehmigungspflichtigen Maßnahmen.

Vertragsgemäßer Gebrauch oder Genehmigungspflicht?
Maßnahmen, die allgemein üblich sind und sich im Rahmen des → *vertragsgemäßen Gebrauchs* halten, sind **ohne Genehmigung** des Vermieters **gestattet:**
- Einschlagen von **Nägeln** zum Aufhängen von Bildern, **Anbohren** von Fliesen, um Spiegel, Handtuchhalter usw. anzudübeln (BGH VIII ZR 10/92 WuM 1993, 109);
- Einbau eines anderen **Türschlosses** (AG Mitte GE 2017, 299);
- Einbau eines **Hochbetts** (AG Köln WuM 1987, 51);
- Setzen von **Leichtbauwänden** (LG Essen WuM 1987, 257);
- fachgerechter Einbau einer **abgehängten Decke mit Beleuchtungselementen**, die am Ende der Mietzeit problemlos entfernt werden kann;
- Aufstellen einer **transportablen Duschkabine** (LG Berlin WuM 1990, 421);
- Verlegen eines **Teppichbodens** anstelle des vom Vermieter gestellten PVC-Bodens (LG Köln WuM 1996, 93);
- Ausbau der **Spüle** (aufbewahren!), um eine eigene **Einbauküche** aufzustellen (LG Konstanz WuM 1989, 67).

M

Im Außenbereich der Wohnung darf der Mieter
- die Fenster mit **Außenjalousien** versehen, wenn die Interessen des Vermieters dadurch allenfalls geringfügig beeinträchtigt werden (OLG Düsseldorf WuM 1996, 111; LG Hamburg WuM 2007, 502),
- an seinem Balkon eine Vorrichtung zum **Wäschetrocknen** (LG Nürnberg-Fürth WuM 1990, 199) und einen unauffälligen Sichtschutz (AG Köln WuM 1999, 331) anbringen und
- wohl auch eine **Markise** anbringen (AG München ZMR 2014, 459 – Anspruch auf Genehmigung durch Vermieter; LG München I WuM 1989, 556; dagegen aber AG Köln ZMR 2018, 56, falls Sonnenschutz auch durch »mildere Mittel« möglich ist).

Größere bauliche Veränderungen, die nicht zum vertragsgemäßen Gebrauch gehören, darf der Mieter **nur mit Zustimmung des Vermieters** vornehmen. Das gilt z. B. für den Einbau einer **Sauna** (LG Hannover WuM 1984, 129; AG Dortmund WuM 1985, 263) oder einer **Etagenheizung** (BGH VIII ZR 10/11 WuM 2011, 671), und generell solche Maßnahmen, die den Charakter der Wohnung verändern, Nachbarn beeinträchtigen könnten oder nur schwer rückbaubar sind.

Wichtig zu wissen: Um dem Vermieter eine sachgerechte Entscheidung zu ermöglichen, muss der Mieter ihm **alle relevanten Informationen** mitteilen. Da der Umfang der Erlaubnis mangels Kenntnis des Vermieters nicht über das hinausgehen kann, was der Mieter beansprucht hat, sollte dieser sich im Vorfeld genau überlegen, welche einzelnen Veränderungen erforderlich sein werden, und dies vollständig und wahrheitsgemäß mitteilen. Unterlässt er dies, sind die nicht mitgeteilten Arbeiten von der Erlaubnis nicht abgedeckt, und der Vermieter könnte im schlimmsten Fall den Rückbau verlangen!

Sind Beeinträchtigungen zu befürchten, muss der Vermieter keine Zustimmung erteilen (LG Berlin GE 1995, 429); anderes kann bei den **Spezialfällen nach § 554 BGB** gelten (dazu s. u.). Zumindest kann der Vermieter seine Zustimmung von einer angemessenen Sicherheitsleistung abhängig machen. Der Vermieter darf seine Position aber nicht missbrauchen (z. B. indem er eine neue Beheizungsart ablehnt, die dem Mieter wesentliche Vorteile, ihm selbst aber keine Nachteile bringt, LG Berlin GE 2003, 1429). Plant der Vermieter konkret eigene Maßnahmen zur Modernisierung in absehbarer Zeit, kann dadurch der Gestattungsanspruch des Mieters entfallen. Bauliche Veränderungen, die **bauordnungsrechtlich** nicht erlaubt wären, kann der Mieter nicht verlangen.

Hat der Mieter mit Zustimmung des früheren Vermieters das Badezimmer der Wohnung auf seine Kosten mit neuen Sanitärobjekten ausgestattet und erstmals gefliest, ist auch gegenüber einem neuen Vermieter berechtigt, erneut zu modernisieren und die Einbauten durch neue zu ersetzen (BGH VIII ZR 274/23 WuM 2026, 205). Hat ein Vermieter eine Modernisierung nicht erlaubt, ist die Baumaßnahme mangelhaft ausgeführt und keine Wohnwertverbesserung, kann der Vermieter den Rückbau und die Wiederherstellung des ursprünglichen Zustands verlangen. Nach Treu und Glauben muss er diesen Anspruch bis zum Ende des Mietverhältnisses zurückstellen, zumal, wenn der Mieter für die Baumaßnahme erhebliche Kosten aufgewendet hat (LG Berlin WuM 2024, 205).

Spezialfälle nach § 554 BGB

Mit § 554 BGB gibt es einen **gesetzlichen Anspruch des Mieters** auf Gestattung der Mietermodernisierung für vier Arten von baulichen Veränderungen auf Kosten des Mieters, nämlich **Barrierereduzierung, E-Mobilität, Einbruchschutz** sowie – seit Oktober 2024 – **Stromerzeugung durch Steckersolargeräte**. Nur wenn eine solche Maßnahme dem Vermieter auch unter Würdigung der Mieterinteressen nicht zumutbar ist, darf er die Gestattung verweigern; ein besonderes »berechtigtes Interesse« des Mieters an der baulichen Veränderung ist nach der neuen Rechtslage nicht erforderlich! Es ist nicht möglich, das Recht des Mieters auf Gestattung – z.B. durch → *Allgemeine Geschäftsbedingungen* – auszuschließen.

Um eventuelle Ansprüche des Vermieters auf Rückbau (s. zur Rückbaupflicht des Mieters unten und unter → *Rückgabe der Wohnung*) etc. abzusichern, kann sich der Mieter zu einer **Sicherheit** etwa für die Rückbaukosten oder Haftungsrisiken verpflichten, die der Vermieter dann wie eine → *Kaution* anlegen muss. Anders als bei der Mietkaution ist hier die zu leistende Sicherheit nicht begrenzt. Der Vermieter kann dies zwar nicht fordern; allerdings kann der Mieter mit dem Angebot der Sicherheitsleistung im Rahmen der Abwägung der Interessen bewirken, dass die Zumutbarkeit zu bejahen ist. Im Rahmen der **Interessenabwägung** können auch das Interesse des Vermieters daran, dass die Maßnahme fachgerecht und soweit möglich ohne Veränderungen oder gar Beschädigungen an der Substanz ausgeführt wird, ggf. das Bestehen einer Haftpflichtversicherung und auch Rechte Dritter (z.B. anderer Mieter oder Miteigentümer bei → *Wohnungseigentum*) berücksichtigt werden. Allerdings ist der Wunsch nach einer der vier privilegierten Baumaßnahmen **im Regelfall angemessen**. Anders liegt es allenfalls in **Ausnahmefällen**, etwa wenn die gewünschte bauliche Veränderung bei der Gesamtheit der Wohnungseigentümer zu Nachteilen führen würde, die außer Verhältnis zu ihrem Zweck stünden. Aber Nachteile, die typischerweise aufgrund privilegierter Baumaßnahmen eintreten, begründen im Regelfall gerade nicht deren Unangemessenheit (BGH V ZR 244/22 WuM 2024, 165).

Den Anspruch muss immer der Mieter geltend machen, auch wenn die Maßnahme im Interesse von Mitbewohnern oder gar Besuchern vorgenommen werden soll. Der Mieter kann aber weder verlangen, dass der Vermieter die Arbeiten ausführen lässt, noch, dass dieser dafür irgendwelche Kosten übernimmt.

> **Wichtig zu wissen:** Wird die **Zustimmung nicht erteilt**, darf der Mieter mit den baulichen Maßnahmen **nicht beginnen**, egal, wie sicher er sich ist, den Anspruch zu haben. Er muss den Vermieter auf Zustimmung verklagen; ein stattgebendes Urteil würde dann die Zustimmung ersetzen (§ 894 ZPO). Wird ohne Zustimmung gebaut, kann der Vermieter Rückbau verlangen!

Barrierefreiheit

Maßnahmen zur Herstellung der Barrierefreiheit können in oder außerhalb der Wohnung ausgeführt werden, z.B. bodengleiche Duschen, Rampen, Treppenlifte oder Blindenleitsysteme. Hierzu können u. U. **Zuschüsse der Pflegekasse** i. H. v. bis zu 4000 Euro pro Person – je Wohnung maximal 16 000 Euro – beansprucht werden (§ 40 Abs. 4 SGB XI, »Pflegehilfsmittel und wohnumfeldverbessernde Maßnahmen«). Dies sollte unbedingt schon in der Planungsphase geklärt werden! Eine Baumaßnahme wie der Einbau eines Treppenlifts muss **baurechtlich zulässig** sein (LG Frankfurt a. M. WuM 2024, 295). Wird **grundlos** z. B. eine Rollstuhlrampe **verweigert**, kann das auch ein Verstoß gegen das → *Allgemeine Gleichbehandlungsgesetz* sein und eine Geldbuße nach sich ziehen (LG Berlin II WuM 2024, 601).

E-Mobilität
Bei Maßnahmen zur E-Mobilität ist Voraussetzung, dass der Mieter z. B. über einen Stellplatz oder eine Garage verfügen darf (z. B. zusätzlich angemieteter Stellplatz), da über § 554 BGB nicht der Mietgegenstand erweitert werden kann, indem dem Mieter ein Anspruch auf (alleinige) Nutzung z. B. von allgemeinen Hofflächen gegeben wird. Elektrisch betriebene Fahrzeuge sind nicht nur Autos, sondern können auch E-Bikes, E-Rollstühle usw. sein.

Einbruchschutz
Maßnahmen zum Einbruchschutz können sowohl an der Wohnung selbst (einbruchsichere Türen oder Fenster, Alarmanlage etc.) als auch am Haus (Verstärkung der Haustür) ausgeführt werden.

Stromerzeugung durch Steckersolargeräte
Mittels Stromerzeugung durch Steckersolargeräte – auch **Balkonkraftwerk**, Mini-Solaranlage oder steckerfertige PV-Anlage genannt – können Privathaushalte Strom für den Eigenbedarf produzieren. Diese Systeme bestehen aus einem oder zwei Photovoltaik-Modulen, einem netzgekoppelten Wechselrichter (Komponente zur Umwandlung von Gleichstrom zu Wechselstrom), einer Anschlussleitung und einem Stecker zum Anschluss an Endstromkreise. Es gilt der Grundsatz »ein Steckersolargerät pro Zähler«.

Bisher konnte der Vermieter die erforderliche Erlaubnis für die Installation eines Balkonkraftwerks verweigern, wenn durch die Installation in die bauliche Substanz eingegriffen wurde, z. B. bei der Befestigung des Solarpanels oder beim Verlegen neuer Leitungen. Seit einer Gesetzesänderung 2024 gilt: Mieter können vom Vermieter grundsätzlich verlangen, dass ihnen die Installation des gewünschten Balkonkraftwerks gestattet wird. Dieser Anspruch des Mieters besteht nur dann nicht, wenn dem Vermieter diese bauliche Veränderung ausnahmsweise nicht zugemutet werden kann oder wenn der Denkmalschutz dagegen spricht. Das Interesse am Ausbau der erneuerbaren Energien hat aber in der Regel Vorrang gegenüber dem Denkmalschutz. Im Gesetz (EEG) ist das überragende öffentliche Interesse an der Errichtung von Einrichtungen zur Erzeugung von Strom aus erneuerbaren Energien verankert (OVG NRW WuM 2025, 53). Im Regelfall dürfte es daher künftig kaum Streit über die Frage geben, ob der Mieter ein Balkonkraftwerk installieren darf oder nicht. Der Mieter darf. Die möglichen Einwände wie optische Beeinträchtigungen, Einfluss auf Lichtverhältnisse beim Nachbarn oder kurzzeitige Blendeffekte dürften weit weniger schwer wiegen als das Mieterinteresse, einen Beitrag zum Gelingen der Energiewende zu leisten oder Geld zu sparen. Haftungsrisiken, etwa durch »Absturz« der Anlage, können nicht entgegengehalten werden, wenn das Kraftwerk fachgerecht installiert ist und eine Haftpflichtversicherung nachgewiesen wird (AG Hamburg-Wandsbek WuM 2026, 84).

Bei der Frage, **wie** das Balkonkraftwerk zu installieren ist, müssen sich Mieter und Vermieter **einigen**. Der Vermieter hat ein Mitspracherecht. Er darf aber nicht durch überzogene Forderungen den Mieteranspruch praktisch unmöglich machen.

Gut zu wissen: Seit dem 1.12.2025 gilt eine neue DIN-Norm (DIN VDE V 0126 – 95 »Steckersolargeräte für den Netzparallelbetrieb – Teil 95: Sicherheitsanforderungen und Prüfungen«), nach der bei Balkonkraftwerken auch einfache Schutzkontaktstecker (»Schuko«) zugelassen sind (AG Hamburg-Wandsbek WuM 2026, 84).

Parallel zu den mietrechtlichen Änderungen hat die Bundesregierung auch beschlossen, den bürokratischen Aufwand für die Installation und den Betrieb von Balkonkraftwerken zu reduzieren. Netzbetreiber müssen nicht mehr informiert werden, die Registrierung im sog. Marktstammdatenregister wird vereinfacht, und die normalen Ferraris-Stromzähler (die mit der sich drehenden Scheibe) können übergangsweise für vier Monate weitergenutzt werden, auch wenn sie bei der Einspeisung von Strom rückwärtslaufen. Spätestens nach vier Monaten muss aber ein Zweirichtungszähler eingebaut werden.

Wichtig zu wissen: Mieter einer **Eigentumswohnung**, die ein Balkonkraftwerk installieren wollen, müssen sich an ihren Vermieter halten. Der muss die Erlaubnis grundsätzlich erteilen, allerdings muss der Vermieter vorher noch die **Genehmigung der Wohnungseigentümergemeinschaft** einholen → *Wohnungseigentum*.

Investitionen vertraglich absichern
Wer als Mieter sicherstellen will, dass er die Vorteile einer auf eigene Kosten durchgeführten Modernisierung möglichst lange nutzen kann, sollte vor Beginn der Arbeiten eine schriftliche Vereinbarung mit seinem Vermieter treffen. Eine Orientierungshilfe bietet die nachfolgende Mustervereinbarung zur Modernisierung durch Mieter, die der Deutsche Mieterbund auf Grundlage einer früheren Zusammenarbeit mit dem Bundesministerium der Justiz und für Verbraucherschutz und anderen wohnungswirtschaftlichen Verbänden entwickelt hat.

Mustervereinbarung und Checkliste
Hinweis: In der nachfolgenden Mustervereinbarung sollten die Parteien, die Wohnung und die geplanten Arbeiten und der Zeitraum ihrer Ausführung möglichst genau beschrieben werden; ggf. sind mehrere Alternativen auszuwählen; nicht zutreffende Varianten sind zu streichen bzw. wegzulassen. Heften Sie Anlagen wie Pläne, Angebote, oder nähere Beschreibungen am besten an die Vereinbarung und nummerieren Sie die Seiten durch.

Im Zweifelsfall sollten Sie sich bei Ihrem Mieterverein rechtlich beraten lassen!

Vereinbarung zur Modernisierung durch den Mieter
§ 1 Parteien
Mieter: [Name, Adresse]
Vermieter: [Name, Adresse]

§ 2 Gegenstand der Arbeiten
1. Die Parteien sind sich darüber einig, dass in der Wohnung des Mieters/im Haus [...]
in sämtlichen Räumen/im Bad/in der Küche/auf der (mit-)vermieteten Fläche .../im Eingangsbereich/im Treppenhaus/ ...
bauliche Maßnahmen durchgeführt werden. Die Arbeiten betreffen [eine oder ggf. mehrere Maßnahmen auswählen!]
die Errichtung einer Ladestation für Elektrofahrzeuge/die Verbesserung des Einbruchschutzes/Fenster/Türen/Rollläden/die Herstellung der Barrierefreiheit/die Stromerzeugung durch Steckersolargeräte (Balkonkraftwerke)/die Heizung/die Warmwasseranlage/die Wärme- bzw. Schallisolierung von Wänden/Böden/ Decken/des Dachs/die Elektroinstallation/...
2. Art und Umfang der Maßnahmen im Einzelnen ergeben sich ggf. aus der Anlage zu dieser Vereinbarung, sie ist Vertragsbestandteil.

§ 3 Leistungen des Mieters

1. Der Mieter führt die Maßnahmen im eigenen Namen sowie auf eigene Kosten und auf eigene Rechnung aus, soweit sie nicht gemäß Anlage ... dem Vermieter obliegen. Er ist dem Vermieter gegenüber verpflichtet, die Arbeiten ordnungsgemäß durchzuführen.

2. Die Anlagen und Einrichtungen, mit denen die Wohnung aufgrund dieser Vereinbarung ausgestattet wird, gehen in das Eigentum des Vermieters über, auch soweit sie nicht wesentliche Bestandteile des Grundstücks werden. Der Mieter verzichtet auf das Recht, solche Anlagen und Einrichtungen wegzunehmen.

3. Zur Vermeidung von Schäden aus der Durchführung der Maßnahmen verpflichtet sich der Mieter, Arbeiten, die besondere Fachkenntnisse und die Einhaltung technischer Vorschriften erfordern, nur durch Fachfirmen durchführen zu lassen oder in fachkundiger Selbsthilfe oder Nachbarschaftshilfe durchzuführen.

Der Mieter erklärt, dass er folgende Haftpflichtversicherung abgeschlossen hat: [...]

4. Die Arbeiten sollen in der Zeit vom [...] bis [...] durchgeführt werden.

5. Die Kosten des Mieters für die gesamten Maßnahmen einschließlich der hierdurch verursachten Instandsetzungsarbeiten werden voraussichtlich ...... Euro – in Worten: .... Euro – betragen. Dieser Betrag setzt sich wie folgt zusammen [ggf. mehrere auswählen!]:

- Handwerkerleistungen lt. beigefügten Kostenvoranschlägen: ca. ...... Euro
- vom Mieter zu beschaffendes Material: ca. .... Euro
- Arbeitsaufwand des Mieters, der pauschal mit ... Euro bewertet wird/ auf ... Arbeitsstunden bei einem Stundensatz von ...... Euro veranschlagt wird; folglich ergibt sich ein Betrag von ca. .... Euro.

6. Nach Abschluss der Maßnahmen sind die Arbeiten vom Vermieter abzunehmen und die endgültigen Kosten des Mieters festzustellen. Hierüber wird ein Abnahme- und Kostenfeststellungsprotokoll nach Anlage ... zu dieser Vereinbarung aufgenommen. Es wird Vertragsbestandteil. Zur Feststellung der endgültigen Kosten hat der Mieter Belege beizubringen.

§ 4 Leistungen des Vermieters

1. Der Vermieter erlaubt die geplanten Modernisierungsmaßnahmen des Mieters. Er wirkt an deren Realisierung, soweit notwendig, aktiv mit.

2. Der Vermieter verzichtet für die Abwohndauer auf sein ordentliches Kündigungsrecht, außer für den Fall einer schuldhaften, nicht unerheblichen Verletzung der vertraglichen Verpflichtungen des Mieters.

M

3. Für künftige Mieterhöhungen und für die Instandhaltung der vom Mieter geschaffenen Einrichtungen gilt die folgende Regelung [eine Variante auswählen!]:
- Die Maßnahmen, die Gegenstand dieser Vereinbarung sind, bleiben **während der Abwohndauer** bei Mieterhöhungen im Rahmen der ortsüblichen Vergleichsmiete außer Betracht. Der **Vermieter** ist für die Dauer des Mietverhältnisses verpflichtet, für die Instandhaltung, Wartung und ggf. Erneuerung der Einrichtungen zu sorgen. Soweit nach dem Mietvertrag der Parteien Schönheitsreparaturen und Kosten für Kleinreparaturen vom Mieter übernommen sind, gilt dies auch für die neuen Einrichtungen.
- Die Maßnahmen, die Gegenstand dieser Vereinbarung sind, bleiben während der gesamten Dauer des Mietverhältnisses bei Mieterhöhungen im Rahmen der ortsüblichen Vergleichsmiete außer Betracht. Der Mieter ist für die gleiche Zeit verpflichtet, für die Instandhaltung, Wartung und ggf. Erneuerung der Einrichtungen zu sorgen.

4. Die Abwohndauer [eine Variante auswählen!]
- beträgt jeweils vier Jahre für Aufwendungen in Höhe einer Jahresmiete, insgesamt jedoch mindestens fünf und höchstens 15 Jahre. Sie beginnt mit der Abnahme der Arbeiten. Als Jahresmiete gilt das Zwölffache der monatlichen Miete bei Abschluss dieser Vereinbarung; Nebenkosten, über die gesondert abzurechnen ist, bleiben unberücksichtigt.
- läuft bis zum Ende des Jahres 20...

§ 5 Abwicklung bei Beendigung des Mietverhältnisses und bei nachfolgenden Maßnahmen des Vermieters

1. Bei Beendigung des Mietverhältnisses hat der Mieter Anspruch auf Rückzahlung des Restwerts der durchgeführten Maßnahmen.
2. Der Anspruch auf Rückzahlung des Restwerts besteht auch dann, wenn die Maßnahmen des Mieters durch spätere Maßnahmen des Vermieters zerstört oder wertlos gemacht werden.
3. Für die Berechnung des Restwerts werden von den Aufwendungen des Mieters bis zum Ablauf eines Jahres nach der Abnahme 20 % und in den folgenden Jahren jeweils weitere 10 % abgezogen.

§ 6 Sonstige Vereinbarungen

....

[Ort, Datum, Unterschriften beider Parteien]

Checkliste für Mieter bei Anwendung der Mustervereinbarung

- Prüfen Sie, ob die Anwendung der Mustervereinbarung überhaupt sinnvoll ist – sie ist nicht für jede Mietermodernisierung geeignet!
- Lassen Sie sich das Einverständnis und ggf. weitere Zusagen und Abreden schriftlich geben.
- Beginnen Sie mit den Modernisierungsarbeiten erst, wenn die Vereinbarung unterschrieben ist.
- Legen Sie Art und Umfang der vom Mieter durchzuführenden Arbeiten sowie deren Wert genau fest!
- Prüfen Sie, ob ausreichender Versicherungsschutz für mögliche Schäden durch die Privathaftpflichtversicherung besteht.
- Bewahren Sie Belege und Rechnungen sorgfältig auf.
- Bei Verwendung der Mustervereinbarung werden die Einbauten von Anfang an **Eigentum des Vermieters**. Der Mieter darf ohne dessen Zustimmung später nichts verändern, ausbauen oder mitnehmen. Das hat den Vorteil, dass am Ende der Mietzeit kein Streit darüber entstehen kann, ob die Einbauten bleiben können oder zurückgebaut werden müssen.
- Aufwendungen des Mieters in Höhe einer Jahreskaltmiete gelten in vier Jahren als »abgewohnt«. In diesem Zeitraum darf dem vertragstreuen Mieter nicht gekündigt werden. **Achtung:** Falls dieser zusätzliche Kündigungsschutz – bei besonders hohen Investitionen – im Verhältnis zu den Kosten nicht ausreichend erscheint, sollte eine andere Vereinbarung getroffen werden.
- Während der Abwohndauer darf der Vermieter wegen der vom Mieter durchgeführten Modernisierung keine Mieterhöhung verlangen. Der Vermieter trägt aber von Anfang an die Kosten der Instandhaltung, Wartung und Erneuerung.
- Eine Mieterhöhung kann auch für die gesamte Zeit des Mietverhältnisses ausgeschlossen werden. **Aber:** Der Mieter muss dann die Pflicht zur Instandhaltung, Wartung und Erneuerung übernehmen, und er muss u. U. die Einrichtung auch dann erneuern, wenn er überhaupt kein Interesse mehr daran hat.
- Fragen Sie vor Abschluss der Vereinbarung immer die Fachleute beim Mieterverein um Rat!

Mietermodernisierung und Mieterhöhung

Eine vom Mieter auf eigene Kosten geschaffene Ausstattung der Mietsache (z. B. Bad und Sammelheizung) bleibt bei der Ermittlung der ortsüblichen Vergleichsmiete auf Dauer unberücksichtigt. Etwas anderes gilt nur dann, wenn der Vermieter dem Mieter die Kosten erstattet hat oder die Parteien eine anderslautende Vereinbarung getroffen haben; hierzu genügt es nicht, dass sich der Mieter bei Abschluss des Mietvertrags zum Einbau der Ausstattung verpflichtet hat (BGH VIII ZR 315/09 WuM 2010, 569).

Mietermodernisierung und Vermietermodernisierung

Ob eine → *Modernisierung durch den Vermieter* eine Verbesserung der Mietsache darstellt, die eine Mieterhöhung rechtfertigt, ist grundsätzlich nach dem gegenwärtigen Zustand der Wohnung einschließlich der vom Mieter vorgenommenen Verbesserungsmaßnahmen zu beurteilen. Unberücksichtigt bleiben nur vom (gegenwärtigen) Mieter vertragswidrig vorgenommene bauliche Veränderungen (BGH VIII ZR 110/11 WuM 2012, 448). Genehmigte Mietermaßnahmen sind also schon bei der Prüfung der Frage, ob überhaupt eine Modernisierungsmaßnahme des Vermieters vorliegt, zu berücksichtigen; außerdem ggf. bei einer Härtefallprüfung im Rahmen des § 555d BGB. Werden durch eine Vermietermodernisierung vom Mieter berechtigt vorgenommene Um- oder Einbauten zerstört oder weggenommen, können dem Mieter evtl. Ersatzansprüche zustehen.

Ansprüche bei Vertragsende

Grundsätzlich ist der Mieter nach Beendigung des Mietverhältnisses **verpflichtet**, von ihm vorgenommene Veränderungen auf Verlangen des Vermieters zu beseitigen und den **ursprünglichen Zustand** wiederherzustellen. Unterlässt der Mieter den Rückbau, macht er sich schadensersatzpflichtig → *Rückgabe der Wohnung*.

Der Mieter ist andererseits **berechtigt**, die von ihm eingebrachten Einrichtungen bei seinem Auszug wegzunehmen (§ 539 Abs. 2 BGB). Er muss dann den **ursprünglichen Zustand** wiederherstellen. Der Vermieter kann die Wegnahme durch Zahlung (die bloße Zusage reicht nicht) einer angemessenen Entschädigung abwenden, sofern der Mieter kein berechtigtes Interesse an der Wegnahme hat (KG Berlin MDR 2001, 984). Die Höhe der Entschädigung richtet sich nach Anschaffungswert und Abnutzungsdauer. Das Wegnahmerecht des Mieters kann vertraglich nur ausgeschlossen werden, wenn ein angemessener Ausgleich vorgesehen ist (LG Bonn ZMR 2017, 245).

Achtung: Die Wiederherstellung des ursprünglichen Zustands kann schwierig und arbeitsaufwendig und vor allem teuer werden. Oft haben Mieter auch kein Interesse, ihre Modernisierung oder Einbauten mitzunehmen, z. B. eine Einbauküche, die in der neuen Wohnung nicht mehr aufgestellt werden kann. Vielfach wird der Mieter froh sein, wenn er seine Einbauten in der alten Wohnung zurücklassen kann, auch ohne Entschädigung. Die geltende Rechtslage ist für den Mieter letztlich nur auf dem Papier vorteilhaft. In der Praxis kann er nur dann eine Entschädigung fordern, wenn dies vertraglich vereinbart ist (vgl. Mustervereinbarung).

Bleiben die Einbauten bei Auszug (mit Einverständnis des Vermieters) in der Wohnung und sind die Investitionen noch nicht abgewohnt, kann ein Anspruch des Mieters auf **Wertersatz** bestehen; dies hängt in erster Linie von einer möglichst genauen Vereinbarung zwischen Mieter und Vermieter ab (BGH VIII ZR 306/06 WuM 2009, 113). Ansprüche des Mieters aus einer solchen Vereinbarung verjähren sechs Monate nach → *Rückgabe der Wohnung*. Ist der Vermieter nach dem Vertrag allerdings erst zu einem späteren Zeitpunkt zur Zahlung verpflichtet, beginnt auch die Verjährung erst später (LG Berlin GE 2002, 331).

Ohne vertragliche Vereinbarung kommt eine Zahlungspflicht des Vermieters nur in Betracht, wenn die Maßnahmen den Interessen des Vermieters und seinem wirklichen oder mutmaßlichen Willen entsprachen oder der Vermieter bereichert ist (OLG Düsseldorf NJW-RR 1992, 716; LG Mannheim WuM 1996, 143). Die Bereicherung kann z. B. darin liegen, dass der Vermieter nun einen höheren Mietzins kassieren kann (LG Düsseldorf WuM 2002, 491) oder der Verkehrswert der Mietsache sich erhöht hat (BGH VIII ZR 306/06 WuM 2009, 113). Vielfach kann der Vermieter sich jedoch nach den Grundsätzen einer sog. aufgedrängten Bereicherung einer Kostenerstattung entziehen.

M

Modernisierung durch den Vermieter

Abgrenzung zu Instandhaltung und Instandsetzung

Anders als bei → *Instandhaltung/Instandsetzungen*, bei denen es um die Wahrung des vertragsgemäßen Zustands der Wohnung geht und der Vermieter verpflichtet ist, Schäden und Mängel auf seine Kosten zu reparieren oder Teile zu ersetzen, sind Modernisierungen Baumaßnahmen, die den Gebrauchswert der Wohnung erhöhen oder helfen, Energie einzusparen. Die Mietsache – also die Wohnung – verändert sich und wird teurer.

Nach den §§ 555b ff. und 559 ff. BGB kann der Vermieter in aller Regel frei entscheiden, ob und in welchem Umfang er modernisieren will. Mieter haben weder das Recht, eine Modernisierung einzufordern, noch hängt die Durchführung der Modernisierung von ihrer Zustimmung ab. Sie müssen – bis auf wenige Ausnahmen – dulden, dass sich die ursprünglich angemietete Mietsache verändert und meistens deutlich teurer wird. Denn der Vermieter hat nicht nur das Recht, den Mietgegenstand einseitig zu verändern, er kann nach Abschluss der Modernisierungsarbeiten auch die Miete einseitig erhöhen. Je höher die Modernisierungskosten waren, desto teurer wird die Miete. Anders sieht es aus, wenn in der Wohnung z. B. die Gasetagenheizung ausfällt. Der Vermieter muss den vertragsgemäßen Zustand wiederherstellen, also die Heizung reparieren lassen. Er kann den Mieter nicht auf eine alternative Modernisierungsmaßnahme verweisen, wie z. B. den Anschluss an eine bestehende Zentralheizung. Der Anspruch des Mieters auf Mängelbeseitigung hat Vorrang (BGH VIII ZR 194/21 NZM 2023, 30).

> **Wichtig zu wissen:** Wenn die vom Vermieter geplanten Bau- und Modernisierungsarbeiten so weitreichend sind, dass der **Charakter der Mietsache grundlegend verändert** wird, müssen sie von Mietern **nicht geduldet** werden!

Der Bundesgerichtshof (BGH VIII ZR 28/17 WuM 2018, 28) hat dies in einem Fall entschieden, in dem u. a. Räume angebaut, der Grundriss verändert, eine Terrasse angelegt und eine Veranda abgerissen werden sollten. Eine Mieterhöhung war angekündigt, wonach die Miete von 463 Euro auf 2150 Euro steigen sollte. So im Ergebnis auch ein Fall des AG Görlitz (WuM 2022, 416): Bei einem blinden, auf den Rollstuhl angewiesenen Mieter, der eine barrierefreie Wohnung angemietet hatte, wäre nach der geplanten Modernisierung der Balkon nicht mehr befahrbar gewesen. Auch der Anbau eines Wintergartens mit einem 7 m^2 großen Vorsatzbalkon ist eine Umgestaltungsmaßnahme, die zur Veränderung des Grundrisses und des Vertragsgegenstands führt. Weder wird der Gebrauchswert für den Mieter nachhaltig erhöht noch entsteht neuer Wohnraum. Somit muss die Modernisierung nicht geduldet werden (AG Göttingen WuM 2023, 157).

Modernisierungsmaßnahmen, die zu Mieterhöhungen berechtigen
§ 555b BGB listet bauliche Veränderungen auf, die als Modernisierungsmaßnahmen gelten. Sieben dieser Maßnahmen berechtigen den Vermieter, die Miete zu erhöhen:

Nr. 1.: Maßnahmen, durch die in Bezug auf die Mietsache Energie nachhaltig eingespart wird – energetische Modernisierung. Hierunter fallen z. B. Maßnahmen zur Verbesserung der Wärmedämmung, neue Fenster, der Austausch der Heizungs- und Warmwasseranlage oder der Einbau drehzahlgeregelter Umwälzpumpen und Aufzugsmotoren.

Nr. 1a.: Maßnahmen, durch die mittels Einbaus oder Aufstellung einer Heizungsanlage zum Zweck der Inbetriebnahme in einem Gebäude die Anforderungen des § 71 GEG → *Gebäudeenergiegesetz* erfüllt werden.

Nr. 3.: Maßnahmen, durch die der Wasserverbrauch nachhaltig reduziert wird. Gemeint sind die Umrüstung auf kleinere Spülkästen, der Einbau von Wassermengenreglern oder von Wasserzählern.

Nr. 4.: Maßnahmen, durch die der Gebrauchswert der Mietsache nachhaltig erhöht wird. In Betracht kommen z. B. Verbesserungen beim Schallschutz, bei Belichtung und Beleuchtung, bei den sanitären Einrichtungen oder zur behindertengerechten Nutzung, der Ein- oder Anbau eines Aufzugs oder eines Balkons. Außerdem: die Einrichtung eines eingezäunten und abschließbaren Müllplatzes (BGH VIII ZR 88/13 WuM 2015, 165), der Anbau eines verglasten Balkons (LG Berlin GE 2016, 1574), der Einbau einer massiven Wohnungstür als Schutz gegen Einbruch (LG Berlin GE 2003, 122), ein Vordach über dem Hauseingang als Regenschutz (LG Berlin GE 2003, 122), die Installation von Handtuchheizkörpern (LG Berlin NZM 2011, 951). Auch der erstmalige Einbau von Rauchwarnmeldern führt zu einer Erhöhung des Gebrauchswerts der Wohnung und einer dauerhaften Verbesserung der Wohnverhältnisse und ist in der Regel vom Vermieter »nicht zu vertreten« – vgl. dazu unten Nr. 6 – (BGH VIII ZR 290/14 WuM 2015, 498). Die Erneuerung von Rauchwarnmeldern ohne technische Verbesserung oder sonstige Aufwertung ist keine Modernisierung (BGH VIII ZR 213/21 WuM 2023, 416).

Keine Verbesserung sind der Umbau einer Loggia oder eines Balkons zu einem Wintergarten (LG Hamburg WuM 2008, 27) oder zu einer Terrasse (LG Lübeck WuM 2018, 511) oder ein neuer Aufzug, der nur an den Zwischenpodesten, nicht aber im 1. Stock hält; die Wohnung in diesem Stockwerk ist damit weder besser, schneller noch barrierefrei zugänglich (LG Berlin WuM 2024, 85). Auch der Austausch eines Gasherds gegen einen Elektroherd ist keine Verbesserung (LG Hamburg GE 2007, 653; LG Berlin MM 2006, 39), es sei denn, es wird ein Herd mit Keramikkochfeld (LG Berlin GE 2017, 175) oder ein Induktionsherd (AG Schöneberg WuM 2016, 739) eingebaut.

Wichtig zu wissen: Ob eine Verbesserung vorliegt, ergibt der Vergleich zwischen dem Zustand der Wohnung unmittelbar vor und nach der Modernisierung. Verbesserungen und Modernisierungen, die der Mieter selbst während der Mietzeit vorgenommen hat, z. B. der Einbau einer Gasetagenheizung, werden dabei berücksichtigt. Nur Veränderungen, die der gegenwärtige Mieter vertragswidrig vorgenommen hat, bleiben unberücksichtigt (BGH VIII ZR 110/11 WuM 2012, 448).

Nr. 4a.: Maßnahmen, durch die die Mietsache erstmalig mittels Glasfaser an ein öffentliches Netz mit sehr hoher Kapazität im Sinne des Telekommunikationsgesetzes angeschlossen wird.

Nr. 5.: Maßnahmen, durch die die allgemeinen Wohnverhältnisse auf Dauer verbessert werden, z. B. die Schaffung von Kinderspielplätzen, Grünanlagen oder Stellplätzen.

Nr. 6.: Maßnahmen, die aufgrund von Umständen durchgeführt werden, die der Vermieter nicht zu vertreten hat und die keine Erhaltungsmaßnahmen sind. Gemeint sind bauliche Änderungen, die der Vermieter aufgrund einer behördlichen Anordnung oder einer gesetzlichen Verpflichtung durchführen muss.

Modernisierungsmaßnahmen, die nicht zur Mieterhöhung berechtigen
Das Gesetz führt noch zwei weitere Modernisierungsvarianten auf. Die muss der Mieter in der Regel zwar dulden, der Vermieter ist hier aber nicht berechtigt, die Miete zu erhöhen:

Nr. 2.: Maßnahmen, durch die nicht erneuerbare Primärenergie nachhaltig eingespart oder das Klima nachhaltig geschützt wird, z. B. die Installation einer Photovoltaikanlage auf dem Dach oder der Anschluss an ein Fernwärmenetz mit Kraft-Wärme-Kopplung. Hier ist jetzt immer auch zu prüfen, ob der Modernisierungstatbestand »1a« vorliegt (neue Heizungsanlage i. S. d. § 71 GEG).

Nr. 7.: Maßnahmen, durch die neuer Wohnraum geschaffen wird. Hier müssen Mieter dulden, dass Handwerker ihre Wohnung betreten oder Leitungen durch ihre Wohnungen gezogen werden, wenn z. B. das Dachgeschoss ausgebaut wird.

Die Modernisierungsankündigung
Der Vermieter ist nach dem Gesetz verpflichtet, die geplanten Modernisierungsmaßnahmen mindestens **drei Monate im Voraus** in → *Textform* anzukündigen. Mündliche Informationen reichen nicht aus, Schreiben mit persönlicher Unterschrift dagegen sind nicht erforderlich. Die Modernisierungsankündigung muss lesbar, der Absender (z. B. »gezeichnet Müller, Geschäftsführer«) muss erkennbar sein, und die Erklärung muss auf einem dauerhaften Datenträger abgegeben werden. SMS, Kopie, Fax usw. reichen aus.

Durch die Modernisierungsankündigung soll der Mieter eine ungefähre Vorstellung von dem Modernisierungsvorhaben erhalten. Er soll abschätzen können, ob er die geplanten Arbeiten dulden muss, ob die Modernisierung den Zuschnitt der Wohnung ändern und somit Einfluss auf die Möblierung haben wird (BGH VIII ZR 242/10 WuM 2011, 677) und ob er die künftige Miete zahlen kann. Deshalb muss der Vermieter über **die Art der geplanten Modernisierung, den voraussichtlichen Umfang der Arbeiten, den voraussichtlichen Beginn und die Dauer der Maßnahme, die zu erwartende Mieterhöhung und die voraussichtlichen künftigen Betriebskosten informieren.** Bei **energetischen Modernisierungen** muss der Mieter ggf. mit sachverständiger Hilfe überschlägig vergleichend ermitteln können, ob die geplanten Maßnahmen voraussichtlich zu einer nachhaltigen Energieeinsparung führen werden (BGH VIII ZR 332/18 WuM 2020, 80; VIII ZR 55/19 WuM 2020, 485). Bei der GEG-Heizungsanlagenmodernisierung (s. o. Modernisierungsmaßnahme 1a) sollte auf den neuen Mieterhöhungstatbestand des § 559e BGB hingewiesen werden, darauf, dass die neue Heizungsanlage mit mind. 65 % erneuerbaren Energien laufen soll, dass öffentliche Fördermittel in Anspruch genommen werden sollen und dass von den erwarteten Kosten pauschal 15 % für ersparten Erhaltungsaufwand abzuziehen sind. Zu den geplanten Gesetzesänderungen beim GEG s. S. 441.

Überzogene inhaltliche Anforderungen an das Ankündigungsschreiben dürfen aber nicht gestellt werden. Der Vermieter muss in wesentlichen Zügen informieren, kann sich aber z. B. hinsichtlich der energetischen Qualität von Bauteilen auf anerkannte Pauschalwerte berufen (LG Berlin WuM 2022, 215).

Sind die geplanten Modernisierungen gleichzeitig auch Instandsetzungen, wie z. B. bei der Fassadendämmung, muss der konkrete Instandsetzungsanteil noch nicht erläutert werden. Es reicht die Angabe einer Quote (BGH VIII ZR 88/13 WuM 2015, 165). Nimmt der Vermieter keinen Abzug für Instandhaltungskosten vor, ist das ein materieller, kein formeller Fehler, die Ankündigung ist wirksam (BGH VIII ZR 81/19 WuM 2020, 493). Später, bei der Mieterhöhung selbst, kommt es aber auf die materielle Seite an; es ist ein Abzug für Instandhaltungskosten vorzunehmen.

In die Modernisierungsankündigung gehören auch Angaben zum **voraussichtlichen Beginn** (Kalenderwoche) und der **voraussichtlichen Dauer** (in Wochen) der Arbeiten. Einen exakten Bauzeitenplan muss der Vermieter aber nicht beifügen.

Während das Gesetz in § 555c BGB ausdrücklich bestimmt, dass die Ankündigung **spätestens drei Monate vor Beginn** der Modernisierungsarbeiten erfolgen muss, ist nicht geregelt, wann die Modernisierung frühestens angekündigt werden darf. Von Bedeutung war und ist diese Frage, wenn sich die gesetzlichen Regelungen ändern und als Stichtag die ordnungsgemäß angekündigte Modernisierung gilt. Nach Ansicht des LG Berlin (WuM 2020, 789) ist eine weit verfrüht ausgesprochene Modernisierungsankündigung, 16 Monate vor Beginn der beabsichtigten Baumaßnahme, rechtsmissbräuchlich. Eine derartige Verzögerung, insbesondere bei einer eher unkomplizierten Baumaßnahme, macht eine Neuankündigung der Modernisierung notwendig (LG Berlin WuM 2021, 729). Im Zuge einer Musterklage des DMB-Mietervereins München hat der Bundesgerichtshof entschieden, dass eine Modernisierungsankündigung zulässig ist, wenn die Planungen des Vermieters so weit fortgeschritten sind, dass die inhaltlichen Anforderungen an eine Ankündigung eingehalten werden können. Eines engen zeitlichen Zusammenhangs zwischen Ankündigung und dem voraussichtlichen Beginn der Maßnahme im Sinne einer Höchstfrist oder eines fortgeschrittenen Planungsstands bedürfe es nicht. Eine Ankündigung mehr als elf Monate vor dem geplanten Ausführungsbeginn ist demnach nicht rechtsmissbräuchlich (BGH VIII ZR 305/19 WuM 2021, 354).

Für die **Angabe der zu erwartenden Mieterhöhung** genügt es, einen konkreten Betrag (z. B. 50 Euro monatlich) zu nennen. Eine nähere Berechnung ist im Ankündigungsschreiben nicht erforderlich (KG Berlin GE 2007, 907). Auch die künftigen Betriebskosten müssen genannt werden. Von Bedeutung ist dies vor allem bei energetischen Modernisierungen oder beim Einbau eines Aufzugs.

Ohne ordnungsgemäße Ankündigung keine Duldung der Modernisierung

Ohne ordnungsgemäße Ankündigung der Modernisierung muss ein Mieter den Beginn der Arbeiten **nicht dulden**. Hat der Vermieter allerdings nur eine einzelne **Teilmaßnahme** nicht korrekt angekündigt, bedeutet das nicht, dass sämtliche übrigen Instandhaltungs- und Modernisierungsmaßnahmen nicht zu dulden sind (BGH VIII ZR 305/19 WuM 2020, 80).

»Nicht dulden« bedeutet, dass der Mieter Handwerkern den **Zutritt zu seiner Wohnung** verbieten kann. Bei Modernisierungen außerhalb der Wohnung reicht ein schriftlicher Widerspruch. Notfalls kann der Mieter mithilfe einer → *einstweiligen Verfügung* auch den Beginn der Arbeiten stoppen (OLG Münster WuM 1991, 481; LG Berlin GE 2014, 1138; WuM 2013, 225).

> **Vorsicht:** Stellt sich später vor Gericht heraus, dass die einstweilige Verfügung zu Unrecht ergangen ist, drohen dem Mieter **Schadensersatzforderungen** des Vermieters (BGH IX ZR 149/15 WuM 2016, 752), die eine beträchtliche Höhe (z. B. Kosten für Miete eines Baugerüsts) erreichen können. Deshalb unbedingt vorher beim örtlichen Mieterverein beraten lassen!

Fordert der Vermieter seinen Mieter zur Abgabe einer **Duldungserklärung** auf und reagiert der Mieter nicht, kann der Vermieter nicht sofort eine Duldungsklage bei Gericht erheben. Ein Anlass zu einer derartigen Klage ist erst gegeben, wenn der Vermieter nach Ablauf einer angemessenen Frist erneut vergeblich den Mieter aufgefordert hat, zu erklären, er werde die Modernisierung dulden (BGH VIII ZR 305/19 WuM 2021, 365).

> **Wichtig zu wissen:** Die hier beschriebene **Ankündigungspflicht entfällt** bei Modernisierungsmaßnahmen, die nur **unerhebliche Einwirkungen** auf den Wohnraum nach sich ziehen und nur zu einer **unerheblichen Erhöhung der Miete** führen. Aber bereits eine Mieterhöhung von mehr als 5% ist nicht mehr unerheblich (LG Berlin WuM 1991, 482; LG Detmold WuM 1990, 121). Typische Bagatellmaßnahmen, die unter diese Ausnahmeregelung fallen, sind z. B. der Einbau von Rauchwarnmeldern, moderneren Thermostatventilen oder Wassermengenreglern.

Dass eine Duldungspflicht besteht, bedeutet noch nicht, dass der Mieter besondere **Mitwirkungspflichten** bei der Modernisierung selbst hätte. Er muss lediglich Handwerker und ggf. den Vermieter in die Wohnung lassen, ist aber z.B. nicht verpflichtet, Möbel beiseitezuräumen, um Baufreiheit zu schaffen. Weitere Pflichten können sich höchstens nach Treu und Glauben ergeben, etwa bei der Terminabstimmung oder der Sicherung privater, höchstpersönlicher Gegenstände und Unterlagen.

Unzumutbare Härten

Im Regelfall muss ein Mieter eine Modernisierung dulden, wenn er eine wirksame Modernisierungsankündigung erhalten hat (BGH VIII ZR 147/13 WuM 2014, 284). Das gilt ausnahmsweise nicht, wenn er eine **»nicht zu rechtfertigende Härte«** für sich, seine Familie oder einen Angehörigen seines Haushalts geltend machen kann. Dann muss eine **Abwägung** zwischen den behaupteten Härtegründen des Mieters und den berechtigten Interessen des Vermieters und der anderen Mieter im Haus stattfinden, ggf. noch unter Berücksichtigung von Belangen der Energieeinsparung und des Klimaschutzes. Können sich Mieter und Vermieter in dieser Frage nicht einigen, müssen die Gerichte entscheiden. Wiegen die Härtegründe des Mieters schwerer, muss die Modernisierung nicht geduldet werden.

Die Härtegründe des Mieters können nur berücksichtigt werden, wenn sie dem Vermieter **rechtzeitig** mitgeteilt werden. Hat der Vermieter die Modernisierung **korrekt angekündigt** und in seinem Schreiben auch auf Form und Frist für den

Härteeinwand hingewiesen, muss der Mieter seine Härtegründe **bis zum Ende des nächsten Monats** in → *Textform* mitteilen. Wenn die Modernisierungsankündigung im März kommt, hat der Mieter bis Ende April Zeit, sich auf Härten zu berufen. Nach Ablauf der Frist können Härtegründe nur noch berücksichtigt werden, wenn Mieter die Frist unverschuldet versäumt haben, z. B. wenn die Härtegründe erst nach Ablauf der Frist entstanden sind und der Mieter sie dann so schnell wie möglich dem Vermieter mitgeteilt hat. Hat der Vermieter in seinem Ankündigungsschreiben **nicht auf Form und Frist eines möglichen Härteeinwands hingewiesen**, kann sich der Mieter **bis zum Beginn der Modernisierungsarbeiten** auf Härten berufen.

Härtegründe

Es kommt zwar immer auf den Einzelfall an, aber typische und regelmäßig anerkannte **Härtegründe** sind

- die vorzunehmenden **Modernisierungsarbeiten** selbst, z. B. Belästigung durch Baulärm, Schmutz, Unbenutzbarkeit von Küche und Bad (LG Berlin MM 1988, 294; LG Mannheim WuM 1987, 272) oder eine länger andauernde Heizungssanierung in den Wintermonaten. Dabei verpflichtet das sog. Rücksichtnahmegebot den Vermieter, bei der Durchführung von Baumaßnahmen die Rechte, Rechtsgüter und Interessen der Mieter zu respektieren. Dazu gehört auch, dass auf das **Alter und den Gesundheitszustand der Mieter** Rücksicht genommen wird (LG Berlin II WuM 2025, 20).
- die **baulichen Folgen**, z. B. wenn zwar das Bad nach dem Einbau einer Dusche größer wird, ein anderes Zimmer in der Wohnung dafür aber wegfällt, wenn sich der Zuschnitt der Wohnung zum Nachteil verändert oder benötigte Stellflächen in der Wohnung verschwinden. Eine grundlegende Veränderung der Mietsache muss nicht geduldet werden (BGH VIII ZR 28/17 WuM 2018, 28).
- vorausgegangene **Aufwendungen des Mieters**, wenn er in der Wohnung investiert hat und diese Investition durch die geplanten Vermietermodernisierungen hinfällig würde.

> **Beispiel:** Mieter installiert auf eigene Kosten und mit Einverständnis des Vermieters eine Gasetagenheizung in der Wohnung. Fünf Jahre später will der Vermieter eine Zentralheizung einbauen.

Härtegrund »zu erwartende Mieterhöhung«?

Die zu erwartende **Mieterhöhung** ist für die Frage, ob der Mieter die Modernisierung dulden muss, **bedeutungslos**. Der Einwand »Mieterhöhung« verhindert also nicht die Durchführung der Maßnahme selbst, sondern befreit den Mieter allenfalls nach Abwägung mit den Vermieterinteressen davon, die Mieterhöhung zahlen zu müssen. Obwohl diese Abwägung und die Entscheidung, ob der Härtegrund »unzumutbare Mieterhöhung« greift, erst bei der Prüfung der Mieterhöhung zu berücksichtigen ist, muss der Mieter diesen Härteeinwand genauso **frühzeitig geltend machen** wie die übrigen Härtegründe, nämlich bis zum Ende des Monats, der auf den Zugang der Modernisierungsankündigung folgt. Verpasst der Mieter diese Frist unverschuldet, kann er seinen Härteeinwand längstens bis zum Beginn der Modernisierungsarbeiten erheben.

Der Härteeinwand »Mieterhöhung« ist ausgeschlossen, wenn die Mietsache durch die Modernisierung in einen **allgemein üblichen Zustand** versetzt wird, der bereits bei zwei Drittel aller Wohnungen gleichen Alters in der Region realisiert ist, oder wenn der Vermieter die Durchführung der Modernisierung nicht zu vertreten hat, weil er hierzu aufgrund von Gesetzen, Verordnungen oder Satzungen verpflichtet ist. Bei einer **GEG-Heizungsanlagenmodernisierung** gilt: Selbst wenn der Vermieter nach dem GEG und dem Ablauf von Übergangsfristen verpflichtet ist, eine neue Heizungsanlage einzubauen, kann der Mieter den wirtschaftlichen Härteeinwand geltend machen.

M

Aber wann ist eine **Mieterhöhung nicht mehr zumutbar?** Dann, wenn dem Mieter nach Zahlung der erhöhten Miete kein Einkommen mehr verbleibt, das es ihm ermöglicht, an seinem **bisherigen Lebenszuschnitt** festzuhalten (LG Berlin WuM 2021, 679). Feste Beträge oder Prozentsätze hinsichtlich einer möglichen Belastungsgrenze gibt es nicht. Einige Gerichte meinen, eine Härte liege vor, wenn die Miete auf über 25 % des Nettoeinkommens steigt bzw. bei niedrigen Einkommen auf 30 % (LG Berlin WuM 2010, 88; GE 2002, 930). Nach einem Referentenentwurf aus dem Justizministerium von 2016 sollten Miete und Heizkosten zusammen höchstens 40 % des Nettoeinkommens betragen. Nach Ansicht des LG Berlin (WuM 2019, 205) darf das steuerliche Existenzminimum nicht unterschritten werden. Andere Anknüpfungspunkte sind die Selbstbehaltsgrenze oder die Pfändungsfreigrenze. Eine eindeutige gesetzliche Regelung oder höchstrichterliche Rechtsprechung fehlt aber bis heute.

Der Härteeinwand greift auch, wenn der **Verlust der Wohnung droht** (BGH VIII ZR 21/19 WuM 2019, 706), z. B. wenn die Miete infolge der Erhöhung über die angemessenen Unterkunfts- und Heizkostenaufwendungen hinausgeht, so dass der Sozialleistungen beziehende Mieter mit einem Kostensenkungsverfahren und in dessen Folge mit dem Wohnungsverlust rechnen muss. Eine nach Grundsicherungs-Maßstäben zu große Wohnung bedeutet aber nicht automatisch, dass der Härtegrund »Mieterhöhung« ausscheidet. Der Vermietervorhalt, der Mieter lebe über seine Verhältnisse, d. h., wohne in einer zu großen Wohnung, geht regelmäßig fehl, wenn das Mietverhältnis schon lange Zeit besteht. Letztlich gilt es hier, im **Einzelfall** abzuwägen, ob ein Mieter trotz des Refinanzierungsinteresses des Vermieters seinen bisherigen Lebensmittelpunkt beibehalten darf, wenn er sich einer von ihm nicht beeinflussbaren Entscheidung des Vermieters ausgesetzt sieht, Modernisierungsmaßnahmen an der gemieteten Wohnung durchzuführen (BGH VIII ZR 21/19 WuM 2019, 706).

Wird die Mieterhöhung zu einem guten Teil durch **Wohngeld** aufgefangen oder werden die Mietkosten im Rahmen der **Grundsicherung** komplett übernommen, ist die Mieterhöhung keine Härte (KG Berlin GE 2007, 907). Der Vermieter kann auch nicht verlangen, dass der Mieter einen Teil seiner Wohnung untervermietet, um die finanzielle Härte zu beseitigen (LG Hamburg WuM 1986, 240).

Mieterrechte bei Modernisierungen

Bei Modernisierungsmaßnahmen kann sich der Mieter neben der Geltendmachung von Härtegründen auf weitere Rechte berufen:

Mietminderung: Wird während der Modernisierungsarbeiten der Wohnwert aufgehoben oder gemindert, z. B. durch Dreck und Lärm, ist die Miete gemindert → *Mängel der Wohnung*, auch wenn der Mieter der Baumaßnahme ausdrücklich zugestimmt hat (LG Berlin WuM 2018, 359) oder eine Duldungspflicht besteht und es sich um Mängel handelt, die Folge der Modernisierung sind, z. B. die Verkleinerung des Fahrradkellers von 49 m² auf 7 m² (BGH VIII ZR 51/20 WuM 2022, 145). Die Mietminderung ist nur – wie immer – bei **unerheblichen Beeinträchtigungen** ausgeschlossen. Bei **energetischen Modernisierungen** ist die Mietminderung in den ersten drei Monaten der Modernisierungsbaumaßnahme ebenfalls ausgeschlossen, zumindest zurzeit aber nicht bei **GEG-Heizungsanlagen-Modernisierungen**. Hier dürfte aber eine Gesetzesänderung (s. u.) anstehen.

Aufwendungsersatz kann der Mieter fordern für Aufwendungen, die er infolge der Modernisierung gehabt hat. In Betracht kommen Reinigungs- oder Renovierungskosten, Essenskosten, solange die Küche nicht genutzt werden kann, Kosten für neue Töpfe und Pfannen, weil der Vermieter einen Induktionsherd eingebaut hat (AG Schöneberg WuM 2016, 739) oder auch Kosten für eine **Ersatzunterkunft**. Hier muss sich der Mieter nicht mit einem Pensionszimmer ohne Bad und Toilette begnügen (LG München I WuM 2015, 726). Mieter müssen nicht in die angebotenen Ersatzräume ziehen. Der Mieter darf – und sollte im eigenen Interesse – aber keinen unnötigen Aufwand betreiben, denn durch den Aufwendungsersatz werden auch die Kosten der Modernisierung und damit die mögliche

Mieterhöhung nach oben getrieben (BGH VIII ZR 173/10 WuM 2011, 293). Eine Verpflichtung des Mieters, die Wohnung während der Instandhaltungs- und Modernisierungsarbeiten zu räumen und in eine Ersatzwohnung zu ziehen, kommt nur unter sehr engen Voraussetzungen in Betracht, nämlich wenn die Arbeiten nicht anders durchgeführt werden könnten.

Schadensersatz: Immer wieder kommt es vor, dass Vermieter unter dem »Deckmäntelchen« der Modernisierung langwierige Baumaßnahmen ankündigen oder einleiten und extreme Mieterhöhungen androhen. Ihnen geht es letztlich darum, das Haus leer zu ziehen, um neu und teurer wieder zu vermieten oder um das leer gezogene Haus abzureißen und mit einem Neubau höhere Gewinne zu machen. Der Gesetzgeber hat deshalb reagiert und Regelungen geschaffen, die bei fragwürdigen Vermieterpraktiken Schadensersatz oder Geldbußen ermöglichen. Damit der Mieter Schadensersatzansprüche leichter geltend machen kann, gibt es jetzt in **§ 559d BGB** eine »gesetzliche Vermutung«. Das bedeutet, wenn **einer** der nachfolgend aufgeführten vier Tatbestände vorliegt, wird vermutet, dass eine **Pflichtverletzung** des Vermieters vorliegt, so dass der Mieter **Schadensersatz** fordern kann.

1. Mit den baulichen Veränderungen ist auch 12 Monate nach deren angekündigtem Beginn oder, wenn hierzu Angaben fehlen, nach Zugang der Ankündigung nicht begonnen worden.

2. Es wird eine Mieterhöhung angekündigt, durch die sich die bisherige monatliche Miete mindestens verdoppeln würde.

3. Die Modernisierungsarbeiten sollen so durchgeführt werden, dass sie zu erheblichen, objektiv nicht notwendigen Belastungen des Mieters führen können.

4. Nach Beginn der baulichen Veränderung ruhen die Arbeiten mehr als 12 Monate.

Wichtig zu wissen: Der Vermieter kann die gesetzliche Vermutung widerlegen, indem er darlegt, dass er für sein Verhalten im Einzelfall einen nachvollziehbaren objektiven Grund hat.

Außerdem ist es nach **§ 6 Wirtschaftsstrafgesetz** ordnungswidrig und kann mit einer Geldbuße bis zu 100 000 Euro belegt werden, wenn der Vermieter, um den

Mieter zur Beendigung des Mietverhältnisses zu bewegen, bauliche Veränderungen so durchführt, dass sie zu erheblichen und objektiv nicht erforderlichen Belastungen des Mieters führen können. So z. B., wenn es dem Vermieter in erster Linie darum geht, das Mietverhältnis durch einen Abfindungsvergleich zu beenden und er die angekündigten Modernisierungen nur hilfsweise für den Fall vornehmen will, dass der Mieter dem Abfindungsvergleich nicht zustimmt, oder wenn der Vermieter die Baumaßnahme so plant und ankündigt, dass ihre Durchführung zu erheblichen Belastungen für die Mieter führen würde, die objektiv ohne Weiteres vermeidbar wären, wenn z. B. zahlreiche Teilmodernisierungen auch innerhalb der Wohnung über einen Zeitraum von acht Jahren erfolgen sollen (LG Berlin WuM 2021, 727).

Kündigungsrecht: Hat der Vermieter dem Mieter die Modernisierung z. B. im Januar angekündigt, kann der Mieter bis zum Ablauf des Monats, der auf den Zugang der Mitteilung folgt (Februar) für den Ablauf des nächsten Monats (31. März) kündigen. Solange der Mieter noch in der Wohnung wohnt, darf der Vermieter dann mit der Modernisierung nicht beginnen. Ein außerordentliches Kündigungsrecht hat der Mieter auch, wenn der Vermieter nach der Modernisierung die Miete erhöht. Geht die Mieterhöhung z. B. im August zu, kann der Mieter bis zum Ablauf des zweiten Monats nach dem Zugang (31. Oktober) zum Ablauf des übernächsten Monats kündigen (31. Dezember). Die Mieterhöhung muss der Mieter dann nicht zahlen.

Die Mieterhöhung nach Modernisierung

Der Vermieter hat verschiedene Möglichkeiten, die Miete nach Abschluss der Modernisierungsarbeiten zu erhöhen:

1. Die »klassische« Modernisierungsmieterhöhung, § 559 BGB

Der Vermieter darf **8 % der Modernisierungskosten** auf die Jahresmiete aufschlagen. **Voraussetzung** für die Mieterhöhung nach § 559 ist, dass der Gebrauchswert der Wohnung nachhaltig erhöht wird oder die allgemeinen Wohnverhältnisse auf Dauer verbessert werden oder Endenergie bzw. Wasser nachhaltig eingespart wird oder bauliche Maßnahmen vorgenommen werden, die der Vermieter nicht zu vertreten hat. Geht es um die Anbindung mittels Glasfaser an ein öffentliches Netz, ist Voraussetzung, dass der Mieter seinen Anbieter frei wählen kann und der Vermieter kein Bereitstellungsentgelt als Betriebskosten umlegt.

Modernisierungskosten

Grundlage für die Modernisierungsmieterhöhung sind die **Modernisierungskosten**, das sind in erster Linie die Bau- und Baunebenkosten, Kosten für Material und Handwerker, ggf. auch für Eigenleistungen des Vermieters oder Aufwendungen wie Reinigungs- und Renovierungskosten, die der Vermieter selbst in Auftrag gegeben hat oder der Mieter gegen Kostenerstattung durchgeführt hat (BGH VIII ZR 173/10 WuM 2011, 293).

Nicht berücksichtigt werden Kreditzinsen, Erschließungskosten, Kosten für eine Zwischennutzung des Mieters (LG Berlin WuM 2019, 591), unnötige, unzweckmäßige oder ansonsten überhöhte Modernisierungsaufwendungen (BGH VIII ZR 41/08 WuM 2009, 124) oder Kosten für ein Energiegutachten (LG Berlin WuM 2021, 742). Kosten, die für Erhaltungsmaßnahmen, ersparte Instandhaltung oder Instandsetzungen oder Reparaturen erforderlich gewesen wären, sind keine Modernisierungskosten und müssen herausgerechnet werden. Soweit erforderlich, sind sie zu schätzen.

Beispiel: Die Hausfassade ist schadhaft, der Putz bröckelt, der Vermieter muss reparieren. Gleichzeitig bringt er eine Wärmedämmung an. Gesamtkosten: 20 000 Euro. Instandhaltungskosten geschätzt inklusive anteiliger Kosten für das Gerüst: 8000 Euro. Die reinen Modernisierungskosten für die Wärmedämmung betragen also 12 000 Euro. Dies rechtfertigt eine Mieterhöhung von 960 Euro im Jahr (8 % von 12 000 Euro) oder 80 Euro im Monat.

Ebenfalls **nicht zu den Modernisierungskosten** gehören Kosten, die vom Mieter selbst, einem Dritten oder mit Zuschüssen aus öffentlichen Haushalten gezahlt werden. Sie müssen von den Modernisierungskosten abgezogen werden, bevor die Mieterhöhung berechnet wird. Das gilt auch für zinsverbilligte oder zinslose Darlehen aus öffentlichen Haushalten, die der Vermieter für seine Modernisierungsmaßnahme erhält.

Beispiel: Modernisierungskosten 10 000 Euro; ein Zuschuss aus Mitteln der KfW in Höhe von 3000 Euro ist abzuziehen. Die Berechnungsgrundlage für die Mieterhöhung sind Modernisierungskosten von 7000 Euro. Das führt zu einer Mieterhöhung von 560 Euro im Jahr (8 % von 7000 Euro) bzw. 46,67 Euro im Monat.

Werden Modernisierungen für mehrere Wohnungen oder für das gesamte Gebäude (Heizung, Fassadendämmung) durchgeführt, müssen die **Kosten angemessen** auf die einzelnen Wohnungen bzw. Mietparteien **aufgeteilt** werden.

Kappungsgrenzen
Grundsätzlich gilt: Je teurer die Modernisierung, desto höher die Mieterhöhung. Aber es gibt Kappungsgrenzen. Innerhalb von sechs Jahren darf die Mieterhöhung höchstens 3 Euro pro m² betragen. Bei Mietverhältnissen mit einer Ausgangsmiete von weniger als 7 Euro pro m² liegt die Kappungsgrenze noch niedriger. Die Miete darf maximal um 2 Euro pro m² steigen.

Beispiel: Die anteiligen Modernisierungskosten für die Wohnung betragen 20000 Euro. Davon können 8%, also 1600 Euro im Jahr umgelegt werden; 133,33 Euro im Monat beträgt die Mieterhöhung. Das wären bei einer 70 m² großen Wohnung 1,90 Euro pro m². Das ist zulässig. Bei einer 40 m² großen Wohnung wären es 3,33 Euro pro m² – unzulässig! Die Mieterhöhung wird auf 3 Euro pro m² gekappt. Lag die Miete zuletzt bei 6,90 Euro pro m², muss der Mieter in der 40 m² großen Wohnung weder 3,33 Euro noch 3 Euro mehr pro m² zahlen. Die Mieterhöhung wird bei 2 Euro je m² gekappt.

Der Vermieter hat ein **Wahlrecht**, ob er die Kappungsgrenze durch einzelne Modernisierungsmaßnahmen ausschöpft oder durch mehrere Modernisierungen. In beiden Fällen darf die Miete innerhalb von sechs Jahren nicht um mehr als 3 Euro pro m² bzw. 2 Euro pro m² monatlich steigen. Der Vermieter darf wegen der gleichen Modernisierungsmaßnahmen, wegen der er bereits eine Mieterhöhung geltend gemacht hat und die auf 3 Euro bzw. 2 Euro gekappt wurde, keine weiteren Mieterhöhungen wegen der gekappten Beiträge vornehmen.

Ausschluss der Mieterhöhung
Wurde eine **Index- oder Staffelmiete** vereinbart, ist eine Mieterhöhung wegen Modernisierung ausgeschlossen → *Mieterhöhung bei Indexmiete* → *Mieterhöhung bei Staffelmiete.*

Ausnahme bei Indexmieten: Die Modernisierung ist aufgrund von Umständen notwendig, die der Vermieter nicht zu vertreten hat (BGH VIII ZR 147/13 WuM 2014, 284).

Ebenfalls ausgeschlossen ist eine Modernisierungsmieterhöhung, wenn der Vermieter die Maßnahme **nicht ordnungsgemäß angekündigt** hat, der Mieter nicht zugestimmt hat, weil er sich auf **Härtegründe** berufen konnte, oder weil er einer Modernisierung außerhalb seiner Wohnung widersprochen hat, der Vermieter aber trotzdem modernisiert (LG Freiburg WuM 2012, 386). Liegen keine Härtegründe vor, ist eine Mieterhöhung möglich, auch wenn die Ankündigungsfrist nicht eingehalten wurde (BGH VIII ZR 164/10 WuM 2011, 225; VIII ZR 6/07 WuM 2007, 630).

Mieterhöhungserklärung

Für die Mieterhöhungserklärung des Vermieters genügt → *Textform*. Mindestvoraussetzung ist die ausreichende Lesbarkeit der Mieterhöhungserklärung. Bei einer Schriftgröße von 4 – 5 Punkt mit verschwommenem Schriftbild liegt keine formell korrekte Berechnung und Erläuterung der Modernisierung vor (LG Darmstadt WuM 2024, 467).

Die Mieterhöhungserklärung ist nur wirksam, wenn in ihr die Erhöhung aufgrund der nachzuweisenden tatsächlichen Kosten **berechnet und erläutert** ist (BGH VIII ZR 47/05 WuM 2006, 157; LG Bremen WuM 2019, 450; WuM 2018, 365). Der Mieter muss den Grund der Mieterhöhung anhand der Erläuterungen als plausibel nachvollziehen können. Er muss z. B. aufgrund der Erläuterungen beurteilen können, ob Heizenergie tatsächlich nachhaltig, d. h. auf Dauer, eingespart wird, etwa durch die Angabe von Wärmedurchgangswerten. Die Vorlage einer Wärmebedarfsberechnung ist aber nicht erforderlich (BGH VIII ZR 156/03 WuM 2004, 155; VIII ARZ 3/01 WuM 2002, 366). Die Mieterhöhungserklärung ist formell unwirksam, wenn eine plausible Darstellung des Energieeinspareffekts der Modernisierungsmaßnahme fehlt. Die Angabe einer nicht weiter belegten Prognose des Energieberaters zu einer prozentualen Energieeinsparung reicht nicht aus (LG Hamburg WuM 2023, 348). Entscheidend ist, dass eine **messbare Einsparung dauerhaft erzielt** wird. Der Vermieter kann eine Mieterhöhung bereits verlangen, wenn nach dem Abschluss der Arbeiten zum Zeitpunkt der Abgabe der Mieterhöhungserklärung eine durch die erfolgte bauliche Veränderung hervorgerufene, messbare und dauerhafte Einsparung von Endenergie zu erwarten ist. Der Vermieter kann hierzu wie bei der Modernisierungsankündigung auf **anerkannte Pauschalwerte** Bezug nehmen. Eine Anknüpfung an den tatsächlichen Energieverbrauch des Hauses oder der Wohnung ist nicht möglich, denn der tatsächliche Verbrauch wird nicht nur durch die bauliche Veränderung, sondern durch weitere Faktoren bestimmt: Wetter, Leerstand einzelner Wohnungen, Anzahl der Bewohner und deren Nutzerverhalten und nicht zuletzt das Verbrauchsverhalten des Mieters selbst (BGH VIII ZR 283/23 WuM 2025, 422).

Formale Wirksamkeit und inhaltliche Richtigkeit; Abzug von Instandhaltungskosten

Grundsätzlich gilt, dass in **formeller Hinsicht** an die Mieterhöhungserklärung keine überhöhten Anforderungen zu stellen sind. Es reicht aus, wenn

M

der Mieter **Grund und Umfang der Mieterhöhung** anhand der Erläuterung **nachvollziehen** kann. Er soll überprüfen und entscheiden können, ob Bedarf für eine eingehendere Kontrolle besteht, z. B. durch Zuziehung sachkundiger Personen oder durch Einholung weiterer Auskünfte beim Vermieter bzw. Einsichtnahme in Rechnungen und Belege beim Vermieter. Die formellen Anforderungen sind erfüllt, wenn die Gesamtkosten für die durchgeführte Modernisierung ausgewiesen werden. Bei verschiedenen Modernisierungsarbeiten sind die jeweiligen Gesamtkosten für die einzelnen Maßnahmen anzugeben. Das gilt auch bei modernisierenden Instandsetzungen und umfangreichen und kostenintensiven Maßnahmen außerhalb der betroffenen Wohnung oder auch an mehreren Gebäuden. Eine **Aufschlüsselung** der Gesamtkosten nach einzelnen Gewerken oder Bauleistungen ist **nicht erforderlich** (BGH VIII ZR 59/21 WuM 2023, 34; VIII ZR 361/21 WuM 2022, 542). Die Mieterhöhungserklärung ist selbst dann formell wirksam, wenn in ihr die tatsächlichen Gesamtkosten nicht angegeben sind und stattdessen **auf das Ankündigungsschreiben** mit einer Kostenschätzung **Bezug** genommen wird (BGH VIII ZR 106/21 WuM 2023, 610).

Weiterhin ist anzugeben, in welchem Umfang jeweils Modernisierungs- und Instandsetzungsarbeiten durchgeführt wurden und wie sich die Kosten auf die Mieter verteilen. Ob der vorgenommene **Abzug für ersparte Instandhaltungskosten** der Höhe nach korrekt ist, ist eine Frage der materiell-rechtlichen Wirksamkeit der Modernisierungsmieterhöhung, nicht der formellen Wirksamkeit (LG Bonn WuM 2022, 352).

> **Wichtig zu wissen:** Bei den aufgewendeten Kosten für die Modernisierungsbaumaßnahme sind **Instandhaltungskosten anteilig abzuziehen** (BGH VIII ZR 81/19 WuM 2020, 493), wobei es für die formelle Wirksamkeit ausreicht, wenn der Vermieter den ersparten Instandsetzungsaufwand durch die Angabe einer Quote von den aufgewendeten Gesamtkosten nachvollziehbar darlegt (BGH VIII ZR 29/22 WuM 2023, 285).

An die **inhaltliche Richtigkeit** sind andere Maßstäbe anzulegen; es gilt:
- Wenn der Vermieter durch die Modernisierung fällige Instandhaltungsmaßnahmen einspart (BGH VIII ZR 88/13 WuM 2015, 165; VIII ZR 156/03 WuM 2004, 155),
- wenn solche Arbeiten anlässlich der Modernisierung miterledigt werden, z. B. Sanierungsarbeiten an der Fassade, wenn Dämmmaterialien angebracht werden oder

- wenn bei einer modernisierenden Instandsetzung Bauteile und Einrichtungen, die zwar noch ausreichend funktionsfähig sind und bislang keinen Mangel aufweisen, aber bereits über einen nicht unerheblichen Zeitraum ihrer zu erwartenden Gesamtlebensdauer abgenutzt worden sind, durch neue ersetzt werden,

muss das berücksichtigt werden (BGH VIII ZR 81/19 WuM 2020, 493). Abzuziehen sind hier also fiktiv eingesparte Instandsetzungskosten. Andernfalls könnte der Vermieter durch die Modernisierung z. B. einer alten, aber gerade noch funktionsfähigen Heizungsanlage oder uralter Fenster Instandhaltungskosten in erheblichem Umfang auf den Mieter abwälzen.

Die eingesparten und von den Modernisierungskosten abzuziehenden **Instandhaltungsanteile** müssen **geschätzt** werden und sind nachvollziehbar darzulegen (BGH VIII ZR 88/13 WuM 2015, 165; LG Berlin WuM 2021, 564). Um den vorzunehmenden Abzug zu ermitteln, muss man das Anschaffungsdatum des fraglichen Bauteils, das Datum des Ausbaus bzw. der Erneuerung und die übliche Lebensdauer des Bauteils kennen. Dabei geht es hier um die technische Lebensdauer. Anhaltspunkte liefern unterschiedliche Tabellenwerke von Sachverständigen, Architekten und eine Wertermittlungsrichtlinie.

M

Der Vermieter muss darlegen und beweisen,
- dass die Voraussetzungen für die Erhöhung der Miete vorliegen,
- dass es sich um Modernisierungen und nicht um Erhaltungsmaßnahmen handelt,
- dass die Höhe der umlagefähigen Kosten stimmt und
- dass die der Mieterhöhung zugrunde liegenden Kosten nicht auf der Erhaltung dienenden Maßnahmen beruhen.

Behauptet der Vermieter fälschlicherweise, ein Abzug von (fiktiven) Instandhaltungskosten sei nicht erforderlich, ist die Mieterhöhung formal trotzdem in Ordnung, nur in der Höhe nicht begründet (BGH VIII ZR 121/17 WuM 2018, 723).

Berücksichtigung in Anspruch genommener öffentlicher Fördermittel
Hat der Vermieter öffentliche Fördermittel für seine Modernisierungsmaßnahme in Anspruch genommen, z. B. Zuschüsse oder zinsverbilligte Darlehen, muss er das mitteilen und die hieraus entstehenden finanziellen Vorteile **aus den Modernisierungskosten herausrechnen**. Im Mieterhöhungsschreiben sind deshalb alle Informationen zur Förderung anzugeben, die notwendig sind, um die Mieterhöhung zu prüfen (BGH VIII ZR 416/21 WuM 2023, 554; VIII ZR 116/03 WuM 2004, 283).

Weiterhin muss der Vermieter in seiner Erhöhungserklärung die **Aufteilung der Kosten auf die einzelnen Mieter** erläutern. Die Modernisierungsmaßnahme betrifft i. d. R. das ganze Haus. Die angefallenen Gesamtkosten müssen dann auf die einzelnen Wohnungen verteilt werden. Bei einem Einbau von neuen Fenstern muss der Vermieter die jeweilige Fensteranzahl in den einzelnen Wohnungen berücksichtigen. Bei einem Fahrstuhleinbau sind die Kosten je nach Stockwerk abzustufen, bei einer Fassadendämmung oder einer neuen Heizung können die Kosten über die Wohnfläche verteilt werden.

Eine **unwirksame Mieterhöhung** kann nicht nachträglich geheilt werden, etwa durch Nachreichen der fehlenden Erläuterungen im Prozess (BGH VIII ZR 47/05 WuM 2006, 157). Der Vermieter muss eine neue Mieterhöhung schicken, die Fristen beginnen neu zu laufen. Hat der Mieter auf eine unwirksame Mieterhöhung gezahlt, kann er den entsprechenden Betrag zurückfordern (BGH VIII ZR 47/05 WuM 2007, 271; LG Bremen WuM 2019, 450).

Wird die Mieterhöhung auf mehrere tatsächlich trennbare Baumaßnahmen gestützt, ist die Erhöhungserklärung nicht insgesamt nichtig, wenn sie im Hinblick auf einzelne Baumaßnahmen unzureichend begründet oder erläutert und deshalb (insoweit) unwirksam ist. Der wirksam erklärte Teil der Erhöhung hat Bestand (BGH VIII ZR 81/19 WuM 2020, 493).

2. Mieterhöhung nach Einbau einer GEG-Heizungsanlage unter Inanspruchnahme öffentlicher Fördermittel

Seit Januar 2024 gibt es eine neue Mieterhöhungsvariante im Modernisierungsrecht. Danach kann der Vermieter 10 % der Modernisierungskosten auf die Jahresmiete aufschlagen. Voraussetzung für die **Mieterhöhung nach § 559e BGB** ist, dass der Vermieter eine Heizungsanlage in einem Gebäude aufstellt oder einbaut, die mind. 65 % der bereitgestellten Wärme mit erneuerbaren Energien oder unvermeidbarer Abwärme erzeugt (§ 71 GEG → *Gebäudeenergiegesetz*). Weitere Voraussetzung ist, dass der Vermieter öffentliche Fördermittel (Zuschüsse, Drittmittel) in Anspruch genommen hat. Von den Modernisierungskosten – das sind nur die Kosten für den Einbau oder die Aufstellung der neuen GEG-Heizungsanlage – müssen pauschal 15 % für ersparte Erhaltungsaufwendungen abgezogen werden. Das Gleiche gilt für die in Anspruch genommenen öffentlichen Fördermittel, sie sind ebenfalls von den aufgewendeten Modernisierungskosten abzuziehen. Zu den geplanten Änderungen beim GEG s. S. 441.

Kappungsgrenze

Auch bei der Mieterhöhungsvariante nach § 559e BGB gibt es eine Kappungsgrenze: 0,50 Euro je m^2 und Monat innerhalb von sechs Jahren. Das bedeutet, die neue Heizungsanlage kann bei einer 70 m² großen Wohnung höchstens zu einer Mieterhöhung von 35 Euro führen.

> **Beispiel:** 60000 Euro für den Einbau einer GEG-Heizungsanlage in einem 450 m² großen Mehrfamilienhaus. Von den 60000 Euro Modernisierungskosten sind 15% für ersparten Erhaltungsaufwand (9000 Euro) und weitere 30% für erhaltene Fördermittel (18 000 Euro) abzuziehen. 10% von den verbleibenden 33000 Euro Modernisierungskosten führen zu einer Mieterhöhung von 3300 Euro im Jahr bzw. 275 Euro im Monat für das gesamte Gebäude oder 0,61 Euro Mieterhöhung pro m² und Monat. Für eine 70 m² große Wohnung würde sich rechnerisch eine Mieterhöhung von 42,70 Euro ergeben. Aber die Mieterhöhung wird bei 0,50 pro m² gekappt. Somit beträgt die Mieterhöhung 35 Euro im Monat.

Die 10%ige Mieterhöhung nach §559e BGB ist bei **Indexmietverträgen** immer ausgeschlossen, auch dann, wenn der Vermieter den Grund für die Modernisierung nicht zu vertreten hat. Eigentlich müsste das auch für Staffelmietverträge gelten. Eine entsprechende Korrektur hat der Gesetzgeber aber nicht vorgenommen. Ob bewusst oder irrtümlich kann dahinstehen, nach dem Wortlaut des Gesetzes ist eine Mieterhöhung nach §559e BGB bei Staffelmietverträgen möglich. Auch dies könnte durch eine anstehende Gesetzesänderung (s. u.) korrigiert werden.

M

Unterschiedliche Modernisierungsmaßnahmen

Werden **neben der Heizungsanlagenmodernisierung** nach §559e BGB **weitere Modernisierungsmaßnahmen** durchgeführt (z. B. Fassadendämmung, Fußbodenheizung, neue Fenster), richten sich die Mieterhöhungen für diese Maßnahmen nach §559 BGB. Das bedeutet, 8% dieser Modernisierungskosten können auf die Miete aufgeschlagen werden. Dabei sind die Kappungsgrenzen von 3 bzw. 2 Euro pro m² zu beachten. Werden Modernisierungen nach §559e und §559 BGB gleichzeitig durchgeführt, gilt einheitlich die 3- bzw. 2-Euro-Kappungsgrenze. Rechtfertigt die Heizungsanlagenmodernisierung schon eine Mieterhöhung von 0,50 Euro pro m², verbleiben noch 2,50 bzw. 1,50 Euro pro m² z. B. für die Fassadendämmung oder die neuen Fenster.

In der Mieterhöhungserklärung müssen die Modernisierungskosten berechnet und erläutert werden. Der Vermieter muss mitteilen, auf welchen Tatbestand er die Mieterhöhung stützt und wie sich die Kosten zusammensetzen. Er wird erklären müssen, dass und wie das 65%-erneuerbare-Energien-Ziel erreicht werden soll, dass und in welcher Höhe er öffentliche Fördermittel in Anspruch genommen hat und dass er 15 % ersparten Erhaltungsaufwand von den Modernisierungskosten abgezogen hat.

3. Mieterhöhung nach Einbau einer GEG-Heizungsanlage ohne Inanspruchnahme öffentlicher Fördermittel
Seit Januar 2024 gibt es auch noch eine Kombination aus § 559e und § 559 BGB.

Danach kann der Vermieter 8 % der Modernisierungskosten auf die Jahresmiete aufschlagen, wenn er eine GEG-Heizungsanlage i. S. d. § 71 GEG eingebaut, aber keine öffentlichen Fördermittel in Anspruch genommen hat. Dann richtet sich die Modernisierungsmieterhöhung nicht nach § 559e BGB, sondern nach § 559 BGB. Der Vermieter muss keine 15 %-Pauschale für ersparten Erhaltungsaufwand ansetzen. Es kommt vielmehr auf das tatsächliche Verhältnis von Modernisierungs- und ersparten Instandhaltungskosten an. Auch bei dieser Mieterhöhungsvariante gilt die Kappungsgrenze von 0,50 Euro pro m^2.

4. Mieterhöhung nach Einbau einer Wärmepumpe
Lässt der Vermieter eine Wärmepumpe einbauen, richtet sich die Mieterhöhungsmöglichkeit nach § 559 bzw. § 559e BGB und § 71o GEG. Die gesamten Modernisierungskosten darf der Vermieter bei der Mieterhöhung nur ansetzen, wenn er nachweisen kann, dass die Jahresarbeitszahl der Wärmepumpe über 2,5 liegt. Erbringt der Vermieter diesen Nachweis nicht, darf er nur 50 % der auf die Wohnung entfallenden Modernisierungskosten mit 8 %, § 559 BGB (oder 10 %, § 559e BGB) umlegen → *Gebäudeenergiegesetz.*

5. Vereinfachtes Mieterhöhungsverfahren
Eine Mieterhöhung ist auch in einem sog. »vereinfachten Verfahren« möglich, § 559c BGB, wenn die geltend gemachten Modernisierungskosten **nicht über 10 000 Euro pro Wohnung** betragen. »Vereinfachung« bedeutet, für Erhaltungs- und Instandhaltungsmaßnahmen muss der Vermieter pauschal 30 % der geltend gemachten Kosten abziehen.

Beispiel: Kostet die Modernisierung der Wohnung 10 000 Euro, muss der Vermieter pauschal 3000 Euro für Instandhaltungskosten abziehen, so dass als Grundlage der Mieterhöhung nur 7000 Euro übrig bleiben. Hiervon kann der Vermieter 8 % auf die Jahresmiete aufschlagen, also 560 Euro. Das ergibt monatlich 46,67 Euro, die der Vermieter maximal verlangen darf.

In seiner Erhöhungserklärung muss der Vermieter – wie immer – angeben, welche Modernisierungsmaßnahmen er zu welchen Kosten durchgeführt hat. Außerdem muss er darauf hinweisen, dass die Erhöhung im vereinfachten Verfahren erfolgt. Zuschüsse aus öffentlichen Haushalten, z. B. Tilgungszuschüsse der KfW, müssen zugunsten der Mieter berücksichtigt werden, nicht dagegen die Vorteile eines zinsverbilligten oder zinslosen Darlehens aus öffentlichen Haushalten.

Wichtig zu wissen: Die 10 000 Euro-Obergrenze gilt für einen Zeitraum von fünf Jahren. Hat der Vermieter den Betrag ausgeschöpft, dürfen in den folgenden fünf Jahren keine weiteren Modernisierungsmieterhöhungen folgen. Ausnahmen gelten nur bei Modernisierungen, die dem Vermieter gesetzlich vorgeschrieben werden oder Maßnahmen, die auf dem Beschluss einer Wohnungseigentümergemeinschaft beruhen, der frühestens zwei Jahre nach Zugang der Mieterhöhung im vereinfachten Verfahren gefasst wurde.

Ab wann muss die neue Miete gezahlt werden?

Ist die Mieterhöhungserklärung in Ordnung, muss die neue Miete **ab dem 3. Monat nach Zugang der Erklärung** gezahlt werden. Bei einer Erhöhungserklärung, die der Mieter im September erhalten hat, muss ab 1. Dezember mehr gezahlt werden. Diese **Frist verlängert sich um sechs Monate**, wenn der Vermieter die Modernisierung **nicht ordnungsgemäß angekündigt** hat oder wenn die tatsächliche **Mieterhöhung mehr als 10 % höher als ursprünglich mitgeteilt** ausfällt. Voraussetzung für die Mieterhöhung ist, dass die **Baumaßnahme abgeschlossen** ist (BGH VIII ZR 88/13 WuM 2015, 165); ob der Vermieter die vorliegenden Rechnungen schon bezahlt hat, spielt keine Rolle (BGH VIII ZR 294/11 WuM 2012, 285).

Modernisierungsvereinbarung

Mieter und Vermieter können auch eine Modernisierungsvereinbarung (§ 555f BGB) treffen und damit von den hier beschriebenen Voraussetzungen und Rechtsfolgen abweichen. Insbesondere können Vereinbarungen zur zeitlichen und technischen Durchführung der Modernisierungsmaßnahme, möglichen Gewährleistungsrechten sowie Mietminderungs- und Aufwendungsersatzansprüchen des Mieters getroffen und auch die künftige Miethöhe festgelegt werden.

Wichtig zu wissen: Wurde die Modernisierungsvereinbarung »zwischen Tür und Angel« in einer sog. Haustürsituation außerhalb der Geschäftsräume des Vermieters geschlossen und ist der Vermieter Unternehmer, hat der Mieter ein Recht zum → *Widerruf.* Enthält die Modernisierungsvereinbarung eine entsprechende Widerrufsbelehrung, kann der Mieter innerhalb von 14 Tagen nach Abschluss die Vereinbarung widerrufen; ohne Widerrufsbelehrung sogar noch zwölf Monate und 14 Tage lang. Dann muss die geforderte Mieterhöhung nicht bezahlt werden und schon gezahlte Beträge kann der Mieter ggf. zurückfordern (BGH VIII ZR 29/16 WuM 2017, 406). Der Vermieter kann dann nur für die Zukunft eine Mieterhöhung geltend machen, wenn er eine wirksame Erhöhungserklärung nach den gesetzlichen Vorschriften durchführt (BGH VIII ZR 29/16 WuM 2017, 406).

Mieterhöhung auf ortsübliche Vergleichsmiete

Alternativ zu den hier beschriebenen Mieterhöhungsmöglichkeiten nach einer Modernisierung kann der Vermieter auch eine → *Mieterhöhung auf die ortsübliche Vergleichsmiete* fordern. Hat er z. B. ein Bad eingebaut, wird die Wohnung im Mietspiegel in der teureren Kategorie »Wohnung mit Bad« eingestuft, so dass eine entsprechende Erhöhung der Vergleichsmiete möglich ist. Auch bei dieser Art der Mieterhöhung muss der Einsatz öffentlicher Fördermittel zugunsten des Mieters berücksichtigt werden, für maximal zwölf Jahre (BGH VIII ZR 116/03 WuM 2004, 283).

Der Vermieter kann aber auch die **Mieterhöhungsvarianten kombinieren.** Zunächst erhöht er im Rahmen der ortsüblichen Vergleichsmiete die Miete für die nicht modernisierte Wohnung (Wohnung ohne Bad), und dann erhöht er die Miete, indem er 8 % der Modernisierungskosten auf die Jahresmiete aufschlägt. Die Modernisierung darf aber nicht bei beiden Mieterhöhungen berücksichtigt werden (LG Berlin WuM 2016, 105) bzw. beide Mieterhöhungen zusammen dürfen den Betrag für eine Mieterhöhung nach § 559 BGB (8 % der Modernisierungskosten) nicht übersteigen (BGH VIII ZR 367/18 WuM 2021, 109).

Einzelfragen

– Ein **Vermieterwechsel aufgrund eines Hausverkaufs** → *Hausverkauf und Mietvertrag* hat auf das Mieterhöhungsrecht keinen Einfluss. Die Mieterhöhung für Modernisierungen, die noch der Verkäufer (alter Vermieter) durchgeführt hat, darf auch der Käufer als neuer Vermieter verlangen. Dabei spielt es keine Rolle, ob die Arbeiten vor oder nach dem Eigentümerwechsel abgeschlossen wurden (KG WuM 2000, 482; KG WuM 2000, 300).

- Bei Modernisierungsmaßnahmen in der Wohnung ist der Mieter nicht verpflichtet, für **Baufreiheit** zu sorgen (LG Berlin GE 2014, 938).
- Aus einer Vereinbarung zur → *Modernisierung durch den Mieter* kann sich ergeben, dass der **Vermieter mit eigenen Modernisierungen ausgeschlossen** ist (KG WuM 2008, 597).
- Eine **Verbesserung der Stromversorgung** ist keine Modernisierung, sondern eine Mängelbeseitigung, wenn hierdurch nur ein allgemein geschuldeter Mindeststandard erreicht werden soll. Auch in unsanierten Altbauwohnungen muss die Stromversorgung mindestens den Betrieb der üblichen Haushaltsgeräte ermöglichen, also ein Großgerät wie Waschmaschine oder Geschirrspüler zusammen mit einem anderen Elektrogerät wie einem Staubsauger. Im Badezimmer muss die Stromversorgung neben der Beleuchtung auch den Einsatz kleinerer Geräte ermöglichen (BGH VIII ZR 281/03 WuM 2004, 527).
- Der Umbau eines **Einrohrheizsystems zu einer Zweirohrheizung** stellt regelmäßig eine energetische Modernisierung dar. Anders, wenn Umbaumaßnahmen nur in einzelnen Wohnungen durchgeführt werden sollen, es an einer Gesamtplanung des Vermieters fehlt und der Heizkreislauf für die Einrohrheizung weiter betrieben werden soll (LG Berlin WuM 2021, 727).
- Die Mieterhöhungserklärung nach einer Modernisierung ist unwirksam, wenn sie derart eklatante Abweichungen zu der Modernisierungsankündigung aufweist, dass man den Eindruck haben muss, es handele sich um zwei verschiedene Maßnahmen (LG Berlin WuM 2021, 742).

M

GEG- und Mietrechtsänderungen geplant

CDU/CSU und SPD haben in einem gemeinsamen Papier Eckpunkte zu einem neuen Gebäudeenergiegesetz vorgelegt. Die bisherigen Regelungen im sog. Heizungsgesetz, die §§71 – 71p und 72 GEG, sollen abgeschafft und durch ein Gebäudemodernisierungsgesetz ersetzt werden. Unter anderem soll die Vorgabe eines Anteils von mindestens 65 % erneuerbaren Energien bei der Wärmeversorgung für alle Neu- und Bestandsbauten entfallen. Geplant ist außerdem eine Kostenbremse für Mieter. Lässt der Vermieter eine neue günstige Gas- oder Ölheizung einbauen, die aber hohe laufende Betriebskosten verursacht, muss er sich an den Kosten der Netzentgelte und der Brennstoffe zur Hälfte beteiligen. Weitere Informationen unter → *Gebäudeenergiegesetz*.

Am 29.4.2026 hat das Bundeskabinett einen weiteren Gesetzesentwurf für einen besseren Mieterschutz beschlossen. Der bleibt aber in einigen Punkten hinter dem Referentenentwurf des Bundesjustizministeriums von Februar 2026 zurück. Hinsichtlich GEG-Modernisierungen sind Klarstellungen geplant,

- dass während der Laufzeit eines Staffelmietvertrags auch Mieterhöhungen wegen GEG-Modernisierungen ausgeschlossen sind,

- dass auch bei GEG-Modernisierungen eine Mietminderung für drei Monate ausgeschlossen ist,
- dass bei der Ankündigung einer GEG-Modernisierung die zu erwartende Mieterhöhung angegeben werden muss,
- dass Mieter auch bei Mieterhöhungen nach GEG-Modernisierungen ein Sonderkündigungsrecht haben und
- dass ggf. eine bereits vor Beginn des Mietverhältnisses durchgeführte GEG-Modernisierung bei der Mietpreisbremse zu berücksichtigen ist.

Außerdem ist vorgesehen, dass
- Mieterhöhungen im **vereinfachten Verfahren** (vgl. S. 438) künftig bis zu Modernisierungskosten von 20 000 Euro möglich sein sollen,
- die Bundesländer in angespannten Wohnungsmärkten eine **Preisdeckelung für Indexmieten** einführen können. Steigerungen des Verbraucherpreisindex oberhalb einer Grenze von 3,0 % sollen dann nur noch zur Hälfte mieterhöhend geltend gemacht werden können,
- ein **Möblierungszuschlag** → *Möblierte Wohnungen/möblierte Zimmer* auf die ortsübliche Vergleichsmiete künftig monatlich höchstens 1 % des geschätzten Zeitwerts der Einrichtungsgegenstände bei Vertragsabschluss betragen darf. Bei voll ausgestattetem Wohnraum wird vermutet, dass ein Zuschlag bis zu 10 % der Nettokaltmiete angemessen ist. Der Vermieter ist verpflichtet, vor Abschluss des Mietvertrags unaufgefordert Auskunft über die Höhe des Möblierungszuschlags zu erteilen,
- **Kurzzeitmietverträge** zum → *vorübergehenden Gebrauch* sollen nur wirksam sein, wenn der **Mieter** für die kurzzeitige Vermietung einen **besonderen Bedarf** hat. Sie können längstens für 6 Monate geschlossen werden; ergibt sich nach Mietbeginn ein längerer Bedarf, maximal 8 Monate,
- → ***Schonfristzahlungen*** zur Abwendung der Kündigung – bisher nur bei fristloser Kündigung durch den Vermieter möglich – werden künftig auch bei einer ordentlichen Kündigung einmalig möglich sein.

Musik in der Wohnung → *Lärm*

N

Nachmieter → *Auszug des Mieters* → *Mieterkündigung*

Grundsätzlich ist der Vermieter berechtigt, seine Mieter selbst auszusuchen. Manchmal liegt es aber auch in seinem Interesse, dass der Mieter, der ausziehen möchte, ihm einen Nachmieter stellt, z. B., weil er sich nicht mit einer unüberschaubaren Anzahl von Bewerbern befassen möchte. Verpflichtet ist der Mieter hierzu ohne vertragliche Vereinbarung (s. u.) aber nicht. Allerdings kann es auch für den Mieter Vorteile haben, wenn er einen Nachmieter sucht, z. B., weil er möchte, dass Einbauten übernommen werden. Wurde ein → *Zeitmietvertrag* geschlossen, aus dem der Mieter vor Ende der vereinbarten Laufzeit nicht herauskommt, oder ein → *Kündigungsausschluss* vereinbart, ist der Mieter grundsätzlich daran gebunden, aber manchmal lässt sich der Vermieter auf einen → *Aufhebungsvertrag* ein, wenn ein akzeptabler Nachmieter gestellt wird.

Wichtig zu wissen: Die weit verbreitete Ansicht, der Vermieter müsse den Mieter vorzeitig aus dem Mietvertrag entlassen, wenn dieser ihm **drei Nachmieter** stellt, ist falsch (OLG Oldenburg WuM 1981, 125)!

N

Etwas anderes gilt nur, wenn das Recht, Nachmieter zu stellen, ausdrücklich vereinbart wurde oder der Mieter ein berechtigtes Interesse an der vorzeitigen Beendigung des Mietverhältnisses hat (BGH VIII ZR 244/02 WuM 2003, 204).

Nachmieterklausel

Einige Formularmietverträge enthalten eine Nachmietervereinbarung. Zu unterscheiden sind die echte und die unechte Nachmieterklausel. Die verbreitetere **unechte Nachmieterklausel** berechtigt den Mieter, vorzeitig aus dem Vertrag auszuscheiden, wenn er einen Nachmieter stellt. Der Vermieter darf den vorgeschlagenen Nachmieter zwar ablehnen und selbst einen Nachfolger suchen; der Mieter kommt aber trotzdem aus dem Mietvertrag frei, wenn der abgelehnte Nachmieter geeignet war (s. u.). Bei der – in Wohnraummietverträgen seltenen – **echten Nachmieterklausel** hingegen hat der Mieter einen Anspruch darauf, einen Nachmieter zu stellen. Enthält der Mietvertrag keine Nachmieterklausel, kann der Mieter versuchen, sie im Nachhinein zu vereinbaren. Der Vermieter muss sich aber nicht darauf einlassen.

Besonderes Interesse an Nachmieterstellung

Für Mieter kann es besonders hart sein, wenn ein Mietverhältnis nicht kurzfristig beendet werden kann. Für bestimmte **Härtefälle** haben die Gerichte Ausnahmen zugelassen (BGH VIII ZR 247/14 WuM 2015, 723; OLG Karlsruhe WuM 1981, 173; OLG Hamm WuM 1995, 577), in denen es Mietern zustehen soll, bei Stellung eines Nachmieters **vorzeitig** aus dem Mietvertrag entlassen zu werden.

> **Wichtig:** Ein Härtefall kann grundsätzlich nur vorliegen, wenn der Mieter nicht mit der gesetzlichen → *Kündigungsfrist* von drei Monaten aus dem Vertrag kommt. Das ist der Fall, wenn er durch einen → *Zeitmietvertrag* oder einen → *Kündigungsverzicht* länger gebunden ist; in seltenen Fällen gelten auch in Mietverträgen, die vor dem 1.9.2001 abgeschlossen wurden, noch längere Kündigungsfristen. Wer mit der **dreimonatigen Frist kündigen** kann, hat also auch, wenn er einen Nachmieter stellt, **keinen Anspruch** darauf, dass der Vermieter ihn vorzeitig aus dem Mietverhältnis entlässt (LG Berlin GE 2019, 969; LG Berlin WuM 2016, 227; LG Mannheim WuM 2009, 398).

Einen Härtefall haben die Gerichte in folgenden Fällen angenommen:

- der Mieter muss aus beruflichen Gründen in eine andere Stadt ziehen (LG Berlin GE 1989, 415; LG Bielefeld WuM 1993, 118; LG Hamburg WuM 1988, 125);
- der Mieter benötigt aus familiären Gründen eine größere Wohnung (z. B. wegen Hochzeit oder Schwangerschaft; AG Schöneberg MM 2004, 127; LG Landshut WuM 1996, 542; LG Oldenburg WuM 1995, 394; LG Berlin WuM 1992, 472);
- der Mieter will in ein Altenheim oder eine altengerechte Wohnung ziehen (LG Duisburg WuM 1999, 691) oder muss auf Dauer in ein Pflegeheim (LG Hildesheim ZMR 2000, 679; AG Münster WuM 2000, 306);
- schwere gesundheitliche Probleme des Mieters oder eines mit ihm zusammenlebenden Angehörigen, die einen Umzug notwendig machen, z. B. wenn bei einer schweren Herzkrankheit, wegen der jegliche körperliche Belastung vermieden werden muss, der Mieter vom 4. OG eines Hauses ohne Aufzug in das 1. OG eines anderen Hauses ziehen möchte (LG Mannheim DWW 1997, 152).

> **Achtung:** Vom Mieter selbst herbeigeführte Umstände können keinen Härtefall begründen. Der Mieter kann deshalb eine vorzeitige Beendigung des Mietverhältnisses durch Stellung eines Nachmieters nicht verlangen, wenn er eine andere Wohnung gefunden hat, die ihm besser zusagt, sein Eigenheim bezugsfertig ist oder er sich die Wohnung nicht mehr leisten kann.

Einzelheiten zur Stellung eines Nachmieters
Die näheren Voraussetzungen für das Anbieten eines Nachmieters richten sich zunächst nach den Vereinbarungen, die Mieter und Vermieter getroffen haben. Ist nichts weiter vereinbart oder hat der Mieter nach den oben erläuterten Grundsätzen das Recht zur Nachmieterstellung, gilt:

- Es ist nicht erforderlich, dass der Mieter mehrere Nachmieter vorschlägt, sofern keine andere Vereinbarung getroffen wurde. Ein geeigneter Nachmieter reicht aus (LG Saarbrücken WuM 1995, 313; a. A. AG Halle/Westfalen WuM 1986, 314). Der Vermieter hat auch kein uneingeschränktes Wahlrecht unter drei angebotenen Nachmietern. Sagt der von ihm ausgesuchte Nachmieter ab, muss er mit den beiden anderen verhandeln (AG Hamburg WuM 1988, 105).
- Der vom Mieter vorgeschlagene Nachmieter muss sich beim Vermieter melden und bereit erklären, einen Mietvertrag abzuschließen. Der Vermieter muss sich also nicht selbst bemühen und mit dem angebotenen Nachmieter Kontakt aufnehmen (BGH VIII ZR 247/14 WuM 2015, 723).
- Ob schon der Abschluss eines Mietvertrags mit dem Nachmieter die Vereinbarung eines Aufhebungsvertrags bedeutet, hängt von den Umständen des Einzelfalls ab (BGH VIII ZR 117/11 WuM 2012, 371). Das Beste ist, der Mieter schließt mit dem Vermieter einen schriftlichen → *Aufhebungsvertrag*.

Geeignetheit des Nachmieters
Der vom Mieter vorgeschlagene Nachmieter muss bereit sein, den bestehenden Vertrag ohne Einschränkungen zu akzeptieren. Dann darf der Vermieter einen Mieterwechsel nur ablehnen, wenn dafür wichtige Gründe in der Person oder den wirtschaftlichen Verhältnissen des Nachfolgers vorliegen (OLG Frankfurt WuM 1991, 475; AG Hannover WuM 1987, 146).

Der Nachmieter muss wirtschaftlich in der Lage sein, das Mietverhältnis zu den bisherigen Bedingungen fortzusetzen (AG Kiel ZMR 2021, 593). Dazu kann er vom Mieter entsprechende Nachweise verlangen, z. B. eine Verdienstbescheinigung und eine Selbstauskunft des angebotenen Nachmieters (BGH VIII ZR 247/14 WuM 2015, 723). Hat der Vermieter den Nachmieter akzeptiert, trägt er auch das Risiko dafür, dass dieser die Miete aufbringen kann (LG Köln WuM 1989, 18).

Ansonsten darf der Vermieter den vorgeschlagenen Nachmieter aus erheblichen persönlichen Gründen ablehnen, nicht aber, weil dieser ihm unsympathisch ist. Lässt der Vermieter eine negative Einstellung zu bestimmten Gruppen von Mietern erkennen, die sich objektiv nicht begründen lässt, bleibt das unberücksichtigt. Er kann nicht geltend machen, der Nachmieter sei ungeeignet, weil er mit Kind einziehen will. Die allgemein geäußerte Befürchtung, es könne zu Be-

N

schwerden durch andere Hausbewohner wegen Kinderlärms kommen, rechtfertigt es nicht, den angebotenen Nachmieter abzulehnen (BGH VIII ZR 244/02 WuM 2003, 204). Außerdem ist die Ablehnung eines Mietnachfolgers, nur weil er Ausländer ist, nach dem → *Allgemeinen Gleichbehandlungsgesetz* unzulässig.

Dem Vermieter steht eine Überlegungsfrist von (bis zu) drei Monaten zu (AG Steinfurt WuM 2007, 126). Innerhalb dieser Frist muss er entscheiden, ob er den angebotenen Nachmieter nimmt. Während dieses Zeitraums muss der Mieter weiter Miete zahlen.

Unberechtigte Ablehnung des Nachmieters

Lehnt es der Vermieter ab, einen **geeigneten Nachmieter** zu übernehmen, ist der Mieter so zu stellen, als ob das Mietverhältnis durch das Eintreten des Nachmieters beendet worden wäre (LG Berlin ZMR 1999, 401; AG Wetzlar WuM 2006, 374). Auch wenn sich der Vermieter ohne triftigen Grund oder ohne nähere Prüfung weigert, einen angebotenen Nachmieter zu akzeptieren, kommt der Mieter vorzeitig aus dem langfristigen Mietverhältnis heraus (LG Oldenburg WuM 1997, 491). Das Gleiche gilt, wenn der Vermieter von vornherein nicht bereit ist, vom Mieter gestellte Nachmieter zu akzeptieren (LG Landshut WuM 1996, 542; LG Köln WuM 1989, 283), oder erklärt, dass er den Nachmieter selbst suchen will (LG Mannheim DWW 1997, 152; AG Frankfurt a. M. WuM 1999, 571).

Der Mieter muss von dem Tag an keine Miete mehr zahlen, zu dem ein Nachmieter die Wohnung angemietet hätte. Dabei ist aber zu beachten, dass dem Vermieter noch die **Überlegungsfrist** von bis zu drei Monaten zugestanden hätte. Der Mieter kann sich außerdem aus dem Mietverhältnis lösen, wenn der Vermieter die Nachmieterstellung von zusätzlichen Forderungen oder unzumutbaren Bedingungen abhängig macht (LG Bielefeld WuM 1993, 118) oder die Wohnung nicht mehr vermieten, sondern verkaufen will (AG Köln WuM 1988, 106). Der Vermieter darf von dem Nachmieter jedenfalls dann eine höhere Miete verlangen, wenn er sich das in der mit dem Mieter getroffenen Nachmietervereinbarung vorbehalten hat (OLG Zweibrücken WuM 1998, 147). Aber auch ohne ausdrückliche Vereinbarung kann der Vermieter nach Auffassung vieler Gerichte vom Nachmieter eine angemessen höhere Miete fordern (OLG München NJW-RR 1995, 393; OLG Hamburg WuM 1987, 145; LG Saarbrücken WuM 1995, 313). Nach Auffassung anderer Gerichte darf der Vermieter den Abschluss eines neuen Mietvertrags mit dem Nachmieter nicht dadurch vereiteln, dass er die Miete heraufsetzt (OLG Düsseldorf NJW-RR 1992, 657; LG Wiesbaden WuM 2002, 15; LG Hannover WuM 1995, 697), es sei denn, die restliche Mietdauer ist sehr kurz (LG Köln WuM 1989, 374). Die vom Nachmieter verlangte Miete darf aber auf keinen Fall außer Verhältnis zur bisherigen Miete stehen (OLG Zweibrücken WuM 1998, 147). Eine Erhöhung um 40 % ist wesentlich zu viel (LG Hamburg WuM 1988, 125). Der Vermieter muss zudem die → *Mietpreisbremse* beachten, wenn sie in der betreffenden Stadt gilt.

Was ist, wenn sich kein Nachmieter findet?
Findet der Mieter keinen Nachmieter, bleibt er an den Mietvertrag gebunden. Dasselbe gilt, wenn er keinen Nachmieter stellen darf, weil der Mietvertrag keine Nachmieterklausel enthält und keiner der oben aufgeführten Ausnahmefälle vorliegt. Dann hat der Mieter nur noch eine Möglichkeit, sich aus dem Vertragsverhältnis zu lösen: Er kann den Vermieter fragen, ob er einer Untervermietung zustimmt → *Untermiete*. Dabei muss er den Namen des vorgesehenen Untermieters angeben (BGH VIII ZR 335/10 WuM 2012, 229). Versagt der Vermieter die Erlaubnis, ohne dass bei dem benannten Untermieter ein wichtiger Grund für die Ablehnung vorhanden ist, kann der Mieter unter Einhaltung einer Frist von drei Monaten kündigen.

> **Achtung:** Die fristlose Kündigung wegen unberechtigter Verweigerung der Untermieterlaubnis ist rechtsmissbräuchlich, wenn dem Mieter bekannt ist, dass die als Nachmieter benannte Person gar kein Interesse an einer Untermiete hat (BGH VIII ZR 294/08 WuM 2010, 30).

N

Ist der Vermieter allerdings mit der Untervermietung einverstanden, hat dies für den Mieter den Nachteil, dass das Mietverhältnis fortbesteht und er weiter mietvertraglich haftet.

Nebenkosten → *Betriebskosten* → *Heizkosten*

Nichteheliche Lebensgemeinschaft

Vertragsschluss und Aufnahme in die Wohnung
Wollen nichteheliche Lebenspartner gemeinsam eine Wohnung anmieten, so empfiehlt es sich, dass **beide** den Vertrag als Mieter **unterschreiben**. Darüber hinaus ist eine **schriftliche Vereinbarung** zwischen den Partnern sinnvoll, in der geregelt wird, wer im Fall einer Trennung in der Wohnung bleiben kann und wie Mietzahlungen intern verrechnet werden.

Soll ein nichtehelicher Lebenspartner in einen bereits bestehenden Mietvertrag über eine Wohnung aufgenommen werden, ist anders als bei Ehepartnern, eingetragenen Lebenspartnern → *Lebenspartnerschaft* oder Kindern des Mieters das **Einverständnis des Vermieters erforderlich**. Der Vermieter kann allerdings nur ausnahmsweise ablehnen, wenn in der Person der Lebenspartnerin oder des Lebenspartners ein wichtiger Grund vorliegt, die Wohnung übermäßig belegt würde oder die Überlassung aus sonstigen Gründen nicht zumutbar ist. Im Regelfall besteht ein **Anspruch auf die Erlaubnis** (BGH VIII ZR 371/02 WuM 2003, 688). Es kommt nicht darauf an, ob es sich um eine hetero- oder homosexuelle Partnerschaft handelt (BGH VIII ZR 371/02 WuM 2003, 688; LG Hamburg ZMR 2020, 513).

Ein Ausgleich für gezahlte Mieten findet untereinander nur statt, wenn dies vereinbart ist (BGH XII ZR 53/08 WuM 2010, 140).

Kündigung
Soll der Mietvertrag gekündigt werden, müssen alle Personen, die als Mieter unterschrieben haben, die Kündigung erklären. Ist bei nachträglicher Aufnahme in die Wohnung nicht sicher, ob der oder die Partnerin in den Vertrag aufgenommen wurde, sollte er oder sie vorsorglich auch die Kündigung erklären. Eine Kündigung durch den Vermieter muss allen Mietenden zugehen, um wirksam zu sein.

Was geschieht bei Trennung?
Soll die Wohnung anlässlich einer Trennung gänzlich aufgegeben werden, gilt das unter Kündigung Gesagte. Will jedoch einer der Partner weiter in der Wohnung wohnen, kann es kompliziert werden. Wurde der oder die Lebensgefährtin **nicht** in den Mietvertrag aufgenommen, kann der Mieter von ihm oder ihr den Auszug aus der Wohnung verlangen (AG Neuruppin WuM 2010, 142). Sind beide als Mieter im Vertrag aufgenommen und besteht keine Vereinbarung, wer die Wohnung bekommt (s. o.), muss eine Einigung erzielt werden, denn etwas Vergleichbares wie das Ehewohnungszuweisungsverfahren existiert für nichteheliche Lebensgemeinschaften nicht.

> **Wichtig zu wissen:** Bei **Gewalt** kann auch bei nichtehelichen Lebensgemeinschaften eine Wohnungsüberlassung nach dem Gewaltschutzgesetz in Frage kommen → *Ehescheidung und Trennung*, dort unter »Was tun bei Gewalt?«

Wurde eine Einigung erzielt und zieht einer der Ex-Partner aus der Wohnung aus, führt dies aber **nicht automatisch** dazu, dass er aus dem Mietvertrag entlassen wäre. Damit der ausziehende Partner aus dem Mietvertrag nicht mehr verpflichtet ist, gibt es zwei Möglichkeiten:

- eine **Einigung mit dem Vermieter**, dass der Vertrag künftig nur noch mit dem in der Wohnung verbleibenden Ex-Partner weitergeführt wird. Dies wird von vielen Vermietern leider nicht gewünscht, weil ihnen damit im Falle ausbleibender Mietzahlungen ein Schuldner verloren geht, an den sie sich halten könnten. Kommt es nicht zur Einigung, bleiben beide Mieter und der Vermieter kann nach seiner Wahl beide in voller Höhe für die Mietzahlung in Anspruch nehmen! Wie diese Zahlungen dann im Innenverhältnis zwischen den Ex-Lebensgefährten zu verrechnen sind, kann dem Vermieter egal sein.
- die → *Kündigung* **der Wohnung** (durch beide Mieter) mit der **Folge**, dass die Wohnung auch geräumt und herausgegeben werden muss. **Achtung:** Ein Anspruch darauf, dass der Vertrag danach mit einem von beiden weitergeführt bzw. neu abgeschlossen wird, besteht nicht (LG Konstanz WuM 2000, 675)! Trotzdem sind nach der Rechtsprechung bei Beendigung der Lebensgemeinschaft beide Partner wechselseitig verpflichtet, an der Kündigung des Mietvertrags mitzuwirken, selbst wenn dies dazu führt, dass der in der Wohnung verbliebene Partner seine Bleibe verliert (OLG Düsseldorf WuM 2007, 567)!

Zum **Eintritt in den Mietvertrag** nach dem **Tod eines der Partner** s. unter → *Tod des Mieters.*

Nutzungsentschädigung

Bleibt der Mieter, obwohl das Mietverhältnis beendet worden ist, gegen den Willen des Vermieters in der Wohnung, kann der Vermieter für diese Zeit verlangen:

1. entweder die bisher vereinbarte Miete oder

2. die Miete, die für vergleichbare Wohnungen ortsüblich ist. Maßstab ist dabei die **Marktmiete**, die der Vermieter bei Neuabschluss eines Mietvertrags erzielen könnte, und nicht die ortsübliche Vergleichsmiete, die bei → *Mieterhöhungen* maßgeblich ist (BGH VIII ZR 17/16 WuM 2017, 134) → *stillschweigende Verlängerung des Mietverhältnisses.*

> **Achtung:** Nimmt der Vermieter die Miete in bisheriger Höhe vorbehaltlos an, während die ortsübliche Miete tatsächlich höher liegt, kann er die Differenz nachfordern (BGH XII ZR 215/97 WuM 1999, 689).

Weist die Wohnung bei Beendigung des Mietverhältnisses **Mängel** auf, müssen diese bei der ortsüblichen Miete berücksichtigt werden, so dass nur eine geminderte Nutzungsentschädigung zu zahlen ist (BGH XII ZR 66/13 WuM 2015, 493; OLG Düsseldorf WuM 1991, 264). Mängel, die sich erst nach Vertragsende ergeben, führen nicht zu einer Minderung der Nutzungsentschädigung (BGH XII ZR 66/13 WuM 2015, 493). Nur in Ausnahmefällen kann der Vermieter zur Beseitigung dieser Mängel verpflichtet sein (BGH XII ZR 66/13 WuM 2015, 493; XII ZR 137/07 WuM 2009, 469).

Die Nutzungsentschädigung in ortsüblicher Höhe kann auch verlangt werden, wenn dem zur Räumung verurteilten Mieter eine **Räumungsfrist** gewährt worden ist, ferner in den Fällen, in denen die Rückgabe der Mietwohnung infolge von Umständen unterblieben ist, die der Mieter nicht zu vertreten hat. Hat der Vermieter aber gar **keinen Rücknahmewillen**, steht ihm auch **kein Anspruch auf Nutzungsentschädigung** zu (BGH VIII ZR 214/16 WuM 2017, 521; VIII ZR 326/09 WuM 2010, 632; VIII ZR 218/04 WuM 2006, 102). Dies gilt auch, wenn der Vermieter vom **Fortbestand** des vom Mieter selbst gekündigten Mietverhältnisses ausgeht. Für den Zeitraum zwischen Beendigung des Mietverhältnisses und Rückgabe der Schlüssel hat der Vermieter dann nur einen Bereicherungsanspruch auf Wertersatz. Hat der Mieter die Wohnung z. B. nur noch zum Lagern einiger Gegenstände genutzt, muss er nur die ersparten Kosten für einen entsprechenden Lagerraum ersetzen (BGH VIII ZR 291/23 WuM 2025, 494; VIII ZR 214/16 WuM 2017, 522). Vereitelt der Vermieter durch den Austausch von Schlössern den Zugang des Mieters zur Mietsache, steht ihm auch keine Nutzungsentschädigung zu (KG Berlin WuM 2009, 667). Das Gleiche gilt, wenn der Mieter nach Ablauf der Mietzeit noch vom Vermieter geforderte Schönheitsreparaturen durchführt (OLG Hamm NZM 2003, 517; KG Berlin RE WuM 2001, 437) oder durch Ausübung des → *Vermieterpfandrechts* die vollständige Räumung der Wohnung verhindert wird (AG Villingen-Schwenningen WuM 2016, 100; anders, wenn der Mieter die Schlüssel behält – KG Berlin GE 2017, 352). Hier bleiben dem Vermieter allenfalls Schadensersatzansprüche (BGH VIII ZR 326/09 WuM 2010, 632; OLG Hamburg WuM 1990, 75) → *Auszug* → *Rückgabe der Wohnung.*

Die Verpflichtung zur Zahlung einer Nutzungsentschädigung **endet bei Rückgabe der Wohnung** durch den Mieter (BGH VIII ZR 57/05 WuM 2005, 771). Teilt der Mieter jedoch dem Vermieter den bevorstehenden Auszug nicht umgehend mit, macht er sich schadensersatzpflichtig (LG Freiburg WuM 1980, 223; AG Friedberg WuM 1980, 223). Der Anspruch verjährt nach drei Jahren → *Verjährung.*

Hat der Mieter die Wohnung **weitervermietet**, kann der Eigentümer nach Beendigung des Hauptmietvertrags eine Nutzungsentschädigung vom Untermieter nur ab dem Zeitpunkt verlangen, ab dem der Untermieter weiß, dass er aufgrund der Kündigung des Hauptvertrags keine Besitzberechtigung mehr hat (LG Köln WuM 1997, 46; LG Kempten WuM 1996, 34).

Klagt der Vermieter wegen Nichtzahlung der Miete auf Räumung, kann er hiermit eine Klage auf künftige Nutzungsentschädigung verbinden (BGH VIII ZB 66/02 WuM 2003, 280).

O

Obdachlosigkeit

Droht mit dem Verlust der Wohnung die Obdachlosigkeit, kann dies durch die rechtzeitige Inanspruchnahme von Hilfsangeboten (→ *Sozialhilfe*) oft noch abgewendet werden. Ist es bereits zur **Kündigung** gekommen, sollte zunächst versucht werden, gegen diese vorzugehen.

Wurde eine → ***fristlose Kündigung des Vermieters*** *wegen Zahlungsverzugs* ausgesprochen, ist es unter bestimmten Voraussetzungen möglich, durch eine sog. → *Schonfristzahlung* die Kündigung rückwirkend zu beseitigen.

> **Achtung: Begrenzte Wirkung der Schonfristzahlung!** Leider wirkt eine solche Schonfristzahlung nach der ständigen Rechtsprechung des Bundesgerichtshofs nicht bei der ordentlichen → *Kündigung*, die daher von Vermietern meist parallel ausgesprochen wird. Es existiert aber ein Referentenentwurf des Bundesministeriums der Justiz und für Verbraucherschutz für ein Gesetz zur Änderung des Rechts der Wohn- und Geschäftsraummiete (»Mietrecht II«), der hier eine Änderung vorsieht. Wird das Vorhaben umgesetzt, wird man sich künftig zumindest **ein Mal im Laufe eines Mietverhältnisses** auch **bei einer ordentlichen Kündigung mit der Schonfristzahlung »retten«** können. Der örtliche Mieterverein weiß, welche gesetzliche Regelung gerade aktuell ist!

Gegen eine **ordentliche** → ***Kündigung*** *des Vermieters* nach § 573 BGB (z. B. wegen Pflichtverletzungen des Mieters, Eigen- oder Betriebsbedarf) kann im Rahmen der sog. **Sozialklausel** (§ 574 BGB; → *Kündigungsschutz*) ggf. Widerspruch eingelegt werden, wenn die Beendigung des Mietverhältnisses für den Mieter, Familien- oder andere Haushaltsangehörige eine nicht zu rechtfertigende Härte (z. B. bei nachgewiesener schwerer Erkrankung oder Demenz; zum Nachweis s. BGH VIII ZR 270/22 WuM 2025, 344) bedeuten würde. Dies ist im Einzelfall vom Gericht im Kündigungs- und Räumungsprozess zu entscheiden (BGH VIII ZR 180/18 WuM 2019, 385; VIII ZR 390/21 WuM 2023, 39). Ggf. ist ein Sachverständigengutachten einzuholen (BGH VIII ZR 96/22 WuM 2023, 217).

Kann die Kündigung nicht mehr abgewendet werden, sollte der Mieter im Prozess beim Gericht noch eine → *Räumungsfrist* oder → *Vollstreckungsschutz* beantragen.

Sind alle diese Mittel bereits ausgeschöpft oder erfolglos, besteht bei eintretender Obdachlosigkeit ein Anspruch gegen die **Gemeinde** auf **Unterbringung**, wenn keine anderweitige Möglichkeit besteht unterzukommen (VG Kassel WuM 2016, 241). Es gilt, dass man sich zunächst selbst bemühen und dies ggf. auch nachweisen muss. Zuständig sind die Ordnungsbehörden derjenigen Gemeinde, in der sich der Obdachlose aufhält (VGH Kassel NVwZ 2003, 1402). Es besteht grundsätzlich nur der Anspruch auf Zuweisung einer Notunterkunft, nicht auf gleichwertigen Ersatzwohnraum (VG Kassel WuM 2016, 241; VG Köln 20 L 134/07). Die Behörde muss sich auch nicht um die Unterbringung von Mobiliar kümmern. Lediglich im Ausnahmefall und als letztes Mittel kommt eine vorübergehende → *Wiedereinweisung* in die alte Wohnung in Betracht (VG Kassel WuM 2016, 241). Ggf. können Wiedereinweisung und Vollstreckungsschutz auch kombiniert werden (LG Lübeck WuM 2019, 601).

Rat und Unterstützung leisten neben den Sozial- und Wohnungsbehörden der Gemeinden örtliche karitative Verbände. Leben minderjährige Kinder in der Familie, kann auch das Jugendamt hinzugezogen werden.

Obhutspflicht

Die Wohnung wird dem Mieter zum **vertragsgemäßen Gebrauch** – zum **Wohnen** – überlassen. Für Abnutzungen oder Schäden, die dadurch entstehen, haftet der Mieter nicht. Das Gesetz regelt aber nicht ausdrücklich, was (noch) zum »Wohnen« gehört. Zudem kann der vertragsgemäße Gebrauch im Mietvertrag beschränkt werden. Auf jeden Fall aber ist der Mieter im Rahmen der Obhutspflicht gehalten, die Mietsache pfleglich zu behandeln und vermeidbaren Schaden von ihr abzuwenden (BGH VIII ZR 49/16 WuM 2017, 10). Diese Pflicht begrenzt den vertragsgemäßen Gebrauch. Zu den Mieterpflichten gehört auch die unverzügliche Anzeige von Schäden → *Anzeigepflicht des Mieters*.

Die Obhutspflicht besteht unabhängig von der tatsächlichen Nutzung während der gesamten Dauer des Mietverhältnisses. Sie endet erst durch die Rückgabe der Mietsache nebst Schlüsseln an den Vermieter. Sie betrifft alle Räume des Hauses, die der Mieter (mit-)benutzen darf (z. B. Waschküche, Trockenboden, Keller, Flur). Der Mieter haftet auch für Schäden durch Dritte, denen er den Gebrauch der Wohnung überlassen hat.

Einzelfälle:

Der Mieter

- ist verpflichtet, zumutbare Maßnahmen zur **Verhinderung von Schäden** zu treffen (z. B. bei Starkregen Fenster schließen, bei längerer → *Abwesenheit des Mieters* Wasser abstellen);
- ist verpflichtet, bei Frost die Wohnung zumindest so zu **beheizen**, dass Leitungen nicht einfrieren und keine Feuchtigkeitsschäden auftreten (AG Steinfurt WuM 1981 230; AG Nürnberg WuM 1984, 109); bei nicht beheizbaren Räumen obliegt der Frostschutz aber weiterhin dem Vermieter (KG Berlin GE 2002, 131);
- ist verpflichtet, von ihm aufgestellte Wasch- oder Spülmaschinen im zumutbaren Umfang zu **überwachen** (OLG Hamm WuM 1985, 253; LG Landau WuM 1996, 29); ggf. muss aber der Vermieter nachweisen, dass eine Pflichtverletzung des Mieters Schäden verursacht hat (BGH VIII ZR 205/13 WuM 2014, 279);
- ist verpflichtet, **hygienische Mindeststandards** einzuhalten, um Befall durch Ungeziefer oder Geruchsbelästigungen zu vermeiden (»Messies«; LG Berlin ZMR 2018, 416);
- haftet für Schäden infolge von **Straftaten**, die er in der Wohnung begeht (BGH VIII ZR 49/16 WuM 2017, 10 – zerstörte Wohnungstür nach Polizeieinsatz in der Wohnung, bei dem illegaler Drogenbesitz festgestellt wurde: keine Haftung, da sich der ursprüngliche Verdacht des illegalen Handels, der Anlass des Einsatzes war, nicht bestätigt hatte!).

Die Verletzung der Obhutspflicht kann in besonders schweren Fällen zur → *fristlosen Kündigung des Vermieters* führen.

Ordentliche Kündigung → *Kündigung*

Ortsübliche Vergleichsmiete → *Mieterhöhung auf die ortsübliche Vergleichsmiete*

P

Parkettboden

Einen mitvermieteten Fußbodenbelag aus Holz (Parkett), Laminat oder einem ähnlichen Material muss der Mieter sorgsam behandeln und angemessen pflegen.

Wer ist zuständig für das Abschleifen?

Im Laufe der Zeit wird ein Parkettboden durch Gebrauchsspuren und Verfärbungen unansehnlich. Ein Bodenbelag aus Holz (Parkett) ist erfahrungsgemäß alle 15 bis 20 Jahre abzuschleifen und neu zu versiegeln (LG Wiesbaden WuM 1991, 540); nach anderen Angaben alle zwölf bis 15 Jahre (AG Köln WuM 1984, 197). Das ist Aufgabe des Vermieters; der Mieter hat Anspruch darauf, dass der Vermieter diese Instandsetzungsarbeiten durchführt. Eine Formularklausel im Mietvertrag, die diese Arbeiten dem Mieter auferlegt, ist unwirksam (OLG Düsseldorf WuM 2003, 621; LG Berlin NJWE-MietR 1996, 266; LG Köln WuM 1994, 199; AG Münster WuM 2002, 451) → *Allgemeine Geschäftsbedingungen*. Abschleifen und Versiegeln zählen auch nicht zu den → *Schönheitsreparaturen* (BGH VIII ZR 48/09 WuM 2010, 85).

Eine Mietminderung wegen → *Mangel der Wohnung* ist gerechtfertigt, wenn der Wohnwert durch einen unansehnlichen Parkettboden erheblich beeinträchtigt ist. Dabei ist zu berücksichtigen, dass ein Holzparkett der Wohnung einen besonderen Charakter verleiht und damit dem Erscheinungsbild dieses Bodenbelags eine gesteigerte Bedeutung zukommt. Wasserschäden (AG Dortmund DWW 1996, 282) oder im größeren Umfang vorgenommene farblich abweichende Ausbesserungen (AG Norderstedt WuM 1989, 564) rechtfertigen eine Herabsetzung der Miete. Hat der Mieter den schlechten Zustand des Parketts aber bereits zu Beginn des Mietverhältnisses vorbehaltlos akzeptiert, ist die Mietminderung ausgeschlossen.

Muss der Mieter beim Auszug für Schäden am Parkett zahlen?

Beim Auszug des Mieters entsteht häufig Streit, wer für Druckstellen, Kratzer, Flecken oder Ähnliches verantwortlich ist. Für Schäden, die auf einer normalen Abnutzung beruhen, muss der Mieter nicht einstehen, weil ein Parkettboden im Laufe der Mietzeit mehr oder weniger zwangsläufig kleinere Beschädigungen davonträgt. Sie sind **übliche Gebrauchsspuren**. Bemängelt der Vermieter etwa, dass der Parkettboden kleinere Kratzer und Druckstellen hat, muss der Mieter dafür nicht haften. Besonders im Eingangsbereich der Wohnung entstehen oft erhebliche Abnutzungen, die der Vermieter nicht beanstanden kann (OLG Düsseldorf WuM 2003, 621). Kommt es aber zu Kratzspuren durch **Hunde**, weil der Mieter zumutbare Schutzmaßnahmen unterlassen hat, ist er schadensersatzpflichtig (LG Koblenz NZM 2014, 608).

Für **größere Beschädigungen** kann der Vermieter generell Schadensersatz verlangen → *Ersatzansprüche des Vermieters.* Hat der Mieter größere Dellen verursacht, z. B. aus Unachtsamkeit einen schweren Gegenstand fallen lassen, ist das keine normale Abnutzung mehr. Der Mieter haftet aber nur, wenn er den Schaden verschuldet hat. Dem Vermieter steht kein Schadensersatz zu, wenn aus einer undichten Duschkabine Wasser ausgetreten ist, ohne dass der Mieter das bemerken konnte (AG Hamburg WuM 2022, 267).

Bei der **Berechnung des Schadens** ist ein Abzug »neu für alt« vorzunehmen, vgl. → *Teppichboden.* Ist der Parkettboden ohnehin abgenutzt oder seit längerer Zeit (vgl. oben) nicht abgeschliffen worden, steht dem Vermieter womöglich überhaupt kein Schadensersatz zu (LG Frankenthal ZMR 2015, 552; LG Wiesbaden WuM 1991, 540). Das AG Tempelhof-Kreuzberg geht von einer Mindestlebensdauer von rund 30 Jahren aus (ZMR 2019, 971). Muss der Parkettboden nach Ablauf der o. g. Zeiträume ohnehin abgeschliffen und neu versiegelt werden, verringert sich der Anspruch auf Schadensersatz. Er entfällt womöglich ganz, wenn sich die Schäden bereits durch das Abschleifen komplett beseitigen lassen.

Diese Grundsätze gelten entsprechend für einen Laminatboden. Kleine Einkerbungen sind gewöhnliche Abnutzungserscheinungen und stellen keinen ersatzfähigen Schaden dar. Die Lebensdauer eines solchen Bodenbelags einfacher Qualität beträgt nicht mehr als 14 Jahre (AG Wiesbaden 93 C 2206/18).

Darf der Mieter selbst Parkett verlegen?

Will der Mieter selbst Parkett verlegen, benötigt er die Zustimmung des Vermieters nur, wenn es fest verklebt werden soll (AG Köln WuM 1987, 51). Die meisten Parkettböden werden heute jedoch schwimmend verlegt und sind problemlos wieder zu entfernen. Die Verlegung muss fachgerecht erfolgen. Auf ausreichende Trittschalldämmung ist zu achten. Der Mieter darf für die Verlegung keine Änderungen in der Wohnung vornehmen, die sich nicht ohne Weiteres rückgängig machen lassen, z. B. die Türen unten abschleifen. Es ist in jedem Fall empfehlenswert, die Verlegung mit dem Vermieter abzustimmen und eine Vereinbarung zur → *Modernisierung durch den Mieter* zu treffen. Andernfalls kann es passieren, dass der Mieter das Parkett beim Auszug wieder entfernen muss, wenn der Vermieter darauf besteht. Ohne Vereinbarung steht dem Mieter grundsätzlich auch kein Ausgleich für seine Investitionen zu.

Preisbindung → *Sozialmiete/Sozialwohnung*

Prostitution → *Berufsausübung in der Wohnung*

Prozesskosten

Die Kosten eines Prozesses vorab auf Euro und Cent genau zu bestimmen, ist leider nicht möglich, aber mit einer groben Berechnung der Größenordnung kann das Risiko kalkuliert und dann die Entscheidung getroffen werden, ob man es auf einen Prozess ankommen lassen will.

Für ein Verfahren vor Gericht fallen Gebühren und Auslagen – die **Gerichtskosten** – sowie **außergerichtliche Kosten** an, das sind vor allem die Anwaltskosten. Das Gericht trifft neben seiner Sachentscheidung (z. B. über die Berechtigung einer Kündigung oder Mieterhöhung) auch eine Entscheidung darüber, wer die Kosten des Verfahrens zu tragen hat. Das ist in aller Regel die **unterliegende Prozesspartei.**

> **Wichtig:** Zu den Kosten, die die unterliegende Partei tragen muss, gehören auch die Anwaltskosten des Gegners. Dies sollte im Vorfeld bedacht werden, damit es keine böse Überraschung gibt. Lassen Sie sich vorab fachkundig – z. B. beim örtlichen Mieterverein – beraten, ob ein Prozess Erfolg verspricht. In vielen Fällen hilft eine Rechtsschutzversicherung → *Rechtsschutz*, das Risiko abzumildern.

Wenn das Gericht die Forderung nur **teilweise** zugesprochen hat, werden die Kosten im entsprechenden **Verhältnis** aufgeteilt.

> **Beispiel:** Der Kläger hat 1000 Euro eingeklagt, das Amtsgericht hat 300 Euro, also 30 % davon, zugesprochen und die Klage im Übrigen – also i. H. v. 700 Euro, entsprechend 70 % – abgewiesen. Dann muss der Kläger 70 % der Kosten tragen, der Beklagte 30 %.

Hat eine Partei nur zu einem ganz geringen Teil verloren, kann das Gericht die Kosten der anderen Partei in voller Höhe auferlegen. Wenn beide Parteien annähernd zur Hälfte gewonnen haben, kommt außerdem die »Aufhebung der Kosten gegeneinander« in Betracht. Das bedeutet, dass jede Partei die eigenen außergerichtlichen Kosten, also z. B. Anwaltskosten, tragen muss, und außerdem die Hälfte der Gerichtskosten.

Die Gerichts- und Rechtsanwaltskosten fallen in Form von sog. **Gebühren** an. In der Regel fallen in einem Prozess 3,0 Gerichtsgebühren und – bei anwaltlicher Vertretung – je Partei 2,5 Anwaltsgebühren (1,3 Verfahrensgebühr + 1,2 Terminsgebühr) an. Die Höhe einer solchen Gebühr ist gesetzlich festgelegt und hängt vom sog. Gebührenstreitwert → *Streitwert* ab. Je höher der Streitwert ist, umso höher sind die Gebühren, und umso teurer wird der Prozess.

Wichtig zu wissen: Wird ein **Vergleich** geschlossen, reduzieren sich die Gerichtsgebühren auf 1,0 Gebühr; die Anwaltskosten steigen jedoch auf 3,5 Gebühren je Partei. Dadurch können zwar die Gesamtkosten des Prozesses höher sein, aber wenn jede Partei nur den eigenen Anwalt und die Hälfte der Gerichtsgebühren zahlt, sind die Kosten am Ende i. d. R. immer noch geringer als für einen verlorenen Prozess.

Gerichtsgebühren

Die Wertgebühren im **Gerichtskostengesetz** (GKG) sind nach dem **Gebührenstreitwert gestaffelt** → *Streitwert*. Je höher der Gebührenstreitwert, umso höher fällt eine Gebühr aus. Die Gebühren betragen (Stand: März 2026):

Streitwert bis … Euro	Gebühr … Euro
500	40,00
1000	61,00
1500	82,00
2000	103,00
3000	125,50
4000	148,00
5000	170,50
6000	193,00
7000	215,50
8000	238,00
9000	260,50
10 000	283,00

Die Gebühren bei höheren Streitwerten können der Tabelle in Anlage 2 zum GKG unter www.gesetze-im-internet.de/gkg_2004/anlage_2.html entnommen werden. Dort können Sie auch prüfen, ob die hier genannten Sätze noch gelten.

Wichtig zu wissen: Wer Klage erhebt, muss **drei Gerichtsgebühren** als **Vorschuss** an das Gericht zahlen. Ist der Wert einfach zu ermitteln, kann dies direkt mit der Klageerhebung geschehen; in komplizierteren Fällen kann auch die Kostenanforderung der Justizkasse abgewartet und dann gezahlt werden. Ohne Vorschuss wird die Klage der anderen Partei noch nicht einmal zugestellt, d. h., dass die **Verjährung weiterläuft**! Der Vorschuss wird später ggf. mit den tatsächlich zu zahlenden Kosten verrechnet, das Geld ist also nicht verloren.

Rechtsanwaltsgebühren

Die Gebühren für Rechtsanwälte richten sich nach dem **Rechtsanwaltsvergütungsgesetz** (RVG). Maßgeblich ist der **Gegenstandswert**. Da § 23 RVG insoweit auf die Vorschriften für die Gerichtsgebühren verweist, gilt dazu das oben Gesagte. Allerdings gelten andere Gebührenwerte als beim Gericht:

Gegenstandswert bis ... Euro	Gebühr ... Euro
500	51,50
1000	93,00
1500	134,50
2000	176,00
3000	235,50
4000	295,00
5000	354,50
6000	414,00
7000	473,50
8000	533,00
9000	592,50
10 000	652,00

Die Gebühren bei höheren Gegenstandswerten können der Tabelle in Anlage 2 zum RVG unter www.gesetze-im-internet.de/rvg/anlage_2.html entnommen werden. Dort können Sie auch prüfen, ob die hier genannten Sätze noch zutreffen.

Wichtig zu wissen: Der Gegenstandswert bei den Anwaltsgebühren entspricht nicht immer dem Streitwert; er kann insbesondere dann höher sein, wenn im Vorfeld der Klage eine höhere Forderung zu prüfen war und dann nur ein Teil davon eingeklagt wird.

Kostenfestsetzung

Auf der Grundlage der Kostenentscheidung und des Streitwerts setzt das Gericht am Ende die Gerichts- und Anwaltskosten fest, die von der unterlegenen Partei zu zahlen sind.

Beispiel: Räumungsrechtsstreit vor dem Amtsgericht (Stand: 4/2026)
Für Räumungsverfahren beträgt der → *Streitwert* die für ein Jahr geschuldete Nettokaltmiete, also Miete ohne Nebenkosten. Die Miete beträgt 450 Euro im Monat ohne Nebenkosten.
Der Streitwert beträgt also 12 × 450 Euro = 5400 Euro.
Aus dem Streitwert ergibt sich, dass eine **Gerichtsgebühr** 193,00 Euro beträgt. Da 3,0 Gerichtsgebühren anfallen, betragen die Gerichtskosten 3,0 × 193,00 Euro = 579,00 Euro. Hinzu kommen ggf. Auslagen für Zeugen, Sachverständige, Reisekosten etc.
Eine **Anwaltsgebühr** beträgt bei 5400 Euro Streitwert 414 Euro. Es fallen i. d. R. eine 1,3 Verfahrensgebühr und eine 1,2 Terminsgebühr an, zusammen also 2,5 Gebühren. Die Anwaltsgebühren betragen folglich 2,5 × 414,00 Euro = 1035,00 Euro. Hinzu kommt eine Pauschale für Post- und Telekommunikationsleistungen (max. 20 Euro), ggf. weitere Auslagen (z. B. Reisekosten) und 19 % MwSt. Ohne Auslagen kostet also ein Anwalt 1255,45 Euro.
Sind beide Parteien anwaltlich vertreten, fallen die Anwaltskosten entsprechend zweimal an. Derjenige, der den Prozess in erster Instanz verliert, muss also 579 Euro Gerichtsgebühren und 2 × 1255,45 Euro Anwaltsgebühren = **3089,90 Euro Prozesskosten** – ggf. zzgl. weiteren Auslagen – zahlen.

Kosten für Sachverständige

Zu den Gerichtskosten zählen grundsätzlich nur die Kosten von Sachverständigengutachten, die **vom Gericht** in Auftrag gegeben wurden. Die Kosten von Gutachten, die eine Partei vor oder während des Prozesses in Auftrag gegeben hat (sog. **Parteigutachten**, z. B. wegen der Höhe der ortsüblichen Vergleichsmiete oder der Ursache für Schimmel in der Wohnung vom Vermieter beauftragt), können nicht als Gerichtskosten erstattet werden. Diese Kosten sind im Regelfall vom

Auftraggeber selbst zu tragen; **Ausnahmen** gelten nur ganz selten bei »mittelbar prozessbezogenen Gutachterkosten«, wenn sich das Gutachten auf den konkreten Rechtsstreit bezieht und gerade mit Rücksicht auf diesen beauftragt wurde (vgl. BGH VI ZB 72/06 NJW 2008, 1597). Anders kann dies bei einem → *selbstständigen Beweisverfahren* sein.

Prozesskostenhilfe

Wer die Kosten der Prozessführung oder eines Mahnverfahrens nicht, nur zum Teil oder nur in Raten aufbringen kann und auch keine Rechtsschutzversicherung hat, kann Anspruch auf Prozesskostenhilfe (PKH) haben. PKH wird nicht für aussichtslose Prozesse gewährt; die beabsichtigte Rechtsverfolgung bzw. Rechtsverteidigung muss hinreichende Aussicht auf Erfolg haben (BGH VIII ZA 19/20 WuM 2020, 738) und darf nicht mutwillig sein (BGH VII ZB 48/16). Bei Aussichtslosigkeit der Verteidigung gegen eine Räumung kann aber zumindest für die Prüfung der Gewährung einer Räumungsfrist PKH bewilligt werden (AG Ludwigslust WuM 2013, 608).

Der Antrag muss mittels eines Formulars oder bei der Rechtsantragsstelle beim zuständigen Gericht (in Mietsachen AG des Wohnorts) gestellt werden. PKH muss in jeder Instanz und für die Zwangsvollstreckung beim jeweils zuständigen Gericht neu beantragt werden.

Vorhandenes Vermögen und Einkommen muss mit Ausnahme von Freibeträgen, die jährlich in der »Prozesskostenhilfebekanntmachung« (PKHB) veröffentlicht werden, eingesetzt werden. Es ist zwingend erforderlich, dem Antrag die »Erklärung über die persönlichen und wirtschaftlichen Verhältnisse« mit entsprechenden Belegen beizufügen. Wird das vorgeschriebene Formular nicht benutzt, kann der Antrag abgelehnt werden (BGH III ZA 32/12 WuM 2013, 61); Gleiches gilt, wenn Angaben oder Belege unvollständig sind (BGH V ZA 12/16 NJW 2017, 735). Je nach Höhe des einzusetzenden Vermögens und Einkommens erhält der Bürger in vollem Umfang PKH oder muss die erhaltenen Leistungen in max. 48 Monatsraten (Höhe vom Einkommen abhängig) zurückzahlen. Werden im Antrag falsche Angaben gemacht, kann allein deshalb die Bewilligung aufgehoben werden, selbst wenn PKH auch bei korrekten Angaben bewilligt worden wäre (BGH IV ZB 16/12 WuM 2012, 698). Die Angaben in der Erklärung über die persönlichen und wirtschaftlichen Verhältnisse sind vom Richter vertraulich zu behandeln und dürfen nicht dem Prozessgegner offenbart werden (AG Hamburg-Barmbek WuM 2019, 463).

Wichtig zu wissen: PKH deckt nur die Gerichtskosten und die Kosten des eigenen Anwalts ab, aber nicht die Kosten des gegnerischen Anwalts. Wer den Prozess verliert, muss dessen Kosten uneingeschränkt selbst zahlen. Dies ist in der Regel über ein Drittel der gesamten Prozesskosten.

R

Rauchen → *Geruchsbelästigung*

Rauchwarnmelder

In Deutschland sind jedes Jahr Todesopfer nach einem Wohnungsbrand zu beklagen. Gefährlich ist dabei nicht so sehr das Feuer, sondern der entstehende Rauch, vor allem während der Schlafenszeit. Die meisten Todesfälle sind Folgen einer Rauchvergiftung. Rauchwarnmelder bieten einen zuverlässigen Schutz, vorausgesetzt, sie sind ordnungsgemäß installiert und werden regelmäßig überprüft. Näheres ist in der DIN 14676 festgelegt. Nach den gesetzlichen Bestimmungen sind Schlafräume, Kinderzimmer und Flure mit den Geräten auszustatten. Die Installation ist in den Landesbauordnungen aller Bundesländer vorgeschrieben.

Achtung: Rauchwarnmelder dienen dem **Schutz des Lebens und der Gesundheit** der sich in der Wohnung aufhaltenden Menschen. Sie sollen hingegen nicht das Gebäude oder Sachen vor Brandschäden schützen. Gibt ein Gerät Alarm, ist es bereits zu einer starken Rauchentwicklung gekommen. Die Feuerwehr rät dringend davon ab, dann die Flammen zu bekämpfen. Wegen der besonderen Gefährlichkeit des Brandrauchs soll das Gebäude umgehend verlassen werden.

Regelmäßige Kontrolle

Nach DIN 14676 soll einmal jährlich geprüft werden, ob die Rauchwarnmelder noch ordnungsgemäß funktionieren. Dazu muss eine vom Vermieter beauftrage Person die Wohnung betreten. Häufig übernimmt eine Messdienstfirma diese Aufgabe.

Immer häufiger werden Geräte eingesetzt, die sich mit Funktechnik selbst überwachen. Sie müssen nicht in den Wohnungen geprüft werden. Der Leistungsumfang einer Ferninspektion hängt von der Bauweise des Rauchwarnmelders ab. Geräte der Bauweise »B« ermöglichen eine Teil-Ferninspektion. Dabei werden die Energieversorgung und Rauchsensorik automatisch geprüft. Außerdem wird kontrolliert, dass der Rauchwarnmelder nicht demontiert ist und dass keine funktionsrelevanten Beschädigungen vorliegen. Rauchmelder der Bauweise »C« ermöglichen eine komplette Ferninspektion. Dann kommen zu den genannten

Prüfungen noch die automatische Kontrolle des Warnsignals, der Raucheintrittsöffnungen sowie die Umfeldkontrolle dazu. Im Abstand von einem halben Meter dürfen keine Einrichtungsgegenstände (Möbel, Lampen etc.) aufgestellt oder angebracht sein.

> **Achtung:** Wer ein ferninspizierbares Gerät entfernt oder abdeckt, muss damit rechnen, dass bald ein Beauftragter des Vermieters an der Tür klingelt, um das Gerät zu überprüfen. Im Interesse der eigenen Sicherheit sollte jeder Mieter darauf achten, dass die Rauchwarnmelder funktionstüchtig sind. Nach einer notwendigen Entfernung, z. B. aufgrund einer Renovierung, wie Parkettabschleifen, Malerarbeiten, sollten die Geräte umgehend wieder angebracht werden.

Einbau durch den Vermieter – Duldungspflicht und Mieterhöhung
Die erstmalige Installation von Rauchwarnmeldern ist eine → *Modernisierung durch den Vermieter*. Der Mieter muss sie grundsätzlich **dulden** (AG Lübeck ZMR 2008, 302; AG Schwarzenbek ZMR 2008, 721). Das gilt auch für starke Raucher. Ein Falschalarm durch Zigarettenrauch ist nicht zu befürchten (LG Halle (Saale) ZMR 2014, 649). Der Mieter hat den Einbau durch den Vermieter auch dann zu gestatten, wenn er bereits selbst entsprechende Geräte installiert hat (BGH VIII ZR 216/14 WuM 2015, 497). Der BGH ist der Ansicht, dass es die Sicherheit erhöht, wenn der Einbau und die laufende Prüfung für das gesamte Gebäude »in einer Hand« liegen.

Um die Sicherheit zu erhöhen, kann der Vermieter nicht nur die vorgeschriebenen Räume – Schlaf- und Kinderzimmer sowie den Flur – mit Rauchwarnmeldern ausrüsten, sondern z. B. auch das **Wohnzimmer**. Der Mieter muss es akzeptieren, wenn der Vermieter über die gesetzlichen Vorgaben hinaus in weiteren Räumen Rauchwarnmelder anbringen will (BGH VIII ZR 290/14 WuM 2015, 498). Die Installation in Küche oder Bad muss der Mieter jedoch nicht dulden, weil sie hier wegen eines möglichen Täuschungsalarms nicht sinnvoll ist.

Nach der **erstmaligen Anbringung** von Rauchwarnmeldern kann eine **Mieterhöhung** wegen → *Modernisierung durch den Vermieter* erklärt werden. Der **Austausch** bereits vorhandener Geräte (Rauchwarnmelder sind gemäß DIN 14676 nach zehn Jahren plus sechs Monaten Karenzzeit nach Inbetriebnahme durch neue zu ersetzen) ist keine Modernisierung. Eine Mieterhöhung ist ausgeschlossen (BGH VIII ZR 213/21 WuM 2023, 416). Eine Modernisierung kann aber darin zu sehen sein, dass der Vermieter gewöhnliche Rauchwarnmelder durch solche mit **Ferninspektion** ersetzt. Dann muss er sich jedoch die ersparten Instandhaltungskosten anrechnen lassen. Es ist zu berücksichtigen, dass die Geräte nach zehn Jahren ohnehin auf Kosten des Vermieters zu erneuern sind.

Multifunktionsgeräte: Manche Vermieter möchten die vorhandenen Rauchwarnmelder durch Geräte mit erweitertem Funktionsumfang ersetzen. Diese Geräte verfügen über Zusatzfunktionen, z. B. Erfassung von Temperatur, Luftfeuchtigkeit und Raumluftqualität. Außerdem können sie Daten per Funk an den Vermieter oder seinen Dienstleister übermitteln. Diese Geräte hält der Deutsche Mieterbund vor allem aus **datenschutzrechtlichen Gründen** für **bedenklich**. Durch die zusätzlichen Sensoren könnten Rückschlüsse auf das Wohnverhalten der Mieter gezogen werden, z. B. zu Anwesenheitszeiten und Heiz- und Lüftungsgewohnheiten. Für den Mieter bleibt ungewiss, welche Daten genau erhoben und wie sie verarbeitet oder gespeichert werden. Nach Ansicht des Deutschen Mieterbundes ist der Einbau solcher Geräte keine Modernisierung. Die Zusatzfunktionen dienen nicht der Verbesserung der Mietsache oder der Energieeinsparung, sondern bringen vor allem dem Vermieter Vorteile. Der Mieter muss die Installation nicht dulden. Eine Mieterhöhung wegen Modernisierung ist ebenfalls nicht zulässig, da die Installation kein modernisierender, sondern ein instandhaltender Austausch von bereits vorhandenen Rauchwarnmeldern ist. Die Ausstattung mit Zusatzfunktionen ändert daran nach Auffassung des Mieterbundes nichts.

Betriebskosten

Lässt der Vermieter die Rauchwarnmelder im Jahresrhythmus überprüfen, kann er den hierfür anfallenden Aufwand dem Mieter berechnen. Die Kosten für die regelmäßige Kontrolle sind als sonstige Betriebskosten umlegbar. Voraussetzung ist, dass die Umlage dieser Kosten im Mietvertrag ausdrücklich vereinbart ist. Es genügt, wenn der Mietvertrag die Umlage der Kosten für den Betrieb einer Brandschutz- und Brandmeldeanlage vorsieht (BGH VIII ZR 117/21 WuM 2022, 733).

Mit der jährlichen Überprüfung kann der Vermieter seine Abrechnungsfirma für die Heizkosten, den Schornsteinfeger oder eine andere fachkundige Person beauftragen. Sind die Kosten überteuert, verstößt der Vermieter womöglich gegen das Wirtschaftlichkeitsgebot → *Betriebskosten*. Als angemessen anzusehen sind, je nach Region, bis zu 6 Euro jährlich pro Gerät (Stand 2026). Die Nachweispflicht, dass die Prüfungskosten überhöht sind, trifft den Mieter.

Für Rauchwarnmelder mit **Ferninspektion** entstehen keine laufenden Inspektionskosten. Sie prüfen sich sozusagen selbst. Deshalb darf der Vermieter für diese Geräte auch **keine Betriebskosten** berechnen.

Die Kosten für die **Anschaffung** der Geräte darf der Vermieter nicht als Betriebskosten auf die Mieter umlegen. Das Gleiche gilt, wenn der Vermieter die Geräte nicht gekauft, sondern angemietet hat. Die **Anmietungskosten** treten an die Stelle des Kaufpreises und dürfen nicht abgerechnet werden (BGH VIII ZR 379/20 WuM 2022, 428).

Ist ein Gerät **defekt**, muss es ersetzt werden. Die dafür anfallenden Kosten kann der Vermieter auch nicht als Betriebskosten umlegen. Es handelt sich um eine Instandhaltung → *Instandhaltung, Instandsetzung*. Auch die Kosten für den nach zehn Jahren fälligen Austausch der Rauchwarnmelder darf der Vermieter nicht auf die Mieter abwälzen.

Räumungsfrist

Wird der Mieter auf Räumung von Wohnraum verklagt, kann er zusätzlich – unabhängig von einem möglichen → *Kündigungswiderspruch* – eine Räumungsfrist beantragen. Zwar kann das Gericht auch **von Amts wegen** eine Räumungsfrist gewähren, dennoch ist es ratsam, **vorsorglich** einen entsprechenden **Antrag** zu stellen. Die Räumungsfrist soll den Eintritt von Wohnungslosigkeit verhindern und dem Mieter Zeit verschaffen, intensiv nach einer Ersatzwohnung zu suchen.

Gut zu wissen: Auch wenn der Mieter das Mietverhältnis **selbst gekündigt** hat, kann er eine Räumungsfrist beantragen (LG Freiburg WuM 1996, 716). Hat der Mieter allerdings einen → *Zeitmietvertrag* abgeschlossen, kann er nach Ablauf der vereinbarten Mietzeit keine Räumungsfrist verlangen.

Wo und bis wann ist der Antrag zu stellen?
Zuständig ist das Gericht, das **über die Räumung entscheidet**. Der Antrag auf Gewährung einer Räumungsfrist muss **spätestens bis zum Schluss der letzten mündlichen Verhandlung gestellt werden**, auf deren Grundlage das Urteil ergeht (§ 721 ZPO).

Der Antrag kann auch noch in der Berufungs- oder Revisionsinstanz gestellt werden (BGH V ZR 224/60); allerdings kann das Revisionsgericht eine Räumungsfrist nicht isoliert zusprechen, sondern nur, wenn es auch über die Berechtigung des Räumungsanspruchs entscheidet (BGH V ZR 74/14 WuM 2014, 354).

Gründe für und gegen die Bewilligung einer Räumungsfrist
Ob und für welchen Zeitraum dem Mieter eine Räumungsfrist gewährt wird, entscheidet das Gericht nach pflichtgemäßem Ermessen. Dabei sind die Interessen von Mieter und Vermieter sorgfältig abzuwägen.

Das **Interesse des Vermieters** überwiegt insbesondere dann, wenn der Mieter ein vertragswidriges Verhalten, das zur Kündigung geführt hat, auch nach Beendigung des Mietverhältnisses fortsetzt, etwa durch Gewalt gegenüber anderen Hausbewohnern (LG Berlin GE 2014, 1140).

Von erheblicher Bedeutung ist zudem die **Zahlungssituation** während der beantragten Räumungsfrist. Bestehen erhebliche Mietrückstände und ist nicht gewährleistet, dass der Mieter die laufende → *Nutzungsentschädigung* pünktlich entrichtet, scheidet die Gewährung einer Räumungsfrist im Regelfall aus (OLG Stuttgart NJW-RR 2007, 15; LG Berlin GE 2007, 1253). Das Gericht kann die Bewilligung einer Räumungsfrist auch davon abhängig machen, dass der Mieter die laufende Nutzungsentschädigung pünktlich zahlt (LG Mainz WuM 1997, 233).

Beruft sich der Mieter darauf, **keine zumutbare Ersatzwohnung** gefunden zu haben, muss er konkret darlegen, welche Anstrengungen er bislang zur Wohnungssuche unternommen hat (LG Berlin II WuM 2024, 158 für Verlängerung der Räumungsfrist; LG Mannheim WuM 1993, 62). Der Hinweis auf eine angespannte Wohnungsmarktlage genügt nicht (LG Berlin II WuM 2024, 158), selbst wenn vor Ort die → *Mietpreisbremse* gilt (LG Berlin II WuM 2024, 674). Die Pflicht zur Ersatzraumsuche beginnt spätestens dann, wenn der Mieter erkennen muss, dass seine Verteidigung gegen die Kündigung voraussichtlich keinen Erfolg haben wird (LG Mannheim WuM 1993, 62). Dies ist jedenfalls der Fall, wenn das Amtsgericht den Mieter in erster Instanz zur Räumung verurteilt oder im laufenden Verfahren auf die Erfolgsaussichten der Räumungsklage hinweist (LG München I, Beschl. v. 8.2.2023 – 14 T 1361/23). Ist die Wirksamkeit der Kündigung offensichtlich, muss der Mieter bereits unmittelbar nach Zugang der Kündigung mit der Wohnungssuche beginnen (OLG Köln, Urt. v. 10.3.2002 – 16 U 72/02).

R

Dauer der Räumungsfrist
Bei der Bemessung der Räumungsfrist sind **zugunsten des Mieters** insbesondere die Lage auf dem örtlichen Wohnungsmarkt (LG Berlin WuM 2018, 383; LG Hamburg WuM 1994, 219), sein Gesundheitszustand (LG Bonn ZMR 2000, 27) sowie besondere persönliche Umstände zu berücksichtigen. Hierzu zählen etwa eine Schwangerschaft (LG Stuttgart WuM 1991, 347) und schulpflichtige oder erkrankte Kinder (LG Berlin II WuM 2024, 674; LG Krefeld WuM 2010, 302). Feh-

len solche besonderen Belastungen, wird im Regelfall eine Räumungsfrist von bis zu **drei Monaten** gewährt (LG Hamburg WuM 1999, 365).

Hat der Mieter zwar bereits eine **Ersatzwohnung** gefunden, kann diese jedoch **noch nicht beziehen**, etwa weil ein neu errichtetes Eigenheim noch nicht bezugsfertig ist (AG Steinfurt WuM 2000, 437), ist ihm grundsätzlich eine Räumungsfrist bis zum möglichen Einzug zu gewähren. Ein Zwischenumzug ist dem Mieter regelmäßig nicht zuzumuten (LG Heidelberg WuM 1995, 661; LG Münster WuM 1993, 62; LG Aachen WuM 2007, 398).

Kann eine Räumungsfrist verlängert werden?

Erweist sich die bewilligte Räumungsfrist als nicht ausreichend, kann der Mieter eine Verlängerung beantragen, auch mehrfach. Die **Gesamtdauer** der Räumungsfrist darf jedoch **ein Jahr** nicht überschreiten (§ 721 Abs. 3 und 5 ZPO).

Der Antrag auf Verlängerung ist spätestens **zwei Wochen vor Ablauf** der laufenden Räumungsfrist schriftlich beim **Amtsgericht** einzureichen (§ 721 Abs. 3 ZPO). Ist die Räumungsklage beim Berufungsgericht anhängig, muss der Antrag beim **Berufungsgericht** gestellt werden (§ 721 Abs. 4 Satz 1 ZPO). Eine Verlängerung ist nicht schon deshalb ausgeschlossen, weil die Wohnung inzwischen anderweitig vermietet ist (LG Kassel WuM 1989, 443).

Begründet der Mieter seinen Verlängerungsantrag damit, dass er bislang **keine zumutbare Ersatzwohnung** finden konnte, muss er konkret darlegen, auf welche Wohnungen er sich beworben hat und aus welchen Gründen eine Anmietung gescheitert ist (LG Berlin II WuM 2024, 158; LG München I ZMR 2023, 547; LG Berlin WuM 2020, 510). Auch hier genügt der Hinweis auf eine angespannte Wohnungsmarktlage nicht (LG Berlin II WuM 2024, 158). Eine Verlängerung der Räumungsfrist kommt nur in Betracht, wenn der Mieter sich innerhalb der ersten Frist intensiv um eine Ersatzwohnung bemüht hat (LG München I ZMR 2023, 547).

Die drohende Unterbringung einer Familie in einer **Notunterkunft** (LG Kiel WuM 1973, 145) oder eine **Risikoschwangerschaft** (AG Bergheim WuM 1999, 530) rechtfertigen regelmäßig eine Verlängerung der Räumungsfrist.

Wann kann die Räumungsfrist verkürzt werden?

Auf Antrag des Vermieters ist eine Verkürzung der Räumungsfrist gem. § 721 Abs. 3 ZPO möglich, insbesondere dann, wenn der Mieter die Mietzahlungen einstellt (AG Wedding ZMR 2023, 48; LG Berlin GE 2007, 1253), andere Hausbewohner beleidigt, bedroht oder tätlich angreift (AG Kreuzberg WuM 2023, 401) oder erneut gegen mietvertragliche Pflichten verstößt, die bereits Anlass für die Kündigung waren (LG Münster WuM 1991, 563). Der Antrag ist nicht fristgebunden und kann vom Vermieter jederzeit beim Amtsgericht gestellt werden. In der Berufungsinstanz ist die Verkürzung beim Berufungsgericht zu beantragen (§ 721 Abs. 4 Satz 1 ZPO).

Was gilt, wenn der Mieter vor Ablauf der Frist auszieht?
Findet der Mieter während der Räumungsfrist eine neue Wohnung, kann er jederzeit ausziehen, ohne eine Verkürzung der Frist beantragen zu müssen (LG Hannover WuM 1989, 77). Mit der Rückgabe der Wohnung entfällt die Pflicht zur Zahlung einer Nutzungsentschädigung.

Eine Räumungsfrist ist nicht (mehr) möglich – welche Alternative bleibt?
Wurde die Antragsfrist versäumt, ist die Höchstdauer von einem Jahr ausgeschöpft oder liegt ein Zeitmietvertrag vor, kann ggf. ein Antrag auf → *Vollstreckungsschutz* nach § 765a ZPO gestellt werden.

Rechtsberatung → *Beratungshilfe* → *Mieterverein/Deutscher Mieterbund*

Rechtsschutz

Zahlreiche Mietervereine im Deutschen Mieterbund → *Mieterverein/Deutscher Mieterbund* haben für ihre Mitglieder eine Rechtsschutzversicherung bei der DMB Rechtsschutz-Versicherung AG abgeschlossen. Muss ein Mietprozess geführt werden, trägt die Versicherung dessen Kosten bei einer geringen Selbstbeteiligung für die Mitglieder. Voraussetzung ist, dass der Rechtsstreit Aussicht auf Erfolg hat und eine außergerichtliche Beratung und Vertretung durch den Mieterverein nicht zur Klärung geführt hat.

Die DMB Rechtsschutz-Versicherung AG bietet auch die Möglichkeit, eine Privat-, Berufs- oder Verkehrsrechtsschutzversicherung abzuschließen, für Mitglieder der Mietervereine im Deutschen Mieterbund zu besonders günstigen Bedingungen. Unter www.dmb-rechtsschutz.de finden Sie weitere Informationen.

Revision → *Gerichte* → *Streitwert*

Rollator/Rollstuhl → *Allgemeines Gleichbehandlungsgesetz* → *Modernisierung durch den Mieter* → *Treppenhaus*

Rückgabe der Wohnung → *Wohnungsabnahme* → *Zwangsräumung*

Ist das Mietverhältnis beendet, erlischt das Recht des Mieters zum Gebrauch der Mietwohnung. Er ist verpflichtet, dem Vermieter die Wohnung zurückzugeben. Bei mehreren Mietern trifft diese Pflicht alle, auch den, der die Wohnung bereits endgültig aufgegeben hat (BGH VIII ARZ 4/95 WuM 1996, 83). Erst wenn der Vermieter die Wohnung zurückerhalten hat, entfällt die → *Obhutspflicht* des Mieters.

Rückgabe in ordnungsgemäßem Zustand

Die Rückgabe der Wohnung erfordert im Normalfall die **vollständige Räumung** von Wohnung, Keller und Garage sowie die **Rückgabe der** → ***Schlüssel*** (BGH VIII ZR 285/09 WuM 2010, 688). Der Mieter darf die Schlüssel nicht einfach in den Briefkasten des Vermieters oder seines Hauswarts werfen. Das reicht nur aus, wenn es so vereinbart war (LG Hannover NZM 2005, 421; LG Berlin GE 2003, 1431). Der Mieter erfüllt seine Rückgabepflicht nicht, wenn in erheblicher Anzahl Gegenstände zurückbleiben, etwa die komplette Einbauküche, eine Balkonverkleidung und ein Einbauschrank im Badezimmer (KG Berlin GE 2010, 1201; LG Köln NJW-RR 1996, 1480). Sind aber nur vereinzelte Gegenstände zurückgeblieben, steht das der Rückgabe nicht entgegen (BGH VIII ZR 96/87 WuM 1988, 270). Für die Rückgabe selbst spielt es auch keine Rolle, in welchem **Zustand** sich die Wohnung befindet. Der Vermieter kann z. B. die Rücknahme der Wohnung nicht verweigern, weil der Mieter nicht die erforderlichen → *Schönheitsreparaturen* durchgeführt hat (BGH VIII ZR 304/81 NJW 1983, 1049). Hat der Mieter die Wohnung ordnungsgemäß zurückgegeben, beginnt die → *Verjährung* für → *Ersatzansprüche des Vermieters*. Ab diesem Zeitpunkt läuft eine kurze Frist von sechs Monaten.

Der Vermieter kann verlangen, dass die Wohnung in **vertragsgemäßem Zustand** zurückgegeben wird. Dazu gehört grundsätzlich die Wiederherstellung des Zustands, wie ihn der Mieter zu Mietbeginn angetroffen hat.

Beispiele:
- Hat der Mieter eine Einbauküche installiert, muss er die ursprünglich vorhandene Küchenspüle nach seinem Auszug wieder anbringen (LG Landau WuM 1997, 428);

- eine selbst angebrachte Deckenverkleidung muss der Mieter rückstandsfrei entfernen (AG Köln WuM 2008, 216);
- Einbauten wie ein Hochbett, eine Markise, einen Wandschrank oder einen verlegten Teppichboden muss der Mieter wieder beseitigen → *Modernisierung durch den Mieter*; Gleiches gilt für einen Badewannenaufsatz, einen Einbauschrank oder einen vom Mieter verlegten Laminatboden (LG Berlin WuM 2021, 550).

Der Vermieter kann aber nicht erwarten, dass er die Mietwohnung nach Beendigung des Mietverhältnisses in dem gleichen Zustand zurückerhält wie zu Mietbeginn. **Durch → *vertragsgemäßen Gebrauch* entstehende Abnutzungen** muss er hinnehmen. Sie sind durch die vereinbarte Miete abgegolten. Kleinere Kratzer im Waschbecken oder Parkett lassen sich im Laufe einer längeren Mietdauer z. B. kaum vermeiden. Dies muss der Vermieter akzeptieren und ggf. die Kosten von Ausbesserungen selbst tragen.

Häufig wird darüber gestritten, ob **Schäden** bei Einzug des Mieters bereits **vorhanden** waren. Dann muss der Vermieter beweisen, dass er die Wohnung zu Mietbeginn in ordnungsgemäßem Zustand übergeben hat (OLG Düsseldorf WuM 2003, 621).

Verstößt der Mieter gegen seine **Pflicht**, Einbauten zu entfernen und von ihm verschuldete Schäden zu beseitigen, macht er sich u. U. **schadensersatzpflichtig**. Der Vermieter kann allerdings nicht sofort Geld verlangen. Er muss seinen Anspruch auf ordnungsgemäße Rückgabe der Wohnung in einen Schadensersatzanspruch umwandeln. Dazu muss er dem Mieter zunächst eine Frist setzen (BGH XII ZR 65/95 WuM 1997, 217). Dabei muss der Vermieter die geforderten Arbeiten im Einzelnen beschreiben (OLG Hamburg WuM 1992, 70). Versäumt es der Vermieter, eine Frist zu setzen, steht ihm kein Schadensersatz zu. Eine Ausnahme besteht nur, wenn sich der Mieter von vornherein geweigert hat, für irgendwelche Schäden aufzukommen. Davon kann aber nicht ausgegangen werden, wenn er auszieht, ohne Beschädigungen oder Einbauten zu beseitigen (AG Kassel/Hofgeismar WuM 2011, 467).

Wichtig zu wissen: Hat der Vermieter die Wohnung mit den zurückgelassenen Einbauten bereits weitervermietet, steht ihm Schadensersatz nicht ohne Weiteres zu (LG Berlin WuM 2021, 550).

Der Vermieter kann die Beseitigung von Einbauten grundsätzlich auch dann verlangen, wenn er dem Einbau zugestimmt hat (OLG Düsseldorf ZMR 1990, 218). Eine Ausnahme besteht, wenn sich aus den Umständen ergibt, dass der Vermieter auf die Wiederherstellung des ursprünglichen Zustands verzichtet hat. Das wird angenommen, wenn es sich um einen selbstverständlichen Standard (LG Hamburg WuM 2010, 448) oder um eine auf Dauer angelegte Einrichtung handelt, deren Beseitigung nur mit erheblichem Kostenaufwand möglich wäre und die Mietsache in einen erheblich schlechteren Zustand versetzen würde (OLG Frankfurt a. M. WuM 1992, 56; LG Berlin GE 2010, 1269). Hier kann vom Vermieter erwartet werden, dass er sich die Beseitigung der Einbauten ausdrücklich vorbehält, wenn er seine Zustimmung erteilt (LG Münster WuM 1999, 515).

Gegenstände, die dem Vermieter gehören – z. B. eine alte Einbauküche oder Badmöbel – muss der Mieter nicht entfernen (AG Sonneberg WuM 2024, 270). Auch Einbauten, die ein Vormieter vorgenommen hat, muss er nicht beseitigen (LG Berlin GE 1989, 999), außer er hat diese selbst vom Vormieter übernommen.

Hat der Vermieter dem Mieter anlässlich der Rückgabe der Wohnung bestätigt, dass sich diese in ordnungs- bzw. vertragsgemäßem Zustand befindet, hat er weder Erfüllungs- noch Schadensersatzansprüche (BGH XII ZR 208/96 NJW-RR 1999, 593) → *Wohnungsabnahme*. Das Gleiche gilt auch, wenn der Vermieter die Kaution vorbehaltlos zurückzahlt (OLG München NJW-RR 1990, 20).

Reinigungspflicht
Zu einer **Grundreinigung** ist der Mieter beim Auszug **nicht verpflichtet**. Es genügt, wenn er die Wohnung **»besenrein«** zurückgibt. Das bedeutet, dass lediglich grobe Verschmutzungen zu beseitigen sind (BGH VIII ZR 124/05 WuM 2006, 513). Der Vermieter kann nicht verlangen, dass der Mieter Küche, Bad oder Keller einer gründlichen Reinigung unterzieht. Auch die Fenster müssen nicht frisch geputzt sein (LG Berlin GE 1980, 667; AG Schleiden WuM 2000, 436). Eine Regelung im Mietvertrag, die dem Wohnungsmieter die Kosten für eine Endreinigung der Bodenbeläge und der Fenster auferlegt, ist unwirksam (AG Hamburg-Blankenese MietRB 2019, 358). Wirksam ist hingegen eine Mietvertragsklausel, die ihn beim Auszug zur Grundreinigung des mitvermieteten → *Teppichbodens* verpflichtet. Auch hier gilt: Schadensersatz wegen einer unzureichenden Reinigung steht dem Vermieter nur zu, wenn er dem Mieter vorher eine Frist gesetzt hat (AG Hamburg WuM 2022, 267).

Verspätete Rückgabe

Nach dem Gesetz ist die Wohnung »nach der Beendigung des Mietverhältnisses« zurückzugeben. Das Mietverhältnis endet in aller Regel am letzten Tag des Monats. Es wird die Meinung vertreten, dass der Mieter die Wohnung immer erst am folgenden Tag übergeben müsse (AG Lichtenberg GE 2005, 807); dies ist aber nicht geklärt. Auch die Ansicht, dass der Termin sich auf den nächsten Werktag verschiebt (OLG Hamm WuM 1981, 40), wenn der Monatsletzte auf einen Samstag, Sonntag oder Feiertag fällt, wird vertreten. Nach dem BGH bleibt es aber beim letzten Tag des Monats (BGH VIII ZR 22/88 WuM 1989, 141; LG Düsseldorf WuM 1992, 191); zur Sicherheit sollte dieser Termin eingehalten werden. Auf jeden Fall ist die Rückgabe auch einige Tage vor Ablauf der Mietzeit möglich (OLG Dresden NZM 2000, 827); allerdings nicht jederzeit »auf Zuruf« (BGH XII ZR 96/23 WuM 2025, 217).

Übergibt der Mieter dem Vermieter die Wohnung **nicht rechtzeitig**, muss er eine → *Nutzungsentschädigung* zahlen. Der Vermieter darf den Betrag verlangen, den er bei der neuen Vermietung der Wohnung als Miete erzielen könnte (BGH VIII ZR 17/16 WuM 2017, 134). Die Zahlungspflicht endet mit dem Tag der Rückgabe (BGH VIII ZR 57/05 WuM 2005, 771).

Neben der Nutzungsentschädigung kann der Vermieter grundsätzlich den Ersatz für weitere finanzielle Einbußen verlangen, die ihm durch die verspätete Rückgabe entstanden sind. Diesen Anspruch hat er aber nur, wenn den Mieter ein Verschulden an der Verspätung trifft und »die Billigkeit eine Schadloshaltung erfordert«. Der Mieter muss deshalb keinen Schadensersatz leisten, wenn er trotz intensiver Suche keine neue Wohnung gefunden hat und wohnen bleibt, um einen Zwischenumzug in ein Hotel zu vermeiden (LG Hamburg WuM 1996, 341). Gibt der Mieter die Wohnung aufgrund einer gerichtlich festgesetzten → *Räumungsfrist* (Urteil oder Vergleich) verspätet zurück, ist er ebenfalls nicht zum Ersatz eines weitergehenden Schadens verpflichtet.

Wichtig zu wissen: Nach Ansicht des BGH kann der Vermieter **keinen Nutzungsersatz** wegen Vorenthaltung der Mietsache verlangen, wenn er **keinen Rücknahmewillen** hatte. Dies kann sich z. B. darin zeigen, dass er trotz Kündigung des Mieters vom Fortbestand des Mietvertrags ausgegangen ist (BGH VIII ZR 291/23 WuM 2025, 494).

Bekanntgabe der neuen Adresse
Der Mieter ist verpflichtet, dem Vermieter seine neue Anschrift mitzuteilen. Der Vermieter muss auch nach Abwicklung des Mietverhältnisses die Möglichkeit haben, sich im Nachhinein ergebende Ansprüche geltend zu machen. Versäumt der Mieter eine entsprechende Mitteilung an den Vermieter, muss er sich hieraus entstehende Nachteile zurechnen lassen (OLG Hamburg ZMR 1980, 84).

Rücktritt vom Mietvertrag

Durch Rücktritt kann sich eine der Vertragsparteien von einem Vertrag lösen, aber nur, wenn dies gesetzlich vorgesehen oder vertraglich vereinbart ist. Da es kein gesetzliches Rücktrittsrecht für Mietverträge gibt, ist der Rücktritt im Grundsatz also nur bei vertraglicher Vereinbarung möglich. Zudem gibt es Fälle, in denen Gerichte Mietern ausnahmsweise ein Rücktrittsrecht zugestanden haben, weil sich extreme Mängel gezeigt haben, die bei Vertragsschluss noch nicht bekannt waren (OLG Düsseldorf WuM 2025, 409: Rücktritt vor Einzug wegen Befalls der Wohnung mit Bettwanzen).

Der Rücktritt ist **nur vor der Überlassung der Wohnung möglich**; nach der Überlassung der Wohnung ist er wegen der Besonderheiten des Mietrechts grundsätzlich ausgeschlossen; das Mietverhältnis kann dann nur noch durch → *Kündigung*, → *Widerruf* oder → *Anfechtung* beendet werden. Für **Vermieter** ist dies in § 572 BGB sogar ausdrücklich bestimmt; das soll verhindern, dass die mieterschützenden Regelungen zur Kündigung durch Vermieter ausgehebelt werden.

Rechtsfolge des Rücktritts ist, dass die Parteien die empfangenen Leistungen (z. B. Kaution) zurückgeben müssen.

S

Schadensersatz

Infolge der Begründung des Lebensmittelpunktes des Mieters im Eigentum des Vermieters sind die Pflichtenkreise beider Parteien vielfältig miteinander verbunden. Daher gibt es unzählige denkbare Situationen, in denen Rechtsgüter der einen Partei durch die andere geschädigt werden und infolgedessen Schadensersatzansprüche entstehen können. → ***Ersatzansprüche des Vermieters*** kommen vor allem in Betracht, wenn der Mieter die Mietsache beschädigt, seine → *Obhutspflicht* oder die → *Anzeigepflicht des Mieters* verletzt. → ***Ersatzansprüche des Mieters*** können hingegen viele verschiedene Ursachen haben.

Schallschutz → *Lärm* → *Mangel der Mietsache*

Scheidung → *Ehescheidung und Trennung*

Schimmel → *Feuchtigkeit in der Wohnung* → *Gesundheitsgefährdung*

Schlüssel

Wie viele Schlüssel stehen dem Mieter zu?

Der Mieter muss beim Einzug **genügend Schlüssel** erhalten. Die notwendige Anzahl richtet sich grundsätzlich nach der Anzahl der Bewohner (LG Berlin GE 1985, 1259), ausgenommen Kleinkinder. Davon abgesehen kann der Mieter so viele Schlüssel verlangen, wie er für seine Zwecke benötigt (LG Darmstadt WuM 1985, 255; AG Schöneberg WuM 1991, 29). Deshalb stehen ihm zusätzliche Schlüssel zu für den Pflegedienst (AG Gelsenkirchen WuM 2014, 689; AG Bad Neuenahr-Ahrweiler WuM 1996, 331), den Babysitter, die Tagesmutter oder die Putzhilfe (AG Karlsruhe WuM 1997, 109). Das Gleiche gilt, wenn der Mieter einen Teil seiner Wohnung untervermieten darf → *Untermiete*. Gibt der Vermieter die Schlüssel nicht freiwillig heraus, kann ihn der Mieter gerichtlich dazu zwingen. Die zusätzlich benötigten Schlüssel kann sich der Mieter auch selbst anfertigen lassen, soweit das möglich ist. Er muss dies dem Vermieter mitteilen. Den Schlüssel einer Zentralschließanlage kann der Mieter jedoch nicht ohne Einwilligung des Vermieters nachmachen lassen. Die erforderliche Zustimmung muss der Vermieter aber erteilen (LG Berlin MM 1991, 228). Die **Kosten** für die nachträgliche Anfertigung zusätzlicher Schlüssel über die übliche Anzahl hinaus hat der Mieter selbst zu tragen.

Darf der Vermieter einen Schlüssel behalten?

Der **Vermieter darf keinen Wohnungsschlüssel** »für alle Fälle« **zurückbehalten** (AG Frankfurt a. M., Urt. v. 16.11.2016 – 33 C 1156/16; AG Tecklenburg WuM 1991, 579; AG Ellwangen WuM 1991, 340), es sei denn, der Mieter hat dies ausdrücklich gestattet. Das Überlassen eines Haus- oder Wohnungsschlüssels für Notfälle an den Vermieter kann der Mieter aber jederzeit widerrufen (AG Frankfurt a. M., Urt. v. 16.11.2016 – 33 C 1156/16).

Betritt der Vermieter mit einem Zweit- oder Universalschlüssel **unberechtigt die Wohnung**, kann der Mieter fristlos kündigen (LG Berlin WuM 1999, 332; AG Heidelberg WuM 1978, 69). Selbst wenn der Vermieter im Einverständnis mit dem Mieter einen Schlüssel behält, darf er die Wohnung in Abwesenheit des Mieters ohne dessen Willen nicht betreten. Andernfalls begeht der Vermieter → *Hausfriedensbruch.*

Will der Mieter dem Vermieter keinen Schlüssel überlassen, muss er dafür sorgen, dass der Vermieter oder sein Hausmeister die Wohnung in Notfällen betreten kann. Dazu reicht es aus, wenn der Mieter während einer längeren Abwesenheit einem Wohnungsnachbarn oder einem in der Nähe wohnenden Bekannten einen Wohnungsschlüssel überlässt und das dem Vermieter mitteilt. Verletzt der Mieter diese Pflicht, muss er für daraus entstehende Schäden Ersatz leisten (AG Köln WuM 1986, 86) → *Abwesenheit des Mieters.*

Was ist, wenn ein Schlüssel verloren gegangen ist?

Jeder Mieter ist verpflichtet, Haus- und Wohnungsschlüssel sorgfältig zu verwahren und darauf zu achten, dass sie nicht abhandenkommen oder gestohlen werden. Über einen Schlüsselverlust muss der **Vermieter unterrichtet** werden.

Den Aufwand für eine notwendige Auswechslung des Schlosses muss der Mieter nur bezahlen, wenn ihn am Verlust des Schlüssels ein **Verschulden** trifft. Dabei genügt es, wenn dem Mieter der Vorwurf eines fahrlässigen Verhaltens gemacht werden kann. Als fahrlässig anzusehen ist in der Regel die weit verbreitete Unsitte, außerhalb der Wohnung für Notfälle einen Schlüssel zu »verstecken«, etwa unter der Fußmatte.

Besteht **kein Verschulden** des Mieters, besteht **kein Ersatzanspruch** des Vermieters. Der Mieter haftet z. B. nicht, wenn ihm in einem Geschäft seine Tasche mit den Schlüsseln trotz ausreichender Bewachung gestohlen wird (AG Hamburg WuM 1999, 687). Das Gleiche gilt, wenn ihm seine Wertsachen einschließlich der Schlüssel im Krankenhaus aus einem verschlossenen Wertfach entwendet wurden (AG Ahrensburg GE 2010, 1750). Die Rechtslage ist aber anders, wenn eine Mieterin ihre Handtasche mit Wohnungsschlüsseln und Ausweispapieren in einem unbeaufsichtigt abgestellten Fahrzeug auf dem Beifahrersitz zurücklässt. Wird das Auto aufgebrochen und die Handtasche gestohlen, besteht ein Verschulden (KG Berlin ZMR 2008, 618).

Wenn dem Mieter ein Schlüssel **abgebrochen** ist – das passiert oft, wenn das Material ermüdet – muss er nicht die Kosten für einen neuen Schlüssel übernehmen (AG Osnabrück WuM 2020, 744). Schadensersatz kann der Vermieter nur verlangen, wenn feststeht, dass der Mieter Schuld hat (AG Halle (Saale) NZM 2009, 739).

Eine Klausel im Mietvertrag, die den Vermieter berechtigt, unabhängig vom Verschulden des Mieters auf dessen Kosten ein neues Schloss anzubringen, ist unwirksam (OLG Brandenburg WuM 2004, 597; LG Hamburg WuM 1999, 327). Den Austausch des Schlosses muss der Mieter auch nicht bezahlen, wenn ein Missbrauch des Schlüssels ausgeschlossen ist. Das trifft zu, wenn der Schlüssel in einen Fluss gefallen ist (LG Mannheim WuM 1977, 121) oder wenn ein unehrlicher Finder den Schlüssel nicht zuordnen kann (LG Berlin GE 1988, 411; AG Kaiserslautern WuM 1980, 99). Im Streitfall trifft aber den Mieter die Beweislast. Behauptet er, den verlorenen Schlüssel nicht mit einem Namensschild oder Ähnlichem gekennzeichnet zu haben, muss er das nachweisen, z. B. durch Zeugenaussagen. Der Mieter kann auch nicht geltend machen, der Verlust liege schon einige Zeit zurück, ohne dass ein Unbefugter die Wohnung mithilfe des Schlüssels betreten habe (AG Münster WuM 2003, 354). Hat der Mieter aber dem Vermieter den Verlust eines Schlüssels sofort mitgeteilt, kann der Vermieter die Kosten für die Auswechslung des Schlosses nicht Jahre später bei Beendigung des Mietverhältnisses geltend machen (LG Essen WuM 2011, 721).

Bei einer **Zentralschließanlage** ist größte Vorsicht geboten. Hier können alle Mieter im Haus mit einem Schlüssel nicht nur ihre Wohnungstür, sondern auch die Haustür und Türen zu Gemeinschaftsräumen aufschließen. Ein Schlüsselverlust kann teuer werden, weil unter Umständen die ganze Anlage geändert werden muss. Der Vermieter ist verpflichtet, den Mieter bei Übergabe der Schlüssel auf diese Gefahr hinzuweisen, andernfalls hat er möglicherweise einen Teil des Schadens selbst zu tragen (LG München I ZMR 2020, 755; AG Wolfratshausen

NZM 2014, 32). Hat der Vermieter hingegen ausdrücklich darauf hingewiesen, dass es sich um einen Generalschlüssel handelt, muss der Mieter auch hohe Kosten tragen (AG Witten ZMR 2003, 507). Auch bei einer Schließanlage kann der Vermieter keinesfalls Schadensersatz für den Austausch der Schlösser verlangen, wenn ein Missbrauch des verloren gegangenen Schlüssels durch Unbefugte ausgeschlossen ist (LG Berlin ZMR 2000, 535).

Schadensersatz steht dem Vermieter nur zu, wenn er die Schlösser auch tatsächlich austauschen lässt (BGH VIII ZR 205/13 WuM 2014, 279). Der Vermieter kann nur den **tatsächlichen Aufwand** ersetzt verlangen und nicht nach einem Kostenvoranschlag abrechnen (AG Rheinbach NZM 2005, 822). Bei der Bemessung des Schadensersatzes ist zu berücksichtigen, dass eine gebrauchte Sache durch eine neue ersetzt wird. Deshalb ist je nach Alter des Schlosses oder der Schließanlage ein Abzug vorzunehmen (LG Heidelberg ZMR 2014, 41).

Rückgabe der Schlüssel

Zieht der Mieter aus, muss er sämtliche Schlüssel zurückgeben (BGH VIII ZR 402/12 WuM 2013, 729; VIII ZR 285/09 WuM 2010, 688). Er hat dem Vermieter oder dem Verwalter die Schlüssel persönlich zu überreichen. Die Übergabe an den Hausmeister genügt nicht (LG Berlin WuM 2004, 233), es sei denn, der Vermieter hat ihn als Zuständigen benannt (LG Osnabrück WuM 1984, 2). Es reicht nicht aus, die Schlüssel in den Briefkasten des Vermieters oder seines Hausmeisters einzuwerfen, es sei denn, das wurde ausdrücklich vereinbart (OLG Hamm Urt. v. 23.5.2019 18 U 19/16; LG Hannover NZM 2005, 421; LG Berlin GE 2003, 1431). Ebenso wenig genügt es, wenn der Mieter die Schlüssel bei einem anderen Hausbewohner abgibt, damit dieser die Schlüssel an die Hausverwaltung weiterleitet (AG Tempelhof-Kreuzberg GE 1982, 617). Schickt der Mieter den Schlüssel per Post zurück und bestreitet der Vermieter, ihn erhalten zu haben, ist der Mieter im Zweifel schadensersatzpflichtig. Auch das Übersenden der Schlüssel mit Einschreiben und Rückschein ist nicht ohne Risiko. Behauptet der Vermieter, dass dem Päckchen keine Schlüssel beigelegen haben, ist der Mieter hierfür beweispflichtig (AG Brandenburg NZM 2015, 307).

Der Mieter muss beweisen können, dass er sämtliche Schlüssel zurückgegeben hat. Deshalb sollte er sich vom Vermieter oder von dessen beauftragter Person die Übergabe mit Angabe der Schlüsselanzahl quittieren lassen.

Der Mieter muss auch die Schlüssel zurückgeben, die er sich selbst besorgt hat. Ist der Vermieter nicht bereit, dem Mieter die Kosten für zusätzlich angefertigte Schlüssel zu erstatten, kann der Mieter sie im Beisein des Vermieters oder eines Zeugen unbrauchbar machen. Fehlen beim Auszug Schlüssel, muss der Mieter die

Ersatzschlüssel bezahlen. Der Vermieter darf ein Sicherheitsschloss auf Kosten des Mieters nach dem Auszug auswechseln, wenn der Mieter dafür nachweislich Zweitschlüssel anfertigen ließ und er sie beim Auszug nicht abgibt (LG Mannheim WuM 1974, 238; WuM 1968, 9).

Gibt der Mieter die Schlüssel nicht zurück, verletzt er in der Regel seine Pflicht zur → *Rückgabe der Wohnung*. Möglicherweise muss er dann eine → *Nutzungsentschädigung* zahlen, weil er dem Vermieter den Besitz an den Mieträumen nicht zurückübertragen hat (BGH VIII ZR 285/09 WuM 2010, 748). Der Vermieter hat aber keinen Anspruch auf Nutzungsentschädigung, wenn ihm bekannt ist, dass der Mieter ausgezogen ist und er die leeren Räume ohne Schwierigkeiten betreten kann (OLG Düsseldorf ZMR 1987, 215). Eine Nutzungsentschädigung steht dem Vermieter auch nicht zu, wenn der Mieter im Einvernehmen mit dem Vermieter einen Schlüssel zurückbehalten hat, weil in der Wohnung im Interesse des Vermieters noch etwas zu erledigen ist, etwa die Ablesung der Zähler (LG Essen WuM 2011, 721). Das Gleiche gilt, wenn klar ist, dass der Mieter einen fehlenden Schlüssel nicht zurückgeben kann und die Auswechselung des Schlosses daher günstiger ist als weitere Mietzahlungen (OLG Hamburg WuM 2004, 471). Übersendet der Mieter die Schlüssel unangekündigt, gilt die Wohnung erst dann als zurückgegeben, wenn der Vermieter von der Rücksendung Kenntnis hat (LG Krefeld WuM 2019, 78).

Umstritten ist auch, ob der Mieter die Schlüssel bereits vor Ablauf der Mietzeit übergeben darf. Der BGH hat dies bislang offengelassen (BGH VIII ZR 8/11 WuM 2012, 95). Nach Auffassung einiger Gerichte ist der Vermieter nicht verpflichtet, die Wohnungsschlüssel vorher entgegenzunehmen (KG Berlin NZM 2000, 92; OLG Düsseldorf VersR 1989, 46). Anderen Gerichten zufolge darf der Mieter die Schlüssel gegen den Willen des Vermieters auch vor dem letzten Tag des Mietverhältnisses zurückgeben (OLG Dresden NZM 2000, 827).

Schlüsselnotdienst

Hat der Mieter seinen Schlüssel in der Wohnung vergessen und die Tür zugeschlagen, ist der Schlüssel verloren gegangen oder gestohlen worden, bleibt als letzter Ausweg oftmals nur, den Schlüsselnotdienst einzuschalten. Telefonnummern finden sich im Internet.

Vorsicht vor unseriösen Geschäftspraktiken!

Es gibt einige Firmen, die ihre Dienste zu überhöhten Preisen anbieten. Bei erheblich überteuerten Rechnungen ist womöglich der Tatbestand des Wuchers erfüllt, da der Notdienst häufig eine Zwangslage des Mieters ausnutzt (AG Bremen Urt. v. 21.4.2009 – 4 C 12/08). Dem Schlüsseldienstunternehmer steht kein Zahlungsanspruch zu, wenn der Vertragsschluss durch unredliches Verhalten seiner Mitarbeiter zustande gekommen ist (AG Essen-Steele WuM 2016, 437).

Muss der Mieter das Dreifache des ortsüblichen Entgelts zahlen, kann er den Betrag, der das Übliche überschreitet, zurückfordern (AG Langenfeld NJW-RR 1999, 1354). Außerdem führt der Notdienst mitunter unnötige Leistungen aus. Es ist z. B. vorgekommen, dass der Monteur unnötigerweise das alte Schloss zerstört und ungefragt ein neues eingebaut hat. Ist die Tür nur zugefallen, kann der Monteur sie meistens ohne Beschädigung schnell öffnen. Die Auswechslung des Schlosses ist dann keinesfalls erforderlich. Ein neues Schloss muss deshalb auch nicht bezahlt werden (AG Oldenburg E7 C 7223/96). Unnötige Kosten entstehen auch, wenn der Schlüsselnotdienst gleich mit zwei Monteuren anrückt und sich dadurch die Lohnkosten verdoppeln (AG Oldenburg E 7 C 7223/96). Unzulässig sind außerdem Zuschläge für »Pkw-Bereitstellungskosten« und »Sofortdienste« (LG Bremen Urt. v. 7.1.1996 – 1 O 725/96; AG Oldenburg E7 C 7223/96). Ein Notdienst darf auch kein Geld kassieren, wenn er die vereinbarte Reparatur nicht oder nur provisorisch durchführt (LG Düsseldorf VuR 1989, 37). Nach diesem Urteil ist es auch unzulässig, jede angebrochene halbe Stunde voll zu berechnen. Zuschläge für das Wochenende oder Feiertage sowie für Nachtzeiten sind grundsätzlich erlaubt. In den Allgemeinen Geschäftsbedingungen des Schlüsseldienstes muss aber klargestellt sein, dass sie nur ein Mal anfallen (LG Bremen, Urt. v. 7.1.1996 – 1 O 725/96).

Wie kann sich der Mieter gegen überhöhte Rechnungen schützen?

- Geben Sie für Notfälle einen Wohnungsschlüssel bei Nachbarn oder bei Bekannten/Verwandten in der Nähe in Verwahrung.
- Ist es unumgänglich, einen Notdienst zu beauftragen, sollte der Mieter mehrere Firmen anrufen und sich nach den voraussichtlichen Kosten erkundigen. Für Standardaufträge (z. B. eine zugeschlagene Tür öffnen) können seriöse Unternehmen bereits am Telefon einen Preis nennen.
- Beauftragen Sie bevorzugt nahe gelegene Schlüsselnotdienste. Wer eine örtliche Telefonnummer wählt, kann darauf vertrauen, dass der Notdienst keine langen Anfahrtszeiten berechnet (AG Duisburg Urt. v. 5.6.1990 – 3 C 125/89).
- Prüfen Sie in Ruhe, ob die Rechnung unerlaubte oder überteuerte Zuschläge enthält. Die Rechnung auf keinen Fall sofort begleichen, auch nicht, wenn der Monteur darauf drängt. Der Schlüsseldienst darf keine zusätzliche Gebühr fordern, falls die Rechnung nicht sofort vor Ort bezahlt wird. Eine entsprechende Klausel ist unwirksam (LG Bremen Urt. v. 7.1.1996 – 1 O 725/96).

Wann muss der Vermieter die Kosten für den Notdienst ersetzen?

In bestimmten Fällen kann der Mieter verlangen, dass ihm der Vermieter die Kosten für den Schlüsselnotdienst erstattet. Der Mieter bekommt Schadensersatz, wenn ihn selbst keine Schuld trifft, dass Schloss oder Schlüssel beschädigt waren. Tagsüber muss er aber zunächst versuchen, den Vermieter oder seinen Beauftragten, z.B. den Hausmeister, zu erreichen, wenn er vor verschlossener Tür steht. Nach 22 Uhr kann der Mieter grundsätzlich ohne vorherige Rücksprache mit dem Vermieter ein Unternehmen mit einer Notöffnung oder einem notwendigen Schlossaustausch beauftragen, etwa wenn Unbekannte das Türschloss verleimt haben (AG Leipzig WuM 2023, 32) oder der Schlüssel abgebrochen ist. Hat der Mieter den Vermieter früher bereits vergeblich dazu aufgefordert, das klemmende Schloss seiner Wohnungstür zu reparieren, kann er von ihm Ersatz der Kosten verlangen, wenn er einen Schlüsselnotdienst einschalten musste, um in die Wohnung zu kommen (AG Frankfurt WuM 1988, 157). Dasselbe gilt, wenn Unbekannte das Schloss mit Klebstoff verklebt haben und der Vermieter sich geweigert hat, den Schaden zu beheben (AG Siegburg WuM 2004, 233) → *Mängel der Wohnung.*

Schmerzensgeld

Neben dem Ersatz materieller Schäden kann ein Geschädigter auch ein angemessenes Schmerzensgeld verlangen, wenn es um eine Verletzung des Körpers, der Gesundheit, der Freiheit oder der sexuellen Selbstbestimmung geht → *Gesundheitsgefährdung* → *Verkehrssicherungspflicht* → *Allgemeines Gleichbehandlungsgesetz.*

Hat der Mieter z.B. gesundheitliche Schäden erlitten, weil die Wohnung schon bei Vertragsschluss mangelhaft war oder der Vermieter einen späteren Mangel zu vertreten hat oder mit der Beseitigung des Mangels in Verzug geraten ist, kann der Mieter auch Schmerzensgeld geltend machen → *Mangel der Mietsache.* Für Schäden, die auf ein schuldhaftes Verhalten von ihm eingeschalteter Hilfspersonen zurückzuführen sind, z.B. Hausmeister, Reinigungskräfte oder Handwerker, haftet der Vermieter wie für eigenes Verschulden. Die verschuldensunabhängige Haftung des Vermieters für bei Abschluss des Vertrags bereits vorhandene Mängel kann im Vertrag ausgeschlossen werden (BGH XII ZR 46/90 WuM 1992, 316), jedoch nicht durch → *Allgemeine Geschäftsbedingungen.*

S

Einzelfälle:
- Psychische Beeinträchtigung des Mieters wegen dauerhafter **Asbestexposition** aufgrund grob fahrlässiger Untätigkeit des Vermieters: 20000 Euro (LG Dresden, Urt. v. 25.2.2011 – 4 S 73/10).
- **Beleidigung** durch den Hausverwalter in einer Abmahnung, je vom Verwalter und vom Vermieter: 250 Euro (LG Berlin GE 2009, 1623).
- Lungenentzündung aufgrund von **Legionellen im Trinkwasser**: 6000 Euro (LG Saarbrücken, Urt. v. 11.12.2009 – 10 S 26/08).

– Schwere Knieverletzungen nach einem **Sturz** auf rutschigem Hausflurboden, der von der Reinigungsfirma hätte abgesperrt werden müssen: 5000 Euro (LG Berlin GE 2009, 654).
– Armbruch und zwei Operationen nach einem **Sturz** auf der nicht vom Schnee geräumten Treppe des Hauses: 4000 Euro (AG Schöneberg GE 2011, 956).
– Psychische Beeinträchtigungen wegen der Nichtbenutzbarkeit der **Toilette** während der Nachtzeit: 250 Euro (AG Hannover WuM 2009, 346).

Schneefegen

Wer ist zum Schneefegen verpflichtet?

Die Straßenreinigung ist grundsätzlich Sache der Gemeinde. Dazu gehört auch die Schnee- und Eisbeseitigung (Winterdienst). Hauseigentümer sind dazu über die Grundstücksgrenze hinaus nur verpflichtet, wenn die Satzung der Gemeinde dies vorsieht (BGH VIII ZR 255/16 WuM 2018, 639). Innerhalb der Grundstücksgrenze hat der Hauseigentümer die → *Verkehrssicherungspflicht*; dies gilt auch für vermietende Wohnungseigentümer (BGH VIII ZR 250/23 WuM 2025, 675).

Wie der Eigentümer seine Pflicht erfüllt, bleibt ihm überlassen. Er darf eine **Firma** damit beauftragen, die dann bei Verletzung der Verkehrssicherungspflicht haftet (BGH VI ZR 126/07 WuM 2008, 235). Viele Vermieter wälzen ihre Pflicht auf die **Mieter** ab. Dazu ist eine vertragliche Vereinbarung notwendig (LG Stuttgart WuM 1988, 399). Ohne eine Abrede mit dem Vermieter ist auch ein Erdgeschossmieter nicht verpflichtet, Schnee zu fegen oder vereiste Bürgersteige zu streuen. Der Vermieter kann diese Pflichten auch in der → *Hausordnung* auf die Mieter übertragen, wenn diese Hausordnung Bestandteil des vom Mieter unterschriebenen Mietvertrags ist (OLG Frankfurt WuM 1988, 399; LG Köln ZMR 2014, 541). Eine Übertragung in der Hausordnung ist nur wirksam, wenn die Pflichten klar und eindeutig festgelegt sind (OLG Hamm NZM 2013, 358; AG Köln MietRB 2011, 140).

Der Vermieter kann seine Mieter nicht durch **nachträgliche Änderung** der Hausordnung zum Schneefegen verpflichten (LG Bonn NJW 1958, 146; AG Köln WuM 1957, 35; AG Hattingen WuM 1956, 104). Sieht der Mietvertrag vor, dass der Vermieter den Winterdienst anders regeln darf, z. B. durch Beauftragung einer Firma, muss er eine nachvollziehbare Begründung vorweisen, wenn er den Mietern die Eigenarbeit entziehen will (AG Dortmund WuM 2011, 616). Hat der Vermieter seine Winterdienstpflichten auf die Mieter übertragen, ist er zur Überwachung verpflichtet (OLG Hamm NZM 2013, 358).

Ein vermietender Wohnungseigentümer haftet für **Sturzschäden des Mieters** infolge von Eisglätte, wenn die Räum- und Streupflicht auf dem Grundstück der Eigentümergemeinschaft verletzt wurde. Wird von der Eigentümergemeinschaft die Ausführung der Räum- und Streupflicht auf einen externen Dienstleister übertragen, ist dieser sog. Erfüllungsgehilfe des Vermieters, für dessen Verschulden – also z. B. im Falle mangelhafter Schnee- und Eisbeseitigung – der Vermieter rechtlich einzustehen hat (BGH VIII ZR 250/23 WuM 2025, 675). Entsprechendes dürfte gelten, wenn der Vermieter die Erfüllung seiner Pflichten auf Mieter »auslagert«.

Wie ist der Winterdienst unter den Mietern aufzuteilen?
Bei der Verteilung der Pflichten auf die Hausbewohner muss der Vermieter den Grundsatz von Treu und Glauben beachten. Das Risiko witterungs- und damit zufallsbedingter Ungleichheiten muss weitgehend ausgeschaltet werden. Ein täglicher oder gar nur wöchentlicher Wechsel der Streupflicht erfüllt diese Voraussetzung nicht. Anknüpfungspunkt muss der tatsächlich ausgeführte Winterdienst sein. Hier empfiehlt sich die Benutzung einer sog. »Schneekarte«. Dem Mieter, der die Schneekarte in den Händen hält, obliegt die Streupflicht für einen Tag. Nur wenn er aufgrund der Witterungsverhältnisse tatsächlich seinen Winterpflichten nachkommen musste, darf er die Schneekarte an den nächsten Mieter weitergeben (so OLG Hamm WuM 1985, 299). Rechtlich bedenklich ist es, wenn der Vermieter in einem größeren Wohnhaus die Schnee- und Eisbeseitigung nur auf die Mieter im Erdgeschoss überträgt (OLG Hamm NZM 2013, 358; AG Schwelm WuM 1991, 86; a. A. LG Marburg NJW-RR 1990, 1484).

Wann und wie ist der Winterdienst zu erledigen?
Wie die Schnee- und Eisbeseitigungspflicht zu erfüllen ist, kann in der Hausordnung geregelt werden. Dazu gehört im Allgemeinen die Reinigung und das Streuen der **Bürgersteige**, des **Hauseingangs** und des **Wegs zu den Mülltonnen**, nicht aber eines zum Haus gehörenden kleinen Parkplatzes von geringer Verkehrsbedeutung (OLG Hamm MDR 1997, 1028). Im Regelfall genügt es, einen **1 – 1,5 Meter breiten Streifen** mitten auf dem Bürgersteig zu räumen; eine Räumung am Rand eines breiten Gehsteigs kann nicht erwartet werden (OLG Nürnberg NJW-RR 2002, 23).

Die Räum- und Streupflicht setzt eine **konkrete Gefahrenlage** voraus; einzelne Glättestellen reichen dafür nicht, es muss eine allgemeine Glätte vorliegen (BGH VI ZR 138/11 WuM 2012, 686).

Ist der Mieter vertraglich zur Schnee- und Eisbeseitigung verpflichtet, muss er etwa ab 7 Uhr (OLG Koblenz ZMR 2008, 625) und bis etwa 20 Uhr (LG Köln WuM

1995, 107) Schnee fegen und streuen. Er hat aber nach Ende des Schneefalls mindestens eine halbe Stunde Zeit zu prüfen, ob der Schneefall nur vorübergehend unterbrochen ist (OLG Naumburg MDR 2000, 520). Auch wenn bei Eisregen die Streupflicht entfällt, muss die Streutätigkeit spätestens eine Stunde nach Ende des Eisregens wieder aufgenommen werden (OLG Celle NJW-RR 2004, 1251; LG Berlin GE 1998, 861). Einen besonderen Notfallplan für den Fall von außergewöhnlicher Glättebildung muss aber niemand vorhalten (OLG München NZM 2010, 216).

Bei Dauerschneefall hat der Verantwortliche während des Tages die Reinigungs- und Streuarbeiten zu wiederholen (BGH VI ZR 49/83 WuM 1986, 66). Wer – z. B. wegen Berufstätigkeit – tagsüber nicht zu Hause ist, muss während dieser Zeit für eine Vertretung sorgen, etwa durch Absprache mit den Nachbarn (OLG Hamburg MDR 1969, 483). Eine Überwachung des Vertreters ist nur im Rahmen des Zumutbaren erforderlich. Bei einer Urlaubsvertretung entfällt sie normalerweise (OLG Köln WuM 1995, 316).

Die Gerichte stellen ziemlich hohe Anforderungen an die Pflicht zur Schnee- und Eisbeseitigung. Der Mieter sollte daher lieber einmal mehr als zu wenig Schnee und Eis räumen. Auch die Beschaffenheit des Streumaterials ist von Wichtigkeit. Das Streumittel muss die Schnee- und Eisglätte abstumpfen. **Sand, Splitt oder Asche** sind hierzu am besten geeignet. Hobelspäne haben keine abstumpfende Wirkung (OLG Hamm NZM 2015, 909).

Wer zahlt die Winterdienst-Ausrüstung?
Hat der Mieter die Verpflichtung zur Schneebeseitigung übernommen, muss es zusätzlich im Vertrag geregelt sein, wenn er die erforderlichen Arbeitsgeräte und das Streumaterial bezahlen soll (AG Wuppertal WuM 1982, 114; AG Witten WuM 1981, U5; AG Solingen WuM 1979, 239). Ist eine Regelung über die Kostenfrage nicht getroffen, hat der Mieter trotzdem stets Arbeitsgeräte und Streumaterial auf eigene Kosten beschafft, würde die grundsätzliche Verpflichtung des Vermieters, das Arbeitsmaterial zur Verfügung zu stellen, allerdings erst wieder bei einem ungewöhnlich harten Winter, der erhöhte Kosten erfordert, aufleben (so AG Essen ZMR 1980, 316). Andere Gerichte gehen hingegen auch bei einer fehlenden Vereinbarung davon aus, dass der Mieter bei übernommener Arbeitsverpflichtung auch die Kosten für Arbeitsgeräte übernehmen muss (AG Ebersberg WuM 1985, 258).

Wer haftet, wenn der Winterdienst nicht erledigt wurde?
Kommen Personen infolge vernachlässigter Streupflicht zu Schaden, kann der streupflichtige Mieter u. U. sogar wegen fahrlässiger Körperverletzung (§ 230 StGB) zur Verantwortung gezogen werden (OLG Celle NJW 1961, 1939). Auf jeden Fall können erhebliche Schadensersatzforderungen auf den Mieter zukom-

men. Sind diese Schäden durch die Gebäudehaftpflichtversicherung des Vermieters abgedeckt, für die der Mieter im Rahmen der Nebenkosten anteilig bezahlt, haftet der Mieter nur bei Vorsatz (OLG Oldenburg NJW-RR 2008, 1181).

Ist jemand durch einen Sturz verunglückt und macht Schadensersatzansprüche geltend, muss er Voraussetzungen für eine Verletzung der → *Verkehrssicherungspflicht* beweisen (BGH III ZR 225/08 WuM 2009, 241). Der Streupflichtige muss ggf. beweisen, dass die Schnee- und Eisbeseitigung zwecklos und damit unzumutbar war (BGH VI ZR 219/04 NZM 2005, 599).

Wichtig zu wissen: Wer zum Winterdienst verpflichtet ist, sollte diese Aufgabe sehr ernst nehmen. Wer seiner Räum- und Streupflicht nicht nachkommt, haftet ggf. für Schäden, wenn jemand wegen Schnee oder Eisglätte stürzt. Eine private Haftpflichtversicherung sollte bestehen, um mögliche Schadensersatzansprüche abzusichern.

Was ist, wenn ein Mieter seine Pflichten nicht mehr erfüllen kann?
Problematisch wird es, wenn der Winterdienst wirksam vereinbart worden ist, der Mieter aber infolge von Alter oder Gebrechlichkeit auf Dauer nicht mehr zum Schneefegen in der Lage ist. Manche Gerichte meinen, der Mieter bleibe für die Erfüllung seiner Pflicht verantwortlich und müsse selbst für eine Vertretung sorgen (LG Kassel WuM 1991, 580; LG Düsseldorf WuM 1988, 400). Andere Gerichte haben entschieden, dass die Pflicht dann wieder auf den Vermieter übergeht (LG Münster WuM 2004, 193; LG Hamburg WuM 1989, 622; LG Darmstadt WuM 1988, 300). Dies gilt zumindest dann, wenn der Mieter niemanden findet, der bereit ist, die Arbeiten zu übernehmen (LG Münster WuM 2004, 193; AG Münster WuM 2005, 648).

Schonfristzahlung → *Fristlose Kündigung des Vermieters wegen Zahlungsverzugs* → *Fristlose Kündigung des Vermieters wegen Nichtzahlung der Mietkaution*

S

Bei einer fristlosen Kündigung des Vermieters wegen Zahlungsverzugs oder wegen nicht gezahlter Kaution kann der Mieter die Kündigungsfolgen noch abwenden: Er kann bis spätestens **zwei Monate nach Zustellung der Räumungsklage** den gesamten Rückstand begleichen (sog. Schonfristzahlung, § 569 Abs. 3 Nr. 2 BGB). Dann ist der Mieter so zu stellen, als wäre nie gekündigt worden (BGH VIII ZR 231/17 WuM 2018, 714) – die fristlose Kündigung wird also **nachträglich unwirksam**.

Gut zu wissen: Wird der Mieter nach einer wirksamen Schonfristzahlung später erneut säumig, lebt die fristlose Kündigung nicht wieder auf. Der Vermieter muss in diesem Fall neu kündigen.

Schonfrist

Die Schonfrist beginnt mit **Zugang** der fristlosen Kündigung. Sie endet **zwei Monate nach Zustellung der Räumungsklage** an den Mieter. Innerhalb dieser Frist muss der Mieter alle offenen Mieten und fälligen → *Nutzungsentschädigungen* vollständig an den Vermieter zahlen – also spätestens zwei Monate nach Zustellung der Räumungsklage.

Für die **Rechtzeitigkeit** genügt es, wenn der Mieter **vor Fristablauf den Überweisungsauftrag** erteilt und das Konto ausreichend gedeckt ist; eine Gutschrift beim Vermieter muss bis dahin nicht erfolgt sein (OLG Naumburg WuM 1999, 160; LG Berlin WuM 2021, 246).

Vollständige Zahlung erforderlich

Die fristlose Kündigung wird nur dann unwirksam, wenn der Mieter **alle offenen Mieten sowie alle bis dahin fälligen → *Nutzungsentschädigungen*** (für die Zeit nach der Kündigung anstelle der Miete) vollständig bezahlt.

Es **reicht** also **nicht**, lediglich den im Kündigungsschreiben genannten Rückstand zu begleichen. Auch Forderungen, die offen waren, aber **in der Kündigung nicht erwähnt** wurden, müssen ausgeglichen werden (LG Berlin WuM 2022, 412). Der Mieter darf also nicht darauf vertrauen, dass in der Kündigung alle offenen Rückstände aufgelistet sind, zumal Vermieter der Einfachheit halber gern nur den offenkundigen Rückstand in der Kündigung erwähnen. Deshalb sollten Mieter ihre Zahlungen zeitnah prüfen, mit der geschuldeten Miete abgleichen und ggf. beim Vermieter einen **Mietkontoauszug** anfordern.

Hält der Mieter die Forderungen für unberechtigt, möchte aber das Prozessrisiko vermeiden, kann er innerhalb der Schonfrist **»unter Vorbehalt der Rückforderung«** zahlen. Auch eine Vorbehaltszahlung wirkt erfüllend und macht die fristlose Kündigung bei rechtzeitiger Zahlung **nachträglich unwirksam** (LG Berlin, Urt. v. 8.2.2010 – 67 S 218/09; AG München ZMR 2020, 132) → *Zahlung unter Vorbehalt*.

Mietschuldenübernahme durch öffentliche Stelle

Die fristlose Kündigung wird ebenfalls unwirksam, wenn sich innerhalb der Schonfrist eine **öffentliche Stelle** (z. B. Sozialamt oder Wohngeldstelle) gegenüber dem Vermieter **verpflichtet**, alle offenen Mieten und fälligen Nutzungsentschädigungen **vollständig** zu übernehmen (§ 569 Abs. 3 Nr. 2 BGB). Diese Erklärung wirkt wie eine vollständige Zahlung und ist rechtzeitig, wenn sie **innerhalb der Schonfrist** dem Vermieter oder seinem Prozessbevollmächtigten zugeht (BayObLG WuM 1994, 598).

> **Gut zu wissen:** Gerichte sollen Sozialbehörden informieren, wenn Räumungsklagen wegen Mietrückständen eingehen, damit eine rechtzeitige Übernahme möglich wird.

Heilungsmöglichkeit verbraucht?
Die Heilung durch Schonfristzahlung oder Übernahmeerklärung ist bei Zahlungsverzug **nur einmal innerhalb von zwei Jahren** möglich. Sie greift nicht, wenn bereits in den letzten zwei Jahren schon einmal eine fristlose Kündigung durch Schonfristzahlung unwirksam geworden ist (§ 569 Abs. 3 Nr. 2 Satz 2 BGB). Die zweijährige Sperrfrist läuft jeweils **ab Zugang der Kündigung**.

> **Beispiel:** Geht eine fristlose Kündigung am 10.1.2023 zu und wird durch Schonfristzahlung geheilt, kann eine weitere Kündigung, die am 9.1.2025 zugeht, nicht nochmals durch Schonfristzahlung geheilt werden. Erst eine Kündigung, die dem Mieter ab dem 11.1.2025 zugeht, wäre wieder heilbar.

Ist eine Heilung der ordentlichen Kündigung durch Schonfristzahlung möglich?
Nein. Die Regelung zur Schonfristzahlung (§ 569 Abs. 3 Nr. 2 BGB) gilt ausdrücklich nur für die fristlose Kündigung wegen Zahlungsverzugs. Der BGH lehnt eine Übertragung auf die ordentliche Kündigung wegen Zahlungsverzugs ab (st. Rspr., zuletzt BGH VIII ZR 287/23 WuM 2025, 549). Das bedeutet: Spricht der Vermieter neben der fristlosen Kündigung hilfsweise auch eine ordentliche Kündigung aus, wird durch die Schonfristzahlung **nur die fristlose, nicht die ordentliche Kündigung unwirksam**. Nach Ablauf der Kündigungsfrist kann der Vermieter dann grundsätzlich trotz Zahlung die Herausgabe der Wohnung verlangen.

Allerdings kann es im Einzelfall **treuwidrig** sein, wenn der Vermieter sich trotz vollständiger, zeitnaher Zahlung innerhalb der Schonfrist weiterhin auf die hilfsweise erklärte ordentliche Kündigung beruft – etwa bei einem über Jahre störungsfrei verlaufenen Mietverhältnis (BGH VIII ZR 231/17 WuM 2018, 714).

S

Wichtig zu wissen: Ein Referentenentwurf des Bundesministeriums der Justiz und für Verbraucherschutz aus Februar 2026 sieht vor, dass Mieter **einmal während des Mietverhältnisses** auch eine ordentliche Kündigung wegen Zahlungsverzugs durch nachträgliche Schonfristzahlung unwirksam machen können. Ob dieser Entwurf umgesetzt wird, war zum Redaktionsschluss offen; aktuelle Infos hierzu finden sich auf der Homepage des Deutschen Mieterbundes www.mieterbund.de. Auch die Beraterin oder der Berater beim örtlichen Mieterverein kann Ihnen hierzu Auskunft geben.

Schonfristzahlung bei der fristlosen Kündigung wegen Kautionsverzugs
Der Mieter kann auch die →*fristlose Kündigung des Vermieters wegen Nichtzahlung der Kaution* **nachträglich unwirksam** machen, wenn er den Kautionsrückstand spätestens bis **zwei Monate nach Zustellung der Räumungsklage** vollständig zahlt oder eine öffentliche Stelle die Übernahme erklärt (§ 569 Abs. 2a Satz 4 i. V. m. § 569 Abs. 3 Nr. 2 Satz 1 BGB).

Schönheitsreparaturen

Der Begriff »Schönheitsreparaturen« ist etwas irreführend. Es geht nicht um Reparaturen, sondern um das **Beseitigen von Gebrauchsspuren**, meist durch Malerarbeiten. Der BGH hat hierzu zahlreiche Mietvertragsklauseln →*Allgemeine Geschäftsbedingungen* für unwirksam erklärt, sodass viele Mieter gar nicht renovieren müssen, obwohl es im Mietvertrag steht. Es gibt jedoch kein Gesetz, das Mieter generell von Renovierungen beim Auszug befreit. Entscheidend ist, ob die Vertragsklauseln den Vorgaben des BGH entsprechen. Im Zweifel sollte man sich vor dem Auszug vom Mieterverein unter Vorlage des Mietvertrags beraten lassen. Eine unwirksame Klausel kann viel Geld sparen.

Was zählt zu den Schönheitsreparaturen?
Schönheitsreparaturen sind malermäßige Arbeiten zur **Beseitigung normaler Abnutzung**, etwa durch Streichen oder Tapezieren von Wänden und Decken.
- Das **Streichen von Heizkörpern, Innentüren, Fenstern und Fußleisten** – soweit überstreichbar – ist Teil der Schönheitsreparaturen (BGH VIII ZR 210/08 WuM 2009, 286). Auch kleine **Vorarbeiten** wie das Ausbessern von kleinen Rissen in Wänden oder Putz gehören dazu.
- **Dübellöcher in Wänden:** Die Beseitigung üblicher Dübellöcher zählt zu den Schönheitsreparaturen. Muss der Mieter die Schönheitsreparaturen beim Auszug jedoch nicht durchführen, muss er auch nicht im üblichen Umfang ent-

standene Dübellöcher verschließen (OLG Frankfurt a. M. WuM 1992, 56; LG Braunschweig WuM 1986, 274). Eine Klausel, die den Mieter verpflichtet, bei Beendigung des Mietverhältnisses Dübeleinsätze und -löcher spurlos zu beseitigen, ist unwirksam (BGH IX ZR 109/92 WuM 1993, 109). Nur eine über das übliche Maß hinausgehende Anzahl von solchen Löchern ist als übernormale Abnutzung anzusehen (AG Warendorf WuM 1983, 235). 50 bis 60 Dübellöcher in einem Raum sind zu viel. Der Mieter muss sie beim Auszug unabhängig von der Pflicht zur Vornahme der Schönheitsreparaturen fachgerecht beseitigen (AG Mönchengladbach-Rheydt ZMR 2013, 724).
- **Dübellöcher in Fliesen:** Für angebohrte Fliesen im Badezimmer kann der Vermieter keinen Ersatz verlangen (LG Darmstadt NJW-RR 88, 80), es sei denn, der Mieter hat übermäßig viele Dübel angebracht (LG Göttingen WuM 1990, 199). Die Löcher sollen nach Möglichkeit nicht in die Fliesen, sondern in die Fugen gesetzt werden (LG Berlin GE 2002, 261; AG Paderborn ZMR 2024, 854).
- **Dübellöcher in Einrichtungsgegenständen:** Eine andere Rechtslage besteht für Bohrlöcher, die nicht in Wänden oder Decken angebracht wurden. Der Mieter ist zum Schadensersatz verpflichtet, wenn er Fensterrahmen oder Glasleisten der Fenster angebohrt hat (AG Witten MietRB 2018, 323).

Nicht zu **Schönheitsreparaturen** gehören:
- Abschleifen und Steichen von Wandschränken (LG Nürnberg-Fürth ZMR 2005, 622) oder Einbaumöbeln (LG Berlin WuM 2016, 97);
- Streichen der Fenster und Türen **von außen** (BGH VIII ZR 231/09 WuM 2010, 231; VIII ZR 48/09 WuM 2010, 85), Streichen von Terrasse, Balkon oder Loggia (BGH VIII ZR 210/08 WuM 2009, 286);
- **Parkett** abschleifen und versiegeln (BGH VIII ZR 48/09 WuM 2010, 85);
- Grundreinigung von **Teppichen** – diese muss der Mieter nur vornehmen, wenn der Mietvertrag eine entsprechende Klausel enthält (OLG Stuttgart WuM 1993, 528).

Größere Schäden: Für erhebliche Mängel (z. B. abgefallener Putz, gerissene Decke) ist der Vermieter zuständig. Kleinere Setzrisse zählen hingegen zur Vorbereitung von Malerarbeiten. Schäden, die der Mieter selbst verursacht hat, z. B. durch Deckenverkleidungen oder Einbauten, muss er auf eigene Kosten beseitigen.

Normale Abnutzung: Für altersbedingte Abnutzung wie stumpfe Badewannen oder verfärbte Fugen haftet der Mieter nicht. Bei Schäden wie abgeplatzte Emaille kann er unter Umständen zur Zahlung verpflichtet sein – allerdings mit Abschlag wegen Alters, z. B. 35 % bei einer acht Jahre alten Badewanne (AG Herborn WuM 2006, 643).

S

Modernisierungen: Erforderliche Malerarbeiten nach Reparatur- oder Modernisierungsmaßnahmen sind Aufgabe des Vermieters. Die Kosten können aber u. U. im Rahmen einer Mieterhöhung wegen Modernisierung berücksichtigt werden (BGH VIII ZR 293/10 WuM 2011, 293).

War die Wohnung beim Einzug renoviert?
Eine **Formularklausel** zu Schönheitsreparaturen ist **unwirksam**, wenn die Wohnung unrenoviert übergeben wurde, da der Mieter sonst auch Gebrauchsspuren des Vormieters beseitigen müsste (BGH VIII ZR 185/14 WuM 2015, 338). In diesem Fall braucht der Mieter bei Auszug keine Malerarbeiten auszuführen. Etwas anderes kann gelten, wenn der Mieter vom Vermieter dafür beim Einzug einen **angemessenen Ausgleich** (s. u.) erhalten hat.

Was heißt »unrenoviert«?
Eine Wohnung gilt laut BGH bereits als unrenoviert, wenn sie mehr als unerhebliche Gebrauchsspuren zeigt (BGH VIII ZR 185/14 WuM 2015, 338), z. B. Fensterrahmen mit Lackschäden oder ungestrichene Scheuerleisten und Rohre (LG Berlin WuM 2016, 97; WuM 2015, 541).

Wichtig zu wissen: Der Mieter muss im Streitfall beweisen, dass die Wohnung unrenoviert übergeben wurde (BGH VIII ZR 185/14 WuM 2015, 338). Gelingt das nicht, gilt sie als renoviert (LG Karlsruhe NJW 2016, 2897). Deshalb sollte der Zustand vor Einzug im Mietvertrag oder Übergabeprotokoll festgehalten werden, etwa Flecken, abgelöste Tapeten oder Farbschäden an Heizkörpern. Ist der Vermieter nicht bereit, beim Einzug gemeinsam ein Protokoll anzufertigen, sollte der Mieter selbst eines erstellen, Zeugen benennen und Fotos machen.

Angemessener Ausgleich?
Ein Mieter kann sich nicht auf die Unwirksamkeit der Klausel berufen, wenn er für den unrenovierten Zustand zu Mietbeginn einen angemessenen Ausgleich erhalten hat, z. B. Geld, Renovierungszuschuss oder Mietnachlass. Der Ausgleich muss dem Renovierungsaufwand entsprechen – nach Fachbetriebskosten, nicht Eigenleistung. Einen Mietnachlass von einer halben Monatsmiete für das Streichen von drei Zimmern hat der BGH nicht als ausreichend angesehen (BGH VIII ZR 185/14 WuM 2015, 338). Ist nur wenig zu renovieren, kann ein Nachlass von einer Monatsmiete genügen (LG Berlin WuM 2016, 97). Bei starkem Renovierungsbedarf ist mehr erforderlich.

Renovierungspflicht des Vermieters
Wurde die Wohnung unrenoviert und ohne Ausgleich übergeben, muss der Vermieter im Verlauf der Mietzeit renovieren – sobald sich der Zustand deutlich verschlechtert hat. Der Mieter muss sich an den Kosten beteiligen, da der Zustand verbessert wird. In der Regel trägt er die Hälfte der Malerkosten (BGH VIII ZR 163/18 WuM 2020, 554; VIII ZR 270/18 WuM 2020, 559).

Renovierungsvereinbarung zwischen Vor- und Nachmieter
Vereinbarungen zwischen altem und neuem Mieter, etwa zur Übernahme der Renovierung, haben keine Wirkung auf den Vermieter oder den Mietvertrag (BGH VIII ZR 277/16 WuM 2018, 635). Die Wohnung gilt weiterhin als unrenoviert. Nur wenn alle drei Parteien eine Vereinbarung treffen und der neue Mieter dafür einen angemessenen Ausgleich erhält, kann etwas anderes gelten.

Sind die vertraglichen Regelungen zu den Schönheitsreparaturen wirksam?
Hat der Vermieter die Wohnung renoviert übergeben oder einen angemessenen Ausgleich geleistet, hängt die Pflicht zur Durchführung von Schönheitsreparaturen vom Mietvertrag ab.

- Gibt es **keine Vereinbarung**, ist der **Vermieter zuständig** (BGH VIII ARZ 9/86 WuM 1987, 306). Das gilt vor allem für mündlich abgeschlossene Mietverträge. Der Mieter kann dann verlangen, dass der Vermieter regelmäßig renoviert. Eine stillschweigende Übernahme durch den Mieter ist nur unter engen Voraussetzungen möglich. Auch wenn der Mieter mehrfach renoviert hat, verliert er seinen Anspruch nicht (LG Berlin NZM 2002, 946). Im Streitfall muss der Vermieter den Nachweis führen, dass der Mieter zur Renovierung verpflichtet war (OLG Celle WuM 1980, 185).
- In fast allen Formularmietverträgen finden sich allerdings **Klauseln zu Schönheitsreparaturen**. Diese unterliegen der Kontrolle nach dem Recht der → *Allgemeinen Geschäftsbedingungen*. Unangemessene Klauseln sind unwirksam.
- Von den vorgedruckten Mietvertragsklauseln zu unterscheiden ist eine **Individualvereinbarung**. Eine solche Regelung kann den Mieter wirksam zur Renovierung verpflichten. Von einer Individualvereinbarung kann nur gesprochen werden, wenn sie **im Einzelnen ausgehandelt** wurde (OLG Düsseldorf WuM 2007, 87; LG Berlin GE 2008, 869). Die Rechtsprechung ist hier sehr streng! Eine individuelle Abrede liegt nicht ohne Weiteres vor, wenn der Vermieter dem Formular eigene Bestimmungen handschriftlich hinzugefügt hat (BGH VIII ZR 302/07 WuM 2009, 395). Es genügt auch nicht, dass der Vermieter dem Mieter vor Abschluss des Mietvertrags zwei Vertragsentwürfe mit unterschiedlichen Laufzeiten und Mieten vorgelegt hat (BGH VIII ZR 245/22 WuM 2025, 499). Sobald der Vermieter die Regelung mehrfach verwenden will, gilt sie als Allgemeine Geschäftsbedingung. Eine Individual-

vereinbarung erfordert, dass der Mieter ernsthaft mitverhandeln konnte und eigene Vorstellungen einbringen durfte (BGH VIII ZR 137/12 WuM 2013, 293; OLG Düsseldorf WuM 2007, 87; LG Berlin GE 2008, 869). Im Zweifel muss der Vermieter beweisen, dass es sich nicht um AGB handelt (LG Düsseldorf NZM 2002, 779). Eine vom Mieter unterschriebene Bestätigung in einer Anlage zum Vertrag reicht dafür nicht aus (LG Berlin GE 2017, 477; LG Freiburg WuM 2005, 650).

Schönheitsreparaturen bei Einzug
Klauseln, die dem Mieter eine Renovierung beim Einzug auferlegen, sind in Formularverträgen **grundsätzlich unwirksam** (BGH VIII ZR 185/14 WuM 2015, 338; VIII ZR 185/14 WuM 2015, 343). Der Mieter müsste sonst Vorschäden beseitigen. Eine Ausnahme besteht, wenn er dafür einen angemessenen Ausgleich erhält, z. B. mietfreies Wohnen für eine bestimmte Zeit (BGH VIII ARZ 9/86 WuM 1987, 306). Die Angemessenheit hängt vom Renovierungsaufwand ab (LG Berlin GE 2004, 964). Eine solche Verpflichtung kann auch individuell vereinbart werden. Wird sie aber mit einer laufenden Renovierungspflicht kombiniert, ist die gesamte Regelung unwirksam.

In der Praxis sieht sich der Mieter nach dem Einzug oft gezwungen zu renovieren, weil er nicht in einer abgenutzten Wohnung leben will. Der BGH geht davon aus, dass diese Anfangsrenovierung freiwillig erfolgt.

Schönheitsreparaturen während der Mietzeit
Angemessene Zeiträume: Der Mieter darf nicht verpflichtet werden, über den tatsächlichen Renovierungsbedarf hinaus zu renovieren. Der BGH hat bestimmte Fristenregelungen akzeptiert, wenn der Mieter in festgelegten Abständen renovieren soll (BGH VIII ZR 463/04 WuM 2004, 463; VIII ZR 230/03 WuM 2004, 333). Diese Fristen dürfen nur »im Allgemeinen« gelten, nicht »starr« sein (BGH VIII ZR 192/11 WuM 2012, 312; s. dazu unten). Gegebenenfalls sind beim Auszug nur die Räume zu renovieren, deren Intervalle abgelaufen sind. Der BGH hat folgende Fristen als im Allgemeinen angemessen bewertet:
- alle 3 Jahre: Küche, Bad, Dusche,
- alle 5 Jahre: Wohnräume, Flur, WC,
- alle 7 Jahre: Nebenräume.

Die genannten Zeiträume gelten auch für Fenster, Türen und Heizungsrohre (BGH VIII ZR 48/04 WuM 2005, 241). Ab 2008 abgeschlossene Verträge erfordern eventuell längere Fristen (z. B. fünf, acht und zehn Jahre? – BGH VIII ZR 529/04 WuM 2007, 684 hat dies offen gelassen).

Für wirksam erklärte Klauseln zu laufenden Schönheitsreparaturen
Folgende Formulierungen gelten als wirksam:
- »Die Schönheitsreparaturen trägt der Mieter.«
- »Die Schönheitsreparaturen hat der Mieter auf seine Kosten auszuführen.«
- »Die Kosten der Schönheitsreparaturen trägt der Mieter.«

Diese Klauseln verpflichten zur Renovierung nach den üblichen Fristen, nicht zur Anfangsrenovierung (OLG Karlsruhe WuM 1992, 349; OLG Hamburg WuM 1991, 523). Auch die Pflicht zur Durchführung, nicht nur zur Übernahme der Kosten, ist damit eingeschlossen (BGH VIII ZR 529/04 WuM 2004, 529).

Für unwirksam erklärte Klauseln zu laufenden Schönheitsreparaturen
Die Gerichte haben viele Bestimmungen zu Schönheitsreparaturen für unwirksam erklärt. Dazu gehören folgende Klauseln:
- **Unklare Klausel:** In vielen Formularmietverträgen finden sich Bestimmungen wie: »Die Schönheitsreparaturen übernimmt der Vermieter - der Mieter« oder: »Die Schönheitsreparaturen trägt der Vermieter - der Mieter«. Ist die Alternative »der Vermieter« nicht gestrichen worden oder ist nicht kenntlich gemacht, wen diese Pflicht treffen soll, handelt es sich um eine unklare Vereinbarung. Das geht zulasten des Vermieters. Deshalb muss er die Schönheitsreparaturen übernehmen.
- **Zu kurze Fristen:** Klauseln mit zu kurzen Renovierungsfristen sind ungültig (BGH VIII ZR 361/03 WuM 2004, 463). Muss laut Vertrag eine Wohnküche z. B. alle zwei Jahre renoviert werden, ist die Regelung unwirksam. Auch zwei bis drei Jahre in allen Räumen sind zu kurz (LG Hamburg WuM 1992, 476).
- **Starre Fristen:** Verträge mit starren Fristen sind ungültig. Eine Frist ist »starr«, wenn sie unabhängig vom Zustand der Wohnung zwingend zur Renovierung verpflichtet (BGH VIII ZR 361/03 WuM 2004, 463).

Typische unwirksame Formulierungen:
»Der Mieter hat Schönheitsreparaturen auszuführen, z. B. Küche/Bad alle drei, übrige Räume alle fünf Jahre« (BGH VIII ZR 248/06 WuM 2006, 248).
»... mindestens in der angegebenen Zeitfolge« (BGH VIII ZR 660/04 WuM 2004, 660).

- »Weiche« Fristen machen eine Klausel nicht unwirksam, z. B. bei Formulierungen wie »in der Regel«, »im Allgemeinen« oder »grundsätzlich« (BGH VIII ZR 722/08 WuM 2008, 722); auch die Formulierung »in der Regel ... spätestens« gilt als nicht starr (BGH VIII ZR 351/04 WuM 2005, 716).

– **Abweichung von der Ausführungsart:** »Der Mieter darf nicht ohne Zustimmung von der bisherigen Ausführungsart abweichen« ist unwirksam (BGH VIII ZR 199/06 WuM 2007, 259). Auch ein Verbot »erheblicher Abweichung« ist nicht zulässig (BGH XII ZR 112/10 WuM 2012, 662).
– **Farbwahl:** Vorgaben zur farblichen Gestaltung **während der Mietzeit** sind unzulässig (BGH VIII ZR 166/08 WuM 2009, 224).

Ungültig sind z. B. folgende Anweisungen im Mietvertrag:
- nur weiße Raufasertapete (AG Gießen WuM 2009, 454),
- weiße Decken (BGH VIII ZR 47/11 WuM 2011, 618),
- Verbot wasserlöslicher Farben (LG Berlin GE 2014, 253),
- weiß lackierte Türen und Fensterrahmen (BGH VIII ZR 50/09 WuM 2010, 142).

– Erlaubt ist dagegen, dass **bei Auszug** eine neutrale Farbgestaltung verlangt wird (BGH VIII ZR 283/07 WuM 2008, 722) oder die Rückgabe lackierter Holzteile im ursprünglichen Farbton.
– **Außenanstrich:** Der Mieter muss nur innen renovieren. Bezieht sich der Mietvertrag pauschal auf Türen/Fenster, ist unklar, ob Außenflächen mit gemeint sind. Die Klausel ist deshalb ungültig (BGH VIII ZR 137/11 WuM 2011, 137). Eine Einschränkung auf Innenflächen macht die Klausel jedoch wirksam (BGH VIII ZR 192/11 WuM 2012, 312).
– **Renovieren »nach Bedarf«:** Auch solche Klauseln sind ungültig. Sie könnten den Mieter für Gebrauchsspuren des Vormieters haften lassen (OLG Karlsruhe WuM 1992, 349). Zulässig ist dagegen: Renovierung »spätestens bei Ende des Mietverhältnisses, wenn erforderlich« – aber nur bei nicht starren Fristen (BGH VIII ZR 243/05 WuM 2005, 243).

Schönheitsreparaturen beim Auszug

– **Klauseln zur Auszugsrenovierung:** Verpflichtungen zur Endrenovierung sind nur gültig, wenn sie sich auf die tatsächliche Abnutzung und angemessene Fristen während der Mietzeit beziehen (BGH VIII ZR 308/02 WuM 2003, 436).

Unzulässig sind folgende Klauseln:
»Die Mieträume sind ... in fachmännisch renoviertem Zustand zurückzugeben« (BGH VIII ZR 308/02 WuM 2003, 436).
»Die Räume sind bei Beendigung gut dekoriert zu übergeben« (LG Hamburg WuM 1984, 74).
»Bei Auszug nach mehr als zwei Jahren ist zu renovieren« (LG Hamburg WuM 1991, 681).

- **Tapetenklausel:** Auch das Beseitigen von Tapeten, ohne neue anzubringen, ist eine Endrenovierung. Entsprechende Klauseln sind unzulässig, wenn sie die Mietdauer nicht berücksichtigen (BGH VIII ZR 308/06 WuM 2006, 308).
- »Lackierte Holzteile sind in dem Farbton zurückzugeben, wie er bei Vertragsbeginn vorgegeben war« – wirksam (BGH VIII ZR 283/07 WuM 2008, 722).

Fehlende Klausel zur Auszugsrenovierung: Fehlt eine Vertragsregelung hierzu, kann der Mieter dennoch zur Renovierung verpflichtet sein, wenn eine wirksame Klausel zu laufenden Schönheitsreparaturen vorliegt. Überfällige Malerarbeiten sind für die betreffenden Räume nachzuholen, für Räume mit noch nicht abgelaufener Frist hingegen i. d. R. nicht. Bei einem Auszug nach vier Jahren z. B. wären i. d. R. nur Küche und Bad fällig, die anderen Räume nicht.

Wichtig zu wissen: Der **Mieter muss** im Streitfall **nachweisen**, wann er das letzte Mal welche Räume renoviert hat. Wir empfehlen, **Rechnungen** des Malerfachbetriebs oder für das gekaufte Material (Werkzeug, Farben und Tapeten) aufzubewahren. Nützlich sein kann auch eine schriftliche Bestätigung von Bekannten oder Verwandten, die beim Renovieren geholfen haben.

Rückgabe »besenrein«: Ist die Wohnung laut Mietvertrag in diesem Zustand zurückzugeben, heißt das nicht zwangsläufig, dass die Renovierungspflicht entfällt. Das ist ein häufiges Missverständnis. Hat der Mieter die Wohnung zu Mietbeginn renoviert vorgefunden **und** enthält der Mietvertrag eine wirksame Klausel zu den laufenden Schönheitsreparaturen, muss der Mieter fällige Arbeiten bei Auszug nachholen, wenn die Fristen abgelaufen sind. Unabhängig davon bedeutet »besenrein« lediglich, dass grobe Verschmutzungen zu beseitigen sind (BGH VIII ZR 513/06 WuM 2006, 513) → *Rückgabe der Wohnung.*

Quotenklausel/Quotenabgeltungsklausel

Viele ältere Mietverträge enthalten eine sog. Quotenklausel, auch Quotenabgeltungsklausel genannt. Danach müsste der Mieter anteilige Renovierungskosten zahlen, weil die Fristen für Schönheitsreparaturen noch nicht abgelaufen sind.

Quotenklauseln sind jedoch **stets ungültig**. Laut BGH benachteiligen sie den Mieter, da sich der Kostenanteil nicht verlässlich ermitteln lässt. Bei Vertragsschluss ist nicht klar, welche Belastung am Ende droht. Daher sind solche Klauseln – unabhängig vom Zustand der Wohnung zu Beginn – in allen Mietverträgen unwirksam (BGH VIII ZR 242/13 WuM 2015, 343).

Mehrere Klauseln
In vielen Mietverträgen finden sich mehrere Regelungen zu den Schönheitsreparaturen, möglicherweise an verschiedenen Stellen. Es gibt Klauseln zur Renovierungspflicht bei Einzug, während der Mietzeit und bei Auszug. Alle diese Klauseln müssen zusammen betrachtet werden. Einzeln unbedenkliche Regelungen können in der Summe den Mieter unangemessen benachteiligen (BGH VIII ZR 178/05 WuM 2006, 248). Auch Individualvereinbarungen – also ausgehandelte Absprachen – sind dabei einzubeziehen.

Die Unwirksamkeit sämtlicher Renovierungsklauseln kann bereits eintreten, wenn nur eine von ihnen unzulässig ist (BGH VIII ZR 308/02 WuM 2003, 436). Selbst zwei für sich genommen wirksame Klauseln können in der Kombination ungültig sein.

Beispiel: Eine Klausel verpflichtet den Mieter zu Renovierungen während der Mietzeit, eine Individualvereinbarung zusätzlich beim Auszug. Diese Kombination ist insgesamt unwirksam (BGH VIII ZR 163/05 WuM 2006, 306). Auch die Individualvereinbarung ist dann nichtig (BGH VIII ZR 71/08 WuM 2009, 173).

Achtung: Der Mieter sollte in einem **Übergabeprotokoll** (→ *Wohnungsabnahme*) nicht einfach unterschreiben, dass er die Schönheitsreparaturen durchführt. Dadurch kann er sich zu Malerarbeiten verpflichten, obwohl diese Pflicht nach dem Mietvertrag gar nicht besteht (LG Paderborn ZMR 2020, 1033).

Folgen unwirksamer Klauseln
Sind die Klauseln zu Schönheitsreparaturen unwirksam, gelten die gesetzlichen Regeln. Und die besagen, dass der Vermieter zu renovieren hat. Der Mieter muss weder während der Mietzeit noch bei Auszug renovieren, er darf die Wohnung nach Mietende unrenoviert hinterlassen. Tapeten mit normalen Gebrauchsspuren, Bilder- und Möbelflecken und auch Dübellöcher darf der Vermieter nicht beanstanden.

Während der Mietzeit kann der Mieter Malerarbeiten vom Vermieter verlangen. Kommt dieser dem nicht nach, kann der Mieter selbst einen Maler beauftragen und einen Vorschuss verlangen (AG Berlin-Charlottenburg MM 2010, 110).

Wurde die Wohnung unrenoviert übergeben und hat der Mieter dies als vertragsgemäß akzeptiert und keinen Ausgleich erhalten, muss er sich an den Renovierungskosten beteiligen. Laut BGH ist es in diesem Fall meist angemessen, dass der Mieter die Hälfte der Kosten für einen Maler trägt (BGH VIII ZR 163/18 WuM 2020, 554; VIII ZR 270/18 WuM 2020, 559).

Wichtig zu wissen: Geld zurück möglich! Wer aufgrund einer unwirksamen Klausel renoviert oder gezahlt hat, kann möglicherweise Ersatz verlangen (BGH VIII ZR 302/07 WuM 2009, 395). Bei Eigenleistung gibt es Ersatz für Material, Helfer und Zeitaufwand (AG Bautzen WuM 2021, 240). Bei Beauftragung eines Malers sind die Kosten erstattungsfähig. Wurde die Wohnung bei Mietbeginn unrenoviert überlassen, bekommt der Mieter meist nur die Hälfte zurück (BGH VIII ZR 163/18 WuM 2020, 554; VIII ZR 270/18 WuM 2020, 559).
Achtung: Alle Rückforderungsansprüche **verjähren sechs Monate nach Rückgabe** der Wohnung (BGH VIII ZR 195/10 WuM 2011, 363). Das gilt auch für gezahlte Beträge aufgrund unwirksamer Klauseln (BGH VIII ZR 12/12 WuM 2012, 445).

Sind die Schönheitsreparaturen fällig?
Schönheitsreparaturen sind fällig, wenn die Mieträume unansehnlich geworden sind. Sobald objektiv Renovierungsbedarf besteht, kann der Vermieter die Arbeiten verlangen. Orientierung bieten die üblichen Fristen von drei, fünf und sieben Jahren (bzw. fünf, acht und zehn Jahre bei neueren Verträgen). Auch ohne entsprechende Vertragsregelung gelten diese Fristen als Erfahrungswerte.

Rauchen gehört zum → *vertragsgemäßen Gebrauch*. Der Vermieter kann keine vorzeitige Renovierung wegen Nikotinablagerungen verlangen. Ist die Renovierungspflicht wegen unwirksamer Klauseln ausgeschlossen, besteht kein Anspruch auf Schadensersatz wegen Nikotinrückständen (BGH VIII ZR 124/05 WuM 2006, 513). Nur wenn sich Nikotinspuren nicht durch Tapezieren oder Streichen beseitigen lassen, kann der Vermieter Kostenersatz verlangen (BGH VIII ZR 37/07 WuM 2008, 213), etwa wenn der Putz erneuert werden muss (LG Neuruppin ZMR 2025, 510). Sind die Klauseln zu den Schönheitsreparaturen hingegen wirksam, muss der Mieter solche Gebrauchsspuren beseitigen – auch bei erhöhtem Aufwand.

S

Nach der bestehenden Rechtslage muss der Mieter die Schönheitsreparaturen nicht erst bei Auszug erledigen, sondern im Allgemeinen **in angemessenen Zeitabständen auch im laufenden Mietverhältnis** (BGH VIII ZR 192/04 WuM 2005,

383). Bei Verweigerung kann der Vermieter Vorschuss verlangen (BGH VIII ZR 192/04 WuM 2005, 383; VIII ZR 207/89 WuM 1990, 494), den er zweckgebunden und zeitnah einsetzen muss. Nach Durchführung ist abzurechnen. In der Praxis wird es aber in aller Regel so gehandhabt, dass erst beim Auszug die Frage nach den Schönheitsreparaturen geklärt wird. Im laufenden Mietverhältnis nicht ausgeführte Schönheitsreparaturen rechtfertigen grundsätzlich keine fristlose Kündigung des Vermieters.

Wie muss der Mieter Schönheitsreparaturen durchführen?
Der Mieter darf die notwendigen Arbeiten selbst erledigen. Eigenleistungen sind erlaubt, da auch Heimwerker oft sorgfältig arbeiten. Die Klausel »Die Schönheitsreparaturen sind ausschließlich durch Fachkräfte auszuführen« ist unwirksam (OLG Stuttgart WuM 1993, 528). Ebenso unzulässig: »Der Mieter hat die Schönheitsreparaturen ausführen zu lassen.« Solche Formulierungen machen sämtliche Regelungen zu Schönheitsreparaturen unwirksam. Der Mieter muss dann überhaupt nicht renovieren (BGH VIII ZR 294/09 WuM 2010, 476).

Der Mieter darf nicht schlampig arbeiten. Laienhafte »Hobby-Qualität« reicht nicht (LG Berlin GE 2000, 677). **Nicht akzeptabel** sind z. B.:
- streifig oder ungleichmäßig gestrichene Flächen,
- Farbnasen, Blasen, Falten, offene Tapetennähte,
- Pinselhaare oder Schmutzpartikel im Anstrich (AG Hamburg-Wandsbek ZMR 2012, 23),
- übermalte Beschläge, Lichtschalter, Steckdosen,
- Farbkleckse auf Böden, Fensterbänken oder Rollladengurten,
- überstrichene Mustertapeten (KG Berlin GE 1981, 1065; AG Köln WuM 2019, 287).

Anderseits darf der Vermieter keine übertriebenen Anforderungen stellen. Der Mieter darf die Arbeiten in »mittlerer Art und Güte« erledigen. Deshalb muss er es nicht hinnehmen, wenn der Vermieter besonders »pingelig« ist. Raufasertapeten dürfen mehrfach überstrichen werden. Nur bei starker Abnutzung muss neu tapeziert werden (AG Münster WuM 1998, 569).

Farbig gestaltete Wände
Während der Mietzeit darf der Mieter Farben und Tapeten frei wählen. Der Vermieter kann ihm das nicht vorschreiben (BGH VIII ZR 283/07 WuM 2008, 722).

Beim Auszug gilt etwas anderes. Hat er sie zu Mietbeginn in neutralen Farben übernommen, muss er sie wieder in einen ähnlichen Zustand versetzen. Der Mieter darf die Wohnung dann nicht mit farbig gestalteten Wänden hinterlassen.

Ist nur ein Raum farbig, reicht es, diesen neutral zu gestalten. Bei einer einzelnen bunten Wand müssen jedoch alle Wände im Raum einheitlich überstrichen werden (AG Pankow-Weißensee GE 2014, 1533).

Das gilt auch bei fehlender oder unwirksamer Klausel zu Schönheitsreparaturen. Auch ohne Renovierungspflicht muss der Mieter auffällig bunte Wände beseitigen oder ggf. dafür zahlen. Der Vermieter muss aber anteilige Kosten abziehen, wenn die Renovierungsfristen noch nicht abgelaufen sind – sonst hätte er eine renovierte Wohnung zu früh erhalten. Sind die Fristen bereits abgelaufen, bekommt der Vermieter nur Ersatz für den Mehraufwand – z. B. für einen erforderlichen zusätzlichen Anstrich (BGH VIII ZR 37/07 WuM 2008, 213) oder eine notwendige Grundierung (AG Mainz GE 2025, 659).

Hat der Mieter dezente Farbtöne verwendet, darf er die Wohnung in diesem Zustand zurückgeben, wenn der Mietvertrag keine Renovierungspflicht vorsieht. Weiße Wände sind nicht zwingend nötig (LG Berlin GE 2008, 869). Auch leicht abgetönte Farben gelten als neutral (BGH VIII ZR 198/10 WuM 2011, 96).

Schadensersatz wegen unterbliebener Schönheitsreparaturen
Unterlässt der Mieter **beim Auszug** die Renovierung oder führt sie mangelhaft aus, kann er schadensersatzpflichtig sein – sofern er überhaupt wirksam zur Renovierung verpflichtet war. Dem Vermieter stehen dann die Kosten zu, die für eine fachgerechte Ausführung entstanden wären; diese kann er durch einen Kostenvoranschlag eines Fachbetriebs belegen. Fehlt eine wirksame Klausel, besteht kein Anspruch (BGH VIII ZR 166/08 WuM 2009, 224; VIII ZR 37/07 WuM 2008, 213; VIII ZR 163/05 WuM 2006, 308).

Während des Mietverhältnisses kann der Vermieter keinen Schadensersatz verlangen, sondern nur die Durchführung der Arbeiten oder einen Vorschuss (BGH VIII ZR 192/04 WuM 2005, 383; VIII ZR 207/89 WuM 1990, 494).

Kein Schadensersatz steht dem Vermieter nach Mietende zu
- bei berechtigter → *fristloser Kündigung des Mieters* (LG Darmstadt WuM 1980, 52),
- wenn dem Mieter für vorzeitigen Auszug eine Abstandszahlung gewährt wurde (LG Stuttgart WuM 1995, 392; LG Nürnberg-Fürth WuM 1981, 159).

Fristsetzung erforderlich: Erledigt der Mieter die Schönheitsreparaturen nicht rechtzeitig, kann der Vermieter nicht sofort Geld verlangen. Er muss den Mieter erst auffordern, die Arbeiten durchzuführen, und dafür eine Frist setzen. Die Aufforderung muss genau beschreiben, in welchen Räumen welche Arbeiten zu erledigen sind (KG Berlin NZM 2003, 676). Schadensersatz steht dem Vermieter erst zu, wenn die Frist erfolglos verstrichen ist.

Der Vermieter bekommt kein Geld, wenn der Mieter die Schönheitsreparaturen gar nicht durchführen kann. **Nicht möglich** ist die Renovierung, wenn:
- die Wohnung feucht oder stark beschädigt ist (KG Berlin MDR 1974, 319; LG Augsburg WuM 1983, 22),
- vorher größere Putzschäden zu beheben sind (KG Berlin ZMR 2009, 277),
- die Wohnung bereits weitervermietet wurde (LG Braunschweig WuM 1999, 547),
- der Vermieter dem Mieter die Schlüssel nicht zurückgibt.

Der Vermieter muss keine Frist festlegen, wenn der Mieter die Renovierung endgültig abgelehnt hat. Diese Weigerung muss aber eindeutig sein (BGH VIII ZR 186/80 WuM 1982, 296). Der bloße Auszug genügt ebenso wenig wie die fehlende Mitteilung der neuen Adresse oder ein Bestreiten der Pflicht (KG Berlin WuM 2008, 592; LG Hamburg WuM 1997, 616).

Eine Klausel im Mietvertrag kann die Pflicht zur Fristsetzung nicht ausschließen (OLG Karlsruhe WuM 1982, 291). Die Frist muss angemessen sein – meist zwei bis drei Wochen (LG Berlin GE 1989, 413; OLG Hamburg WuM 1998, 17). Sieben Tage sind zu kurz (LG Itzehoe WuM 1997, 175), setzen aber eine angemessene Frist in Gang (LG Berlin GE 1991, 1037).

Ausnahmsweise kann der Vermieter **sofort** Geld verlangen:
- wenn der Mieter die Durchführung von Schönheitsreparaturen endgültig verweigert hat oder
- wenn die Arbeiten wegen eines geplanten Umbaus sinnlos sind. Soll die Wohnung grundlegend umgestaltet werden, beschränkt sich der Anspruch auf Materialkosten und einen Betrag für die hypothetische Eigenleistung durch Freunde (BGH VIII ZR 378/03 WuM 2005, 50). Dieser Betrag liegt deutlich unter den Handwerkerkosten (LG Frankfurt WuM 1989, 562).

Höhe des Schadensersatzes
Der Vermieter kann die notwendigen Kosten für einen Malerfachbetrieb verlangen. Ein Kostenvoranschlag genügt. Auch wenn er nicht renovieren lässt, hat er Anspruch auf den angegebenen Betrag, sofern er angemessen ist. Ungeklärt ist, ob er dann auch die Mehrwertsteuer verlangen kann.

Zusätzlich kann eine Monatsmiete als Schadensersatz verlangt werden, wenn sich die Neuvermietung verzögert. Voraussetzung ist eine zügige Renovierung und eine nachgewiesene Chance zur Vermietung (AG Köln WuM 1987, 150).

Verjährung
Ansprüche auf Durchführung der Schönheitsreparaturen verjähren sechs Monate nach Rückgabe der Wohnung – unabhängig vom Mietvertragsende (OLG Köln WuM 1988, 22). Gleiches gilt für Schadensersatz wegen unterlassener oder mangelhafter Renovierung (BGH VIII ZR 114/04 WuM 2005, 126; VIII ZR 123/05 WuM 2006, 319). Läuft eine Verhandlung über Ansprüche, kann sich der Verjährungseintritt verzögern.

Ein **Wohnungsübergabeprotokoll** kann helfen, spätere Ansprüche des Vermieters abzuwehren → *Wohnungsabnahme*.

Schriftform

Ein weit verbreiteter Irrtum ist, dass Mietverträge schriftlich abgeschlossen werden müssten. Dies ist aber nicht der Fall; auch **mündlich geschlossene Mietverträge sind gültig**, wenn zumindest über die wesentlichen Inhalte (Parteien, Mietgegenstand, Miethöhe, ggf. Mietzeit) Einigkeit besteht. Aus **Beweisgründen** ist aber dringend anzuraten, Mietverträge schriftlich niederzulegen, wie dies ja i. d. R. auch geschieht. Die Schriftform kann auch (sogar durch mündliche Absprache, etwa die Vereinbarung »wir regeln dann die Einzelheiten im schriftlichen Mietvertrag«) vereinbart werden und ist dann einzuhalten; genauso kann aber umgekehrt auch vereinbart werden, dass die Schriftform nicht (mehr) gilt, etwa indem eine mündliche Nebenabrede getroffen wird.

Aufpassen muss man bei **befristeten Mietverträgen** → *Zeitmietvertrag*. Hier ist die Schriftform zwar auch nicht Wirksamkeitsvoraussetzung, ihre Nichteinhaltung führt aber nach §§ 550, 575 BGB bei Verträgen über einen Zeitraum von mehr als einem Jahr dazu, dass ein »normaler«, unbefristeter Mietvertrag zustande kommt, der nach den üblichen Regeln gekündigt werden kann; allerdings mit einer Sperrfrist von einem Jahr. Besonderheiten gelten in diesem Zusammenhang bei der → *Geschäftsraummiete*. Bis Ende 2024 war es möglich, sich auf »elegante Art« von einem lästig oder unrentabel gewordenen Geschäftsraummietvertrag zu lösen, wenn bei einer Befristung die Schriftform nicht eingehalten war; diese Fälle sollen nun mit der Herabstufung des Formerfordernisses auf die → *Textform* reduziert werden. Zur Form bei Fortsetzungsverlangen und zum Kündigungsschutz bei alten Zeitmietverträgen (bis 31.8.2001 geschlossen) s. dort.

Auch Vereinbarungen über → *Staffelmiete* oder → *Indexmiete* müssen in Schriftform geschlossen werden, sonst sind sie – bei Fortgeltung des Mietvertrags im Übrigen – unwirksam. Weitere Erklärungen im Mietrecht, für die das Gesetz die Schriftform vorsieht, sind alle → *Kündigungen* des Vermieters wie auch des Mieters (§ 568 BGB) sowie Mieterhöhungen bei Sozialmieten → *Sozialmiete/Sozialwohnung* nach § 10 WoBindG. Für Mieterhöhungen auf die ortsübliche Vergleichsmiete und Modernisierungsmieterhöhungen ist hingegen (nur) → *Textform* erforderlich, § 558a Abs. 1 bzw. § 559b Abs. 1 Satz 1 BGB. Auch für den Widerspruch des Mieters gegen die Kündigung in Härtefällen genügt die Textform (§§ 574 ff. BGB).

Immer wieder gestritten wird über **Schriftformklauseln** in Verträgen, nach denen Änderungen oder Ergänzungen schriftlich erfolgen müssen und sonst unwirksam seien. Solche Klauseln finden meist als → *Allgemeine Geschäftsbedingungen* ihren Weg in den Vertragstext und sind dann nach §§ 305b, 305c oder 307 BGB unbeachtlich (BGH XII ZR 312/02 NJW 2006, 138). Dies gilt insbesondere auch für sog. **doppelte Schriftformklauseln**, die bestimmen, dass Abweichungen vom Schriftformerfordernis wiederum nur durch schriftliche Erklärung möglich sein sollen (BGH XII ZR 69/16 WuM 2017, 131).

Ist weder Schrift- noch Textform vorgeschrieben, genügt eine **mündliche Erklärung**. Das gilt etwa für Mängelanzeigen, die Erlaubnis zur Untervermietung, den Widerspruch gegen die stillschweigende Verlängerung nach Ablauf der Mietzeit und sogar die Zustimmung des Mieters zu einer Mieterhöhung. Auch die Ausübung einer Verlängerungsoption ist grundsätzlich formlos möglich (BGH XII ZR 78/17 WuM 2019, 81). In allen diesen Fällen gilt es aber zu bedenken, dass es im Streitfall mit einem entsprechenden Schriftstück viel einfacher ist, das Bestehen und den genauen Inhalt einer Vereinbarung zu beweisen. Dies kann von entscheidender Wichtigkeit sein, z. B., wenn nach einem Eigentümer- und Vermieterwechsel in Frage steht, ob eine Untervermietung gestattet wurde. Im schlimmsten Fall wäre eine ungenehmigte Untervermietung ein Kündigungsgrund!

Schriftform bedeutet nach § 126 BGB bei Verträgen, dass beide Parteien eigenhändig (ein sog. Faksimile genügt nicht!) auf derselben Urkunde unterschreiben oder, wenn mehrere gleichlautende Ausfertigungen des Vertrags aufgesetzt werden, dass jeder auf der Urkunde unterzeichnet, die der jeweils andere Vertragspartner bekommt. Besteht eine Vertragspartei aus **mehreren Personen** – z. B., wenn ein Ehepaar eine Wohnung mietet oder eine Erbengemeinschaft vermietet –, müssen alle unterschreiben. Unterschreibt ein **Vertreter**, z. B. für eine vermietende Gesellschaft oder ein Ehepartner »mit« für den anderen, muss das Vertretungsverhältnis in der Urkunde zum Ausdruck kommen (BGH XII ZR 35/11 NZM 2013, 271; NJW 2003, 3053). Bei einem Vertrag durch **Brief- oder Mailwechsel**, bei dem sich der Vertragsinhalt erst aus der Zusammenfassung mehrerer Urkunden ergibt, ist die Schriftform nicht eingehalten (BGH XII ZR 179/98

WuM 2001, 112). Die Vertragsurkunde muss zudem eine **Einheit** bilden; einzelne Blätter können hierzu z. B. geheftet werden; es genügt aber auch, wenn sich die Zusammengehörigkeit aus einer fortlaufenden Nummerierung oder einheitlichen Textgestaltung zweifelsfrei ergibt. **Anlagen**, z. B. eine Hausordnung, können durch Zusammenheften, einen eindeutigen Verweis im Vertragstext (BGH XII ZR 253/01 NJW 2003, 1248) oder Unterschriften der Parteien auf der Anlage einbezogen werden. Wird ein **Nachtrag** vereinbart, muss darin auf den ursprünglichen Mietvertrag eindeutig Bezug genommen und genau niedergelegt werden, welche Regelungen des Ursprungsvertrags wie ergänzt bzw. abgeändert oder aufgehoben werden sollen; zudem müssen auch den Nachtrag beide Parteien unterzeichnen (BGH XII ZR 162/98 WuM 2000, 351). Wird der Nachtrag in einem Brief des Mieters dokumentiert, genügt es für die Einhaltung der Schriftform, wenn der Vermieter diesen Brief später auch unterschreibt (BGH XII ZR 68/02 WuM 2004, 534). Bei **einseitigen Erklärungen**, wie z. B. Kündigungen, muss der Aussteller eigenhändig unterschreiben (BGH XII ZR 129/16 NZM 2018, 394). Die Schriftform ist auch gewahrt, wenn die **elektronische Form** nach §126a BGB eingehalten ist; dann genügt die Einfügung des Namens des Ausstellers, und das Dokument muss mit einer qualifizierten elektronischen Signatur versehen sein. Dies ist nicht zu verwechseln mit der → *Textform* nach §126b BGB.

Schufa-Auskunft

Vermieter möchten sich gegen Mietausfälle absichern und die Finanzen von Mietinteressenten daher vor Abschluss eines Mietvertrags häufig weitgehend prüfen. Hierzu wird oft eine Bonitätsauskunft einer gewerblichen Auskunftei gefordert. Zwar gibt es keinen Anspruch des Vermieters darauf, aber wer sich hier querstellt, wird im Zweifel eben keinen Mietvertrag bekommen. Daher kann man sich trotz der gesetzlichen Regelungen zum → *Datenschutz* nicht wirklich effektiv dagegen wehren. Das gilt auch für die → *Selbstauskunft*, die statt einer Bonitätsauskunft häufig gefordert wird.

Die bekannteste Auskunftei ist die Schufa, aber auch andere gewerbliche Anbieter erteilen Bonitätsauskünfte (z. B. Creditreform oder Crif). Dass die dort gespeicherten Daten und damit auch die Auskünfte richtig oder vollständig sind, ist aber keinesfalls sicher. Zwar haben Verbraucher Anspruch auf eine **kostenlose Auskunft über die Speicherung, den Zweck und Inhalt personenbezogener Daten** nach Art. 15 DS-GVO, aber es ist natürlich unrealistisch, dass jemand bei allen Auskunfteien regelmäßig solche Auskünfte einholt, um ggf. die Berichtigung der Daten durchzusetzen.

Da die kostenlose Datenkopie nach Art. 15 DS-GVO auch Daten enthält, die den Vermieter nichts angehen, ist sie als Bonitätsnachweis ungeeignet. Die Schufa z. B. bietet deshalb speziell für Bonitätsnachweise gegenüber Vermietern den digitalen **BonitätsCheck** an. Dieser enthält nur die für Vermieter relevanten Informationen, ist allerdings **kostenpflichtig** (derzeit um 30 Euro).

> **Achtung:** Manche Auskunfteien – auch die Schufa – bieten **Abomodelle** für den regelmäßigen Bezug von Auskünften an. Auf den ersten Blick sieht das nach einer günstigen Alternative aus – aber der angegebene Preis fällt dann monatlich an! Passen Sie gut auf, was Sie bestellen, damit Sie nicht auf einem kostenpflichtigen Abo sitzenbleiben.

Wohnungsunternehmen können auch selbst Auskünfte über Mietbewerber einholen. Aber egal, ob der Mieter die Auskunft »freiwillig« vorlegen soll oder der Vermieter selbst tätig wird: Es gilt, dass diese Auskünfte aus Datenschutzgründen erst verlangt werden können bzw. ihre Einholung zulässig ist, wenn der **Vertragsschluss unmittelbar bevorsteht**, also nicht »routinemäßig« für alle Bewerber im Rahmen eines Auswahlverfahrens. Die Verbraucherzentrale hat vor dem LG Berlin II ein Urteil (WuM 2025, 632) erstritten, das es einem Immobilienportal verbietet, unter Erweckung des Eindrucks, dies sei auf jeden Fall ein Recht des Vermieters, für einen BonitätsCheck der Schufa zu werben, der dann der Bewerbungsmappe beigefügt werden soll. Gegen das Urteil läuft aber derzeit die Berufung.

Selbstauskunft → *Schufa-Auskunft*

Um Ärger im Mietverhältnis vorzubeugen versuchen viele Vermieter, vor Abschluss des Mietvertrags möglichst viele Informationen über den Mietinteressenten zu sammeln. Die gestellten Fragen gehen oft über die berechtigten Auskunftsinteressen hinaus und verletzen dann das **Recht des Mieters auf informationelle Selbstbestimmung** → *Datenschutz*. Wer die Auskunft verweigert, riskiert aber, die Wohnung nicht zu bekommen. Und: Wird auf **berechtigte Fragen** des Vermieters falsch oder unvollständig geantwortet, kann dies bittere Konsequenzen haben – ***→ fristlose Kündigung des Vermieters*** oder ***→ Anfechtung des Mietvertrags*** drohen! Allerdings kann auf **unberechtigte Fragen** – also solche, die mit dem Mietverhältnis nichts zu tun haben – falsch geantwortet werden; findet der Vermieter die Wahrheit später heraus, besteht **kein Recht zur Kündigung oder Anfechtung**. Nur muss man natürlich genau wissen, was der Vermieter fragen darf und was nicht, um kein Risiko einzugehen!

Im Einzelnen gilt **vor Abschluss des Mietvertrags:**

- Wird **nicht gefragt**, besteht auch **keine Verpflichtung**, das Einkommen oder die Vermögensverhältnisse von sich aus offenzulegen. **Aber Achtung:** Anders kann es aussehen, **wenn klar ist, dass der Mieter die Miete nicht** ohne Weiteres **aufbringen kann**, z. B., weil er Arbeitslosengeld bezieht (LG Gießen NZM 2002, 944) oder insolvent ist und das vorherige Mietverhältnis bereits wegen ausbleibender Mietzahlungen gekündigt wurde (LG Bonn WuM 2006, 24). Darauf, ob es möglich ist, mit Sozialleistungen die Miete abzudecken, soll es nach diesen Entscheidungen nicht ankommen. Dass der Interessent dann keine Chance auf eine neue Wohnung hat, wurde von den Gerichten offenbar nicht für relevant gehalten.
- Die Frage nach dem **Einkommen** ist berechtigt und muss **wahrheitsgetreu beantwortet** werden, weil sich daraus ergibt, ob das Risiko von Mietausfällen besteht. Der Arbeitgeber und die Höhe des Verdiensts (oder bestehende Arbeitslosigkeit) sind zu nennen; nicht aber die Dauer der Beschäftigung. Man muss auch offenbaren, ob eine Verbraucherinsolvenz oder eine Einkommenspfändung läuft (OLG Koblenz WuM 2008, 471) oder die Miete nur mithilfe von Sozialleistungen aufgebracht werden kann. **Nachweise** wie z. B. eine Gehaltsabrechnung, Kontoauszüge oder einen Einkommensteuerbescheid (ggf. teilweise geschwärzt), aber auch eine → *Schufa-Auskunft* darf der Vermieter erst fordern, wenn der **Vertragsschluss unmittelbar bevorsteht** (zur Schufa-Auskunft LG Berlin II WuM 2025, 632).
- Die Abgabe einer **Vermögensauskunft** nach § 802c ZPO (früher: »eidesstattliche Versicherung« bzw. »Offenbarungseid«) in den letzten zwei Jahren muss offenbart werden.
- Auch die Frage nach **Mietschulden** aus früheren Mietverhältnissen muss wahrheitsgemäß beantwortet werden (LG Itzehoe WuM 2008, 281). Manchmal wird die Vorlage einer **Mietschuldenfreiheitsbescheinigung** des letzten Vermieters gefordert; dies ist problematisch, weil kein Anspruch darauf besteht, dass der bisherige Vermieter eine solche Bescheinigung ausstellt (BGH VIII ZR 238/08 WuM 2009, 647). Notfalls kann z. B. mit (ggf. teilweise geschwärzten) Kontoauszügen die regelmäßige Zahlung nachgewiesen werden. **Achtung:** Ein **gefälschter Nachweis** kann zur fristlosen Kündigung führen (BGH VIII ZR 107/13 WuM 2014, 333).
- Die Frage, ob ein **früheres Mietverhältnis vom Vermieter gekündigt** wurde, muss wahrheitsgemäß beantwortet werden; sonst drohen Anfechtung oder Kündigung (AG Kaufbeuren NZM 2023, 577). Dies gilt aber nur, soweit sich daraus gegenwärtig noch Rückschlüsse auf die Zahlungsfähigkeit ziehen lassen, maximal fünf Jahre.
- Der Vermieter hat ein berechtigtes Interesse zu wissen, **wer** alles in die Wohnung **einzieht** (z. B. Partner, Kinder). Darüber hinausgehende Fragen zu **Fa-**

milienstand, **Schwangerschaften** oder **Familienplanung** sind aber nicht berechtigt; dies gehört zur Privatsphäre des Mieters. Hier zu sagen, was der Vermieter gern hören will – z. B. dass keine weiteren Kinder geplant seien – ist in Ordnung.
- Die **Staatsangehörigkeit** ist nicht relevant.
- Die Angehörigkeit zu einer **Religionsgemeinschaft oder die ethnische Herkunft** gehen den Vermieter nichts an; fragt der Vermieter oder ein Makler gezielt danach, kann darin ein Verstoß gegen das → *Allgemeine Gleichbehandlungsgesetz (AGG)* liegen (vgl. BGH I ZR 129/25 WuM 2026, 155) – mit einer **Ausnahme**: Nach § 19 Abs. 3 AGG ist die unterschiedliche Behandlung von Bewerbern zulässig, wenn dies im Hinblick auf »sozial stabile Bewohnerstrukturen und ausgewogene Siedlungsstrukturen sowie ausgeglichene wirtschaftliche, soziale und kulturelle Verhältnisse« erforderlich ist. Voraussetzung ist aber das Bestehen eines sog. schlüssigen wohnungspolitischen Konzepts. In diesem Fall wäre also auch die Frage nach diesen Angaben ausnahmsweise zulässig und müsste wahrheitsgemäß beantwortet werden. Leider weiß man als Wohnungsbewerber i. d. R. nicht, ob dies der Fall ist.
- Eine **Behinderung** oder eine **bestehende Betreuung** (LG Hannover 2 S 74/09) muss vor Vertragsschluss nicht offenbart werden; fragt der Vermieter gezielt danach, kann darin auch ein Verstoß gegen das → *Allgemeine Gleichbehandlungsgesetz (AGG)* liegen.
- Eine **bevorstehende Haftstrafe** von einigen Monaten muss nicht offenbart werden (LG Osnabrück 1 S 166 / 17); auch Fragen nach laufenden Ermittlungsverfahren (AG Hamburg WuM 1992, 598) oder Vorstrafen (AG Rendsburg WuM 1990, 507) dürfen falsch beantwortet werden.
- Die Frage nach einer **Mitgliedschaft im Mieterverein** darf falsch beantwortet werden.

Ist nach Abschluss des Vertrags der Mieter bereits eingezogen **und** zahlt er seine Miete vertragsgemäß, kann der Vermieter wegen einer falschen Auskunft zur Bonität nicht kündigen (LG Wiesbaden WuM 2004, 399; a. A. LG München I WuM 2009, 348).

Ein Muster für die Selbstauskunft des Mieters nebst weiteren Informationen ist im Internet erhältlich unter www.datenschutzkonferenz-online.de.

Selbstbeseitigungsrecht → *Mängel der Wohnung*

Selbstständiges Beweisverfahren

Manchmal kommt es darauf an, Beweise frühzeitig zu sichern, damit sie nicht vernichtet werden oder verloren gehen. Auch kann es vorkommen, dass die Erhebung einer Klage von der konkreten Sachlage abhängt (s. u.). Dann kann ein vom Gericht angeordnetes und damit unabhängiges selbstständiges Beweisverfahren helfen. Denn ein von einer Partei eingeholtes (und bezahltes) Gutachten wird von der Gegenseite im Regelfall – und meist wohl auch zu Recht – als nicht neutral und unparteiisch abgelehnt.

Das Gericht kann das Verfahren auf **Antrag** einer Partei während und auch außerhalb eines Prozesses anordnen,

- wenn der **Gegner zustimmt**, etwa weil die Parteien für eine Einigung eine verlässliche Tatsachengrundlage benötigen (z. B. wenn streitig ist, ob die Ursache von Feuchtigkeit und Schimmel ein Mangel der Mietsache oder das Mieterverhalten ist, LG Berlin WuM 2012, 286) oder
- wenn zu befürchten steht, dass ein **Beweismittel verloren geht** oder seine **Benutzung erschwert** wird (z. B. wenn der Vermieter nach Auszug des Mieters Schäden an der Wohnung behauptet; sind die Beweise gesichert, muss er mit der Renovierung und Weitervermietung nicht bis zum Ausgang eines Prozesses warten).

Ist der Rechtsstreit **(noch) nicht beim Gericht anhängig**, muss der Antragsteller außerdem ein **rechtliches Interesse** an der Feststellung haben; es besteht jedenfalls dann, wenn die Feststellung zur Vermeidung des Rechtsstreits führen kann. In diesem Fall ist aber nur eine schriftliche Begutachtung möglich; die anderen Beweismittel (Einnahme des Augenscheins, Vernehmung von Zeugen und Sachverständigen) sind nur im Rahmen eines laufenden Prozesses zulässig.

Wichtig zu wissen: Der BGH hat ein solches **rechtliches Interesse** für die Feststellung der **ortsüblichen Vergleichsmiete** bzw. von **Zu- oder Abschlägen** darauf im Rahmen einer Klage auf Zustimmung zur → *Mieterhöhung auf die ortsübliche Vergleichsmiete* verneint (BGH VIII ZB 69/24 WuM 2025, 535).

Ist bereits ein Prozess anhängig, ist der **Antrag** auf Einleitung des selbstständigen Beweisverfahrens beim Prozessgericht zu stellen, sonst ist i. d. R. das Amtsgericht zuständig, in dessen Gerichtsbezirk die Mietsache liegt. Der Antrag muss enthalten:

– die Bezeichnung des **Gegners**,
– die **Tatsachen**, über die Beweis erhoben werden soll,
– die Benennung der **Zeugen** oder die Bezeichnung der **Beweismittel** (z. B. Sachverständigengutachten) und
– die **Glaubhaftmachung der Tatsachen**, die die Zulässigkeit des selbstständigen Beweisverfahrens und die Zuständigkeit des Gerichts begründen sollen; hierzu gehört auch die Gefahr, dass das Beweismittel verloren geht oder seine Benutzung erschwert wird.

Wichtig zu wissen: Die → *Verjährung* ist für die Dauer des Beweisverfahrens gehemmt und beginnt frühestens wieder zu laufen, wenn das Verfahren beendet ist; ist dann ein Prozess anhängig, hemmt dieser die Verjährung weiterhin. Dies gilt aber nur bezüglich des (Teils des) Anspruchs, über den Beweis erhoben wird (BGH VII ZR 881/21 NJW 2023, 2938; AG Saarbrücken WuM 2025, 154).

Die **Kosten** des selbstständigen Beweisverfahrens trägt zunächst grundsätzlich die Partei, die es beantragt hat, selbst wenn die Sache einseitig oder übereinstimmend für erledigt erklärt wird (BGH VII ZB 108/08 WuM 2011, 302; VIII ZB 73/09 WuM 2011, 61; VIII ZB 14/10 WuM 2011, 46). Der Antragsteller kann – wenn er in der Sache Recht hatte – im gleichzeitigen oder nachfolgenden Hauptsacheprozess die Kosten als vom Gegner zu ersetzende Prozesskosten geltend machen; kommt es nicht zum Hauptsacheprozess, können die Kosten in einem weiteren Prozess eingeklagt werden (BGH VI ZR 520/16 NJW 2018, 402).

Vor der Einleitung eines selbstständigen Beweisverfahrens sollte – schon wegen des **Kostenrisikos** – unbedingt der Rat des Mietervereins in Anspruch genommen werden. Für das Verfahren kann auch → *Prozesskostenhilfe* beantragt werden.

Achtung: Wird Miete wegen bestehender Mängel zurückbehalten, um den Vermieter zur Instandsetzung anzuhalten, muss der **Rückstand sofort gezahlt** werden, wenn der Mieter die Reparatur unberechtigt verweigert; dies gilt auch, wenn der Mieter die Verweigerung damit begründet, dass der Zustand zur Beweissicherung erhalten bleiben soll (BGH VIII ZR 12/18 WuM 2019, 309). Wer nicht zahlt, riskiert die Kündigung wegen der Mietrückstände!

Sicherheitsleistung → *Kaution*

Sicherungsanordnung

Läuft vor Gericht ein Kündigungsrechtsstreit wegen Geldforderungen, kann der Vermieter eine Sicherungsanordnung beantragen (§ 283a ZPO). Hat die Klage nach Ansicht des Gerichts hohe Erfolgsaussichten und drohen dem Vermieter andernfalls besondere Nachteile (z. B. Ausfall von Mieteinnahmen, die der Altersvorsorge dienen sollen, LG Berlin GE 2014, 1139; LG Saarbrücken WuM 2015, 630), ordnet das Gericht an, dass der Mieter für die (Miet-)Forderungen, die **nach Zustellung der Klage** an ihn fällig werden, Sicherheit zu leisten hat, aus der sich der Vermieter befriedigen darf, wenn er den Prozess gewinnt.

> **Wichtig zu wissen:** Kommt der Mieter der Anordnung des Gerichts nicht nach, kann die Zwangsräumung der Wohnung durch → *einstweilige Verfügung* angeordnet werden (§ 940a Abs. 3 ZPO)!

Solarenergie

Solarenergie kann auf zwei verschiedene Arten genutzt werden: zur Erzeugung von Wärme und zur Erzeugung von Strom. Bei der Wärmegewinnung wird Sonnenenergie zum Heizen oder zur Warmwasserbereitung genutzt (Solarthermie), während bei der Stromgewinnung elektrische Energie entsteht (Photovoltaik) → *Erneuerbare Energien* → *Mieterstrom*.

Wann lohnt sich eine Solaranlage zur Erzeugung von Wärme?

Die Nutzung von solar erzeugter Wärmeenergie nimmt stetig zu, überwiegend für Eigenheime. Zunehmend wird die Sonnenenergie aber auch von Wohnungsbaugesellschaften als Mittel zur Senkung der Betriebskosten, vor allem im Warmwasserbereich, eingesetzt.

Eine solare Kollektoranlage ist besonders wirtschaftlich, wenn ihre Erträge das ganze Jahr über genutzt werden können. Wegen der langen Winter in unseren Breitengraden sind Kollektorsysteme zur Warmwasserbereitung prinzipiell sinnvoller als Anlagen zur Heizungsunterstützung. Für letztere kann nämlich nur die Sonneneinstrahlung in der Heizperiode bei niedrigem Sonnenstand verwertet werden. Auch Kombianlagen sind nicht immer sinnvoll, da sie für die Was-

S

serbereitung häufig überdimensioniert sind. Das heißt, dass immer ein zusätzlicher Wärmeerzeuger (Heizkessel, Fernwärme oder Wärmepumpe) eingesetzt werden muss.

Darf der Vermieter für Solarwärme Kosten berechnen?
Für die Wärme, die die Solaranlage beisteuert, darf der Vermieter keine Kosten in Rechnung stellen, wenn er die Anlage selbst betreibt. Es ist nicht zulässig, den Mietern etwas dafür zu berechnen, dass Kosten für Öl oder Erdgas eingespart werden → *Heizkosten.*

Gibt es im Gebäude keine Zentralheizung, sondern nur eine zentrale Warmwasserversorgung, zu der die Solaranlage einen Beitrag leistet, ist die Kostenumlage unkompliziert. Der Vermieter berechnet wie gewohnt die nachgewiesenen Brennstoffkosten. Der Beitrag der Solarenergie bleibt unberücksichtigt. Kompliziert wird es bei sog. **verbundenen Anlagen**, die das Haus gleichzeitig mit Warmwasser und Heizwärme versorgen. Der Anteil der Solarenergie an der Wärmeerzeugung muss in Abzug gebracht werden. Am einfachsten lässt sich der Solarbeitrag durch den Einsatz von separaten Wärmezählern bestimmen. Sind solche Messgeräte nicht installiert, gibt es andere Möglichkeiten, den Solaranteil zu bestimmen. Hierzu hat der Verein Deutscher Ingenieure eine Richtlinie erlassen (VDI-Richtlinie 2077, Blatt 3.3).

Der Einbau von Sonnenkollektoren zur Erzeugung von Wärme ist eine Maßnahme zur Energieeinsparung mithilfe → *erneuerbarer Energien* und kann zu einer Mieterhöhung wegen → ***Modernisierung durch den Vermieter*** berechtigen.

Sozialhilfe

Um jedermann ein menschenwürdiges Leben zu ermöglichen, haben Personen, die dies aus eigener Kraft nicht finanzieren können, Anspruch auf öffentliche Unterstützung. Sie wird hilfebedürftigen, in Deutschland lebenden, erwerbsfähigen Personen zwischen 15 Jahren und dem Renteneintrittsalter als Bürgergeld, Grundsicherung für Arbeitsuchende (SGB II) gewährt, sonstigen hilfebedürftigen Personen als Sozialhilfe (SGB XII). Das Bürgergeld soll nach der zum 1.7.2026 in Kraft tretenden sog. Bürgergeld-Reform in Grundsicherung umbenannt werden.

Sowohl im Rahmen des Bürgergeldes bzw. des Grundsicherungsgeldes nach dem SGB II als auch im Rahmen der Sozialhilfe nach dem SGB XII ist eine finanzielle Unterstützung für die Kosten des Wohnens möglich. Die Sozialbehörden übernehmen die tatsächlichen Aufwendungen für die Unterkunft und die Heizung, insbesondere die laufenden Kaltmieten und die Betriebs- und Heizkosten sowie etwaige Nachzahlungen aus der Jahresabrechnung, soweit die Kosten angemessen sind. Dies ist der Fall, wenn sich die Kosten im Rahmen dessen halten, was nach den Ermittlungen der Kommune vor Ort für eine angemessen große Wohnung mit einem nach Ausstattung, Lage und Bausubstanz einfachen Wohnstandard gezahlt werden muss. Maßgeblich sind eine nach der Zahl der Bewohner gestaffelte Wohnungsgröße und ein für den einfachen Wohnstandard ermittelter Quadratmeterpreis für Miete, Heiz- und Betriebskosten (BSG B 7 b AS 18 / 06 R; B 4 AS 18 / 09 R; B 14 AS 36 / 08 R; B 14 AS 60 / 12 R).

Bis zum 30.6.2026 gilt die Beschränkung auf angemessene Kosten für die Kosten der Unterkunft erst nach Ablauf einer Karenzzeit von einem Jahr. Bis dahin werden die Kosten der Unterkunft in tatsächlicher Höhe anerkannt. Dies gilt nicht für die Heizkosten, die nur im angemessenen Umfang übernommen werden. Hat ein Mieter höhere Wohnkosten als angemessen, kann die Behörde die Zahlungen nach Ablauf der Karenzzeit nicht einfach kürzen. Vielmehr muss sie den Mieter regelmäßig erst zur Kostensenkung auffordern. Die höheren Wohnkosten muss die Behörde so lange zahlen, wie es dem Mieter nicht möglich oder nicht zumutbar ist, seine Kosten durch einen Umzug, durch Untervermietung oder auf sonstige Weise auf die angemessene Höhe zu senken, in der Regel längstens für sechs Monate.

Wichtig zu wissen: Nach der am 5.3.2026 vom Bundestag beschlossenen Bürgergeld-Reform wird es **zum 1.7.2026 wesentliche Änderungen** geben. Zum einen werden dann von Beginn des Leistungsbezugs an, also ohne Karenzzeit, nur noch Mieten bis zum 1,5-fachen der angemessenen Wohnkosten übernommen. Zum anderen können die Kommunen Höchstbeträge für die übernahmefähige Miete pro m² festlegen.
Darüber hinaus müssen Leistungsempfänger, deren Miete gegen die → *Mietpreisbremse* verstößt, bei ihrem Vermieter eine Herabsetzung der Miete erwirken und ggf. einklagen; sonst droht ihnen, dass ihre Miete nicht übernommen wird.

Der Grundsatz, dass Wohnkosten nur in angemessenem Umfang übernommen werden, gilt auch bei einem **Wohnungswechsel**. Deshalb sollte der Mietvertrag vor Abschluss des neuen und Kündigung des alten Mietvertrags bei der für den neuen Wohnort zuständigen Sozialbehörde vorgelegt werden. Dies schützt davor, dass die neue Wohnung mehr kostet, als die Behörde übernimmt.

S

Neben Miete und Betriebskosten können **Wohnungsbeschaffungs- und Umzugskosten** sowie die **Kaution** und ggf. **Genossenschaftsanteile** übernommen werden, soweit diese Kosten angemessen sind und wenn vorher die Übernahmezusicherung der Sozialbehörde eingeholt wurde.

Mietschulden kann die Sozialbehörde übernehmen, wenn dies zur Sicherung der Unterkunft erforderlich ist. Die Übernahme soll erfolgen, wenn andernfalls Wohnungslosigkeit droht. Da infolge der Rechtsprechung des BGH zur sog. Schonfristzahlung bei → *fristloser Kündigung des Vermieters wegen Zahlungsverzugs* im Falle einer gleichzeitig erklärten ordentlichen Kündigung das Mietverhältnis trotz Nachzahlung enden würde, setzt die Übernahme von Mietschulden voraus, dass der Vermieter die ordentliche Kündigung zurückzieht oder sich ausdrücklich mit der Fortsetzung des Mietverhältnisses einverstanden erklärt.

Wichtig zu wissen: Im Zuge der zurzeit – Stand April 2026 – geplanten **Mietrechtsänderung** »Mietrecht II« ist vorgesehen, die Wirkung der **Schonfristzahlung einmalig** im Lauf des gesamten Mietverhältnisses auch **auf eine ordentliche Kündigung** zu erstrecken, was für Mieter außerordentlich hilfreich wäre. Ihr örtlicher Mieterverein kennt die aktuell geltende Rechtslage!

Neben der Übernahme von Mietschulden kommt auch die Übernahme von **Energieschulden** durch die Sozialbehörde in Betracht, wenn der Leistungsberechtigte bei einem Energieversorger Rückstände bei Strom, Gas oder Wasser hat, die diesen zur Sperrung der Versorgung berechtigen.

Regelmäßig werden Sozialleistungen an den Leistungsberechtigten ausgezahlt. Auf dessen Antrag oder wenn eine zweckentsprechende Verwendung durch ihn nicht sichergestellt ist, kann die Sozialbehörde direkt an den Vermieter oder den Energieversorger zahlen.

Achtung: Gerät ein Mieter in eine finanzielle Notlage und kann seine Miete nicht mehr zahlen, droht der **Verlust der Wohnung**! Wenden Sie sich unbedingt frühzeitig (!) an die Sozialbehörde!

Sozialklausel → *Kündigungsschutz* → *Kündigungswiderspruch*

Sozialmiete/Sozialwohnung

Was unterscheidet Sozialwohnungen von frei finanzierten Wohnungen?
Sozialwohnungen sind Wohnungen, die mit **öffentlichen Fördermitteln** wie Darlehen, Zuschüssen oder Zinsverbilligungen gebaut werden. Als Gegenleistung muss der Bauherr, also der Förderungsempfänger, **Mietpreis- und Belegungsbindungen** akzeptieren. Das bedeutet, dass die preiswerten Sozialwohnungen in der Regel nur an Mieter mit niedrigeren Einkommen vermietet werden dürfen. Diese sog. Sozialbindungen gelten aber nur zeitlich befristet, meistens zwischen zehn und 30 Jahren, anders als bei Wohnungen gemeinnütziger Unternehmen → *Wohnungsgemeinnützigkeit*, wo es um dauerhafte Preisbindung geht. Nach Auslaufen der Sozialbindungen im öffentlich geförderten Wohnungsbau werden die Wohnungen wie frei finanzierte Wohnungen behandelt. Dann gilt die ortsübliche Vergleichsmiete und jeder, der die Wohnung bezahlen kann und will, kommt als Mieter in Betracht.

Bei den über 20 Millionen frei finanzierten Wohnungen in Deutschland erhält der Eigentümer/Bauherr für den Bau von Wohnungen – außer Steuervorteilen – keinerlei öffentliche oder staatliche Förderung. Die Baukosten werden vollstän-

S

dig vom Eigentümer getragen. Bei der Vermietung gibt es keine Belegungs- oder Preisbindung. Der Vermieter kann frei entscheiden, an wen er vermietet und zu welchem Preis. Bei der Miethöhe sind aber die Regeln zur → *Mietpreisbremse*, zu → *Mietwucher und Mietpreisüberhöhung* sowie zu → *Mieterhöhungen* zu beachten.

Zur Geschichte des sozialen Wohnungsbaus

Der **soziale Wohnungsbau** sollte nach dem 2. Weltkrieg dem Ziel dienen, Wohnungen zu schaffen, die nach Größe, Ausstattung und Miete oder Belastung für breite Schichten der Bevölkerung bestimmt und geeignet waren. Gesetzliche Grundlagen waren die Wohnungsbaugesetze, das Wohnungsbindungsgesetz, die II. Berechnungsverordnung und die Neubaumietenverordnung. Typisch war neben der Belegungsbindung die Preisbindung über die sog. **Kostenmiete**. Das ist die Miete, die zur vollständigen Deckung der laufenden Aufwendungen unter Berücksichtigung der tatsächlichen Finanzierungskosten erforderlich ist.

Am 1.1.2002 trat dann das Gesetz über die **soziale Wohnraumförderung** in Kraft. Bis Ende des Jahres 2002 durften die Bundesländer den Neubau noch nach den »alten« Regelungen einschließlich der Kostenmiete fördern. Seit dem 1.1.2003 erfolgt die Förderung des Wohnungsbaus nur noch nach dem Wohnraumförderungsgesetz. Der bis dahin geförderte Wohnungsbestand wird auch weiterhin nach altem Recht beurteilt. Die Kostenmiete gilt hier, solange die Preisbindung läuft bzw. bis die öffentlichen Mittel zurückgezahlt sind.

Bei der sozialen Wohnraumförderung geht es sowohl um die Bereitstellung preiswerter Mietwohnungen als auch um Unterstützung bei der Bildung selbst genutzten Wohneigentums. Auch die Schaffung von alters- und behindertengerechtem Wohnraum, von Wohnraum für Studierende oder Modernisierungsmaßnahmen können gefördert werden. Födernehmer können Wohnungsunternehmen, Genossenschaften oder Einzelbauherren sein. Sie können Darlehen zu Vorzugsbedingungen oder Zuschüsse erhalten; außerdem sind Bürgschaften und Garantien oder die Bereitstellung von verbilligtem Bauland möglich. Im Gegenzug verpflichten sich die Födernehmer, die mit Mitteln der sozialen Wohnraumförderung geförderten Wohnungen nur an Haushalte mit Wohnberechtigungsschein (WBS) zu vermieten. Dabei ist die Auswahl der Mieter aus dem Kreis der Berechtigten grundsätzlich dem Vermieter überlassen. Neben der Belegungsbindung gilt auch hier eine Preisbindung; Vermieter dürfen nur zu dem nach der Förderzusage höchstzulässigen Mietpreis vermieten.

Im Rahmen der **Föderalismusreform 2006** ging die Zuständigkeit für die Gesetzgebung vom Bund auf die Länder über. Diese haben infolgedessen nicht nur das Recht zur Gesetzgebung, sondern auch die Pflicht zur Finanzierung der sozialen Wohnraumförderung. Die Länder hatten zum Teil schon vor der Föderalismusreform die Vorgaben des Wohnraumförderungsgesetzes konkretisiert und mit ihren Förderprogrammen abgeglichen. Inzwischen haben die Länder eigene Wohnraumförderungs- bzw. Wohnungsbindungsgesetze erlassen. Nur soweit das nicht der Fall ist, gelten das Wohnraumförderungsgesetz und das Wohnungsbindungsgesetz des Bundes weiter.

Fördermittel des Bundes

Als Ausgleich für den Wegfall der Finanzhilfen, die der Bund bis zur Föderalismusreform an die Länder gezahlt hat, gab es zwischen 2007 und 2019 sog. Kompensationszahlungen für die Länder, zunächst 518,2 Millionen Euro, 2016 dann 1,0182 Milliarden Euro und 2017 bis 2019 jeweils 1,5182 Milliarden Euro. Nachdem die Kompensationszahlungen 2019 endeten, wurde 2019 das Grundgesetz dahingehend geändert, dass der Bund den Ländern Finanzhilfen für den sozialen Wohnungsbau zur Verfügung stellen kann. Ab 2020 war hierfür eine Milliarde Euro im Jahr vorgesehen. Aber schon im Jahr 2022 stellte der Bund zwei Milliarden zur Verfügung; 2023 waren es 2,5 Milliarden, 2024 3,15 Milliarden Euro und 2025 sogar 3,5 Milliarden Euro. Seit 2023 entfallen jeweils 500 Millionen Euro auf das Programm »Junges Wohnen«.

Ende der 80er Jahre gab es in Deutschland noch 3,9 Millionen Sozialwohnungen. Ende 2009 waren es noch 1,8 Millionen; aktuell gibt es noch knapp über eine Million Sozialwohnungen. Grund hierfür ist, dass jedes Jahr mehr Wohnungen aus den Sozialbindungen fallen als neue Sozialwohnungen gebaut werden. Zwischen 2006 und 2022 waren es insgesamt nur rund 286 000 neue Sozialwohnungen. 2022 wurden 22 545 Sozialwohnungen gebaut; zugleich liefen die Preisbindungen für 36 500 Wohnungen aus. Unter dem Strich verringerte sich der Sozialwohnungsbestand im Jahr 2022 um rund 14 000. Im Jahr 2023 stieg die Zahl der neu gebauten Sozialwohnungen nur geringfügig auf 23 115 an und auch 2024 dürfte die Anzahl neu gebauter Sozialwohnungen unter 30 000 gelegen haben. Von den für notwendig gehaltenen 100 000 neuen Sozialwohnungen pro Jahr sind wir weit entfernt. Um das Schrumpfen der Bestände zu stoppen und zumindest auf das Niveau von 2007 zu kommen (zwei Millionen), müssten etwa 15 Jahre lang 100 000 neue Sozialwohnungen pro Jahr gebaut werden. Deshalb ist für die nächsten Jahre ein weiterer Anstieg der Fördermittel vorgesehen. 2026 sollen es vier Milliarden Euro sein und 2027 dann fünf Milliarden Euro. Für die Jahre 2028 und 2029 plant der Bund mit jeweils 5,5 Milliarden Euro.

Die Fördermittel fließen aber nicht nur in den Neubau von Sozialmietwohnungen. Gefördert werden auch Modernisierungen, der Erwerb von Belegungsbindungen, selbst genutztes Wohneigentum, Wohnheimplätze sowie Studierenden- und Auszubildendenwohnheime.

Sozialmieten im Überblick

Bei öffentlich geförderten Wohnungen können die Mieten nicht frei vereinbart werden. Hier ist die **Kostenmiete** die Höchstmiete. Das gilt für alle bis 2002 z. B. im 1. oder 2. Förderweg geförderten Wohnungen, und zwar so lange, bis der Bauherr die öffentlichen Baudarlehen planmäßig zurückgezahlt hat. Nach Wegfall der Preisbindung ist die zuletzt geschuldete Kostenmiete einschließlich eventueller Zuschläge weiter zu zahlen (BGH VIII ZR 258/09 WuM 2010, 490). Sie ist Ausgangsmiete für die nunmehr preisfreie Wohnung (KG Berlin WuM 2023, 410). Der Vermieter ist jetzt berechtigt, → *Mieterhöhungen auf die ortsübliche Vergleichsmiete* geltend zu machen.

Die **Mietpreisbremse gilt nicht** für öffentlich geförderten Wohnraum. Die maßgeblichen bundes- bzw. landesrechtlichen Vorschriften für preisgebundenen Wohnraum verdrängen als sog. **Spezialvorschriften** die Regelungen zur Mietpreisbremse (LG Berlin II WuM 2024, 724).

Auch bei preisgebundenen Wohnungen und während der Dauer der Preisbindung kann eine **Staffelmiete** vereinbart werden, vorausgesetzt, die höchste während der Preisbindung geltende Staffel übersteigt bei Vertragsabschluss nicht die maßgebliche Kostenmiete (BGH VIII ZR 12/23 WuM 2024, 385; VIII ZR 157/03 WuM 2004, 28).

Bei der seit 2002/2003 üblichen sozialen Wohnraumförderung ergibt sich die Anfangsmiete nicht aus einer Kostenmiete. Maßgeblich ist die **nach der Förderzusage höchstzulässige Miete**. Die Fördervereinbarung zwischen Förderer (z. B. dem Land) und Vermieter ist ein Vertrag zugunsten Dritter. Er bindet auch den Vermieter im Verhältnis zum Mieter (LG Berlin II WuM 2024, 213). Mieterhöhungen sind im Rahmen der ortsüblichen Vergleichsmiete möglich. Neben den Grenzen, die diese Vergleichsmiete setzt, sind die Bindungen aus der Förderzusage zu beachten. Dies gilt im Ergebnis so auch, wenn ein Fall der vereinbarten Förderung vorliegt.

1. Öffentlich geförderter Wohnraum (1. Förderweg)

Seit den 1950er Jahren fördert der Staat den Wohnungsbau mit öffentlichen Mitteln. Als Gegenleistung für die Fördermittel müssen die Bauherren eine **Mietpreis- und Belegungsbindung** akzeptieren. Das bedeutet, die Miete darf die Kostenmiete nicht überschreiten und die Wohnung darf nur an Personen vermietet werden, die wegen ihres niedrigeren Einkommens berechtigt sind, eine Sozialwohnung zu beziehen. Die Sozialbindungen gelten **während des gesamten Förderzeitraums**; sie bleiben so lange bestehen, bis die öffentlichen Mittel planmäßig oder vorzeitig zurückgezahlt sind. Sie gelten auch, wenn der Mieter einer öffentlich geförderten Sozialwohnung diese ganz oder mehr als zur Hälfte **untervermieten** will. Das bedeutet, der Untermieter benötigt einen **Wohnberechtigungsschein** und der Untervermieter (Mieter) darf nur die **Kostenmiete** fordern (LG Berlin II WuM 2025, 610).

Diese Art der Förderung wird seit 2003 nicht mehr gewährt. Für die bis dahin geförderten Wohnungen gilt das alte Recht bis zum Ende des Förderzeitraums weiter. In **Baden-Württemberg** ist das Prinzip der Kostenmiete zum 31.12.2008 außer Kraft getreten. Die zu diesem Zeitpunkt geschuldete Kostenmiete gilt als vertraglich vereinbarte Miete weiter.

Wohnberechtigung

Wer eine geförderte Wohnung anmieten will, benötigt einen **Wohnberechtigungsschein (WBS)**. Dieser muss bei dem jeweiligen örtlichen Wohnungsamt beantragt und dann dem Vermieter vor Vertragsschluss vorgelegt werden. Gesetzliche Grundlage hierfür war ursprünglich das Wohnungsbauförderungsgesetz des Bundes. Seit 2006 sind aber die Bundesländer zuständig. Sie haben eigene Fördervorschriften erlassen und zum Teil stark abweichende Einkommensgrenzen und Berechnungsvorgaben festgelegt. Entscheidend sind die Regelungen der Länder.

Einkommensgrenzen und Einkommensberechnung

Im Regelfall ist die Wohnberechtigung vom **Jahreseinkommen** abhängig. Durch den Wohnberechtigungsschein weist der Mieter nach, dass er mit seiner Familie die festgelegten Einkommensgrenzen nicht überschreitet und zum Bezug einer Sozialwohnung berechtigt ist, die die in der Bescheinigung angegebene Wohnungsgröße nach Fläche oder Zahl der Zimmer nicht überschreitet.

Nach dem **Wohnungsbauförderungsgesetz** des Bundes liegt die Einkommensgrenze für einen 1-Personen-Haushalt bei 12 000 Euro jährlich; für einen 2-Personen-Haushalt bei 18 000 Euro. Für jede weitere Person erhöht sich der Betrag um 4100 Euro; für Kinder nur um 500 Euro. Für Wohnungen, die im sog. **2. Förderweg** gefördert wurden, liegen die Einkommensgrenzen um 60 % höher.

Die einzelnen Bundesländer können durch **landesrechtliche Bestimmungen** von diesen Einkommensgrenzen stark abweichen. Teilweise, z. B. in Nordrhein-Westfalen, gibt es dynamische Grenzen, die sich regelmäßig erhöhen. Außer-

S

dem gibt es Toleranzen und unterschiedliche Aufschläge in den Ländern. In den meisten Ländern liegen die Einkommensgrenzen für 1-Personen-Haushalte zwischen 17000 und 24000 Euro, für 2-Personen-Haushalte zwischen 20000 und 30000 Euro.

Als **maßgebliches Jahreseinkommen** des WBS-Haushalts gilt entweder das in den **zwölf Monaten ab Antragstellung** zu erwartende oder das in den letzten **zwölf Monaten vor Antragstellung erzielte Einkommen**. Hierzu gehören Gehalt, Lohn, Renten, Gewinne aus Land- und Forstwirtschaft, Gewerbebetrieb, selbstständiger Arbeit, Einkünfte aus Vermietung und Verpachtung sowie Einkünfte aus Kapitalvermögen. Außerdem werden hier berücksichtigt der steuerfreie Betrag von Versorgungsbezügen, steuerfreie Renten wegen Minderung der Erwerbsfähigkeit, Lohnersatzleistungen, steuerfreie Zuschläge für Sonntags- oder Nachtarbeit, vom Arbeitgeber pauschal besteuerter Arbeitslohn und Leistungen nach dem Unterhaltsvorschussgesetz. Kinder- und Erziehungsgeld bleiben unberücksichtigt.

Vom Einkommen wird pauschal ein **Abzug von je 10 %** vorgenommen
- wenn Lohn- und Einkommensteuer gezahlt wird,
- wenn Pflichtbeiträge zur gesetzlichen Krankenversicherung gezahlt werden und
- wenn Pflichtbeiträge zur gesetzlichen Rentenversicherung gezahlt werden.

Außerdem gibt es noch **Frei- und Abzugsbeträge**:
- **Alleinerziehende** können für jedes Kind unter zwölf Jahren, für das Kindergeld gezahlt wird, 600 Euro im Jahr abziehen, wenn sie wegen Berufstätigkeit oder Ausbildung nicht nur kurzfristig vom Haushalt abwesend sind;
- **Kinder**, die ein eigenes Einkommen haben, können bis zu 600 Euro im Jahr abziehen, wenn sie mindestens 16, aber noch nicht 25 Jahre alt sind;
- für **Schwerbehinderte** kann ein Freibetrag von 4500 Euro im Jahr geltend gemacht werden bei einem Grad der Behinderung (GdB) von 100 oder von wenigstens 80, wenn sie häuslich pflegebedürftig sind; bei einem GdB von unter 80 und häuslicher Pflegebedürftigkeit beträgt der Freibetrag 2100 Euro;
- **junge Ehepaare** (beide Ehegatten müssen unter 40 Jahre sein) haben einen Freibetrag von 4000 Euro bis zum Ablauf des fünften Kalenderjahrs nach der Eheschließung;
- wer **gesetzlich zu Unterhaltsleistungen verpflichtet** ist, kann die aus diesem Grund gemachten Aufwendungen (Geld oder Sachwerte) abziehen; Obergrenze ist der Betrag, der in einer Unterhaltsvereinbarung (oder Unterhaltstitel oder Bescheid) festgelegt ist. Liegen diese nicht vor, gelten folgende Höchstbeträge:

- bis zu 3000 Euro für ein zum Haushalt rechnendes Familienmitglied, das auswärts untergebracht ist und sich in der Berufsausbildung befindet;
- bis zu 6000 Euro für einen nicht zum Haushalt rechnenden geschiedenen oder dauernd getrennt lebenden Ehegatten oder Lebenspartner;
- bis zu 3000 Euro für eine sonstige nicht zum Haushalt rechnende Person.

Unter bestimmten Voraussetzungen können auch Mieter mit höheren Einkommen einen Wohnberechtigungsschein erhalten, z. B., wenn eine größere oder preiswertere Sozialwohnung freigemacht wird oder wenn durch die Erteilung des Wohnberechtigungsscheins eine besondere Härte vermieden werden kann.

Einen Wohnberechtigungsschein können nur Wohnungssuchende beantragen, die sich nicht nur vorübergehend in Deutschland aufhalten und die auch in der Lage sind, auf längere Dauer einen Wohnsitz zu begründen und einen selbstständigen Haushalt zu führen (BVerfG 5 C 49/01 WuM 2003, 579). Asylbewerber haben im Regelfall keinen Anspruch auf einen WBS (OVG Münster WuM 1997, 563).

Der WBS wird für den Wohnungssuchenden und seine Haushaltsangehörigen ausgestellt. Dazu gehören z. B. der Ehegatte, Kinder, Eltern und andere nahe Verwandte, die mit dem Antragsteller eine Wohn- und Wirtschaftsgemeinschaft führen, Lebenspartner → *Lebenspartnerschaft* oder Partner einer sonstigen auf Dauer angelegten Lebensgemeinschaft. Dabei werden nicht nur Personen berücksichtigt, die bereits zum Haushalt des Antragstellers gehören; es genügt, wenn jemand alsbald in den Haushalt aufgenommen werden soll.

Veränderung der Einkommensverhältnisse/Fehlbelegungsabgabe
Mieter können eine Sozialwohnung nur beziehen, wenn sie einen Wohnberechtigungsschein (WBS) besitzen. Steigt ihr Einkommen im Laufe der Mietzeit, so dass sie eigentlich keinen Anspruch mehr auf einen WBS hätten, sind sie eigentlich nicht mehr berechtigt, in der Sozialwohnung zu leben. Aber das Mietverhältnis besteht fort; der Vermieter darf nicht wegen des gestiegenen Einkommens kündigen. Möglich ist aber, diese Mieter zu einer sog. Fehlbelegungsabgabe heranzuziehen. Dies ist verfassungskonform (BVerfG 2 BvR 917/02 NZM 2004, 308; 2 BvL 9/85 WuM 1988, 247). Die Abgabe soll die Differenz zwischen der Sozialmiete und der durchschnittlichen Miete vor Ort ausgleichen. Die Einnahmen müssen wieder in den sozialen Wohnungsbau fließen.

Zuständig sind die Länder. Die jeweilige Landesregierung muss die Gebiete festlegen, in denen die Fehlbelegungsabgabe erhoben werden soll und bei welchen Überschreitungen der Einkommensgrenzen welcher Betrag pro m² zu zahlen ist.

Entsprechende Regelungen gibt es derzeit nur in Hessen und Rheinland-Pfalz. Dann können auch Bewohner von bundeseigenen Wohnungen zur Zahlung der Abgabe verpflichtet werden (BVerfG 2 BvR 1971/89 WuM 1996, 82; BVerwG 8 C 23/94 NJW 1997, 880).

Steigende Verwaltungskosten, sinkende Einnahmen aus der Abgabe und die Gefahr, dass Besserverdienende aus den gemischten Wohnquartieren wegziehen, haben fast alle Länder veranlasst, auf die Abgabe zu verzichten.

Wohnungsgröße

Auch für die Festlegung **angemessener Wohnungsgrößen** bietet das Wohnungsbauförderungsgesetz des Bundes nur eine Richtschnur: So gelten hiernach für Alleinstehende bis zu 45 m^2 als angemessen, für zwei Personen 60 m^2 bzw. zwei Wohnräume, für drei Personen 75 m^2 bzw. drei Wohnräume, für jeden weiteren Haushaltsangehörigen erhöht sich dann die zulässige Wohnungsgröße um 15 m^2 bzw. einen Raum. Entscheidend ist aber auch hier die Festlegung der zulässigen Wohnungsgröße durch die einzelnen Bundesländer. In Nordrhein-Westfalen und Bayern z. B. können die Wohnungen bis zu 5 m^2 größer sein und eine Überschreitung um weitere 10 m^2 wird toleriert. Für Alleinstehende gilt damit eine Wohnung noch mit 55 m^2 als angemessen gegenüber 45 m^2 nach der Bundesregelung.

Kostenmiete

Kostenmiete ist die Miete, die zur Deckung der laufenden Aufwendungen unter Berücksichtigung der tatsächlichen Finanzierungskosten erforderlich ist. In die Berechnung der Kostenmiete fließen Kapitalkosten für Fremd- und Eigenkapital ein. In die Kostenmiete fließen auch die folgenden **Bewirtschaftungskosten** ein:

- **Abschreibungen.**
- **Verwaltungskosten**, also die Kosten der zur Verwaltung des Gebäudes oder der Wirtschaftseinheit erforderlichen Arbeitskräfte und Einrichtungen. Die hierfür anzusetzenden Pauschalbeträge werden alle drei Jahre nach dem Preisindex für Lebenshaltungskosten angepasst und betragen seit dem 1.1.2026 jährlich 372,46 Euro pro Wohnung und 48,58 Euro für Garagen und ähnliche Stellplätze.
- **Instandhaltungskosten.** Die Höhe der Pauschale für Instandhaltungskosten hängt davon ab, wie viele Jahre die Bezugsfertigkeit der Wohnung am Ende des Kalenderjahres, in dem eine Wirtschaftlichkeitsberechnung aufgestellt wird, zurückliegt. Außerdem verändern sich die Pauschalen alle drei Jahre entsprechend dem Verbraucherpreisindex und betragen seit dem 1.1.2026 pro m^2 und Jahr
  - 11,50 Euro bei weniger als 22 Jahren,
  - 14,58 Euro bei mindestens 22 Jahren,
  - 18,62 Euro bei mindestens 32 Jahren.

Diese Pauschalen verringern sich um 0,31 Euro/m² bei **eigenständig gewerblicher Lieferung von Wärme** und erhöhen sich um 1,63 Euro/m², wenn ein **Aufzug** vorhanden ist. Trägt der Mieter die Kosten für **kleine Instandhaltungen** (z. B. Beheben kleiner Schäden an Installationsgegenständen für Elektrizität, Wasser und Gas, Heiz- und Kocheinrichtungen, Fenster- und Türverschlüssen u. ä.), verringern sich die Pauschalen um 1,70 Euro/m². Sind die **Schönheitsreparaturen** Sache des Vermieters, dürfen zusätzlich 13,75 Euro/m² im Jahr angesetzt werden. Die Instandhaltungskosten für Garagen und Einstellplätze dürfen 110,13 Euro je Stellplatz im Jahr nicht übersteigen,

> **Wichtig zu wissen:** Enthält der Mietvertrag eine unwirksame Schönheitsreparaturenklausel, darf der Vermieter die Kostenmiete einseitig um den entsprechenden Zuschlag erhöhen (BGH VIII ZR 177/09 WuM 2010, 296)!

– **Mietausfallwagnis** in Höhe von 2 % der Bruttomiete, das sind 2,04 % der laufenden Aufwendungen. Damit soll der Vermieter für den Fall abgesichert werden, dass Mietzahlungen ausbleiben oder Wohnungen leer stehen und nicht vermietet werden können,

→ *Betriebskosten* sind in der Kostenmiete nicht enthalten. Sie können aber wie bei frei finanzierten Wohnungen **separat umgelegt** werden. Voraussetzung ist eine entsprechende vertragliche Vereinbarung. Eine Aufteilung der monatlichen Vorauszahlungen auf die einzelnen Kostenarten ist nicht erforderlich (BGH VIII ZR 137/09 WuM 2010, 153). Bei Sozialwohnungen kommt zu den Betriebskosten noch ein sog. **Umlageausfallwagnis** in Höhe von 2 % der Betriebskosten hinzu. Ähnlich wie beim Mietausfallwagnis soll damit das Risiko von Zahlungsausfällen abgedeckt werden.

Für die Ermittlung der Kostenmiete ist eine sog. **Wirtschaftlichkeitsberechnung** aufzustellen. Die erste Wirtschaftlichkeitsberechnung muss von der Bewilligungsstelle geprüft werden. Diese genehmigt eine bestimmte Durchschnittsmiete, auf deren Grundlage der Vermieter dann die Einzelmiete berechnet. Maßgeblich ist dabei der unterschiedliche Wohnwert der einzelnen Wohnungen, insbesondere Größe, Lage und Ausstattung. Ändert sich der Wohnwert einzelner Wohnungen, kann eine Neuberechnung der Einzelmiete erforderlich werden (LG Hamburg WuM 1987, 442). Ob die Durchschnittsmiete zu Recht genehmigt worden ist, kann der Mieter vor den Zivilgerichten überprüfen lassen (BVerwG 8 C 43.83 WuM 1986, 179; BGH VIII ZR 93/86 WuM 1987, 185).

Überprüfung der Kostenmiete

Der Mieter kann über die Zusammensetzung der Kostenmiete Auskunft verlangen (§ 8 Abs. 4 WoBindG). Der Anspruch besteht auch gegenüber einem späteren Käufer der Wohnung (LG Berlin WuM 1992, 430). Weitere Voraussetzungen müssen nicht erfüllt sein (BGH VIII ZR 32/13 WuM 2014, 102; VIII ARZ WuM 1984, 70). Bei unzureichender Auskunft kann der Mieter die zuständige Stelle des Landes um Auskunft über die zulässige Höhe der Miete bitten und die Miete bis dahin zurückbehalten (LG Braunschweig ZMR 1984, 243).

Rückforderung und → *Verjährung*

Stellt sich heraus, dass der Mieter von Anfang an mehr als die Kostenmiete gezahlt hat, kann er den zu viel gezahlten Betrag innerhalb von vier Jahren ab der jeweiligen Leistung, spätestens aber ein Jahr nach Auszug zurückverlangen (AG Hannover WuM 1981, 276). Hat der Vermieter die höhere Miete in betrügerischer Weise erlangt, kann er sich nicht auf Verjährung berufen (LG Berlin GE 1987, 1265).

Beruht die überhöhte Forderung des Vermieters auf einer Mieterhöhung, verjährt der Rückzahlungsanspruch des Mieters nach drei Jahren, gerechnet ab dem Ende des Jahres, in dem die jeweilige Zahlung erfolgte und der Mieter die Unwirksamkeit der Mieterhöhung kannte (OLG Hamm WuM 1997, 543).

Das Rückforderungsrecht besteht auch, wenn der Vermieter eine der Höhe nach berechtigte Mieterhöhung verlangt, dabei aber die gesetzlichen Voraussetzungen nicht berücksichtigt hat (OLG Karlsruhe WuM 1986, 166).

Wichtig zu wissen: Das Rückforderungsrecht hängt nicht davon ab, ob der Mieter wohnberechtigt war (OLG Hamm WuM 1988, 203).

Erhöhung der Kostenmiete

Die Kostenmiete kann erhöht werden, wenn sich die **laufenden Aufwendungen** des Vermieters ohne sein Verschulden erhöhen. Für **Instandhaltungs- und Verwaltungskosten** kann dabei auf Pauschalwerte (zuletzt geändert am 1.1.2026 – s. dazu oben unter Kostenmiete) zurückgegriffen werden. Eine **Mieterhöhung wegen höherer Zinsen** für die vom Vermieter in Anspruch genommenen öffentlichen Baudarlehen kommt in Betracht, wenn die Landesregierung dies durch Rechtsverordnung vorschreibt. Ist dies geschehen, werden die öffentlichen Mittel selbst dann höher verzinst, wenn im Darlehensvertrag zwischen Eigentümer und Behörde eine Höherverzinsung ausdrücklich ausgeschlossen ist (BVerfG 1 BvR 99/85 WuM 1986, 299). Enthält der Mietvertrag eine unwirksame Klausel zu → *Schönheitsreparaturen*, darf der Vermieter die Kostenmiete einseitig um den entsprechenden Zuschlag erhöhen (BGH VIII ZR 177/09 WuM 2010, 296), ggf. auch rückwirkend (BGH VIII ZR 181/12 WuM 2013, 174). Er ist nicht verpflichtet, dem Mieter zuvor anzubieten, dass die unwirksame Klausel durch eine wirksame ersetzt wird (BGH VIII ZR 250/16 WuM 2017, 663).

Wichtig zu wissen: Für laufende Aufwendungen, die in der ursprünglich genehmigten Wirtschaftlichkeitsberechnung nicht enthalten waren, kann eine Mieterhöhung erst nach Ablauf von sechs Jahren seit Bezugsfertigkeit des Gebäudes für die Zukunft gefordert werden (KG Berlin WuM 1983, 81).

Der Vermieter kann die höhere Kostenmiete nur **schriftlich** fordern (§ 10 Abs. 1 WoBindG). Werden die Mieterhöhungserklärungen automatisiert angefertigt, bedarf es nicht der eigenhändigen Unterschrift des Vermieters; die Angabe des Vermieternamens genügt. Das kann auch eine juristische Person sein (GmbH, AG), die handelnde natürliche Person muss nicht genannt werden (BGH VIII ZR 32/13 WuM 2014, 102; VIII ZR 321/09 WuM 2010, 502).

Der Erhöhungserklärung muss nach § 10 WoBindG eine **Wirtschaftlichkeitsberechnung** und eine **Berechnung und Erläuterung der Erhöhung** beigefügt werden (BVerfG WuM 1998, 463; BGH VIII ZR 246/20 WuM 2022, 357; VIII ZR 149/03 WuM 2004, 285). Anstelle der kompletten Wirtschaftlichkeitsberechnung genügt auch ein Auszug daraus oder eine Zusatzberechnung zur letzten Wirtschaftlichkeitsberechnung oder eine Genehmigung der Bewilligungsstelle (Kopie genügt). Bei der Erläuterung der Mieterhöhung sind lediglich die Gründe anzugeben, aus denen sich die einzelnen laufenden Aufwendungen erhöht haben, und die auf die einzelnen laufenden Aufwendungen entfallenden Beträge (BGH VIII ZR 246/20 WuM 2022, 357). Weist der **Auszug** einen wesentlichen Mangel auf, ist die Mieterhöhungserklärung unwirksam (LG Stuttgart WuM 1984, 157; LG Bremen WuM 1981, 135). Fehlen Angaben zu den Kosten der Wirtschaftseinheit einschließlich der Kosten, die auf nicht zu Wohnzwecken genutzte Flächen entfallen, liegt kein wesentlicher Mangel vor (BGH VIII ZR 199/10 WuM 2011, 371).

Zu der erforderlichen Berechnung und Erläuterung der Mieterhöhung gehören auch die Erläuterung des **Mietausfallwagnisses** und die Angabe der **gesetzlichen Grundlagen** der Mieterhöhung (LG Itzehoe ZMR 2003, 494). Bei energetischen Maßnahmen sind hierzu mehrere Informationen erforderlich (LG Köln WuM 2011, 566). Der Prüfbericht der öffentlichen Förderstelle kann die notwendige Berechnung der Erläuterung nicht ersetzen (LG Berlin GE 1997, 1469).

Wird die Mieterhöhung auf eine **höhere Verzinsung öffentlicher Baudarlehen** gestützt, braucht der Vermieter keine Wirtschaftlichkeitsberechnung vorzulegen. Er muss die Erhöhung aber berechnen und erläutern (LG Hanau WuM 1987, 425) und dem Mieter auf Verlangen Einsicht in die Mitteilung der darlehensverwaltenden Stelle über die Zinserhöhung gewähren. Wird für die höhere Verzinsung der Anfangsbetrag des Darlehens zugrunde gelegt, die teilweise Tilgung also nicht berücksichtigt, darf der Vermieter trotzdem die gesamte Erhöhung weitergeben (OLG Hamm WuM 1985, 178; OLG Frankfurt WuM 1983, 83).

Ohne Erläuterung ist die Mieterhöhung **unwirksam**, selbst wenn diese später nachgeholt wird (LG Berlin WuM 1985, 391). Anders nur, wenn der Mietvertrag eine sog. → *Gleitklausel* enthält, wonach »die jeweils gesetzlich zulässige Miete« als vertraglich vereinbart gilt (LG Berlin WuM 2023, 410). Dann macht eine fehlende Erläuterung die Mieterhöhung nicht unwirksam, sondern nur nicht durchsetzbar. Holt der Vermieter die Erläuterung nach, muss der Mieter die Erhöhung auch für die Vergangenheit nachzahlen (BGH VIII ZR 10/03 WuM 2004, 25).

Wichtig zu wissen: Keine wirksame Gleitklausel liegt vor, wenn »alle allgemein oder im konkreten Fall eintretenden Mieterhöhungen und/oder Erhöhungen sowie Neueinführungen von Nebenkosten und Grundstückslasten ... vom Zeitpunkt des Eintritts ab vereinbart« sind (BGH VIII ZR 149/03 WuM 2004, 285). Hier ist nicht erkennbar, dass die jeweilige Kostenmiete gemeint ist. An einer wirksamen Gleitklausel fehlt es auch, wenn der Vermieter »befugt ist, die Kostenmiete rückwirkend zu verlangen«, denn dann ändert die Klausel selbst die Miete noch nicht (BGH VIII ZR 233/08 WuM 2009, 354).

Fälligkeit einer erhöhten Kostenmiete

Die erhöhte Miete ist ab dem 1. des Folgemonats zu zahlen, wenn die Mieterhöhungserklärung bis zum 15. des Monats beim Mieter eingegangen ist.

Ist im Mietvertrag eine sog. → *Gleitklausel* vereinbart, nach der der Vermieter eine erhöhte Kostenmiete von dem Tag an verlangen darf, an dem die Mieterhöhung zulässig ist, muss der Mieter die erhöhte Miete auch **rückwirkend** vom Tag ihrer Zulässigkeit an zahlen (BGH VIII ZR 10/03 WuM 2004, 25; a. A. für Berlin LG Berlin WuM 2023, 410 mit Hinweis auf § 1 WoG Bln), höchstens jedoch noch für das jeweils vorangegangene Kalenderjahr. Eine Gleitklausel, die sich nur auf Nebenkosten bezieht, genügt jedoch nicht (LG Berlin ZMR 1998, 284). Soll die Miete aufgrund von Modernisierungsmaßnahmen nachträglich erhöht werden, genügt die Gleitklausel nur dann, wenn sie sich auch ausdrücklich auf Modernisierungsmaßnahmen bezieht (LG Berlin GE 2000, 812). Ausnahmsweise darf der Vermieter auch für einen weiter zurückliegenden Zeitraum die erhöhte Miete nachfordern, wenn er die Erhöhung vorher unverschuldet nicht geltend machen konnte und er die Forderung innerhalb von drei Monaten nach Wegfall des Hinderungsgrundes geltend macht.

Wichtig zu wissen: Vermindern sich die laufenden Aufwendungen, hat der Mieter Anspruch auf eine **Herabsetzung der Miete**. Sinkende Hypothekenzinsen wirken sich auch auf die Miete von Sozialwohnungen günstig aus. Für eine Mietsenkung ist eine vorherige Mieterhöhung nicht Voraussetzung. Entscheidend ist der Vergleich zur letzten Wirtschaftlichkeitsberechnung. Haben die günstigeren Zinsen zu einer Verringerung der Kostenmiete geführt, muss auch die Miete entsprechend gesenkt werden.

Mietkaution

Mit einer → *Kaution* darf der Vermieter bei Sozialwohnungen nur Schäden an der Wohnung oder unterlassene Schönheitsreparaturen absichern (LG Aachen WuM 2006, 101; LG Hannover WuM 1998, 347). Zum Schutz vor **ausbleibenden Mietzahlungen** dient das sog. **Mietausfallwagnis.** Die Kaution muss immer zugunsten des Mieters verzinst werden.

Modernisierung von Sozialwohnungen

Bei öffentlich geförderten Wohnungen müssen Modernisierungsmaßnahmen → *Modernisierung durch den Vermieter* genauso **angekündigt** werden wie bei frei finanzierten. Die **Duldungspflicht** des Mieters hängt davon ab, inwieweit er Härtegründe geltend machen kann (BayObLG WuM 1996, 749). Eine **Mieterhöhung** setzt voraus, dass der Mieter den Maßnahmen zugestimmt hat, zu ihrer Duldung verpflichtet war oder sie tatsächlich geduldet hat (BayObLG WuM 1996, 749). Auch müssen ersparte Instandsetzungskosten nachvollziehbar berücksichtigt werden (LG Köln WuM 1998, 293). Eine Erhöhung der Kostenmiete wegen durchgeführter Modernisierungsmaßnahmen kommt außerdem nur in Betracht, wenn die Bewilligungsstelle der Modernisierung als Wertverbesserung zugestimmt hat (VG Berlin GE 2012, 137) oder die Modernisierung mit öffentlichen Mitteln gefördert worden ist (LG Wiesbaden WuM 1984, 166). Die Bewilligungsstelle muss dabei die Auswirkungen auf den Mietpreis prüfen (BGH VIII ZR 149/03 WuM 2004, 285) und kann die Zustimmung zur Modernisierung einer Sozialwohnung versagen, soweit aufgrund der Modernisierung die im sozialen Wohnungsbau geltende Höchstdurchschnittsmiete überschritten würde (OVG Münster WuM 1980, 275). Sie darf auch eine Senkung der Kosten zur Bedingung machen, um sicherzustellen, dass die Mieterhöhung im Verhältnis zur Verbesserung des Gebrauchswerts der Wohnung angemessen ist (BVerwG 8 C 67/87 WuM 1990, 566; OVG Lüneburg WuM 1989, 638).

Sonderkündigungsrecht des Mieters
Bei einer Erhöhung der Kostenmiete darf der Mieter spätestens am 3. Werktag des Monats, von dem an die Miete erhöht werden soll, für den Ablauf des nächsten Monats kündigen. Die Mieterhöhung tritt dann nicht ein. Das Sonderkündigungsrecht wird weder durch den Hinweis im Mietvertrag, dass die Kostenmiete sich erhöhen könne (LG Kassel WuM 1983, 348), noch dadurch, dass die jeweils zulässige Miete vereinbart wird (LG Berlin WuM 1997, 11), ausgeschlossen.

Rückzahlung öffentlicher Mittel – Ende der Sozialbindung
Die **Sozialbindung** muss so lange beachtet werden, wie die Wohnung als **öffentlich gefördert** gilt.

Wurde – wie meistens – ein **Baudarlehen** gewährt, muss dies nach einem vorgegebenen Tilgungsplan, z. B. nach 30 Jahren, zurückgezahlt werden. Die geförderten Wohnungen gelten bis zum **Ende des Jahres der vollständigen Rückzahlung** als öffentlich gefördert.

Wurden die Fördermittel als **Zuschüsse zur Deckung der laufenden Aufwendungen** bewilligt, gelten die Wohnungen bis zum Ablauf des dritten Kalenderjahres nach Beendigung der Zahlungen als öffentlich gefördert.

Erfolgt die Förderung lediglich als **Zuschuss** zur Deckung der für den Bau einer Wohnung entstandenen **Gesamtkosten**, gilt die betreffende Wohnung bis zum Ablauf des zehnten Kalenderjahres nach dem Jahr der Bezugsfertigkeit als öffentlich gefördert.

Bei einer **Zwangsversteigerung** gelten die Wohnungen, die mit Darlehen gefördert wurden, bis zum Ende des dritten Kalenderjahres nach Erteilung des Zuschlags als öffentlich gefördert, vorausgesetzt, die wegen der öffentlichen Mittel begründeten Grundpfandrechte erlöschen mit dem Zuschlag. Haben die Grundpfandrechte Bestand, bleibt es bei den allgemeinen Regeln. Wurden die zwangsversteigerten Wohnungen nur mit Zuschüssen gefördert, entfallen die Bindungen mit dem Zuschlag.

Nach Wegfall der Preisbindungen ist die **zuletzt geschuldete Kostenmiete einschließlich eventueller Zuschläge**, z. B. wegen Untervermietung, gewerblicher Nutzung oder Freistellung von Bindungen, weiterzuzahlen (BGH VIII ZR 258/09 WuM 2010, 490).

Wichtig zu wissen: Wird die öffentlich geförderte Wohnung umgewandelt, ist eine **Eigenbedarfskündigung** des Käufers ausgeschlossen, solange für die Wohnung Sozialbindungen bestehen → *Umwandlung von Miet- in Eigentumswohnungen.*

Sonderregelungen für die Bindungsdauer gelten **bei vorzeitiger Rückzahlung** der Fördermittel:

- Muss der Eigentümer ein Darlehen vorzeitig zurückzahlen, weil er gegen den Bewilligungsbescheid oder den Darlehensvertrag verstoßen hat, bleiben die Bindungen bis zum Ablauf des Jahres bestehen, in dem die Mittel planmäßig zurückgezahlt worden wären, längstens jedoch bis zum Ablauf des zwölften Kalenderjahrs nach der Rückzahlung.
- Wird das Darlehen freiwillig vorzeitig zurückgezahlt, bleiben die Bindungen noch bis zum Ende des zehnten Kalenderjahrs nach der Rückzahlung bestehen, es sei denn, das Darlehen wäre planmäßig schon eher zurückgezahlt worden. Dies gilt auch für ein öffentlich gefördertes Eigenheim, das zum Zeitpunkt der Rückzahlung nicht mehr vom Eigentümer selbst genutzt wird, sondern vermietet ist (BVerwG 5 C 5.02 WuM 2003, 697).
- Wenn das ursprünglich auf eine Wohnung entfallende öffentliche Darlehen nicht höher war als 1550 Euro, fallen die Bindungen mit der Rückzahlung weg.

2. Förderung mit Aufwendungsbeihilfen (2. Förderweg)

Als Alternative zum 1. Förderweg wurde ein 2. Förderweg eröffnet. Hier ging es um die Förderung des Wohnungsbaus durch Aufwendungsbeihilfen, Aufwendungsdarlehen oder Aufwendungszuschüsse als nicht öffentliche Mittel zur Senkung der laufenden Aufwendungen des Vermieters. Seit 1972 erfolgt die Förderung degressiv gestaffelt, nimmt also schrittweise ab. Parallel dazu darf dann die Miete angehoben werden.

Ebenso wie beim 1. Förderweg gibt es auch beim 2. Förderweg eine **Mietpreisbindung**; der Vermieter darf auch hier nicht mehr als die **Kostenmiete** verlangen. Außerdem gilt eine Belegungsbindung. Die so geförderten Wohnungen dürfen nur an Personen vermietet werden, die entweder eine öffentlich geförderte Wohnung frei machen oder deren Einkommen die für den öffentlich geförderten Wohnungsbau geltenden Grenzen um höchstens 60 % übersteigt.

Diese Bindungen bestehen so lange, wie die laufenden Aufwendungen des Vermieters durch die Fördermittel vermindert werden.

S

3. Mit Wohnungsfürsorgemitteln geförderte Wohnungen

Bund, Länder und Gemeinden haben eine Fürsorgepflicht gegenüber den Angehörigen des öffentlichen Dienstes. Sie haben den Wohnungsbau daher auch mit Wohnungsfürsorgemitteln gefördert. Im Gegenzug ist der Bauherr verpflichtet, von seinen Mietern höchstens die **Kostenmiete** zu fordern und der fördernden Stelle ein **Wohnungsbesetzungsrecht** einzuräumen. Die Dauer des Besetzungsrechts wird vertraglich vereinbart (z. B. auf 20 oder 30 Jahre); in dieser Zeit darf der Vermieter die geförderte Wohnung nur an konkret benannte Mieter vergeben. Die Bindung an die Kostenmiete dauert bis zum Ablauf des Besetzungsrechts, auch wenn die Fördermittel vorzeitig zurückgezahlt werden.

4. Vereinbarte Förderung

Seit Februar 1989 gibt es die Förderungsmöglichkeit der vereinbarten Förderung. Trotz der Förderung handelt es sich hierbei um **frei finanzierten Wohnraum**, die Kostenmiete gilt nicht. Bauherren, die diese Förderungsmöglichkeit wählen, müssen je nach Bundesland unterschiedliche vertragliche Pflichten übernehmen. Die einzelnen Bundesländer legen z. B. fest, ob und ggf. welche Einkommensgrenzen zu beachten sind, wie hoch die Miete ist und welche Mieterhöhungsmöglichkeiten es gibt. Auch die Dauer dieser vertraglichen Bindung kann ausgehandelt werden, sie soll 15 Jahre nicht überschreiten. Kürzere Bindungen sind möglich.

Wenn der Vermieter eine Mieterhöhung fordert, muss er die gesetzlichen Vorschriften für → *Mieterhöhungen auf die ortsübliche Vergleichsmiete* beachten und außerdem die vertraglichen Beschränkungen, z. B. eine Höchstmiete, einhalten (LG Berlin WuM 2016, 422; AG Hamburg WuM 2001, 588). Nach Ansicht des LG München I (NZM 2012, 802) soll der Vermieter seine Mieterhöhung nicht mit dem Mietspiegel, sondern nur mit einem Gutachten oder der Benennung von drei Vergleichswohnungen begründen können. Macht der Vermieter von einer zulässigen Mieterhöhungsmöglichkeit keinen Gebrauch, kann er dies bei einem Mieterwechsel nachholen und dann den entsprechend höheren Mietpreis vereinbaren (LG Freiburg WuM 2003, 696). Auch die Vereinbarung einer Staffelmiete ist möglich, wenn das nicht in den Förderbedingungen ausgeschlossen ist.

Für **Neubauten ab dem 1.10.1994** kann die vereinbarte Förderung auch in Abhängigkeit vom Einkommen des Mieters erfolgen. Bei dieser einkommensorientierten Förderung erhält der Vermieter eine Grundförderung. Deren Höhe wird von den Bundesländern festgelegt, ist aber deutlich geringer als bei Sozialwohnungen. Im Gegenzug verpflichtet sich der Bauherr, Belegungsbindungen zu übernehmen und die vertraglich vereinbarten Regelungen zur Miethöhe einzuhalten. Neben der Grundförderung wird dem Vermieter eine Zusatzförderung gezahlt. Die Höhe dieser Förderung ist abhängig vom Einkommen des Mieters. Je höher dessen Einkommen, desto geringer die Förderung, desto höher die Miete. Die Einzelheiten werden hier ebenfalls von den Bundesländern festgelegt.

Die Förderung kann auch im Rahmen von **Modernisierungsmaßnahmen** erfolgen und z. B. vorsehen, dass Mieter einer frei finanzierten Wohnung nicht mehr als die Durchschnittsmiete für öffentlich geförderte Wohnungen zahlen, wenn sie einen Wohnberechtigungsschein vorlegen (BGH VIII ZR 316/10 WuM 2011, 511).

Wichtig zu wissen: Der Käufer einer geförderten oder umgewandelten Wohnung → *Umwandlung von Miet- in Eigentumswohnungen*, → *Vorkaufsrecht* darf sich gegenüber dem in der Wohnung lebenden Mieter nicht auf **Eigenbedarf** berufen, solange die Belegungs- und Mietbindung besteht.

Seit 2002/2003 erfolgt die Förderung auf der Grundlage des Wohnraumförderungsgesetzes. Die Inhalte der Förderung ergeben sich unmittelbar aus der Förderzusage. Im Rahmen der vereinbarten oder einkommensorientierten Förderung bereits errichtete Wohnungen werden aber, wie vertraglich festgelegt, weiter gefördert.

5. Soziale Wohnraumförderung

Seit 2002/2003 erfolgt die Förderung des Wohnungsbaus auf Antrag des Bauherrn nur noch durch eine Förderzusage entweder in Form eines Verwaltungsakts oder durch öffentlich-rechtlichen Vertrag. Der Fördervertrag zwischen Förderer (z. B. dem Land) und Vermieter ist ein Vertrag zugunsten Dritter. Er bindet den Vermieter auch im Verhältnis zum Mieter (LG Berlin II WuM 2024, 213). Gesetzliche Grundlage hierfür ist das Wohnraumförderungsgesetz des Bundes. Im Rahmen der Föderalismusreform ist die Zuständigkeit für die Wohnraumförderung ab September 2006 jedoch auf die Bundesländer übergegangen. Von dem Recht, eigene Fördervorschriften zu erlassen, haben alle Länder Gebrauch gemacht. Dabei unterscheiden sich die Schwerpunkte der Landesgesetze, die Förderbedingungen und Einkommensgrenzen stark.

Die Förderzusage enthält u. a. Bestimmungen über die Höhe der Förderung, die Dauer der Gewährung, die Einhaltung von Einkommensgrenzen und Wohnungsgrößen sowie über die Folgen eines Eigentümerwechsels. Außerdem ergeben sich aus der Förderzusage Art, Höhe und Dauer der Mietbindungen sowie Art und Dauer der Belegungsbindungen, auch für den Fall der vorzeitigen Rückzahlung der Fördermittel.

Belegungsrechte

In der Förderzusage wird genau festgelegt, auf **welche Wohnungen** sich das Belegungsrecht bezieht. Das können die geförderten Wohnungen sein (**unmittelbare Belegung**), aber auch andere Wohnungen, die der Bauherr in seinem Bestand hat (**mittelbare Belegung**). Schließlich ist auch eine Kombination möglich (**verbundene Belegung**).

Aus der Förderzusage ergibt sich auch, in welcher Form der Bauherr als Gegenleistung für die Fördermittel Belegungsrechte einräumen muss. Ist ein **allgemeines Belegungsrecht** vereinbart, ist der Vermieter in der Wahl seiner Mieter frei, solange diese einen Wohnberechtigungsschein vorweisen können. Besteht ein **Benennungsrecht**, werden dem Vermieter mindestens drei Wohnungssuchende benannt; an einen davon muss er vermieten. Ist die Wohnung durch ein **Besetzungsrecht** gebunden, kann dem Vermieter genau vorgeschrieben werden, an wen er sie vermieten muss.

Höchstzulässige Miete

Der Vermieter darf diese Wohnungen höchstens zu dem nach der Förderzusage maximal zulässigen Mietpreis vermieten. Daneben darf noch die Umlage von → *Betriebskosten* vereinbart werden; entweder in Form von Vorauszahlungen mit jährlicher Abrechnung oder als Betriebskostenpauschale.

Einzelheiten über die höchstzulässige Miete sowie das Bindungsende müssen im Mietvertrag angegeben werden.

Mieterhöhungen

Für → *Mieterhöhungen* gelten die allgemeinen mietrechtlichen Regelungen. Eine Mieterhöhung setzt also voraus, dass der Mieter weniger zahlt, als vergleichbarer Wohnraum üblicherweise kostet, und dass Kappungsgrenze und Jahressperrfrist eingehalten sind. Darüber hinaus darf der Vermieter die höchstzulässige Miete nicht überschreiten und muss die Bindungen aus der Förderzusage beachten (z. B. Kappungsbeträge).

Damit der Mieter dies kontrollieren kann, hat er gegenüber dem Vermieter einen Auskunftsanspruch. Dieser ist verpflichtet, ihn über alle Bestimmungen der Förderzusage zu informieren, die mit der Mietbindung zusammenhängen. Erteilt der Vermieter diese Auskunft nicht oder nur unzureichend, kann der Mieter die Auskunft von der Behörde verlangen.

Der Vermieter darf einmalige oder sonstige Leistungen nur dann fordern oder annehmen, wenn sie nach den Vorschriften des jeweiligen Bundeslandes oder nach der Förderzusage zugelassen sind.

Wichtig zu wissen: Hat der Vermieter im Mietvertrag die höchstzulässige Miete überschritten oder eine unzulässige Leistung gefordert, können diese Verstöße als Ordnungswidrigkeit mit einem Bußgeld bis zu 50 000 Euro geahndet werden!

Kündigungsschutz bei Umwandlung

Wird die Wohnung nach Abschluss des Mietvertrags in eine Eigentumswohnung umgewandelt und verkauft, gilt zusätzlich zur allgemeinen Kündigungssperrfrist bei → *Umwandlung von Miet- in Eigentumswohnungen*, dass der Käufer nicht wegen Eigenbedarfs kündigen kann, solange für die Wohnung Miet- oder Belegungsbindungen bestehen.

Sozialwohnung → *Sozialmiete/Sozialwohnung*

Staffelmiete → *Mieterhöhung bei Staffelmiete*

Stillschweigende Verlängerung des Mietverhältnisses

Zieht der Mieter nach einer Kündigung und nach Ablauf der Kündigungsfrist nicht aus und nutzt die Wohnung weiter, wird das Mietverhältnis **kraft Gesetzes zu den bisherigen Bedingungen fortgesetzt** (§ 545 BGB). Voraussetzung ist, dass der Vermieter dieser Fortsetzung nicht innerhalb von zwei Wochen **widerspricht**. Diese gesetzliche Verlängerung kann jedoch durch eine formularmäßige Vereinbarung ausgeschlossen werden (OLG Hamm WuM 1983, 48).

Beispiel für eine entsprechende Formularklausel: »Setzt der Mieter den Gebrauch der Mietsache nach Beendigung des Mietverhältnisses fort, gilt das Mietverhältnis nicht als verlängert. § 545 BGB findet keine Anwendung.«

Wie kann der Vermieter die Fortsetzung verhindern?
Der Vermieter kann eine Fortsetzung des Mietverhältnisses vermeiden, indem er dem Mieter innerhalb der Zwei-Wochen-Frist ausdrücklich mitteilt, dass er an der Kündigung festhält und einer Verlängerung des Mietverhältnisses nicht zustimmt.

Der Vermieter kann seinen Widerspruch bereits **mit der Kündigung erklären**, auch wenn das Mietverhältnis zu diesem Zeitpunkt noch nicht beendet ist und die Kündigungsfrist noch läuft (BGH VIII ZR 184/09 WuM 2010, 418).

> Ausreichend sind Formulierungen wie z. B.: »Ich gewähre Ihnen eine Räumungsfrist von einem Monat« oder »Ich fordere Sie auf, die Wohnung bis zum ... zu räumen.«

Der Vermieter kann der Verlängerung auch durch **Erhebung einer Räumungsklage** widersprechen. Entscheidend ist, dass die Klage innerhalb von zwei Wochen nach Ablauf der Kündigungsfrist bei Gericht eingereicht wird. Dass die Klage dem Mieter erst später zugestellt wird, ist unschädlich, solange der Vermieter die Verzögerung nicht zu vertreten hat (BGH VIII ZR 10/14 WuM 2014, 485).

Verlängert sich das Mietverhältnis auch nach einer Kündigung des Mieters?
Auch wenn der Mieter selbst kündigt, tritt die automatische Verlängerung ein, wenn er zwei Wochen nach dem vorgesehenen Auszugstermin noch nicht ausgezogen ist. Verzögert sich der Umzug, muss daher auch der **Mieter der Verlängerung innerhalb von zwei Wochen ausdrücklich widersprechen**, wenn er das Mietverhältnis nicht fortsetzen möchte.

Streitschlichtung

Ist eine gütliche Einigung nicht möglich, muss nicht immer gleich prozessiert werden. Möglich ist auch ein Schlichtungsverfahren, in dem eine **neutrale Person** – der Schlichter – zwischen den Streitenden vermittelt. Aufgabe des Schlichters ist es nicht, den Streit zu entscheiden; je nach Art des Schlichtungsverfahrens kann er aber konkrete Lösungen vorschlagen.

> **Wichtig zu wissen:** Grundsätzlich ist die Teilnahme an einem Schlichtungsverfahren **freiwillig**. In bestimmten Fällen ist die Durchführung eines Schlichtungs-

verfahrens aber Voraussetzung für eine Klage; s. dazu unter **6. Vorgerichtliches obligatorisches Güteverfahren.**

1. Verbraucherschlichtungsstellen

Die Verbraucherschlichtungsstellen sind nach dem Verbraucherstreitbeilegungsgesetz (VSBG) zuständig, wenn es sich um eine Streitigkeit zwischen einem **Verbraucher** und einem **Unternehmer** handelt. Wer eine Wohnung für den eigenen Wohnbedarf anmietet, ist immer Verbraucher i. S. d. VSBG. Die Eigenschaft als Unternehmer i. S. d. VSBG haben jedoch nur gewerbliche Vermieter, nicht Kleinvermieter mit nur wenigen Wohnungen.

Da es zurzeit keine spezielle mietrechtliche Verbraucherschlichtungsstelle gibt, ist für Mietstreitigkeiten die Universalschlichtungsstelle des Bundes (www.verbraucher-schlichter.de) zuständig. Anträge können dort nach Anmeldung online eingereicht werden; Voraussetzung ist lediglich, dass zuvor eine gütliche Einigung mit der Gegenseite erfolglos versucht wurde. Das Verfahren ist für Mieter in der Regel kostenfrei.

2. Schlichtungsstelle Energie

Bei Streitigkeiten mit **Strom- oder Gasversorgern** oder **Messdienstleistern** (z. B. über Vertragslaufzeiten, Boni, Kündigungen, Preiserhöhungen, fehlerhafte Rechnungen, Zählerstände, Abschlagszahlungen, Mahngebühren oder eine → *Versorgungssperre*) ist die Schlichtungsstelle Energie zuständig. Vor Anrufung der Schlichtungsstelle muss der Verbraucher versuchen, eine Klärung mit der Gegenseite zu erreichen. Dies ist formlos möglich und die Unternehmen sind verpflichtet, innerhalb von vier Wochen zu antworten (§ 111a EnWG). Wird keine Einigung erzielt oder reagiert das Unternehmen innerhalb der Frist nicht, kann der Schlichtungsantrag gestellt werden (online unter www.schlichtungsstelle-energie.de/schlichtungsantrag). Die Unternehmen sind verpflichtet, an dem Schlichtungsverfahren teilzunehmen. Das Verfahren ist für Verbraucher kostenlos. Es soll in der Regel binnen drei Monaten mit einer Empfehlung der Ombudsperson enden, die zwar nicht bindend ist, von den Unternehmen aber meist anerkannt wird.

3. Mediation

Mit einer Mediation nach dem Mediationsgesetz können die Parteien versuchen, ihren Konflikt mithilfe eines von ihnen gewählten, ausgebildeten Mediators eigenverantwortlich beizulegen. Aufgabe des Mediators ist die **neutrale Leitung des Verfahrens** und die **Förderung der Kommunikation** der Parteien; er soll den Konflikt aber nicht bewerten und schon gar nicht entscheiden, wer Recht hat. Hält er das Verfahren für aussichtslos, kann er es, genau wie die Teilnehmenden, beenden. Wird eine Einigung erzielt, wird sie in einer Abschlussvereinbarung niedergelegt. Die **Kosten** des Mediationsverfahrens werden in der Regel hälftig geteilt; die Stundensätze von Mediatoren bewegen sich im Schnitt um 100 bis 250 Euro pro Stunde.

4. Gerichtliches Güteverfahren

Neben der außergerichtlichen Mediation existiert das gerichtliche Güteverfahren (§§ 278, 278a ZPO) mit einem am Gerichtsverfahren nicht beteiligten Güterichter, der alle Methoden der Konfliktbeilegung einschließlich der Mediation einsetzen darf. Das Gerichtsverfahren ruht währenddessen. Im Erfolgsfall kann die Einigung als vollstreckbare Vereinbarung niedergelegt werden; das Gerichtsverfahren ist damit – kostengünstiger und meist auch schneller als durch Urteil – beendet. Bleibt das Verfahren erfolglos, wird das Gerichtsverfahren fortgeführt.

5. Freiwilliges Güteverfahren

Das freiwillige Güteverfahren kann vor und während eines Gerichtsverfahrens vor staatlich anerkannten Stellen zur außergerichtlichen Beilegung von Rechtsstreitigkeiten (Gütestellen) durchgeführt werden. Die Einreichung des Güteantrags bei der Gütestelle **hemmt die Verjährung**. Die Kosten sind vorhersehbar und streitwertunabhängig, weshalb sich das Güteverfahren eher bei hohen Streitwerten eignet. Ein hier geschlossener Vergleich kann schriftlich dokumentiert und wie ein Urteil für vollstreckbar erklärt werden.

6. Vorgerichtliches obligatorisches Güteverfahren

Die Bundesländer können für bestimmte nachbar- und vermögensrechtliche Streitigkeiten mit Streitwerten bis zu max. 750 Euro und für Klagen nach dem → *Allgemeinen Gleichbehandlungsgesetz (AGG)* ein obligatorisches Güteverfahren vorschreiben (§ 15a EGZPO). Derzeit gibt es solche Regelungen in Bayern, Brandenburg, Hessen, Niedersachsen, Nordrhein-Westfalen, Saarland und Schleswig-Holstein. Sie sind nicht in allen Bundesländern identisch und können daher hier nicht im Einzelnen erörtert werden. Ihr örtlicher Mieterverein weiß, was für Ihren Wohnort zu beachten ist.

Ist ein obligatorisches Güteverfahren vorgeschrieben, muss dessen Durchführung dem Gericht mit einer Erfolglosigkeitsbescheinigung der Schlichtungsstelle nachgewiesen werden; andernfalls **muss** das Gericht **die Klage als unzulässig abweisen**! Der Einigungsversuch kann nicht nachgeholt werden (BGH VI ZR 336/03 WuM 2005, 64). Hat eine Klage einen schlichtungsbedürftigen Teil und einen, für den keine Schlichtung erforderlich ist, muss für den schlichtungsbedürftigen Teil das Verfahren durchgeführt werden, sonst ist die Klage als unzulässig abzuweisen (BGH VI ZR 278/08 WuM 2009, 536). War das Güteverfahren erfolgreich, wird ein vollstreckbarer Vergleich geschlossen.

Die Zustimmung zur → *Mieterhöhung auf die ortsübliche Vergleichsmiete* wird nicht mit einer Zahlungs-, sondern einer Zustimmungsklage durchgesetzt – es ist keine Schlichtung erforderlich! Bei Beantragung eines → *Mahnbescheids* entfällt das Schlichtungsverfahren, da bei Widerspruch gegen den Mahnbescheid automatisch der Rechtsstreit anhängig ist. Das Schlichtungsverfahren ist auch nicht erforderlich, wenn die Beteiligten nicht im selben Bundesland wohnen (OLG Köln WuM 2010, 81).

Wichtig zu wissen: Anwaltskosten, die für die Vertretung im obligatorischen Güteverfahren entstehen, sind im späteren Rechtsstreit nicht erstattungsfähig (BGH V ZB 22/20 WuM 2021, 635).

7. Mietvertragliche Schiedsklauseln

Für die Wohnraummiete **verbietet** § 1030 Abs. 2 ZPO zum Schutz des Mieters Schiedsvereinbarungen, soweit es um den **Bestand des Mietverhältnisses** geht. Für andere Streitigkeiten im Wohnraummietverhältnis kann ein Schiedsverfahren aber vertraglich vereinbart werden. Die Schiedsvereinbarung muss in einer eigenhändig unterzeichneten Urkunde **getrennt vom sonstigen Mietvertrag** enthalten sein; sonst ist sie unwirksam! Lässt sich der Mieter allerdings trotz der Unwirksamkeit auf das Verfahren ein, wird dieser Mangel »geheilt«. Wird eine vertraglich wirksam vorgesehene Schlichtung nicht durchgeführt, kann dies zur Unzulässigkeit einer Klage führen.

8. Schiedsamt, Schiedsverfahren

Das Schiedsamt wird durch ehrenamtliche Schiedspersonen ausgeübt. Wird die Schlichtungsverhandlung dort – unter Angabe der Parteien und des Sachverhalts – beantragt, werden die Parteien geladen und die Sache nicht öffentlich verhandelt. Es soll eine gütliche Einigung (Vergleich) erreicht werden, mit der der Streit beendet wird. Der Vergleich ist ein vollstreckbarer Titel. Eine verbindliche Entscheidung kann von den in der Regel nicht juristisch ausgebildeten Schiedspersonen nicht getroffen werden.

Das Schiedsverfahren ist mit in der Regel rund 50 Euro wesentlich kostengünstiger als ein Prozess. Nähere Informationen – auch zu den voraussichtlichen Kosten im konkreten Fall – erhalten Sie bei dem zuständigen Schiedsamt bzw. der zuständigen Schiedsstelle oder unter www.schiedsamt.de.

Streitwert → *Gerichte → Prozesskosten → Prozesskostenhilfe*

Hinweis: Die nachfolgenden Informationen betreffen ausschließlich Prozesse im **Zivilrecht**, wozu das Mietrecht gehört. Für die Verwaltungs-, Arbeits-, Finanz- und Sozialgerichtsbarkeit gelten eigene Regelungen.

Der Streitwert einer Angelegenheit ist für die **Zuständigkeit** des Gerichts, die **Zulässigkeit von Rechtsmitteln** und für die **Höhe der Gebühren** entscheidend. Allerdings gelten für die Ermittlung dieser Streitwerte teilweise unterschiedliche Regeln. Außerdem gilt im **Mietrecht** eine **Sonderregelung** für die Zuständigkeit in erster Instanz (s. unter Zuständigkeitsstreitwert).

1. Zuständigkeitsstreitwert

Der Zuständigkeitsstreitwert entscheidet in den meisten Fällen darüber, welches Gericht als sog. Eingangsgericht, also als erste Instanz für die Streitsache zuständig ist. Seit dem 1.1.2026 beträgt der Zuständigkeitsstreitwert, bis zu dem die **Amtsgerichte** erstinstanzlich zuständig sind, **10 000 Euro** (§ 23 Nr. 1 GVG). Beträgt der Streitwert 10 000,01 Euro oder mehr, ist das **Landgericht** die Eingangsinstanz. Die **Ermittlung** des Werts richtet sich nach den §§ 2 – 9 ZPO.

Achtung: Speziell für **Wohnraummietsachen** gilt eine **abweichende Regelung**. Für Streitigkeiten über Ansprüche aus einem Mietverhältnis über Wohnraum oder über den Bestand eines solchen Mietverhältnisses ist **unabhängig vom Streitwert** das **Amtsgericht**, in dessen örtlichem Zuständigkeitsbereich die **Mietsache** sich befindet, zuständig (§ 23 Nr. 2 a GVG und § 29a ZPO). Dies gilt auch, wenn das Mietverhältnis bereits beendet ist oder die Erstattung zu viel gezahlter Miete gefordert wird (BGH VIII ARZ 6/83 WuM 1984, 119).

Für **Geschäftsraummietsachen** und andere Mietverhältnisse (z. B. über einen separat angemieteten Stellplatz) gilt die Regelung nach Zuständigkeitsstreitwert uneingeschränkt. Geht es in dem Prozess um eine Geldforderung, so wird der Streitwert i. d. R. der Höhe der sog. **Hauptforderung** (d. h. ohne Zinsen, Anwalts- oder Gerichtskosten) entsprechen. Ist das **Bestehen oder die Dauer eines Pacht- oder Mietverhältnisses** streitig, ist der Betrag der auf die gesamte streitige Zeit entfallenden Pacht oder Miete entscheidend; allerdings begrenzt auf maximal das 25-Fache des Entgelts für ein Jahr. Bei Räumungsklagen bemisst sich der Wert nach den §§ 8 und 9 ZPO. Die Ermittlung im Einzelfall ist komplex und sollte einem Rechtsberater oder Anwalt überlassen werden. Bei anderen Sachen (z. B. Unterlassung einer Störung) muss der Wert geschätzt werden. Wegen der meist höheren Gewerberaummieten wird der Zuständigkeitsstreitwert häufig so hoch sein, dass das Landgericht die Eingangsinstanz ist – hier gilt **Anwaltszwang**!

2. Rechtsmittelstreitwert

Ob gegen ein **erstinstanzliches Urteil des Amts- oder Landgerichts** die **Berufung** zulässig ist, entscheidet in erster Linie der Rechtsmittelstreitwert. Liegt der sog. **Wert der Beschwer** durch das erstinstanzliche Urteil über 1000 Euro (1000,01 Euro genügen!), ist die Berufung immer zulässig. Liegt der Wert darunter, kann das Gericht die Berufung aber wegen **grundsätzlicher Bedeutung**, zur **Fortbildung des Rechts** oder zur **Sicherung einer einheitlichen Rechtsprechung** zulassen (§ 511 ZPO).

Bei der Ermittlung des **Werts der Beschwer** kommt es vor allem auf die Differenz zwischen dem Antrag im Prozess und dem Urteil an. **Achtung:** Der Rechtsmittelstreitwert entspricht deshalb nicht unbedingt dem (Zuständigkeits-)Streitwert in der Vorinstanz!

Beispiele:

- Der Kläger hat vom Beklagten 8000 Euro verlangt, das Amtsgericht hat ihm 5000 Euro zugesprochen und die Klage im Übrigen abgewiesen. Beschwer des Klägers ist die Differenz, also die 3000 Euro, die er nicht zugesprochen bekommen hat. Die Beschwer des Beklagten, der Klageabweisung beantragt hat, beträgt 5000 Euro. Beide Parteien können Berufung einlegen.
- Der Kläger hat vom Beklagten 1100 Euro verlangt, das Amtsgericht hat ihm 550 Euro zugesprochen und die Klage im Übrigen abgewiesen. Nun sind beide Parteien mit je 550 Euro beschwert, der Kläger, weil er 550 von 1100 Euro nicht bekommt, der Beklagte, weil er 550 Euro zahlen muss. Da aber der Wert der Beschwer bei keiner Partei die Berufungssumme von 1000 Euro erreicht, gibt es kein Rechtsmittel.

Es kommt aber nicht ausschließlich auf die Differenz zwischen Antrag und Urteil in der ersten Instanz an. Denn im Rahmen des Rechtsmittels kann der Klageantrag auch noch geändert werden.

Beispiel: Der Kläger hat ursprünglich 5000 Euro verlangt, das Amtsgericht hat ihm 2500 Euro zugesprochen. Demnach liegt der Wert der Beschwer bei 2500 Euro, die Berufung ist also zulässig und wird von ihm eingelegt. Nun scheint ihm der Anspruch auf den noch offenen Betrag aber i. H. v. 2000 Euro zu unsicher, weswegen er lieber nur noch die von ihm für sicher gehaltenen 500 Euro einklagen und die Berufung i. H. v. 2000 Euro zurücknehmen möchte. Mit dem verbleibenden Wert von nur 500 Euro wird die Berufung nachträglich unzulässig!

Ob gegen ein Berufungsurteil als weiteres Rechtsmittel die **Revision zum Bundesgerichtshof** möglich ist, hängt **nicht vom Streitwert** ab, sondern davon, ob sie – entweder vom Berufungsgericht oder auf eine sog. **Nichtzulassungsbeschwerde** hin vom BGH – **zugelassen** wurde. Im Rahmen der Nichtzulassungsbeschwerde kommt es dann aber doch wieder auf den Wert an, denn diese ist i. d. R. nur zulässig, wenn der Wert der geltend gemachten Beschwer über 25 000 Euro liegt (§ 544 ZPO). Hat die Rechtssache **grundsätzliche Bedeutung** oder ist zur **Fortbildung des Rechts** oder zur **Sicherung einer einheitlichen Rechtsprechung** eine Entscheidung des Revisionsgerichts erforderlich, muss der BGH die Revision zulassen.

3. Gebührenstreitwert

Am Ende eines Gerichtsprozesses wird nicht nur über die Hauptsache, also die eigentliche Klageforderung, sondern auch über die **Kosten** des Prozesses entschieden. Die Kosten muss im Grundsatz diejenige Partei tragen, die den Prozess verloren hat. Ihre Höhe hängt vom sog. Gebührenstreitwert ab – je höher dieser Streitwert, umso höher die → *Prozesskosten*. Zu den Prozesskosten gehören

- die **Anwaltskosten beider Parteien** und
- die **Gerichtskosten** einschließlich der **Auslagen**. Auslagen sind die Kosten, die z. B. für Zustellungen, vom Gericht in Auftrag gegebene Sachverständigengutachten (das können leicht vierstellige Beträge werden) oder Zeugenvernehmungen anfallen. Für die Auslagen ist der Streitwert allerdings nicht von Belang, da es sich um feste Beträge handelt, die »durchgereicht« werden. Diese Kosten kommen aber am Ende auf die berechneten Gebühren »oben drauf«.

Für einen Prozess in **erster Instanz** fallen in der Regel 3,0 sog. **Gerichtsgebühren** und, wenn Anwälte beauftragt werden, je Partei 2,5 sog. **Anwaltsgebühren** an, die sich zusammensetzen aus einer 1,3-fachen Verfahrens- und einer 1,2-fachen Terminsgebühr. Hinzu kommen noch die Auslagen des Anwalts (z. B. Kopier- und Fahrtkosten; mindestens aber eine Auslagenpauschale von zurzeit 20 Euro für Post- und Telekommunikationsentgelte je Anwalt). In der **Berufungsinstanz** erhöhen sich die **Anwaltskosten** im Schnitt um 12 %, weil statt der 1,3-fachen eine 1,6-fache Verfahrensgebühr anfällt. Ergeht ein Urteil **mit Begründung**, fallen **vier statt drei Gerichtsgebühren** an.

Streitwert und Gerichtsgebühren
Für die Berechnung der Höhe einer **Gerichtsgebühr** ist das **Gerichtskostengesetz** (GKG) maßgeblich. § 48 GKG bestimmt, dass **grundsätzlich** der **Streitwert** für die Zuständigkeit (s. o.) auch für die Kosten maßgeblich sein soll. Dies ist vor allem dann der Fall, wenn ein **bestimmter Geldbetrag** eingeklagt wird. Der Grundsatz gilt aber nur, »soweit nichts anderes bestimmt ist« – und das ist im Mietrecht nicht so selten. Insbesondere § 41 GKG und §§ 8, 9 ZPO enthalten Sonderregelungen für dic Wertberechnung.

Einzelfälle zur Berechnung des Gebührenstreitwerts:
- Streit über **Bestehen oder Dauer eines Mietverhältnisses**: Miete im streitigen Zeitraum, aber maximal für ein Jahr;
- **Betriebskostenabrechnung**: erstellt der Vermieter diese nicht freiwillig und muss verklagt werden, entspricht der Wert dem zu erwartenden Erstattungsbetrag (BGH VIII ZR 98/16 WuM 2017, 220);
- **Herabsetzung** einer überhöhten Miete auf den **höchstzulässigen Betrag:** Herabsetzungsbetrag mal 42 Monate (§ 48 Abs. 1 GKG, § 9 ZPO – BGH VIII ZR 278/23 WuM 2025, 109);
- **Instandhaltung/Instandsetzung**: möglicher Minderungsbetrag für den Mangel für ein Jahr (§ 41 Abs. 5 Satz 1 Alt. 3 GKG; BGH VIII ZR 383/18 WuM 2020, 300); gilt auch bei **Instandhaltungs-Duldungsklage** nach § 555a Abs. 1 BGB;
- **Kündigungswiderspruchsklage (Sozialklausel)**: Mietzins für die Dauer der Verlängerung, maximal 12 Nettokaltmieten (§ 41 Abs. 1 Satz 1 GKG);
- **Mängelbeseitigung:** bei Wohnraummiete Minderungsbetrag für den Mangel für ein Jahr;
- **Mieterhöhung bei Gewerberaummiete**: Erhöhungsbetrag (soweit streitig) für 42 Monate (§ 9 ZPO);
- **Mieterhöhung bei Wohnraummiete**: geforderter Erhöhungsbetrag (soweit streitig), aber maximal für ein Jahr (§ 41 Abs. 5 Satz 1 GKG);
- **Mietminderung**: (streitiger) Minderungsbetrag mal 12 Monate (§ 41 Abs. 5 Satz 1 Alt. 2 GKG);
- **Modernisierung**: Duldungsklage nach § 555d Abs. 1 BGB – Höhe des voraussichtlich möglichen Modernisierungszuschlags für ein Jahr (§ 41 Abs. 5 Satz 1 GKG);
- **Räumungsklage** nach Kündigung: 12 Nettokaltmieten (§ 41 Abs. 2 Satz 1 GKG); bei vereinbarter Nebenkostenpauschale ist diese zu berücksichtigen (§ 41 Abs. 2 i. V. m. Abs. 1 Satz 2 GKG);

- **Selbstständiges Beweisverfahren zur Feststellung von Mängeln:** möglicher Minderungsbetrag für den Mangel für ein Jahr (§ 41 Abs. 5 Satz 1 GKG);
- **Unterlassungsklagen:** freies Ermessen des Gerichts (§ 3 ZPO);
- **Untermiete:** bei Klage auf Erteilung der Genehmigung beabsichtigter Untermietzins für 42 Monate; bei kürzerer Dauer als 42 Monate reduziert sich der Wert entsprechend (§ 9 ZPO).

Auf der Grundlage des so ermittelten Gebührenstreitwerts können dann die → *Prozesskosten* zumindest grob kalkuliert werden.

Stromzähler

Smart Meter

Zur Messung des Strom- und Gasverbrauchs sollen schrittweise »intelligente« Zähler, sog. Smart Meter eingeführt werden. Bereits seit 2010 müssen sie grundsätzlich in Gebäuden eingebaut werden, die neu an das Versorgungsnetz angeschlossen oder einer größeren Renovierung unterzogen werden.

Mithilfe eines intelligenten Zählers kann sich der Kunde zeitnah über seinen Verbrauch informieren. Ein solches Gerät zeigt an, wie viel Strom in einem beliebigen Zeitintervall verbraucht wird. Ablesen lässt sich der Verbrauch für eine Stunde, einen Tag, eine Woche oder einen Monat. Einige Geräte sind mit einer Software ausgestattet und über Funk, die Telefonleitung oder das Stromnetz ans Internet angeschlossen. Ein intelligenter Zähler kann helfen, Energieverschwender ausfindig zu machen. Häufige »Stromfresser« sind z. B. alte Kühl- und Gefrierschränke oder Geräte, die im Standby-Modus geschaltet sind. Die Verbraucher sollen animiert werden, ineffiziente Geräte auszutauschen und nicht benötigte abzuschalten.

Einbau von Smart Metern

Seit 2025 ist der Einbau von Smart Metern verpflichtend für Haushalte mit einem hohen Stromverbrauch von über 6000 Kilowattstunden im Jahr oder mit einer Photovoltaikanlage mit mehr als sieben Kilowatt installierter Leistung. Bis zum Jahr 2030 sollen diese Stromkunden mit diesen Geräten ausgestattet werden. Auch Haushalte, die weniger Strom verbrauchen, haben das Recht auf Einbau eines intelligenten Stromzählers. Die jährlichen Kosten für den Betrieb dieser Stromzähler sind für Haushaltskunden gesetzlich auf 20 Euro gedeckelt.

Jeder Mieter kann sich einen Smart Meter auf eigene Kosten einbauen lassen. Verantwortlich ist der zuständige Messstellenbetreiber, i. d. R. der örtliche Netzbetreiber oder die Stadtwerke. Der Messstellenbetreiber muss dem innerhalb von vier Monaten nachkommen. Beim Auszug kann der Mieter den Zähler ausbauen lassen und in der neuen Wohnung weiterhin nutzen. Obwohl das entsprechende Gesetz mehrfach angepasst wurde, verläuft der sog. Roll-out von Smart Metern aber nach wie vor schleppend.

Monatliche Rechnung

Außerdem hat der Verbraucher Anspruch auf eine monatliche, vierteljährliche, halbjährliche oder jährliche Abrechnung durch den Lieferanten. Sofern der Kunde es wünscht, muss der Strom- oder Gasversorger jeden Monat eine Abrechnung erstellen.

Tageszeitabhängige Tarife

Darüber hinaus müssen die Versorger seit 2025 lastvariable oder tageszeitabhängige Tarife anbieten. Die intelligente Zählertechnologie ermöglicht künftig neue Tarifstrukturen. Zurzeit gibt es zwar bereits sog. Schwachlasttarife für die Nachtzeit. Es ist jedoch eine wesentlich flexiblere Gestaltung vorgesehen. Variable Tarife sollen einen Anreiz zum Energiesparen geben und für eine gleichmäßigere Auslastung des Stromnetzes im Tagesverlauf sorgen. Tageszeitspezifische Preise, die sich an der Netzlast orientieren, sollen den Kunden dazu anhalten, energieintensive Geräte dann zu betreiben, wenn die Tarife günstig sind. Kaum jemand wird deshalb nachts staubsaugen, aber einige Geräte wie die Waschmaschine lassen sich sinnvoll so programmieren, dass sie während einer günstigen Tageszeit laufen. Energie wird durch die neuen Zähler zwar nicht billiger, es wird aber reizvoller, sie einzusparen.

Datenschutz

Ein ganz anderer Aspekt von intelligenten Zählern ist der → *Datenschutz*. Es werden sensible Daten über das Verbrauchsverhalten und die Geräteausstattung gesammelt. Die ermittelten Werte lassen Rückschlüsse zu auf die Bedürfnisse der Bewohner und den Zeitpunkt, wann die Wohnung betreten oder verlassen wird. Es muss dafür Sorge getragen werden, dass die datenschutzrechtlichen Bestimmungen eingehalten werden und mit den Daten kein Missbrauch betrieben wird. Die Daten zum Stromverbrauch dürfen nur zu dem vorgesehenen Zweck, d. h. zur Abrechnung der Stromkosten, genutzt werden. Eine anderweitige Verwendung ist nur mit ausdrücklicher Zustimmung des Mieters zulässig.

Zugang zum Stromzähler

Häufig gibt es Streit, wenn der Mieter den Stromzähler für seine Wohnung nicht selbst ablesen kann, etwa weil das Gerät sich in einem verschlossenen Kellerraum befindet. Der Vermieter muss dem Mieter den Zugang ermöglichen (LG Berlin GE 2009, 979). Der Mieter hat Anspruch darauf, den Stromzähler mindestens ein Mal im Monat abzulesen (AG Köln WuM 2013, 351).

Studierenden- und Jugendwohnheime

Für Studierenden- und Jugendwohnheime gelten Mieterrechte nur eingeschränkt. Daher ist die Abgrenzung von »normalen« Wohnungen wichtig. Ein Studierendenheim mit eingeschränkten Mieterrechten liegt vor, wenn das Gebäude zum studentischen Wohnen bestimmt und geeignet ist und der Vermieter ein konkretes **Belegungskonzept** praktiziert, das auf studentische Belange ausgerichtet ist. Die Mietdauer muss zeitlich begrenzt sein, damit im Wege der Rotation möglichst viele Studierende von diesem Wohnraum profitieren (BGH VIII ZR 92/11 WuM 2012, 447).

Kündigung

Den Bewohnern solcher Heime kann grundsätzlich jederzeit gekündigt werden; die Regelungen zum sozialen → *Kündigungsschutz* gelten hier nicht. Nur wenn ein → *Zeitmietvertrag* abgeschlossen wird, kann vor Ablauf der vereinbarten Laufzeit nicht gekündigt und z. B. auch keine Mieterhöhung erklärt werden. Die Bewohner können zudem eine willkürfreie Gleichbehandlung, z. B. bei Kündigungen, verlangen; dies gilt nach einer Entscheidung des LG Gießen (WuM 2009, 172), wenn das Studierendenwerk als Anstalt öffentlichen Rechts Träger des Wohnheims ist, dürfte aber nach dem → *Allgemeinen Gleichbehandlungsgesetz* (AGG, dort § 19) auch bei privaten Trägern gelten, außer wenn »sozial stabile Bewohnerstrukturen« oder die Schaffung und Erhaltung »ausgeglichener wirtschaftlicher, sozialer und kultureller Verhältnisse« mit der Ungleichbehandlung bezweckt sind.

In Studierenden- und Jugendwohnheimen muss für eine Kündigung kein »berechtigtes Interesse« nachgewiesen werden. Allerdings besteht die Möglichkeit, dass der Student oder der Auszubildende sich auf die → *Sozialklausel* beruft und die Verlängerung des Mietverhältnisses verlangt. Dies wird i. d. R. dann zum Erfolg führen, wenn Studierende innerhalb der Examenszeit oder Auszubildende in der Zeit der Abschlussprüfung das Heim verlassen sollen (LG Aachen WuM 1986, 252). Auch Kündigungen, die allein den Zweck der → *Mieterhöhung* haben, sind hier zulässig.

Ein formularmäßig vereinbarter beidseitiger → *Kündigungsausschluss* kann selbst bei einer Dauer von nur zwei Jahren unwirksam sein, weil er nicht das höhere Mobilitätsinteresse von Studierenden und Auszubildenden berücksichtigt (BGH VIII ZR 307/08 WuM 2009, 587; LG Kiel WuM 2011, 427).

Mieterhöhung

Die Vorschriften über die → *Mieterhöhung* gelten bei Studierenden- und Jugendwohnheimen ebenfalls nicht. Bei diesen Wohnheimen kann eine beliebige Miete vom Vermieter verlangt werden; die Grenze bildet der Wucher, § 138 BGB. Zu der Frage, wann bei solchen Heimen Wucher gegeben ist, ist keine Rechtsprechung ersichtlich; nach allgemeinen Regeln kann von Wucher spätestens dann ausgegangen werden, wenn der Wohnraum doppelt so teuer ist als angemessen bzw. vergleichbarer Wohnraum.

Kaution

Verlangt der Vermieter eine → *Kaution*, muss er diese wie bei sonstigen Mietverhältnissen auch von seinem übrigen Vermögen getrennt anlegen. Die Pflicht zur Verzinsung besteht hingegen nicht.

Eine Klausel, nach der der Anspruch auf Rückzahlung der Kaution sechs Monate nach Vertragsende erlischt, ist unwirksam (LG Leipzig WuM 2017, 518).

T

Tagespflege → *Berufsausübung in der Wohnung*

Teilkündigung

Grundsätzlich kann ein Mietverhältnis nur **insgesamt** beendet werden. Der Vermieter ist daher nicht berechtigt, einzelne Räume oder Flächen, die zusammen mit der Wohnung vermietet wurden, separat zu kündigen. Teilkündigungen sind **grundsätzlich unzulässig** (OLG Karlsruhe WuM 1997, 202).

> **Beispiel:** Der Vermieter kann nicht einzelne Zimmer einer großen Wohnung wegen Eigenbedarfs kündigen (BVerfG 1 BvR 25/93 WuM 1994, 127).

Auch wenn **Wohnung und →** ***Garagen/Stellplätze*** **zusammen** vermietet sind, kann die Garage nicht einzeln gekündigt werden und zwar selbst dann nicht, wenn der Mietvertrag ein gesondertes Kündigungsrecht vorsieht (BGH VIII ZR 251/10 WuM 2012, 14; AG Schwelm WuM 2017, 188).

Ausnahmefall: Schaffung neuen Wohnraums zum Zwecke der Vermietung
Der Vermieter darf **nicht zu Wohnzwecken bestimmte Nebenräume** – etwa Keller-, Speicher-, Abstellräume oder Waschküchen – sowie **Teile des Grundstücks** wie Vorgärten oder Stellplätze **ausnahmsweise gesondert kündigen**, wenn er diese Flächen nutzen will, um **neuen Wohnraum zum Zwecke der Vermietung zu schaffen** (§ 573b BGB).

> **Beispiel:** Wird das Dachgeschoss zu Wohnraum ausgebaut, kann der Vermieter den Mietvertrag bezüglich des Trockenbodens separat kündigen.

Die neu entstehenden Wohnungen müssen **zur Vermietung** vorgesehen sein. Es genügt nicht, wenn der Vermieter die Räume **selbst nutzen** oder dort Eigentumswohnungen errichten möchte (LG Stuttgart WuM 1992, 24 – bestätigt durch BVerfG WuM 1992, 47). Teilweise wird zwar vertreten, dass ein Eigeneinzug zulässig sein kann, weil dadurch die Wohnung des Vermieters zur Vermietung frei wird (LG Marburg ZMR 1992, 304 – bestätigt durch BVerfG WuM 1992, 228). Wenn der Vermieter aber seine bisherige Wohnung verkaufen und die neu entstehende Wohnung selbst nutzen will, reicht dies nicht aus (LG Duisburg NJW-RR 1996, 118).

Der Vermieter muss in der Teilkündigung **konkret und nachvollziehbar** darlegen, welches Bauvorhaben geplant ist, und dass dieses auch **baurechtlich zulässig** ist. Spätestens bis zum Ablauf der Kündigungsfrist muss die rechtliche Zulässigkeit des Bauvorhabens nachgewiesen werden. Andernfalls ist die Teilkündigung unwirksam (AG Hamburg WuM 1998, 348).

Die **Ausnahme gilt nicht** und eine Teilkündigung ist damit nicht zulässig
- wenn der Vermieter die Räume oder Dachflächen weiterverkaufen will und erst der Erwerber dort Wohnraum für sich schaffen will (LG Berlin NZM 1998, 328; AG Hamburg WuM 2004, 234);
- wenn der Vermieter einen einheitlichen Mietvertrag über Wohnung und Garage abgeschlossen hat und die Garage später verkauft (LG Köln WuM 2004, 614);
- bei einem → *Zeitmietvertrag* während der Befristung.

Die **Kündigungsfrist** bei einer zulässigen Teilkündigung beträgt grundsätzlich **drei Monate**, unabhängig von der Dauer des Mietverhältnisses. Eine Verlängerung der Frist nach Wohndauer ist nicht vorgesehen.

Muss der Mieter Nebenräume oder Grundstücksteile räumen, hat er Anspruch auf eine **angemessene Herabsetzung der Miete**. Diese tritt jedoch nicht automatisch ein, sondern der Mieter muss sie **ausdrücklich vom Vermieter verlangen**. Die Höhe der Herabsetzung richtet sich nach dem bisherigen Nutzwert des Raums (AG Walsrode WuM 1992, 616).

Beispiele:
- Teilkündigung eines **Bodenraums**: Mietreduzierung um 5 % (AG Walsrode WuM 1992, 616);
- Teilkündigung eines **Kellers**: Mietreduzierung um 10 % (AG Köln WuM 1981, U19);
- Teilkündigung eines **Trockenraums**: Mietreduzierung um 2 % (LG Saarbrücken WuM 1996, 468);
- Teilkündigung von **Wasch- und Trockenraum und Garten**: Mietreduzierung um 20 % (LG Köln WuM 1993, 670).

Teilungsversteigerung

Gehört ein Haus oder eine Eigentumswohnung mehreren Personen und gelingt es ihnen nicht, sich über die Verwaltung oder die Verwertung der Immobilie zu einigen, kann jeder Miteigentümer eine Teilungsversteigerung beantragen. Dabei spielt es keine Rolle, wie groß sein Anteil am Eigentum ist.

Im Unterschied zur → *Zwangsversteigerung* wird die Teilungsversteigerung nicht wegen Zahlungsunfähigkeit eingeleitet. Anlass ist vielmehr ein **Konflikt innerhalb der Eigentümergemeinschaft.** Häufige Ursachen sind Streitigkeiten im Zusammenhang mit **Erbschaften** oder **Scheidungen.**

Die Teilungsversteigerung kann durch Testament oder durch einen zivilrechtlichen Vertrag zwischen den Miteigentümern **ausgeschlossen** werden. Ist eine Testamentsvollstreckung angeordnet, kann nur der Testamentsvollstrecker eine Teilungsversteigerung beantragen.

Die Teilungsversteigerung wird auf Antrag eines einzelnen Miteigentümers beim zuständigen Amtsgericht (Vollstreckungsgericht) eingeleitet. Das ist meist das Amtsgericht, in dessen Bezirk das Grundstück oder die Immobilie liegt; manchmal aber auch ein anderes Amtsgericht, das für mehrere Bezirke zuständig ist. Der **Antrag setzt keinen besonderen Grund voraus.** Allein das Bestehen einer Eigentümergemeinschaft reicht aus. Zahlungsrückstände oder eine Überschuldung der Immobilie sind nicht erforderlich.

Der **Erwerber** der Immobilie **tritt kraft Gesetzes als neuer Vermieter in den bestehenden Mietvertrag ein.** Für Mieter ist besonders wichtig, dass der Erwerber – anders als bei der → *Zwangsversteigerung* – gem. § 183 ZVG **kein Sonderkündigungsrecht** hat. Er kann das Mietverhältnis nur kündigen, wenn er einen **gesetzlichen Kündigungsgrund** hat (→ *Fristlose Kündigung des Vermieters* → *Kündigung des Vermieters*). Der Mieter behält also seinen mietrechtlichen Kündigungsschutz.

Teppichboden → *Ersatzansprüche des Vermieters*

T

Abhängig davon, ob eine Wohnung beim Einzug bereits mit einem Teppichboden versehen ist oder nicht, ergeben sich unterschiedliche Rechtsfragen.

Mitvermieteter Teppichboden

Hat der **Vermieter** die Wohnung mit einem Teppichboden ausgestattet, ist dieser Bodenbelag eine mitvermietete Einrichtung, auch wenn der Mietvertrag dies nicht ausdrücklich erwähnt. Das gilt grundsätzlich auch dann, wenn nicht der Vermieter, sondern der Vormieter den Teppich verlegt hat (LG Berlin GE 1989, 999; AG Neukölln MM 1986, 249). Eine andere Beurteilung ist nur gerechtfertigt, wenn die Mietvertragsparteien eine abweichende Regelung getroffen haben oder der Mieter die Fußbodenbeläge aufgrund einer Vereinbarung mit dem Vormieter von diesem übernommen hat (vgl. unten – am Ende dieses Stichworts).

Reinigung: Der Mieter muss einen mitvermieteten Teppichboden pfleglich behandeln. Dazu gehört es, dass er ihn von Zeit zu Zeit angemessen reinigt. Die Grundreinigung beim Auszug ist hingegen Sache des Vermieters (AG Braunschweig WuM 1986, 310). Eine Formularklausel im Mietvertrag kann dem Mieter diese Arbeiten jedoch auferlegen. Eine derartige Klausel ist unwirksam, soweit sie dem Mieter die Reinigung durch einen Fachbetrieb vorschreibt (OLG Stuttgart RE WuM 1993, 528). Es reicht also aus, wenn der Mieter diese Arbeiten selbst fachgerecht ausführt. Die Teppichbodenreinigung gehört nicht zu den → *Schönheitsreparaturen* (LG Stuttgart NJW-RR 1989, 1170; a. A. AG Cham ZMR 2011, 642). Der Mietvertrag muss also eine eigenständige Regelung hierzu festlegen. Anders verhält es sich bei einem gewerblichen Mietverhältnis. Hier ist die Grundreinigung Teil der Schönheitsreparaturen (BGH XII ZR 15/07 WuM 2009, 225).

Abnutzung und Erneuerung: Eine normale, durch vertragsgemäßen Gebrauch hervorgerufene Abnutzung des Fußbodenbelags ist durch die Zahlung der Miete abgegolten. Eine notwendige Erneuerung muss der Vermieter auf eigene Kosten vornehmen, einschließlich der Kosten für das Aus- und Einräumen der Wohnung (AG Erfurt WuM 2009, 342). Eine Formularklausel, die den Mieter zur Zahlung einer pauschalen Abnutzungsgebühr verpflichtet, ist unwirksam (LG Frankenthal WuM 1986, 112; AG Hamburg WuM 1986, 310).

Für einen Teppichboden mittlerer Qualität setzen die Gerichte als **Lebensdauer** einen Zeitraum von zehn Jahren an (LG Duisburg WuM 1989, 10; LG Köln WuM 1983, 126; AG Hannover WuM 2008, 721). Bei einem Teppichboden einfacher Qualität beläuft sich die übliche Nutzungsdauer auf acht bis zehn Jahre (AG Wiesbaden, Urt. v. 7.2.2019 – 93 C 2206/18; AG Köln WuM 2000, 435; AG Erfurt WuM 2009, 342).

Ist der Teppich verschlissen, ist darin ein **Mietmangel** zu sehen → *Mängel der Wohnung*. Der Mieter hat Anspruch auf Austausch des Bodenbelags. Daneben kommt auch eine **Mietminderung** in Betracht. Wie hoch diese ausfällt, hängt von dem Ausmaß des Mangels ab und wie viele Räume betroffen sind. Die Gerichte haben Minderungsquoten bis zu 15 % anerkannt (OLG Celle WuM 1995, 584).

Wenn ein Teppich Wellen schlägt und deswegen eine Stolpergefahr besteht, ist eine Mietminderung von 5 % berechtigt (LG Darmstadt ZMR 2014, 208).

Bei der Auswahl des neuen Teppichbodens hat der Vermieter auf die Interessen des Mieters, vor allem bei der Farbwahl, Rücksicht zu nehmen (LG Berlin GE 2013, 1519). Der Mieter hat Anspruch darauf, dass ein Teppichboden mit vergleichbarer Qualität verlegt wird. Er muss es auch nicht akzeptieren, wenn ein Teppich durch Laminat ersetzt wird, denn dadurch würde das »Wohngefühl« erheblich verändert (LG Stuttgart WuM 2015, 477).

Übernimmt der Mieter beim Einzug einen alten und verschlissenen Teppichboden, ist dieser Zustand stillschweigend vereinbart. Der Mieter kann später nicht die Verlegung eines neuen Bodenbelags verlangen (LG Köln WuM 2005, 240; AG Wetzlar ZMR 2009, 543). Wer die Wohnung nicht mit einem unansehnlichen Teppich anmieten möchte, muss den Vermieter vor Mietbeginn darauf ansprechen. Stimmt er zu, sollte ein entsprechender Vermerk in den Mietvertrag aufgenommen und damit die Verlegung eines neuen Teppichs schriftlich vereinbart werden.

Beschädigter Teppichboden: Für eine Abnutzung, die über das normale Maß hinausgeht, kann der Vermieter eine Entschädigung verlangen → *Ersatzansprüche des Vermieters*. Der Mieter haftet, wenn er den Teppich übermäßig strapaziert oder aus Unachtsamkeit beschädigt hat. Dazu gehören Brandlöcher, etwa durch Zigaretten, größere, nicht zu beseitigende Flecken (z. B. verschütteter Rotwein) oder erhebliche Verschmutzungen durch den Hund des Mieters (OLG Bamberg NZM 2002, 917; LG Dortmund NJWE-MietR 1997, 100; AG Böblingen WuM 1998, 33). Der Mieter muss auch für Schäden am Teppich einstehen, die ein von ihm beauftragter Handwerker verursacht hat (AG Ibbenbüren WuM 1977, 115). Ein kleiner Riss im Teppichboden (3 cm) erfordert aber nicht die komplette Erneuerung (LG Köln WuM 1988, 302).

Bei der Berechnung des Schadens ist ein **Abzug »neu für alt«** vorzunehmen (LG Münster WuM 1989, 508). Dadurch wird berücksichtigt, dass im Laufe der Zeit ein Wertverlust eintritt. Der Vermieter muss Angaben zum Alter, zum Wert und zur normalen Lebensdauer machen (LG Köln WuM 1988, 302). Bei einer durchschnittlichen Nutzungsdauer von zehn Jahren ergibt sich z. B. ein Abzug von 20 % für einen zwei Jahre alten Teppich (LG Dortmund NJWE-MietR 1997, 100). Hat der Teppich oder ein anderer Bodenbelag ein hohes Alter erreicht, kann der Vermieter keine Ansprüche mehr stellen. Für einen 20 Jahre alten PVC-Belag ist deshalb auch bei übermäßiger Abnutzung kein Schadensersatz mehr zu leisten (AG Kassel WuM 1996, 757).

Handelt es sich hingegen um Verunreinigungen, Verfärbungen oder kleinere Beschädigungen, die im Laufe einer Mietzeit mehr oder weniger zwangsläufig entstehen, sind sie als übliche Gebrauchsspuren anzusehen. Dafür kann der Vermieter keinen Schadensersatz beanspruchen. Bleiben nach dem Auszug Abdrücke von Möbeln und einige kleinere Flecken zurück, liegt das im Rahmen der üblichen Abnutzung.

Vom Mieter verlegter Teppichboden

Ist eine Wohnung ohne Bodenbelag vermietet, gehört es zur **vertragsgemäßen Nutzung**, wenn der Mieter einen Teppich verlegt. Dies ist ohne besondere Genehmigung des Vermieters zulässig. Der Mieter ist auch berechtigt, den Teppichboden jederzeit wieder zu entfernen (LG Hamburg NJW 1979, 721). Das Gleiche gilt für einen → *Parkettboden* oder Laminat, wenn der Bodenbelag nicht verklebt, sondern schwimmend verlegt wird.

Beim **Auszug** hat der Mieter den **Teppichboden zu beseitigen** und den Fußboden so herzurichten, wie er ihn zu Mietbeginn angetroffen hat; andernfalls muss er mit Schadensersatzforderungen seines Vermieters rechnen (LG Berlin GE 2008, 478). Klebereste auf dem Fußboden sind zu beseitigen (LG Köln WuM 1988, 111). Ein im Formularmietvertrag enthaltenes Verbot, den Teppich mit dem Fußboden zu verkleben, ist unwirksam. Denn es gibt wasserlösliche Klebstoffe, die eine Entfernung des Teppichs ermöglichen, ohne den Untergrund in Mitleidenschaft zu ziehen (LG Berlin GE 1993, 159). Ist der darunter liegende PVC-Unterboden durch die Verwendung eines ungeeigneten Klebers beschädigt worden, hat der Mieter den Schaden zu ersetzen (LG Mainz WuM 1996, 759). Für Beschädigungen am PVC-Fußboden, die aus dem Weichmacher eines nicht verklebten Teppichbodens herrühren, muss der Mieter hingegen nicht aufkommen, da ein Laie mit einem solchen chemischen Prozess nicht rechnen muss (LG Duisburg WuM 1975, 189; AG Gera WuM 2000, 19).

Einen Teppichboden, den der Vormieter verlegt hat, muss der Mieter nur beseitigen, wenn er sich hierzu ausdrücklich verpflichtet (LG Mainz WuM 1996, 759), oder wenn er ihn vom Vormieter – möglicherweise durch Abstandszahlung – übernommen hat (LG Berlin GE 1988, 629).

Textform

Die Textform nach § 126b BGB ist gegenüber der → *Schriftform* eine **Erleichterung**, die z. B. für Mieterhöhungen, Modernisierungsankündigungen, Anpassungen von Betriebskostenvorauszahlungen, die Ankündigung der Aufrechnung oder der

Zurückbehaltung von Miete gilt. Durch das Bürokratieentlastungsgesetz IV gilt die Textform nun auch für den → ***Kündigungswiderspruch*** des Mieters bei Härtefällen; außerdem genügt sie bei Niederlegung eines befristeten → *Geschäftsraummietvertrags*, um zu verhindern, dass dieser sich nach § 550 BGB in einen – leichter kündbaren – unbefristeten Mietvertrag umwandelt.

Textform bedeutet, der Vertragspartner soll lesen können, was der andere erklärt; mündliche Erklärungen genügen nicht. Allerdings sind die formellen Anforderungen niedriger als bei der Schriftform. Die eigenhändige Unterschrift ist nicht zwingend vorgeschrieben. Für die Einhaltung der Textform reicht es aus, wenn eine lesbare Erklärung, in der die Person des Absenders genannt ist, auf einem dauerhaften Datenträger abgegeben wird. Die Form ist also z. B. gewahrt, wenn die Erklärung als E-Mail, SMS, Kopie, Fax oder Computerfax eingeht und anstelle der persönlichen Unterschrift z. B. mit »gezeichnet Meier, Geschäftsführer« oder »Müller, Vorstand« endet. Ist die (kopierte oder faksimilierte) Unterschrift unleserlich, ist die Schriftform nicht gewahrt und die Erklärung unwirksam (LG Berlin WuM 2003, 568). Es ist aber nicht erforderlich, die (natürliche) Person zu nennen, die das Schreiben gefertigt hat; die Nennung der juristischen Person (»Wohnbau-GmbH«) genügt (BGH VIII ZR 321/09 WuM 2010, 502). Aus Beweisgründen ist es ratsam, einen Beleg über den Zugang (z. B. Faxprotokoll, Empfangsbestätigung der E-Mail) aufzubewahren.

Achtung: Verlangt das Gesetz die Textform, ist es auf keinen Fall schädlich, die → *Schriftform* zu verwenden. Andersherum genügt Textform nicht, wenn Schriftform verlangt ist!

Thermenwartung

Wartungskosten für eine Etagenheizung oder für Warmwassergeräte können als → *Betriebskosten* per Mietvertrag auf die Mieter abgewälzt werden. Häufig findet man in Formularmietverträgen aber nicht bei Betriebskosten, sondern an anderer Stelle, z. B. unter »Instandhaltung/Instandsetzung«, eine Klausel, die den Mieter verpflichtet, Kosten für die Thermenwartung zu übernehmen oder einen Wartungsvertrag mit einem Unternehmen abzuschließen. Hier muss man unterscheiden: Wenn der Mieter die Kosten tragen soll, ist die Klausel wirksam. Eine Kostenobergrenze muss nicht genannt sein (BGH VIII ZR 119/12 WuM 2013, 31). Allerdings darf die Klausel den Mieter nicht verpflichten, selbst einen Wartungsvertrag mit einem Fachunternehmen abzuschließen. Diese Verpflichtung führt

T

dazu, dass die Klausel unwirksam ist (BGH VIII ZR 38/90 WuM 1991, 381; AG Peine NZM 2005, 799; AG Waiblingen WuM 2003, 480). Die Klausel ist dann komplett unwirksam und der Mieter muss nichts für die Wartung zahlen.

Die Rechtsprechung zieht hier die Parallele zu → *Bagatellschäden*. Das bedeutet:

> Der Mieter kann nur zu **Übernahme der Wartungskosten** verpflichtet werden. Er muss die Arbeiten aber nicht selbst in Auftrag geben. Das ist immer Sache des Vermieters.

Thermostatventile

Einbaupflicht

Das → *Gebäudeenergiegesetz* schreibt vor, dass Heizkörper von Zentralheizungen mit einer automatischen Regelung ausgerüstet sein müssen. Hierdurch passt sich die Temperatur der Heizung an die gewünschte Wärme im Zimmer an. Alle Heizkörper müssen mit einem Thermostatventil ausgestattet sein.

Bei einigen Heizungsanlagen, vor allem bei Fußbodenheizung, lassen sich keine Thermostatventile installieren. Auch für diese Anlagen sind selbsttätig wirkende Einrichtungen zur Regelung der Temperatur in allen Räumen vorgeschrieben. Soweit sie nicht vorhanden sind, muss der Hauseigentümer sie nachrüsten lassen.

Ob alle Heizungsanlagen umgerüstet sind, wird weder überprüft noch überwacht. Der Vermieter ist aber verpflichtet, eine ordnungsgemäße und fehlerfreie Heizungsanlage zu betreiben; dazu gehört die Einhaltung der gesetzlichen Anforderungen. Der Mieter hat ggf. einen Anspruch auf Umrüstung (AG Gelsenkirchen WuM 1993, 735) und das Recht, die Miete bis dahin zu mindern. Auf der anderen Seite kann sich der Mieter nicht gegen die Umrüstung durch den Vermieter wehren. Er muss den Einbau dulden (LG Berlin GE 1986, 751).

Handhabung

Am Thermostatkopf lässt sich die gewünschte Raumtemperatur einstellen. Ist es im Raum wärmer als die gewählte Temperatur, wird ein Stift im Innern des Ventils hineingedrückt, der die Öffnung des Ventils begrenzt. Es strömt weniger oder gar kein Heizwasser mehr in den Heizkörper. Der richtige Umgang mit den Thermostatventilen hilft Energie und damit Geld zu sparen. Wird in der kalten Jahreszeit das Fenster zum Lüften geöffnet, sollte das Ventil vorher zugedreht werden. Andernfalls bewirkt die einströmende Kaltluft, dass der Heizkörper im Vollbetrieb arbeitet.

Wenn ein Raum aufgeheizt werden soll, empfiehlt es sich, sofort die gewünschte Temperatur einzustellen, z. B. Stufe »3«. Der Thermostat drosselt die Wärmezufuhr, sobald die entsprechende Temperatur erreicht ist. Viele Mieter drehen das Thermostatventil in einem heruntergekühlten Raum voll auf (Stufe »5«). Dann läuft der Heizkörper nach Erreichen der gewünschten Raumtemperatur weiter auf Hochtouren. Vergisst man, das Thermostat zurückzudrehen, wird unnötig Energie verbraucht.

Wichtig zu wissen: Das Aufheizen geht nicht schneller, wenn Stufe »5« gewählt wird!

Programmierbare Thermostatventile
Hiermit kann der Mieter die Raumtemperatur nach einem eigenen Tages- oder Wochenprogramm steuern. Es gibt sie auch als »smarte« Geräte, die sich z. B. per App vom Handy aus steuern lassen. Das kann sich vor allem für Mieter lohnen, die häufiger unterwegs sind oder unregelmäßige Arbeitszeiten außerhalb der Wohnung haben. Für den Einbau benötigt man keinen Handwerker. Der Mieter braucht dafür auch nicht die Zustimmung des Vermieters. Beim Auszug kann er die Geräte wieder ausbauen und in die neue Wohnung mitnehmen. Die alten Thermostatventile sollte er aufbewahren und ggf. wieder installieren.

Tierhaltung in der Wohnung

Im Gesetz steht nichts darüber, ob Tierhaltung in der Wohnung gestattet ist. Daher kommt es zunächst darauf an, was im Mietvertrag steht.

Der Mietvertrag erlaubt die Tierhaltung
In diesem Fall darf der Mieter übliche Haustiere wie Hunde, Katzen oder Vögel halten. Ungewöhnliche oder gefährliche Tiere wie Gift- und Würgeschlangen zählen aber nicht dazu (AG Charlottenburg GE 1988, 1051).

Der Mietvertrag regelt die Tierhaltung nicht
Enthält der Mietvertrag keine (oder eine unwirksame, s. dazu unten) Regelung, kommt es darauf an, ob die vom Mieter konkret geplante Tierhaltung zum **vertragsgemäßen Gebrauch** gehört oder nicht.

Kleintiere dürfen gehalten werden; das gehört zum vertragsgemäßen Gebrauch. Die Erlaubnis des Vermieters ist nicht erforderlich. Kleintiere sind z. B. Hamster, Meerschweinchen, Zwergkaninchen, Schildkröten, Zierfische, Ziervögel. Für das AG München (WuM 2005, 649) zählt auch ein Mini-Schwein zu den Kleintieren; das AG Hanau (WuM 2002, 91) rechnet auch Chinchillas dazu. Gehen von dem Kleintier Gefährdungen oder erhebliche Belästigungen der Mitbewohner aus, kann der Vermieter die Haltung untersagen (AG München WuM 2005, 649) → *Geruchsbelästigung.*

Nach einer Entscheidung des AG Bückeburg (NZM 2000, 238) ist auch für **ungefährliche Schlangen oder Reptilien** in einem Terrarium keine Genehmigung des Vermieters erforderlich; anders bei **Gift- und Würgeschlangen** in einer Eigentumswohnung (OLG Frankfurt und LG Bochum NJW-RR 1990, 1430).

Bei **Hunden und Katzen** ist die Antwort nicht so einfach. Ob ihre Haltung vertragsgemäß ist, lässt sich nur unter Abwägung der Interessen aller Beteiligten beantworten (BGH VIII ZR 168/12 WuM 2013, 295; VIII ZR 329/11 WuM 2013, 152; VIII ZR 329/11 WuM 2013, 220). Es muss immer eine **Abwägung im Einzelfall** erfolgen. Zu beachten sind insbesondere
- Art, Größe, Verhalten und Anzahl der Tiere,
- persönliche Bedürfnisse des Mieters (Therapie- oder Blindenhunde sind in der Regel erlaubt),
- Größe und Lage der Wohnung,
- Interessen der Nachbarn und Mitbewohner sowie
- die bisherige Handhabung des Vermieters bei der Gestattung von Hunde- oder Katzenhaltung.

Ein Vermieter darf die Haltung also nicht pauschal verbieten, er kann sie aber aus berechtigten Gründen untersagen. Für Mieter bedeutet das: Hunde und Katzen sind nicht automatisch erlaubt, aber auch nicht pauschal ausgeschlossen.

Der Mietvertrag verbietet die Tierhaltung

Enthält der Mietvertrag in → *Allgemeinen Geschäftsbedingungen* das **uneingeschränkte Verbot jeglicher Tierhaltung**, ist diese **Klausel unwirksam** (BGH VIII ZR 340/06 WuM 2008, 23). Die Unwirksamkeit der Klausel bedeutet aber nicht, dass nun jede Tierhaltung erlaubt wäre. Vielmehr kommt es darauf an, was zum vertragsgemäßen Gebrauch gehört. Dies muss jeweils unter Berücksichtigung aller Umstände des Einzelfalls geprüft werden (s. o.).

Auch ein **generelles Hunde- und Katzenhaltungsverbot** in → *Allgemeinen Geschäftsbedingungen* ist **unwirksam** (BGH VIII ZR 168/12 WuM 2013, 295). Es kann zum vertragsgemäßen Gebrauch der Mietsache gehören, einen Hund oder eine Katze in der Wohnung zu halten. Letztlich muss auch hier jeder Einzelfall bewertet werden.

Wird ein solches generelles **Verbot** jedoch **individuell ausgehandelt** und vereinbart – wofür im Zweifel der Vermieter die Beweislast trägt –, ist es grundsätzlich wirksam, muss aber interessengerecht ausgelegt werden; z. B. nicht störende Kleintiere (s. o.) und Blindenhunde wären auch hier erlaubt.

Der Mietvertrag verlangt die Zustimmung des Vermieters
Eine Klausel, nach der **jede Tierhaltung** der **Zustimmung des Vermieters** bedarf, ist **unwirksam.** Der Mietvertrag muss auf jeden Fall berücksichtigen, dass die Haltung von Kleintieren (s. o.) vertragsgemäß ist. Die Klausel ist daher auch dann unwirksam, wenn sie zwar einige, aber nicht alle Kleintiere von der Zustimmungspflicht des Vermieters ausnimmt (BGH VIII ZR 340/06 WuM 2008, 23).

Ansonsten darf eine Regelung im Formularmietvertrag die **Hunde- oder Katzenhaltung** von der **Zustimmung des Vermieters** abhängig machen. Dessen Entscheidung steht aber nicht in seinem **freien Ermessen** (BGH VIII ZR 329/11 WuM 2013, 152; VIII ZR 329/11 WuM 2013, 220). Er muss eine nachvollziehbare Einzelfallentscheidung treffen. Dabei ist auf überprüfbare Kriterien abzustellen. Der Vermieter darf die Anschaffung nicht mit einer pauschalen Begründung ablehnen. Der bloße Hinweis, ein Bearded Collie könne im 3. Stock einer 95 m² großen Altbauwohnung nicht artgerecht gehalten werden, reicht nicht aus (BGH VIII ZR 329/11 WuM 2013, 152; VIII ZR 329/11 WuM 2013, 220). Die Anschaffung einer Katze darf der Vermieter nicht mit den Argumenten verweigern, diese Tiere würden durch Kratzen und Nagen die Türen, Wände oder Fußbodenbeläge beschädigen oder unangenehme Gerüche verbreiten. Das ist eine unzulässige Verallgemeinerung. Der Vermieter kann diese Einwände nur vorbringen, wenn sie tatsächlich zutreffen, und den Mieter dann abmahnen (AG Berlin-Mitte MM 2015, Nr. 6, 29).

Ist die **Klausel** im Mietvertrag **unwirksam**, muss wie bei einer fehlenden Regelung im Mietvertrag unter Berücksichtigung der **Umstände des Einzelfalls** geprüft werden, ob die Tierhaltung vertragsgemäß ist (s. o.).

T

Der Abschluss einer **Hundehaftpflichtversicherung** ist nicht in allen Bundesländern vorgeschrieben. Er ist aber dringend zu empfehlen. Als Hundehalter haftet man unbegrenzt und in voller Höhe für alle Schäden, die das Tier verursacht (§ 833 BGB). Das kann ohne Versicherung zu erheblichen finanziellen Belastungen führen. Der Vermieter kann trotzdem nicht verlangen, dass eine Hundehaftpflichtversicherung für Schäden an der Mietsache abgeschlossen wird. Allerdings kann eine fehlende Versicherung in die Abwägung miteinbezogen werden, ob eine Hundehaltung zulässig ist (AG Waiblingen ZMR 2013, 901).

Widerruf der Erlaubnis

Kommt es zu erheblichen Beeinträchtigungen der Interessen des Vermieters oder der übrigen Mieter, kann der Vermieter die Gestattung zur Tierhaltung widerrufen (LG Hamburg WuM 2002, 666; AG München WuM 2005, 649). Die Angst vor einem Bullterrier (LG Nürnberg-Fürth WuM 1991, 93) oder Dobermann (LG Hamburg WuM 1999, 453) ist ein triftiger Grund.

Ein gewichtiger Grund liegt hingegen nicht schon dann vor, wenn der Hund gelegentlich bellt. In einem größeren Mietshaus mit einer Vielzahl von Mietparteien und bei drei bis vier genehmigten Hundehaltungen gehört es zur hausüblichen Geräuschkulisse, wenn tagsüber hin und wieder Hundegebell aus einer Wohnung kommt (AG Hamburg-Wandsbek WuM 1991, 94). Der Vermieter ist aber zum Widerruf berechtigt, wenn ein Hund wiederholt das Treppenhaus verunreinigt und in fremde Wohnungen eindringt (AG Hamburg-Altona WuM 1989, 624).

Auch das stundenlange schrille Pfeifen eines Papageis muss nicht hingenommen werden (OLG Düsseldorf WuM 1990, 122). Werden Kakadus in einer Voliere im Garten gehalten, können Nachbarn bei Lärmbelästigungen eine Begrenzung des Aufenthalts im Freien auf eine Stunde täglich verlangen (LG Zwickau WuM 2001, 556). In einem allgemeinen Wohngebiet kann sich die Unzulässigkeit der Tierhaltung auch aus dem Bauordnungsrecht ergeben; in diesem Fall könnte die zuständige Verwaltungsbehörde ein Verbot aussprechen (OVG NRW WuM 2024, 479 für Haltung eines Hahns).

Tod des Mieters

Wenn ein Mieter verstirbt, ist das Mietverhältnis damit nicht automatisch beendet; dies ist nur der Fall, wenn das Mietverhältnis »auf Lebenszeit« des Mieters abgeschlossen wurde und im Mietvertrag auch keine weiteren Mieter stehen. Es gibt verschiedene Konstellationen, in denen der Vertrag fortgeführt wird bzw. werden kann.

1. Fortsetzung mit überlebenden Mietern

Sind mehrere Personen gemeinsam Mieter (d. h., haben den Mietvertrag unterschrieben oder nachträglich mit dem Vermieter vereinbart, dass sie Partei des Mietvertrags werden) **und** führen einen gemeinsamen Haushalt, wird das Mietverhältnis beim Tod eines Mieters **mit den überlebenden Mietern fortgesetzt**,

§ 563a BGB. Den überlebenden Mietern steht ein **Sonderkündigungsrecht** zu; sie können das Mietverhältnis innerhalb eines Monats, nachdem sie Kenntnis vom Tod des Mieters erlangt haben, mit einer Frist von drei Monaten kündigen.

2. Eintritt in das Mietverhältnis

Aber auch **ohne Partei des Mietvertrags zu sein**, verlieren Menschen, die mit dem verstorbenen Mieter zusammengelebt haben, nach dessen Tod nicht ohne Weiteres die Wohnung. Dafür gibt es das sog. »Eintrittsrecht« (§ 563 BGB); dies ist allerdings ein irreführender Begriff, denn tatsächlich erfolgt der **Eintritt in den Mietvertrag automatisch** mit dem Tod des Mieters. Das Mietverhältnis besteht dann in den folgenden Fällen mit den Regelungen weiter, die zwischen Vermieter und dem verstorbenen Mieter galten:

- Der **Ehegatte** oder **eingetragene Lebenspartner**, der mit dem Mieter einen **gemeinsamen Haushalt** führt, tritt mit dem Tod des Mieters in das Mietverhältnis ein, falls er den Vertrag nicht schon als Mitmieter fortsetzt. Dies gilt auch bei laufendem Scheidungsverfahren, solange noch der gemeinsame Haushalt besteht.
- **Kinder**, die im **gemeinsamen Haushalt mit dem Mieter** gelebt haben (bei Kindern nicht nötig, einen gemeinsamen Haushalt geführt zu haben!), treten mit dessen Tod in das Mietverhältnis ein, wenn nicht der Ehegatte oder eingetragene Lebenspartner eintritt (§ 563 Abs. 2 Satz 1 BGB).
- **Andere Familienangehörige**, die mit dem Mieter einen **gemeinsamen Haushalt** geführt haben, treten bei seinem Tod in das Mietverhältnis ein, wenn nicht der Ehegatte oder der eingetragene Lebenspartner eintritt (§ 563 Abs. 2 Satz 2 BGB). Hierzu gehören auch **Pflege- und Stiefkinder** (BGH VIII ARZ 6/92 WuM 1993, 254).
- **Personen, die mit dem Mieter einen auf Dauer angelegten gemeinsamen Haushalt geführt** haben, treten ebenfalls in den Mietvertrag ein. Dies sind nicht nur **nichteheliche Lebenspartner**, sondern auch **andere Personen**, die sich mit dem verstorbenen Mieter zum **gemeinsamen Wohnen** entschlossen haben (LG Berlin WuM 2016, 107).

Wichtig zu wissen: Da der Eintritt in den Mietvertrag **automatisch** erfolgt, muss man aktiv werden, **wenn man die Wohnung nicht behalten möchte.** Wer in den Mietvertrag eingetreten ist, kann **innerhalb eines Monats** nach Kenntnis vom Tod des Mieters gegenüber dem Vermieter erklären, dass er das Mietverhältnis nicht fortsetzen will. Dann gilt der Eintritt als nicht erfolgt. Die Erklärung ist formfrei möglich; aus Beweisgründen ist es aber empfehlenswert, → ***Schriftform*** oder → *Textform* zu wählen und einen **Beleg** über den → *Zugang* aufzubewahren.

3. Fortsetzung mit dem Erben

Gibt es keine Mitmieter, die das Mietverhältnis fortsetzen, und tritt auch kein Haushaltsangehöriger ein, wird das **Mietverhältnis mit dem Erben fortgesetzt,** § 564 BGB.

Wichtig zu wissen: Auch die Fortsetzung mit den Erben tritt nach dem Gesetz **automatisch** ohne Zutun der Erben ein! Diese haben jedoch das Recht, das Mietverhältnis mit einer Frist von drei Monaten zu kündigen. Die **Kündigung** muss **innerhalb eines Monats** erfolgen, nachdem der Erbe vom Tod des Mieters **und** davon Kenntnis erlangt hat, dass kein anderer das Mietverhältnis fortführt. Anders als die Erklärung, das Mietverhältnis nicht fortsetzen zu wollen, ist die Kündigung **nicht formfrei** möglich. Sie muss zwingend in → *Schriftform* erfolgen; andernfalls ist sie unwirksam!

Es ist aber nicht immer nur vorteilhaft, der Erbe eines Mieters zu sein. Durch die Kündigungsfrist von drei Monaten muss der Erbe, mit dem das Mietverhältnis fortgesetzt wird, in dieser Zeit für die Miete aufkommen, selbst wenn er die Wohnung gar nicht haben will.

Achtung: Erben des verstorbenen Mieters haften u. U. für dessen Verbindlichkeiten (s. u.). Besteht der Verdacht, dass z. B. **Mietschulden** oder kostspielige **Schäden an der Mietsache** bestehen, sollte man sich unbedingt rechtlich beraten lassen, bevor man entscheidet, ob das Mietverhältnis fortgesetzt bzw. die Erbschaft ausgeschlagen wird!

Kündigungsrechte des Vermieters

Das Recht zur Kündigung durch den Vermieter hängt davon ab, in welcher Form das Mietverhältnis fortgeführt wird:

- Bei **Fortsetzung** des Mietverhältnisses **mit den überlebenden Mietern** (s. o. 1.) gelten die allgemeinen Regeln über die → *Kündigung*. Ein besonderes Kündigungsrecht steht dem Vermieter nicht zu.
- Bei **Eintritt** von Personen **in den Vertrag** nach § 563 BGB (s. o. 2.) kann der Vermieter innerhalb eines Monats nach Kenntnis von dem endgültigen Eintritt mit einer Frist von drei Monaten **kündigen.** Voraussetzung für die Kündigung ist jedoch ein **wichtiger Grund in der Person des Eintretenden.** Zweifel an der Mietzahlungsfähigkeit des Eintretenden berechtigen nur dann zur Kündigung, wenn konkrete Umstände den zwingenden Schluss

zulassen, dass fällige Zahlungen alsbald ausbleiben werden (BGH VIII ZR 105/17 WuM 2018, 153). Daran fehlt es, wenn staatliche Hilfen, vorhandenes Vermögen oder eine teilweise Untervermietung die Mietzahlung sicherstellen (BGH VIII ZR 105/17 WuM 2018, 153). Vorstrafen und Drogenabhängigkeit sprechen nicht gegen die Fortsetzung des Mietverhältnisses, wenn der Sohn der verstorbenen Mieterin bisher mehrere Jahre in der Wohnung gelebt hat, ohne Anlass zu Beanstandungen zu geben (BGH VIII ZR 254/09 WuM 2010, 431).
- Bei **Fortsetzung des Mietverhältnisses mit nicht im gemeinsamen Haushalt lebenden Erben** ist der Vermieter berechtigt, mit einer Frist von drei Monaten zu **kündigen**; ein besonderer Kündigungsgrund muss nicht vorliegen. Die Kündigung muss allerdings innerhalb eines Monats erfolgen, nachdem der Vermieter vom Tod des Mieters und der Fortsetzung durch den Erben Kenntnis erlangt hat.

Haftung für Verbindlichkeiten

Wer in das Mietverhältnis eingetreten ist bzw. den Vertrag fortsetzt, haftet neben dem Erben für die bis zum Tod des Mieters entstandenen Verbindlichkeiten; der Vermieter kann sich also aussuchen, von wem er z. B. noch offene Mietzahlungen fordert. Ansprüche gegenüber dem Erben, z. B. wegen unterlassener Schönheitsreparaturen, sind allerdings auf den Nachlass beschränkt, wenn der Erbe die Dürftigkeitseinrede erhebt (BGH VIII ZR 68/12 WuM 2013, 236). Das LG Berlin (WuM 2021, 671) hat auch eine Haftung der Erben für sich erst nach der Rückgabe zeigende Schäden an der Wohnung ausgeschlossen, die Folge davon sind, dass der Mieter längere Zeit tot in der Wohnung lag (hier: Ungeziefer und Verwesungsgerüche).

Tod des Vermieters

Stirbt der Vermieter, wird das Mietverhältnis mit dem oder den Erben des Vermieters fortgesetzt. Der bisherige **Mietvertrag bleibt gültig**; eine Änderung oder einen neuen Vertrag kann der Erbe nicht verlangen; es gibt auch kein Sonderkündigungsrecht. War der Vermieter Nießbraucher, tritt mit seinem Tod der Grundstückseigentümer in den Vertrag (ggf. auch in einen Kündigungsverzicht) ein (BGH VIII ZR 50/11 WuM 2011, 690).

Der Vermieterwechsel ist nicht von einer Änderung des Grundbuchs abhängig. Allerdings kann der Mieter erwarten, dass der Erbe sein Erbrecht nachweist (BGH VIII ZR 24/05 WuM 2005, 771), am besten durch einen Erbschein. Ein Erbschein ist aber nicht zwingend vorgeschrieben; der Nachweis ist auch anders möglich. In der Regel genügt ein eröffnetes öffentliches Testament (BGH XI ZR 311/04 WuM 2005, 524). Solange der Mieter im Unklaren darüber ist, an wen die Miete zu zahlen ist, kommt die → *Hinterlegung der Miete* in Betracht.

Trennung → *Ehescheidung und Trennung*

Treppenhaus

Das Treppenhaus in einem Mehrfamilienhaus gehört zu den Gemeinschaftsräumen: Es darf grundsätzlich von allen Mietern und ihren Besuchern genutzt werden.

Probleme kann es geben, wenn die Nutzung durch einen Mieter andere Hausbewohner stört. Entscheidend ist auf der einen Seite, was noch zum → *vertragsgemäßen Gebrauch* gehört; auf der anderen Seite sind auch Toleranz und gegenseitige Rücksichtnahme gefragt.

Sind keine besonderen Vereinbarungen getroffen, ist die übliche Nutzung vertragsgemäß. Der Mieter hat daher das Recht, im Hausflur einen **Kinderwagen** → *Kinder*, einen **Rollstuhl** oder einen **Rollator** abzustellen, wenn die Größe des Hausflurs dies zulässt (BGH V ZR 46/06 WuM 2007, 29). Der Beschluss von Wohnungseigentümern, einem Bewohner des Hauses das Abstellen des Rollstuhls im Hausflur zu verbieten, ist sittenwidrig und daher unwirksam (OLG Düsseldorf ZMR 1984, 161). Der Mieter kann auch einen Anspruch darauf haben, für seinen behinderten Lebenspartner auf eigene Kosten einen **Treppenlift** zu installieren → *Modernisierung durch den Mieter*.

Schuhregale und **Kartons** dürfen nicht dauerhaft im Treppenhaus abgestellt werden (LG Köln NZM 2017, 360). Mieter dürfen aber eine Fußmatte vor ihrer Wohnungseingangstür auslegen und vorübergehend Schuhe darauf abstellen (OLG Hamm WuM 1988, 413; LG Berlin MM 1991, 264).

Mängel im Treppenhaus muss der Vermieter genauso beseitigen wie jeden anderen → *Mangel der Mietsache*. Auch die Renovierung des Treppenhauses ist Sache des Vermieters. Sie gehört nicht zu den → *Schönheitsreparaturen*, die der Vermieter dem Mieter auferlegen kann. Umgekehrt ist es Aufgabe des Mieters, den Vermieter über Mängel umgehend zu informieren.

Treppenreinigung

Zur Reinigung des Treppenhauses ist der Mieter in der Regel nur verpflichtet, wenn der → *Mietvertrag* das vorsieht. Ohne vertragliche Vereinbarung muss grundsätzlich der Vermieter putzen (lassen). Stellt er eine Reinigungskraft ein oder beauftragt er ein Unternehmen, kann vereinbart werden, dass diese Kosten als Nebenkosten auf die Mieter anteilig abgewälzt werden → *Betriebskosten*.

Wann und wie sind die Reinigungsarbeiten durchzuführen?
Zumeist legt der Vermieter Näheres dazu fest, wie und wann die Reinigungsaufgaben zu erledigen sind. Dies kann im → *Mietvertrag* stehen, aber auch eine umfassende Regelung zu einer im Mietvertrag getroffenen Grundvereinbarung durch die → *Hausordnung* ist zulässig.

Sinnvoll ist es, wenn ein Mieter die Reinigung in einem bestimmten Rhythmus im Wechsel mit den anderen Mietern durchzuführen hat. Die Verpflichtung des Mieters erstreckt sich meistens auf den Treppenabschnitt, der zwischen zwei Geschossen liegt. An welchem Tag und zu welcher Uhrzeit der Mieter seinen Pflichten nachkommt, bleibt ihm selbst überlassen (AG Reichenbach WuM 1994, 322).

Hat der Mieter Reinigungsarbeiten übernommen bzw. sich vertraglich dazu verpflichtet, muss er für die zuverlässige Ausführung einstehen → *Verkehrssicherungspflicht* → *Schneefegen*. Grundsätzlich bleibt er auch während einer **Abwesenheit** verpflichtet. Notfalls muss er für eine **Vertretung** sorgen oder mit dem Nachbarn tauschen. Nach Auffassung des AG Dortmund (WuM 1988, 54) gilt das nicht für den 14-tägigen Sommerurlaub. Für eine derart kurze Abwesenheit ist die Suche nach einer Vertretung unzumutbar.

Darf der Vermieter einen Reinigungsdienst beauftragen?
Ist der Mieter zur Treppenreinigung verpflichtet, hat er auch ein entsprechendes Recht hierzu. Das bedeutet, dass ihm der Vermieter diese Aufgabe nicht einseitig entziehen kann (AG Stuttgart WuM 2004, 475; AG Magdeburg ZMR 2003, 45). Der Vermieter darf nicht einfach ein Reinigungsunternehmen beauftragen und den Mietern die Betriebskosten hierfür auferlegen. Nur wenn ein Mieter seine Pflichten vernachlässigt hat, kann der Vermieter nach vergeblicher Mahnung eine Putzkraft hinzuziehen und dem nachlässigen Mieter die Kosten in Rechnung stellen (AG Münster WuM 1994, 428). Der Vermieter trägt die Beweislast dafür, dass die Treppe nicht ordentlich gereinigt wurde (AG Braunschweig WuM 2002, 211).

Welche Besonderheiten gelten bei einer »Kehrwoche«?
In einigen Gebieten, vor allem in Baden-Württemberg, ist eine sog. Kehrwoche in Mehrfamilienhäusern üblich. In der »kleinen« Kehrwoche muss der Mieter den Flurbereich vor seiner Wohnungstür und den zum nächsten Stockwerk hinunterführenden Treppenabschnitt wöchentlich im Wechsel mit den anderen Etagennachbarn säubern. In der »großen« Kehrwoche müssen alle Mieter des Hauses jede Woche abwechselnd den Trockenboden, Kellertreppe und -flur sowie den Gehsteig vor dem Haus an genau festgelegten Tagen säubern. Einzelheiten hierzu stehen zumeist in der Hausordnung.

Türschilder

Der Mieter von **Wohnraum** hat einen Anspruch darauf, dass am Hauseingang und an seiner Wohnungstür sowie am Briefkasten sein Namensschild angebracht ist. Bei Einzug von Lebensgefährten dürfen die Schilder entsprechend ergänzt werden (AG Mitte MM 2000, 178). Bringt der Vermieter ein Namensschild an, darf er hierfür keine Kosten erheben. Vom Mieter angebrachte Schilder hat dieser bei Auszug bzw. Ende des Mietvertrags zu entfernen. Hat der Vermieter die Schilder angebracht, hat der Mieter nach Auszug einen Anspruch, dass dieser die Namensschilder entfernt (AG Kreuzberg GE 2025, 868).

Tritt eine **freiberufliche oder gewerbliche Tätigkeit in der Wohnung** durch ein Schild an der Tür nach außen hin in Erscheinung, ist sie ohne Genehmigung durch den Vermieter grundsätzlich nicht zulässig → *Berufsausübung in der Wohnung*. Wird der Beruf nicht in der Wohnung, sondern anderswo ausgeübt, hat der Mieter keinen Anspruch auf Anbringung eines Firmenschildes an dem Haus, in dem er wohnt (LG Hof WuM 1960, 164).

Der Mieter von **Gewerberäumen** hat das Recht, Firmenschilder in üblicher Größe anzubringen. Nach Beendigung des Mietverhältnisses dürfen z. B. Rechtsanwälte, Ärzte und Steuerberater eine Zeit lang ein Schild mit der neuen Anschrift anbringen (RGZ 161, 338).

Türspion

Der Vermieter muss dem Mieter den Einbau eines Türspions gestatten (AG Meißen WuM 2018, 632). Falls keine andere Vereinbarung getroffen wurde, muss der Mieter allerdings am Ende des Mietverhältnisses auf seine Kosten den ursprünglichen Zustand wiederherstellen → *Videoüberwachung*.

U

Umlageausfallwagnis → *Betriebskosten*
→ *Sozialmiete/Sozialwohnung*

Umwandlung von Miet- in Eigentumswohnungen

Mietshäuser mit mehreren Wohnungen können in einzelne Eigentumswohnungen aufgeteilt werden; das nennt man Umwandlung. Nach einer solchen Umwandlung kann der Hauseigentümer jede Wohnung einzeln an verschiedene Käufer verkaufen. Für solche Eigentumswohnungen gelten spezielle Vorschriften im Wohnungseigentumsgesetz → *Wohnungseigentum.*

Für Mieter ändert sich durch die Umwandlung erst einmal nichts. Die **Mietverträge bleiben unverändert** bestehen, auch wenn die Wohnungen verkauft werden → *Hausverkauf und Mietvertrag.* Man kann als Mieter in einer solchen Eigentumswohnung wohnen bleiben und behält z. B. Ansprüche auf Mängelbeseitigung gegen den jeweiligen Vermieter. Der Vermieter darf wegen der Umwandlung einer Mietwohnung in eine Eigentumswohnung auch nicht die Miete heraufsetzen. Er muss die allgemeinen Regeln einhalten.

Allerdings erhöht sich für den Mieter einer Eigentumswohnung das **Kündigungsrisiko**, insbesondere das Risiko einer **Eigenbedarfskündigung**, da viele Eigentümer eine Eigentumswohnung kaufen, um sie dann selbst zu nutzen. Da mit dem Verkauf von Eigentumswohnungen hohe Profite zu erzielen sind, tummeln sich auf dem Gebiet der Umwandlung zudem viele Spekulanten und unseriöse Geschäftsleute.

Abgeschlossenheit der Wohnung als gesetzliche Voraussetzung der Umwandlung

Umgewandelt werden darf nur, wenn die Baubehörde eine sog. **Abgeschlossenheitsbescheinigung** ausgestellt hat, mit der bescheinigt wird, dass es sich um eine in sich abgeschlossene Wohnung handelt.

Dazu hat der Gemeinsame Senat der obersten Gerichtshöfe des Bundes (GmS-OGB 1/91 WuM 1992, 671) im Jahr 1992 entschieden, dass Wohnungen auch dann in sich abgeschlossen sind, wenn die Trennwände und Trenndecken nicht den heutigen Forderungen des Baurechts entsprechen. Im Klartext: Die Abgeschlossenheitsbescheinigung muss erteilt werden, wenn die Wohnung einen eigenen Eingang hat und innen alle Einrichtungen vorhanden sind, die unbedingt zur Führung eines Haushalts nötig sind, sprich, wenn Wasserversorgung und Abwasserentsorgung, WC und Stromversorgung gewährleistet sind. Die Folge dieser Entscheidung war eine wahre Umwandlungswelle. Insbesondere Altbauwohnungen, die den geltenden Baurechtsvorschriften nicht entsprachen, wurden umgewandelt. Der Gesetzgeber hat darauf reagiert und den **Schutz für Mieter umgewandelter Mietwohnungen** mit § 577a BGB verbessert: Die Landesregierungen können eine **Verordnung** für bestimmte Städte und Kreise erlassen, in denen das **Kündigungsrecht** des Käufers einer umgewandelten Wohnung **für bis zu zehn Jahre ausgeschlossen** ist. Ohne eine solche Verordnung gilt die bundesgesetzliche **Kündigungssperrfrist von drei Jahren**. Außerdem erhält der Mieter ein → ***Vorkaufsrecht*** an seiner Wohnung.

Genehmigungspflicht nach § 250 BauGB

Um dem Verdrängungsrisiko zusätzlich entgegenzuwirken, hat der Gesetzgeber in § 250 BauGB die Möglichkeit geschaffen, in Gebieten mit angespannten Wohnungsmärkten eine Genehmigungspflicht für die Umwandlung von Miet- in Eigentumswohnungen anzuordnen. In welchen Gebieten mit angespanntem Wohnungsbedarf die Umwandlung der Genehmigung bedarf, legen die Bundesländer durch **Rechtsverordnung** fest. Wer in den so ausgewiesenen Gebieten Mietwohnungen in Eigentum umwandeln will, braucht eine Genehmigung; andernfalls darf das Grundbuchamt die Eintragung des Wohnungseigentums in das Grundbuch nicht vornehmen.

Die Genehmigungspflicht gilt für **bereits bestehende Gebäude** mit mindestens sechs Wohnungen. Die Länder können diese Grenze durch die Rechtsverordnung auf bis zu drei Wohnungen reduzieren oder auf bis zu 15 Wohnungen erhöhen.

Die Genehmigungspflicht **gilt nicht automatisch** in den angespannten Wohnungsmärkten, die die Länder für die Anwendung der → ***Mietpreisbremse*** bestimmt haben.

> **Wichtig zu wissen:** Das Gesetz sieht **Ausnahmen** vor, in denen die Genehmigung dem Eigentümer – ggf. unter Auflagen – zu erteilen ist. Dies ist insbesondere der Fall, wenn das Wohnungseigentum zur eigenen Nutzung an Familienangehörige des Eigentümers oder an mindestens zwei Drittel der Mieter veräußert werden soll.

Mieterschutz durch Regelungen im Miet- oder Kaufvertrag
Neben den gesetzlichen Vorschriften zu Abgeschlossenheit und Genehmigungspflicht besteht die Möglichkeit, in den Kaufvertrag oder in den Mietvertrag, der nach dem Verkauf weiter gilt, Schutzvorschriften für Mietende aufzunehmen, etwa längere Kündigungsfristen oder den Verzicht auf die → *Kündigung des Vermieters wegen Eigenbedarfs*. Mit Einverständnis des Mieters kann der Verkäufer im Kaufvertrag vereinbaren, dass der Käufer der Wohnung zugunsten des Mieters ein lebenslanges Wohnrecht im Grundbuch eintragen lässt, das dann auch bei weiteren Verkäufen Gültigkeit behält (AG Rostock WuM 1994, 665).

Wie ist die Rechtslage in Milieuschutzgebieten?
Mit einer → ***Erhaltungssatzung*** können sog. Milieuschutzgebiete festgelegt werden. In diesen Gebieten kann dann mit einer **Umwandlungsverordnung** die Umwandlung von Miet- in Eigentumswohnungen erschwert werden. Was umgangssprachlich oft als »Umwandlungsverbot« bezeichnet wird, ist juristisch gesprochen ein **Genehmigungsvorbehalt**: Die Umwandlung bedarf in Milieuschutzgebieten der Genehmigung durch die zuständige Behörde. Die Genehmigung ist (nur) zu erteilen, wenn dem Eigentümer ein Verzicht auf die Umwandlung auch unter Berücksichtigung des Allgemeinwohls wirtschaftlich nicht zumutbar ist. Dies soll der Fall sein, wenn die Kosten der Bewirtschaftung des Gebäudes im bestehenden Zustand nicht durch seine Erträge oder den Nutzwert für den Eigentümer aufgewogen werden können. Ein weiterer – und der in der Praxis häufigste – Ausnahmetatbestand ist die Verpflichtung des Eigentümers, innerhalb von sieben Jahren ab Begründung des Wohnungseigentums **Wohnungen nur an Mieter zu veräußern** (§ 172 Abs. 4 Nr. 6 BauGB).

Welchen Kündigungsschutz hat der Mieter?
Es stellt sich die Frage, welchen → *Kündigungsschutz* der Mieter hat, wenn der neue Eigentümer selbst einziehen will oder wenn der Vermieter die umgewandelte Wohnung lieber leer stehend verkaufen möchte.

Kündigungsschutz gegenüber dem bisherigen Vermieter: Der Vermieter kann den Mietern nicht mit der Begründung kündigen, dass er seine Mietwohnungen in Eigentumswohnungen umwandeln und verkaufen will. Zur Kündigung braucht er immer einen gesetzlich anerkannten Grund. Die Umwandlung gibt dem Eigentümer kein »berechtigtes Interesse« an einer Kündigung. Auch der Kündigungsgrund »Hinderung angemessener wirtschaftlicher Verwertung« → *Kündigung des Vermieters wegen wirtschaftlicher Verwertung* kann allenfalls in Ausnahmefällen greifen.

Kündigungsschutz gegenüber dem Käufer: Nach dem Gesetz ist der Mieter nach einer Umwandlung von einer Miet- in eine Eigentumswohnung besonders geschützt. Er hat einen zusätzlichen → *Kündigungsschutz.*

Ist eine Mietwohnung **nach Überlassung** an den Mieter in eine Eigentumswohnung umgewandelt worden und will der Erwerber die gekaufte Eigentumswohnung selbst beziehen, kann er sich auf Eigenbedarf erst nach drei Jahren ab Erwerb berufen (Wartezeit). Unter bestimmten Voraussetzungen muss der Erwerber sogar eine Wartezeit **von bis zu zehn Jahren** einhalten (**verlängerte Kündigungssperrfrist** – s. dazu unten). Die Frist beginnt mit der ersten Veräußerung der Eigentumswohnung.

Kündigungssperrfrist bei echten Umwandlungsfällen: Die Kündigungssperrfrist greift, wenn die Wohnung **nach** Überlassung an den Mieter in Wohnungseigentum umgewandelt und **dann** veräußert wird (§ 577a Abs. 1 BGB). Es muss die folgende **zeitliche Abfolge** vorliegen:

1. Der **Mieter** muss bereits in der Mietwohnung **wohnen.**
2. **Nach seinem Einzug** wird die Wohnung in eine Eigentumswohnung **umgewandelt.** Dies erfolgt durch Teilung des Grundstücks durch den Eigentümer. Dem Grundbuchamt wird die Teilungserklärung mitgeteilt; es werden Wohnungsgrundbücher angelegt.
3. **Danach wird die Wohnung** an einen Dritten **verkauft** oder **zwangsversteigert** (BayObLG WuM 1992, 424) oder in Erfüllung eines Vermächtnisses übertragen (BayObLG WuM 2001, 390).

Wichtig: Zieht der Mieter in eine **bereits umgewandelte Wohnung** ein, gilt die Sperrfrist nicht (BayObLG WuM 1981, 236; LG Mainz WuM 1982, 191; AG Hamburg WuM 1999, 600). Wer einen Mietvertrag für eine bereits bestehende Eigentumswohnung abschließt, hat nur den normalen → *Kündigungsschutz*.

Stirbt der Mieter und wird das Mietverhältnis mit dem überlebenden Mitmieter fortgesetzt (→ *Tod des Mieters*), tritt dieser auch bezüglich des Kündigungsschutzes an die Stelle des Verstorbenen und kann sich auf die Kündigungssperrfrist berufen (BGH VIII ZR 356/20 WuM 2022, 495).

Wann gilt die verlängerte Kündigungssperrfrist? Die Kündigungssperrfrist von bis zu zehn Jahren gilt in den Gebieten, die von der jeweiligen Landesregierung per Verordnung festgelegt worden sind (zehn Jahre z. B. in Berlin, Hamburg und München). Die Länder dürfen eine solche Verordnung erlassen, wenn die Wohnungsversorgung zu angemessenen Bedingungen besonders gefährdet ist. Die Kündigungssperrfrist orientiert sich an der **im Zeitpunkt der Kündigung gültigen Verordnung** unabhängig davon, ob diese zum Zeitpunkt des Eigentumserwerbs bereits galt (AG Berlin-Mitte GE 2016, 462).

Bei welchen Kündigungsgründen gilt die Sperrfrist? Die Kündigungssperrfrist gilt nicht nur für **Eigenbedarfskündigungen**, sondern auch für **Kündigungen wegen »Hinderung angemessener wirtschaftlicher Verwertung«** (LG Berlin GE 2014, 1139) → *Kündigung des Vermieters wegen wirtschaftlicher Verwertung.* Sie gilt **nicht** bei sonstigen berechtigten Interessen des Vermieters für eine ordentliche Kündigung, z. B. wegen Hausfriedensstörung (BGH VIII ZR 127/08 WuM 2009, 294). Eine fristlose Kündigung, z. B. wegen Zahlungsverzugs, kann der Vermieter jederzeit ohne Wartefrist aussprechen. Die Sperrfrist greift auch nicht bei einer → *Kündigung des Vermieters wegen Betriebsbedarfs* (BGH VIII ZR 325/09 WuM 2010, 513).

Die Sperrfrist gilt auch, wenn schon bei Errichtung des Gebäudes die Aufteilung in Eigentumswohnungen geplant war (LG Duisburg WuM 1997, 266; AG Konstanz WuM 1978, 212).

Die Kündigungssperrfrist findet auch dann Anwendung, wenn ein Grundstück, auf dem eine **Reihenhaussiedlung** steht, durch Realteilung in Einzelgrundstücke mit je einem Reihenhaus aufgeteilt wird (BGH VIII ZR 325/09 WuM 2010, 513; VIII ZR 126/07 WuM 2008, 415; bestätigt durch BVerfG 1 BvR 1803/08 WuM 2011, 355). Hierbei wird zwar kein Wohnungseigentum gebildet, die Mieter der entsprechenden Häuser seien aber genauso schutzwürdig, wenn die Einzelgrundstücke verkauft werden.

> **Merke:** Kein Umwandlungsfall mit Sperrfrist liegt vor, wenn der Vermieter das Mietshaus nur in Eigentumswohnungen aufteilt, sie aber nicht weiterverkauft (Vorratsteilung).

Kündigungssperrfrist bei Personengesellschaft oder mehreren Erwerbern (»Münchener Modell«)

Die Kündigungssperrfrist gilt auch, wenn eine vermietete Wohnung an eine Personengesellschaft oder an mehrere Erwerber veräußert wird (§ 577a Abs. 1a BGB). Eine Personengesellschaft entsteht, wenn sich mehrere Menschen zusammenschließen, um gemeinsam ein Ziel zu verfolgen, hier den Erwerb eines Mietshauses. Anders als bei den o. g. echten Umwandlungsfällen muss die Gesellschaft bzw.

U

die Personenmehrheit eine **Umwandlung** in Wohneigentum **nicht beabsichtigen** (BGH VIII ZR 104/17 WuM 2018, 292). Die Veräußerung an eine Personengesellschaft oder mehrere Erwerber reicht aus.

Kündigungssperrfrist beim »Münchener Modell«: Die Kündigungssperrfrist ist hier also an drei Voraussetzungen in folgender Reihenfolge geknüpft:

1. Mietvertrag über nicht umgewandelten Wohnraum,
2. Überlassung des Wohnraums an den Mieter,
3. Veräußerung des vermieteten Wohnraums an eine Personengesellschaft oder mehrere Erwerber.

Mit dieser Erweiterung der Kündigungssperrfrist auf die Veräußerung an eine Personengesellschaft wollte der Gesetzgeber dem sog. »Münchener Modell« einen Riegel vorschieben. Hierbei erwarb eine Personengesellschaft ein Mietshaus. Jeder Gesellschafter konnte sodann den Mietern das Mietverhältnis wegen Eigenbedarfs ohne Einhaltung einer Sperrfrist kündigen, denn eine Umwandlung hatte ja nicht stattgefunden. Aber auch hier drohte – wie bei der Umwandlung in Wohneigentum – eine Verdrängung der Mieter, die durch die Neuregelung verhindert werden sollte.

Ausnahme: Gehören Erwerber oder Gesellschafter **derselben Familie** an (z. B. Eheleute), können die Erwerber sofort kündigen und müssen die Sperrfrist nicht einhalten, § 577a Abs. 1a Satz 2 BGB. Dies ist auch der Fall, wenn die Erwerber bereits getrennt leben oder sogar geschieden sind (BGH VIII ZR 35/19 WuM 2020, 730). Bei enger sozialer Bindung können auch entfernte Verwandte wie Cousins zur Familie der Erwerber oder Gesellschafter zählen.

Die Veräußerung eines Mietshauses an eine Personen**handels**gesellschaft, wie z. B. eine GmbH & Co. KG, löst hingegen **nicht** die Kündigungssperrfrist nach § 577a Abs. 1a Satz 1 Nr. 1 BGB aus. Die Sperrfrist beginnt dann erst zu laufen, wenn ein Käufer die Wohnung erwirbt (BGH VIII ZR 161/24 WuM 2025, 550).

Ab wann kann der Vermieter bei bestehender Sperrfrist kündigen?

Die Schutzfrist für den Mieter (Sperrfrist), in der nicht wegen Eigenbedarfs gekündigt werden darf, beginnt erst, wenn der Eigentumserwerb vollendet ist. Entscheidend ist dabei nicht, wann der Kaufvertrag beim Notar unterschrieben, sondern wann der Eigentümer im Grundbuch eingetragen wurde (LG München I

WuM 1979, 124). Da zwischen dem Notartermin und der Eintragung im Grundbuch oft mehrere Monate vergehen, verschiebt sich der Startpunkt des Kündigungsschutzes für den Mieter entsprechend nach hinten. Weitere Erwerber treten in diese Wartezeit ein, die Frist beginnt für sie also nicht von Neuem zu laufen (BayObLG WuM 1982, 46).

Eine **vor Ablauf der Sperrfrist** ausgesprochene Eigenbedarfskündigung ist **unwirksam** (OLG Hamm WuM 1981, 35).

Sperrfrist plus Kündigungsfrist: Neben der Sperrfrist muss der Vermieter die von der Wohndauer abhängige → *Kündigungsfrist* einhalten.

Wenn der Vermieter nach Ablauf der Sperrfrist kündigt, muss er außerdem selbstverständlich einen **Kündigungsgrund** vorweisen.

> **Wichtig zu wissen:** Auch wenn der Mieter eine Kündigung erhalten hat, muss er nicht in jedem Falle ausziehen, sondern kann sich ggf. immer noch auf die Sozialklausel (→ *Kündigungsschutz*) berufen. Dazu muss er geltend machen, dass die Beendigung des Mietverhältnisses für ihn eine Härte bedeuten würde, die auch unter Würdigung der berechtigten Interessen des Vermieters nicht zu rechtfertigen ist.

Wohnungsbesichtigung

Der geplante Verkauf der Wohnung gibt dem Vermieter das Recht, die Wohnung mit Kaufinteressenten zu besichtigen. Der Vermieter kann nach entsprechender Vorankündigung vom Mieter verlangen, dass er ihn mit Kaufinteressenten für eine Besichtigung in die Wohnung lässt → *Besichtigungsrecht des Vermieters.*

Bei dieser Gelegenheit kann der Mieter deutlich machen, dass er beabsichtigt, sich gegen eine Kündigung zur Wehr zu setzen. Dies verstößt nicht gegen den Mietvertrag (AG Saarbrücken WuM 2016, 520) und kann potenzielle Käufer abschrecken. Der Mieter darf Kaufinteressenten auch auf Mängel der Wohnung hinweisen und (wahrheitsgemäß) erklären, dass er die Miete deshalb mindert (OLG Celle WuM 1991, 538).

U

Gemeinschaftsräume

Im Rahmen der Umwandlung passiert es häufig, dass Gemeinschaftsräume wie der Trockenraum oder der Dachboden einem bestimmten Eigentümer als Sondereigentum zugeordnet werden. Ebenso kann es sein, dass Wohnung und Keller des Mieters von zwei verschiedenen Eigentümern gekauft werden. Dies berechtigt aber nicht dazu, die Rechte des Mieters einzuschränken. Er darf weiterhin seinen Keller benutzen und die Gemeinschaftsräume wie vorher mitbenutzen (LG Hamburg WuM 1988, 127; LG Stuttgart WuM 1988, 404; AG Köln WuM 1986, 109; AG Nürnberg WuM 1983, 144) → *Garagen/Stellplätze.*

Aus dem Grundsatz der Einheitlichkeit des Mietverhältnisses folgt, dass der Erwerber einer vermieteten Eigentumswohnung alleiniger Vermieter wird und in dieser Eigenschaft auch zuständig für mitvermietete Nebenräume ist, die im Gemeinschaftseigentum stehen (BGH RE VIII ARZ 1/98 WuM 1999, 390).

Vorkaufsrecht des Mieters

Jeder Mieter hat ein **gesetzliches → *Vorkaufsrecht***, wenn seine Wohnung in eine Eigentumswohnung umgewandelt oder ein ursprünglich auf einem Grundstück errichtetes Zweifamilienhaus später durch Realteilung in zwei Eigentumseinheiten aufgeteilt wird (§ 577 BGB). Der **Vermieter muss** den Mieter über den Inhalt des Kaufvertrags zwischen dem Verkäufer und dem Kaufinteressenten sowie sein Vorkaufsrecht **informieren**. Der Mieter hat dann das Recht, innerhalb von zwei **Monaten** ab Zugang der Mitteilung die Wohnung zu den im Kaufvertrag formulierten Bedingungen selbst zu kaufen. Zur Ausübung des Vorkaufsrechts müssen alle Mieter der Wohnung eine **schriftliche Erklärung** gegenüber dem Vermieter (oder ggf. den Vermietern) abgeben. Diese sollte dem Vermieter mit Zugangsnachweis (per Einschreiben oder Gerichtsvollzieher → *Zugang von Erklärungen*) zugestellt werden. Eine notarielle Beurkundung ist nicht erforderlich.

Das Vorkaufsrecht besteht auch bei Veräußerung an eine **Personenhandelsgesellschaft**, deren Gesellschafter mit denen der veräußernden Gesellschaft **personenidentisch** sind (BGH VIII ZR 18/24 WuM 2026, 41).

Das Vorkaufsrecht besteht nicht, wenn der Vermieter die Wohnung an einen **Familienangehörigen** oder an einen **Angehörigen seines Haushalts** verkaufen will. Da das Vorkaufsrecht dem Mieter nur beim ersten Verkauf nach der Umwandlung zusteht, entfällt es damit endgültig (BGH V ZR 269/06 WuM 2007, 464).

Die Veräußerung der Wohnung im Wege der **Zwangsvollstreckung** wird wie ein Verkaufsfall behandelt. Das Vorkaufsrecht wird dadurch hinfällig und kann bei einem späteren Verkauf nicht mehr ausgeübt werden (BGH XII ZR 124/97 WuM 1999, 400).

War die Wohnung schon bei der Anmietung eine Eigentumswohnung, besteht kein gesetzliches Vorkaufsrecht.

Soll ich die Wohnung selbst kaufen?

> **Wichtig zu wissen:** Mietende sollten nicht aus Angst vor einer Kündigung ihre Wohnung kaufen. Erwirbt jemand anderes die Wohnung, gilt der Grundsatz: **»Kauf bricht nicht Miete«**. Der bisherige Mietvertrag wird mit dem Käufer als neuem Vermieter im bisherigen Umfang fortgesetzt → *Hausverkauf und Mietvertrag*.

Vor einer Kaufentscheidung sollte sich der Mieter über die rechtlichen Konsequenzen im Klaren sein, die mit dem Kauf von → *Wohnungseigentum* einhergehen. Er wird dann nicht nur Eigentümer der Wohnung, sondern auch Miteigentümer am Haus und am Grundstück, dem sog. Gemeinschaftseigentum. Er muss sich dann auch **an der Unterhaltung und Instandsetzung finanziell beteiligen.** Ernsthaft in Erwägung ziehen sollte man den Kauf einer Wohnung nur in einem sanierten und modernisierten Haus.

> **Wichtig zu wissen:** Früher konnten einzelne Wohnungseigentümer Modernisierungsmaßnahmen o.Ä. blockieren, indem sie dagegen stimmten. Seit dem 1.12.2020 ist für Maßnahmen der Instandhaltung, Instandsetzung, modernisierenden Instandsetzung und baulichen Veränderungen aber eine **einfache Mehrheit** der Eigentümer ausreichend; daher sind solche Beschlüsse von einzelnen Eigentümern kaum zu verhindern. Jeder einzelne Wohnungseigentümer muss sich seinem Anteil entsprechend an den **Kosten** beteiligen, **unabhängig von seinen finanziellen Möglichkeiten** und davon, ob er für die Maßnahme gestimmt hat → *Wohnungseigentum*.

Auch Wohnungseigentümer müssen wie Mieter → ***Betriebskosten*** (z.B. Grundsteuer, Versicherung, Wasser, Heizkosten usw.) tragen. Dazu kommen aber noch **weitere Kosten**, mit denen ein Mieter nichts zu tun hat, z.B. für die Verwaltung der Wohnungseigentumsanlage, öffentliche Abgaben für Straßenbau, Parkplätze, Kinderspielplätze usw. (Anliegerbeiträge), Instandhaltungskosten, Reparaturkosten. Für größere Reparaturen müssen **Instandhaltungsrücklagen** angespart werden, dafür sind regelmäßige Zahlungen zu leisten.

Besonderheiten bei Umwandlung geförderter Wohnungen

Mitteilungspflicht: Der Vermieter muss der zuständigen Stelle den Verkauf belegungs- oder mietgebundener Wohnungen unverzüglich schriftlich mitteilen; ebenso die Umwandlung solcher Wohnungen in Eigentumswohnungen.

Zusätzlicher Kündigungsschutz: Der Erwerber einer umgewandelten geförderten Wohnung darf nicht wegen Eigenbedarfs kündigen, solange die Wohnung gebunden ist, sei es hinsichtlich der Belegung, sei es hinsichtlich der Miete. Das entspricht praktisch einer vollständigen Kündigungssperre für Eigenbedarf, und zwar auch für einen Käufer, der sozialwohnungsberechtigt ist.

Dieser grundsätzliche Schutz wird bei öffentlich geförderten Wohnungen allerdings durchbrochen, wenn die öffentlichen Darlehen vorzeitig vom früheren Eigentümer oder vom Erwerber der umgewandelten Wohnung zurückgezahlt werden. In diesem Fall ist die Eigenbedarfskündigung für den Erwerber der umgewandelten Sozialwohnung nur während der sog. Nachwirkungsfrist der Bindungen ausgeschlossen, d. h. in der Regel für zehn Jahre.

Die Kündigungssperrfrist für Eigenbedarf bei umgewandelten Sozialmietwohnungen, für die die öffentlichen Darlehen vorzeitig zurückgezahlt wurden, beträgt somit in der Regel zehn Jahre, aber mindestens drei Jahre, je nach den allgemeinen örtlich maßgeblichen Regeln über die Kündigungssperrfrist (s. o.).

Bei Wohnungen, die nach dem Wohnraumförderungsgesetz gefördert wurden, kommt es darauf an, ob im Fall der vorzeitigen Rückzahlung laut Vertrag die Bindungen verkürzt werden.

Übernahme öffentlicher Darlehen: Werden Sozialmietwohnungen umgewandelt und veräußert, so müssen auch öffentliche Baudarlehen übernommen werden, wenn diese Mittel nicht vom Voreigentümer vollständig abgelöst worden sind. Es empfiehlt sich daher, alle notwendigen Unterlagen (bei der Bewilligungsstelle oder dem bisherigen Eigentümer) einzusehen.

Umzug

Ein Umzug sollte gut vorbereitet und organisiert sein. Der Mieter muss u. a. entscheiden, ob er ihn selbst durchführen oder eine Spedition beauftragen will. Folgende **Tipps** sollte der Mieter beachten:

- Schon vor dem Umzug sollte der Mieter den Keller, Speicher sowie die Rumpelkammer **ausmisten**; das kann Fracht sparen und damit die Umzugskosten senken.
- **Selbstverpacktes** ist **nicht versichert.** Wenn Sie den Hausrat selbst verpacken, haftet für evtl. Beschädigungen nicht die Versicherung des Spediteurs.
- Stellen Sie vor dem Umzug eine **Inventarliste** auf, damit Sie einen Überblick über Ihren gesamten Haushalt bekommen. Denken Sie auch an die

Gegenstände im Keller und in der Garage! Die Umzugsfirma benötigt genaue Angaben über den Umfang des Hausrats, um einen Kostenvoranschlag zu erstellen.

- Wählen Sie nach Möglichkeit nicht den Monatsersten als **Umzugstermin**, denn das tun die meisten Leute. Bei Fernumzügen müssen Sie um den Monatsersten mit einem Tarifzuschlag rechnen. Zwischen dem 6. – 13. und dem 18. – 24. eines Monats liegen die günstigeren Umzugstermine.
- **Wasch- und Spülmaschinen, Gas- und Elektroherde** dürfen vom Möbelspediteur nicht ab- und anmontiert werden. Bestellen Sie deshalb rechtzeitig Handwerker für die alte und die neue Wohnung.
- Führen Sie einen Umzugskalender, in den Sie sofort eintragen, was Ihnen im Laufe der Vorbereitungszeit einfällt – z. B. **Anmeldung** bei der Meldebehörde, **Zeitungen und Zeitschriften** umbestellen, **Telefon, Nachsendeantrag** für die Post, Ummeldung des **Rundfunkbeitrags**. Am Umzugstag **Zähler** ablesen, **Arbeitgeber, Krankenkasse, Bank, Schulbehörde** sowie **Versicherungen** informieren, **Pkw** unverzüglich ummelden.
- Benutzen Sie ggf. auch den eigenen Pkw für den Umzug und transportieren Sie dort die **Notausrüstung**, z. B. Verbandszeug, Medikamente und Ausweispapiere, Werkzeug und Putzzeug, ggf. auch Wertsachen. Zur Wohnungsübergabe → *Wohnungsabnahme*.

Wie finde ich ein kostengünstiges Umzugsunternehmen?
Wer einen Möbelspediteur beauftragen möchte, muss wissen, dass es keine tariflich festgelegten Preise gibt. Es lohnt sich deshalb, Preise zu vergleichen. Ein Umzugsportal im Internet kann helfen, einen preisgünstigen Anbieter zu finden. Holen Sie vor dem Auftrag an eine Spedition mehrere detaillierte **Kostenvoranschläge** ein. Wer sich auf mündliche Aussagen verlässt, kann eine böse Überraschung erleben. Einem günstigen Angebot folgt oft eine viel höhere Rechnung. Bestehen sie auf einem schriftlichen und verbindlichen Kostenvoranschlag! Und Vorsicht vor extrem günstigen Lockangeboten – seriöse Anbieter machen vor Ort zunächst eine Besichtigung oder bestehen auf einer detaillierten Inventarliste.

Tipp: Eine preiswerte Möglichkeit zum Möbeltransport bieten **Möbel-Mitfahrzentralen**. Sie nutzen Leerraum, den Möbelspediteure bei Rück- und Kurierfahrten zur Verfügung haben. Die Kosten betragen oft weniger als die Hälfte der üblichen Preise.

Wann muss der Vermieter die Umzugskosten ersetzen?
Grundsätzlich hat der Mieter keinen Ersatzanspruch gegen den Vermieter für die Kosten des Umzugs. Das gilt auch dann, wenn er auf Veranlassung des Vermieters auszieht, etwa nach einer berechtigten Kündigung wegen Eigenbedarfs. Der Mieter kann jedoch ausnahmsweise **Kostenersatz** verlangen
- wenn er die Erstattung der Umzugskosten mit dem Vermieter ausdrücklich vereinbart. Die Erstattung kann z. B. Teil der Abfindung sein, falls der Mieter auf Wunsch des Vermieters einen → *Aufhebungsvertrag* abschließt;
- nach einer gerechtfertigten → *fristlosen Kündigung des Mieters*, z. B. wegen erheblicher → *Gesundheitsgefährdung* oder Nichtgewährung des vertragsgemäßen Gebrauchs;
- wenn der Vermieter eine Kündigung wahrheitswidrig begründet hat (Schadensersatz wegen → *vorgetäuschten Eigenbedarfs*).

Wann kann ich die Umzugskosten steuerlich geltend machen?
Mieter können Umzugskosten in bestimmten Fällen bei der Einkommensteuer geltend machen. Dafür ist entscheidend ist, warum der Umzug stattfindet.

Ein **beruflich bedingter Umzug** ist **voll absetzbar**. Ein Umzug ist beruflich veranlasst, wenn er etwas mit Ihrer Arbeit zu tun hat. Dann gelten die Kosten als Werbungskosten. Beruflich veranlasst ist der Umzug z. B.
- wenn er durch erstmalige Aufnahme einer beruflichen Tätigkeit erforderlich wird,
- bei einem Arbeitsplatzwechsel oder Versetzung durch den Arbeitgeber,
- wenn dadurch der Arbeitsweg deutlich kürzer wird (mindestens eine Stunde Zeitersparnis pro Tag),
- bei erheblicher Verbesserung der Arbeitsbedingungen auch dann, wenn sich die Entfernung zum Arbeitsplatz nicht verkürzt, z. B. wegen geringerer Wegezeiten oder besserer Möglichkeiten der Kinderbetreuung (BFH IX R 79/01 NJW 2006, 3023).

Ist der Umzug aus rein **privaten Gründen** veranlasst, können 20 % der Lohnkosten eines Umzugsunternehmens als **haushaltsnahe Dienstleistung** steuerlich geltend gemacht werden (maximal 4000 Euro jährlich). Die Kosten für Material, Mietwagen und Kartons sind nicht abziehbar.

Bei einem **gesundheitlich bedingten Wohnungswechsel** können die Kosten als **außergewöhnliche Belastungen** anerkannt werden, etwa wenn ein barrierefreier Wohnraum benötigt wird.

Unabdingbare Rechte des Mieters

Grundsätzlich können die gesetzlichen Vorschriften des Mietrechts durch den Mietvertrag abgeändert werden. Dies geschieht sehr häufig durch → *Allgemeine Geschäftsbedingungen*. Zum **Schutz des Wohnraummieters** können aber viele Vorschriften nicht zu seinem Nachteil abgeändert werden. Eine vertragliche Regelung, die das nicht beachtet, ist **unwirksam.** An ihre Stelle tritt dann die gesetzliche Regelung.

Zu den wichtigsten unabdingbaren Rechten gehören:
- die **Mietminderung** wegen → *Mängeln der Mietsache*;
- die Begrenzung der → *Kaution* auf maximal drei Nettokaltmieten, das Recht des Mieters, diese in drei Raten zu zahlen, und die Pflicht des Vermieters, sie von seinem übrigen Vermögen getrennt anzulegen und zugunsten des Mieters zu verzinsen;
- das Recht des Mieters auf Gestattung der → *Untermiete*;
- das Recht des Mieters auf Gestattung von Maßnahmen zur Herstellung der erforderlichen **Barrierefreiheit** → *Modernisierung durch den Mieter*;
- die Bedingungen, unter denen der Mieter **Erhaltungs- und Modernisierungsmaßnahmen dulden** muss, und sein Sonderkündigungsrecht nach Zugang einer Modernisierungsankündigung → *Modernisierung durch den Vermieter*;
- die Voraussetzungen für die Umlage und Erhöhung von → *Betriebskosten*, auch bei → *Contracting*; im Zusammenhang mit Betriebskosten sieht ein Gesetzentwurf von Februar 2026 außerdem vor, dass das Recht des Mieters zur Belegeinsicht nicht ausgeschlossen werden kann. Ob dieser Plan umgesetzt wird, war bei Redaktionsschluss nicht absehbar – Ihr örtlicher Mieterverein kennt die geltende Rechtslage;
- die Voraussetzungen, unter denen der Vermieter eine → *Mieterhöhung* verlangen darf sowie das Sonderkündigungsrecht des Mieters nach Mieterhöhung;
- das Recht zum **Eintritt in bzw. Fortführung des Mietvertrags** bei → *Tod des Mieters* sowie das Recht der überlebenden Mitmieter auf außerordentliche Kündigung des Mietvertrags;
- die **Fortführung des Mietverhältnisses mit dem Erwerber** bei Verkauf des Hauses oder der Wohnung → *Hausverkauf und Mietvertrag*;
- die Regelungen über die zulässige Miethöhe bei Mietbeginn in angespannten Wohnungsmärkten → *Mietpreisbremse*;
- das Recht zur → *fristlosen Kündigung des Mieters* aus wichtigem Grund, z. B. wegen **Gebrauchsentziehung** oder **Gesundheitsgefährdung;**
- das Recht des Mieters, eine → *fristlose Kündigung des Vermieters wegen Zahlungsverzugs* durch Zahlung der Rückstände unwirksam zu machen (»**Schonfristzahlung**«);

U

- der Ausschluss der »**Erfindung« neuer**, im Gesetz nicht vorgesehener **Gründe zur Kündigung** durch den Vermieter, die den Schutz des Mieters aushebeln;
- das Verbot der **Kündigung zum Zweck der Mieterhöhung**;
- die → *Kündigungsfristen* bei der ordentlichen Kündigung;
- das Recht des Mieters zum Widerspruch gegen die Kündigung des Vermieters in Härtefällen (→ *Kündigungswiderspruch*);
- die Voraussetzungen, unter denen ein → *Zeitmietvertrag* geschlossen werden kann;
- die **Kündigungssperrfrist** und das → *Vorkaufsrecht* des Mieters bei → *Umwandlung von Miet- in Eigentumswohnungen.*

Untermiete

Will der Hauptmieter die Wohnung einem Dritten – meist gegen Entgelt – überlassen, muss er den Vermieter vorab um Erlaubnis bitten. Unter bestimmten Voraussetzungen hat der Mieter sogar einen Anspruch darauf, dass der Vermieter die Untervermietung gestattet. Es kommt vor allem darauf an, ob die Wohnung vollständig oder teilweise untervermietet werden soll.

Vollständige Untervermietung (§ 540 BGB)

Der Mieter hat **keinen gesetzlichen Anspruch** auf Erteilung einer Erlaubnis zur Untervermietung der **gesamten Wohnung** (BGH VIII ZR 109/22 WuM 2023, 686). Ein solcher Anspruch besteht nur für die Überlassung eines Teils der Mieträume.

Verweigert der Vermieter die Erlaubnis, kann der Mieter aber das Mietverhältnis mit einer Frist von drei Monaten schriftlich **kündigen** (§ 540 Abs. 1 Satz 2 BGB). Ob er einen Anspruch auf Untermieterlaubnis hatte, ist für das Kündigungsrecht unerheblich (LG Berlin ZMR 2000, 673). Das Sonderkündigungsrecht besteht auch bei einem befristeten Mietvertrag (→ *Zeitmietvertrag*) und kann **nicht durch Formularklausel ausgeschlossen** werden (BGH XII ZR 172/94 WuM 1995, 481). Ist das Untermietinteresse vom Mieter allerdings nur vorgeschoben, um einen Kündigungsgrund zu schaffen, ist die Kündigung des Mieters rechtsmissbräuchlich und beendet das Mietverhältnis nicht (BGH VIII ZR 294/08 WuM 2010, 30).

Voraussetzung für das Kündigungsrecht ist, dass der Mieter dem Vermieter einen **konkreten Untermieter** benannt hat. Er muss den Namen, Geburtsdatum und Beruf des Untermieters mitteilen (LG Berlin WuM 2022, 345; WuM 2021, 30). Angaben zu den Einkommensverhältnissen des Untermieters muss er nicht machen (LG Berlin WuM 2022, 345). Lehnt der Vermieter eine Untervermietung allerdings **generell** ab, kann der Mieter auch dann kündigen, wenn er keinen konkreten Untermieter benannt hat (KG WuM 1996, 696; LG Berlin ZMR 2001, 969; LG Hamburg NJW-RR 1999, 664). Umgekehrt hat der Mieter keinen Anspruch auf eine generelle, nicht personenbezogene Untermieterlaubnis (BGH VIII ZR 290/11 WuM 2012, 229); wird diese verweigert, steht dem Mieter kein Sonderkündigungsrecht zu (LG Gießen WuM 1997, 368).

Hat der Mieter dem Vermieter eine angemessene Frist zur Erteilung der Untermieterlaubnis an einen konkret genannten Untermieter gesetzt, und äußert sich der Vermieter innerhalb dieser Frist nicht, so gilt sein **Schweigen als Verweigerung**, und der Mieter kann kündigen (LG Berlin ZMR 2000, 673; OLG Köln WuM 2000, 597). Hat der Mieter in seiner Anfrage keinen Untermieter benannt, darf das Schweigen des Vermieters nicht als generelle Verweigerung der Erlaubnis ausgelegt werden (OLG Koblenz WuM 2001, 272).

Der Mieter kann auch kündigen, wenn der Vermieter die Erlaubnis unter **Einschränkungen** erteilt, auf die kein Anspruch besteht (BGH VIII ZR 36/71 BGHZ 59, 3).

Der Vermieter darf die Untermieterlaubnis aber unter Umständen von der Vereinbarung eines angemessenen → *Untermietzuschlags* abhängig machen.

Kein Kündigungsrecht besteht, wenn der Vermieter einen **wichtigen Grund** hat, den benannten Untermieter abzulehnen, z. B. weil dieser mit dem Vermieter oder anderen Mietern verfeindet ist oder konkrete Anhaltspunkte dafür bestehen, dass dieser den Hausfrieden stören oder die Mietsache beschädigen wird (LG Berlin WuM 2021, 30) oder der Untermieter gegen seine polizeiliche Meldepflicht verstößt (AG Tempelhof-Kreuzberg WuM 2016, 623). Auch eine drohende Überbelegung der Mieträume kann ein wichtiger Grund sein. Die Zahlungsunfähigkeit des Untermieters (LG Berlin NZM 2002, 947) ist aber kein Grund, die Erlaubnis abzulehnen.

Teilweise Untervermietung (§ 553 BGB)
Nach dem Gesetz hat der Mieter einen **Anspruch** auf die Erlaubnis des Vermieters, einen **Teil der Wohnung** unterzuvermieten, wenn er ein **berechtigtes Interesse** an der Gebrauchsüberlassung hat und sein Interesse erst **nach Vertragsabschluss entstanden** ist (§ 553 Abs. 1 Satz 1 BGB).

Eine Voraussetzung für den Anspruch auf Gestattung ist also, dass der Mieter noch selbst in der Wohnung wohnt oder – bei vorübergehender Abwesenheit – den Gewahrsam nicht vollständig aufgibt. Dies ist der Fall, wenn der Mieter **per-**

U

sönliche Gegenstände in einem abgegrenzten Bereich der Wohnung zurücklässt, den nur er nutzen darf, und einen **Wohnungsschlüssel** behält. Diese Voraussetzungen können auch bei einer **1-Zimmer-Wohnung** erfüllt sein (BGH VIII ZR 109/22 WuM 2023, 686). Mieter einer 1-Zimmer-Wohnung können sich also ihr Zuhause durch Untervermietung erhalten, solange sie einen Wohnungsschlüssel behalten und persönliche Dinge in einem verschlossenen Schrank lagern.

Ein **berechtigtes Interesse** des Mieters ist anzunehmen, wenn er **vernünftige wirtschaftliche oder persönliche Gründe** benennen kann (BGH VIII ZR 88/22 WuM 2023, 751; VIII ZR 105/17 WuM 2018, 153; VIII ZR 349/13 WuM 2014, 489). Das Interesse muss mit der Rechts- und Sozialordnung vereinbar sein (BGH VIII ARZ 2/84 WuM 1985, 7). Ein solches Interesse kann beispielsweise ein berufsbedingter Auslandsaufenthalt (BGH VIII ZR 349/13 WuM 2014, 489), aber auch eine mehrmonatige »Workation«, also eine Kombination aus Arbeit und Urlaub (LG Berlin WuM 2023, 531), sein. Die Angst vor Einsamkeit oder der Wunsch, nach Auszug eines Mitbewohners nicht allein zu leben, begründen ebenfalls ein berechtigtes Interesse (BGH VIII ZR 105/17 WuM 2018, 153; AG Hamburg WuM 1990, 500). Ob der Mieter eine Untermieterlaubnis verlangen kann, wenn er aus humanitären Beweggründen einen Geflüchteten aufnehmen möchte, wird in der Rechtsprechung unterschiedlich gesehen (bejaht von LG Berlin WuM 2023, 481; verneint von AG München WuM 2023, 94). Streng genommen dient die Untervermietung in einem solchen Fall nicht dem Mieterinteresse, sondern dem Interesse des Menschen, den der Mieter unterstützen möchte. Innerhalb der »eigenen vier Wände« kann der Mieter aber sein Leben nach seinen Vorstellungen gestalten (BGH VIII ZR 349/13 WuM 2014, 489; VIII ARZ 2/84 WuM 1985, 7). Dazu gehört auch, dass er sein Leben zu Hause nach seinen ethischen Grundüberzeugungen ausrichten und Teile der Wohnung an einen Geflüchteten untervermieten kann, um diesen zu unterstützen (LG Berlin WuM 2023, 481).

Das berechtigte Interesse des Mieters an der Untervermietung von Teilen der Wohnung kann **wirtschaftliche Gründe** haben. Dazu zählt der Wunsch, die Mietkosten durch eine Untervermietung zu reduzieren (BGH VIII ZR 88/22 WuM 2023, 751; VIII ZR 105/17 WuM 2018, 153; VIII ZR 349/13 WuM 2014, 489). Nach dem Auszug eines Mitmieters haben die beiden verbleibenden Mieter z. B. ein berechtigtes Interesse, den auf den ausgezogenen Mitmieter entfallenden Kostenanteil durch die Aufnahme eines Untermieters zu kompensieren (BGH VIII ZR 11/24 WuM 2026, 199). Ob der Mieter wirtschaftlich darauf angewiesen ist, ist egal (BGH VIII ZR 228/23 WuM 2026, 80).

Es kommt auch nicht darauf an, ob der Mieter die Wohnung als **Haupt- oder Nebenwohnsitz** nutzt. Wo der Mieter »wohnt«, ist seiner freien Entscheidung überlassen (BGH VIII ZR 349/13 WuM 2014, 489). Das Recht auf Untervermietung **setzt nicht voraus**, dass der Mieter seinen **Lebensmittelpunkt** in der Wohnung behält (BGH VIII ZR 88/22 WuM 2023, 751; VIII ZR 4/05 WuM 2006, 147). Es reicht aus, wenn der Mieter ein Zimmer einer größeren Wohnung nutzt, um dort Einrichtungsgegenstände zu lagern oder die Mieträume gelegentlich zu Übernachtungszwecken (Urlaub, kurzzeitiger Aufenthalt) nutzt (BGH VIII ZR 88/22 WuM 2023, 751; VIII ZR 108/22 WuM 2023, 686; VIII ZR 349/13 WuM 2014, 489). Der Mieter kann sich die Wohnung also als Zweitwohnung durch Untervermietung erhalten, wenn sie in der Nähe seines Arbeitsplatzes gelegen ist und er dort zwei- bis dreimal pro Woche übernachtet, um sich nächtliche Fahrten nach Hause zu ersparen (BGH VIII ZR 88/22 WuM 2023, 751).

Das berechtigte Interesse muss nicht bei allen Mietern gegeben sein. Es reicht aus, wenn es **bei einem von mehreren Mietern** besteht (LG Berlin WuM 2021, 616).

Das Untermietinteresse des Mieters darf erst **nach Abschluss des Mietvertrags** entstanden sein. Daran fehlt es nach Ansicht des LG Berlin, wenn der Mieter bereits vor Abschluss des Mietvertrags beruflich im Ausland gearbeitet hat und er davon ausgehen musste, dass weitere Auslandseinsätze von mehrjähriger Dauer auf ihn zukommen werden (so LG Berlin WuM 2022, 490; zweifelhaft, denn das berechtigte Interesse des Mieters dürfte erst mit Beginn des jeweiligen Auslandseinsatzes entstehen).

Verstößt die vereinbarte Untermiete gegen die → *Mietpreisbremse*, hat der Mieter **keinen Anspruch auf Gestattung der Untervermietung** (LG Berlin WuM 2022, 489; WuM 2023, 690, aber nachfolgend offen gelassen von BGH VIII ZR 228/23 WuM 2026, 80). Denn in diesem Fall hält sich der Mieter nicht an die Rechtsordnung. Die Vorschriften zur Mietpreisbremse binden auch den Mieter, der im Verhältnis zum Untermieter als Vermieter anzusehen ist. Macht der Mieter durch die Untervermietung einen Gewinn, indem er eine über die Deckung der laufenden Kosten hinausgehende Untermiete verlangt, kann er die Erlaubnis des Vermieters nicht verlangen. Gewinnerzielung ist nicht Zweck der Untervermietung. Die Untervermietung soll dem Mieter den Erhalt des Wohnraums ermöglichen und nicht als Geschäftsmodell dienen (BGH VIII ZR 228/23 WuM 2026, 80).

Erlaubnis muss eingeholt werden!

Auch wenn der Mieter ein berechtigtes Interesse an der Untervermietung hat, muss er immer erst den Vermieter um **Erlaubnis** bitten. Hierfür muss er dem Vermieter einen **konkreten Untermieter** benennen. Er hat keinen Anspruch auf eine personenunabhängige, generelle Untermieterlaubnis (BGH VIII ZR 290/11 GE

2012, 825). Der Mieter muss **Namen, Geburtsdatum und Beruf** des Untermieters mitteilen (LG Berlin WuM 2021, 30). Angaben zu den Einkommensverhältnissen des Untermieters muss er nicht machen (LG Hamburg WuM 1991, 585).

> **Tipp:** Aus der Anfrage des Mieters sollte deutlich hervorgehen, dass der Mieter nur Teile der Mietsache und nicht die ganze Wohnung untervermieten möchte und seine Gründe erst nach Abschluss des Mietvertrags entstanden sind (LG Berlin WuM 2021, 615).

Der Mieter muss den Vermieter nicht unverzüglich um Erlaubnis bitten, sobald sein Untermietinteresse entsteht. Der Anspruch auf Untermieterlaubnis ist **nicht verwirkt**, wenn der Mieter die Erlaubnis erst nach einer längeren Zeit beantragt (AG Stuttgart WuM 2023, 693: nach über einem Jahr). Es kommt nur darauf an, dass das berechtigte Interesse des Mieters im Zeitpunkt des Antrags noch besteht.

Stützt der Mieter seinen Antrag auf wirtschaftliche Gründe, darf der Vermieter die Erteilung der Erlaubnis nicht davon abhängig machen, dass der Mieter ihm zuerst Nachweise über seine Einkommensverhältnisse wie z. B. einen aktuellen Leistungsbescheid des Jobcenters vorlegt (LG Berlin WuM 2018, 362). Der Mieter muss nur Einzelheiten zu seinen wirtschaftlichen Verhältnissen angeben, jedoch **keine Nachweise** einreichen.

Aufnahme enger Familienangehöriger bedarf keiner Erlaubnis
Seine Familie darf der Mieter in die Wohnung aufnehmen, ohne den Vermieter zu fragen. Zur Familie zählen der **Ehegatte, die Eltern** (BGH XII ZR 143/11 WuM 2013, 485; BayObLG WuM 1997, 603) oder **Kinder des Mieters** (LG Berlin WuM 2023, 203; AG Mitte WuM 2022, 273), auch wenn diese bereits volljährig sind und einen eigenen Haushalt geführt haben (LG Potsdam WuM 2012, 612). Das gilt allerdings nur, solange der Mieter die Wohnung selbst noch (mit-) bewohnt oder zumindest eine Rückkehrabsicht hat (LG Berlin II WuM 2025, 685) oder Mitgewahrsam ausübt, indem er einen Wohnungsschlüssel behält, ein Zimmer für sich belegt oder persönliche Gegenstände in der Wohnung lässt (LG Berlin WuM 2023, 203; LG Berlin ZMR 2018, 668). Der Mieter darf die Wohnung also nicht vollständig aufgeben und ohne Erlaubnis einem Familienangehörigen überlassen. Für die Aufnahme der **Geschwister** (BayObLG WuM 1984, 13) oder des Lebensgefährten (BGH VIII ZR 371/02 WuM 2003, 688 – im Regelfall besteht ein Anspruch) benötigt der Mieter stets die Erlaubnis des Vermieters. Diese gehören nach der Rechtsprechung nicht zum engen Familienkreis des Mieters.

Wichtig zu wissen: Besucher sind keine Untermieter. Der Vermieter muss nicht um Erlaubnis gefragt werden, er darf keine Vorschriften machen, und der Mieter muss keine berechtigten Interessen haben, um Besucher in der Wohnung empfangen zu dürfen. Das gilt auch für längeren → *Besuch*, etwa bis zur Dauer von sechs Wochen.

Untervermietung darf für den Vermieter nicht unzumutbar sein
Der Vermieter darf die Erlaubnis zur teilweisen Gebrauchsüberlassung nur verweigern, wenn dafür in der Person des Untermieters ein wichtiger Grund besteht (z. B., weil dieser den Hausfrieden stört), die Wohnung übermäßig belegt würde oder dem Vermieter aus anderen Gründen die Gebrauchsüberlassung nicht zumutbar ist (s. o. Vollständige Untervermietung). Einer kirchlichen Einrichtung ist die Aufnahme des nichtehelichen Lebensgefährten nicht unzumutbar (OLG Hamm WuM 1991, 668). Eine Wohnungsgenossenschaft kann die Untervermietung nicht ablehnen, weil der Untermieter kein Genossenschaftsmitglied ist (AG Neukölln – 3 C 54/14).

Ohne Erlaubnis droht die Kündigung!
Der Mieter verstößt gegen seine Pflichten aus dem Mietverhältnis, wenn er die Mieträume ganz oder teilweise untervermietet, ohne die erforderliche Erlaubnis seines Vermieters einzuholen. Dies ist auch dann der Fall, wenn er einen Anspruch auf die Erteilung der Erlaubnis hat (BGH VIII ZR 74/10 WuM 2011, 169). Im Einzelfall droht eine fristlose oder fristgemäße Kündigung des Vermieters wegen nicht genehmigter Untervermietung. Hat der Mieter aber den Anspruch und die Erlaubnis zur Untervermietung rechtzeitig vor Überlassung der Mieträume an den Untermieter beim Vermieter beantragt, ist die Kündigung rechtsmissbräuchlich (BGH VIII ZR 109/22 WuM 2023, 686). In diesem Fall kann der Vermieter eine fristlose oder eine ordentliche Kündigung nicht auf das Fehlen der Erlaubnis zur Untervermietung stützen. Denn der Vermieter hätte die Erlaubnis erteilen müssen, wenn er sich selbst vertragsgemäß verhalten hätte.

Vor einer → *fristlosen Kündigung des Vermieters wegen unbefugter Gebrauchsüberlassung* muss dieser den Mieter zunächst **abmahnen** und ihm Gelegenheit geben, die nicht genehmigte Untervermietung zu beenden (LG Berlin WuM 2015, 421). Nach der Abmahnung muss der Mieter alles tun, damit der Untermieter auszieht; dazu gehört nicht nur eine Räumungsklage gegen den Untermieter, sondern auch der Versuch, ihn durch finanzielle Zuwendungen zum Auszug zu bewegen (LG Hamburg ZMR 2001, 39; LG Berlin NZM 1999, 407).

U

Rechte des Mieters bei zu Unrecht verweigerter Erlaubnis

Wenn der Vermieter die Erlaubnis zu Unrecht verweigert, kann der Mieter **Klage auf Erteilung der Erlaubnis** erheben oder das Mietverhältnis mit dreimonatiger Frist **kündigen** (zu diesem Sonderkündigungsrecht s. o. Vollständige Untervermietung). Daneben kann er vom Vermieter **Schadensersatz** für den entgangenen Untermietzins verlangen (BGH VIII ZR 349/13 WuM 2014, 489).

Rechtsverhältnis Eigentümer/Vermieter – Hauptmieter – Untermieter

Der Untermieter hat nur einen Vertrag mit dem Hauptmieter (Zwischenmieter/Zwischenvermieter). Zwischen Hauptvermieter (Eigentümer) und Untermieter besteht keine Vertragsbeziehung. Wird das Hauptmietverhältnis beendet, endet daher nicht automatisch auch das Untermietverhältnis zwischen Haupt- und Untermieter. Vielmehr richtet sich dies nach dem zwischen Hauptmieter und Untermieter geschlossenen Vertrag.

Allerdings hat der Hauptvermieter als Eigentümer gegen den Untermieter einen **Anspruch auf Herausgabe** der Mieträume. Um diesen Anspruch vollstrecken zu können, ist allerdings ein eigener **Räumungstitel gegen den Untermieter erforderlich**; der Titel gegen den Hauptmieter genügt nicht (BGH IXa ZB 116/03 WuM 2003, 577).

Achtung – von dieser Herausgabepflicht gibt es **drei wichtige Ausnahmen**:
1. Der Untermieter kann sich gegenüber dem Hauptvermieter auf den Kündigungsschutz und auf die Sozialklausel berufen, wenn Hauptvermieter und Hauptmieter einverständlich zusammengearbeitet haben, um dem Untermieter den für den Wohnraum geltenden Kündigungsschutz abzuschneiden (AG Helmstedt WuM 1989, 19).
2. Hat der Eigentümer (= Hauptvermieter) seine Wohnung einem **gewerblichen Vermieter** oder einem **Arbeitgeber zur Weitervermietung überlassen** und dieser die Wohnung weitervermietet, führt die Beendigung des Hauptmietvertrags nicht zu Nachteilen für den Untermieter. In diesen Fällen tritt nämlich der Eigentümer entweder anstelle des Zwischenvermieters in den Mietvertrag ein, schaltet nahtlos einen neuen gewerblichen Zwischenvermieter ein, der dann das Mietverhältnis zu unveränderten Bedingungen übernimmt, oder er tritt zunächst selbst in den Mietvertrag ein und schaltet später einen neuen Zwischenvermieter ein, der dann das Mietverhältnis zu unveränderten Bedingungen fortsetzt. Für alle Varianten gilt: Dem Untermieter steht gegenüber dem Eigentümer der volle Kündigungsschutz zu (BGH VIII ZR 241/16 WuM 2018, 161; VIII ZR 311/14 WuM 2016, 221). Ebenso ist es, wenn der **Zwischenmieter ein Arbeitgeber** ist und der Eigentümer ihm gegenüber das Recht hat, auf den Inhalt des End-

mietvertrags sowie die Auswahl des Endmieters (Arbeitnehmers) Einfluss zu nehmen (BayObLG WuM 1995, 645; LG Duisburg NJW-RR 1997, 1169).
3. Handelt es sich nicht um einen gewerblichen Zwischenvermieter, sondern z. B. um einen **gemeinnützigen Verein**, muss man unterscheiden:
Fall 1: Ein gemeinnütziger Verein, dessen satzungsgemäße Aufgabe darin besteht, Jugendliche aus zerrütteten Elternhäusern zu beraten und durch Sozialarbeiter zu betreuen, hat Wohnungen angemietet, um sie an von ihm betreute Jugendliche unterzuvermieten. Wenn in diesem Fall das Hauptmietverhältnis endet, tritt der Eigentümer nicht in die Mietverträge mit den Untermietern ein. Die Jugendlichen haben gegenüber dem Eigentümer also keinen Kündigungsschutz (BGH VIII ZR 278/95 WuM 1996, 537; KG Berlin GE 2014, 935). Der BGH begründet dies zum einen mit der engen Beziehung zwischen Haupt- und Untermieter und zum andern damit, dass der Vermieter die Wohnungen ohne Zwischenschaltung des Vereins dem auf dem allgemeinen Wohnungsmarkt benachteiligten Personenkreis gar nicht vermietet hätte (BGH VIII ZR 311/14 WuM 2016, 221).
Fall 2: Ein gemeinnütziger Verein, dessen satzungsgemäßer Zweck in der Förderung von künstlerischen Berufen besteht, hat neben Werkstätten und Ausstellungshallen auch Räume als Wohnungen an Künstler, die Mitglieder des Vereins sind, untervermietet. Hier hat der BGH (VIII ZR 163/02 WuM 2003, 563) entschieden, dass der Vermieter nach Beendigung des Hauptmietvertrags nicht vom Untermieter die Wohnung herausverlangen kann, weil sich der Untermieter ihm gegenüber auf den gesetzlichen Kündigungsschutz für Wohnraummieter berufen kann. Anders als in Fall 1 ging es hier nicht um einen besonderen Personenkreis, an den der Vermieter sonst nicht vermietet hätte.

Kündigung des Untermietvertrags
Kündigt der **Hauptmieter das Untermietverhältnis**, muss zwischen der **vollständigen** und der **teilweisen Untervermietung** unterschieden werden:
- Ist die **Wohnung insgesamt** untervermietet, hat der Untermieter dem Hauptmieter gegenüber den gleichen → *Kündigungsschutz* wie sonst ein Mieter auch.
- Ist nur ein **Teil der Wohnung** untervermietet, und sind die überlassenen Räume unmöbliert, gilt das Gleiche wie bei einer Einliegerwohnung → *Kündigungsschutz*. Der Hauptmieter kann dem Untermieter ohne Angaben von Gründen kündigen; er muss aber eine um drei Monate verlängerte Kündigungsfrist einhalten.
- Hat der Hauptmieter dem Untermieter einen **Teil der Wohnung möbliert** überlassen, kann er dem Untermieter ohne Angabe von Gründen bis zum 15. eines Monats zum Ablauf des gleichen Monats kündigen. **Ausnahme:** Wird das möblierte Zimmer einer Familie zum dauerhaften Gebrauch untervermietet, gilt der gesetzliche → *Kündigungsschutz*.

U

Kündigt der **Eigentümer dem Zwischenvermieter** wegen **Eigenbedarfs**, gelten diese Kündigungsgründe auch gegenüber dem Untermieter, wenn der Zwischenvermieter die Gründe »weitergibt« (OLG Stuttgart WuM 1993, 386).

Untermietverhältnisse bei einer Gemeinde

Untermietverhältnisse mit einer juristischen Person des öffentlichen Rechts (z. B. einer Gemeinde) oder einem anerkannten privaten Träger der Wohlfahrtspflege schränken die Mieterrechte des Untermieters stark ein.

Betroffen sind Mieter von Wohnungen, die ein **privater Wohlfahrtsträger** oder eine **juristische Person des öffentlichen Rechts** im Rahmen der durch Gesetz zugewiesenen Aufgaben (z. B. die Gemeinde) vorher selbst angemietet hat, um sie an **Personen mit dringendem Wohnungsbedarf** weiterzuvermieten. Rechtlich gesehen sind die Mieter hier Untermieter.

Die Gemeinde bzw. die karitative Einrichtung handelt hier als Zwischenvermieter. Beim Hauptmietverhältnis zwischen ihr und dem Vermieter handelt es sich um ein **Gewerberaummietverhältnis**; bei der Weitervermietung an Personen mit dringendem Wohnbedarf hingegen liegt ein **Wohnraummietverhältnis** vor.

Vorausgesetzt, die Gemeinde bzw. die karitative Einrichtung hat bei Vertragsabschluss auf die Zweckbestimmung des Wohnraums und den fehlenden Mieterschutz hingewiesen, kann sie das Untermietverhältnis **jederzeit ohne Angabe von Gründen kündigen.** Auf die Sozialklausel oder Räumungsfristen kann sich der Untermieter hier nicht berufen. Allerdings droht in der Praxis von Seiten des Zwischenvermieters wohl kaum eine willkürliche Kündigung oder eine unangemessene Mieterhöhung. Der Zwischenvermieter ist bzw. fühlt sich ja gerade für die Unterbringung und Versorgung dieser Mieter mit dringendem Wohnungsbedarf verantwortlich. Die Gefahr droht eher über das Hauptmietverhältnis, das als Gewerberaummietverhältnis von Seiten des Vermieters beliebig befristet und gekündigt werden kann.

Achtung: Das Hauptmietverhältnis mit der Gemeinde oder der karitativen Einrichtung ist aber ein »besonderes« Gewerberaummietverhältnis. Gemäß § 578 Abs. 3 BGB gelten hier die meisten Mieterschutzvorschriften z. B. im Mieterhöhungs- und Kündigungsrecht. Hierdurch ist der Zwischenvermieter gesichert und indirekt ist damit auch der Untermieter geschützt.

Untermietzuschlag

Der Vermieter kann seine Erlaubnis zur Untervermietung von einer Mieterhöhung abhängig machen, wenn ihm die Zustimmung sonst nicht zumutbar ist. Die Mieterhöhung muss vereinbart werden, kann vom Vermieter also nicht einseitig festgelegt werden. Wann eine Erhöhung gerechtfertigt ist, wird von den Gerichten unterschiedlich beurteilt. Überwiegend wird verlangt, dass dem Vermieter eine Mehrbelastung (z. B. erhöhter Verwaltungsaufwand, höhere Betriebskosten oder stärkere Abnutzung der Räumlichkeiten) entstehen muss (LG Berlin WuM 2022, 345; WuM 2019, 373); angemessen seien dann 5 – 30 Euro je Person und Monat (LG Berlin WuM 2019, 85; GE 2019, 1639). Nach anderer Ansicht darf der Vermieter pauschal 20 % des Untermietzinses verlangen (LG Berlin GE 2016, 1093; AG Hamburg ZMR 2008, 213). Wenn die Aufnahme eines Untermieters jedoch nicht zu einer Erhöhung der ursprünglichen Zahl der Wohnnutzer zum Zeitpunkt des Einzugs führt, darf der Vermieter keinen Untermietzuschlag verlangen (LG Berlin WuM 2019, 85; WuM 2019, 373; AG Hamburg ZMR 2018, 53). Letztlich kommt es auf den Einzelfall an; schematische Wertungen sind nicht gerechtfertigt (LG Berlin WuM 2024, 82). Zu fragen ist, warum dem Vermieter die Untervermietung nur zumutbar sein soll, wenn er für seine Zustimmung einen Zuschlag kassieren kann. Höhere Betriebskosten sind z. B. kein Argument, weil diese in aller Regel auf die Mieter umgelegt werden. Für Schäden an der Wohnung haftet der Mieter ohnehin. Gebrauchsspuren in der Wohnung werden über Schönheitsreparaturklauseln abgefangen. Und warum sollte der Vermieter an den Untermieteinnahmen des Mieters beteiligt werden, wenn er von diesem Mieter die vertraglich vereinbarte – z. B. die ortsübliche – Miete für die Wohnung erhält?

Soweit früher vertreten wurde, dass der Vermieter einen Anspruch auf **wirtschaftliche Partizipation** an den Erträgen aus der Untervermietung habe (z. B. LG Berlin WuM 2023, 690), dürfte sich das nach der neuesten Rechtsprechung des BGH (VIII ZR 228/23 WuM 2026, 80) erledigt haben, nach der der Mieter an der Untervermietung ohnehin keinen nennenswerten Gewinn erzielen darf, an dem der Vermieter beteiligt werden könnte.

Wird im **Mietvertrag** bereits die Höhe eines etwaigen Untermietzuschlags festgelegt, ist diese **Klausel unwirksam** (LG Hannover WuM 1983, 236; LG Mainz WuM 1982, 191; AG Hamburg WuM 1999, 600). Die Höhe richtet sich immer nach den Umständen des Einzelfalls.

Für **Sozialwohnungen** ist die Höhe des Untermietzuschlags gesetzlich geregelt. Er beträgt im Monat 2,50 Euro für eine Person und 5,00 Euro bei zwei oder mehr Personen (§ 26 Abs. 3 NMV 1970). Ist der Mieter mit einer gerechtfertigten Mieterhöhung nicht einverstanden, gilt die Erlaubnis des Vermieters zur Untervermietung als verweigert.

Unterschrift

Wenn das Gesetz vorschreibt, dass eine Erklärung in → *Schriftform* abgegeben werden muss, bedeutet das, dass sie nur wirksam ist, wenn entweder der Erklärende eigenhändig (oder ein Vertreter) unterschrieben hat oder – bei Ersetzung der Schriftform durch die elektronische Form nach § 126a BGB – der Name hinzugefügt und das elektronische Dokument mit seiner qualifizierten elektronischen Signatur versehen werden muss. Bei vielen Erklärungen genügt auch die → *Textform*; hier ist keine Unterschrift oder Signatur erforderlich.

Wichtig ist, dass die Unterschrift zumindest charakteristische Merkmale aufweist, die die Identität des Unterzeichnenden ausreichend kennzeichnen. Sie muss nicht insgesamt lesbar sein, aber eine einfache Schlangenlinie oder ein Kringel reichen nicht aus. Zumindest ein paar Buchstaben sollten erkennbar sein (BGH NJW-RR 1997, 760; NJW 1982, 1467).

Wichtig zu wissen: Ein sog. **Faksimile**, also eine durch einen Stempel oder eine eingefügte Computergrafik nachgebildete Unterschrift, genügt nicht, um die Schriftform zu wahren, z. B. einen Vertrag formwirksam zu unterschreiben oder eine Kündigung wirksam zu erklären, wohl aber bei Erklärungen in Textform!

V

Verbrauchsabhängige Abrechnung → *Heizkosten*

Verfahrenskosten → *Prozesskosten*

Verfassungsbeschwerde

Nach Art. 94 Abs. 1 Nr. 4a GG hat jedermann das Recht, vor dem Verfassungsgericht wegen der Verletzung seiner Grundrechte durch die öffentliche Gewalt zu klagen – unter der Voraussetzung, dass der übrige Rechtsweg bereits ausgeschöpft ist. Gegen ein Urteil kann vor dem Verfassungsgericht nur vorgegangen werden, wenn **ausdrücklich geltend gemacht** wird, dass es **gerade Grundrechte** des Beschwerdeführers verletzt. Dass es als falsch oder ungerecht empfunden wird, genügt nicht!

Die Verfassungsbeschwerde ist erst zulässig, wenn der **Rechtsweg** bereits **vollständig durchschritten wurde**. Sie ist schriftlich einzulegen; Anwaltszwang besteht nicht für die Einlegung, wohl aber in einer mündlichen Verhandlung. Die genauen Voraussetzungen einer Verfassungsbeschwerde können unter www.bundesverfassungsgericht.de/DE/Verfassungsbeschwerde/MeineVerfassungsbeschwerde/WieErhebeIchEineVerfassungsbeschwerde/wieErhebeIchEineVerfassungsbeschwerde_node.html nachgelesen werden.

Verfügung → *Einstweilige Anordnung/Verfügung*

Verjährung

Auch im Mietrecht sind Ansprüche nicht zeitlich unbegrenzt durchsetzbar, sie können vielmehr verjähren. Eine wichtige **Ausnahme** gilt jedoch für Ansprüche des Mieters auf **Beseitigung von Mängeln**. Diese verjähren während eines laufenden Mietverhältnisses nicht (BGH VIII ZR 104/09 WuM 2010, 238).

Wichtig zu wissen: Die Verjährung muss vom Schuldner **geltend gemacht werden.** Auch vom Gericht ist die Verjährung nicht von Amts wegen zu beachten, sondern der Schuldner muss sich darauf berufen.

Wie lang ist die regelmäßige Verjährungsfrist?

Die regelmäßige Verjährungsfrist beträgt **drei Jahre**. Sie betrifft im Mietrecht u. a.

- den Anspruch des Vermieters auf Zahlung der Miete oder von Nachforderungen aus Betriebs- und Heizkostenabrechnungen sowie
- den Anspruch des Mieters auf Rückzahlung überhöhter (→ *Mietpreisüberhöhung*) oder zu viel gezahlter Miete (→ *Mietminderung*).

Wichtig zu wissen: Liegt ein rechtskräftiger Titel wie ein **Urteil** oder ein **Vollstreckungsbescheid** vor, kann daraus **30 Jahre** lang vollstreckt werden (§ 197 BGB).

Innerhalb welcher Frist verjährt der Anspruch auf Rückzahlung der Kostenmiete?

Der Anspruch auf Rückzahlung einer überhöhten Kostenmiete (→ *Sozialmiete/Sozialwohnung*) verjährt **vier Jahre** nach der jeweiligen Zahlung, spätestens jedoch ein Jahr nach Beendigung des Mietverhältnisses (§ 8 Abs. 2 WoBindG).

Anders ist es, wenn der Mieter Beträge zurückfordert, die er aufgrund einer **unwirksamen Kostenmieterhöhung** gezahlt hat. Dabei handelt es sich um einen Bereicherungsanspruch nach § 812 BGB, für den die regelmäßige Verjährungsfrist von drei Jahren gilt (OLG Hamm WuM 1997, 543).

Welche Verjährungsfrist gilt für den Anspruch des Mieters auf Ersatz von Aufwendungen?

Hat der Mieter Aufwendungen für die Wohnung getätigt, verjähren seine Ansprüche auf Ersatz dieser Aufwendungen oder Wegnahme von eingebrachten Einrichtungen **sechs Monate** nach Beendigung des Mietverhältnisses (§ 548 Abs. 2 BGB). Die Verjährungsfrist **beginnt** mit der **rechtlichen Beendigung** des Mietverhältnisses, nicht mit dem Auszug des Mieters (BGH VIII ZR 133/07 WuM 2008, 402). Bei einer vorzeitigen Rückgabe der Wohnung beginnt die Frist noch nicht zu laufen.

Verjährung bei Verkauf der Mietsache

Wird die Mietwohnung **veräußert**, endet zwar das Mietverhältnis mit dem bisherigen Vermieter und wird mit dem Erwerber fortgesetzt. Die Verjährungsfrist für Ansprüche des Mieters gegen den Veräußerer beginnt jedoch erst, wenn der Mieter Kenntnis von der Eintragung des Erwerbers im Grundbuch erlangt (BGH VIII ZR 133/07 WuM 2008, 402).

Erstattung für nicht geschuldete Schönheitsreparaturen

Die **kurze Verjährungsfrist** gilt auch für Kostenerstattungsansprüche des Mieters im Zusammenhang mit der Durchführung nicht geschuldeter → *Schönheitsreparaturen*. Ist die Schönheitsreparaturklausel unwirksam und hat der Mieter dennoch renoviert oder einen Ausgleichsbetrag gezahlt, verjährt sein Rückforderungsanspruch sechs Monate nach Ende des Mietverhältnisses (BGH VIII ZR 195/10 WuM 2011, 363).

Welche Ansprüche des Vermieters verjähren nach sechs Monaten?

Ersatzansprüche des Vermieters wegen

- **Veränderungen oder Verschlechterungen** der Wohnung,
- **Mietausfalls** wegen nicht vertragsgemäßer Rückgabe,
- **vertragswidrigen Gebrauchs** oder
- **unterlassener Schönheitsreparaturen** oder Rückbaupflichten

verjähren innerhalb von **sechs Monaten** (§ 548 Abs. 1 BGB). Die Verjährung beginnt, sobald der Vermieter die Wohnung zurückerhält. Nimmt der Vermieter die Wohnung **vorzeitig** zurück, läuft die Frist ab diesem Zeitpunkt, auch wenn das Mietverhältnis noch nicht beendet ist (BGH XII ZR 96/23 WuM 2025, 217). Der Anspruch des Vermieters kann also schon **vor Beendigung des Mietverhältnisses verjähren.**

Der Vermieter **erhält** die Wohnung erst **zurück**, wenn er **ungehinderten Zugang** zu den Mieträumen hat und sich ein vollständiges Bild von möglichen Veränderungen oder Schäden machen kann. Voraussetzung dafür ist, dass der Mieter den Besitz an den Räumen vollständig aufgegeben hat und der Vermieter davon Kenntnis erlangt (BGH XII ZR 96/23 WuM 2025, 217).

Verjährung von Schadensersatzansprüchen des Vermieters im laufenden Mietverhältnis?

Bei Schadensersatzansprüchen des Vermieters beginnt die Verjährung immer erst mit der Rückgabe der Wohnung. Ein Mieter kann sich daher während des laufenden Mietverhältnisses **nicht** auf Verjährung berufen und muss auch für Schäden aufkommen, die er vor mehr als 30 Jahren verursacht hat (BGH VIII ZR 132/20 WuM 2022, 668).

Kann die sechsmonatige Verjährungsfrist verlängert werden?
Die sechsmonatige Verjährungsfrist kann vertraglich verlängert werden, allerdings nur durch eine **individuelle Vereinbarung**. Formularklauseln → *Allgemeine Geschäftsbedingungen*, mit denen die Frist für beide Parteien auf zwölf Monate verlängert oder der Fristbeginn für Ansprüche des Vermieters an das Ende des Mietvertrags (statt an die Rückgabe der Wohnung) geknüpft werden soll, benachteiligen den Mieter unangemessen und sind daher unwirksam (BGH VIII ZR 13/17 WuM 2017, 703; LG Berlin WuM 2017, 88).

Wann wird die Verjährung gehemmt?
Die Verjährung kann gehemmt werden. Die Hemmung unterbricht die Verjährungsfrist, d. h., nach Wegfall des hemmenden Ereignisses läuft die restliche Verjährungsfrist weiter (§ 209 BGB). Eine Hemmung tritt insbesondere durch Maßnahmen der **Rechtsverfolgung** ein (§ 204 BGB).

> **Beispiele:** Klageerhebung, Zustellung eines → *Mahnbescheids* oder Einleitung eines selbstständigen Beweisverfahrens. Aber Achtung: Die Klage ist erst mit **gerichtlicher Zustellung** beim Prozessgegner »erhoben«, und diese setzt die Zahlung des Kostenvorschusses voraus → *Prozesskosten*!

Ein Mahnbescheid hemmt die Verjährung allerdings nur, wenn er den geltend gemachten Anspruch hinreichend deutlich bezeichnet (BGH VIII ZR 46/07 WuM 2008, 238).

Auch **Verhandlungen** zwischen Vermieter und Mieter hemmen die Verjährung (§ 203 BGB). Die Unterbrechung endet, wenn eine Partei unmissverständlich erklärt, nicht weiter verhandeln zu wollen oder die Verhandlungen »einschlafen« (BGH IX ZR 158/07).

Wann beginnt die Verjährung neu?
Die Verjährung beginnt **von vorn**, wenn der Schuldner den Anspruch anerkennt, etwa durch eine Teilzahlung, oder wenn eine Vollstreckungshandlung vorgenommen wird (§ 212 BGB). Die Zeit, die bis dahin bereits abgelaufen war, wird nicht mehr mitgerechnet, so dass die Frist **nochmals in voller Länge** läuft.

Verkauf des Hauses/der Wohnung → *Hausverkauf und Mietvertrag*

Verkehrssicherungspflicht → *Versicherung* → *Schmerzensgeld*

»Verkehrssicherungspflicht« bedeutet: Der Vermieter muss dafür sorgen, dass Haus, Treppenhaus, Gehwege und andere gemeinschaftlich genutzte Bereiche keine Gefahr darstellen. Er muss Schäden erkennen, Gefahren beseitigen oder rechtzeitig davor warnen, damit niemand zu Schaden kommt. Der Vermieter muss auch alles Zumutbare tun, um Mieter und ihre Haushaltsangehörigen vor körperlichen und gesundheitlichen Schäden durch einen mangelhaften Zustand des Mietgebäudes oder des Mietgrundstücks und auch der Mietwohnung zu bewahren. Den Vermieter trifft diese Pflicht gegenüber jedem, der das Hausgrundstück betritt (Lieferanten, Postboten, Besucher). Gefahrenquellen, z. B. in Hauszugängen und im Treppenhaus, sind zu beseitigen; ausreichende Beleuchtung muss sichergestellt sein.

Die Gerichte stellen hohe Anforderungen an die Sorgfalt des Vermieters. Verletzt der Vermieter schuldhaft seine Sorgfaltspflichten, macht er sich **schadensersatzpflichtig**.

Einzelfälle:
- Die Betriebssicherheit eines **Aufzugs** muss laufend überprüft werden (BGH VI ZR 241/55 BB 1957, 166).
- Es reicht aus, wenn das **Dach** alle drei Monate überprüft wird (OLG Düsseldorf NJW-RR 2003, 885).
- Für Schutz vor **Dachlawinen**, z. B. durch Schneefanggitter oder Warnschilder, muss nur in schneereichen Gegenden gesorgt werden; sonst besteht kein Verstoß gegen Sorgfaltspflichten (OLG Düsseldorf NZM 2013, 701).
- **Elektrische Anlagen** und **sanitäre Einrichtungen** müssen ohne konkreten Anlass nicht kontrolliert werden (BGH VIII ZR 321/07 WuM 2008, 719).
- Der Vermieter haftet wegen eines ungesicherten **Gartenteichs**, in dem ein Kleinkind zu Schaden gekommen ist, auch wenn er auf diese Gefahrenquelle hingewiesen hat (OLG Brandenburg NJW 2024, 2327).
- Der Vermieter muss dafür sorgen, dass **Müllcontainer** standsicher sind (LG Darmstadt GE 2023, 752).
- Die Funktionstüchtigkeit ordnungsgemäß installierter **Öfen** muss ohne konkreten Anlass nicht kontrolliert werden (BGH VIII ZR 310/10 WuM 2011, 465).
- In **Treppenhäusern** müssen Gefahren durch schadhafte oder nicht ausreichend befestigte **Teppichbeläge** beseitigt werden (OLG Köln NJWE-MietR 1996, 178; LG Berlin GE 1990, 865). Gleiches gilt für ausgetretene Treppenstufen oder Bohnerglätte (BGH VIII ZR 93/64 NJW 1967, 154).
- Außenwände im **Treppenhaus** dürfen nicht mit gewöhnlichem **Fensterglas** versehen sein (BGH VI ZR 233/93 WuM 1994, 480). Gleiches gilt für Haustü-

ren aus Glas (OLG Koblenz WuM 1997, 376). Demgegenüber liegt keine Verletzung der Verkehrssicherungspflicht vor, wenn der Vermieter eine Zimmertür mit einem Glasausschnitt bei Vermietung an eine Familie mit Kleinkindern nicht mit Sicherheitsglas nachrüstet (BGH VI ZR 189/05 WuM 2006, 388).

- **Zugänge** zum Haus und zu öffentlichen Gehwegen muss man auch im Winter gefahrlos begehen können. Auch bei einer vermieteten Eigentumswohnung haftet der Vermieter bei Verletzung der Räum- und Streupflicht unabhängig davon, ob er oder die Wohnungseigentümergemeinschaft einen Hausmeisterdienst mit der Verkehrssicherung beauftragt hat (BGH VIII ZR 250/23 WuM 2025, 675; → *Schneefegen*).

Erleidet der Mieter einen Schaden, obwohl er **von der Gefahrenquelle weiß**, entfällt grundsätzlich ein Schadensersatzanspruch (OLG Düsseldorf WuM 2001, 446; LG Gießen NJW-RR 2002, 1388), zumindest muss er sich ein **Mitverschulden** anrechnen lassen (OLG Köln NJWE-MietR 1996, 178).

Vermietergemeinschaft

Treten auf der Vermieterseite mehrere Personen auf (z. B. eine Erbengemeinschaft), kann das Mietverhältnis wirksam nur von bzw. gegenüber **allen** dort genannten Personen gekündigt werden, es sei denn, dass eine davon dem Mieter gegenüber zur Vornahme oder Entgegennahme von Kündigungen bevollmächtigt wird (BGH V ZR 177/62 MDR 1964, 308; LG Wiesbaden WuM 1987, 392) → *Vollmacht*. Das Gleiche gilt bei → *Mieterhöhungen* (LG München I WuM 1980, 110; LG Nürnberg-Fürth WuM 1980, 125) und Abmahnungen (LG Heidelberg NJW-RR 2001, 155).

Probleme ergeben sich, wenn im Kopf des Mietvertrags → *Eheleute als Vermieter* angegeben sind, die **Unterschrift** aber **nur von einem** der Ehepartner geleistet wird. Überwiegend kommen die Gerichte im Wege der Vertragsauslegung dann zu dem Ergebnis, dass beide Eheleute Vertragspartner sind, z. B. bei Mieterhöhungen oder Kündigungen also beide unterschreiben müssen. (OLG Düsseldorf WuM 1989, 326; LG Heidelberg WuM 1997, 547; a. A. LG Baden-Baden WuM 1997, 430; AG Hamburg 49 C 174/25 – maßgeblich sei die Unterschrift unter dem Mietvertrag. Ohne nähere Anhaltspunkte sei nicht davon auszugehen, dass der eine Ehepartner den anderen mit seiner Unterschrift vertreten wolle.) Wird dagegen von einer der Personen mit einem **Vertretungszusatz** unterschrieben oder ist die **Vertretung auf andere Weise hinreichend erkennbar**, werden beide Vertragspartner (BGH XII ZR 69/06 MDR 2008, 851).

Schließen sich mehrere Personen zu einer **Gesellschaft bürgerlichen Rechts** (GbR) zusammen, sind sie als GbR, also alle zusammen, Vermieter. Sie können ihre Rechte als BGB-Gesellschaft (sog. Außengesellschaft) auch gerichtlich wahrnehmen (BGH VIII ZR 117/04 WuM 2005, 791; II ZR 331/00 WuM 2001, 134). Nach einem Gesellschafterwechsel wird der Mietvertrag mit der Gesellschaft in der neuen Zusammensetzung fortgesetzt (BGH XII ZR 39/96 WuM 1998, 341; KG Berlin RE WuM 1998, 407).

Vermieterpfandrecht

Der Vermieter hat für alle Forderungen aus dem Mietverhältnis (z.B. Miete, Nebenkosten, Schadensersatzansprüche) ein Pfandrecht an den Sachen (z.B. Möbel, Wertsachen) des Mieters, § 562 BGB. Das Pfandrecht entsteht durch **Einbringung der Sachen in die Mieträume** unter der Voraussetzung, dass die Sachen im Eigentum oder Miteigentum des Mieters stehen. Dinge, die für den Mieter von besonderer Bedeutung sind, sind häufig **unpfändbar**. Dies gilt z.B. für Sachen des persönlichen Gebrauchs, Lebensmittelvorräte, Arbeitsmittel, normalen Hausrat oder Haustiere, § 811 ZPO. Diese unterliegen nicht dem Vermieterpfandrecht.

Hat der Vermieter einen fälligen Anspruch gegen den Mieter aus dem Mietverhältnis, und verweigert der Mieter seine Erfüllung, kann der Vermieter dem Pfandrecht unterliegende Sachen des Mieters in entsprechendem Wert pfänden und versteigern lassen; dies gilt auch schon vor Beendigung des Mietverhältnisses. Für künftige Entschädigungsforderungen und den Mietzins für eine spätere Zeit als das laufende und folgende Mietjahr kann das Pfandrecht nicht geltend gemacht werden.

Hat der Vermieter Sachen des Mieters in Besitz genommen, muss er sie sorgfältig verwahren, weil er sonst ggf. schadensersatzpflichtig ist.

Das Pfandrecht des Vermieters **erlischt**, wenn er sein Recht aufgibt (BGH VIII ZR 4/13 WuM 2014, 558) oder mit der **Entfernung der Gegenstände** von dem Grundstück, es sei denn, dass die Entfernung ohne Wissen oder unter Widerspruch des Vermieters geschieht. Dann kann der Vermieter binnen eines Monats die Rückschaffung verlangen; notfalls auch per → *einstweiliger Anordnung/ Verfügung* (OLG Rostock WuM 2004, 471). Dies gilt allerdings nicht, wenn die Entfernung »den gewöhnlichen Lebensverhältnissen entspricht« oder die zurückbleibenden Sachen zur Sicherung ausreichen. Da der Vermieter das in der Regel mangels Besichtigungsrecht nicht wird beurteilen können, ist das Pfandrecht eher ein »stumpfes Schwert«.

Zieht der Mieter aus, hat der Vermieter ein **Selbsthilferecht**, wenn der Mieter trotz Widerspruchs des Vermieters versucht, dem Pfandrecht unterliegende Sachen wegzuschaffen. Der Vermieter bzw. seine Hilfspersonen darf dann den Mieter notfalls mit Gewalt an der Wegschaffung hindern. Außerdem macht sich der Mieter u. U. strafbar. Der Vermieter darf den Mieter aber **nicht vorsorglich** daran hindern, seine Sachen zu entfernen, z. B. durch Sicherung der Haustür mit einem Steckschloss (OLG Karlsruhe NZM 2005, 542); das Selbsthilferecht berechtigt den Vermieter erst zum Eingreifen, wenn der Mieter mit der Entfernung eingebrachter Sachen beginnt. Immer ist der Grundsatz der Verhältnismäßigkeit zu beachten, so dass nicht bei kleinsten Forderungen und Außenständen Gewalt erlaubt ist.

> **Wichtig zu wissen:** Der Mieter kann die Geltendmachung des Vermieterpfandrechts **durch Sicherheitsleistung** (Hinterlegung eines Geldbetrags oder Wertgegenstands entsprechend dem Wert der gepfändeten Sache) beim zuständigen Amtsgericht **abwenden**.

Vermieterwechsel → *Hausverkauf und Mietvertrag*

Vermögensverfall des Mieters

Meldet der Mieter wegen finanzieller Probleme → *Insolvenz* an, läuft ein **bestehender Mietvertrag** erst mal weiter. Es gibt **kein Sonderkündigungsrecht des Vermieters** wegen der Insolvenz. Auch der Insolvenzverwalter kann auf die Wohnung des Mieters nur sehr begrenzt zugreifen. Allerdings besteht das Mietverhältnis zunächst »mit Wirkung für die Insolvenzmasse« weiter. Daher ist (nur) der Insolvenzverwalter oder Treuhänder entscheidungsbefugt.

Wenn zwar schon ein gültiger Mietvertrag geschlossen wurde, der Mieter die Wohnung aber **noch nicht in Besitz** genommen hat, sind beide Seiten berechtigt, den → *Rücktritt vom Mietvertrag* zu erklären. Der Mieter kann dies nach Eröffnung des Insolvenzverfahrens allerdings nicht selbst tun, sondern nur der Insolvenzverwalter oder Treuhänder.

In den meisten Fällen wird die Wohnung bei Eröffnung des Insolvenzverfahrens bereits im Besitz des Mieters sein. Dann übernimmt der Insolvenzverwalter den Vertrag in dem Zustand, der bei Verfahrenseröffnung bestand. Eine bereits erklärte und dem Mieter zugegangene, erst zu einem späteren Zeitpunkt wirkende

→ *Kündigung* – z. B. wegen Zahlungsrückständen – bleibt wirksam. Die laufende Miete wird vom Insolvenzverwalter aus der Insolvenzmasse bezahlt; für den Monat der Insolvenzeröffnung ggf. anteilig (BGH IX ZR 152/20 WuM 2021, 386).

Achtung: Wenn das vorhandene Einkommen bzw. Vermögen nicht ausreicht und daher nach Verfahrenseröffnung neue Mietrückstände auflaufen, kann der Vermieter nach den allgemeinen Regeln die Kündigung aussprechen. Die Eröffnung des Insolvenzverfahrens schützt also nicht vor einer Kündigung. Zögern Sie daher nicht, sich frühzeitig – am besten, bevor die Insolvenz nicht mehr abzuwenden ist – beraten zu lassen und Hilfe in Anspruch zu nehmen! Neben Ihrem Mieterverein beraten Sie örtliche Schuldnerberatungsstellen, die sie z. B. unter www.schuldnerberatung.de finden. Stellen sie ggf. auch einen Antrag auf → *Wohngeld* oder → *Sozialhilfe* (Grundsicherung)!

Der Vermieter kann vom Mieter nach Verfahrenseröffnung aber nicht mehr die Begleichung alter Rückstände fordern, die noch vor Verfahrenseröffnung entstanden sind; diese sind zur Insolvenztabelle anzumelden, werden also ggf. nur anteilig bezahlt. Die **Kündigung wegen alter Rückstände** ist **nach Verfahrenseröffnung** gem. § 112 InsO gleichfalls **ausgeschlossen.**

Achtung: Andere Kündigungsgründe, die der Vermieter für sich in Anspruch nehmen kann – z. B. **vertragswidriges Verhalten** des Mieters oder **Eigenbedarf** – gelten auch bei Insolvenz des Mieters.

Häufig gibt der Insolvenzverwalter bzw. Treuhänder für die Wohnung eine sog. **Enthaftungserklärung** (§ 109 Abs. 1 Satz 2 InsO) ab. Mit einer Frist von drei Monaten zum Monatsende haftet dann nicht mehr die Insolvenzmasse, sondern der **Mieter** persönlich; dieser ist damit wieder **voll selbst verantwortlich** (BGH IX ZR 136/13 WuM 2014, 411). Auch hier gilt: Laufen neue **Mietrückstände** auf, kann der Vermieter **kündigen**; ggf. sind bei Kündigungen jetzt sogar alte Rückstände wieder zulasten des Mieters zu berücksichtigen (BGH VIII ZR 19/14 WuM 2015, 568). Die **Kündigung** ist nach Abgabe der Enthaftungserklärung **dem Mieter gegenüber** zu erklären (BGH VIII ZR 107/13 WuM 2014, 333). Diesem steht dann auch der Anspruch auf Rückzahlung der Kaution zu (BGH IX ZB 45/15 WuM 2017, 296). Ohne Enthaftungserklärung wird eine zurückgezahlte Kaution zur Masse gezogen, d. h., das ausgezahlte Geld wird unter den Gläubigern verteilt (BGH IX ZB 7/17 WuM 2019, 267).

Für → *Betriebskosten* gilt nach Eröffnung des Insolvenzverfahrens: Für **Abrechnungszeiträume vor Eröffnung des Verfahrens** sind Nachforderungen des Vermieters unabhängig davon, wann die Abrechnung erstellt wurde, einfache Insolvenzforderungen, die vom Insolvenzverwalter ggf. nur anteilig beglichen werden (BGH VIII ZR 295/10 WuM 2011, 282). Ansprüche des Mieters gegen den Vermieter auf **Betriebskostenrückzahlung** sind als sog. Masseforderungen an den Insolvenzverwalter zu zahlen, selbst wenn sie vor Verfahrenseröffnung entstanden sind. Nach Wirksamwerden einer **Enthaftungserklärung** (s. o.) sind die Betriebskosten wieder gegenüber dem Mieter abzurechnen (BGH IX ZR 136/13 WuM 2014, 411) und im Verhältnis Vermieter – Mieter auszugleichen.

Bei Insolvenz eines **Wohnungsgenossenschaftsmitglieds** besteht nach der (auch teilweisen!) Kündigung der Mitgliedschaft durch den Insolvenzverwalter ein Anspruch auf **Auszahlung des Auseinandersetzungsguthabens an den Insolvenzverwalter**, den die Genossenschaft nicht durch Satzung ausschließen kann (BGH IX ZR 56/17 WuM 2018, 439).

Vermögensverfall des Vermieters

Erfüllt der Vermieter seine Zahlungsverpflichtungen nicht mehr, kann dies Auswirkungen auf den Mieter haben.

Besteht **keine grundsätzliche Zahlungsunfähigkeit** des Vermieters, kann statt der Eröffnung eines Insolvenzverfahrens den Gläubigern durch die Anordnung der → *Zwangsverwaltung* der Zugriff auf die Mieteinnahmen gewährt werden. Der Zwangsverwalter tritt dann für die Dauer der Beschlagnahme in alle Rechte und Pflichten des Vermieters ein (§ 152 ZVG). Auch bei **Zahlungsunfähigkeit** und → *Insolvenz* des Vermieters besteht das Mietverhältnis im Grundsatz zu den vereinbarten Konditionen fort.

> **Wichtig zu wissen:** Wird ein **Insolvenz- oder Zwangsverwalter** eingesetzt, ist die Miete an diesen zu zahlen. Falls unklar ist, an wen die Miete gezahlt werden muss, ist die → *Hinterlegung der Miete* zu empfehlen.

Mietvertrag und Kündigungsschutz

Weder Mieter noch Vermieter haben wegen der Vermieterinsolvenz ein Sonderkündigungsrecht; die »üblichen« Gründe für eine → *Kündigung* gelten aber. Vor Verfahrenseröffnung wirksam erklärte Kündigungen haben Bestand.

Wichtig zu wissen: Das Mietverhältnis besteht nicht mit Wirkung für die Insolvenzmasse fort, wenn der Mieter den Besitz an der Wohnung (z. B. wegen Bezugs einer Umsetzwohnung bei Sanierung des Objekts) bei Eröffnung des Insolvenzverfahrens aufgegeben hatte (BGH IX ZR 87/14 WuM 2015, 109).

Bei **Insolvenz des gewerblichen Zwischenvermieters** tritt der Eigentümer automatisch in den Mietvertrag ein; er kann aber auch einen neuen Zwischenvermieter einschalten → *Untermiete.*

Wird das Objekt **vom Insolvenzverwalter verkauft**, tritt der neue Eigentümer zu den bisherigen Konditionen in den Mietvertrag ein (Grundsatz »Kauf bricht nicht Miete« → *Hausverkauf und Mietvertrag*). Der Erwerber hat jedoch (nur!) bei Vorliegen eines **berechtigten Interesses** (s. hierzu → *Kündigung des Vermieters*) ein **einmaliges Sonderkündigungsrecht** (§ 111 InsO; bei Zwangsversteigerung: § 57a ZVG). Die Kündigung kann nur für den ersten Termin erfolgen, zu dem sie zulässig ist. Es gilt die → *Kündigungsfrist* der ordentlichen Kündigung.

Achtung: Das Sonderkündigungsrecht nach § 57a ZVG hebelt vertragliche Kündigungsbeschränkungen aus (BGH VIII ZR 76/20 WuM 2021, 686)!

Energie- und Wasserlieferungen

Laufen Verträge mit Versorgungsunternehmen über den Vermieter, besteht die Gefahr, dass die Versorgung mit Strom, Gas, Fernwärme oder Wasser eingestellt wird, wenn dieser nicht mehr zahlt → *Versorgungssperre.* Bei Insolvenz oder in der Zwangsverwaltung ist anstelle des Vermieters der Insolvenz- bzw. Zwangsverwalter für die Energie- und Wasserversorgung der Mieter verantwortlich.

Mängel

Ansprüche des Mieters auf Beseitigung von → *Mängeln der Mietsache* müssen aus der Insolvenzmasse vollständig erfüllt werden; egal, ob der Mangel vor oder nach Eröffnung des Insolvenzverfahrens entstanden ist (BGH IX ZR 163/02 WuM 2003, 338).

Betriebskosten

Der Insolvenzverwalter muss bei entsprechender Vereinbarung im Mietvertrag auch über die Betriebskosten abrechnen. Zu den Einzelheiten → *Betriebskosten*, dort unter Zwangsverwaltung und Insolvenz des Vermieters.

V

Kaution

Der Vermieter ist verpflichtet, die → *Kaution* **insolvenzfest anzulegen**, damit der Rückzahlungsanspruch des Mieters gesichert ist. Der Mieter darf die Zahlung der Kaution daher davon abhängig machen, dass der Vermieter ein insolvenzfestes Konto benennt und die Kaution getrennt von seinem eigenen Vermögen und nach außen erkennbar als treuhänderisch verwaltetes Vermögen anlegt (BGH VIII ZR 324/14 WuM 2015, 549). Die treuhänderische Hinterlegung eines auf den Namen des Vermieters lautenden Sparbuchs genügt nicht (AG Homburg WuM 2015, 668). Nur wenn der Vermieter die Kaution getrennt von seinem Vermögen angelegt hat, steht dem Mieter bei Insolvenz des Vermieters daran ein Aussonderungsrecht zu (BGH IX ZR 132/06 WuM 2008, 149); d.h., der Betrag fällt nicht in die Insolvenzmasse und der Mieter bekommt die gesamte Summe zurück. Im Zweifelsfall sollte der Mieter den Vermieter spätestens, wenn er feststellt, dass sich dessen Vermögensverhältnisse verschlechtert haben, auffordern, ihm unverzüglich die sichere Anlage nachzuweisen. Erfolgt kein Nachweis, darf der Mieter den Kautionsbetrag zurückverlangen oder die Mietzinsansprüche mit der Kaution verrechnen, d.h., die Miete bis zur Höhe der eingezahlten Kaution zurückhalten (BGH IX ZR 132/06 WuM 2008, 149).

> **Achtung:** Sobald der Vermieter den Nachweis erbringt, muss die Kaution (wieder) entrichtet werden – der Mieter muss daher den entsprechenden Betrag unbedingt zur Verfügung halten!

Bei **Verkauf der Immobilie** → *Hausverkauf und Mietvertrag* ist in erster Linie der Erwerber für die Rückzahlung der Kaution verantwortlich, selbst wenn er den Kautionsbetrag nicht erhalten hat (BGH XII ZR 13/10 WuM 2012, 278). Ist beim Käufer aber später »nichts zu holen«, kann sich der Mieter auch an den früheren Vermieter halten.

Handelt es sich bei dem insolvent gewordenen Vermieter um eine **GmbH**, kann der Mieter die Rückzahlung der Kaution auch vom Geschäftsführer persönlich verlangen, wenn die Kaution nicht insolvenzfest angelegt worden ist (LG Hamburg ZMR 2002, 598).

Steht das Mietshaus unter → *Zwangsverwaltung*, muss der **Zwangsverwalter** dem Mieter bei Beendigung des Mietverhältnisses die Kaution zurückgewähren, wenn auch die sonstigen Voraussetzungen dafür vorliegen (BGH VIII ZR 11/03 WuM 2003, 630), selbst wenn er die Kaution vom Vermieter nicht erhalten hat.

Versicherung

Versicherungsschutz des Mieters

Der Mieter kann sich durch eine Versicherung vor den Kosten von Schäden schützen, die er am Eigentum des Vermieters verursacht. Hierfür kommen eine **Privathaftpflicht-** und/oder eine **Hausratversicherung** in Betracht; evtl. auch eine kombinierte Versicherung.

Die **Privathaftpflichtversicherung** tritt für Schäden ein, die der versicherte Mieter am Eigentum des Vermieters verursacht, wenn und soweit solche sog. Mietsachschäden von der abgeschlossenen Versicherung umfasst sind. Vorsätzlich widerrechtlich herbeigeführte Schäden sind nie versichert (§ 103 VVG).

> **Wichtig zu wissen:** Die Allgemeinen Versicherungsbedingungen sehen häufig vor, dass gemietete, gepachtete oder geliehene Sachen nicht mitversichert sind. Gemietete Sachen müssen daher entweder gesondert versichert oder ausdrücklich in den Versicherungsschutz einbezogen werden (Vermerk auf der Versicherungspolice).

Mit der **Hausratversicherung** wird der gesamte Hausrat, also alle Sachen, die zur Einrichtung gehören oder dem Ge- oder Verbrauch dienen, abgesichert. Auch fremde Sachen – z. B. die des Vermieters – sind mitversichert. Anders als bei der Privathaftpflichtversicherung sind aber nur Schäden abgedeckt, die durch Feuer, Sturm und Hagel, Leitungswasser, Einbruchdiebstahl und Raub sowie Vandalismus verursacht werden. Glasbruch, Überspannungsschäden an Elektrogeräten, Fahrräder und sog. Elementarschäden (Überschwemmung, Rückstau, Erdbeben, Erdrutsch u. Ä.) müssen fast immer als zusätzliche Risiken versichert werden. Der Versicherer muss den Schaden auch nicht bzw. nur teilweise ersetzen, wenn er auf Vorsatz oder grobe Fahrlässigkeit zurückzuführen ist (§ 81 VVG). Ob grobe Fahrlässigkeit, die die Ersatzpflicht des Versicherers ausschließt, vorliegt, ist immer eine Einzelfallfrage. Zu berücksichtigen sind z. B. die Zumutbarkeit von Kontrollen, die Schadenswahrscheinlichkeit, ggf. die Witterungsbedingungen oder das Alter von Einrichtungen (z. B. BGH VI ZR 74/15 ZMR 2018, 813; OLG Celle NZM 2021, 776 – Wasserschäden bei nicht geschlossenen Leitungen; BGH VII ZR 196/10 WuM 2011, 575 – Erhitzen von Fett auf dem Küchenherd; OLG Düsseldorf WuM 2004, 461 – Verlassen der Wohnung für eine Stunde, ohne eine fabrikneue Heizdecke auszuschalten).

Ist in der Hausratversicherung eine Glasbruchversicherung enthalten, umfasst diese häufig nicht den Bruch von Mehrscheiben- und Isolierverglasungen. Will der Mieter dieses Risiko in die Versicherung einbeziehen, muss er hierüber ggf. eine gesonderte Vereinbarung treffen.

Wichtig zu wissen: Da von der Hausratversicherung auch fremde Sachen erfasst werden, ist darauf zu achten, dass keine **Unterversicherung** eintritt. Im Schadensfall kann eine Unterversicherung dazu führen, dass der Schaden nur **anteilig ersetzt** wird (§75 VVG).

Versicherungsschutz des Vermieters

Auch für den Vermieter kann es sinnvoll sein, sich gegen Schäden abzusichern. Die Kosten für bestimmte Versicherungen können im Rahmen der → *Betriebskosten*, dort unter Sach- und Haftpflichtversicherung, umgelegt werden.

Wichtig zu wissen: Sind vom Mieter verursachte Schäden des Vermieters durch eine Versicherung abgedeckt, die der Mieter im Rahmen der Nebenkosten anteilig bezahlt, haftet der Mieter nur bei Vorsatz oder grober Fahrlässigkeit (BGH VIII ZR 191/13 WuM 2015, 88; IV ZR 26/04 WuM 2006, 631; IV ZR 273/05 WuM 2006, 627; VIII ZR 116/05 WuM 2006, 624), selbst wenn der Mieter eine eigene Haftpflichtversicherung hat (BGH VIII ZR 67/06 WuM 2007, 144).

Aufsicht und Beschwerdestelle

Bei Meinungsverschiedenheiten können sich Versicherungsnehmer an die BaFin (Bundesanstalt für Finanzdienstleistungsaufsicht), www.bafin.de, wenden. Viele Versicherer sind zudem Mitglied im Verein Versicherungsombudsmann e. V., www.versicherungsombudsmann.de.

Versorgungssperre

Wird die Versorgung mit Strom, Wasser, Gas oder Fernwärme wegen Zahlungsrückständen eingestellt, steht der Mieter vor ganz erheblichen tatsächlichen und rechtlichen Problemen. Dabei sind folgende Fallgestaltungen zu unterscheiden:
- Der Mieter hat einen eigenen Vertrag mit dem Versorgungsunternehmen, wie es bei Stromversorgung üblich ist, aber auch bei anderen Versorgungsbereichen vorkommt;
- der Vermieter ist Vertragspartner des Versorgungsunternehmens und legt die anfallenden Kosten über die Betriebskostenabrechnungen auf die Mieter um;

– der Vermieter selbst sperrt die Versorgung und dreht dem Mieter die Heizung, den Strom oder das Wasser ab.

Mieter ist Kunde des Versorgungsunternehmens
Zahlt der Mieter seine Rechnung für die Fernwärme nicht, darf das Versorgungsunternehmen die Versorgung einstellen (§ 33 der Allgemeinen Versorgungsbedingungen für Fernwärme – AVBFernwärmeV). Das Gleiche gilt für die Versorgung mit Strom oder Gas (§ 19 Stromgrundversorgungsverordnung – StromGVV und § 19 Gasgrundversorgungsverordnung – GasGVV). Dies ist verfassungsgemäß (BVerfG 1 BvR 581/81 NJW 1982, 1511).

Wichtig: Wer seine Rechnungen für Strom, Gas, Fernwärme oder Wasser nicht zahlen kann, sollte sich spätestens nach Anmahnung der offenstehenden Rechnungen an das zuständige Sozialamt oder Jobcenter wenden, um die weitere Versorgung sicherzustellen. Liegt von dort eine entsprechende **Zusage** vor, ist die **Liefersperre unzulässig** (AG Steinfurt WuM 1993, 204).

Bevor die Versorgung eingestellt werden darf, müssen folgende **Voraussetzungen** erfüllt sein:

1. Das Unternehmen muss den Zahlungsrückstand **anmahnen.**

2. Die Einstellung der Versorgung muss **angedroht** werden; dies kann u. U. schon zusammen mit der Mahnung erfolgen.

3. Nach der Androhung hat das Unternehmen eine **zweiwöchige Frist** einzuhalten, bevor es die Liefersperre endgültig vollzieht; für die **Strom- und Gasversorgung** beträgt die Frist **vier Wochen.**

4. Der Grundsatz der Verhältnismäßigkeit ist zu beachten. Es sind u. a. die Folgen der Einstellung für den Kunden und dessen zukünftige Zahlungsfähigkeit und -willigkeit zu berücksichtigen (§ 19 Abs. 2 StromGVV/GasGVV).

5. Für die **Strom- und Gasversorgung** besteht eine **Bagatellgrenze von 100 Euro.** Ist der Zahlungsrückstand geringer, darf der Strom nicht gesperrt werden (§ 19 Abs. 2 StromGVV/GasGVV).

6. Der Grundversorger für Strom oder Gas muss dem Kunden eine sog. **Abwendungsvereinbarung anbieten.** Dabei muss er dem Kunden eine monat-

liche Ratenzahlung zur Tilgung der ermittelten Zahlungsrückstände anbieten. Für die Ratenzahlungen dürfen keine Gebühren oder Zinsen verlangt werden (OLG Düsseldorf WuM 2025, 168). Als Zeitraum für die Ratenzahlungen ist i. d. R. ein Zeitraum von sechs bis 18 Monaten anzusetzen. Überschreiten die Zahlungsrückstände 300 Euro, beträgt dieser Zeitraum mindestens zwölf bis 24 Monate. Ohne dieses Angebot ist eine Sperre unzulässig, soweit der Kunde seine laufenden Verpflichtungen erfüllt (§ 19 Abs. 5 StromGVV/GasGVV).

7. Das Versorgungsunternehmen muss dem Kunden rechtzeitig konkrete Informationen über Hilfs- und Unterstützungsangebote geben, z. B. über Schuldnerberatung, Sozialbehörden, Härtefallregelungen oder staatliche Leistungen (§ 19 Abs. 3 StromGVV/GasGVV).

8. Eine Strom- oder Gassperre darf nicht vorgenommen werden, wenn dadurch die Gesundheit oder das Leben der Menschen im Haushalt gefährdet werden könnte oder eine besondere Härte vorliegt. Der Kunde muss seine Situation dem Versorger mitteilen. Das Unternehmen ist verpflichtet, diese Angaben zu prüfen, bevor es die Versorgung abschaltet.

9. Der Grundversorger muss mindestens acht Werktage vor der tatsächlichen Sperre nochmals darauf hinweisen, wann die Unterbrechung konkret durchgeführt wird (§ 19 Abs. 4 StromGVV/GasGVV).

Wichtig zu wissen: Das Versorgungsunternehmen darf keine Liefersperre vornehmen, wenn der Mieter nicht zahlt, weil eine vom Unternehmen vorgenommene Preiserhöhung nicht der Billigkeit gem. § 315 BGB entspricht (LG Oldenburg WuM 2006, 162) → *Gas- und Stromvertrag*. Hält der Mieter die Versorgungssperre für unzulässig, sollte er sich zunächst beim Versorgungsunternehmen beschweren. Wenn das keinen Erfolg hat, kann er an das zuständige Amtsgericht oder an die Schlichtungsstelle Energie wenden → *Streitschlichtung*.

Vermieter ist Kunde des Versorgungsunternehmens
Führen **unregelmäßige Zahlungen des Vermieters** zu einer Liefersperre für die Versorgung mit Strom, Gas, Fernwärme oder Wasser, ist i. d. R. eine → ***fristlose Kündigung des Mieters*** berechtigt (LG Saarbrücken WuM 1995, 159); außerdem eine Mietminderung, u. U. bis zu 100 % → *Mangel der Mietsache*.

> **Wichtig zu wissen:** Zahlt der Vermieter die Rechnungen für Strom oder Gas nicht mehr, steht häufig seine → *Insolvenz* bevor. Die Rechte des Mieters sind in einem Insolvenzverfahren oft eingeschränkt. Ein eingesetzter Insolvenzverwalter übernimmt aber die Verpflichtung aus dem Mietvertrag und muss die Versorgung aufrechterhalten → *Vermögensverfall des Vermieters.*

In erster Linie ist der Mieter aber daran interessiert, seine **Versorgung aufrechtzuerhalten**. Eine Mietminderung gibt ihm keinen Ausgleich für den Verzicht auf grundlegende Bedürfnisse des täglichen Lebens. Eine angedrohte Liefersperre kann der Mieter verhindern, indem er eine → *einstweilige Verfügung* beim Amtsgericht beantragt (LG Bonn WuM 1980, 231; AG Frankfurt a. M. WuM 1998, 42; AG Siegen WuM 1996, 707). Dabei muss sichergestellt sein, dass der Mieter in Zukunft die Leistung des Versorgungsunternehmens bezahlt (LG Frankfurt (Oder) WuM 2002, 312). Mehrere Mieter im Haus müssen eine Notgemeinschaft bilden und gemeinsam die laufenden Zahlungen vornehmen. Insbesondere in großen Mietshäusern ist es aber oft schwierig, Einigkeit mit allen Mietern zu erzielen. Der Vermieter kann die direkte Zahlung an das Versorgungsunternehmen nicht verhindern (AG Münster WuM 1995, 699).

Nach Meinung vieler Gerichte muss das Versorgungsunternehmen die Lieferung nur wieder aufnehmen, wenn die Mieter nicht nur die laufenden Zahlungen übernehmen, sondern auch die **aufgelaufenen Schulden des Vermieters begleichen** (LG Münster WuM 2007, 274; LG Neuruppin WuM 2001, 346; AG Halle MietRB 2008, 6); die an das Versorgungsunternehmen gezahlten Beträge könnten die Mieter dann ja mit den Mietzahlungen verrechnen. Diese Rechtsauffassung ist **abzulehnen**. Die Einstellung der Versorgung mit Gas, Fernwärme, Elektrizität oder Wasser führt zu untragbaren Verhältnissen, die die Mieter in ihrer Gesundheit gefährden und die Wohnung nahezu unbewohnbar machen können. Der Vermieter ist von einer Liefersperre nicht unmittelbar betroffen, wenn er nicht selbst im Haus wohnt. Leidtragende sind die Mieter. Letztlich wird die Zwangslage der Mieter ausgenutzt, um Schulden des Vermieters einzutreiben. Die Mieter haben die ausstehenden Beträge i. d. R. bereits als Vorauszahlungen auf die Betriebskosten an den Vermieter gezahlt. Das Versorgungsunternehmen wälzt auf diese Weise das Insolvenzrisiko auf die Mieter ab. Den Mietern kann nicht zugemutet werden, die Schulden des Vermieters zu begleichen. Das setzt regelmäßig voraus, dass sich alle Mietparteien einig sind, auch hinsichtlich des Anteils, den jeder zu tragen hat. Vor allem in größeren Mietshäusern ist dies kaum zu verwirklichen. Außerdem ist eine Verrechnung mit der Miete nicht mehr zulässig, wenn gegen den Vermieter ein Insolvenzverfahren eröffnet wurde. Nach

Ansicht anderer Gerichte darf der Versorger die weitere Lieferung nicht davon abhängig machen, dass die Mieter auch die offenen Rechnungen des Vermieters bezahlen (LG Cottbus WuM 2000, 134; LG Aachen NJW-RR 1988, 1522; LG Bonn WuM 1980, 231).

Darüber hinaus hat der Mieter die Möglichkeit, eine **einstweilige Verfügung gegen den Vermieter** zu beantragen und ihn auf diese Weise zu zwingen, die Grundversorgung für die Mieter aufrechtzuerhalten (AG Leipzig WuM 1998, 495). Der Antrag kann gestellt werden, sobald das Versorgungsunternehmen die Liefereinstellung angedroht hat. Es ist allerdings zu bedenken, dass dieser Weg wenig erfolgversprechend ist, wenn die Insolvenz des Vermieters bevorsteht.

Der Vermieter sperrt die Versorgung
Mancher Vermieter nimmt das Recht in die eigenen Hände und stellt dem Mieter die Versorgung mit Wasser, Heizung oder Strom ab, z. B. um Mieterhöhungen durchzusetzen oder den Mieter zum Auszug zu bewegen. Erfüllt in **Wohnraummietverhältnissen** der Mieter seine Zahlungspflichten, darf der Vermieter die Versorgung jedenfalls nicht unterbrechen (KG Berlin ZMR 2005, 951; LG Koblenz WuM 2012, 140). Das gilt auch, wenn der Mieter die Zustimmung zu einer Mieterhöhung verweigert (AG Pforzheim IMR 2017, 397).

Für ein **gewerbliches Mietverhältnis** hat der BGH entschieden, dass dies nur in besonderen Ausnahmefällen zulässig ist. Der Vermieter müsse dem Mieter nicht weiter Energie liefern, wenn er kein Entgelt mehr erhalte und ihm andernfalls ein stetig wachsender finanzieller Schaden drohe (BGH XII ZR 137/07 WuM 2009, 469). Dieses Urteil ist für ein Mietverhältnis ergangen, das der Vermieter bereits gekündigt hatte. Darüber hinaus setzt der BGH voraus, dass der Vermieter den Mieter frühzeitig von der beabsichtigten Sperre unterrichtet, so dass dieser sich hierauf einstellen kann. Dann sieht der BGH die Einstellung der Versorgung nicht als »verbotene Eigenmacht« an. Diese Entscheidung lässt sich aber nicht ohne Weiteres auf Wohnraummietverhältnisse übertragen.

Verteilerschlüssel → *Betriebskosten* → *Heizkosten*

Vertragsgemäßer Gebrauch

Die Art und Weise, in der der Mieter seine Wohnung nutzt, bleibt selbstverständlich allein ihm überlassen. Der Vermieter kann ihm da grundsätzlich keine Vorschriften machen – aber nur, solange es sich um vertragsgemäßen Gebrauch handelt.

Vertragsgemäßer Gebrauch bedeutet, dass der Mieter die Wohnung und die mitvermieteten Gemeinschaftsflächen so nutzt, wie es vom → *Mietvertrag* und von den allgemeinen mietrechtlichen Regeln vorgegeben wird. Alles, was darüber hinausgeht – z. B. erhebliche Lärmbelästigungen oder das absichtliche Beschädigen der Mietsache – überschreitet den vertragsgemäßen Gebrauch und ist – zumindest ohne Zustimmung des Vermieters – nicht gestattet.

Nutzt der Mieter die Wohnung in vertragswidriger Weise, kann der Vermieter ihn auf Unterlassung verklagen. Vorher muss er aber in aller Regel eine → *Abmahnung* aussprechen (BGH VIII ZB 93/06 WuM 2007, 387). In schwerwiegenden Fällen steht dem Vermieter sogar das Recht zur → *fristlosen Kündigung* zu.

Häufig kommt es zwischen Vermieter und Mieter zum Streit darüber, was noch zum vertragsgemäßen Gebrauch zählt und was nicht. Daher gibt es zahlreiche Gerichtsentscheidungen dazu.

Einzelfälle:

- Der Mieter darf in der Küche eine **Arbeitsplatte** mit Dübeln befestigen (AG Rheinbach NZM 2005, 822).
- Die **Aufnahme der eigenen Eltern oder Kinder** in die Wohnung ist keine Untervermietung und gehört normalerweise zum vertragsgemäßen Gebrauch; der Vermieter muss dazu also nicht gefragt werden (BayObLG WuM 1997, 603).
- Die Aufbewahrung illegaler **Betäubungsmittel** in der Wohnung ist vertragswidrig (BGH VIII ZR 49/16 WuM 2017, 10).
- Der Mieter darf neben seiner Terrasse **Biotonnen** aufstellen (AG Hamburg-Blankenese WuM 2000, 181).
- Das Aufstellen einer transportablen **Duschkabine** ist vertragsgemäß (LG Berlin WuM 1990, 421).
- Eine **Einbauküche** kann der Vermieter dem Mieter nicht verwehren (LG Konstanz WuM 1989, 67), allerdings besteht hinsichtlich bei Einzug vorhandener Küchenmöbel des Vermieters ggf. ein Wiederherstellungsanspruch bei Auszug.
- Der Mieter darf nachts **Fensterrollläden** betätigen (AG Düsseldorf WuM 2011, 173).
- **Fliesen** dürfen angebohrt werden, um Spiegel, Handtuchhalter etc. anzudübeln (BGH VIII ZR 10/92 WuM 1993, 109: Verbot in AGB unwirksam) – nach Möglichkeit sollte in die Fugen gebohrt werden.
- Der Mieter darf eine **Fußmatte** vor seiner Wohnungstür auslegen und z. B. schmutzige Schuhe vorübergehend darauf abstellen (OLG Hamm WuM 1988, 413; LG Berlin MM 1991, 264) → *Treppenhaus.*

- Der Einbau einer **Gasetagenheizung** durch den Mieter einer ofenbeheizten Wohnung gehört nicht mehr zum vertragsgemäßen Gebrauch und erfordert die Erlaubnis des Vermieters (BGH VIII ZR 10/11 WuM 2011, 671).
- Der Mieter darf ein **Hochbett** einbauen (AG Köln WuM 1987, 51).
- Der Mieter darf sowohl innen (AG Bremen WuM 2017, 456) als auch außen (AG Zeitz WuM 1998, 16) **Jalousien** anbringen.
- Eine **Lichterkette** an Fenster oder Balkon ist erlaubt (LG Berlin MM 2012, 30).
- Bei der Frage, ob der Mieter eine **Markise** am Balkon anbringen darf, sind sich die Gerichte nicht ganz einig; die Tendenz geht aber dahin, dass eine Genehmigung erforderlich ist, auf die ggf. ein Anspruch bestehen kann. Insbesondere wenn eine Bohrung durch Wärmedämmmaterial erforderlich ist, sollte die Genehmigung des Vermieters vorher eingeholt werden; ggf. macht sich der Mieter sonst schadensersatzpflichtig. Das LG München I (WuM 1989, 556) hat noch entschieden, eine rückbaubare Markise sei vertragsgemäß; spätere Entscheidungen gehen eher von einer Genehmigungspflicht aus (LG Berlin WuM 2024, 81; AG Hamburg-Barmbek WuM 2014, 199; AG Köln ZMR 2018, 56: kein Anspruch auf Gestattung, wenn milderes Mittel wie ein Sonnenschirm möglich).
- Es ist nicht mehr vertragsgemäß, ständig in der **Nachtzeit** zu baden, duschen, staubzusaugen, die Waschmaschine laufen zu lassen usw.
- Der Mieter darf **Nägel** einschlagen.
- Das **Rauchen** gehört zur vertragsgemäßen Nutzung der Wohnung → *Geruchsbelästigung* (BGH VIII ZR 37/07 WuM 2008, 213; BGH VIII ZR 124/05 WuM 2006, 513).
- Der Einbau einer **Sauna** gehört nicht mehr zum vertragsgemäßen Gebrauch und ist ohne Einverständnis des Vermieters weder in der Loggia noch im Schlafzimmer zulässig (LG Hannover WuM 1984, 129; AG Dortmund WuM 1985, 263).
- Der Mieter darf **Schränke** direkt an der Wand aufstellen, es sei denn, es ist anders vereinbart, z. B. wegen Schimmelgefahr (LG Gießen WuM 2014, 331).
- Ein unauffälliger **Sichtschutz** darf am Balkon angebracht werden (AG Köln WuM 1999, 331).
- Der Mieter ist berechtigt, auf der **Terrasse** seines gemieteten Reihenhauses ein Pavillon-Zelt aufzustellen (LG Hamburg WuM 2007, 681).
- Die **Untervermietung** der Mietwohnung ist nur mit Erlaubnis des Vermieters zulässig → *Untermiete.*
- Ein **Vorhang** mit vollständiger Verhüllung des **Balkons** ist nicht zulässig (AG Münster WuM 2001, 445).
- Eine Vorrichtung zum **Wäschetrocknen** darf am Balkon angebracht werden (LG Nürnberg-Fürth WuM 1990, 199).
- Der Betrieb von **Waschmaschine und Wäschetrockner** in der Wohnung ist vertragsgemäß (LG Freiburg NZM 2014, 305) → *Wäsche.*

Viele **weitere Beispiele** zum vertragsgemäßen Gebrauch und seinen Grenzen finden sich unter → *Berufsausübung in der Wohnung,* → *Besuch,* → *freie Meinungsäußerung,* → *fristlose Kündigung wegen Nichtgewährung des vertragsgemäßen Gebrauchs,* → *Gesundheitsgefährdung,* → *Instandhaltung/Instandsetzung,* → *Kinder,* → *Lärm,* → *Mängel der Mietsache,* → *Modernisierung durch den Mieter,* → *Rückgabe der Wohnung,* → *Schönheitsreparaturen* und → *Tierhaltung in der Wohnung.* Auch für Ansprüche auf → *Schadensersatz* kann es eine Rolle spielen, was zum vertragsgemäßen Gebrauch zählt → *Ersatzansprüche des Mieters* → *Ersatzansprüche des Vermieters.*

Verwaltungskosten

Verwaltungskosten sind Aufwendungen des Hauseigentümers für das Bewirtschaften seines Eigentums, etwa für Buchhaltung, Kontoführung, Hausverwaltung oder Eigentümerversammlungen. Dazu zählen die Kosten für die Arbeitskräfte und Einrichtungen.

Bei **frei finanzierten Wohnungen** sind Verwaltungskosten auch bei anderslautender vertraglicher Vereinbarung **niemals** als Betriebskosten **umlagefähig** (§ 1 Abs. 2 Nr. 1 BetrKV) → *Betriebskosten.* Zu den nicht umlagefähigen Verwaltungskosten zählt z. B. auch die vom Vermieter an den Hausmeister gezahlte Notdienstpauschale (BGH VIII ZR 62/19 WuM 2020, 83). Der Vermieter einer Eigentumswohnung darf die ihm in Rechnung gestellte Verwaltungskostenpauschale nicht an den Mieter weitergeben. Anders ist die Rechtslage bei Mietverträgen über **gewerbliche Räume** (BGH XII ZR 69/08 NZM 2010, 279; XII ZR 109/08 NZM 2010, 123); hier können Verwaltungskosten als Betriebskosten vereinbart werden.

Zu Unrecht gezahlte Beträge kann der Mieter grundsätzlich **zurückfordern** (LG Hildesheim WuM 1987, 50). Die Verjährungsfrist dafür beträgt drei Jahre → *Verjährung.* Wurden sie allerdings als Betriebskosten umgelegt, muss der Mieter die Einwendungsfrist von zwölf bis 13 Monaten nach Erhalt der Abrechnung beachten. Im Einzelfall hilft der Mieterverein.

Von einer Betriebskostenumlage zu unterscheiden ist die Vereinbarung, einen festen Betrag für Verwaltungskosten zu zahlen. Über ihn wird nicht abgerechnet, er gehört vielmehr zur Grundmiete und kann nicht separat erhöht werden, sondern nur im Rahmen einer → *Mieterhöhung auf die ortsübliche Vergleichsmiete.*

Bei **Sozialwohnungen** dürfen Verwaltungskostenpauschalen in der Wirtschaftlichkeitsberechnung angesetzt werden → *Sozialmiete/Sozialwohnung.* Die Pauschalen ändern sich alle drei Jahre entsprechend dem Verbraucherpreisindex für Deutschland, festgestellt durch das Statistische Bundesamt. Sie betragen seit dem 1.1.2026 pro Wohnung 372,46 Euro jährlich und für Garagen oder ähnliche Einstellplätze 48,58 Euro jährlich.

Verwirkung

Ansprüche können bereits vor Ablauf der Verjährungsfrist verwirkt sein. Anders als die → *Verjährung*, die nur zu berücksichtigen ist, wenn der Schuldner sich darauf beruft, muss das Gericht die Verwirkung von Amts wegen beachten. Die Verwirkung greift allerdings nur in **Ausnahmefällen** (OLG Düsseldorf WuM 1993, 411). Entscheidend ist, dass der Berechtigte vor der Geltendmachung des Anspruchs den Eindruck erweckt hat, er wolle sein Recht nicht mehr ausüben und der Schuldner schutzwürdig darauf vertrauen durfte, nicht mehr in Anspruch genommen zu werden (BGH VIII ZR 146/11 WuM 2012, 317).

Es müssen **zwei Bedingungen** erfüllt sein:
- **Zeitmoment:** Eine deutliche Zeitspanne zwischen Eintritt der Fälligkeit und Geltendmachung des Anspruchs.
- **Umstandsmoment:** Verhalten oder Umstände, aus denen der Wille des Gläubigers abgeleitet werden kann, sein Recht nicht mehr durchzusetzen.

Das **Zeitmoment** allein **reicht nicht** aus. Es müssen stets zusätzliche Umstände hinzukommen, die beim Vertragspartner das Vertrauen begründen, die Forderung werde nicht mehr geltend gemacht (BGH VII ZR 23/02; OLG Düsseldorf, Urt. v. 30.1.2003 – 10 U 18/02). Die bloße Untätigkeit des Vermieters genügt nicht. **Mietforderungen** sind z. B. nicht verwirkt, nur weil der Vermieter sie nicht anmahnt (OLG Rostock, Beschl. v. 7.11.2019 – 3 W 83/19). Hat der Vermieter aber über Jahre hinweg auf stets gleichlautende Einwendungen des Mieters gegen die **Nebenkostenabrechnungen** nicht reagiert und die jeweiligen Nachforderungen verjähren lassen, darf der Mieter darauf vertrauen, dass der Vermieter auch die Nachforderung aus der aktuellen Abrechnung – die er in gleicher Weise beanstandet hat – nicht gerichtlich geltend machen wird. In diesem Fall ist der Anspruch des Vermieters auf Zahlung der Nebenkostennachforderung vor Eintritt der Verjährung verwirkt (BGH VIII ZR 146/11 WuM 2012, 317).

Neben Zahlungsansprüchen können auch **andere Ansprüche** verwirken.

Beispiele:
- der Vermieter hat **jahrelang geduldet**, dass der Mieter im Hausflur vor der Wohnung Schuhschränke und Besenschränke aufstellt (AG Bergisch Gladbach WuM 1994, 197);
- die Haltung eines kleinen Hundes in der Mietwohnung **entgegen anderslautender vertraglicher Bestimmungen**, wenn der Vermieter die unberechtigte Tierhaltung nicht alsbald abmahnt (LG Düsseldorf WuM 1993, 604);
- der Anspruch aus einem **Räumungstitel** kann verwirken, wenn der Vermieter über zwei Jahre keine Zwangsvollstreckung aus dem Titel betreibt (AG Hamburg WuM 2008, 609).

Verzug

Von Verzug spricht man, wenn Mieter oder Vermieter eine **fällige und durchsetzbare Pflicht nicht rechtzeitig erfüllen**, obwohl sie hierzu in der Lage wären. Typische Fälle sind der Zahlungsverzug des Mieters bei verspäteter Mietzahlung und der Verzug des Vermieters bei unterlassener oder verzögerter Beseitigung von Mängeln.

Der Verzug spielt im Mietrecht eine zentrale Rolle, da viele Rechte und Rechtsfolgen erst mit seinem Eintritt entstehen. Er ist maßgeblich dafür, ob Schadensersatz verlangt werden kann, eine Selbstvornahme zulässig ist, eine Kündigung – etwa wegen Zahlungsverzugs – in Betracht kommt oder ob Verzugszinsen und weitere Kosten, z. B. Rechtsanwaltskosten, zu zahlen sind.

Welche Bedeutung hat der Verzug bei Mängeln?

Treten Mängel in der Wohnung auf, kann der Mieter zwar unabhängig vom Verzug die Miete mindern. Einen Anspruch auf → *Schadensersatz* hat der Mieter jedoch nur, wenn der Mangel bereits **bei Vertragsschluss** vorhanden war oder **nach Vertragsabschluss** entstanden ist und vom Vermieter **zu vertreten** ist → *Ersatzansprüche des Mieters*.

Beispiel: Vernachlässigt der Vermieter seine Pflicht zur Instandhaltung und platzt deshalb ein Wasserrohr, so dass ein Wasserschaden in der Wohnung entsteht, kann der Mieter Schadensersatz verlangen.

V

Der Mieter kann auch Schadensersatz verlangen, wenn der Vermieter mit der Beseitigung eines Mangels **in Verzug gerät** und dem Mieter ein Schaden entsteht. Ob der Vermieter für den Mangel verantwortlich ist, spielt dabei keine Rolle. Voraussetzung für die Verzugshaftung des Vermieters ist jedoch, dass der Mieter den Vermieter **unter Fristsetzung auffordert, den Mangel zu beseitigen.** Eine bloße Mängelanzeige reicht nicht aus (OLG Düsseldorf, Urt. v. 19.12.1991 – 10 U 61/91).

Auch das Recht des Mieters, einen Mangel **selbst zu beseitigen** und vom Vermieter Ersatz der hierfür notwendigen Kosten zu verlangen (→ *Ersatzvornahme*), setzt voraus, dass sich der Vermieter mit der Mängelbeseitigung in Verzug befindet.

Welche Bedeutung hat der Verzug bei der Mietzahlung?

Zahlt der Mieter die Miete nicht rechtzeitig, gerät er **automatisch** in Zahlungsverzug (§ 286 BGB) und riskiert unter Umständen eine fristlose Kündigung. Eine → *Mahnung* des Vermieters ist nicht erforderlich, da der Zahlungstermin **kalendermäßig bestimmt** ist, etwa »spätestens bis zum 3. Werktag des Monats«.

Grundsätzlich muss der Mieter die Miete auf eigene Kosten und Gefahr an den Vermieter übermitteln (§ 270 BGB). Es genügt, wenn der Mieter seiner Bank **bis zum 3. Werktag des Monats den Überweisungsauftrag erteilt** und sein Konto ausreichend gedeckt ist. Der **Samstag** zählt hierbei nicht als Werktag (BGH VIII ZR 129/09 WuM 2010, 495). Der Mieter muss jedoch im Streitfall nachweisen, dass er den Überweisungsauftrag rechtzeitig erteilt hat (§ 280 Abs. 1 Satz 2 BGB).

Bestreitet der Vermieter die Gutschrift auf seinem Konto und kann der Mieter den Zahlungseingang nicht nachweisen, muss er unverzüglich noch einmal überweisen. Denn der Mieter gerät in Verzug, wenn er die Zahlung nicht unverzüglich erneut anweist, nachdem ihn der Vermieter auf den fehlenden Zahlungseingang hingewiesen hat (LG Berlin WuM 2023, 406). Der Mieter trägt also das Risiko, dass seine Zahlungsanweisung verloren geht.

Gut zu wissen: Eine Klausel, nach der die Miete bereits am 3. Werktag auf dem Konto des Vermieters gutgeschrieben sein muss, ist unwirksam (BGH VIII ZR 222/15 WuM 2017, 31).

Verzug tritt nur ein, wenn der Mieter die verspätete Zahlung auch **zu vertreten** hat (§ 286 Abs. 4 BGB). Eine **berechtigte Mietminderung** führt daher **nicht zu Zahlungsverzug.** Dagegen entschuldigt eine falsche rechtliche Beratung durch einen Anwalt (OLG Köln WuM 1993, 23) oder den Mieterverein (BGH VIII ZR 102/06 WuM 2007, 24) den Verzug nicht. Ein **fehlendes Verschulden** kann jedoch vorliegen, wenn der Mieter etwa aufgrund einer schweren Depression nicht in der Lage war, Einkommen zu erzielen (AG Münster WuM 2021, 178).

Hat der Mieter bei bargeldloser Überweisung nicht genügend Geld auf seinem Konto, geht dies zu seinen Lasten (»Geld hat man zu haben«). Das gilt auch dann, wenn der Mieter **unverschuldet zahlungsunfähig** geworden ist, etwa durch Krankheit oder Arbeitslosigkeit (§ 276 BGB). In solchen Fällen sollte der Mieter frühzeitig mit dem Vermieter über eine Stundung sprechen und prüfen, ob Ansprüche auf → *Sozialhilfe* oder → *Wohngeld* bestehen.

Videoüberwachung → *Datenschutz*

Häufig ist zu beobachten, dass sich Vermieter oder Mieter mittels Videoüberwachung im Hausflur oder im Bereich der Hauseingangs- oder Wohnungstür vor ungebetenen Gästen und Besuchern schützen wollen. Grundsätzlich sind derartige Überwachungssysteme zulässig, wenn sie zur Wahrnehmung des Hausrechts erforderlich sind, der Bewohner oder Besucher deutlich auf sie hingewiesen wird, die Aufnahmen nicht gespeichert werden und das Persönlichkeitsrecht des Betroffenen (Recht auf informationelle Selbstbestimmung) nicht verletzt wird (AG Köln, Urt. v. 22.9.2021 – 210 C 24/21).

Unbedenklich ist deshalb eine Videoüberwachung, wenn die Kamera durch die Klingel aktiviert wird und dem Bewohner wie ein elektrischer Türspion ermöglicht, seinen Besuch zu sehen, bevor er die Haus- oder Wohnungstür öffnet (vgl. BayObLG WuM 2005, 478). Unzulässig ist es dagegen, wenn der Vermieter eine Videokamera so installiert, dass sie zur Beobachtung der Wohnungseingangstür des Mieters genutzt werden kann (LG Berlin, Urt. v. 9.7.1990 – 12 O 243/90). Unzulässig sind ferner die heimliche Beobachtung der Zugänge und des Hinterhofs des Hauses (AG Tempelhof-Kreuzberg, Urt. v. 1.3.2012 – 25 C 84/12), die Installation einer Videokamera im Aufzug des Hauses (KG Berlin WuM 2008, 663) sowie die Überwachung der Mülltrennung im Eingangsbereich (AG München, Urt. v. 5.11.2013 – 422 C 17314/13). Der Vermieter darf die Hauseingangstür nicht mit einer Kamera überwachen, wenn andere Schutzmaßnahmen in Betracht kommen, z. B. eine zuverlässige und schnell schließende Eingangstür (LG Berlin WuM 2018, 654). Für die rechtliche Bewertung spielt es keine Rolle, ob die Kamera dauernd eingeschaltet ist oder nicht (AG Spandau WuM 2004, 214) oder ob sie nur eine Attrappe ist (LG Berlin WuM 2018, 656; AG Lichtenberg WuM 2008, 331; a. A. LG Frankfurt WuM 2014, 162).

Ist eine Videoüberwachung rechtswidrig und verletzt sie das Recht des Mieters auf informationelle Selbstbestimmung, kann der Mieter vom Vermieter Unterlassung verlangen. Eine Entschädigung in Geld ist nur möglich, wenn nach Gesamtabwägung aller Umstände im Einzelfall ein schwerwiegender Eingriff vorliegt (BGH VI ZR 255/03; LG Berlin WuM 2020, 38).

Eine Speicherung der Videoaufnahmen ist ausnahmsweise zulässig, wenn sie durch höher zu bewertende grundrechtlich geschützte Interessen des Mieters/Vermieters gerechtfertigt ist, z. B., weil der Mieter/Vermieter konkrete Anhaltspunkte dafür hat, dass unmittelbare Angriffe auf seine Person oder auf Mitbewohner bevorstehen (OLG Zweibrücken, Beschl. v. 20.6.2003 – 3 W 126/03; AG Lichtenberg, Urt. v. 9.12.2004 – 2 C 274/04) oder solche konkret zu befürchten sind und ihnen nicht anders zumutbar begegnet werden kann (BGH VI ZR 272/94; LG München I, Beschl. v. 11.11.2011 – 1 S 12752/11 WEG; LG Bielefeld, Urt. v. 17.4.2007 – 20 S 123/06). Dabei darf die Überwachung aber nicht über den eigenen Grundstücksbereich hinausgehen und Teile öffentlicher Wege oder Nachbargrundstücke erfassen, weil dies unverhältnismäßig wäre (BGH VI ZR 272/94).

Vögel → *Tierhaltung in der Wohnung*

Das Aushängen von Futterglocken oder das Ausstreuen von Vogelfutter für Singvögel bei Frost und Schnee auf Außenfensterbänken liegt im Rahmen der vertragsgemäßen Nutzung und kann vom Vermieter nicht beanstandet werden (LG Berlin ZMR 2012, 440). Auch das Aufstellen eines Vogelhäuschens ist heute weit verbreitet und kann dem Mieter nicht verwehrt werden.

Anders ist es mit Tauben. Von diesen Tieren gehen Verschmutzungen, Geräuschbelästigungen und Ungeziefergefahren aus (LG Berlin MM 1995, 354). Das Füttern von Tauben darf der Vermieter dem Mieter deshalb untersagen (AG Frankfurt a. M. MietRB 2017, 67). Hält er sich nicht an dieses Verbot, kann ihm nach einer Abmahnung u. U. sogar fristlos gekündigt werden (LG Nürnberg WuM 2017, 150).

Stellt sich heraus, dass im Haus Tauben nisten, haben die Mieter einen Anspruch darauf, dass der Vermieter die Nester entfernt. Wird der Balkon durch Taubenkot unbenutzbar, muss der Vermieter Taubenstachel anbringen oder Netze spannen (AG Augsburg WuM 2017, 318). Bis zur Beseitigung des Mangels kann die Miete um 10 % gemindert werden (LG Berlin MM 1995, 354). Führt die Untätigkeit des Vermieters zu gesundheitlichen Beeinträchtigungen, kommt sogar ein Schmerzensgeld in Betracht (LG Freiburg WuM 1998, 212).

Vollmacht

Beim Abschluss von Verträgen und einseitigen Erklärungen (z. B. Kündigung) kann ein bevollmächtigter Vertreter handeln. Dies gilt sowohl für Mieter (z. B. Vertretung des mit einziehenden Ehegatten bei der Unterzeichnung des Mietvertrags oder der Kündigung → *Eheleute als Mieter/Vermieter*) als auch für Vermieter (z. B. durch Verwalter oder Rechtsanwalt für Abschluss des Mietvertrags, Mieterhöhungen, Abmahnungen oder Kündigungen).

Bei **einseitigen Rechtsgeschäften** – hierzu gehören z. B. Abmahnungen und die Kündigung durch den Vermieter – gilt aber eine besondere Regelung: Nach § 174 BGB kann der Empfänger der Erklärung (Mieter) das **Rechtsgeschäft unverzüglich zurückweisen**, wenn der Vertreter nicht zeitgleich mit der Erklärung eine **vom Vermieter unterschriebene Originalvollmacht** – keine Kopie o. Ä.! – vorlegt bzw. dem Schreiben beigefügt hat. Dies gilt allerdings nur dann, wenn dem Mieter die Vollmacht nicht schon aus früheren Kontakten bekannt ist. Was »unverzüglich« ist, wird im Gesetz so erklärt, dass nicht »schuldhaft gezögert« werden darf. Man kann also eine Nacht über die Sache schlafen, ggf. auch Rechtsrat einholen, aber mehr als ein paar Tage Zeit sollte man sich keinesfalls gönnen! Die Zurückweisung muss ausdrücklich auf die fehlende Vollmacht Bezug nehmen; schon aus Beweisgründen sollte sie außerdem unbedingt in → *Schriftform* oder zumindest → *Textform* erfolgen. Rechtsfolge der Zurückweisung ist die Unwirksamkeit des Rechtsgeschäfts.

Die Tatsache allein, dass der »Hausanwalt« des Vermieters die Kündigung ausgesprochen hat, macht die Vollmacht nicht entbehrlich (LG Hamburg WuM 1987, 209).

Bei Erklärungen von **gesetzlichen Vertretern** – also insbesondere von Eltern für ihre minderjährigen Kinder – gibt es kein Zurückweisungsrecht.

Vollstreckungsschutz

Ist der Mieter zur Räumung der Wohnung verurteilt und sind die Möglichkeiten der Sozialklausel → *Kündigungswiderspruch* und der → *Räumungsfrist* (§ 721 ZPO) ausgeschöpft, kann er noch versuchen, **Vollstreckungsschutz nach § 765a ZPO** zu erlangen. Die Gewährung von Vollstreckungsschutz nach dieser Norm kommt aber nur in **besonderen Ausnahmefällen** in Betracht, wenn die Räumung gerade zum beabsichtigten Zeitpunkt aufgrund ganz besonderer Umstände eine **besondere Härte** (s. u.) für den Mieter bedeuten und zu einem untragbaren Ergebnis führen würde (BGH I ZB 10/05 WuM 2005, 407).

> **Wichtig zu wissen:** Der Mieter kann auf den Vollstreckungsschutz des §765a ZPO weder im Voraus – etwa im Mietvertrag (LG Osnabrück WuM 1980, 256) – noch im Rahmen eines Räumungsvergleichs (LG Aachen WuM 1996, 568; OLG Hamm NJW 1960, 104) **verzichten**. Entsprechende Vereinbarungen sind **unwirksam**!

Frist und Verfahren

Der Antrag muss **spätestens zwei Wochen vor** dem festgesetzten **Räumungstermin** beim Vollstreckungsgericht gestellt werden. Ausnahmen von dieser Frist gelten nur, wenn der Grund für den Antrag erst später entstanden ist oder der Antragsteller ohne sein Verschulden gehindert war, den Antrag rechtzeitig zu stellen. Hieran stellen die Gerichte aber äußerst strenge Anforderungen: Bettlägerigkeit allein genügt nicht (OLG Köln NZM 2001, 495), wohl aber fehlende Prozessfähigkeit (BGH I ZB 73/09 WuM 2011, 530). Hat die Räumung bereits stattgefunden, ist ein nachträglicher Antrag nicht mehr möglich (BVerfG 2 BvR 1308/24 WuM 2024, 749; 2 BvR 1507/22 WuM 2023, 335). Der Antrag ist auch in der **Insolvenz** des Mieters möglich (BGH V ZB 155/08 WuM 2009, 314; V ZB 57/08 WuM 2009, 141). Ist der Mieter **prozessunfähig**, kann nur sein gesetzlicher Vertreter Vollstreckungsschutz beantragen (BGH I ZB 73/09 WuM 2011, 530).

Vorliegen einer besonderen Härte

Der mit der Zwangsräumung verbundene **Verlust der Wohnung und das Fehlen einer Ersatzwohnung** begründen für sich genommen **keine besondere Härte**. Denn dass der Mieter bei einer Zwangsräumung die Wohnung verliert, ist nach herrschender Ansicht eine typische Folge der Vollstreckung. Auch ist es Sache der Ordnungsbehörden, → *Obdachlosigkeit* des Mieters durch Zuweisung einer Notunterkunft zu verhindern (LG München I ZMR 2020, 654; LG Stuttgart WuM 2021, 123). Die Gerichte gewähren ausnahmsweise Vollstreckungsschutz, wenn der Mieter in Kürze eine **Ersatzwohnung** beziehen kann und hierdurch ein doppelter Umzug binnen kurzer Zeit vermieden werden kann (LG Stuttgart WuM 2021, 123: drei Monate; LG Berlin GE 2009, 1627: sechs Wochen; LG Osnabrück WuM 1980, 256: vier Monate). Hierfür wird der Mieter den Mietvertrag über die neue Wohnung bei Gericht vorlegen müssen. Ausnahmsweise reicht bereits die konkrete Aussicht auf eine Ersatzwohnung, wenn keine vernünftigen Zweifel bestehen, dass die Ersatzwohnung dem Räumungsschuldner tatsächlich vermietet wird (LG München I WuM 2013, 625: schriftliche Bestätigung des Vermieters).

Eine **besondere Härte** ist insbesondere anzunehmen, wenn der Mieter an einer **schweren Erkrankung** leidet – auch psychischer Art – und durch die Räumung eine erhebliche Verschlechterung des Gesundheitszustands droht (BGH V ZB 138/15 WuM 2017, 51) oder der Erfolg einer Krankheitsbehandlung gefährdet wird (BGH V ZB 48/10 WuM 2011, 531). Auch ein **hohes Alter verbunden mit Demenz** oder **erheblichen Gesundheitsschäden** kann im Einzelfall eine sittenwidrige Härte begründen, wenn infolge der Zwangsräumung eine Beschleunigung des gesundheitlichen Verfalls und eine Verkürzung der Lebenserwartung zu erwarten ist (BGH I ZB 11/09 WuM 2009, 678; BVerfG 1 BvR 1147/97 WuM 1997, 591). Das Bestehen einer lebensbedrohlichen Erkrankung wie einer Krebserkrankung und die mit jeder Zwangsräumung verbundenen physischen und psychischen Belastungen reichen für sich genommen nicht aus, um Vollstreckungsschutz zu erhalten (BGH V ZB 124/10 NJW-RR 2011, 419).

Vollstreckungsschutz kommt insbesondere in Betracht, wenn im Fall einer Räumung ein **Suizid** des Mieters oder eines mit in der Wohnung lebenden nahen Angehörigen ernsthaft zu befürchten ist (BVerfG 2 BvR 1233/23 WuM 2024, 47; BGH V ZB 199/09 WuM 2011, 122; BVerfG 2 BvR 2457/13 WuM 2014, 478; 2 BvR 305/19 WuM 2020, 17). Ob eine Suizidgefahr tatsächlich besteht, muss das Gericht ggf. durch **Beweisaufnahme** – etwa durch Einholung eines Sachverständigengutachtens – klären (BVerfG 2 BvR 51/24 WuM 2024, 407; 2 BvR 26/24 WuM 2024, 349; 2 BvR 1233/23 WuM 2024, 47; 2 BvR 1507/22 WuM 2023, 335; BGH V ZB 215/09 WuM 2011, 568; V ZB 82/10 WuM 2011, 117). Aber selbst bei konkret bestehender Suizidgefahr muss das Gericht vor einer Einstellung der Räumungsvollstreckung prüfen, ob nicht **mildere Maßnahmen** wie die **Inanspruchnahme ärztlicher oder therapeutischer Hilfe** (BGH I ZB 125/16 WuM 2018, 51; V ZB 82/10 WuM 2011, 117; V ZB 99/05 WuM 2006, 48) oder eine **Unterbringung** (BGH I ZB 10/05 WuM 2005, 407; V ZB 313/10 WuM 2011, 533) ausreichen.

Vollstreckungsschutz ist auch zu gewähren, wenn die Fortsetzung der Vollstreckung aus anderen Gründen eine **konkrete Gefahr für das Leben** des Mieters begründet. Einzubeziehen sind nicht nur die Gefahren während der Räumung, sondern auch im Anschluss an die Zwangsräumung (BVerfG 2 BvR 661/22 WuM 2022, 391: chronische Angststörung und drohende Verschlechterung bis hin zur Suizidalität). Soweit die Sorge vor einer Erkrankung durch die mentalen Belastungen der Räumung berücksichtigt werden kann, ist Voraussetzung, dass der Schuldner bzw. der Angehörige auch **mit in der zu räumenden Wohnung lebt** (BGH V ZB 3/25 WuM 2026, 161).

Auch eine in Kürze bevorstehende **Entbindung** kann die Gewährung von Vollstreckungsschutz begründen. Eine wenige Tage nach dem geplanten Räumungstermin bevorstehende Kaiserschnittentbindung und die Tatsache, dass die Familie dann mit dem Neugeborenen in einer Notunterkunft der Gemeinde – einem

Container – unterkommen müsste, kann eine Gefahr für Leben oder körperliche Unversehrtheit – auch des Neugeborenen! – bedeuten; dann muss das Gericht die Vollstreckung ggf. einstweilen einstellen (BVerfG 2 BvQ 32/25 WuM 2025, 445). Auch andere Gerichte gewähren in solchen Fällen – nach Einzelfallprüfung – Räumungsschutz während der gesetzlichen **Mutterschutzfrist**, also sechs Wochen vor und acht Wochen nach der Entbindung (LG Hannover, Beschl. v. 16.9.2013 – 52 T 54 / 13; LG Heilbronn, Beschl. v. 7.5.2018 – II 3 T 12 / 18).

Bei einer Familie mit **vier schulpflichtigen Kindern** kann die Zwangsräumung wenige Wochen vor Schuljahresende eine Härte darstellen und eine Einstellung der Vollstreckung bis zum Schuljahresende gebieten (OLG Köln NJW-RR 1995, 1163).

Weitere Voraussetzungen

Vollstreckungsschutz kommt unter Berücksichtigung der Gläubigerinteressen grundsätzlich nicht in Betracht, wenn die Zahlung der **Nutzungsentschädigung** während der Räumungsschutzzeit nicht sichergestellt ist (LG München I ZMR 2020, 654; OLG Zweibrücken NZM 2002, 760), der Mieter sich trotz Kenntnis der Räumungsverpflichtung nicht **intensiv um Ersatzwohnraum bemüht** oder **schwerwiegende Vertragsverstöße** begangen hat (LG Heilbronn WuM 1993, 364). Der Mieter muss also die laufende Nutzungsentschädigung zahlen und spätestens ab Kenntnis von der Räumungsverpflichtung intensiv nach einer Ersatzwohnung suchen.

Entscheidung des Vollstreckungsgerichts

Gibt das Gericht dem Antrag auf Vollstreckungsschutz statt, so kann es die **Räumungsvollstreckung ganz oder teilweise aufheben, untersagen oder einstweilen einstellen.** In absoluten Ausnahmefällen kann das Gericht die Vollstreckung **auf unbestimmte Zeit einstellen**, wenn eine Verringerung des Gesundheitsrisikos oder der Suizidgefahr auch in Zukunft ausgeschlossen erscheint (VerfGH Berlin 26/25 NZM 2025, 640; BGH I ZB 12/15 WuM 2016, 233; BVerfG 2 BvR 1400/14 NJW-RR 2014, 1290). So kann bei einem 99-jährigen, suizidgefährdeten Mieter, der 38 Jahre in der Wohnung gelebt hat, eine **unbefristete Einstellung** der Räumungsvollstreckung geboten sein, wenn er aufgrund seines hohen Alters bei einem Wohnungswechsel seine Autonomie verlieren und zum Pflegefall werden würde (BVerfG 1 BvR 1147/97 WuM 1997, 591). Eine befristete Einstellung der Räumungsvollstreckung hat das Gericht regelmäßig mit **Auflagen** zu versehen, die das Ziel haben, die Gesundheit des Schuldners wiederherzustellen (BGH I ZB 89/16 WuM 2017, 668). Bestehen sowohl beim Mieter als auch beim Vermieter eine Gefahr für Leben und Gesundheit, so muss das Gericht die Gefährdung für den Mieter im Falle einer Räumung und für den Vermieter im Falle einer Einstellung der Vollstreckung gegeneinander abwägen (BGH I ZB 109/15 WuM 2016, 573: schwere psychische Erkrankung mit Selbstmordgefahr bei Mieter und Vermieter; BGH VIII ZR 246/03 WuM 2005, 136: Mieter und Vermieter an Krebs erkrankt).

Auf Antrag des Mieters kann die **Räumungsschutzzeit verlängert**, aber auf Antrag des Vermieters auch **verkürzt** oder aufgehoben werden, § 765a Abs. 4 ZPO. Eine Verlängerung wird insbesondere geboten sein, wenn der Härtegrund fortbesteht. Ist der Mieter überraschend genesen oder besteht aufgrund neuer Umstände ein dringender Wohnbedarf des Vermieters, kann eine Verkürzung oder Aufhebung des Vollstreckungsschutzes in Betracht kommen.

Vorauszahlung → *Betriebskosten* → *Heizkosten*

Vorgetäuschter Eigenbedarf → *Kündigung des Vermieters wegen Eigenbedarfs*

Leider kommt es immer wieder vor, dass Vermieter versuchen, Mieter loszuwerden, indem sie wegen eines angeblichen Eigenbedarfs kündigen, der in Wahrheit nicht besteht. Der Eigenbedarf ist vorgetäuscht, wenn der Vermieter die Wohnung **in Wirklichkeit gar nicht selbst nutzen** oder einem Angehörigen überlassen will und die diesbezüglichen Angaben in dem Kündigungsschreiben falsch sind. In diesem Fall ist die Eigenbedarfskündigung **unwirksam** und der Vermieter schuldet dem Mieter **Schadensersatz**, wenn ihm durch die unberechtigte Kündigung ein Schaden entsteht (BGH VIII ZR 231/07 WuM 2009, 359; VIII ZR 368/03 WuM 2005, 521).

War die Kündigung unwirksam, besteht der vertragliche **Anspruch auf Überlassung der Wohnung** fort. Der Mieter kann daher verlangen, dass ihm der Besitz an der Wohnung wieder eingeräumt wird. Steht die Wohnung noch leer, ist dies unproblematisch möglich; ist sie hingegen bereits anderweitig vermietet, kann der Vermieter sich ggf. darauf berufen, dass ihm dies nicht möglich ist, weil er den neuen Mieter nicht »loswird«. Wurde die Wohnung verkauft, gilt Entsprechendes. Der Vermieter wäre dann verpflichtet, zu versuchen, den neuen Mieter z. B. durch Zahlung einer Abstandssumme zum Auszug zu bewegen bzw. die Wohnung zurückzuerwerben; dies dürfte aber in den seltensten Fällen zum Erfolg führen. Die Durchsetzung des Anspruchs auf Wiedereinräumung des Besitzes schließt nicht aus, dass der Mieter daneben auch den entstandenen Schaden ersetzt bekommt.

Die Schadensersatzpflicht des Vermieters besteht auch, wenn der Eigenbedarf zwar zum Zeitpunkt der Kündigung bestand, aber **vor** Ablauf der Kündigungsfrist **wegfällt** und der Vermieter dies dem Mieter **nicht mitteilt** (BGH VIII ZR 238/18 WuM 2021, 116).

> **Gut zu wissen:** Vermieter müssen bei Vortäuschung von Eigenbedarf nicht nur mit Schadensersatzansprüchen, sondern auch mit einer **Strafanzeige wegen Betrugs** (§ 263 StGB) rechnen (AG Hamburg-Bergedorf WuM 2024, 401).

Indizien für einen vorgetäuschten Eigenbedarf

Folgende Umstände können in der Gesamtschau dafür sprechen, dass der Eigenbedarf nur vorgeschoben ist:

- **Kein Einzug:** Der Vermieter bzw. die benannte Bedarfsperson zieht nach dem Auszug des Mieters nicht in die Wohnung ein.
- **Vorheriges, erfolgloses Mieterhöhungsverlangen** bzw. erfolglose Versuche, zunächst einen **neuen Mietvertrag oder eine Mieterhöhung durchzusetzen** (AG Görlitz WuM 2023, 296; LG Köln WuM 1995, 109; AG Wiesbaden WuM 1991, 490).
- **Vorangegangene Konflikte** über Mängelrechte, zulässige Miethöhe, Mietminderung oder Nebenkostenabrechnungen (AG Mitte WuM 2026, 208; LG Osnabrück WuM 1990, 21).
- **Verkaufsbemühungen** des Vermieters zum Zeitpunkt der Eigenbedarfskündigung (LG Berlin WuM 2016, 567).
- **Unkenntnis der Bedarfsperson:** Die benannte Bedarfsperson weiß nichts von der Eigenbedarfskündigung (AG Münster WuM 1991, 111) oder kennt die Wohnung nicht einmal (LG Mosbach WuM 1992, 18).

Es gibt unzählige Gerichtsentscheidungen zu Fällen von vorgetäuschtem Eigenbedarf. Im Folgenden einige

> **Beispiele aus der Rechtsprechung zum vorgetäuschten Eigenbedarf:**
> - Nach anhaltenden **Auseinandersetzungen** mit den Mietern kündigte der Vermieter wegen Eigenbedarfs: Seine 18-jährige Tochter wolle mit ihrem Verlobten einen gemeinsamen Hausstand gründen. Später stellte sich jedoch heraus, dass es den angeblichen Verlobten gar nicht gab. Daraufhin erklärte der Vermieter, die Tochter wolle allein einziehen (BVerfG 1 BvR 674/89 WuM 1989, 481).
> - Ein Eigenbedarf kann auch dann nur vorgeschoben sein, wenn der Vermieter bereits seit Längerem **Verkaufs- oder Sanierungspläne** verfolgt und die be-

nannte Bedarfsperson die Wohnung zunächst in der Erwartung erhalten soll, man könne sie später »problemlos« wieder zum Auszug bewegen, sobald Verkauf oder Sanierung anstehen (BGH VIII ZR 214/15 WuM 2016, 426; LG München I ZMR 2020, 652). In solchen Fällen wird die Bedarfsperson lediglich als **»Strohmann«** eingesetzt, um den Mieter loszuwerden.

- Nachdem die **Räumungsklage einer AG** wegen Eigenbedarfs abgewiesen worden war (eine AG kann keinen Wohnbedarf geltend machen), übertrug ein Vorstandsmitglied seiner Tochter unentgeltlich einen minimalen Miteigentumsanteil (5/100) an der Eigentumswohnung. Die Tochter wurde dadurch Mitvermieterin und kündigte anschließend wegen Eigenbedarfs. Der Bundesgerichtshof wertete dies als **Umgehungsgeschäft**: Die Schenkung des geringen Anteils sei erkennbar erfolgt, um überhaupt eine Eigenbedarfskündigung zu ermöglichen. Die Kündigung sei daher rechtsmissbräuchlich und unwirksam (BGH VIII ZR 221/19 WuM 2021, 491).
- In einem weiteren Fall kündigte der Vermieter wegen Eigenbedarfs, weil angeblich seine Mutter in das vermietete Einfamilienhaus einziehen sollte. Dazu kam es jedoch nicht. Stattdessen schaltete der Vermieter **Anzeigen** bei eBay und vermietete anschließend an eine **andere Person** (LG Kassel WuM 2024, 401).
- Der Vermieter kündigte mit der Begründung, er wolle mit seiner Familie nach Berlin ziehen und die dort vermietete Wohnung **selbst nutzen**. Nach dem Auszug des Mieters setzte er diese Umzugsabsicht jedoch nicht um. Im anschließenden Schadensersatzprozess wegen vorgetäuschten Eigenbedarfs konnte der Vermieter **keine konkreten Umzugsplanungen** oder Vorbereitungen darlegen (LG Berlin II, Urt. v. 4.9.2024 – 64 S 281/22).

Schadensersatzansprüche des Mieters

Der Vermieter macht sich nicht nur schadensersatzpflichtig, wenn er den Eigenbedarf **aktiv vorgetäuscht** hat. Auch wenn der geltend gemachte Eigenbedarf nach Ausspruch der Kündigung, aber noch **vor Ablauf der Kündigungsfrist wegfällt** und er den Mieter hierüber **nicht informiert**, kann der Mieter Schadensersatz fordern (BGH VIII ZR 238/18 WuM 2021, 116). Der Schadensersatzanspruch bleibt auch bestehen, wenn der Vermieter die Kündigung zu einem Zeitpunkt zurückzieht, zu dem der Mieter schon eine neue Wohnung gesucht und einen neuen Mietvertrag unterschrieben hat (LG Kassel WuM 1987, 85).

Fällt der Eigenbedarf hingegen erst **nach Ablauf der Kündigungsfrist** weg, besteht grundsätzlich **keine Hinweispflicht** mehr – und damit auch **kein Schadensersatzanspruch** des Mieters (BGH VIII ZR 238/18 WuM 2021, 116; VIII ZR 300/15 WuM 2016, 743).

Wer muss was beweisen?
Macht ein Mieter nach dem Auszug Schadensersatz wegen vorgetäuschten Eigenbedarfs geltend, muss er im Prozess beweisen, dass der Eigenbedarf von Anfang an nicht bestand oder noch vor Ablauf der Kündigungsfrist weggefallen ist (BGH VIII ZR 368/03 WuM 2005, 521). Zieht z. B. der Vermieter bzw. die benannte Bedarfsperson **nach dem Auszug nicht ein**, drängt sich der Verdacht auf, dass der Eigenbedarf lediglich vorgeschoben war.

In diesem Fall muss der Vermieter den gegen ihn sprechenden Verdacht entkräften und **plausibel darlegen**, warum der in der Kündigung angegebene Bedarf später entfallen sein soll. An diesen Vortrag stellt die Rechtsprechung **strenge Anforderungen** (BGH VIII ZR 300/15 WuM 2016, 743; LG Berlin II, Urt. v. 4.9.2024 – 64 S 281/22; LG Kassel WuM 2024, 401).

Erst wenn der Vermieter hierzu hinreichend plausibel vorträgt, ist wieder der Mieter am Zug und muss beweisen, dass ein ernsthafter Selbstnutzungswille des Vermieters **schon vorher nicht bestand** (BGH VIII ZR 300/15 WuM 2016, 743).

Schadensersatz auch bei Abschluss eines Mietaufhebungsvertrags oder Räumungsvergleichs?
Schließen Vermieter und Mieter einen **Mietaufhebungsvertrag** oder einen **Räumungsvergleich**, kann der Mieter dennoch **Schadensersatz** verlangen, wenn er bei Abschluss der Vereinbarung davon ausging, dass der behauptete Eigenbedarf berechtigt sei und für ihn **kein Anlass** bestand, an den Angaben des Vermieters zu zweifeln (BGH VIII ZR 99/14 WuM 2015, 510; VIII ZR 231/07 WuM 2009, 359). Denn in solchen Fällen gibt der Mieter die Wohnung nicht »freiwillig« auf, sondern in der Vorstellung, er sei wegen des geltend gemachten Eigenbedarfs hierzu verpflichtet. Für den Schadensersatzanspruch ist unerheblich, ob die Eigenbedarfskündigung bereits **aus formalen Gründen** (etwa wegen unzureichender Begründung) unwirksam war (BGH VIII ZR 231/07 WuM 2009, 359). Auch dann schließt der Mieter die Vereinbarung regelmäßig in dem Glauben, es läge eine wirksame Kündigung vor und er müsse räumen.

Bestreitet der Mieter dagegen im Prozess den Eigenbedarf und schließen die Parteien anschließend zur Beilegung des Rechtsstreits einen Räumungsvergleich, ist durch **Auslegung** zu klären, ob der Mieter damit zugleich auf mögliche Schadensersatzansprüche verzichten wollte (BGH VIII ZR 99/14 WuM 2015, 510). Ein **Verzicht** auf Ansprüche wegen vorgetäuschten Eigenbedarfs kommt nur **ausnahmsweise** in Betracht; der Verzichtswille muss **»unmissverständlich«** sein (BGH VIII ZR 99/14 WuM 2015, 510). Indizien für einen solchen Verzicht können etwa sein, dass der Vermieter sich im Vergleich zu einer **namhaften Abstandszahlung**

verpflichtet oder gegenüber dem Mieter auf **Schönheitsreparaturen** verzichtet (BGH VIII ZR 99/14 WuM 2015, 510; OLG Frankfurt a. M. WuM 1994, 600; LG Gießen WuM 1995, 589). Allein aus einer Abstandszahlung von **5000 Euro** soll jedoch noch nicht auf einen Verzicht geschlossen werden können (AG Tempelhof-Kreuzberg WuM 2017, 659).

Umfang des Schadensersatzes
Der Vermieter ist verpflichtet, dem Mieter die Kosten zu ersetzen, die durch eine unberechtigte Kündigung verursacht wurden. Dazu zählen insbesondere **Umzugskosten, Fahrtkosten, Ummeldekosten**, Gebühren für einen **Nachsendeauftrag, Maklerkosten** sowie Ausgaben für **Wohnungsinserate** (BGH VIII 45/16 WuM 2017, 342; AG Leipzig WuM 2021, 683; AG Tempelhof-Kreuzberg WuM 2017, 659; AG Steinfurt WuM 2021, 379; AG Coesfeld WuM 2021, 712). Erstattungsfähig sein können außerdem **Kosten für eine Neueinrichtung**, etwa wenn Einrichtungsgegenstände ersetzt werden müssen, weil sie in der neuen Wohnung nicht mehr passen (LG Kassel WuM 2024, 401) sowie **Prozesskosten** aus dem vorangegangenen Räumungsrechtsstreit – auch dann, wenn die Parteien das Verfahren durch einen Räumungsvergleich beendet haben (BGH VIII 45/16 WuM 2017, 342) – und **höhere Fahrtkosten** zwischen Arbeitsort und neuer Wohnung (BGH VIII 45/16 WuM 2017, 342).

Ob auch für **Detektivkosten**, die der Mieter zum Nachweis der Täuschung aufgewendet hat, Erstattung verlangt werden kann, beurteilt die Rechtsprechung nicht einheitlich: Teilweise wird ein Anspruch bejaht (LG Berlin WuM 2023, 109; AG Hamburg WuM 1997, 220; LG Köln WuM 2000, 616), teilweise verneint (LG München I NZM 2004, 96). Nach einer Entscheidung des LG Berlin besteht kein Erstattungsanspruch, wenn der Detektiv »ins Blaue hinein« und ohne konkret umrissenen Auftrag ermittelt (LG Berlin WuM 2000, 313).

Als weitere Schadensposition kommt die **Mietdifferenz** in Betracht, also die Differenz zwischen der bisherigen (niedrigeren) und der künftigen (höheren) Miete (BGH VIII 45/16 WuM 2017, 342; LG Kassel WuM 2024, 401; OLG Düsseldorf WuM 2004, 86). Das gilt allerdings nur, soweit beide Wohnungen hinsichtlich **Größe, Lage und Ausstattung** vergleichbar sind. Hat die neue Wohnung einen höheren Nutzungswert, kann ein **Abzug** vorzunehmen sein (BGH VIII 45/16 WuM 2017, 342). Einschränkend wird dies teils gesehen, wenn dem Mieter Verbesserungen faktisch »aufgedrängt« werden, etwa durch eine zwingend mitanzumietende Einbauküche (AG Leipzig WuM 2021, 683). Bei der Berechnung der Mietdifferenz ist außerdem zu berücksichtigen, in welchem Umfang die Miete der alten Wohnung im Laufe der Zeit hätte erhöht werden können.

Bei einem **unbefristeten Mietvertrag** wird die Mietdifferenz **teils ohne zeitliche Begrenzung** zugesprochen (AG Kreuzberg WuM 2025, 40; AG Leipzig WuM 2021, 683). Andere Gerichte begrenzen den Zeitraum dagegen: LG Darmstadt WuM 1995, 165 (vier Jahre), LG Wuppertal WuM 1997, 681 (fünf Jahre), LG Hamburg Beschl. v. 6.11.2008 – 307 S 72/08 (42 Monate), LG Köln WuM 1992, 14 (drei Jahre), AG Waiblingen WuM 2019, 334 (zwei Jahre), AG Coesfeld WuM 2019, 712 (42 Monate) und AG Tempelhof-Kreuzberg WuM 2017, 659 (vier Jahre).

Eine neuere Tendenz in der Rechtsprechung ist es, dem gekündigten Mieter einen Anspruch auf das sog. stellvertretende Commodum einzuräumen. Das bedeutet, dass er neben seinem eigenen Differenzschaden vom Vermieter die **Herausgabe des Mehrerlöses** verlangen kann (LG Berlin WuM 2024, 671).

> **Beispiel:** Der unberechtigt herausgekündigte Mieter hatte eine Miete von 800 Euro zu entrichten; der neue Mieter zahlt 1000 Euro für die Wohnung. Dann könnte der gekündigte Mieter vom Vermieter monatlich die 200 Euro Differenz herausverlangen.

Der gekündigte Mieter hat in diesem Fall einen **Auskunftsanspruch** gegen seinen Ex-Vermieter hinsichtlich der mit dem neuen Mieter vereinbarten Miete.

Anspruch auf Wiedereinräumung des Besitzes an der Wohnung
Auch der Schadensersatzanspruch wegen vorgetäuschten Eigenbedarfs kann ausnahmsweise auf Wiedereinräumung des Besitzes gerichtet sein, also darauf, dass der Mieter wieder in die Wohnung einziehen kann – dies jedenfalls solange die Wohnung noch nicht an einen Dritten vermietet oder verkauft worden ist (BGH VIII 313/08 WuM 2010, 165).

Steht eine Weitervermietung oder ein Verkauf unmittelbar bevor, kann der Mieter unter Umständen im Wege der einstweiligen Verfügung → *einstweilige Anordnung/Verfügung* erreichen, dass die Weitervermietung bzw. der Verkauf untersagt wird (LG Hamburg WuM 2008, 92; LG Bonn WuM 1988, 402). Ist allerdings bereits ein neuer Mietvertrag mit einem anderen Mieter geschlossen, kann der getäuschte Mieter die Wohnung grundsätzlich nicht mehr per einstweiliger Verfügung für sich »sichern« (LG München I WuM 1991, 577) → *Doppelvermietung*.

Vorkaufsrecht

Ein Vorkaufsrecht räumt dem Mieter oder der Gemeinde das Recht ein, eine Immobilie (Wohnung oder ein Haus) zu denselben Bedingungen zu erwerben, die der Eigentümer bereits mit einem Käufer ausgehandelt hat. Viele Mieter glauben irrtümlich: »Ich habe ein Vorkaufsrecht, also muss der Verkäufer zuerst mich fragen, ob ich das Mietobjekt kaufen will, bevor er es anderen anbietet.« Das ist nicht richtig! Das Vorkaufsrecht ist keine Sperre für Verkaufsverhandlungen mit anderen Personen. Der Eigentümer darf die Wohnung oder das Haus anbieten und sogar einen Kaufvertrag mit einem Käufer beurkunden lassen.

Das Vorkaufsrecht räumt dem Vorkaufsberechtigten aber die Möglichkeit ein, **in den bestehenden Kaufvertrag einzutreten** und das bislang vermietete Objekt anstelle des Käufers zu erwerben. Dabei muss der Mieter die Immobilie **zu den gleichen vertraglichen Bedingungen** übernehmen, die der Eigentümer mit dem Käufer vereinbart hat. Der Mieter als Vorkaufsberechtigter kann also den Käufer verdrängen, hat aber keinen Einfluss auf den Inhalt des Kaufvertrags. Er muss ihn so übernehmen, wie er zwischen Verkäufer und Käufer ausgehandelt wurde.

Achtung: Macht der Mieter von seinem Vorkaufsrecht Gebrauch, endet das Mietverhältnis. Auf Sonderrechte aus dem Mietvertrag (z. B. Gartennutzung) kann sich der Käufer nur berufen, wenn sie sich auch aus dem Kaufvertrag – ggf. einschl. Teilungserklärung und Gemeinschaftsordnung – ergeben (BGH VIII ZR 323/14 WuM 2016, 341).

Ein Vorkaufsrecht kann entweder **vertraglich vereinbart** oder in bestimmten Fällen durch das **Gesetz** festgelegt sein.

Vertragliches Vorkaufsrecht des Mieters

Ein Vorkaufsrecht des Mieters kann durch eine ausdrückliche Einigung zwischen Eigentümer und Mieter vereinbart werden. Das kann als Regelung direkt im Mietvertrag oder in einer separaten Zusatzvereinbarung festgehalten werden. Da sich der Vermieter damit ggf. zur Übertragung von Grundeigentum verpflichtet, ist die Vereinbarung nur dann rechtlich bindend, wenn sie **von einem Notar beurkundet** wurde.

Um das Recht gegenüber künftigen Käufern abzusichern, kann zusätzlich eine **Vormerkung im Grundbuch** eingetragen werden. Das verschafft dem Mieter eine deutlich stärkere Rechtsposition.

Gesetzliches Vorkaufsrecht des Mieters bei Umwandlung

Der Mieter hat ein gesetzliches Vorkaufsrecht nach §577 BGB, wenn der Eigentümer die Wohnungen in Eigentumswohnungen umgewandelt hat und an einen Dritten verkauft → *Umwandlung von Miet- in Eigentumswohnungen*. Das gilt auch, wenn nach der Überlassung an den Mieter → *Wohnungseigentum* begründet wurde und an eine Personenhandelsgesellschaft, deren Gesellschafter mit denen der veräußernden Gesellschaft identisch sind, verkauft wird (BGH VIII ZR 18/24 WuM 2026, 41).

Das Vorkaufsrecht ist **nicht übertragbar**, kann also nicht verkauft werden. Es erlischt aber nicht mit dem → *Tod des Mieters*, sondern geht ggf. auf die Personen über, mit denen das Mietverhältnis fortgesetzt wird.

Ausnahme: Kein Vorkaufsrecht besteht, wenn der Vermieter die Wohnung an einen **Familienangehörigen** oder an einen **Angehörigen seines Haushalts** verkauft (BGH VIII ZR 143/15 WuM 2016, 369). Hat der Eigentümer zugunsten eines Familienangehörigen ein Vorkaufsrecht im Grundbuch eingetragen, hat dieses Vorrang vor dem gesetzlichen Vorkaufsrecht des Mieters (BGH V ZB 58/22 WuM 2023, 558). Als Familienangehörige sind Ehegatten auch anzusehen, wenn sie geschieden sind (BGH V ZB 58/22 WuM 2023, 558; VIII ZR 35/19 WuM 2020, 730).

Das Vorkaufsrecht besteht nur bei der **ersten Veräußerung nach der Umwandlung** (BGH V ZR 269/06 WuM 2007, 464). Die Veräußerung der Wohnung im Wege der **Zwangsvollstreckung** wird wie ein Verkaufsfall behandelt. Das Vorkaufsrecht wird dadurch hinfällig und kann bei einem späteren Verkauf nicht mehr ausgeübt werden (BGH XII ZR 124/97 WuM 1999, 400). Die **Zwangsverwaltung** hindert die Ausübung des Vorkaufsrechts nicht. Ein Anspruch auf Verschaffung des Eigentums richtet sich aber gegen den Eigentümer und nicht gegen den Zwangsverwalter. Dieser kann ggf. weiter Miete verlangen, solange der Eigentumswechsel nicht erfolgt ist (BGH VIII ZR 13/08 WuM 2009, 127).

Ein gesetzliches Vorkaufsrecht des Mieters kann auch entstehen, wenn anstelle von Wohnungseigentum **Teileigentum** an zu Wohnzwecken vermieteten Räumlichkeiten begründet wird (BGH VIII ZR 201/23 WuM 2025, 347).

Wird ein **ganzes Haus** verkauft, besteht **kein gesetzliches Vorkaufsrecht** nach §577 BGB (BGH V ZR 96/12 WuM 2014, 98). Ebenfalls kein Vorkaufsrecht hat, wer keine Mietwohnung in einem Mehrfamilienhaus, sondern bereits eine **Eigentumswohnung** anmietet. Das Vorkaufsrecht besteht aber dann, wenn eine Reihenhaussiedlung in einzelne Grundstücke aufgeteilt und diese mitsamt den **Reihenhäusern** einzeln verkauft werden (BVerfG 1 BvR 1803/08 WuM 2011, 355; BGH VIII ZR 126/07 WuM 2008, 415).

Informationspflicht des Vermieters

Um eine Entscheidungsgrundlage zu haben, muss der Mieter wissen, was im Kaufvertrag steht. Deshalb muss ihm der Vermieter den **Inhalt des Kaufvertrags mitteilen** und ihn dabei auch darauf hinweisen, dass ihm ein Vorkaufsrecht zusteht; diese Pflicht des Vermieters gilt auch als erfüllt, wenn der Käufer die entsprechende Mitteilung macht. Der Mieter ist insbesondere vollständig über die mit dem Käufer vereinbarte Gegenleistung zu informieren (LG Berlin WuM 2023, 46). Der Verkäufer muss den Mieter außerdem genauso wie den Kaufinteressenten auf Mängel der Wohnung hinweisen (OLG Köln WuM 1995, 266).

Unterrichtet der Vermieter den Mieter nicht oder nur unvollständig oder wird der Käufer im Grundbuch abgesichert, bevor der Mieter seine Entscheidung getroffen hat, läuft das Vorkaufsrecht möglicherweise ins Leere. In diesem Fall bleiben dem Mieter nur noch **Schadensersatzansprüche** gegenüber dem Vermieter (BGH VIII ZR 51/14 WuM 2015, 240; VIII ZR 271/04 WuM 2005, 660; V ZR 137/02 WuM 2003, 281).

Ist der Käufer noch nicht im Grundbuch eingetragen, kann der Mieter durch eine einstweilige Verfügung → *einstweilige Anordnung/Verfügung* verhindern, dass Verkäufer und Käufer vollendete Tatsachen schaffen (OLG München WuM 2000, 120).

Wie mache ich mein Vorkaufsrecht geltend?

Um das Vorkaufsrecht auszuüben, reicht eine einfache schriftliche Erklärung aller Mieter an den Verkäufer (bzw. alle Verkäufer) aus. Wichtig ist, dass der Zugang an den Verkäufer nachweisbar ist → *Zugang von Erklärungen*. Ein Gang zum Notar ist für diesen Schritt – anders als beim eigentlichen Kaufvertrag – nicht erforderlich.

> **Wichtig zu wissen:** Viel Zeit für eine Entscheidung und vor allem für die Finanzierung des Kaufs bleibt dem Mieter nicht, denn es gilt eine **Frist für die Ausübung des Vorkaufsrechts**. Es kann nur bis zum Ablauf von **zwei Monaten**, nachdem er die Mittteilung über den Verkauf erhalten hat, ausgeübt werden. Die Frist wird erneut in Gang gesetzt, wenn der Vermieter dem Mieter ein abgeändertes Kaufvertragsangebot mit reduziertem Kaufpreis vorlegt (OLG Karlsruhe WuM 1996, 326).

Vorkaufsrecht der Gemeinde
Die Gemeinde hat nach § 24 Abs. 1 Satz 1 Nr. 4 BauGB ein gesetzliches Vorkaufsrecht in **Erhaltungsgebieten** (→ *Erhaltungssatzung*). Sie kann beim **Verkauf eines bebauten oder unbebauten Grundstücks** anstelle des potenziellen Käufers zugunsten der Allgemeinheit in den Kaufvertrag eintreten. Das Vorkaufsrecht besteht nur beim Verkauf eines gesamten Hauses. Der Verkauf einzelner Eigentumswohnungen fällt nicht unter das kommunale Vorkaufsrecht.

Das Vorkaufsrecht hat immense Bedeutung für diejenigen Mieter, deren Haus zum Vorkaufsfall wird. Denn als neuer Vermieter tritt dann zumeist eine landeseigene Wohnungsbaugesellschaft ein, die oftmals mieterfreundlicher orientiert ist als private Wohnungsunternehmen.

Voraussetzungen des Vorkaufsrechts der Gemeinde: Der Verkäufer eines Objekts in einem Erhaltungsgebiet hat der Gemeinde den Inhalt des Kaufvertrags unverzüglich mitzuteilen, um ihr Gelegenheit zu geben, ihr Vorkaufsrecht auszuüben. Das Vorkaufsrecht darf aber nur ausgeübt werden, wenn das **Wohl der Allgemeinheit** dies rechtfertigt, das heißt, wenn durch den Kaufvertrag Erhaltungsziele beeinträchtigt werden. Nicht ausreichend ist hierfür die Vermutung, die Höhe des Kaufpreises rechtfertige die Annahme einer unzulässigen Modernisierung oder Umwandlung in Wohneigentum (LG Berlin ZMR 2018, 286).

Das gemeindliche Vorkaufsrecht ist **ausgeschlossen**, wenn das Grundstück entsprechend den Zwecken der städtebaulichen Maßnahmen bebaut ist und genutzt wird und das Wohnhaus keine Mängel aufweist (§ 26 Nr. 4 BauGB). Liegen diese Voraussetzungen vor, so rechtfertigt die bloße Annahme, der Käufer werde das Haus in Zukunft unter Verstoß gegen die Erhaltungsziele nutzen, kein Vorkaufsrecht (BVerwG 4 C 1/20 WuM 2022, 58). Allein die Vermutung, dass der Käufer die Mieter zukünftig aus dem Objekt verdrängen wolle, reicht also nicht.

Das Vorkaufsrecht muss binnen **drei Monaten** nach Mitteilung des Kaufvertrags gegenüber dem Verkäufer ausgeübt werden (§ 28 Abs. 2 Satz 1 BauGB).

Abwendung des Vorkaufs durch die Gemeinde: Der Käufer eines Hauses kann die Ausübung des Vorkaufsrechts durch Unterzeichnung einer **Abwendungsvereinbarung** verhindern (§ 27 Abs. 1 Satz 1 BauGB). In einer solchen Vereinbarung kann u. a. festgelegt werden, dass keine Veränderungen und Modernisierungen durchgeführt werden, die über die Herstellung des zeitgemäßen Ausstattungsstandards einer durchschnittlichen Wohnung im Quartier hinausgehen, z. B. keine zusätzlichen Balkone angebaut und keine Aufzüge installiert werden. Außerdem kann die Gemeinde vereinbaren, dass eine Mieterhöhung wegen Modernisierung gedeckelt wird.

Vorübergehender Gebrauch

Wird eine Wohnung nur zum »vorübergehenden Gebrauch« vermietet, sind viele Mieterschutzvorschriften nicht anwendbar. Die Idee dahinter ist, dass in den typischen Fällen des vorübergehenden Gebrauchs (z.B. Hotelzimmer oder Ferienwohnungen im Urlaub, bei Messearbeit oder Montagetätigkeiten) Mietende nicht so schutzbedürftig sind wie bei »echter« Wohnungsmiete. Vom vorübergehenden Gebrauch zu unterscheiden ist der befristete → *Zeitmietvertrag.*

Folgende Mieterschutzregelungen gelten nicht bei »vorübergehendem Gebrauch«:
- die → *Mietpreisbremse* (§§ 556d bis 556 g BGB),
- die Vorschriften über → *Mieterhöhungen* bei Wohnraum (§§ 557 bis 561 BGB),
- die Vorschriften zum Mieterschutz bei der → *Kündigung durch den Vermieter* von Wohnraum (§§ 568 Abs. 2, 573, 573 a, 573d Abs. 1, 574 bis 575, 575 a Abs. 1 BGB) sowie
- die Mieterschutzvorschriften bei der Begründung von Wohnungseigentum (§§ 577, 577a BGB; → *Umwandlung von Miet- in Eigentumswohnungen* → *Vorkaufsrecht*).

Allerdings definiert das Gesetz den Begriff des »vorübergehenden Gebrauchs« nicht näher. Von Vermieterseite wird manchmal versucht, dies auszunutzen und durch entsprechende Klauseln im Mietvertrag den Mieterschutz auszuhebeln, insbesondere die Regelungen zur Miethöhe und zum Kündigungsschutz. Es genügt aber nicht, einfach »nur zum vorübergehenden Gebrauch« in den Mietvertrag zu schreiben (LG Berlin WuM 2021, 738), sondern es kommt darauf an, ob der Mieter seinen Lebensmittelpunkt dauerhaft in der Wohnung begründen will (LG Berlin WuM 2020, 163). Dies gilt selbstverständlich auch, wenn eine Wohnung an Ausländer vermietet wird (LG Berlin WuM 2021, 738).

Weil zunehmend versucht wird, den Mieterschutz auszuhebeln – teilweise durch regelrechte »Kettenmietverträge«, die jeweils mit denselben Mietenden, aber nur für kurze Zeitspannen abgeschlossen werden – gibt es derzeit ein Gesetzesvorhaben, mit dem diese Möglichkeiten begrenzt werden sollen. Denn durch solche Geschäftspraktiken wird dringend benötigter Wohnraum dem regulären Markt entzogen. Geplant ist deshalb, solche Mietverträge maximal für sechs Monate (mit einmaliger Verlängerungsmöglichkeit um zwei Monate) zuzulassen und auch die Dauer mehrerer hintereinander folgender Mietverhältnisse zusammenzurechnen. Zudem sollen Kurzzeitvermietungen nur noch in begründeten Ausnahmefällen möglich sein. Die Regelung könnte noch im Laufe des Jahres 2026 in Kraft treten. Fragen Sie in Zweifelsfällen bei Ihrem örtlichen Mieterverein, was gilt!

W

Wärmedämmung

Die Wärmedämmung spielt für den Energiehaushalt des Gebäudes eine wichtige Rolle. Zum einen kann Wärmedämmung erheblich zur Energieeinsparung beitragen; zum anderen kann sie der Vermeidung von Feuchtigkeitsschäden dienen, da sie einer Auskühlung der Außenwände entgegenwirkt → *Feuchtigkeit in der Wohnung.*

Im **Neubau** ist eine bestimmte Wärmedämmung vorgeschrieben. Einzelheiten ergeben sich aus dem → *Gebäudeenergiegesetz.*

In Deutschland gibt es bislang aber grundsätzlich keine gesetzlichen Bestimmungen, die für **ältere Gebäude** eine Verbesserung der Wärmedämmung vorschreiben. Die EU-Sanierungsrichtlinie sieht dies vor, sie wurde hierzulande aber (noch) nicht umgesetzt. Das bedeutet auch: Der Mieter hat generell keinen Anspruch darauf, dass die Dämmung an Fassade, Dach oder Außenwänden verbessert wird. Es gibt jedoch auch Vorschriften, die Anforderungen an den Wohnungsbestand stellen und daher Auswirkungen auf bestehende Mietverhältnisse haben können. Dazu gehört u. a. die Verpflichtung zur Aufrechterhaltung der energetischen Qualität. Da diese Verpflichtung Instandsetzungscharakter hat, gelten die allgemeinen mietrechtlichen Regeln für den Fall, dass sich das Mietobjekt energetisch verschlechtert. Wenn z. B. eine ältere Dämmung schadhaft wird oder gar abfällt, wird das Haus bzw. die Wohnung mangelhaft, und der Mieter kann die Miete nach § 536 Abs. 1 BGB mindern und ggf. Schadensersatzansprüche gem. § 536a Abs. 1 BGB geltend machen. Natürlich hat er auch einen Anspruch auf Wiederherstellung des vormals vorhandenen energetischen Zustands. Eine Mieterhöhung aufgrund einer solchen Instandsetzungsmaßnahme gem. § 559 BGB ist nicht möglich → *Modernisierung durch den Vermieter.*

In gesetzlich bestimmten Fällen besteht eine **Pflicht zur Dämmung** auch in einem bestehenden Wohnhaus. Nimmt der Eigentümer bauliche Änderungen bei Sanierung von Außenbauteilen wie Fassade, Fenster, Türen, Dach in einem bestimmten Ausmaß vor, dann müssen die neuen Bauteile die gesetzlich festgelegten Mindestanforderungen an den Wärmeschutz erfüllen. Außerdem sind Hauseigentümer verpflichtet, die oberste Geschossdecke zu einem unbeheizten Dachraum zu dämmen, wenn der darunter liegende Raum beheizt ist und die Decke nicht den Anforderungen an den Mindestwärmeschutz genügt. Alternativ kann statt der Geschossdecke das darüber liegende Dach gedämmt werden. Soweit der Vermieter aufgrund der Vorgaben des Gebäudeenergiegesetzes eine bessere Wärmedämmung als bisher anbringen muss, darf er wegen dieser energieeinsparenden Maßnahme eine Mieterhöhung wegen Modernisierung verlangen.

Für **Heizungs- oder Warmwasserleitungen** besteht eine Pflicht zur Dämmung in allen Gebäuden. Gedämmt werden müssen Heizungs- und Warmwasserrohre in unbeheizten Räumen, z. B. im Keller oder auf dem Dachboden.

Wärmepass → *Energiepass (Energieausweis)* → *Gebäudeenergiegesetz* → *Heizspiegel*

Wärmepumpe

Eine Wärmepumpe erzeugt Wärme mit erneuerbaren Energiequellen. Durch den Einsatz einer Wärmepumpe wird ein Wohngebäude klimafreundlich und unabhängig von fossilen Brennstoffen mit Wärme zur Beheizung und häufig auch zur Warmwasseraufbereitung versorgt. Energiequellen sind die Umgebungsluft, Grundwasser oder Erdwärme. Für den Betrieb wird jedoch viel Strom benötigt. In Wohngebäuden wird als Wärmequelle zumeist die Außenluft genutzt (Luftwärmepumpe). Der Einbau einer Erdwärmepumpe ist deutlich teurer. Sie kann aber effizienter betrieben werden, weil sie weniger Betriebsstrom benötigt als eine Luftwärmepumpe.

Ergänzend zur Wärmepumpe wird zumeist eine zusätzliche Wärmequelle benötigt, die Spitzenbelastungen in der kalten Jahreszeit abdeckt. Das kann eine mit Gas, Öl oder Holz betriebene Heizung sein oder eine Elektroheizung.

Nachträglicher Einbau einer Wärmepumpe

Die Ersetzung einer Öl- oder Gasheizung durch eine Wärmepumpe ist eine → *Modernisierung durch den Vermieter*, die dieser zum Anlass nehmen kann, die Miete zu erhöhen.

Regelmäßige Betriebsprüfung

Eine Wärmepumpe hat eine Kennzahl, die zeigt, wie effizient sie arbeitet: die **Jahresarbeitszahl**. Sie gibt an, wie viel Heizwärme die Wärmepumpe im Laufe eines Jahres im Verhältnis zum eingesetzten Strom liefert. In der Praxis arbeiten viele Wärmepumpen schlechter als möglich, weil sie nicht optimal eingestellt sind.

Eine Wärmepumpe arbeitet sparsamer, wenn die Heizung mit möglichst niedrigen Temperaturen betrieben wird.

Das → *Gebäudeenergiegesetz* schreibt vor, dass der Hauseigentümer regelmäßig eine Betriebsprüfung durch eine fachkundige Person durchführen lassen muss. In Gebäuden mit sechs oder mehr Wohnungen (oder anderweitig genutzten Nutzungseinheiten) müssen Wärmepumpen, die ab 2024 installiert werden, spätestens zwei Jahre nach Inbetriebnahme einer solchen Prüfung unterzogen werden. Danach ist sie alle fünf Jahre durchzuführen, wenn die Wärmepumpe keiner Fernkontrolle unterliegt. Dabei sind die Einstellungen und der Betriebszustand der Anlage zu kontrollieren. Diese Vorschriften dienen auch dem Schutz der Mieter, um unnötig hohe Heizkosten zu vermeiden.

Der Mieter hat Anspruch darauf, dass der Vermieter ihn unverzüglich über das Ergebnis der Betriebsprüfung informiert und einen Nachweis über vorgegebene Verbesserungen erbringt. **Wichtig:** Das gilt nur, wenn der Mieter diese Auskunft **ausdrücklich verlangt.**

Abrechnung der Heizkosten

Offene Fragen gibt es, wenn der Vermieter den Mietern für die erzeugte Wärme eine Abrechnung erstellt.

Produziert ein **beauftragtes Unternehmen** die Erdwärme und liefert sie an den Vermieter, handelt es sich um → *Contracting*.

Betreibt der Vermieter die Wärmepumpe selbst, darf er nur die Kosten abrechnen, die ihm entstanden sind. Brennstoffkosten fallen nicht an. Stattdessen benötigt die Anlage größere Mengen **Strom**. Die dafür anfallenden Kosten kann der Vermieter auf die Mieter nach den Vorgaben der Heizkostenverordnung umlegen. Er darf aber, ähnlich wie bei einer → *Solaranlage*, keinen Preis für selbst produzierte Wärme in Rechnung stellen.

Pflicht zur verbrauchsabhängigen Abrechnung: Der Vermieter ist grundsätzlich verpflichtet, den Verbrauch in jeder Wohnung zu erfassen und nach diesen Verbrauchswerten abzurechnen → *Heizkosten*. Die Ausnahme in der Heizkostenverordnung für Wärmepumpen, wonach der Vermieter die Kosten nicht nach dem in den Wohnungen erfassten Verbrauch abrechnen musste, ist zum Jahresende 2023 gestrichen worden. Für Abrechnungszeiträume, die ab 1.1.2024 beginnen, ist eine verbrauchsabhängige Abrechnung grundsätzlich vorgeschrieben. Vermieter mussten bis zum 30.9.2025 in allen Wohnungen → *Heizkostenverteiler oder Wärmezähler* sowie Warmwasserzähler installieren. Mit Beginn des folgenden Abrechnungszeitraums, in der Regel für das Kalenderjahr 2026, müssen die Mieter dann eine Abrechnung nach Verbrauch erhalten.

Aufteilung in Kosten für Heizung und Warmwasser: Versorgt die Wärmepumpe das Gebäude nur mit Heizwärme, nicht aber mit Wärme zur Erwärmung des Trinkwassers, ist die Abrechnung einfach zu erstellen. Der Vermieter kann die Stromkosten komplett nach dem vereinbarten oder von der Heizkostenverordnung vorgesehenen Verteilerschlüssel umlegen. Komplizierter ist es, wenn die Anlage zugleich Wärme für die Beheizung und die Wassererwärmung liefert und die Kosten nach dem individuellen Verbrauch abgerechnet werden sollen. Dann muss zunächst bestimmt werden, welcher Kostenanteil jeweils auf Beheizung und auf Warmwasser entfällt. Das lässt sich bewerkstelligen, indem ein **Wärmezähler** eingesetzt wird, der den Wärmeverbrauch für das Warmwasser misst. Ein solcher Zähler muss installiert sein, es sei denn, der Vermieter weist nach, dass der Aufwand dafür zu groß ist. Kann ausnahmsweise kein Wärmezähler installiert werden, darf nicht einfach nach einer Formel in der Heizkostenverordnung (§ 9) verfahren werden. Sie lässt sich auf die Aufteilung des Stromverbrauchs für eine Wärmepumpe nicht anwenden. Das Ergebnis der Formelberechnung ist mit 0,3 zu multiplizieren. Der Verein Deutscher Ingenieure (VDI) hat eine Richtlinie zur Aufteilung der Kosten für die verschiedenen Arten von Wärmepumpen erarbeitet. Sie ist als VDI-Richtlinie 2077, Blatt 3.4, erschienen.

Warmwasserversorgung → *Legionellen*

Zum vom Vermieter geschuldeten Mindeststandard zeitgemäßen Wohnens gehört die Versorgung mit Warmwasser. Eine Warmwasserversorgungsanlage ist **das ganze Jahr über »24/7«** in Betrieb zu halten (AG Leonberg WuM 2022, 477). Wird über einen längeren Zeitraum zu wenig oder gar kein Warmwasser geliefert oder nur lauwarmes Wasser, liegt ein → *Mangel der Mietsache* vor und der Mieter kann die Miete mindern.

Welche **Temperatur** noch ausreichend ist, wird von den Gerichten unterschiedlich beurteilt; unter 40 °C liegt aber in jedem Fall ein Mangel vor (AG Leonberg WuM 2022, 477). Das LG Hamburg (WuM 1978, 242) fand 40 °C bzw. 43 °C ausreichend; das AG München (WuM 2012, 668) forderte mindestens 45 °C. Unterhalb von 40 °C ist eine Mietminderung von 7,5 % gerechtfertigt (AG Köln WuM 1996, 701). Nach Ansicht des AG Schöneberg (MM 1996, 401) ist es üblich, dass dem Mieter fließendes Warmwasser in der Küche und im Bad spätestens nach zehn Sekunden – höchstens fünf Liter Wasserverbrauch – mit einer Temperatur von 45 °C zur Verfügung steht. Wer fünf Minuten warten muss, bis das Wasser

40 °C warm ist, kann die Miete um 10 % mindern. Wird das Wasser nur 36,5 °C warm, könnte damit allenfalls geputzt werden, diese Temperaturen sind aber zum Duschen und Baden ungeeignet.

Wartungskosten → *Betriebskosten* → *Heizkosten*

Wäsche

Waschen in der Mietwohnung

Dem Mieter kann das Aufstellen einer Waschmaschine in seiner Wohnung in der Regel nicht verwehrt werden, auch nicht bei vorhandener Waschanlage (AG Hameln WuM 1994, 426). Eine Klausel, die den Mieter verpflichtet, eine vorhandene Waschküche zu nutzen, ist unwirksam (LG Aachen NZM 2004, 459; AG Eschweiler WuM 2013, 533).

Gegen Geräusche von Waschmaschinen oder Trocknern können die Nachbarn grundsätzlich keine Einwände erheben. Die Ruhezeiten sind aber einzuhalten (LG Freiburg NZM 2014, 305) → *Lärm*.

Beim Betrieb einer Haushaltswaschmaschine ist besondere Sorgfalt geboten, damit nicht durch auslaufendes Wasser Schäden in der Wohnung oder darunter liegenden Räumen eintreten (OLG Hamm WuM 1985, 253). Die Maschine muss fachgerecht installiert und die Zu- und Abläufe müssen gegen Auslaufen von Wasser gesichert sein. Auch bei fachgerechtem Anschluss hat der Mieter Kontrollpflichten (AG Hamburg-St. Georg ZMR 2017, 746). Kommt es zu einem Wasserschaden, weil ein porös gewordener Schlauch platzt, den der Mieter auch nach über 20 Jahren nicht hat überprüfen lassen, haftet der Mieter wegen dieser Pflichtverletzung (LG Hamburg WuM 2003, 318).

Waschküche

Gehört zum Haus eine gemeinschaftlich genutzte Wascheinrichtung, darf der Mieter sie grundsätzlich auch dann benutzen, wenn im Mietvertrag keine ausdrückliche Vereinbarung dazu enthalten ist (BGH VIII ZR 394/21 NZM 2023, 239). Um Überschneidungen zu verhindern, sollte die Hausordnung die Benutzungszeiten regeln.

Stellt der Vermieter vertraglich eine Gemeinschaftswaschmaschine zur Verfügung, darf er diese nicht einfach wieder entfernen, auch wenn sie nur noch ein Mieter nutzen will (AG Hamburg-Altona WuM 2007, 258).

Wäschetrocknen
Der Mieter darf grundsätzlich einen Wäschetrockner in der Wohnung aufstellen. Zumindest in neueren Gebäuden gehört das zum Haushaltsgebrauch. Der Mieter darf ihn dort nutzen, wenn nichts anderes im Mietvertrag festgelegt ist (LG Freiburg NZM 2014, 305). Ist eine ordnungsgemäße Abluftvorrichtung vorhanden, muss diese genutzt werden (AG Mülheim WuM 1981, 12; AG Dortmund WuM 1974, 177). Wer als Mieter die Luft lediglich mit einem Schlauch nach außen leitet, muss mit einem Verbot rechnen. Nachbarn, die in diesen Fällen durch Nebelschwaden erheblich belästigt werden, können die Miete mindern (AG Köln WuM 1990, 385: 10 %).

Kleinwäsche darf in der Wohnung getrocknet werden (LG Frankfurt a. M. WuM 1990, 271), auch auf dem Balkon (LG Nürnberg-Fürth WuM 1990, 199). Im Übrigen kommt es auf den Umfang des Wäschetrocknens an. Auch wenn ein Gemeinschaftstrockenraum vorhanden ist, darf Wäschetrocknen in der Wohnung nicht verboten werden, wenn sich der Umfang im Rahmen des Üblichen hält. Vielmehr gehört es zum vertragsgemäßen Gebrauch (LG Düsseldorf WuM 2008, 547). Gleiches gilt erst recht, wenn keine Trockenräume oder alternative Trocknungsmöglichkeiten existieren (AG Stuttgart WuM 2021, 418).

Der Mieter muss aber durch angemessenes Lüften dafür sorgen, dass keine übermäßige → *Feuchtigkeit in der Wohnung* entsteht.

> **Wichtig zu wissen:** Das Gerät muss ordnungsgemäß angeschlossen sein und es dürfen keine offensichtlichen Gefahren bestehen. Dann muss der Mieter während des Betriebs des Wäschetrockners auch nicht ständig in der Wohnung bleiben (LG Saarbrücken WuM 1989, 558).

Wasserzähler → *Betriebskosten* → *Eichpflicht* → *Heizkostenverteiler und Wärmezähler*

Werkwohnung

Eine Werkwohnung ist eine aufgrund eines Dienst- oder Arbeitsverhältnisses einem Arbeitnehmer überlassene Wohnung. Hierbei ist es unerheblich, ob der Vermieter der Arbeitgeber selbst oder ein anderer ist (z. B. Wohnungsunternehmen), mit dem der Arbeitgeber Belegungsverträge abgeschlossen hat. Zu unterscheiden ist zwischen Werkmiet- und Werkdienstwohnungen.

1. Werkmietwohnung

Das ist eine Wohnung, die einem Arbeitnehmer mit Rücksicht auf das Bestehen eines Arbeitsverhältnisses vermietet worden ist. Bei einer Werkmietwohnung bestehen **zwei Rechtsverhältnisse**, das Arbeitsverhältnis und das Mietverhältnis, **selbstständig nebeneinander**. Daher hat der Arbeitsvertrag grundsätzlich keinen Einfluss auf das Mietverhältnis, das sich allein nach den mietrechtlichen Bestimmungen richtet.

Grundsätzlich wird bei einer Werkmietwohnung von den Vertragspartnern gewollt sein, dass das Mietverhältnis mindestens für die Dauer des Arbeitsverhältnisses bestehen soll. Wird dies im Mietvertrag aber nicht eindeutig festgelegt, ist eine → *Kündigung* nach den allgemeinen Regeln nicht ausgeschlossen.

Wichtig zu wissen: Wird eine Werkmietwohnung gekündigt, muss immer der **Betriebsrat** angehört werden und zustimmen, § 87 Abs. 1 Nr. 9 BetrVG! Dies gilt aber nur, solange das Arbeitsverhältnis besteht (OLG Frankfurt a. M. WuM 1992, 525).

Die **Beendigung des Arbeitsverhältnisses** führt wegen der Selbstständigkeit der Verträge nicht automatisch zur Beendigung des Mietverhältnisses. Erst eine wirksame Kündigung beendet das Mietverhältnis über eine Werkmietwohnung. Dabei ist die Beendigung des Arbeitsverhältnisses als solche noch **kein Kündigungsgrund**! Selbst wenn der Grund, der zur Beendigung des Arbeitsverhältnisses geführt hat, auch auf das Mietverhältnis durchschlägt (z. B. massive Pflichtverletzung, die das Vertrauensverhältnis zerstört), ist eine ausdrückliche Kündigung des Mietvertrags nach den allgemeinen Regeln erforderlich.

Ist das Arbeitsverhältnis beendet – und erst dann! –, kann der Vermieter nach § 576 BGB kündigen; die Kündigung darf nicht vor dem Ende des Arbeitsverhältnisses zugehen. Für den Vermieter ist § 576 BGB vorteilhaft, weil sich dadurch die **Fristen** für die Kündigung **verkürzen** können. Da der Vermieter wählen kann, ob er mit den allgemeinen oder den verkürzten Fristen kündigt, muss die Kündigung mit **kurzer Frist** im **Kündigungsschreiben** deutlich gemacht werden. Benötigt er den Wohnraum für einen anderen zur Dienstleistung Verpflichteten (Abs. 1 Nr. 1) – wobei es sich nicht um den »Nachfolger« des Mieters im Arbeitsverhältnis handeln muss –, kann er Wohnraum, der kürzer als zehn Jahre vermietet war, am 3. Werktag eines Kalendermonats zum Ablauf des übernächsten Monats kündigen. Noch stärker verkürzt sich die Frist, wenn das »Dienstverhältnis seiner Art nach die Überlassung von Wohnraum erfordert hat, der in unmittelbarer Nähe zur Arbeitsstätte steht, und der Wohnraum aus dem gleichen Grund für einen anderen zur Dienstleistung Verpflichteten benötigt wird« (Abs. 1 Nr. 2). Dies wäre z. B. typisch für Hausmeister- oder Pförtnerwohnungen; in diesem Fall muss der neue Mieter im Arbeitsverhältnis die **gleiche Funktion** ausüben. Hier kann bis zum 3. Werktag eines Kalendermonats bereits zum Monatsende dieses Monats gekündigt werden. Das erforderliche berechtigte Interesse an der Kündigung nach § 576 BGB liegt vor, wenn der Arbeitgeber die Wohnungen nach Maßgabe der o. g. Bestimmungen (sog. funktionsgebundene Werkwohnung, Abs. 1 Nr. 1 und Nr. 2) »benötigt«; es muss im Kündigungsschreiben **zwingend genannt** werden; sonst ist die Kündigung unwirksam!

Bei **Mietverhältnissen auf bestimmte Zeit** kann vor Ablauf der Mietzeit auch bei Beendigung des Arbeitsverhältnisses **nicht gekündigt** werden.

Widerspruchsrecht des Mieters bei Werkmietwohnungen
Der Mieter einer gekündigten Werkmietwohnung kann aufgrund der Sozialklausel der Kündigung seines Mietverhältnisses widersprechen (→ *Kündigungsschutz*). Dabei sind auch die Interessen des Arbeitgebers zu berücksichtigen.

Achtung: Handelt es sich bei der gekündigten Wohnung um eine **funktionsgebundene Werkwohnung**, steht dem Mieter **kein Widerspruchsrecht** zu. Der Mieter hat auch kein Widerspruchsrecht nach der Sozialklausel, wenn er von sich aus das Arbeitsverhältnis gekündigt hat, ohne dass der Arbeitgeber hierzu einen Anlass gegeben hat, oder wenn er dem Arbeitgeber einen gesetzlich begründeten Anlass zur Auflösung des Arbeitsverhältnisses gegeben hat (erhebliche Störung des Betriebsfriedens; LG Aachen WuM 1985, 149).

Mieterhöhung
Für die → *Mieterhöhung* bei einer Werkmietwohnung gelten die allgemeinen Regeln.

2. Werkdienstwohnungen
Bei Werkdienstwohnungen stellt die Überlassung der Wohnung das Entgelt (oder einen Teil davon) für die Dienstleistung dar. Die gegenseitigen Rechte und Pflichten ergeben sich dabei nicht aus einem neben dem Arbeitsverhältnis bestehenden Mietvertrag, sondern aus dem Arbeitsverhältnis selbst (BAG WuM 1993, 353). Daher ist bei Streitigkeiten über Werkdienstwohnungen das **Arbeitsgericht** zuständig (BAG WuM 2000, 362)!

Für die Dauer des Arbeitsverhältnisses kann die Wohnung nicht gekündigt werden. Erst mit der Beendigung des Arbeitsverhältnisses entfällt die Verpflichtung des Arbeitgebers, dem Arbeitnehmer die Wohnung zu überlassen. Bei einem Betriebsübergang hingegen gehen auch die Rechte und Pflichten aus dem Mietvertrag auf den Erwerber über (ArbG Nürnberg WuM 2013, 239).

Der Arbeitnehmer kann den **gesetzlichen → *Kündigungsschutz*** für sich in Anspruch nehmen, wenn er die Wohnung ganz oder überwiegend mit Einrichtungsgegenständen ausgestattet hat oder er in den Räumen mit seiner Familie oder mit Personen lebt, mit denen er einen auf Dauer angelegten gemeinsamen Haushalt führt. Das bedeutet:

- Bestand ein **Arbeitsverhältnis auf unbestimmte Zeit**, ist der Arbeitgeber gezwungen, zusätzlich das Mietverhältnis zu kündigen. Dies setzt konkreten Betriebsbedarf voraus (LG Itzehoe WuM 1985, 152). Der Vermieter kann dann mit den für Werkmietwohnungen geltenden verkürzten oder mit den normalen Kündigungsfristen kündigen.
- Bei einem **Arbeitsverhältnis auf bestimmte Zeit** verliert der Arbeitnehmer mit Beendigung des Arbeitsverhältnisses auch das Recht zum Bewohnen der Werkdienstwohnung. Eine Kündigung ist nicht erforderlich; der Mieter kann aber zwei Monate vor Ablauf der Miet- und Arbeitszeit eine Fortsetzung des Mietverhältnisses verlangen, wenn der Vertrag vor dem 1.9.2001 abgeschlossen wurde.

Widerruf

An eine einmal getätigte Willenserklärung – z. B. zum Abschluss eines Vertrags – ist man in der Regel gebunden und kann sich nur nach den Vorschriften des BGB davon wieder lösen. Neben der → *Kündigung* kann dies auch durch → *Anfechtung* oder → *Rücktritt* geschehen. Darüber hinaus gewährt das BGB bei sog. **Verbraucherverträgen** unter bestimmten Voraussetzungen dem Verbraucher ein Widerrufsrecht, welches auch bei Mietverträgen greifen kann.

Diese Regeln sollen Verbraucher davor schützen, dass Unternehmer ihre Überlegenheit und Marktmacht ausnutzen und Verträge abschließen, die für den Verbraucher besonders nachteilig sind. Deswegen ist in jedem Fall Voraussetzung, dass der widerrufende Vertragspartner Verbraucher ist – das ist der Mieter von Wohnraum praktisch immer (§ 13 BGB) – und der andere Unternehmer. **Vermietungsgesellschaften** und **Großvermieter** sind immer Unternehmer. Kein Unternehmer ist hingegen, wer nur im Rahmen seiner privaten Vermögensverwaltung, z. B. zur Altersvorsorge, eine oder einige wenige Wohnungen besitzt, die er selbst vermietet und verwaltet. Der Mieter muss ggf. beweisen, dass der Vermieter Unternehmer ist (LG Berlin GE 2016, 1028). Dies kann schwierig sein, insbesondere weil der Vermieter grundsätzlich nicht verpflichtet ist, dem Mieter seine Vermögensverhältnisse zu offenbaren und weil es einen »Graubereich« gibt, in dem man nicht vorhersagen kann, ob ein Gericht den Vermieter als Unternehmer ansieht oder nicht.

Widerrufsfrist

Die Widerrufsfrist beträgt 14 Tage. Sie beginnt erst, wenn der Unternehmer seine **Informationspflichten** erfüllt hat, die u. a. hinsichtlich der Bedingungen, des Verfahrens und der Fristen des Widerrufs bestehen. Versäumt der Vermieter dies, beträgt die Widerrufsfrist bis zu einem Jahr und 14 Tagen.

Wichtig zu wissen: Zur Fristwahrung genügt die **rechtzeitige Absendung** des Widerrufs!

Widerrufserklärung

Aus der Widerrufserklärung muss eindeutig hervorgehen, dass und welche Erklärung der Mieter widerrufen möchte; es ist **keine Begründung erforderlich**, sie schadet aber auch nicht. Der Widerruf kann nach dem Gesetz formlos dem Vertragspartner gegenüber erklärt werden, also z. B. per Telefon.

Wichtig zu wissen: Es klingt zwar angenehm einfach, den Widerruf formlos zu erklären, aber im Zweifel kann der Verbraucher dann nicht **beweisen**, dass er wirksam und fristgerecht widerrufen hat. Daher raten wir dringend, den Widerruf beweisbar zu erklären, z. B. per → *Einschreiben*; s. auch → *Zugang von Erklärungen*.

Es gibt ein **Musterwiderrufsformular** (Anlage 2 zu Art. 246a § 1 Abs. 2 Satz 1 Nr. 1 und § 2 Abs. 2 Nr. 2 EGBGB); dieses **kann, muss aber nicht verwendet** werden.

Rechtsfolgen des Widerrufs

Widerruft der Mieter einen Mietvertrag, kann er vom Vermieter alle gezahlten Mieten einschließlich Betriebskostenvorauszahlungen und die Kaution zurückfordern (LG Berlin WuM 2021, 725). Widerruft er seine Zustimmung zu einer **Modernisierungsvereinbarung**, hat er Anspruch auf Rückerstattung aller aufgrund dieser Vereinbarung von ihm gezahlten Leistungen (BGH VIII ZR WuM

2017, 406). Bei wirksamem Widerruf einer Zustimmung zur Mieterhöhung muss der Vermieter bereits gezahlte Erhöhungsbeträge zurückzahlen.

Die **Rückzahlung** muss spätestens **14 Tage** nach dem wirksamen Widerruf erfolgen!

Widerruf der Mietvertragsabschlusserklärung
Wird der Mietvertrag **außerhalb der Geschäftsräume** des Unternehmer-Vermieters (§ 312b BGB) oder als sog. **Fernabsatzvertrag** (§ 312c BGB, z. B. ausschließlich postalisch, telefonisch oder per E-Mail) geschlossen, hat der Mieter ein Widerrufsrecht. Wird eine Wohnung »aus der Ferne« angemietet, ohne dass zuvor eine **persönliche Besichtigung** stattgefunden hat, besteht also ein Widerrufsrecht (LG Berlin WuM 2021, 725) – auch, wenn es eine »digitale« Besichtigung gab. Hat allerdings ein Beauftragter des Mieters die Wohnung persönlich in Augenschein genommen, ist das Widerrufsrecht ausgeschlossen.

Widerruf von Vertragsänderungen
Vertragsänderungen im laufenden Mietverhältnis (z. B. Vereinbarung zusätzlicher Betriebskostenarten oder Modernisierungsvereinbarungen – BGH VIII ZR 29/16 WuM 2017, 406) kann der Mieter widerrufen, wenn diese außerhalb von Geschäftsräumen des Vermieters (z. B. wenn der Vermieter beim Mieter klingelt und ihn so überrumpelt – sog. Haustürgeschäft) oder im Fernabsatz vereinbart wurden. Der Widerruf ist ausgeschlossen, wenn die Änderung notariell beurkundet oder in einem gerichtlichen Vergleich vereinbart wurde.

Hat der Mieter einer → *Mieterhöhung auf die ortsübliche Vergleichsmiete* im gesetzlich vorgesehenen Verfahren zugestimmt, besteht **kein Widerrufsrecht** (BGH VIII ZR 94/17 WuM 2018, 765).

Widerruf einer Räumungsvereinbarung
Nach einer Entscheidung des LG Berlin (WuM 2025, 216) soll dem Mieter bei einer in seiner Wohnung abgeschlossenen Auflösungs- oder Räumungsvereinbarung kein Widerrufsrecht zustehen, weil er sich hier nicht »zur Zahlung eines Preises« verpflichtet! Dies ist zwar möglicherweise eine Fehlentscheidung (s. WuM 2025, 338); trotzdem ist besondere Vorsicht geboten, wenn es um den Abschluss solcher Vereinbarungen geht – lassen Sie sich niemals dazu drängen, so etwas ohne **Rücksprache mit Ihrem Rechtsberater beim Mieterverein** oder **Ihrem Anwalt** zu unterschreiben!

Wiedereinweisung

Sind nach einer → *Kündigung* die Möglichkeiten von → *Räumungsfrist* und → *Vollstreckungsschutz* ausgeschöpft, bleibt als letztes Mittel (VG Oldenburg 7 B 5615/13) die Wiedereinweisung in die bisherige Wohnung. Dabei weist die zuständige Ordnungsbehörde den Vermieter an, dem ehemaligen Mieter die Wohnung weiterhin zu überlassen. Dies ist ein erheblicher Eingriff in das Eigentumsrecht des Vermieters, der den Mieter ja gerade loswerden will. Daher gelten für eine Wiedereinweisung **strenge Voraussetzungen** und sie kann nur **vorübergehend** erfolgen.

Voraussetzung für eine Wiedereinweisung ist, dass
- die Wohnung noch **frei** ist **und**
- die Gemeinde nachweislich **keine eigenen freien Unterkünfte** hat und auch nicht **anmieten** kann (z. B. in Hotels oder Ferienwohnungen, VG Kassel WuM 2016, 241; VG Köln 22 L 1688/20), ggf. genügen auch einfachste **Notunterkünfte** (VG Köln 20 L 1334/07) oder Unterkünfte in Nachbargemeinden; Hausrat ist notfalls einzulagern.

Bezüglich der **Dauer** der Einweisung gilt, dass
- sie grundsätzlich nur für einen **begrenzten Zeitraum** (zwei bis max. sechs Monate) möglich ist **und**
- keinesfalls länger dauern darf als **unbedingt erforderlich** (VG Kassel WuM 2016, 241).

Ist die **Einweisungszeit abgelaufen**, kann der Vermieter die Räumungsvollstreckung weiterbetreiben.

Durch die Wiedereinweisung wird **kein neues Mietverhältnis** begründet. Die **Nutzungsentschädigung** für die Wohnung schuldet die einweisende Gemeinde dem Vermieter, kann sie aber vom Eingewiesenen zurückverlangen (VGH München DÖV 2017, 165). Verursacht der Eingewiesene mutwillig **Schäden** an der Wohnung, muss nicht die Gemeinde dafür aufkommen (BGH III ZR 148/05 WuM 2006, 164), sondern der Eingewiesene.

Ggf. können Wiedereinweisung und Vollstreckungsschutz auch kombiniert werden (LG Lübeck WuM 2019, 601).

Winterdienst → *Schneefegen* → *Verkehrssicherungspflicht*

Wirtschaftlichkeitsberechnung → *Sozialmiete/Sozialwohnung* → *Verwaltungskosten*

Wirtschaftlichkeitsgebot → *Betriebskosten*

Wirtschaftseinheit → *Betriebskosten*

Wohnberechtigung → *Sozialmiete/Sozialwohnung*

Wohnfläche

Gesetzliche Vorschriften zur Berechnung der Wohnfläche gibt es nur für **preisgebundenen Wohnraum**; das sind die Regelungen der Wohnflächenverordnung (WoFlV) bei Verträgen, die ab Januar 2004 geschlossen wurden, und §§ 42–44 der Zweiten Berechnungsverordnung (II. BV) bei älteren Verträgen. Der BGH hat jedoch wiederholt entschieden, dass die Flächen **frei finanzierter Wohnungen** nach denselben Bestimmungen berechnet werden können, wenn nichts anderes vereinbart oder ortsüblich oder nach Art der Wohnung naheliegender ist (BGH VIII ZR 117/22 WuM 2023, 683; VIII ZR 26/20 WuM 2021, 610; VIII ZR 33/18 WuM 2019, 319). Es kann also z. B. vereinbart werden, dass bei einer Dachgeschosswohnung die Grundfläche ohne Abzug für Schrägen anzusetzen ist (BGH VIII ZR 275/08 WuM 2009, 661) oder der Keller miteinberechnet wird, obwohl dieser als Wohnraum öffentlich-rechtlich nicht genehmigungsfähig wäre (BGH VIII ZR 26/20 WuM 2021, 610).

Zur Wohnfläche gehörende Grundflächen

Die Wohnfläche umfasst die Grundflächen aller Räume, die ausschließlich zu dieser Wohnung gehören, einschließlich Wintergärten, Balkone, Loggien, Dachgärten und Terrassen bzw. gedeckte Freisitze (BGH VIII ZR 164/08 WuM 2009, 733). Dabei zählt die Fläche von Terrassen oder Freisitzen nur dann (anteilig) mit, wenn diese an den vermieteten Wohnraum angrenzen (BGH VIII ZR 218/08 WuM 2009, 514).

Ebenfalls zur Wohnfläche zählt die Fläche von Räumen, die bauordnungswidrig sind (z. B. weil sie nicht die vorgeschriebene Höhe erreichen), aber als Wohnraum vermietet wurden und genutzt werden können (BGH VIII ZR 39/09 WuM 2010, 150; VIII ZR 275/08 WuM 2009, 661; VIII ZR 242/08 WuM 2009, 662).

Nicht berücksichtigt wird die Grundfläche von Zubehörräumen (z. B. Kellerräumen, Abstellräumen außerhalb der Wohnung, Waschküchen, Bodenräumen, Trockenräumen, Heizungsräumen, Garagen) und Geschäftsräumen. Haben die Parteien allerdings im Vertrag eine Quadratmeterangabe gemacht, die ausdrücklich auf die »Wohn-/Nutzfläche« bezogen ist und die Kellerräume als angemietete Räumlichkeit einschließt, findet die Wohnflächenverordnung insoweit keine Anwendung (LG Saarbrücken WuM 2022, 477).

Ermittlung der Wohnfläche

Die Grundfläche ist nach den lichten Maßen zwischen den Bauteilen zu ermitteln und schließt z. B. die Grundfläche von Einbaumöbeln, versetzbaren Raumteilern und fest eingebauten Gegenständen wie Öfen, Herden, Bade- oder Duschwannen ein.

Außer Betracht bleiben dagegen die Grundflächen von Schornsteinen, Vormauerungen und freistehenden Pfeilern und Säulen, wenn sie höher als 1,50 m sind und mehr als 0,1 m^2 aufweisen; von Treppen mit über drei Steigungen und deren Treppenabsätzen; von Türnischen unabhängig von deren tatsächlicher Nutzung als solche (BGH VIII ZR 117/22 WuM 2023, 683), von Fenster- und offenen Wandnischen, die bis zum Fußboden herunterreichen und max. 0,13 m tief sind.

Anrechnung der Grundfläche

Die Grundflächen von Räumen – dazu können auch Hobbyräume gehören (BGH WuM 2007, 441) – und Raumteilen mit einer lichten Höhe von mindestens zwei Metern werden vollständig angerechnet (bei einer lichten Höhe von mindestens einem Meter und weniger als zwei Metern zur Hälfte, unter einem Meter gar nicht).

Die Grundflächen von nicht beheizbaren Wintergärten, Schwimmbädern und ähnlichen nach allen Seiten geschlossenen Räumen sind zur Hälfte anzurechnen.

Die Anrechnung der Grundfläche von Balkonen, Loggien, Dachgärten und gedeckten Freisitzen hängt mangels vertraglicher Regelung vom Vertragsbeginn ab. Bei Mietverträgen, die bis Ende 2003 abgeschlossen worden sind, gelten die Regeln der II. BV. Danach dürfen diese Flächen bis zur Hälfte angerechnet werden, ohne dass es auf die Lage oder Nutzbarkeit ankommt (BGH WuM 2009, 344). Bei Verträgen, die ab Januar 2004 abgeschlossen wurden, gilt die Wohnflächenverordnung; danach sind die genannten Flächen in der Regel zu einem Viertel, höchstens aber zur Hälfte anzurechnen. Hier können also Lage oder Nutzbarkeit eine Rolle spielen (AG Flensburg WuM 2012, 29).

Wichtig zu wissen: Wo es **ortsüblich** ist, z. B. Dachterrassen mit einem Viertel anzurechnen, hat diese **Verkehrssitte Vorrang** (BGH VIII ZR 86/08 WuM 2009, 344).

Auswirkungen der Wohnflächenabweichung
Inwieweit sich Fehler bei der Wohnflächenberechnung auf Miete und Betriebskosten auswirken, hängt vom Umfang der Wohnflächenabweichung ab.

Abweichungen unter 10 % berechtigen den Mieter als → *Mangel der Mietsache* zur Mietminderung, wenn eine **bestimmte Größe zugesichert** war. Hierfür genügt eine bloße Flächenangabe im Vertrag nicht; u. U. aber die Vereinbarung eines Quadratmeterpreises (OLG Düsseldorf GE 2012, 137; LG München I WuM 1987, 217). Ohne eine solche Zusicherung führt eine Abweichung unter 10 % nicht automatisch zur Mietminderung, sondern nur, wenn sie eine verringerte Gebrauchstauglichkeit bewirkt. Dies muss im Prozess der Mieter beweisen (BGH XII ZR 40/19 WuM 2021, 97 für Gewerberaummiete; für Wohnraummiete bisher nur AG Dortmund ZMR 2014, 369), was schwierig sein dürfte.

Abweichungen von 10 % oder mehr begründen **stets** einen → *Mangel der Mietsache*. Eine zusätzliche Darlegung über die Minderung der Gebrauchstauglichkeit ist nicht erforderlich (BGH VIII ZR 26/20 WuM 2021, 609; VIII ZR 266/14 WuM 2016, 34). Das gilt auch, wenn ein Garten mitvermietet wird (BGH VIII ZR 164/08 WuM 2009, 733), der Vertrag eine »ca.«-Angabe enthält (BGH VIII ZR 26/20 WuM 2021, 609), möbliert vermietet wurde (BGH VIII ZR 209/10 WuM 2011, 213) oder sich die Wohnungsgröße nicht direkt aus dem Vertrag, sondern aus den vorvertraglichen Begleitumständen (BGH VIII ZR 256/09 WuM 2010, 480) oder dem Umlageschlüssel für Betriebskosten (LG Osnabrück WuM 2010, 416) ergibt. Die Folge ist ein Recht zur Mietminderung → *Mangel der Mietsache*, deren Höhe sich nach der Flächenabweichung richtet (BGH VIII ZR 144/09 WuM 2010, 240; VIII ZR 295/03 WuM 2004, 336).

Beispiel: Ist die Wohnung 12 % kleiner als vereinbart, darf die Miete um 12 % gekürzt werden.

In der Vergangenheit geleistete **Zuvielzahlungen kann der Mieter zurückfordern**, wenn noch keine → *Verjährung* eingetreten ist (LG München I WuM 2014, 135; LG Münster ZMR 2008, 630; AG Koblenz WuM 2015, 443).

> **Achtung:** Keine Mietminderung gibt es, wenn ausdrücklich vereinbart ist, dass die Flächenangabe im Vertrag nicht verbindlich ist (BGH VIII ZR 306/09 WuM 2011, 11). Das OLG Dresden (WuM 2025, 413) hat den Standpunkt vertreten, dies sei immer der Fall, wenn die Angabe einer Fläche nur der »Beschreibung des Mietobjekts« diene und nicht der Festlegung der Sollbeschaffenheit.

Der Mieter kann wegen dieses Mangels aber auch **fristlos kündigen** → *Fristlose Kündigung des Mieters*; eine vorherige Abmahnung ist nicht erforderlich, da der Vermieter keine Abhilfe schaffen kann (BGH VIII ZR 142/08 WuM 2009, 349).

Dagegen kommt es bei **Mieterhöhungen** auf die tatsächliche Wohnfläche an (BGH VIII ZR 26/20 WuM 2021, 609). Ist die Wohnung kleiner als vertraglich vereinbart, muss der Vermieter das zugunsten des Mieters beachten, auch wenn die Abweichung weniger als 10 % beträgt (BGH VIII ZR 266/14 WuM 2016, 34). Ist die Wohnung größer, profitiert davon der Vermieter. Er darf die größere Fläche zugrunde legen, muss allerdings die Kappungsgrenze beachten (BGH VIII ZR 266/14 WuM 2016, 34) → *Mieterhöhung auf die ortsübliche Vergleichsmiete*. Nur wenn der Vermieter eine geringere als die tatsächliche Fläche angegeben hat, um dem Mieter entgegenzukommen, kann darin ein Verzicht auf Mieterhöhungsspielraum liegen (BGH VIII ZR 266/14 WuM 2016, 34; VIII ZR 138/06 WuM 2007, 452).

Das Gleiche gilt für die Abrechnung von **Betriebskosten**, für die die Wohnfläche der Verteilerschlüssel ist. Auch hier ist die tatsächliche Fläche zugrunde zu legen (VIII ZR 220/17 WuM 2018, 425).

Wohngeld → *Sozialhilfe*

Nach dem Wohngeldgesetz (WoGG) hat jeder Bürger unter den dort festgelegten Voraussetzungen Anspruch auf einen **Zuschuss zur Sicherung angemessenen und familiengerechten Wohnens**. Seit dem 1.1.2023 gilt das sog. »Wohngeld Plus«, wodurch deutlich mehr Haushalte wohngeldberechtigt sind. Die Kosten für Heizung und Warmwasser werden dabei über eine Heizkostenpauschale berücksichtigt. Zum 1.1.2025 wurde das Wohngeld erneut erhöht. Wohngeld kann für **alle Wohnungsarten** (Alt- und Neubau, öffentlich oder frei finanziert) in allen Gemeinden und Landkreisen bezogen werden. Allerdings kommt Wohngeld nicht von selbst ins Haus; erforderlich ist ein **Antrag**.

Wohngeld kann als
- **Mietzuschuss** (für Mieter und rechtlich gleichgestellte Personen) oder
- **Lastenzuschuss** (für selbstnutzende Eigentümer von Eigenheimen oder Eigentumswohnungen)

gewährt werden. Für beide Zuschussarten gelten im Wesentlichen die gleichen Bestimmungen.

Gut zu wissen: Wohngeld kann man nur beanspruchen, wenn man in der Wohnung **selbst wohnt** (§ 3 Abs. 1 WoGG). Der Anspruch auf Wohngeld kann nicht vererbt werden. Eine **Pfändung** ist nicht möglich, mit Ausnahme der Pfändung durch den Vermieter wegen offener Mietforderungen (§ 54 Abs. 3 Nr. 2 a SGB I).

Das Wohngeld wird an den Antragsberechtigten gezahlt. Mit schriftlicher Einwilligung des Mieters kann das Wohngeld auch an den Vermieter gezahlt werden.

Berechtigte Personengruppen

Einen **Anspruch** auf Wohngeld haben – soweit die übrigen Voraussetzungen gegeben sind:
- **Mieter einer Mietwohnung** (Wohnwagen genügt nicht, VG Trier, Urt. v. 14.4.2011 – 2 K 1082/10),
- **Nutzungsberechtigte** einer **Genossenschaftswohnung**,
- Inhaber eines mietähnlichen **Dauerwohnrechts**, eines **Wohnungs- oder Nießbrauchsrechts** an einer Wohnung,
- **Untermieter**,
- **Bewohner von Wohnheimen**, insbesondere Altenwohnheimen, Altenheimen und von Wohnteilen eines Altenkrankenheimes oder Altenpflegeheimes sowie gleichartiger Einrichtungen, die alte Menschen sowie pflegebedürftige und behinderte Volljährige nicht nur vorübergehend aufnehmen und betreuen,
- Bewohner von **Wohnraum im eigenen Mehrfamilienhaus** sowie
- **Ausländer** i. S. d. § 2 Abs. 1 Aufenthaltsgesetz, die sich im Bundesgebiet aufhalten und z. B. ein Aufenthaltsrecht, einen Aufenthaltstitel, eine Duldung oder eine Aufenthaltsgestattung besitzen.

Keinen Anspruch auf Wohngeld haben hingegen i. d. R. Bezieher **anderer staatlicher Leistungen**, bei deren Berechnung bereits die **Kosten der Unterkunft berücksichtigt** wurden (sog. **Transferleistungen**). Dazu gehören z. B.
- Grundsicherungsgeld (ehemals Bürgergeld) nach dem SGB II,
- Leistungen für Auszubildende nach § 27 Abs. 3 SBG II,
- Grundsicherung im Alter und bei Erwerbsminderung nach dem SGB XII,

- Hilfe zum Lebensunterhalt nach dem SGB XII,
- Leistungen zum Lebensunterhalt oder andere Leistungen in einer stationären Einrichtung, die den Lebensunterhalt umfassen, nach dem SGB XIV (z. B. Leistungen, die bis zum 31.12.2023 nach § 27a Bundesversorgungsgesetz (BVG) erbracht wurden),
- Leistungen nach dem Asylbewerberleistungsgesetz.

Auch für Haushalte, bei denen **alle Mitglieder** dem Grunde nach Anspruch auf **BAföG** haben (BAföG steht dem Grunde nach z. B. nicht zu, wenn die Förderungshöchstdauer überschritten, die Fachrichtung ohne wichtigen Grund gewechselt wurde oder das 30. Lebensjahr vollendet ist), gibt es **kein Wohngeld**.

Außerdem besteht ein Wohngeldanspruch nicht, wenn das Wohngeld **monatlich weniger als 10 Euro** betragen würde oder die Inanspruchnahme **missbräuchlich** wäre, z. B. weil Vermögen vorhanden ist. Die Vermögensfreigrenzen betragen i. d. R. 60 000 Euro für eine alleinstehende Person und 30 000 Euro für jedes weitere Haushaltsmitglied. Wer nach abgeschlossenem Studium ein sinnvolles weiteres Studium anschließt, statt sich um einen Arbeitsplatz zu bemühen, handelt nicht missbräuchlich (VG Berlin, Urt. v. 4.10.2007 – VG 21 A 301.05).

Wohngeldantrag

Das Wohngeld muss bei der **örtlich zuständigen Wohngeldbehörde** beantragt werden. In vielen Bundesländern ist die Beantragung auch online möglich. Es wird i. d. R. ab dem Monat bewilligt, in dem der Antrag gestellt wurde. Besteht ein Haushalt aus mehreren Personen, legen diese fest, wer den Antrag stellt. Der Antragsteller wird in den Formularen als **wohngeldberechtigte Person** bezeichnet.

Wichtig zu wissen: Antragsteller (und damit wohngeldberechtigte Person) kann auch jemand sein, der selbst vom Wohngeld ausgeschlossen ist (z. B. als Bezieher von Grundsicherungsgeld), aber mit mindestens einem zu berücksichtigenden Haushaltsmitglied eine Wohn- und Wirtschaftsgemeinschaft führt.

Wie wird das Wohngeld berechnet?

Zur Prüfung des Wohngeldanspruchs und der Höhe des Wohngelds sind folgende Faktoren zu ermitteln:
- die Anzahl der zu berücksichtigenden Haushaltsmitglieder,
- ihr monatliches Gesamteinkommen und
- die zu berücksichtigende Miete bzw. Belastung.

Auf der Internetseite des Bundesbauministeriums findet sich ein Wohngeldrechner, mit dem man die voraussichtliche Höhe des Wohngelds berechnen kann (www.bmwsb.bund.de/wohngeldrechner).

Wer gehört zum Haushalt?
Zum Haushalt gehören der Antragsteller selbst, sein Ehegatte oder Lebenspartner, seine Eltern, Großeltern, Kinder und Pflegekinder, Enkel und Geschwister sowie sonstige Personen, die mit einem Haushaltsmitglied in gerader Linie oder zweiten oder dritten Grades in der Seitenlinie verwandt oder verschwägert sind. Voraussetzung ist jeweils, dass sie mit dem Antragsteller in einer **Wohn- und Wirtschaftsgemeinschaft** leben und die Wohnung, für die Wohngeld beantragt wird, den **Mittelpunkt ihrer Lebensbeziehungen** darstellt.

Eine Wirtschaftsgemeinschaft liegt vor, wenn sich Personen ganz oder teilweise gemeinsam mit dem täglichen Lebensbedarf versorgen. Wenn mehrere Personen gemeinsam wohnen, wird vermutet, dass sie auch zusammen wirtschaften.

Gut zu wissen: Im Regelfall kann eine Person **nicht zu zwei Haushalten** gehören, da der Mittelpunkt der Lebensbeziehungen nur an einem Ort liegen kann. Das kann ausnahmsweise anders sein, wenn Eltern, die nicht nur vorübergehend getrennt leben, das **gemeinsame Sorgerecht** für ihre Kinder haben. Halten sie zusätzlichen Wohnraum für die Kinderbetreuung bereit (das muss nicht unbedingt ein eigenes Kinderzimmer sein), zählt jedes annähernd zu gleichen Teilen (mindestens ein Drittel zu zwei Drittel) betreute Kind bei beiden Eltern als Haushaltsmitglied.

Für die Wohngeldberechnung werden **alle** Haushaltsmitglieder berücksichtigt mit Ausnahme der o. g. Empfänger von Transferleistungen.

Verstirbt ein zu berücksichtigendes Haushaltsmitglied, bleibt die Anzahl der zu berücksichtigenden Haushaltsmitglieder für zwölf Monate nach dem Sterbemonat unverändert, es sei denn, die Wohnung wird aufgegeben oder die Zahl der zu berücksichtigenden Haushaltsmitglieder erreicht mindestens wieder das Niveau vor dem Todesfall.

Berechnung des monatlichen Gesamteinkommens
Für jedes zu berücksichtigende Haushaltsmitglied wird das **Jahreseinkommen** (abzüglich der Freibeträge und der Abzugsbeträge für Unterhaltsleistungen) zusammengezählt und **durch zwölf geteilt**. Dabei ist das Einkommen zugrunde zu

legen, das bei Antragstellung im Bewilligungszeitraum zu erwarten ist. Dazu gehören **alle zu versteuernden Einkünfte**, wie z. B. Löhne, Gehälter, Urlaubsgeld, Weihnachtsgeld, Kapitaleinkünfte und Mieteinnahmen. Zum Jahreseinkommen gehört aber auch eine Reihe von **steuerfreien Einnahmen**, wie z. B. die steuerfreien Zuschläge für Sonntags- oder Nachtarbeit, der steuerfreie Betrag von Versorgungsbezügen und Kapitalerträge, soweit sie 100 Euro übersteigen, und der vom Arbeitgeber pauschal besteuerte Arbeitslohn.

Von dem so ermittelten Einkommen wird ein **pauschaler Abzug** vorgenommen. Dadurch wird berücksichtigt, dass dieses Geld nicht ganz zur freien Verfügung steht, da noch Steuern und Sozialabgaben anfallen. **Der Pauschalabzug beträgt jeweils 10 %** für
- Lohn- bzw. Einkommensteuer,
- Pflichtbeiträge zur gesetzlichen Kranken- und Pflegeversicherung und
- Pflichtbeiträge zur gesetzlichen Rentenversicherung.

Ein Familienmitglied wird in die sog. **erste Belastungsstufe** (pauschaler Abzug von **10 %**) eingeordnet, wenn es nur eine der Abgaben zu zahlen hat (z. B. Rentner, da diese Beiträge zur Krankenversicherung abführen müssen). In die **zweite Belastungsstufe** (pauschaler Abzug von **20 %**) kommen Familienmitglieder, die zwei der genannten Abgaben leisten (z. B. Beamte sowie Erwerbstätige, die aufgrund ihres geringfügigen Verdienstes keine Steuern zahlen, aber freiwillig Beiträge zur Renten- und Krankenversicherung abführen). In die **dritte Belastungsstufe** (pauschaler Abzug von **30 %**) werden die Arbeitnehmer eingeordnet, die sowohl Steuern zahlen als auch Beiträge zur Kranken- und Rentenversicherung leisten müssen.

Wer keine dieser Belastungen hat, z. B. wegen Arbeitslosigkeit, darf eine Grundpauschale von 6 % abziehen.

Vom so ermittelten **Gesamteinkommen abzüglich der pauschalen Abzüge** sind sodann die folgenden **jährlichen Freibeträge** abzuziehen:
- Für jedes schwerbehinderte zu berücksichtigende Haushaltsmitglied 1800 Euro bei einem Grad der Behinderung von 100 oder von unter 100 bei häuslicher Pflegebedürftigkeit;
- 750 Euro für Opfer nationalsozialistischer Verfolgung;
- für Kinder mit eigenem Einkommen, die noch nicht 25 Jahre alt sind, ein Freibetrag in Höhe des Einkommens, max. 1200 Euro;
- für Alleinerziehende 1320 Euro, wenn mindestens eines der im Haushalt lebenden Kinder noch nicht 18 Jahre alt ist und für dieses Kindergeld gewährt wird.

Abzuziehen sind außerdem zu leistende **Unterhaltszahlungen** (einschl. Sachwerte) zur Erfüllung gesetzlicher Unterhaltspflichten in der Höhe, die in einer notariellen Urkunde oder einem Unterhaltstitel festgestellt worden ist; ohne Urkunde/Unterhaltstitel können nachgewiesene oder glaubhaft gemachte Aufwendungen in folgender Höhe abgezogen werden:
- bis zu 3000 Euro für ein zum Haushalt rechnendes Familienmitglied, das auswärts wohnt und sich in Berufsausbildung befindet;
- bis zu 3000 Euro für ein Kind, für das getrennt lebende Eltern das gemeinsame Sorgerecht haben, soweit der Unterhalt an das Kind als Haushaltsmitglied des anderen Elternteils geleistet wird;
- bis zu 6000 Euro für den nicht zum Haushalt rechnenden geschiedenen oder dauernd getrennt lebenden Ehe- oder Lebenspartner;
- bis zu 3000 Euro für eine sonstige nicht zum Haushalt rechnende Person.

Welche Mietkosten werden bei der Berechnung des Wohngeldes berücksichtigt?

Grundlage für die Wohngeldberechnung ist alles, was der Mieter für die Wohnung bezahlen muss, **außer**:
- **Heiz- und Warmwasserkosten** (die Heizkosten werden mit einer Pauschale berücksichtigt, s. u.),
- **Untermietzuschläge**,
- Zuschlag für eine **teilgewerbliche Nutzung** sowie
- Vergütungen für die **Überlassung von Möbeln** mit Ausnahme von üblichen Einbaumöbeln.

Die **übrigen Nebenkosten** (z. B. Wasser, Müllabfuhr, Schornsteinfeger, Grundsteuer) werden **zur Miete hinzugezählt**, auch wenn die Kosten (z. B. für Müllabfuhr) direkt an die Stadt gezahlt werden.

Die Miete wird außerdem **anteilig nicht berücksichtigt**,
- soweit sie auf Wohnraum entfällt, der ausschließlich gewerblich oder beruflich genutzt wird,
- soweit sie auf Wohnraum entfällt, der einer Person überlassen ist, die nicht als Haushaltsmitglied zählt,
- soweit sie rechnerisch auf Personen entfällt, die keine Haushaltsmitglieder sind, aber deren Mittelpunkt der Lebensbeziehungen der Wohnraum ist und die nicht selbst wohngeldberechtigt sind,
- soweit sie rechnerisch auf Haushaltsmitglieder entfällt, die vom Wohngeld ausgeschlossen sind.

Höchstbeträge als Obergrenze des Wohngeldanspruchs
Die ermittelte tatsächlich gezahlte Miete wird nur dann in voller Höhe berücksichtigt, wenn sie bestimmte, vom Gesetzgeber festgelegte **Höchstbeträge** nicht überschreitet. Wer eine Miete oberhalb des Höchstbetrags zahlt, erhält Wohngeld nur bis zur Höhe des Höchstbetrags.

Der Höchstbetrag richtet sich nach der sog. **Mietenstufe** der Gemeinde. Die Mietenstufe erfährt man beim örtlichen Mieterverein, bei der Wohngeldstelle oder im Internet z. B. unter www.gesetze-im-internet.de/wogv/anlage.html. Je höher die Mietenstufe ist, desto höher ist auch die berücksichtigungsfähige Höchstmiete.

Seit dem 1.1.2023 wird zu dem Höchstbetrag für Miete noch ein **monatlicher Gesamtbetrag zur Heizkostenentlastung** addiert. Er setzt sich aus einer Komponente für die CO_2-Bepreisung und für Heizkosten zusammen. Hintergrund für diese Heizkostenpauschale sind die stark steigenden Energiepreise. Ihre Höhe hängt von der Anzahl der Haushaltsangehörigen ab. Für ein Haushaltsmitglied werden 110,40 Euro, für zwei Haushaltsmitglieder 142,60 Euro, für drei Haushaltsmitglieder 170,20 Euro, für vier Haushaltsmitglieder 197,80 Euro, für fünf Haushaltsmitglieder 225,40 Euro und für jedes weitere Haushaltsmitglied weitere 27,60 Euro berechnet. Die Heizkostenpauschale erhöht die berücksichtigungsfähige Höchstmiete und führt so zu mehr Wohngeld.

Beispiel: Ein Alleinmieter zahlt in einer Gemeinde der Mietenstufe I eine Miete (ohne Heiz- und Warmwasserkosten) von 370 Euro. Für die Berechnung des Wohngeldes ist ein Höchstbetrag von 338 Euro zzgl. einer Entlastung für Heizkosten von 110,40 Euro – also eine Miete von insgesamt 448,40 Euro – zu berücksichtigen. Ohne den Zuschlag dürfte das Wohngeld nur anhand eines Höchstbetrags von 338 Euro berechnet werden.

Wie lange wird Wohngeld gewährt?
Das Wohngeld wird in der Regel für **zwölf Monate** bewilligt und kann auf bis zu 24 Monate verlängert werden.

Soll das Wohngeld danach weiter bezogen werden, muss bis zum Ende des 1. Monats nach Ablauf des Bewilligungszeitraums ein neuer Antrag gestellt werden.

Gut zu wissen: Um eine Unterbrechung der Wohngeldzahlung auszuschließen, empfiehlt es sich, den Antrag mindestens zwei Monate vor Ablauf des Bewilligungszeitraums zu stellen.

Achtung: Wird der Wohnraum nicht mehr vom Wohngeldempfänger oder von seinen Familienangehörigen genutzt, ist dies der Bewilligungsbehörde unverzüglich mitzuteilen.

In welchen Fällen kann sich die Höhe des Wohngelds ändern?
Im laufenden Bewilligungszeitraum ist **auf Antrag eine Erhöhung** des Wohngeldes **möglich**, wenn
- sich die Zahl der zu berücksichtigenden Haushaltsmitglieder erhöht,
- sich die zu berücksichtigende Miete oder Belastung um mehr als 15 % (auch rückwirkend) erhöht oder
- sich das Gesamteinkommen der zu berücksichtigenden Haushaltsmitglieder um mehr als 15 % verringert hat (z. B. bei Arbeitslosigkeit, Kurzarbeit, Invalidität, Altersrente).

Achtung: Das Wohngeld kann im laufenden Bewilligungszeitraum auch **gekürzt** werden. Wenn sich das Gesamteinkommen um mehr als 15 % erhöht oder die Miete um mehr als 15 % sinkt, muss der Mieter dies dem Wohngeldamt melden. Dieses berechnet dann das Wohngeld neu. Die Beträge, die eine solche **Mitteilungspflicht** auslösen, sind auf dem Wohngeldbescheid ausdrücklich angegeben.

Wohngeldantrag abgelehnt, was nun?
Über die Ablehnung des Wohngeldes wird ebenso wie über die Bewilligung ein schriftlicher Bescheid erteilt, der mit einer Rechtsmittelbelehrung versehen sein muss. Diesen Bescheid kann der Mieter mit einem **Widerspruch** anfechten. Der Widerspruch ist **innerhalb eines Monats**, nachdem dem Mieter der Bescheid zugegangen ist, schriftlich oder zur Niederschrift der erlassenden Behörde zu erheben. Das Verfahren ist kostenfrei.

Wird dem Widerspruch nicht stattgegeben, ergeht ein Widerspruchsbescheid, der mit **verwaltungsgerichtlicher Klage** angefochten werden kann. Diese Klage muss **innerhalb eines Monats** nach Zustellung des Widerspruchsbescheids beim zuständigen Verwaltungsgericht erhoben werden.

Wohngemeinschaft

Leben mehrere Personen gemeinsam in einer Wohnung, ohne eine Familie oder (nicht-)eheliche Lebensgemeinschaft zu bilden, handelt es sich um eine Wohngemeinschaft (WG). Die Rechtsbeziehung der WG-Mitglieder zum Vermieter, aber auch untereinander, hängt von der vertraglichen Grundlage ab. Denn eine WG kann auf verschiedenen Wegen zustande kommen:

1. Mietvertrag zwischen Vermieter und allen Gründungsmitgliedern der WG
Schließt der Vermieter einen Mietvertrag mit allen Gründungsmitgliedern der WG, sind alle **gleichberechtigte Hauptmieter** der Wohnung. Allerdings haften auch alle Hauptmieter gegenüber dem Vermieter für die Miete in voller Höhe; im Falle der Nichtzahlung kann sich der Vermieter also den solventesten Mieter aussuchen und in Anspruch nehmen! Wer im sog. Innenverhältnis der WG-Mitglieder untereinander welchen Anteil von der Miete/den Betriebskosten/der Kaution trägt, können und müssen diese unter sich regeln. Der Vermieter muss alle **rechtlich bedeutsamen Erklärungen** wie Mieterhöhungen oder Modernisierungsankündigungen allen WG-Mitgliedern gegenüber abgeben.

Nach Ansicht des Bundesgerichtshofs ist bei Vermietung an eine WG ein Anspruch auf Zustimmung zum **Mieterwechsel** nicht selbstverständlich (BGH VIII ZR 304/21 WuM 2022, 403). Dies soll von den Umständen des Einzelfalls abhängen; dafür spricht nach Ansicht des BGH z.B. die Vermietung an Studenten.

> **Tipp:** Um spätere Streitigkeiten zu vermeiden, sollte das Recht auf Mieterwechsel unbedingt im Vertrag festgehalten werden! Dann scheiden ausziehende Mitbewohner aus dem Vertrag aus und ihre Haftung für Miete, Schäden usw. endet.

Der Wechsel muss dem Vermieter vorab angezeigt werden (LG Berlin WuM 2016, 553); bei mangelnder **Bonität** darf er den neuen Mieter ablehnen (LG Berlin WuM 2023, 22). Bei ungerechtfertigter Verweigerung kann eine Schadensersatzpflicht des Vermieters z.B. hinsichtlich der entgangenen Mietanteile bestehen (AG Gießen WuM 2021, 416).

Ohne eine entsprechende **Regelung im Mietvertrag** kann es zu Problemen kommen, wenn sich die Mitglieder der WG nicht auf ein einheitliches Vorgehen einigen können. Schlimmstenfalls muss der Auszugswillige seine Mitbewohner auf Abgabe der Kündigung verklagen; wie dies im Einzelnen zu bewerkstelligen ist, ist umstritten; hierzu sollte unbedingt fachkundige Beratung in Anspruch genommen werden! Ein WG-Mitglied kann bei Auszug eine(n) von ihm geleistete(n) Kaution(steil) nicht vom Vermieter herausverlangen; ggf. muss er sich mit den anderen Mitgliedern auf eine Auszahlung verständigen. Die Kündigung des Mietvertrags insgesamt ist bei dieser Konstellation nur durch alle WG-Mitglieder gemeinsam möglich.

Will der Vermieter den Mietvertrag kündigen, muss er die **Kündigung** gegenüber **allen Mitgliedern** der WG erklären. Er kann eine Kündigung nicht auf Gründe stützen, die vor Eintritt der letzten WG-Mitglieder entstanden sind (LG Lübeck WuM 1990, 294). Außerdem kann er ein WG-Mitglied nur für Schäden haftbar machen, die nach dessen Eintritt in den Vertrag verursacht wurden (AG Köln WuM 2016, 208).

2. Ein Hauptmieter schließt Untermietverträge

Fast ebenso häufig ist der Fall, dass eine Person als **(Haupt-)Mieter** der Wohnung **Untermietverträge** (→ *Untermiete*) mit weiteren Personen abschließt. In dieser Konstellation schuldet dem Vermieter nur dieser Mieter allein die Miete und ggf. die Kaution; ob und in welcher Höhe er seinerseits von seinen Untermietern Miete fordert und eintreibt, ist allein seine Sache.

Wichtig zu wissen: Ohne Genehmigung des Vermieters darf nicht untervermietet werden; dies kann sogar ein Grund zur → *Kündigung des Vermieters wegen unbefugter Gebrauchsüberlassung* sein! Ein Anspruch auf Genehmigung besteht nur, wenn nach Abschluss des Mietvertrags ein berechtigtes Interesse an der Untervermietung entstanden ist. Beim Vermieter ist unter Angabe des berechtigten Interesses und von Namen, Geburtsdatum, evtl. Beruf und derzeitiger Anschrift des gewünschten Untermieters die Genehmigung einzuholen; dies gilt auch beim Wechsel des Untermieters. Der BGH hat entschieden, dass **kein berechtigtes Interesse** besteht, wenn die Untervermietung auch der **Gewinnerzielung** dient (BGH VIII ZR 228/23 WuM 2026, 80). Näheres – auch zum Mieterschutz der Untermieter, etwa bei Kündigung des Hauptmieters – unter → *Untermiete*.

3. Separater Mietvertrag mit jedem Mitbewohner
Eher selten kommt es vor, dass der Vermieter mit jedem Mitbewohner einen separaten Mietvertrag über einen Raum und die Mitnutzung der Gemeinschaftsräume schließt. In diesem Fall ist jeder Mietvertrag rechtlich selbstständig; keiner der Mieter haftet in irgendeiner Weise für die anderen. Allerdings haben die Mieter in diesem Fall auch keinen Einfluss darauf, mit wem sie die Wohnung teilen.

Tipp: Ausführliche Infos und Musterschreiben finden sich im **Ratgeber Wohngemeinschaften** des DMB, erhältlich unter www.shop.mieterbund.de.

Wohnheim → *Altenheim* → *Betreutes Wohnen* → *Studierenden- und Jugendwohnheime*

Wohnungsabnahme → *Auszug des Mieters*

Bei der Wohnungsabnahme prüfen Vermieter und Mieter zur Beendigung des Mietverhältnisses gemeinsam, in welchem Zustand die Wohnung bei Auszug übergeben wird. Zur Vermeidung von Auseinandersetzungen sollte sich der Mieter vom Vermieter die Rückgabe der Wohnung in vertragsgemäßem Zustand **schriftlich bestätigen** lassen. Gesetzlich vorgeschrieben ist eine Abnahme der Wohnung aber – entgegen der Meinung vieler Mieter – nicht. Es genügt die ordnungsgemäße → *Rückgabe der Wohnung.*

Wohnungsübergabeprotokoll

Die Frage, in welchem Umfang ein Mieter beim Auszug Mängel zu beseitigen oder Schönheitsreparaturen durchzuführen hat, ist nicht nur eine rechtliche Frage, sondern in starkem Maße auch eine Frage des tatsächlichen Zustands der Wohnung. Böse Überraschungen können Mieter erleben, die nach Räumung der Wohnung dem Vermieter die Schlüssel übergeben, ohne sich von ihm die ordnungsgemäße Rückgabe der Wohnung schriftlich bestätigen zu lassen. Um das zu verhindern, sollte der Mieter vor Auszug aus der Wohnung mit dem Vermieter ein gemeinsames Wohnungsübergabeprotokoll aufstellen und vom Vermieter unterschreiben lassen.

Der Vordruck eines solchen Übergabeprotokolls kann unter https://mieterbund.de/service kostenlos heruntergeladen werden.

Sinn und Zweck der Übergabeverhandlung und der Aufnahme eines Protokolls ist es, späteren Streit über Vorhandensein und Art von Schäden zu vermeiden.

Wichtig zu wissen: Der Mieter kann später nicht für Schäden verantwortlich gemacht werden, die im Übergabeprotokoll nicht erwähnt sind (BGH VIII ZR 252/81 NJW 1983, 446). Der Vermieter kann auch nicht einwenden, dass Mängel bei der Besichtigung nicht zu erkennen waren (AG Homburg WuM 2026, 64).

Das Übergabeprotokoll kann aber auch zulasten des Mieters wirken. Unterschreibt der Mieter vorschnell, kann er sich dadurch sogar zu Arbeiten verpflichten, die er nach dem Mietvertrag gar nicht schuldet! Das Protokoll sollte im besten Falle nur den Zustand **dokumentieren.**

Achtung: Manche Vermieter lassen sich im Übergabeprotokoll vom Mieter unterschreiben, dass er → *Schönheitsreparaturen* übernimmt. Wurde im Mietvertrag dazu keine oder nur eine unwirksame Regelung getroffen, kann es sein, dass damit überhaupt erst die Pflicht zur Durchführung begründet wird! Klären Sie im Zweifel die Rechtslage mithilfe des Mietervereins! Das Gleiche gilt für **Schäden** in der Wohnung. Auch hier sollte der Mieter nicht voreilig bestätigen, dass er dafür aufkommt.

Fehlt die Unterschrift des Mieters unter dem Übergabeprotokoll, hat es keinerlei Beweiswert (AG München ZMR 2014, 374).

Erklärt der Vermieter oder dessen Beauftragter (z. B. sein Verwalter) sich nicht zu einer gemeinsamen Wohnungsbegehung und Aufstellung eines Protokolls bereit, sollte der Mieter die geräumte Wohnung von Zeugen, z. B. einem Beauftragten des Mietervereins, besichtigen lassen. Außerdem empfiehlt es sich, **Fotos** anzufertigen, die den Zustand der Wohnung festhalten. Schließlich geht es nicht selten um mehrere tausend Euro, die den Aufwand rechtfertigen. Ist aufgrund bisheriger negativer Erfahrungen mit dem Vermieter bzw. Verwalter mit Schwierigkeiten zu rechnen, ist u. U. ein → *selbstständiges Beweisverfahren* über den Zustand der Wohnung bei Beendigung des Mietverhältnisses sinnvoll. Auch hierzu sollte die Beratung des örtlichen Mietervereins in Anspruch genommen werden. Vermieter bzw. Mieter haben jedoch keinen Anspruch auf Ersatz der Kosten, die der Auftrag an einen Sachverständigen mit sich bringt, wenn ein neutraler Zeuge ausreicht, weil die Besichtigung der Wohnung keine besondere Sachkunde voraussetzt (LG Gießen WuM 1985, 265).

Wohnungsbauförderung → *Sozialmiete/Sozialwohnung*

Wohnungseigentum

Viele Mieter bewohnen Wohnungen in Häusern, die nicht einem einzelnen Eigentümer oder einer Gesellschaft gehören, sondern im gemeinschaftlichen Eigentum mehrerer Personen stehen. Die Rechtsverhältnisse dieser Eigentümer untereinander, die Verwaltung des gemeinschaftlichen Eigentums und die Rechte der Eigentümer der einzelnen Wohnungen regelt das »Gesetz über das Wohnungseigentum und über das Dauerwohnrecht«, kurz Wohnungseigentumsgesetz (WEG). Obwohl grundsätzlich für Mieter von solchen Wohnungen dieselben Regelungen wie für jeden anderen Wohnungsmieter gelten, haben die Besonderheiten des Wohnungseigentums doch häufig Einfluss auf das Mietverhältnis.

Wohnungseigentum bedeutet, dass das Gebäude und das Grundstück einer »Gemeinschaft von Wohnungseigentümern« (GdWE) gemeinsam gehören (sog. **Miteigentum**) und jeder Eigentümer außerdem das sog. **Sondereigentum** an »seiner« Wohnung hat (§1 WEG). Sondereigentum kann nur an abgeschlossenen Wohnungen oder Räumen sowie an Stellplätzen bestehen. Daneben gibt es noch das sog. **Teileigentum**; dies ist Sondereigentum an Räumen, die nicht zu Wohnzwecken dienen, z.B. Laden- oder Praxisräumen. Für Teile des Gemeinschaftseigentums, an denen kein Sondereigentum begründet werden kann (z.B. Gartenflächen, Spielplätze, Wasch- und Trockenräume), können die Eigentümer außerdem sog. **Sondernutzungsrechte** vereinbaren, die einem oder mehreren Eigentümern das Recht zur Nutzung des betreffenden Teils des Gemeinschaftseigentums unter Ausschluss der übrigen Eigentümer geben (BGH V ZR 96/16 WuM 2017, 227).

Mietvertrag und Rechte der Parteien

Jeder Sondereigentümer darf mit seinem Sondereigentum so verfahren, wie er möchte (§13 Abs.1 WEG), solange er sich dabei an die geltenden Gesetze hält und nicht die Rechte der anderen Eigentümer beeinträchtigt. Er darf seine Wohnung vermieten, an wen er möchte, und im Mietvertrag auch die Mitnutzung des Gemeinschaftseigentums gestatten, soweit nicht Sondernutzungsrechte (s.o.) anderer Eigentümer daran bestehen.

Seiner GdWE gegenüber ist der vermietende Eigentümer allerdings verpflichtet, für die Einhaltung der **Regelungen, die sich die Gemeinschaft selbst gegeben hat**, durch seinen Mieter zu sorgen und Störungen zu unterbinden (LG Frankfurt a.M. ZMR 2024, 229). Ein typisches Problem ist es, wenn solche Regelungen mit **Rechten des Mieters** nach dem BGB-Mietrecht oder aus dem jeweiligen Mietvertrag **kollidieren**. So kann etwa die Gemeinschaftsordnung, mit der die Gemeinschaft die Regelungen für das Zusammenleben festlegt, Bestimmungen enthalten, die die Rechte des Vermieters einschränken; diese Rechte kann (und darf) der Vermieter dann, weil sie ihm selbst nicht zustehen, auch nicht dem Mieter gewähren. Hat er sich trotzdem im Mietvertrag dazu verpflichtet, kommt er in die »Zwickmühle« – er müsste eigentlich, aber er darf nicht. Probleme gibt es auch, wenn die GdWE **nach Abschluss des Mietvertrags** Regelungen trifft, die die Rechte des vermietenden Eigentümers beschränken, z. B. ein Verbot von Katzennetzen am Balkon oder eine Regelung, die das Musizieren zeitlich stärker einschränkt als die üblichen Ruhezeiten. Was der Vermieter gestattet oder bisher geduldet hat, kann er »mietrechtlich« nicht einfach verbieten, »wohnungseigentumsrechtlich« ist er aber selbst nicht mehr berechtigt und kann es daher auch nicht mehr erlauben. Er kann seinen Mieter aber nur in die Pflicht nehmen, wenn und soweit dieser gegen den Mietvertrag oder gesetzliche Regelungen verstößt. Deshalb kann ein Verstoß gegen die in der Gemeinschaft geltenden Regeln von ihm oft nicht abgestellt werden. Ein Kündigungsrecht steht ihm nicht zu, denn der Mieter hält sich ja an den Vertrag. Sog. **Änderungsklauseln** im Mietvertrag, nach denen z. B. die »jeweils geltende Hausordnung« auch für den Mieter bindend sein soll, sind AGB-rechtlich fast immer nach § 308 Nr. 4 BGB unwirksam und helfen daher meist nicht weiter (AG Schorndorf WuM 2012, 494) → *Allgemeine Geschäftsbedingungen*.

Um die **Rechte der Gemeinschaft** durchzusetzen, kann aber die rechtsfähige Gemeinschaft der Eigentümer (nicht: einzelne Eigentümer! – BGH V ZR 86/21 WuM 2022, 240; V ZR 48/21 WuM 2022, 180; V ZR 284/19 WuM 2021, 637) gegen den Mieter vorgehen. Dass die Wohnungseigentümer gegen Mieter von Sondereigentum grundsätzlich einen eigenen Unterlassungsanspruch haben können, hat der BGH (WuM 2020, 48) – allerdings im Jahr 2019 noch zur alten Rechtslage – entschieden. Außerdem können **einzelne Eigentümer**, in deren **Rechte aus dem Sondereigentum der Mieter unmittelbar eingreift**, auch direkt gegen den Mieter vorgehen; dies hat der BGH bereits zum neuen Recht entschieden (BGH V ZR 86/21 WuM 2022, 240; V ZR 48/21 WuM 2022, 180; V ZR 41/19 WuM 2021, 521). Dies soll selbst dann gelten, wenn es nicht ausschließlich um die Verletzung des Sondereigentumsrechts geht, sondern – praktisch durch dieselbe Handlung – auch das Gemeinschaftseigentum beeinträchtigt wird; allerdings kann der Einzeleigentümer dann nur sein eigenes Abwehrrecht durchsetzen. Die Beeinträchtigung des Gemeinschaftseigentums können auch in diesem Fall nur die Eigentümer als rechtsfähige Gemeinschaft abwehren. Ein Einzeleigentümer kann daher auch nicht »die Einhaltung der Hausordnung« o. Ä. vom Mieter verlangen.

W

Kann der Mieter wegen entgegenstehender Ansprüche der GdWE die Mietsache nicht im mietvertraglich vereinbarten Umfang nutzen, kommen **Mietminde-**

rungs- und Schadensersatzansprüche gegen den Vermieter in Betracht; hier wäre im Prozess allerdings der Mangel bzw. der ersatzfähige Schaden vom Mieter nachzuweisen → *Mangel der Mietsache.*

Sonderfall: Duldungspflichten nach § 15 WEG für Erhaltungs- und Modernisierungsmaßnahmen

Grundsätzlich gelten für Duldungspflichten des Mieters von Eigentumswohnungen gegenüber dem Vermieter – z. B. → *Besichtigungsrecht des Vermieters* – dieselben Regelungen wie bei anderen Mietern. Eine Ausnahme bildet § 15 WEG, nach dem, wer »Wohnungseigentum gebraucht, ohne Wohnungseigentümer zu sein« – was auf Mieter natürlich zutrifft – gegenüber der Gemeinschaft und einzelnen anderen Wohnungseigentümern zum einen rechtzeitig angekündigte Erhaltungsmaßnahmen und zum anderen Modernisierungsmaßnahmen, die drei Monate vor Beginn in Textform angekündigt wurden, dulden muss. Die Ankündigung muss von der Gemeinschaft ausgesprochen werden, wenn diese die Maßnahmen durchführen lässt; will hingegen der Vermieter, ggf. mit Gestattung der Gemeinschaft, die Maßnahmen durchführen, muss er diese auch ankündigen. Was die Einzelheiten der Ankündigungen angeht, verweist das WEG auf die entsprechenden Regelungen im BGB-Mietrecht (§ 555a, §§ 555c, 555d). Letztlich treffen den Mieter die gleichen Pflichten wie in jedem anderen Mietverhältnis → *Instandhaltung, Instandsetzung* → *Modernisierung durch den Vermieter.*

Mängel

Der mietvertragliche Anspruch des Mieters auf Beseitigung von Mängeln seiner Wohnung richtet sich grundsätzlich immer gegen seinen Vertragspartner, den **Vermieter**. Ob der Mangel am Sondereigentum des Vermieters oder am Gemeinschaftseigentum besteht, spielt für den Anspruch des Mieters zunächst keine Rolle; seine Rechte richten sich nach dem Mietvertragsrecht → *Mangel der Mietsache.* Allerdings kann es schwierig und vor allem langwierig werden, wenn der **Mangel am Gemeinschaftseigentum** besteht oder seine Beseitigung einen Eingriff in das Gemeinschaftseigentum erfordert. Denn dann darf der Vermieter – außer in Notfällen – nicht selbst einen Handwerker beauftragen, sondern muss einen entsprechenden **Beschluss der** für die Verwaltung des Gemeinschaftseigentum zuständigen **Gemeinschaft** herbeiführen. Notfalls muss er dies auf dem Klageweg tun (BGH V ZR 342/03 WuM 2005, 713). Zum **Gemeinschaftseigentum** gehören alle Teile des Gebäudes, die für dessen Bestand oder dessen Sicherheit erforderlich sind, und auch Anlagen und Einrichtungen, die zum gemeinschaftlichen Gebrauch vorgesehen sind; dies sieht das **WEG zwingend** vor. Um die Sache noch weiter zu verkomplizieren, kann es außerdem sein, dass in der **Teilungserklärung**, mit der bei der Aufteilung des Wohnungseigentums die Rechte und Pflichten der einzelnen Eigentümer festgelegt werden, bestimmt ist, dass ein

Sondereigentümer bei bestimmten Teilen, die nach WEG-Recht zwingend im Gemeinschaftseigentum stehen, trotzdem zur **Instandhaltung verpflichtet** ist (z. B. bei Schäden an Fenstern und Türen seiner Wohnung) – dann wäre der Vermieter doch wieder selbst zuständig. Andersherum ist auch eine Vereinbarung der Eigentümer möglich, dass Bestandteile des Gebäudes, die zum Sondereigentum gehören können, Gemeinschaftseigentum sein sollen – dann muss der Vermieter einen Beschluss der Gemeinschaft herbeiführen. Letztlich ist aber **Ansprechpartner** des Mieters **immer der Vermieter**!

> **Wichtig zu wissen:** Der vermietende Wohnungseigentümer haftet dem Mieter gegenüber für Schäden, die dieser durch einen Sturz bei Eisglätte auf einem Weg, der zum Grundstück der WEG gehört, erleidet, wenn dieser nicht ordnungsgemäß geräumt und gestreut wurde. Dies gilt auch, wenn die Gemeinschaft der Wohnungseigentümer die Räum- und Streupflicht an einen Dienstleister übertragen hat (BGH VIII ZR 250/23 WuM 2025, 675)!

Betriebskosten

Ist im Mietvertrag nichts anderes vereinbart, gilt nach § 556a Abs. 3 BGB bei vermietetem Wohnungseigentum für die Umlage der → *Betriebskosten* auf den Mieter der jeweils **zwischen den Wohnungseigentümern vereinbarte Maßstab.** Dies vereinfacht für den Vermieter die Umlage, weil er die Beträge aus der Abrechnung, die er selbst für sein Sondereigentum erhält, übernehmen kann. Nur wenn dies »billigem Ermessen« widerspricht, soll die Umlage wie in anderen Mietverhältnissen auch erfolgen. Dazu, was »unbillig« wäre, hat sich der Gesetzgeber nicht weiter geäußert; soweit ersichtlich, gibt es hierzu auch noch keine Gerichtsentscheidungen. Erforderlich dürfte aber sein, dass der Mieter signifikant stärker mit Kosten belastet wird als in einem »normalen« Mietverhältnis, z. B. weil die umgelegten Kosten dem Gebot der Wirtschaftlichkeit nicht entsprechen.

Schwierigkeiten können sich daraus ergeben, dass der Mieter in der Regel gar nicht weiß, was die Gemeinschaft der Wohnungseigentümer vereinbart hat. Er ist gut beraten, den Vermieter hierzu zu befragen – wenn nicht schon bei Abschluss des Mietvertrags, dann spätestens, wenn die erste Betriebskostenabrechnung eintrifft. Insoweit hat der Mieter ein Belegeinsichtsrecht, zu dem erforderlichenfalls auch gehört, dass der Vermieter ihm seinen Anspruch auf Einsicht und Information gegenüber der Gemeinschaft aus § 18 Abs. 4 WEG abtritt, ihm also die Einsicht in die entsprechenden Unterlagen der Wohnungseigentümergemeinschaft ermöglicht (AG Siegen WuM 2023, 774).

Achtung: Ändert die Gemeinschaft den intern geltenden Umlagemaßstab, so gilt dies auch für die Umlage im Mietverhältnis! Die Wohnungseigentümergemeinschaft darf jedoch nicht den Heizkostenverteilungsschlüssel nach Ablauf des Abrechnungszeitraums rückwirkend ändern (LG Hamburg ZMR 2014, 740).

Auf keinen Fall darf der Vermieter einfach alle Betriebskosten, die auf sein Sondereigentum entfallen, an den Mieter »durchreichen«, denn die Kostentragungspflicht des Mieters setzt eine **entsprechende Vereinbarung** voraus, und auch die Regeln der Betriebskostenverordnung und der Heizkostenverordnung gelten. Einzelheiten bei → *Betriebskosten.*

Barrierefreiheit, Ladestation, Einbruchschutz, Balkonkraftwerk

Nach § 554 BGB hat der Mieter einen Anspruch darauf, dass der Vermieter ihm zumutbare bauliche Veränderungen erlaubt, die dem Gebrauch durch Menschen mit Behinderungen, dem Laden elektrisch betriebener Fahrzeuge, dem Einbruchschutz oder der Stromerzeugung durch Steckersolargeräte (Balkonkraftwerke) dienen → *Modernisierung durch den Mieter*. Durch § 20 Abs. 2 Satz 1 und Abs. 3 WEG erfolgt eine Harmonisierung mit dem Wohnungseigentumsrecht derart, dass der Vermieter, wenn und soweit er dem Mieter gegenüber zur Erlaubnis für die o. g. Maßnahmen verpflichtet ist, dies auch gegenüber der Gemeinschaft – notfalls mit einer sog. Beschlussersetzungsklage nach § 44 Abs. 1 Satz 2 WEG – durchsetzen kann. Allerdings muss der Vermieter die Erlaubnis erst erteilen, sobald ein entsprechender Beschluss der Gemeinschaft gefasst wurde. Veränderungen, die eine grundlegende Umgestaltung der Eigentumsanlage bewirken oder einen anderen Eigentümer unbillig benachteiligen würden, muss die Gemeinschaft allerdings nicht gestatten (§ 20 Abs. 4 WEG).

Achtung: Für bauliche Veränderungen am Gemeinschaftseigentum besteht ein sog. **Beschlusszwang** (BGH V ZR 140/22 WuM 2023, 306). Das bedeutet, dass die GdWE bei Veränderungen, die ohne Gestattungsbeschluss vorgenommen werden, den **Rückbau** verlangen kann, selbst wenn ein Anspruch auf Gestattung bestünde. Das gilt auch für Balkonkraftwerke und Ladestationen für E-Fahrzeuge → *Modernisierung durch den Mieter*. Im Grundsatz betrifft dies zwar nur das Verhältnis zwischen der Gemeinschaft und dem Vermieter (BGH V ZR 1/24 WuM 2025, 255), aber dieser könnte ggf. die ihm entstehenden Kosten an den ohne Gestattung bauenden Mieter »durchreichen«. Warten Sie also auf jeden Fall ab, bis der Vermieter »grünes Licht« gibt!

Umwandlung

Bei der erstmaligen → *Umwandlung von Miet- in Eigentumswohnungen* kann es für Mieter zu Problemen kommen, da es in der Folge oftmals zu Luxussanierungen mit entsprechenden Mietsteigerungen oder Eigenbedarf kommt.

Wohnungsgemeinnützigkeit

Ziel der Wohnungsgemeinnützigkeit war und ist es, bezahlbaren Wohnraum zu schaffen und zu erhalten. Gemeinnützige Wohnungsunternehmen erhalten dauerhafte Steuerbefreiung und stellen im Gegenzug dauerhaft preisgünstigen Wohnraum zur Verfügung. Im Gegensatz zu → *Sozialmieten/Sozialwohnungen*, bei denen die Sozial- und Preisbindungen irgendwann auslaufen, ist die Miete gemeinnütziger Wohnungsunternehmen dauerhaft gedeckelt. Es gilt praktisch der Grundsatz: einmal gefördert, immer gebunden.

1990 abgeschafft …

Einheitliche Regelungen zur Wohnungsgemeinnützigkeit gehen bis auf das Jahr 1930 zurück. 1990 wurde die Wohnungsgemeinnützigkeit dann aber abgeschafft. Zu diesem Zeitpunkt stellten die gemeinnützigen Wohnungsunternehmen in Großstädten bis zu einem Drittel des Wohnungsangebots und verfügten über etwa 3,3 Millionen Sozialwohnungen.

… und 2025 wieder eingeführt

Am 1.1.2025 wurde die Wohnungsgemeinnützigkeit in stark abgeschwächter Form wieder eingeführt. Sozial orientierte Körperschaften wie kommunale Unternehmen, Unternehmen der Sozialwirtschaft, Stiftungen oder Vereine mit Wohnungsbeständen können künftig vergünstigten Wohnraum bereitstellen und von Steuererleichterungen wie dem Erlass der Körperschaftsteuer und der Gewerbesteuer profitieren. Die Miete dieser gemeinnützigen Anbieter muss unterhalb der marktüblichen Miete liegen.

Aus Sicht des Deutschen Mieterbunds sind die vorgesehenen Steuererleichterungen bei Weitem nicht ausreichend. Zusätzlich wären Investitionszulagen und eine vergünstigte Bereitstellung öffentlicher Grundstücke notwendig, wenn diese »Neue Gemeinnützigkeit« tatsächlich eine neue Dynamik beim Bau bezahlbarer Wohnungen bewirken soll.

W

Wohnungsmängel → *Mangel der Mietsache*

Wohnungstausch

In der Theorie klingt es gut: Zwei Mieter einigen sich darüber, ihre Wohnungen zu tauschen, etwa weil dem einen seine zu klein ist und dem anderen seine zu groß und zu teuer, oder weil sie jeweils an den Wohnort des anderen ziehen wollen. Das klappt aber nur, wenn beide Vermieter einverstanden sind, denn ein Recht auf Wohnungstausch besteht derzeit nicht. Dem Vermieter kann nicht einfach ein anderer Mieter aufgezwungen werden.

Zum **vorübergehenden Wohnungstausch** zu Urlaubszwecken s. → *Airbnb.*

Wohnungsübergabeprotokoll → *Wohnungsabnahme*

Wohnungsvermittlung

Bestellerprinzip und Entstehen des Provisionsanspruchs

Bei der Wohnungsvermittlung gilt das Bestellerprinzip: Wer einen Makler beauftragt, muss ihn zahlen. Der Mieter schuldet eine Maklerprovision (»Courtage«) nur, wenn er den Makler selbst beauftragt hat. Makler, die die Regeln des Bestellerprinzips nicht einhalten, können u. U. mit einem **Bußgeld** belegt werden.

Die folgenden **Voraussetzungen** müssen eingehalten werden, damit der Makler die Courtage vom Mieter verlangen kann:

- **Erst Auftrag, dann Suche** – der Makler muss ausschließlich aufgrund des **Auftrags des Mieters** tätig werden und eine Wohnung beschaffen, über die der Mietvertrag schließlich zustande kommt. Dazu muss er vom Vermieter oder einem anderen Berechtigten **nach Abschluss des Maklervertrags** ein Angebot einholen. Ein anderer Berechtigter kann z. B. der bisherige Mieter sein, der vom Vermieter die Erlaubnis erhalten hat, sich selbst um einen Nachmieter zu kümmern (BGH VIII ZR 114/18 WuM 2019, 534).

  Deshalb ist auch **keine wirksame Auftragserteilung beim Besichtigungstermin** möglich. Fordert ein Makler den Mieter auf, einen Maklervertrag für eine bereits ins Auge gefasste oder besichtigte Wohnung zu unterschreiben, so ist dies ungesetzlich! Für eine Wohnung, die der Mieter bereits kennt, kommt kein gültiger Suchauftrag zustande.

Auch wenn der Vermieter dem Makler eine Wohnung zur Suche eines Mieters an die Hand gegeben hat, muss der Mieter keine Courtage zahlen. Meldet sich der Wohnungssuchende auf ein **Online-Inserat**, steht dem Makler **keine Vermittlungsgebühr** zu. Das gilt auch dann, wenn der Makler nur gegen Provision bereit war, den Mieter als Bewerber vorzuschlagen. Die gezahlte Provision muss er dem Mieter erstatten (AG Freiburg WuM 2017, 220).

- Ein Maklervertrag ist nur dann gültig, wenn er in → *Textform* (auch online) oder → *Schriftform* abgeschlossen wird. Durch die vorgeschriebene Form wird dem Wohnungssuchenden deutlich vor Augen geführt, dass er einen Vertrag schließt und im Erfolgsfall eine Vergütung fällig wird. Außerdem lassen sich dadurch Unklarheiten darüber vermeiden, ob und unter welchen Voraussetzungen die Vereinbarung mit dem Makler zustande gekommen ist. Mündliche Verträge sind unwirksam. Diese gesetzlichen Regelungen zum Schutz des Mieters dürfen nicht umgangen werden. Der Vermieter kann z. B. beim Abschluss des Mietvertrags nicht vertraglich festlegen, dass der Mieter die Maklercourtage übernimmt. Derartige Vereinbarungen sind ungültig.
- Wird der Maklervertrag im **elektronischen Geschäftsverkehr**, also z. B. online geschlossen, muss der Verbraucher bei Abschluss – z. B. durch einen Button mit der Aufschrift »provisionspflichtig bestellen« – auf die **Provisionspflicht** hingewiesen werden. Andernfalls ist der Vertrag **unwirksam** (BGH I ZR 159/24 WuM 2025, 761).
- Weitere Bedingung ist, dass der Wohnungsvermittler vom Vermieter oder einem anderen Berechtigten die **Zustimmung** erhalten hat, **die Wohnung anzubieten**. Das Gesetz will verhindern, dass der Makler Wohnungen anbietet, von denen er zufällig von anderen erfahren oder die er aus Anzeigen im Internet entnommen hat. Dadurch sollen dem Wohnungssuchenden Zeit und Kosten für vergebliche Wohnungsbesichtigungen erspart werden.
- Weitere wesentliche Voraussetzung für einen Provisionsanspruch des Maklers ist, dass es tatsächlich zum wirksamen **Abschluss eines Mietvertrags** gekommen ist. Eine Provisionspflicht ist ausgeschlossen, wenn der Mietvertrag wegen Formnichtigkeit, Gesetzwidrigkeit, Sittenwidrigkeit, anfänglicher objektiver Unmöglichkeit, Anfechtung wegen Irrtums oder arglistiger Täuschung von Anfang an unwirksam ist; dann kann die Provision zurückverlangt werden. Unter Umständen kann die Provision sogar dann zurückgefordert werden, wenn der Mieter vor Überlassung der Wohnung zwar fristlos gekündigt hat, aber auch eine Anfechtung wegen arglistiger Täuschung möglich gewesen wäre (so AG Trier WuM 1999, 48). Dies ist aber nicht möglich, wenn der Mieter den Mietvertrag (erst) nach kurzer Zeit kündigt oder im Einvernehmen mit dem Vermieter wieder aufhebt (BGH III ZR 45/05 NZM 2005, 711).

Mieter müssen also nur dann Provision zahlen, wenn sie den Makler beauftragt haben und dieser nach Auftragserteilung mit der Wohnungssuche beginnt, z. B. indem er eine Anzeige schaltet und sich daraufhin ein Vermieter mit einer passenden Wohnung meldet. Hier wird der Makler auf Bestellung des Mieters tätig.

> **Wichtig zu wissen:** Weil dem Makler nur im Erfolgsfall ein Honorar zusteht, darf er **keine Vorschüsse** fordern – auch keine »versteckten« Vorschüsse wie z. B. Einschreibegebühren, Schreibgebühren, Auslagenerstattungen oder Ähnliches (BGH III ZR 153/09 WuM 2010, 367). Außerdem darf ein Makler von Wohnungsinteressenten **keine Gebühr für die Besichtigung** der Wohnung verlangen (LG Stuttgart WuM 2016, 505).

Beweispflichtig für die Voraussetzungen des Provisionsanspruchs ist der Makler. Eine Klausel im Maklervertrag, mit der der Mieter bestätigt, er habe erstmalig Kenntnis von der Möglichkeit zur Anmietung durch den Makler erhalten, ist aber unwirksam (LG Lüneburg VuR 1988, 52). Anders ist die Rechtslage, wenn der Mieter einen Auftrag zur Wohnungsvermittlung erteilt hat und sich dann ein Vermieter an den Makler zwecks Mietersuche wendet. Dann muss der Mieter keine Provision zahlen. Dem Makler steht auch keine Vermittlungsgebühr zu, wenn er bereits vor der Beauftragung durch den Wohnungssuchenden mit dem Vermieter übereingekommen ist, dessen Wohnung anzubieten (AG Freiburg WuM 2017, 220).

> **Wichtig zu wissen:** Der Provisionsanspruch des Maklers hängt nur vom Zustandekommen des Hauptvertrags ab, nicht aber davon, dass der Mieter in die Wohnung einzieht.

Kann der Mieter den Makler nicht auf Rückerstattung in Anspruch nehmen, haftet unter Umständen der Vermieter auf Ersatz der Vermittlungsgebühr → *Fristlose Kündigung des Mieters*. Der Vermieter muss die Provision z. B. erstatten, wenn er den Mieter bewusst nicht darauf hingewiesen hat, dass die vermieteten Räume aus bauordnungsrechtlichen Gründen zu Wohnzwecken ungeeignet sind (LG Mannheim NZM 1999, 406).

Der Makler oder Wohnungsvermittler bekommt **keine Provision,**
- wenn er selbst Eigentümer, Verwalter, Mieter oder Vermieter der Wohnung ist (§ 2 Abs. 2 Nr. 2 WoVermittG),

- wenn er eine Sozialwohnung vermittelt oder nachgewiesen hat (§ 2 Abs. 3 WoVermittG) oder eine Wohnung, die mit Aufwendungszuschüssen gefördert wurde (AG Meppen WuM 1991, 602),
- wenn die Vereinbarung einer Maklerprovision unwirksam ist – selbst wenn der Mieter im Maklervertrag unterschrieben hat, dass er die Provision zahlt, kann sich der Makler darauf nicht stützen (AG Hamburg-Blankenese WuM 2015, 444); hat der Mieter die Provision schon gezahlt, kann er sie zurückfordern (§ 5 WoVermittG, § 812 BGB).

Sonstige Pflichten eines Wohnungsvermittlers
Makler müssen deutlich darauf hinweisen, dass sie die Wohnung bloß vermitteln und nicht etwa selbst Vermieter sind. Besonders in Internet- oder Zeitungsanzeigen, auf Aushängetafeln usw. müssen sie immer ihren **Namen** und ihre Bezeichnung als **Wohnungsvermittler** angeben (§ 6 Abs. 2 WoVermittG).

Die Makler müssen immer die **Provision** in einem Bruchteil oder einem Vielfachen der Monatsmiete ausdrücken, z. B. »Provision zwei Monatsmieten« oder »Vermittlungsgebühr 1½ Monatsmieten« (§ 3 Abs. 1 WoVermittG).

Wenn Makler Wohnungen anbieten, müssen sie die **Miete und die Nebenkosten gesondert** angeben (§ 6 Abs. 2 WoVermittG). Die Angabe der »Kaltmiete« ist nicht eindeutig genug (OLG Bremen WuM 1993, 58; OLG Schleswig WuM 1993, 59; a. A. OLG Braunschweig WuM 1993, 59). Verstößt der Makler hiergegen, bleibt zwar der Maklervertrag wirksam (OLG Karlsruhe NJW 1976, 1408; a. A. LG Hannover NJW-RR 1991, 1295). Der Makler verstößt aber gegen das Gesetz und kann eine Geldbuße bis zu 2500 Euro bekommen (§ 8 WoVermittG). Zuständig ist das Ordnungsamt der Stadt oder die Kreisverwaltung/Landratsamt.

Darüber hinaus muss ein Makler in einer Immobilienanzeige den **Energiekennwert** und die **Art des verwendeten Energieausweises** mitteilen (BGH I ZR 232/16 WuM 2018, 169) → *Energiepass (Energieausweis)*.

Zur **Diskriminierung ausländischer Bewerber** bei der Wohnungsvermittlung durch den Makler s. → *Allgemeines Gleichbehandlungsgesetz (AGG)*.

Der Makler darf nicht jeden Preis verlangen!
Die Maklerprovision bei Wohnungsvermittlung ist auf **zwei Monatsmieten zuzüglich Umsatzsteuer** begrenzt. Nebenkosten, über die gesondert abzurechnen ist, bleiben dabei unberücksichtigt. Wenn der Makler mehr verlangt, ist eine Geldbuße bis zu 25 000 Euro möglich (§ 8 WoVermittG). Auch hierfür ist wieder das Ordnungsamt zuständig (Stadtverwaltung, Kreisverwaltung, Landratsamt).

Vermittelt der Makler eine **überteuerte Wohnung** → *Mietpreisbremse* → *Mietpreisüberhöhung*, berechnet sich die Höhe der Maklerprovision nicht nach der vom Vermieter geforderten, sondern nach der maximal zulässigen Miete (LG Frankfurt WuM 1996, 548; AG Braunschweig WuM 1996, 275; AG Hamburg WuM 1993, 742). Den zu viel gezahlten Teil der Provision kann der Mieter vom Makler zurückverlangen.

> **Beispiel:** Vereinbarte Miete ohne Nebenkostenvorauszahlung = 600 Euro; gezahlte Provision = 1200 Euro + Mehrwertsteuer; höchstzulässige Miete bei gültiger Mietpreisbremse (ortsübliche Miete + 10 %) = 500 Euro; maximal zulässige Provision somit 1000 Euro + Mehrwertsteuer; Rückforderung des Mieters also = 200 Euro + Mehrwertsteuer.

Verjährung

Der Anspruch auf **Rückzahlung zu Unrecht gezahlter Maklerprovision** verjährt in **drei Jahren** → *Verjährung.*

> **Wichtig zu wissen:** Die Verjährungsfrist beginnt erst zu laufen, wenn der Mieter von den Umständen Kenntnis erlangt, die den Anspruch begründen. Außerdem beginnt die Verjährungsfrist immer erst mit dem Schluss des Jahres zu laufen, in dem der Anspruch entstanden ist.
> **Beispiel:** Im Jahr 2024 zahlt der Mieter die Maklercourtage. Im Jahr 2026 erfährt er, dass der Makler Verwalter der Wohnung ist und deshalb keinen Anspruch auf die Provision hatte. Die Verjährungsfrist beginnt mit Ende des Jahres 2026 zu laufen. Der Anspruch auf Rückzahlung verjährt erst am 31.12.2029.

Wohnungsvermittlungsvereine

Ein Wohnungsvermittlungsverein ist ein Verein, der Mietern Hilfe bei der Wohnungssuche verspricht, z. B. durch Datenbanken mit Wohnungsangeboten oder Vermittlung von Kontakten zu Vermietern. Solche Vereine verlangen von Mietinteressenten, dass sie beitreten; der Mitgliedsbeitrag beträgt oft 100 bis 200 Euro. Das ist aber lediglich ein verkappter Vorschuss für die angeblichen Vermittlungsversuche des Vereins. Daher ist der Mitgliedsbeitrag zu einem Wohnungsvermittlungsverein als erfolgsunabhängiges Vermittlungsentgelt im Sinne des Wohnungsvermittlungsgesetzes verbotswidrig. Mitglieder können den **Beitrag zurückverlangen** (AG Köln WuM 1982, 332). Der Deutsche Mieterbund hat die Erfahrung gemacht, dass Wohnungsvermittlungsvereine aus der Wohnungsnot ein Geschäft machen. Oft werden nur sehr teure Wohnungen angeboten, für die der Mieter eigentlich keinen Makler braucht, oder nur die Anzeigen aus der Zeitung abgeschrieben. Es sind kaum Fälle bekannt, in denen ein Mieter so eine Wohnung bekommen hat, lediglich das gezahlte Geld ist verloren. Leider sehen die Gerichte hierin bislang keine Umgehung des Wohnungsvermittlungsgesetzes.

Ein »**Beratungshonorar**« zur Unterstützung bei der Wohnungssuche ist unzulässig (AG Ulm WuM 1993, 680). Auch für **Adressendienste** für Wohnungssuchende oder das Angebot, Suchanzeigen oder Angebote in **Computerdatenbanken** zu speichern und weiterzugeben, darf nach dem Wohnungsvermittlungsgesetz kein Geld verlangt werden (LG Berlin GE 2003, 1020). Als zulässig beurteilt der BGH hingegen einen **Schreibdienst** für Wohnungssuchende, der Suchanfragen pauschal an Makler weiterleitet (BGH I ZR 85/94 NJW-RR 1995, 880). Ebenfalls abgesegnet hat es der BGH, wenn dem Mietinteressenten eine **Namensliste** mit vermietungswilligen Personen übersandt wird, die er dann selbst anschreiben muss.

Zu empfehlen sind dagegen die **Wohnungsvermittlungsstellen**, die es in einigen Städten bei der Stadtverwaltung gibt. Hier lohnt der Versuch.

Z

Zahlung unter Vorbehalt → *Mängel der Mietsache* → *Mieterhöhung*

Eine Zahlung unter Vorbehalt bedeutet, dass der Mieter die geforderte Miete oder Nachforderung aus der Betriebskostenabrechnung **zunächst bezahlt**, sich jedoch das Recht **vorbehält, die Zahlung später zurückzufordern**. Auf diese Weise kann der Mieter seine rechtlichen Ansprüche wahren, ohne in Zahlungsverzug zu geraten und damit das Mietverhältnis zu gefährden.

Wann empfiehlt sich Zahlung unter Vorbehalt?

Eine Zahlung unter Vorbehalt ist immer ratsam, wenn der Mieter die **Forderung des Vermieters** (z. B. aus einer Nebenkostenabrechnung oder einer Modernisierungsmieterhöhung) anzweifelt oder die **Höhe seines Mietminderungsrechts** nicht genau einschätzen kann. Gerade bei Mietminderungen besteht sonst die Gefahr einer → *Kündigung des Vermieters wegen Zahlungsverzugs*, wenn die Miete zu hoch gekürzt wird und ein kündigungsrelevanter Rückstand aufläuft. Diese Gefahr lässt sich umgehen, indem der Mieter die volle Miete zunächst unter dem Vorbehalt der Rückforderung zahlt. Nach abschließender Klärung der berechtigten Minderungshöhe kann er die zu viel gezahlten Beträge zurückverlangen.

Worauf muss der Mieter achten?

Möchte der Mieter sich die Rückforderung seiner Zahlung vorbehalten, muss er dies **eindeutig vor oder spätestens bei der Zahlung** erklären. Dies kann direkt bei der Überweisung geschehen, indem im Verwendungszweck »unter Vorbehalt« vermerkt ist. Zusätzlich oder alternativ kann der Mieter dem Vermieter vor der Zahlung schriftlich oder per E-Mail mitteilen, dass die Zahlung unter dem Vorbehalt der Rückforderung erfolgt.

> **Formulierungsbeispiele:**
> »Ich zahle die Nachforderung aus der Nebenkostenabrechnung für das Abrechnungsjahr … in Höhe von … [Betrag] unter Vorbehalt und behalte mir das Recht vor, die Zahlung nach erfolgter Prüfung der Abrechnung ganz oder teilweise zurückzufordern.«

»Hiermit zeige ich folgende Mängel in meiner Mietwohnung an ... [genaue Bezeichnung aller Mängel]. Bis zur vollständigen Beseitigung dieser Mängel zahle ich die Miete ab sofort unter Vorbehalt. Ich behalte mir vor, die Miete ganz oder teilweise wegen der mit den Mängeln verbundenen Beeinträchtigungen in der Gebrauchstauglichkeit der Wohnung zurückzufordern.«

Wichtig zu wissen: Hat der Mieter unter Vorbehalt gezahlt, sollte er innerhalb einer angemessenen Frist erklären, ob er sein Rückforderungsrecht geltend macht oder seinen Vorbehalt aufgibt. Versäumt der Mieter dies über mehrere Jahre, kann sein Anspruch auf Rückforderung unter Umständen verwirken (→ *Verwirkung*).

Zeitmietvertrag → *Schriftform*

Ein Zeitmietvertrag ist ein befristeter Mietvertrag, der mit Ablauf der vereinbarten Mietzeit automatisch endet, ohne dass eine Kündigung erforderlich ist. Damit ein solcher Vertrag wirksam ist, muss der Vermieter bei Vertragsabschluss einen **Befristungsgrund angeben** (§ 575 BGB). Fehlt dieser Grund, wird der Vertrag **automatisch unbefristet** und kann ordentlich gekündigt werden.

Gut zu wissen: Wenn die Befristung unwirksam ist, kann eine ergänzende Vertragsauslegung ergeben, dass ein beiderseitiger Kündigungsverzicht (→ *Kündigungsausschluss*) anzunehmen ist. Beide Parteien können das Mietverhältnis dann frühestens zum Ablauf der vereinbarten Mietzeit ordentlich kündigen (BGH VIII ZR 235/12 WuM 2014, 148; VIII ZR 388/12 WuM 2013, 617).

Unter welchen Voraussetzungen ist ein Zeitmietvertrag zulässig?

Ein befristeter Mietvertrag mit fester Laufzeit ist nur zulässig, wenn der Vermieter nach Ablauf der Mietzeit eine der **drei gesetzlich vorgesehenen Verwendungsabsichten** verfolgt und dies dem Mieter **schriftlich** bei Vertragsschluss mitteilt:

1. **Eigennutzung:** Der Vermieter, seine Familienangehörigen oder Angehörige seines Haushalts wollen die Räume als Wohnung selbst nutzen.

2. **Baumaßnahmen:** geplanter Abriss, wesentlicher Umbau oder Instandsetzung, die eine Fortsetzung des Mietverhältnisses erheblich erschweren würden. Die Baumaßnahmen müssen öffentlich-rechtlich zulässig (genehmigungsfähig) sein. Gewöhnliche Modernisierungs- oder Instandsetzungsmaßnahmen rechtfertigen i. d. R. keine Befristung, da sie die Fortsetzung des Mietverhältnisses nicht wesentlich erschweren.

3. **Betriebsbedarf:** beabsichtigte Vermietung an einen zur Dienstleistung verpflichteten Arbeitnehmer (Werkwohnung).

Die drei Befristungsgründe sind gesetzlich **abschließend** festgelegt. Der Vermieter kann daher ausschließlich auf diese Gründe zurückgreifen und keinen anderen Befristungsgrund für den Abschluss eines Zeitmietvertrags heranziehen.

Anforderungen an die Mitteilung des Befristungsgrundes

Der Vermieter ist verpflichtet, den Befristungsgrund bei Vertragsschluss **schriftlich anzugeben**, etwa im Mietvertrag. Unterbleibt diese schriftliche Mitteilung, gilt der Vertrag automatisch als unbefristet (§ 575 Abs. 1 Satz 2 BGB). Der Vermieter muss die geplante spätere Verwendung der Räume **konkret** beschreiben, so dass der Mieter nachprüfen kann, ob der Befristungsgrund tatsächlich besteht. Pauschale Hinweise wie »Eigenbedarf« oder »Umbau« oder eine Wiederholung des Gesetzeswortlauts genügen nicht. Auch ein schlagwortartiger Hinweis auf »Badezimmereinbau«, »Zentralheizungseinbau«, »Dachausbau« (LG Münster WuM 2022, 225) oder »Komplettumbau der Wohnung« (LG Berlin, Beschl. v. 24.7.2023 – 64 S 40/23) sind nicht ausreichend. Denn damit lässt sich nicht begründen, wieso der Mieter nicht anschließend wieder einziehen kann. Auch die pauschale Begründung »Selbstnutzung durch Angehörige« (LG München WuM 1994, 543) oder »Eigenbedarf des Vermieters oder Familienangehöriger des Vermieters« (LG Frankenthal, Urt. v. 26.1.2022 – 2 S 86/21) ist zu unbestimmt.

Laufzeit

Die feste Laufzeit des Zeitmietvertrags können Mieter und Vermieter frei festlegen. Es gibt keine Mindest- oder Höchstlaufzeit.

Welche Rechte hat der Mieter bei einem Zeitmietvertrag?

Während der vereinbarten Laufzeit kann der Mieter das Mietverhältnis nicht ordentlich kündigen. Eine vorzeitige Beendigung ist nur durch eine **außerordentliche Kündigung** möglich, sofern ein entsprechender Grund besteht (→ *Fristlose Kündigung des Mieters*). Nach Ablauf der vereinbarten Mietzeit besteht **kein einseitiges Verlängerungsrecht** des Mieters. Auch Härtegründe (→ *Kündigungswiderspruch*) berechtigen ihn nicht zur Fortsetzung des Mietverhältnisses. Zieht der

Mieter trotzdem nicht aus, muss der Vermieter auf Räumung klagen. Der Richter wird ihm aber keine → *Räumungsfrist*, sondern in außergewöhnlichen Härtefallen allenfalls → *Vollstreckungsschutz* gewähren.

Der Mieter kann vom Vermieter **vier Monate vor Ablauf** der Mietzeit verlangen, dass er innerhalb eines Monats schriftlich mitteilt, ob der Befristungsgrund weiterhin besteht. Erfolgt diese Mitteilung verspätet, kann der Mieter eine Verlängerung des Mietverhältnisses um die Dauer der Verzögerung verlangen. Hat der Vermieter seine Verwendungsabsicht zwischenzeitlich aufgegeben, kann der Mieter eine unbefristete Verlängerung des Vertrags verlangen. Verschiebt sich der geplante Zeitpunkt der weiteren Nutzung, kann der Mieter die Verlängerung des Vertrags um den entsprechenden Zeitraum verlangen.

Zu → *Mieterhöhungen* bei Zeitmietverträgen s. dort.

Vor dem 1.9.2001 geschlossene Zeitmietverträge
Zeitmietverträge, die vor dem 1.9.2001 abgeschlossen wurden, unterliegen noch dem alten Recht und genießen **Bestandsschutz**. Maßgeblich ist das **Datum des Vertragsabschlusses**, nicht der vereinbarte Mietbeginn (BGH VIII ZR 336/04 WuM 2006, 620).

Der alte Zeitmietvertrag ohne Kündigungsschutz ähnelt in vielen Punkten dem heutigen Zeitmietvertrag. Auch damals musste einer von drei Befristungsgründen im Vertrag genannt sein: entweder die Eigennutzung oder die Absicht, die Mieträume beseitigen oder so wesentlich verändern oder instand setzen zu lassen, dass die Maßnahmen durch die Fortsetzung des Mietverhältnisses erheblich erschwert würden, oder als dritte Möglichkeit die Absicht, die als Werkwohnung vermietete Wohnung nach Ablauf der festen Mietzeit an einen anderen Arbeitnehmer zu vermieten. Wie beim heutigen Vertrag musste der Vermieter seine Verwendungsabsicht bereits bei Vertragsschluss mitteilen.

Ein **wesentlicher Unterschied zum aktuellen Recht** besteht darin, dass Zeitmietverträge **ohne Kündigungsschutz** nach altem Recht **nur für maximal fünf Jahre** abgeschlossen werden durften. Im Unterschied dazu konnte ein alter Zeitmietvertrag **mit Kündigungsschutz** für einen **beliebigen Zeitraum** abgeschlossen werden. Der Mieter behielt hierbei das Recht, nach Ablauf der vereinbarten Mietzeit eine **Verlängerung auf unbestimmte Zeit** zu verlangen. Dies musste er spätestens **zwei Monate** vor Ablauf schriftlich beim Vermieter anmelden. Der Vermieter konnte die Fortsetzung nur ablehnen, wenn ein gesetzlich anerkannter Kündigungsgrund vorlag. In diesem Fall genoss der Mieter **vollen Kündigungs-**

schutz. Einer Kündigung des Vermieters konnte er wegen eines Härtefalls widersprechen (→ *Kündigungswiderspruch*).

Als dritte Möglichkeit gab es noch den alten Zeitmietvertrag **mit Verlängerungsklausel**, bei dem sich nach Ablauf der fest vereinbarten Mietzeit der Vertrag jeweils um eine bestimmte Zeit, z. B. ein Jahr, verlängert, wenn er nicht gekündigt wird.

Zerstörung der Wohnung

Von der Zerstörung einer Wohnung spricht man, wenn sie derart beschädigt ist, dass sie durch Instandsetzungs- oder Instandhaltungsarbeiten nicht mehr oder nur mit absolut unverhältnismäßigem Kostenaufwand wiederhergestellt werden könnte. Die Verhältnismäßigkeit des Kostenaufwands hängt dabei insbesondere von der Höhe der Kosten, der Zumutbarkeit dieser Kosten für den Vermieter und dem Interesse des Mieters an der Überlassung der Wohnung ab. Lehnt der Vermieter unter Hinweis auf die »Opfergrenze« Herausgabe und Gewährleistung ab, muss er im Prozess beweisen, dass die Wohnung tatsächlich zerstört und nicht nur beschädigt ist (LG Berlin WuM 2024, 80).

Denkbare Ursachen für die Zerstörung einer Wohnung können z. B. sein: Brand, Explosion, Naturkatastrophen wie → *Hochwasser*, Erdrutsch oder Erdbeben, Einsturz des Gebäudes u. Ä.

Die rechtlichen Konsequenzen nach einer Zerstörung der Wohnung hängen davon ab, wer sie **verursacht** hat:

1. Ist für die Zerstörung **weder der Vermieter noch der Mieter verantwortlich**, z. B. bei einem Erdbeben, kann der Mieter weder die Überlassung noch die Wiederherstellung der Wohnung verlangen. Der Vermieter ist nicht zum Wiederaufbau der Wohnung verpflichtet, kann aber auch keine Miete mehr vom Mieter verlangen.

2. Die gleichen Folgen treten ein, wenn der **Vermieter die Zerstörung zu vertreten** hat, z. B. bei einer Explosion durch eine defekte Gasleitung im Haus. Allerdings kann der Mieter vom Vermieter in diesem Fall auch Schadensersatz verlangen, z. B. für alle Aufwendungen im Zusammenhang mit der Suche einer neuen Wohnung und dem Umzug. Der Vermieter kann seine Pflicht zum Ersatz von fahrlässig hervorgerufenen Schäden nicht durch eine Formularklausel im Mietvertrag ausschließen; dies gilt auch dann, wenn die Haftung des

Vermieters für vorsätzlich oder grob fahrlässig herbeigeführte Schäden bestehen bleibt (BGH VIII ARZ 1/01 WuM 2002, 141) → *Allgemeine Geschäftsbedingungen*.

3. Hat der **Mieter die Zerstörung zu vertreten**, z. B. einen Brand verursacht, kann er weder die Überlassung der Wohnung noch deren Wiederherstellung verlangen. Der Vermieter kann weiterhin die Miete verlangen, muss sich aber anrechnen lassen, was er infolge der Befreiung von seinen Überlassungspflichten einspart, z. B. die Vorleistung von Betriebskosten. Eine → *fristlose Kündigung* des Mietvertrags wegen der Nichtüberlassung der Wohnung ist dem Mieter in diesen Fällen nicht möglich, wohl aber eine ordentliche → *Kündigung des Mieters*. Der Mieter haftet für die Zerstörung der Wohnung und darüber hinaus entstandene Schäden, z. B. am Gebäude, wenn diese in einem unmittelbaren Zusammenhang mit der Zerstörung der Wohnung stehen. Zu solchen Schäden gehört auch der entgangene Gewinn aus der nicht mehr möglichen Vermietung anderer Wohnungen im Haus. Übernimmt die **Versicherung** des Vermieters die Schäden, kann sie den Mieter nach der sog. versicherungsrechtlichen Lösung (BGH VIII ZR 191/13 WuM 2015, 88) nur in Regress nehmen, wenn er den Brand vorsätzlich oder grob fahrlässig verursacht hat, was die Versicherung beweisen muss.

4. Haben **beide Vertragsparteien die Zerstörung zu vertreten**, gilt das zu 2. und 3. Gesagte mit der Einschränkung, dass die beiderseitigen Verursachungsbeiträge zueinander in ein Verhältnis gesetzt und nach diesem Verhältnis die jeweiligen gegenseitigen Mietzahlungs- und Schadensersatzansprüche des Vermieters und Mieters entsprechend gekürzt werden müssen.

Zugang von Erklärungen

Für die Wahrung von Fristen kommt es im Regelfall darauf an, ob und wann eine Erklärung dem Empfänger zugegangen ist, die bloße Absendung vor Fristende genügt nicht! Ein Schreiben gilt dann als zugegangen, wenn es so in den Bereich des Adressaten gelangt ist, dass dieser unter normalen Umständen die Möglichkeit hat, vom Inhalt Kenntnis zu nehmen. Das wird in der Regel der Fall sein, wenn z. B. ein Brief in den Briefkasten oder das Postfach des Adressaten eingelegt oder eine E-Mail im Posteingangsordner angezeigt wurde. Dies gilt auch, wenn der Empfänger urlaubs- oder krankheitsbedingt abwesend ist; er muss ggf. jemanden damit beauftragen, den Posteingang zu kontrollieren (BGH XII ZR 214/00 WuM 2004, 269). Ist der Mieter haftbedingt abwesend, hindert auch dies grundsätzlich den Zugang nicht; ist dem Vermieter dieser Umstand allerdings bekannt, soll kein Zugang über den Briefkasten erfolgen (AG Bremen WuM 2025, 606).

Problematisch kann die Frage sein, **an welchem Tag** ein Schreiben zugegangen ist, wenn es erst **nachmittags oder am Abend** eingeworfen wurde und unter gewöhnlichen Umständen dann nicht mehr mit der Kontrolle des Briefkastens und Kenntnisnahme an diesem Tag zu rechnen war. Bei zu spätem Einwurf hilft es auch nicht, den Empfänger mündlich darüber zu informieren, dass die Sendung im Briefkasten ist (LG Krefeld WuM 2023, 20). Eine starre Grenze existiert nicht, sondern es kann z. B. darauf ankommen, wann in der Region die Post üblicherweise ausgeliefert wird. Dies wird aber von den Gerichten nicht einheitlich beurteilt. Kommt es auf die Wahrung einer Frist an, ist daher Vorsicht geboten.

In vielen Fällen kommt es darauf an, **beweisen** zu können, dass (oder auch wann genau) eine rechtserhebliche Erklärung – z. B. eine Kündigung oder ein Mieterhöhungsverlangen – zugegangen ist. Denn wenn im Prozess vom Adressaten bestritten wird, dass ein Schreiben zugegangen ist, ist der Absender beweispflichtig. Die Beweisbarkeit kann durch Versand per → *Einschreiben* oder Zustellung durch den → *Gerichtsvollzieher* gesichert werden.

Zurückbehaltungsrecht

Bei Vorliegen von Wohnungsmängeln kann der Mieter die Miete kürzen → *Mangel der Mietsache*. Häufig genügt die Mietminderung – deren Funktion es eigentlich ist, die Miete an den infolge des Mangels geminderten Wert der Mietsache anzupassen – aber nicht, um den Vermieter anzuhalten, den Mangel abzustellen. Deshalb darf der Mieter zusätzlichen Druck ausüben und einen weiteren Teil der Miete zurückhalten (BGH VIII ZR 19/14 WuM 2015, 568). Der Umfang des Zurückbehaltungsrechts ist abhängig von den Umständen des Einzelfalls. Der einbehaltene Betrag muss in angemessenem Verhältnis zum Mangel stehen und ist daher **zeitlich und betragsmäßig begrenzt** (BGH VIII ZR 288/14 WuM 2016, 98). So kann schon ein Einbehalt, der drei bis vier Monatsmieten übersteigt, unverhältnismäßig sein (BGH VIII ZR 19/14 WuM 2015, 568). In anderen Fällen kann er das Dreifache der Herstellungskosten betragen (BGH XII ZR 167/01 WuM 2003, 439).

Da das Zurückbehaltungsrecht vor allem dazu dient, den Vermieter zur Vertragserfüllung anzuhalten, darf der Mieter es erst ausüben, wenn er den **Vermieter vorher über den Mangel informiert** hat (BGH VIII ZR 330/09 WuM 2011, 12). Außerdem muss der zurückgehaltene Teil – anders als Minderungsbeträge – **sofort nachgezahlt werden**, wenn der Vermieter den **Mangel beseitigt** hat oder das **Mietverhältnis beendet** ist (BGH VIII ZR 19/14 WuM 2015, 568). Der BGH ist zudem der Ansicht, dass das **Zurückbehaltungsrecht entfällt**, wenn es seinen Zweck, den Vermieter zur Erfüllung seiner vertraglichen Pflicht zu bewegen, nicht mehr erfüllen kann, weil dieser die **Mangelbeseitigung endgültig verweigert** (BGH VIII ZR 19/14 WuM 2015, 568). Dies führt de facto zu einer **Entwertung des Zurückbehaltungsrechts** als Druckmittel.

Verweigert der Vermieter zu Unrecht die Vorlage von Belegen zu den → *Betriebskosten*, hat der Mieter ein Zurückbehaltungsrecht an den Nachzahlungen (BGH VIII ZR 189/17 WuM 2018, 288).

In **Formularmietverträgen** kann das Zurückbehaltungsrecht weder ausgeschlossen noch eingeschränkt werden → *Allgemeine Geschäftsbedingungen*. Einzige **Ausnahme**: Das Zurückbehaltungsrecht aufgrund von Schadens- oder Aufwendungsersatzansprüchen oder wegen zu viel gezahlter Miete kann davon abhängig gemacht werden, dass der Mieter seine Absicht dem Vermieter mindestens einen Monat vor der Fälligkeit der Miete in → *Textform* angezeigt hat.

Zustellung → *Einschreiben* → *Gerichtsvollzieher* → *Zugang von Erklärungen*

Zutritt zur Wohnung → *Besichtigungsrecht des Vermieters*

Zwangsräumung

Zieht ein Mieter nach einer wirksamen → *Kündigung des Vermieters* nicht »freiwillig« aus, darf der Vermieter auf keinen Fall zur Selbsthilfe greifen und den Mieter und seinen Hausrat eigenmächtig, evtl. sogar mit Gewalt, aus der Wohnung befördern oder auch nur das Schloss austauschen. Er muss sich hierfür staatlicher Hilfe bedienen, sprich, vor Gericht einen **Räumungstitel** – meist ein Urteil – erwirken. Erst mit einem solchen Titel, der zudem mit einer sog. **Vollstreckungsklausel** versehen und dem **Schuldner »amtlich« zugestellt** worden sein muss, kann der Vermieter den zuständigen → *Gerichtsvollzieher* mit der Zwangsräumung (§ 885 ZPO) beauftragen; ggf. erst nach Ablauf einer → *Räumungsfrist*. In besonderen Härtefällen kann die Zwangsräumung auch noch relativ kurz vor dem angesetzten Räumungstermin abgewendet werden → *Vollstreckungsschutz*.

Die **Sachen des Mieters** aus der Wohnung werden vom Gerichtsvollzieher in der Regel **eingelagert**, allerdings dürfen sie auch **vernichtet** werden, soweit »an ihrer Aufbewahrung offensichtlich kein Interesse besteht«. Werden allerdings irrtümlich werthaltige Gegenstände entsorgt, kann ein Schadensersatzanspruch bestehen (BGH I ZB 80/05 WuM 2010, 98; I ZB 45/05 WuM 2006, 50; LG Lübeck NZM 2010, 439).

Die entstehenden **Kosten** muss der Mieter tragen. Da dort häufig »nichts zu holen« ist, verlangt der Gerichtsvollzieher einen Vorschuss vom Vermieter, bevor er tätig wird. Dies macht eine Räumung für den Vermieter u. U. recht teuer. Deshalb wird dem Gerichtsvollzieher oft nur ein kostengünstiger **beschränkter Vollstreckungsauftrag** nach § 885a ZPO (sog. **Berliner Räumung**) erteilt, bei dem er nur das Schloss austauscht und dem Vermieter den neuen Schlüssel übergibt.

Die Sachen des Mieters werden noch einen Monat lang aufbewahrt. Fordert er sie in dieser Zeit nicht ab, kann der Vermieter sie hinterlegen, verwerten oder entsorgen.

Räumt der Vermieter **ohne Gerichtstitel eigenmächtig** die Wohnung des Mieters aus, haftet er dem Mieter für alle entstehenden Schäden. Räumt er aus einem nur **vorläufig vollstreckbaren Räumungsurteil**, ist er dem Mieter zum Ersatz des Vollstreckungsschadens verpflichtet, wenn das Urteil später aufgehoben oder abgeändert wird (LG Berlin WuM 2021, 322).

Zwangsversteigerung

Wer ein Grundstück oder eine Wohnung bei einer Zwangsversteigerung erwirbt, **tritt** im Regelfall **in bestehende Mietverträge ein**. Anders als bei einem Verkauf → *Hausverkauf und Mietvertrag* kann dem Ersteigerer aber ein **Sonderkündigungsrecht** zustehen. Dies setzt voraus, dass er ein **berechtigtes Interesse an der Beendigung des Mietverhältnisses** hat (z. B. Eigenbedarf → *Kündigung des Vermieters wegen Eigenbedarfs*), welches er auch in seinem **Kündigungsschreiben** angeben muss (BGH VIII ARZ 16/81 WuM 1982, 178). Ist dies der Fall, kann er das Mietverhältnis mit gesetzlicher Frist (drei Monate) **zum nächstzulässigen Termin** kündigen (§ 57a ZVG). Wird das Grundstück z. B. am 15.12. ersteigert, kann der Ersteher ein Mietverhältnis mit bis 4.1. des nächsten Jahres zugehender Kündigung zum 31.3. kündigen. Verpasst er diesen Termin, **entfällt** das **Sonderkündigungsrecht**. Nur ausnahmsweise kann ihm im Einzelfall eine **Überlegungsfrist** zuzubilligen sein; dann muss das Sonderkündigungsrecht nicht unbedingt zum ersten rechnerisch möglichen Termin ausgeübt werden (OLG Düsseldorf WuM 2002, 674).

Achtung: Eine vertraglich vereinbarte Kündigungsbeschränkung wird von dem Sonderkündigungsrecht verdrängt (BGH VIII ZR 76/20 WuM 2021, 686)!

War der Vermieter nicht mit dem ehemaligen Eigentümer identisch, tritt der Erwerber nur in Ausnahmefällen in den Mietvertrag ein (BGH VIII ZR 84/09 WuM 2010, 365).

Wichtig zu wissen: Hat der Mieter die Wohnung im Rahmen der gewerblichen Weitervermietung an einen Endmieter zu Wohnzwecken vermietet, kann der Erwerber vom Mieter nicht Räumung und Herausgabe der Wohnung verlangen; denn der Endmieter bleibt gegenüber dem Mieter zu Besitz und Nutzung berechtigt (BGH XII ZR 113/12 WuM 2013, 752).

Handelt es sich um eine umgewandelte Wohnung, muss ggf. die **Kündigungssperrfrist** eingehalten werden (BayObLG WuM 1992, 424) → *Umwandlung von Miet- in Eigentumswohnungen*. Auch die Kündigungssperrfrist bis zum Ende der Bindungen bei umgewandelten öffentlich geförderten Wohnungen gilt nach einer Zwangsversteigerung (AG Langenfeld WuM 1992, 373).

Weist der Zwangsverwalter vor Abschluss eines Mietvertrags Mietinteressenten nicht von sich aus auf das außerordentliche Kündigungsrecht eines Erstehers hin, macht er sich schadensersatzpflichtig (LG Ulm WuM 1980, 31).

Zwangsverwaltung

Wenn der Vermieter zwar nicht grundsätzlich zahlungsunfähig ist, aber seinen Zahlungsverpflichtungen nicht nachkommt, können seine Gläubiger die Anordnung der Zwangsverwaltung seiner Immobilie bewirken. Dadurch erhalten sie Zugriff auf seine Mieteinnahmen. Der Zwangsverwalter tritt dann für die Dauer der Beschlagnahme in alle Rechte und Pflichten des Vermieters ein (§ 152 ZVG). Der Mietvertrag läuft weiter wie bisher, nur muss sich nun der Zwangsverwalter um alles kümmern und der Mieter muss die **Miete an den Zwangsverwalter zahlen**. Zahlungen an den Eigentümer bzw. Vermieter haben keine »befreiende Wirkung«, d. h., der Mieter bleibt die Miete schuldig! Nur wenn und solange der Mieter nicht über die Zwangsverwaltung informiert wurde, kann Zahlung an den Zwangsverwalter nicht erwartet werden (LG Berlin GE 1994, 705). Besteht **Unklarheit** darüber, an wen zu zahlen ist, kommt ggf. die → *Hinterlegung der Miete* in Betracht. Auch **Nutzungsentschädigungen** sind an den Zwangsverwalter zu entrichten (BGH XII ZR 16/00 WuM 2003, 510). **Einseitige Willenserklärungen** des Mieters (z. B. Kündigung) sind an den Zwangsverwalter zu richten (BGH XII ZR 78/17 WuM 2019, 81). **Guthaben aus einer Betriebskostenabrechnung** muss der Zwangsverwalter auszahlen, selbst wenn die Vorauszahlungen noch (berechtigterweise) an den Vermieter geleistet wurden (OLG Hamburg WuM 1990, 10). Der Zwangsverwalter muss auch über Abrechnungszeiträume vor Beginn der Zwangsverwaltung **abrechnen** (BGH VIII ZR 168/05 WuM 2006, 402; VIII ZR 333/02 WuM 2003, 390).

Der Mieter kann vom Vermieter die Herausgabe der **Kaution** an den Zwangsverwalter verlangen (LG Düsseldorf WuM 1992, 542; LG Köln WuM 1990, 427). Das gleiche Recht hat auch der Zwangsverwalter (BGH VIII ZR 381/03 WuM 2005, 405). Erst wenn die geschehen ist, kann der Mieter vom Zwangsverwalter Schadensersatz wegen nicht gesetzmäßiger Anlage der Mietkaution durch den Vermieter verlangen (AG Köln WuM 1987, 351). Nach Ende des Mietverhältnisses muss der Zwangsverwalter die Kaution selbst dann auszahlen, wenn er sie nicht vom Vermieter erhalten hat (BGH VIII ZR 330/03 WuM 2005, 460; VIII ZR 11/03 WuM 2003, 630). Hat der Mieter einer Eigentumswohnung die Mietkaution nicht an den Vermieter, sondern an den Verwalter des Wohnungseigentums entrichtet, ist der Zwangsverwalter berechtigt, die Überlassung der Mietkaution direkt von dem Verwalter zu fordern (BGH VIII ZR 300/14 WuM 2015, 747).

Nach **Beendigung der Zwangsverwaltung** kann der Zwangsverwalter nicht mehr auf Rückzahlung verklagt werden (BGH VIII ZR 301/03 WuM 2005, 463); das Gleiche gilt bei **Beendigung des Mietverhältnisses** vor Beginn der Zwangsverwaltung (BGH VIII ZR 210/05 WuM 2006, 403). Wurde das **Grundstück verkauft** und die Kaution noch an den Verkäufer gezahlt, ist bei einer späteren Zwangsverwaltung der Verwalter nur verpflichtet, die Kaution zurückzugeben, wenn der Käufer als Vermieter das müsste (BGH VIII ZR 381/03 WuM 2005, 404). Bei **Verkauf vor dem 1.9.2001** müssen Käufer bzw. Zwangsverwalter die Kaution nur herausgeben, wenn sie diese tatsächlich vom Verkäufer erhalten haben (BGH VIII ZR 381/03 WuM 2005, 404).

Nach Aufhebung der Zwangsverwaltung tritt der Eigentümer in **vom Zwangsverwalter abgeschlossene Mietverträge** ein (LG Berlin GE 1992, 1321).

Zwangsvollstreckung

Unter Zwangsvollstreckung versteht man ein staatliches Verfahren, mit dem ein Gläubiger seine Ansprüche gegen den Schuldner auf der Grundlage eines **vollstreckbaren Titels** zwangsweise durchsetzt. Die Zwangsvollstreckung darf nur durch staatliche Stellen betrieben werden. Die eigenmächtige Durchsetzung von Forderungen ist nur im engen Rahmen erlaubt (z. B. beim → *Vermieterpfandrecht*). Bei der Zwangsvollstreckung können Gelder oder Gegenstände des Schuldners auch gegen seinen Willen gepfändet werden, bis die Schulden beglichen sind.

Wie wird ein Vollstreckungsverfahren eingeleitet?

Die Zwangsvollstreckung beginnt nur auf **Antrag** des Gläubigers. Voraussetzung ist ein **Vollstreckungstitel** (z. B. ein Urteil, ein gerichtlicher Vergleich oder ein Vollstreckungsbescheid), der dem Schuldner **zugestellt** und mit einer **Vollstreckungsklausel** versehen ist. Zuständig ist das Amtsgericht, während die Vollstreckung selbst der Gerichtsvollzieher als staatlicher Vertreter durchführt.

Was ist eine Sachpfändung?

Bei einer Sachpfändung nimmt der Gerichtsvollzieher verwertbare Sachen (Geld, Wertgegenstände oder Wertpapiere) des Schuldners in Besitz. Diese werden ggf. mit einer Pfandmarke (»Kuckuck«) gekennzeichnet und anschließend versteigert. Der Erlös wird zur Befriedigung des Gläubigers verwendet. Der Schuldner darf die Pfandmarke nicht eigenmächtig entfernen, sonst macht er sich strafbar.

Wichtig zu wissen: Manche Gegenstände unterliegen nicht der Pfändung, weil vom Schuldner nicht erwartet werden kann, dass er darauf verzichtet. **Nicht pfändbar** sind z. B.

1. die Wohnungseinrichtung (Bett, Matratze, Tisch, Stühle, Schrank, Teppich), Kleidung, höchstpersönliche Gegenstände (z. B. der Ehering) und Artikel zur Körperhygiene,
2. Haus- und Küchengeräte (Herd, Warmwasserbereiter, Kühlschrank, Waschmaschine),
3. Telefon, Rundfunkgeräte, Fernseher sowie
4. Computer und Laptops, soweit sie für eine bescheidene Lebensführung oder zur Arbeit benötigt werden.

Was ist eine Forderungspfändung?

Bei der Forderungspfändung pfändet der Gerichtsvollzieher Forderungen, die der Schuldner gegenüber Dritten hat (z. B. Kontoguthaben, Lebensversicherungen,

Schadensersatzansprüche). Häufigster Fall ist die **Pfändung des Arbeitseinkommens**. Der Arbeitgeber muss dann das Gehalt bis auf den Grundfreibetrag an den Gläubiger auszahlen. Der unpfändbare Grundfreibetrag wird jährlich zum 1. Juli angepasst; er beträgt seit dem 1.7.2025 monatlich 1555 Euro netto pro Person und erhöht sich je nach Anzahl unterhaltsberechtigter Personen.

Zweckentfremdung

Zweckentfremdung bedeutet, dass Wohnraum **zu anderen als Wohnzwecken** genutzt wird. Dies kann nicht nur bei **gewerblicher Nutzung** (z. B. als Büro, Arztpraxis oder Anwaltskanzlei → *Berufsausübung in der Wohnung*) oder sonstiger kurzzeitiger Vergabe (z. B. an **Feriengäste**, OVG NRW WuM 2021, 690, oder **Medizintouristen**, OVG NRW WuM 2021, 52) der Fall sein, sondern auch bei **längerem Leerstand** (in Berlin z. B. länger als drei Monate) oder **Abriss**.

Landesregierungen können bestimmen, dass in Gemeinden, in denen die Versorgung mit ausreichendem Wohnraum zu angemessenen Bedingungen besonders gefährdet ist, **Wohnraum nur mit Genehmigung** der zuständigen Stelle zu anderen als Wohnzwecken genutzt werden darf. Entsprechende Regelungen gibt es derzeit z. B. in Baden-Württemberg, Bayern, Berlin, Hamburg, Hessen, Mecklenburg-Vorpommern, Niedersachsen, Nordrhein-Westfalen und Rheinland-Pfalz. Ob in Ihrer Gemeinde das Verbot gilt, weiß der örtliche Mieterverein.

Die **Genehmigung** setzt voraus, dass ein vom Antragsteller nachzuweisendes **vorrangiges Interesse** besteht, das schwerer wiegt als das öffentliche Interesse an der Wohnnutzung; sie kann auch erteilt werden, wenn der Wohnraumverlust durch die Schaffung von entsprechendem Ersatzwohnraum ausgeglichen wird. Wollen Mietende eine Genehmigung zur Zweckentfremdung beantragen, benötigen sie außerdem die **Zustimmung des Vermieters**.

Ein **vorrangiges Interesse** des Eigentümers an der Genehmigung besteht z. B., wenn der Wohnraum nicht mehr erhaltungswürdig ist oder andernfalls seine wirtschaftliche Existenz ernsthaft gefährdet würde, nicht aber, wenn eine Betriebserweiterung unter Aufgabe von Wohnraum nur besonders zweckmäßig wäre (OVG Hamburg DVBl. 2012, 44). Steht die Genehmigung unter dem Vorbehalt der Schaffung von **Ersatzwohnraum**, muss dieser qualitativ mit dem zweckentfremdeten Wohnraum in etwa vergleichbar sein (OLG Frankfurt a. M. WuM 2003, 631). Es können aber auch Eigentums- statt Mietwohnungen geschaffen werden (VGH Bayern WuM 2021, 225), und dies dann auch noch in einem ganz anderen Stadtviertel (OVG Münster WuM 1996, 634). Die Genehmigung zum

Abbruch kann neben der Auflage zur Schaffung von Ersatzwohnraum mit einer Ausgleichszahlung für den Fall verbunden werden, dass der Ersatzwohnraum nicht wie geplant geschaffen wird (OVG NRW WuM 2022, 329), jedoch nicht mit der Auflage, den Ersatzraum höchstens zum ortsüblichen Preis zu vermieten (BVerwG 8 C 18.96 WuM 1998, 609).

Keine Zweckentfremdung liegt vor, wenn der Wohnraum zwar gewerblich genutzt wird, aber weiterhin auch zum Wohnen dient (BayObLG WuM 1982, 218). Die Abgrenzung kann bei → ***Berufsausübung in der Wohnung*** schwierig sein; es kommt darauf an, welcher Aspekt der Nutzung überwiegt. Homeoffice, die Einrichtung eines Arbeitszimmers oder die Durchführung wissenschaftlicher oder künstlerischer Arbeiten in der Wohnung sind keine Zweckentfremdung. Wird hingegen Wohnraum als Büro mit Wohnmöglichkeit vermietet, liegt eine Zweckentfremdung vor (OLG Düsseldorf WuM 1996, 55).

Durch das Zweckentfremdungsverbot wird auch Wohnraum geschützt, der wegen Mängeln oder Missständen zwar nicht mehr den durchschnittlich anzutreffenden Anforderungen entspricht und daher zumutbar nicht mehr bewohnt werden kann, der aber mit vertretbarem und zumutbarem Aufwand in einen bewohnbaren Zustand versetzt werden kann. Der Aufwand ist nicht zumutbar, wenn die erforderlichen finanziellen Mittel nicht innerhalb eines Zeitraums von zehn Jahren wieder erwirtschaftet werden können. Dabei bleibt der Wert der objektiv erforderlichen, aber durch Verschulden des Eigentümers unterbliebenen Unterhaltungsmaßnahmen unberücksichtigt (BayObLG WuM 1995, 206).

Zweckentfremdung liegt vor, wenn Wohnraum wiederholt tage- oder wochenweise als **Ferienwohnung** oder zur **Fremdenbeherbergung** vermietet werden soll (Bay. VGH KommunalPraxis BY 2013, 39; OVG Berlin-Brandenburg GE 2016, 799; LG Berlin ZMR 2019, 277; VG Berlin 6 K 594.17). Die zeitweise Vermietung einer Wohnung als Ferienwohnung bedarf einer Genehmigung (VG Berlin MietRB 2016, 327). Allein die **Nutzung als Zweit- und nicht als Hauptwohnung** ist jedoch **keine Zweckentfremdung** (Bay. VGH Vf. 32-VI-17; VG Berlin MietRB 2016, 327).

Das **Leerstehenlassen** von Wohnraum ist ebenfalls eine Zweckentfremdung (BVerfG WuM 1975, 90; BVerwG WuM 1980, 159; Hess. VGH WuM 1990, 590). Will der Eigentümer den Wohnraum zügig umbauen, instand setzen oder modernisieren und ist die Wohnung deshalb bis zu zwölf Monate unbewohnbar, steht leer oder kann aus anderen objektiven Gründen nicht mehr vermietet werden, liegt keine Zweckentfremdung vor (VG Berlin 6 L 780.16).

In manchen Bundesländern kann eine Zweckentfremdung der zuständigen Behörde bereits online gemeldet werden. Verstößt der Eigentümer gegen das Zweckentfremdungsverbot, ergeht eine sog. **zweckentfremdungsrechtliche Wohnzuführungsaufforderung**; diese kann auch hinsichtlich **Teileigentum** ergehen (VG Berlin WuM 2025, 448). Außerdem kann er abhängig von der jeweiligen landesrechtlichen Regelung mit einer **Geldbuße** bis zu 500 000 Euro belegt werden.

Stichwortverzeichnis

DMB DEUTSCHER MIETERBUND

Rechtsberatung für Mitglieder

Der Deutsche Mieterbund e. V. (DMB) ist der Dachverband von 15 DMB-Landesverbänden und über 300 örtlichen DMB-Mietervereinen mit mehr als 500 Beratungsstellen in ganz Deutschland.

Aktuell sind rund 1,25 Millionen Haushalte Mitglied bei unseren Mietervereinen, das entspricht etwa 3 Millionen Mieterinnen und Mietern.

Die weit über 1000 hauptberuflichen und 2500 ehrenamtlichen Mitarbeitenden der im Deutschen Mieterbund organisierten Mietervereine erteilen pro Jahr rund 1 Million Rechtsberatungen – allen voran zum »Klassiker« Betriebskosten. Häufig können durch unsere Arbeit Einigungen erreicht und Prozesse vermieden werden.

Ausführliche und konkrete Rechtsberatung im persönlichen Gespräch erhalten Mieterinnen und Mieter bei ihrem örtlichen Mieterverein. Kompetente Hilfe gibt es schnell und für Mitglieder kostenlos. Die Mitgliedschaft im örtlichen Mieterverein kostet etwa 50 bis 90 Euro im Jahr; dabei ist oft schon eine Mietrechtsschutzversicherung, z. B. die DMB Rechtsschutz-Versicherung, im Beitrag enthalten.

Ihren örtlich zuständigen Mieterverein finden Sie unter:
www.mieterbund.de/mieterverein-vor-ort/ oder unter
Telefon 0 30-2 23 23 0.

DMB DEUTSCHER MIETERBUND
verbraucherzentrale
Das Mieter-Handbuch
Mietvertrag, Nebenkosten, Modernisierung, Mieterhöhung, Mietminderung, Kündigung
Mit Formularen zum Abheften
4. Auflage
ULRICH ROPERTZ